Control Total de la Calidad

Control Total de la Calidad

Tercera edición, revisada
Edición del cuadragésimo aniversario

Armand V. Feigenbaum
President, General Systems Company, Inc.
Pittsfield, Massachusetts

SEGUNDA REIMPRESIÓN
MÉXICO, 1997

COMPAÑÍA EDITORIAL CONTINENTAL, S.A. DE C.V.
MÉXICO

Título original de la obra:
TOTAL QUALITY CONTROL, 3rd. ed. revised
ISBN 0-07-020354-7

Traducción autorizada por:
McGRAW-HILL, INC.

Traducción:
Ma. Ascención G. de la Campa Pérez Sevilla
Ingeniero Industrial y de Sistemas
ITESM

Control total de la calidad

Renacimiento 180, Colonia San Juan Tlihuaca,
Delegación Azcapotzalco, Código Postal 02400, México, D.F.

Miembro de la Cámara Nacional de la Industria Editorial.
Registro núm. 43

ISBN 968-26-1258-6 (tercera edición)
(ISBN 968-26-0630-6 segunda edición)

Impreso en México
Printed in Mexico

Segunda edición: 1986
Tercera edición: 1994
Primera reimpresión: 1995
Segunda reimpresión: 1997

A LA MEMORIA DE:
H. S. F.,
J. V.
E
I. V.

CONTENIDO

Prólogo a la edición por el cuadragésimo aniversario

El liderazgo en calidad es la clave del éxito en los negocios en la década de 1990. Desde la publicación por primera vez de este libro la calidad total ha sido ampliamente reconocida, y ello de manera creciente, como la base del logro de ese resultado de calidad por empresas grandes y pequeñas.

El estilo de vida de los consumidores y la eficacia de las compañías dependen ahora del rendimiento confiable y consistente de los productos y servicios sin tolerar, además, tiempos perdidos ni costos por ninguna falla. Hoy día, la calidad se ha convertido en una estrategia fundamental para la competitividad.

Además, la calidad se ha hecho global. Se ha convertido en la clave de un enfoque eficiente de cualquier compañía, en cualquier parte del mundo, para el crecimiento del mercado y las utilidades, a través del liderazgo en calidad. La experiencia de General Systems Company en la instalación del control total de calidad en cientos de compañías de todo el mundo confirma, por otra parte, que es la mejor oportunidad de rendimiento tanto para la industria como para las organizaciones de servicio.

La clave está en reconocer que la calidad es lo que el cliente —no la compañía— dice que es. Es consecuencia de un trabajo arduo y orientado al cliente y de procesos de trabajo en equipo a través de todas las áreas de la organización. Éstos son los procesos que la gente entiende, en los que todos creen y de los que todos forman parte, y que deben llevarse a cabo en forma sistemática mediante prácticas de la mejor calidad disponibles en todo el mundo.

Existe una diferencia fundamental entre el control total de calidad y el enfoque parcial de algunas compañías en las que la calidad, si bien recibe cierta atención, se caracteriza por un conjunto de proyectos técnicos e iniciativas de motivación. La calidad se ha convertido en el agente corporativo de cambio más poderoso de nuestra época y quizá, la única entre las más importantes de todas las exigencias administrativas que enfrentan muchas compañías en la actualidad.

Las diversas ediciones de *Control total de la calidad* en el curso de las últimas cuatro décadas se han dirigido a proporcionar la base para trasladar a una empresa desde el pasado de un control de calidad parcial al futuro de calidad total. *Control total de la calidad* ha confrontado consistentemente la descripción de la calidad como una especialidad técnica estrecha y limitada o como un instrumento de promoción con unos principios muy diferentes. Los principios presentados aquí son, en esencia, que la calidad es un camino fundamental para manejar una organización. Mejora las actividades básicas de negocios, de administración y técnicas con el fin de lograr, en forma simultánea, satisfacción del cliente, eficiencia de los recursos humanos y costos más bajos.

Hoy día, existe conciencia en todas partes de la importancia de la calidad. Una de las principales razones de la importancia de una iniciativa tal como el programa Malcolm Baldrige National Quality Award, por la mejora de la competitividad de las empresas en la industria y servicios de Estados Unidos, es que por primera vez se establecen lineamientos que sientan las bases de la calidad total para un liderazgo competitivo en calidad. Y estándares internacionales tales como la serie ISO 9000, si bien implican un concepto a nivel elemental de un mínimo de calidad total, apuntan, sin embargo, hacia un enfoque amplio de logro de calidad. Sin embargo, los resultados de una implementación exitosa de calidad percibida por el cliente varía mucho todavía entre una compañía y otra.

La creación de esta edición se debe a la pregunta que me hizo un periodista acerca de mi evaluación, como el creador del concepto, de la asimilación y alcance de lo que es la calidad total ante la amplia y general atención que ahora está recibiendo. Yo le contesté que el factor positivo es el reconocimiento por parte de todas las empresas importantes de hoy de que la calidad debe definirse en función del cliente y no del productor, y de que su logro depende de un programa claro y eficiente que abarque a toda la organización, y no a un solo departamento o a unos pocos especialistas. El factor negativo —le dije— ha sido el no poder enfatizar suficientemente que lograr esto implica un trabajo muy, muy arduo, que no depende exclusivamente de técnicas aisladas de calidad o de programas episódicos de motivación, y que, además, exige una ejecución de la calidad total continua y minuciosa, y a largo plazo.

Una de las claves del control total de la calidad es el liderazgo personal de los administradores que han adquirido la pericia a fondo para establecer el programa de calidad en su organización así como para poner en marcha el conocimiento, las habilidades, y la actitud de todos en todos los niveles de implementación. El objetivo de esta Edición del cuadragésimo aniversario es procurar las bases para que los lectores de bibliografía en administración, y todo profesional interesado en el tema de la calidad comprendan el concepto de control total de calidad y, por supuesto, lo comprendan también los profesionales involucrados con puestos en los que la calidad es de importancia primordial. La presente edición se centra en el logro imperativo de la calidad en la década de 1990, mediante la interacción de los principios y prácticas fundamentales de control total de calidad que han demostrado ser válidos en numerosas compañías a lo largo de muchos años, junto con la exposición y revisión, ahora, de por qué la aplicación de estas prácticas es esencial para cumplir con las demandas competitivas en la década de 1990.

Lo expuesto entre la Parte uno y la Parte seis del libro trata de la presentación de los fundamentos, como se describe en el **Prólogo a la tercera edición.** Para esta nueva edición del libro incluye la adición de la Parte siete, **El imperativo de la calidad total en la década de 1990**, la cual revisa las demandas de calidad del mercado actual, los hitos en control de calidad total que deben lograrse para satisfacer estas demandas, y los principios de administración que son clave para su aplicación. El libro termina con los principios del control total de la calidad: **Sumario**.

El libro está organizado de modo que cada capítulo, al igual que cada parte, pueda leerse como una unidad independiente, permitiendo así un uso fácil del mismo por el administrador, el profesional en calidad, el analista, y otros lectores interesados en el tema. También facilita su lectura en el aula y demás situaciones de entrenamiento y aprendizaje.

Tengo la esperanza de que la presente edición ayudará al lector en la búsqueda de la excelencia en calidad, que es el motivador que nos mueve a todos.

Deseo expresar mi profunda gratitud a Donald S. Feigenbaum, quien con su práctico criterio, ideas creativas y ánimo constante ha sido esencial en la realización del libro. Sin su ayuda, ni ésta ni ninguna otra edición de *Control total de la calidad* hubieran sido posibles. Es preciso dar las gracias también a la señorita Leslie Warren, por su cuidadosa atención a muchos aspectos del libro.

Debo mencionar que esta edición se apoya primordialmente en las ediciones anteriores del libro. Los muchos hombres y mujeres que contribuyeron a esas ediciones anteriores continúan desempeñando un papel importante en el éxito de la presente edición.

Dr. Armand V. Feigenbaum
General Systems Company, Inc.
Pittsfield, Massachusetts

Prólogo a la tercera edición

La calidad es el factor básico de decisión del cliente para un número de productos y servicios que hoy crece en forma explosiva —ya sea el comprador un ama de casa, una corporación industrial, una agencia de gobierno, una cadena de tiendas de departamentos o un programa de defensa militar.

La calidad ha llegado a ser la fuerza más importante y única que lleva al éxito organizacional y al crecimiento de la compañía en mercados nacionales e internacionales. Los rendimientos de programas de calidad fuertes y eficientes están generando excelentes resultados de utilidades en empresas con estrategias de calidad eficientes. Esto está demostrado por los importantes aumentos en la penetración del mercado, por mejoras importantes en la productividad total, por los costos mucho menores de calidad y por un liderazgo competitivo más fuerte.

Sin embargo, el éxito en la implementación de esta estrategia de negocios varía ampliamente entre las organizaciones del mundo. Hoy más que nunca, los compradores perciben que los productos de ciertas compañías tienen claramente mayor calidad que la competencia, y compran de acuerdo con esto.

También, como nunca antes, existe una mayor variabilidad en la eficiencia de los programas de calidad de las compañías. Algunos son muy fuertes en profundidad y en compromiso. Otros manejan medidas parciales para tratar de cumplir con los requisitos fundamentales de calidad, armando gran alboroto con programas de calidad que se estimulan una sola vez, o desempolvando la aplicación de algunas técnicas tradicionales de control de calidad.

Debido a la gran variación de resultados de calidad, la búsqueda de las llaves genuinas del éxito en la calidad, se ha convertido en un asunto de gran interés en la administración de las compañías en todo el mundo. Y la experiencia está abriendo una base fundamental para lograr este éxito.

La calidad es en esencia una forma de administrar a la organización. Como finanzas y mercadotecnia, la calidad ha llegado ahora a ser un elemento esencial de la administración moderna. Y la eficiencia en la administración de la calidad se ha convertido en una condición necesaria para la eficiencia de la administración industrial en sí.

La experiencia industrial a través de Estados Unidos, el Lejano Oriente, Europa y América Latina, ha demostrado que el control total de calidad (CTC), cuya presentación original se hizo en las ediciones anteriores de este libro, proporciona los fundamentos para administrar con éxito la calidad y así asegurar la satisfacción del cliente. El propósito de *Control total de la calidad*, tercera edición es explicar la administración moderna de la calidad en términos prácticos y a profundidad.

El campo del control total de la calidad proporciona la estructura y herramientas para administrar la calidad, de tal forma que haya un énfasis continuo en el liderazgo de la calidad a través de la organización; una inversión legítima en tecnología moderna, así como su implementación moderna para la calidad en toda la organización desde ventas, pasando por ingeniería, hasta producción, y el compromiso de todos, desde arriba hasta abajo en la organización para la calidad y la productividad. En efecto, la calidad y sus costos son administrados, ingeniados y motivados a través de la organización con la misma amplitud y profundidad con los que, a su vez, los productos exitosos son administrados, ingeniados, producidos, vendidos y surtidos con el adecuado servicio. Esto hace que los programas de control de calidad sean tan importantes para el éxito de la organización como los programas de inversión de capital, los programas de desarrollo del producto y los programas de eficiencia productiva —y, de hecho, hace que el control de calidad sea algo esencial para el éxito de estos programas.

El control de calidad es, por tanto, mucho más que solamente un agrupamiento de proyectos técnicos y actividades de motivación sin ningún centro administrativo claramente articulado. Tampoco el control de calidad moderno tiene una sola identidad regional o geográfica, o viaja con algún pasaporte nacional exclusivo. En realidad, una de las principales características del control de calidad moderno es su carácter mundial.

La tercera edición de *Control total de la calidad* está, por tanto, diseñada y escrita para presentar el campo de control de calidad moderno como un cuerpo de conocimientos administrativos, tecnológicos, de comportamiento y económicos —junto con la aplicación organizada de estos conocimientos al mejoramiento práctico de las operaciones industriales para los mercados nacionales e internacionales. Ha extendido ampliamente los fundamentos de las primeras ediciones del libro al integrar con ellas los desarrollos y la experiencia de los últimos años, mientras el campo de control de calidad ha seguido madurando en su aspecto administrativo y ha seguido profundizando técnicamente como respuesta a la riqueza de la experiencia industrial.

El control de calidad se examina aquí desde un punto de vista de negocios en términos de economía y utilidad, de liderazgo en el mercado y de productividad y control de costos. Se considera en los términos gerenciales de organización, administración participativa y planeación estratégica, así como con el enfoque de sistemas para la calidad. Está revisado desde el aspecto de la mercadotecnia y de las actividades de ventas con la identificación de la calidad de mercado y la planeación del producto para la determinación de las actitudes del cliente respecto a la calidad y a las expectativas de calidad del comprador. El libro se explica desde el punto de vista de las actividades de ingeniería, incluyendo el desarrollo de productos orientados hacia la calidad y diseño, determinación de confiabilidad, coordinación de calidad en la ingeniería de fabricación, factibilidad de control y aseguramiento de la seguridad del producto.

El control de calidad se examina con respecto a las acciones de compra necesarias desde la selección del vendedor hasta el mantenimiento continuo de la calidad del proveedor. Se expone el texto bajo la perspectiva del rango de actividades que recaen en la calidad de producción, desde la planeación de manufactura, control del proceso y automatización, hasta la evaluación de capacidad del equipo y aseguramiento del producto final.

El libro proporciona un enfoque claro de los nuevos métodos y medidas para la productividad total —tanto en las oficinas como en la planta. Revisa la forma en que se da servicio y se instala el producto con miras a la calidad. Considera operaciones de calidad tanto nacionales como internacionales. Y, todo el tiempo, presta atención cuidadosa a los aspectos de comportamiento humano y a las relaciones entre empleados y administración, desde el punto de vista moderno de la calidad, pasando por el reconocimiento de las actitudes del trabajador de hoy hacia la motivación, el compromiso del empleado, y el desarrollo de un compromiso genuino y global con la calidad.

Es más, debido a nuevos desarrollos de productos, las demandas cambiantes de los compradores y el crecimiento tecnológico, así como las continuas presiones competitivas, hacen de la calidad un objetivo cambiante —uno que nunca es estático—, pues el futuro siempre deja su huella digital en el control de calidad. Como en el caso de las ediciones anteriores, *Control total de la calidad*, tercera edición, está diseñado para proporcionar al lector —con sus herramientas y actividades que tratan en forma eficiente con el presente— un fundamento para planear con éxito, con el fin de satisfacer los requisitos de este futuro.

I

Control total de la calidad está dirigido a aquellos hombres y mujeres en la industria, comercio, servicio y gobierno que son responsables de la operación exitosa de una organización o de una parte de ella. Pueden tener responsabilidades como ejecutivo en jefe, gerente general, director de manufactura, cabeza de mercadotecnia, ingeniero en jefe, gerente de calidad, director de ingeniería de fabricación, ingeniero en calidad, ingeniero en control de proceso, planificador de mercado y ventas, ingeniero en confiabilidad, agente de compras-comprador, ingeniero de desarrollo y diseño, supervisor de producción, estadístico, director de entrenamiento y educación, analista de sistemas de computación, gerente de mercancía, especialista en servicio al cliente, asesor en control de factibilidad-costo y muchos otros.

Es importante reconocer que, si el control de calidad fue una vez del interés de sólo unas cuantas personas técnicas, es hoy de principal interés para un gran número de gerentes, que aumenta, así como de ingenieros, estadísticos y de tantos hombres y mujeres que trabajan en diversas ocupaciones y a través de numerosas organizaciones en muchas naciones del mundo. Los problemas a los que estos hombres y mujeres dirigen su atención existen en una amplia gama de formas: el establecimiento correcto de los objetivos de calidad en los planes de la organización; el asegurar una reacción positiva del cliente hacia los productos; el desarrollo de niveles de confiabilidad apropiados en los ensambles y componentes de la compañía; el mantenimiento del máximo control en los procesos en la planta; llevar a cabo el tipo adecuado de pruebas antes de la producción; el establecimiento de relaciones significativas entre vendedor y comprador; y la reducción de gastos por costos de calidad junto con la mejora correspondiente en los resultados del negocio.

El libro está diseñado para ayudar a toda persona con estas responsabilidades y en estas ocupaciones a enfrentar diariamente con éxito estos retos para asegurar la satisfacción del cliente, mejorando la calidad del producto y reduciendo los costos relacionados. El libro puede utilizarse como sigue:

1. Como medio para obtener un entendimiento eficaz de la administración de la calidad moderna.
2. Como guía de las prácticas modernas del control de calidad.
3. Como base para la obtención de los principios organizativos, de administración de costos y de comportamiento en el control de calidad.
4. Como forma de aprender sobre las tecnologías de ingeniería y los enfoques estadísticos del control de calidad moderno.
5. Como texto para educación administrativa.
6. Como texto fundamental inteligible para programas educativos y curso de control de calidad.
7. Como repaso metodológico, refrescante y renovador para el personal operativo de calidad –ya sea en control de calidad, mercadotecnia, ingeniería del producto, manufactura o servicio al producto.
8. Como referencia para hombres y mujeres interesados en una amplia gama de técnicas, tales como métodos de ingeniería antes de la producción, procedimientos de compra, prácticas de ingeniería de calidad, rutinas de inspección y pruebas, conceptos del equipo de calidad y actividades de administración de calidad.

II

El libro contiene 21 capítulos, consolidados en seis partes, y termina con un resumen de los principios del control total de la calidad. Está organizado de tal manera que cada capítulo, así como cada parte, pueda leerse como una unidad por separado; de ahí que constituya una herramienta de fácil uso para el gerente, el ingeniero, el analista y otros lectores en términos de la aplicación de la calidad; también sirve para su uso en las aulas, así como en otras situaciones educativas y de entrenamiento.

El contenido de *Control total de la calidad* queda mejor descrito en el resumen de sus seis partes:

Parte uno – "Administración de la calidad en los negocios". Esta sección presenta, en los capítulos uno al cuatro, el panorama general del control de calidad y los beneficios principales que su aplicación trae a una organización moderna. Expone la administración de la calidad con énfasis en las actividades de toda la compañía y toda la planta; la planeación estratégica que hace de la calidad un factor integral de la planeación del negocio; liderazgo competitivo del mercado a través de un fuerte aseguramiento de la calidad para el cliente; y mejoramiento de utilidades, reducción de costos y comportamiento del rendimiento de los programas de calidad.

Da un perfil del comprador-consumidor de hoy, de la corporación industrial, del cuerpo de gobierno —y de los requisitos de calidad que introducen al mercado. Perfila a los productores de hoy a las nuevas demandas de calidad a las que se enfrentan, incluyendo fuerzas como el vigoroso aumento de competencia en la calidad, confiabilidad estricta del producto, aseguramiento de seguridad y consumismo —así como las nuevas oportunidades en los negocios representadas por estas fuerzas. Perfila al trabajador de hoy, empleados de oficina y obreros, y al nuevo ambiente que se está desarrollando en el lugar de trabajo.

La parte uno considera la gama de puntos actuales con los que tratan los programas de calidad total, incluyendo mejoras principales en productividad; nuevos desarrollos e introducción más rápida de productos; automatización y tecnología cambiante de procesos, aplicación de la computadora y control del software; nuevos enfoques a la relación vendedor-proveedor; y la internacionalización de las operaciones. Enlaza esta gama de relaciones de calidad con el mercado, tecnología, producción y ambiente de servicio organizativo de hoy, e identifica los factores de calidad total para satisfacer los objetivos de cliente, liderazgo del mercado, utilidades y productividad.

Parte dos—"El sistema de calidad total". El propósito de esta sección es revisar, a través de los capítulos cinco al siete, el enfoque de sistemas para la calidad y la economía que gobierna la administración de sistemas de costo eficientes.

La sección revisa el campo de la fuerza laboral, maquinaria y consideraciones de información que intervienen en el aseguramiento de la calidad. Señala los detalles de los costos de calidad incluyendo costos de calidad operativos —tanto de control como de falta de control; y otros costos de calidad como los costos orientados hacia el uso y ciclo de vida, costos indirectos, costos de vendedor y costos de inversión en equipo.

Parte tres—"Estrategias administrativas para la calidad". Esta sección presenta, en los Caps. 8 y 9, los fundamentos operativos de administración para la calidad. Expone cómo está organizada hoy la calidad, y considera los aspectos fundamentales involucrados en la organización exitosa.

Revisa el desarrollo y logro del compromiso total con la calidad en toda la organización, incluyendo educación y entrenamiento; programas de participación de empleados a partir de mesas redondas y círculos de calidad para las actividades de la vida del trabajo; y la gama de las actividades de relación empleado-administración que son esenciales para asegurar la calidad.

Parte cuatro—"Tecnología de ingeniería de la calidad". El objetivo de esta sección es presentar, de los Caps. 10 al 12 las tres áreas básicas de ingeniería del control total de la calidad. Se estudia la ingeniería de la calidad con respecto a la identificación de los requisitos de calidad del cliente y el establecimiento de una política de calidad; el desarrollo de calidad en nuevos productos; el análisis de las actividades de calidad y la planeación de las actividades de calidad.

La ingeniería de control del proceso se explica como pasos técnicos a través de los cuales estos requisitos de calidad se logran en el material del vendedor, en la producción y en el servicio al cliente. La ingeniería del equipo de información de la calidad se revisa para cubrir el equipo de inspección y pruebas, así como el procesamiento y control de la información de calidad con ayuda de la computadora.

Parte cinco – "Tecnología estadística de la calidad". Esta sección presenta, en los Caps. 13 al 17, cinco áreas principales de metodología estadística en el control total de la calidad: distribuciones de frecuencia, gráficas de control, tablas de muestreo, métodos especiales y confiabilidad del producto.

Estos procedimientos estadísticos han sido presentados frecuentemente de forma que es necesario un entrenamiento matemático avanzado para entenderlos. En cambio, esta sección proporciona el punto de vista representado por estos métodos en álgebra básica y aritmética.

Se proporcionan fórmulas, gráficas y tablas en la medida en que se hacen necesarias. Se sugiere material de referencia en notas al pie de página para aquellos lectores que por su formación e intereses requieran mayor detalle sobre estadística y confiabilidad.

Parte seis – "Aplicaciones del control total de la calidad en la compañía". El propósito de esta sección es la exposición, en los Caps. 18 al 21, de las aplicaciones del control de calidad a los problemas de la compañía, con énfasis en cuatro áreas básicas: control de nuevos diseños, control de materiales adquiridos, control del producto y estudios de proceso especiales.

El control de nuevos diseños se examina con respecto a la calidad de diseños de nuevos productos y del mejoramiento de la calidad de diseño de los productos existentes. El control de materiales adquiridos se presenta en términos de actividades de control fuertemente integradas con los vendedores, donde la carga de eficiencia en costos de las pruebas de calidad descansa en el proveedor. El examen de control del producto abarca la preproducción, el proceso, ensamble final, embarque y el campo de las actividades de servicio para el producto. Los estudios de procesos especiales enfatizan programas tanto para las mejoras sistemáticas de la calidad como para las acciones correctivas permanentes para eliminar deficiencias en la calidad.

A través de esta presentación de las aplicaciones, se ofrecen ejemplos y se señalan planes y formas tabulares representativas.

El libro termina con un resumen de los principios básicos de la calidad total. Estos principios se revisan como factores clave en la administración de una organización para asegurar el logro de la calidad para el cliente al costo de calidad correcto.

III

Para que el autor incluyera su agradecimiento individual a todos aquellos que influyeron en este libro, tendría que listar a colegas de su propia compañía, así como a otros grupos de colegas —desafortunadamente demasiados para poder mencionarlos— de otras compañías y asociaciones profesionales en Estados Unidos, y de todo el mundo.

Un agradecimiento único y fundamental se debe a Donald S. Feigenbaum, quien ha estado profundamente involucrado en todos los aspectos de la planeación, desarrollo y revisión de este libro. El trabajo original y pionero de Donald Feigenbaum en ingeniería de sistemas y administración de sistemas, así como en administración ejecutiva y general, ha proporcionado los fundamentos y guías para el estudio de estas áreas. Con respecto al número de conceptos tratados, el autor actúa como recopilador del trabajo del Sr. Feigenbaum.

Se expresa el debido aprecio a la Sra. Nancy Way, quien trabajó con el autor para el completo desarrollo del libro y proporcionó un trabajo minucioso y cuidado durante todo el tiempo.

En forma particular se reconoce la colaboración del profesor Mason Wescott, quien revisó detalladamente los capítulos sobre estadística e hizo un número de recomendaciones incisivas y varias mejoras al texto.

Un agradecimiento personal al profesor Leo Aroian, quien leyó la sección sobre tecnología estadística y proporcionó valiosas sugerencias que beneficiaron al texto.

Debo expresar profunda gratitud a la Sra. Marjorie Steele por revisar el trabajo secretarial del manuscrito y por manejar personalmente partes importantes.

También es preciso dar las gracias a la Srita. Linda Sambel por el trabajo de arte gráfico del libro.

Debe tenerse presente que este libro se basa mucho en las ediciones anteriores de *Control total de la calidad*. Las diversas personas que contribuyeron en esas primeras ediciones han sido, por lo tanto, una parte importante de este libro.

Armand V. Feigenbaum

PARTE UNO
Administración de la calidad en los negocios

CAPÍTULO 1
La calidad de los productos y servicios y el control total de la calidad

Los años recientes han visto el crecimiento de un nuevo tipo de mercado mundial sin precedente en volumen, variación y calidad. Es un mercado en el que las expectativas crecientes de los compradores —ya sean consumidores o corporaciones industriales— aunado con el cambiante papel del gobierno, han intensificado grandemente las demandas en la administración de los negocios.

La amplitud y complejidad de estas demandas abarcan un espectro completo de problemas gerenciales —estructura de precio y reducción de costo, relaciones industriales y desarrollo organizativo, cambios tecnológicos y mecanización, o ventas y la introducción de un nuevo producto. Y todo esto se está llevando a cabo dentro de un marco en el que los negocios y el gobierno —no sólo a nivel federal, sino a niveles estatales y municipales— están moviéndose hacia un tipo de relación completamente nuevo.

Es más, en un proceso turbulento que implica redefinir los "estándares de vida" en términos aceptables para todos nosotros que jugamos el papel dual de consumidores y productores, los debates sobre contaminación, crecimiento económico, consumismo, energía, participación laboral y fabricación en equipo, están llevándonos a cambios tan grandes en nuestros conceptos industriales que algunas personas han empezado a decir que estos cambios constituyen una segunda Revolución Industrial. Los conceptos han ido evolucionando en nuevas dimensiones principales tanto para productos y servicios como para los procesos de ingeniería y manufactura que los producirán.

Las soluciones efectivas de muchos problemas actuales no son ya un asunto de la administración tradicional y de la metodología de la ingeniería. Son, en vez de eso, el tema sustancial críticamente importante de la nueva administración e ingeniería, tales como:

- Administrar para asegurar la productividad *total de la compañía,* en vez de únicamente la de los trabajadores directos de la planta.

- Administrar para hacer del hombre de negocios, del científico y del ingeniero una *suma* en lugar de una *diferencia.*
- Administrar para enfocar el consumo de productos en forma positiva en vez de negativamente.
- Administrar para confrontar la necesidad de la conservación de la energía y materiales, así como la reducción de desperdicios y mejor utilización de recursos.
- Administrar en términos internacionales en vez de hacerlo sólo como administraciones nacionales que buscan abarcar otros mercados.

En ninguna parte es esta necesidad de mejora, tan claramente evidente como en el área de la *calidad* de los productos y servicios. Ésta es una situación en la que la industria está vitalmente involucrada, y una que clama por las nuevas tecnologías y sistemas de control total de la calidad.

El papel del control total de la calidad para obtener las mejoras necesarias principales, tanto en calidad como en costos de calidad, se estudian en este Cap. 1. El Cap. 2 considera al comprador y vendedor actuales, y al mercado único que comparten. El Cap. 3 examina entonces el impacto de las condiciones cambiantes de la actualidad sobre la administración en la industria, comercio y gobierno. Con esta información, el Cap. 4 trata entonces de la necesidad de hacer operativo el control de calidad en plantas y compañías, identificando primero los factores clave que hay que afrontar y después las tareas clave necesarias para alcanzar las metas específicas de calidad.

1.1 ¿Cuál es el nuevo impacto de la calidad?

Hoy, nuestras agendas y vida cotidiana dependen totalmente de la ejecución y operación satisfactoria de productos y servicios –ya sea una red eléctrica metropolitana, un centro farmacéutico en una unidad de cuidados intensivos, una lavadora de ropa automática para una familia joven que crece, o el automóvil que se usará como autobús familiar 14 horas al día. Esta situación sin alternativa –o "redundancia cero", en términos más técnicos–, es básicamente algo nuevo para la sociedad, y ha aumentado explosivamente la demanda del cliente de mayor durabilidad y confiabilidad en productos y servicios.

Mientras los compradores de hoy continúan comprando con gran atención en el precio, a diferencia de los compradores de hace sólo unos cuantos años, ponen un énfasis cada vez mayor en la calidad, esperando productos aceptables a *cualquier* nivel de precio. Es la calidad tanto como el precio lo que vende hoy, y la calidad lo que atrae de regreso a los clientes por una segunda, tercera o decimoquinta vez.

En realidad, los logros sobresalientes de calidad en la industria al satisfacer estos requisitos durante las décadas pasadas son historia conocida. El principal reto que ha surgido de productos más complejos para el cliente, con mayores funciones y requisitos de ejecución, está siendo enfrentado con eficiencia creciente desde el campo de los aparatos eléctricos y enseres domésticos hasta las fibras "milagrosas" y productos que calientan y enfrían el hogar. El alto grado de confiabilidad requerido para los sistemas de equipo complejo, desde los transportes a larga distancia hasta los vehículos espaciales, ha logrado enormes adelantos. Si bien es cierto que queda mucho por hacerse, el aspecto de resultados del cuadro de calidad muestra alguna mejoría.

Sin embargo, menos mejoras quedan al descubierto cuando se examina el esfuerzo tras bambalinas para asegurar estos estándares de alta calidad. Por cada dólar gastado en planeación de ingeniería, producción y servicio del producto, un gran número de industrias de hoy están perdiendo muchos centavos adicionales debido a métodos de baja calidad durante la ingeniería y producción o después de que el producto está en el campo.

Aunque la mayor parte de las fallas de calidad siguen descubriéndose en la planta en lugar de después de embarcadas, las técnicas para localizarlas son con frecuencia excesivamente costosas y provocan pérdida. Además, en algunos casos, los productos que puedan fallar poco después de entrar en servicio no siempre se detectan en la planta. Estas condiciones no se pueden tolerar en ninguna industria que luche por mantener y mejorar su posición competitiva.

Hoy, los costos de calidad y seguridad forman una parte cada vez más importante del Producto Nacional Bruto (PNB). La carga del gasto recae fuertemente sobre el fabricante en forma de costos de calidad, que puede ascender del 7 al 10% —y aún más— de las ventas totales facturadas. También influye mucho en el comprador, cuyos costos de operación y mantenimiento pueden ser comparables con el precio original de compra, así como para el comerciante, cuya tasa de rendimiento del producto puede igualar o superar el margen de utilidades.

La calidad y seguridad del producto han, por tanto, llegado a ser de importancia primordial para el gobierno y una fuerza política que se debe reconocer. Mientras el tema de la calidad inunda los tribunales en la forma de una creciente avalancha de demandas de estricta responsabilidad por el producto, está modificando 2000 años de la ley de "precaución contra el consumidor" para convertirla en fallos de los tribunales "en contra del fabricante". Y el incremento del interés público respecto a la calidad ha sido tan notorio que está cambiando patrones económicos, legales y políticos que han prevalecido durante largo tiempo.

El logro y conservación de grados aceptables para el cliente en la calidad de productos y servicios, es hoy un determinante fundamental para la salud, crecimiento y viabilidad económica de los negocios. De la misma manera, la calidad se está convirtiendo en un factor principal en el desarrollo e implementación exitosa de los programas administrativos y de ingeniería para la realización de las metas principales de los negocios. Además, hoy en día, el control de calidad —los objetivos gerenciales, herramientas, técnicas— debe estar completo y eficazmente estructurado para satisfacer las demandas de esta nueva estructura de mercados y de negocios.

1.2 ¿Qué es control total de la calidad y cuál es su propósito?

La meta de la industria competitiva, respecto a la calidad del producto, se puede exponer claramente: suministrar un producto o servicio en el cual su calidad haya sido diseñada, producida y sostenida a un costo económico y que satisfaga por entero al consumidor.

Cuando en el libro utilizamos la frase "control total de la calidad" nos referimos al sistema integral que abarca a toda la compañía, en tanto que entidad que persigue esta meta. O bien, elaborando una definición:

> El control total de la calidad es un sistema efectivo de los esfuerzos de varios grupos en una empresa para la integración del desarrollo, del mantenimiento y de la superación de la calidad con el fin de hacer posibles mercadotecnia, ingeniería, fabricación y servicio, a satisfacción total del consumidor y al costo más económico.

Su amplitud y esencialidad para el logro de los resultados del negocio hacen del control total de la calidad un nuevo e importante aspecto de la administración. Como un foco del liderazgo administrativo y técnico, el control total de la calidad ha producido mejoras importantes en la calidad y confiabilidad del producto para muchas empresas en todo el mundo.[1] Además, el control total de la calidad ha logrado reducciones importantes y progresivas en los costos de calidad. Por medio del control total de la calidad, las gerencias de las compañías han sido capaces de aprovechar la fuerza y confianza de la calidad de sus productos y servicios, lo que les permite adelantarse en el volumen de mercado y ampliar la mezcla de productos con un alto grado de aceptabilidad del cliente y estabilidad en utilidades y crecimiento.

El control total de la calidad constituye las bases fundamentales de la motivación positiva por la calidad en todos los empleados y representantes de la compañía, desde altos ejecutivos hasta trabajadores de ensamble, personal de oficina, agentes y personal de servicio. Y una capacidad poderosa del control total de la calidad es una de las fuerzas principales para lograr una productividad total muy mejorada.

Las relaciones humanas eficientes son básicas en el control de la calidad.[2] Un resultado importante de esta actividad es su efecto positivo en el operario al crearle responsabilidad e interés en producir calidad. En último análisis es como un par de manos humanas que efectúan operaciones importantes que se reflejan en la calidad del producto. Es de la mayor importancia para lograr éxito en el trabajo de control de calidad, que estas manos se encuentren guiadas en forma experta y consciente y enfocada hacia la calidad.

Además, los conocimientos tecnológicos sólidos son básicos, muchos de los cuales ya están en uso. Quedan incluidos aquí sistemas para la especificación de tolerancias en términos claros para el usuario, métodos rápidos para la evaluación de componentes y sistemas de confiabilidad; clasificación de características de la calidad, métodos de clasificación de proveedores, técnicas en las inspecciones por muestreo, técnicas en los controles de proceso, el diseño de equipo para mediciones en el control de la calidad; sistemas de calibración, establecimiento de normas (estándares), evaluación de la calidad de un producto y clasificaciones promedio, así como la aplicación de técnicas estadísticas en experimentos diseñados por medio de gráficas de $\overline{X}$ y de R, y muchas más.

Es de interés hacer notar que estos métodos se han utilizado por separado durante muchos años como una definición del control de calidad. Tanto por escrito como de palabra se encuentra uno con que el control de calidad se define como cierta forma de inspección de muestras, como una parte de la estadística industrial, como trabajo relativo a la confiabilidad o como un mero acto de inspección o prueba. Estas diversas definiciones describen únicamente partes o métodos individuales de un programa completo del control de la calidad. Y pueden, todas ellas, haber contribuido a la confusión a la cual este término se asocia algunas veces dentro de la industria.

Los términos "control de calidad" y "aseguramiento de la calidad" han llegado a tener diferentes significados en diversas empresas —cada término significa diferentes aspectos de la actividad de la satisfacción del cliente con la calidad. Los programas de control total de la calidad incluyen e integran las acciones implicadas en el trabajo cubierto por ambos términos.

1.3 El significado de "calidad"

La calidad la determina el cliente, no el ingeniero ni mercadotecnia ni la gerencia general. Está basada en la experiencia real del cliente con el producto o servicio, medida contra sus *requisitos* —definidos o tácitos, conscientes o sólo percibidas, operacionales técnicamente o por completo subjetivos— y siempre representa un objetivo móvil en el mercado competitivo.

La calidad del producto y servicio puede definirse como:

> La resultante total de las características del producto y servicio en cuanto a mercadotecnia, ingeniería, fabricación y mantenimiento por medio de las cuales el producto o servicio en uso satisfará las expectativas del cliente.

El propósito de la mayor parte de las medidas de calidad es determinar y evaluar el *grado* o *nivel* al que el producto o servicio se acerca a su resultante total.

Algunos otros términos, como confiabilidad, facilidad para darle servicio y mantenimiento, en algunas ocasiones se han tomado como definiciones de la calidad del producto. Estos términos son, en realidad *características* individuales, que en conjunto constituyen la calidad del producto y servicio.

Es importante reconocer este hecho, porque el requisito clave para establecer lo que se entenderá por "calidad", exige un equilibrio económico entre estas características individuales. Por ejemplo, el producto debe desempeñar sus funciones tantas veces como se requiera durante su *ciclo de vida* bajo las condiciones estipuladas, tanto ambientales como de servicio; en otras palabras, debe mostrar *confiabilidad.* De primordial importancia, es que el producto debe ser *seguro*. Debe establecerse un grado razonable de servicio y mantenimiento al producto, de forma que al producto se le pueda dar *mantenimiento* y *servicio* durante su ciclo de vida. El producto debe tener un aspecto que agrade al consumidor, debe ser *atractivo*. Cuando todas las otras características del producto se encuentren equilibradas, la "verdadera" calidad resulta de ese conjunto que ofrece la función deseada, con la mayor economía, teniendo en consideración entre otras cosas la obsolescencia y servicio del producto —y el concepto de calidad orientada hacia la total *satisfacción del cliente* es lo que se debe controlar.

Además, este balance puede cambiar si el producto o servicio en sí cambia. Por ejemplo, cada una de las cuatro etapas del ciclo de madurez por el cual pasan muchos productos exige un balance de calidad un tanto diferente —ya sean desde las primeras llantas radiales hasta los nuevos y más perfeccionados productos radiales, o el avión original de cabina ancha o el avión de pasajeros más cómodo y más eficiente. El consumo de televisores es un ejemplo. En la primera etapa, la calidad del producto estaba fuertemente dominada por la *innovación* de la entonces nueva función, que vendía sola el producto. Los compradores de aparatos de televisión fueron primero atraídos por la entonces novedad del nuevo producto. Ciertos límites no muy buenos en la calidad, como figuras borrosas o en ondas, estática incesante y funcionamiento intermitente no eran impedimentos primarios para el consumidor, quien estaba encantado o interesado en las "figuras visuales".

Al aumentar la aceptación en el mercado, el televisor entró a una segunda etapa *—consumo visible—* y el cinescopio se instaló dentro de un bonito mueble, con la imagen en blanco y negro reemplazada por una de color. La apariencia y el ser atractivo eran ahora también grandes factores en la definición de calidad del cliente.

En la tercera etapa *—uso generalizado—* la televisión se ha construido de acuerdo con el estilo de vida del consumidor. El adulto utiliza el aparato para las películas o eventos especiales; los adolescentes siguen los programas con cantantes populares. El funcionamiento confiable del producto y sus servicio son factores primarios en la calidad y las decisiones de compra se basan en ellos.

El producto entra a una cuarta etapa de madurez cuando se toma por hecho; ésta es la etapa de *comodidad*. El consumidor depende del televisor para las noticias, y el adolescente, ahora un auditorio crítico y enterado, exige fidelidad en la calidad de la cinta para ver a sus cantantes favoritos. La confiabilidad y la economía del producto son esenciales para la aceptación de la calidad.

Un papel crucial de calidad para la alta gerencia es reconocer esta evolución en la definición de calidad del cliente en las diferentes etapas del crecimiento del producto. Los cambios necesarios en las operaciones de calidad de la compañía deben ser implementados en una base de liderazgo, ya que siempre será demasiado tarde para las empresas que traten de "alcanzar" a las otras empresas cuando éstas ya han llevado a cabo los cambios necesarios en calidad. Por muy conscientemente que un programa de control de calidad esté manejado, si éste funciona como si el producto estuviera en su etapa de consumo o de aspecto —cuando en realidad el producto está en su etapa de uso generalizado o utilitario— seguramente fracasará en cumplir con las exigencias del cliente.

Un factor importante en la calidad moderna es que este ciclo de madurez de muchos productos se ha vuelto rápido, particularmente como resultado del paso acrecentado de nuevas tecnologías en algunas áreas, así como el aumento en las exigencias de los clientes y las presiones competitivas.

1.4 El significado de "calidad" — Orientación a la satisfacción del cliente

Una posible y clara definición de todos los requisitos del cliente es el primer punto basal fundamental para el control de calidad efectivo. Cuando esto no se ha llevado a cabo, puede crear un problema inherente que ninguna de las actividades subsecuentes de control puede resolver.

Ha habido en algunas industrias la tendencia a considerar ciertos requisitos de calidad básicos del cliente como algo "extra", mientras los clientes suponen que son parte de *cualquier* producto que compran. Esto crea la situación donde, por ejemplo, el vendedor ofrece una unidad de aire acondicionado para el hogar en un cierto precio y después justifica este precio diciendo que es un producto que en verdad enfría y que, por ser también silencioso, cuesta más. Pero ningún cliente escoge conscientemente un producto para refrescar su hogar que no enfríe o que lo mantenga despierto de noche.

En la frase "control de calidad", la palabra *calidad* no tiene el significado popular, de "mejor" en sentido abstracto. Industrialmente quiere decir "mejor dentro de ciertas condiciones del consumidor"; ya sea que el producto sea tangible (un automóvil, un refrigerador, un horno de microondas) o intangible (programas de rutas de autobús, servicio de restaurante y hospital).[3]

Dentro de esas condiciones son importantes, 1) el uso a que el producto se destina y 2) su precio de venta. A su vez, estas dos condiciones se reflejan en otras diez condiciones adicionales de producto y servicio:

1. La especificación de dimensiones y características de funcionamiento.
2. Los objetivos de confiabilidad y duración ("vida").
3. Los requisitos de seguridad.
4. Las normas aplicables.
5. Los costos de ingeniería, fabricación y calidad.
6. Las condiciones de producción bajo las que se fabricó el artículo.
7. La instalación en el sitio de uso y los objetivos de mantenimiento y servicio.
8. Los factores de uso de energía y conservación de materiales.
9. Consideraciones ambientales y otras consideraciones por "efectos secundarios".
10. Los costos de operación, uso y servicio del producto por el cliente.

El propósito de estas condiciones es lograr la calidad que establezca el balance adecuado entre el costo del producto y servicio y la valía al cliente, incluyendo requisitos esenciales como la seguridad. Por ejemplo, un troquelador en Nueva York, se encontró recientemente ante dos alternativas para producir una arandela de 4 pulgadas. Por una parte, podía emplear troquel normal y material de desecho, con lo que podría vender la pieza por 1/4 de centavo, sin garantizar un servicio a alta presión o alta temperatura, o bien, adquirir un troquel especial y material también especial para elaborar un producto que podía garantizar para cargas elevadas y temperaturas altas, y venderlo a 2 centavos cada pieza.

El comprador de las arandelas, al ser entrevistado por el encargado del departamento de ventas del fabricante, manifestó que en la aplicación del producto, ni la carga ni la temperatura tendrían importancia, pero lo que sí era importante era el precio. La decisión del fabricante fue, en consecuencia, fabricar arandelas de 1/4 de centavo con material de desecho; tal fue la "calidad" de su producto y cuyos requisitos se reflejaron en las condiciones del producto para la planta.

1.5 El significado de "control" en la industria

Control en la terminología industrial se puede definir como:

> Un proceso para delegar responsabilidad y autoridad para la actividad administrativa mientras se retienen los medios para asegurar resultados satisfactorios.

El procedimiento para alcanzar la meta industrial de calidad se denomina, por tanto, "control" de calidad, de la misma manera que los procedimientos para alcanzar la producción y objetivos de costos se llaman, respectivamente, "control" de producción y "control" de costos. Normalmente hay cuatro pasos para este control:

1. *Establecimiento de estándares.* Determinación de estándares requeridos para los costos de la calidad, el funcionamiento, la seguridad y la confiabilidad del producto.
2. *Evaluación del cumplimiento.* Comparación del cumplimiento entre el producto manufacturado o el servicio ofrecido y los estándares
3. *Ejercer acción cuando sea necesario.* Corrección de los problemas y sus causas en toda la gama de los factores de mercadotecnia, diseño, ingeniería, producción y mantenimiento que influyen en la satisfacción del usuario
4. *Hacer planes para mejoramiento.* Desarrollar un esfuerzo continuo para mejorar los estándares de los costos, del comportamiento de la seguridad y de la confiabilidad del producto

El control eficaz es hoy un requisito central para la administración exitosa. Cuando este control ha fallado, ha sido causa principal de aumentos en los costos de la compañía y reducción en los ingresos de la compañía. Y su fracaso ha sido también un contribuyente principal para los acontecimientos relacionados con confiabilidad, seguridad y posibles reclamaciones por defectos que han añadido nuevas dimensiones a los problemas de la gerencia.

Como se mencionó, el ritmo de la tecnología está aumentando cada vez más rápidamente para muchos productos y servicios. Esto ocasiona una demanda igualmente en aumento, para la integración práctica y económica de esta nueva tecnología en las prácticas operacionales de una compañía.

En tan importante estudio de planeación, se formuló la conclusión de esta manera: "Los cambios importantes dentro de la próxima década estarán en la estructuración de las actividades operacionales (para el control) en las compañías, así como en los nuevos adelantos en las mismas tecnologías operacionales".

Este retorno al control como énfasis central para la administración es un factor principal de equilibrio para las actitudes hasta fechas recientes, con su fuerte orientación hacia el crecimiento en ventas y producción. Sin embargo, para el ámbito de calidad, es una reafirmación de principios básicos. Estos principios son los de control en el sentido positivo y autónomo de establecer estándares orientados preventivamente al control; valuación del desempeño del producto y logro de resultados contra estos estándares; para luego asegurar las acciones necesarias de ajuste en todo el ciclo de mercadotecnia, ingeniería de diseño, producción y mantenimiento.

1.6 ¿Cuál es el alcance del control total de la calidad?

El fundamento de este concepto de calidad total y su diferencia básica en relación con otros conceptos, es que para proporcionar una efectividad genuina, el control debe iniciarse con la determinación de los requisitos de calidad que exige el cliente y terminar hasta que el producto ha sido colocado en las manos de un cliente que sigue satisfecho. El control total de la calidad guía las acciones coordinadas de personas, máquinas e información para lograr este objetivo.

La razón de lo anterior es que la calidad de todo producto tiene el efecto de muchos de los pasos del ciclo industrial (Fig. 1-1):

1. La mercadotecnia evalúa el grado de calidad que desea el consumidor y por el cual está dispuesto a pagar.
2. La ingeniería traduce la evaluación de mercadotecnia a especificaciones exactas.
3. Compras escoge, contrata y retiene a los proveedores de piezas y materiales.
4. La ingeniería de manufactura selecciona matrices, herramientas y procesos de producción.
5. La supervisión de manufactura y el personal de la planta ejercen una influencia decisiva durante la fabricación y en los ensambles intermedios y finales.
6. La inspección mecánica y pruebas funcionales comprueban el cumplimiento con las especificaciones.
7. Los embarques influyen en las necesidades de empaques y transporte.
8. La instalación y el servicio al producto ayudarán a lograr el funcionamiento correcto, instalando el producto de acuerdo con las instrucciones y mediante mantenimiento y servicio.

La determinación de la calidad y de sus costos ocurre en realidad durante todo el ciclo industrial. Ésa es la razón por la cual el control de calidad no se puede lograr con la concentración tan sólo en la inspección o en el diseño del producto, ni sólo mediante el diagnóstico de dificultades, o en el adiestramiento de los operarios, o en el control de los proveedores únicamente; o en el análisis estadístico, o en los estudios de confiabilidad, por muy importante que sea cada uno de éstos.

Fig. 1-1

Las actividades de calidad total se deben aplicar en *todas* las principales operaciones: mercadotecnia, ingeniería de diseño, producción, relaciones industriales, servicio y áreas clave. Cada mejora en la calidad y cada esfuerzo por mantener la calidad –sea un cambio en el equipo y fuerza laboral, en la estructura de interrelaciones, en el flujo de información o en la administración y control de estas funciones– debe calificar *tanto* para su propia aportación *como* para la aportación hacia la efectividad de la calidad total.

Tal como en la inspección tradicional, la función de control de la calidad, desde el punto de vista de la calidad total, continúa siendo la que asegura la calidad de los productos embarcados pero su mayor campo de acción agranda esta función. El control de calidad debe producir la certificación de *la calidad a un costo óptimo de calidad.*

El punto de vista de la calidad total considera a la persona prototipo del control de calidad no como inspector, sino como *ingeniero y administrador* de la calidad, con conocimientos adecuados en la tecnología aplicable del producto e ingeniería moderna de sistemas y administración de sistemas, así como con entrenamiento en métodos estadísticos, enfoques de comportamiento y motivación humana, técnicas de inspección y pruebas, estudios de confiabilidad, prácticas de seguridad y otras útiles herramientas de este tipo para mejorar y controlar la calidad.

A semejanza del lema de la actividad histórica de inspección que era: "las partes y productos malos no pasarán", el lema nuevo es "háganse bien desde un principio". Se acentúa la importancia de la *prevención* de defectos, de tal suerte, que la rutina de inspección no constituya una necesidad ineludible. La verificación de la calidad no pesa sobre la inspección sino sobre quienes producen las piezas: ingeniero de diseño, planificador de ventas, gerente, maquinista, supervisor de ensamble, vendedor, ingeniero de servicio de producto, según el caso.

1.7 Impacto en la empresa del control total de la calidad —La gerencia de calidad total

El control total de la calidad incluye no sólo las actividades de la función de control de calidad, sino con mayor importancia las actividades de calidad multifuncionales interdependientes en toda la organización; o, como definición:

> El impacto en la empresa del control total de la calidad implica la implementación administrativa y técnica de las actividades de calidad orientadas hacia el cliente como responsabilidad primordial de la gerencia general y de las operaciones principales de mercadotecnia, ingeniería, producción, relaciones industriales, finanzas y servicios, así como la función de control de calidad en sí.

La importancia de este impacto en toda empresa es que para gran parte de ellas, mucha de la demanda de mejoras en la calidad queda fuera del trabajo de la función tradicional orientada hacia la inspección y pruebas del control de calidad. Los programas tradicionales del control de calidad han estado demasiado limitados al enfrentar algunos procesos de producción que, en su forma actual y en su concepto, simplemente no producirán la necesidad de constancia en la calidad; al enfrentar algunos diseños de productos que fueron creados en términos muy estrechos y funcionales de ingeniería, son de hecho insuficientemente confiables en el uso real que les da el cliente; y al enfrentar programas de servicio del producto que fueron pensados como "remedios caseros" no pueden proporcionar los grados necesarios de mantenimiento del producto.

Los programas realmente eficaces del control total de la calidad se apegan profundamente al concepto fundamental de tales diseños de producto, a la preparación básica de tales procesos de producción y al alcance de dicho servicio al producto porque no hay otra forma de lograr los grados necesarios de calidad en el mercado de hoy.

Por ejemplo, la actividad de definición de calidad para la función de mercadotecnia, que se supone determinará la calidad que desean los usuarios, ha tenido frecuentemente una eficiencia muy baja antes de la institución de los programas de control total de la calidad. Además, la función de calidad de ingeniería de diseño y la definición de confiabilidad, en la forma de especificaciones, planos y dibujos de importancia cuantitativa, ha sido en ocasiones sólo marginalmente eficaz. Y cuando la mercadotecnia y las especificaciones de ingeniería no son tan claras como deberían ser, el impacto de satisfacción al cliente de actividades tales como control de calidad en la planta y control de proveedores, quedará limitado no importa qué tanta importancia individual puedan recibir.

Una contribución esencial de los programas modernos de calidad total es el establecimiento de disciplinas de calidad orientadas hacia el cliente tanto en las funciones de mercadotecnia e ingeniería como en producción. De esta forma, cada empleado de una empresa, desde la gerencia general hasta el operario de la línea participan personalmente en el control de calidad.

Esto es vital para el establecimiento de las actitudes básicas requeridas para un enfoque positivo hacia el logro de la calidad en el negocio. De hecho, muchas personas debido a su experiencia y educación, han sido condicionadas a pensar que los negocios son fundamentalmente precio, producción y ventas y, si acaso, la calidad, algunas veces en segundo plano. Este condicionamiento empieza en ciertos aspectos de las formas más tradicionales de entrenamiento para los negocios, que han tratado algunas veces al precio como el determinante principal de las actividades económicas y con la calidad tratada como un mero interés accidental del negocio.

El establecimiento de una actitud similar, puede ser también importante en lo mucho que se puede considerar como la infraestructura de una organización de negocios moderna. Por ejemplo, las actividades de planeación del producto de la función de mercadotecnia preferían algunas veces tratar los requisitos de calidad de una forma general. Y, aun el más importante de los componentes técnicos —la ingeniería del producto y diseño— prefería hacer algunas veces de la tecnología y novedad su importantísimo blanco de creación del producto, considerando a la calidad tal vez como de menor reto o como demanda técnica de menor interés.

Una poderosa capacidad del control total de la calidad es una de las principales fuerzas administrativas y de ingeniería para una compañía, que constituye un eje central para la viabilidad económica. La institución del control total de la calidad amplía y profundiza de modo importante el concepto de control de calidad en una compañía moderna. Permite lo que podría llamarse *administración total de la calidad* para cubrir el alcance completo del "ciclo de vida" del producto y servicio desde la concepción del producto hasta la producción y servicio al cliente.

1.8 Ingeniería de sistemas y administración — Las bases para el control total de la calidad

El trabajo del control total de la calidad requiere formas efectivas para integrar los esfuerzos de un gran número de *personas* con un gran número de *máquinas* y enormes cantidades de *información*. Por tanto, implica preguntas acerca de sistemas de proporciones importantes y los sistemas inherentes al control total de la calidad.[4]

Históricamente, el significado de la palabra "sistema" ha variado en un aspecto muy amplio: desde "papeleo" de oficina en un extremo hasta un programa de computadora en "software" y un sistema de equipo "hardware" en el otro extremo. En control de calidad, el término "sistema" ha significado cualquier cosa desde procedimientos de localización de dificultades en la planta, hasta un estante de manuales que cubren todas las rutinas de prueba e inspección.

La experiencia ha mostrado que estos enfoques han sido muy estrechos. El control eficaz de la calidad requiere una fuerte coordinación de todo el papeleo relacionado con las actividades de software, hardware y manuales. Requiere la integración de las acciones de calidad de las personas, las máquinas y la información en sistemas sólidos de calidad total. En este libro se alude a ese enfoque sistémico integrador cuando se usa la frase "sistema de calidad"; o, como definición:

> Un sistema de calidad es la estructura funcional de trabajo aceptada en toda la compañía y en toda la planta, documentada mediante procedimientos integrados técnicos y administrativos eficaces para guiar las acciones coordinadas de personas, máquinas e información de la compañía y la planta en las mejores y más prácticas formas para asegurar la satisfacción del cliente con la calidad y costos económicos de calidad.

Un sistema de calidad total claramente definido e instalado por completo es una base poderosa para el control total de la calidad, en toda la compañía, y para la administración total de la calidad. Sin esta integración sistemática en la compañía, la "administración de la calidad por anticipado" puede permanecer como lema y tema de conversación, pero la condición real puede ser administración de la calidad por crisis y reacción a quejas. La calidad puede ser una consecuencia en lugar del resultado de objetivos y actividades cuidadosamente planeados; puede ser el producto final de acciones individuales, algunas veces sin relación, a través del proceso mercadotecnia-ingeniería-producción-servicio-calidad. Puede estar basado en intenciones sinceras, pero sin la guía de objetivos firmes y cuantitativos de la calidad para el cliente implementados por claros programas en la organización

Como contraste, los sistemas sólidos de calidad proporcionan una base administrativa y de ingeniería para el control efectivo orientado a la prevención, que trata económica y firmemente con los grados actuales de complejidad humana, de maquinaria y de información que caracterizan a las operaciones de la compañía y la planta de la actualidad.

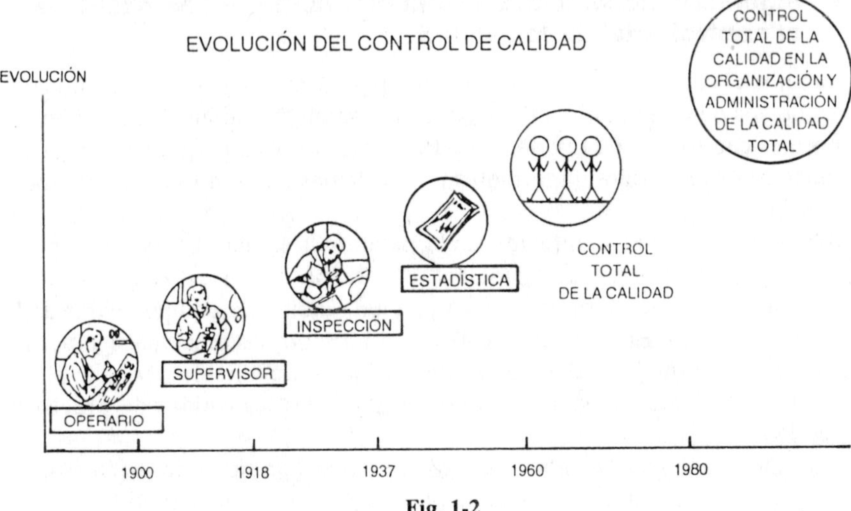

Fig. 1-2

Las nuevas tecnologías de ingeniería de sistemas y administración de sistemas son bases importantes para el establecimiento y la operación continua y la administración de los sistemas de calidad. Que esto sea así, tiene impactos técnicos y administrativos fundamentales en el trabajo de la función de control de calidad, como se muestra a continuación:

- La *ingeniería de sistemas* puede proporcionar lo que podría considerarse como la "tecnología de diseño" fundamental del ingeniero de calidad moderno.
- La *administración de sistemas* puede convertirse en una guía de administración fundamental para el gerente de calidad.
- La *economía de sistemas,* particularmente con respecto a la contabilidad formal de los costos de calidad total, puede proporcionar un punto guía de control importante en el negocio para el gerente general.

1.9 La evolución del control total de calidad

El crecimiento del control de calidad, como lo conocemos hoy, ha abarcado todo este siglo. Desde un punto de vista histórico, los cambios principales en el enfoque del trabajo del control de calidad han ocurrido más o menos cada 20 años (Fig. 1-2) y se pueden resumir como sigue:

La primera etapa en el crecimiento en el campo de la calidad, *operador de control de calidad,* era parte inherente de la fabricación, hasta el final del siglo XIX. En ese sistema un trabajador, o por lo menos un número muy reducido de trabajadores, tenía la responsabilidad de la manufactura completa del producto y, por tanto, cada trabajador podía controlar totalmente la calidad de su trabajo.

En los principios de la década de 1900 se progresó, y surgió el supervisor *de control de calidad.* Durante este periodo se pudo percibir la gran importancia del arribo del concepto de factorías modernas, en las que muchos hombres agrupados desempeñan tareas similares en las que pueden ser dirigidos por un supervisor, quien entonces asume la responsabilidad por la calidad del trabajo.

Los sistemas de fabricación se hicieron más complicados durante la primera Guerra Mundial, e incluyó el control de gran número de trabajadores por cada uno de los supervisores de producción. Como resultado, aparecieron en escena los primeros inspectores de tiempo completo y se inició el tercer paso, que podemos denominar *control de la calidad por inspección.*

Este paso condujo a las grandes organizaciones de inspección en las décadas de 1920 y 1930, separadas de la producción y suficientemente grandes para ser encabezadas por superintendentes. Este programa permaneció en boga hasta las necesidades de la enorme producción en masa requerida por la segunda Guerra Mundial, obligaron al surgimiento del cuarto paso de control de calidad, que se designa como *control estadístico de calidad.* En efecto, esta fase fue una extensión de la inspección y se transformó hasta lograr mayor eficiencia en las grandes organizaciones de inspección. A los inspectores se les proveyó de herramientas estadísticas, tales como muestreo y gráficas de control. La contribución de mayor importancia del control estadístico de calidad fue la introducción de la inspección por muestreo, en lugar de la inspección al 100%. El trabajo del control de calidad, sin embargo, permaneció restringido a las áreas de producción y su crecimiento fue lento.

La lentitud del crecimiento del control de calidad tuvo poco que ver con problemas del desarrollo de las ideas técnicas y estadísticas. El crecimiento de conceptos como la gráfica de control y los planes fundamentales de muestreo pronto quedó establecido. Los impedimentos fueron la voluntad o la habilidad de las organizaciones de negocios y gubernamentales para tomar las medidas adecuadas referentes a los descubrimientos del trabajo técnico y estadístico —como ejemplos, reconstruir un torno para mejorar su capacidad de trabajo, rechazar un lote de material adquirido y detener la producción, o sugerir al ingeniero de diseño que se debe crear y evaluar con experimentos adecuados un nuevo aparato antes de que se envíe a producción.

Las recomendaciones resultantes de las técnicas estadísticas con frecuencia no podían manejarse mediante las estructuras existentes de toma de decisiones. Ciertamente, no estaban siendo manejadas con eficacia por los grupos de inspección existentes, o por quienes se convirtieron en coordinadores del control estadístico de calidad, o por los ingenieros de diseño a quienes se les daban tareas parciales para difundir el tema del control de calidad. El trabajo que se estaba realizando era aún básicamente la inspección del trabajo en la planta, el cual nunca pudo en realidad abarcar los verdaderamente grandes problemas de la calidad según los veía la administración de la empresa.

Esta necesidad llevó al quinto paso, el *control total de la calidad.* Sólo cuando las empresas empezaron a establecer una estructura operativa y de toma de decisiones para la calidad del producto que fuera lo suficientemente eficaz como para tomar acciones adecuadas en los descubrimientos del control de calidad, pudieron obtener resultados tangibles como mejor calidad y menores costos. Este marco de calidad total hizo posible revisar las decisiones regularmente, en lugar de ocasionalmente, analizar resultados durante el proceso y tomar la acción de control en la fuente de manufactura o de abastecimiento, y, finalmente, detener la producción cuando fuera necesario. Además, proporcionó la estructura en la que las primeras herramientas del control estadístico de calidad pudieron ser reunidas con las otras muchas técnicas adicionales como medición, confiabilidad, equipo de información de la calidad, motivación para la calidad, y otras numerosas técnicas relacionadas ahora con el campo del control moderno de calidad y con el marco general funcional de calidad de un negocio.

Puesto que el control total de la calidad ha llegado a tener un impacto importante en los métodos de administración e ingeniería, ha proporcionado las bases para la evolución a partir de la década de 1980 en adelante del *control total de la calidad en la organización* (ver Sec. 1.7), la *administración de la calidad total* y la *calidad como una nueva estrategia fundamental en los negocios,* comentarlas en la Sec. 1.10.

1.10 Calidad —Una estrategia administrativa primordial en los negocios

Debido a que la calidad es un vértice crucial para el éxito o fracaso de un negocio en los mercados actuales, orientados hacia el desempeño de la calidad, se ha convertido en un área estratégica básica para el negocio y en un factor importante en lo que se ha llamado "planeación estratégica del negocio". La clave es que el control de calidad debe estar estructurado explícita y mensurablemente para poder contribuir a la utilidad del negocio y al flujo positivo de efectivo.

La primera característica de orientar la calidad como una estrategia primaria del negocio es que el programa de control de calidad debe fomentar firme y positivamente el sano crecimiento del negocio. Debe proporcionar una ventaja competitiva principal para la compañía.

El liderazgo de calidad de una empresa significa una obligación con la ingeniería, producción y venta de productos que tendrán un comportamiento adecuado para los clientes en la primera adquisición y que, con un mantenimiento razonable, continuarán desempeñándose con una confiabilidad y seguridad muy altas durante la vida del producto. Ésta es una meta en los negocios mucho más básica y exigente que la política tradicional llamada "satisfacción de calidad para el cliente", que en algunas empresas ha significado en primer término que el servicio al producto y la asistencia técnica estarán rápidamente a disposición del cliente. La política de que una empresa "reparará siempre el producto para que sirva de nuevo al comprador" es honrosa e importante. Sin embargo, esto representa que habrá una política de servicio al cliente para enfrentar aspectos posteriores a la venta, tales como los problemas con los productos; no representa liderazgo moderno estratégico de calidad en los mercados servidos por la compañía.

Se requieren dos pasos básicos de la administración general para establecer a la calidad como el área estratégica necesariamente fuerte que debe haber en una compañía actual:

- El concepto de calidad orientado a la satisfacción total del cliente, junto con costos razonables de calidad, debe ser establecido como una de las principales metas de planeación del producto y del negocio y de su implementación, además de como medida de desempeño de las funciones de mercadotecnia, ingeniería, producción, relaciones industriales y servicios de la compañía.
- Asegurar la satisfacción con la calidad en el cliente y el resultado de costos debe ser una meta primordial del negocio en el programa de calidad de la compañía y de la función de control de la calidad en sí —no una meta técnica más reducida, restringida a un resultado limitado de calidad técnico orientado a la producción.

Un caso de tratar es la creación y lanzamiento de nuevos productos, de tal manera que sirvan mejor en los mercados nuevos y viejos. En el pasado, los programas de control de calidad dirigían generalmente su atención al aseguramiento de que no fueran enviados a los clientes nuevos productos no satisfactorios —aun cuando esto significara retrasos en el programa y la incapacidad de llegar a tiempo a los nuevos mercados y a un precio dado— y éstos continúan siendo objetivos de control de calidad vitales y necesarios. Pero los programas de control de calidad deben ahora también ser mucho más eficientes en ayudar a la compañía a asegurar que estos nuevos productos sean embarcados sin la posibilidad de estos retrasos y costos.

Desde el punto de vista técnico, esto significa que el alcance de los programas de control de calidad debe extenderse de la concentración en la *retro*alimentación —de forma que el producto no satisfactorio no llegue al mercado— a la concentración en una alimentación preventiva o a futuro —de manera que el producto no satisfactorio, en primer lugar, no continúe más de lo necesario, y que el producto satisfactorio constituya la concentración del desarrollo del producto.

Además, mientras las mejoras que son directamente orientadas a la calidad son los blancos principales de la planeación estratégica, muchas otras actividades de la compañía reciben el impacto favorable del control de calidad sólido, debido a que con frecuencia lo que mejora la calidad mejora también simultáneamente muchas otras áreas de la compañía. De hecho, los programas de control de calidad tienen un impacto positivo que es muy amplio y muy profundo. De aquí que la calidad proporcione un "foco" principal y una "manija" administrativa para llegar a las áreas principales de mejorar a través de la compañía.

La Fig. 1-3 muestra las áreas de impacto estratégico del programa de calidad de una gran corporación manufacturera estable con respecto a los principales requisitos del negocio en:

REQUISITOS PRINCIPALES DEL NEGOCIO				APORTACIONES PLANEADAS DEL NEGOCIO
Estrategia de utilidades	Tiempos de ciclo reducidos	Respuesta del mercado	Utilización de recursos	
	X	X		Grados de calidad mucho más altos en la introducción de nuevos productos.
X	X		X	Ciclos de tiempo en la introducción de nuevos productos reducidos. Respuesta más rapida a los cambios de mercado
X		X		Mayor efectividad para enfrentar la creciente competencia por calidad.
X				Mejoras considerables en los costos de calidad como apoyo a las utilidades.
X				Reducción de mano de obra indirecta. Mucha menos gente puede mantener la calidad.
			X	Oportunidades muy mejoradas en la estructura del trabajo de empleados, autodirección y motivación.
	X	X		Control mucho mejor sobre las modificaciones del diseño del producto y su desempeño.
		X		Actitud más fuerte y visible para cumplir con los reglamentos y los requisitos de seguridad de consumismo.
		X		Programas de calidad más sólidos y visibles como apoyo técnico y de venta.
X			X	Mayores oportunidades para mejorar la administración y el control administrativo de operaciones.
	X		X	Bases aún más sistemáticas para la delegación de autoridad.
		X		Mejor aseguramiento del servicio al producto en la situación del minorista.
X		X	X	Gastos y frecuencia reducidos de problemas de calidad en el campo.

ÁREAS ESTRATÉGICAS DEL NEGOCIO PARA LOS PROGRAMAS DE CALIDAD

Fig. 1-3

- Estrategia de utilidades.
- Tiempos de ciclo reducidos.
- Respuesta del mercado.
- Utilización de recursos.

El programa de calidad queda así específicamente establecido como una de las áreas principales en la planeación estratégica del negocio y política de la compañía, y un área principal en el concepto moderno de administración de negocios (Secs. 1.11 a 1.14).

1.11 El lugar del control total de la calidad en el concepto moderno de la administración de los negocios: utilidades y flujo positivo de efectivo

Hoy la nueva importancia estratégica en los negocios de la calidad se ha convertido en un punto focal de atención directa y explícita de la administración. Los gerentes conocen bien el axioma que dice: vendibilidad más producibilidad más productividad, es igual a utilidades. Basta un momento de reflexión para darse cuenta de que el control total de la calidad contribuye en forma apreciable a cada uno de los elementos de esta fórmula.

La vendibilidad se acrecienta por medio del control total de la calidad, en cuanto que equilibra los niveles de calidad con los costos para conservarlos tal y como se ha planeado. El resultado es que el producto elaborado satisface realmente lo que el comprador desea *tanto* en su funcionamiento como en el precio que paga por él.

La producibilidad es mejora porque el control de la calidad proporciona al ingeniero de diseño, durante el desarrollo de nuevos productos, una guía basada en la experiencia de calidad, lo mismo que al ingeniero de manufactura, mientras planifica la producción. Esta guía toma directamente formas, por ejemplo: estudia la relación que existe entre los estándares de un diseño nuevo y la capacidad de calidad en la producción de la planta.

La productividad se incrementa al dar más importancia al control positivo de la calidad en vez de esperar a descubrir fallas y rehacer el producto. El monto de producto vendible que sale de la línea de ensambles es mayor de lo que sería de otro modo, sin que se aumente un solo centavo en el costo de producción y sin que se aumente el volumen de producción en ninguna unidad. Además, si se toma una acción positiva en la recepción de la materia prima, a menudo aumenta el ritmo de producción del equipo porque se ha evitado que el material defectuoso, ya comprado, llegue a la línea de ensamble en donde la mano de obra de expertos y el uso de máquinas costosas serían desperdiciados.

Obsérvese, por lo tanto, que el control total de la calidad tiene un impacto eficaz en cada uno de los tres factores que influyen en las ganancias. Por medio de un análisis de lo que quiere y de lo que necesita el consumidor, se pueden proporcionar al producto las calidades que inducen a que el consumidor se vea inclinado a comprar y que, en consecuencia, se incremente la *vendibilidad*. Cuando la calidad en el diseño del producto y en el proceso de producción se establece teniendo en cuenta la *producibilidad*, los costos de producción se reducen notablemente y la posibilidad de gastos negativos se reduce al mínimo, como la costosa acción de retiro del producto o las demandas Judiciales por responsabilidad del producto, sumamente costosa también. En cambio, con una capacidad de fabricación equilibrada para la producción de calidad, la *produc-*

tividad aumenta y los costos por unidad disminuyen. Por tanto, las gerencias cuentan con un nuevo y poderoso instrumento en el control total de la calidad para aumentar las *ganancias* y el flujo de caja positivo en sus negocios.

1.12 El lugar del control total de la calidad en el concepto moderno de la administración de los negocios: algunos ejemplos

Para presentar estos puntos de una manera más específica, consideremos la actuación de tres compañías en las que sus gerentes generales no incluyeron en sus planes la influencia del control total de la calidad en relación con la vendibilidad, la producibilidad, la productividad y las ganancias comparadas con una compañía que sí incluyó esta aportación. Estas compañías se denominarán A, B, C, y D (Fig. 1-4).

En la compañía A, la estrategia básica del negocio era aumentar el volumen de producción en un esfuerzo para sobrepasar el punto de equilibrio. La estrategia de la compañía B era enviar al mercado un nuevo producto, buscando una cobertura mucho más amplia de clientes. La técnica de negocios de la compañía C era obtener una reducción considerable de costos al trasladarse de su vieja ubicación a una planta nueva. Aquí están los resultados para cada caso.

La compañía A, nunca pudo lograr el volumen de producción que había planeado. De esto se encargó el rechazo de productos. Una medida de la ineficiencia en la utilización eficiente de su capacidad de producción fue que los costos de la calidad subieron hasta el 24% del costo neto de las ventas.

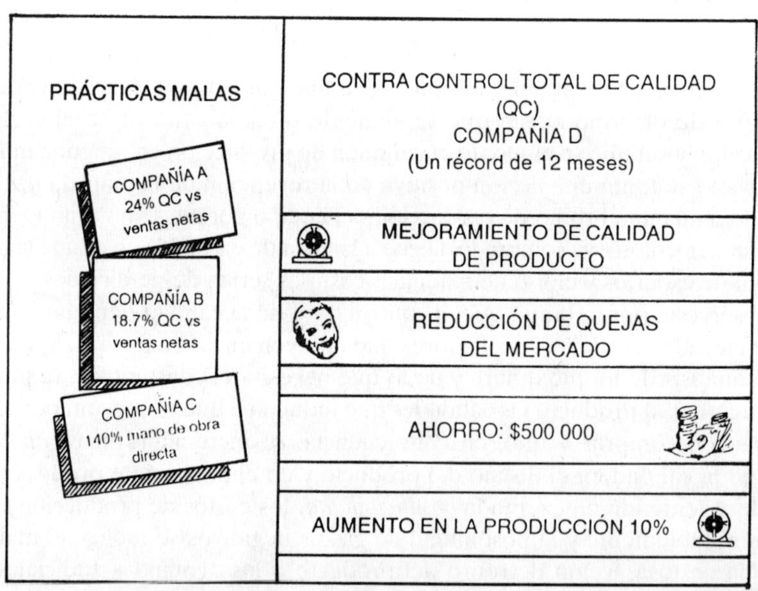

Fig. 1-4

La compañía B, fue incapaz de lograr con su nuevo producto una aceptación real de los clientes en el mercado. Una de las razones radica en que sus costo de la calidad llegaron a un 18.7% de sus ventas netas.

La compañía C, no logró, con el cambio de ubicación, la reducción buscada en los costos. En esta compañía, sus costos de calidad de 6.4% de sus ventas netas, fueron comparados tomando como hace el costo de la mano de obra directa, llegando hasta un 140% de dicha mano de obra directa.

Como es fácil inferir, las compañías A, B y C no fueron rentables. En cada caso, el control total de la calidad habría ayudado a cada una de ellas a lograr sus objetivos particulares.

En cambio examinemos la compañía D, cuyo gerente general incluyó en sus planes de administración el control total de la calidad. La compañía D, es una fábrica de dispositivos eléctricos, de tamaño moderado, con ventas de alrededor de $10* millones al año. Sus actividades de calidad total durante 12 meses mejoraron sustancialmente la calidad de su producto, redujeron considerablemente el número de quejas del mercado y frenaron la tendencia de aumento en los costos de la calidad de 1 millón aproximadamente, a menos de $500 000 al año, proporcionando un ahorro total de más de $500 000. La consecuencia inmediata fue un incremento en las utilidades de más de un tercio de las utilidades anteriores. Además aumentó su producción en un 10%.

Resultados similares a los de la compañía D se han obtenido en muchas compañías —grandes y pequeñas— en todo el mundo en años recientes. Un ejemplo es un productor a nivel mundial de una amplia gama de productos —por mucho tiempo un líder muy respetado en su campo y con ventas de miles de millones de dólares al año— cuyos costos de calidad habían aumentado a un 10% de las ventas netas a la vez que su reputación como líder en calidad enfrentaba una fuerte competencia. La dirección de la administración del negocio instituyó el control total de la calidad en todas las acciones pertinentes en mercadotecnia, ingeniería, compras, relaciones con empleados, inspección y servicio al producto. En unos meses, la posición de la corporación en el liderazgo de calidad y seguridad comenzó a reforzarse significativamente en el mercado. Al seguir adelante con el programa, los costos de calidad se redujeron en más de un tercio, llegando al 6% de ventas netas. Esto permitió a la administración de la corporación continuar con confianza en su programa de calidad, contribuyendo así de manera importante al volumen aumentado de ventas de la compañía, menores costos, mejor flujo de efectivo y aumento de utilidades.

Otro ejemplo lo ilustra un fabricante mundial de equipo mecánico de tamaño medio —otra vez líder en su campo— enfrentado a una rápida y creciente demanda de calidad por parte del cliente, presiones de competencia y, correspondientemente, costos de calidad más altos. El incluir el control total de la calidad en los planes de administración del negocio de la compañía contribuyó en forma significativa a un nuevo y mucho mayor nivel de satisfacción de calidad para el cliente, y un aumento en ventas de $90 millones a $160 millones en un

* Las cantidades expresadas en esta obra, están dadas en dólares de los E.U.A. (N. del T.)

periodo de dos a tres años —acompañado por una reducción de los costos de calidad a las ventas netas de casi 12% a aproximadamente 4%.

Muchas aplicaciones similares pueden mencionarse cubriendo toda la industria. Por ejemplo, la Fig. 1-5 muestra el flujo de efectivo favorable acumulado y el rendimiento sobre la inversión de un programa de sistemas de calidad de una compañía mediana de productos electrónicos en un periodo de varios años.

Poner de relieve estos ejemplos enfatiza la tremenda ganancia potencial que está escondida y con frecuencia desconocida en el área de calidad para mayor vendibilidad, producibilidad y productividad. El control total de la calidad proporciona a los administradores un medio extraordinariamente importante para obtener esta ganancia.

1.13 El lugar del control total de la calidad en el concepto moderno de la administración de los negocios: la escala y tiempo de resultados y beneficios

Las mejoras importantes en los niveles de satisfacción al cliente —y el mantenimiento de estos niveles apropiados— son los objetivos principales del control total de la calidad. Los beneficios orientados a la satisfacción del cliente que cabe esperar de un programa de control total de la calidad son:

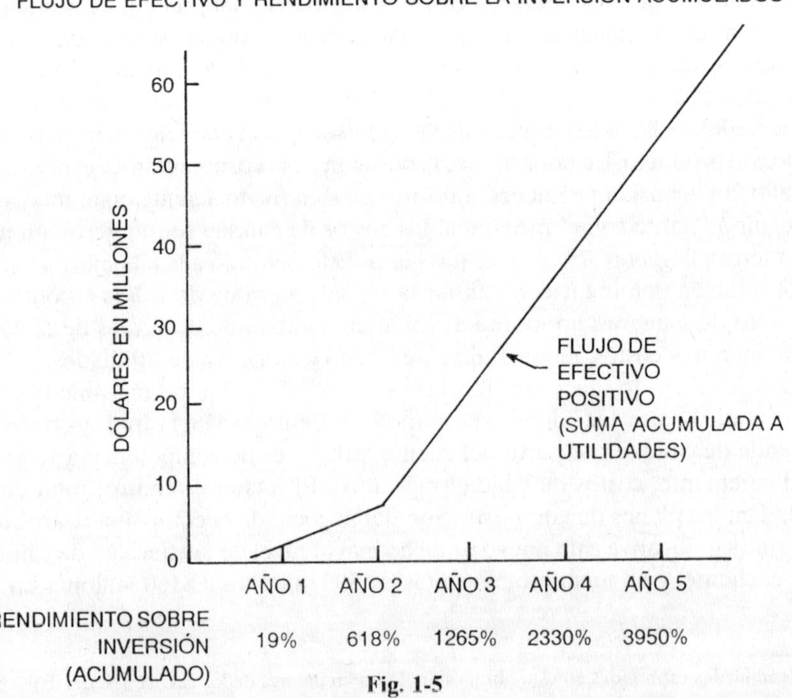

Fig. 1-5

- Mejora en la calidad del producto.
- Mejora en el diseño del producto.
- Mejora en el flujo de la producción.
- Mejora en la moral de los empleados y la conciencia de calidad.
- Mejora en el servicio al producto.
- Mejora en la aceptación del mercado.

Además, como resultante, se logran importantes mejoras económicas, que incluyen:

- Reducción en costos operativos.
- Reducción en pérdidas operativas.
- Reducción en costos de servicio en campo.
- Reducción en el potencial de demandas legales.

La experiencia ha demostrado que cuando se obtiene un mejor nivel de calidad, controlando la calidad del producto dentro de la compañía, por lo regular los costos operativos se reducen. Esta reducción en los costos operativos es posible debido a que en los esfuerzos anteriores para alcanzar el balance entre el costo de un producto y el servicio que presta, la industria ha inclinado la balanza considerablemente en la dirección de costos del producto que son demasiado altos. Muchos de los "costos de calidad" se gastan ya sea para corregir errores o para vigilarlos. Estos altos costos en la obtención de la calidad, las fallas internas debido a rechazos y otras categorías similares han sido muy reducidos por un programa de control de calidad efectivo en muchas compañías.

1.14 Lugar del control total de la calidad en el concepto moderno de la administración de los negocios: Rendimiento sobre inversión

Probablemente, el único indicador de mayor importancia en el desempeño de un programa para la industria actual, es el rendimiento sobre inversión logrado. Los resultados del rendimiento sobre inversión para las empresas que han establecido en forma constante programas de sistemas de calidad total, han sido excelentes y pueden exceder los resultados del rendimiento sobre inversión de muchas otras inversiones comúnmente hechas por estas empresas.

En efecto, la experiencia en los años recientes ha demostrado que los programas de control total de la calidad con frecuencia se pagan a sí mismos, casi desde sus inicios, y que el rendimiento total es muchas veces mayor que los costos iniciales pagados para empezar el programa, haciendo de los programas de control total de la calidad una de las oportunidades más importantes del "rendimiento sobre inversión"5 abiertas a la administración moderna de empresas. Comparando con los pagos iniciales por costos, no sólo proveen un tiempo de amortización atractivo, sino que, de manera muy significativa, proporcionan beneficios duraderos y automáticamente, en vez de beneficios meramente temporales.

1.15 Calidad: Responsabilidad hacia la sociedad

Los beneficios que se derivan de un programa de control de calidad no están de ninguna manera confinados a los estados de pérdidas y ganancias de la industria. Varias contribuciones al bienestar social y público resultan de esta actividad, tal como la facilidad de obtención de productos que no sólo son más confiables, sino más seguros, tanto para el usuario como para el medio ambiente. La actividad de establecer un equilibrio apropiado entre el costo de un producto industrial y el servicio que proporciona es importante en el esfuerzo para producir más bienes a menores costos y venderlos a precios más bajos. Los grados correctos de calidad significan un mejor uso de los recursos —no sólo de materias primas y suministros de energía, sino también de personal y equipo. La importancia del control de calidad para la conservación de materiales y reducción de desperdicios lo hace un programa que vale la pena para lograr las mejoras en la utilización de recursos que son hoy tan necesarios a la sociedad en todo el mundo.

1.16 El reto de calidad que enfrenta la industria

Hay, por tanto, tres tendencias distintas que deben ser encaradas por la compañía que diseña, produce y vende productos y servicios en el mercado competitivo de hoy:

1. *Los clientes han venido acrecentando sus demandas de calidad en forma muy acusada*. Posiblemente se haga más marcada esta tendencia en el periodo de intensa competencia que se avecina. Ello se debe a algunas de las causas que en seguida se exponen. Una tecnología nueva ha hecho posible la aparición de productos que ofrecen mayor número de funciones con un comportamiento más eficiente. La tendencia se hace más significativa por el hecho de que los productos son cada vez más complejos. Esto quiere decir que se han aumentado las posibilidades de que ocurran más fallas; por tanto, para mantenerla en el producto, aun a los niveles anteriores, es necesario mejorar la calidad de los componentes. La complejidad trae consigo el efecto de hacer más difícil para el consumidor juzgar con precisión a calidad de un producto en el momento en que lo adquiere. Cada vez más, los clientes esperan un producto que llene sus funciones en forma satisfactoria y durante el periodo de vida que se le supone y esperan que el productor asegure que así es en realidad.
2. *Como resultado de las exigencias crecientes del consumidor de productos de más alta calidad, las prácticas y las técnicas actuales en las fábricas pronto pasarán de moda.* El desarrollo rápido de la tecnología para productos nuevos y las exigencias de un comportamiento mejor han hecho esencial el diseño confiable. Así pues, en producción una pieza maquinada que antes podía ser cotejada con un calibrador normal, ahora tiene que ser medida con un calibrador electrónico, en forma cuidadosa; un material que antes se podía aceptar por medio de examen visual, si era o no de color café

rojizo y brillante, hoy tiene que ser analizado química y físicamente para asegurarse de que se trata de cobre berilio y no de bronce fosforilado. Al mismo tiempo, la automatización en la que una evaluación rápida de la calidad es crucial, ha aumentado la necesidad de mecanizar el equipo de inspección y de pruebas, mucho del cual está todavía en la etapa de dispositivos manuales. En realidad, la inversión en el control de la calidad, en comparación con las cantidades invertidas en el equipo de producción, llega ya en algunas compañías al 15 y 25% y puede muy bien duplicarse en la próxima década, si se desea disfrutar del beneficio de la mecanización.

De igual suerte, la mejoría en las relaciones obrero-patronales permite hacer resaltar ante el obrero las responsabilidades de controlar la calidad, de preferencia desde su origen, resaltar la importancia de la inspección una vez terminado el producto.

3. *Los costos de la calidad han subido mucho. Para muchas compañías deben resultar excesivos si estas compañías están obligadas a mantener y aun mejorar su posición en la competencia, en el futuro.* De hecho, los costos de calidad (inspección, pruebas, pruebas de laboratorio, desechos, repetición del trabajo, queja del cliente y gastos similares) han subido hasta llegar a ser un aspecto de muchos millones de dólares. Para muchos negocios, los costos son comparables en grado con los dólares gastados en mano de obra directa, en distribución o en materiales comprados.

Juntos, estos tres problemas hacen evidente el reto doble de calidad que las condiciones de competencia presentan a la administración: 1) mejora considerable en la calidad de muchos productos y muchas prácticas de calidad y, al mismo tiempo, 2) reducciones importantes en los costos totales de mantener la calidad.

Estas condiciones implican un claro entendimiento de las muchas fuerzas que influyen en la calidad, que se describen en el Cap. 2.

Notas

[1] Para las presentaciones originales del enfoque de calidad total, véase A.V. Feigenbaum, *Total Quality Control; Engineering and Management;* McGraw-Hill Book Co., New York, 1961; "Total Quality Control", *Harvard Business Review,* Vol. 34, Núm. 6, noviembre-diciembre de 1956; y *Quality Control: Principles, Practice and Administration,* McGraw-Hill Book Co., New York, 1951.

[2] "Control de la calidad" y "Control total de la calidad" se usarán indistintamente en el curso de este libro.

[3] Para mayores detalles del significado de calidad, véanse los siguientes artículos: B.P. Shapiro "The Psychology of Pricing", *Harvard Business Review,* Vol. 46, julio-agosto de 1968, Pág. 20; D.M. Gardner, "Is there a generalized price-quality relationship? *"Journal of Marketing Research, Vol. 8, mayo de 1971, Págs. 241-243; y Z.V. Lambert,* "Price and Choice Behaviour", *Journal of Marketing Research,* Vol. 9, febrero de 1972, Págs. 35-40.

[4] El texto sigue de cerca el trabajo de Donald S. Feigenbaum. Véase particularmente "Systems Engineering – A Mejor New Technology", *Industrial Quality Control,* Vol. XX, Núm. 3, septiembre de 1963; y "Managing Profitable Operations Through Engineered Systems", *Proceeding, 19th Conference of the European Organization for Quality Control,* Venecia, Italia, septiembre 1975.

[5] Esta "inversión" está frecuentemente en la categoría de "gasto" en lugar de sólo de "inversión" en el sentido contable más usual de desembolsos en equipo e instalaciones.

CAPÍTULO 2
El comprador, el productor y las nuevas demandas de calidad en el mercado

La amplitud y la complejidad de las nuevas demandas de calidad se reflejan en la realidad del mercado de hoy. Mientras que nuestra tasa de mejoras logradas en la calidad del producto y en los programas de calidad ha sido importante, el crecimiento de las expectativas del usuario en el desempeño de la calidad ha crecido a una tasa mucho mayor para muchos productos y servicios y resulta en lo que podría considerarase como una brecha de calidad. Como un corolario económico, y donde han estado ausentes los programas sólidos de calidad, los costos de calidad como un porcentaje de ventas continúan creciendo desde sus valores ya altos para estos productos y servicios.

Los objetivos clave para los programas modernos de calidad total son el proporcionar un control mucho más eficaz de esta complejidad, y, en forma correspondiente, eliminar tanto la brecha de calidad donde exista, como reducir estos costos de calidad. Es importante, por tanto, identificar las condiciones que han contribuido a las complejidades que afectan el control de calidad actual. En este Cap. 2 se examinan algunas de estas condiciones de comprador, productor y mercado que representan nuevas demandas sobre la calidad.

2.1 El comprador: Un perfil

Un principio de compra esencial domina cada vez más en los mercados nacionales e internacionales: los compradores, ya sean consumidores individuales, corporaciones industriales o agencias de gobierno, recalcan cada vez más y más que la satisfacción al cliente que ellos buscan en sus compras es un concepto de *valor total* de calidad por unidad de precio pagada, con renovada concentración sobre la economía, seguridad, servicio y confiabilidad mayores del producto y el servicio. El cuidado en las compras ha mejorado más que casi ninguna otra habilidad —particularmente por las empresas industriales y cada vez más por los consumidores.

Esa situación ha creado un número importante de presiones crecientes sobre la calidad en los productos y servicios. Algunas de las causas clave de estas presiones son las siguientes:

Mayores expectativas de desempeño

Los compradores modernos no solamente han dependido cada vez con mayor frecuencia de la facilidad de la obtención y operación eficiente de productos y servicios, sino que esperan mejoras en bienes y servicios que exigen niveles cada vez más altos de logros científicos, técnicos y económicos. Buscan, por ejemplo, una protección a la salud mucho mejor y fármacos mucho más eficaces; comidas con cada vez más alto contenido de nutrientes; refrigeración y almacenamiento más eficientes para estas comidas; mejoras en el ahorro de mano de obra en la preparación y cocimiento de las comidas, lavado de ropa, y toda la gama de las tareas manuales humanas. También esperan, entre muchas otras cosas, mayor eficiencia de los medios de transporte hacia el trabajo y la escuela; calefacción central mucho más económica; comunicaciones más confiables, ya sea por correo, teléfono u otros medios; y un suministro confiable de electricidad y otros energéticos.

Ciclo de vida y costos de servicio

Los productos y servicios con que los compradores quieren satisfacer sus expectativas son probablemente diferentes a aquellos del pasado; y son quizá más funcionales y más básicos. Los productos y servicios están, por tanto, ampliando el panorama de los compradores de lo que ellos consideran como calidad satisfactoria.

El comprador de hoy reconoce que el precio pagado es sólo el inicio del costo del producto para el usuario y que el ciclo de vida del productor debe ser una consideración básica del comprador en una era de precios más altos.

Para muchos productos y servicios, esto se materializa como la atención del comprador en lo que podría considerarse como el valor de ciclo de vida del productor, con la idea de que el producto es totalmente satisfactorio en el momento de la compra y que puede usarse como ventaja por un tiempo razonable. El servicio y mantenimiento durante el uso del producto son ejemplos prominentes de esta concentración de calidad.

Por ejemplo, los costos de mantenimiento de algunos productos complejos de defensa e industriales eran, en el pasado, más altos que el precio original del equipo. Además, el gasto por el servicio de algunos productos para el consumidor representaba una porción importante del costo de ciclo de vida del producto. Esto era demasiado gasto para el comprador, de forma que llevó a una impotencia mucho mayor de los factores de calidad durante el uso.

2.2 El comprador: Un perfil (continúa)

La calidad de la energía y el medio ambiente

El aprovechamiento de la energía ha sido siempre una dimensión principal de la calidad para los compradores de muchos productos industriales. Las turbinas de vapor para generar electricidad se han evaluado por muchas décadas en función de su consumo de combustible . Los motores aeronáuticos se han diseñado, fabricado y vendido desde hace mucho tiempo tomando en cuenta como factor fundamental el más bajo uso posible de energéticos.

El interés del público en los costos de energía y la disponibilidad de fuentes de energía —junto con los aspectos ambientales relacionados con la producción de energía— han hecho de ésta un factor de calidad de cada vez mayor importancia para los compradores de productos de consumo. La determinación del consumo de gasolina en automóviles ha sido el ejemplo más prominente de esta tendencia. Existe una atención similar en forma creciente para otros productos de consumo, como los resultados del uso de energía para los enseres mayores del hogar. Además, el impacto de la calidad del uso de energía está teniendo un efecto cada vez mayor en los conceptos básicos de muchos productos y servicios.

Un ejemplo son los aparatos de refrigeración para mantener la comida fría y sana. Desde su introducción hace muchos años, han sido reconocidos como de calidad consistentemente alta y de los más confiables de todos los productos de consumo, así como de los más estables, tanto en diseño como en tendencias del mercado. Pero, ahora esto está sujeto a un cambio importante. Los estudios han sugerido que algunos aparatos de refrigeración pueden costar mucho más en costos de operación durante su ciclo de vida que el precio original de compra en sí. La confiabilidad, seguridad, servicio y las áreas convencionales de calidad representan una porción relativamente pequeña de este costo adicional. En cambio, es la energía la que ocasiona mucho del costo de ciclo de vida total, ilustrando que, por mucho, el elemento principal de los costos totales del "usuario" es la energía consumida. Esto está ocasionando cambios fundamentales en algunos de estos productos, si son adecuados, y una nueva dimensión de medición de calidad importante para este producto.

De hecho, está muy claro que un factor a largo plazo y creciente en la calidad de los productos y servicios será cada vez más la atención a la conservación de la energía, por consumidores, productores y gobierno. Estamos llegando a reconocer la necesidad de evaluar los efectos ambientales de los procesos de producción, así como de los productos en sí, de forma que en la creación del nuevo producto se tiene en cuenta cada vez más no sólo el valor y experiencia técnica, sino el consumo de materias primas, consumo de energía, y otros efectos ambientales directos e indirectos.

Inflación de precios: Para la mayoría de los compradores, los productos de precio alto han significado casi siempre productos de mayor calidad, y para ponerlo en forma muy simple, cuando la inflación ha producido su efecto, hay progresivamente productos de mayor precio.

Uno de los efectos menos entendidos de la inflación, cuando ha ocurrido en los mercados mundiales, ha sido la correspondiente insistencia creciente del comprador y consumidor en la calidad básica. Los productores pueden ver los precios más altos del producto principalmente como el resultado de sus costos altos. Los compradores, sin embargo, probablemente recordarán la calidad que han relcionado desde hace mucho con el precio alto, y probablemente verán el precio más alto como pago por lo que ellos esperan que sea mayor calidad.

Los países en desarrollo y los mercados mundiales

Era común en el pasado ver el mundo de los negocios en forma de estereotipos definidos —la mercancía de algunas regiones como artículos de bajo precio por lo usual, artesanías de otras regiones como generalmente superiores; la productividad de los países desarrollados en su industria como invariablemente intocable, y, sobre todo, las grandes masas de gente en todo el mundo que serían felices si sólo pudieran obtener los niveles *mínimos* de vida. Pero si hay algún estereotipo hoy, es que no hay estereotipo alguno, y que la concentración de calidad del comprador y la superioridad administrativa y tecnológica total, están ahora ampliamente difundidas en *todo* el mundo, con un impacto competitivo que sólo ahora empieza a sentirse.

Los consumidores que antes "no tenían" nunca determinada mercancía no sólo quieren la mercancia que nunca tuvieron, sino que ahora quieren buena mercancía por su dinero —no mercancía "chatarra"—, están desarrollando rápidamente la discriminación para elegir lo bueno de lo malo, y están orgullosos de la diferencia. De esta manera, el control de calidad está adquiriendo más y más importancia en los mercados mundiales.

2.3 El comprador: Protección al consumidor

Dado que es probable que estén más conscientes del valor de sus predecesores, y que tal vez estén mejor preparados, los consumidores de hoy son más expresivos y exigentes. Insisten en que la calidad y funciones de seguridad del producto sean desempeñadas apropiadamente y que sean oídos si, en su opinión, la calidad y seguridad del producto no son satisfactorias. De esta forma, para los productos pertinentes, se ha establecido la base para algunos mecanismos de lo que se llama "protección al consumidor".

En algunas de sus características orientadas hacia el valor del producto esa protección puede ser uno de los muchos escalones que marcan las crecientes expectativas de los consumidores por lo que ellos reciben del mercado. Estas expectativas siempre han sido una fuerza motriz para el aumento del crecimiento económico y la fuerza de trabajo para las compañías productoras, y, en efecto, para las naciones de todo el mundo.

Una clave para el éxito en los negocios en mercados de consumo ha sido la capacidad de entender el carácter de estas expectativas del consumidor —incluyendo las de calidad— para responder rápida y efectivamente a ellas, y tan frecuentemente como sea posible, anticiparse a estas expectativas y actuar sobre ellas, aun antes de que el cliente las haya manifestado. Ésta es una función esencial del productor, debido a que cuando los consumidores no encuentran a nadie que los escuche y que los entienda, y que tenga la autoridad para tomar acciones que crean necesarias, pueden descargar sus quejas en cualquiera que los escuche con atención. Así puede empezar la comunicación o transferencia hacia otro cuerpo en el puesto donde se reciben las quejas de calidad, y en la sección que inicia la acción correspondiente de la función de calidad que, históricamente, incumbía al productor y a sus concesionarios de ventas. Así, puede también empezar, para las empresas productoras que sufren esa situación, la pérdida de la iniciativa en calidad y, quizá, el puesto de liderazgo de las compañías en sus mercados.

2.4 El comprador y las industrias de servicio

Las demandas de calidad de los compradores han estado creciendo rápidamente para el número creciente de servicios que se adquieren en el mercado de hoy —tanto como han estado creciendo para los productos manufacturados.

Estos servicios pueden variar desde asistencia médica y educación especializada y transporte urbano hasta ventas por correo, restaurantes de comida rápida e instalaciones de recreo. Hoy, corresponden a casi las dos terceras partes de la fuerza laboral privada y no gubernamentales.

Lo que ha sido llamado industrias de servicio, representa uno de los aspectos con crecimiento más rápido de las economías nacionales. De la misma forma, la satisfacción de los compradores de servicio representa uno de los determinantes más importantes de la calidad en los mercados nacionales e internacionales de hoy, y el grado de esta satisfacción tiene progresivamente efectos cruzados más importantes con la satisfacción de la calidad y las actitudes hacia la calidad de los compradores de bienes manufacturados.

Las actividades de servicio representan un área principal creciente de la atención de los programas de control total de la calidad. Los principios, enfoque y tecnologías de control total de la calidad han sido aplicados con éxito a un abanico muy amplio de servicios. Por tradición, una característica principal de las actividades de servicio ha consistido en que son probablemente muy dependientes de las habilidades, actitudes y entrenamiento humanos, y la importancia de las aplicaciones pertinentes del control total de la calidad lo han reflejado. Además, como los servicios se han organizado en una escala más amplia, llegando a ser más profesionales y más mecanizados, las aplicaciones del control total de la calidad para los servicios están siendo cada vez más y más similares en muchos aspectos a las de los productos manufacturados.

Los restaurantes son un ejemplo. Anteriormente una industria de establecimientos pequeños, con orientación a un servicio individualizado, y de un solo propietario o muy pocos; los restaurantes de hoy son grandes cadenas básicas para la calidad de los servicios proporcionados a los compradores. La comida puede ser comprada bajo estándares de calidad que son medidos y controlados en toda la cadena; la preparación de la comida puede llevarse a cabo de acuerdo con planes y programas que están cuidadosamente organizados; los administradores del local y los empleados de mostrador pueden estar entrenados para servicio completo al cliente; y los clientes son encuestados regularmente sobre la calidad del servicio que recibieron.

Un ejemplo representativo de una atención hacia el control de calidad como ésta es el enfoque tomado por una corporación hotelera internacional.[1] En esta compañía bien administrada, se ha implantado un programa de calidad para asegurar normas elevadas y uniformes para servicio en los varios cientos de hoteles y moteles asociados. Trabajando estrechamente con la oficina central, la administración en cada ubicación solicita la impresión del cliente acerca de su estancia en el hotel. Todos los comentarios de los huéspedes, desde cartas y cuestionarios así como una línea telefónica para quejas instalada en cada cuarto, son medidos y analizados cuidadosamente para determinar si se está desarrollando una tendencia negativa en cualquier área de actividad, como el área de limpieza, recepción, ingeniería, seguridad y servicio de restaurante. Además de la acción correctiva, el programa de calidad está explícitamente orientado hacia la acción preventiva. Por ejemplo, un "banco de trabajo rodante" para mantenimiento —totalmente equipado para reparaciones menores y con una lista de revisión de 80 puntos— viaja regularmente por cada hotel, visitando cada cuarto una vez cada tres meses. Esta innovación simple pero eficiente ha reducido mucho el número de llamadas de los huéspedes a ingeniería debido a que las reparaciones se efectúan antes de que los huéspedes emitan quejas.

Enfoques similares al aseguramiento de la calidad de los servicios —reconocer las intensas demandas de calidad del comprador de servicio— son características de empresas exitosas en las industrias de servicio.

2.5 El productor: Un perfil

La creciente exigencia de los compradores de productos y servicios de un concepto básico de calidad como un valor verdadero, está siendo sentida fuertemente por los productores de hoy. Para el productor y vendedor, así como para el comprador, las reglas básicas de calidad aceptadas por mucho tiempo están ahora cambiando a las siguientes áreas básicas.

Responsabilidad de calidad

Un concepto fundamental y poderoso de la responsabilidad de la calidad está siendo más ampliamente reconocido hoy. De acuerdo con este concepto, es la obligación principal del productor y del vendedor asegurar al comprador el desempeño y economía de los productos y servicios de una manera eficiente —y cuando esto no se ha logrado, es la obligación del productor y vendedor, no del comprador, el arreglar las cosas y cargar con el costo.

Muchos productores y comerciantes fuertes han recalcado siempre su responsabilidad y liderazgo por la calidad de los productos que venden. Han construido un amplio crecimiento del mercado y la aceptación de sus productos y servicios sobre su obligación y responsabilidad hacia la calidad y su mantenimiento. Dentro de estas compañías ha habido gran importancia por la responsabilidad del trabajador por su propia calidad, y la responsabilidad de los proveedores por las partes proporcionadas —todo sobre una base planeada desde antes por la empresa y con controles para asegurar que los resultados de calidad sean satisfactorios. En realidad, la mala calidad del producto ha ocurrido con frecuencia y persistido usualmente donde los productores y vendedores no han aceptado o sufragado la responsabilidad por las fallas en la calidad o los costos, sino que han cargado los costos al comprador.

Ahora, la carga de estos costos por fallas en la calidad, ha empezado en gran parte a moverse hacia *todos* los productores y vendedores. Tales tendencias como la gran facilidad con que se demanda responsabilidad por el producto en los tribunales, los requisitos rigurosos de seguridad del producto y el movimiento de protección al consumidor —importantes por sí solos— han sido sólo los primeros resultados, mientras que este concepto de responsabilidad del productor por la calidad tiene crecientes efectos principalmente económicos en nuestros negocios y las instituciones gubernamentales e industriales.

Demandas sobre la calidad

Todo esto ocurre en una época donde los productores deben operar en un clima de negocios de movimientos más rápidos y más complejos que nunca. Para muchas compañías, las ventas netas hoy son probablemente más de 10 veces de lo que eran en 1960. Los productos y las características de éstos son más numerosos; el número de modelos se ha ampliado enormemente, y hay una mayor complejidad de los diseños del producto, procesos de manufactura y el servicio en el campo al producto. Esta explosión de productos y proceso ha aumentado grandemente las demandas de calidad a los productores.

Niveles de calidad progresivamente más altos

Un aspecto del control de calidad que no siempre está bien entendido es éste: cuanto más exitoso es un producto, es probable que tenga que lograr niveles de calidad más altos si la compañía quiere tener ganancias. Es muy importante reconocer esto que parece paradójico debido a que es fundamental para un entendimiento completo de la verdadera naturaleza de los requisitos de calidad que enfrentan los productores de hoy.

La simple aritmética, resume la experiencia de este aspecto: Una tasa de fallas en campo de 1% para un producto eléctrico de consumo con una tasa de volumen de producción de 50 000 unidades por año significa 500 unidades defectuosas en manos de consumidores. El éxito en mercadotécnia, y un aumento en la producción de 10 veces para el producto, hasta una tasa de producción de 500 000 unidades, con la misma tasa de fallas en el campo de 1%, significa 5000 unidades defectuosas en las manos del cliente cada año (Fig. 2-1). Esto equivale en número total real de clientes insatisfechos a lo que hubiera sido la tasa de fallas totalmente inaceptable de 10% en la tasa de producción anterior y menor. Este grado de exposición negativa del producto puede significar un problema de calidad aún más dañino para el consumidor de lo que hubiera podido parecer en el caso de mantenimiento de una tasa de fallas constante para un producto exitoso.

En realidad, la experiencia demuestra que éste es el tipo de perfil del producto que representa un alto grado de demandas jurídicas por el producto y aun retiro del producto en el mercado. Estos productos no son necesariamente aquellos con *porcentajes* altos de tasas de fallas. Puede ser, en cambio, productos con una exposición a un gran número *total* de clientes insatisfechos.

Es claro, como se explica en la Sec. 1.4 y con más detalle en el Cap. 13, que la perfección en producción no es factible tanto económica como estadísticamente. Sin embargo, no es fácil lograr mucho adelanto con pruebas cara a cara

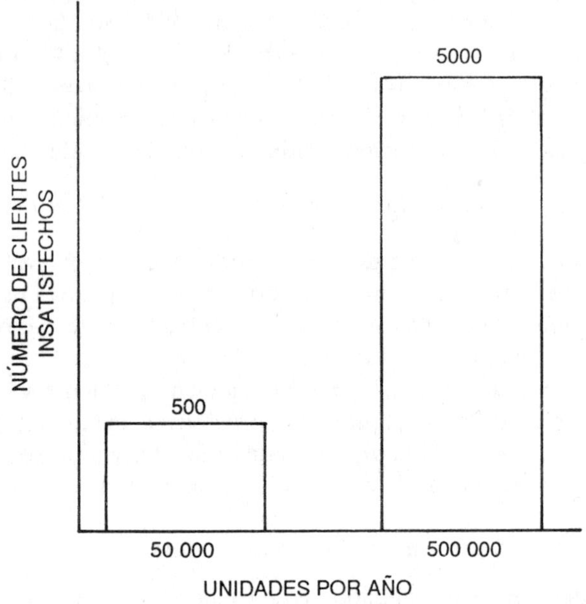

Fig. 2-1

con un cliente cuya nueva compra está de regreso en el taller de reparaciones por cuarta vez en un mes y que no aceptará ser un dato estadístico en el lado malo del porcentaje, aunque pequeño, de los promedios económicos, o con un cuerpo gubernamental o un tribunal al que la simple causa y efecto puede ser que los productos insatisfactorios no deben de ser embarcados aunque estén propiamente inspeccionados.

Para cada producto producido en cantidades crecientes, hay una escala numérica de la exposición negativa del cliente que el negocio del productor no puede tolerar. Para los productores, un programa vigoroso de mejoras en las calidades es esencial para asegurar que las tasas de falla en estos productos sea progresivamente reducida a niveles en los que la exposición total permanecerá dentro de la escala necesaria. Cualquier cosa menor, implica más riesgo para el productor de tener demandas legales muy costosas, gastos innecesarios por garantías o retiro del producto generalizado y muy caro, todo lo cual se comenta en las Secs. 2.6 – 2.8.

2.6 Responsabilidad legal de producto y servicio y el productor

Un común denominador para muchas de las fuerzas sociales y de mercado presentes que recaen sobre los productores actualmente es el área que ha sido llamada responsabilidad legal de producto y servicio. Su impacto sobre el control de calidad puede verse en mercados de compradorcs en todo el mundo.

Casos básicos en la responsabilidad legal del producto

MacPherson vs. Buick Motor Co., Nueva York, 1916: Un fabricante es sujeto a demanda por construir negligentemente productos que sean "razonablemente seguros de poner la vida o miembros en peligro", aun cuando los consumidores no compren directamente del fabricante.

Greenman vs. Yuba Power Products Inc., California, 1963: Un fabricante es estrictamente demandable cuando vende un producto que tenga un defecto que ocasiona daño o lesión.

Larson vs. General Motors Corp., Corte de Apelaciones de los EUA, Octavo Circuito, 1968: Cuando el diseño defectuoso de un producto empeora un daño o lesión, el demandante puede reclamar daños por la parte empeorada de la lesión, aun cuando el diseño defectuoso no haya causado la lesión en primer lugar.

Cunningham vs. MacNeal Memorial Hospital, Illinois, 1970: No significa defensa alegar que un producto (en este caso sangre infectada por hepatitis) no podía haberse hecho más seguro por ninguna tecnología conocida. Este decreto de la Corte Suprema de Illinois, el único caso en que los jueces se negaron rotundamente a considerar "circunstancia" ninguna, fue revocado por una ley estatal que definía la venta de sangre como un servicio.

Cronin vs. J.B.E. Olson Corp., California, 1972: Un producto no necesita ser "irracionalmente peligroso"para que su fabricante sea sujeto de estricta demanda de responsabilidad civil por diseño defectuoso.

Bexigs vs. Havir Mfg. Corp., Nueva Jersey, 1972: Si un daño o lesión es atribuible a la falta de un aparato de seguridad en el producto, el productor no puede basar su defensa en la negligencia concurrente del demandante.

Berkabile vs. Brantly Helicopter Co., Pennsylvania, 1975: Si el productor hubiese podido prever un daño o lesión particular es algo que no tiene valor en un caso de demanda de responsabilidad civil por defecto en el diseño.

Ault vs. International Harvester Co., California, 1975: La prueba de que un fabricante cambió o mejoró su línea de producto después de la fabricación y venta de un producto particular que causó daño o lesión, puede ser utilizada como demostración de defecto en el diseño.

Micallef vs. Miehle Co., Nueva York, 1976: La prueba de que un demandante perjudicado sabía obviamente de un peligro inherente al usar un producto, no anulará su reclamación si el fabricante hubiera podido razonablemente evitar el peligro al diseñar el producto.

Barker vs. Lull Engineering Co., California, 1978: Un productor debe comprobar que la utilidad de un producto involucrado en un accidente sobrepasa a los riesgos inherentes a su diseño. En este fallo radical, la corte pasó la carga de prueba en los casos de diseño defectuoso del demandante al acusado.

(Reimpreso del número de *Bussiness Week* del 12 de febrero de 1979, por permiso especial, © 1979 por McGraw-Hill Inc., Nueva York, NY 10020. Derechos reservados.)

Fig. 2-2

La obligación legal de productores y vendedores de indemnizar si hay heridas o daños causados por productos defectuosos no es en ningún aspecto un fenómeno reciente. En realidad, el concepto de responsabilidad legal ha estado presente por mucho tiempo, y es sólo su enfoque el que ha cambiado en años recientes (Fig. 2-2). El primer caso de los llamados básicos de demanda del producto se presentó frente a los tribunales americanos en 1916. En lo que ahora se conoce como caso MacPherson, juzgado por la Corte de Apelaciones de Nueva York, el juez Kellogg resolvió que un productor de automóviles tenía responsabilidad por el producto para con un comprador de autos (cuyas ruedas en el automóvil estaban defectuosas) aun cuando el control de venta se había efectuado entre el comprador y la agencia distribuidora de autos. En uno de los casos cuyo resumen aparece en la Fig. 2-2, el juez Kellogg resolvió lo siguiente:

> Sostenemos que bajo las circunstancias, el demandado es responsable ante todos los compradores de sus automóviles de efectuar una inspección y pruebas razonables para asegurar si las llantas compradas e instaladas para usarse, son razonablemente adecuadas a los propósitos para los que se destinan, y, si no ejerce cuidado en este aspecto, es responsable por cualquier defecto que hubiese sido descubierto por esta inspección y pruebas.

Continúa el juez Kellogg con esta parte más de su opinión:

> La prueba indica muy claramente que muchos otros productores de automóviles, antes de 1909, no ponían el suficiente cuidado en las ruedas compradas por ellos que el que el demandado puso a sus ruedas, y que no había resultado ningún accidente de ahí. Esta evidencia indicó, no que el demandado hubiese sido cuidadoso, sino que el productor había tenido mucha suerte.

Ésta es y ha sido el espíritu de las leyes por muchos años. Sin embargo, en años recientes se han cambiado a fondo todavía más las reglas más viejas del juez Kellogg sobre demandas del producto, que habían sido que los productores o vendedores están propensos a demandas legales principalmente cuando sean irracionalmente descuidados, o negligentes, en lo que han producido o cómo lo han producido. En cambio, los tribunales han implantado una regla más restrictiva llamada "responsabilidad estricta", que tuvo algunos de sus orígenes en productos tales como los explosivos.

Dos principios básicos evolucionaron como características de la responsabilidad estricta. Estos principios, que hoy están siendo los puntos guía centrales del punto de vista moderno de las demandas del producto y que pueden considerarse como poner el *producto* y el *servicio en sí* ante los tribunales, son los siguientes: *Primero*: lo que hubiera podido llamarse una fuerte "responsabilidad paternal hacia el producto" en la ley, tanto para el productor como para el comerciante, exigiendo respuesta inmediata a la calidad insatisfactoria por medio de servicio al producto o reposición del mismo, y segundo, información completa, veraz y exacta en lo tocante a vida y seguridad del mismo, así como reportar su calidad en la publicidad del producto.

Básicamente, el principio de fuerte responsabilidad paternal hacia el producto extiende la responsabilidad del productor y del comerciante sobre el producto más allá de la puerta de la fábrica y de la tienda, hasta muy adentrado el periodo de uso real por el consumidor. En el acto de "paternalizar" el producto, el productor y el comerciante deben estar preparados para aceptar una gran responsabilidad por el producto en uso, no sólo en desempeño, sino por efectos ambientales, seguridad, etc., y en las situaciones en cómo usa realmente el consumidor el producto más que cómo instruye el fabricante, cómo usarlo. Los casos en los tribunales bajo la nueva doctrina de responsabilidad estricta del producto, sugieren ahora que esta responsabilidad por el producto no puede ser determinada unilateralmente por el productor o el comerciante en sus garantías, sino que debe ser influida multilateralmente por los factores de interés público y consideraciones del cliente.

El *segundo* principio que apunta hacia una base de información completa en la publicidad representa el punto básico de qué tan claros y sinceros deben ser los anuncios que mencionan del producto, cubriendo no sólo sus características de venta, sino su posible vida, seguridad, duración del material, efectos ambientales secundarios, y otras cualidades, así como instrucciones para el uso adecuado del producto. Bajo la responsabilidad estricta del producto, *toda* la información lanzada en publicidad puede requerir comprobación con datos válidos de identificación de calidad en la compañía muy semejantes a lo que ahora se requiere conservar para la identificación de productos con reglamentos para productos como los automóviles.

Estos dos principios de responsabilidad estricta del producto imponen exigencias cada vez más grandes sobre el desarrollo y aseguramiento de un alto grado de pruebas evidentes basadas en hechos por los fabricantes y comerciantes, en el desempeño y seguridad de sus propios productos. Esta evidencia debe ser sobre la calidad del producto cuando fue recibido por primera vez por el cliente; sobre su desempeño y duración adecuada bajo la presión del uso, así como su protección contra efectos colaterales principales posibles, como fuego; sobre la capacidad de instruir al consumidor en el uso apropiado del producto; en la información de hechos que harán creíbles y visibles ante los consumidores, cuerpos públicos y los tribunales las bases para la confianza en este producto. Sólo un programa sólido y esructurado cuidadosamente para el control total de la calidad, puede asegurar el cumplimiento de estas metas.

2.7 La garantía y el productor

En ninguna parte ha tenido la doctrina del paternalismo del producto un mayor impacto que en la garantía del productor hacia el consumidor sobre el desempeño y confiabilidad de bienes y servicios. En forma creciente, la responsabilidad del productor se ha extendido hacia las circunstancias de cómo ha instruido el fabricante para que se use.

En efecto, la tendencia reciente de los tribunales indica que los productores y los comerciantes pueden de hecho, en algunos casos, asumir una obligación de garantía si esa obligación está así establecida en la tarjeta típica de garantía

(Fig. 2-3). Además, las limitaciones de un tiempo corto en muchas garantías pueden tender a ser cuestionadas bajo las leyes actuales. De esta manera, hay una acción forzosa que actúa sobre los fabricantes y vendedores de servicios para otorgar garantías que sean explícitas y que no contengan especificaciones o condiciones que puedan ser ambiguas o engañosas para el comprador. El objetivo principal de los programas de control total de la calidad es el fortalecer la capacidad de la compañía para respaldar sus garantías y para reducir su costo, por medio de seguridad y confiabilidad mejoradas del producto y servicio.

2.8 Retiro del producto y el productor

Otro efecto del paternalismo actual del producto puede verse en los cada vez más comunes y amplios programas conocidos como "retiro del producto". Aun las compañías bien administradas se encuentran hoy obligadas a prepararse para la posibilidad de tener que retirar el producto del campo para corregir problemas que han sido incapaces, por una variedad de razones, de prever. Dos de estos ejemplos serían la descompostura o falla de un componente y el servicio inadecuado para el producto después de la compra.

Aviso importante al consumidor

Esta garantía ha sido redactada para cumplir con la nueva Ley Federal aplicable a todos los productos fabricados después del 4 de julio de 1975 en EUA.

Garantía por un año

La Compañía XYZ garantiza que este producto está libre de defectos de fabricación por el periodo de UN AÑO después de la fecha original de la compra del consumidor o recepción como regalo. Esta garantía no incluye daños al producto ocasionados por un accidente o mal uso.

Si el producto resultara defectuoso dentro del periodo de garantía, eligiremos entre reparar o sustituirlo sin cargo, incluyendo transporte de devolución gratuito, siempre que sea entregado con flete pagado en cualquier instalación autorizada del servicio XYZ. Hay una red nacional de instalaciones autorizadas de servicio cuyos nombres y direcciones se incluyen con este producto. Cualquier pregunta con respecto a la garantía puede ser dirigida a Manager-Consumer Counseling, XYZ Company, Notion Unit Division, 12345 Main Street, USA.

Esta garantía le da derechos legales específicos, y usted puede tener otros derechos que varían de un estado a otro.

Fig. 2-3 Garantía típica para el consumidor.

Los años recientes han visto retiros de productos tan diversos como automóviles y adhesivos, bicicletas y aerosoles, removedores de pintura y marcapasos, por mencionar sólo unos cuantos. Tampoco son raros los retiros obligatorios en la actualidad. La legislación reciente del consumidor exige específicamente que productos del hogar declarados inseguros deben ser retirados del mercado y que todas las partes afectadas en la cadena de distribución (compradores, minoristas, distribuidores, etc.) pueden, en algunas circunstancias, ser reembolsados por el productor si se presenta un retiro. Además, si un productor no puede retirar efectivamente los productos, el gobierno está facultado para dar a conocer los posibles riesgos que implica su uso.

Estas tendencias resaltan para los productores la necesidad urgente de programas de calidad que no sólo abarquen la posibilidad de lanzar productos de alta calidad inicial, sino que proporcionen los registros y reportes necesarios y los mecanismos de seguimiento del producto que son de vital importancia en el caso de retiro del producto.

2.9 El mercado: Un panorama

Las expectativas del comprador para bienes y servicios libres de problemas han creado un carácter nuevo y más exigente de determinación de la calidad en los mercados nacionales e internacionales.

Los compradores industriales y gubernamentales tienen con frecuencia una base objetiva para esta determinación en la forma de sus especificaciones —o las especificaciones que requieren del productor para este propósito. Pueden evaluar el grado al que el producto y servicio comprado, cumpla con estas especificaciones. Además, tienen usualmente un contacto directo con el productor cuando ocurren fallas.

La mayoría de los consumidores tienen una base mucho más informal para sus compras y casi nada de este aparato de control. Históricamente, han dependido del productor y comerciante para arreglar y desempeñar las actividades necesarias de calidad de especificación, control, registro, responsabilidad y servicio.

En el pasado, había la actitud en unas pocas industrias de que, debido al comprador menos conocedor, los productos para el mercado de consumidores —aunque deban producirse con una calidad igualmente buena— requiere con frecuencia métodos de control de calidad menos complejos que los requeridos para los mercados industrial y gubernamental. Nada podría estar más alejado de la realidad. Debido al grado único de dependencia del consumidor sobre los programas del productor en control de la calidad y en seguridad, en el clima económico moderno, mientras menos sofisticado sea el comprador, es mayor la obligación, así como las oportunidades competitivas del mercado para el productor para un programa de calidad sólidamente estructurado.

En suma, las expectativas del público relacionadas con el "abanderado" de la calidad y seguridad se han balanceado hasta enfocar los mercados de consumidores de productos tanto como a los mercados industrial y de gobierno. Los compradores de hoy esperan que los productos de consumo estén entre los líderes en el desfile de la calidad.

2.10 El mercado: Un ejemplo

La importancia de la atención en el nuevo énfasis de la calidad en este mercado, se ilustra con la experiencia de uno de los mayores fabricantes de productos periféricos para computadoras.

Como los programas de calidad total se han extendido a muchas compañías de todo el mundo, han recalcado consistentemente que una de las claves principales dè la aceptación en el mercado es la especificación clara y el logro completo de las características básicas del producto orientadas al uso con calidad para el cliente, tal como su confiabilidad y su servicio. Sin embargo, en el desarrollo e introducción de un nuevo producto principal, el productor de periféricos de computación concentró su atención primeramente en un desempeño mejorado del producto y características únicas del mismo.

Después de una aceptación inicial rápida por los compradores, el crecimiento en el mercado de este producto tuvo una fuerte caída y los ingresos de la compañía se desplomaron. Factores económicos proporcionan las razones básicas para el declinamiento en el mercado del producto periférico de computación. El modelo de producción inicial, que se vendió a un precio promedio de $4000, tuvo un costo después de la venta de alrededor de $3250 durante la vida del producto —y la suma para un costo total durante el ciclo de vida fue de $7250. De este costo de ciclo de vida, $2500 eran por servicio para mantener el producto —lo que representó un alto porcentaje, 35%, del costo total del producto en su ciclo de vida.

El bajo valor económico de este producto fue gradualmente entendido por los compradores y fue poco a poco determinado en forma cuantitativa por la compañía productora —quienes compartieron juntos el pago de estos costos de servicio en una forma u otra. Un impacto del alto costo de servicio al producto fue el efecto fuerte y negativo de las ventas del producto a los compradores— cuyas actitudes hacia lo que eran costos de servicio razonables habían sido condicionadas por productos con menor costo de servicio total en el ciclo de vida.

La documentación original de mercadotecnia e ingeniería de producto de este artículo se había concentrado casi por completo en la especificación de la velocidad y exactitud bajo la premisa de mercadotecnia de que éstas eran las demandas básicas del comprador y las características que venderían el producto. Sin embargo, estas especificaciones no habían sido detalladas al cuantificar los requisitos de calidad de confiabilidad y servicio. Y, esto es también, realmente, lo que los compradores querían.

Por tanto, cuando se planeó un nuevo modelo para este producto, la compañía adoptó un enfoque totalmente nuevo. El programa de control total de la calidad recientemente establecido para la compañía entró con fuerza en la introducción del nuevo producto y en el establecimiento y mantenimiento de los requisitos de calidad del cliente.

Los resultados han tenido un éxito notable, y los factores económicos del nuevo modelo resultaron muy diferentes a los del anterior (Fig. 2-4). Aunque

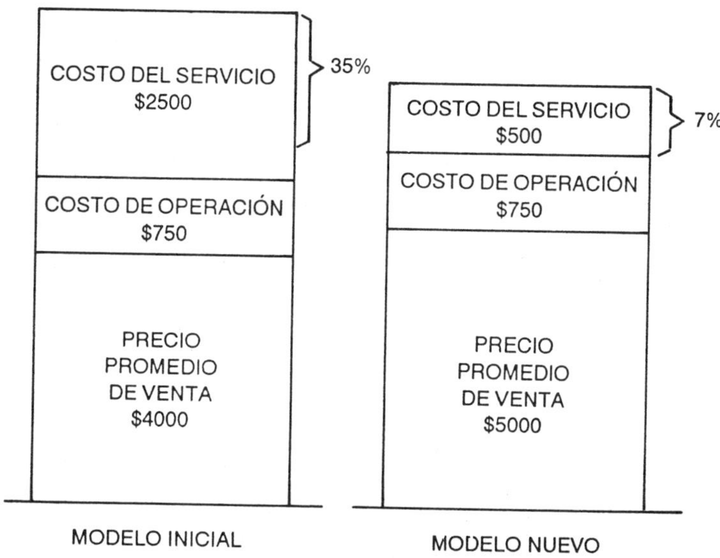

Fig. 2-4

el precio promedio de venta es de $5000, los costos después de la venta son sólo de 1250 dólares —o sea un costo total de ciclo de vida de $6250. De este costo de ciclo de vida, $500 han sido para el servicio y mantenimiento del producto —representando un 7% del costo total del ciclo de vida y una quinta parte del costo de servicio del modelo anterior. Aun cuando el precio de venta de este nuevo modelo es más alto, los resultados de ventas han sido de cuatro veces más que para el modelo anterior (Fig. 2-5) y continúan creciendo; es más, la compañía ha mejorado grandemente sus ingresos por el producto. La razón para el éxito del producto es, para describirlo en forma simple, que la calidad del nuevo modelo ha sido planeada para encajar en las condiciones del mercado de hoy y queda correspondientemente reconocida por los compradores como que justifica su alto valor.

Además, comparada con la tendencia al alza en los costos de calidad por la ausencia de programas fuertes de calidad orientados al cliente, el resultado del costo de calidad/porcentaje de ventas para la empresa de periféricos de computadora muestra una situación mucho más ventajosa.

El beneficio derivado de los sistemas de calidad para esta empresa puede también observarse en una reducción importante en los costos de calidad. Y este resultado se refleja en las mejoras del costo de calidad documentadas por compañía tras compañía con programas modernos de control total de la calidad.

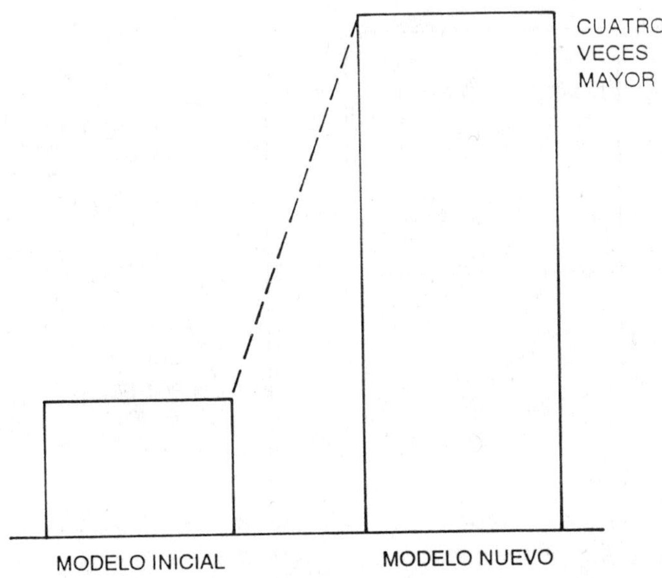

Fig. 2-5

2.11 El mercado: Oportunidad a partir del liderazgo en calidad

Los programas de calidad del productor y del comerciante hechos para satisfacer el mercado de hoy no deben ser, por tanto, únicamente técnica y administrativamente sólidos, sino además deben ser claros, entendibles y visibles de forma que puedan ser articulados, completamente discutidos y revisados y aceptados por compradores, el público y los cuerpos gubernamentales donde sea apropiado.

Tal control total de la calidad da a un productor una singularidad y una gran fuerza competitiva en los mercados modernos nacionales e internacionales. Además, proporciona a la compañía la base sobre la cual emprender una iniciativa de liderazgo adecuada al mercado, en lugar de reaccionar a la defensiva únicamente cuando sucede lo que se conoce como presión de la protección al consumidor. En realidad, un número creciente de compañías – algunas fuera de Estados Unidos que abren exitosamente nuevos mercados por primera vez, y otras continuando su crecimiento en este país con un fuerte desempeño del producto – han hecho del control total de la calidad un fundamento principal para su crecimiento en el mercado y para la obtención de utilidades.

Nunca antes ha habido una demanda mayor en el mercado de productos de calidad siempre alta; nunca antes las oprtunidades competitivas han sido mayores para el diseño, producción y venta de productos de calidad verdaderamente superior; y nunca antes ha habido un fundamento tan profundo de la tecnología de la calidad para guiar el desarrollo de nuevas estrategias de calidad con el fin de proporcionar el liderazgo en la satisfacción de las pesadas demandas actuales para la calidad, que exigen los compradores.

Notas

[1] Barbara J. Mellin, "Sheraton's Quality Improvement Program", *Quality Progress*, Vol. X, Núm. 12, diciembre de 1977, Págs. 12-14. El lector interesado puede referirse a un número creciente de literatura sobre el control de calidad en las industrias de servicio. Algunos ejemplos incluyen Joseph R. Troxell, "Standards for Quality Control in Service Industries", *Quality Progress*, Vol. XII, Núm. 1, enero de 1979, Págs 32-34; R.J. Eilers, "Total Quality Control for the Medical Laboratory", *Proceedings of the International Symposium on Hematology and Clinical Pathology*, Italia, 1971, Págs. 148-160; George Rosenzweig, "Cost of Quality in the Service Industries", *32nd, Annual Technical Conference Transactions*, American Society for Quality Control, Chicago, 1978, Págs. 321-325 y André Van Borredam, "L'assurance de la qualité de service dans le transport aerien", *Bulletin of the French Association for Industrial Quality Control*, Vol. XIV, Núm. 4, diciembre de 1978, Págs. 31-35.

[2] "Seguimiento" del producto se describe en la Sec. 20.22.

CAPÍTULO 3
Productividad, tecnología y la internacionalización de la calidad

Las nuevas y explosivas demandas sociales y económicas para la utilización mucho más efectiva de los materiales y procesos que hacen los productos y servicios de hoy en día, basados cada vez más en la tecnología, junto con los nuevos patrones de trabajo en las fábricas y oficinas y la internacionalización del mercado, se han convertido en influencias principales de lo que los programas de control de calidad deben ser en la actualidad.

Áreas tales como productividad, conservación y seguridad representan fuerzas básicas sobre el control de calidad similares en importancia a esas fuerzas como la responsabilidad por el producto y la protección al consumidor, comentados en el Cap. 2. La necesidad del uso mejorado de los recursos —de energía, equipo, materiales, fuerza laboral, y elementos como el agua— probablemente tendrá impactos cada vez más poderosos de la mercadotecnia, diseño y fabricación del producto durante los años venideros. De la misma manera, los programas de control de calidad están siendo orientados con importancia similar en compañías y economías nacionales.

En el Cap. 3 se describen algunas de las principales condiciones de productividad, tecnología e internacionales que se reflejan hoy en día en la calidad.

3.1 El trabajador: Un perfil

La calidad de los productos y servicios es, en esencia, el resultado de la acción y trabajo humanos. Y cada vez un mayor número de nosotros hoy, ya sea en una planta o en una oficina, queremos mucho más ampliamente que nuestro trabajo utilice nuestra motivación, nuestra educación y nuestras mentes así como que reconozca nuestras aptitudes económicas, técnicas y sociales. Además, esta tendencia social se ha estado desarrollando al mismo tiempo que las tendencias económicas nos están ocasionando que volvamos a examinar a fondo, desde los puntos de vista de ingeniería y administración, los conceptos convencionales de producción.

Un concepto tradicional ampliamente utilizado y aceptado ha sido que la mecanización, combinada con un alto grado de especialización en las tareas, resultará en una alta productividad, costos bajos, trabajadores satisfechos y buena calidad. Sin embargo, esto tiene cada vez menos apoyo de los hechos reales de la experiencia del funcionamiento. La correlación casi completa que una vez existió entre niveles más altos de producción e inversión en equipo solamente y los niveles resultantes más altos de productividad del trabajador, han empezado a desmoronarse en forma impresionante. Estamos descubriendo que muchas de las operaciones que habían sido las más avanzadas en la aplicación de estos conceptos de producción tradicionales, hoy están entre aquéllos con los mayores problemas para lograr la productividad, calidad y resultados de la motivación.

Tal vez, esto no debería ser tan sorprendente debido a que los enfoques normales para algunas prácticas en fábrica, han cambiado muy poco a partir de los conceptos básicos de producción en la línea de la década de 1920 – donde la calidad del producto era muy diferente a la demanda que se tiene hoy. En realidad, el costo total de la calidad no era siquiera un factor identificado en la ecuación de control de costo (comparada con la de hoy, donde los costos de calidad pueden ser de la misma magnitud que los costos totales de mano de obra en la planta) y la motivación de calidad para el empleado existía en un clima industrial muy diferente al de hoy.

En estos conceptos normales de la producción en línea, por ejemplo, la estación 8 está dispuesta para el apretamiento inicial de los pernos en A, C y E del panel; la estación 14 se destina a apretar los pernos A y E con llave de torsión; en la estación 16 se aprieta el perno C con llave de torsión para lograr lo que se llama sincronización en el equilibrio ("balanceo") de la línea; en la estación 22 se fijan todos los pernos con soldadura. Cualquier persona hará conjeturas de dónde establecer la causa de los altos costos y del tiempo perdido cuando el panel se separa durante el trabajo y surge una grave reclamación por la calidad y la seguridad.

Las presiones rápidamente crecientes para nuevos patrones fundamentales de trabajo nos enfrentan al requisito de hacer cambios drásticos en los conceptos convencionales de producción y lugar de trabajo, no sólo en la fábrica, sino también en la oficina. Deberemos, por supuesto, mantener el poder de la mecanización y de las técnicas de especialización, pero ahora tenemos también que ajustarlas, reconociendo que las habilidades y motivación de las personas y la claridad y eficiencia de la información son hoy tan importantes para la productividad y, ciertamente, para la calidad, como las máquinas y regímenes con los que trabajan.

3.2 Calidad total y productividad total

Estos nuevos patrones de trabajo en las oficinas y plantas, junto con las demandas actuales de calidad en el mercado, están ampliando la concentración de la productividad de la atención tradicional, primariamente orientada hacia la planta, hacia una "mayor producción de producto y servicio por unidad de insumo de recursos". Los patrones están, en vez de esto, moviéndose gradualmente hacia el concepto de productividad del negocio orientada hacia el mercado, medida por "mayor volumen de producto y servicio *más vendible y de buena calidad* por unidad de insumo", —que es un objetivo de administración fundamentalmente diferente, una medida del desempeño administrativo y un punto focal para el programa de productividad.

Ninguna compañía tendrá utilidades hoy con un producto malo. El producto que no puede ser vendido porque no tiene el valor adecuado para el consumidor, o que debe ser retirado del mercado porque no es confiable o es inseguro, o que regresa con mucha frecuencia para servicio —éstas son salidas improductivas del valor negativo del negocio para la compañía que los ofreció, no importa qué tan "eficiente" productivamente pueda haber sido el proceso de fabricación en el sentido tradicional. Un indicador económico significativo del negocio de la eficiencia productiva insumos-productos para la administración de las compañías en el mercado de hoy, es el grado al que el producto o servicio generado proporciona al consumidor satisfacción por la calidad, con el correspondiente impacto positivo sobre la vendibilidad.

Esta medida de la productividad del negocio orientada hacia el cliente, cambia el centro de atención del programa de planeación. Ya no se piensa exclusivamente en las técnicas para mejorar la eficiencia del trabajo en la fábrica, como ha sido el caso por más de 50 años y que sigue siendo importante; ahora también hay que enfocar el hecho de que el logro de la productividad orientada hacia el cliente, requiere el uso intenso de programas modernos de calidad. Estos programas ayudan a tomar en cuenta cambios fundamentales en las acciones de mercadotecnia y planeación del producto, en las prácticas convencionales de producción, en los enfoques tradicionales de la ingeniería industrial y en la práctica de la administración en sí.

Ésta es una parte importante del nuevo enfoque que está siendo usado en forma creciente extensivamente por importantes compañías en todo el mundo: la productividad industrial se debe enfocar a la productividad de insumo y producto en el panorama *completo* de la organización de la compañía. Los economistas llaman al enfoque "factor de productividad total de los recursos" o, simplemente, "productividad total".

3.3 Calidad total y productividad total: Un ejemplo

El resultado de este cambio en el enfoque y medición de la productividad es muy significativo. Un ejemplo es la experiencia de un fabricante internacional muy grande de productos mecánicos y electromecánicos para usuarios industriales.

En las plantas de la compañía, algunas operaciones de producción, cuya eficiencia productiva reportaba entre 85 y 90% usando el viejo concepto de medición no orientado a la calidad (Fig. 3-1), llegaron apenas al 60 y 65% de eficiencia productiva al evaluarlas con mediciones de productividad más exactas y más reales, orientadas a cliente y mercado. Esta deficiencia en la productividad de un 33% mostró a la compañía una de las principales causas en las persistentes tendencias al alza en sus costos y gastos, y eliminar esta deficiencia en productividad representaba uno de los mayores requisitos individuales de control de costos para la compañía.

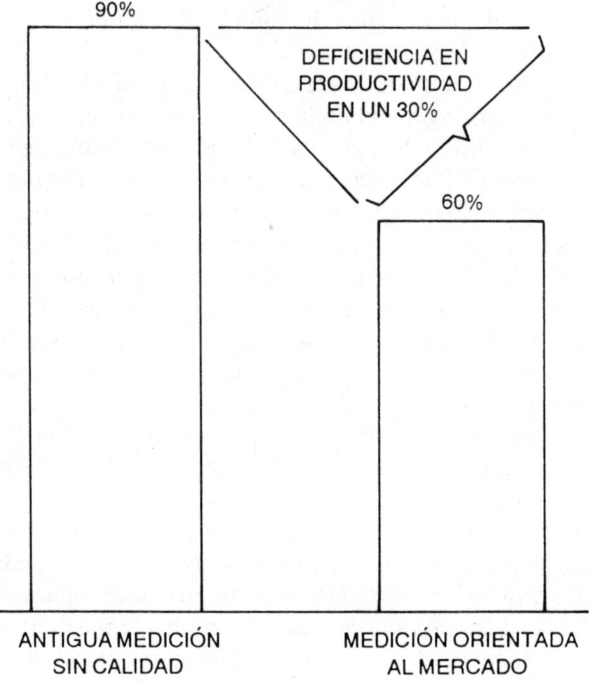

Fig. 3-1

Una clave principal para el logro de este resultado fue reconocer lo siguiente: Aun en muchas fábricas altamente organizadas, existe hoy lo que podría llamarse una "planta escondida" —que tiene hasta un 15% e incluso llega a alcanzar hasta el 40% de la capacidad productiva, dependiendo de circunstancias particulares (Fig. 3-2). Ésta es la proporción de la capacidad de planta que

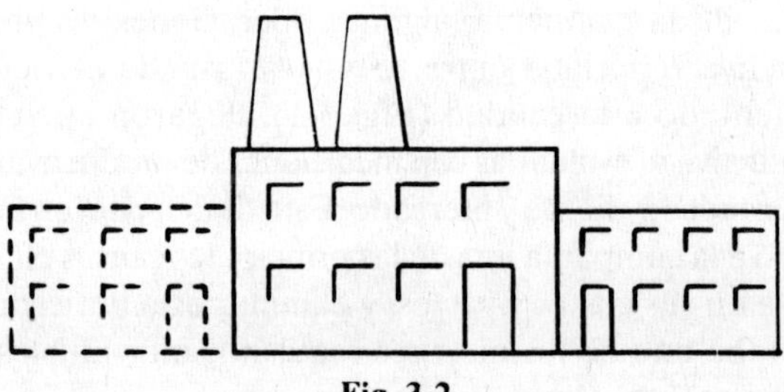

Fig. 3-2

existe para rehacer piezas insatisfactorias, sustituir productos retirados del mercado o volver a probar e inspeccionar unidades rechazadas. No hay mejor manera de mejorar la productividad que transformar esta planta escondida al uso productivo y los programas modernos de calidad proporcionan una de las formas más importantes y más prácticas para lograrlo.

En el caso del fabricante que se comentó, un programa de calidad total dirigido al uso productivo de esta capacidad desperdiciada pudo lograr grandes mejoras en la productividad (Fig. 3-3). En muchas de las operaciones de producción de la compañía, una parte importante de los aumentos en la productividad requeridos para reducir la diferencia del 30% que había sido encontrada en la eficiencia productiva verdadera, es ahora programada y presupuestada a partir de los programas de calidad y está siendo lograda por estos programas.

3.4 Calidad total y el desarrollo del producto

Hasta hace poco, muchas compañías dependían en gran parte de lo que ha sido llamado el método "secuencial" o "de serie" para la creación y fabricación de equipo y productos nuevos (Fig. 3-4). Este enfoque comienza con el tiempo inicial para investigar y desarrollar el concepto del nuevo producto, seguido por el prototipo de producción y una serie completa de pruebas que satisfagan a todos. Después de eso, producen los dibujos, se instalan los procesos de pro-

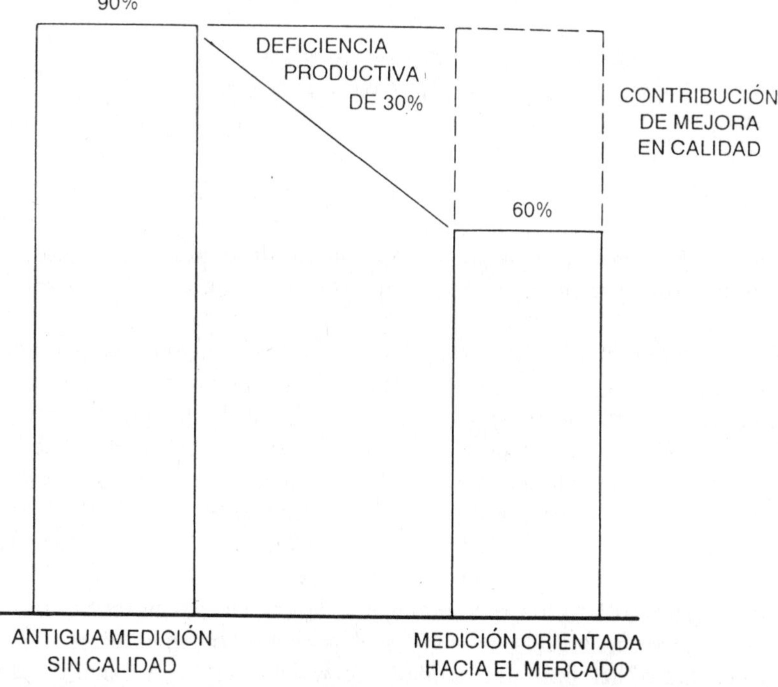

Fig. 3-3

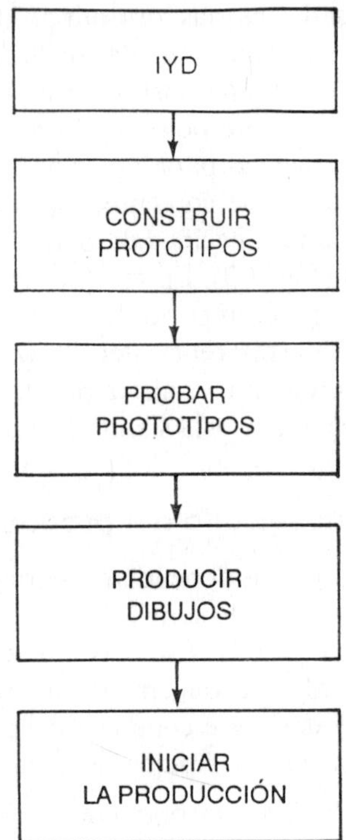

"DESARROLLO" EN "SERIE" DE UN NUEVO PRODUCTO

Fig. 3-4

ducción y se inicia la producción. Los problemas de calidad en el producto se pueden aislar rápidamente en este tipo de enfoque porque, cuando menos en el concepto, el proseguir de un paso al siguiente depende del desempeño satisfactorio del producto en cada "puerta" precedente en el proceso de desarrollo.

En la actualidad, es frecuente que en los programas importantes de desarrollo de productos, no se disponga del tiempo suficiente para completar este sistema secuencial de operación; el mercado se mueve demasiado rápido. En su lugar, estamos viendo cada vez más lo que podría llamarse el enfoque "paralelo" para el desarrollo del producto (Fig. 3-5). La investigación y desarrollo se inician y avanzan mientras se hacen y prueban prototipos; mientras se prueban los prototipos, se inicia la producción de unidades. El enfoque paralelo impone requisitos operativos más exigentes para asegurar una calidad libre de problemas al costo correcto y representa para el productor un problema de calidad de mucha mayor magnitud que la que se experimentaba en los años anteriores y la necesidad básica para una calidad inicial mucho mayor. Exige una fuerte capacidad de calidad total para asegurar el éxito del desarrollo.

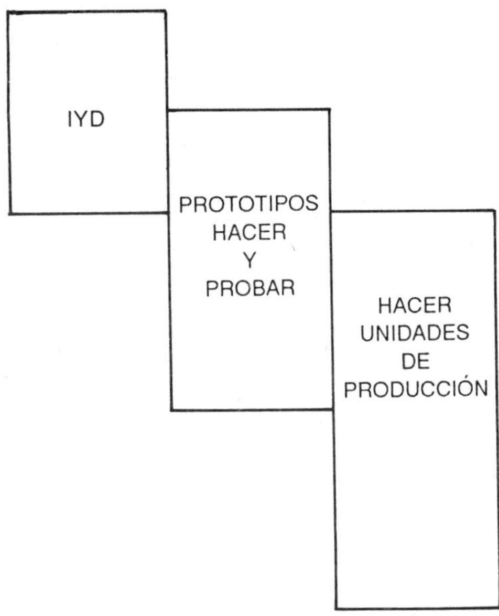

Fig. 3-5

3.5 Calidad, mecanización y automatización

El equipo moderno de producción —igual que las máquinas herramientas controladas automáticamente en la fábrica; procesadores de datos integrados en la oficina; computadoras a gran escala para acelerar las tomas de decisiones administrativas— tiene un profundo impacto en la operación del negocio. Ha resultado muy duro aprender la lección de que los cambios tecnológicos importantes no pueden ser simplemente sobrepuestos sobre las viejas bases de fabricación o de logística o de administración, confiando anticipadamente en que resultarán mejoras firmes y efectivas. Donde se ha llevado a cabo esta superimposición, ha sido la causa principal por la que algunos programas de automatización en la fábrica no han recuperado la inversión y por la que algunos programas de control por computadoras en las oficinas acaban a veces por requerir más personal del que se necesitaba antes de la instalación de la máquina.

En realidad, con la automatización puede haber *más* problemas de calidad en lugar de menos; puede haber hasta presiones al alza *más intensas* en los costos de calidad de las que existen hoy; puede haber una necesidad *mucho mayor*, en vez de menor, de un trabajo de control de calidad de gran magnitud.

Estos puntos pueden ilustrarse con un ejemplo de una planta de un productor de Nueva Inglaterra que hace instrumentos de precisión. Para la mayoría de las líneas de ensamble a mano, un rechazo de un 1% en el nivel de calidad del equipo fue una vez una meta respetable y se lograba sólo con un buen trabajo constante. El examen muestra que esta magnitud de 1% equivalc a una sola de las operaciones de subensamble automatizadas de la fábrica, por ejemplo, el soporte magnético.

Esta operación requiere del uso de dos delgadas rondanas por subconjunto, que se utilizan como espaciadores para el imán. La máquina produce 720 piezas por hora, usando, por tanto, 1440 rondanas. Si un 1% de estas rondanas tiene una pequeña esquirla o un filo ligeramente redondeado, habrá en promedio 14 detenciones de la máquina por hora —1 cada 4 min— debido a que se atasca el alimentador de rondanas de la máquina. De esta manera, con un respetable 1% para el hardware, el equipo automático estará más tiempo fuera de operación que en operación. Obviamente, este nivel de rechazo del 1% no es un buen punto de partida para la automatización de instrumentos.[1]

Si se multiplica muchas veces este ejemplo y se le añaden algunos otros ejemplos que reflejan complejidades de calidad mucho mayores, se encontrará la verdadera naturaleza del problema de calidad con automatización. A menos que el principio de control total de la calidad de "hazlo bien desde el principio" trabaje *realmente*, no *habrá* una producción automática económicamente eficiente debido a que el tiempo fuera de operación se encargará de que la operación sea más costosa.

Comparada con las operaciones *manuales*, la automatización requerirá de procedimientos mucho *mejores* para determinar la capacidad de calidad de los nuevos diseños antes del inicio de la producción; requerirá de controles *más estrechos* sobre la calidad del material adquirido y la calidad en el proceso; requerirá el desarrollo de aparatos mucho más *efectivos* para inspección y pruebas, medición y retroalimentación de control; requerirá también de la creación y uso de niveles aún *más altos* de la tecnología de ingeniería para el control total de la calidad.

3.6 Procesamiento de la información de calidad, tecnología por computadora y control de calidad de software

Una de las principales fuerzas recientes de mejoras en muchas compañías ha sido el desarrollo de buenos programas de información basados en la computadora para proporcionar mediciones y datos claros y en tiempo. Sin embargo, en las formas anteriores de estos programas no se tenía muy en cuenta la inclusión sistemática de información clave de calidad, ya fuera en la base de datos de la computadora o en el procesamiento de datos rutinario en sí.

Los programas de control total de la calidad han alentado los pasos para estructurar estos programas de información administrativa de forma que también puedan proporcionar los datos precisos e importantes de calidad, tan esenciales hoy como guías para las acciones administrativas y técnicas.

Tres ejemplos de algunas de las diversas áreas principales de información que son importantes:

- Datos económicos en forma de costos de calidad

- Datos de los clientes sobre satisfacción con la calidad
- Datos de ingeniería, producción, inspección y pruebas de los grados de calidad

Con el gran poder de procesamiento de información proporcionado por las computadoras modernas, tanto centralizado como en la forma de datos distribuidos por la planta e interactivos, un factor esencial en un control moderno de calidad poderoso es establecer un procesamiento efectivo de la información de la calidad en todas las categorías pertinentes de las operaciones de la organización. Estos programas de información de la calidad emplean datos como factor fundamental del sistema de información en la compañía y en la planta, generando la información para la medición y control de las áreas importantes que influyen en la calidad y a una acción correctiva permanente.

Control de calidad del software

Con este gran crecimiento de la importancia del procesamiento de la información de la calidad, se ha presentado el crecimiento comparable de la importancia de lo que podría ser considerado como el control de calidad de la información manejada por computadora. Esto se relaciona, en parte, con el aseguramiento de la calidad del hardware de la computadora en sí. Puesto que son de vital importancia, las prácticas de control de calidad que son efectivas aquí son similares en concepto y enfoque a las prácticas que se han desarrollado generalmente para otras formas de equipo electrónico.

La calidad del software que acciona la computadora —y de la programación que hay en el software— se ha convertido también en una importancia primordial en la calidad. Una muy alta proporción de "caídas" de la computadora, esto es, fallas en la operación, puede ser causada hoy por calidad no satisfactoria del software.

El control de calidad del software se ha convertido, por tanto, en una parte esencial de los programa de control total de la calidad de la compañía. La atención a los requisitos específicos de la calidad del software es una actividad que está integrada a través del programa de procesamiento de información de la calidad. Se inicia en el desarrollo y continúa a través de la operación y mantenimiento del hardware y software de la computadora tanto en la oficina como en la fábrica e instalaciones de prueba.

3.7 Calidad total, normas (estándares) y especificaciones

Según se han intensificado los requisitos de calidad del comprador y los programas del productor para satisfacer estos requisitos se han vuelto muy exigentes, el establecimiento de normas (estándares) claras —el primer paso en el proceso de control como se menciona en la Sec. 1.5— se ha hecho más y más importante para el logro de la calidad.

Mientras que los estándares y su estipulación son una actividad muy antigua, muchas consideraciones modernas han afectado considerablemente la naturaleza de lo que será un estándar efectivo para la aplicación del control de calidad bajo las condiciones actuales del mercado y la producción. Entre éstos, se encuentran los siguientes: La determinación de qué consideraciones relacionadas con la calidad –para producto, proceso, sistema, terminología o factores similares– deberían ser cubiertas por normas y especificaciones. ¿Cómo deben estos estándares y especificaciones ser desarrollados y documentados? ¿Qué grupos deberían publicar, aprobar y mantener estos estándares –asociaciones industriales, cuerpos profesionales, grupos de compradores, instituciones gubernamentales o las compañías productoras en sí? ¿Cuál debe ser el criterio de evaluación para los estándares; cómo deben reforzarse estos estándares; y qué lugar tienen los estándares en el proceso de evaluación legal y de demanda legal del producto? Un factor clave en el control total de la calidad es el claro apercibimiento de estas consideraciones como historia para la identificación y aplicación de los estándares relevantes del producto y servicio que deben ser integrados dentro de las actividades del programa de calidad.[2]

Una de las complejidades principales en la evolución y aplicación de estándares modernos efectivos para el control de calidad, ha sido la necesidad de considerar en ellos los aspectos pertinentes de ciertas tecnologías y metodologías nuevas orientadas a la calidad que han evolucionado a lo largo de las últimas décadas, tales como técnicas de confiabilidad, muestreo estadístico y prácticas de prueba modernas.[3] La formalización de los conceptos de estándares y especificaciones –y del proceso organizacional para su determinación– se había cristalizado mucho antes de la aparición de estas nuevas técnicas. En consecuencia, el lograr su integración en estándares y especificaciones modernas ha representado un aspecto importante para la atención del control de calidad.

El control de calidad en el pasado se concentró casi exclusivamente en las actividades de producción internas en la empresa. Los programas modernos del control de calidad, en contraste, se mueven también hacia conexiones externas fuertes y directas con los clientes en el caso. Dan más importancia a especificaciones y estándares del producto que definen clara y completamente los parámetros de servicio y confiabilidad del producto así como los parámetros más usuales de dimensiones del diseño y proceso de fabricación. Esto es porque la calidad es, como se mencionó en la Sec. 1.3, una evaluación hecha por los usuarios del producto, no por los productores. Es un juicio basado en los deseos y necesidades del usuario, sus demandas de confiabilidad y servicio, las aplicaciones especiales del producto y otras condiciones. Estos factores pueden ser elementos importantes de las especificaciones y estándares de los productos.

3.8 Calidad total y seguridad

Siempre un tema de atención central, la seguridad se ha convertido en un aspecto de importancia social y técnica en todos los mercados del mundo. La seguridad de los automóviles, fármacos, plantas generadoras de energía, enseres domésticos, juguetes, pinturas, cuidado de la salud, ropa y telas, construcción y un espectro muy amplio de productos y servicios están bajo un estricto escrutinio.

En los estándares, programas y mediciones de los productores y compradores y del gobierno se hace hincapié en la prevención de accidentes inducidos por productos o servicios que puedan amenazar el bienestar o la propiedad de la vida humana. La atención es tanto para el efecto directo del producto o servicio en términos de su operación libre de accidentes como para el impacto indirecto sobre la seguridad —el llamado efecto colateral, como análisis o fármacos en un hospital, o de una tela en un vestido, o de muebles.[4]

Ya se estableció que la seguridad es un parámetro importantísimo de la calidad. Por tanto, la seguridad del producto o servicio representa un foco central e integrado de todos los programas de control total de la calidad. Las consideraciones sobre seguridad existen a lo largo de lo que algunos han llamado panorama completo ("de la cuna a la tumba") del control total de la calidad. No pueden ser ya tratados efectivamente con enfoques obtusos confinados al trabajo de un solo grupo funcional de la compañía, como era el caso de las actividades más tradicionales orientadas a la seguridad de otras épocas, menos exigentes.

Un ejemplo de este enfoque anterior de la calidad y seguridad del producto es el caso de una exitosa y bien manejada compañía de productos electrónicos de consumo. En esta empresa, la seguridad del producto se había manejado históricamente como un asunto de la ingeniería de diseño respaldada por un comité de seguridad dedicado y competente. El sistema estaba considerado "a prueba de tontos" hasta que una orden de 10 000 amplificadores de potencia se procesó de acuerdo con un diseño que había sido revisado y determinado "seguro".

Los amplificadores tenían un interruptor metalizado para el encendido, unido con un eje que pasaba muy cerca del chasís al transformador de poder que generaba un voltaje y una corriente muy altos. Cuatro de los usados en los 10 000 amplificadores pasaron la inspección de muestreo con una rebaba porque el plan de inspección no había sido diseñado para localizar rebabas. Cuando el interruptor se ponía en la posición de encendido, las rebabas en estos cuatro ejes punteaban la corriente y, por lo mismo, el interruptor quedaba electrificado. El enfoque obtuso hacia la seguridad del producto en esta compañía fue un fracaso, y se reemplazó por un programa moderno, en toda la organización, de control total de la calidad.

Uno de los objetivos principales de los programas de calidad debe ser asegurar la confianza total hacia la seguridad del producto antes de que salga la primera producción al mercado. El sistema dinámico de calidad total será estructurado de forma que explore todas las alternativas razonables de diseño que se cuestione si en algún aspecto el diseño del producto puede contribuir a su mal uso o abuso, evaluar el efecto de falla o defecto en cualquier componente o parte, y predecir la probabilidad de falla y qué tan severas pueden ser las consecuencias si ocurre.

3.9 Calidad total y prevención de pérdidas por demandas judiciales

Debido a la importancia en la seguridad de los productos y las fuertes sumas por incumplimiento en asegurar el funcionamiento seguro del producto, los programas de control de pérdidas por demandas judiciales son en la actualidad un importante requisito para los productos, distribuidores y vendedores y las compañías de seguros. La necesidad primordial es que ese programa de control de pérdidas sea permanente en lugar de hacer "aspavientos" en respuesta a crisis periódicas; para hacer que el control de pérdidas sea un factor inherente e integral en la estructura básica de controles de la compañía en vez de que sea un asunto aislado, al cual sólo se recurre cuando ocurre una crisis. Si el sistema no se considera así, se abrirá la puerta a riesgo que no pueden cumplir con las exigencias actuales.

Pero ha habido una actitud curiosa en algunas compañías que ha representado una trampa en materia de la responsabilidad básica sobre el producto para esas compañías. Esa actitud es que el aspecto de la responsabilidad por el producto es tan especializada y requiere una atención tan disciplinada que debe estar restringida a una sola sección de la compañía. Con ese método, los temas de la responsabilidad sobre el producto se han manejado como si fueran una sección integrada de asuntos jurídicos y de reclamaciones de seguros, con su correspondiente papeleo. Por tanto, se ha apartado de la corriente de elementos de mercadotecnia, ingeniería y producción de la compañía que tiene una profunda participación en las acciones que pueden influir en favor o en contra en las reclamaciones por responsabilidad del producto. Además, con ello, se ha producido un "muro" aislado a largo plazo entre los programas de control de pérdidas por responsabilidad por el producto y los programas de control de calidad.

Cuando la opinión de MacPherson estaba siendo escuchada en 1916 (ver la Sec. 2.6), tanto el concepto como la función organizacional del control de calidad eran casi desconocidos en la industria. Para el tiempo en que el control de la calidad se había convertido en una actividad importante después de la Segunda Guerra Mundial, el control de pérdidas por demandas judiciales sobre el producto hacía mucho tiempo que se había convertido en una entidad especializada en muchas compañías. Su lenguaje y el lenguaje del control de calidad eran muy diferentes. Los especialistas en demandas judiciales sobre el producto y los especialistas en control de calidad en la misma compañía no sabían algunas veces quiénes eran los otros y tenían sólo una idea muy vaga de los programas del otro.

Puesto que había muy poco diálogo, había muy poco reconocimiento real de que cada uno trataba con aspectos del mismo problema. En realidad, aunque había mucha buena voluntad personal entre los especialistas, había también algún escepticismo en lo referente hasta qué punto el control de calidad con sus conceptos de porcentajes de defectuosos, y el control de demandas legales del producto, con su enfoque de control de quejas, pudieran en realidad ser de ayuda mutua. Ésta sigue siendo la situación en muchas organizaciones hoy en día al encarar la necesidad obvia de una coordinación mucho mayor.

Precisamente debido a que esta separación de la responsabilidad por el producto se ha integrado en la evolución organizacional a largo plazo de muchas compañías, requiere de programas desarrollados cuidadosamente para lograr un cambio benéfico. La coordinación necesaria no se hará efectiva simplemente con el establecimiento de una política administrativa que especifique que el control de demandas legales sobre el producto *existente* y los programas de control de la calidad *existentes* deben encontrar mejores formas de cooperación. Las nuevas normas legales de responsabilidad estricta requieren, en lugar de ello, cambios en el concepto de control de la compañía en sí. El control total de la calidad es una línea base fundamental sobre la cual se debe basar el control de demandas legales sobre el producto.

El hecho es que los errores que llevan a los problemas de demandas legales sobre el producto, ya sean errores de omisión o comisión, pueden con frecuencia tener su origen en decisiones de rutina y relativamente menores que se toman en todas las áreas de operación de la compañía y a todos los niveles de responsabilidad. La magnitud de un error guarda con frecuencia poca relación con la magnitud de las pérdidas potenciales que resultan de él. En realidad, la causa puede no ser en lo absoluto el resultado de un error directo, sino, por ejemplo, de decisiones bien intencionadas en la línea de producción.[5]

La minuciosidad y efectividad de la prevención de pérdidas por demandas judiciales del producto están totalmente unidas a la integración de las actividades de prevención de demandas judiciales en cada etapa del ciclo industrial del producto. De la misma forma, los programas sólidos del control total de la calidad y los programas sólidos de prevención de demandas legales del producto son una suma —no una diferencia. Un buen programa moderno de control de la calidad es también un buen programa de prevención de demandas legales.[6]

3.10 Calidad total e internacionalismo

Las operaciones de calidad en un número creciente de compañías y programas gubernamentales de la actualidad se están volviendo internacionales en su proyección y alcance.

Que esto sea así representa una ampliación sumamente importante de las fronteras geográficas del control de calidad.

Tres tendencias principales hacen ahora de la internacionalización una dimensión cada vez más importante de la práctica de la calidad total:

1. Creciente alcance y carácter mundial de las corporaciones industriales y de los programas de gobierno.
2. La nueva importancia demostrada de la calidad para el éxito en los mercados internacionales.
3. Establecer el significado del control de calidad en la política y negociaciones del gobierno en el intercambio internacional.

La ampliación de la actividad ha tomado muchas formas. Partes y materiales son ahora surtidos rutinariamente en todo el mundo, en vez de ser una entrega por compra ocasional. La política de planeación de la producción y las instalaciones de manufactura están integradas en una escala internacional. Los programas de ingeniería se están coordinando entre los continentes. La mercadotecnia y servicio al producto están organizados en muchos países.

Por ello, un número creciente de compañías se están convirtiendo en genuinamente mundiales en su alcance y operaciones. Ya no son compañías nacionales que buscaban periódicamente en el extranjero nuevos mercado: son compañías internacionales con intereses mundiales. Además los programas de adquisiciones del gobierno —especialmente marcados por los equipos de defensa como aeroespaciales y armamento móvil— son ya internacionales, por lo general, en vez de ser excepciones. Y los productos como las instalaciones generadoras de energía eléctrica son hoy casi por completo mundiales en su planeación y control.

El impacto de todo esto sobre el control de calidad es muy grande. Cuando una compañía diseña un producto en un país, se abastece de materiales de otro y además fabrica el producto en otro país, y luego vende y da servicio a ese producto en todo el mundo, el establecimiento de sistemas de calidad tanto nacionales como internacionales verdaderamente fuertes se torna esencial para operar con utilidades.

La *segunda* tendencia hacia la internacionalización es la nueva importancia demostrada de la calidad, para el éxito en los mercados internacionales.

Durante mucho tiempo, los estereotipos fuertemente arraigados han tenido una gran influencia en la forma de pensar en la política comercial del negocio —por ejemplo, productos técnicamente innovadores, o productos muy baratos, o de otra forma productos que no están disponibles localmente representan las claves para el éxito en la exportación en el mercado de consumo internacional. Pero muchos de los mayores éxitos recientes en el comercio internacional no han sido ninguno de éstos.

Estos productos no han sido ni técnicamente innovadores ni sumamente baratos —en realidad, con calidad reconocida, se han vendido a precios más altos— y han entrado en mercados ya saturados con bienes similares. Han tenido éxito no sólo porque se ajustan a los viejos estereotipos sino porque también han representado lo que ha llegado a ser claramente la clave del éxito en este nuevo mercado: el valor de producto y servicio a los ojos del consumidor.

La habilidad para lograr este resultado a escala internacional ha sido la clave del éxito de las compañías que se han convertido en líderes de exportación. La moraleja es que una gran parte de su interés tecnológico y administrativo ha sido aplicado directamente a las áreas que realmente tienen un significado actual de la calidad en los mercados mundiales de hoy orientados hacia el valor.

Esto significa planeación internacional del producto para determinar y actuar sobre esas características del producto y servicio que representan un valor real para los consumidores de diferentes países, en lugar de solamente exportar productos con las características *existentes* que se adaptan a los mercados nacionales. Significa redes de información internacionales de rápida respuesta, donde los patrones cambiantes de compra del consumidor o los requisitos de servicio al producto y refacciones, puedan ser rápidamente comunicados y las acciones correspondientes ejecutadas. Significa la internacionalización exitosa de entregas rápidas y confiables de producto a miles de millas, hasta sus mercados. Estas grandes innovaciones como un nuevo sistema de logística a gran escala en tierra, mar y aire traen a una fábrica del otro lado del mar casi a la puerta de los mercados a los que les da servicio cuando la instalación de una planta en ese país no ha sido posible o económica.

Por tanto, hay una necesidad de sistemas mundiales de confiabilidad y calidad que aseguren la satisfacción de los clientes con los productos en uso, en cualquier parte del mundo en que estos productos sean comprados y vendidos.

Estas áreas comprenden lo que los economistas llaman la "infraestructura mundial" de una compañía e internacionalizarla efectivamente es fundamental para el éxito en los mercados de hoy orientados hacia la calidad.

3.11 Calidad total e internacionalismo: La función del gobierno

La *tercera* tendencia en la internacionalización de la calidad es la importancia creciente del control de calidad en las políticas gubernamentales y en las negociaciones de comercio internacional.

En el mundo competitivo de hoy, un factor muy importante en la política económica gubernamental es el mantenimiento de los patrones de comercio internacional que son tan libres como es posible de acuerdo con las restricciones de práctica tan poco equitativa como el "dumping" o precios irreales de productos comparables en mercados internacionales y nacionales. Sin embargo, los productos son sólo comparables si su calidad es comparable, y esto requiere de una calidad clara y prácticas de calidad mensurables. El creciente e intenso interés gubernamental en prácticas justas de importación y exportación, colocará inevitablemente un interés igualmente creciente sobre los programas de control de calidad que mantendrán estos requisitos.

Ésta es una nueva fuerza importante hacia la internacionalización del control de calidad en muchos países. Es probable que agregue un complemento orientado a las importaciones al énfasis de la calidad como una herramienta principal orientada hacia la exportación que algunos gobiernos han estado alentando por muchos años como un elemento principal de su política económica.

Juntas, las tendencias hacia la internacionalización —el panorama mundial creciente de los negocios, la nueva importancia de la calidad y el impacto de la calidad sobre las políticas gubernamentales— reflejan las fronteras que se reducen en el mundo de la actualidad. Esto ha afectado profundamente las políticas, las actitudes y la operación de calidad de las compañías.

Notas

[1] En la Sec. 12.22 se describe cómo se aplica la tecnología de calidad moderna para satisfacer los requisitos necesarios de calidad.

[2] Entre las muchas instituciones que establecen las normas, están, la American National Standards Institute (ANSI), la American Society for Quality Control (ASQC) y la American Society for Testing and Materials (ASTM) juegan papeles particularmente importantes relacionados con fuertes impactos sobre el control de calidad. Muchas otras instituciones, asociaciones y entidades federales, estatales y gubernamentales juegan también papeles principales en establecer normas orientadas a la calidad que deben ser claramente entendidas y cuidadosamente consideradas tanto para productos y servicios particulares como para los demás. La International Organization for Standarization (ISO) es un cuerpo importante que juega un papel fundamental en los estándares en una escala internacional; otros cuerpos internacionales, especialmente la International Electrotechnical Com-

mission (IEC) juegan también papeles importantes. En una base tanto nacional como internacional, las organizaciones como la American Society of Mechanical Engineers (ASME) y la Electronics Industry Association (EIA) tienen actividades significativas.
[3] El desarrollo de estándares y especificaciones del consumidor se revisa en un artículo del autor: A.V. Feigenbaum, "Integrating Specifications, Quality and Consumer Satisfaction", *Standardization News*, Vol. 1, Núm. 10, 1973.
[4] La prevención de peligro para el consumidor es un objetivo central de los productos y servicios. Para una descripción completa, ver R. P. Kytle, Jr., *Proccedings, 20th Conference of the European Organization for Quality Control,* Copenhague, junio de 1976, Págs. 107-115. Sin embargo, el punto de hasta qué grado es posible para el producto y servicio en si llevar una carga totalmente libre de accidentes permanece como punto de discusión. Ver por ejemplo, Walter Guzzardi, Jr., "The Mindles Pursuit of Safety", *Fortune,* 9 de abril de 1979, Págs. 54-65.
[5] Para un comentario a fondo del espectro de la seguridad del producto, ver D. S. Feigenbaum, "Wanted, New Strategies for Product Safety", *The National Underwriter,* 10 de septiembre de 1971.
[6] La prevención de pérdidas por demandas jurídicas se comenta con más amplitud en la Sec. 10.28.

CAPÍTULO 4
¿Cuáles son los factores que controlan la calidad y cuáles son las tareas del control de calidad?

Durante los últimos años, ha habido un crecimiento muy intenso de la competencia en la calidad del producto. Esta competencia es aparente tanto en las líneas de consumo como en las industrias pesadas.

Un resultado natural, en estas circunstancias, para muchas compañías, ha sido el establecimiento de una remuneración cuando se logra y se conserva una buena reputación sobre la calidad. Esta reputación se puede aprovechar entre los consumidores, por los departamentos de mercadotecnia y de ventas, y puede también ser un punto clave para la política de publicidad. Una mala reputación de calidad, por otra parte, constituye uno de los puntos más difíciles por su resistencia a la venta que debe enfrentar una compañía.

Por ejemplo, un descenso en las ventas de bienes de consumo durante un intervalo de la economía nacional se atribuyó en forma particular por analistas de mercado a una "huelga de compradores". La resistencia concentrada a la compra fue evidentemente un resultado de deficiencias de calidad en varios productos. Los factores sobresalientes en la recuperación de las ventas, en ciertos productos, fueron las mejoras adoptadas por los fabricantes en la manufactura.

La reputación de calidad, buena o mala, no es un acontecimiento fortuito. Es el resultado directo de las políticas internas de una compañía relacionadas con el establecimiento y mantenimiento de programas de calidad dinámicos y bien planeados. Para hacer estos programas totalmente operacionales en plantas y compañías, se requiere, como punto inicial, un claro entendimiento de los muchos factores clave con los que debe tratarse. Estos factores deben entonces relacionarse con las tareas clave que deben llevarse a cabo dentro de las compañías para lograr las metas de calidad.

Por tanto, el Cap. 4 está orientado a las funciones y se identifican primero las áreas amplias donde la acción para la calidad es necesaria y luego se clasifican las tareas reales del control de calidad. También se consideran el papel de la estadística y otras metodologías técnicas del control de calidad.

4.1 Las nueve eMes: Factores fundamentales que influyen en la calidad*

La calidad de los productos y servicios está influida directamente en nueve áreas básicas, o lo que podría considerarse como las "9 eMes"*: Mercados, dinero, administración, hombres, motivación, materiales, máquinas y mecanización, métodos modernos de información y requisitos crecientes del producto. En cada área, la industria se encuentra hoy sujeta a condiciones que actúan sobre la producción en una forma experimentada en periodos anteriores.

1. **Mercados.** El número de productos nuevos o modificados ofrecidos al mercado crece de una manera explosiva. Muchos de esos productos son el resultado de tecnologías nuevas que abarcan no solamente al producto en sí sino también a los materiales y métodos empleados en su manufactura. Los negocios de hoy están identificando cuidadosamente los deseos y necesidades de los consumidores como una base para el desarrollo de productos nuevos. Se ha hecho creer al consumidor que se cuenta con productos que satisfacen casi todas las necesidades. Los compradores están exigiendo más y mejores productos para cubrir sus necesidades actuales. Los mercados se ensanchan en capacidad y se especializan, funcionalmente, en efectos y en servicios ofrecidos. Para un número creciente de compañías, los mercados son internacionales y aun mundiales. Como resultado, los negocios deben ser más flexibles y capaces de cambiar de dirección rápidamente.
2. **Dinero.** El aumento en la competencia en muchos campos de acción, aunado a las fluctuaciones económicas mundiales, ha reducido los márgenes de ganancia. Al mismo tiempo, la automatización y la mecanización han obligado a desembolsos de consideración para equipos y procesos nuevos. El resultado del aumento en las inversiones, que se deben amortizar aumentando la productividad, ha provocado que cualquier pérdida importante de producción, debida a desperdicios y a reproceso, se convierta en un asunto sumamente serio. Los costos de la calidad conjuntamente con los de mantenimiento y de mejoramiento se han remontado a alturas sin precedente. Este hecho ha enfocado la atención de algunas gerencias hacia el campo del costo de calidad como un "punto débil" ayudar a mejorar las utilidades, disminuyendo sus costos y pérdidas operativas.
3. **Administración.** La responsabilidad de la calidad se ha distribuido entre varios grupos especializados. En otros tiempos, el jefe de taller y el ingeniero del producto eran únicos responsables de la calidad del producto. Ahora, la mercadotecnia, debido a su función de planeación del producto, debe establecer los requisitos de éste. Los ingenieros tienen la misión de diseñar un producto que satisfaga los requisitos. Producción debe establecer y perfeccionar los procesos que tengan la capacidad adecuada para elaborar el producto dentro de las especificaciones fijadas por los ingenieros. Control de calidad reglamentará las mediciones de la calidad durante el flujo del

* Nombre dado por las iniciales de las palabras en inglés: Markets, Money, Management, Men, Motivation, Materials, Machines and mechanization, Modern information methods y Mounting product requirements. (N. del T.)

proceso que aseguren que el producto final cumpla con los requisitos de calidad. Aun la calidad de servicio, después de que el producto ha llegado a las manos del comprador, se ha constituido en una parte importante del "paquete del producto". Esto ha aumentado la carga impuesta a la alta gerencia, particularmente, en vista de la dificultad siempre creciente de localizar responsabilidades por apartarse de los estándares de la calidad.

4. **Personal.** El crecimiento rápido de conocimientos técnicos y la creación de campos totalmente nuevos, tales como la industria electrónica, han creado gran demanda de personas con conocimientos especializados. La especialización se ha hecho necesaria porque los campos de conocimiento se han incrementado no sólo en número sino en amplitud. Aun cuando la especialización tiene sus ventajas, también tiene desventajas al quebrantar la responsabilidad en la calidad de ciertas piezas del producto. Al mismo tiempo, la situación ha creado una demanda de ingenieros capacitados en la elaboración de planes que comprendan todos estos campos de especialización y organización de sistemas, que aseguren los resultados que se desean. Los numerosos aspectos de los sistemas operativos de los negocios se han convertido en el foco de la administración moderna.
5. **Motivación.** La creciente complejidad de llevar un producto de calidad al mercado ha aumentado la importancia de la contribución de la calidad por parte de cada empleado. La investigación de la motivación humana ha mostrado que además de la recompensa en dinero, los trabajadores de hoy requieren de refuerzos con un sentido de logro en sus tareas y el reconocimiento positivo de que están contribuyendo personalmente al logro de las metas de la compañía. Esto ha llevado a una necesidad sin precedente de educación sobre la calidad y para mejorar la comunicación de conciencia de calidad.
6. **Materiales.** Debido a los costos de la producción y a las exigencias en cuanto a calidad, los ingenieros están usando los materiales dentro de límites más estrechos que antes y empleando algunos metales raros y aleaciones metálicas para aplicaciones especiales. El resultado ha sido, especificaciones más estrictas en los materiales y una mayor diversidad en éstos. Ya no sirven para la aceptación la simple inspección visual y la comprobación del espesor; por el contrario, se exigen mediciones físicas y químicas, rápidas y precisas, empleando máquinas especiales de laboratorio, tales como espectrofotómetro láser, aparatos ultrasónicos y equipo de maquinado de prueba.
7. **Máquinas y mecanización.** La exigencia dentro de las compañías de lograr reducciones de costos y mayor volumen de producción para satisfacer al consumidor en mercados altamente competitivos ha conducido al uso de equipo más y más complicado, que depende en mucho de la calidad de los materiales empleados. Una calidad buena ha llegado a ser un factor crítico para que una máquina pueda estar trabajando sin interrupción para la mejor utilización de las instalaciones. Esto se cumple para cualquier tipo de equipo de fabricación, desde troqueladoras profundas hasta máquinas automáticas de subensamble. A medida que las compañías transforman su trabajo haciéndolo más automático y más mecanizado a fin de reducir sus costos, se hace

más crítica una buena calidad que efectivamente haga real la reducción en costos y eleve la utlización de hombres y máquinas a valores satisfactorios.

8. **Métodos modernos de información.** La rápida evolución de la tecnología computacional ha hecho posible la recolección, almacenamiento, recuperación y manipulación de la información en escala nunca antes imaginada. Esta nueva y poderosa tecnología de la información ha proporcionado los medios para un nivel de control sin precedente de máquinas y procesos durante la fabricación y de los productos y servicios aun después que ya han llegado al consumidor. Y los nuevos y constantemente mejorados métodos de procesamiento de datos han puesto a la disposición de la administración información mucho más útil, exacta, oportuna y predictiva sobre la cual basar las decisiones que guían el futuro de un negocio.
9. **Requisitos crecientes del producto.** Los avances en los diseños ingenieriles que exigen un control más estrecho en los procesos de fabricación han transformado a las "cosas insignificantes", que no se tenían en cuenta en otros tiempos, en cosas de gran importancia potencial. El polvo en un local en donde se haga el ensamblado de tubos electrónicos, vibraciones del piso transmitidas a la herramienta de una máquina de precisión o variaciones de temperatura durante el ajuste de sistemas de navegación aeroespacial son riesgos en la producción moderna.

   El aumento en la complejidad y los requerimientos de desempeño superior de todo producto han servido para hacer más grande la importancia de la confiabilidad y seguridad del producto. Debe ejercerse una vigilancia constante para evitar que factores, conocidos o desconocidos, se introduzcan en el proceso y disminuyan el grado de confiabilidad de los componentes o de todo el sistema. Solamente el ejercicio de tal vigilancia puede conducir a un diseño fundamental de confiabilidad.

   Por lo anterior, nos hemos enterado de que cada uno de los factores que afectan la calidad están expuestos a cambios continuamente. Cambios que a su vez deben ser atendidos con modificaciones en los programas del control de la calidad dinámica.

4.2 ¿Qué tan complicados son los problemas de calidad modernos?

Entrelazados dentro de muchos problemas de la compañía sobre la calidad del producto se encuentran combinaciones de los nueve factores tecnológicos y humanos.

En lo que se refiere a los factores tecnológicos, es, por lo general, difícil de rastrear un problema de calidad hasta una sola causa. La falla en el ensamble de un instrumento, antes de pasar la inspección antes del embarque, puede haber sido causada por la aceptación de materiales defectuosos, un maquinado o procesamiento inadecuado de ciertos componentes, portaherramientas defectuosas o cualquiera de una docena de posibilidades.

Cuando estas circunstancias tecnológicas han sido identificadas, queda aún la dificultad de dar con el factor humano. La deficiencia en el maquinado de una pieza puede ser el resultado del poco cuidado del obrero, de instrucciones incorrectas del supervisor, métodos defectuosos de quien ha planeado los trabajos, o bien, mal diseño del ingeniero. Por último, culpar al supervisor o al obrero o al ingeniero, basándose en algo superficial, en nada ayuda a la solución del verdadero problema.

La situación quedó ilustrada claramente en una experiencia de una fábrica del este, productora de imanes permanentes. Uno de los tipos de imanes pequeños mostró un número muy grande de rechazos debido a su deficiente calidad magnética, en la prueba eléctrica final, en la que cada pieza se sometía a una prueba individual. Este imán se producía con un proceso compuesto de cinco pasos principales:

1. *Mezcla del material.* Consistente en la incorporación de los materiales –aluminio, níquel, cobalto y otros– en las proporciones correctas.
2. *Prensado.* Que consiste en dar forma a las piezas por medio de compresión después de haber sido impregnada la mezcla con ciertos hidrocarburos.
3. *Sinterización.* Tratamiento de la mezcla prensada, a altas temperaturas, en una atmósfera apropiada a la fusión.
4. *Esmerilado.* Consistente en dar al imán las dimensiones deseadas.
5. *Inspección y pruebas.* Comprendiendo un 100% de verificación mecánica a fin de asegurarse que tienen las dimensiones requeridas y una verificación eléctrica, 100% para asegurarse de su calidad magnética.

Un miembro del grupo de planeación y de métodos de la fábrica se comprometió a ayudar al supervisor a tratar de reducir el número de rechazos, en la línea de imanes pequeños. Después de analizar la naturaleza de las pruebas de rechazo y a continuación de una serie de confrontaciones, el ingeniero llegó a la conclusión de que los defectos eran debidos a condiciones desfavorables de los hornos, durante el proceso de fusión.

En consecuencia, el ingeniero intentó modificar las condiciones del horno para poder fabricar continuamente los imanes producidos evitando rechazos. Después de varias modificaciones en el horno, con pocos resultados favorables, llegó a la conclusión de que aun cuando el horno podía ser el factor principal que afectaba la calidad magnética, había sin duda otras circunstancias que contribuían, y de las cuales una o más de una debían ajustarse en paralelo a las del horno.

Dónde colocar la responsabilidad de mayor estudio y de la acción correctiva por aplicar a esos otros factores era difícil decidir, con la escasa información de que se disponía. Había, por lo menos, seis grupos que podían considerarse como responsables:

1. *El personal de producción.* Desde el punto de vista del cuidado de la pericia del operario, de su instrucción y del cuidado y la atención puesta en el horno y sus controles.
2. *El grupo de planeación y de métodos.* En la selección del horno y en el diseño de las matrices y dispositivos correspondientes.

3. *Ingenieros de diseño*. Desde el punto de vista del diseño original, la fijación de tolerancias y de características operativas y de la selección de materiales.
4. *Sección de compra de materiales*. En la selección de proveedores y las garantías de calidad exigidas.
5. *Ingenieros de laboratorio*. En lo relativo a los estándares establecidos por ellos para materiales, atmósfera del horno y condiciones de recocido recomendadas por ellos.
6. *Las actividades de inspección mecánica y de pruebas eléctricas*. Por su opinión sobre la calidad de las materias primas y de los resultados del proceso con anterioridad a la operación de recocido.

El planificador tomó en consideración sólo a las personas directamente interesadas en el problema. No incluyó en su lista, por tanto, ni al departamento de ventas, el cual en su contrato original con el comprador, había establecido las especificaciones que motivaban los rechazos de los imanes.

Ninguno de estos grupos tomó ninguna acción inmediata, excepto el del planeador. De hecho, muy pronto se retiró completamente la atención del problema de rechazo porque tres días después de los experimentos aparentemente poco exitosos del planeador en el horno, los rechazos cayeron misteriosamente hasta un porcentaje insignificante y parecía que ahí permanecerían.

El planeador participó del crédito otorgado al supervisor por la eliminación de los rechazos, aun cuando en su interior conservaba la duda de que los pequeños ajustes efectuados en el horno fueran en realidad los causantes de la mejoría. Tal como lo temía y casi lo esperaba, los rechazos volvieron a presentarse en cuantía pocas semanas después y la inquietud regresó nuevamente.

El problema fue finalmente resuelto cuando la gerencia de la fábrica, reconociendo la situación presente y otras similares, hizo una reorganización completa del control de la calidad en el producto. Es interesante hacer notar que este nuevo programa, después de un mes de trabajar sin descanso, sugirió la introducción de tres cambios de importancia en la fabricación de los pequeños imanes. Estos cambios que se pusieron en marcha consistieron en un cambio de tolerancias, por el departamento de ingeniería, en un control más estrecho en las temperaturas del horno, indicado por el departamento de producción y diferentes aparatos de calibración por el grupo de inspección. Estos cambios eliminaron una gran parte de rechazos y ahorraron miles de dólares por año, con una mejoría de la calidad de los imanes.

Se preguntó a uno de los miembros de la gerencia de la compañía qué ideas había ganado con el experimento, respecto a lo que un programa efectivo del control de la calidad es capaz de hacer. Bueno, contestó, "eso es sencillo". "Basta encontrar las deficiencias en la calidad, corregirlas y ver que no vuelvan a presentarse".

Se le preguntó qué enseñanzas había traído la situación. "Bien, hacer que pongan más atención en la calidad, con anticipación y no esperar hasta que todo el mundo se entusiasme porque un lote malo es desechado en la inspección final o en el momento de su uso. Todos en tales casos culpan a la fábrica por lo que acontece cuando la culpa tal vez proviene de una acumulación de errores de los ingenieros, del personal de producción, del personal de compras, de los planeadores y proyectistas o de los inspectores".

Se han hecho muchos comentarios y descripciones más diplomáticas sobre lo que los programas de control de la calidad deben hacer por ésta. Pero ninguno ha señalado con mayor claridad el hecho de que para tener un control efectivo sobre las condiciones que afectan la calidad, es necesario que el control se ejerza en todas las fases importantes del proceso de producción, desde la idea inicial del diseño hasta el ensamble final y el empaque del producto. Ni nada es más elocuente que la advertencia de conservar en la mente la resolución de prevenir en vez de corregir, como base de un programa completo de control de la calidad.

4.3 ¿Dónde se usa el control de calidad?

Ya que sus fundamentos son básicos, el control de calidad ha sido y puede ser usado en industrias orientadas hacia el producto que van desde electrónica para el consumidor, computadoras y generadores eléctricos para la industria panificadora, farmacéutica y destilerías, hasta las industrias orientadas al servicio, desde tiendas departamentales, transporte público y agencias de correo hasta cuidado médico y administración hotelera. A pesar de que los detalles del enfoque pueden ser diferentes entre las industrias y compañías, los fundamentos prevalecen.

Una causa básica de confusión en la pregunta: ¿En dónde se usa el control de calidad?, radica en que el que pregunta está pensando en uno de los métodos individuales del control de calidad y no en un programa completamente integrado. Tres analogías se pueden presentar, como lo es el caso de pensar en una máquina de tornillos cuando se dice "procesos de producción", o bien, considerar la ingeniería electrónica como el estudio de semiconductores y circuitos, o creer que la administración de un hotel es únicamente la recepción de huéspedes.

El control de la calidad se relaciona con el amplio campo administrativo y técnico de desarrollo, conservación y mejoramiento de la calidad de un producto. No significa un método técnico, único, usado para lograr cierto propósito aislado, porque una definición de tal naturaleza resultaría enteramente restrictiva.

La contestación a la pregunta: "¿En dónde son usados los *métodos* del control de la calidad?" depende, naturalmente, de las circunstancias. Los diferentes métodos que se tienen a la mano no son todos satisfactorios para cualquier caso, cada método debe de ser seleccionado de acuerdo con las necesidades del trabajo.

4.4 ¿Cuáles son las tareas del control de la calidad?

Las *tareas* del control de la calidad giran alrededor de la producción y procesos de servicio, y un medio para distinguirlas entre sí muestra que hay cuatro clasificaciones naturales en las que caen.

La primera tarea del control de calidad puede denominarse *control de nuevo diseño*. Ésta comprende todos los esfuerzos en un producto nuevo, durante la selección de sus características de venta; cuyos parámetros de diseño y confiabilidad se están fijando y comprobando mediante pruebas a prototipos; cuyos procesos de fabricación se están planeando y costeando inicialmente y cuyos estándares de calidad están siendo especificados. Los diseños del producto y del proceso son revisados para eliminar posibles motivos de dificultades en la calidad, antes de que se proceda a la fabricación, con el fin de mejorar la función de mantenimiento y eliminar tropiezos en el aseguramiento de la confiabilidad del producto. En el caso de producción en masa, el control sobre el nuevo diseño termina cuando las pruebas piloto han comprobado un comportamiento satisfactorio en la producción; en cuanto a producción por lotes, la rutina termina en el momento en que se inicia la producción de componentes.

La segunda tarea del control de calidad consiste en el *control de la materia prima comprada*. Ésta comprende los procedimientos de aceptabilidad de materiales, de partes y componentes comprados a otras compañías, o tal vez que provengan de unidades de la misma compañía. Con frecuencia, el control sobre el material se aplica a partes producidas en un área de la compañía para ser empleadas en otra área.

Se establecen especificaciones y normas como criterios para aceptación de materias primas, partes y componentes. Se aplican varias técnicas de control de calidad a fin de lograr la aceptación a los precios más económicos. Esas técnicas incluyen la evaluación de calidad de los vendedores; su certificación de los materiales o de componentes; muestreo de aceptación y pruebas de laboratorio.

Una vez que los diseños han sido enviados a producción y que se han recibido las herramientas, materiales, partes y componentes, entra en juego el tercer elemento del control de calidad, *el control del producto*. El control del producto implica el control de los productos en el sitio de la producción para que las correcciones que deban aplicarse se lleven a efecto con oportunidad y eviten la manufactura de producto defectuoso. No solamente comprende los materiales y las partes elaboradas, sino también alcanza a los procesos que imprimen en el producto las características de calidad, durante su elaboración. El control trata de proporcionar un producto que cumpla su cometido satisfactoriamente durante el término de vida que se le supone y en las condiciones en que será usado. Por tanto, abarca actividades de calidad después de la producción y en el campo de servicio al producto que garantice al consumidor que el producto cumplirá con sus funciones, en caso de que esa garantía sea necesaria.

La cuarta tarea del control total de la calidad es la de *estudios especiales del proceso*, que significa investigaciones y pruebas que ayudan a localizar causas que originen producto defectuoso y proporciona una acción correctiva permanente. Está dirigida hacia mejoras en producto y proceso, no sólo en las mejoras de las características de calidad, sino también la reducción de costos.

La Fig. 4-1 muestra cómo encajan estos cuatro principios del control de la calidad con el proceso de producción.

4.5 ¿Qué es control de nuevo diseño?

Por definición:

> El control de nuevos diseños comprende el establecimiento y la especificación de la calidad deseable de costo, calidad de desempeño, calidad de seguridad y calidad

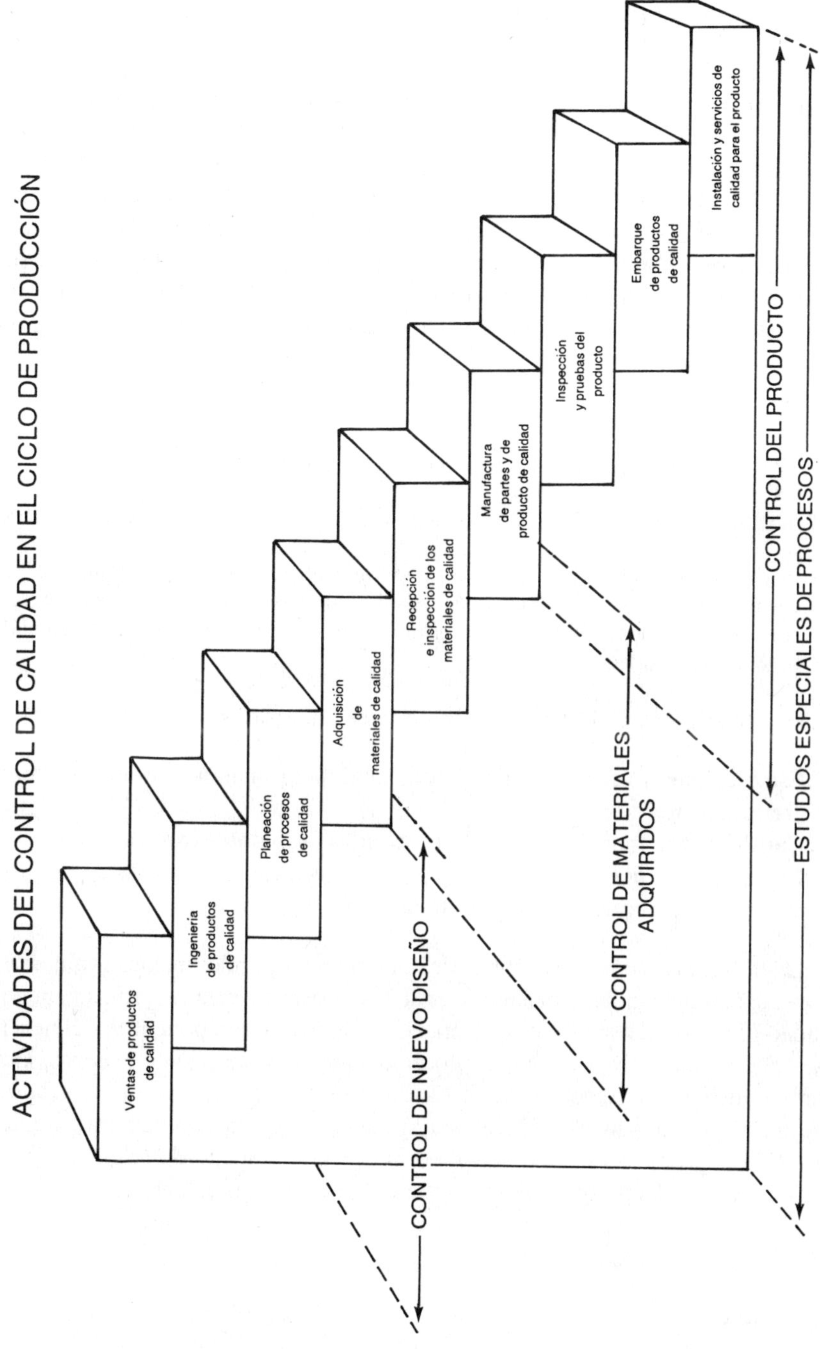
ACTIVIDADES DEL CONTROL DE CALIDAD EN EL CICLO DE PRODUCCIÓN
Ventas de productos de calidad
Ingeniería de productos de calidad
Planeación de procesos de calidad
Adquisición de materiales de calidad
Recepción e inspección de los materiales de calidad
Manufactura de partes y de producto de calidad
Inspección y pruebas del producto
Embarque de productos de calidad
Instalación y servicios de calidad para el producto
CONTROL DE NUEVO DISEÑO
CONTROL DE MATERIALES ADQUIRIDOS
CONTROL DEL PRODUCTO
ESTUDIOS ESPECIALES DE PROCESOS

Fig. 4-1

> de confiabilidad del producto, para el grado de satisfacción esperado por el cliente, incluyendo la eliminación o localización de causas de deficiencias en la calidad, antes de iniciar la producción formal.

Las técnicas empleadas en el control de nuevos diseños incluyen un análisis de la función del producto, investigación de calidad, pruebas ambientales y de uso final, clasificación de características de la calidad, establecimiento de grados y normas de calidad, estudios de capacidad de los procesos, análisis de tolerancia, análisis de las posibilidades de lograr la calidad, análisis de modo de falla y efecto, revisión de diseño, registro de datos tomados en los prototipos, pruebas de prototipos, establecimiento de parámetros del proceso, valuación del producto, estudios de seguridad, revisión del proceso de fabricación, establecimiento de los estándares de confiabilidad, desarrollo de facilidad de mantenimiento y estándares de posibilidades de servicio, y pruebas piloto. Los controles de nuevos diseños se describen en detalle en el Cap. 18.

4.6 ¿Qué es control de materiales adquiridos?

Por definición:

> El control de materiales adquiridos implica la recepción y almacenamiento a los costos más económicos de calidad, de sólo aquellas partes cuya calidad cumple con los requisitos especificados, con atención a la más completa responsabilidad práctica del vendedor.

Hay tres fases en el control de materiales adquiridos:

1. Establecimiento de encuestas, responsabilidad y vigilancia orientadas hacia el proveedor.
2. Control sobre materiales y partes recibidas de fuentes externas.
3. Control sobre materiales y partes procesadas por otras plantas de la misma compañía o en otras divisiones de la planta.

Las técnicas usadas en el control de materiales adquiridos incluyen valuaciones de capacidad del vendedor; planes de valuación del proveedor, certificación de la calidad por parte del proveedor de materiales, partes y componentes; delineación clara de los requisitos de calidad; procedimiento de inspección y pruebas, incluyendo el uso de instrumentos de medición, estándares y equipo especializado de información de calidad; elección de planes económicos de muestreo para ser usados en grados específicos de calidad; y medición del desempeño de la inspección. El control de materiales adquiridos se describe en detalle en el Cap. 19.

4.7 ¿Qué es control del producto?

Por definición:

> Control del producto comprende el control en el lugar mismo de la elaboración y continúa hasta el área de servicio, de modo que la discrepancia con las especifica-

ciones de la calidad puedan ser corregidas, evitando la fabricación de producto defectuoso y que, en consecuencia, el servicio en el campo de aplicación sea convenientemente logrado, para asegurar la provisión completa de la calidad esperada por el cliente.

Hay tres fases en el *control del producto:*

1. Control del "maquinado" o del proceso de partes componentes.
2. Control de ensambles y de empaques de lotes.
3. Control del servicio del producto al cliente.

Las técnicas usadas en el control del producto incluyen una implementación de un plan completo para control de la calidad durante el proceso y aceptación del producto final; estudios de la capacidad del proceso; proceso de muestreo; técnica de gráficas de control; control de herramientas y accesorios; calibración del equipo de información de la calidad; instrucción y adiestramiento de operadores; análisis de quejas; análisis de los costos de la calidad y ténicas de calidad para servicio en campo. Este tema se describe en detalle en el Cap. 20.

4.8 ¿Qué son los estudios especiales de procesos?

Por definición:

> Los estudios especiales de procesos comprenden investigaciones y pruebas, a fin de localizar las causas por las que el producto no cumple con sus especificaciones y se determine la posibilidad de mejorar las características de la calidad, y para asegurar que las mejoras y acciones correctivas sean permanentes y completas.

Las técnicas empleadas en los estudios especiales de procesos consisten en gran parte en la aplicación especial de los métodos estándares, usados en los demás *trabajos* de control de la calidad junto con el uso de métodos especiales. Los estudios de procesos especiales se describen en detalle en el Cap. 21.

4.9 ¿Un programa de control de calidad contiene siempre estas cuatro tareas?

En cualquier compañía, los detalles reales de las tareas que constituyen el programa del control de la calidad dependen de las circunstancias de producción. Una compañía que compre partes y materiales para maquinar, procesar y después armar o ensamblar, seguramente incluirá en su programa de control de calidad las cuatro tareas.

Un productor de piezas roscadas, tuercas y tornillos, cuyas instalaciones mecánicas consistan en máquinas para trabajar piezas pequeñas, usará posiblemente sólo el *control del producto* para las máquinas y quizá, en su programa de control de calidad, los *estudios especiales del proceso*. Los almacenes de ventas de productos diversificados tal vez usen, principalmente, el *control de recepción de materiales* y el fabricante de productos textiles use tanto el *control de recepción de materiales* como el *control del producto*. El fabricante de productos químicos, con su producción por "lotes", puede depender de los *controles de nuevo diseño y de estudios especiales del proceso*, junto con control de producto y control de materiales adquiridos.

Las cuatro tareas de un programa de control total de la calidad las empleó sucesivamente un fabricante de aparatos durante el diseño y producción de un controlador electrónico. El controlador era un aparato dotado de dos bobinas que proporcionaban energía eléctrica, contra la cual actuaba la fuerza mecánica de un resorte en tensión. Su fabricación se hacía en un área en la cual tenían lugar las siguientes operaciones:

1. *Materiales de llegada.* Partes y materiales suministrados por proveedores, recibidos después de comprobar que se ajustaban a las especificaciones requeridas y luego almacenados.
2. *Partes en proceso.* Estos materiales y partes eran procesados por diversos equipos, que abarcaban operaciones de soldadura y punzonado, de barnizado y "pelado" de cables.
3. *Ensamblado.* Los componentes convergían en una línea de ensamble para formar el producto final, el cual era sujeto a pruebas mecánicas y eléctricas.

El controlador era una versión mejorada de un dispositivo que había resultado de mala calidad dentro de la fábrica y de costo excesivo de calidad. Ninguna de estas condiciones podía ser tolerada en el nuevo diseño. El programa de control de la calidad del controlador, por lo tanto, consistió en la implantación de controles en cada paso importante del diseño y del proceso de fabricación con la intención de mantener un nivel elevado de calidad a un costo mínimo. Los procedimientos usados para lograr esta finalidad se clasificaron como sigue.

Control del nuevo diseño

Mientras el controlador estaba aún en la etapa de diseño y planeación, se utilizaron pruebas especiales de confiabilidad y pruebas piloto para analizar el diseño y hacer posible garantías adecuadas para el cliente, para proporcionar especificaciones razonables al taller y para tener disponible información suficiente anticipada para los supervisores de inspección mecánica y pruebas eléctricas. La experiencia con diseños similares anteriores; los estudios sobre la exactitud de las máquinas, herramientas y procesos a ser usados; y la utilización completa de la información de compras fueron integrados para prever y minimizar las fuentes de problemas posibles de calidad antes de que empezara la producción.

Control de materiales adquiridos

La información proporcionada por el control de los procedimientos del nuevo diseño mostró, con respecto a las partes y materiales proporcionados por los proveedores, aquéllos cuyas partes y dimensiones eran críticas. Basados en estos datos, se hicieron comparaciones cuidadosas en los primeros lotes enviados por los proveedores para determinar su calidad y acabado. En los casos de partes no satisfactorias, se procedía a establecer contacto inmediato con el proveedor.

Este contrato se prosiguió hasta conseguir que las piezas fueran de calidad satisfactoria, o bien, se cambiaba de proveedor.

Tan pronto como hubo seguridad de la calidad del trabajo del proveedor, se fijaron programas económicos de muestreo, confiables, que sirvieran como control. Estas verificaciones de muestreo sirvieron de base para clasificar a los proveedores y después de comenzar la fabricación, se estableció una revisión continua de cómo y cuándo podían controlarse las especificaciones, de forma que fuera posible asignar la responsabilidad primaria del aseguramiento de la calidad sobre el proveedor.

Control del producto

Al empezar la producción del controlador, cada operario fue aleccionado cuidadosamente en su respectiva tarea. Igual instrucción fue impartida a los nuevos operarios y a los de reemplazo. Un programa de mantenimiento preventivo en el equipo de fabricación limitó, considerablemente, la presencia de factores que habían constituido problemas, tales como el uso de herramientas fuera de calibre, taladros, machuelos, rimadoras, así como pérdida en la consistencia del barniz en los tanques de barnizado, en donde se impregnaban las bobinas del controlador.

En las partes y subensambles maquinados y procesados, se entregaron calibradores adecuados a cada operario. Inspección de patrulla a horarios establecidos contribuyó a asegurar que los trabajos defectuosos fueran localizados en los lugares de producción. En los puntos importantes en el ciclo de ensamble de los dispositivos fueron colocadas especificaciones o descripción de defectos y gráficas de control, para "transmitir" a los supervisores de los talleres la magnitud y localización de las dificultades en la calidad. El empaque y el envío fueron controlados estrechamente. Se implantaron en forma estricta programas formales de acción correctiva para asegurar conclusiones rápidas y permanentes para los problemas de defectos.

Estudios especiales del proceso

Cuando las gráficas de control, la inspección por patrulla y los rechazos han registrado la presencia de dificultades para lograr calidad y que los supervisores de taller no han podido aclarar, se les proporcionó ayuda por grupos de trabajo capaces de analizar y tomar acción correctiva en los problemas. En casos como éstos, la organización del control de calidad tomó la responsabilidad de cuidar que no hubiera duplicación de esfuerzos en estos estudios y que el talento de toda la organización fuera utilizado de manera efectiva.

Muchos de estos estudios encerraban problemas que eran resueltos por personas o grupos que se reunían para ponerse de acuerdo en la forma de mejorar las especificaciones o efectuar nuevo diseño de herramientas y accesorios. Por regla general, se hacían pruebas para determinar la naturaleza de la acción correctiva. En algunos casos, tratándose de problemas complicados, cuando entraban en juego variables múltiples, se encontraron métodos estadísticos especiales que fueron de gran utilidad en la interpretación de las pruebas.

Haciendo comparaciones con diseños anteriores, se logró en el controlador gran mejoría en la calidad, así como una reducción en pérdidas y en costos. Un aspecto interesante consistió en que esta mejoría se logró al mismo tiempo que los gastos de inspección y las pruebas se redujeron en, aproximadamente, 40% con relación a los costos de proyectos o diseños anteriores.

4.10 ¿Qué parte desempeña la estadística en la tarea de control de calidad?

Debido a la considerable publicidad otorgada al uso de la estadística en las actividades del control de la calidad, es oportuno preguntarse: "¿Cuál es la aplicación de los métodos estadísticos en las cuatro tareas del control de la calidad?"

La estadística se usa en los programas de control total de la calidad, cuando y donde puede ser útil. Pero la estadística es solamente una de las herramientas que entran como parte en el cuadro completo del control total de la calidad; no es el patrón en sí.

El *punto de vista* representado por estos métodos estadísticos ha producido un fuerte efecto en todo el campo del control de la calidad. Este punto de vista está representado por cuatro instrumentos estadísticos, que pueden utilizarse separadamente o en combinación, en las cuatro tareas del control de calidad:

1. *Distribución de frecuencia*. Consiste en tablas o conteos del número de veces que una característica de calidad ocurre dentro de las muestras de producto que se examinan. Como una representación de la calidad de la muestra hace resaltar a simple vista (*a*) la calidad promedio, (*b*) la dispersión de la calidad y (*c*) el contraste comparativo de la calidad con los requisitos especificados. Este instrumento se usa en el análisis de la calidad de un proceso o de un producto.
2. *Gráficas de control*. Es un método gráfico para evaluar si un proceso está o no dentro de un estado de "control estadístico". Cuando la curva de la gráfica se aproxima o excede los límites, ha ocurrido algo en el proceso que se debe investigar. Esta herramienta se puede usar para conservar el control después de que la distribución de frecuencia ha mostrado que el proceso está dentro de "control".
3. *Tablas de muestreo*. Son un conjunto específico de procedimientos que usualmente consisten en planes de muestreo para aceptación con los que se relacionan tamaño del lote, tamaño de la muestra y criterio de aceptación, o la inspección al 100%. Esta herramienta se utiliza cuando se desea seguridad de la calidad del material producido o recibido.
4. *Métodos especiales*. Incluyen técnicas tales como análisis de tolerancias, correlación y análisis de varianza. Estos métodos han sido confeccionados para el uso del control de calidad industrial con elementos de la estadística general. Esta herramienta se usa en análisis especiales del diseño o de dificultades en el proceso.

Para uso general de la fábrica, la distribución de frecuencia, la gráfica de control y las tablas de muestreo han sido reducidas a simples matemáticas de taller. Además, estas técnicas estadísticas están siendo integradas cada vez más a los equipos modernos de fabricación y procesamiento de datos, para aumentar ampliamente su uso y efectividad.

Una exploración general del punto de vista representado por los métodos estadísticos se encuentra en los cinco capítulos de la Parte V: Cap. 13, "Distribuciones de frecuencia"; Cap.14, "Gráficas de control"; Cap. 15, "Tablas de muestreo"; Cap. 16, "Métodos especiales"; Cap. 17, "Confiabilidad del producto".

4.11 ¿Qué parte desempeñan otras metodologías en la tarea de control de calidad?

La estadística es esencialmente una de las varias técnicas que se emplean en el control total de la calidad. ¿Qué otras técnicas se pueden emplear?

En años recientes se han desarrollado muchas de carácter ingenieril. La tecnología de la planeación para la formación de un equipo de información de la calidad ofrece soluciones para la medición de las características de la calidad y de su análisis rápido. La técnica para evaluar la confiabilidad y sus análisis facilitan una base para predecir la confiabilidad de un producto en las condiciones de su uso. Las técnicas de simulación facilitan también la predicción de la confiabilidad en condiciones variables de ambiente.

Un repaso general de tecnología de ingeniería del control de calidad se encuentra en los tres capítulos de la Parte IV: Cap. 10, "Tecnología de ingeniería para la calidad"; Cap. 11, "Tecnología de ingeniería para el control del proceso"; Cap. 12, "Tecnología de ingeniería del equipo de información de la calidad".

4.12 ¿Se aplican estas tareas por igual a lotes pequeños de un producto que a la producción de gran volumen?

Mucha de la publicidad original sobre el control de calidad atribuía logros espectaculares al muestreo estadístico en millones de artículos. Desafortunadamente esta publicidad se extendió y se prolongó al grado de que aún prevalece en algunas fábricas la noción de que el control de la calidad es una herramienta exclusiva para controlar la producción en masa.

Tanto la experiencia como el sentido común muestran que tal cosa no es verdad. Las tareas del control de calidad tienen aplicación en la fabricación con lotes o en masa.

Es tan necesario como útil en el control de la calidad del diseño de un generador de gran tamaño cuado solamente se va a construir una unidad como lo es cuando se trata de un semiconductor del cual se van a producir cientos de millares. Es igualmente importante controlar los materiales o partes destinadas a un generador como lo es en materiales y partes destinadas al semiconductor. Es básicamente tan importante vigilar el maquinado y ensamble de las partes del generador como lo es controlar este trabajo en el semiconductor.

Los métodos por emplear en las tareas del control de calidad pueden diferir entre los dos productos. Algunos métodos de muestreo pueden tener una aplicación más adecuada en las tareas del control de calidad para el semiconductor. Los estudios sobre capacidad de proceso pueden, tal vez, ser de mayor utilidad en un programa para el generador. Igualmente, el tipo de gráficas de control que sea ideal para el semiconductor puede exigir una adaptación considerable para el generador.

La administración de un programa general integrado de control de la calidad, tendrá un valor igual en ambos casos, en vez de una diversidad de actividades sin concordancia entre sí. Es de presumirse que la organización y administración del programa no difiera mucho entre el caso de producción en masa y producción por lotes o unidades.

Otra manera de describir las diferencias en programas de control de calidad, entre producción por lotes y producción en masa, es la siguiente:

En las operaciones de producción en masa, la calidad del producto puede ser controlada por tipo o semejanza de piezas puesto que todas las piezas se fabrican siguiendo los mismos dibujos y las mismas especificaciones. En cambio, en los trabajos por lotes, las partes difieren de una orden a otra, de un pedido a otro y solamente el proceso de fabricación es común en ellos.

En consecuencia, en la producción en masa, las actividades del control de la calidad se concentran en el producto, en tanto que en la producción por lotes separados el control se aplica a los procesos. Por ejemplo, en la producción en masa de bobinas, la importancia de las actividades del control es en el tipo de bobina: sus dimensiones, las fibras aislantes, etc., pero cuando varían el tipo o las dimensiones de las piezas y se producen a base de lotes, las actividades de control de calidad se centran en el proceso de fabricación común para producir las bobinas.

4.13 ¿Cómo se llevan a cabo las tareas de control de calidad?

En la Sec. 1.5, se indicó que los cuatro pasos del control de la calidad consisten en:

1. Establecimiento de normas (estándares).
2. Evaluación de la concordancia.
3. Aplicación de correcciones.
4. Planeación de las mejoras.

Aunque a diferentes grados, estos cuatro pasos se combinan en cada tarea del control de calidad, y parecen ajustarse efectivamente con estas tareas cuando se ejecutan en un orden de uno, dos, tres, cuatro: el control en un diseño es establecer estándares; en la recepción de materiales en el acto de la evaluación de conformidad; en el control del producto, al tomar medidas correctivas y en estudios especiales del proceso en el acto de planear medidas de perfeccionamiento, como una de las aspiraciones de mayor trascendencia.

Con esta subdivisión de un plan de control de calidad en sus componentes se puede ver la existencia de varios subproductos beneficiosos además de los progresos principales que resultan del programa, en forma directa. Una consecución provechosa de los procedimientos del control de la calidad hace posible un mayor y mejor conocimiento de la precisión y capacidad de las máquinas y de los procesos. Proporciona información valiosa de la calidad del producto, que puede utilizarse en los planes de mercadeo y otras actividades comerciales. Estimula por medio de estudios de la confiabilidad, a forjar mejores diseños de productos nuevos, con anticipación a su producción. Igualmente, en el campo de la inspección, promueve métodos nuevos o reformas en los actuales, rompiendo la monotonía de la inspección al sustituir las operaciones al 100% por cuidadosos cotejos de muestras. Permite el establecimiento de estándares para estudios de tiempo y estándares de calidad para los trabajos de taller.

Un importante subproducto del control de calidad es proveer un programa de mantenimiento preventivo en lugar del sistema de tanteos que generalmente conduce a confusiones. Cuando la publicidad de la empresa va a enfatizar la calidad, el control de calidad dispone de valiosa información para las revistas especializadas, periódicos y catálogos. También suministra bases para la contabilidad de costos de prevención, de evaluación y de diferencias o fallas.

Para asegurar con éxito estos beneficios principales y subproductos de las cuatro tareas del control de calidad, se requiere de una acción organizada e integrada por las diferentes personas o grupos implicados en el ciclo industrial, o, en otras palabras, la creación del sistema de calidad. En la Parte 2 se comentan el enfoque e implentación de un sistema de calidad total. Luego en la Parte 3 se examinan, desde un punto de vista administrativo, las diferentes estrategias necesarias y disponibles para poner en movimiento un programa de calidad.

PARTE DOS
El sistema de calidad total

CAPÍTULO 5
El enfoque de sistemas a la calidad

Con tantos factores involucrados en la administración de la calidad que cumpla con las demandas del mercado —y con el muy amplio panorama de las cuatro tareas del control de calidad moderno requeridas para satisfacer estas demandas—, es esencial que una compañía y una planta tengan un sistema claro y bien estructurado que determine, documente coordine y mantenga todas las actividades clave que son necesarias para asegurar las acciones de calidad necesarias en todas las operaciones pertinentes de la compañía y planta.

Sin esta integración sistemática muchas compañías pueden perder en lo que puede considerarse la *competencia interna de la compañía,* entre, por una parte, su explosivamente creciente *complejidad* tecnológica, organizacional y mercantil, y, por la otra, la habilidad de sus funciones de administración e ingeniería para planear y controlar efectiva y económicamente los aspectos de calidad del producto y servicio de esta complejidad.

La característica de los sistemas modernos de calidad total es su efectividad para proporcionar un fundamento sólido para el control económico de esta complejidad, en beneficio tanto de una mejor satisfacción con la calidad por parte del cliente como de reducir los costos de calidad.

En esta parte dos se examina el sistema de calidad total. El Cap. 5 trata con esta nueva perspectiva sistemática de la calidad. Las actividades operativas clave sobre las que se construye un sistema y sobre las que se mantiene se consideran en el Cap. 6. En el Cap. 7 se examinan los costos de calidad, uno de los índices principales de la efectividad del sistema.

5.1 ¿Cuáles son los requisitos para los sistemas actuales?

En sus términos más simples, el concepto fundamental del pensamiento de la calidad moderna se puede describir como sigue: *La calidad debe diseñarse y construirse dentro de un producto*; *no puede ser puesta ahí por convencimiento o inspección.* Sin embargo, en término sistemático el dar un significado operacional a este concepto mediante la aplicación de las muchas técnicas nuevas y poderosas de calidad y confiabilidad de formas realmente efectivas se ha convertido en un reto muy grande.

El reto sistemático que debe resolverse es muy grande, en parte, debido a que el logro de la calidad –como un hilo que va desde la concepción del producto hasta el uso por el cliente satisfecho– depende de las interacciones gente-máquina-información en todas las áreas funcionales de una compañía. Es muy grande, en parte, a que la calidad del producto –cuya exactitud en la definición son ladrillo y mortero del sistema de calidad– es un concepto muy exigente para la estructura de productos y servicios complejos, uno que está constantemente cambiando para la mayor parte de servicios y productos. Es muy grande, en parte, debido a que los enfoques administrativos necesarios para operar estos sistemas no están siendo aún practicados en forma suficientemente amplia en la industria y gobierno. Es muy grande en parte, debido a que mientras que es posible *comunicar* las ideas de prevención y sistemas coordinados de calidad, sus *aplicaciones* encuentran prejuicios individuales y patrones organizacionales que frecuentemente han estado basados sobre vidas enteras de hábitos de políticas y mentalidades de departamento en ingeniería, manufactura y control de calidad.

Con mucha frecuencia, se ha subestimado la magnitud del requisito de sistema para *implementar* principios y técnicas atinados para la calidad. Ha habido cierta tendencia a desviar los problemas con los sistemas de calidad hacia canales funcionales tradicionales demasiado estrechos para manejarlos en forma adecuada. Y en muchas compañías, la introducción de las *técnicas* para calidad, en su mayor parte, no ha tenido coordinación con el sistema de *toma de decisiones* de la administración, con el resultado de que, de repente, ambos han llegado a una situación inesperada de conflicto entre sí. En estas situaciones, el "catalizador" ausente ha sido el sistema de calidad total.

5.2 Definición del sistema de calidad total

Por definición:

> Un sistema de calidad total es la estructura funcional de trabajo acordaba en toda la compañía y en toda la planta, documentada con procedimientos integrados técnicos y administrativos efectivos, para guiar las acciones coordinadas de la fuerza laboral, las máquinas y la información de la compañía y planta de las formas mejores y más prácticas para asegurar la satisfacción del cliente con la calidad y costos económicos de calidad.

El enfoque de sistema para la calidad se inicia con el principio básico del control total de la calidad de que la satisfacción del cliente no puede lograrse mediante la concentración en una sola área de la compañía y planta –diseño de ingeniería, análisis de confiabilidad, equipo de inspección de calidad, análisis de materiales para rechazo, educación para el operario o estudios de mantenimiento– por la importancia que cada fase tiene por derecho propio. Su logro depende, a su vez, *tanto en qué tan bien y qué tan a fondo estas acciones de calidad en las diferentes áreas del negocio trabajan individualmente, y sobre qué tan bien y qué tan a fondo trabajan juntas.* La creación y control de la calidad apropiada del producto y servicio para la planta y compañía requieren que muchas actividades en su ciclo de producto y servicio puedan ser integradas y medidas —desde identificación de mercado y creación y diseño del producto hasta embarque y servicio al producto— en una base organizada, técnicamente efectiva y económicamente sólida.

El sistema de calidad total es el fundamento del control total de la calidad, y provee siempre los canales apropiados a lo largo de los cuales el arroyo de las actividades esenciales relacionadas con la calidad del producto debe fluir. Junto con otros sistemas, constituye la línea principal de flujo del sistema total de negocio. Los requisitos de calidad y los parámetros de la calidad del producto cambian, pero el sistema de calidad permanece fundamentalmente el mismo.

5.3 El sistema de calidad total y la tecnología de ingeniería del control de calidad

La experiencia en compañía tras compañía demuestra que aunque el desarrollo del control de calidad moderno empezó con la introducción de actividades técnicas de calidad nuevas y muy significativas —que comprenden hoy la tecnología ingenieril del control de calidad y que se examinan en los Caps. 10 al 12— no fue en verdad real y efectivo hasta que las compañías establecieron sistemas operativos de calidad claros, poderosos y estructurados empleando estos resultados técnicos para mejorar la satisfacción del cliente con la calidad y disminuir los costos de la calidad.

Esta experiencia demuestra que, para producir resultados más positivos a partir de estas actividades técnicas, su introducción debe ser acompañada por la creación de sistemas de toma de decisiones y operativos de calidad total, administrativos e ingenieriles, igualmente poderosos para poner a trabajar a las técnicas en una base continua y lograr resultados financieros. Los estudios de confiabilidad para nuevos productos y la nueva inspección de productos encontrados defectuosos son dos ejemplos típicos de la necesidad de un sistema.[1]

Estudios de confiabilidad de nuevos productos

Una gran corporación mundial de electrónica había establecido un programa de confiabilidad y un componente ingenieril especializado de confiabilidad para llevar a cabo estudios de confiabilidad y de facilidad de mantenimiento de nuevos productos. Sin embargo, el trabajo se convirtió en un ejemplo para la compañía por la ineficacia del empleo de técnicas de calidad cuando operan aisladas del cauce principal de la toma de decisiones administrativas.

En el caso de un enser doméstico electrónico nuevo, los resultados de un estudio de confiabilidad y de facilidad de mantenimiento presentaron a los ingenieros de diseño y a los especialistas de mercado en la compañía la recomendación de retener el nuevo producto, enfrentando a un plan preestablecido de entrega al cliente que había sido ya programado a través de la cadena de minoristas. Pero, en la ausencia de un sistema de calidad claramente definido, el programa de introducción del producto de la compañía no había sido claramente considerado en lo referente a cómo manejar las recomendaciones del análisis de confiabilidad de este tipo, de tal forma que las recomendaciones se llevaron a un proceso inadecuado de toma de decisiones técnicas y administrativas.

Lo que surgió fue un debate entre los ingenieros de diseño y los especialistas de mercado sobre justamente qué tipos de tasas de error de qué tipo de programas de prueba constituían las bases para la discusión de interrumpir el programa y volver a diseñar los productos y procesos.

La evidencia de la confiabilidad no estaba sencillamente lo suficiente estructurada con respecto a la base de toma de decisiones de la administración y así el programa de introducción del nuevo producto siguió adelante como se tenía programado —a pesar de la recomendación negativa— aunque de manera mucho menos cómoda y con riesgos muy inciertos sobre la satisfacción con la calidad del cliente y con consecuencias potencialmente peligrosas de demandas jurídicas sobre el producto.

Nueva inspección del producto

Una corporación internacional de equipo para vehículos automotores, tenía un procedimiento muy riguroso para la inspección final de todos los productos de salida, con excelentes instalaciones para medición, inspectores entrenados y estándares cuidadosos. Sin embargo, cuando se detectaban defectos en la inspección final, el proceso de nueva inspección después de que los defectos habían sido corregidos era mucho menos riguroso. Esta nueva inspección podía, bajo ciertas circunstancias, ser vaga y no muy visible y, por tanto, representaba un área de alto riesgo para la calidad en la compañía.

Por ejemplo, temprano un lunes en la mañana, el superintendente de producción del Departamento de Maquinado A de la planta más grande de la corporación recibió la llamada telefónica del supervisor del Departamento de Inspección Final de la planta. Parecía ser que el último embarque de piezas de fundición que se embarcarían a una planta ensambladora de frenos tenían rebabas en un lado de la superficie pulida.

Debido a la urgencia de la entrega, la respuesta del supervisor del Departamento de Maquinado fue pedir la devolución de todo el lote para una corrección rápida en las máquinas rectificadoras y lo que equivalió al embarque, con una somera nueva inspección, al cliente de esas piezas fundidas, por la falta de tiempo. El resultado final de esta importante decisión de negocios fue que el departamento de inspección de recibo del cliente rechazó 13% de las piezas de fundición por no cumplir con las tolerancias especificadas. Lo que había ocurrido fue que la corrección en las máquinas no sólo eliminó las indeseables rebabas sino también metal bueno y la nueva inspección no había sido bastante minuciosa. El cliente, en la planta de frenos, protestó contra "esta falta notoria de atención a la calidad".

Así, bajo la presión de las demandas de producción y bajo ciertas condiciones, esta compañía tenía una trampa en su programa de calidad que permitía el pase inintencionado de productos no satisfactorios. La compañía podía estar potencialmente abierta en estas situaciones de producción a la insatisfacción con la calidad por el cliente y a riesgos de demandas legales sobre el producto.

5.4 El enfoque de la ingeniería de sistemas y el enfoque administrativo de sistemas

En el control de calidad, puede ser la única actividad que faltó, la que crea el problema de calidad. El sistema de calidad total proporciona a la compañía la atención sobre el control integrado y continuo de todas las actividades clave.

Esto se cumple si el problema es de confiabilidad, aspecto, servicio, ajusta, desempeño o cualquier otro de los factores que los clientes añaden cuando deciden acerca de la calidad de un producto. Con el análisis de las causas básicas de los problemas de calidad, se ha demostrado que usualmente estos problemas existen en muchas, no en pocas, áreas del producto. La Fig. 5-1 muestra un amplio espectro de un análisis típico de causas de falla en el producto, en este caso de devoluciones de aparatos por el cliente por razones de calidad y seguridad.

Ya que la efectividad de cada actividad clave para la calidad en una planta o compañía puede, por tanto, aumentar —o reducir— en forma considerable la efectividad total de la calidad, la clave del enfoque moderno de la ingeniería

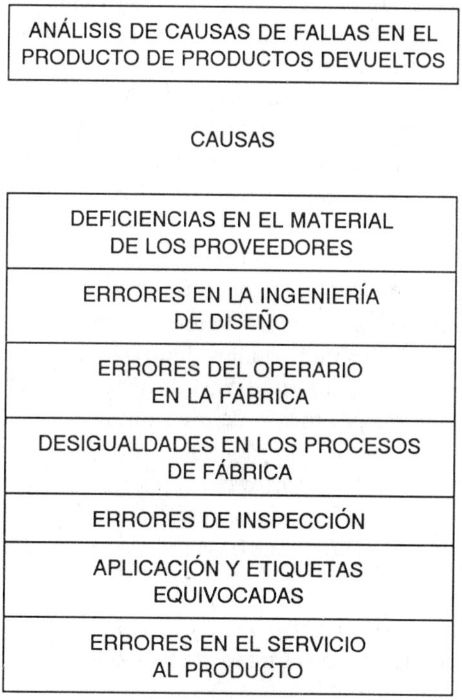

ANÁLISIS DE CAUSAS DE FALLAS EN EL PRODUCTO DE PRODUCTOS DEVUELTOS

CAUSAS

DEFICIENCIAS EN EL MATERIAL DE LOS PROVEEDORES
ERRORES EN LA INGENIERÍA DE DISEÑO
ERRORES DEL OPERARIO EN LA FÁBRICA
DESIGUALDADES EN LOS PROCESOS DE FÁBRICA
ERRORES DE INSPECCIÓN
APLICACIÓN Y ETIQUETAS EQUIVOCADAS
ERRORES EN EL SERVICIO AL PRODUCTO

Fig. 5-1

de sistemas en el control de calidad ya puede ser establecida: *Un sistema moderno de calidad total debe estar estructurado y ser mantenido de forma que todas las actividades clave —equipo de calidad, fuerza laboral, flujo de información, estándares, controles y actividades similares principales— deben ser establecidas no sólo por su propia efectividad sino por su impacto concurrente en la efectividad de la calidad total.*

Como un concepto administrativo y de ingeniería, este enfoque de interrelaciones es básicamente diferente del enfoque de administración científico que caracterizó a las operaciones industriales por más de la primera mitad de este siglo.

El enfoque anterior era que sólo mediante lo que podría llamarse mejoras por medio de la *división de esfuerzos* especializada podían las grandes empresas ser operadas y administradas con inteligencia. Correspondientemente, empezaron las especializaciones individuales. En la historia temprana de la mayoría de las compañías, no había en realidad lugar para el ingeniero de diseño de hoy. No había, por supuesto, control de la producción y sólo una rudimentaria actividad contable que no floreció en realidad en la industria hasta la Primera Guerra Mundial. La misma evolución puede trazarse para la mayoría de las otras funciones en la industria de hoy.

Está claro, por supuesto, que la especialización individualizada no es una "bendición", a pesar de los muchos sobresalientes avances que ha traído a la industria. Llevada más allá de un cierto punto, la teoría de división de esfuerzos empieza a generar más problemas de los que soluciona, porque promueve la estrechez de perspectivas, duplicación de esfuerzos y vaguedad en la comunicación. Los términos especializados, los conceptos especializados, las formas especializadas de enfocar los problemas, menos y menos individuos de la planta y una compañía pensando realistamente en los objetivos totales del cliente, más y más pensando en sus partes: éstos son algunos de los problemas que las plantas y compañías modernas han heredado de las anteriores teorías de especialización.

Estos problemas representan el caso muy viejo, expresado en su forma moderna, de los cuatro hombres ciegos que tocaban al elefante en cuatro áreas diferentes. El problema ha sido que el concepto de división de esfuerzos puede poner la solución de los problemas de calidad no en términos de la planta y compañía completas y sus actividades, sino en términos que algunas veces sólo refuerzan las especialidades individuales dentro de la compañía.

La importancia del enfoque moderno de sistemas radica en que añade al viejo principio de mejoras por medio de división de esfuerzos el concepto complementario de *mejoras por medio de integración de esfuerzos*. En realidad, *la característica de los sistemas modernos es el concepto fundamental de estructuras integradas de personas, máquinas, información para controlar económica y efectivamente la complejidad técnica*. Las bases son cooperación y coordinación.

5.5 El alcance en la compañía del sistema de calidad total y la función de la gerencia general

Con los sistemas de calidad evolucionados al tanteo que eran característicos del pasado, la responsabilidad de la administración en los sistemas era igualmente al tanteo y con muy pocas probabilidades de ser ejercida con mucha frecuencia. Pero la experiencia indica que las estructuras modernas de los sistemas de calidad con base técnica son tan nuevas, tan amplias y tan intensas que se degradarán y se destruirán a menos que, desde sus inicios, se manejen en una base sistemática que es igualmente nueva, amplia y lo suficientemente intensa para asegurar que el sistema producirá los resultados deseados en su operación. La responsabilidad básica para sobresalir en la creación, mejoras y operación de los sistemas de calidad debe ahora descansar en las manos de la administración de la compañía en sí, en vez de hacerlo sólo en las manos de sus miembros.

Debido a que el panorama de la integración del esfuerzo de calidad se extiende desde la definición inicial de calidad por el cliente hasta el aseguramiento de la satisfacción real del consumidor con el producto, puede ser considerada como "horizontal", en el sentido de gráfica de organización (Fig. 5-2). Esto está en agudo contraste a la asignación de responsabilidades en los componentes tradicionales del control de calidad, que pueden ser considerados organizacionalmente "verticales", es decir dentro de un segmento de trabajo funcional sólo en el proceso de definición del cliente a satisfacción del cliente,

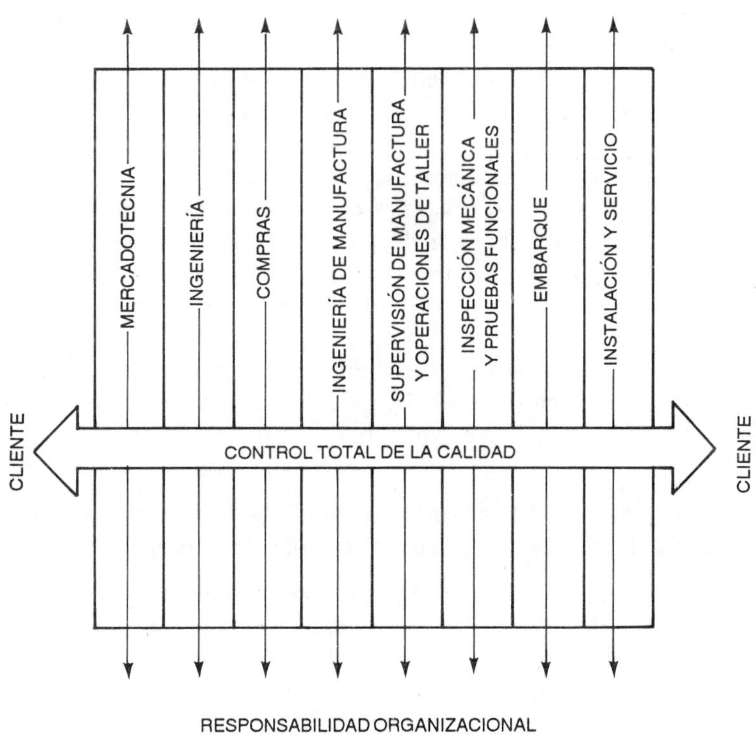

Fig. 5-2 Panorama horizontal del control total de la calidad.

usualmente en inspección y pruebas. En estos escenarios funcionales verticales tradicionales, los muchos elementos importantes e interrelacionados del trabajo y decisiones de calidad que existen a través de todas las diferentes funciones de la compañía fueron sólo vagamente (si es que lo fueron) identificados. Las muy importantes interrelaciones entre estas funciones es probable que fueran igualmente vagas cuando se trataba de resolver problemas multifuncionales de calidad, que generalmente representaban la demanda principal de calidad en el producto.

El enfoque organizacional para implementar el sistema de calidad total en una planta o compañía implica dos pasos paralelos. El primer paso es el claro establecimiento en todas las funciones pertinentes de la compañía de las principales acciones de calidad y toma de decisiones –así como las interrelaciones– dentro de la planta y compañía y externamente con las relaciones con minoristas y clientes y gobierno y cuerpos públicos. El segundo paso es la adición de un panorama principal de trabajo horizontal –de políticas y desarrollo y control de sistemas– a la función de calidad de la compañía (y, por supuesto, la actualización correspondiente de sus capacidades de acuerdo con las necesidades).[2]

Desde el punto de vista de la gerencia general, el sistema de calidad debe ser enfocado como un recurso principal de la compañía de tanta importancia total como los programas de inversión de capital en equipo, programas de desarrollo del producto o programas de nueva tecnología en el proceso –y, en realidad, reconocido como una condición esencial para la utilización efectiva de estos otros programas. Requiere de un liderazgo fundamental de la administración de la compañía y planta, cuya entrega hacia la calidad debe ser totalmente comunicada y entendida por todos los miembros de la organización.

En principio, los gerentes generales deben llegar a ser los arquitectos o diseñadores en jefe de los sistemas de calidad, igual que como tienen la responsabilidad de estructurar sistemas de control de costos, control de la producción o cualquier otro de los sistemas que hacen juntos el sistema total del negocio de la compañía (ver Sec. 1.8). Como en todos estos sistemas, el gerente general delegará, por supuesto, responsabilidades operativas reales, apoyándose sobre la función moderna de calidad y para ver, con la cooperación de estas funciones a través de toda la compañía, que el sistema funcione.

5.6 Actividades de la ingeniería de sistemas y de la administración de sistemas para el control de calidad[3]

Para el logro de un sistema de calidad total, se han adaptado y aplicado los campos principales de la ingeniería de sistemas y la administración de sistemas a las necesidades particulares del control de calidad moderno. Es ahora un punto central para una ingeniería de calidad y para una administración de calidad efectivas dirigidas hacia el desarrollo y liderazgo continuo de un sistema de calidad fuerte e integrado –en vez de fragmentado– que opera con eficiencia, economía y soporte entusiasta a través de toda la compañía y la organización en toda la planta. Está guiado por la economía del sistema y otras medidas sistemáticas que son las bases para las evaluaciones continuas e importantes de calidad, costo de calidad y actividades de calidad.

Aplicadas al control total de la calidad, estas actividades de los sistemas se pueden definir como sigue:

1. *La ingeniería de sistemas es el proceso tecnológico de crear y estructurar sistemas de calidad personas-máquina-información efectivos.* Esto también incluye el proceso de establecer la auditoría para asegurar el mantenimiento del sistema, así como para el trabajo continuo para mejorar el sistema de calidad, cuando sea necesario, comparando los requisitos del sistema de calidad con la tecnología más moderna de calidad.

   Como se dijo en la Sec. 1.8, la *ingeniería de sistemas* proporcionará probablemente lo que podría considerarse como la "tecnología de diseño" fundamental del ingeniero de calidad moderno.
2. *La administración de sistemas es el proceso administrativo de asegurar la operación efectiva del sistema de calidad.* También incluye administrar el sistema de forma que sus disciplinas sean, de hecho, seguidas y realcen al sistema, cuando sea necesario, añadiéndose cuidadosamente a sus mejoras como han sido proyectadas.

   La *administración de sistemas* llegará a ser probablemente una guía administrativa fundamental para los administradores de calidad en sus actividades para guiar las actividades integradas de calidad en toda la organización.
3. *La economía del sistema, incluyendo especialmente el costo de calidad, es el proceso de medición y control para llevar a la asignación de recursos más efectiva del contenido de personas-máquina-información del sistema de calidad.* El objetivo es lograr los costos de calidad más bajos, congruentes con la satisfacción total con la calidad por parte del cliente, incluyendo lineamientos, de forma que otras inversiones o gastos planeados para el sistema de calidad estén basados en mejoras económicas netas a ser obtenidas en todo el sistema, en vez de serlo en una parte restringida de ese sistema.
4. *Las mediciones de sistemas, particularmente con respecto a las auditorías por los clientes, son los procesos de evaluación de la efectividad con la cual los sistemas de calidad logran sus objetivos y cumplen sus metas.* Las mediciones de sistemas probablemente proporcionarán los puntos de referencia para el personal de control de calidad así como para la administración funcional y general.

5.7 Características del sistema de calidad total

Hay cuatro características del sistema de calidad total técnica que son de particular importancia:

Primera, y la más importante, representa un *punto de vista* para la consideración sobre la forma en que la calidad trabaja en realidad en una compañía comercial moderna o en una entidad de gobierno, y cómo pueden tomarse las mejores decisiones. Este punto de vista es sobre las actividades principales de calidad como procesos continuos de trabajo. Comienzan con los requisitos del cliente y terminan con éxito sólo cuando el cliente está satisfecho con la forma en que el producto o servicio de la empresa satisface estos requisitos.

Éstos son procesos en los que es importante para la calidad *tanto* qué tan bien *trabaja individualmente* cada persona, cada máquina y cada componente de la organización como qué tan bien *trabajan todos juntos.* En estos procesos en un negocio manufacturero, por ejemplo, la mejor decisión sobre el control de calidad no es simplemente aquella histórica que se basa en la conformación del producto con ciertas especificaciones de ingeniería —con todo lo importante que esto es en sí mismo. Es, totalmente, también la decisión que está basada en la calidad satisfactoria del producto con respecto a las expectativas *totales* del cliente.

La *segunda característica* para el sistema de calidad técnico es que representa la base para la *documentación* profunda y totalmente pensada, no simplemente de un grueso libro de detalles, sino la identificación de las actividades clave y duraderas y de las relaciones integradas personas-máquina-información que hacen viable y comunicable una actividad particular en toda la firma. Es la forma específica en la que el administrador, el ingeniero y el analista pueden visualizar el quién, qué, dónde, cuándo, por qué y cómo de su trabajo y toma de decisiones en la forma en que afectan el panorama total de la calidad de la planta o compañía.

Cada persona puede visualizar sus propias asignaciones de trabajo y sus responsabilidades de toma de decisiones en una actividad de calidad, el trabajo y decisiones de calidad a las que tiene una relación, el trabajo y decisiones de calidad relevantes tomadas por otros, las interfases de las máquinas y las salidas y entradas de información. El enfoque de sistemas, por tanto, representa la forma en que la calidad se convierte en una realidad para la fuerza laboral de la planta o compañía como parte viviente de su vida de trabajo.

Tercera, el sistema de calidad es el *fundamento* para hacer que el alcance más amplio de las actividades de calidad de la compañía sea realistamente *manejable*, porque permite a la administración y empleados de la fábrica y compañía el poner sus brazos alrededor de sus actividades de calidad, requisitos del cliente-satisfacción del cliente. Además, los sistemas de calidad ofrecen opciones, en ciertas situaciones de calidad, que constituyen una base administrativa diseñada para ser altamente flexible al enfrentar lo inesperado, para ser beneficiaria de la participación total de los recursos humanos de la compañía, de ser mensurable y de responder a la retroalimentación de los resultados reales en toda la actividad.

Con demasiada frecuencia, en el pasado, estas actividades de calidad cliente a cliente no se han podido administrar porque han sido fragmentadas y, por tanto, no son controlables efectivamente. Los individuos muy abajo en la gráfica de la organización han, en realidad, tenido muchas veces más impacto sobre estas actividades que lo que ha tenido la misma gerencia.

La *cuarta* característica de un sistema de calidad total consiste en que es la base para la *ingeniería de mejoras de tipo de magnitud* sistemática en todas las principales actividades de calidad de la compañía. Ya que un cambio en una porción clave del trabajo de calidad en cualquier parte de las actividades cliente a cliente de la compañía tendrá un efecto —ya sea bueno o malo— tanto sobre todas las demás porciones del trabajo como sobre la *efectividad total* de la actividad, el sistema de calidad total proporciona el marco y disciplina de forma que estos cambios individuales puedan prácticamente tener un proyecto de ingeniería por su grado de mejora de la actividad de calidad total misma.

5.8 El significado del sistema de calidad total

El sistema moderno de calidad total es, por tanto, muy diferente en significado, objetivos, implementación, operación real, resultados logrados y mantenimiento continuo de lo que, en el pasado, pudiera haber sido llamado el "sistema" de calidad de algunas plantas y compañías. Este sistema sería una declaración un tanto general de las buenas intenciones de interés en la calidad, una documentación estrechamente orientada a la inspección y las instrucciones de pruebas, un manual de establecimiento de procedimientos hecho como una respuesta muestral hacia las demandas del cliente sobre de que había un programa de calidad en la planta o en la compañía, un esfuerzo valiente de un componente del control de calidad de alcanzar unilateralmente a otras funciones de la planta o compañía, o un documento para cubrir un perfil de un sistema de calidad proporcionado por otro requisito de sistema de una fuente externa. Con demasiada frecuencia estos documentos no eran implementados en las acciones reales de calidad dentro de la planta o compañía, eran muy superficiales en las acciones que recomendaban o estaban únicamente concentrados en una sola área restringida de las operaciones de calidad.

Hoy, la dureza o suavidad de un sistema de calidad de una compañía o planta puede ser la prueba clara de éxito o fracaso con respecto a si la organización logra sus metas de una calidad muy mejorada del producto con costos de calidad muy reducidos. La experiencia industrial en todo el mundo ha demostrado claramente que un producto manufacturado o un servicio ofrecido que es de baja calidad y confiabilidad, es casi siempre un producto o servicio que ha sido controlado por un sistema de calidad igual de malo.

Al considerar los ofrecimientos de una firma, los compradores de hoy, particularmente los de empresas industriales y cuerpos gubernamentales, examinan cuidadosamente la calidad de los productos en sí y la totalidad, profundidad y efectividad del sistema de aseguramiento detrás de la calidad y valor de los productos. Los consumidores —particularmente a través de grupos y asociaciones y cada vez más como personas— se han estado moviendo en la misma dirección.

5.9 ¿Por qué es necesario un sistema de calidad total? —Un ejemplo

Como un ejemplo de la necesidad de sistemas de calidad total estructurados y efectivos, es útil considerar el sistema surgido de un modo informal de una gran corporación industrial que produce una gama muy amplia de productos electrónicos, electromecánicos, mecánicos de propulsión y orientados a procesos.

Los mercados para esta corporación incluyen compañías industriales, entidades gubernamentales y clientes individuales.

La corporación se enfrentó a demandas de calidad en todo el mundo que aumentaban más cada mes, incluyendo los problemas potenciales de demandas legales sobre el producto y de retiro. Las preocupaciones particularmente profundas eran que la compañía no sentía que "tenía firmemente asida a la calidad" y que no tenía "manijas" administrativas efectivas para obtener una acción directa y positiva en sus resultados sobre calidad. Había una gran decepción en esta compañía bien manejada por el contraste entre la situación referente a la calidad y lo que se llevaba a cabo en áreas como flujo de producción y control de presupuestos de costos, donde sistemas administrativos fuertemente basados proporcionaban los resultados esperados para las acciones iniciadas por la gerencia en periodos razonables.

La compañía había crecido mucho tanto en ventas como en el número de productos y servicios. Sin embargo, los programas de calidad, aunque también se ampliaban y con la adición de muchas técnicas nuevas, estaban aún mucho muy estructurados sobre las bases que habían tenido en otras épocas, más fáciles, para la calidad del producto.

Por ejemplo, el concepto de control de calidad en la compañía era tradicional, con características como éstas:

- Un programa basado sólo en la ingeniería de diseño y sólo en la fábrica con paredes organizacionales entre ambas y un programa hecho para tratar de asegurar la conformidad con las especificaciones de ingeniería, que ni eran lo suficientemente claras ni lo bastante dirigidas hacia el cliente.
- Un programa sin una base presupuestaria suficiente que le permitiera un esfuerzo preventivo con el que pudiese obtener ingeniería de calidad y confiabilidad durante la etapa de planeación de ingeniería y manufactura donde puede hacer el mayor bien.

La corporación creía que tenía un sistema de calidad porque había preparado un grueso manual de control de calidad que incluía algunas de las instrucciones que existían hace mucho sobre el control de calidad y algunas nuevas. Pero, el manual quedó en estantes de libreros primeramente y tuvo un efecto limitado sobre las operaciones de calidad reales cotidianas de planta y compañía.

Se asignó un director central de calidad a las órdenes directas de la alta gerencia con la tarea de "asegurar la calidad". Sin embargo, sus funciones fueron establecidas en términos generales únicamente y aunque su obligación de rendir cuentas era grande, su autoridad real era vaga en lo referente a las actividades de calidad detalladas reales.

Las realidades de control en la corporación eran que las responsabilidades de calidad estaban fragmentadas en toda la organización completa: la ingeniería de diseño trataba de hacer lo que podía en los estudios de confiabilidad antes de la producción en unos cuantos productos. Compras negociaba la importancia de la calidad con algunos proveedores, pero no hacía mediciones sistemáticas del desempeño de la calidad del material recibido para negociar con estos proveedores. Producción, con un gran número de empleados nuevos y alta rotación, estaba haciendo esfuerzos para imprimir en estos empleados la importancia de la calidad del trabajo, pero no tenía una programación sistemática de control de proceso para hacerlo efectivo. Inspección tenía una gran barrera en la puerta para recibo de materiales y un programa de revisión de conformidad al final de la línea de producción, pero la salida de productos insatisfactorios al campo iba en aumento. Un miembro del control de calidad hacía la planeación de la calidad para tantos productos como le fuera posible, pero era incapaz de proporcionar una cobertura satisfactoria.

No había un centro común o coordinación de este trabajo de calidad —y su costo colectivo era muy alto, a pesar de su acción de prevención muy limitada. Los problemas de calidad y quejas importantes de los clientes descendían periódicamente en forma directa sobre la gerencia general, la que siempre se encontraba decepcionada tanto por las rápidas mejoras en la calidad como por cualquier confianza real que pudieran traer las mejoras después de que se hubieran logrado.

5.10 ¿Por qué es necesario un sistema de calidad total? —Un ejemplo (continúa)

Estas actividades fragmentadas de la calidad en la corporación internacional generaban muchos problemas de calidad que con frecuencia surgían solos por la flojedad de las acciones de calidad de la corporación. Por esta razón, la corporación determinó que era necesario establecer un sistema de calidad total.

Cuando se puso el sistema en operación, paso por paso, sus diferencias y beneficios principales se esclarecieron, comparado con el sistema tradicional evolucionado de modo informal. Algunos ejemplos de las aportaciones del sistema de calidad:

En política: Los objetivos de calidad de la compañía fueron definidos en forma clara y precisa.

En la introducción de nuevos productos: Las actividades relacionadas con la calidad fueron organizadas y estructuradas para asegurar la habilidad de la calidad y la producibilidad del producto, para asegurar una satisfacción inicial al cliente, para minimizar problemas de servicio al producto y para reducir los riesgos de demandas legales por el producto.

En producción: La corporación había reaccionado tradicionalmente a las dificultades importantes en la calidad con lo que normalmente se llama "quemarropa" —esfuerzos por reducir o minimizar los problemas inmediatamente. Existieron procedimientos que pedían el desarrollo de corrección permanente de estos defectos, pero, desafortunadamente, estos procedimientos tenían baches que hacían de la acción correctiva un paso temporal. Estos baches permitían la rápida evasión de la responsabilidad de llevar a cabo esta acción correctiva esencial, en una base permanente por medio de decisiones tomadas en niveles muy bajos de administración.

Como resultado, la compañía desperdiciaba recursos regularmente volviendo a pelear contra los mismos "fuegos" de calidad u otros relativos y con frecuencia los clientes obtenían productos peores de lo que deberían —a un costo más alto de calidad. El sistema de calidad total proporcionó las actividades de control para llenar estos baches y para requerir y medir los logros de acciones correctivas permanentes.

En el área de piezas de repuesto (refacciones): Ocasionalmente, productos de una calidad menor a la especificada para el equipo original habían ido a los canales de piezas de repuesto de la corporación. En el sistema de calidad total, se expusieron con toda claridad prácticas con las que esto estuviera apropiadamente controlado.

En mercadotecnia y publicidad: Anteriormente no había insistencia sobre un repaso sistemático de la publicidad para eliminar reclamos por la calidad. El enfoque sistemático de la calidad llenó este bache potencialmente muy dañino, que podría cambiar completamente la imagen de la garantía de la compañía. Además, en el enfoque tradicional, casi nadie en la compañía había proporcionado en forma específica a mercadotecnia y publicidad la retroalimentación necesaria para que éstas pudieran capitalizar éxitos y adelantos en el campo relacionado con la calidad. El enfoque de sistemas lo exigía.

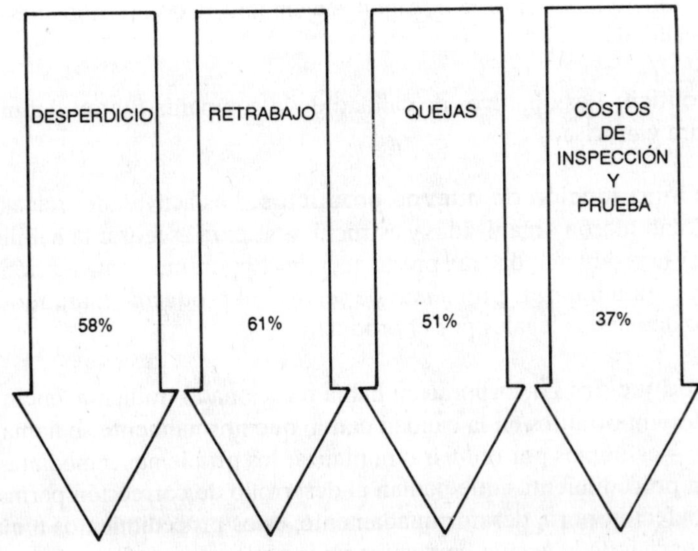

Fig. 5-3

Estos ejemplos, junto con muchos otros en toda la gama completa de operaciones para esta compañía, son clásicos de las muy importantes mejoras conseguidas por la creación de un sistema de calidad total dinámico y documentado.

Las mejoras en calidad y confiabilidad del sistema de calidad total generaron para la compañía importantes reducciones en desperdicio (58%) y retrabajo (61%), costos de inspección y pruebas (37%) y quejas de los clientes (51%) (Fig. 5-3). Los costos totales de calidad, que habían sido el 9% de las ventas antes de la introducción del sistema de calidad total, se redujeron a 5.9% cuando la operación del sistema empezó a ser efectiva. Cuando el sistema de calidad fue totalmente operacional, los costos de calidad para la corporación cayeron hasta un 4.7% de las ventas.

Se logran mejoras impresionantes similares con programas fuertes de control de calidad en compañías y plantas de una amplia serie de industrias en todo el mundo. El establecimiento de las actividades necesarias de programas estrictos de control de calidad es básico para el establecimiento de estos programas dinámicos y fuertes de control de calidad.

Notas

[1] Las actividades de los sistemas clave del sistema de calidad se examinan con mayor amplitud en la Sec. 6.3.

[2] Las principales responsabilidades nuevas de los negocios y sistemas que han sido añadidas a las responsabilidades técnicas de la función de calidad se comentan con mayor amplitud en el Cap. 8.

[3] Los comentarios son de acuerdo con "Systems Technology", una plática de Donald S. Feigenbaum ante la Join Engineering Conference, Santa Bárbara, Calif., octubre de 1974.

CAPÍTULO 6
Establecimiento del sistema de calidad

En la mayor parte de las compañías hoy en día se inspeccionan y prueban sus productos; algunas manejan confiabilidad y otras investigaciones técnicas; muchas fijan su atención en el aseguramiento de calidad de las partes y materiales recibidos de los proveedores; algunas compañías hacen hincapié en el servicio al producto. Sin embargo, lo que distingue básicamente a las compañías y plantas con programas de calidad dinámicos y efectivos hoy, son el dinamismo y la efectividad del sistema de calidad total que es la base del control total de la calidad de la compañía.

El sistema moderno de calidad total es el resultado de un diseño, instalación y mantenimiento disciplinados y estructurados de todas las actividades de calidad de las personas, máquinas e información que genuinamente asegurarán la calidad para el cliente y costos bajos de calidad para la planta y compañía. En operación, requiere la implantación completa y detallada de estas actividades en las acciones reales de calidad de la compañía y planta —y la determinación consciente y normal de la efectividad de estas acciones.

En el Cap. 6 se examinan primero las acciones de calidad necesarias y, luego, con más detalle algunas actividades de los sistemas y áreas clave en la medición de sistemas que son importantes para un sistema de calidad total, funcional y dependiente.

6.1 Control de la actividad del sistema de calidad[1]

Hay muchas acciones de calidad que deben conjuntarse en una relación adecuada para proporcionar la única función primordial de llevar un producto de calidad al mercado. El punto de inicio es el reconocimiento de que, en las compañías de hoy, la mayor parte de las operaciones principales —incluyendo particularmente el control de calidad— consisten clásicamente en una serie de personas, máquinas, material e información mutuamente relacionados.

Estas actividades pueden ser consideradas útilmente como un sistema.[2] Por definición:

> Un sistema es un grupo o patrón de trabajo de actividades humanas o de máquinas interactuantes, dirigido por información, que opera sobre o en materiales directos, información, energía o seres humanos para lograr un propósito u objetivo específico y común.

Muchas plantas y compañías han tenido siempre alguna forma de un patrón general de trabajo para la calidad —sin importar qué tan bien o qué tan mal haya sido documentado— que ha servido como su sistema de calidad. En el pasado, la mayor parte de ellos simplemente crecieron sobre una base de piezas sueltas: las actividades de control evolucionaron en un periodo; el equipo era instalado de cuando en cuando; las descripciones de los puestos de las personas se habían escrito como elementos separados; el procesamiento de la información no ha sido siempre considerado como un tema explícito; la planeación y control de todo el sistema casi nunca han sido establecidos; los costos de calidad no han estado bajo el control directo de la administración.

En estos sistemas de calidad evolucionados como quien dice, por casualidad, la satisfacción del cliente con la calidad y el costo de calidad, puede ser una consecuencia no planeada, tal vez sin motivar totalmente algunas metas de calidad, otras veces poco claras y algunas acciones de calidad en toda la organización a veces desbalanceadas.

La experiencia en todas las industrias demuestra que, cuando los sistemas surgidos en forma casual —cuyos resultados, buenos o malos, han sido más bien cuestión de las circunstancias que de las intenciones de la administración— se pueden manejar con eficacia como ingeniería de sistemas y sistemas administrativos para convertirlos en sistemas de calidad total, darán a la compañía mejoras importantes en la calidad y en los costos de la calidad necesarios para cumplir con los requisitos del mercado y de la competencia. En realidad, esa estructuración de sistemas totales le da a la compañía una eficiencia en la calidad mucho mayor que todas sus diversas actividades en pro de la calidad consideradas en forma individual. El sistema de calidad estructurado es mucho más que sólo las actividades interrelacionadas que son características de cualquier sistema. Es, desde luego, un *sistema integrado para producir satisfacción completa de los clientes con la calidad y mínimos costos de calidad junto con el mejor aprovechamiento posible de la planta y otros recursos de la compañía y con rapidez óptima, armonía y motivación humana, economía y control total de las acciones.*

La planeación de mejoras en la calidad con un sistema de calidad es como planear el mantenimiento y mejora de un sistema eléctrico de una ciudad con un plan completo de redes de distribución de la situación existente disponible; la planeación de mejoras sin un marco es como tratar de hacer esa planeación de sistemas sin tener diagramas de redes sobre las que cualquiera pudiera ponerse de acuerdo.

La ingeniería de sistemas y la administración de sistemas tienen como objetivo el hacer el sistema de calidad de la planta y compañía *el patrón de trabajo más eficiente con la gente, máquinas e información que aseguren la satisfacción del cliente de la calidad y costos mínimos de calidad a través del proceso completo pedido del cliente hasta entrega al cliente de las actividades clave de calidad de la planta y compañía.* Este sistema de calidad sirve como base *natural* para la atención principal de la administración e ingeniería hacia estas actividades, llevando hacia el sistema de calidad total como se definió en la Sec. 5.2.

6.2 Principios del sistema de calidad total

Hay algunos principios que son fundamentales para la ingeniería de sistemas de la calidad y que pueden ser enunciados:

1. *La integración de sistemas de la calidad relaciona la tecnología de la calidad con los requisitos de calidad.* Por una parte, proporciona la base "prealimentación" para identificar los requisitos totales de la calidad del producto y servicio que generarán efectividad y economía totales en la satisfacción del cliente con la calidad. Por otra parte, proporciona la base para identificar la tecnología de la calidad que está disponible para satisfacer estos requisitos —incluyendo ingeniería de calidad, ingeniería de control de proceso e ingeniería de información de calidad. Éstas incluyen lo que podría llamarse tecnologías "hardware"— esto es, aquellas que recaen sobre el equipo de información de la calidad —en aspectos pertinentes como temas electrónico y eléctrico, mecánico, nuclear, químico y metalúrgico. También incluye las que podrían ser llamadas tecnologías de planeación y control —esto es, aquellas que influyen en la ingeniería de calidad humana y de procedimiento y asuntos de ingeniería de control de proceso— en aspectos tan importantes como investigación de calidad, revisión del diseño, auditoría de control de proceso, entrenamiento y temas afines.
2. *La ingeniería de sistemas de calidad relaciona esta tecnología de la calidad con los requisitos de calidad en una manera organizada con los procedimientos y controles específicos necesarios.* Además, debido a que siempre hay una influencia constante tanto sobre los nuevos requisitos y la nueva tecnología que recaen sobre las actividades del sistema, el trabajo de la ingeniería de sistemas de calidad es la base para este balanceo de los requisitos y tecnología al guiar también la introducción de mejores prácticas en el sistema.
3. *La ingeniería de sistema de calidad considera el intervalo total de todos los factores, humanos pertinentes de información y de equipo necesarios para estos procedimientos y controles.* Considera e integra una serie de factores humanos, materiales, de procedimiento, equipo, información y financieros. Esta clase de consideración de muchos factores en un agudo contraste con la concentración casi exclusiva en uno u otro de estos factores que han sido clásicos de otros enfoques más estrechos de la calidad de trabajo —tales como un aspecto ya sea sobre procedimiento puramente de papeleo o un diseño del producto puramente técnico.
4. *La ingeniería de sistemas de calidad establece específicamente las medidas de "retroalimentación" contra las cuales se evaluará el sistema de calidad cuando esté operando.* Establece explícitamente las *varias* medidas de efectividad y economía total de la calidad que se usarán.

5. *La ingeniería de sistemas de calidad estructura entonces el sistema de calidad necesario objetivamente y proporciona las auditorías del sistema.*
6. *La ingeniería y administración de sistemas proporcionan el control continuo del sistema de calidad en uso.*

De esta forma, el proceso de ingeniería de sistemas de calidad implica un esfuerzo técnico del tipo más riguroso. Además, en esta era de especialización creciente, pensar en estos términos de sistemas no puede quedar confinado a aquellos hombres y mujeres que son denominados "ingenieros en sistemas de calidad". Particularmente, los conceptos modernos de ingeniería de sistemas proporcionan un punto de vista de forma que todos los individuos clave en una planta y compañía —empleado de la fábrica, ingeniero de producto, técnico de pruebas, personal de servicios o gerente— puedan formarse este entendimiento de las interrelaciones de las diversas actividades de calidad, en la calidad de la planta y compañía. Los conceptos también permiten a estas personas entender su importante aportación a la calidad relacionada con todas las demás aportaciones y a crear la conciencia del propósito final al que sirven juntas las acciones de calidad. La ingeniería de sistemas de calidad es, por tanto, el fundamento de la verdadera *administración de la calidad total.*

6.3 Actividades con los sistemas principales para el control total de la calidad

Un sistema de calidad que ha sido establecido y que está siendo administrado —en comparación con uno que haya crecido simplemente por casualidad— está estructurado para alcanzar objetivos como los siguientes:

- Políticas y objetivos de calidad definidos y específicos.
- Fuerte orientación hacia el cliente.
- Todas las actividades necesarias para cumplir con estas políticas y objetivos de calidad.
- Integración de las actividades en toda la compañía.
- Asignaciones claras de personal para el logro de la calidad.
- Actividades específicas de control de proveedores.
- Identificación completa del equipo de calidad.
- Flujo definido y efectivo de información, procesamiento y control de la calidad.
- Fuerte interés en la calidad y motivación y entrenamiento positivo sobre la calidad en toda la compañía.
- Costo de calidad y otras mediciones y normas de desempeño de calidad.
- Efectividad positiva de las acciones correctivas.
- Control continuo del sistema, incluyendo la prealimentación y la retroalimentación de la información y el análisis de los resultados y comparación con las normas presentes.
- Auditoría periódica de las actividades con los sistemas.

Las actividades principales con los sistemas que satisfarán mejor los objetivos de una compañía específica serán, desde luego, de acuerdo con los requisitos de esa compañía, sus recursos y metas. La tarea de la ingeniería de sistemas para la compañía implicará documentación de los diferentes sistemas y subsistemas que conforman el sistema de calidad total que "funciona" en esa compañía en particular. Aunque varía el grado de actividad en partes específicas del sistema de calidad de la compañía, algunos subsistemas pueden ser básicos en los programas de control total de la calidad. Estos subsistemas, que se examinan en las Secs. 6.4 a 6.13, son los siguientes:

1. Valuación de la calidad antes de la producción, comentada en la Sec. 6.4.
2. Planeación de la calidad del producto y proceso, comentada en la Sec. 6.5.
3. Planeación, valuación y control de la calidad de materiales comprados, comentada en la Sec. 6.6.
4. Valuación y control de la calidad del producto y proceso, comentada en la Sec. 6.7.
5. Retroalimentación informativa de la calidad, comentada en la Sec. 6.8.
6. Equipo de información de calidad, descrito en la Sec. 6.9.
7. Desarrollo laboral, orientación y entrenamiento de calidad, comentado en la Sec. 6.10.
8. Servicio de calidad después de la producción, descrito en la Sec. 6.11.
9. Administración de la función de control de calidad, comentada en la Sec. 6.12.
10. Estudios especiales de calidad, descritos en la Sec. 6.13.

En la Fig. 6-1 se ilustra la aportación de cada subsistema para la implementación de las cuatro tareas básicas de control total de la calidad.

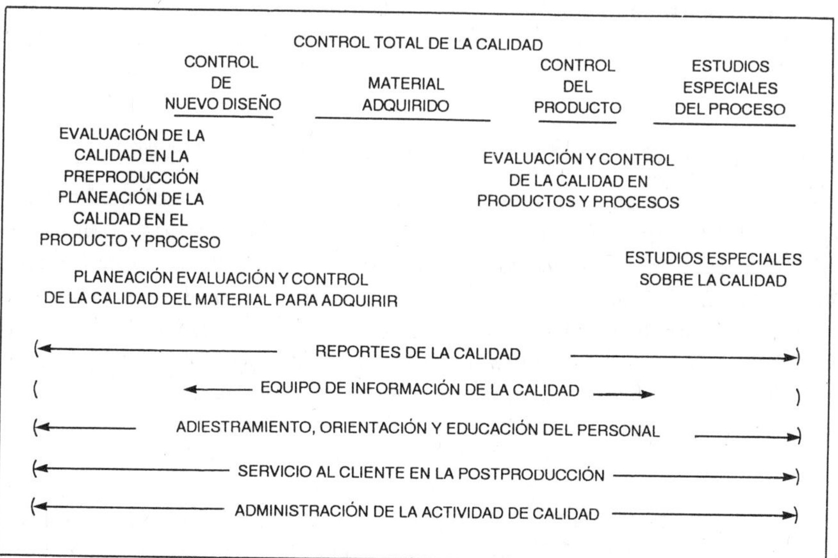

Fig. 6-1

Las áreas clave de la medición sistematizada se examinan en la Sec. 6.14. En la Sec. 6.15 se estudian algunas actividades sistematizadas que pueden ser introducidas e implementadas en la operación de la compañía, teniendo como resultado un sistema de calidad documentado y que trabaja (Sec. 6.16). En la Sec. 6.17 se repasa el trabajo esencial en la administración continua del sistema de calidad. En la Sec. 6.18 se resume las características de un sistema de calidad efectivo.

6.4 Valuación de la calidad antes de la producción

Se tienen establecidos procedimientos para analizar formalmente tanto los diseños de productos como los de procesos, para asegurar que el producto resultante satisfaga las exigencias del cliente. Los Ingenieros de Producción deberán revisar sus propios diseños auxiliados con los análisis verificados por otras funciones. Un nuevo punto de vista generalmente aporta alguna sugerencia. La misma revisión de proceso se requiere en Ingeniería de Manufactura.

La evaluación del producto debe hacerse, cuando sea factible, en condiciones semejantes a las de su uso. Las condiciones locales se reproducirán hasta el punto de igualar la habilidad de las personas que tendrán que hacer uso y operar el mecanismo. A este operario se le deberán entregar las instrucciones que se suministrarán. Durante el curso de la evaluación, cualquier experiencia insatisfactoria que pudiera resultar debe ser observada y debe tomarse una acción correctiva.

Durante la evaluación de la calidad, en la preproducción, se procede a cumplir con otras tareas tales como la identificación de las características de calidad de importancia y su clasificación; revisar las especificaciones en cuanto a claridad, compatibilidad y economía; localizar las causas de trastornos en la manufactura a fin de eliminarlas antes de principiar la fabricación formal e identificar los ajustes que sean necesarios entre proyecto y proceso para hacerlos compatibles.[3]

6.5 Planeación de la calidad del producto y proceso

Antes de que se inicie la producción y durante las fases del diseño del producto y proceso, se deben formalizar los planes para medir, alcanzar y controlar la calidad deseada del producto. Esto requiere un análisis de los requisitos de calidad del producto para determinar cuáles serán las características de calidad que habrán de someterse a mediciones, cómo se procederá y si las mediciones deberán de ser por unidad o por muestreo, en el curso del proceso; quién debe hacer las mediciones y qué límites de medición más allá de los cuales se procederá a aplicar correcciones. También se deben establecer procedimientos para planear los instrumentos requeridos para tomar las mediciones requeridas de calidad.

Los planes de calidad incluirán la determinación de número, la aptitud y entrenamiento del personal para asegurar la calidad; los métodos y la forma de registros para asentar los datos; procedimientos de mantenimiento preventivo de herramientas y procesos, la estandarización, la calibración y la conservación del equipo usado en las mediciones; el movimiento del material y la disposición que deba dársele; la auditoría durante el proceso y de la calidad de salida, e instrucciones para todas las actividades de aseguramiento de la calidad.

6.6 Planeación, evaluación y control de calidad de materiales comprados

Este subsistema del sistema proporciona los procedimientos necesarios para controlar la calidad de un suministro muy importante: el material comprado. Estos procedimientos incluyen medios para una descripción clara de la calidad que se requiere a los proveedores y para comunicarles la clasificación de características de calidad con su importancia relativa. Los procedimientos incluyen también la forma de evaluar la capacidad cualitativa de los vendedores, así como las instalaciones y sus sistemas de calidad antes de colocar un pedido. El establecimiento de procedimientos se aplica cuando los vendedores certifican la calidad de los lotes que remiten por medio de mediciones objetivas de calidad que acompañan a cada lote. Otros procedimientos incluyen evaluación de los materiales comprados y retroalimentación de la calidad a los proveedores; correlación entre los métodos de medida de calidad y el equipo usado por los proveedores en la inspección de los materiales comprados y las pruebas de aceptabilidad, inspección y pruebas de laboratorios.

Todos estos procedimientos permiten, una vez que se establecen y se respetan, llevar a efecto el control de los materiales adquiridos. Esto exige una integración estrecha con la unidad de compras. Por regla general, los compradores son quienes hacen todos los arreglos con los proveedores. Por lo expuesto, el flujo de información de la calidad queda a cargo del comprador o por lo menos éste debe estar constantemente informado por correspondencia o por otros medios.

Lo importante es que el proveedor sepa qué es lo que importa al comprador desde el punto de vista de la calidad. El comprador obtiene una idea de la calidad de lo que se le suministra y puede, a su vez, suministrar los informes que sean necesarios para corregir o para ajustar los procesos del proveedor.

6.7 Evaluación y control de la calidad del producto y proceso

Los procedimientos establecidos en este componente del sistema de la calidad permiten tener los *instrumentos* para los planes de la calidad, en producto y procesos. Los procedimientos que se ocupan en prestar servicio al operador de taller incluyen lo que en seguida se describe:

1. Expresar formalmente la importancia relativa de las características, al personal de talleres.
2. Establecer la forma de cotejar la calidad formalmente al personal de los talleres.

3. Asegurar los medios adecuados de medición a los operadores.
4. Calibrar y conservar en buen estado los instrumentos que usen los operadores.

Hay diversos procedimientos para determinar las actividades de medición que necesariamente tengan que ser desempeñadas por miembros de la organización de control de la calidad:

1. Hágase una evaluación de la calidad durante el proceso para asegurarse de su conformidad con las especificaciones.
2. Háganse pruebas en el curso de la fabricación, en componentes y subensambles, a fin de estar ciertos de que el ensamble final funcione en las condiciones de uso a que se destine.
3. Haga auditoría; verifíquese una auditoría del apego a los procedimientos de calidad, durante el proceso.
4. Llévese a cabo inspecciones y evaluaciones de la calidad al final de la línea.
5. Llévese a cabo evaluaciones de buen funcionamiento y pruebas de calidad al final de la línea.
6. Háganse supervisiones de calidad de salida enfocadas al cliente, pruebas de resistencia a la intemperie, que sirvan para determinar el grado de confiabilidad.
7. Establézcase índices de calidad de salida, basándose en los resultados obtenidos en las auditorías.
8. Proporcionar un servicio de medición de la calidad.
9. Evaluar el material que no sea completamente aceptable y determinar lo que se deba hacer con él.
10. Calcular la productividad total y la efectividad y estimar si el control de proceso y del producto se ha aplicado con oportunidad, y qué acción correctiva es necesario aplicar.

Hay otros procedimientos más que tienen conexión con el trabajo desarrollado para mantenimiento del equipo y a la capacidad de las herramientas para producir con calidad.

1. Poner en práctica un sistema eficaz de mantenimiento preventivo de herramientas, de matrices y dispositivos.
2. Calibrar y conservar en buen estado de uso los instrumentos para hacer mediciones de la calidad.

Se incluyen algunos procedimientos analíticos en este componente del sistema de calidad, tales como:

1. Establecer sistemas de análisis en la manufactura y programas de reducción de costos.
2. Analizar las demoras en la producción, debidas al logro de la calidad del producto.

3. Analizar la productividad, la efectividad y la oportunidad en la acción por parte del personal encargado de atender la calidad.
4. Correlacionar los datos de resultados obtenidos en la fábrica y en el campo de uso, a fin de evitar fallas y reducir la frecuencia de llamadas de servicio externo.
5. Establecer análisis de quejas y programas para reducirlas.

Estar preparados para elaborar planes de tipo temporal y de corta duración, tales como:

1. Hacer planes operativos que den certeza sobre la calidad.
2. Tener en vigor estándares físicos de calidad para uso en los talleres.

El establecimiento y mantenimiento de diversos tipos de estándares de calidad que son de interés para el control del producto, como:

1. Establecer límites de control de proceso.
2. Mantener estándares físicos de calidad para uso en el taller.
3. Revisar periódicamente especificaciones, dibujos, etc., para que estén al corriente y sean exactos.

Otros procedimientos requeridos son para llevar a cabo ciertas asignaciones de trabajo, como sigue:

1. Prescribir qué se deberá hacer con los materiales que adolezcan de defectos o que no llenen los requisitos especificados y la ruta que deberán seguir.
2. Promover la corrección necesaria con una actitud apropiada; ver que se cumpla y determinar su efectividad.
3. Crear y establecer programas de certificación de la calidad, para los clientes.
4. Pónganse en acción programas de seguridad.
5. Consérvense registros de la calidad.

Como puede verse, por la naturaleza de estas actividades, este grupo forma la parte del sistema de calidad que se usa en la planta para el control diario de la calidad. Se notará que parte del trabajo lo ejecutan trabajadores de producción, otra parte, los inspectores y algo más queda bajo la responsabilidad de los ingenieros del control del proceso, como se tendrá oportunidad de ver en el Cap. 11.

6.8 Retroalimentación de información de la calidad

Éste es el sistema de información que forma parte del sistema de la calidad. Suministra toda la información necesaria al personal clave de cada una de las áreas funcionales. Se establecen procedimientos para analizar las necesidades de información de la calidad de cualquier puesto: proveedores, compradores, personal de control de producción, supervisores de taller, personal de talleres, ingenieros de manufactura, ingenieros de control de calidad y diseñadores de equipo, supervisores y personal de aseguramiento de la calidad; ingenieros diseñadores del producto, planeadores del producto, oficina de ventas, supervisores y personal de servicio, clientes y gerentes generales y de funciones. Al analizar las necesidades, se establecen criterios para contenido, frecuencia y tiempo de retraso permitido. Esto se hace para cada uno de los puestos, a fin de que cuenten con el tiempo necesario para formular decisiones de acción efectiva en las áreas de calidad.

Se establecen procedimientos específicos que implementan el acopio, tabulación, análisis y distribuciones de datos. Se incluyen formatos que serán concisos con respecto a las responsabilidades relativas a actuaciones correctivas de acuerdo con las mediciones y con las bases para su comparación. Se deben crear formatos para los informes siguientes: materiales por adquirir, su calidad y su evaluación; evaluación de la calidad durante el proceso; evaluación de la calidad en el final de las líneas; confiabilidad del producto y evaluación de su duración; pérdidas durante la fabricación, auditorías de calidad durante el proceso; supervisión de la calidad de salida del producto; fallas en el lugar de uso y frecuencia de necesidades de servicio; gastos debidos a quejas, informes de estudios especiales, costos de la calidad e informes del sistema de calidad adoptado.

Es necesaria la revisión periódica del sistema de información de la calidad para tenerlo al corriente y satisfacer las necesidades cambiantes de la compañía. Además de identificar nuevos puestos que requieren cierta información de calidad, debe prestarse atención a eliminar distribuciones que actualmente no tienen ningún propósito útil.

El perfeccionamiento y uso de aparatos automáticos indicadores del grado de la calidad son también considerados factores en el sistema de información de la calidad. En años recientes se ha visto un rápido crecimiento de los instrumentos que proporcionan los medios para comunicar la información de calidad a un centro de control. La industria química tiene algunas instalaciones especialmente notables para la refinación de petróleo y otras operaciones de proceso continuo.

6.9 Equipo de información de calidad

Las medidas de calidad necesarias para controlar la calidad se fijan durante la planeación de la calidad del producto y de los procesos. La planeación incluye también los métodos, tipo de equipo de medición y control que deberá usarse. El subsistema de equipo de información de la calidad proporciona la manera de adquirir ese equipo destinado a mediciones y al control. Esta actividad ha logrado grandes adelantos que incluyen el estudio de las necesidades de las compañías a largo plazo, con respecto al equipo de medición basado en productos nuevos, nuevos procesos, perfeccionamiento en la calidad, en el movimiento y en los costos. Se hacen estudios especiales para crear nuevas técnicas en las mediciones, su adaptación e integración en equipos mecanizados y automáticos de manufactura. En el sistema se incluyen procedimientos para programar un equipo avanzado de información.

Los procedimientos para el diseño y aplicación del equipo contienen las exigencias del diseño y un análisis del sistema de calidad, a fin de determinar qué medidas son las más efectivas y económicas, de precisión y exactitud deseadas y para determinar el mejor método para medir cada característica de calidad; una exposición de especificaciones relativas al equipo informativo y una estimación de costos que abarque: diseño, perfeccionamiento, construcción y aplicación inicial; ejecución del trabajo; mantener el equipo de información al día para satisfacer nuevas necesidades como resultado de modificación del diseño, revisión de procesos y aplicación de las experiencias en el campo, reglas para el mantenimiento y calibración; origen y conservación de esquemas, dibujos y planos; lista de piezas de repuesto e instrucciones para el trabajo, incluyendo precauciones de seguridad y, finalmente, estimación de efectividad, en general, en el área en que el equipo desempeñe su actuación informativa de la calidad.

A medida que las operaciones se hacen más mecanizadas y automáticas, el equipo de información de la calidad adquiere mayor importancia. En realidad, un requisito previo para lograr una fabricación automatizada radica en una disponibilidad más general de aparatos automáticos de medidas. Este punto se comentará en el Cap. 12.

6.10 Desarrollo laboral, orientación y entrenamiento para calidad

Los procedimientos dentro de este componente del sistema de la calidad proporciona los medios para ampliar la "capacidad de los hombres", exigida para actuar lo mejor posible dentro del sistema de calidad. Comprende no solamente a las personas directamente empeñadas en los trabajos de control de calidad sino que atañe a otras en otras funciones y cuyo entrenamiento se refleja en la calidad de los productos. Los programas dedicados al entrenamiento de personal que no está conectado directamente con el control de la calidad comprenden: conocimiento técnico del producto, conocimientos de lo que significa función del control de la calidad; instrucción en el taller en métodos, procedimientos y técnicas del control de calidad, un programa de orientación de la administración del control de la calidad; técnicas empleadas en el diseño del producto, a los ingenieros de manufactura, a los compradores y a otras áreas específicas de actividad; evaluación de la pericia del personal de talleres; programas que se ocupen de la conciencia de la calidad, entrenamiento de nuevos empleados, educación de proveedores y clientes en la rama industrial.

Los programas para los que están directamente conectados con trabajos de control de calidad deberán comprender: principios básicos de control de calidad, programas de rotación, asignación de los nuevos empleados ya entrenados, evaluación del desempeño del personal, participación en cursos pagados por la compañía, participación en asociaciones de profesionales, cursos ofrecidos por universidades, inventario laboral y programas de promoción, orientación y asesoramiento, adiestramiento constante por correspondencia, boletines, periódicos o revistas y contactos personales.

La efectividad del entrenamiento de calidad, orientación y desarrollo laboral se mide por la capacidad del personal que se ha logrado como resultado de esta parte del sistema de calidad. La disponibilidad de personas capaces para llenar puestos vacantes también es una medida de oportunidad y efectividad.

6.11 Servicio de la calidad después de la producción

Cuando el cliente o consumidor compra un producto, la compra es, en efecto, de la *función* que se espera que desempeñe el producto. Además, el comprador espera que el producto continúe cumpliendo con esa función durante cierto tiempo. Si por alguna razón el producto no cumple con su función durante su vida esperada, la mayoría de las compañías se sienten obligadas a ver que el cliente reciba la función del producto que se esperaba como resultado de la compra. Muchas compañías tienen un componente organizacional conocido como *servicio al producto* que satisface esta función. Aunque una organización así tiene muchas de las responsabilidades principales en ésta área, Control de Calidad tiene actividades auxiliares. Una estrecha relación de trabajo entre los componentes es esencial para el éxito (ver la gráfica de relación, Fig. 8.3, Sec. 8.11).

La actividad total en esta área está cubierta por aquel componente del sistema de calidad conocido como *servicio de calidad después de la producción*. Se establecen procedimientos para responder a las quejas y hacer ajustes que tendrán como resultado un cliente satisfecho. Más específicamente, este componente del sistema de calidad incluye procedimientos que abarcan las siguientes actividades: revisión de las garantías del producto para establecer la relación con respecto a la confiabilidad del producto, para fijar los límites de la responsabilidad de la compañía y para hacer los ajustes o concesiones más allá del periodo de garantía; pruebas comparativas y evaluaciones de calidad con los productos de competencia; información para mercadotecnia sobre costos de calidad; oportunidad y efectos perjudiciales de los programas de calidad, dificultades previstas y acción correctiva llevada a cabo; planes de certificación de calidad como ventaja para el cliente al comprar los productos de la compañía en particular; auditorías de las existencias en almacén en busca de deterioro y daños en el material comprado enviado directamente al cliente y materiales para reparación; piezas más modernas para repuesto, incluyendo datos técnicos, control de calidad y el periodo requerido de disponibilidad; revisar qué tan adecuadas son y recomendar mejoras en manuales de instrucción que cubre la instalación, mantenimiento y uso; revisar la facilidad de servicio del producto, herramientas y técnicas para reparación; revisión de la calidad, costo y puntualidad del trabajo de servicio; tasas de fallas en el campo y sus costos y un sistema de registro para ellas, incluyendo los sistemas de procesamiento de datos y análisis; correlación de las fallas en el campo con el índice de calidad en la fábrica; información de Mercadotecnia a Manufactura e Ingeniería de problemas no previstos y tendencias perjudiciales.

6.12 Administración de las actividades de calidad

Este componente del sistema de calidad incluye los procedimientos que usa el administrador al llevar a cabo su tarea, esto es, procedimientos para planeación, organización, integración y medición. Estos procedimientos incluyen los siguientes: acumulación, compilación e informe de los costos de calidad; establecimiento de metas y programas de reducción de costos de calidad; desarrollo de sistemas de medición de calidad del producto al despacharlo; establecimiento de metas y programas de mejoras en la calidad del producto por línea; establecimiento de metas, objetivos y programas para el componente organizacional del control de calidad y la publicación de éstos para el uso del personal pertinente; clasificación del trabajo de control de calidad con referencia a tipos genéricos de trabajo; organización para hacer el trabajo y tener el personal necesario en la organización; emisión de guías o descripciones de puestos; emisión de procedimientos para hacer el trabajo; aceptación de asignaciones de trabajo por los operarios; integración de todas las personas en el componente organizacional del control de calidad; desarrollo de medidas de efectividad para determinar la aportación de la función de control de calidad a las utilidades y el progreso de la compañía.

6.13 Estudios especiales de calidad

Este componente del sistema de calidad proporciona procedimientos y técnicas para localizar problemas específicos de calidad y para encontrar soluciones específicas para estos problemas. Se incluyen en estos procedimientos el análisis de capacidad de máquina y proceso; estudios sobre la partición económica de la tolerancia; análisis de capacidad y repetibilidad del equipo medidor de la calidad; análisis formales de áreas específicas de la variabilidad en la manufactura que conducen a grandes pérdidas en la producción; un alto costo de evaluar y controlar la calidad y grandes gastos por quejas; valuación de nuevos métodos, nuevos procesos y nuevos materiales propuestos y sus efectos para facilitar la manufactura, calidad y costos de calidad; ajuste óptimo de procesos basado en la correlación entre las características de calidad y las condiciones de proceso; diagnóstico de problemas de calidad; tomar acción correctiva y seguimiento para medir la efectividad de la acción.

6.14 Áreas principales de medición de sistemas

El control y administración de la calidad se basan en las interrelaciones de muchas actividades diferentes relacionadas con la calidad, desempeñadas durante el ciclo industrial. Sin los estándares adecuados para las mediciones e informes administrativos, la teoría fundamental de retroalimentación para el control —que adquiere de mediciones contra estos estándares como base para la valuación y control— no puede trabajar efectivamente.

Integrados en el sistema de calidad total, entonces, hay numerosas revisiones e igualdades mediante las cuales asegurar el desempeño.[4] Aunque hay muchas formas de "calificar" calidad, la experiencia con programas exitosos de control total de la calidad ha mostrado ciertas áreas principales de medición como indicadores particularmente útiles. Estas áreas de medición se puede resumir como sigue.

Medición de costos

Con la medición y análisis periódicos de los costos de calidad se vigila la efectividad del costo del sistema de calidad. El objetivo es rastrear las tendencias de costos de calidad tanto total como individualmente, en las áreas de costo de calidad. Esta medida de calidad muy importante, que se describe con amplitud en el Cap. 7, es fundamental a la meta sistematizada de calidad para la satisfacción total del cliente con la calidad a los menores posibles costos de calidad.

Medición de calidad

La medición e informes puntuales de los datos del grado de la calidad se utilizan para asegurar el cumplimiento con la calidad, fijar metas de grados de calidad y evaluar los esfuerzos de las acciones correctivas. Esta información se convierte en la base para establecer metas de mejoras, programas de prioridad, etc. La definición de los requisitos del grado de calidad, la determinación de las mediciones del grado de calidad y la retroalimentación de la información de calidad se consideran en la Parte IV, "La tecnología de ingeniería de la calidad". Las técnicas estadísticas usadas para rastrear grados de calidad se describen en la Parte V.

Medición de la satisfacción del cliente

Un examen intensivo de pequeñas muestras del producto terminado únicamente a partir del punto de vista del usuario puede ser útil para predecir la satisfacción del cliente. Los resultados de este tipo de una auditoría de calidad centrada al cliente, junto con otras mediciones después que el producto está en uso, evalúan la efectividad del sistema de calidad desde el punto de vista del cliente. Estas mediciones incluyen datos sobre tasas de fallas en el campo y de llamadas para servicio y el análisis de las tendencias de la actitud de los clientes con respecto a la calidad, seguridad, servicio y confiabilidad del producto. Estos datos no sólo llaman la atención de la administración de la necesidad de una acción correctiva rápida del producto, sino que también proporcionan insumos valiosos para el desarrollo de nuevos modelos y productos similares. La retroalimentación de la información de calidad en el campo se amplía en la Sec. 10.27.

Medición de la conformidad del sistema

La auditoría y evaluación de los procedimientos del sistema de calidad determinan las desviaciones en la efectividad del sistema antes que estas desviaciones puedan convertirse en problemas importantes de calidad. Estos datos determinan si los planes adecuados de calidad continúan siendo establecidos y están al día; si los procedimientos y responsabilidades con la calidad establecidos por los planes de calidad están siendo satisfechos y los aspectos centrales donde las mejoras son necesarias. El alcance completo de auditoría de la calidad se examina en el resto del libro de acuerdo con sus aplicaciones a las varias tecnologías del control de calidad. Particularmente, en la Sec. 11.23 y siguientes se examinan técnicas específicas de auditoría.

6.15 Actividades sistematizadas principales para el control de calidad —Un ejemplo

Un examen de los pasos dados por una compañía manufacturera grande y en rápido crecimiento para implementar un sistema de calidad total, puede ser útil para poner en perspectiva estas actividades sistematizadas principales de la calidad.

La compañía sólida y bien manejada se encontró a sí misma enfrentando problemas crecientes de calidad y demandas jurídicas potencialmente muy peligrosas a las que no podía controlar adecuadamente. Esto estaba en contraste directo con el fuerte control administrativo en otras áreas del negocio, tales como el movimiento de la producción y el presupuesto de control de costos.

Para ayudar a resolver estos problemas de calidad, la administración decidió un sistema de calidad total dinámico y duradero. Al proseguir el trabajo, los requisitos de calidad evolucionaron y fueron documentados en todo el sistema de calidad total en un Manual de los Sistemas de Calidad que incluía todas las funciones y que podía consultar todo el personal.

Por ejemplo, en el área de materiales recibidos, el trabajo del sistema de calidad para la empresa tomó en consideración factores tan diversos como:

- *Procedimientos de control del material recibido*, incluyendo planes de muestreo, instrucciones, registro de datos e informes aplicables.
- *Relaciones aplicables con el proveedor*, incluso la definición de los requisitos de calidad de los proveedores —así como la clasificación de las características de calidad y de los grados aceptables de calidad; la correlación de métodos de medición; capacidades de calidad de los proveedores; visitas de evaluación de las instalaciones; clasificación del material recibido; retroalimentación de la información de la calidad a los proveedores; acción correctiva y seguimiento; certificación para asegurar la salida de calidad programada y certificación del material recibido.
- *Equipos de información de calidad para usarse en el control de materiales recibidos*, incluyendo la exactitud y capacidad necesarias, relaciones para servicio y requisitos de espacio en el piso y para mantenimiento, calibración y balanceo periódico con los instrumentos del proveedor.
- *Pruebas de laboratorio para aceptación*, incluyendo requisitos de la muestra e informes de los resultados del laboratorio.
- *Deshacerse del material*, incluyendo su identificación, asignación a desperdicio, devolución al proveedor e inspección detallada.
- *Auditoría del material recibido*.

- *Requisitos del personal de recepción de material,* incluyendo aptitudes y entrenamiento especial.

Esta planeación minuciosa del sistema en todas las funciones de línea principal resultó en un marco de calidad operativa para la empresa y mejoras importantes en la calidad del producto y en los costos de calidad. En efecto, la instalación de un sistema de calidad dinámico proporcionó una ventaja significativa sobre la competencia para la empresa.

6.16 El manual de los sistemas de calidad

El diseño del sistema de calidad "correcto" para una compañía en particular se basará en requisitos específicos y variables como se mencionó en la Sec. 6.3. Por tanto, se desprende que la referencia operacional tangible o el Manual del Sistema de Calidad para cada compañía también variará en formato y contenido. En realidad, existe una gama completa de dichos manuales de sistemas de calidad en diferentes formas y con distintos grados de detalle para orientar el trabajo sistematizado de calidad hacia situaciones industriales específicas. Lo importante no es qué tanto cubre el Manual de Sistemas de Calidad, sino que cubra *toda* la información pertinente, con un detalle suficiente para abarcar los procedimientos *generales* necesarios para definir funciones y responsabilidades operativas *esenciales*.

Desde este punto de vista, este Manual de Sistemas de Calidad para la compañía puede ser considerado típico en profundidad de documentación de un sistema completo para el control total de la calidad (Fig.6-2). Sin embargo, lejos de ser un grueso libro cargado de detalles, esta documentación completa

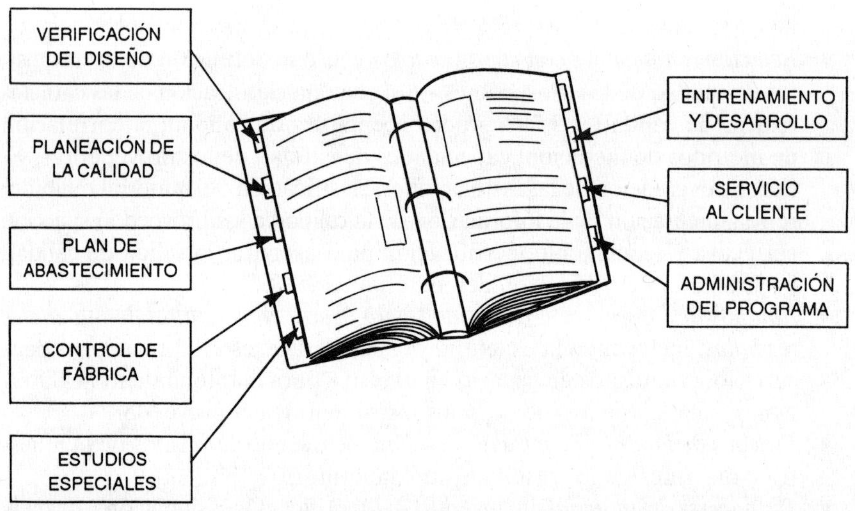

Fig. 6-2

(como se mencionó en la Sec. 5.7) proporciona un "mapa" de calidad marcando los atajos y desviaciones y rutas alternativas, así como la carretera usada normalmente. Proporciona una dirección gráfica e instantánea para cada miembro de la empresa al escoger su ruta más rápida para el genuino aseguramiento de la calidad.

6.17 Administración de los sistemas de calidad

Debido a la fuerza y alcance del control total de la calidad, es necesario que la administración y mantenimiento actuales del sistema de calidad sean llevados a cabo como responsabilidades operativas explícitas. Por ejemplo, debe haber provisión para actividades como las siguientes:

- Proporcionar administración general de *todas* las actividades del sistema de calidad.
- Crear, coordinar y distribuir programas de motivación de la calidad.
- Establecer normas de desempeño y de valuación del progreso general de la calidad en las áreas de mediciones sistematizadas clave.
- Revisar la efectividad de programas de acción correctiva.
- Resolver cualquier incompatibilidad dentro del sistema que no pueda ser resuelta por el personal que tiene participación directa.
- Asegurar efectividad del programa de auditoría del sistema y retroalimentación de información de calidad.
- Proporcionar el centro de la atención administrativa a las actividades del sistema de calidad, asegurando su aplicación efectiva hacia el logro de un objetivo común.
- Proporcionar u obtener decisiones de prioridad para actividades del sistema de calidad cuando compitan con otros programas por recursos.
- Proporcionar unidad dentro de la corporación para el sistema de calidad.
- Asegurar que el sistema de calidad sea revisado cuando sea necesario.
- Asegurar la efectividad y aportación continuas al negocio del programa de costo de calidad.
- Proporcionar liderazgo para asegurar el uso efectivo del sistema de calidad como un factor específico en la estrategia de negocios de la compañía.
- Asegurar, donde sea apropiado, la visibilidad efectiva del sistema de calidad a los clientes y a otros grupos pertinentes.

Aunque el control continuo del sistema de calidad hasta este grado de efectividad es claramente el interés de la administración, la responsabilidad para asegurar este control será delegado a funciones adecuadas en toda la organización. Como se menciona en el Cap. 8, la responsabilidad general de la creación, implementación y mantenimiento del sistema de calidad es normalmente el campo de acción de la función de calidad organizada para ese propósito específico. Sin embargo, la política de liderazgo para el programa sistematizado debe provenir de la administración de alto nivel en sí, para asegurar que un mecanismo *general* se ponga en su lugar para lograr el trabajo sistematizado administrativo y técnico necesario. Sólo un control integrado, de alta calidad, asegurará que la administración está manejando sus operaciones de calidad en lugar de al contrario.

6.18 Reconocimiento de un sistema de calidad efectivo: Resumen

Un sistema dinámico de calidad se puede identificar por sus logros en 12 áreas fundamentales. Las características del sistema son:

1. *Controla la calidad en una base integrada, en toda la organización*, que se inicia con el concepto mercantil y el diseño del producto y continúa con el abastecimiento, producción y servicio al producto. Esto reconoce que los problemas de calidad y responsabilidad jurídica no respetan las fronteras de la organización ni a un programa de calidad; para que sean realistas, hay que construirlos de acuerdo con esto.
2. *Proporciona lazos de toma de decisiones primarias sobre la calidad con la alta gerencia*, basados sobre la política fundamental administrativa de calidad general que se demuestra periódicamente con hechos en vez de palabras en toda la organización. Reconoce que *las operaciones relacionadas con la calidad se han vuelto tan extensas, tan intrincadas y tan complejas que la necesidad de un control integrado de alto grado de estas operaciones se hace de importancia primaria, en vez de secundaria, como en el pasado.*
3. *Genera una base presupuestaria suficiente y competencia técnica para permitir esfuerzos preventivos* para obtener una ingeniería de calidad y confiabilidad logradas durante la planeación del diseño del producto y la etapa del diseño de proceso de manufactura, donde puede hacer el mayor bien.
4. *Establece el control de calidad como un control de disciplinas a ser aplicadas* por funciones *en todo el negocio* en forma sistematizada en vez de como una sola organización funcional en una parte del negocio.
5. *Construye el acoplamiento del control de calidad con los clientes en una base positiva de prealimentación*, así como en una base de retroalimentación, proporcionando, por tanto, en esta era de cambios rápidos en el producto, una gran cantidad de datos sobre los requisitos de uso del cliente, antes de la producción —no después que han explotado los problemas.
6. *Estructura e informa claramente los costos de calidad* tanto en el aseguramiento de la calidad como en las fallas de este aseguramiento como parte formal del programa de contabilidad de costos —no simplemente en la categoría de curiosidad en un memorándum periódico— y emplea estos costos como guía para la asignación de recursos de calidad en una forma tan sistemática como completa, como se asignan los recursos de producción o ingeniería o ventas en la compañía.

7. *Hace de la motivación por calidad un proceso continuo*, de metas de calidad, mediciones de calidad y una actitud de conciencia por la calidad empezando por la gerencia general.
8. *Estructura una aportación tecnológica única* para la planta y compañía por medio del trabajo de ingeniería de calidad y confiabilidad. Esto reconoce que el alguna vez papel secundario de la ingeniería de calidad confinado, por ejemplo, sólo a inspeccionar o a planear la calidad dentro del ya preordenado plan de ingeniería industrial —pero sin nada al concepto original del plan— ya no satisface las demandas de hoy sobre producción para un papel técnico directo de calidad para optimizar los resultados de costo y volumen. La ingeniería de calidad y la de confiabilidad se necesitan para hacer aportaciones técnicas primarias para el producto, la distribución de la producción y los conceptos de servicio al negocio.
9. *Ayuda para la medición y vigilancia continuos de la satisfacción del cliente con la calidad real* con el producto en uso, incluyendo grados adecuados de inspección y pruebas, como la base para generar los hechos que llevan a una acción correctiva inmediata.
10. *Proporciona un buen servicio al producto rápida y económicamente*, generando aceptación demostrable del cliente en lugar de la creación de insatisfacción adicional del cliente.
11. *Integra consideraciones de seguridad del producto y control de las demandas legales del producto* con todos los aspectos del programa de calidad.
12. *Añade un panorama de trabajo principal en toda la compañía de la función de calidad.* Esto hace del control de calidad la extensión técnica y administrativa de la gerencia general de la compañía hasta el campo de calidad. Y coloca una nueva dimensión principal de planeación y control —con una nueva estatura— sobre lo que significa la función de calidad de una compañía.

Para las compañías que han dado una fuerte atención al control moderno de calidad, un sistema de calidad total ha dado a sus clientes la alta calidad que buscan en tres características clave: tipo de *control* que trae —en acciones y procedimientos entrelazados en toda la organización; la clase de *responsabilidad* que se tiene —basada en inversiones previsoras en calidad, responsabilidad compartida por la calidad y una acción rápida de corrección de la calidad cuando surja la necesidad; y la clase de *confianza* que trae —en progreso mensurable de la calidad— altamente visible, capaz de ser altamente escuchado y altamente mantenible.

Notas

[1] Los términos "sistema de calidad total" y "sistema de calidad" se usarán indistintamente en este libro a partir de aquí.

[2] El comentario sigue de cerca y se basa en el trabajo de Donald S. Feigenbaum. Véase, como mención básica, "Systems Engineering —A Major New Technology", *Industrial Quality Control*, Vol. XX, Núm. 3, septiembre de 1963. También véase "The New Look in Quality Control", *Auto-*

motive Industries, 15 de octubre de 1972; "Effective Systems Improvement Control", *Journal of Systems Management*, noviembre de 1974, "Return to Control", *Quality Progress*, mayo de 1976; "Systems Engineering and Management – Operating Framework of the Future", *Journal of Systems Management*, agosto de 1971.

[3] Se debe considerar completamente todos los requisitos ya establecidos, ya sea por la industria o por el gobierno. Existen algunos de estos documentos de calidad para productos que van desde reactores nucleares hasta automóviles, juguetes, fármacos y aparatos terapéuticos.

[4] La importancia de las mediciones sistematizadas se comentó en la Sec. 5.6.

CAPÍTULO 7
Costos de calidad: Fundamentos de la economía de los sistemas de calidad

La calidad satisfactoria del producto y servicio va de la mano con costos satisfactorios de calidad y servicio.

Uno de los obstáculos principales para el establecimiento de un programa más dinámico de calidad en los años anteriores era la noción equivocada de que el logro de una mejor calidad requiere de costo mucho más altos. Nada hubiera podido estar más lejos de la verdad en la experiencia industrial.

La calidad insatisfactoria significa una utilización de recursos insatisfactoria. Esto incluye desperdicios de material, desperdicios de mano de obra, desperdicios de tiempo de equipo y en consecuencia implica mayores costos. En contraste, la calidad satisfactoria significa la utilización de recursos satisfactorios y, en consecuencia, costos menores.

Un factor principal en estos conceptos erróneos del pasado de la relación entre calidad y costo era la poca disponibilidad de datos importantes. En realidad, en los primeros años, había una extendida creencia que la calidad no podía ser medida prácticamente en términos de costos. Parte de la razón para esta creencia era la contabilidad de costos tradicional, que seguía la guía de la economía tradicional y que no había tratado de cuantificar la calidad. En forma correspondiente, el costo de calidad no se ajustaba fácilmente a las viejas estructuras de contabilidad.

Parte de la razón era que algunos de los proponentes del control de calidad no estaban dispuestos a impulsar la medición de los costos de calidad. Estaban preocupados porque tal determinación podría llevar a reducciones ilógicas y drásticas en estos costos y, en consecuencia, a reducciones en los mismos programas de calidad.

Hoy, no sólo reconocemos la capacidad de medición en los mismos programas de calidad, sino que estos costos son centrales para la administración e ingeniería del control moderno de la calidad total, así como para la planeación estratégica del negocio de compañías y plantas. Los costos de calidad proporcionan el común denominador económico por medio del cual la administración de planta y compañía y los practicantes del control de calidad pueden comunicarse clara y efectivamente en términos de negocios. Los costos de calidad son la base con la cual se pueden evaluar inversiones en programas de calidad en términos de mejoras en costos, incremento de las ganancias y otros beneficios para las plantas y compañías de estos programas. Esencialmente, los costos de calidad son los fundamentos para la economía de los sistemas de calidad.

En este Cap. 7 se examinan aspectos clave de los costos de calidad como un área principal del control total de la calidad.

7.1 ¿Cuál es el alcance de los costos de calidad?

Desde que el concepto de costos de calidad fue presentado por primera vez por el autor,[1] la medición y control de estos costos se han vuelto elementos esenciales en el sistema contable de las compañías. Hoy, cuando el costo de calidad puede ser comparable en importancia a los costos de mano de obra, costos de ingeniería y a los costos de ventas, los costos de calidad se presupuestan por departamento, se usan en decisiones importantes de inversión de capital y son parte de determinaciones de negocios importantes en las compañías modernas que luchan por mantener y mejorar su posición competitiva.

El uso preponderante de los datos de costos de calidad ha sido, por tanto, de los productores, quienes han hecho adelantos muy grandes en la medición cuantitiva de los *costos de calidad operantes* orientados hacia fábrica y planta (descritos de la Sec. 7.2 a la Sec. 7.11). En hechos reales, sin embargo, los costos de calidad no sólo se generan en el ciclo mercado-diseño-manufactura-inspección-embarque, sino que continúan siendo activos durante todo el ciclo de vida del producto en servicio y uso.

De esta forma, la incidencia de los costos de calidad es muy amplia y recae no solamente sobre los productores, sino sobre consumidores y comerciantes y, en realidad, sobre las actividades a lo largo del proceso completo de producción y consumo. Por ello, los costos de calidad se han convertido en un indicador cada vez más importante en la medición económica del Producto Nacional Bruto (PNB) en que la importancia económica de la calidad del servicio y producto es reconocida cada vez más y más. No hay duda de que las mediciones de costos orientadas al ciclo de vida del producto, incluyendo los costos de calidad del usuario y otros costos de calidad de alcance más amplio, seguirán evolucionando y siendo enfocadas con la misma precisión que se presta hoy a los costos funcionales del productor más tradicionales, definidos en seguida en la Sec. 7.2.

7.2 ¿Qué son los costos funcionales de calidad?

Los costos de calidad en plantas y compañías se contabilizan de forma que incluyan dos componentes principales: los costos de control y los costos por falla en el control (Fig. 7-1). Éstos son los *costos funcionales de calidad* del productor o

> Aquellos costos relacionados con la definición, creación y control de la calidad, así como la evaluación y retroalimentación de cumplimiento con la calidad, confiabili-

Fig. 7-1

dad y requisitos de seguridad, y aquellos costos relacionados con las consecuencias de no cumplir con los requisitos tanto dentro de la fábrica como en las manos de los clientes.

Las principales áreas del costo de calidad se dividen como el la Fig. 7-2.

Los costos de control se miden en dos segmentos: *costos de prevención,* que evitan que ocurran defectos e inconformidades y que incluyen los gastos de calidad para evitar que, en primer lugar, surjan productos insatisfactorios. Aquí se incluyen tales áreas de costos como calidad en la ingeniería y entrenamiento en calidad para los empleados. Los *costos de evaluación* incluyen los costos de mantener los grados de calidad de la compañía por medio de evaluaciones formales de la calidad del producto. Ello incluye áreas de costo como inspección, pruebas, investigaciones externas, auditorías de calidad y gastos similares.

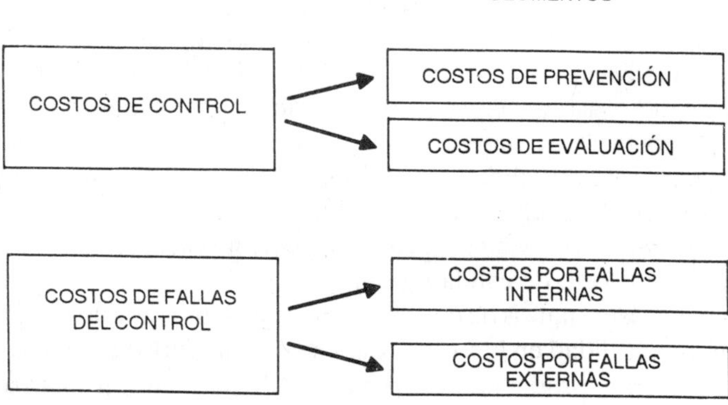

Fig. 7-2

Los costos por falla en el control, que son causados por los materiales y productos que no satisfacen los requisitos de calidad, se miden también en dos segmentos: *costos por fallas internas,* que incluyen los costos de calidad insatisfactoria dentro de la compañía, tales como desechos, deterioro y material vuelto a trabajar, y los *costos por fallas externas*, que incluyen los costos de calidad insatisfactoria fuera de la compañía, como fallas en el desempeño del producto y quejas de los clientes.

Debido a que los costos funcionales de calidad incluyen costos clave relacionados con la calidad, como se definió en la Sec. 1.3, es importante tener en consideración el que abarcan el logro de tales características como confiabilidad, seguridad, facilidad de mantenimiento y otras características pertinentes de la calidad. Los costos funcionales de calidad se relacionan así con los aspectos orientados en total al consumidor de la calidad, como se describió en la Sec. 1.4.

7.3 ¿Cómo se reducen los costos de calidad con el control total de la calidad

Desde la introducción del concepto del control total de la calidad, la experiencia ha demostrado la efectividad de los sistemas de calidad total para mejorar la calidad de los productos y de los servicios, a la vez que reducen los costos de calidad. La razón para el resultado satisfactorio de mejor calidad es muy claro a partir de la naturaleza misma del programa completamente centrado en la prevención, de paso por paso técnico. Pero la explicación puede no ser tan obvia para el subproducto concurrente de compañía, el costo menor de calidad total general. Esto necesita ser explicado especialmente, ya que incluyen, a largo plazo, gastos menores para las actividades de control de calidad comparados con los costos de la inspección y pruebas tradicionales.

La razón para el resultado de costo favorable en el control total de calidad en que corta los dos segmentos principales de los costos de calidad de una compañía, costos por fallas internas y por fallas externas —a la vez que tiene un efecto benéfico en los costos de evaluación— por medio de incrementos mucho menores en el segmento del costo de calidad más pequeño: costos de prevención. Por la ausencia de estudios formales en toda la nación de estos costos funcionales de calidad en varios negocios, es imposible generalizar sobre la magnitud relativa de estos segmentos del costo de calidad en toda la industria. Sin embargo, no sería muy equivocado probablemente suponer que los costos por fallas internas y externas pudieran representar unos 65 a 70 centavos de cada dólar por costo de calidad y que los costos de evaluación probablemente están en el intervalo cercano de 20 a 25 centavos. En muchos negocios, sin embargo, los costos de prevención probablemente no excedan de 5 a 10 centavos de cada dólar del costo de calidad total.

En resumen, este análisis de costos sugiere que hemos estado gastando nuestros dólares para calidad en la forma equivocada: una fortuna tirada a la basura debido a fallas en el producto; otra suma grande para apoyar una pantalla de evaluación de escoja el malo y el bueno para tratar de evitar que muchos productos malos lleguen a los consumidores; comparativamente nada para la verdadera tecnología de prevención de defectos que pueden hacer algo para revertir el ciclo vicioso, que va hacia arriba, de costos de calidad más altos y una calidad del producto menos confiable.

El hecho es que históricamente dentro de la función más tradicional del control de la calidad, los gastos por las fallas y evaluación suben al mismo tiempo y que es muy difícil hacerlos bajar una vez que han tomado impulso hacia arriba.

La razón es clara. Un ciclo deficiente trabaja generalmente como sigue: cuantos más defectos se producen suben los costos por fallas. La respuesta tradicional; a mayor número de fallas ha habido más inspección. Esto último, por supuesto, significa costos de evaluación más altos.

Ahora bien, una red más cerrada de inspección no tiene en realidad mucho efecto en la eliminación de defectos. Algunos productos defectuosos van a *salir* de la planta y llegar a manos de los consumidores, quienes enviarán quejas. Los costos de evaluación van a permanecer altos mientras los costos por fallas también permanezcan altos. Y cuanto más altos se encuentren, menor resultará el efecto de la acción preventiva. En consecuencia, el ataque por medio del control total de la calidad consiste en invertir el ciclo y proporcionar la cantidad necesaria de prevención, respaldando, aun cuando sea de una manera mediana la ingeniería de la calidad, la ingeniería del control en el proceso y la parte ingenieril del equipo de información y otros gastos importantes para mejoras orientadas al sistema de calidad.

Esto significa, ni más ni menos, un incremento en gastos para prevención a fin de abatir los costos por fallas y por evaluación, con lo que lo economizado pasará a ser un aumento en las utilidades. Los 5 ó 10 centavos de dólar gastados ahora en prevención tendrán que ser duplicados, tal vez triplicados, aplicándose lo que se incrementa, a los esfuerzos mejorados en las actividades de la ingeniería de sistemas del control de calidad. Estos aumentos en prevención están financiados por una parte por los ahorros en los costos por fallas y de evaluación: no representan adiciones netas a largo plazo del costo total de calidad de la compañía.

Veamos lo que en realidad acontece con relación a gastos en el control total de calidad y un sistema de calidad total:

Primero: Cuando los costos de prevención aumentan para pagar la clase adecuada de servicios de la ingeniería de sistemas, ocurre que un gran número de defectos deja de producirse. Esta reducción de defectos significa una reducción considerable en los costos por fallas.

Segundo: La misma cadena de acontecimientos ocurre con los costos de evaluación. Un aumento en los costos de prevención causa una reducción en deficiencias, lo que origina un efecto positivo en los costos de evaluación por reducirse necesariamente las rutinas de inspección y pruebas.

Finalmente, cuando se obtiene un mejor equipo de control de calidad, de personal y de métodos, resulta una reducción adicional en los gastos de evaluación. A mejor calidad en el equipo de pruebas y de inspección, modernización general de las prácticas del control de la calidad y la sustitición de algunos operarios de rutina por un número menor pero más eficiente de inspectores y operarios en el control de proceso, provoca una baja positiva en los costos de la función de evaluación.

El resultado final es una reducción considerable de los costos y un aumento en el grado de la calidad. Un ahorro de 30% o más en los costos de la calidad es enteramente factible. La mayor parte de este ahorro pasa a incrementar las utilidades de la compañía, haciendo del sistema de calidad una de las oportunidades disponibles más atractiva de rendimiento sobre inversión.

Además, los costos de calidad menores tienen una fuerte relación con mejoras importantes en la productividad total de plantas y compañías.[2]

7.4 Establecimiento del costo de la calidad

El establecimiento de un programa de costo de calidad para el control total de la calidad implica tres etapas: 1) La determinación de los puntos del costo de calidad; 2) Informe del costo de calidad, incluyendo el análisis y control relacionados; y 3) El mantenimiento continuo del programa para asegurar que alcancen los objetivos del negocio de mayor calidad a menor costo.
Este mantenimiento continuo requiere de la diseminación y uso de la información del costo de la calidad como una responsabilidad explícita.

Por ejemplo, debe hacer provisión para actividades continuas como las siguientes:

- Proporcionar administración general del programa de costo de calidad.
- Establecer rutinas y mecanismos para acumular los datos del costo de calidad.
- Supervisar el procesamiento de los datos del costo de calidad, ya sea por procesamiento de datos, por computadora o a mano, como se determinó que sería la manera más efectiva con respecto al costo.
- Coordinar y distribuir datos de costo de calidad en su forma más útil a la administración alta, media y de línea por medio de informes del costo de calidad sobre diferentes bases.
- Vigilar, analizar e informar de las tendencias del costo de calidad en las cuentas departamentales de costos.
- Revisar la efectividad de las auditorías y retroalimentación del costo de calidad.
- Revisar la efectividad de los programas de acciones correctivas.

7.5 Identificación de los puntos de costo de calidad

Un elemento esencial al operar un programa de control total de la calidad es, por tanto, la determinación, análisis y control de los costos de calidad para el negocio.

Consideremos el enfoque general a los aspectos típicos que conforman estos *costos de calidad operantes.*

Anotados abajo hay puntos representativos en cada uno de los cuatro segmentos de los funcionales costos de calidad y las definiciones de estos puntos. Cada compañía debe determinar los puntos importantes que incluirá en sus costos de calidad. Las compañías encontrarán deseable el incluir términos adicionales a esta lista y crear la estructura de costo de calidad que mejor se ajuste a sus necesidades particulares. La Fig. 7-3 es un ejemplo de un informe condensado, consolidando los puntos clave del costo de calidad.

Definiciones de los puntos del costo de calidad funcional

1. Costo de prevención

a. Planeación de la calidad
La planeación de la calidad representa los costos relacionados con el tiempo que todo el personal —ya sea en la función de calidad o en otras funciones— invierte en planear los detalles corrientes del sistema de calidad y en traducir los requisitos del diseño del producto y de calidad del consumidor en controles específicos de manufactura en la calidad de los materiales, proceso y productos por medio de métodos, procedimientos e instrucciones formales. También representa los costos relativos al tiempo invertido, haciendo otros trabajos de planeación de la calidad, tales como estudios de confiabilidad, análisis de la calidad antes de la producción e instrucciones escritas o procedimientos de trabajo para pruebas, inspección y control del proceso.

b. Control de procesos
El control de procesos comprende los costos originados por el tiempo que el personal de control de calidad emplea al estudiar y analizar los procesos de fabricación (incluyendo a proveedores), con el fin de establecer medios de control y mejoramiento de la capacidad de los procesos existentes, así como proporcionar ayuda técnica al personal de fabricación en la aplicación efectiva de los planes de la calidad y en la iniciación y desarrollo del control de los procesos operativos de la manufactura.

Nota: En algunos negocios, la planeación y control de los procesos son llevados a cabo por el mismo personal. La primera parte de su actividad se puede considerar como la planeación de preproducción y la segunda como una ayuda técnica durante el trabajo de producción. El control de procesos se contrae a la solución de los problemas relativos a los procesos. Esta segunda parte no se debe confundir con las pruebas e inspección, definidas en el punto 2, Costos de Evaluación.

c. Diseño y construcción del equipo de información de calidad
Costos ocasionados por el tiempo empleado en el *diseño* y en la construcción del equipo de información de la calidad, medidas de seguridad y artificios de control. Este capítulo incluye al personal de la compañía de cualquier dependencia que desarrolle esta actividad. No incluye el costo del equipo ni su depreciación.

d. Entrenamiento para la calidad y desarrollo de la fuerza laboral
El entrenamiento para la calidad representa los costos de establecer y poner en marcha programas formales de entrenamiento para la calidad en todas las operaciones de la compañía, diseñadas para adiestrar al personal en el entrenamiento y uso de programas y técnicas para el control de la calidad, confiabilidad y seguridad. No incluye los costos de entrenamiento de los operarios para lograr una suficiencia normal en la cantidad de producto.

COMPAÑÍA XYZ
Costos de calidad funcionales
Informe mensual detallado

Fecha Julio   Año 19   Mes Junio

Cuenta	Título	002	003	005	008	010	015	Otros	Total
1.1	Administración de la calidad		10 311			28 734			39 045
1.2	Estudios de procesos								
1.3	Información de la calidad				30 032				30 032
1.4	Entrenamiento								
1.5	Diversos								
1.0	**Prevención**		**10 311**		**30 032**	**28 734**			**69 077**
2.1	Inspección de recibo					4568			4568
2.2	Calibración y mantenimiento		2937						2937
2.3	Pruebas de producción	1017	52 256			16 717			69 990
2.4	Pruebas especiales y auditorías								
2.0	**Evaluación**	**1017**	**55 193**			**21 285**			**77 495**
3.1	Desperdicios							85 752*	85 752
3.2	"Retrabajo" — Producción	7410	4869						12 279
3.3	"Retrabajo" — Proveedor	246							246
3.4	Acción correctiva	3369	2630						5999
3.0	**Fallas internas**	**11 025**	**7499**					**85 752**	**104 276**
4.1	Gastos de garantía	2706	12 108						14 814
4.2	Gastos después de la garantía								
4.3	Servicios al cliente						52 765		52 765
4.0	**Fallas externas**	**2706**	**12 108**				**52 765**		**67 579**
	Total	14 748	85 111		30 032	50 019	52 765	85 752	318 427

* Los costos de desperdicio incluyen $72 243 por desperdicio de unidades especiales.

Fig. 7-3

e. Verificación del diseño del producto
La verificación del diseño del producto representa el costo de evaluar el producto antes de la producción, con el propósito de verificar los aspectos de calidad, confiabilidad y seguridad del diseño.
f. Desarrollo y administración del sistema
El desarrollo y administración del sistema representa el costo de la ingeniería y administración de sistemas de calidad generales y apoyo para el desarrollo de sistemas de calidad.
g. Otros costos de prevención
Otros costos de prevención representan los costos administrativos que implican los costos organizacionales de calidad y confiabilidad que no se hayan contabilizado de otra manera, tales como salarios administrativos y de oficinistas y gastos de viaje.

2. Costos de evaluación

a. Inspección y pruebas de materiales comprados
La inspección y pruebas de materiales comprados representan costos aplicables al tiempo dedicado a las pruebas y a la inspección para evaluar la calidad de los materiales adquiridos, por operarios y supervisores. Incluye también el costo de los viajes de inspectores a las plantas de los proveedores, a fin de evaluar los materiales comprados.
b. Pruebas de aceptación en laboratorio
Estas pruebas de aceptación representan el costo de todas las pruebas efectuadas por un laboratorio o unidad de pruebas para evaluar la calidad de los materiales comprados.
c. Mediciones en laboratorio u otros servicios
Estas mediciones u otros servicios representa costos de un laboratorio de mediciones tales como de calibración y reparación de instrumentos y de comprobación de procesos.
d. Inspección
La inspección representa los costos relativos al tiempo empleado en la inspección por el personal respectivo, evaluando la calidad del producto en los talleres, por supervisores y personal de oficina. No incluye los costos causados por pruebas que se hallan comprendidas en el punto 2a, equipo de pruebas, instrumentos, herramientas o materiales.
e. Pruebas
Las pruebas representan los costos del personal de prueba, en la evaluación de la actuación del producto en pruebas técnicas dentro del taller, incluyendo gastos de personal de supervisión y de oficina. No incluye el costo de pruebas de material adquirido, según el punto 2a, equipo de pruebas, instrumentos, herramientas o materiales.
f. Comprobación de uso de mano de obra
Esta comprobación representa los costos debidos al tiempo de confronta que el operario de taller consume en comprobar su propio trabajo, de acuerdo con el plan de trabajo o el plan de proceso para asegurarse de que el producto responde a la calidad pedida en los planes de la producción, así como a la

selección en lotes que hayan sido rechazados por no cumplir con los requisitos de calidad exigidos y en otras actividades con referencia a evaluación de la calidad del producto.

g. Preparación para pruebas e inspección

La preparación para pruebas e inspección representa los costos conexos con el tiempo empleado en la preparación por el personal, relacionado con el equipo de pruebas que permita pruebas funcionales.

h. Material y equipo para pruebas e inspección y equipo para menor calidad

En este inciso entran los costos de energía para probar aparatos grandes, tales como los de vapor o combustible, y los materiales y suministros utilizados en pruebas destructivas, tales como las pruebas de durabilidad o las inspecciones de ruptura o desgarramiento en pruebas destructivas, pruebas de duración o desarmar para inspección. El equipo para menor calidad incluye los costos del equipo no capitalizado de información de la calidad.[3]

i. Auditoría de la calidad

La auditoría de la calidad representa los costos relativos al tiempo que emplea el personal en hacer auditorías.

j. Contratos con el exterior

Los contratos con el exterior se refieren a los costos comerciales de laboratorio, inspecciones de compañías de seguros, etcétera.

k. Conservación y calibración del equipo de pruebas e inspección de información de la calidad

La conservación y calibración del equipo, en cuanto a costos, comprende lo que devenga el personal de mantenimiento, por el tiempo empleado en calibrar y cuidar del equipo de pruebas y de inspección.

l. Revisión del producto por ingeniería y embarque

Representa los costos aplicables al tiempo que los ingenieros de producción tardan en hacer una revisión de los datos correspondientes a las pruebas y a la inspección del producto, antes de autorizar su entrega para que salga de la fábrica.

m. Pruebas de campo

Éstos son los costos en que se incurre por pruebas en el terreno de uso, del consumidor, antes de la entrega definitiva del producto. Comprenden gastos de viaje y gastos de estancia.

3. Costos debidos a fallas internas

a. Desperdicios

Con el fin de obtener los costos de la calidad en la operación, se tienen que considerar los costos por desperdicios en los que se incurre mientras se logra alcanzar los valores de calidad requeridos. No se incluyen los desperdicios debidos a otras causas como la de dejar de usarse por obsolescencia o por modificaciones en diseño, etc. Los desperdicios pueden también ser el resultado de fallas en el propio trabajo de la fábrica o por atribuibles al vendedor.

b. Repetición del trabajo (recuperación)

Los trabajos suplementarios representan los pagos adicionales a los operadores mientras se alcanza la calidad requerida. No incluyen pagos que se efectúen por recuperación del producto a cambio de diseño para satisfacer al consumidor. La recuperación o repetición puede ser por fallas en la fabricación propiamente o por fallas debidas al vendedor.

c. Costos por suministro de materiales

Costos adicionales en que incurre el personal encargado al suministro de materiales al dedicarse al manejo de quejas y rechazo de materiales comprados. En estos casos se procurará que los proveedores se den perfectamente cuenta de los motivos de quejas y de los rechazos.

d. Consultas entre ingenieros de la fábrica

Estos costos son por el tiempo que los ingenieros de producción emplean en la solución de algunos problemas relacionados con la calidad de los productos; por ejemplo, cuando un producto, un componente o algún material no está de acuerdo con las especificaciones de la calidad, o bien, cuando a algún ingeniero de la producción se le asigna la tarea de estudiar la factibilidad de un cambio en las especificaciones. No se incluyen costo alguno por la ejecución del trabajo en el interior de los talleres.

4. Costos por fallas externas

a. Quejas dentro de la garantía[4]

Las quejas dentro de la garantía representan todos los costos de quejas específicas en el campo dentro de la garantía por invertigación, reparación o sustitición.

b. Quejas fuera de garantía

Las quejas fuera de garantía representan todos los costos aceptados para el ajuste de quejas específicas en el campo, después del vencimiento de la garantía.

c. Servicio al producto

El servicio al producto representa todos los costos aceptados por servicio al producto directamente atribuibles a la corrección de imperfecciones o pruebas especiales, o corrección de defectos no como resultado de quejas en el campo. No incluye servicio de instalación o contratos de mantenimiento.

d. Responsabilidad legal del producto[5]

La responsabilidad legal del producto representa los costos por calidad en los que se incurre como resultado de juicios de demandas legales relacionadas con las fallas en la calidad.

e. Retiro del producto[6]

El retiro del producto representa los costos relacionados con la calidad como resultado del retiro de productos o componentes de producto.

7.6 Recopilación y difusión de información del costo de la calidad

Muchos de los datos necesarios para proporcionar un informe del costo de la calidad pueden estar disponibles en el sistema existente de contabilidad de la planta y compañía. La información del costo de calidad puede obtenerse de hojas de tiempo, cuentas de gasto, órdenes de compra, informes de recuperación del producto, memorandos de cargo o de abono, y muchas otras fuentes similares. Con frecuencia, los datos obtenidos a partir de estas fuentes pueden juntarse para proporcionar los puntos diferentes del costo de calidad y para colocarlos en los segmentos y categorías ya comentados. Cuando no hay datos disponibles para cierto punto, por ejemplo, el tiempo invertido por los ingenieros de diseño para interpretar los requisitos de calidad, con frecuencia es posible hacer cálculos exactos para llegar a un valor para el elemento. Sin embargo, el componente contable debería hacer estos cálculos con una base financiera sólida. Con estos datos, se vuelve necesario estructurar las formas del informe del costo de calidad que mejor cumplan con los requisitos de la planta y compañía. Al principio, puede ser necesario para el gerente de control de calidad reunir algunos informes de costo de calidad consolidados para demostrar qué es costo de calidad y cómo usarse (Fig. 7-4). Cuando se ha demostrado el valor del informe, la función del informe del costo de calidad debe ser absorbida por la función contable porque es el componente apropiado para generar los datos financieros. Por ejemplo, en la Fig. 7-4, las magnitudes relativas de cada uno de los cuatro segmentos —en especial prevención, que aparece al inicio sumamente alta y puede dar a entender que incluye datos dudosos— requerirán un examen y estructuración muy cuidadosos.

El procedimiento de datos por computadora es una herramienta importante para el informe de los costos de calidad en muchas compañías, ya sea con una operación centralizada de computadora o en una base de datos distribuidos

Además, los datos del costo de calidad están aumentando cada vez más, siendo establecidos como una parte de los programas de información administrativa (Sec. 3.6). Por tanto, la información del costo de calidad se convierte en una parte actual e integral de la base de datos de la compañía.

7.7 Análisis de los costos de calidad

Una vez que los costos de la calidad han sido determinados y estructurados, es necesario analizarlos como una base para tomar la acción conveniente. El proceso del análisis consiste en examinar cada elemento de costo en relación con otros elementos y con el total. Incluye también una comparación de vez en cuando, por ejemplo, la operación de un mes con algunas operaciones mensuales anteriores o un trimestre de un año con trimestres anteriores. Esa comparación adquiere mayor importancia cuando los dólares absolutos del costo de la calidad por determinado periodo, se relacionan con la actividad total de la producción en el mismo. Por ejemplo, esta cantidad puede ser establecida como la razón entre los dólares del costo de calidad y los dólares de salidas en manufactura, o a cualquier otra base apropiada, como se describe a continuación.

COMPAÑÍA XYZ
Costos de calidad operantes
Reporte resumen

Fecha Julio Año 19 ___ Mes Junio

	Ventas netas (x1000)			Mes $3072						Año a la fecha $8318.4						Año anterior ___		
	Producción			Control de calidad			Ingeniería			Servicio en el campo			Otros			Total		
	Mo	YTD	PR YR	Mo	YTD	PR YR	Mo	YTD	PR YR	Mo	YTD	PR YR	Mo	YTD	PR YR	Mo	YTD	PR YR
Área de costo	$\times 10^3$	% de ventas		$\times 10^3$	% de ventas		$\times 10^3$	% de ventas		$\times 10^3$	% de ventas		$\times 10^3$	% de ventas		$\times 10^3$	% de ventas	
Prevención	10.3	0.48		28.7	0.99		30.0	0.80		. . .						69.0	2.3	
Evaluación	56.2	1.89		21.3	0.73		. . .			. . .						77.5	2.6	
Falla interna	18.5	0.76		. . .			. . .						85.8	2.66		104.3	3.4	
Falla externa	14.8	0.42		. . .			. . .			52.8	1.67					67.6	2.1	
Total	99.8			50.0			30.0			52.8			85.8			318.4		
% de ventas	3.3%	3.5%		1.6%	1.7%		1.0%	0.8%		1.7%	1.7%		2.8%	2.7%		10.4%	10.4%	

Abreviaturas:
Mo = mes
YTD = año a la fecha
PR YR = año anterior

Fig. 7-4

(Continuación)

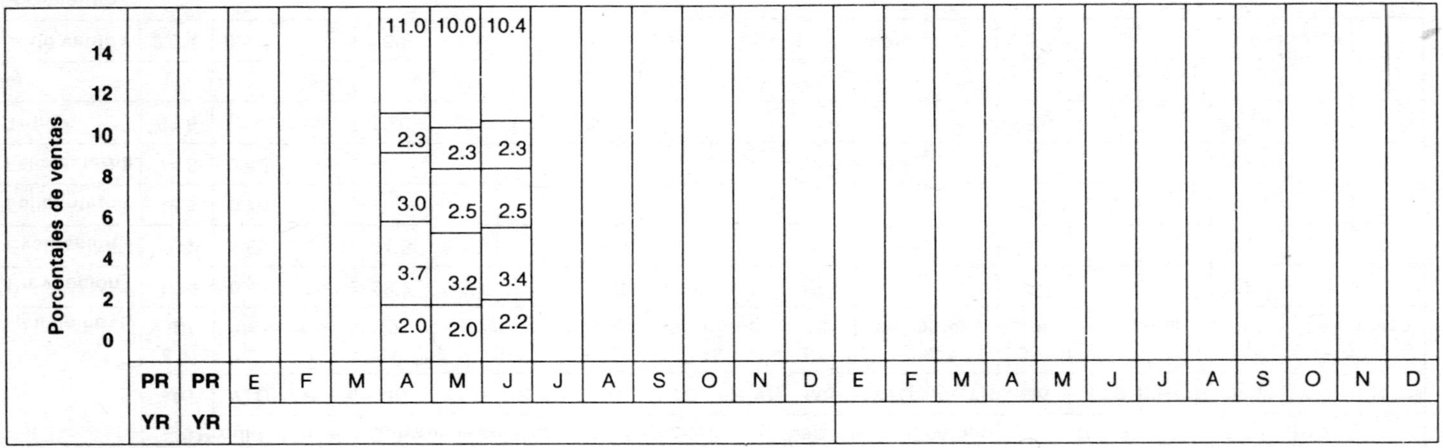

Porcentajes de ventas (14, 12, 10, 8, 6, 4, 2, 0)	PR	PR	E	F	M	A	M	J	J	A	S	O	N	D	E	F	M	A	M	J	J	A	S	O	N	D
						11.0	10.0	10.4																		
						2.3	2.3	2.3																		
						3.0	2.5	2.5																		
						3.7	3.2	3.4																		
						2.0	2.0	2.2																		
	YR	YR																								

Nota: Los datos sobre ventas y porcentajes para el *año a la fecha* (YTD) son sólo para el periodo de abril a junio.

Fig. 7-4

Bases de comparación

Se sugiere que los costos de la calidad se relacionen, por lo menos, con tres bases de volumen diferentes. Las bases seleccionadas variarán dependiendo del producto y tipo de manufactura para un negocio en particular. Por ejemplo, las bases por volumen que pueden ser consideradas serían 1) mano de obra directa, 2) mano de obra directa productiva, 3) costo de suministro al taller, 4) costo de lo producido en el taller, 5) costo de toda la producción, 6) valor aportado, 7) equivalente a las unidades producidas y 8) monto neto de ventas. En adición, será de interés la interrelación de los cuatro segmentos del costo de la calidad, en particular el costo debido a las fallas externas comparado con el costo total de calidad funcional.

Desglose por línea de producción o por proceso

A fin de marcar las áreas que requieren prioridad por los esfuerzos que concentran en la calidad y su control, se hace a menudo necesario un desglose de los costos totales de operación en las líneas de producto o áreas principales de los procesos. Por ejemplo, con informes de costos disponibles con relación a determinada máquina o a un área de ensamble, o un modelo específico.

La Fig. 7-5 muestra los costos de la calidad para tres líneas de producto separadas: A, B y C. La línea A hace ver una proporción demasiado alta de fallas con muy poco esfuerzo en cuanto a prevención y a evaluación. La evaluación aparece alta en la línea B. En cuanto a la línea C, el porcentaje en prevención va hacia arriba, sin embargo, las fallas internas permanecen altas; esto significa que el esfuerzo de prevención debe ser aumentado a fin de reducir las fallas internas.

Informes

Los informes normales de control de calidad se harán en forma periódica, ya sea semanalmente, cada mes o cada trimestre, como se requiera. Estos informes contendrán los gastos relativos a los capítulos de la Fig. 7-5 que se seleccionen, así como las bases de comparación elegidas. Los informes contendrán los datos relativos a los costos de la calidad de periodos anteriores para poder apreciar las tendencias que se presenten. Las Figs. 7-6 y 7-7 muestran dos métodos de estimación de la tendencia seguida por los costos.

Los diferentes puntos de los costos funcionales de calidad se clasifican de acuerdo con los cuatro segmentos en que se hallan divididos los costos de la calidad. La Fig. 7-8 es un ejemplo de la forma en que se informa o da difusión a los costos de calidad, aplicándolos a los cuatro segmentos principales. Se completa con una forma más en la que los costos se dividen en categorías significativas del costo de calidad.

7.8 Selección de las bases de medición para los costos funcionales de calidad

Las bases para medir los costos de la calidad, en las operaciones, son de mucha importancia y deben ser escogidas con cuidado. Debido a la diversidad en los

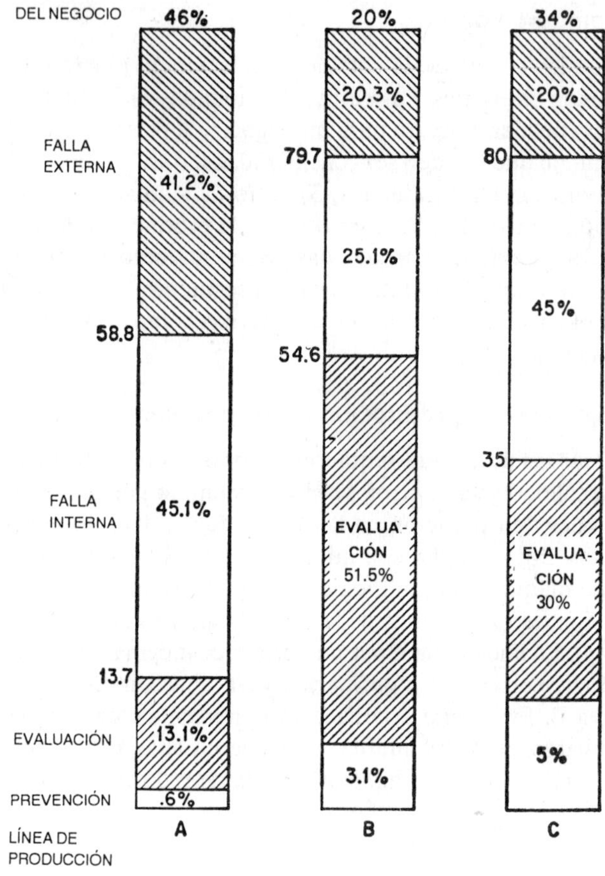

Fig. 7-5

negocios, las bases escogidas para uno de ellos pueden no satisfacer los requisitos de otro; por tanto, es indispensable considerar las ventajas y las desventajas de las bases antes de hacer una selección definitiva.

Algunas consideraciones para la selección de bases para medidas

1. ¿Son sensibles a los altibajos de los calendarios de producción?
2. ¿Se verán alteradas por la mecanización y por los costos bajos de mano de obra resultantes?
3. ¿Se verán alteradas por las ventas de temporada?
4. ¿Son demasiado sensibles a las fluctuaciones en los precios de los materiales?

En el caso de ser alteradas por las influencias mencionadas, las bases deberán ser escogidas de modo que reflejen circunstancias usuales. En atención a la posibilidad de que las circunstancias antes mencionadas pueden tener lugar en época futura y que por tal razón los datos presentes pierdan su actualidad,

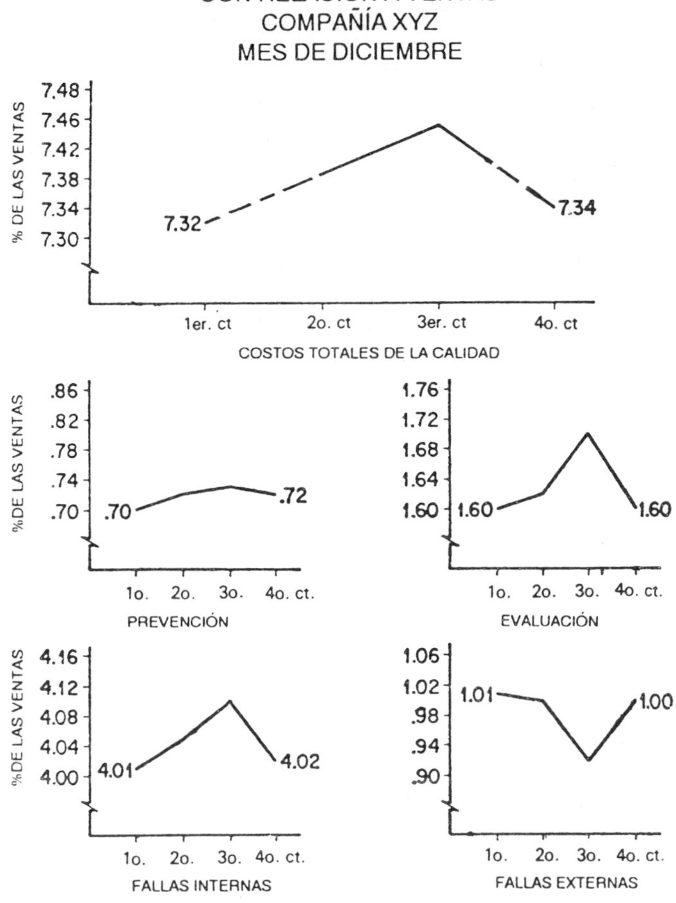

Fig. 7-6 Téngase presente que tratándose de costos operativos de la calidad, éstos se pueden comparar con otras bases distintas a las ventas.

se aconseja que se tome más de una medida como base. En la mayoría de los casos, se eligen tres de las cuatro bases antes nombradas, a saber: mano de obra, costos de producción, ventas y unidades de producto.

Las descripciones de las bases tomadas en consideración se dividirán en dos partes:

1. Ventajas y desventajas.
2. Definiciones y cálculos.

1. Ventajas y desventajas:
   a. Mano de obra, como base
      1. Mano de obra total.
      2. Mano de obra estándar, o de operación.

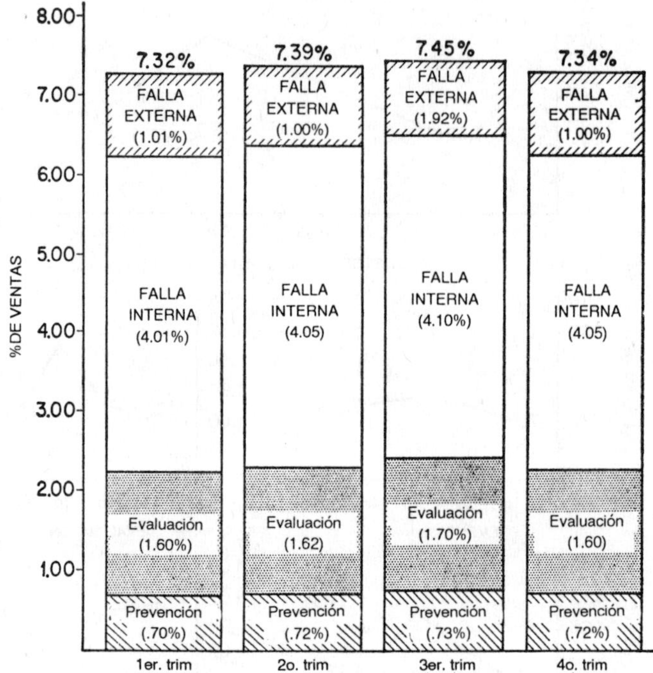

Fig. 7-7 Al considerar los costos funcionales de la calidad, debe tomarse en consideración que pueden estar relacionados con bases que no sean las ventas.

La mano de obra estándar o de operación, de haberla, es siempre superior a la mano de obra total, porque representa una acción planeada y no acción planeada más variaciones.

Ambas bases sobre mano de obra son afectadas por los altibajos del negocio. No lo son, de manera sensible, por los precios de los materiales, por diversos productos finales, por retardo en la producción debido a las ventas o por los calendarios de la manufactura.

Ambas son alteradas por mecanización, debido a la reducción en el número de operarios.

b. Costos basados en costos de producción:

1. Costos de lo producido en los talleres (CPT).
2. Costos de producto manufacturado (CPM).
3. Costos de suministro a los talleres (CST).

Los costos de producto manufacturado son mayores a costos de lo producido en los talleres, cuando el producto requiere el uso de conocimientos técnicos elevados, puesto que (CPM) hace tangibles los costos de ingeniería de diseño.

COSTOS FUNCIONALES DE LA CALIDAD
COMPAÑÍA XYZ
DICIEMBRE

	Primer trimestre	Segundo trimestre	Tercer trimestre	Cuatro trimestre
Gastos (en miles de dls):				
Prevención	$ 142	$ 146	$ 151	$ 143
Evaluación	321	335	372	332
Fallas internas	841	862	922	831
Fallas externas	204	211	214	201
Total	$1508	$1554	$1659	$1507
*En porcentaje de ventas**				
Prevención	.70	.72	.73	.72
Evaluación	1.60	1.62	1.70	1.60
Fallas internas	4.01	4.05	4.10	4.02
Fallas externas	1.01	1.00	.92	1.00
Total	7.32	7.39	7.45	7.34
*En porcentaje de ventas— importantes**				
Planeación de la calidad	.32	.35	.36	.37
Inspección	.70	.71	.83	.82
Desperdicio y reproceso	3.90	3.92	3.98	3.72
Quejas	.80	.82	.81	.81

* Otras bases tales como valor de la producción en el taller, mano de obra total o valor contribuido pueden ser usadas también.

Fig. 7-8

Por el contrario, si los costos de ingeniería no son importantes (CPT) constituyen una base mejor.

Cuando el ciclo de manufactura es demasiado largo, ambos guardarán poca relación con los costos corrientes de la calidad; en tales circunstancias (CST) se prestará menos como base.

c. Ventas como bases:

1. Ventas netas (UN).

2. Valor aportado (ventas netas menos material directo).

Ambas bases se consideran como buenas cuando el ciclo de manufactura es corto y el producto es vendido inmediatamente después de terminado.

El valor aportado es preferido a UN cuando el material representa parte considerable del monto de las ventas o cuando las fluctuaciones en material hagan inestables una base de UN.

d. Bases unitarias:

1. Producción relacionada con el valor aportado.

2. Producción relacionada con el costo de la calidad.

3. Dólares de costo de calidad por unidad equivalente de producción.

Estas tres bases son útiles porque ponen en comparación unidades de producción o producción total con el costo en moneda. La primera no es de recomendarse cuando existen diversos productos con valores diferentes. Un cambio en la producción de la mezcla causaría una deformación en la base, aun cuando su efecto no se reflejara en la producción total. Naturalmente, éste será un factor decisivo en el caso en que los costos de la calidad se lleven por línea de producción.

Cuando se escogen dos o más de las bases recomendadas, se logra tener una estimación mejor de las tendencias de los costos de la calidad. Si el uso de las diversas bases no muestra resultados concordantes, tendrá que determinarse la causa de discrepancia en la base que falle.

2. Definiciones y cálculo

a. Mano de obra directa total (evidente por sí misma).

b. Mano de obra operativa (mano de obra planeada).

<table>
<tr><td>c. Mano de obra directa
Material directo actual
Costos indirectos, más</td><td>Costos de taller</td><td rowspan="2">Costos de manufactura</td><td rowspan="3">Costos de ventas</td></tr>
<tr><td colspan="2">d. Costos y gastos de ingeniería de producción
Reservas para quejas
Empaques y envíos</td></tr>
<tr><td colspan="3">e. Ingeniería de contratos, sus costos y gastos
Costos de construcción de instalación
Otros gastos (en la planta,etcétera)</td></tr>
</table>

f. Monto de las ventas netas.
Menos costos de las ventas igual a utilidad bruta.
Menos los gastos administrativos y comerciales, igual a utilidad antes de impuesto.
Menos impuestos, igual a utilidad neta.

g. Valor aportado, igual que monto de ventas netas menos el valor de los materiales directos.

h. Producción relacionada con el valor aportado: multiplíquese el valor aportado por unidad, por la producción durante el periodo considerado.

i. Producción relacionada con el costo de la calidad: dividir el costo total de la calidad entre el número de piezas y expresar en $ por unidad o por millar de unidades.

j. Costo de calidad en $ por el equivalente de unidades terminadas: cuando se incluye más de un producto y el costo de manufactura es diferente para cada tipo, es conveniente hacer antes un promedio. El camino a seguir es el siguiente:

1) Selecciónese el producto que represente la mayor cantidad en $ y desígnesele producto 1.
2) Tómese el costo de fabricación o el valor aportado (el que sea de aplicación más adecuada) del producto 1.
3) Denomínese a este costo factor 1.
4) Tómese el costo o el valor aportado del producto 2.
5) Encuéntrese el valor relacionado del producto 2 (divídase el paso 4 entre el paso 2).

6) Multiplíquese la producción correspondiente al producto 1, por el factor 1.
7) Multiplíquese la producción correspondiente al producto 2, por el factor relativo (inciso 5).
8) El total de 6 y de 7 es el equivalente de las unidades terminadas del producto.
9) El costo total de la calidad dividido entre el equivalente en unidades de la producción total (inciso 8), proporciona en $ el costo de la calidad por unidad de producto.

Ejemplo:

Productos	Costo de manufactura o valor aportado unitario	Factor	×	Producción total durante el periodo	Equivalente de producción total en el periodo
A	$250	1	×	10 000	10 000
B	$400	1.6	×	3 000	4 800
C	$50	.2	×	10 000	2 000

Total de unidades equivalente a la producción = 16 800
durante el periodo

Suponiendo que el costo total de la calidad por el periodo fuera de $59 976, la relación es:

$$\frac{\$59\,976}{16\,800} = \$3.57 \qquad \text{calidad: costo en dólares por unidad equivalente de producción}$$

Al cambiar la mezcla de productos en la producción, las unidades equivalentes producidas cambiarán también. Esto proporciona una base de comparación muy sensible y fácil de entender que sigue de cerca a la producción.

Comparación con las quejas

En algunos negocios los informes de gastos debido a quejas presentan un retraso de 6 a 24 meses. En estos casos, la inclusión de los gastos por quejas con los costos de calidad corrientes presenta un cuadro un tanto deforme. En tales circunstancias, puede convenir ejecutar dos comparaciones: 1) costos de calidad totales con una de las bases de comparación y 2) costos de calidad totales, *menos el componente de quejas de los costos por fallas externas* a las bases de comparación aplicables.

7.9 Establecimiento de las metas de costos de calidad

Cuando se ha completado un análisis de los costos de calidad, tienen que interpretarse las acciones que se llevarán a cabo. Algunas metas deben proponerse de forma que traigan a colación las relaciones deseadas. Por ejemplo, se busca un equilibrio ("balance") entre los dólares invertidos en un esfuerzo de prevención contra los dólares ahorrados como resultado de reducir costos por fallas. Cuando se inicia por primera vez un programa de costos de calidad, puede encontrarse que un dólar gastado en prevención ahorrará muchos dólares en costos por fallas. Al avanzar el programa, y cuando los casos más costosos de fallas se controlan, un esfuerzo posterior de prevención puede no tener ya una relación tan alta. El grado correcto de los costos totales de calidad operantes es aquel grado en que los segmentos del costo de calidad están en un "balance" óptimo. Un reporte y análisis completos de los costos de calidad ayudan a determinar este punto óptimo.

Por ejemplo, si los dólares de prevención se gastan en la revisión del diseño en la tarea de control del nuevo diseño para un producto o proceso para eliminar defectos, habrá una necesidad menor de inspección o pruebas del producto y un menor costo por fallas en la planta o quejas en el campo. Debido a esta interrelación, los gastos en cualquiera de los cuatro segmentos del costo de calidad deben ser evaluados en términos de los ahorros resultantes en los otros.

Sin embargo, esto no significa que exista una relación lineal dólar por dólar entre los diferentes puntos de los costos de calidad. Por ejemplo, los costos de calidad incluidos en el segmento de costos por fallas externas deben con frecuencia tener mucha mayor importancia que los puntos que caen en los costos por fallas internas.

Un dólar por quejas tiene, por lo general, un efecto mucho mayor en el mercado que un dólar por desperdicio.

La situación usual queda cubierta en el comentario anterior, pero hay otras situaciones que requieren de consideración especial con respecto a los costos funcionales de calidad. Siempre debemos tener en cuenta el objetivo de los negocios. Por ejemplo, algunas compañías pueden estar haciendo trabajo de investigación y desarrollo, en cuyo caso la única manufactura incluirá algunos prototipos. Esto significaría una fuerte inversión en esfuerzos preventivos para obtener diseños de producto y proceso que resulten en una alta confiabilidad del producto. Tales gastos tendrían que ser analizados y aceptados para asegurar el cumplimiento de objetivos a largo plazo del negocio, aun cuando los costos por fallas externas sean, y deberán ser sumamente bajos debido a la producción actual limitada.

7.10 Aplicación de los costos de calidad

La administración de la planta y compañía, junto con las cabezas funcionales, y ayudadas por el Gerente de Control de Calidad, están constantemente tomando decisiones que afectan los costos en los diferentes segmentos para obtener el costo funcional total de calidad mínimo al grado deseado de calidad de salida. Los costos de calidad proporcionan algunas "herramientas" básicamente sólidas para llegar a dichas decisiones. Pueden usarse como sigue:

El costo de la calidad como instrumento de medición

Desde el momento en que el costo de la calidad ha sido fraccionado en segmentos, es posible obtener una estimación en $ para cualquiera de las actividades de calidad. Por ejemplo, la cantidad invertida en la planeación de la calidad puede ser calculada por los costos de los ingenieros de control de la calidad que ejecutan esa actividad. La justificación de esta inversión puede ser calculada por la reducción de costos de las fallas, como resultado de la planeación de la calidad y por la reducción correspondiente a la evaluación, debido a métodos de inspección más eficientes.

Los costos de la calidad proporcionan medios de comparación para valorar los programas contra el valor de los resultados logrados.

Los costos de calidad sirven como una herramienta en el análisis de la calidad del proceso

No es suficiente usar únicamente la herramienta de medición; también es necesario analizar costos de calidad particulares. Los costos de calidad, al ser divididos en la forma correcta en líneas de producto o segmentos del flujo de proceso, señalarán las áreas de problemas principales y servirán con efectividad como una herramienta de análisis.

Los costos de calidad como herramienta para programación

Un análisis suministra bases de acción. La planeación de la forma en que esa acción puede ser aplicada constituye el establecimiento de un programa. Una de las funciones importantes del programa radica en la elección de un personal capacitado y de otros recursos para llevar a cabo la acción. Como los recursos son en general limitados, los costos de la calidad facilitan los medios para determinar las actuaciones con mayor éxito potencial, o sea las actuaciones que deben gozar de prioridad en el desarrollo del programa.

La Fig. 7-9 se aplica a este tipo de programa. Note que describe preferentemente la acción y precisa cuándo debe principiar, quién es el responsable de la acción, el tiempo necesario para cada periodo y cuáles son los resultados que se esperan. Esta clase de programas proporcionan los medios para obtener una aportación máxima hacia el mejoramiento de la calidad por parte del personal de la compañía.

Los costos de la calidad como base para los presupuestos

Los costos de la calidad sirven de guía para formar presupuestos de los gastos necesarios, de modo que los programas de control de la calidad puedan llevarse a efecto. Estos programas, por supuesto, se ajustan a los objetivos y metas de la organización. Como se muestra por un ejemplo anterior, el objetivo a largo plazo puede ser el obtener una alta confiabilidad en el producto. En esos casos, un aspecto del programa se orientará a la formación de un grupo de ingenieros que proyectan sus esfuerzos hacia la evaluación de preproducción y la planeación de la calidad de los productos.

PROGRAMA PROPUESTO

Fecha: ______________________

COMPAÑÍA XYZ

PLAN PARA LA EVALUACIÓN Y CONTROL DEL MATERIAL ADQUIRIDO

Elementos de trabajo del control de la calidad	Área, línea o producto.	Responsables					Fecha de iniciación	Responsable			Est. Total Req. de Ent. (hombre-h por Ind. resp. y Dis. aparte de comp.)		Estimación en hombres/hora de esfuerzos individuales, aplicados					
		Base de medida del suministro	Corriente	Metas				Función directamente responsable	Responsable individuales	Asociados de otros componentes	Hombres hora	$	Ene.-Feb.	Mar.-Ab.	May.-Jun.	Jul.-Ag.	Sept.-Oct.	Nov.-Dic.
				3/31	6/30	12/31												
Clasificación formal de las características de calidad del material adquirido, según su importancia y establecer estándares y niveles de aceptación, teniendo en cuenta requisitos de manufactura y de productos finales	Producto A	% de todas las partes y materiales	20	25	45	70	Feb. 4	Q.C. Ings.* de control de calidad	J. Dunn	George Ing. Green compras Manufactura Ings.	180	. . .	15	50	40	30	25	20
	Producto B		15	20	40	65	Feb. 18	Q.C. Ings.* de control de calidad	C. Brill	Jones Ing. Black, Compras Smith Manufact.	180	. . .	10	40	50	30	30	20
Desarrollar métodos, procedimientos y operaciones específicos, para pruebas de aceptabilidad, inspección o cotejo en cada parte o material, y prescribir por escrito.	Producto A	% de todas las partes materiales y características expresado por escrito	30	40	60	85	Jan. 6	Q.C. de control de calidad	R. True	George Ing. Dunn Ing. C. C. Insp. y pruebas y equipo	240	1,300	35	60	60	20	40	25
	Producto B		15	25	50	80	Feb. 4	Q.C. Ings. de control de calidad	R. True	Jones Ing. Brill Ing. C. C. Insp. pruebas y equipo	280	600	30	80	70	25	50	25

Mejoría esperada en los costos de la calidad, durante el flujo de operaciones					
	Estimación de resultados en la actuación	12/60 **Actual**	Metas 6/61	Metas 12/61	Mejoría relativa anual
Productividad	1. Dólares, en material procesado, por dólar; costo de material adquirido.	198	210	240	20
Efectividad	2. % de valor, material adquirido, dividido entre pérdidas atribuidas a vendedores.	44%	47%	60%	36
	3. % recuperado, de pérdidas, entre pérdidas totales en manufactura, a vendedores.	15%	25%	40%	165
Oportunidad	4. % de lotes que no satisfacen la calidad requerida.	8%	12%	5%	38
	5. Promedio semanal, lotes no procesados en menos de un día.	120	70	30	75

Reducción tarifas, costos y pérdidas anuales = $55 000 contra 1960 = $55 000.

Reducción en costos acept. y pérdidas, 1961 (1961-1962) = $109 000.

Fig. 7-9

Delinear en firme requisitos de calidad, incluyendo importancia relativa y niveles de aceptabilidad, de características individuales de calidad de partes y de materiales, que sirvan de normas a compras en sus relaciones con los vendedores.	Producto A	% de todas las partes materiales y características delineadas y aceptadas, para vendedores	0	20	40	70	Ene. 6	Q.C. Ing. de control	J. Dunn	Green compras White control producción	220	150	50	40	40	30	40	20
	Producto B		0	15	35	60	Ene. 20	calidad por medio de compras	C. Brill	Black compras Rogers compras control producción	220	150	30	50	50	30	40	20
Proporcionar servicio al vendedor, a fin de asegurar la calidad deseada del producto.	Producto A	Promedio de vendedores que (no) suministran material aceptable consitentemente	27	24	18	3	Mar. 1	Control de calidad (Cont. de proceso Espec.)*	A. Mack	Brill } Dunn } Ings. C. de C. } White } Rogers Prod. Cont.	190	650	...	60	45	30	35	20
	Producto B		18	15	12	2	Mar. 1		A. Mack	Green } Black } de compras e inspección	210	400	...	70	70	25	25	20
Establecer sistema para estimación de productividad, efectividad y oportunidad, en control de material adquirido. Asegurar aplicación de medidas de corrección que sean necesarias.	Producto A	% de medidas funcionales tomadas en el lugar y reportes mensuales	0	100	100	100	Ene. 6	Jefe control de calidad	D. Adams	King Gerente materiales	20	...	15	5				
	Producto B		0	100	100	100	Ene. 6		D. Adams	Borne Aceptabilidad	20	...	15	5				
Elementos restantes de trabajo en control de material adquirido. Área principal del sistema de calidad total.	Productos A y B	...	...	...	...	...	Ene. 6	Control de calidad en general	C. Brill J. Dunn R. True A. Mack F. Blue D. Adams	Como se indique o sea necesario	290	500	10	20	40	60	80	80
TOTAL	...	...	...	...	...	...	...	...	...	...	2 050	3 750	210	480	465	280	365	250

* Responsabilidad previamente dividida.

† Responsabilidad no asiganadas previamente.

Fig 7-9

No todos los programas serán factibles de manera inmediata en vista de los recursos con que se cuente. Algunos tendrán que escalonarse, cuando sus metas no puedan realizarse sino al cabo de 2 ó 3 años. Ese procedimiento permite asegurar presupuestos realistas, así como el logro de metas de alta confiabilidad.

Los costos de calidad sirven como herramienta de predicción

Los datos del costo de calidad proporcionan los controles para evaluar y asegurar el desempeño con relación a las metas y objetivos de la compañía. Son efectivos en producir cálculos válidos de costos para obtener nuevos negocios en servicios o productos y para cubrir la competencia en el mercado. Los datos de los costos de la calidad también ayudan en la evaluación positiva del desempeño del producto en relación con servicio y garantía, incluyendo reparaciones y sustituciones y los gastos por retiro o responsabilidad legal del producto (incluyendo el costo del seguro de responsabilidad).

Ejemplo de los costos funcionales de calidad

Veamos una compañía de tamaño medio como un ejemplo de lo que puede ser logrado cuando se usan los costos de calidad como herramienta para programar y lograr presupuestos que ayudan a llegar a las metas específicas. Esta compañía tenía muchos problemas difíciles en el aspecto de la calidad y estaba tratando desesperadamente de salir de una situación de pérdidas.

Un análisis del costo de calidad demostraba una alta tasa del 9.3% del costo del taller de producción (CTP). Además, se gastaba muy poco en esfuerzos preventivos. El 9.3% se dividía como sigue: prevención, 0.2%; evaluación, 2.8% y fallas 6.3% del CTP. La compañía decidió iniciar un programa del control total de la calidad en toda la compañía, incluyendo el invertir en la actividad de ingeniería de sistemas de calidad, para tomar liderazgo en las clases necesarias de trabajo técnico. En menos de 2 años y después de esta inversión en esfuerzo preventivo, los costos totales de calidad cayeron del 9.3 al 6.8%. La prevención subió del 0.2 al 0.6%, la evaluación cayó del 2.8 al 2.2% y las fallas del 6.3 al 4.0% en el CTP. Esta mejora fue posible gracias a las reducciones en varios puntos del costo de calidad como sigue:

- Los costos de evaluación se redujeron $430 000.
- El desperdicio y la recuperación se redujeron $2 068 000.
- Las quejas se redujeron $536 000.

En total, esta compañía logró una mejora neta en el costo de calidad de más de $2 760 000 en poco menos de dos años; la calidad de su producto es ahora considerado como una de las mejores en su campo con costos mínimos por fallas externas.

Este tipo de mejoría en la calidad y costo ayudó claramente a que esa compañía tuviera éxito en la producción de utilidades dentro del primer año de operación del programa. Una posición sólida de utilidades se logró en el segundo año. En los negocios grandes o pequeños, se puede tomar el mismo enfoque y la experiencia ha demostrado que pueden lograrse resultados comparables.

7.11 Rendimientos sobre la inversión y costos de calidad

Los costos de calidad se están convirtiendo cada vez más en un factor central en la determinación del rendimiento sobre inversión.[7]

Las consideraciones sobre rendimiento sobre inversión tratan con el establecimiento de la calidad —en dólares— y tiempo —en meses o años— del rendimiento esperado sobre las inversiones hechas en programas y proyectos particulares por las compañías y plantas. Los "requisitos de asignación" que resumen los detalles específicos de estos programas incluyen generalmente la información sobre el rendimiento de la inversión relacionada, que se convierte en un factor clave en las decisiones administrativas en lo referente a si se debe proseguir con el proyecto. La información sobre el rendimiento sobre inversión también sirve como una medición importante del grado en el que el proyecto ha cumplido, de hecho con sus objetivos, con la comparación del rendimiento sobre inversión logrado en realidad en el proyecto con aquel que se había establecido en los requisitos de apropiación originales.

Hay dos formas principales en que los costos de calidad intervienen aquí. El primero tiene que ver con el uso de mejoras esperadas en los costos de calidad —junto con las mejoras esperadas en otros costos, como los de producción de ingeniería— mientras se establece el rendimiento esperado sobre las inversiones en nuevo equipo de capital o en otros proyectos para mejoras. El uso de los costos de calidad en la ecuación del rendimiento sobre la inversión del nuevo equipo de calidad es relativamente reciente y se pone en paralelo con el establecimiento de los costos de calidad, como una parte continua importante del sistema contable de la compañía. Antes de esto, las inversiones en equipo de producción o instalaciones para ingeniería se relacionaban primariamente con el rendimiento esperado de áreas de costo más tradicionales, como la mano de obra directa o los materiales directos.

La segunda forma en que los costos de calidad se han vuelto básicos en las determinaciones sobre el rendimiento sobre inversión tienen que ver con la valuación económica de los programas mismos de calidad total. Los gastos por la instalación del programa de calidad y las actividades continuas de prevención se relacionan con el rendimiento en costos por fallas externas e internas menores, en costos más bajos de evaluación donde sea apropiado y con frecuencia en mejoras en otros costos mensurables del negocio.

Estos enfoques de rendimiento sobre inversión en los programas de calidad, basados en los costos de calidad, son cada vez más característicos de muchas plantas y compañías, y los resultados sobre rendimiento sobre inversión a partir de los programas de calidad han sido excelentes.[8]

7.12 Otras categorías de costos de calidad en la economía de los sistemas de calidad

Los costos funcionales de calidad proporcionan los fundamentos para la medición y control económicos para mantener un sistema de calidad total efectivo. Sin embargo, hay otras categorías de costos de calidad que son importantes para la toma de decisiones para la economía de sistemas de calidad. Cuando se justifique para el funcionamiento, algunas o todas estas áreas de costo pueden establecerse como áreas clave en el programa de costo de calidad total de plantas y compañías.

En este libro se presentan cinco de estas categorías importantes de costo de calidad: *costos indirectos de calidad y costos de certificación de calidad* (Sec. 7.13), *costos de calidad intangibles y costos de "exposición a demandas legales"* (Sec. 7.14), *costos del equipo de calidad* (Sec. 7.15) y *costos de calidad del ciclo de vida, particularmente los costos de calidad del usuario* (Secs. 7.16-7.18). En la Sec. 7.19 se consideran entonces otras mediciones para la toma de decisiones.

La estructuración explícita de estas cinco categorías de los costos de calidad se debe llevar a cabo de acuerdo con los factores específicos relacionados con las plantas y compañías. En la descripción siguiente se cubren aspectos clave del panorama y al detalle de los costos de calidad que deben ser tomados en cuenta en tal estructuración detallada.

7.13 Costos indirectos de calidad y costos de certificación de calidad

Los costos indirectos de calidad representan aquellos que están escondidos en otros costos del negocio. Es esencial para la mejora general de los costos que los segmentos importantes de estos costos sean reconocidos e informados de tal forma que se preste atención específica a reducir estos puntos del costo.

Un costo indirecto muy importante es el de operaciones innecesarias adicionales de manufactura que se han hecho estándares por razones de calidad incierta. También son importantes los costos de características innecesarias en el diseño, introducidas debido a un mal control de la calidad.

Otras reducciones del costo indirecto de la calidad como ahorros inequívocamente atribuibles a las actividades del control total de la calidad incluyen mejoras en el diseño, que requieren menos mano de obra, materiales o equipo; mejoras en el proceso que requiere menos mano de obra, materiales o equipo; reducción en las existencias de materiales retenidos para inspección y pruebas, materiales rechazados que esperan su destino; mayores existencias de materiales comprados como protección contra rechazos; reducción en tiempo perdido; ahorros a los clientes con la eliminación de su inspección de adquisición a expensas del productor para certificar la calidad del producto.

Costos de certificación de la calidad

Un costo de certificación muy importante proviene de que el precio de compra de los materiales incluye, en efecto, los costos de calidad (funcionales) del proveedor. Estos costos, que pueden considerarse como costos de certificación de calidad, representan un factor económico clave tanto para el proveedor como para el comprador.

Algunos proveedores con programas dinámicos de calidad total y buenos costos funcionales de calidad consideran una ventaja competitiva principal examinar estos costos con las funciones de compra y control de calidad de la compañía compradora para demostrar resultados muy favorables en calidad. Algunas veces estos costos son descubiertos específicamente por los proveedores durante las negociaciones de compra, porque el comprador pone de relieve que sus precios ajustados hace de la revisión detallada de algunos costos clave una necesidad competitiva.

Cuando no está disponible la información de costos del proveedor y en circunstancias en las que sea conveniente hacerlo, el control de calidad de la compañía compradora calculará los intervalos posibles de estos costos de calidad como un factor clave para establecer las relaciones con el proveedor. Si, con la ayuda de la ingeniería de calidad del comprador, el proveedor puede reducir estos costos de calidad en una cantidad importante, esta reducción podría ser reflejada en parte en un precio de venta menor para el cliente, así como un volumen adicional de ventas y un margen de ganancia sobre ventas mayor para el proveedor.

7.14 Costos de calidad intangibles y costos de "exposición a demandas jurídicas"

Los costos intangibles de calidad son los relacionados con la pérdida de la buena voluntad del cliente como resultado de la calidad insatisfactoria percibida por los clientes. Las pruebas en el mercado, han confirmado en forma creciente en cantidad, lo que el criterio siempre ha sugerido; esto es, que las bajas ventas de productos se originan por cantidades más altas de fallas en la calidad y de costos de servicio para el producto más altos en los mercados de hoy.

Sin embargo, si esta pérdida de ventas es causada por una experiencia específica con el producto, o si es el resultado de publicidad desfavorable generada por sus sucesos como el retiro del producto o penalidades muy caras por demandas legales, la reducción de las ventas debido al "empañamiento" de la imagen de calidad de la compañía puede ser de magnitud considerable.

En realidad, el hecho de lo que podría ser considerado como "exposición a demandas jurídicas" —aun en los casos en que el productor no se considere responsable y "gane la demanda— puede producir una pérdida notoria de la buena voluntad del cliente e incurrir en una alta penalización en los costos de calidad intangibles.

Además, los costos directamente cuantificables relacionados con la exposición a las demandas jurídicas —ya sea real o en amenaza— pueden ser muy altos. Incluyen puntos de costos como el tiempo del personal implicado en investigar el problema y preparar el "caso". Cuando el caso ya llega a juicio, los gastos incluyen costos como el tiempo del personal de la compañía que debe testificar, los sueldos de los abogados, los sueldos de los testigos expertos y otros costos del tribunal.

El panorama general de los costos de calidad intangibles, así como los costos potenciales por demandas jurídicas para los productos de la planta y compañía aunque, por necesidad, sólo son aproximados, pueden, sin embargo, tener una parte muy útil en la determinación del enfoque preventivo y el grado de gastos de prevención que son necesarios en los programas dc calidad.

7.15 Costos del equipo de calidad

Los costos del equipo de calidad representan la inversión de capital en equipo de información de calidad adquirido con el fin de medir la calidad del producto para aceptación y control, junto con la amortización relativa del equipo, los edificios (en caso de pruebas mayores, ambientales y otras instalaciones) y el espacio ocupado en él.

Este costo se desembolsa por algunas de las mismas razones por las que se incurren en costos funcionales de calidad, esto es, prevención de fallas de calidad y para economías en evaluación. En el caso de los costos funcionales de calidad, estos costos son, en su mayor parte, por servicios del personal; en el caso de costos por equipo de calidad, representan los gastos en medición por equipo de medición (máquinas de inspección y pruebas), por aparatos de control de la calidad en el proceso y, cada vez más, por equipos de computación de procesamiento de datos de información de la calidad.

Cuando se identifican, amortizan y consolidan apropiadamente con los costos funcionales de calidad, se proporciona una base más completa y realista para medir la efectividad del programa del control total de la calidad por los costos del equipo de calidad.

Uno de los renglones principales de creciente importancia en los costos del equipo de calidad se refiere al creciente uso del equipo de pruebas automático (EPA) en los programas de calidad. Por ejemplo, la disponibilidad de computadoras y microprocesadores no sólo ha expedido el alcance y capacidad del EPA, sino que ha aumentado exponencialmente su efecto potencial en las mejoras en el costo de calidad.

La selección del EPA sirve, por tanto, como un ejemplo clásico de los factores tomados en consideración con relación a las decisiones orientadas al costo del equipo de calidad, así como para el tipo del equipo y su retorno potencial. La vida estimada del producto, por ejemplo, puede imponer la elección entre varios tipos diferentes de equipo automático: la esperanza de corta duración ("vida") del producto puede indicar que una inversión fuerte en EPA es impráctica, mientras que una esperanza mayor de vida del producto bien puede ameritar una inversión importante para pruebas del producto y diagnóstico e incluso generar excelentes ahorros.

Otra consideración es la disponibilidad de una planeación y el personal adecuados en el software y los costos para asegurar calidad del software. Se debe contratar personas adiestradas para obtener los resultados de programación dentro de los tiempos esperados. Todavía otra consideración es el tráfico que el equipo tendrá que soportar. Con frecuencia, el entusiasmo con que se recibe una nueva máquina de pruebas resulta en una sobrecarga de trabajo que, en muchos casos, podría y debería ser llevada a cabo por medios de prueba más baratos. La predicción de cargas de trabajo adecuadas y realistas se requiere, tomando siempre en consideración los problemas periódicos en la producción o problemas inesperados con el material recibido.

Las consideraciones económicas son fundamentales para las decisiones de comprar o no el EPA. No sólo el costo del equipo, sino el costo de programas y reparaciones y el costo de descubrir fallas en una etapa subsecuente de pruebas deben ser tomados en cuenta.[9]

En años anteriores, cuando la utilización del equipo era un elemento menor en las mejoras del costo de calidad, el costo del equipo de calidad se consideraba como un factor incidental en la estructuración general de las partidas totales del costo de calidad. Hoy, se ha convertido en una importante partida de costo de calidad en sí, ya que los costos en equipo de calidad son una parte más y más grande de la inversión general en equipo en la planta y la compañía y crece la importancia de los resultados de buena calidad.

7.16 Costos de calidad orientados al ciclo de vida y uso

La importancia de los costos del ciclo de vida del producto ya se concertaron.[10] Un factor creciente en estos costos de ciclo de vida puede ser considerado como los *costos de calidad orientados al uso,* o:

> Aquellos costos relacionados con el mantenimiento de la calidad del producto por un periodo razonable de uso del producto, incluyendo aquellos costos como los de servicio, reparaciones, pieza de repuesto (refacciones) y gastos similares.

La incedencia principal de los costos de calidad orientados al uso está en las compañías productoras (o sus distribuidores), en los compradores y clientes y en alguna combinación de éstos.

Se ha convertido en vital para las compañías cuantificar estos costos de calidad orientados al uso por tres razones principales:

Primera: Cuando los costos de calidad orientados al uso son demasiados altos, es probable que tendrán gran efecto negativo en las ventas del producto.

Segunda: Uno de los efectos principales de la creciente atención a la responsabilidad del producto con la calidad ha sido colocar sobre las compañías productoras una parte creciente de costos orientados al uso —más allá de las garantías y respuestas tradicionales a las quejas de los clientes. Cuando los costos de calidad orientados al uso no tienen una medición y control efectivos, el segmento de costos por fallas externas de los costos funcionales de calidad de la compañía estarán sujetos a aumentos cada vez más grandes en los costos a largo plazo y con frecuencia impredecibles.

Tercera: Los datos de los costos de calidad enfocada al uso son un insumo esencial para las actividades correctivas del programa total de calidad de plantas y compañías. En realidad, estos costos se pueden producir en muchos sectores del ciclo de la calidad industrial, por ejemplo: la instalación de un producto donde se ha puesto un filtro al revés en un tubo de cobre en la tubería de cobre para agua fría de un aparato para hacer hielo en un refrigerador, la línea de ensamble en el cual se sueldan en forma incorrecta uniones electrónicas en 300 chasis antes de descubrir la falta y después de que se han enviado los chasis para instalarlos en producto industriales, o bien las etiquetas incorrectas en el embarque matutino de prendas de vestir que serán origen de quejas, pues las prendas de vestir no son de las medidas requeridas, el alto costo que se puede relacionar con un aparato electrónico nuevo que está defectuoso al abrirlo en la tienda y las omisiones de ingeniería de calidad que, más tarde, harán que se ponga un generador fuera de servicio. Las causas de esos costos anormales se deben resolver con acciones convenientes del programa de calidad de la compañía.

Juntas, estas tres razones aclaran también los dos aspectos tan diferentes en que la medición de los costos de calidad orientados al uso es importante para las compañías. Una es que como comprador de materiales y equipo –típicamente conocido como compras "fabricante de equipo original" bien conocida por sus siglas en inglés (OEM)– la compañía es en sí un usuario. El otro aspecto es que la compañía también vende su producto a usuarios.

Cuando se considera de esta forma, es claro que un conocimiento de los costos de calidad orientados al uso puede ser de ventaja doble para una compañía. Como comprador, esta información puede llevar a ahorros en costos en compras de OEM, como vendedor puede realzar las ventas de productos en el mercado.

7.17 Costos de calidad orientados al ciclo de vida y uso: Estructuración de los costos

Para ser efectivos, los costos de calidad orientados al uso deben estar estructurados por una compañía por medio de un programa cuidadosamente establecido. Este programa debe reconocer que los clientes y usuarios de los productos y servicios de la compañía es probable que estén muy alejados entre sí en el país y es casi seguro que comprarán de maneras muy diferentes y probablemente tendrán prácticas que varían mucho en lo referente al mantenimiento de datos orientados al uso.

Por ejemplo, un automóvil comprado como parte de una flotilla puede tener datos muy precisos del usuario mantenidos por la compañía que hizo la compra grande; sin embargo, en el caso de un automóvil idéntico comprado por un cliente individual, puede haber muy poco mantenimiento de datos específicos por parte del usuario.

La experiencia ha mostrado que, para ser efectivo, el programa de costo de calidad orientados al uso debe estar precisamente estructurado en los siguientes 11 aspectos:

1. La especificación de las cuentas de costo por mantenimiento, servicio, refacciones y otras pertinentes que serán medidas.
2. La selección de las bases de medición que son más efectivas y pertinentes para el análisis y comparación de costos.
3. El establecimiento de procedimientos de entrada de datos de calidad –incluyendo muestreo estadístico, en su caso– que regirán las cantidades, mezcla, distribución geográfica y otros factores importantes del producto en el programa de costo de calidad orientado al uso.
4. La organización de las actividades del acopio de datos de calidad, incluyendo el entrenamiento del personal necesario, en que se basará el informe de los costos.

5. El establecimiento del procedimiento de manejo de datos —tanto a mano como con computadora— que gobernará el procesamiento de los datos de costos.
6. El aprovisionamiento del equipo de procesamiento de datos electrónico necesario, cuando sea apropiado, que se requerirá.
7. El establecimiento de una estructura de tiempo detallada y programas para, el acopio, procesamiento e informe de los datos de costos.
8. La determinación de los formatos del informe en que serán registrados por la compañía los costos de calidad orientados al uso incluyendo especialmente la consideración administrativa de lo que se requerirá en estos informes.
9. El establecimiento de los procedimientos para la revisión de la tendencia y significado de estos costos —incluyendo el análisis estadístico adecuado— con referencia a las bases de medición que han sido elegidas.
10. La especificación de los pasos de acción correctiva que se darán por la planta y compañía para asegurar el control efectivo de los costos de calidad orientados al uso, para ayudar a asegurar a la compañía la mejora de la satisfacción con la calidad por parte del cliente y de la reducción del costo y calidad de la compañía.
11. El establecimiento de las actividades de auditoría para verificar la exactitud y la efectividad del programa de costos de calidad orientado al uso.

7.18 Costos de calidad orientados al ciclo de vida y uso: Entrada de costos y bases de medición

Entre las bases para el establecimiento de las entradas de los costos de calidad orientados al uso, las siguientes cuatro están entre las más importantes.

Productos de alta ingeniería y alto valor

En estos productos —como aeronaves, unidades de propulsión de ferrocarril, sistemas de armamento y equipo similares—, la compañía productora puede, con frecuencia, establecer el programa de costo de calidad orientado al uso con una cooperación muy cercana con el cliente. Gente entrenada en la organización del cliente puede, en muchos casos, proporcionar las entradas de datos como una parte integral de su trabajo normal.

Productos rentados

En estos productos —como unidades de oficina, equipo de procesamiento de datos y computación, unidades de reproducción gráfica y equipos similares—, el mantenimiento continuo puede estar proporcionado por el arrendador, que puede ser componente de propia compañía productora. Con una estructuración y entrenamiento adecuados, este personal de servicio y mantenimiento puede, en muchos casos, proporcionar las entradas de datos como una parte integral de su trabajo normal.

Productos distribuidos en masa

En estos productos —tales como enseres domésticos y muchos artículos similares—, que están ampliamente distribuidos a un gran número de usuarios individuales, la compañía productora debe establecer un programa de datos de costos de calidad orientados al uso continuo, con muestras de usuarios cuidadosamente establecidas y clasificadas. Esto requiere la determinación precisa de las entradas de costo debido a que los usuarios pueden ser con frecuencia descuidados en esto, y un entrenamiento muy cuidadoso del personal de la compañía productora, quienes desempeñan las acciones de acopio de datos. Con mucha frecuencia, requiere dar primas u otros motivadores al usuario por la obtención de los datos necesarios.

Productos distribuidos en masa con algunos usuarios a gran escala

En estos productos —como enseres para el hogar que pueden comprar en grandes cantidades los constructores de apartamentos, compras de flotillas de pequeñas camionetas pick-up y equipos similares, un grupo concentrado de usuarios grandes constituye una parte pequeña pero importante del número total de productos en uso. En muchos casos, la cooperación con estos usuarios grandes se puede arreglar por parte de la compañía productora como una base central para proporcionar datos del costo de calidad orientado al uso.

Base de medición para costos de calidad orientados al uso

La elección de las bases de medición adecuadas de una planta o compañía para los costos de calidad orientados al uso es un factor importante en la efectividad del programa. Estas bases deben estar determinadas con respecto a qué es más pertinente para el producto. Aunque habrá determinaciones diferentes de éstos entre diferentes productos y diferentes compañías —incluyendo la relación muy importante entre los costos de calidad orientados al uso y costos por fallas externas—, una de las bases de medición más importantes en términos de ciclo de vida es la de precio original de compra del producto.

Antes de la implantación del programa de calidad total en una planta o compañía, estos costos de calidad orientados al uso, relacionados con el precio de compra original, han sido con frecuencia el resultado aleatorio final de una variedad de acciones no coordinadas de mercadotecnica, ingeniería, producción y servicio en toda la firma. Estos costos pueden variar a partir de una parte pequeña del precio original de compra en el caso de algunos productos con un ciclo de vida corto hasta los costos de calidad orientados al uso que pueden ser muy altos, comparados con el precio de compra, en productos de ciclo de vida larga.

La planeación avanzada de los costos de calidad orientados al uso es, por tanto, de una gran importancia creciente en las operaciones de la compañía. La determinación y medición de costos de calidad orientados al uso, como una base para su administración y control progresivos, es un aspecto muy importante en los programas modernos de calidd total en las plantas y compañías. Proporciona el fundamento para el establecimiento de los objetivos para valores razonables de costos de calidad orientados al uso y para el logro de estos objetivos, en un programa organizado y sistemático.

7.19 Otras mediciones para la toma de decisiones en el control de calidad[11]

Se necesitan algunas otras mediciones numéricas del costo de calidad en la administración del programa de calidad total y se tendrán que establecer conforme se requiera por la situación particular. El enfoque para determinar estas medidas puede ilustrarse con ejemplos relacionados con la tarea 2 del control total de la calidad: control de materiales adquiridos.

Medición de la productividad

El primer ejemplo es una medida de productividad que refleja la cantidad relativa de trabajo desempeñado. La medida de desempeño es:

Dólares en material directo
divididos entre
costos de evaluación de material recibido

La productividad se suele calcular con las *salidas* entre las *entradas*. En el control de materiales adquiridos, los materiales directos representan *salidas*. Los costos de evaluación de recibo, que incluyen pruebas de recibo, inspección y laboratorio de pruebas de aceptación, se relacionan con la *entrada* de calidad. Esta razón permite una medida directa de la productividad —salidas sobre entradas— que reflejan la *cantidad* relativa de trabajo desempeñado. Cuanto *más* trabajo se logre por calidad a *menor* costo, aumenta la productividad.

Medidas de efectividad

La siguiente es una medida de *efectividad* y refleja la calidad relativa del trabajo efectuado. Para esto son necesarias dos mediciones:

La primera es:

Costos de evaluación de material adquirido,
divididos entre
las pérdidas en la manufactura atribuibles a los proveedores

Los costos de evaluación del material adquirido reflejan el esfuerzo aplicado. Las pérdidas en la manufactura atribuibles a los proveedores ponen de manifiesto la efectividad de los esfuerzos hechos para impedir que el material adquirido de mala calidad, llegue a los talleres.

A medida que la *calidad* de la evaluación de materiales adquiridos es mejor, el conjunto de pérdidas en la fabricación tiende a *decrecer* y, en consecuencia, la efectividad tendrá que *aumentar*.

El índice de efectividad no significa adelanto por el simple incremento de los costos de evaluación del material adquirido. El incremento en dichos costos hará que el *índice de productividad baje,* lo cual no es indicio de un legítimo adelanto de orden general.

La segunda medida de efectividad es:

Pérdidas recuperadas de los proveedores externos
divididas entre
pérdidas totales atribuibles a los proveedores

La calidad del trabajo desempeñado en el control de materiales adquiridos se aplica *tanto* a la efectividad de separar la mala calidad como a la efectividad en recuperar porcentajes cada vez mayores de las pérdidas relativas con los proveedores. Este porcentajes de recuperación es en algunas compañías apenas el 15%, y las pérdidas atribuibles a proveedores externos son desde cientos de miles de dólares hasta millones de dólares por año. Ésta es otra medida importante del potencial de aumentar ganancias por medio del mejoramiento de la efectividad del trabajo desempeñado. Cuando mejor sea el trabajo efectuado del programa de calidad total en las fases de prevención de defectos y después de recibido del control de material adquiridos, mayor será la probabilidad de que Compras pueda recuperar altos porcentajes de pérdidas con los proveedores.

Medición de puntualidad

La *puntualidad en la acción* proporciona otra medida que refleja la puntualidad del trabajo desempeñado. Otra vez son aquí necesarias dos medidas para presentar la contribución potencial a las ganancias con justicia.

La primera medida es:

Porcentaje de lotes que no llenan completamente todos los requisitos al ser recibidos

Ésta es una medida de *trabajo puntual de prevención de defecto* en el renglón de control de materiales adquiridos. Es algo que será cada vez más efectivo al escoger entre lo bueno y lo malo. Tomar acción preventiva que asegure la calidad apropiada al recibo es tanto o más importante. Un mejor trabajo de prevención de defectos no sólo hecho con los proveedores, sino con Ingeniería y Compras debería reducir el porcentaje de lotes que no cumplen con todos los requisitos. Una reducción en este porcentaje se refleja como una mejora en la puntualidad de acción.

La segunda medida de puntualidad de acción refleja la eficiencia en la transformación del material adquirido:

Número promedio de lotes por semana que *no pasan* desde su recibo en el muelle de entrada para entregar a almacén o para usarse en menos de 1 día (24 h).

La puntualidad de acción se refleja aquí en material que *no* se procesa rápidamente, de material que espera su destino o acción correctiva antes de ser enviado a almacén o a uso. Un número de lotes alto refleja una mala puntualidad de acción. Hay aportaciones muy positivas para las ganancias que quedan disponibles a partir de menores tiempos de espera en las compras; menores existencias, menos detenciones en la producción por falta de materiales y una menor disposición de material "úselo como está" de calidad mínima para mantener las líneas de producción funcionando. Al fluir más rápido los materiales y al mejorar los procedimientos de disposición, se mejoran también la puntualidad en la acción por medio del control de materiales adquiridos.

Toma de decisiones administrativas

¿Cómo se usan estas medidas de desempeño como herramientas en la toma de decisiones administrativas? Las medidas que se han expuesto son relaciones (razones) en las tres áreas básicas del desempeño de *productividad, efectividad y puntualidad de acción* en el control de material adquiridos. Para tener valor, estas razones deben convertirse en herramientas de toma de decisiones. Para ellos, se hacen gráficas de *desempeño* contra *tiempo* y observando la mejoría relativa lograda y el progreso hecho para satisfacer las metas.

Como un ejemplo, considere la primera de estas medidas como una gráfica; esto es, la productividad por control del materiales adquiridos en un negocio. Los números reales en la gráfica son típicos en algunas empresas. La Fig. 7-10 muestra la productividad reflejando la *cantidad* de trabajo desempeñado.

Para los dólares en material directo dividido entre los costos de evaluación de recibo de los materiales adquiridos, la productividad se ha vuelto estática en $200 de material directo por cada dólar de costo de evaluación del recibo. Esta suma es considerablemente inferior a la meta de $240 fijada en el programa de calidad total para la mejora en la productividad para el final del año. Si se quiere lograr esta meta, las personas encargadas de ello deben tomar decisiones

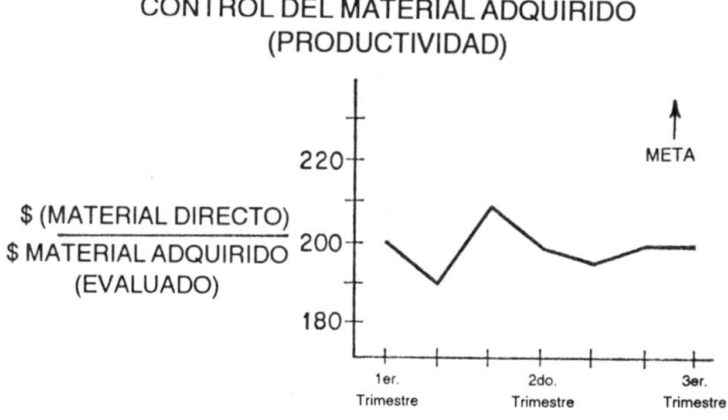

Fig. 7-10

que *aseguren* que se tome la acción. Puede ser una decisión hacer un estudio de muestra de trabajo para determinar qué porcentaje del tiempo total de evaluación de recibo es gastado *improductivamente* en el manejo de los materiales, obtención de copias heliográficas y aparatos de medición, y llevar registro. Puede ser una decisión buscar en una cantidad sustancial de dólares que son gastados en pruebas rutinarias del laboratorio de aceptación. Una parte importante de estas pruebas de laboratorio rutinarias puede bien ser *reducida* a muestreo de lotes alternados *sin pérdida* en la protección.[12]

Éstas son sólo dos de las muchas posibles opciones de explotación para llevar la productividad a la meta de más trabajo desempeñado a menor costo. El punto importante es que la administración de la compañía *sepa* que la productividad se ha vuelto estática y reconozca la necesidad de una *decisión* para motivar una acción positiva. Tiene una medida directa de qué tan sólida fue esta acción en el logro de los resultados deseados en el área de productividad. En forma similar, se pueden construir gráficas para los cuatro índices de desempeño restante que han sido discutidos en el área del control de material adquiridos.

Medidas combinadas

Los índices básicos de desempeño, que se acaban de describir, cuentan cada uno una historia diferente. Cualquiera por sí sola podría proporcionar una medida errónea de la aportación que se está haciendo. Sin embargo, combinados, estos índices de desempeño son una herramienta poderosa en la toma de decisiones para mayores ganancias por medio de un control positivo y efectivo de los materiales recibidos.

También proporcionan una base numérica sólida para *establecer programa, metas y presupuestos específicos* y para una relación cooperativa cercana entre el material adquirido y el control de calidad. Igualmente importante, estos índices de desempeño son informe excelente para la alta gerencia. El control de la calidad y sus aportaciones a las utilidades se traducen a términos que son rápidamente entendidos y, en forma gráfica, rápidamente medidos.

En esta exposición, sólo se ha considerado un área: el control de materiales adquiridos. Los índices de desempeño que cubren productividad, efectividad y puntualidad de acción pueden, de la misma forma, formularse para cada una de las cuatro tareas principales del control total de la calidad. Los reportes periódicos de todos los índices proporcionan una medida compuesta del desempeño del sistema de calidad en un negocio.

Si se puede informar con regularidad mejoras positivas en un porcentaje alto de estos índices de desempeño, hay buenas indicaciones que el componente de calidad y el sistema de calidad están operando satisfactoriamente y aportar sus resultados al éxito de la compañía.

La administración por medio de índices apropiados, tales como los mencionados, y dentro del marco de datos de costos funcionales, es una de las llaves principales para el control total de la calidad firme en una compañía.

7.20 Costos de calidad y crecimiento económico: Resumen

La nueva y cercana relación entre crecimiento económico y el costo de la calidad significa que el control de la calidad y la economía de la calidad deben convertirse en dos de los elementos principales de la planeación estratégica de la compañía y sus acciones administrativas importantes para lograr una fuerza económica competitiva en los mercados nacionales e internacionales. El control de la calidad y los costos de calidad deben ser dirigidos en una forma que proporcionen a la empresa un importante valor agregado del negocio. Así, la medición y control de los costos de calidad asumirán crecientemente una posición de importancia central en los planes y acciones de la administración de la compañía por regla general —no como un caso especial, lo que ha sido en ocasiones la condición en tiempos anteriores y menos exigentes.

Notas

[1] Véase.V Feigenbaum, *Total Quality Control: Enginnering and Management*, McGraw Hill Book Company, New York, 1961, y "Total Quality Control", Harvard Business Review, Vol. 34, Núm. 6. noviembre-diciembre de 1956.

[2] La productividad total se examinó en las Secs. 3.2 y 3.3.

[3] En la Sec. 7.15 se examinan los principales costos del equipo de información de la calidad.

[4] Se comentó garantía en la Sec. 2.7

[5] Se comentaron las demandas legales del producto en la Sec. 2.6

[6] Se describió el retiro del producto en la Sec. 2.8

[7] Véase la Sec. 1.14 para un comentario de la gran importancia del rendimiento sobre inversión como un indicador económico.

[8] La Fig. 1-5 ilustra el alto valor de estos resultados.

[9] Para una descripción del equipo de pruebas automático, consulte J. Richard Lucas, "General Purpose A. T. E. 's Are Not For Everyne", *32nd Annual Technical Conference Transactions*, American Society for Quality Control, Chicago, 1978.

[10] Véase especialmente la Sec. 2.1 para un repaso de la "mentalidad" del ciclo de vida del comprador moderno y la Sec. 2.10 para los efectos específicos de los costos del ciclo de vida sobre las ventas y aceptación del producto en el mercado.

[11] Esta sección está de acuerdo con un trabajo de F. J. Berkenkamp.

[12] El muestreo de lotes alternados y otros planes de muestreo publicados se describe en la Sec. 15.11

PARTE TRES
Estrategias administrativas para la calidad

CAPÍTULO 8
Organización para la calidad

Ya que el control total de la calidad guía y coordina las acciones del personal, máquinas e información en el curso de las actividades clave en las compañías, es esencial que la calidad esté organizada efectiva y económicamente en toda la compañía.

Hay tres consideraciones en el establecimiento y funcionamiento de esta organización de la calidad total. La primera es la determinación y confirmación del trabajo específico de la calidad y del equipo —incluyendo responsabilidad, autoridad, contabilidad y relaciones para la calidad— de cada una de las personas clave y de los grupos clave en la compañía y planta.

La segunda consideración es la determinación y confirmación de estos mismos conceptos para la función del control de calidad, de forma que pueda ayudar a la compañía a lograr sus objetivos de calidad.

La tercera consideración es el liderazgo de la administración de la compañía y planta en el establecimiento de un mantenimiento continuo de la organización de la calidad.

Los fundamentos tecnológicos y administrativos básicos para el trabajo e interrelaciones de esta organización son proporcionados por el sistema de calidad total de la compañía y planta en el establecimiento de un mantenimiento continuo de la organización de la calidad.

Los fundamentos tecnológicos y administrativos básicos para el trabajo e interrelaciones de esta organización son proporcionados por el sistema de calidad total de la compañía y planta. Sin un sistema de calidad dinámico, no puede haber una organización fuerte de la calidad.

En este capítulo se examinan el enfoque, principios y estructura básica para lograr una organización de la calidad total, sólida y efectiva.

8.1 ¿Cuáles son los requisitos actuales para la organización de la calidad?

Algunos factores modernos del mercado, tecnológicos y económicos han establecido nuevos requisitos importantes en la organización de la calidad. Cuatro de estos factores son de particular importancia y son:

1. En el pasado, los programas tradicionales de calidad eran considerados como una función exclusiva en la compañía. En vez de esto, hoy deben ser reconocidos como un grupo sistemático de disciplinas de calidad, para ser aplicadas en una base coordinada por todas las funciones en toda la compañía y planta.
2. En el pasado, los programas tradicionales de calidad eran varias capas de la organización tomadas de un contacto directo, continuo y satisfactorio con los clientes de los productos y servicios de la compañía. Hoy, en vez de esto, deben estar continuamente enlazados con el comprador y el cliente tanto en una base de retroalimentación como de prealimentación.
3. Los problemas de calidad trascienden y no respetan fronteras funcionales individuales en la organización dentro de la compañía. Si se quiere ser realista, el programa de calidad debe ser organizado de acuerdo con esto.
4. Las operaciones relacionadas con la calidad en las compañías son tan extensas, intrincadas y relacionadas entre sí, que la necesidad de un control integrado de alto grado es de importancia primordial, no secundaria, como se consideraba en el pasado. Esto es necesario para asegurar orientación de los hechos reales de calidad de los nuevos productos que se perfeccionan, para recibir "advertencias tempranas" y así detener problemas de calidad en la producción y para permitir a la administración manejar sus operaciones de calidad en vez de ser manejada por ellas.

Juntos, estos cuatro factores representan las fuerzas que están colocando el establecimiento de una fuerte organización de la calidad total en el peldaño primordial de atención de la gerencia general.

Organizar para cumplir con estos nuevos requisitos de calidad no es cuestión de cualquier estructura de organización universal; puede variar por muchas razones, pero es cuestión de seguir principios claros y disciplinas específicas que establezcan firme y claramente la organización de la calidad en aquel patrón particular que encaje en el mercado y los requisitos económicos y sociales de la compañía.

Por ejemplo, los factores 1 y 2 son determinantes centrales en establecer una organización de la calidad efectiva *en toda la compañía*, que se comenta en las Secs. 8.2 a 8.9.

Similarmente, los factores 3 y 4 son determinantes centrales en este patrón de toda la compañía para establecer una organización efectiva del *control de la calidad*, comentado en particular de la Sec. 8.10 en adelante.

8.2 Definición del impacto en la organización del control total de la calidad

Por definición:

> El impacto en la organización del control total de la calidad implica la implementación administrativa y técnica de actividades de calidad orientadas al cliente, como una responsabilidad principal de la gerencia general y de las operaciones de línea principales de mercadotecnia, ingeniería, producción, relaciones industriales y servicio, así como a la propia función del control de calidad.

La necesidad de este impacto en la organización queda demostrada compañía tras compañía en todo el mundo. La experiencia muestra que hasta un 80% de los problemas fundamentales de calidad que requieren mejoras hoy, están fuera del alcance de los departamentos tradicionales del control de calidad (Fig. 8-1). O, en otras palabras, sólo el 20% o menos de problemas de calidad importantes han podido ser tratados con efectividad con estas normas más tradicionales del enfoque de calidad.

Estos problemas de calidad importantes pueden existir en la producción debido a la instalación y continuidad de operaciones de manufactura que no cumplen con los requisitos de calidad. Pueden existir en desarrollo e ingeniería debido a diseños del producto que han sido establecidos en términos puramente tecnológicos y no consideran adecuadamente la calidad en el ciclo de vida del producto.

Pueden existir en mercadotecnia debido a las especificaciones del cliente, que hagan hincapié en el aspecto y características superficiales, pero no a los usos reales a los que será sometido el producto por los usuarios. Puede existir en los programas de servicio al producto que proporcionan una "solución rápi-

PROBLEMAS DE CALIDAD QUE REQUIEREN MEJORAS

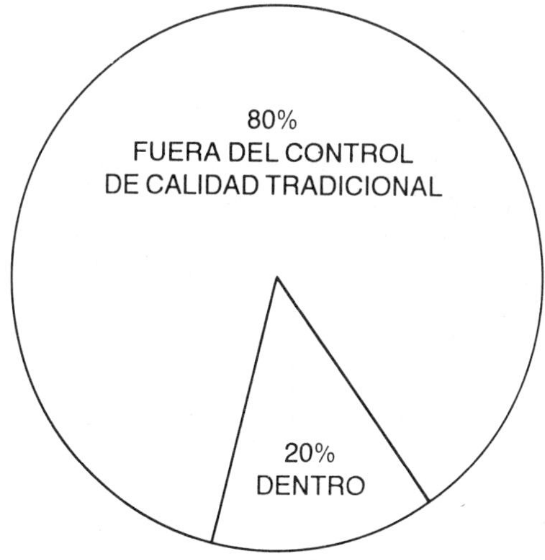

Fig. 8-1

TODOS LOS PROBLEMAS CLAVES DE CALIDAD SON
PRINCIPALMENTE
RESPONSABILIDADES
ADMINISTRATIVAS

Fig. 8-2

da" a los problemas de calidad, pero no una operación continua satisfactoria del producto. Y, de mucha importancia, pueden existir algunas actitudes gerenciales y prácticas que hablan de calidad, pero no en acciones específicas detalladas, o proporcionan el apoyo, criterio y presupuestos necesarios para las mejoras en la calidad.

En reconocimiento de este impacto en la organización de los problemas de calidad, los programas modernos de calidad están estructurados para tratar con todos estos problemas clave de calidad (Fig. 8-2) como una responsabilidad primeramente administrativa, económica y técnica de personas clave en mercadotecnia, ingeniería, producción y servicios en la firma —así como en el control de calidad y en la misma gerencia general.

La organización moderna de la calidad proporciona el trabajo necesario para entrar de lleno en los aspectos de uso del cliente de las especificaciones de mercadotecnia —por ejemplo, para ayudar a establecer la facilidad y seguridad del automóvil nuevo, la tasa de servicio de una computadora nueva o la eficacia de un nuevo medicamento— no ocasionalmente o como simple reacción a los problemas, sino sistemática y regularmente.

Asegura que la actividad entre profundamente en la planeación de la capacidad básica de todos los procesos de producción —tanto los comprados recientemente como aquellos que están en funcionamiento. Alienta al trabajo para asegurar la confiabilidad y seguridad básicas para todos los diseños de productos. Genera actividad hacia la creación de estándares para todo servicio al producto. Implica trabajo continuamente para medir satisfacción del cliente con el producto en uso. Y, por medio de motivación y participación continuadas, genera una actividad explícita hacia la creación de un interés por la calidad positiva como forma de vida en la fábrica y en la oficina.

8.3 La tarea de la organización de calidad

La tarea de la organización de la calidad, por tanto, es funcionamiento e integración, en el marco del sistema de calidad total, de las actividades de las personas y grupos que trabajan dentro del marco tecnológico representado por las cuatro tareas del control de calidad.

El espíritu que guíe a esta organización debe ser el que estimule una conciencia dinámica para la calidad entre todos los empleados de la compañía. Este espíritu depende de muchos intangibles, entre los cuales la actitud de la gerencia hacia la calidad es suprema.

También depende de varios factores muy tangibles. El más importante de ellos es que la estructura de la organización de la calidad permite un máximo de resultados e integración con un mínimo de fricciones personales, quebrantamiento de autoridad y disensión entre los grupos funcionales.

El establecimiento de una organización de calidad adecuada para una compañía es tarea de relaciones humanas; pueden encontrarse guías para los patrones estructurales que son útiles en la experiencia de la industria durante los últimos años. Esta experiencia puede ser comparada contra los fundamentos de los métodos de planeación de la organización que son amplia y efectivamente usados.

Los patrones que sobresalen como los más exitosos ya pueden ser compendiados de acuerdo con su esencia:

La responsabilidad básica de la calidad descansa en las manos de la alta gerencia de la compañía. En las últimas décadas, la gerencia general, como parte de la tendencia general en la industria hacia la especialización, había delegado parte de su responsabilidad de calidad a grupos funcionales como Ingeniería, Manufactura, Mercadotecnia, Servicio al Producto y Control de Calidad. Además, la responsabilidad tan importante de cada operario para producir productos de calidad ha, si acaso, aumentado en este periodo de años con la complejidad creciente tanto de los productos como de la maquinaria de producción.

En la industria actual, las cuatro tareas del control de calidad no pueden ser llevadas a cabo con efectividad a menos que aquellas responsabilidades funcionales para con la calidad en sus varios elementos sean claramente definidos y estructurados. Además, debe haber un mecanismo anexo para ayudar a integrar y medir estas responsabilidades. En las compañías más grandes donde la alta gerencia no puede por sí misma actuar como si fuera ese un mecanismo, la administración actual establece un componente organizacional como un punto básico de su organización del control total de la calidad para proporcionar la integración y el control requeridos.

La creación de este componente del control de calidad no libera a otro personal de la compañía de sus responsabilidad delegadas de calidad, para lo cual son más idóneos. El componente, sin embargo, hace que el control de calidad como un todo para la compañía sea mayor que la suma de sus partes de ingeniería, manufactura, inspección y mercadotecnia, en las funciones de integración y control. Proporciona así el centro del patrón organizacional para hacer efectivo el marco tecnológico del control total de la calidad, una efectividad que no ha sido igualada por las organizaciones más tradicionales para control de calidad en el pasado.

8.4 ¿Cuál ha sido la organización formal para la calidad en el pasado?

La importancia de una estructura tan clara queda de relieve con el hecho de que aun en algunas compañías que han prestado una concentración importante a las actividades de calidad, muchas han sólo prestado una atención casual a la organización de la calidad. La mayor parte del tiempo y del esfuerzo se ha destinado a actuar ante los problemas de calidad o a mejorar los aspectos técnicos del control de calidad. Sin embargo, la organización de la calidad no ha sido ni bien pensada ni aclarada apropiadamente.

Con demasiada frecuencia, la organización de la calidad se ha creado como una respuesta a corto plazo para las presiones de calidad importantes, tal como un rápido crecimiento de costos por fallas internas en la planta, o por un grupo de peligros en la seguridad del producto recientemente reconocidos, con la posibilidad de quejas importantes, demandas legales del producto o un programa grande de retiro del producto.

En estas circunstancias, tratar explícitamente con el impacto de la calidad en la organización algunas veces no se ha tenido en cuenta. Se ha continuado con varias partes del trabajo de calidad, no como parte de un programa preconcebido de control total de la calidad en toda la planta, sino como partes no coordinadas —con frecuencia informales— de las responsabilidades de varios grupos funcionales en la planta. Las actividades de control de nuevos diseños han sido normalmente la actividad —algunas veces formal, otras informalmente— de Ingeniería de Diseño y, posiblemente, de Ingeniería de Manufactura. El control de materiales recibidos ha sido supervisado, por lo general, por Inspección y por Ingeniería de Laboratorio, algunas veces con Compras.

El control del producto ha sido con frecuencia dirigido exclusivamente por Supervisión de Producción. Los estudios de procesos especiales han sido resueltos con frecuencia por actividades en las que todos los grupos participan con un mínimo de restricciones.

En realidad, organizar para la calidad ha sido con frecuencia enfocada primordialmente como consideraciones organizacionales que recaen en el trabajo del componente del control de calidad en sí. Como resultado, algunos componentes del control de la calidad de la compañía simplemente "ya crecieron". Se han convertido en apéndices de los departamentos existentes de inspección, en "nuevos" grupos funcionales desarrollados con poco análisis preliminar de lo que en realidad debería ser su función, o trabajos adicionales para personalidades destacadas en las plantas. En algunas ocasiones, una "oficina central de control de calidad" ha sido establecida, depende de la alta gerencia, pero con autoridad o relaciones directas poco claras con las acciones reales de la compañía con la calidad.

Las organizaciones de control de calidad que están reconocidas formalmente en los organigramas de la compañía, con frecuencia son poco adecuadas para servir en las tareas del control de calidad. Algunas plantas no reconocen que las cuatro tareas estén dentro de los límites de su organización de control de calidad. Con frecuencia un programa de control de calidad está aliado con un departamento de inspección al cual le cambiaron el nombre, pero sigue siendo tradicional. Está a cargo de la tarea número 2, control de materiales adquiridos, y algunas fases de la tarea 3, control del producto.

Con igual frecuencia se encuentra el sistema de crear una organización de control de calidad simplemente añadiendo métodos, como muestreo estadístico para las actividades del departamento de inspección que hay en la planta.

También, hay con frecuencia insuficiencias básicas en el programa de aquellas plantas que se concentran en el desarrollo de organizaciones "nuevas" funcionales del control de calidad. Muchos de estos grupos han sido construidos alrededor de una sola técnica de control de calidad o un solo objetivo de control de calidad. Algunos de estos grupos son oficinas de estadística; otros llevan versiones especializadas de trabajo de muestreo o estudian únicamente "pérdidas en manufactura"; otros son responsables de las quejas por problemas en el campo o de redactar instrucciones para pruebas e inspección en la fábrica y algunos otros se asignan primordialmente a la evaluación y pruebas en lo referente a la introducción de un nuevo producto. Unos cuantos grupos son establecidos para el propósito principal de mantener relaciones de calidad con el cliente.

Estos grupos están limitados en el panorama del trabajo 1, control del nuevo diseño; la tarea 3, control del producto; o tarea 4, estudios de procesos especiales. Típicamente, sus miembros son muy conscientes y con frecuencia logran éxitos locales en los proyectos individuales en que se ocupan. Sin embargo, en el análisis final, y como es casi inevitable, los resultados de su trabajo en relación con el objetivo general de calidad de la planta, pueden ser análogos a los resultados obtenidos al tratar de sujetar un globo apretándole un extremo.

No poder alcanzar el objetivo de calidad de la compañía no es la única dificultad que se ha experimentado en estos tipos de organizaciones del control de calidad. Con frecuencia se caracterizan por falta de integración entre las diferentes actividades, y por una planeación del control de calidad desarticulada. Las nuevas técnicas del control de calidad, la mayoría de las cuales cubren las cuatro tareas del control de calidad, a menudo no se tienen en cuenta o se aplican mal debido a que no ha habido un canal por el que hubieran podido introducirse en toda la compañía.

Algunas compañías están organizadas de tal forma que las responsabilidades de confiabilidad del producto están separadas de las responsabilidades básicas de calidad del producto. Se han establecido organizaciones de responsabilidad grandes y costosas y que, en algunos casos, incluyen una repetición de las responsabilidades de calidad del producto que ya existen. Naturalmente, surgen conflictos entre los dos grupos, y no se tienen en consideración los intereses de calidad general del producto ni del elemento de confiabilidad del producto.

También existe la misma difusión de responsabilidad y coordinación en algunas compañías con respecto a otras actividades principales relacionadas con la calidad, tales como la seguridad del producto. Con respecto al campo tan importante de demandas legales sobre el producto, en la Sec. 3.9 se hizo un examen completo de las importantes dificultades creadas para las compañías que han permitido que existan paredes entre sus programas de calidad y sus actividades de prevención de pérdidas por demandas legales.

8.5 ¿Cuál ha sido la importancia de las responsabilidades de calidad en estas organizaciones?

En el análisis final, muchas de estas organizaciones de calidad del pasado han sido tan informales o tan restringidas que no han sido en absoluto organizaciones de calidad en el sentido del control total de la calidad de una administración coordinada de un programa integrado por las cuatro tareas del control de calidad.

Algunos problemas de choque de personalidad han surgido a veces cuando la administración ha sido llevada a esperar las mejoras generales en la calidad y reducciones en costos a partir de estas formas de organizaciones de calidad que se presentan en las publicaciones. La fricción entre los grupos y empleados de la compañía y una alta rotación del personal del control de calidad, han caracterizado algunas veces estos programas. Los empleados en toda la compañía no tienen, a menudo, datos claros con respecto al panorama de la organización del control de calidad en sí, y algunas veces lanzan acusaciones gigantescas contra sus miembros.

Por una parte, la administración está insatisfecha con su programa de control de calidad y suspicaz de las quejas a escala nacional contra esa actividad. Por otra parte, los miembros de la organización del control de calidad se decepcionan y critican duramente en privado a la administración por su falta de comprensión y su negativa de proporcionar al grupo mayor poder.

Así, la administración ha estado pagando un alto precio por la organización de la calidad en muchas plantas y compañías. Por tanto, el punto en la organización de la calidad hoy *no* es "¿Deberemos organizar para administrar las tareas del control de calidad?", sino "¿Cuál es el tipo de organización de la calidad más efectivo que proporcionará satisfacción al cliente y costos bajos?".

8.6 ¿Qué aspecto ha surgido de esta distribución de responsabilidades?

Puede darse por hecho que las obligaciones que parecen tener las cabezas de la hidra mitológica y la falta de una organización genuina de las cuatro tareas del control de calidad son las causas principales de los altos costos de la calidad industrial y para la baja calidad ocasional de estos productos. Cuando todo el mundo interviene en el control de calidad puede llegar a ser a menudo un trabajo inútil para cualquiera.

Puede darse por hecho que la coordinación entre las actividades de control de calidad ha ocurrido más de acuerdo con el capricho que a cualquier procedimiento organizacional adecuado. Los factores de presupuesto y las consideraciones de personalidad han tendido a dividir las responsabilidades de calidad del producto y aislar a los grupos funcionales entre sí.

Puede darse por hecho que algunas de las actividades de control de calidad se han desarrollado en sentidos contrarios. Las responsabilidades por la calidad del producto están ampliamente distribuidas que sería ingenuo esperar que se sincronizaran unas con otras "espontáneamente".

Puede darse por hecho que los problemas de calidad modernos son técnicamente muy complejos para ser resueltos adecuadamente al tanteo. Los problemas de calidad industriales sencillamente han sobrepasado la estructura de organización creada en otra época, para tratar con ellos.

¿Pero qué se debe hacer con esta situación?

El punto básico expuesto es que estas responsabilidades individuales con la calidad son partes integrales del trabajo cotidiano de los grupos de línea, *staff* y funcionales que los mantienen. No pueden ser separados con efectividad de las otras actividades de estos grupos. Los pocos esfuerzos para organizar el control de calidad en esta dirección han fracasado.

Por ello, la responsabilidad de especificar las tolerancias y otros requisitos de calidad para hacer pruebas apropiadas a fin de determinar lo que debería ser esta calidad, tiene una relación estrecha con la función de la ingeniería de producto. Una parte importante del trabajo de ingeniería de manufactura es asegurar que las herramientas y procesos elegidos producirán partes estándar de calidad requerida.

Es correcto y adecuado en la mayor parte de las compañías que las responsabilidades clave de la calidad del producto se distribuyan entre diversos componentes organizacionales. ¿Cómo puede organizarse el control de calidad de forma que se generen integración y control sin liberar al resto del personal de la compañía de su responsabilidad básica para con la calidad?

8.7 ¿Cuál es el proceso de "control"?

Este problema de responsabilidad difusa no es tan complicado como podría parecer a primera vista. Ha sido enfrentado y resuelto por la administración en algunas situaciones anteriores.

Se enfrentó en el establecimiento de la organización de administración de personal. Era inconcebible que todas las actividades del personal fueran arrancadas de las manos de la organización de línea y colocadas en el grupo de personal.

Se enfrentó en el establecimiento de la organización del control de la producción. Se vio claramente al inicio de este programa que la responsabilidad por muchas fases de la producción debe permanecer donde estaba: en manos del supervisor de fábrica, del ingeniero y de otros grupos del proceso de producción.

Se enfrentó en el establecimiento de la organización financiera y de contabilidad de costos. Estaba claro que la responsabilidad por los gastos debería ser asignada a muchas personas y grupos que supieran qué trabajo se llevaba a cabo; esta responsabilidad no podía ser puesta totalmente en manos del grupo de contabilidad de costos.

La técnica organizacional creada por la administración para satisfacer estas condiciones puede ser descrita con sencillez. Inicialmente, puede consistir en dejar sin tocar las responsabilidades y autoridad en las manos de los grupos a los que les fueron delegadas. Este procedimiento se sigue ya sea que esta delegación haya sido hecha formalmente por la administración con anterioridad o que las responsabilidades se hayan desplazado por sí solas hacia los grupos en cuestión.

Entonces se crea un medio para asegurar a la administración que los resultados de estos grupos son satisfactorios en relación con los estándares prefijados por la gerencia. En el proceso de la revisión de estos resultados, puede llegar a ser necesario coordinar las actividades de los diversos delegados y dar nueva distribución a algunas de sus responsabilidades.

Con frecuencia la administración no tiene tiempo de proseguir con el trabajo que se requiere. Puede, por tanto, "amplificar su personalidad" con el nombramiento de una persona o un grupo funcionales para que hagan su trabajo por ella.

Como se comentó en la Sec. 1.5, este proceso es de control. El término "control" se aplica, por lo general, a la organización que se crea para ello, como el "control" de presupuestos, "control" de la producción, "control" financiero y, por supuesto, "control" de la calidad.

Este proceso puede ser expresado en relación con la calidad del producto. Analizado desde este punto de vista organizacional, el control de calidad se convierte en simplemente lo que la frase implica: el control administrativo sobre la calidad del producto. Es un instrumento por medio del cual la administración delega autoridad y responsabilidad por la calidad del producto y se libera de detalles innecesarios y permite los beneficios de la especialización a la vez que retiene los medios para asegurar aquellos resultados de calidad que serán satisfactorios para los estándares y políticas de la alta gerencia.

8.8 Principios de organización

Dos principios organizacionales de calidad que resumen los conceptos anteriores son fundamentales para construir la estructura de la organización que echa a andar este proceso y, por tanto, lleve a un uso efectivo a las cuatro tareas del control de calidad. El primer principio es que la *calidad es tarea de todo el mundo* en un negocio. (En la Sec. 8.9 se describe la implementación de este principio.)

Con la intención de impugnar este principio, muchos negocios han intentado centralizar las responsabilidades de la calidad organizando una función a la cual se le dio el nombre atrayente de "responsabilidades de todos los factores que influyen en la calidad del producto". Estos experimentos tuvieron un periodo que duró de 6 a 9 meses, y eso acontecía cuando el asunto gozaba de un estómago resistente, de una piel de rinoceronte y de una juventud bien empleada. Otros no dotados de condiciones similares no duraban ni 6 meses.

El simple hecho es que el hombre *especialista en el mercado* es el que mejor conoce las preferencias del consumidor. *El ingeniero de proyectos* es el único capacitado para establecer especificaciones de grados de calidad y el *supervisor del taller*, la persona mejor preparada para influir en la calidad.

Los programas de control total de la calidad, por tanto, requieren como primer paso, que la alta gerencia haga hincapié en las responsabilidades de todos los empleados de la compañía en los controles de nuevo diseño, de recepción de materiales, de producto y de estudios especiales.

El segundo principio en la organización del control total de la calidad, es un corolario del primer principio y expresa: *Cuando todo el mundo interviene en el control de calidad puede llegar a ser un trabajo inútil para cualquiera.* (En la Sec. 8.10 se describe la implementación de este principio.)

En consecuencia, el segundo paso requerido en todo programa de control total de la calidad queda aclarado. La alta gerencia tiene que reconocer que muchas de las responsabilidades individuales del control de calidad se ejercen de una manera más efectiva cuando se apoyan en una función directiva bien organizada y genuinamente moderna cuya *especialización* es calidad en el producto, cuya zona de *actividad* es el control de calidad en el trabajo y cuya única *responsabilidad* consiste en estar seguros de que los productos son de buena calidad y con un *costo de calidad aceptable.*

8.9 El primer principio: Responsabilidades y autoridades principales en la organización

En la determinación y confirmación de las responsabilidades mayores de calidad en toda la organización, un desglose típico de algunos de los grupos funcionales principales que tienen responsabilidades y autoridades para la calidad del servicio y producto es como sigue:

1. *Planeación, comercialización y venta del producto.* El cual presentará el producto señalando las características que llenarán los deseos y las necesidades del consumidor, al que se le darán los datos que sean necesarios y los estándares de la calidad.
2. *Ingeniería del producto.* Este grupo se ocupa del diseño original del producto, de la descripción de las especificaciones, del establecimiento de garantías y de la selección de materiales, tolerancias y características del funcionamiento.
3. *Ingeniería de fabricación.* Su tarea principal consiste en la selección de equipos para maquinado y procesado, en el diseño de accesorios y matrices, en el análisis de dificultades en la elaboración, que se presentan cuando se trata de alcanzar cierto estándar de calidad; en la selección de métodos, en el acondicionamiento del local de trabajo y en proveer condiciones satisfactorias de trabajo.
4. *Compras.* Se ocupa de la selección de proveedores y de las garantías de calidad exigidas.
5. *Laboratorio.* Se encarga de los estándares de los materiales y de los procesos, así como de la aprobación de materiales críticos, ya sea que se compren o que se produzcan, y de recomendaciones de técnicas especiales en el proceso.

6. *Supervisión de producción*. Se ocupa del adiestramiento de los operarios, de la atención adecuada y el cuidado en las operaciones, de la interpretación correcta de planos y especificaciones y del control real de la manufactura de las partes al ser producidas.
7. *Personal de producción*. Pericia, cuidado y calidad de su trabajo.
8. *Inspección y pruebas.* Se ocupa de juzgar la calidad de las partes y de los materiales que se reciban y de la comprobación de conformidad entre las partes construidas y las especificaciones.
9. *Empaque y envíos*. Se ocupa en ver que el recipiente que va a contener el producto sea el adecuado y de la remesa del producto.
10. *Servicios en el producto*. El cual ofrece al consumidor los medios para aprovechar el producto al máximo dentro de la duración que se le supone; o sea, mantenimiento y las instrucciones necesarias para reparaciones y sustitución de partes.

Otros grupos como el de Control de Producción, Tarifa de Sueldos y Personal, participan en las responsabilidades de la calidad. Algunas nuevas especialidades creadas —por ejemplo, la búsqueda de motivación— tienen la calidad del producto como razón principal de su existencia.

8.10 El segundo principio: Responsabilidad y autoridades principales del control de calidad

Para ayudar a la gerencia general y a los jefes de estas funciones varias a cumplir sus propias responsabilidades con la calidad, de forma que obtengan los resultados de calidad necesarios para el negocio, las dos autoridades básicas de una función moderna de control de calidad pueden ser enunciadas formalmente como sigue: *primero*, proporcionar el aseguramiento de la calidad para los productos del negocio, y *segundo*, ayudar a asegurar los costos de calidad óptimos para estos productos.

Para ejercer estas autoridades, deben asignarse tres responsabilidades básicas a la función de control de calidad:

Primero, el componente del control de calidad moderno tiene una *responsabilidad con el negocio,* por medio de la cual el control de calidad proporciona una contribución primordial y directa a las acciones de planeación e implementación del negocio del crecimiento en el mercado de la empresa, su control de costo y su planeación del producto en términos de la calidad en el ciclo de vida para el cliente. Esto queda en contraste directo con el componente de calidad al que se le pide reaccionar a los problemas de calidad del negocio cuando éstos han ocurrido ya.[1]

Segundo, el componente del control de calidad tiene una *responsabilidad sistematizada*, por medio de la cual el control de calidad proporciona a la compañía un liderazgo primordial para la ingeniería y administración de un sistema de calidad total dinámico que asegure calidad y costo de calidad desde mercadotecnia e ingeniería hasta producción y servicio.[2]

Tercero, el componente del control de calidad tiene una *responsabilidad técnica*, por medio de la cual el control de calidad incluye las actividades principales de aseguramiento y control funcional.[3]

Estas tres responsabilidades de la calidad representan una tarea mucho mayor que aquélla en la función de calidad de hace unos cuantos años —cuyo trabajo estaba limitado generalmente a alguna forma de responsabilidad técnica. Estas tres responsabilidades representan el trabajo necesario que debe llevar a cabo el control de la calidad moderno para proporcionar la aportación de calidad positiva que es tan esencial para la "salud" de los negocios hoy en día.

8.11 Estructuración de la organización de la calidad total —Responsabilidades de la gerencia general

Para aclarar y concretar el trabajo, autoridades y responsabilidades implicadas en la implementación de los dos principios básicos de la organización de la calidad moderna, la gerencia general debe documentar clara y específicamente —y comunicarlo a todos los empleados— la estructura de calidad de la compañía y planta con el detalle organizacional necesario. Este manual de la calidad en la compañía incluirá la publicación de guías adecuadas para cada puesto, según se necesite.

Esta estructura, que cubre las responsabilidades con la calidad en toda la compañía por medio de las cuatro tareas del control total de la calidad, representa la realización organizacional de la política de calidad de la compañía formalmente publicada,[4]

Solo por medio de esta documentación será posible para las personas y grupos en toda la compañía entender claramente su participación en los resultados específicos de calidad orientados al cliente, por los cuales están siendo medidos y a los cuales es indispensable su entrega personal. En el Cap. 9 se comenta en detalle el logro de esta entrega positiva a la calidad total.

Debido a que se requiere un alto grado de integración en los programas de calidad en toda la compañía y planta, esta documentación también debe señalar las zonas principales de trabajo en equipo y las relaciones entre personas y grupos. De otra forma, no se logrará el alto grado de cooperación y coordinación necesarios.

En la Fig. 8-3 se muestra un conjunto clásico de relaciones entre las responsabilidades de calidad, incluyendo aquellas de la función del control de calidad. Este diagrama, llamado gráfica de relaciones, es un medio muy útil para analizar, determinar y establecer las responsabilidades primordiales de calidad para los varios componentes organizacionales de la compañía.

8.12 Las tres subfunciones del control de calidad

Estas autoridades, responsabilidades, obligaciones y relaciones del componente del control de calidad moderno, se cumplen por medio de sus tres subfunciones,

GRÁFICA DE RELACIONES DE FUNCIONES

(Aplicada a calidad de producción)

Clave: (R) = Responsable
D = Debe cooperar
P = Puede cooperar
I = Será informado

Zonas de responsabilidad	Gerente General	Finanzas	Mercados	Ingenieros	Jefe de Producción	Ings. de Producción	Control de calidad	Materiales	Operación-Talleres
Determinar las necesidades del comprador			(R)						
Grados de calidad	(R)		D	D	D				
Establecer especificaciones del producto				(R)					
Establecer diseño de proceso de trabajo				D	P	(R)	P	P	D
Producir producto dentro de especificaciones			P	D	D	D	D	D	(R)
Determinar la capacidad del proceso					I	D	(R)	P	D
Calificar calidad de proveedores							D	(R)	
Planear el sistema de la calidad	(R)		D	D	D	D	(R)	D	D
Planear procedimientos de inspección y pruebas						D	(R)	D	D
Diseñar equipo de inspección y pruebas						D	(R)		P
Establecer información de la calidad			D	D	I	P	(R)	D	D
Reunir datos de quejas			(R)						
Analizar las quejas			p	p			(R)		
Obtener acción correctiva			P	D	D	D	(R)	D	D
Compilar los costos de la calidad		(R)	D	D	D				
Analizar los costos de la calidad		p					(R)		
Estimar la calidad durante el proceso							(R)		D
Supervisar la calidad durante el proceso				D		D	(R)		
Inspección final del producto			D	D	P	D	(R)		

Fig. 8-3

que son ingeniería de calidad, ingeniería de control del proceso (incluyendo inspección y pruebas) e ingeniería de equipo informativo de calidad.

La ingeniería de calidad efectúa la planeación detallada de la calidad, que contribuye con el sistema de calidad de la compañía y lo implanta.

La ingeniería de control del proceso (incluyendo la inspección y las pruebas) da instrucción en los talleres de la aplicación del sistema de control y de una manera gradual tiende a sustituir la función "policial" de la inspección.

Ingeniería de equipo informativo de la calidad. Diseña y lleva a cabo los menesteres de la inspección y pruebas necesarias para obtener las mediciones, controles y flujo de información requeridos en el control del proceso. En dónde y cuándo puede justificarse este equipo será susceptible de combinarse con producción a fin de dar retroalimentación automática en el control del proceso. Todos los resultados son sometidos a un análisis para hacer ajustes y aplicar correcciones.

La estructura básica de esta función de control se muestra en la Fig. 8-4. La Fig. 8-5 es una guía típica para el gerente o director de la función. La Fig. 8-6 es un examen de los elementos de ingeniería del control de la calidad, ingeniería de control del proceso (también incluye inspección y pruebas) e ingeniería de las subfunciones del equipo informativo de la calidad.

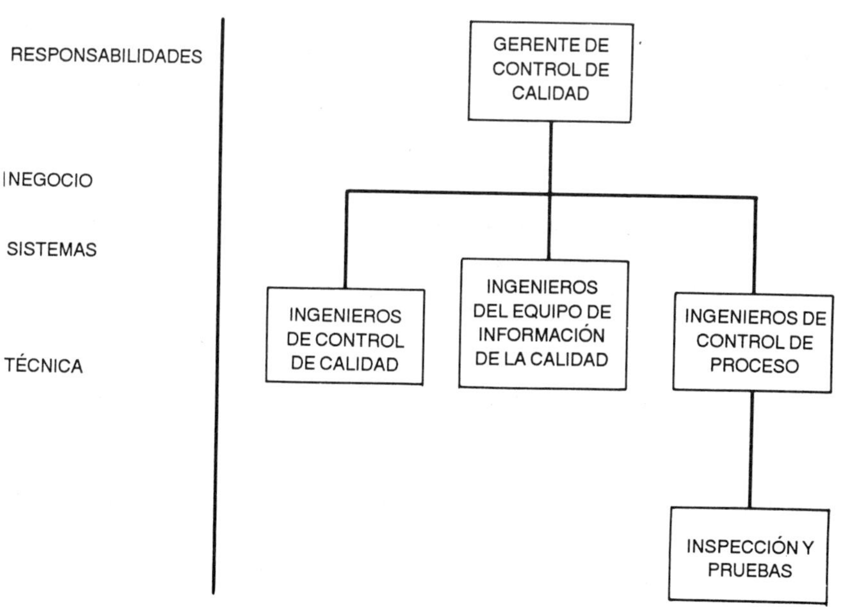

Fig. 8-4

Fig. 8-5

COMPAÑÍA XYZ
GUÍA DE PUESTO
GERENTE DE CONTROL DE CALIDAD

I. Función general:

El Gerente de Control de Calidad tiene renglones básicos de responsabilidad para con la compañía, como sigue:

Responsabilidad con el negocio: El Gerente de Control de Calidad proporcionará el aseguramiento de calidad de los productos y servicios de la compañía al cliente y ayudará a asegurar el logro de los costos de calidad óptimos para la compañía. El Gerente de Control de Calidad participará en la planeación estratégica del negocio de la compañía. El gerente ayudará a formular y documentar la política básica y organización de la calidad de la compañía. El gerente contribuirá con sus experiencias a ayudar a establecer metas realistas de calidad y tácticas de apoyo factibles en los planes de negocio de la compañía. Participará en las decisiones importantes relacionadas con la calidad en todas las fases de la actividad del negocio. Hará resaltar los factores tales como posibles demandas legales sobre los productos de la compañía, la confiabilidad y seguridad de todos los productos, y la minimización de estos peligros para lograr la completa satisfacción del cliente con respecto a la calidad tales como retiros del producto. El gerente ayudará a aplicar el efecto del programa de calidad de la compañía para el mejoramiento de la productividad tanto en la fábrica como en la oficina.

Responsabilidad sistematizada: Como delegado de la gerencia general y en cooperación cercana con todas las funciones clave de la compañía y planta, el gerente de control de calidad debe ser líder en el establecimiento y mantenimiento del sistema de calidad. También asegurará y cooperará en el acopio y análisis regulares de los costos de calidad para medir la efectividad en el negocio de los sistemas económicos del programa de calidad para lograr un equilibrio óptimo entre los costos de prevención, evaluación y fallas.

Responsabilidad técnica: El Gerente de Control de Calidad proporcionará una operación de planta y compañía adecuada y la aplicación de las tecnologías ingenieriles y estadísticas del control de calidad. Esto será ejercido en las tres áreas subfuncionales de ingeniería de calidad, ingeniería de control de proceso e ingeniería del equipo de información de calidad. Esto incluye el mantenimiento de actividades apropiadas para hacer auditoría de la efectividad de la calidad, especialmente la planeación de programas de auditorías; procedimientos de auditorías; auditorías; auditorías de sistemas de calidad y auditorías de productos. (Estas auditorías se examinan en las Secs. 11.23 a 11.27.)

II. Responsabilidades principales

Para implementar la responsabilidad técnica, sistematizada y básica del negocio, el Gerente de Control de Calidad tiene facultades administrativas y funcionales en la compañía para la operación del componente de control de calidad. El gerente es responsable de asegurar que los requisitos de calidad del cliente hayan sido definidos adecuadamente para permitir una planeación e implementación adecuadas y para cumplir con estos requisitos de calidad. Las responsabilidades del gerente para la calidad incluirán las actividades necesarias que recaen sobre todas las características principales relacionadas con la calidad para el cliente, tales como confiabilidad del producto, seguridad del producto y características similares.

Dentro de los límites de políticas, programas, presupuestos y procedimientos aprobados, el Gerente de Control de Calidad es responsable y tiene autoridad para cumplir con las obligaciones listadas más adelante. El gerente puede delegar partes de responsabilidad junto con la autoridad necesaria para su cumplimiento, pero el gerente no puede delegar o rehuir la responsabilidad general de los resultados.

A. Responsabilidades administrativas

El Gerente de Control de Calidad es responsable de ser el jefe de todos los empleados del componente de control de calidad al ejecutar el trabajo de un director o gerente, en el que el director lo hará en cuanto a:

1. Planeación
   a. Se mantendrá personalmente informado e informará a los supervisores de los objetivos, políticas, planes y presupuestos del negocio.
   b. Establecerá el programa de calidad de la compañía, incluyendo políticas, objetivos, planes, organizaciones, procedimientos y evaluaciones y asegurará la documentación del programa y su distribución al personal de la compañía para promover el concepto adecuado del programa de calidad.
2. Organización
   a. Establecerá estructura organizacional sólida para el desempeño de todas las fases de las actividades del componente del control de calidad.
   b. Establecer componentes subfuncionales dentro del componente de control de calidad, llenarlos con personal calificado y delegar responsabilidades y autoridad apropiadas para conducir sus fases particulares del programa de control de calidad.
   c. Instruir, aconsejar y examinar el desempeño de los supervisores principales y secundarios de los componentes de control de calidad.
3. Integración
   a. Proporcionará el uso sistemático de todos los recursos del componente para lograr efectiva y económicamente el objetivo deseado.
   b. Dará a conocer a todos el componente de sus responsabilidades, autoridad y obligaciones y promoverá el desarrollo individual y la necesidad de unidad en los esfuerzos.
4. Medición
   a. Establecerá estándares para medir el desempeño de jefes de unidades y subunidades y de otro personal del componente de control de calidad y les informará de sus adelantos.
   b. Analizará y evaluará el adelanto de su componente comparado contra los objetivos propuestos y tomará o sugerirá la acción necesaria para mejorar.

B. Responsabilidades funcionales

El Gerente de Control de Calidad, al aportar sus conocimientos personales, así como al trabajar junto con quienes dependen directamente del gerente, determinará lo siguiente:

1. Formulará políticas, planes, programas, estándares y técnicas básicas necesarias para cumplir con los objetivos del componente de control de calidad, y cuando se autoricen, llevará a efecto estas políticas, planes y programas.
2. Suministrará instalaciones y el equipo necesario para la inspección, pruebas y medición de la calidad de los productos de la compañía, así como para la conservación más económica del equipo.
3. Proporcionará y hará que se distribuyan entre el personal correspondiente, programas tendentes a la promoción del espíritu de la calidad y alentará al personal de control de calidad a que participe en cursos educativos que haya disponibles y a que se conserven informados de los adelantos en los procedimientos del control de la calidad.

4. Mantendrá contacto con las unidades de Mercadotecnia para conocer de manera detallada las funciones que los productos deben desempeñar a fin de satisfacer al consumidor y para los requisitos del servicio al producto.
5. Conservará contacto con los ingenieros y comentará con ellos los asuntos de calidad desde la etapa del diseño de los productos.
6. Mantendrá relaciones con las unidades de Manufactura para asegurar una capacidad de proceso y una retroalimentación de la información de calidad adecuadas.
7. Mantendrá contacto con los proveedores, para asegurarse de que sus productos estarán de acuerdo con las especificaciones impuestas por la compañía.
8. Trabajará con Finanzas para que los costos sean fácilmente analizados y controlados.

III. Autoridad y reserva de derechos para tomar decisiones

El Director de Control de Calidad tendrá autoridad para actuar en la forma más conveniente para el cumplimiento de sus obligaciones, siempre que tales actuaciones no lo aparten de la política establecida por la compañía, ni de las prácticas ni de los caminos congruentes en un juicio sólido del negocio, con la excepción impuesta por las limitaciones siguientes:

1. Algunas adiciones a la nómina y ajustes en los salarios de ciertos empleados.
2. Cambios en la estructura en el escalón de la unidad o superiores.
3. Cambios importantes que influyan en otros componentes
4. Aprobación de ciertas cuentas de gastos

IV. Dar cuentas

Un Gerente de Control de Calidad debe dar cuenta, de acuerdo con el total desempeño de sus funciones y de la interpretación que de ellas hace. No podrá delegar ninguna parte de su responsabilidad. La eficiencia de un Gerente de Control de Calidad puede ser estimada por el grado o extensión dentro de la cual su equipo realiza las siguientes medidas exigibles:

1. El aseguramiento de la calidad del producto al cliente.
2. La economía de los costos de calidad.
3. La efectividad del sistema de calidad en operación.
4. La cooperación y relación de liderazgo de calidad con las funciones clave de la compañía, incluyendo Mercadotecnia, Ingeniería, Producción, Servicio, Relaciones Industriales y otros.
5. La calidad del liderazgo del gerente en todas las áreas del componente de control de calidad.
6. La calidad y oportunidad de las acciones y decisiones del gerente con referencia a las responsabilidades del puesto.
7. La calidad del liderazgo administrativo con acciones personales y la acción de otros en el componente de control de calidad que está a las órdenes directas del gerente.
8. El logro de los objetivos y cumplimiento con sus responsabilidades, según el grado y la tendencia indicados en los párrafos siguientes:
   a. El control de calidad de materiales, partes o piezas completas por recibir, comparándolas con las especificaciones de ingeniería.
   b. Acción correctiva, motivada por quejas debidas a material de mala calidad o mano de obra deficiente.
   c. Equipo idóneo y facilidades para desempeñar las funciones del control de la calidad.

d. Proceso idóneo de medidas que sirvan para suministrar los informes necesarios para controlar el proceso de los trabajos de talleres.
e. Oportunidad en la transmisión de información a las unidades de la organización con fines correctivos.
f. Exactitud en el diagnóstico de las dificultades con que tropiece la calidad y análisis de las causas que las motivan.
g. Índices de medidas o estimación de la calidad del producto, el cual se refleja al llegar el producto a manos del consumidor.
h. Verificación de reducciones en los costos y de pérdidas en la manufactura.
i. Seguridad del personal teniendo en consideración la frecuencia y la severidad de accidentes en los diversos departamentos.
j. Juicio de la moral de los empleados tomando como índice las quejas, faltas de asistencia, rotación de trabajadores y pérdida de horas de trabajo debida a paros.
k. Efectividad de la promoción del plan sugerido y de otros planes en beneficio de los empleados, en comparación con la participación de los empleados en los planes que los beneficien.
m. Utilización efectiva de la fuerza de trabajo, instalaciones y equipo, indicados por el trabajo producido, en comparación con los estándares predeterminados.
n. Las normas del interés por la calidad y de la motivación para la calidad debido a las acciones de los empleados.

8.13 Organizando la función de control de calidad en una compañía

Las compañías varían grandemente en productos y en historia, en mercados y en personalidad. En consecuencia, es natural que varíen en sus adaptaciones particulares en su estructura básica del control total de la calidad, mostrada en la Fig. 8-4.

¿Cuál es el camino correcto que una compañía deberá seguir para organizar las tres subfunciones del componente del control de calidad? ¿Debe ser descentralizado el trabajo del control de calidad o debe, por el contrario, centralizarse? ¿A quién tiene que dar cuentas el control de calidad? ¿Debe establecerse por separado un componente de "aseguramiento" de la calidad de un componente de "control" de calidad? En el resto de este capítulo se contestarán estas preguntas.

Ocupémonos, en primer lugar, de los seis pasos para planear una estructura organizacional sólida de control de calidad.

Primero: Definir los propósitos de calidad de la compañía y para los cuales se ha de crear la organización.

Segundo: Establecer los objetivos que debe lograr la organización si quiere implementar estos propósitos.

Tercero: Determinar los elementos de trabajo básico que deben llevarse a cabo para alcanzar los objetivos de la organización. Clasifíquense estos elementos de trabajo en un número apropiado de funciones.

Cuarto: Combínense estas funciones básicas en paquetes de trabajo que se pasen por un tamiz de siete pruebas de fuego:

1. ¿Comprende el puesto un campo separado y lógico de responsabilidad?
2. ¿Es el puesto una presentación clara y definida respecto a alcance, propósitos, objetivos y resultados por alcanzar?
3. ¿Puede una sola persona cargar con la responsabilidad y conocer la medida con que serán valuados sus actos?
4. ¿Están estrechamente relacionadas las funciones del puesto o forman entre sí un todo?
5. ¿Tiene el puesto autoridad suficiente de acuerdo con su responsabilidad? O, en otras palabras, ¿cuenta con todo lo necesario para obtener resultados?
6. ¿Tiene el puesto buenas relaciones de trabajo con otros puestos de la organización?
7. ¿Pueden ser supervisadas eficientemente las personas que están a las órdenes del encargado del puesto?

Quinto: Consolidar los paquetes de los puestos en un componente o componentes organizacionales que mejor cumplan con los requisitos específicos de la compañía, reconociendo el carácter particular del componente de la organización que ha sido creada.

Sexto: Con esto en mente, colocar el componente en el segmento de la organización de la compañía en donde pueda desempeñar su tarea con la mayor eficiencia y economía y con la menor fricción. Establézcanse las relaciones con otros componentes de la organización, que sean necesarias para alcanzar los objetivos de la organización.

Los cuatro primeros pasos fueron descritos en capítulos anteriores. El detalle de las maneras de cómo puede ser organizado el Control de Calidad empieza a tomar forma cuando se consideran los pasos 5 y 6.

En las Secs. 8.14 a 8.17 se describen las consideraciones relativas al paso 5, o sea, los factores que concurren en la estructura de organización específica del Control de Calidad.

La Sec. 8.18 se ocupa de las consideraciones correspondientes al paso 6, o sea, los factores que intervienen en emplazar esta estructura del control de la calidad dentro de la estructura mayor de la organización de la compañía.

8.14 Preguntas básicas para la estructura de la organización

Al establecer una estructura organizacional específica para el control de calidad, una compañía debe responder a estas tres preguntas básicas:

1. ¿Deben, acaso, todas las actividades de trabajo (mostradas en la Fig. 8-6) de las tres subfunciones situarse en un componente central de control de calidad que reporte directamente al Gerente de Control de Calidad? ¿Algunos de los elementos se deben descentralizar y acomodar en otros componentes de la compañía? Como un ejemplo de esta descentralización, deberían asignarse algunos trabajos de rutina de inspección y pruebas al superintendente a cargo de producción?

   Estas preguntas se comentan en la Sec. 8.15.

Fig. 8-6

ACTIVIDADES DE TRABAJO DEL COMPONENTE DE CONTROL DE CALIDAD

Las subfunciones más importantes en el control de calidad son:

- Ingeniería del control de calidad
- Ingeniería del equipo informativo de la calidad
- Ingeniería del control de proceso, incluyendo inspección y pruebas

El trabajo de estas subfunciones implica la atención apropiada a todas las características clave de la satisfacción sobre la calidad por parte del cliente, incluyendo confiabilidad, seguridad del producto y otras características relacionadas con la calidad.

INGENIERÍA DEL CONTROL DE LA CALIDAD

Descripción general

Este componente de la función control de la calidad, está a cargo de lo siguiente:

1. Determinar los objetivos y metas de la calidad, adecuados al cumplimiento de los deseos de los consumidores.
2. Revisar los proyectos de productos y procesos con el fin de evitar dificultades innecesarias con la calidad.
3. Planear el tipo de medidas y controles de la calidad en los procesos, en los materiales y en el producto para lograr un control de la calidad adecuado y a un costo razonable.
4. Determinar si los procesos de manufactura cuentan con la suficiente capacidad para cumplir con la calidad requerida.
5. Analizar la calidad de información y las recomendaciones de apego a los diseños del producto, a los procesos de manufactura y equipo y a los sistemas de trabajo.
6. A nombre del Gerente de Control de Calidad, llevar a cabo los pasos clave en el establecimiento y mantenimiento del sistema de calidad de la planta y compañía.

Actividades de trabajo

1. **Objetivos y metas de calidad.* Recomendar metas y objetivos de calidad realizables por la compañía. Trabajar en el establecimiento de requisitos específicos de calidad en unión de los elementos de mercadeo e ingenieros, teniendo en cuenta las necesidades del consumidor, la función a que el producto vaya a dedicarse, su grado de confiabilidad, su demanda y su valor.
2. **Posibilidades de producir calidad.* Hacer una revisión de los diseños respecto a posibilidad de producir calidad. Hacer recomendaciones a los ingenieros a fin de incrementar la uniformidad en el producto, así como la confiabilidad y mejorar las características de la calidad para evitar fallas y quejas, simplificar los procesos del control en la producción y evaluación de la calidad, con lo cual se reducirán los costos.

---

* Este asterisco indica que son elementos de trabajo que normalmente no son delegados a otros componentes funcionales.

3. ******Examen de ingeniería de evaluación de prototipo*. Revisión de los resultados de pruebas en relación con actuaciones de orden normal, ambiental, de seguridad, vida, en los envíos y en otra información resultante del trabajo de desarrollo de ingeniería. Analizar y hacer evaluaciones de prototipos que sirvan de base a estudios sobre la confiabilidad y establecimiento de planes para controlar la calidad, que resulten de trabajos avanzados de ingeniería.
4. **Normas de calidad*. Establecer con el auxilio del personal de Mercadotecnia y del grupo de ingenieros, las normas de calidad que cubran detalles tales como aspecto, aspereza de la superficie, color, ruido, vibraciones, etcétera.
5. **Estándares para trabajos en los talleres*. Establecimiento de prácticas normales en las operaciones de los talleres, en cooperación con los ingenieros de manufactura y encargados de las operaciones en los talleres. Estos estándares serán observados cuando no existan especificaciones dadas por los ingenieros, tales como curvatura en dobladuras o escuadramiento del material cizallado.
6. **Planeamiento de la calidad de producto y del proceso*. Determinar y establecer los procedimientos que la calidad requiere para controlar el producto y los procesos, incluyendo lo necesario para asegurar la confiabilidad y seguridad. La planeación deberá comprender la importancia relativa de las características y de los grados de calidad; puntos en el flujo de las operaciones en cuanto a las mediciones que hayan de hacerse; métodos y procedimientos que los operarios, los supervisores, los inspectores y los sobrevigilantes deban cumplir; aplicación de técnicas de control estadístico de calidad; información sobre la calidad transmitida a diversos puntos; equipo de control; destino que se dará a material defectuoso y otros procedimientos pertinentes. Asegurarse de que se tomarán en cuenta todas las medidas en los procesos de producción al planear la calidad; suministrar a cada uno de los componentes una estimación de costos así como de los tiempos adecuados a los controles. Revisar de tiempo en tiempo los planes de la calidad a fin de asegurase de una eficiencia continuada y efectiva.
7. **Control de la calidad del material comprado*. Determinar la importancia relativa de las características de calidad de los materiales comprados y de los grados de calidad exigidos; conservando en la mente el diseño, los procesos de fabricación y la confiabilidad buscada. Asegurarse de que la lista de requisitos suministrados a los proveedores por la oficina de compras es adecuada a la calidad deseada. Designar las características, métodos y procesos por emplear para hacer una evaluación de la calidad, incluyendo el muestreo así como el equipo para la inspección y pruebas. Evaluar las instalaciones de nuevos proveedores y sus sistemas para controlar su calidad. Planes para clasificar a los proveedores y certificación de los materiales de los mismos.
8. **Control de los aparatos de la producción que influyen directamente en la calidad*. Auxiliar a los ingenieros de producción en la especificación de la capacidad de calidad de nuevos proyectos o planes de producción que se reflejen en una forma directa en la calidad; esto es, equipos, herramientas, matrices, accesorios, etc. Establecer medios y procedimientos para comprobar que la capacidad de calidad es adecuada desde un principio. Establecer procedimientos adecuados para que los controles sean conservados, controles preventivos para el mantenimiento de la calidad.
9. **Requerimientos de capacidad de calidad*. Determinar que los procesos y el equipo de trabajo sean aptos para hacer frente a las demandas de la calidad, por medio de estudios, gráficas de control y otros medios estadísticos. Determinar qué productos, y qué características requieren estudios de capacidad. Analizar los resultados de estudios y recomendaciones en cuanto a selección de máquinas o de procesos para satisfacer una manufactura que presente la calidad que se desea.

10. **Índice de la calidad de salida del producto.* Establecer un índole actualizado, periódico y continuo de la calidad de salida del producto, tomando en consideración las opiniones y la clasificación dada por los consumidores según auditorías, incluyendo la vida, la confiabilidad, seguridad y las evaluaciones a que den lugar las circunstancias ambientales.
11. **Retroalimentación de informes de la calidad.* Investigar cuáles son los informes específicos de calidad que interesan al personal de manufactura y que merezcan ser aplicados por los ingenieros y los encargados de la función de mercados; asegurar la entrega oportuna de datos centrados en la acción e informes que ayuden a la toma de decisiones óptimas relacionada con la calidad.
12. **Problemas de calidad en la manufactura.* Diagnosticar los problemas crónicos relativos a la calidad durante la fabricación y determinar las causas principales de las dificultades que se presenten y auxiliar técnicamente a otras funciones que lo requieran. Presentar un análisis de los hechos a fin de establecer la naturaleza del problema que se exhiba y la acción adecuada para su resolución. Seguir e informar del adelanto al gerente correspondiente.
13. **Análisis de los costos de la calidad.* Analizar todos los elementos del costo de la calidad y usar los análisis como base para iniciar acción positiva en las áreas de prevención, evaluación y fallas tendentes a una reducción general en los costos de la calidad.
14. **Certificación de la calidad del producto.* Establecer planes de certificación de la calidad de los productos enviados a los compradores. Ayudar al encargado de mercadotecnia a la publicación de los sistemas de calidad que muestren al consumidor las ventajas de adquirir productos con certificación de calidad.
15. **Análisis de quejas y de fallas.* Analizar e identificar causas fundamentales suministradas y recomendaciones de otros componentes funcionales para iniciar la acción correctiva. Informar posteriormente al directivo indicado.
16. **Adiestramiento en control de calidad.* Crear e implementar programas de orientación de control de calidad para todo el personal operativo en la compañía para asegurar el entendimiento de los objetivos, programas, planes y técnicas del control de calidad. Proporcionar programas de entrenamiento en la calidad para el personal en operaciones de taller y en otros componentes subfuncionales.
17. **Comunicación respecto al control de calidad.* Iniciar y emplear medios eficientes para comunicar a la gerencia, y a otros elementos interesados, del estado corriente de la calidad del producto, de los objetivos y de la meta que se persigue, a fin de estimular esfuerzos para conseguir mejoría en la calidad. Conservar al tanto a la gerencia de los esfuerzos y de los adelantos logrados.
18. **Establecimiento y mantenimiento del sistema de calidad.* Es una función clave en la determinación del sistema de calidad y en la operación continua.

Comentarios generales de la ingeniería del control de la calidad

En un negocio pequeño es posible que todos los elementos mencionados se pongan al cuidado de una sola persona o puesto. En las compañías grandes los elementos se distribuyen entre varios puestos. Por ejemplo: la ingeniería avanzada del control de la calidad es responsable de los elementos de trabajo 1, 2 y 18. El ingeniero de control de calidad, que es el que planea los controles específicos, es el responsable de los elementos de trabajo 3 a 10 y 14. Los elementos de trabajo 16 y 17 se asignan normalmente al ingeniero o a los ingenieros que designe el Gerente del Control de la Calidad. Los restantes se ponen al cuidado de un ingeniero de la línea de producción. En algunos casos, se designa un analista para los análisis numéricos de los elementos de trabajo.

INGENIERÍA DEL EQUIPO DE INFORMACIÓN DE LA CALIDAD

Descripción general

Este componente de la función de control se encarga de proyectar, determinar y de proveer el equipo destinado a las mediciones de evaluación, medición y control de producto y del proceso, incluyendo la confiabilidad requerida, la seguridad y otros requisitos principales del cliente.

Actividades de trabajo

1. **Diseño del equipo de inspección y de pruebas*. Diseñar, construir y probar el equipo destinado a la inspección y pruebas, artefactos de inspección y accesorios, o bien conseguir este equipo o servicio. Planeación para mantener la efectividad del equipo y herramientas, incluyendo un sistema de calibración periódica.
2. **Aparatos para medir la calidad en el proceso*. Asegurarse de que para apreciar la calidad durante el proceso sean suministrados aparatos que indiquen, y en algunos casos hagan el registro de la calidad en el momento de la fabricación, de modo que el operario pueda aplicar las correcciones y tenga una verdadera calidad. Se harán planes para probar la efectividad continuada de los aparatos, incluyendo un sistema de calibración periódica.
3. **Mecanización y automatización*. Trabajar con Ingeniería de Producción a fin de estudiar la posibilidad de que los aparatos de medida y de control queden incorporados al equipo de producción a fin de suministrar mecanización y automatización por medio de un análisis de los datos que acusen la calidad del producto.
4. **Técnicas avanzadas de medición de la calidad y equipo*. Proyectar y aplicar técnicas de control en la estimación de la calidad, del equipo requerido para perfeccionar la manufactura, incluyendo la confiabilidad y la reducción de los costos. Recalcar el mejoramiento continuo de metrología, evaluación no destructiva y áreas de medición relacionadas.

INGENIERÍA DE CONTROL DEL PROCESO

Descripción general

Esta parte de la función del control de calidad está a cargo de los aspectos siguientes para actuar según se requiera:

1. Proveer ayuda técnica en la comprensión de los estándares de calidad y en la solución de los problemas de Calidad de Manufactura.
2. Evaluación de la capacidad de calidad del proceso y conservación de esta calidad durante la producción.
3. Interpretación del plan de calidad y adquirir la seguridad de que durante la producción se ponen en juego todos los medios para hacerlo efectivo.
4. Estar seguro de que el mantenimiento y la calibración de los elementos del equipo informativo se atienden eficazmente, así como prácticas de operación seguras, incluyendo una metrología apropiada y procedimientos de evaluación no destructivos.

5. Asegurarse de que el grado de calidad tanto de los materiales comprados como del producto y componentes terminados responden a las especificaciones de calidad contenidas en el plan.
6. Ejecutar las operaciones físicas tales como inspección, pruebas y auditoría que proporcionen aseguramiento de la calidad.
7. Evaluar el plan de calidad y cooperar a su efectividad continua.

Actividades técnicas de trabajo

1. **Evaluación del plan de calidad.* Evaluar la efectividad del plan de acuerdo con los grados de calidad, la naturaleza de los problemas de fabricación, las quejas de los consumidores y un funcionamiento económico de acuerdo con los resultados logrados con la aplicación del plan,
2. **Interpretación del plan de calidad.* Suministrar a los talleres y a otros componentes de Manufactura, la forma de interpretar el plan, su uso y sus fines.
3. **Examinar y sostener las normas de la calidad.* Examinar todas las normas en sus formas escrita y física y suministrar la interpretación para asegurar el uso apropiado. Proporcionar la conservación de todos los estándares de calidad. Proveer el mantenimiento de todas las normas primarias y secundarias de la compañía, tales como instrumentos electrónicos y bloques calibradores.
4. **Determinar la conformidad con el plan de calidad.* Mostrar al personal de los talleres una evaluación de conformidad con los planes de la calidad, con el fin de que adquieran confianza en los planes y los pongan en uso.
5. **Planes de calidad provisionales.* En casos urgentes, proporcionar al personal de talleres y de una manera provisional, lo que falta en el plan de la calidad respecto a los procedimientos, mediciones, criterio, etc., del control del proceso.
6. **Localización de problemas.* Dar consejo y ayuda en la comprensión y solución de los problemas relativos a la calidad.
7. **Ayudar a reducir los costos de calidad y las pérdidas en la fabricación.* Buscar los medios para reducir los costos de la calidad y las pérdidas en la fabricación. Conservar contacto con los ingenieros de producción y con los operarios para lograr esas mejoras.
8. **Pruebas especiales del producto.* Efectuar o contratar pruebas que sirvan al grupo de ingenieros y a otros componentes para que tanto las especificaciones como el equipo y los procesos nuevos o actuales tiendan a una mejoría.
9. **Pruebas, mediciones y análisis de laboratorio.* Hacer arreglos para verificar pruebas, mediciones y análisis de laboratorio de procesos y de productos para el control de la calidad. Estas pruebas pueden ser especiales, según sea el caso.
10. **Disposición de materiales y productos.* Investigar las causas por las cuales los materiales, los productos y componentes no concuerdan con las especificaciones. Trabajar en constante contacto con los grupos de ingenieros, con los encargados de los materiales, con los que operan en los talleres, para hacer correcciones, hacer uso de los productos o disponer de ellos como mejor convenga en una forma económica.
11. **Contacto con los clientes.* Conservar un contacto estrecho con el personal de mercadotecnia para conocer los problemas relativos a la calidad, de acuerdo con los representantes de inspección y control de calidad del cliente. Estudiar y hacer una interpretación de los estándares, las especificaciones, las demandas de calidad y los planes de inspección, del cliente.
12. **Analizar productos rechazados o devueltos.* El producto regresado por el comprador será analizado, así como las quejas o razones por las cuales fue devuelto. Informar

y asesorar a la sección correspondiente de la organización a fin de que se aplique la corrección adecuada.

13. **Contacto con los talleres de servicio y reparación*. Háganse consultas con los servicios de reparaciones en relación con la evaluación de los productos rechazados por el cliente. Ayudarlos a evaluar la calidad.
14. **Responsabilidad de la calidad entre compañías*. Hágase una investigación de las diferencias de criterio entre diversas compañías con relación a la calidad, entre proveedor y comprador. Hágase una campaña sobre la calidad y uso de los productos de la compañía; para lo cual, establézcase contacto con los departamentos de compras, de control de producción y otros elementos.
15. **Calidad del equipo de manufactura*. Comprobar que todo el equipo adquirido cumpla con las especificaciones de capacidad de acuerdo con los estudios de capacidad de equipo, herramientas y demás accesorios, según lo prescriba el plan de calidad.
16. **Contacto con proveedores*. Por medio del Departamento de Compras se establecerá contacto con los representantes de calidad del proveedor respecto a las especificaciones, demandas y objetivos de sus planes de calidad. Háganse del conocimiento de los ingenieros del control de la calidad los problemas crónicos a fin de buscarles una solución.
17. **Determinar capacidad de proceso y equipo de calidad*. Efectuar estudios de capacidad de la calidad de los procesos y de los equipos de fabricación y de las herramientas y accesorios, a fin de solucionar los problemas de la calidad y proveer información utilizable en el mejoramiento de los planes de calidad.
18. **Registro de los datos de calidad*. Llevar registros de las mediciones tal y como lo requieran los planes de calidad.
19. **Promover los conocimientos sobre calidad*. Promover la formación de una conciencia de la calidad, tanto en la propia compañía como entre los proveedores de materiales.
20. **Mantenimiento del equipo de control*. Facilitar los medios para la estandarización, calibración y mantenimiento de los equipos de control de proceso, de pruebas, de laboratorio, de inspección y de aparatos calibradores.
21. **Mejorar la metrología, valuación no destructiva por técnicas para medición*. Recomendar a los grupos ingenieriles encargados del control de calidad y del equipo que se ocupa del perfeccionamiento de las técnicas de medición.
22. **Seguridad*. Establecer reglas y métodos que atañen a la seguridad desde el diseño, en la operación y que en los equipos de pruebas de inspección y de información de las calidades se mantengan exentos de fallas. Establecer y conservar las condiciones de trabajo antes mencionadas más convenientes a los equipos Tener al tanto a la gerencia de la necesidad de dar instrucción en cuanto a la seguridad y suministrar adiestramiento a quienes usen el equipo de seguridad.

Actividades de trabajo de inspección y pruebas

1. *Planes y calendarios de operaciones*. Planear las cargas de trabajo de inspección y pruebas de acuerdo con fechas y las instalaciones disponibles a fin de dar cumplimiento a los programas de producción.
2. **Inspección y pruebas de recepción*. Hacer la inspección y las pruebas específicas para confirmar que únicamente se aceptarán los materiales que cumplen con las especificaciones. Aprovechar el contacto con los proveedores, análisis y datos de otros laboratorios, así como los planes de certificación sobre los materiales de recibo.

3. **Inspección y prueba durante el proceso.* Ejecutar inspección y pruebas específicas que confirmen que las piezas en proceso cumplen con las especificaciones establecidas.
4. **Pruebas de inspección finales.* Ejecutar las operaciones de inspección y pruebas que confirmen que los productos finales que se embarquen cumplen con las especificaciones establecidas. Asegurarse de que los productos enviados a los consumidores se ajusten a las especificaciones de los ingenieros, tomando como datos los suministrados por las inspecciones durante el proceso, la auditoría de calidad y los contactos con los clientes.
5. **Auditoría de calidad.* Efectuar las auditorías requeridas.
6. **Conservación de registros de la calidad.* Cuidar que los resultados de las inspecciones y pruebas prescritas por el plan establecido para asegurarse de la calidad, se conserven en registros a fin de conocer las tendencias de la calidad que pueden motivar medidas de corrección.
7. **Adiestramiento del personal.* Estar seguro de que el personal dedicado a la inspección y pruebas recibe instrucciones y adiestramiento adecuados.

Comentarios respecto a la ingeniería del proceso del control

Los métodos actuales de fabricación permiten contar con técnicos competentes en los talleres, aptos para resolver los problemas que día a día se presentan. Los ingenieros encargados del control del proceso están capacitados para llevar a cabo esa labor. Con este arreglo, el ingeniero de control de calidad se ve libre de atender problemas a corto plazo y puede concentrar su atención en la planeación de la calidad y en prestar ayuda técnica en las operaciones del taller, así como en la rutina de la inspección durante el proceso. Las pruebas finales de inspección y pruebas o inspección en la recepción de materiales, se le asignan normalmente al grupo de ingenieros de control del proceso.

Comentarios de orden general sobre las actividades de trabajo

Los elementos marcados con asteriscos están, generalmente, reservados al componente del control de la calidad. En circunstancias especiales, los elementos que no llevan asterisco pueden ser delegados a otros grupos de la organización.

---

2. Una vez que se haya decidido cómo se habrán de centralizar los componentes del control de calidad, quedan por contestar otras preguntas: ¿Cómo se debe estructurar en detalle el trabajo asignado a los componentes del control de calidad? Por ejemplo: ¿debe uno o más ingenieros del componente, dar cuenta directamente al gerente de control de calidad? ¿Deberá haber más de un grupo de ingenieros en el control del proceso? ¿Es la actividad ingenieril del equipo informativo de la calidad, de magnitud tal que justifique un componente por separado, o debe quedar incluido en el grupo de ingenieros del control de la calidad como uno de sus componentes?

* Actividades de trabajo que por lo general no se delegan a otros componentes funcionales.

Tal vez la pregunta más típica sea si la inspección y pruebas convenga que se segreguen de ingeniería de control de procesos y forme un componente aparte que esté a las órdenes del gerente de control de calidad. A su vez, ¿conviene que haya más de un componente para la inspección o más de un componente para pruebas?

Estas preguntas se examinan en la Sec. 8.16.

3. Cuando se han hecho determinaciones en lo concerniente a la centralización o descentralización de las actividades del trabajo de calidad para la función de calidad —o para otros componentes de la compañía—, y después de que se ha considerado la estructuración para el trabajo asignado a la función de calidad, se puede hacer otro sector para consideración. Esta es le centralización o descentralización de la misma función de calidad —en un componente de "aseguramiento" de calidad— y un componente de "control" de calidad. En la Sec. 8.17 se comentan estos aspectos.

8.15 ¿Debe la función de control de calidad estar centralizada o descentralizada?

En la Fig. 8-7 se ilustran aquellas actividades del trabajo de control de calidad que pueden, según indica la experiencia industrial, ser consideradas "fijas" dentro del componente del control de calidad y aquellas actividades que pueden considerarse "variables" y pueden ser adecuadas para la descentralización a otras funciones organizacionales en la compañía. Se verá en la gráfica que los elementos de trabajo adecuados para las centralizaciones son primordialmente encontrados en el componente de ingeniería de control del proceso y que incluyen actividades de inspección y de pruebas del proceso.

Informes de inspección y pruebas a las operaciones de producción

En algunas compañías en las cuales la organización del control de la calidad ha demostrado su efectividad, se pueden obtener ventajas asignando los elementos de pruebas e inspección de rutina a los componentes de las operaciones del taller. Ciertas reglas deben observarse para que esta descentralización resulte efectiva. Las siguientes son típicas de este criterio:

1. Se debe preparar un plan escrito por los ingenieros de control, el cual se seguirá al pie de la letra en las operaciones de producción.
2. Deberá existir una función ingenieril de control del proceso dentro del componente de control de calidad que suministre apoyo técnico competente a las operaciones, para que sean resueltos los problemas cotidianos que se presenten.
3. Que los ingenieros de control de proceso ejerzan una supervisión continua de la calidad del producto de salida.
4. Que los ingenieros de control de proceso efectúen una auditoría continua para cerciorarse del grado al que han sido observados los procedimientos planeados para mantener la calidad.

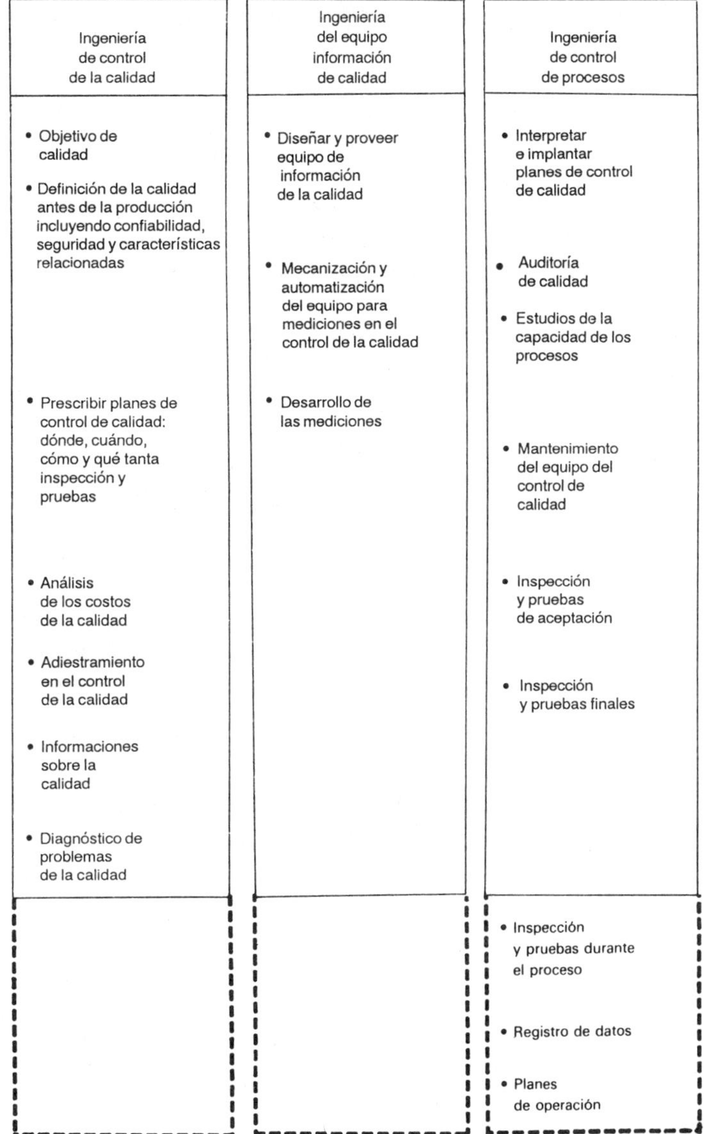

Fig. 8-7

5. Que el equipo de información de calidad siga un plan que asegure que las mediciones son exactas y precisas.
6. Que los inspectores y los comprobadores sean entrenados para que posean la capacidad requerida por su trabajo y que este adiestramiento se conserve al día.

7. Que debe haber un entendimiento claro y continuo de las responsabilidades primordiales para lograr cada parte del trabajo de calidad por cada componente organizacional en la compañía y el aliento continuo al interés por la calidad que estimula el trabajo de alta calidad.

El uso de una tabla de relaciones muestra lo muy útil que es establecer esta responsabilidad primaria para cada componente de la organización. La Fig. 8-8 es una fracción de cada tabla típica.

La Fig. 8-9 muestra una organización en la que todos los elementos variables de inspección rutinaria y pruebas, se han separado del control de calidad y pasado a las operaciones de producción.

El lazo de retroalimentación cerrado en la organización de control de calidad[5]

Puede notarse, según la Fig. 8-7, que la mayoría de los elementos de trabajo son de la categoría de fijos; esto se debe a la función control de calidad, que es en sí mismo un plan de control, o una función de pre y retroalimentación, en la cual se pierde el objetivo básico de la función cuando se le subdivide demasiado. Las actividades del ciclo cerrado de información son las siguientes:

Primero, *planeación de la calidad*, llevada a efecto por Ingeniería de Calidad, esto proporciona mucho del detalle de planeación y control continuos dentro del marco básico del sistema de calidad para los productos de la compañía. En este plan se incluye el tipo de equipo encargado de hacer mediciones

TABLA DE RELACIONES ENTRE LAS FUNCIONES
(Aplicada a la calidad del producto)

Clave (R) = Responsable
D = Debe cooperar
P = Puede cooperar
I = Será informado

Áreas de responsabilidad	Gerente general	Finanzas	Mercadotecnia	Ingeniería	Gerente de producción	Ing. de producción	Control de calidad	Materiales	Operaciones de producción
Analizar costos de la calidad		P					(R)		
Mediciones de la calidad durante del proceso							C		(R)
Auditoría de calidad durante el proceso				C		C	(R)		
Inspección final del producto			C	C	P	C	(R)		

Fig. 8-8

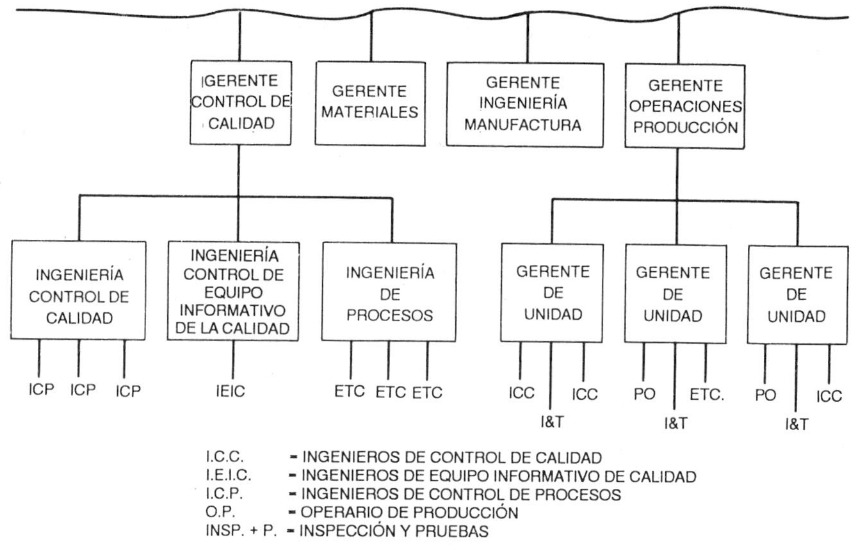

Fig. 8-9

de calidad; el plan de este equipo queda a cargo de los ingenieros del Equipo Informativo de la calidad.

Segundo, *evaluación de la calidad*, ejecutada por Ingeniería de control de procesos (incluso inspección y pruebas). Esta evaluación se hace de acuerdo con el plan de calidad de la conformidad y desempeño de las partes y productos con especificaciones de ingeniería.

Tercero, hay una rápida retroalimentación de la calidad, por el departamento de control de proceso, *para análisis de calidad*, de donde puede resultar una nueva planeación, que complete el ciclo (Fig. 8-10). Este análisis da origen a las correcciones requeridas en las desviaciones de la calidad del producto.

Dentro de esta estructura, los elementos fijos del trabajo del control de calidad definen con claridad las responsabilidades. Por medio de la estructura, el Gerente de Control de Calidad se encuentra en posibilidad de producir calidad en la compañía, cumpliendo con sus dos responsabilidades básicas: Asegurar buena calidad al costo de calidad más económico posible.

De cuanto menos igual importancia, como se comentó antes en este capítulo, es una responsabilidad clara y completa de rendir cuentas por parte de todas las otras funciones de la compañía por sus responsabilidades básicas de calidad. Los gerentes y superintendentes en operaciones de producción, por ejemplo, tienen la clara responsabilidad de producir de acuerdo con las especificaciones y el sistema de calidad y de desempeñar las actividades de trabajo "variables" de sus propias mediciones en el proceso.

Pero ahora veamos qué pasaría con esas responsabilidades directas, delineadas en el ciclo de retroalimentación si algunos de los elementos fijos de trabajo fueran retirados de la función de control de calidad.

CONTROL DECALIDAD EN EL CICLO DE RETROALIMENTACIÓN

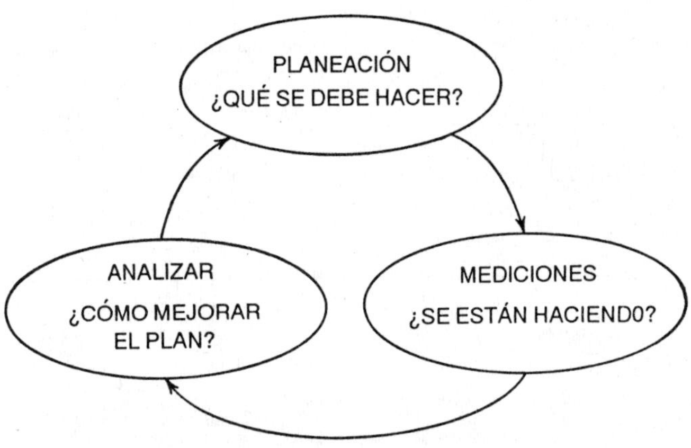

Fig. 8-10

Tomemos, como ejemplo, la Fig. 8-11. Aquí todos los elementos fijos de trabajo de Ingeniería de Control de Calidad están comprendidos dentro de la función de control de calidad; pero una parte fija de los elementos de trabajo, de Ingeniería de Control de Proceso, se han pasado de la función de control de calidad a la jurisdicción de la superintendencia de operaciones de producción y además se han agregado a la superintendencia las funciones de inspección durante el proceso y pruebas.

La responsabilidad única y tajante por el ciclo de retroalimentación ya no está en manos sólo de la función de control de calidad. Debido a la eliminación de los elementos fijos de trabajo, el carácter fundamental del componente control de la calidad, ha sido modificado.

Queda, en su lugar, convertida en una actividad deshilvanada que comprende sólo algunos elementos de trabajo del control de calidad. El ciclo de retroalimentación podría quedar ubicado en un puesto de alto rango sobre aquella de la función de control de calidad. De hecho, sin embargo, es poco probable que el ciclo de retroalimentación sea generado en estos niveles de administración superior debido a las otras muchas responsabilidades que ahí tienen.

Esa división de los elementos clasificados como fijos, han cambiado el aspecto básico de los propósitos de la organización de control de calidad, descrita en la Sec. 8.10. La alta gerencia deja de contar, en su función de control de calidad, con un instrumento que le permita delegar autoridad y responsabilidad para atender la calidad del producto y que le releve de detalles innecesarios, permitiéndole los beneficios de la especialización a la vez que retiene los medios para estar cierta de que la calidad, tal como la exigen las normas y la política de la compañía resultará satisfactoria. En sustancia, la alta gerencia no tiene este aparato.

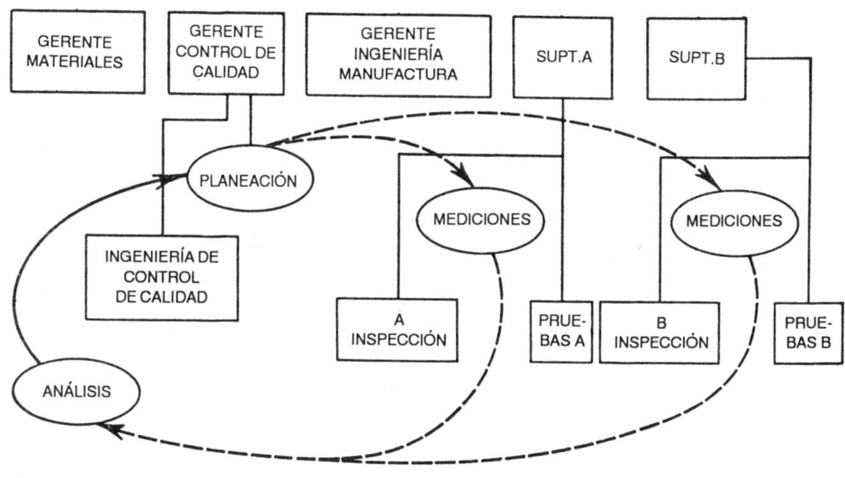

Fig. 8-11

La falta de entendimiento de esta naturaleza básica de la retroalimentación y la planeación y control de la función de control de calidad ha sido tal vez la razón principal por el gran número de fracasos en la organización de control de calidad que ha tenido lugar en toda la industria. Puede haber un acuerdo total sobre el trabajo tal como se resume en las Figs. 8-5 y 8-6, pero una compañía puede, sin embargo, suponer –equivocadamente– que la contribución de esta función de control de calidad puede ser adecuada en tanto que todos estos elementos de trabajo estén asignados a "algún sitio" en vez de en la estructura organizada, fija y variable que se comenta.

Este principio básico supone que la organización de control de calidad es simplemente la suma de sus actividades de la Ingeniería de Calidad, Ingeniería de Control de procesos y de Ingeniería del Equipo de Información de la calidad. Supone que, siempre y cuando se hayan establecido responsabilidades individuales dinámicas para cada una de estas actividades y que cada una esté ubicada en algún lugar de la organización mayor, resultará entonces por necesidad una fuerte aportación del control de calidad, sin importar la asignación de responsabilidades.

Una forma de demostrar la deficiencia de este razonamiento es comparar el diagrama del ciclo de retroalimentación del control de calidad en la estructura de la organización en la Fig. 8-10 con el de la Fig. 8-11. La Fig. 8-12 refleja la estructura bien organizada; la Fig. 8-11 refleja la estructura mal organizada.

Observe que la Fig. 8-12 muestra enlaces directos y cortos entre las tres fases de la retroalimentación. En contraste, la Fig. 8-11 muestra enlaces discontinuos en vez de directos y lazos y tramos adicionales que deben ser cum-

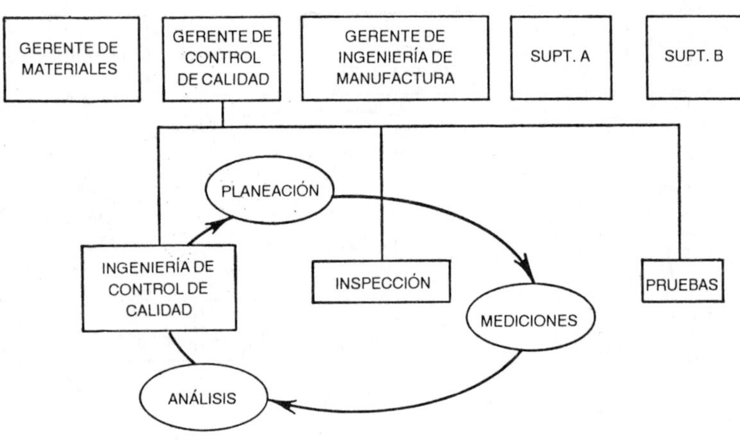

Fig. 8-12

plidas para completar el ciclo. Los lectores familiarizados con circuitos técnicos de retroalimentación sospecharán, sin duda, a partir de estos diagramas que en la Fig. 8-11, comparada con la Fig. 8-12, existe la tendencia de una respuesta más lenta y una "indecisión" de adelante hacia atrás –o "tirar la pelota"– en lenguaje organizacional. Sospecharán que es inherentemente un lazo más difícil de organizar y probablemente no se logrará que trabaje con toda efectividad. Esta sospecha queda de hecho confirmada tanto por la teoría organizacional como por la práctica.

La experiencia reciente en toda la industria muestra que no es sólo la lentitud de la acción el único problema con estas estructuras de lazos hacia atrás, sino que la indecisión resultante puede ocasionar insatisfacción con el patrón de la organización de control de calidad por parte de todo el personal de la compañía y la desaparición gradual en la práctica real de la relación mostrada con línea discontinua. El control de calidad, cuya esencia verdadera es la respuesta automática, rápida, del lazo de retroalimentación, para ayudar al personal de la compañía a evitar la mala calidad, será eliminado como una función de retroalimentación, como resultado de la estructuración deficiente de las actividades de trabajo fijas de la función de control de calidad. Sólo algunas partes individuales de Ingeniería de Calidad, Ingeniería de Control de Procesos y trabajo de Equipo de Información permanecerán en la función. En verdad, los programas de control total de la calidad no pueden ser llevados a cabo en una organización tan fragmentada.

8.16 ¿Cómo se deben estructurar los componentes del control de calidad?

Después de decidir qué trabajos del control de calidad se deben descentralizar a otros componentes organizacionales, habrá que definir la estructuración interna de la función del control de calidad en sí. Hay diversos cursos alternos de trabajo para estructurar el componente del control de calidad, de acuerdo con la situación particular de la compañía. En esta sección se comentarán algunas formas para la estructuración de la función del control de calidad. Cuando se eligen estas opciones, deben considerarse antes ciertos criterios. Algunos de los criterios más importantes son los siguientes:

1. Redúzcanse las "capas" de supervisión a un mínimo prudente, de modo que las líneas de comunicación se acorten.
2. Procúrese que las "zonas" de supervisión sean tan amplias como lo permitan las circunstancias. (Esto último se logra si las "capas" se reducen a un mínimo.) El "tramo" de control se compone del número de personas que se encuentran directamente dentro de la jurisdicción de personas que se encuentran a su vez, dentro de la jurisdicción de un supervisor o de un jefe. Mientras más se baja en la escala de la organización más se amplifican los "tramos", debido a que el trabajo de los puestos que reportan normalmente se vuelve más uniforme.
3. Fórmense los grupos de trabajo con elementos similares que faciliten su manejo por una persona en el puesto considerado.

Teniendo en mente estos criterios veamos, por medio de ejemplos, la manera en que actúan algunas compañías al organizar los componentes del control de calidad, más adecuados a su negocio. Habrán de considerarse los ejemplos siguientes:

1. Una planta con productos múltiples.
2. Una planta con una línea básica de productos con una sola ubicación.
3. Diversas líneas de productos diferentes en una sola ubicación de planta.
4. Diversas secciones de producción en una planta con empleo de tecnologías especiales.
5. Una compañía pequeña.
6. Una compañía grande.
7. Una planta muy automatizada.
8. Caso de plantas múltiples.
9. Una compañía multinacional.

Una planta con productos múltiples

En la Fig. 8-13 se muestra la estructura organizativa de un componente de control de calidad en una planta que cuenta con tres líneas (A, B y C) en la misma ubicación y la planta es de tamaño mediano. Las técnicas, tanto para el producto como para el proceso, son de tipo limitado; por tanto, las actividades de la función de control de calidad, queda centralizada en un grupo único de Ingeniería de Control de Calidad. En adición, al trabajo cotidiano asignado a los ingenieros de control de calidad y a los ingenieros del proceso, son aplicados en las líneas respectivas, según convenga. La Ingeniería de Información de Calidad queda a cargo del mismo componente, según surja la necesidad.

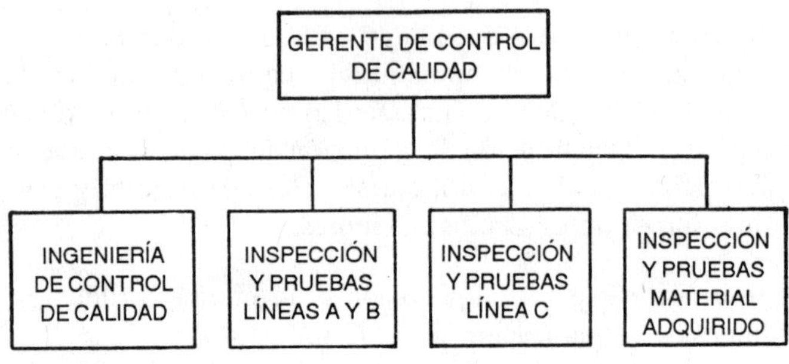

PLANTA DE PRODUCTOS MÚLTIPLES

Fig. 8-13

La inspección y las pruebas están descentralizadas de acuerdo con las líneas de producción. Un componente de inspección y pruebas atiende a las líneas A y B, que son líneas de ensamble. Otro componente atiende a la línea C, de inspección y pruebas en la línea de fabricación. El componente de inspección y pruebas de material de entrada o de recibo comprueba los materiales comprados, las piezas y los componentes para todas las líneas.

Una sola línea de producción y una sola planta

La Fig. 8-14 representa una situación relacionada con un solo producto manufacturado en una sola planta. Esto a primera vista parecería un caso más sencillo que el anterior; sin embargo, el trabajo de producción consiste en la aplicación de cierto número de integrados, cada uno con su tecnología propia. Por otra parte, la magnitud de la operación no justifica ocupar un ingeniero de control

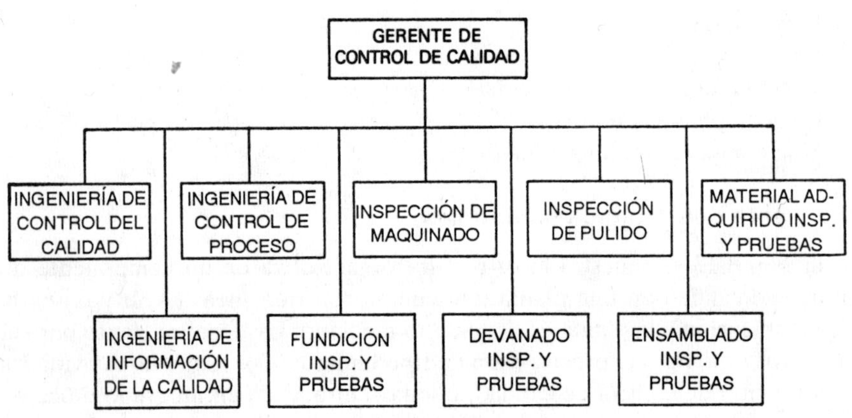

LÍNEA BÁSICA DE PRODUCCIÓN – PLANTA ÚNICA

Fig. 8-14

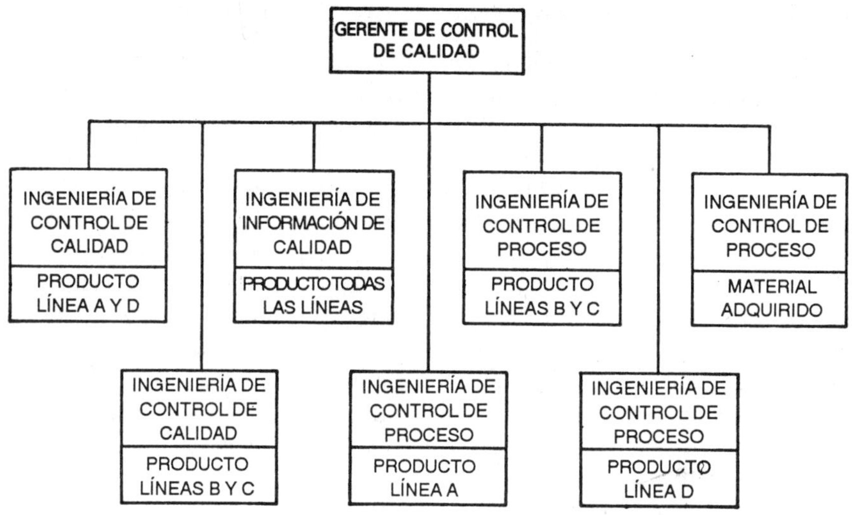

Fig. 8-15

de calidad en cada proceso. En consecuencia, habrá un cuerpo de ingenieros de control de calidad que se ocupe en planear la calidad en todos los procesos. La demanda total de esfuerzos ingenieriles de control de proceso es grande, sin embargo, es desigual de un proceso al siguiente, eso depende de la naturaleza de cada problema; por tanto, un solo grupo de ingenieros tiene a su cargo todos los procesos. A su vez un grupo informativo del control de la calidad da servicio a toda la planta.

Cada proceso tiene su propio componente encargado de inspección y pruebas, puesto que tanto la inspección como las pruebas son de tipo altamente especializado en cada proceso.

Diversas líneas y productos

La organización de control de calidad mostrada en la Fig. 8-15 es para una planta única de tamaño mediano y que tiene diferentes líneas de productos. La técnica requerida en cada una de las líneas es alta con respecto al producto. Como resultado se descentraliza el control de proceso en cada línea. Las actividades de inspección y pruebas en esta planta se agregan a la de los ingenieros de control del proceso en este caso particular. En un caso se combinan las líneas B y C para dar ocupación de tiempo completo a una persona en trabajos relativos al control de proceso. También las líneas A con D y B con C han sido combinadas para completar trabajos encomendados a los ingenieros del control de la calidad. Un componente para información de la calidad da servicio para todas las líneas de producción, puesto que el trabajo es similar, no obstante que el tipo del producto no sea el mismo. En este componente se emplean uno o más ingenieros según sea la carga de trabajo.

Manufactura en la que se emplean tecnologías especiales

La Fig. 8-16 representa la organización del control de la calidad en una compañía de aparatos grandes y pesados. Aun cuando se trata de una planta única, cada uno de los componentes se fabrica en su local respectivo y algunos de los locales se encuentran separados entre sí hasta por una milla. Las tecnologías de los procesos difieren considerablemente; por ejemplo, la sección de aislar requiere un ingeniero químico y un ingeniero en cerámica, capaz de ocupar el puesto de control del proceso. La sección de tanques, requiere conocer el trabajo con lámina de acero, soldadura y pintura; núcleos requiere devanado de bobinas, tratamiento, horneo, etc., y las laminillas requieren troquelado y esmaltado. En consecuencia, a cada uno de los talleres se le provee con un ingeniero de control de proceso para que cuenten con la ayuda técnica especial necesaria. En contraste, la ingeniería del control de la calidad es organizada en líneas funcionales. La planeación de la calidad para toda la planta está centralizada en un solo componente. El análisis estadístico se lleva a efecto en otro componente. Recepción de material e información de la calidad queda a cargo de un tercer componente.

Una compañía pequeña

El tamaño físico de la planta, en el número de productos por elaborar, los procesos, el número de trabajadores y la superficie del piso de los talleres, son factores dominantes que influyen en la organización del control de la calidad. La Fig. 8-17 es un modelo de componente pequeño del control de la calidad, en el cual las tres funciones, administración de control de calidad, ingeniería de calidad e ingeniería de equipo de información de calidad, se combinan en un

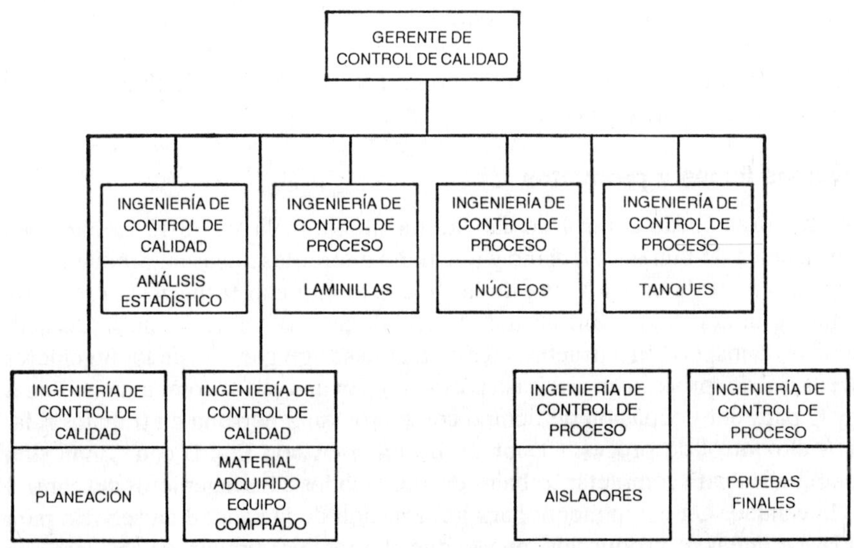

TECNOLOGÍAS ESPECIALIZADAS
Fig. 8-16

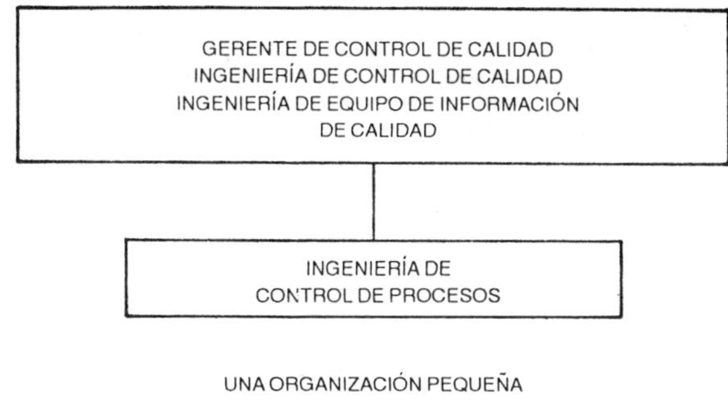

UNA ORGANIZACIÓN PEQUEÑA

Fig. 8-17

solo puesto, del cual depende un ingeniero de control de proceso para proporcionar un apoyo técnico de hora por hora a las operaciones de taller.

Una compañía grande

En contraste con la sencillez de una compañía pequeña, está la inherente complejidad de la compañía grande. El número de operaciones especializadas van en aumento; hay a menudo dos o más líneas de producción y el grado de automatización tiende a incrementarse. El número de puestos que hay que cubrir para manejar cumplidamente la función de control de calidad, pide una del tipo de la que se muestra en la Fig. 8-18. Con el fin de cubrir el campo de acción del gerente de control de calidad, es necesario crear un cuerpo de supervisores que se ocupen de las actividades especializadas de ingeniería. Todo el trabajo de ingeniería del control de calidad lo supervisa un gerente. Otro gerente se encarga de la parte ingenieril del equipo informativo de la calidad, otro más supervisa las actividades del control de procesos. Un gerente más está a cargo de los laboratorios de control de calidad, en los que se verifican las pruebas físicas y químicas y los análisis de materias primas y del control de procesos. El componente del control de calidad se pone en manos de una gerencia separada, la que da cuenta al gerente de control de la calidad.

Una fábrica altamente automatizada

La naturaleza del equipo de proceso es un factor importante que debe tomarse en consideración. La estructura de la organización se ve influida por el grado de mecanización o automatización de la factoría. Las actividades del equipo de información de la calidad pueden adquirir proporciones mayores aun cuando otras subfunciones se conservan un tanto pequeñas. En un caso de esa naturaleza un ingeniero del equipo de información de la calidad puede ser asignado a cada línea de producción en cada una de las secciones.

El caso de plantas múltiples

En las páginas que preceden se ha considerado implícitamente que en la planta o en la compañía existe solamente una unidad administrativa, en la que ha de

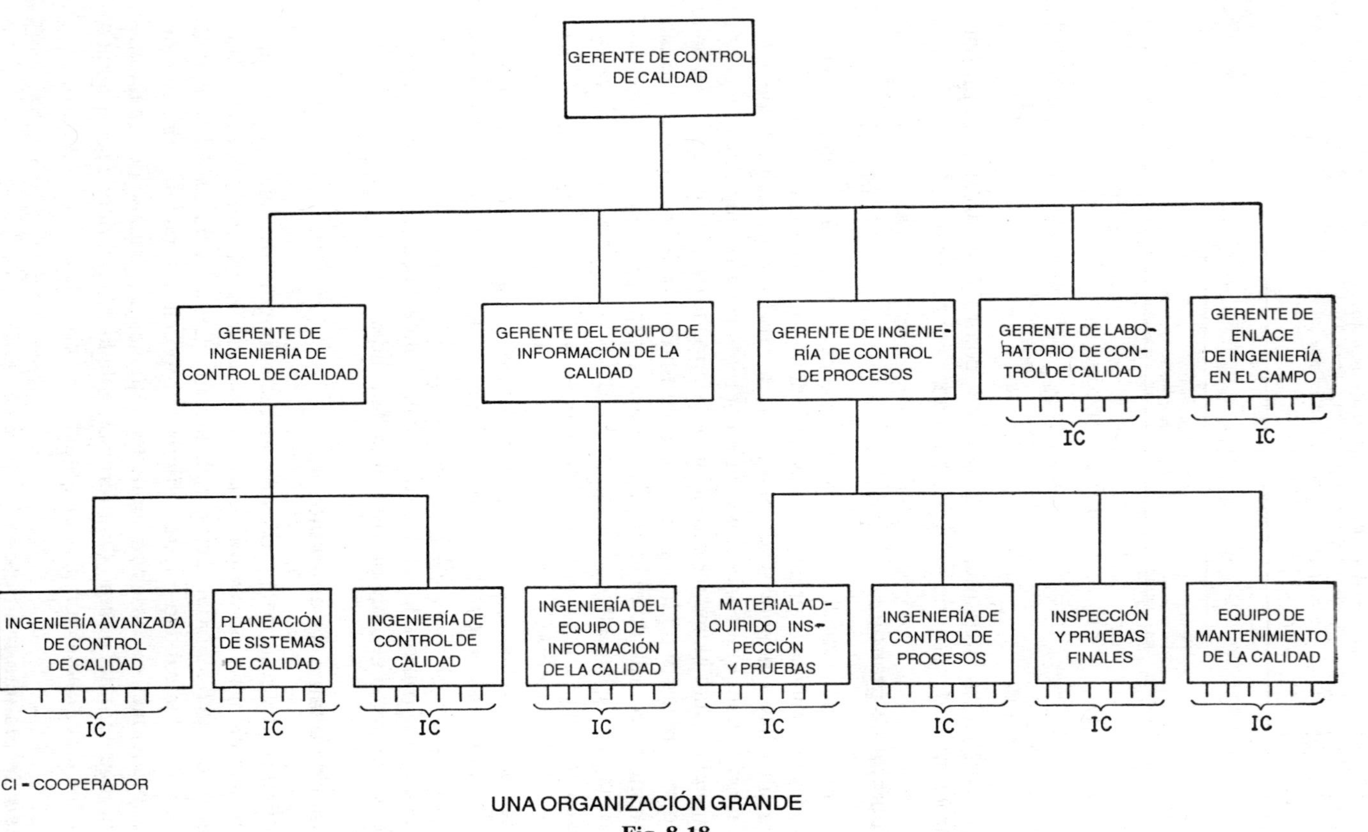

UNA ORGANIZACIÓN GRANDE

Fig. 8-18

establecerse el componente de control de calidad. En la práctica real, hay con frecuencia cierto número de estas unidades administrativas.

Las responsabilidades del componente del control de calidad en tales situaciones son como las que se han mostrado; pero en la situación que nos ocupa la organización es más complicada.

En una planta con productos múltiples, el asunto se puede resolver con la creación de un componente de control de calidad para cada unidad administrativa y un puesto general para toda la compañía o planta, el cual se mantendrá en contacto directo con el gerente de la compañía o de la planta.

Las compañías cuyas políticas organizacionales son establecer responsabilidad descentralizada para cada unidad administrativa, típicamente establecerán una estructura en la cual las organizaciones individuales de control de calidad estarán a las órdenes directas de la administración de sus unidades administrativas. Tendrán también una relación funcional hacia la compañía en general o a los puestos de personal de planta con propósito de estandarizar las políticas de control de calidad y de controlar al personal. La Fig. 8-19 muestra el patrón de organización conveniente para una compañía grande.

Aquellas compañías con un concepto centralizado, típicamente establecerán una estructura en la cual las organizaciones individuales de control de calidad estarán bajo las ordenes directas del personal de control de calidad central, cambiando así a una línea continua, la relación de línea discontinua mostrada en la Fig. 8-19.

Centralización de la ingeniería del control de calidad

Se debe hacer resaltar que en los ejemplos anteriores la ingeniería del control de calidad ha sido, por regla general, centralizada. Esto ocurre por la necesidad grande en atención a proporcionar un canal central de relaciones de trabajo con el cuerpo de ingenieros, con el mercado y con otras funciones de mayor alcance, como proyectistas o nuevo diseño.

Una compañía multinacional

Para la compañía con operaciones de alcance internacional, con planta y fábricas en otros países, el establecimiento de la organización de calidad apropiada es esencial para proporcionar responsabilidades de calidad administrativas e ingenieriles en las diversas ubicaciones de la compañía. Los problemas especiales de una compañía multinacional se resuelven con la designación de un gerente responsable de coordinar y vigilar el control de calidad internacional. Como se comentó anteriormente con relación a la situación de plantas múltiples, la gerencia de control de calidad en cada una de las ubicaciones y países de la compañía, como la persona idónea para los requisitos especiales del trabajo de calidad para una región o país en particular, reportarán, ya sea directa o funcionalmente, dependiendo de las políticas centralizadas o descentralizadas de la compañía, y siempre con un contacto profesional con el gerente de control de la calidad internacional. Los complejos problemas organizacionales del control de la calidad internacional se comentan en detalle en las Secs. 8.23 y 8.24.

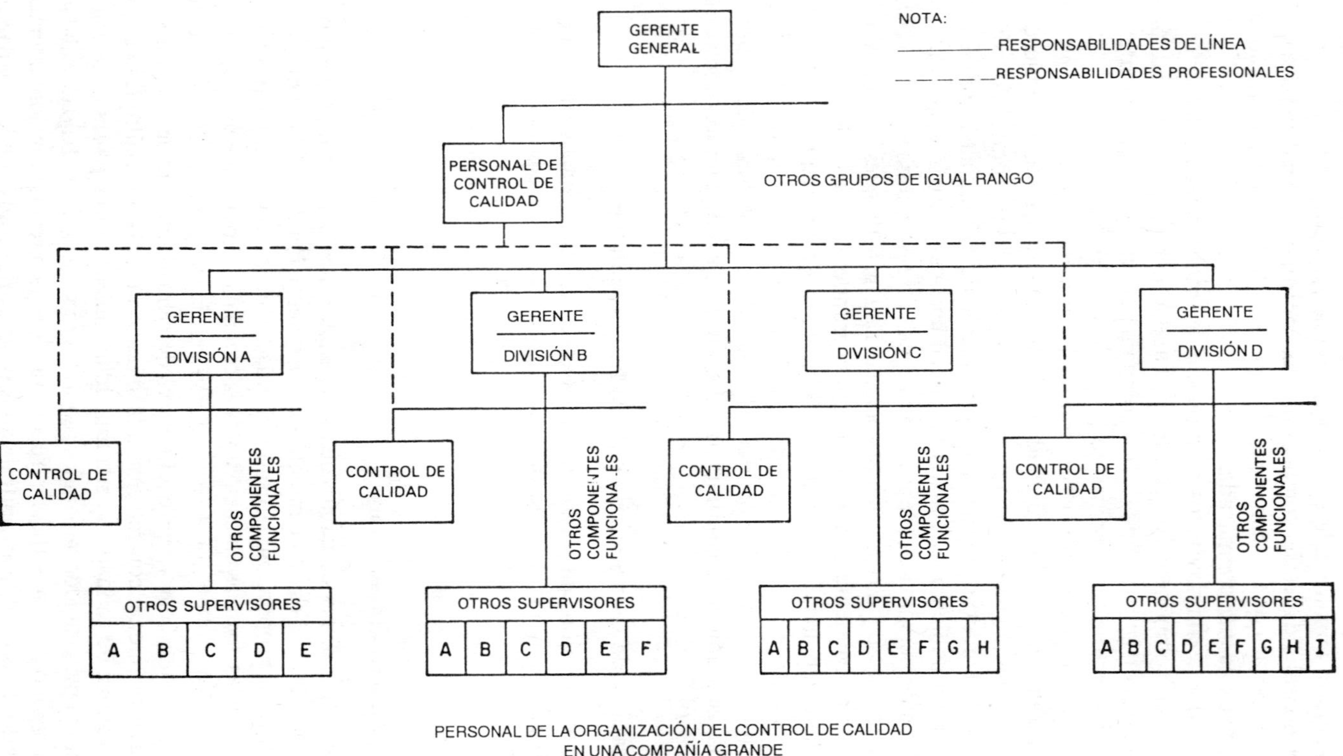

PERSONAL DE LA ORGANIZACIÓN DEL CONTROL DE CALIDAD
EN UNA COMPAÑÍA GRANDE
CON PLANTAS EN DIFERENTES LOCALIDADES

Fig. 8-19

Fig. 8-19

8.17 ¿Debe la función de control de calidad en sí estar centralizada o descentralizada?—Aseguramiento de calidad y control de calidad

Otra cuestión fundamental para determinar la centralización o descentralización es la posible división de actividades de trabajo entre más de un componente funcional del control de calidad. La cuestión, generalmente toma la forma de la división entre lo que ha venido a ser llamado "aseguramiento" de la calidad y el componente de "control" de calidad.[6]

En las compañías que han descentralizado la función de control de calidad en estos dos componentes, el enfoque ha sido, por lo general, el siguiente:

Para las tres responsabilidades básicas del control de calidad comentadas en la Sec. 8.10, y como el componente de aseguramiento de la calidad ha evolucionado en estas compañías en años recientes, sus actividades estarán más probablemente en las áreas de responsabilidad del negocio y sistematizadas, con algunas responsabilidades técnicas que incluyen una importante concentración en actividades de auditoría. Las actividades del componente del control de calidad en estas compañías con más probabilidad estarán en las áreas de responsabilidad técnica —principalmente actividades de inspección y pruebas— con algunas responsabilidades sistematizadas limitadas y una menor concentración de responsabilidad en el negocio.

La división de la función de control de calidad ha, por tanto, provisto a estas compañías con la oportunidad de concentrar la atención en áreas particulares del trabajo de control de calidad con mucha precisión entre estos componentes. Debido a los diferentes historiales y habilidades que pueden ser requeridas para estos componentes —junto con el distinto grado de atracción que tienen en correspondencia por administradores, ingenieros y técnicos calificados— las compañías también serán capaces de contratar el personal en estos componentes, con mayor efectividad.

Sin embargo, comparado con un componente de control de calidad integrado que cubre todo el control de calidad en una base unificada,[7] esta división debe estar establecida con un trabajo cuidadoso y debe ser mantenida con igual cuidado. Dos razones importantes para esto son:

La primera razón es que, a menos que se establezca con una planeación detallada de la organización, la división entre los dos componentes funcionales puede generar importantes invasiones y repetición de trabajos entre las actividades del componente de aseguramiento de la calidad y las actividades del control de la calidad. Esto puede llevar a eliminar responsabilidades, poner en conflicto autoridad y personalidades y gastos adicionales.

La segunda razón se ilustra por el hecho de que el establecimiento de un componente separado de aseguramiento de calidad, ha sido enfocado por muy pocas compañías como una opción para enfrentar directamente el logro del compromiso de la calidad total en toda la compañía. Mientras que para el trabajo de control de calidad esto puede contribuir a algún realce de las capacidades de inspección y pruebas tradicionales, sólo pospondrá el establecimiento de programas de calidad total y no será un sustituto para ellos.

8.18 Ubicación de la función

¿Dónde debería colocarse la función de control de calidad en la estructura más grande de la compañía? ¿Debería ser parte de Mercadotecnia, de Ingeniería, de Manufactura? ¿Debería invariablemente depender directamente de la Gerencia General?

No hay respuestas categóricas a estas preguntas, debido al creciente reconocimiento de la importancia de la alta calidad para los resultados generales del negocio; la tendencia en aumento para la función de control de calidad ha sido, igual que para las otras funciones de línea principal de la compañía, depender en forma directa de la alta gerencia (Fig. 8-20).

El enfoque de dependencia directa de una empresa puede ser de interés. En esta exitosa compañía, el crecimiento del negocio ha sido y continúa siendo importante. Hay una importancia considerable en el desarrollo de nuevos productos con un alto contenido técnico. El negocio opera y vende en todo el mundo.

El sistema de calidad total creado por esta compañía asigna responsabilidades de calidad por medio de las funciones de línea principales, como sigue:

El componente de mercadotecnia es el responsable de evaluar las preferencias de calidad de los clientes y de determinar los precios que los clientes están dispuestos a pagar por grados de calidad diferentes.

El componente de ingeniería es responsable de traducir los requisitos de mercadotecnia en dibujos y especificaciones exactos.

El componente de manufactura es responsable de construir productos de acuerdo con estos dibujos y asegurarse de que así se haga.

El componente de control de calidad es responsable del liderazgo de calidad tanto en la planeación estratégica del negocio como de la tecnología del control de calidad. Debido a sus aportaciones vitales para la planeación y decisiones del negocio, la función de control de calidad en esta compañía depende en forma directa de la gerencia general.

No hay, sin embargo, ninguna regla organizacional en lo referente a la ubicación óptima de la función de calidad. Ciertamente, el control de calidad en cualquier compañía debería tener un jefe lo bastante alto de forma que pueda

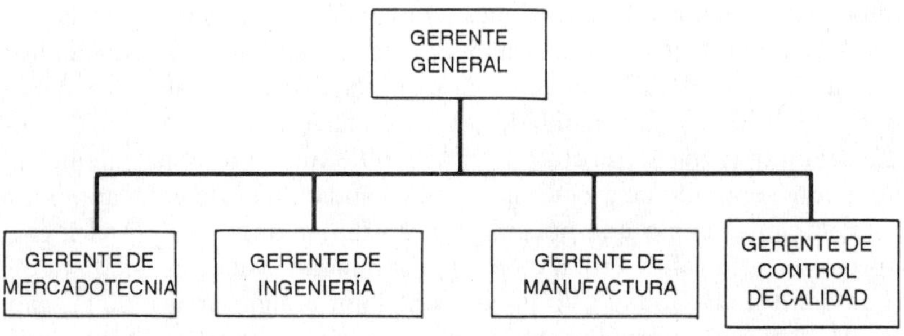

Fig. 8-20

implantar sus responsabilidades del aseguramiento a costos óptimos. También, es cierto que debería estar lo suficientemente cerca de la línea de fuego de forma que sea capaz de cumplir con su papel tecnológico. Debido a que las compañías varían mucho en sus objetivos, sus caracteres, sus filosofías sobre estructura organizacional y su tecnología, la respuesta a la pregunta de dónde localizar el control de calidad también variará necesariamente.

Como un ejemplo de una forma organizacional un tanto diferente, que fue usada en años anteriores por algunas compañías, se colocó al control de calidad como integrado al componente de Manufactura, y el gerente de control de calidad dependía del gerente de manufactura —al mismo rango que el gerente de materiales y que el gerente de ingeniería de manufactura.

El concepto básico en este enfoque era que cada componente organizacional principal debería tener mediciones directas de su propio trabajo. De esta forma, Manufactura no sólo debe saber que ha producido productos de una calidad específica, sino que también debe ser responsable de los costos incidentes al aseguramiento de un grado de calidad específico. Sin embargo, este concepto supone que la calidad es primordialmente una función de la actividad de producción y la experiencia actual demuestra que es una función de la actividad de todo el negocio para la mayor parte de las compañías.

La decisión de ubicación particular debe ser tomada por cada compañía, basándose en sus circunstancias individuales. La decisión para la ubicación más efectiva de la función de control de calidad se basará en: 1) una determinación de las responsabilidades de calidad que existen en la estructura mayor de la organización total de la compañía y 2) establecimiento donde el componente de control de calidad hará la distribución más grande.

8.19 Organización para confiabilidad y otros parámetros de calidad del producto

Como se observó en el Cap. 1, algunas "calidades" del producto son separadas y usadas incorrectamente como la descripción de la calidad total en conjunto del producto. Una de las más importantes de ellas ha sido "confiabilidad". Otros términos que han salido más recientemente a escena son "mantenimiento" y "servicio". Es de máxima importancia reconocer que éstas, aunque importantes, no son más que "calidades" individuales del producto y deben ser consideradas junto con todas las demás características de calidad que conforman la calidad del producto. Hacerlo de otra forma crea el peligro de excluir características importantes. Con frecuencia, bajo la presión de problemas específicos de calidad, surge la tentación de organizar por separado estos problemas individuales. Esto hace aún más difícil el logro de la calidad del producto.

Se ha discutido que la confiabilidad es una calidad muy especial del producto de importancia suprema y que, por tanto, merece consideraciones especiales. Algunos han buscado obtener estas consideraciones por medio de organizaciones de confiabilidad especiales. Estas organizaciones han tendido algunas veces a ser "imperios" grandes y costosos, que repiten con frecuencia, o en conflicto con otras organizaciones la calidad del producto en la compañía. Cuando se establece una organización de confiabilidad separada, se ha mostrado por experiencia que su relación integral con muchas otras "calidades" del producto quedan con frecuencia en conflicto con la organización funcional establecida. Ciertamente, la ingeniería del producto tiene una función importante en la determinación de la confiabilidad del producto, pero también lo hace manufactura, al mantener o realzar esa confiabilidad.

Los componentes del control de calidad como parte de la administración de la calidad total en toda la compañía, proporcionan la solución organizacional más funcional para estos problemas. El sistema de calidad establece las responsabilidades con la calidad y, por lo mismo, las responsabilidades de confiabilidad, para las funciones respectivas y su componente organizacional correspondiente. También identifica las "interconexiones" entre estos componentes y establece los procedimientos para un manejo sin tropiezos de todas las cuestiones de calidad. El control total de la calidad también proporciona una solución organizacional verdaderamente "abierta", cumpliendo con otros requisitos de calidad que recibirán inevitablemente actividad en el futuro, tales como mantenimiento, servicio, efectividad sistemática y los parecidos. El punto es organizar en una estructura completa para el propósito de calidad en una base flexible de "fuerza de la compañía".

8.20 ¿Cuáles son algunos problemas en la organización para el control de la calidad?

Como era de esperarse, los problemas críticos al organizar el control total de la calidad serán asunto de las relaciones humanas. La mayor dificultad se encontrará al encararse con la resistencia natural al cambio de cualquier tipo, por miembros de la organización.

Un ejemplo de tal resistencia es la reacción negativa automática con que algunos empleados de las compañías reciben un programa como el de control de la calidad. Se escucharán murmuraciones como la siguiente: "Estamos haciendo exactamente lo que siempre hemos hecho, con la diferencia de que ahora le llaman control de calidad, y además, el que está encargado como jefe de la organización del control de calidad, es quien personalmente recibe todo el crédito de nuestro trabajo".

La causa principal para actitudes de este tipo es que la delegación de responsabilidades con la calidad del producto precedió por muchos años a la creación del componente organizacional del control de calidad. A menos de que se les convenza de lo contrario, quienes tiene a su cargo esas responsabilidades tendrán el temor de que el componente de control de calidad usurpe sus prerrogativas.

Un tipo diferente de problema humano queda representado por las dificultades administrativas que experimenta un componente nuevo de control de calidad. Un grupo funcional puede tratar de pasar sus responsabilidades a otro grupo. Los grupos de ingenieros y de mercadotecnia pueden achacar falta de interés en la calidad al grupo de producción y rehusar su cooperación, aduciendo que: "Eso no traerá nada nuevo mientras los encargados de la manufactura no adquieran conciencia de la calidad".

El grupo de producción puede criticar al grupo de ingenieros por falta de idea realística respecto a normas de calidad, y a Inspección por rechazo innecesario y riguroso del producto. Los supervisores de Producción pueden encontrar causas de retardo debido a la introducción de los métodos estadísticos. Algunos proponentes celosos de estos métodos desearían que se colocara en cada puesto de trabajo de la factoría una gráfica y cuando no se hace así se transforman en críticos muy agudos (o muy cortantes).

Es común que las altas gerencias, después de pasada la algarabía que acompaña a la iniciación de un componente de control de calidad, se olviden de que este componente es una prolongación de ellas mismas y le preste un apoyo tibio, lo cual puede constituir sentencia de muerte para el programa de control de calidad. En cuanto a los componentes de Mercadotecnia y de Ventas, aun cuando manifiesten amable agradecimiento por las advertencias que se les ofrezcan, no dejarán de considerar que el programa de control de calidad es, en realidad, asunto interno de la planta.

Algunos programas de control de calidad han estado muy bien organizados en el papel, pero han fracasado en alcanzar sus objetivos porque no se han sabido introducir en la compañía. En ocasiones se dejan escuchar conceptos del personal de calidad, en el sentido de que en su compañía no existe "conciencia de la calidad" y que "no comulga con el programa de control de calidad". Esto es casi una confesión de que al introducir su programa no se preocuparon por el elemento humano y se concretaron a tomar en consideración únicamente al elemento técnico.[8]

Para alentar el espíritu de conciencia y responsabilidad hacia la calidad esencial para la introducción exitosa de los programas de control total de la calidad, algunas compañías han considerado lo que se llama unidad de Promoción de Calidad. Este grupo, que algunas veces depende de la función de control de calidad y algunas veces de la gerencia, es responsable de la educación y entrenamiento sobre calidad, de "vigilar" los problemas de calidad y de actuar como unión sobre asuntos de calidad entre las varias funciones de la compañía.[9]

8.21 ¿Cuál es un amplio aspecto de la ciencia del comportamiento de la organización de control de calidad?

En el lenguaje de psicólogos y sociólogos, una organización de control de la calidad es: 1) canal de comunicación entre todos los empleados y grupos interesados a título de información de la calidad del producto; en efecto, un sistema de información. 2) un medio para que participen, dichos empleados y grupos, en el programa completo de control de calidad, en toda la compañía.

Los problemas de comunicación nacidos del alto grado de especialización en la industria moderna, son bien conocidos por las gerencias. Inspección podrá no tener ideas de las características que los ingenieros juzgan de mayor importancia sino hasta que empezó la producción y puso los artículos en manos del consumidor.

Los operarios podrán no comprender que las tolerancias a las que se les sujeta en su trabajo son críticas para el funcionamiento del producto. Es posible también que jamás se logre una concordancia completa entre el jefe de taller y el inspector, en lo que es de importancia en el maquinado de una pieza.

Es igualmente sabido por las gerencias, la necesidad de que los empleados se sientan como una "parte de ellas". Algunos operarios y especialistas llegan a pensar que "su responsabilidad en relación con la calidad, es tan pequeña que no entran dentro del programa de control de calidad de la compañía ni se les tiene en cuenta".

En una buena organización de control de calidad, el supervisor general de producción tendrá la oportunidad de sugerir a los ingenieros algunos cambios en el diseño que puedan hacer más fácil y más económica la manufactura. Estas sugerencias que se presentarán oportunamente evitarán críticas posteriores. El control de la calidad tendrá ocasión de participar con los ingenieros de producción en la elección y ubicación de las inspecciones clave, cuando todavía se encuentren los proyectos de manufactura en el departamento de dibujo.

8.22 ¿Cuál es el tamaño del componente de control de calidad?

Desde el punto de vista de control total de la calidad, el gerente o director del control de calidad, centrará su atención en los objetivos de calidad de su compañía y los dineros que demande su instalación se basará en los resultados que se esperan y no en la comparación con lo que la inspección y pruebas pueden sugerir por sus antecedentes. El tamaño del componente de control de la calidad depende de los resultados que de él se esperan con costos más económicos. El acopio, análisis y el uso de los costos de la calidad, comentados en el Cap. 7, suministran medios para determinar un equilibrio económico.

La experiencia industrial indica que una organización bien cimentada de control total de calidad, no requiere un incremento en los gastos al correr del tiempo; muy por el contrario, los gastos en que se incurre, considerados como una parte de los gastos totales de la compañía, tienden a reducirse de tal suerte que los costos de la calidad disminuyen en un 30% o más a medida que pasa el tiempo. Cuando en la organización del componente se incluyen hombres técnicamente competentes, cuyos esfuerzos se concentren en evitar errores, el número de elementos es menor que en una organización menos técnica.

8.23 Los requisitos especiales de calidad impuestos por el internacionalismo

Para la compañía cuyos intereses de funcionamiento están en un plano internacional, se impone una nueva dimensión en la organización de la calidad. La creciente tendencia hacia el internacionalismo, comentada en el Cap. 3, en la que los productos pueden ser diseñados en un país, los materiales abastecidos de otros países y las operaciones de manufactura y los mercados esparcidos en todo el mundo, obliga al establecimiento de programas de calidad viables tanto inter como intranacionales.

La forma específica misma de la internacionalización variará mucho entre compañías. Esto se debe a diferencias como la historia de la compañía, su criterio organizacional, mezcla de productos, estrategias de mercadeo, volúmenes de producción, políticas hacia vendedores y la localización geográfica de las instalaciones de manufactura. Sin embargo, hay muchos comunes denominadores en la tarea de lograr una internacionalización efectiva y esto ha llegado a significar una importante dimensión del conocimiento, habilidades y actitudes profesionales de la calidad.

Por ejemplo, un programa internacional de control de calidad debe tomar en debida cuenta los muchos factores de enorme importancia en los países en que están instalados. Estos incluyen diferencias en cultura, políticas gubernamentales y controles sobre exportación e importación; estándares; métodos para pruebas; grados de habilidad tecnológica y su concentración en unas cuantas áreas, en vez de todo el país, la importancia —o la falta de ella— colocada sobre el logro de la calidad; enfoque y criterio administrativo y de liderazgo; patrones de trabajo de empleados y su motivación; y diferencias en muchas otras áreas de importancia similar.

Estas diferencias pueden ser fundamentales. Por ejemplo, la palabra misma "control" puede tener connotaciones bastante diferentes en distintas culturas e idiomas. Una simple traducción de "control de calidad" al transferir el programa de un país a otro y a otro idioma puede no llevar adecuadamente el significado administrativo y técnico deseado.

Una actividad tan básica como inspección puede variar mucho en el contenido y objetivos del trabajo esperados. En algunas regiones, el trabajo de inspección es bastante técnico, con un historial industrial ilustre. En otras, inspección es sinónimo de vigilancia. Aún en otras, inspección puede significar estampar piezas por rutina. Por tanto, para ser efectivo, el movimiento de "planeación de la inspección" de una región a otra puede requerir mucho más que cambios técnicos que sólo consideran las diferencias en el equipo de manufactura.

Los programas de acción correctiva, fundamentales para las operaciones rutinarias de calidad, pueden encontrar también grandes variaciones en responsabilidad y autoridad. En algunas regiones, puede esperarse que el control de calidad tome el mando. En otras, sin embargo, el "controlador" es el que mide y registra, pero está muy lejano de otra actividad más positiva. Así, un programa de mejoras en la calidad que ha sido establecido en un país puede requerir de un cambio básico radical si se quiere aplicar en otra parte.

Los programas de auditoría pueden variar desde la actividad bien ejecutada por personas entrenadas hasta un concepto que es esencialmente desconocido y un tanto sospechoso. Un programa de calidad que depende de la auditoría puede, por tanto, encontrar reacciones básicamente diferentes en regiones distintas, sin importar qué tan precisamente esté definido para su ejecución.

Una de las áreas de diferencia más importante puede ser en la calidad y en los grados de calidad de piezas y productos similares producidos en regiones geográficas distintas. Las diferencias pueden ser particularmente importantes en el abastecimiento internacional de una pieza o producto de una compañía con el propósito de lograr mejores disponibilidades o precios más bajos que el que ha sido posible en el abastecimiento local tradicional. La calidad y los grados de calidad de estos productos abastecidos en forma internacional, puede ser constante y mucho mejor que aquéllos comprados en la actualidad en el mercado del país de origen con un efecto muy positivo sobre la satisfacción del cliente. O, después de la aprobación de las primeras muestras, la calidad puede resultar desastrosa —eliminando cualquier ventaja en el costo y creando un problema mayor de disponibilidad debido a los defectos en lugar de resolverlo. El control de abastecimiento por los proveedores, por tanto, puede tener una dimensión aún más importante en las operaciones de calidad que en las nacionales.

Tres ejemplos básicos, tomados junto con aquéllos mucho más complejos que podrían añadirse, ilustran la naturaleza exigente del trabajo de calidad internacional. Ilustran la importancia de un enfoque organizado para la internacionalización exitosa de las operaciones de calidad.

8.24 Organización para el control de calidad internacional

Estos 10 principios están entre las claves para un programa sistemático para el trabajo de calidad internacional:

1. Las operaciones de calidad internacional deben estar basadas en una estructura clara, aplicable en forma congruente y uniforme, de las actividades de calidad en todas las operaciones regionales —en especial orientadas a lograr completamente la satisfacción del cliente y los requisitos de costos de calidad del negocio mundial de la compañía.

   La experiencia demuestra que la congruencia y claridad del control son necesarias para asegurar la compatibilidad de la calidad, tanto en los mercados de clientes internacionales como entre las fábricas regionales que usan las piezas producidas en otro lugar. También es esencial para el logro de la planeación efectiva de calidad y para el logro de una retroalimentación de información de calidad útil y significativa. Y es un requisito fundamental para las comunicaciones internacionales.

   Estos sistemas de calidad internacional, para ser más efectivos, se basan en los principios básicos probados de la prevención, especificaciones y estándares claros, verificación de la confiabilidad, valuación de proveedores, motivación positiva de los empleados, control del proceso, pruebas del producto, medición de la actitud del cliente, auditorías y otros, esenciales para el logro de la calidad —aunque no hayan sido efectivos anteriormente en todas las operaciones de calidad regionales.
2. Las actividades y procedimientos específicos que implementan esta estructura deben estar cuidadosa y completamente adaptados a la planta en el país en particular y de la región, congruente con el mantenimiento de los objetivos y estándares de calidad básicos.

   Sin esta adaptación, las actividades de calidad necesarias pueden no ser nunca entendidas o aceptadas. Para ser efectivos, deben ser absorbidos en las operaciones normales, cotidianas, en el país o región. Sin esto, el control de calidad será algo aparte.
3. Las operaciones internacionales de calidad deben estar basadas en los aspectos fuertes, regionales y del país.

Algunas áreas, por ejemplo, son sobresalientes en la calidad de sus habilidades de ensamble, otras en la motivación de los empleados por la calidad; otras aún en fortalezas técnicas tales como evaluación no destructiva y métodos de prueba efectivos. Las operaciones de calidad en estas regiones deben ser construidas correspondientemente sobre estos aspectos fuertes.

4. La autoridad por la calidad debe colocarse directamente en la fuente local del producto en el país o región y esto debe ser claramente entendido y practicado en forma uniforme.

   La responsabilidad específica por el logro de la calidad día a día en el diseño, compras, producción o servicio debe estar ubicada en cualquier lugar en la operación internacional en que el producto o parte se proyecta manufactura o se le presta servicio. De otra forma, la responsabilidad y la motivación por le logro de la calidad será muy difícil de mantener y medir.
5. Se deben reconocer a las buenas comunicaciones como un fundamento esencial para las operaciones internacionales de calidad y deben ser cuidadosamente establecidas y practicadas de continuo, en vez de ser aspavientos ocasionales como respuesta a la crisis.

   Las redes formalizadas de proceso de la información son un requisito clave. Sin embargo, no hay ningún sustituto para el fuerte estímulo de las intercomunicaciones periódicas, personales y cara a cara entre el personal de calidad clave entre los varios países y regiones.
6. Debe programarse y presupuestarse el entrenamiento y motivación en el conocimiento, habilidades y actitudes esenciales para el logro de la calidad como actividades continuas en todas las operaciones de calidad regionales y del país.
7. Las auditorías, tanto de los resultados de calidad como del mantenimiento de la estructura del control de calidad, se deben aplicar en forma rutinaria en todos los países y regiones como una medida administrativa de lo adecuado de los desempeños de calidad.
8. La política y la estructura de la organización de la calidad para las operaciones de calidad internacionales deben identificarse y establecerse claramente como una parte integral de la organización internacional completa y del patrón administrativo de la compañía.

Aunque las formas particulares variarán debido a las diferentes condiciones entre las compañías, existen varias características en común. Una es la clara delineación de la política de calidad internacional, cuyos principios proporcionarán la guía para la calidad internacional en todos los países y regiones. Una segunda característica es el establecimiento de un liderazgo de calidad central internacional de la compañía —para guiar la estructuración del sistema de calidad internacional básico en actividades de auditorías, en motivación y entrenamiento, en innovaciones de calidad técnicas y administrativas, en costos de calidad y otras mediciones y en actividades similares. Una tercera característica es el establecimiento de responsabilidades de ingeniería y administración en todas las regiones y países. Una cuarta característica es la estructuración de las relaciones que unen los aspectos de calidad en el ciclo diseño-compras-producción-servicio cuando cada una se lleva a cabo en bases separadas geográficamente.

9. La estructura de calidad internacional se debe construir con la más amplia participación posible en todos los países y regiones, y el mantenimiento continuo de la estructura debe basarse en la continuación de este compromiso.

   Esto proporciona amplios insumos y consideraciones constructivas en todas las operaciones internacionales de la compañía. También, y de mucha importancia, reconoce que cada país es una entidad soberana y tendrá requisitos que deben ser cumplidos.

10. La efectividad de las operaciones de calidad internacionales dependen del profundo compromiso con la calidad en cada operación regional y en un país.

El punto de inicio es, desde luego, el compromiso visible y continuado de la administración en todos los niveles. El objetivo básico es el desarrollo y mantenimiento de un profundo compromiso —para con la calidad— y del orgullo que acompaña a este compromiso entre todos los empleados en todos los países y regiones. La prueba de este compromiso es el grado hasta el cual se ha convertido en una forma de vida cotidiana.

La experiencia muestra que la aplicación de principios como éstos son esenciales para el establecimiento de las operaciones de calidad internacionales que cumplan con lo que ha sido llamado la prueba de las 6 C: esto es, que estos programas de calidad sean claros, congruentes, comunicables, efectivos en costos, alienten la cooperación y proporcionen ventajas competitivas a la compañía en su mercado internacional.

Notas

1 En las Secs. 1.10-1.14 se analizaron la nueva función de la calidad como una estrategia administrativa principal.

2 El sistema de calidad, incluida la economía de calidad, se comentó en los Caps. 5-7.

3 Los aspectos técnicos de la función de calidad se consideran en detalle en la Parte 4.

4 El establecimiento de la política formal de calidad de la compañía se describe con más detalle en la Sec. 10.4

5 Parte de la Sec. 8.15 de acuerdo con un trabajo no publicado de J.S. Macdonald.

6 En el Cap. 1 se aclaró que el control total de calidad, como se explica en este libro, incluye el trabajo implicado en lo que ha venido a ser llamado aseguramiento de la calidad así como el trabajo del control de calidad.

7 La designación organizacional dada a este componente varía en forma amplia, dependiendo de las circunstancias y políticas de las diferentes compañías, y puede ser titulado Control de Calidad, Aseguramiento de Calidad, Confiabilidad, Aseguramiento del Producto, Integridad del Producto y otras varias designaciones.

8 El enfoque de introducir programas de control total de calidad se presenta con más detalle en el Cap. 9.

9 Ikuro Kusaba, "The Role the QC Promoting Department", Nagoya Institute of Technology, junio de 1980.

CAPÍTULO 9
Logro de un compromiso total con la calidad

La calidad de productos y servicios resulta de las contribuciones para la calidad de varios individuos con muchas habilidades técnicas, de producción y administrativas diferentes. Central para el logro de la calidad, entonces, es la participación y apoyo entusiasta de todos estos individuos —esto es, el *compromiso positivo con la calidad* que es fundamental para los programas de control total de la calidad.

Hay muchas formas en que este compromiso evoluciona con la calidad y se logra, dependiendo según sean la historia, políticas, personalidades, recursos, etc. de la compañía. Debe estar basado en un sistema de calidad total dinámico y sobre una estructura organizacional que aclare el compromiso de la compañía y de la administración con la calidad. Como se comentó en el Cap. 8, organizar para la calidad significa para *cada* empleado una responsabilidad explícita hacia la calidad como un desempeño esperado de la tarea —no sólo para aquellos empleados en funciones tan visibles como confiabilidad, ingeniería o control de calidad— sino para todas las personas en la organización como una de las actividades mensurables en la consideración de sus compensaciones y ascensos.

Lograr un compromiso genuino y generalizado con la calidad es un proceso que tiene muchas dimensiones, y una —y es importante saberlo— que nunca puede ser considerada "terminada". Una fuerza perecedera, sujeta a retos cambiantes continuamente, demandas e influencias inesperadas de muchos lugares, el compromiso con la calidad se puede considerar como un programa continuo que es básico para el control total de la calidad y para los sistemas de calidad total.

Por ello, en este Cap. 9 se examina el control total de la calidad desde el punto de vista de compromiso de calidad de las relaciones humanas estables, tanto dentro de la compañía y planta como en lo que concierne a proveedores externos y al público. También se considera el crecimiento de la profesión de calidad.

9.1 El panorama de compromiso con la calidad

Lograr un compromiso generalizado hacia la calidad implica una gama muy amplia de actividades continuas en todas las actividades del programa de calidad total de la compañía. Está basado en una política de calidad sólida, una planeación de la calidad cuidadosa y una administración de la calidad "iluminada". Especificaciones claras, equipo de proceso, buenas herramientas, búsqueda cuidadosa de distribuidores y proveedores, retroalimentación de rutina y evaluación de la información de calidad, todas estas actividades junto con muchas otras cooperan al logro de un verdadero compromiso con la calidad.

El control total de la calidad y los sistemas de calidad total implican, de esta forma, una amplia gama de programas que hagan hincapié en el aseguramiento de una motivación positiva hacia la calidad y un dinámico logro de calidad por parte del personal de la compañía en , cuando menos, tres áreas fundamentales:

La *primer* área es su *actitud* hacia la calidad. Aquí es esencial la creencia genuina de los empleados de la compañía en la importancia de la buena calidad, excelente mano de obra, diseños bien concebidos y ventas centradas en el servicio.

La *segunda* área es su *conocimiento* de la calidad. En este renglón es vital el entendimiento del empleado de las clases de problemas de calidad que recaen tanto en su trabajo individual como sobre la planta en general; apreciación de los empleados de la existencia de métodos para resolver sus problemas específicos de calidad; aceptación positiva de los principios, hechos y prácticas de los medios modernos para construir, mantener y controlar la calidad.

La *tercera* área son sus *habilidades para* calidad. Aquí son importantes las habilidades, tanto físicas como mentales, con las cuales el personal de la planta realmente desempeña las operaciones esenciales para la calidad conforme se requiere.

El alcance de estos programas puede incluir actividades de educación y entrenamiento para la calidad, de la mayor amplitud, desde actividades planeadas para maximizar la exposición y experiencia en el trabajo —hasta situaciones formalizadas de salón de clase— para la participación organizada del empleado en la solución del problema de calidad.

En las Sec. 9.2 a 9.5 se comenta el objetivo de la educación para la calidad y el proceso de la educación de la calidad. El interés por la calidad es fundamental para el compromiso con la calidad citado en la Sec. 9.6; en la Sec. 9.7 se examinan diversos métodos para participación en la calidad.

9.2 La función de la educación para la calidad

Entre los aspectos fundamentales para el logro del compromiso con la calidad, está la de educación para la calidad. El objetivo administrativo básico puede, por tanto, ser formulado rápidamente. Este objetivo puede enunciarse como:

> El desarrollo para el personal de la compañía —en todas las funciones y categorías— de aquellas actitudes, a conocimiento, y habilidades en calidad que puedan aportar a los productos de la compañía al costo mínimo congruentes con la satisfacción completa del cliente.

Este objetivo no es nuevo. Mucho antes de que los programas de control total de la calidad hubieran atraído la atención generalizada, los gerentes de planta estaban tratando de dar mayor importancia al entrenamiento para calidad de los nuevos operarios, en los cursos diseñados para supervisores y en los tipos de tareas usadas en la rotación planeada de ingenieros y personal de ventas.

El objetivo es uno cuyo logro se puede basar sólo en parte en el uso de tipos formalizados de entrenamiento en aulas como los recién citados. Mucho del proceso de aprendizaje para calidad —en especial en actitudes, pero hasta un cierto punto apreciable también en habilidades y conocimiento— se lleva a cabo muy informalmente y es casi imperceptible durante el curso del día normal del empleado.

Otra parte se adquiere forzosamente maltratándose las manos durante la experiencia del trabajo; una gran parte se adquiere como resultado del diario operario con su jefe; y otra resulta durante las pláticas y consultas del operario con sus compañeros.

Los objetivos de la gerencia para la educación para calidad serán aquellos en que los medios para lograrse puedan variar mucho en diferentes periodos. Para los problemas de la calidad sólo se tiene una seguridad: su contenido está sujeto a cambios constantes. Por tanto, la solución a los problemas de calidad será como un libro que se está escribiendo, al cual se le agregarán constantemente más capítulos, pero sin que nunca se llegue a escribir el último. La educación para la calidad nunca puede terminar en una compañía vigorosa y dinámica cuyos productos están en competencia efectiva en el actual mercado cambiante en el mundo.

9.3 La educación para la calidad como un proceso

La educación para el problema con la calidad da por resultado un proceso que, con diferentes grados de efectividad, se ha ido adoptando en la industria desde hace varios años, en diferentes formas. La introducción exitosa del control total de la calidad y de los sistemas de calidad total deben empezar con el reconocimiento que deben de iniciarla con una reserva *existente* de aptitudes, conocimiento y habilidades para la calidad —buenas o malas, actuales o sin remedio alguno, anticuadas— por parte del personal de la compañía. Reconocen que van a empezar con un programa educativo informal que ya funciona y que ésta cooperando con este "fondo" para educación. Reconocen también que van a partir de la forma en que estas actividades han estado en operación, se debe tomar en cuenta el proceso formal de trabajo, desde un principio, con orientación y con entrenamiento en los salones de clases sobre la destreza para la calidad.

Es muy interesante hacer notar que muchos de los esfuerzos en la educación para la calidad que han resultado infructuosos para algunas compañías son aquellos en los que se ha puesto muy poca o ninguna atención al principio de que, para determinar cómo un hombre, un programa o una actividad educativa para la calidad se puede realizar, es indispensable en primer lugar saber de dónde procede ese hombre, ese programa o esa actividad, para poder actuar de conformidad. Sin embargo, se prestó mucha atención a su contenido y a la enseñanza de su metodología, las infructuosas actividades sobre la educación para la calidad, nunca se pudieron adaptar en la compañía para la cual se habían diseñado hipotéticamente. Tal vez algunas se ofrecieron prematuramente o no estaban lo bastante maduras; otras estaban encubiertas en la terminología de la calidad y por completo lanzaron por la borda las designaciones tradicionales de la planta para los rechazos, las pérdidas y las fallas de la calidad; otras más no se aprovecharon completamente en el proceso educativo de la calidad, que se seguía en la planta desde hacía años; en general, nunca se amoldaron a la compañía y a sus problemas sobre la calidad, tal como se presentaban en el momento de iniciar el programa educativo.

La experiencia parece indicar sin duda, que el primer paso que debe dar el ingeniero de control de calidad para juzgar las necesidades de la planta para la educación para calidad, es el de analizar cuidadosamente los procesos existentes para educación, determinar sus características, sus ventajas o desventajas y después formular su plan educativo, de acuerdo con sus análisis.

9.4 Análisis de procesos existentes de educación para la calidad

Existen tres preguntas básicas que deben hacerse con respecto a los procesos ya existentes de educación para la calidad:

Primera pregunta: *¿Cuál es la intención, magnitud y efectividad del entrenamiento básico de la compañía para su personal, especialmente para el conocimiento de su trabajo y de la destreza necesaria, para proyectar, estructurar y mantener una buena calidad?*

Aun cuando una compañía haya designado oficialmente a un grupo para el entrenamiento, que realmente se ocupe de esas actividades y que, por tanto, pueda tener preparadas las respuestas para esta pregunta, es muy importante profundizar mucho más en el análisis simple que le proporcionen esas personas, hombres o mujeres, cuyos conocimientos indudablemente serán muy especializados. Debe buscarse la raíz de ese esfuerzo para el entrenamiento, a fin de ver y analizar el interés que se ponga en el curso para aprendices, sobre las indispensables clases de conocimientos y habilidad para la calidad, la cantidad de tiempo empleada en los talleres para las prácticas de trabajo de los nuevos obreros, en relación con la calidad; la reacción del jefe del taller acerca de la clase de conocimientos y habilidades que han obtenido los obreros durante este entrenamiento; la efectividad del manual de entrenamiento para los inspectores que esté en uso en la planta, comparado con los problemas corrientes de la calidad en la compañía; el grado de ilustración adquirido por los ingenieros proyectistas y los de desarrollo de proceso de la realidad de los requisitos modernos de confiabilidad del producto y las técnicas analíticas para satisfacer estos requisitos, así como con las técnicas de diseño modernas para la calidad.

Si la compañía no cuenta con un grupo especial para el entrenamiento, puede ser necesario investigar qué clases de esfuerzo se han iniciado, para entrenamiento para la calidad, en algunas secciones o por los supervisores. Es esencial que establezca estos datos, con el propósito principal de que su análisis del proceso educativo de la calidad, le dé la representación del total de horas —y, por tanto, en dólares— que se estén gastando en el entrenamiento básico para la calidad, y su efectividad.

Segunda pregunta: *¿Cuál es el efecto neto de la opinión del personal de la compañía sobre la calidad, ya sea adquirida de manera informal durante el mismo trabajo, por la influencia de la experiencia diaria, por los contactos o por investigaciones, elementos estos que son fundamentales para un proceso educativo de la calidad en una compañía?*

El más simple y útil criterio para solucionar esta pregunta, será el grado de conciencia para la calidad que haya en cada una de las secciones de toda la planta.

Aun cuando no se ha creado una técnica para la medición cuantitativa de la conciencia para la calidad, ésta se podrá apreciar con facilidad en una forma cualitativa por una persona experimentada en control de calidad.

Tercera pregunta: *¿Cuál es la intención, magnitud y efectividad de los esfuerzos reales de la compañía para el entrenamiento de su personal en los conceptos modernos de la calidad y en el programa y métodos del control total de la calidad?*

Es muy común que durante los primeros días de la instalación de un programa de control total de calidad en una compañía, se responda a la pregunta anterior diciendo, "casi no se ha hecho nada". Queda sin embargo una pregunta útil y práctica por hacer. Sorprende observar la frecuencia con que un material relacionado con la calidad y sus técnicas del control, se queda arrinconado durante el proceso educativo de la compañía. Hace algunos años, alguien pudo haber colocado ese material en un manual para entrenamiento de los jefes de taller, aun cuando estaba muy poco claro al tiempo de emplear. Posiblemente algún supervisor o algún obrero, para quienes los términos de *gráficas* de $\overline{X}$, R o de p representaban un lenguaje nuevo, instintivamente han encontrado la utilidad de poder graficar el porcentaje de los rechazos, o bien hacer un registro de las mediciones de las piezas, en determinada máquina herramienta y ese supervisor o ese obrero han educado o tratan de educar a los que les rodean, de la bondad de estos método. Este material que se desarrollo en forma original, así como el personal que lo ha empleado y perfeccionado, puede ser una gran aportación para muchos de los cursos que se están planeando para el entrenamiento formal de control de calidad. Sin embargo, es indispensable que se tenga conocimiento de que existe ese material, a fin de que pueda hacer el empleo de él.

9.5 Uso de las respuestas a las preguntas

Reconociendo que el proceso educativo existente en la compañía, es una de las mayores aportaciones que debe utilizarse en beneficio del programa de control de calidad, las respuestas a las preguntas anteriores proporcionarán gran parte del material esencial que se necesita para planear el tipo y clase de modernización que se debe introducir en el proceso educativo, a fin de ponerlo al día.

Acción específica que se debe de tomar respecto a la Primera pregunta *—entrenamiento formal para el conocimiento específico del trabajo y destreza, por lo que se refiere a la calidad de la producción—* se relaciona con los aspectos de calidad del entrenamiento de todos los empleados —tanto aquellos que llevan mucho tiempo como los empleados nuevos—. Reconoce la importancia de la orientación de la calidad en lo referente al "cómo" como una parte integral del desarrollo del empleado.

En el tema de la Segunda pregunta *—el proceso informal de educación para la calidad—* que está comprendido dentro de la solución de los diferentes problemas del desarrollo y mantenimiento de la conciencia para la calidad, es también un campo principal de atención para el control de calidad por sí solo. Este punto se tratará en la Sec. 9.6. En la Sec. 9.7 se examinan algunos métodos de participación para la conciencia de la calidad. Se da un ejemplo de un programa de conciencia de la calidad en la Sec. 9.8.

Tercera pregunta *—el entrenamiento formal del personal en los modernos problemas de la calidad y en la técnica del control—* generalmente es un elemento de mucho interés para programas de control total de la calidad. Se considera en la Sec. 9.9.

9.6 La conciencia para la calidad

Uno de los tres objetivos está en material de actitudes, como se observó en la Sec. 9.2 para la educación de la compañía en el control total de la calidad.

Históricamente, las actitudes para la calidad, entre el personal de una planta, se han ido adquiriendo, ya sea mediante un proceso educativo de la calidad que comprende no únicamente los cursos formales de control de calidad, sino también, en gran parte, muchas influencias informales sobre la calidad. Estas influencias son los actos y hechos que ocurren diariamente durante el trabajo y que indudablemente son los factores más significantes para modelar las aptitudes de los individuos.

Individualmente, el obrero de una planta es la base que se requiere para la elaboración de productos de calidad satisfactoria. En la mayor parte de los casos, él es el que desea hacer un trabajo satisfactorio; sin embargo, es muy importante rodearlo del "clima" apropiado para que pueda realizarlo. Tiene que recurrir a sus supervisores y jefes para que lo ayuden en la tarea indispensable de la calidad, para que le den una herramienta con la necesaria capacidad, el entrenamiento conveniente para aplicar y mejorar su destreza y el equipo de información de la calidad para medir su rendimiento y guiarse en la operación del proceso del cual tiene responsabilidad. En último análisis, es en torno a esta persona —el operario— que se diseña el plan del sistema de calidad de la compañía.

Pero este plan, por lo general, es algo tecnológico y debe complementarse con un ambiente humano, estimulado individualmente por los operarios que tienen *deseos* de hacer el empleo del plan a fin de rendir una buena calidad. Este estímulo lo dan las actitudes y los hechos de los supervisores. Por ejemplo, mientras el gerente *general* no demuestre un constante interés por la calidad del producto, con hechos y con palabras, no se adelantará mucho en el resto de la compañía. Los jefes intermedios se dedicaban a hacerse cargo de aquellos problemas que parezcan ser de mayor importancia para la gerencia.

La conciencia para la calidad en el gerente general, debe ser más que un asunto de palabrería. Las más contundentes arengas en favor de la calidad del producto; se esfuman para los operarios cuando se recibe una orden en la fábrica para que se embarquen productos subnormales en calidad, a fin de dar cumplimiento a la expedición de un pedido.

El interés en la calidad debe de ser algo genuino y creado por medio de la acción, en reuniones periódicas para hablar de los problemas de la calidad, respecto a la política de la calidad de la compañía, y por un interés equilibrado que favorezca la calidad del producto. Hasta que este interés no se manifieste, se notará la falta de apoyo por aquellos que a diario tratan de lograr las normas de calidad. Si este apoyo no se aporta durante largos periodos, empezará a decaer la moral y resultará una inevitable inefectividad. La resistencia para no comprometer la calidad del producto, podrá faltar cuando sea más necesaria.

Los gerentes funcionales de la empresa confían en aplicar la política de la gerencia general y al mismo tiempo obtener un trabajo funcional de acuerdo con el plan. Desgraciadamente no siempre se presentan las cosas de acuerdo con el plan y se inician los conflictos. Por ejemplo, un proyecto puede tropezar con un obstáculo, dando origen a problemas de la calidad. Pudiera haber sido una fecha de presentación del producto que se debía cumplir. O bien, ¿se tomaría sólo a medias y se usó como reparación temporal —sin que se hubiera demostrado—, para cumplir con la fecha de presentación. En ocasiones, esto resulta como someter a prueba la conciencia para la calidad y ensayar la integridad de la persona. Se establece cierta lealtad, tanto para la organización como para el producto. En estos casos, los gerentes funcionales pueden hacer mucho para poner a tono la disposición para la calidad en la planta, por medio de sus acciones en favor de una buena calidad del producto.

Una de las principales figuras en cualquier campaña sobre la conciencia para la calidad, es el supervisor de una sección de producción. Éste representa dirección de primera línea, tanto de nombre como de hecho, para todos los obreros que estén bajo sus órdenes. Si está en práctica un buen programa de relaciones laborales, el puesto del supervisor como parte directiva está bien establecido, como también lo deben de estar los conductos de información. Los obreros esperan que supervisor los mantenga informados de los problemas y de los éxitos de la compañía. Por tanto, en una campaña de la conciencia para la calidad, el supervisor es el medio de comunicación de la compañía. Más aún, la acción del supervisor en su línea, en favor de la calidad del producto, debe respaldarse por los dirigentes intermedios y por la gerencia general en todo caso. Si se procede en esta forma, el supervisor se sentirá seguro y será un defensor de la causa de la calidad del producto.

Esta es la verdadera situación que prefiere el trabajador. Tiene orgullo de pertenecer a una organización en la que las acciones diarias de sus supervisores son congruentes con las miras de la empresa. Para él, esto representa una poderosa organización que sabe hacia dónde avanza, es un reto personal a fin de que aporte su esfuerzo y habilidad para elaborar productos de calidad, sabiendo que se ha empleado lo mejor en las investigaciones, en las técnicas, en la manufactura y en trabajos de mercadeo, para proporcionar al consumidor un producto de calidad satisfactoria.

Existe un gran número de medios para interesar a los individuos y a los grupos, tendentes a promover esa conciencia de la calidad. Estos medios se deben de emplear durante determinados periodos –digamos de 2 ó 3 meses–. Aun cuando sea una promoción pequeña, se pueden emplear con efectividad los siguientes recursos:

1. Notas cortas en el periódico de la planta.
2. Dibujos o caricaturas alusivas en el periódico.
3. Colocación de carteles en la zona de trabajo. (Estos podrán ser de naturaleza general, representando "cómo hacerlo mejor" o "por qué se debe hacerlo mejor".)
4. Frases ("eslóganes") respecto a la calidad.
5. Sugerir recompensas por las ideas para mejorar la calidad.

Como se observó en la Sec. 8.20, algunas veces se establece una unidad de promoción de la calidad para ayudar a promover la conciencia de la calidad en toda la organización. Para promover la conciencia la calidad en toda la organización, es importante contar con la participación de todo el personal. Esto proporciona un interés de conjunto. Si una persona no aprecia por completo el valor que para él representa la elaboración de un producto de calidad, debe de tener presente su importancia para todo el conjunto. Por tanto, cada persona debe de pensar en que el bienestar los incluye a ellos. Esto crea un *espíritu de cuerpo* en toda la organización. A continuación se examinan algunos de los muchos enfoques diferentes para el compromiso del grupo en la calidad.

9.7 Enfoques de participación en el compromiso con la calidad

Como se señaló antes en el Cap. 1, el recurso más desperdiciado de muchas compañías es el conocimiento y la habilidad de los empleados. Que esto sea así ha logrado un uso mejorado del potencial de este recurso como un objetivo clave de la compañía para beneficio de los empleados y de la compañía de la que son parte, y ciertamente, para beneficio de los clientes de los servicios y productos de la compañía.

Entre los muchos ejemplos de enfoques para lograr este objetivo están los puestos de fábrica y oficina creados para utilizar tanto las mentes como las manos de los empleados, operaciones de producción establecidas para manufactura en grupo para permitir flexibilidad y un compromiso fuerte por parte de los empleados en la selección del procedimiento de producción más eficiente para ajustarse a las situaciones que surjan y el procesamiento electrónico de datos y otros instrumentos que maximizan el uso de la habilidad del empleado por medio de la automatización de tareas de apoyo rutinarias.

El principio fundamental de estos enfoques es que el trabajo se vuelve más retador e interesante para los empleados cuando su conocimiento y habilidades son mejoradas y cuando son crecientemente capaces de influir en las decisiones que se reflejan en su trabajo. También es básico para este programa el reconocimiento de que lo que es bueno para la persona como empleado también es bueno para la organización de la que forman parte y las importantes mejoras en procesos y costos documentadas a partir de estos enfoques lo reflejan.

Uno de los más importantes de estos enfoques son los programas específicos para un gran acrecentamiento de sus métodos de la participación del empleado en las acciones para las mejoras de las operaciones. Desde hace tiempo, muchas compañías han reconocido y recalcado la importancia y el valor del compromiso genuino y generalizado del empleado como una característica básica de su funcionamiento. En algunas compañías, hay "las mesas redondas de empleados" —se han usado muchos términos y muchas estructuras diferentes para estas sesiones de grupo periódicas entre un número más o menos pequeño de empleados—que han sido por muchos años un factor importante en las operaciones de planta.

Adelantos en la ciencia conductual que apoyan la participación de empleados

El valor y significado de esta participación de empleados se ha extendido por los adelantos conceptuales y teóricos de las ciencias sociales, que han venido a determinar aquellos factores del comportamiento humano que probablemente alentarán tanto las aportaciones a la tarea como la satisfacción humana por la tarea. El eminente sociólogo industrial Elton Mayo, que trabajó y publicó en la década de 1930 estuvo entre los precursores que reconocieron que si se quiere aumentar la productividad industrial, muchos factores sociales disolventes implicados en la industrialización del siglo XX, requerirían un compromiso mucho más efectivo por parte del empleado en las acciones de la planta de lo que habían sido antes. Una consecuencia de este trabajo fueron los experimentos Hawthorne, llevados a cabo y publicados a finales de la década de 1930 por el sociólogo F.J. Roethlisberger y por W.J. Dickson de la Western Electric Company, que fue uno de los puntos de referencia en la consideración de la participación de grupo.

A partir de 1940 los trabajos relacionados con la participación y compromiso por psicólogos pioneros como Kurt Lewin —en su evaluación del concepto de dinámica de grupo— y Douglas McGregor, A.H. Maslow, Rensis Likert, Frederick Herzberg y muchos otros importantes científicos sociales, crearon la importante actividad de lo que ha venido a ser llamado ciencias del comportamiento. Esto llevó a aplicaciones industriales que, en algunas compañías, también influyeron en la forma práctica de las "mesas redondas". Un número creciente de estas aplicaciones de conceptos del comportamiento fueron creadas por personas como Alfred J. Marrow.[1]

Estos desarrollos en la ciencia conductual generaron aportaciones de fundamentos para alentar el compromiso del empleado con la calidad. En un ejemplo importante, aclararon uno de los principios de motivación la de más fuerte psicología. Este principio es que el grupo al que pertenece la persona puede considerarse el "terreno" sobre el que pisa en una organización industrial, y las acciones de la persona en la empresa están fuertemente influidas por lo que "su grupo" es y cómo puede contribuir el individuo a los objetivos del grupo.

Las implicaciones de esto son, primero, que los métodos para mejoramiento dirigidos a cada trabajador —sin estarlo hacia el grupo del que es parte el trabajador— están condenadas a tener sólo mínima eficacia, sin importar qué tan inspiradas sean las técnicas. Segundo, si el trabajador considera a "su" grupo como sólo un pequeño grupo de trabajo de la fábrica en vez de un equipo de toda la planta —incluyendo a la organización de la calidad, ingeniería, producción—, entonces esta persona estará estrechamente orientada en forma correspondiente al igualmente estrecho criterio de beneficio del grupo, y ninguna calidad de "actividad motivacional" en el sentido tradicional cambiará mucho esto para el beneficio mutuo, incluyendo la planta como un todo. Tercero, sin embargo, si la percepción del trabajador es la de formar parte del grupo completo de la planta, entonces las posibilidades de mejora de la calidad y de la productividad son mucho más importantes con rapidez.

Aunque la mayor parte de las formas más ampliamente usadas de la participación de los empleados —como círculos de calidad, calidad de la vida de trabajo, y otros que se mencionan—, han sido primordialmente resultado de la práctica de la planta y compañía, es importante considerar en el control total de la calidad a éstas con respecto a sus repercusiones en la ciencia del comportamiento.

Principios de participación

En realidad, ha surgido una serie de 10 principios a partir de estos adelantos, tanto en las compañías como fuera de la ciencia conductual, que son guías muy importantes para el establecimiento de programas de compromiso del empleado que cooperan con el compromiso de calidad en el control total de la calidad. Estos principios son:

1. Los programas exitosos de compromiso del empleado requieren un interés administrativo genuino, no superficial. Además debe haber un entendimiento completo en todos los rasgos de administración en lo referente a los propósitos multifacéticos a los que sirve este programa.
2. Las aportaciones e ideas de los empleados deben recibir una consideración seria —y ser puestos en práctica cuando las recomendaciones sean lógicas y pertinentes— para que el programa tenga un valor real.
3. Un requisito importante, y una de las verdaderas pruebas a los programas efectivos, es que tengan una continuidad a largo plazo para cooperar con las operaciones de la planta y compañía. En contraste, una tendencia de algunos programas de compromiso de empleado —que debe ser evitada— es la actividad a corto plazo en la que el interés y el valor desaparecen rápidamente una vez que pierdan el interés original.
4. Los programas de compromiso son tan importantes para los empleados de oficina como para los empleados de fábrica.
5. La organización del programa debe mantenerse clara y sencilla. Una de las grandes debilidades de algunos programas de compromiso ha sido el exceso

de organización, con una superestructura que cae pronto por su propio peso.

6. Como corolario para el número 5, los programas de compromiso con éxito requieren una preparación inicial muy cuidadosa. Aunque los participantes y los líderes pueden ser elegidos al inicio del programa, se debería dar después la máxima importancia a la cooperación voluntaria con un mínimo de exigencias hacia el programa.
7. Las sesiones de compromiso, para que sean efectivas, deben tener una finalidad definida desde el punto de vista de los participantes. Las sesiones que son consideradas como una "pérdida de tiempo" por los participantes, pueden ocasionar efectos negativos. El entrenamiento en participación por grupo y en el análisis y síntesis de problemas y sus soluciones son particularmente importantes.
8. La sustancia de las sesiones de compromiso —así como del programa general mismo— debe mantenerse al día, ser pertinente con los temas actuales de la planta, y novedoso. Como dijo un participante, "...parte de nuestra tarea en las sesiones es el estar seguro de pasar a otras actividades cuando las actividades actuales han sido tratadas por suficiente tiempo".
9. El liderazgo de las sesiones de compromiso debe estar formado y orientado a las operaciones de línea en la planta y compañía —de forma de asegurar participación operativa directa— en vez de sólo por parte del personal administrativo (staff).
10. De importancia vital es el logro de la satisfacción del cliente con la calidad; los programas de compromiso son un ingrediente importante, pero no un sustituto para el exigente programa del control total de la calidad en toda la compañía en las acciones de mercadotecnia, ingeniería, producción y servicio —algunas de las cuales pueden proporcionar insumos para las actividades del programa de compromiso y obtener beneficio de algunos de sus producto.

La experiencia demuestra con claridad que los programas de compromiso tendrán auténtica importancia sólo cuando se desarrollen dentro del programa de control total de la calidad de la planta y compañía y que sean establecidos durante el tiempo en que sean efectivos para este programa. Algunas plantas se han sumergido en programas de compromiso prematuros que no podían tener éxito simplemente porque no estaban estructurados para manejar las acciones de calidad necesarias con las que se trataba. Como se dijo en la Sec. 1.9, sin la guía y el dinámico marco de toma de decisiones del control total de la calidad, las actividades de calidad individuales, particularmente incluyendo los programas de participación, nos cumplirán sus promesas.

9.8 Enfoque de participación en el compromiso con la calidad: Círculos de calidad, calidad de la vida de trabajo (CVT), y otros enfoques principales

Entre los enfoques principales para el compromiso de los grupos de empleados, se comentarán ahora tres aspectos en particular:

- Círculos de calidad.
- Calidad de la vida de trabajo (CVT).
- Otros enfoques principales.

Círculos de calidad

Una de las formas más extendidas de participación de grupos de empleados es el *círculo de calidad*. Un círculo de calidad es un grupo de empleados –normalmente de una sección de la planta y de la actividad de la compañía y por lo general pequeños– que se reúnen periódicamente –a menudo, una ahora a la semana– para propósitos prácticos, como:

- Señalar, examinar, analizar y resolver problemas, normalmente de calidad, pero también de productividad, seguridad, relaciones laborales, costos, almacenes, etcétera.
- Para realzar la comunicación entre empleados y administradores.

Una de las características exclusivas del círculo de calidad, entre los diversos conceptos del compromiso del empleado, es el hincapié estructural en la solución organizada de los puntos y problemas pertinentes de la planta y compañía. Uno de los factores principales en la actividad del círculo de calidad es el entrenamiento de los participantes del círculo en estas técnicas de análisis y síntesis.

El grupo de círculo de calidad normalmente incluye de 8 a 12 empleados, cuya participación suele ser voluntaria, con un líder de grupo que también puede ser voluntario, o –como sucede al inicio del programa– alguno asignado con este propósito. Aunque la organización varía ampliamente entre las plantas, cada grupo tendrá un coordinador cuya función es la administración del círculo de calidad. Cada grupo puede tener también lo que ha venido a ser llamado un "facilitador" un término de la ciencia del círculo específico: entrenar al líder, así como a los miembros del círculo en las técnicas de solución de problemas, actuando algunas veces como consultor técnico y en ayudar al círculo durante los periodos difíciles. Según sea la situación de la planta, puede combinarse algunas veces el puesto de coordinador y "facilitador".

Típicamente, el programa del círculo de calidad para una planta será guiado por un comité director, cuyos miembros, pueden ser de 5 a 15 personas, proporcionan un conocimiento y dirección general del programa del círculo de calidad de la planta. Este comité director puede incluir personal administrativo de la planta, personal de producción, supervisión y de relaciones con empleados, personal de ingeniería, personal de mercadotecnia, así como círculos de líderes y empleados de producción y oficinas. En cualquier caso, la organización del comité director debe salir de la administración de la planta.

Este comité director es el mecanismo administrativo de la planta o compañía para la orientación sobre el programa del círculo de calidad y normalmente actúa en sectores como la determinación de objetivos generales del círculo, alentar la actividad del círculo, proporcionar recursos de la planta para hacer posible la actividad del círculo, autorizar las acciones del círculo, así como establecer políticas y guías, sugerir actividades para la atención apropiada del círculo e indicar los aspectos que no son apropiadas, generar recomendaciones de cómo los líderes y miembros del círculo pueden elegir y desarrollar más efectivamente las mediciones, para determinar la efectividad del círculo, y proponen otros aspectos de la dirección.

Dentro de estos criterios establecidos y mantenidos por el comité director, se da más preferencia a la elección, por el círculo de calidad de sus propios objetivos y que la membresía sea voluntaria cuando el programa empiece su actuación continua. Durante la etapa inicial —que puede comenzar en muchas partes de la compañía y planta y con muchos propósitos— se identifican a los supervisores de primera línea, como los primeros líderes, y se invita a asistir a algunos empleados de la planta y oficina. Posteriormente, se celebran sesiones de orientación para empleados, a quienes entonces se les pregunta si desean participar.

Una característica principal de los círculos de calidad es que están estructurados para dirigir su atención a los problemas de la planta y compañía en una forma organizada. Los líderes del círculo de calidad serán entrenados para la determinación de los aspectos de la planta y los problemas que requieren atención y en cómo pueden dirigir esta atención con efectividad. Este entrenamiento normalmente incluye los conceptos de participación de grupo, creatividad y sesiones para exponer ideas, determinación de temas y solución de problemas, el desarrollo de la conciencia de calidad y productividad, técnicas estadísticas directas como las descritas en el Cap. 13 y otras áreas.

El valor de los círculos de calidad depende mucho menos de la mecánica de formas particulares de estructuración organizacional, que de la efectividad con que estas prácticas de motivación humana, comportamiento, estadística, orientadas a problemas y otras prácticas que se presentan e implementan.[2]

El impulso para establecer un programa de círculo de calidad, generalmente viene de la función de control de calidad de la planta y compañía debido a la aportación que puede ser hecha tanto al compromiso de calidad como a las mejoras en calidad. La evolución del programa, sin embargo, queda implementada con mayor efectividad con el liderazgo directo de la función de producción, y según sea de la ubicación en la organización de los círculos de calidad, por la ingeniería de diseño, el servicio al producto y, en algunos casos, por funciones de mercadotecnia. El control de calidad es un "actor" con presencia continua en el programa de círculo de calidad, particularmente en su orientación a los programas reales de calidad y productividad en la planta y a su estímulo para la continuidad de la actividad del círculo.

La experiencia ha demostrado que la efectividad a largo plazo de los círculos de calidad, se relaciona a qué tan cercana continúa su operación constante para estar relacionada a los 10 aspectos básicos expuestos en la Sec. 9.7. Aunque todos los aspectos son importantes, entre la importancia especial están el principio 5 —sencillez en la organización— donde se debe prestar una gran atención a la estructuración del programa del círculo en una forma en que su no administración se convierta en una carga cada vez más compleja; y el principio 9 —liderazgo de línea— en donde la dirección del círculo de calidad única por grupo de personal staff probablemente limitará su panorama.

El principio 1 es otro sector de importancia vital. En una planta, por ejemplo, un supervisor de ingeniería industrial comentó respecto al valor de solución de problemas de los círculos de calidad que "...uno de mis ingenieros industriales podría hacer más en el problema de métodos en un día que lo que el círculo ha hecho en cuatro meses...". Esta observación, que reflejaba un somero entendimiento del programa, no tuvo en cuenta los diferentes papeles colaterales del círculo de calidad como área de comunicación, así como el que prepara la "venta" de la aceptación del nuevo método cuando éste sea implementado. Sin embargo, los comités directores —y los círculos mismos— deben comprobar continuamente que las actividades del círculo sean pertinentes en términos orientados al problema y no primordialmente una hora a la semana de "repasar los problemas".

Tal vez la debilidad más grande de los círculos de calidad radique en el principio 10. Se han enfocado en algunas plantas a los programas de círculo de calidad como la actividad que deba llevar el liderazgo principal de las mejoras de calidad dentro del programa de calidad de la planta —y proseguir "solos" para hacerlo—. Esto sucede algunas veces debido a que los programas de participación son muy notorios en su inicio y —cuando menos en la "luna de miel" de los inicios— pueden parecer una forma en que la planta esté dando algunos pasos para la calidad, pero evita enfrentarse a cambio profundos en la calidad que deban hacerse en ingeniería de diseño, instalaciones de producción, métodos para servicio, quejas de ventas o, en realidad, hasta en las normas de calidad administrativas. Únicamente cuando los círculos de calidad han sido integrados seriamente dentro del marco total de control total de calidad de la compañía puede su efectividad ser apropiadamente fuerte para el largo plazo.

Calidad de la vida de trabajo (CVT)

Por muchos años, varias formas diferentes de programas han reunido a empleados con supervisores y administradores de forma que todos puedan considerar métodos y medios mejorados para manejar las mejoras de la *calidad de la vida de trabajo* general (CVT). Uno de los primeros de estos programas fue el de Joseph Scanlon, un funcionario de un poderoso sindicato obrero y que fue después conferencista en el Massachusetts Institute of Technology, en lo que se ha llamado el Plan Scanlon.

Una de las formas más amplias y recientemente reconocidas del programa en sí ha sido descrita como la calidad de la vida de trabajo y se basa sobre el principio de que la responsabilidad hacia la calidad resulta más natural donde los trabajadores tienen intensa participación en las decisiones que se reflejan sus trabajos.[3]

Las actividades de la CVT han tomado muchas formas variadas en compañías diferentes; a los trabajadores puede pedírseles que ayuden a diseñar sus propias líneas de ensamble o sus estaciones de trabajo; los equipos de producción pueden encargarse de la elección y entrenamiento de nuevos miembros del equipo sin una supervisión directa de la administración; pueden asumir otras responsabilidades tradicionales de la administración, tales como la predicción de los requisitos de materiales y mano de obra, y hasta pueden evaluar su propio desempeño.

Algunas compañías con programas de CVT proporcionan rutinariamente a sus trabajadores la clase de información considerada antes como de "incumbencia" exclusivo de la administración y de los accionistas, tales como metas estratégicas e índice de producción. Otras compañías alientan y proporcionan fondos dedicados a la educación avanzada para los empleados, tanto dentro de la planta como en escuelas técnicas y universidades cercanas; algunas compañías han instituido políticas para ascender a puestos altos a su personal existente. Cualesquiera sean las actividades específicas, en el enfoque de la CVT se supone la perspectiva del trabajador individual respecto a sus habilidades, potencial y sentimientos con su trabajo y promueve un reconocimiento significativo para el trabajo como persona.

Otros enfoques importantes

El logro de la conciencia de calidad y de la responsabilidad para la calidad dependen del entusiasmo y cooperación generalizada, auténticas del empleado en toda la planta y compañía en las actividades planeadas para el control total de la calidad. Ha habido una amplia variedad de programas para participación, así como de enfoques para lograr un espíritu de conciencia de calidad en las plantas y compañías, además de los círculos de calidad y CVT. Entre los programas de motivación que han recibido mayor atención están los Consejos de calidad de empleados, el enfoque de cero defectos, programas de sugerencias de empleados, administración por objetivos, fijación de la meta de calidad, así como un aspecto completo de esfuerzos de enriquecimiento de la tarea conocidos bajo varios títulos: "reforma del trabajo", "reestructuración del trabajo", "sistemas sociotécnicos", y otros. Estos programas, junto con muchas formas adicionales, han sido efectivos en ciertas situaciones en determinadas plantas.

Los enfoque participativos para impulsar la responsabilidad con la calidad en muchas plantas y compañías han probado su valor durante los años. La clave para la efectividad ha sido la elección de aquel programa de compromiso del empleado que satisfaga en una forma genuina las necesidades y condiciones de la compañía específica —de otra forma no hay la "mejor" solución para el logro de la conciencia de calidad.

Una de las tareas básicas en el establecimiento de una responsabilidad total genuina en toda la planta hacia la calidad, es la confección del programa particular para un compromiso del empleado que se ajuste a la planta y compañía, evitando cuidadosamente una actividad copiada de otra planta y compañía sólo porque está disponible rápidamente y se puede obtener de inmediato.

La función de relaciones con empleados de la planta y compañía desempeña un papel principal hoy en la creación y mantenimiento de estas actividades en el programa de control total de la calidad de la planta que pueden ser sólidas y efectivas —no superficiales y transitorias.

El establecimiento por una compañía de un programa particular de mejoras en la calidad que evoluciona a partir de sus requisitos e historia puede ser especialmente efectivo en muchos casos. Como ejemplo[4] —en este caso un programa enfocado a los equipos de producción— se denomina un "Programa de visibilidad de calidad". Este programa en particular es uno que reunió los elementos para el compromiso con la calidad en esta compañía en particular.

En el programa de "visibilidad de calidad", un importante fabricante de aeronaves asignó la responsabilidad de la calidad en pequeños grupos que trabajaban juntos como equipos para producir un conjunto ensamblado específico de inicio a fin. Este enfoque de equipo se extendió hasta los miembros de cada unidad productora que compartían el mismo programa de vacaciones.

El desempeño de cada grupo (normalmente especificado como el número de defectos por hora) se paso en forma de gráfica en un pizarrón colocado en un sitio muy visible en "el Centro de Visibilidad de Calidad". También había gráficas de las metas de mejoría establecidas por manufactura. (Se exhibía una copia de cada gráfica en las estaciones individuales de trabajo en la planta.) Las gráficas estaban codificadas para que delinearan claramente el desempeño inferior o superior a la norma.

El centro de visibilidad proporcionaba un lugar establecido para juntas para el supervisor y equipo para "acabar" con los problemas de producción. Aquí, el grupo podía llamar a Ingeniería, Recepción de Materiales, Inspección, Herramientas o cualquiera otra función de la compañía para ayudar en la mejora de la calidad. El centro también se usaba para juntas semanales de supervisores y administradores; cuando se había observado un problema, el supervisor correspondiente señalaba la acción correctiva específica planeada y daba la fecha para la cual las mejoras serían efectivas. A su vez, los resultados se anotarían en las gráfica de desempeño del grupo.

Entonces, al servicio de esta compañía los efectos psicológicos del progreso hecho visible eran muy útiles para los compañeros de cada trabajador, junto con el espíritu de competencia entre los equipos para mostrar un buen historial de calidad.

9.9 Adiestramiento formal para control de calidad

Algunos miembros, profesionales en la educación que han estudiado el proceso de enseñanza a grupos y a individuos en todos los renglones de una compañía moderna, han hablado repetidas veces de su unánime conclusión: los adultos, hombres o mujeres, en la industria, pueden aprender y retener únicamente aquellas cosas que creen que necesitan conocer, lo que genuinamente piensan que les va a servir en su trabajo, lo que suponen que más agradablemente les puede ayudar a resolver los problemas diarios que los agobian y lo que en realidad, efectivamente, quieren aprender.

Se deduce de lo anterior y la experiencia en la educación para la calidad lo ha confirmado, que los cursos de adiestramiento para el control de calidad más efectivos, son aquellos que se concentran en los problemas de la calidad, más que los que están orientados a la teoría de la calidad; aquellos cuyo contenido del curso está basado sobre la ayuda específica para que los hombres y mujeres desarrollen mejor su trabajo de calidad; aquellos cuyo objetivo sea la divulgación de los principios y prácticas para la solución básica, inmediata y sencilla de la calidad, más que sobre la discusión de amplias teorías generales, únicamente para el examen de la calidad.

El *primer* principio general para estructurar un programa de adiestramiento en control de la calidad, es el siguiente:

Principio 1. Formúlese sobre bases realistas y orientado a los problemas reales de la calidad de la fábrica. Concéntrese en lo práctico, con material pertinente para la calidad y en casos concretos.

Durante la década pasada se han elaborado otros principios, basándose en la experiencia industrial y son:

Principio 2. Para el desarrollo de los programas educativos sobre control de calidad, el ingeniero de control de calidad y el grupo de adiestramiento deben trabajar y consultar con el personal de la línea lo más extensamente posible, especialmente lo que se refiere a la amplitud y clase de material que deba emplearse en los programas. Ante todo, el personal de la línea debe presentar a ese grupo los problemas que se deban resolver para la compañía y con vista hacia los mercados, representar con sus empleados a un consumidor durante el entrenamiento sobre control de calidad. Por tanto, a los obreros de la línea se les debe de animar para que comprendan que el trabajo del curso que se está impartiendo por la oficina de control de calidad, es una ayuda para la línea y no un sustituto para el trabajo.

Principio 3. Los programas educativos sobre control de calidad deben de estar fincados en el reconocimiento de que las soluciones a los problemas industriales —y, por tanto, la solución a los problemas de la calidad— siempre estarán cambiando; por consecuencia, la educación sobre los métodos de control de calidad y las técnicas, no se consideran terminadas, incluyendo la preparación de los propios educandos. Se deduce de esto, que a los participantes en los cursos se les debe de animar para que continúen su educación bajo la forma de un entrenamiento propio, después de haber pasado por el curso formal, empleando los medios que crean más apropiados para ese fin. También se deduce que después de los cursos de entrenamiento formal para el control de calidad, se debe tener la precaución firme de organizar cursos periódicos de repaso para el personal de la planta que haya asistido a los cursos básicos.

Principio 4. A largo plazo se debe incluir y considerar como participante en los programas de entrenamiento, al personal de toda las escalas, desde el gerente general hasta maestros mecánicos de banco. Como el interés y los objetivos difieren ampliamente entre todas las escalas de la organización, los cursos individuales del programa de entrenamiento deben ajustarse para que cumplan estas diferentes necesidades se evitará formar un solo curso de entrenamiento en control de calidad que se avenga a necesidades tan extensas como la del gerente general, el entrenador de control de calidad y el jefe de inspección.

9.10 El intervalo cubierto por los programas de entrenamiento para control de calidad

En las grandes compañías, los programas educativos a largo plazo pueden incluir alguna de las actividades siguientes de entrenamiento:

1. Un curso general corto para la supervisión de primera línea, acerca de los métodos modernos de planeación y control de la calidad, concentrándose esencialmente en los elementos físicos que influyan en la calidad del producto.
2. Una discusión de orientación general para los niveles medio y superior de administración, representado el control total de la calidad como una técnica para planear y controlar y concentrándose sobre los aspectos financieros de la calidad, así como sobre la idea general de la tecnología del control de calidad en particular.
3. Entrenamiento de orientación hacia la calidad, para los empleados de nuevo ingreso en la compañía. Este trabajo se puede efectuar como una parte de las actividades regulares de orientación para nuevos empleados de la planta.
4. Una presentación breve, simple, visual, sobre los aspectos del control de calidad en las máquinas y durante el armado, para obreros hábiles y obreros armadores.[5]
5. Un curso para las prácticas de las técnicas de control de calidad para los inspectores, probadores, personal del laboratorio, algunos supervisores de producción seleccionados y otras personas que por su trabajo diario requieran un nuevo y más amplio entrenamiento para la calidad. Este curso debe concentrarse en algunos aspectos del control de calidad como ingeniería, manufactura, pruebas, ventas e inspección. Debe comprender un repaso general de la tecnología y los métodos estadísticos que puedan ser necesarios.
6. Un curso de tecnología y métodos estadísticos del control total de la calidad, para el personal técnico de la compañía —proyectistas o ingenieros de desarrollo, ingenieros de manufactura, etc.— y en cuyo trabajo dentro del sistema del control de la calidad, se hace indispensable este entrenamiento.
7. Cursos detallados de entrenamiento para el personal que esté o que pueda estar ocupado la totalidad de su tiempo, dentro del grupo del control de calidad de la organización, o cuyo trabajo y preparación hace indispensable este entrenamiento. Estos comprenderán no sólo una exposición detallada de prácticas y técnicas de la calidad y de los métodos, sino que también darán un conocimiento básico de los métodos estadísticos que puedan ser de utilidad en el programa de control total de la calidad. También habrá concentración en áreas como metrología, pruebas no destructivas, manejo de datos, computadoras, instrumentación avanzada, auditoría, etcétera.

Estos cursos detallados del entrenamiento para control de calidad implicarán algunos aspectos de las tres tecnologías del control total de la calidad: ingeniería de calidad; ingeniería de control de proceso e ingeniería del equipo de información de calidad. Es de fundamental importancia para su efectividad el que sean congruentes entre ellos dentro de la compañía en el punto de vista que tomen con respecto al control total de calidad y que este punto de vista sea también congruente con las políticas y métodos funcionales reales de la compañía en control de calidad. Este curso no debe predicar una cosa mientras que la compañía hace otra.

La creciente complejidad de la metodología de calidad ha dificultado que cualquier individuo sea completamente competente en todas las fases de la tecnología de control de calidad industrial. Hay, por tanto, una creciente necesidad tanto de especialistas como de ingenieros y administradores cuyo conocimiento generalizado en muchos sectores les permitirán coordinar y dirigir el trabajo del especialista. Cada vez más, los profesionistas en control de calidad deben prestar una atención explícita sólo para mantenerse al día con los nuevos conocimientos en un sector particular.

9.11 Recursos alternos para los programas de entrenamiento de calidad

Ya sea que se trate de una compañía grande o pequeña, no se permitirá que esto perjudique el contenido de sus cursos en una forma apreciable. Una compañía pequeña que no desea desarrollar un material educativo especial, puede disponer de un gran número de textos sobre control de calidad. Cuando el número de personas que se debe de entrenar es muy limitado, algunos de los grupos citados en la lista de la Sec. 9.10 se pueden combinar en un solo curso. Por ejemplo, los ejecutivos y los ingenieros pueden formar un grupo, y los ejecutivos asistirán únicamente a las sesiones iniciales sobre enseñanza general y continuando los ingenieros los estudios sobre los aspectos técnicos y estadísticos del control de la calidad, en las sesiones posteriores. Se puede formar otro grupo con el personal del taller, incluyendo obreros e inspectores.

Si la compañía no desea tomar bajo su cargo su propio entrenamiento sobre control de calidad, hay universidades y colegios que imparten estos cursos. Aun cuando estas instituciones pueden ofrecer cursos de control de calidad como una parte de sus estudios regulares, también presentan cursos especiales para los que están ocupados en la industria. Estos cursos son de dos clases: el primero es un curso intensivo de una o dos semanas de duración; el segundo es un curso nocturno de una o dos noches por semana, durante un periodo de 12 a 15 semanas. Además, muchos de estos cursos tienen una orientación estadística del control de calidad, otros son más amplios en su desarrollo, e incluyen consideraciones y otros aspectos del control total de la calidad.

Existen otras fuentes de educación sobre control de calidad, por medio de los seminarios y conferencias auspiciadas por diferentes asociaciones profesionales.

9.12 Responsabilidad por el entrenamiento de control de calidad

Como se observó en la Sec. 6.10 la educación y entrenamiento de calidad es una actividad directa y continua del sistema de calidad de la compañía. Como tal, debe estar organizada, con responsabilidad específica asignada a las diversas actividades.

En tanto que la responsabilidad general de los programas de desarrollo de educación y entrenamiento recaerá probablemente en el componente de personal y relaciones con empleados de la empresa, con ayuda de la función de calidad, normalmente implicará a varias otras funciones dentro de la organización cuyo nivel de entrenamiento y educación afectarán la calidad del producto. El liderazgo apropiado para las actividades de educación se obtendrá así a través de la línea completa de la organización según como sea apropiado a las necesidades de la compañía en particular.

Comunicación del compromiso de calidad

Dos áreas principales que requieren atención directa para el establecimiento del control total de la calidad son: 1) las complejidades técnicas implicadas en el establecimiento del marco del programa de calidad y 2) las complejidades humanas, organizacionales y de tiempo involucradas en hacerlo despegar. El rasgo de los enfoques técnicos queda considerado en los capítulos apropiados en todo este libro. En las Secs. 9.13 – 9.19 se repasa la psicología de introducción de programas para el control total de la calidad.

El proceso relacionado de comunicación es muy importante en este trabajo. El nuevo programa de calidad tendrá un efecto significativo en las actividades en toda la compañía. Alterara los lineamientos de administración, y exigirá una integración mucho más estrecha entre las acciones humanas y el flujo de máquinas e información. La comunicación clara de los beneficios reales dentro del nuevo y agresivo programa de calidad es, por tanto, básico para obtener el compromiso genuino de calidad de los individuos en toda la compañía.

Este proceso de calidad total de comunicación puede resumirse en los siguientes siete requisitos:

1. Una definición transparente que pueda ser entendida por todos de lo que se requiere en y a partir del programa de calidad total.
2. Un repaso definido de cómo se creará e introducirá el programa.
3. Un aseguramiento de la competencia profesional de aquellos que ejecutarán el trabajo.
4. Una oportunidad para todos los miembros clave de la organización para involucrarse en la parte de recopilación de información del proyecto.
5. Una oportunidad para todas las personas clave de la organización para participar directamente en el trabajo conforme se desarrolle.
6. La comunicación a través de toda la empresa de los detalles de la actividad resultante del programa.
7. Una definición muy concreta de los beneficios económicos y de otro tipo que se estén añadiendo a la organización a partir de la evolución del control de la calidad total.

9.13 Motivación para el desarrollo del control total de la calidad total y de los sistemas de calidad

La motivación para proponer la introducción del control total de la calidad puede partir de cualquiera de los diferentes grupos de la compañía. Puede iniciarse por la alta dirección, quienes deben estar convencidos de la necesidad de mejorar las actividades del control de calidad de la compañía o bien han visto el éxito logrado en otras compañías. Puede ser propuesto por algunos dirigentes funcionales, como el director de ingeniería o el superintendente de manufactura. Con mucha frecuencia se sugiere por el personal joven de la organización, entre quienes se cuenta con técnicos especializados.

El propósito para iniciar el control total de la calidad puede ser un movimiento justo de defensa, frente a la severa presión sobre la compañía, originada por las pérdidas extremadamente altas durante la manufactura, o bien, por el resentimiento del personal de la planta, originado por aquellos problemas de la calidad que no se han solucionado. La propuesta para su iniciación se debe hacer como una sugerencia para el mejoramiento de actividades que ya estén en operación y que tiendan hacia el control de la calidad.

De donde quiera que parta la propuesta para el control total de la calidad y bajo cualquier circunstancia, es seguro decir que no será apropiadamente efectivo sin la obtención de un compromiso hacia la calidad de todas las partes implicadas. Así, la primer tarea importante de los proponentes de la calidad total es una uniforme: se debe desarrollar un plan concreto, práctico, adaptable, para poder lograr su iniciación y para delinear los objetivos finales del programa de control de la calidad para la planta.

Hay que tener presente cuando menos cuatro consideraciones generales para el desarrollo de un plan:

Una adaptación especial. Es requisito indispensable que primero se analicen, con todo cuidado, las necesidades de calidad de la compañía. El plan de control de calidad que se trate de introducir debe ajustarse en sus procedimientos y terminología a los requisitos particulares de la planta, de acuerdo con el análisis que se haga. Debe desecharse todo programa "prefabricado" y hecho a la medida para otra compañía, o tomado de la literatura que existe al respecto.

Un equilibrio económico. El campo de acción de las actividades del control de calidad, que se recomienden en este plan, deben basarse en un análisis económico justo, en lugar de trazarlo sin tomar en cuenta las necesidades económicas de la calidad en la compañía. Este campo de acción se determina por medio de un equilibrio patente entre el alcance de los problemas de la calidad en la compañía y los costos para la cantidad mínima de control que se requiera para abordarlos y resolverlos.[6]

El campo de los costos de la calidad, según se vio en el Cap. 7, proporciona muchas de las herramientas necesarias para este análisis. Los problemas con que tropieza el grupo de control de calidad, cuando inicia su propuesta únicamente con los detalles técnicos, desaparecen rápidamente cuando pueden demostrar, en el lenguaje apropiado de los negocios, la potencialidad de los costos de la calidad.

Participación. Es indudable que el plan de control de calidad recomendará la acción y la cooperación de varios grupos funcionales y de otras personas de la planta. El apoyo, compromiso y motivación de estas personas o grupos, será más fácil de asegurarse, si éstos participan en la formulación del plan y del programa del control de calidad que se recomiende.

Hacer resaltar sus beneficios. El plan debe hacer resaltar los beneficios tangibles que se puedan derivar del control de la calidad y se indicará la forma comparable de medida por emplear, para poder valuar los resultados que se vayan produciendo.[7] En la medida en que la magnitud de las aplicaciones actuales de los proyectos individuales de control de calidad que se hayan desarrollado con éxito en la planta puedan comprobarse, podrá venderse el plan y será rápidamente aceptado.

Es preciso hacer notar, en relación con el desarrollo de este plan, que se deben tomar muy en cuenta las circunstancias en las que se vaya a iniciar el control total de la calidad propuesto. La apreciación de estas circunstancias influirá preponderantemente en la forma que se ha planeado para la introducción del programa.

Este programa, patrocinado por la alta dirección, por ejemplo, debe dirigirse hacia el estímulo de una espontánea y genuina aceptación y participación de parte de los miembros en puestos inferiores de la organización. El programa que sea promovido por jefes funcionales encontrará, de inmediato, una reacción por parte de los miembros de otros puestos, para quienes el control total de la calidad únicamente representa "la construcción de un imperio" por parte del director del control de calidad o del director de ingeniería.

Si el programa se desarrolla principalmente a causa de las enormes pérdidas en la manufactura, se debe evitar que se concentre únicamente en sus aplicaciones sobre los aspectos del control del producto, dentro del control total de la calidad. El programa que tenga por origen las numerosas reclamaciones durante el servicio del producto, debe evitar concentrame principalmente en los estudios especiales del proceso de separación de fallas.

9.14 Secuencia para la obtención de un compromiso hacia el programa de control total de la calidad

Es esencial la aceptación del plan propuesto por la alta dirección, con las adaptaciones o reformas que ésta le quiera hacer, puesto que sin esa aprobación no se puede lograr la iniciación efectiva dentro de la fábrica. En muchas plantas se cita a los que proponen el control de calidad, a fin de que presenten una prueba evidente del valor de estas actividades, antes de aprobar el plan. Es posible dar esta aprobación en forma tentativa, quedando sujeta la aprobación definitiva a los resultados de las aplicaciones iniciales del control de calidad.

Una vez aceptado el programa por la administración, ya sea tentativamente o en otra forma, se procederá a una sucesión de etapas para hacer realidad los proyectos, dentro de la operación efectiva de la planta. En esta secuencia se presentará el desarrollo del plan mediante una amplia exhibición ante los miembros de la compañía de las pruebas tangibles del valor efectivo de las actividades del control de calidad Este plan se puede llevar a cabo hasta que se logre establecer un programa de calidad dentro de toda la fábrica, que opere de acuerdo con los lineamientos dados en este libro.

Esta "secuencia de introducción" debe comprender por lo menos cuatro etapas generales, fundamentales para la introducción del control total de la calidad en una gran variedad de circunstancias industriales. Dichas etapas son:

1. La exposición al personal clave correspondiente, por parte de la alta dirección, del plan y de los pasos iniciales para ponerlo en operación. Se registra la elección de la persona que encabece al grupo de control de calidad, si es que no se había designado con anticipación.
2. Iniciación sistemática en la compañía del plan de control de calidad, con el apoyo total del gerente. Resulta muy eficaz para lograr el apoyo al programa propuesto por la dirección el análisis y presentación de costos de la calidad en la compañía y la evaluación de las oportunidades para mejorarlos sustancialmente.
3. Evaluación regular de los resultados del proyecto, a medida que éste evoluciona; aumento del número de proyectos, su evolución gradual e integración dentro de la forma que se ha planeado para el sistema de control de calidad total en toda la compañía en general.
4. Informar de las metas de la calidad y de las actividades del control de calidad a todo el personal de la planta; alentar la participación en este programa, en el mayor grado posible, del departamento de personal; establecimiento de las labores educativas y de entrenamiento sobre el control de calidad.

9.15 Pasos para el logro de un compromiso generalizado para el control de calidad

Presentación del programa por la alta dirección. Siempre será inevitable alguna resistencia de cierto grado entre el personal de la compañía hacia un programa como el de control total de la calidad, a menos que sea introducido con propiedad. Esta resistencia se origina, por lo general, por la falta de cierta información relacionada con los procedimientos y objetivos del programa.

Por la razón anterior, antes de iniciar alguna acción para establecer las actividades propuestas dentro del plan básico de control de calidad, es indispensable que la alta dirección haga una exposición de los fundamentos de este plan a todo el personal clave. La presentación en esta forma tiene por objeto varios propósitos: proporciona el medio de comunicación de las bases para el control total de la calidad al personal clave; demuestra en una forma real que el programa propuesto tiene el apoyo amplio de la alta dirección; proporciona un medio por el cual los individuos que no hayan tenido oportunidad, participen en la revisión de las actividades propuestas.

La exposición que haga la dirección se puede efectuar de una manera pausada e informal, si es que se estima mejor para las condiciones de la compañía una junta privada. O bien, si la dirección desea alentar el entusiasmo general para la instalación del control total de la calidad, convocará a una asamblea promocional "con todas las de la ley" y en forma global.

La asamblea promocional puede iniciarse con la presentación formal del programa por la dirección y si es posible, seguida por algún recurso como la proyección de transparencias, con comentarios para explicar los detalles de la actividad del control de calidad.

Esta junta de introducción proporciona una oportunidad excelente para anunciar la selección de la persona a quien se asigne la responsabilidad de la dirección del programa. Siempre que sea posible y práctico, la persona seleccionada deberá formar parte del personal de la organización, estar familiarizada con los problemas de la calidad y haber tenido trato personal con el resto del personal de la planta.

Un inicio paso por paso. A su vez, la iniciación real de las nuevas actividades de calidad de la compañía se desarrollará probablemente con mayor suavidad cuando todo esté coordinado sistemáticamente. La instalación paso a paso del programa puede entonces seguirse secuencialmente. En paralelo con el desarrollo continuo del programa, se debe concentrar también la atención, cuando sea apropiado, hacia el manejo de problemas de calidad particularmente difíciles.

Resultados tangibles. Puesto que el crecimiento del programa de control de calidad depende directamente de los resultados que se produzcan, es en extremo importante que se establezca un medio conveniente para dar a conocer estos resultados. Esta información la debe dar periódicamente el gerente de control de calidad a la alta dirección y a otras personas clave, probablemente cada mes. Los primeros reportes se harán sobre los principales proyectos particulares y se irán ampliando estos informes a medida que se expandan las actividades del control de calidad. Se tendrá cuidado de anotar en estos informes que los resultados obtenidos se deben a los esfuerzos combinados de varios grupos funcionales y a determinados individuos, más que al éxito personal del grupo de control de calidad.

De acuerdo con la situación, el patrón de medida para los resultados se puede elegir entre una variedad de elementos. El empleo de los costos de la calidad es una medida de mucha importancia. Otras medidas consisten en mejoras en el diseño y en el proceso de manufactura, la aceptación del consumidor, la convicción de una actitud en favor de la calidad en todo el personal, y la reducción del exceso de trabajo.

Puede ser que muchos de los resultados reportados sean intangibles. Pero los resultados más eficientes serán aquellos que se puedan medir contra la más efectiva de todas las medidas, los dólares y centavos que se han ahorrado. Por tanto, los reportes que se utilicen durante la fase de la introducción del programa, tenderán a dar a los ahorros en costo de la calidad el lugar principal entre todos los patrones de medida que se empleen.

Comunicación y participación. El principal origen de la calidad en una planta es la mano de obra escrupulosa. Por tanto, para una franca aceptación del control de calidad es esencial el desarrollo de un verdadero sentido de responsabilidad de la calidad entre los miembros de la compañía.

El fortalecimiento de esta actitud se nutre de la información de los objetivos de la calidad a todo el personal de la planta. Esto se puede lograr aprovechando el periódico de la planta, enviando publicidad especial sobre el control de calidad, con reuniones de los empleados para revisar las peculiaridades de la calidad de los productos, con cartones colocados en los tableros o en las paredes, o con presentaciones ante los empleados, de pláticas, conferencias, películas sonoras o transparencias y discusiones sobre la calidad. El medio más efectivo de información de la calidad y las actividades del control de calidad, son las relaciones personales entre el supervisor y los empleados, medio por el cual se va transmitiendo la información. Esta cadena de información se debe iniciar, desde luego, en la alta dirección.

El desarrollo de la conciencia de la calidad se fortalece alentado a los empleados a participar en actividades reales de calidad: ofensivas mediante calidad en toda el área de la planta impulsadas mediante objetivos bien definidos; comités para la calidad que se reúnen periódicamente para la revisión de las recomendaciones tendentes al mejoramiento de la calidad —pueden ser extremadamente eficaces. También es muy importante iniciar a discusiones durante las reuniones de información a los empleados, o entre el supervisor y los empleados, sobre la identificación y solución de los problemas sobre la calidad.

El éxito en esta fase de introducción del control de calidad, se podrá juzgar por la cantidad de empleados de la compañía que vayan reconociendo la importancia de sus esfuerzos personales para el diseño, la manufactura, la venta y el embarque de un producto de calidad aceptable.

9.16 La actitud de los proponentes de calidad mismos

De importancia para el éxito de quien propone un programa de control de calidad al seguir los lineamientos del proceso para su introducción que se ha expuesto antes, es la actitud firme que tomen para atacar la introducción del control total de la calidad en la planta. Es interesante hacer notar a este respecto, que existe mucho en común entre la actuación de un firme proponente del control de calidad y la de un competente vendedor técnico de los productos industriales.

Cuando ingenieros de ventas, competentes y bien entrenados, inician la venta de un producto con un posible nuevo comprador, proceden de acuerdo con un programa de acción cuidadosamente planeado. Puede usar materiales para la venta como muestras, gráficas, etc., cuyo valor haya sido comprobado. Ellos reconocerán que asumen el peso de la prueba y que el cliente se interesará cuando ellos puedan demostrale los suficientes beneficios que aquél obtendrá del producto como para justificar su compra.

Los ingenieros de ventas están capacitados para adaptar sus argumentos a fin de lograr el interés de sus compradores. Con el ingeniero de diseños, deben estar capacitados para hablarle y discutir los detalles técnicos; ante la alta dirección, deben poder exponer los beneficios monetarios que se deriven de su producto; si se trata de los obreros de manufactura, deben saber exponerles los beneficios que obtendrá el personal de la planta, mediantc la instalación de su producto.

En lo tocante a los ingenieros de ventas industriales, el proponente del control de calidad debe seguir los principios básicos en ventas, que son:

1. Deben concentrarse siempre en las discusiones sobre los beneficios de su producto, en este caso el control de la calidad.
2. Deben estar siempre dispuestos a tratar estos beneficios del control de la calidad, desde el punto de vista particular del "prospecto", ya sea el ingeniero de diseño, el supervisor del taller, el agente de compras, el inspector, o la alta dirección.

En tanto que quien propone el control de calidad puede estar personalmente muy entusiasmado, por ejemplo, con la lógica y la claridad de los aspectos estadísticos de la actividad, no debe dar por hecho que el resto del personal de la planta va a sentir el mismo entusiasmo. Si los aspectos de organización del control de calidad son de interés, se debe insistir en esta fase durante las discusiones de ventas en lugar de insistir sobre la estadística; si los aspectos de las relaciones humanas son de interés, se insistirá sobre este punto.

Como en el caso de los ingenieros de ventas, un proponente exitoso del control de calidad no culpa de sus fallas al cliente prospecto cuando no logre hacer la venta. Por el contrario, analiza aquella parte de un presentación que le haya fallado, para lograr una impresión satisfactoria. Probablemente los costos calculados para el programa fueron indebidos o erróneamente altos; probablemente puso demasiado énfasis en el aspecto administrativo y de organización del control de calidad; tal vez le faltó insistir sobre los beneficios que se puedan obtener con la aplicación de la técnica del control de calidad. Si la falla fue debida a la forma de su exposición, el proponente trata de mejorar esta forma; si la falla estaba dentro de la forma del programa propuesto, reacondiciona este programa, si es que lo estima necesario, de tal manera que elimine los puntos indeseables.

Ante todo, el proponente del control de calidad se apoya en su profunda convicción de los beneficios que obtendrá su compañía con la aplicación del control de calidad. No obstante, reconoce que estos beneficios probablemente no se realizarán hasta que pueda hacerlos resaltar y reúna para su aceptación el entusiasmo por el control de calidad de la gran mayoría de la organización de la planta y principalmente de la alta dirección.

9.17 Introducción del control de calidad en una empresa con varias plantas

La mayor parte de lo expresado en este capítulo ha consistido implícitamente en que la organización en la cual se trata de introducir el control total de la calidad, es una compañía con una planta única. Desde luego, estos programas de control de calidad se pueden aplicar en otras condiciones: en una compañía que opere diversas plantas en diferentes lugares geográficos, y también en una planta ubicada en una sola región, pero que incluya diferentes divisiones operativas semiindependientes.

El procedimiento que se debe seguir para el caso de varias plantas o de varias divisiones, es semejante, en principio, al descrito anteriormente para el caso de una planta única. Es decir, se prepara el plan para el control de calidad, se procura la aprobación de la alta dirección y este proyecto se debe iniciar por partes.

Naturalmente que se requiere de un gran esfuerzo de flexibilidad en el plan básico que se presente a la alta dirección, para la aceptación del control de calidad en una compañía con múltiples plantas. El plan debe ser adaptable, a fin de satisfacer las diferentes necesidades de las diversas plantas de la misma compañía y su estructura será en tal forma que pueda también ser aceptado por los gerentes de las otras plantas.

El desarrollo del control de calidad en una compañía con varias plantas, comparado con el que se requiere para una sola planta, demanda una participación inicial en mayor grado para el desarrollo del plan, y preparar aún más el camino antes de que se puedan iniciar las aplicaciones. Sin embargo, como en este caso se trata de una organización en mayor escala en la cual se pueden asumir los gastos en común, se tendrá la ventaja de obtener mayor atención en la preparación de la gran cantidad de materiales que ya se vayan a emplear en el control de calidad, para aplicarlos en las primeras fases de la introducción del programa.

Como este programa se debe ir introduciendo poco a poco, en las secciones operativas de las diversas plantas pertenecientes a la compañía, será preciso consolidar un núcleo firme con el personal de cada planta que haya demostrado una actitud positiva hacia la calidad, conocimientos y gran habilidad, a fin de que apoyen este programa de control de calidad.

9.18 Comunicar el compromiso de calidad a los vendedores

Los proveedores de alta calidad son un ingrediente importante para el éxito del control total de calidad. Por tanto, el compromiso hacia la calidad de los proveedores es esencial. La información del programa de control total de calidad a los distribuidores comprende los mismos principios fundamentales empleados para la información del programa dentro de la compañía; es decir, se debe guiar al distribuidor para que aprecie los beneficios que pueda obtener al usar el control total de calidad.

En numerosas compañías se han publicado folletos muy atractivos, invitando a sus proveedores a que se unan en el mejoramiento específico de la calidad y en los programas de control de calidad. Una de estas compañías convino en hacer ciertas cosas en beneficio del distribuidor; éste, a su vez, acordó ciertas concesiones a su comprador. En el Cap. 19 se habla de esto con mayor detalle.

En general, la empresa compradora puede convenir en hacer lo siguiente:

1. Hacer conocer al distribuidor todo lo que se relacione con el pedido, incluyendo los requisitos de la calidad.

2. Favorecer el intercambio de visitas para lograr el conocimiento y la solución de los problemas mutuos.
3. Establecer, dentro de lo posible, facilidades para la investigación, desarrollo y servicio técnico a la disposición de los proveedores, a fin de auxiliarlos a resolver sus problemas de calidad y mejorarla.
4. Programar las listas de adquisiciones con bastante anticipación a las fechas requeridas.
5. Proporcionar, por escrito, al distribuidor, todo lo concerniente al conocimiento del sistema de calidad que se debe seguir por ambas partes.
6. Establecer un convenio con respecto al manejo del material no satisfactorio.
7. Mantener una política firme en los costos.
8. Cuando se cometa un error, reconocerlo de inmediato y tomar rápidamente la acción correctiva.
9. Desarrollar con el proveedor el conocimiento y la convicción de que el requisito más importante es la calidad del producto terminado.
10. Afianzar la dignidad de las relaciones con el producto.

Por su parte, entre las responsabilidades del proveedor se pueden considerar las siguientes:

1. Proporcionar los materiales con los requisitos especificados.
2. Mantener los procedimientos de control de calidad que aseguren el cumplimiento respectivo con las especificaciones.
3. Estar dispuesto a responder de inmediato sobre la disposición de un producto inaceptable.
4. Informar al comprador, lo más pronto posible, de las circunstancias que puedan afectar a los costos.
5. Mantener una eficiencia de operación, que le asegure costos competitivos.
6. Mantener una visión progresiva, dirigida al constante mejoramiento de la calidad.
7. Procurar evolucionar con las actividades del comprador.
8. Cumplir con el cliente y, por tanto, proteger los intereses del público consumidor.
9. Prestar una pronta atención al comprador ante cualquier factor que pudiera entorpecer las relaciones.
10. Considerar esta asociación como una relación a largo plazo.

De acuerdo con estas indicaciones, una gran manufacturera de electrónica[8] ha buscado promover la calidad del producto entre los proveedores con un programa de premios en reconocimiento al desempeño del distribuidor.

En resumen, el programa señala 13 beneficios mutuos específicos a partir de las buenas relaciones comprador-distribuidor:

1. Calidad mejorada.
2. Confiabilidad mejorada.
3. Aprobaciones más rápidas.

4. Menos rechazos.
5. Ahorro de tiempo de pruebas ambientales.
6. Mejor aseguramiento de la calidad del distribuidor.
7. Distribuidores mejor informados de lo que se espera de ellos y de sus productos.
8. A través de reportes de dimensiones de control, los distribuidores sabrán dónde concentrar la inspección.
9. Ahorro en costos de embarque.
10. Ahorros en costos de reproceso y desperdicio.
11. Por el uso de técnicas de control de calidad reconocidas, los distribuidores tienen registros confiables de su calidad.
12. Mejores relaciones distribuidor-compañía.
13. Mejor calidad de materiales recibidos que resultan en una mejor calidad del producto y en un aumento de ventas —también un beneficio para el distribuidor.

En diversas compañías se han instituido "seminarios para distribuidores" que consisten en programas organizados, por medio de los cuales se invita a los distribuidores a visitar la planta, y en grupo oyen las presentaciones de diferentes gerentes y del personal del grupo de control de calidad, con respecto a la política en calidad, los niveles de calidad, los procedimientos para el control de la calidad, el manejo de los cambios en ingeniería y otros temas por el estilo. Se buscará la oportunidad para mostrar al distribuidor en qué lugar queda incluida la pieza que él proporciona, dentro del producto final, y por qué son de importancia ciertos requisitos. Se imprimen folletos o programas, incluyendo un resumen con los temas discutidos.

El representante de la empresa distribuidora debe ser una persona responsable. Debe ocupar un alto puesto en ventas en su organización, a fin de poder opinar sobre los cambios en la política y en los procedimientos. La planta anfitriona organizará el programa de forma que proporcione una oportunidad completa de discusión entre los participantes.

El número de personas que formen el grupo que asiste a los "seminarios para distribuidores" puede variar desde 10 hasta varios miles de personas. Esto depende de lo que se quiera conseguir. Si se necesita hacer al anuncio de una nueva política, se puede reunir un grupo grande. Sin embargo, si sólo es necesaria una aclaración por ambas partes, un grupo pequeño favorecerá una respuesta del distribuidor o de sus representantes.

9.19 Comunicar el compromiso de calidad a los clientes

Es un hecho que los clientes comprarán donde reciban el mayor beneficio. Algunos de los beneficios que los clientes buscan en los productos son durabilidad, conveniencia, confiabilidad, atractivo, funcionamiento adecuado —todas éstas son *cualidades* del producto. El fabricante que pueda proporcionar estas cualidades deseadas sin exceder el precio de las ofertas competitivas obtiene el liderazgo del producto.

Si el fabricante ha dado al cliente buenos beneficios y ha demostrado un compromiso hacia la calidad, la compañía ha establecido una reputación con el cliente y puede esperar su preferencia continuada. Aún más allá, el cliente puede convertirse en un promotor activo de los productos de la compañía y recomendarlos a asociados, demostrando así el compromiso del mismo cliente hacia la calidad. Cualquier vendedor conoce las ventajas de saber vender calidad comparándola con el precio de venta.

Cuando un fabricante ha establecido una reputación como productor de productos de calidad, hay una gran ventaja en anunciar el hecho. Éste es un caso en que las palabras deben respaldar a los hechos. Si no lo hacen, las palabras pueden convertirse en comprometedoras y muy dañinas para el fabricante. Se pueden identificar ejemplos donde las empresas están fuera del negocio debido a que no pudieron sostener lo que afirmaban sobre su calidad. Por otra parte, aquellas compañías que han podido anunciarse verdaderamente como productoras de productos de calidad se han establecido en una posición muy sólida.

El mejor aseguramiento de la calidad del producto que puede proporcionar un fabricante a los clientes es la operación de un programa de control total de la calidad.

La compañía, con un programa de control total de la calidad bien establecido y efectivo, puede a su vez enfatizarlo como un valor aumentado para el cliente. Los procedimientos de control de calidad bien documentados generan confianza y aseguran a los clientes que se pone gran cuidado en entregarles un producto de calidad.

Varias agencias de abastecimientos, por ejemplo, tienen cada vez mayor confianza en los proveedores que cuentan con un sistema de calidad bien organizado. La experiencia ha demostrado que cuando un proveedor tiene un sistema de calidad sólido, se requiere una menor inspección y son menos frecuentes los rechazos.

Este punto de vista con respecto al sistema de calidad es de igual importancia para los clientes industriales. Las visitas a las plantas pueden ser usadas con efectividad para demostrar a los clientes cómo opera el sistema de calidad total de la compañía: cómo se controlan los materiales, cómo se conducen las pruebas de confiabilidad, cómo se operan los puntos de revisión de calidad y cómo se certifica la calidad del producto.

Por ejemplo, un productor eléctrico del oeste central había tratado sin éxito de asegurar la cuenta de un gran fabricante de enseres para sus necesidades de motores. Hasta que se arregló una visita completa para el agente de compras de la compañía de enseres y para su gerente de control de calidad no pudo establecer el clima favorable necesario para obtener la orden. Un repaso a la planta convenció a los clientes potenciales que el asunto del motor tenía un aumentado que ofrecer a los clientes en la forma de un sistema de calidad bien planeado.

En efecto, el uso de la calidad del producto como motivador de ventas es un ejemplo del "arte de ser bueno, saber de calidad y ganarse el buen nombre con ello".

9.20 Comunicar el control de calidad con precisión

Un factor importante en la obtención y mantenimiento de un compromiso con la calidad en la claridad del proceso de comunicación que se usa para la calidad. El interés sobre el mal uso o el uso impreciso de la terminología de calidad ha sido expresado no sólo por profesionales de la calidad, sino por gerentes de negocios y sectores gubernamentales y legales. Ya sea internamente en plantas y compañías o externamente a clientes y público, la comunicación de los principios del compromiso de calidad y el control total de la calidad se realzarán cuando se expresen en términos claros e inteligibles.

Una gran variedad en los términos relacionados con la calidad es, quizás, algo natural debido a que la calidad es un concepto aplicado a muchos tipos de productos y servicios, que abarca una gran variedad de disciplinas, que van desde las técnicas estadísticas hasta las ciencias físicas y sociales. Como ejemplo, los términos "defecto" y "defectuoso" se usaban en el pasado para describir lo que actualmente sería una variedad de circunstancias muy diferentes cubriendo un intento básico para describir a las unidades que no cumplen con los requisitos. Lo que se llamaba un defecto podía haber sido una falla relativamente pequeña y casi inadvertida en un producto o servicio y que no tenía ningún efecto sobre su funcionamiento. Por otra parte, podía haber sido una marca que convertía al producto en inaceptable en cuanto a apariencia. O el término defecto podía también describir un problema serio de calidad que convertía al producto o servicio en inapropiado para el uso del cliente, o incluso hacerlo peligroso.

Por tanto, es esencial que haya categorías claras para las unidades que no cumplen con los requisitos. El siguiente ejemplo ilustra la confusión que puede generarse sin estas categoría claras.[9]

Considere la fabricación de etiquetas engomadas de cinco centímetros de ancho. Suponga que la operación no cubrió completamente el dorso de la etiqueta con goma, dejando una franja de 0.6 cm de ancho sin cubrir en el área central. Esto podría no ser notado nunca por el cliente —la etiqueta "funcionaría" adecuadamente—; podría ser de interés para el fabricante como indicio de que algo estaba interrumpiendo el flujo continuo de goma y de que se requiere una acción correctiva. Ahora suponga que esta misma franja estuviera localizada en el extremo de la etiqueta, dejándola despegada de un lado, de forma que el sobre en el que fuera pegada podría atorar una unidad de selección automática. Probablemente, esto sería evaluado con mayor severidad en términos de aceptabilidad, tanto por el fabricante como por el usuario. Si sucediera que la operación de manufactura de las etiquetas engomadas se llevara a cabo con un rollo de papel muy ancho que se cubre con la goma y posteriormente se corta en rollos de 5 cm antes de ser cortados como etiquetas individuales, en aquellos casos en que la franja coincidía con la cortadora, resultaría un producto defectuoso.

Ha habido un progreso considerable en el desarrollo de terminología mejorada en el control de calidad para satisfacer los propósitos de precisión, incluyendo términos como defecto, malconformidad e imperfección. Las Secs.

14.16 y 15.5 tratan este tema de la terminología de control de calidad con mayor detalle.

9.21 Compromiso con la calidad: Crecimiento de la profesión del control de calidad

El movimiento actual de calidad alienta cada vez más hacia un entendimiento, compromiso y apoyo de la calidad genuinos orientados a la administración y multifuncionales. Tradicionalmente, el primer entrenamiento y la primera experiencia de trabajo formativa de muchos gerentes de planta y de muchos gerentes de operaciones fue en el área de ingeniería industrial. Como agudo contraste, mientras que la realización de la importancia del área de calidad ha crecido, en un grupo de la compañía que hace algunos años representara una de las primeras aplicaciones del control total de la calidad, de 21 plantas en el grupo, 19 son administradas ahora por hombres y mujeres cuyos primeros entrenamientos y tareas de trabajo formativo, y cuya experiencia profesional inicial se realizó en el control de calidad. Hay muy pocas dudas de que la calidad continúe siendo una empresa administrativa cada vez más importante.

Con la calidad del producto como primera motivación para las compras del cliente, y con los costos de calidad descollando como uno de los elementos más importantes del costo del producto que deben ser minimizados para permitir la fijación del precio correcto para el cliente, el control total de la calidad es ahora una de las áreas nuevas de trabajo profesional más potentes en los negocios modernos de hoy para mejorar las ventas, productividad y utilidades.

La culminación de estos desarrollos es que el control total de la calidad —la base para el profesionalismo en la ingeniería de calidad— está asumiendo rápidamente su puesto como la más nueva de las principales áreas tecnológicas y administrativas que hacen contribuciones fundamentales para aquellos negocios que crecen, prosperan y contribuyen al bienestar económico general. El control total de la calidad y la administración total de la calidad son el futuro para los profesionistas en el control de calidad y en sus funciones. Es un futuro que, con una aplicación de esfuerzo apropiada, será afortunada y productiva para estos individuos y sus carreras, para la prosperidad de sus compañías y de los clientes de sus compañías, y para la utilización óptima de los recursos en la economía como un todo.

9.22 Compromiso con la calidad: Crecimiento mundial del campo de la calidad

Ha habido una explosión literal en los últimos años en todos los continentes y en muchos países de hombres y mujeres que practican el control de calidad en fábricas y oficinas en alguna área de calidad —administrativa o de supervisión, ingeniería de calidad, equipo de pruebas, planeación de inspección, etc. Algunos son altamente profesionales en su práctica; muchos otros están llegando a serlo muy rápidamente. La explosión de población de la comunidad mundial de control de calidad puede resumirse en tres puntos centrales que son vitalmente importantes para todos los hombres y mujeres en el campo de la calidad:

El *primer* punto es que la práctica del control de calidad no está ya concentrado en unos pocos países y entre un número relativamente pequeño de hombres y mujeres.

Segundo, los desarrollos y progresos innovadores en el control de calidad están en correspondencia amplia e importantemente basados a través de muchos países en el mundo.

Tercero, para practicar el control de calidad de forma consistente con la metodología mejor y más moderna, se hace cada vez más importante el mantenerse informados del progreso del control de calidad y de las actividades en una base orientada mucho más internacionalmente que nunca antes.

Por tanto, los modernos profesionales de la calidad deben al desarrollo de negocio de sus compañías y plantas —así como al crecimiento de su propia carrera— el estar cada vez más certeramente enterados de los aspectos internacionales del control de calidad moderno.

Al enfrentar el rápido crecimiento de la internacionalización, las perspectivas son que esto profundizará y ampliará grandemente la contribución que los profesionales de la calidad pueden hacer por el crecimiento y la salud del negocio de las compañías mientras éstas enfrentan el mundo de hoy, cada vez más pequeño y competitivo.

Notas

[1] Para la discusión de algunos trabajos de la ciencia del comportamiento clásica, ver por ejemplo, F.J. Roethlisberger y W. J. Dickson, *Management and the Worker,* Harvard University Press, Cambridge, Mass., 1939. También, Douglas McGregor, *The Human Side of Enterprise,* McGraw-Hill Book Company, New York, 1960; A.H. Maslow, *Motivation and Personality,* Harper & Brothers, New York, 1954; Frederick Herzberg *et al., The Motivation to Work,* 2d ed., John Wiley & Sons, Inc., New York, 1959; Rensis Likert, *The Human Organization: Its Management and Value,* McGraw-Hill Book Company, New York, 1967; Alfred J. Marrow *et al., Management by Participation,* Harper & Row, Publishers, Incorporated, New York, 1965.

[2] Los círculos de calidad se han desarrollado y se usan en muchas partes del mundo, para un resumen de la experiencia en los EUA, ver Frank M, Gryna, Jr., "Quality Circles, A Team Approach to Problem Solving", AMA *Research Study,* American Management Association, New York, 1981. Para una discusión de la amplia experiencia de los círculos de calidad en el Japón, consulte particularmente Yoshio Kondo, "Human Motivation and Quality Control", *Proceedings of the Joint Conference of the European Organization for Quality Control – International Academy for Quality,* Venecia, 1975; "Roles of Manager in QC Cirde Movement", *Proccedings, 30th Conference American Society for Quality Control,* Toronto, 1976; "The Smallest Common Denominator or the Largest Common Divisor for Human Motivation", *Proceedings, International Academy for Quality,* Kyoto, Japón, 1978. Consulte también Kaoru Ishikawa, "Quality Control in Japan", publicada en ocasión de la International Conference on Quality Control, Tokyo, 1969. El papel del autor de este libro en el origen del concepto de círculo de calidad se aborda en Peter F. Drucker, "Learning From Foreign Management", *The Wall Street Journal,* junio 4, 1980.

[3] Robert H. Guest, "Quality of Work Life – Learning from Tarrytown", *Harvard Business Review,* Julio-Agosto 1979. Para un reporte en el estudio de investigación de CVT, ver Paul S. Goodman, "Quality of Work Life Projects in the 1980's", *Proceedings of the 1980 Spring Meeting,* Industrial Relations Research Association, University of Wisconsin, Madison, Págs. 487 – 494.

[4] Ver Nat Wood, "Quality Visibility at Northrop", *Quality,* Vol. X, Núm. 10, octubre 1977, Págs. 20 – 22; y Jim Frankovich, "Quality Awareness Through Visibility", *Quality Progress,* Vol. XI, Núm. 2, Febrero 1978, Págs. 22 – 24.

[5] Para una discusión del entrenamiento visual y los estándares de trabajo, consulte Jay W. Leek, "Benefits from Visual Standards", *Quality Progress*, Vol. IX, Núm. 12, diciembre 1976, Págs. 16–18.
[6] El Cap. 7 aborda este balance económico.
[7] Se discutieron las medidas clave de calidad en la Sec. 6.14.
[8] Paul J. Breibach, "Vendor Quality Assurance and Reliability", *32nd Annual Technical Conference Transactions*, American Society for Quality Control, Chicago, 1978, Págs. 11–20.
[9] Richard A. Freund, "Saying What You Mean To Say", *Quality Progress*, Vol. X, Núm. 2, febrero 1977, Págs. 16–20.

PARTE CUATRO
Tecnología de ingeniería de la calidad

CAPÍTULO 10
Tecnología de ingeniería de la calidad

Hoy, el aseguramiento real de la calidad requiere más que buenas intenciones, actividades de inspección y pruebas y un departamento tradicional de control de calidad. Requiere de la misma profundidad en el negocio, técnica y administrativa para asegurar la calidad y el costo de calidad de un producto como se hace con diseño, fabricación, venta y servicio del mismo producto —una profundidad que inicia mucho antes de que empiece la producción y acaba sólo con un cliente satisfecho.

La administración total y la organización de la calidad para responsabilidades del negocio, sistemáticas y económicas básicas, así como la importante área de comunicación apropiada se trataron en capítulos anteriores. También se comentaron la educación y entendimiento del control total de la calidad. Ahora es importante obtener un entendimiento de los aspectos técnicos especializados del programa moderno de control de calidad.

La tecnología de ingeniería de calidad es un grupo de disciplinas necesarias en cada etapa del ciclo industrial. Abarca técnicas y enfoques operativos fundamentales que son tan útiles al operador de la máquina, al ensamblador en la línea de producción, al programador de software computacional y al técnico de laboratorio como lo son para el ingeniero en diseño, el ingeniero de manufactura, el capataz de taller o el ingeniero de calidad. Todos los hombres y mujeres clave en la organización que influyen sobre la calidad del producto y servicio deben considerar ciertos aspectos de este cuerpo de tecnología para implementar sus responsabilidades de calidad individuales.

Para la función de calidad en sí, esta tecnología de ingeniería de calidad tiene como contribuciones inherentes hacer el programa de calidad en toda la compañía una realidad. Es a través de esta tecnología que la función de calidad lleva a cabo su responsabilidad principal de extensión y contribuciones técnicas vitalmente importantes para el control de calidad.

Por tanto, la Parte 4 revisa la tecnología de ingeniería básica para el programa moderno de control total de la calidad. Esta tecnología tiene tres disciplinas principales: "Tecnología de ingeniería de calidad" (comentada en el Cap. 10), "Tecnología de ingeniería de control del proceso" (Cap. 11) y "Tecnología de ingeniería del equipo de calidad" (Cap. 12).

10.1 El triángulo tecnológico

La Fig. 10-1 muestra el triángulo tecnológico, el cual es una útil estructura de las tecnologías del control de calidad en relación con el programa general total de las compañías y plantas.

El vértice del triángulo proporciona espacio para colocar el rubro general del asunto, que en este caso es: control total de la calidad.

El primer nivel establece la estructura para el control total de la calidad a través del sistema de calidad.

El segundo segmento queda ocupado por las *áreas de trabajo técnico*, del control de la calidad, las que fueron descritas como nuevo diseño de control, control de material adquirido, control del producto y del proceso, y estudios especiales de procesos. Estas áreas de trabajo técnico están fomentadas por el compromiso hacia la calidad en toda la planta y compañía, y por una preparación y entrenamiento de calidad. El tercer nivel del triángulo identifica las tres disciplinas principales cuya aplicación es fundamental para llevar a cabo los aspectos técnicos de las tareas del control de calidad: tecnología de la ingeniería de calidad, tecnología de la ingeniería de control de proceso y tecnología del equipo de información de la calidad.[1]

El siguiente espacio está ocupado por las técnicas empleadas por las tecnologías. Es importante puntualizar que cada una de las tecnologías puede necesitar del uso de una de las técnicas o de la combinación de varias, para su trabajo. El área ocupada por las técnicas puede ser considerada como un almacén de útiles, de los cuales las tecnologías pueden disponer de los que haya menester para cumplir con su trabajo en las áreas de trabajo técnico. El último segmento muestra las aplicaciones de las técnicas en ciertas partes de los trabajos. Sea por ejemplo, la técnica para lograr los costos de la calidad más favorable y que tiende a la reducción de costos, a la selección de tipo de producto y muchas aplicaciones más.

Este capítulo y los Caps. 11 y 12 tratan las tres disciplinas tecnológicas del control total de la calidad y las técnicas clásicas que emplean. Se dan unos cuantos ejemplos de aplicaciones específicas. En la Parte 6, se dan ejemplos detallados, mostrando cómo estas técnicas se usan en las 4 tareas del control de calidad de la industria.

10.2 Tecnología de la ingeniería para la calidad[2]

La ingeniería en la tecnología del control de la calidad, se puede definir como:

> Un conjunto de conocimientos técnicos para la formulación de una política, así como para analizar y proyectar o planear la calidad de un producto, a fin de esta-

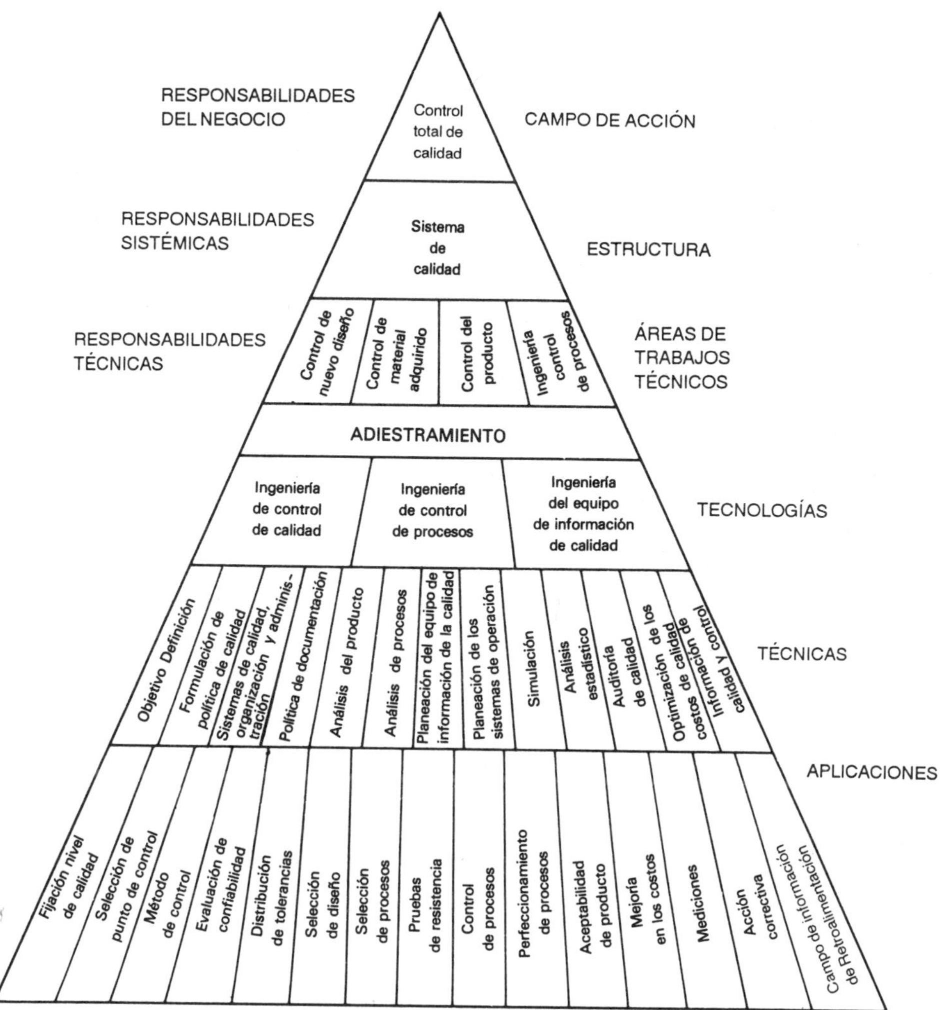

TRIÁNGULO TECNOLÓGICO

Fig. 10-1

blecer un sistema de calidad que pueda dar satisfacción plena al consumidor, a un costo mínimo.

La Fig. 10-1 muestra el triángulo tecnológico, relacionando las tecnologías de ingeniería con el campo general de control total de la calidad. Ahora, la Fig. 10-2 nos muestra el triángulo contraparte para la ingeniería de calidad. La ingeniería de calidad es el campo, o vértice, del triángulo. El área de trabajo técnico de la disciplina —implementación del sistema de calidad— se muestra en el primer segmento.[3] El segundo nivel muestra las técnicas principales de la tecnología de ingeniería de calidad.

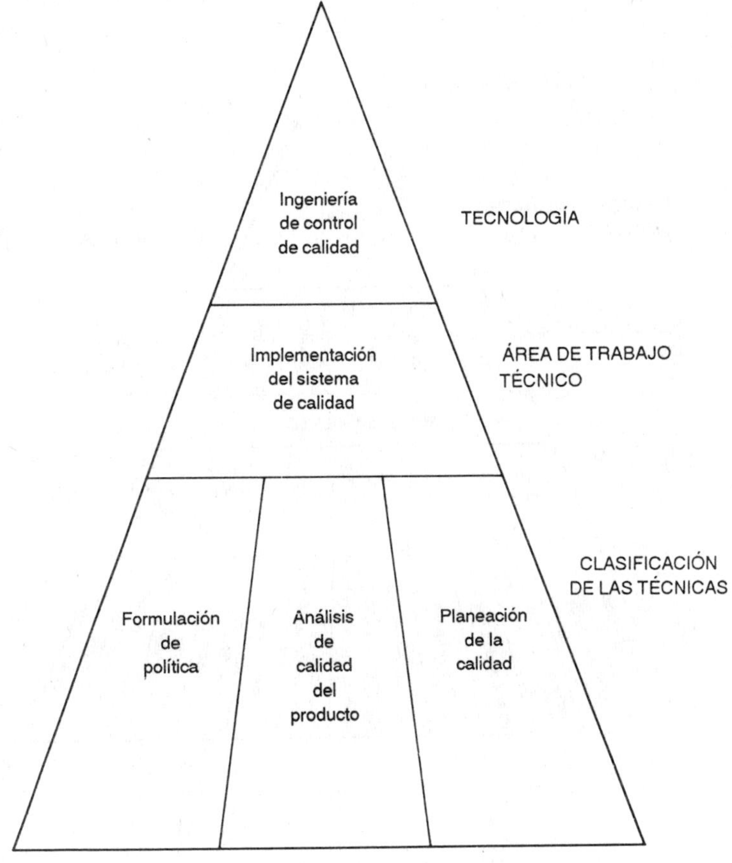

Fig. 10-2

La ingeniería de calidad relaciona los requerimientos particulares de la planta y de la compañía a la tecnología de calidad disponible —incluyendo los equipos de hardware y las acciones de planeación y control—[4] para poner en su lugar una gran parte del detalle operativo continuo del marco del sistema de calidad de la empresa.

La tecnología de ingeniería de calidad proporciona así las áreas técnicas para tratar con cuestiones como las siguientes: ¿Cuáles son los detalles específicos de las actividades de control que se llevarán a cabo durante el desarrollo del ciclo de producción y servicio? ¿Serán estas actividades de calidad mejor logradas a través del uso del equipo de información de calidad o del uso de personas guiadas por procedimientos? ¿Qué insumos de material e información se necesitarán? ¿Qué tipo de datos de información se requieren? ¿Cómo debe analizarse, y qué tipo de retroalimentación se debe usar? Dependiendo de las diferencias encontradas en los niveles de calidad del producto, ¿qué criterios hay para cursos alternativos de acción correctiva?

10.3 Las técnicas de la ingeniería de calidad

La totalidad de técnicas que forman la ingeniería en la tecnología del control de la calidad, se pueden encerrar en tres grupos, que son:

1. *Formulación de una política de calidad.* En la que se incluyen técnicas para identificar los objetivos de una compañía particular respecto a la calidad, como fundamento para la implementación del análisis y sistema de calidad. En la Sec. 10.4 se tratan las técnicas usadas para formular la política de la unidad.
2. *Análisis de la calidad del producto.* Las técnicas para el análisis incluyen las necesarias para aislar e identificar todos los factores que se relacionan con la calidad del producto, al ponerlo en el mercado. Esos factores se estudian en cuanto a sus efectos favorables. (Las técnicas usadas en los análisis se estudian, en forma ordenada de las Secs. 10.5 a 10.16.)
3. *Planeación de las operaciones de calidad.* Las técnicas de implementación del sistema de calidad hacen resaltar desde un principio un curso de acción propuesto y de métodos para alcanzar los resultados de calidad apetecidos. Éstas son las técnicas de planeación que sostienen —y se requieren— para la documentación de las actividades clave del sistema. (Las técnicas usadas en la planeación se tratan en forma progresiva en las Secs. 10.17 a 10.38.)

Técnicas para formular una política de calidad

10.4 Objetivos de calidad y políticas de calidad

Un prerrequisito para implementar un programa de calidad total es una presentación clara de la política y de los objetivos que persigue la compañía. Mientras la compañía no conozca hacia dónde marcha respecto a la calidad de los productos y los niveles estándar, no habrá base para establecer planes de calidad funcionales. La política debe establecer los límites dentro de los cuales las funciones del negocio asegurarán una línea de la acción adecuada al logro de sus objetivos. Esta política es el amplio patrón estratégico que guía y gobierna todas las decisiones administrativas en las áreas de calidad del producto, incluyendo seguridad, confiabilidad y otras características de calidad necesarias.

Para que estos objetivos de calidad sean claramente entendidos por cada empleado de la compañía, es importante que estén formulados explícitamente en un documento formal. En esta aseveración de la política de calidad, la administración tiene la oportunidad de hacer transparentes sus objetivos de calidad. Puede identificar su objetivo de liderazgo en calidad en los mercados servidos por los productos y servicios de la compañía. Puede apuntar al papel clave que la calidad de los productos o servicios de la compañía juegan en la aceptación de los clientes y, por lo mismo, en el éxito en el negocio de la compañía y sus empleados. Puede señalar que, por esta razón, las consideraciones de calidad son de primordial importancia en consistencia con otros factores principales del negocio en la estrategia corporativa, planeación y prioridad. Y puede enfatizar la importancia de que cada empleado conozca y entienda las responsabilidades individuales y organizacionales con respecto a la meta de calidad de la compañía. Esta política proporciona la guía que se origina en la parte superior de la organización, que luego se conformará en procedimientos e instrucciones con detalle creciente mientras que la responsabilidad de llevarlos a cabo se delega a través de todas las operaciones.

Así, la formulación de la política de calidad pone en su lugar las principales señales del camino para llegar a un control total de la calidad. La ruta en sí será trazada específicamente por cada función de la compañía en términos apropiados para sus productos, mercados y situación del negocio. Llevará a lo que podría considerarse como control de calidad "fuera de lugar" durante investigación y desarrollo e ingeniería de producción, tanto como al control "en el lugar" de la calidad durante la misma producción.[5]

Las técnicas de ingeniería de calidad juegan un papel importante en esta formulación de la política de calidad, que es de hecho una de las principales contribuciones de la ingeniería de calidad al negocio. Estas técnicas se relacionan para integrar a los clientes de la compañía y a sus deseos de calidad dentro del marco político necesario. En particular debe identificarse: 1) las decisiones en conexión con la calidad, 2) los problemas que probablemente se presentarán en su resolución; como consecuencia podrá 3) organizar la documentación que tenga que ver con la política de la calidad de la compañía.

Identificación de decisiones

En primer lugar, el plan de producción se integrará, paso a paso, desde el diseño del producto, su producción y la forma en que el producto será puesto al alcance del consumidor, con los servicios que deban prestarse. Todas las decisiones que se tomen en el campo de la calidad se identificarán individualmente, en detalle, en cada paso.

Se identificarán, igualmente, las limitaciones que gobiernen las decisiones que aseguren alcanzar los objetivos de la empresa. Estas limitaciones marcarán líneas de conducta dentro de los cuales, los gerentes tendrán oportunidad para tomar decisiones y actuar a fin de obtener los objetivos de calidad.

Por ejemplo, cuando uno de los ingenieros proyectistas o ingenieros de diseño presenta a la compañía el diseño de un producto, la compañía toma una decisión en el sentido de aceptar el proyecto o someterlo a un estudio. En casos particulares, el aceptarlos porque sí puede dar origen a fricciones internas debidas a esta decisión. En consecuencia, se ha establecido la política de que el estudio de un proyecto es siempre necesario para asegurarse de que el producto proyectado contará con la calidad deseada, entonces el punto se convierte en el criterio que servirá de guía para la aceptación del proyecto.

Los lineamientos, en forma de procesos de apoyo, separarán a los componentes o individuos de las diversas organizaciones funcionales que participarán en la revisión. Estos procedimientos también identificarán los criterios que se usarán para aceptar el concepto del diseño.

Esta área de identificación de las decisiones es uno de los caminos que conducen a la formulación de los elementos de la política de las compañías; otro es la identificación de los problemas de la calidad.

Identificación de problemas

Se hace una lista de los problemas que se han presentado, en cualquier circunstancia, respecto a determinado producto, durante su evolución, durante los servicios prestados a los consumidores, etc. En cada caso, se inquiere cómo se reveló el problema en cuestión. La siguiente consideración por plantear será: "¿Qué medio preventivo se podría haber usado para evitar la presencia de tal problema?" El elemento de la política por establecer se identifica, dando lugar a esta pregunta: "¿Qué política se recomienda para que las decisiones que se tomen sean las "correctas"?

Por ejemplo: En una compañía del Oeste (en Estados Unidos), fue lanzado al mercado, precisamente, un modelo de producto, con la idea de ganar ventaja por la innovación en el diseño. No se tomó el tiempo suficiente para determinar la confiabilidad de este nuevo modelo. El resultado fue recibir muchas quejas. En consecuencia, se estableció posteriormente la política que exigía una confiabilidad específica a un nivel de confianza específico, antes de que nuevos modelos de la línea de producción fueran enviados al mercado.

Una vez que los elementos de política han sido establecidos por medio del uso de técnicas de identificación de decisiones y de problemas, entra en actividad la tercera área de formulación de política: la documentación.

Documentación de la política

Existen diversas formas de presentación que pueden usarse y que varían según las necesidades de cada compañía. Muchas de estas formas, son fundamentalmente efectivas como medio de comunicación escrita a los gerentes de las compañías. Sin embargo, la mayoría sigue una forma que básicamente contiene los puntos siguientes:

- Título de la política.
- Necesidades de adaptarse a la política.
- Declaración de la política (en ésta se definen los intereses básicos de calidad que deberán resguardarse para bien de la compañía).
- Medidas de acción (éstos son procedimientos que sirven para dar forma a la política).
- Responsabilidad y autoridad (esta área define las posiciones y los nombramientos que tienen responsabilidad, en la organización, para hacer efectiva la política y para interpretarla).
- Definición de términos (cuando es necesario).

Con el fin de asegurarse de la observancia de la política de la calidad y para contribuir a su propia implantación, se considera necesaria una comunicación formal con los directivos responsables de la administración del trabajo funcional dentro de la compañía.

Estas políticas son comunicadas detalladamente y discutidas con todos los empleados de la planta y la compañía. Así, la política de calidad se convierte en uno de los factores principales para enfatizar la calidad como una "forma de vida de trabajo" a través de la organización completa.

La Fig. 10-3 muestra una sección representativa de una política de calidad, formulada por una compañía del Este (Estados Unidos), fabricante de productos electrónicos.

Técnicas para analizar la calidad de un producto

10.5 Enfoque al análisis

Un factor clave en la implementación del sistema de calidad y en el logro de los objetivos y de la política de calidad del negocio es el análisis detallado de los aspectos de calidad del producto en sí y de aquéllos del mercado que se atiende.

El análisis de los factores de calidad que intervienen en el producto define las áreas en las cuales se debe centrar la atención para alcanzar los objetivos del negocio. Después de que estas necesidades han sido identificadas, se puede proceder a la planeación para establecer los métodos y procedimientos para ejecutar las vías de acción.

Una sección posterior, la 10.17 toma en consideración algunos de los medios generales para la planeación. Esta sección considera algunos de los medios generales para proceder al análisis.

El acto de analizar consiste en descomponer cada situación en sus elementos, estudiarlos y después volver a integrarlos en un todo. En el trabajo del control de la calidad hay que considerar muchos elementos para una situación de calidad de un producto cualquiera. Como, por ejemplo:

1. Necesidades y deseos de uso del consumidor.
2. Función que desempeñará el producto.
3. Ambiente al que se enfrenta el producto.
4. Requerimientos de vida y confiabilidad.
5. Requerimientos de seguridad.
6. Requerimientos especificados por agencias reguladoras y estándares de industria gubernamentales.
7. Atractivo o apariencia.
8. Diseño del producto.
9. Proceso de manufactura.
10. Condiciones de embarque.
11. Seguimiento del producto.
12. Control de pérdidas por responsabilidad legal.
13. Instalación.
14. Mantenimiento y servicio.

COMPAÑÍA ELECTRÓNICA XYZ
POLÍTICA DE CALIDAD DEL PRODUCTO

Necesidad de esta política

Con el fin de hacer resaltar la reputación de la compañía, su posición competitiva y su capacidad de utilidades, es necesario lograr productos de buena calidad. El logro de este objetivo requiere que todas las funciones y elementos que contribuyen a la calidad del producto sean manejados convenientemente.

Declaración de la política

La política de la Compañía Electrónica XYZ, consiste en poner en el mercado productos de una calidad que merezcan y que ganen la satisfacción de los consumidores por su eficacia y confiabilidad y que sean indudablemente de mejor calidad que la que ofrecen los competidores. Para mantener este objetivo, la Compañía Electrónica XYZ, se conserva siempre en el campo de la investigación en el diseño, el desarrollo, la manufactura, la comercialización y en todos los esfuerzos relacionados con la responsabilidad que demanda sus negocios.

Medios de acción

1. *Selección de oportunidades*. Esta compañía no acepta negocios que puedan comprometer la reputación de la calidad de sus productos. A este respecto, las especificaciones del consumidor son sometidas a una revisión para determinar que satisfagan tanto a los intereses del consumidor como a los de la compañía y asegurarse de que se pueda cumplir, por lo menos el mínimo de los estándares de la calidad. Cuando estas condiciones no pueden ser satisfechas la compañía se abstiene de presentar propuestas. De acuerdo con instrucciones de la compañía, son revisadas todas las áreas funcionales antes de firmar un contrato.

2. *Diseño y desarrollo del producto*. Se usarán únicamente los componentes y procesos aprobados. En el caso de que para cumplir con los requerimientos del producto sean necesarios componentes o procesos, se aplicarán pruebas adecuadas y se determinará la capacidad de los procesos antes de su aplicación. Los procedimientos para obtener la aprobación de componentes o de procesos serán especificados de acuerdo con instrucciones del departamento respectivo.

Fig. 10-3

15. Características del mercado servido.
16. Ofertas competitivas.

Cada uno de estos renglones puede ser analizado. Por ejemplo, el número 8, diseño del producto, puede ser descrito por cada una de sus características individuales, y todavía el análisis puede ir más allá, considerando los diversos aspectos de cada una de esas características. Pueden ser analizadas según su importancia con relación a las funciones principales del producto; pueden también analizarse, tomando en consideración cada característica de calidad en relación con su productividad, es decir, con su habilidad para ser manufacturada fácil y económicamente.

Básicamente, las habilidades de calidad importantes (Sec. 1.2) del producto deben estar cuidadosamente determinadas por las técnicas necesarias para este propósito. Las Secs. 10.6 – 10.17 consideran algunos ejemplos representativos de estas técnicas de análisis específicas usadas en el trabajo de ingeniería de calidad. La Sec. 10.6 presenta en forma tabular estas técnicas representativas relacionadas con el propósito del análisis.

10.6 Técnicas analíticas de la ingeniería de calidad

Objeto del análisis	Técnicas
Identificar la necesidad de la calidad	(Sec. 10.7.) "Descripción de los requisitos de la calidad"
Examen del diseño propuesto	(Sec. 10.8.) "Diseño de experimento"
	(Sec. 10.8.) "Distribución económica de tolerancias"
	(Sec. 10.8.) "Análisis de pruebas de prototipo"
	(Sec. 10.9.) "Análisis de la confiabilidad y ciclo de vida del producto"
	(Sec. 10.10.) "Análisis de los efectos debidos a las condiciones del lugar y de modalidades en el uso del producto"
	(Sec. 10.11.) "Análisis de seguridad"
	(Sec. 10.12.) "Revisión de diseño"
Examen del efecto de procesos y de métodos	(Sec. 10.13.) "Evaluación de efectos de métodos nuevos, procesos nuevos y nuevos materiales"
	(Sec. 10.14.) "Adaptar productos y procesos, de acuerdo con su compatibilidad"
Estudios de vendedores	(Sec. 10.15.) "Evaluación de las cualidades de los vendedores"
Evaluación del costo de la calidad	(Sec. 10.16.) "Costo más favorable de la calidad"
	(Sec. 10.16.) "Técnicas de simulación"

10.7 Determinación de los requerimientos de calidad

Con el fin de lograr la calidad deseada de un producto terminado es necesaria una exposición detallada de los requerimientos de calidad, del producto, de sus partes, componentes y de sus ensambles. Esto significa que cada característica de calidad de alguna significación debe ser especificada con sus límites de tolerancia aceptables. Donde sea apropiado, se pueden establecer entonces niveles de calidad aceptables para cada característica de calidad.

Para cubrir este punto inteligentemente, es necesario poseer un conocimiento completo del producto así como del funcionamiento de cada una de sus características. La determinación de las especificaciones del producto queda en las manos del diseñador de dicho producto, quien debe encontrarse enteramente familiarizado con los parámetros del mismo. Las modalidades de estos parámetros dependen del funcionamiento que el cliente espera del producto, de las condiciones en que será usado, así como de la resistencia al tiempo, a la confiabilidad, a las garantías del producto. Donde establecerse basándolas en una cuidadosa determinación de los patrones de uso del cliente.

Los requerimientos de calidad influyen en la precisión y en la exactitud del equipo empleado en su manufactura. Tienen además, aplicación en la selección del equipo informativo de la calidad y en los procedimientos del control de la calidad.

10.8 Experimentos diseñados

Estos proporcionan las técnicas para seleccionar los mejores métodos de manufactura y la forma más apropiada de ataque de los diversos diseños.[6] Se estudian los efectos de los factores significativos en los diferentes niveles de la calidad. Estos análisis permiten escoger las combinaciones más favorables de los niveles de la calidad, para los factores importantes. Este tipo de análisis es una base firme para la planeación de diseños y de procesos. El diseño de experimentos será tratado de una manera más amplia en la Sec. 16.10.

Distribución económica de tolerancias

En los casos en que dos o más dimensiones entran en juego para llegar a un ajuste de funcionamiento, es posible que uno de los elementos permita mayor tolerancia, siempre que las tolerancias de otros elementos sean de reducción. Aplicando la técnica de distribución económica se pueden lograr ahorros.

Si pueden cumplirse ciertas condiciones, las tolerancias de partes individuales se pueden aumentar sin exceder la tolerancia total del conjunto. Las ciertas condiciones que deben ser cumplidas se tratan en la Sec. 16.8. Esta sección también muestra cómo la tolerancia en ciertas dimensiones puede aumentarse sin causar un crecimiento excesivo en la tolerancia total.

Análisis de pruebas de prototipo

La organización y prueba de prototipo es una técnica importante en el análisis de la calidad de un producto. Durante las pruebas con prototipo, teniendo en cuenta las características de los materiales, con relación a algunas operaciones especiales o procesos necesarios para organizarlas. Tal registro es aplicable a diferencias de funcionamiento que pudieran notarse entre prototipos hechos a mano y prototipos elaborados con aparatos.

Los resultados con el prototipo constituyen un auxiliar en la planeación subsecuente de la calidad; indican qué características pueden ofrecer dificultades desde el punto de vista del control de calidad. Son un auxiliar también, para establecer relaciones entre causas y efectos, entre proceso y producto. Materiales y componentes que representan extremos de tolerancia se pueden duplicar en prototipos para estudiar sus efectos en el funcionamiento.

10.9 Análisis de la confiabilidad del producto y ciclo de vida

Un área esencial del análisis del producto es la determinación de la confiabilidad de nuevos conceptos de productos, diseños y unidades fabricadas, incluyendo la confiabilidad de los componentes principales que serán usados en el producto. Hoy, las técnicas de confiabilidad hacen posible estos análisis con un alto grado de validez de ingeniería y matemática.

Con demasiada frecuencia en el pasado, los programas de confiabilidad se llevaban a cabo con planeación inadecuada, instalaciones de pruebas limitadas, reportes ambiguos y recomendaciones inciertas. Un programa de pruebas de confiabilidad que implicaba la prueba de 50 unidades para un nuevo diseño de producto electrónico, podía reportar, por ejemplo, haber tenido "una falla". En hachos reales, puede haber habido varias fallas que el ingeniero de diseño cree sinceramente que son fáciles de corregir y, por tanto, presumiblemente no requieren la designación de "fallas". Uno de estos reportes de "una falla" y los programas del pasado tenían muy poco valor en un programa eficiente de control de calidad.

La definición apropiada de un programa de pruebas de confiabilidad para un producto nuevo; el aseguramiento del desempeño apropiado del programa; su reporte, junto con las recomendaciones, constituyen hoy áreas importantes relacionadas con la ingeniería de calidad. Este trabajo está también estrechamente relacionado con el establecimiento de los patrones del ciclo de vida de la calidad del producto.

El Cap. 17 aborda los enfoques clave para la confiabilidad del producto.

10.10 Análisis de los efectos ambientales y de uso último

Un programa de pruebas de prototipo bien planeado, debe incluir pruebas que representen con fidelidad el medio ambiente actual y las circunstancias en que el producto será usado. Igual cosa se puede decir de las pruebas que se ejecuten con muestras que provengan de trabajo piloto.

Con productos industriales, es esencial que estas pruebas sean conducidas, cuando sea apropiado, con el uso del equipo adecuado para lograr los resultados técnicos necesarios. Para esto se requiere el uso de cámaras de altura y temperatura, dispositivos para prueba de choques, técnicas de espectroscopio, cajas de presión, aparatos de medición de ruidos, y una amplia gama de prácticas de evaluación no destructiva (END).

Especialmente con los productos de consumo, donde los patrones de uso del cliente pueden ser menos predecibles en términos técnicos como lo son los productos industriales, el empleo de la técnica del panel de pruebas del cliente puede ser útil. Esto puede variar desde colocar un grupo de modelos nuevos de enseres del hogar mayores en un grupo elegido de hogares para determinar los resultados de desempeño hasta la reunión de grupos de consumidores para determinar patrones de uso para nuevas herramientas pequeñas, aparatos del hogar o ropa.

Un programa de pruebas prototipo se opera durante un largo periodo para simular el uso que el producto experimentará durante las primeras etapas de su vida. Muestra los "eslabones débiles de la cadena"; esto es, establece los tipos de falla. Cuando las debilidades del producto han sido identificadas, se corrigen cambiando el diseño o el método de manufactura de forma que el cliente no experimente una falla o rotura del producto.

10.11 Análisis de seguridad

Ya que los productos se han vuelto muy complejos y ya que los patrones de uso del cliente se han tornado más intrincados, el análisis de la seguridad del producto se ha convertido en un área importante de análisis de calidad del producto. Cuando haya una calidad insatisfactoria del producto, puede haber también una seguridad insatisfactoria del producto.

Los programas de seguridad del producto hoy deben involucrar análisis de seguridad del diseño, componentes comprados, manufactura, servicio. Para ser significativo y dependiente, el análisis de seguridad del diseño debe determinar no sólo los peligros potenciales en la operación anticipada del producto —la concentración original de diseño de seguridad— sino también los peligros potenciales inherentes en una gama de posibles patrones de uso del cliente. Como un analista de seguridad en el diseño lo expuso: "Si puede suceder, sucederá; y la determinación de la seguridad debe evaluar la incidencia y la significancia de lo anormal así como del patrón normal de uso del producto."

El análisis de seguridad del componente comprado ha tomado importancia creciente en los programas de seguridad actuales, ya que varias compañías han colocado un gran énfasis en "comprar" contra "hacer" en el abastecimiento de partes y materiales. Una de las dificultades experimentadas en los programas de seguridad del producto del pasado fue la atención limitada que pusieron sobre la evaluación de peligro de los componentes comprados, y ésta ha sido una razón principal del porqué algunos problemas de algunos productos han sido causados por parte del proveedor. El problema no ha sido necesariamente falta de cuidado por parte del proveedor, sino, en su lugar, la mala aplicación de la parte —por ejemplo, la válvula de presión comprada que no opera cuando los rangos de presión crítica se alcanzan porque la válvula se ha usado en un producto cuyas condiciones de operación colocan sobre la válvula presiones que no estaban ni planeadas ni son entendidas por el proveedor.

La importancia de una atención cuidadosa sobre la seguridad para la fabricación y servicio al producto requiere de un énfasis igualmente grande en los programas de seguridad modernos. La forma como se fabrica un producto y los procedimientos de acuerdo con los cuales se presta el servicio al producto pueden ser determinantes esenciales acerca de si un diseño de producto básicamente seguro se mantiene o si pueden crearse condiciones inseguras. El análisis de seguridad es un contribuyente esencial para el establecimiento de lo que serán métodos de manufactura y prácticas de servicio aceptables, y esta atención completa de seguridad es una condición necesaria para el establecimiento y operación de un programa moderno de análisis de la calidad del producto.

El análisis de seguridad y los programas de pruebas de seguridad son factores importantes en el programa de la compañía para las demandas legales del producto –incluyendo los tan importantes aspectos de seguridad. (El control de las pérdidas por demandas legales se repasa en la Sec. 10.28.)

10.12 Revisión de diseños

La revisión de diseños de productos es la técnica de examinar los conceptos, dibujos, especificaciones, planes de producción y otros documentos técnicos relacionados al desarrollo del producto, para asegurar que el diseño del producto y su producción proporcionarán la satisfacción deseada del cliente respecto a la calidad durante el uso y que toda la información y requerimientos necesarios estén especificados claramente con este propósito. Entre las áreas que pueden ser consideradas están los requerimientos específicos de calidad del cliente, incluyendo características del producto, datos sobre confiabilidad y pruebas de seguridad, requerimientos especificados por agencias reguladoras o por estándares apropiados de gobierno e industria; factibilidad de fabricación, incluyendo instalaciones, equipo y programas, requerimientos de inspección y pruebas consistentes con la capacidad del "estado de arte"; consideraciones de responsabilidad legal del producto, dependencia del vendedor de partes y materiales, tolerancias razonables, criterio claramente definido para la aceptación del producto, consideraciones del ciclo de vida, características apropiadas de servicio y mantenimiento; requerimientos de empaques adecuados, y muchos otros factores.

La revisión del diseño considera componentes, partes y subensambles así como al ensamble completo y al equipo final mismo –y entra en otras áreas como software, según se requiere. La revisión del diseño se realizará en las fases clave de la introducción del producto. Puede incluir, cuando sea apropiado, una revisión de diseño *preliminar* durante el desarrollo del concepto del producto y en la primera etapa de dibujo y modelado; una revisión de diseño *intermedia* durante la terminación de las pruebas del diseño del producto y la planeación del proceso; y una revisión de diseño *final* antes de la aprobación final del producto, calificación y salida. Las revisiones de diseño de detalles y diseño de producción se llevan a cabo durante el proceso.

Para ser efectiva, la revisión del diseño debe ser un requisito rutinario de la política de la compañía y planta, y debe estar específicamente estructurado con respecto a la participación, criterio, autoridad en la toma de decisiones y reporte. Normalmente, la ingeniería del producto tiene un papel principal en la evaluación de sus propios diseños, con participación intensiva de ingeniería de manufactura, operaciones de producción, servicio al producto e ingeniería en el campo, planeación del mercado del producto —junto con una muy intensa participación de control de calidad. En realidad, la calidad del control de proceso y los ingenieros del equipo de información de calidad están en una posición especialmente favorable para revisar el diseño y hacer sugerencias debido a su experiencia previa con diseños similares previos.

Los que revisan buscan situaciones que puedan ser reconocidas como poseedoras del potencial para crear problemas de calidad. Este examen elimina situaciones que provocan riesgos de calidad. La corrección de la situación previene que surja el problema cuando se inicie la producción.

Se hace un análisis cuidadoso relacionando cada característica de calidad con todas las demás características pertinentes y a los procesos aplicables para ver si la experiencia indicaría la creación de problemas de calidad. Además, las pruebas piloto y las pruebas del producto bajo condiciones de uso último pueden revelar problemas cuando se ha tenido una experiencia incompleta y que puede retroalimentar para una revisión adicional del diseño, cuando sea necesario. Los problemas identificados se asignan al componente organizacional apropiado para una acción correctiva permanente.

Algunas secciones en el Cap. 18 revisan aspectos clave de la revisión del diseño durante la operación, en particular las Secs. 18.10-18.14.

10.13 Evaluación de los efectos de nuevos métodos, nuevos procesos y nuevos materiales

Todos los experimentos planeados implican técnicas para evaluar los efectos de los nuevos factores que concurren en el proceso. Efectos en la simplificación de la manufactura, en la calidad del producto, y en los costos de la calidad, son susceptibles de ser estimados en caso de ser posible dar valores numéricos a los factores causales y a sus efectos. Algunas técnicas estadísticas especiales tratadas en el Cap. 16 (tales como cuadrados, latinos, diseños de fábrica, análisis de regresión y de variación), pueden ser aplicables en situaciones como éstas. Los diseños de experimentos involucrados pueden ser confiados a máquinas computadoras para economizar tanto tiempo como dinero.

Esta técnica tiene aplicación en el análisis de los efectos de variaciones técnicas, siendo útil en la revisión de planes de la calidad, a fin de dejar establecida cada variación en su debido lugar.

10.14 Ajuste del producto y proceso por compatibilidad

Esta técnica es la base sobre la cual el diseño y el proceso pueden entrar en una relación compatible con el otro sin menoscabo de la función del diseño o de requerir capacidades de proceso más allá de los límites de factibilidad y costo.

Cuando el ingeniero de diseño empieza a diseñar un producto, se propone alcanzar determinado objetivo. No considera únicamente lo que es posible desde el punto de vista de diseño dentro de las limitaciones que le imponen la entrega del producto a tiempo, sino que toma en cuenta el punto de vista de fabricación. En consecuencia, debe disfrutar de la colaboración del ingeniero de producción desde muy al principio del ciclo del diseño. En esta forma el ingeniero de diseño puede confiar en la organización de un producto que actúe dando satisfacción al consumidor y que pueda ser fabricado dentro de las limitaciones que le imponen el tiempo y el costo.

No obstante, se pueden presentar dificultades que se interpongan en lo relativo a la precisión y exactitud del proceso. Pueden surgir problemas en el diseño mismo del producto, que estorban para alcanzar el funcionamiento requerido. En ambos casos se debe procurar establecer relaciones compatibles entre 1) los requisitos del producto, 2) el diseño y 3) el proceso de fabricación.

En algunos casos, se tendrán que ejecutar ajustes en los tres factores para obtener un producto factible. La técnica que se ocupa del ajuste de relaciones de compatibilidad entre producto y proceso ha recibido el nombre de *negociar la factibilidad del producto*.

10.15 Evaluación de las capacidades del proveedor

Antes de hacer pedidos importantes a los proveedores es conveniente hacer uso de la técnica dedicada a evaluar la capacidad de los proveedores. Esta determinará el grado de probabilidad de que los proveedores se encuentren capacitados para suministrar la calidad requerida con oportunidad a los precios cotizados.

Esta evaluación está basada en un examen completo de la capacidad y experiencia del proveedor, normalmente a través del examen en el lugar. Toma en consideración el sistema de calidad del proveedor, sus antecedentes con relación a sus posibilidades de entrega de productos similares a los ordenados así como a las facilidades de su organización con relación a trabajos de investigación y la pericia de sus ingenieros en la manufactura.

Esta técnica tiene su aplicación en la selección de los proveedores tomando como base sus capacidades.

10.16 Optimización del costo de calidad

La evaluación de los diversos segmentos del costo de la calidad, analizados en el Cap. 7, permite equilibrar los costos de prevención y de valoración de la calidad con los costos que originan las fallas. La técnica de optimización del costo de calidad demanda la selección de una manera de operar que conduzca a un mínimo de los costos de calidad totales.

El uso de tal técnica analítica permite establecer puntos de inspección en el proceso, que desde el punto de vista del costo total de la calidad resultan de carácter estratégico. Por ejemplo: la prueba de un circuito para verificar la exactitud en una instalación eléctrica, puede resultar económica, en particular, cuando las operaciones subsecuentes pueden convertir el sistema en un sistema inaccesible, a tal grado que se haga necesario un desmantelamiento de la instalación. Análisis de esa naturaleza ejercen influencia en la planeación de la calidad del producto.

Técnicas de simulación

Las técnicas de simulación de un sistema o de un organismo exige la preparación de un modelo o simulador que represente al sistema o al organismo. El modelo permite manipulaciones que en el sistema que representa serían muy difíciles, muy costosas o definitivamente imposibles. En el modelo puede ser estudiada la operación y por sus propiedades se puede inferir cuál será el comportamiento del organismo o sistema en cuestión.

Esas simulaciones se pueden llevar a efecto, actualmente, en el control de calidad. Se puede, por ejemplo, construir un modelo matemático que represente un sistema de inspección de un producto. La manipulación del modelo, a través del uso de una computadora, con varias malconformidades porcentuales que se originan en diferentes procesos, y el uso de varias estaciones de inspección pueden predeterminar la ubicación de las estaciones de inspección que den la mayor economía general.

Como un ejemplo más, se puede considerar la creación de un modelo que represente a toda el área del producto como importante, especialmente en seguridad. Se usan pruebas que representen el medio ambiente y las condiciones del uso final a que el producto se vaya a destinar.

Técnicas usadas en planeación

10.17 Enfoques a la planeación

El acto de planear presupone una meditación previa de toda una serie de acciones que tendrá lugar para adaptar una manera de actuar en un trabajo que conduzca a determinados objetivos. a fin de que el proyectista pueda comunicar sus planes a las personas encargadas de ejecutarlos, los planes se presentarán por escrito acompañados de los diagramas necesarios, fórmulas, tablas, etcétera.

Los proyectos en el control de la calidad serán orientados necesariamente hacia la entrega de productos de calidad satisfactoria, a un costo mínimo, de la calidad. Estos objetivos se realizan por medio de una preparación cuidadosa de procedimientos de calidad, los que establecen el detalle operacional requerido.

Para lograr la calidad de producto y servicio, muchas partes de trabajo tendrán que ser ejecutadas por diferentes personas, en una secuencia racionalmente fijada. Para llevar a cabo el trabajo, se usarán diferentes técnicas. Por tanto, el desarrollo de un plan de control de la calidad se basa en el uso de resultados analíticos, de técnicas que permitan contestar progresivamente las preguntas siguientes:

1. ¿Qué elementos específicos de trabajo deben ser elaborados?

2. ¿Cuándo, durante el ciclo de desarrollo del producto, producción y servicio, es necesario hacer cada actividad de trabajo?
3. ¿Cómo deben hacerse: siguiendo qué método, qué procedimiento o qué artificio?
4. ¿Quién lo hará? ¿En qué localidad o departamento, componente de la organización?
5. ¿En dónde tendrá que hacerse? ¿En qué lugar de la planta, en la línea de ensamble? ¿En el laboratorio? ¿O en el campo? ¿O deberá realizarlo el proveedor?
6. ¿Qué tipo de equipo o herramientas deberá usarse?
7. ¿Cuáles serán los suministros para el trabajo? ¿Qué es lo que se necesita en el terreno de información y de materiales?
8. ¿Qué es lo que se espera en cuanto a producto? ¿Qué decisiones tendrán que hacerse y cuál será el criterio al que estarán sujetas? ¿Tendrá que ser identificado algún material y qué ruta tendrá que seguir éste?
9. ¿Es necesario un registro de las actuaciones? ¿De ser así, en qué forma se presentarán los datos? ¿Se requiere procesamiento de datos computarizados? ¿Qué tipo de análisis es requerido? ¿A quién será dirigido? ¿Qué clase de reportes conviene emplear?
10. Teniendo en cuenta diferencias posibles en la calidad del producto, ¿qué alternativas de acción será posible seguir?
11. ¿Cuál será el criterio a seguir, respecto a dichas alternativas?
12. ¿Está supeditado el trabajo a cierto límite, en tiempo? Si es así, ¿cuál es el límite?

Muchas más preguntas se presentarán cuando el proyecto entre en mayores detalles.

El resultado final del proceso de planeación es el conjunto de procedimientos, en detalle, necesarios para llevar a término la actuación prescrita que conduzca a los objetivos perseguidos, según la política de calidad establecida. Como se comentó anteriormente en el Cap. 9, para alentar el compromiso hacia la calidad, estas instrucciones detalladas deben ser claras y ser lo bastante definitivas para ser entendidas claramente por todos los empleados de la planta y compañía y, sin embargo, lo suficientemente general que proporcione enfoques tecnológicos de calidad efectivos para el trabajo.

Las áreas fundamentales, correspondientes a una porción de un sistema de plan de calidad, el cual requiere documentación con relación al control de material por adquirir, se consignan en la Fig. 10-4. La Fig. 10-5 presenta una página de instrucciones aplicables a uno de esos elementos, en la que se indica en detalle el procedimiento para muestrear y para ensayar cierto tipo de material, en este caso aceite combustible.

Las Secs. 10.18-10.38 exponen ejemplos representativos de las técnicas de calidad.

En la Sec. 10.18 se presentan las técnicas en forma tabular, con relación al objeto de este plan.

Materiales

1. Procedimiento para controlar el material adquirido
   a. Planes de muestreo
   b. Instrucciones
   c. Registro de datos
   d. Reportes
2. Trato con los proveedores
   a. Lineamientos de los requisitos de calidad presentados a los proveedores, incluyendo características de calidad y niveles de calidad aceptables.
   b. Comparación de métodos de medición
   c. Capacidad de calidad del proveedor, facilidades, exploración sobre los sistemas de calidad y evaluaciones
   d. Clasificación del material por recibir
   e. Retroalimentación sobre la calidad a los proveedores
   f. Acción correctiva y vigilancia persistentes
   g. Servicio para asegurarse de la calidad del producto
   h. Certificación del material adquirido
   i. Interpretación
3. Material adquirido—Medios de medida
   a. Especificaciones (métodos, exactitud, precisión, capacidad, conexiones en el servicio, ampliado de espacio, etc.)
   b. Mantenimiento
   c. Calibración
   d. Confrontación periódica con los procedimientos del proveedor
4. Pruebas de aceptación de laboratorio
   a. Especificación de pruebas
   b. Muestras para laboratorio
   c. Pruebas requeridas
   d. Reportes de resultados en el laboratorio
5. Disposición de los materiales
   a. Identificación
   b. Petición de desviación
   d. Destino (desperdicio, reproceso, salvamento, regreso al proveedor, inspección en detalle, etc.)
6. Supervisión de material adquirido
7. Material adquirido, requisitos del personal de control de calidad
   a. Cuántos
   b. Calificaciones
   c. Adiestramiento especial

Fig. 10-4 Lineamientos de un plan de sistema de calidad por material por adquirir.

INSTRUMENTO DE CALIDAD
COMPAÑÍA R

Asunto: Combustibles y aceites, incluyendo Procesos químicos

IV. MUESTREO DE COMBUSTIBLES PARA MOTORES DE REACCIÓN Y LUBRICANTES

A. Combustibles y lubricantes están sujetos a muestreo por 120 días por el Laboratorio ABC.
B. La inspección de recepción conservará registros completos y será responsable de la toma de muestras así como de la preparación y entrega de las mismas al laboratorio de la planta.
C. Las muestras serán procesadas de acuerdo con las especificaciones militares para combustibles.
   I. Todas las muestras serán analizadas en el laboratorio de la planta y el reporte de los resultados, tanto del laboratorio de la planta como del Laboratorio ABC serán enviados a la sección receptora que haya hecho el envío de las muestras.

V. MUESTREO DE 90 DÍAS

A. El supervisor de la calidad en cada sección de la compañía puede ordenar un muestreo de 90 días con el fin de ejercer control especial sobre la calidad de los materiales.
B. Es de la incumbencia de la Sección Receptora el organizar los registros necesarios de las pruebas de que se trate.
C. El laboratorio de la planta hará los análisis y reportará los resultados a la sección receptora bajo un programa de control de calidad de 90 días.

VI. PROCESOS QUÍMICOS

A. Los procesos químicos serán ordenados y recibidos en la forma descrita en el párrafo II.
B. Será cada sección operativa responsable de expedir y sujetarse a las instrucciones detalladas que marcan el debido control de estos materiales.
C. El muestreo podrá ser solicitado por el supervisor de la calidad, en cada departamento operativo. Los análisis serán ejecutados, previo pedimento, en el laboratorio de la planta.

APROBADO: ____________________
Gerente de control de calidad
Compañía R

FECHA: ____________________

Fecha de expedición:	Sobreseído	Fechado	Página	Número

Fig. 10-5

10.18 Técnicas de la planeación de la ingeniería de calidad

Objetivo del proyecto	Técnica
Para establecer un criterio de aceptación	Clasificación de características (Sec. 10.19)
	Muestreo de aceptación (Sec. 10.20)
Para proporcionar procedimientos y facilidades en la aceptación	Tipo de mediciones de calidad que tendrán que hacerse (Sec. 10.21)
	Requisitos exigidos al personal de calidad (Sec. 10.22)
Documentación del proyecto	Documentación del proyecto de calidad (Sec. 10.23)
	Revisión de las instrucciones técnicas, procedimientos y manuales (Sec. 10.23)
Intercomunicación y actuación con proveedores	Explicación a los proveedores de los requisitos de la calidad (Sec. 10.25)
	Servicios ofrecidos a proveedores (Sec. 10.29)
	Planes de certificación de calidad (Sec. 10.26)
Establecimiento de información de la calidad	Reporte sobre la calidad (Sec. 10.27)
	Control de pérdidas por responsabilidad legal (Sec. 10.28)
	Utilización de datos y uso de máquinas calculadoras (Sec. 10.29)
	Control de Software (Sec. 10.30)
	Contacto con otras funciones (Sec. 10.31)
	Divulgación de información obtenida del exterior (Sec. 10.32)
Para asegurar acción correctiva	"Acción correctiva" (Sec. 10.33)
Para establecer auditoría	Planeación de auditoría-Producto proceso y sistema (Sec. 10.34)
Afianzamiento de satisfacción permanente	Control de calidad exterior (Sec. 10.35)
	Control de calidad en las partes de repuesto (Sec. 10.35)
	Actitud del cliente (Sec. 10.36)
Promover la calidad con el consumidor	Interesar al consumidor en la importancia de la calidad (Sec. 10.37)
Mantener la configuración del producto	Control de configuración, cambios en el diseño, seguimiento (Sec. 10.38)

10.19 Clasificación de características

Esta técnica comprende la clasificación de las muchas características de la calidad en un producto, tales como dimensiones, rapidez, dureza y peso, según su importancia relativa para la calidad del producto. La técnica también implica la clasificación de las características clave del proceso de calidad en la fabricación de partes, subensamble, ensamble, empaque y envío e instalación y servicio.

Esta clasificación constituye una herramienta valiosa para dar a estas características de la calidad la importancia que les es inherente.

Por ejemplo, una clasificación cuádruple de defectos, usada con frecuencia, comprende, la crítica, la mayor, la menor y la incidental.

Para las características de calidad del *producto*, esto puede implicar clasificaciones como las que siguen:

- Una característica *crítica* encierra una amenaza de pérdida de vida o de propiedad o hace que el producto pierda su funcionalismo por encontrarse fuera de los límites prescritos.
- Una característica *mayor*, es la que ocasiona que el producto falle por hallarse fuera de los límites prescritos.
- Una característica *menor* no impide el funcionamiento del producto, el cual tendrá lugar en una forma un tanto cuanto imperfecta.
- Una característica *incidental* es algo de poca importancia para la calidad.

Para las características de calidad del *proceso*, esto puede implicar una clasificación como la que sigue:

- Una característica *crítica* es aquella en que cualquier variación significativa a partir de la tolerancia que pueda ocurrir ocasionalmente causará una importante e inaceptable malconformidad por largo tiempo, o una tasa de defectos.
- Una característica *mayor* es donde cualquier variación de medible a significativa a partir de la tolerancia que pueda ocurrir ocasionalmente causará una malconformidad o tasa de defectos de promedio inaceptable por largo tiempo.
- Una característica *menor* es aquella en la que cualquier variación a partir de la tolerancia que pueda ocurrir pueda causar malconformidad o tasa de defectos pequeña promedio a largo plazo.
- Una característica *incidental* es aquella donde la variación de la tolerancia que pudiera ocurrir ocasionalmente no ocasionará consecuencias de malconformidades o defectos.

La estructura de clasificación específica y la definición de las clasificaciones, deben ser establecidas por las compañías para sus requerimientos particulares de producto y proceso. Dentro de la estructura de clasificación establecida por el programa de calidad total, normalmente los ingenieros de diseño del producto están en la mejor posición para clasificar las características de calidad del producto individuales, trabajando de cerca con los ingenieros de calidad. Normalmente, los ingenieros de manufactura están en la mejor posición para clasificar las características individuales de calidad de proceso, trabajando de cerca con los ingenieros de calidad.

La clasificación de las características de la oportunidad de concentrar la atención en asuntos de mayor importancia, asegurando una producción continua, con la calidad requerida y a un costo mínimo. El efecto es muy importante durante la terminación del diseño del producto, el ayudar al ingeniero de diseño y al grupo de revisión de diseño la tolerancia y otras dimensiones del producto para lo que es en verdad de una importancia crítica y principal en el producto. El efecto es muy importante durante producción, al ayudar a guiar la inspección y pruebas hacia el énfasis de control correcto, en vez de permitir que sea determinado por prácticas casuales y poco económicas. Y el efecto es muy importante durante la elección de proveedores, y en el control de materiales recibidos, generando parámetros específicos para el proveedor en lo referente a lo que es y no es crítico y mayor, y proporcionando un control más eficiente y ahorro tanto para la compañía como para el proveedor.

La clasificación de características permite también la selección de planes de muestreo que presenten riesgos limitados para el productor y para el consumidor según la naturaleza de la característica. Para una característica que amerite la clasificación de crítica, significará que su aceptación es indeseable debido a los riesgos que encierra. En este caso, no será permitido ningún sistema de muestreo y tendrá que ser inspeccionado el producto, 100%, para tener la seguridad de que cada elemento de un lote aceptado cumpla con las especificaciones.

Si por otra parte, cierta característica de calidad fuere clasificada como de tipo menor, se podrá escoger un plan de muestreo que permita la aceptación de determinado porcentaje de elementos que se encuentren un poco fuera de las especificaciones.

La técnica de clasificación de características tiene aplicación en la planeación de la calidad y el grado de inspección estará en correspondencia con la calidad de la característica.

10.20 Muestreo de aceptación

Cuando un proveedor ha estado produciendo calidad del nivel requerido, no es necesario inspeccionar todo el producto, 100%. La selección de una muestra del lote estadísticamente determinada, proporcionará la información necesaria para aceptar o rechazar un lote de acuerdo con el número de elementos defectuosos encontrados en la muestra.

El comprador puede, por tanto, protegerse contra lotes malos con un ahorro considerable en la inspección. Los lotes inaceptables son, por regla general, regresados al proveedor para la segregación de los elementos malos. El Cap. 15 revisa las tablas existentes y de varios niveles de calidad aceptables (NCAS), para determinados riesgos de productos y de consumidor.

Existe una amplia variedad de planes de muestreo que se acomodan a la mayoría de los casos que puedan presentarse en la práctica. Para la selección del plan es indispensable contar con una decisión respecto al nivel de calidad del material por inspeccionar, para uso apropiado, si se acepta. Después de esta decisión, lo que sigue consiste en escoger el tipo de plan de muestreo, sea éste sencillo, doble o múltiple. En seguida, hay que definir el tipo de mediciones; esto es, si la operación se basará en atributos (de pasa o no pasa) o variable (escala continua). El tamaño de muestra y el número de aceptación son determinados por el plan elegido.

Este tipo de muestreo tiene un campo muy amplio de aplicación, ya sea que se trate de materiales, de partes, de componentes o de ensambles.

10.21 Determinación de las medidas de calidad que deben hacerse

La técnica de revisar la función del producto, su diseño y el proceso de fabricación son la guía para determinar qué clase de las características de calidad deben observarse.

- Esta técnica implica consideraciones y decisiones acerca de los métodos empleados para hacer las mediciones.
- Incluye también la determinación del punto, en el flujo de proceso en el cual las mediciones deben ser tomadas.
- Incluye además, la decisión respecto al alcance de la medición, es decir, si se ha de medir cada uno de los artículos o una muestra tomada del flujo del producto.
- Establece también el mecanismo para ejecutar las mediciones.
- En algunos casos, el único que hará las mediciones será el operador. En otros, el producto pasará por una estación de inspección, en la que se sujetará a más mediciones; o bien, las mediciones serán ejecutadas por un equipo automático de control y los datos recibirán un proceso automático y serán usados para corregir o ajustar el proceso.

Esta técnica de planeación establece un equilibrio económico entre el costo originado por la estimación de la calidad, el valor del control de la calidad y la aceptación del producto.

Tarjetas de proceso o croquis que muestren cada operación en el proceso constituyen los documentos esenciales del trabajo. Se identifican las características de calidad significativas generadas en cada fase y se fijan puntos estratégicos de inspección, de acuerdo con la secuencia del proceso. Con frecuencia, la planeación de operador de computadora proporciona un medio efectivo para generar esta planeación.

La Fig. 10-6 representa una hoja de proceso y contiene puntos de inspección, marcados por líneas cerradas que circundan operaciones específicas.

10.22 Determinación de requerimientos del equipo para medir calidad

Las especificaciones se usan generalmente para identificar un producto final por características susceptibles de medición. Cuando las especificaciones finales no pueden ser escritas numéricamente, la técnica para especificar características medibles del proceso se usa como especificaciones de los métodos de prueba. Para que la función del producto se tenga por segura es necesario que se practiquen pruebas regularmente para evaluar esas características del proceso. Con el auxilio de estas pruebas junto con un análisis del funcionamiento del producto, con el diseño y con el proceso de manufactura, se pueden proyectar

DRAWING No.	PT or GR.	Oper	Rev.	Issued By	METHOD SPECIFICATIONS — REMARKS
101R233	9/10/1	X/6	3	J. SISKA	
MAT'L DATA				Date 3/14/60	
				Sheet 6	
				of 9	
				Work Station ZA35	

#	SEQUENCE DESCRIPTION	Ser. #	MEASURING EQUIPMENT	TOOLS FIXTURES	# Cuts	NO. Pass	MAX. DEPTH	FEED	SPEED	LG. of CUT	Handling	Machining	% TOOL MAINT.
52	CHMF HOOKS	11	"	"	2	R	–	.008	6.7	1/16"			
53	CHMF HOOKS	12	"	"	2	R	–	.008	6.7	1/16"			
54	CHMF HOOKS	13	"	"	2	R	–	.008	6.7	1/16"			
55	CHMF HOOKS	14	"	"	2	R	–	.008	6.7	1/16"			
56	CHMF HOOKS	15	"	"	2	R	–	.008	6.7	1/16"			
57	FORM RAD. VIEM "M"	16	TEMP 101R233-11A	165-108-1	1	R	–	.010	9.6	3/8"			
58	TURN PC. OVER, JAWS, STRAPS, IND. TO ALIGN												
59	FIN. FC. (29.718/29.708 PLUS .26/.24)	1	STRAIGHT EDGE INSIDE MIKE	H.S.S.	1	R	.060	.015	8.2	3/4"			
60	FIN. FC.-RECORD DIM. AT (3) PLACES 120° APART (1)____ (2)____ (3)____ OPER.____	2	"	"	1	R	.060	.010	9.6	4 1/4"			
61	FIN. BO. RECORD DIA.____ F.I.R. RUNOUT____ OPER.____	3	VERNIER CALIPER	"	2	R	–	.008	9.6	5/16"			

Fig. 10-6 Hoja de proceso.

procedimientos detallados de pruebas. Estos procedimientos describen métodos, equipo, orden y frecuencia de las pruebas.

Cuando se ha tomado una decisión sobre los métodos de medición, el paso siguiente es el desarrollo del equipo, el cual será diseñado, construido o comprado. Sus especificaciones tomarán en consideración el espacio que ocupe, la fuerza que requiera, su capacidad, exactitud, precisión y seguridad. El Cap. 12 analiza la aplicación de esta técnica.

Requerimientos respecto al personal

A la terminación del proyecto de plan de inspección, incluyendo los requerimientos que debe satisfacer el equipo de inspección, se determinará el número de personas necesarias para que lo integren. No solamente se determinará el número total de personas necesarias, sino que debe ser establecido el número en cada clasificación, de acuerdo con el adiestramiento y la experiencia.

10.23 Documentación para la planeación de la calidad

Procedimientos e instrucciones detalladas sobre la calidad deben expedirse para que las actividades que aseguren la calidad queden claramente identificadas. Es esencial que el plan sea comunicado a todas las dependencias de la planta que tengan responsabilidad en la ejecución del plan. Los tipos de comunicación incluyen reportes, procesos de calibración del equipo para mediciones, la ruta y destino marcados a los materiales, supervisión de la calidad e inspecciones y pruebas neccsarias, todo lo cual será sujeto a auditorías rutinarias para la conformidad y estarán identificadas específicamente de forma que no pueda haber confusión con los documentos relacionados con el establecimiento de las líneas de producto.

Al haber crecido la aplicación de la computadora en la planeación de la calidad en las compañías, es cada vez más práctico el mantener esta planeación de la calidad con los sistemas de procesamiento de datos y procesamiento de palabras en la planta. Cada instrucción de inspección y pruebas para aparatos particulares de inspección y pruebas está indexado y codificado, proporcionando un reemplazo rápido cuando sea necesario. Cuando no está disponible esta capacidad computarizada, los procedimientos manuales, tales como las carpetas de uso o planeación de calidad, se usarán.

Un ejemplo de instrucción se muestra en la Fig. 10-7.

Revisión de instrucciones técnicas, de procedimientos y manuales

La revisión y la expedición de manuales que cubran la instalación, el ajuste, las pruebas, reparaciones, mantenimiento y aplicación del producto por el usuario, se hace necesario en esta área. Con el fin de asegurar satisfacción del consumidor, disminución de quejas y ahorro en los costos de servicio, se agregan algunas sugerencias basadas en el conocimiento que se tenga respecto al producto y el proceso de fabricación.

10.24 Explicar los requerimientos de calidad a los proveedores

El uso de la técnica de presentar al proveedor claramente los lineamientos de requerimientos de calidad tendrá aplicación desde el momento en que se le pida que prepare cotización de material o componentes. Se le proporcionará un reporte formal que incluya clasificaciones de características de calidad a fin de que tenga una idea clara de la importancia de los defectos críticos, mayores, menores e incidentales. El paquete debe incluir el criterio que se usará para aceptar o rechazar su producto, esto es, el plan de acción que se usará con la expresión del máximo de defectos que puede ser aceptable. El Cap. 19 lo analiza con detalle.

Esta comunicación es de importancia capital para que el proveedor conceda la atención debida a las características de calidad consideradas como críticas. En esta forma es seguro que se obtendrá conformidad sin tener que adicionar los costos de los materiales, partes o componentes.

10.25 Servicio a proveedores

La política de suministrar asistencia técnica a los proveedores por requerimiento salvaguarda la corriente programada de material comprado o adquirido.

Desde un principio, los proveedores deben ser advertidos respecto a productos defectuosos, inaceptables, con el fin de que arreglen sus procesos antes de que incurran en faltas. Si una entrega de material aceptable se ve amenazada por problemas de calidad que se presenten en la planta del pro-

INSPECCIÓN MECÁNICA

TALADROS Y MATRICES

En adición a los procedimientos usuales de inspección se harán otras mediciones y se registrarán las dimensiones correspondientes. Este procedimiento adicional requerirá la ayuda del jefe del taller mecánico y del operador. Se procederá como sigue:

1) El arreglo de la máquina y las pruebas durante el proceso, por el inspector, continuará como de costumbre.

2) Además, 4 veces durante el turno o cada hora (el medio que produzca mayor número de muestras), el operador tomará tres piezas del mismo lote y las marcará 1, 2 y 3.

3) Estas piezas se entregarán al jefe de taller mecánico quien las medirá de inmediato o por lo menos durante el turno. Las mediciones serán registradas en las tarjetas correspondientes. El trabajo continuará sin esperar la medición de las piezas. Si tales dimensiones se pueden medir con herramientas sencillas, tales como escala graduada, calibrador, micrómetro, etc., es de esperarse que el operador lo hará como un simple cotejo a fin de cerciorarse de si se encuentran dentro de las tolerancias, o si son partes defectuosas, no continuar la producción.

4) Si el inspector encuentra que las partes son defectuosas, ya sea durante el turno o después de éste, fijará una etiqueta en la herramienta, para hacer una investigación que determine si la matriz, el operador o el proceso son los causantes de error. La herramienta no será regresada a la artesa de herramientas hasta que se haya terminado la inspección de las muestras y el inspector haya dispuesto lo conveniente. Si la matriz es rechazada será etiquetada y enviada al taller mecánico. Se harán las anotaciones convenientes en la tarjeta de inspección respectiva.

5) Después de que termina cada turno, suponiendo que la matriz es todavía aceptable, se fijará un punto sobre de una gráfica, que corresponda al valor medio de las dimensiones ($\bar{X}$) medidas. Los límites de control obtenidos con las dimensiones medidas se toman como límites superior e inferior de control. Esta representación gráfica sirve para dos propósitos:
   A) Para un récord de puntos de inspección ($\bar{X}$).
   B) 1) Para una indicación de que una matriz puede necesitar reparación; 2) Variación normal de la matriz; 3) Exactitud en el arreglo de la máquina, y 4) Efectividad de control por parte del operador.

W. E. John
SUPERVISOR DE CONTROL DE CALIDAD

Fig. 10-7

veedor, puede ser aconsejable para el comprador enviar un representante a la planta del proveedor para ayudarlo a localizar y eliminar rápidamente la dificultad en calidad.

En muchos aspectos, el éxito de la compañía depende del éxito de sus proveedores. Cuando un proveedor está proporcionando una parte crítica, que requiere de tecnologías especiales y procesos complejos, el comprador obrará juiciosamente conservándose en contacto con el proveedor, en todo lo que atañe a la calidad. Por ejemplo, una investigación conjunta puede revelar que los aparatos para medir van perdiendo precisión, lo que afecta a la correlación entre las mediciones del comprador y del proveedor. Cuando el comprador cuenta con especialistas que pueden auxiliar al proveedor en la resolución de sus problemas de emergencia, los envíos de partes y componentes pueden lograrse sin que haya interrupciones en el programa.

10.26 Planes de certificación de material

La técnica de certificación de materiales establece un conjunto de procedimientos por medio de los cuales, el proveedor suministra al comprador resultados de pruebas e inspección, como prueba objetiva de que un lote determinado de material o de partes satisface sus requerimientos de calidad.

Actualmente, se usan los planes de certificación para evitar el procedimiento antieconómico de duplicación de inspección, es decir, inspección por el proveedor e inspección por el comprador al recibir el material comprado. Con frecuencia, el comprador suprime la inspección si el proveedor presenta datos objetivos de que los requerimientos de calidad establecidos se satisfacen.

Estos datos se anexan junto con los documentos de envío o son enviados por correo con anticipación, previo acuerdo entre las partes respecto a las características que deben ser medidas y el número de datos necesarios. Puesto que muchos de los datos requeridos están ya disponibles en el sistema de control de calidad del proveedor, normalmente no resulta ningún aumento en el precio a partir de la inclusión de la certificación como servicio. De hecho, una mejor planeación, por medio de la certificación, con frecuencia reduce los costos de calidad y, por tanto, permite la negociación de mejora de costos con el proveedor. Periódicamente se hace una revisión de la calidad de los lotes recibidos a fin de conservar una correlación entre las mediciones de comprador y proveedor.

10.27 Retroalimentación informativa de calidad

Una de las importantes técnicas de planeación de la ingeniería de calidad es el establecimiento de la retroalimentación de la información de calidad para la planta y compañía. La información de la calidad debe considerarse como la "inteligencia" del programa del control total de la calidad. La efectividad con la que esa inteligencia está estructurada, transmitida y usada es uno de los principales parámetros de la efectividad del programa.

En principio, la técnica de ingeniería de calidad se puede considerar como el establecimiento de comunicaciones entre los puestos que generan información y los puestos que reciben y usan la información.

El objetivo es el estructurar en la forma de procedimientos necesarios los lazos de retroalimentación de la información, físicos y reales que fueron comentados como concepto en la Sec. 8.15. A través de estos lazos, los resultados específicos de calidad son medidos, analizados y luego retroalimentados para ser usados en la replaneación. Esta información de la calidad es la base de hechos sobre la cual las decisiones correctas y oportunas de calidad pueden tomarse y efectuar una acción correctiva.

Los siguientes son tres aspectos primordiales del énfasis (Fig. 10-8) en esta actividad, dos de ellos se concentran en áreas de calidad individuales (1 y 2) y el otro está orientado a la planta y compañía en general (3):

Aspectos primordiales de la retroalimentación de la información de calidad

1. Identificación de la información explícita
2. Establecimiento del flujo de información
3. Integración de la información de calidad

Fig. 10-8

1. La identificación de la información explícita, donde sea apropiado, en todos los planes de calidad existentes —ya sea en la determinación del cliente de la calidad, la revisión del diseño, el análisis de capacidad del proceso y áreas similares—. En el pasado, con demasiada frecuencia la planeación de las operaciones de calidad trataban sólo casual o indirectamente con los aspectos de información de la calidad del plan y procedimiento.
2. El establecimiento de procedimientos de flujo de información de la calidad esenciales, en áreas como inspección y reporte de pruebas, quejas de clientes, y desempeño de proveedores.
3. Determinación del flujo de información de calidad general de la planta y compañía, evaluación de la efectividad del patrón de flujo existente, establecimiento del plan general para evolucionar al flujo de información existente al que sea necesario, creación o adaptación de los procedimientos necesarios de información de calidad, e integración del patrón general de flujo de la información de la calidad.

En cada una de estas áreas, debe hacerse el uso más completo posible de los enfoques modernos y la tecnología del procesamiento de información —incluyendo análisis y planeación de flujos de datos— que han sido desarrollados con gran éxito en toda la industria. Hoy, esto representa una disciplina esencial en el desarrollo de los requerimientos de la información de calidad.

Sin embargo, la experiencia a través de los años ha hecho muy claro el hecho de que los requerimientos de información de la calidad deben ser desarrollados primero para las *necesidades del usuario* —ya sea en la gerencia, producción, mercadotecnia, ingeniería, o el mismo control de calidad— y segundo, en términos de los patrones de procesamiento de datos y equipo que sean *más eficientes*. La función de control de calidad tiene un papel primordial en el liderazgo del manejo de la información en esta primer área; debe trabajar de cerca con la función de procedimiento de datos de la compañía, dentro de la cual, probablemente estarán los expertos de la segunda área.

Hay varias áreas importantes en el establecimiento de las necesidades del usuario. Una es el establecimiento explícito de estas necesidades para todas las posiciones clave en la planta y compañía. Una segunda área es la estandarización de los reportes en toda la planta y compañía de forma que haya un entendimiento común y comunicaciones claras, yendo desde la definición de efecto en los niveles de calidad y listas de desperdicio en el costeo de calidad, hasta la capacidad de confiabilidad en el desempeño del proveedor que reporta sobre componentes electrónicos. Una tercera es el establecimiento de formatos, rutinas y tiempo de frecuencia de reportes, así como de las funciones que recibirán los reportes y los tipos de análisis de ingeniería de calidad que se desempeñarán.

También hay varias áreas importantes en el establecimiento del manejo más eficiente de información. Una es estandarizar y correlacionar las mediciones de partes y componentes cuando las mismas mediciones se toman por métodos o equipos diferentes en puntos distintos en el ciclo de producción y diseño. La segunda es el asegurar que haya constantemente, en los planes de calidad, el análisis de los datos de medición para buscar las relaciones entre operaciones de proceso o partes parecidas. Por ejemplo, se puede descubrir a partir de un examen que mientras el costo o los datos de calidad para una línea dada o área de proceso no muestra ninguna tendencia a indicar una condición de fuera de control, los mismos datos, al ser reacomodados y considerados con respecto a una sola parte, como diámetros de una pulgada llegados a una estación en particular, pueden mostrar una tendencia definida hacia la condición de fuera de control. La tercera es distinguir entre el lazo corto de información que fluye dentro de una sola estación de trabajo o línea de proceso —que requiere una retroalimentación inmediata o a "tiempo real"— y el lazo más largo de información que fluye a través de la planta o negocio, que puede ser manejado por lote o de forma "fuera de lugar".

Al estructurar la información de los planes y procedimientos de la calidad, el control de calidad, el procesamiento de datos y otras funciones clave de la planta o compañía deben determinar las respuestas a preguntas como las siguientes:

- ¿Qué clase de información es esencial?
- ¿Cuánta información se necesita?
- ¿Cuáles son las fuentes de información?
- ¿Cómo debe transmitirse la información —manualmente, por computadora, por alguna combinación de ambas?
- ¿A qué puestos debe enviarse la información? ¿Con qué frecuencia debe enviarse la información?
- ¿Qué tan rápido debe recibirse para que sea efectiva?

- ¿En qué forma debe presentarse para que sea útil de inmediato como base para decisiones y acciones?
- ¿Cómo puede usarse la base de datos existente en la planta y compañía como un insumo y producto de datos de calidad?

La eficiencia del sistema informativo, planeado de acuerdo con las respuestas a las preguntas, debe estudiarse periódicamente a fin de asegurarse de que continúa siendo eficiente. Este estudio determinará que:

- El papeleo será mínimo.
- Se transmitan datos utilizables únicamente.
- Los datos vayan a puestos cuyas responsabilidades los soliciten.
- Los datos son adecuados y han sido aplicados correctamente.
- El flujo de información ha sido conservado eficientemente.
- Los informes son efectivos en cuanto a motivación de decisiones y acción oportunas.
- El procesamiento de la información de calidad se lleva a cabo en el uso más efectivo en cuanto a costo de los datos de operación-equipo-fuerza laboral.

Para una operación continua de la retroalimentación de información de calidad, los dos métodos principales para la recolección y transmisión de los datos de calidad se realizan manualmente y por computadora. En cualquier número creciente de programas de calidad total, la calidad de la información es una integración de la metodología manual y la computarización para entregar información oportuna y a tiempo.

El grado de computarización es fundamentalmente una determinación económica y depende generalmente del tipo, tamaño y necesidades de la planta y compañía. Sin embargo, para asegurar el uso más eficiente de la computadora en las aplicaciones reales del usuario, el plan original de retroalimentación de información será clásicamente manual, para probar el adecuamiento de los datos, para asegurar el esclarecimiento de las necesidades del usuario y para confirmar los requerimientos de calidad del negocio. La importante área de equipo de procesamiento de datos y computadoras se trata en la Sec. 10.29.

10.28 Control de pérdidas por responsabilidad legal

La integración de la actividad del control de calidad con el programa de la compañía de prevención de pérdidas por demandas legales —incluyendo los aspectos de seguros— es una técnica de planeación importante para asegurar una protección mejorada a la compañía del riesgo de demandas legales y un litigio desfavorable por responsabilidad legal.

La exposición a demandas legales existe en cada fase del desarrollo del producto (Fig. 10-9); desde la concepción mercantil del producto hasta el primer diseño preliminar, a través de todas las etapas de diseño y desarrollo y prueba de prototipos; hasta las fases de fabricación —incluyendo negociación de con-

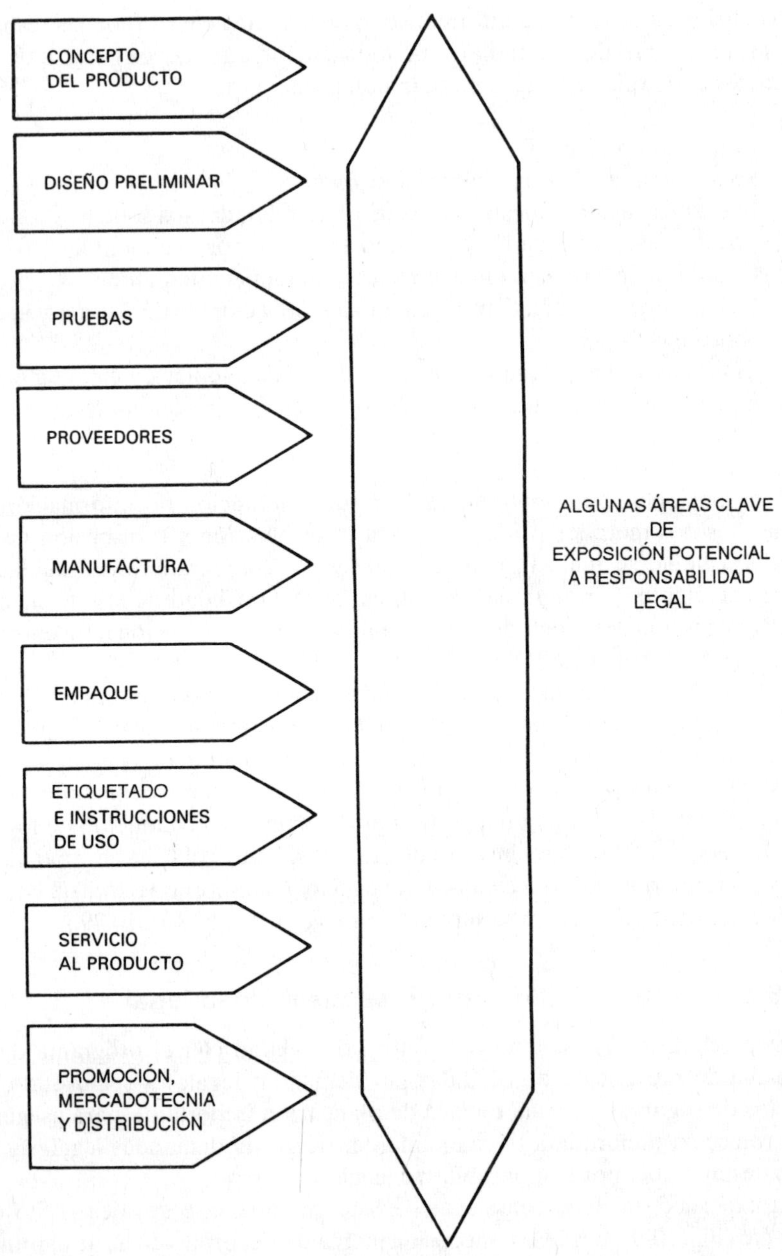
CONCEPTO
DEL PRODUCTO
DISEÑO PRELIMINAR
PRUEBAS
PROVEEDORES
MANUFACTURA
EMPAQUE
ETIQUETADO
E INSTRUCCIONES
DE USO
SERVICIO
AL PRODUCTO
PROMOCIÓN,
MERCADOTECNIA
Y DISTRIBUCIÓN
ALGUNAS ÁREAS CLAVE
DE
EXPOSICIÓN POTENCIAL
A RESPONSABILIDAD
LEGAL

Fig. 10-9

tratos y proveedores, a través de la manufactura en sí, pruebas y ensamblaje; en el empaquetado, etiquetado e instrucciones de uso; servicio al producto y finalmente a los métodos de promoción, mercadotecnia y distribución, incluyendo periodos de garantía y servicio de composturas.

Es por tanto esencial que todos los aspectos de prevención de demandas legales estén relacionadas con planes individuales de control de calidad y que la información de calidad sea consistentemente monitoreada en busca de los indicadores potenciales de pérdidas por responsabilidad legal.

10.29 Procesamiento de datos y uso de computadoras

Una técnica importante de la ingeniería de calidad es el uso del equipo moderno de procesamiento de datos y computadoras, integrados a todas las áreas relevantes del control de calidad. Esto no sólo acelera la oportunidad de la información de calidad —la frecuencia de hoy puede ser de fracciones de segundo si es necesario, o de minutos u horas, en comparación con los días o hasta semanas en el pasado— pero en algunos casos puede hacer posible el flujo de información que de otra forma no existiría.

La aplicación de la computadora, integrada dentro de la planeación cuidadosa dentro de la ingeniería de calidad, puede ser una herramienta útil en el tratamiento de las demandas básicas del flujo de información de la calidad, que son:

- La efectividad de la información de calidad depende de la prontitud del reporte.
- Los retardos que desalienten una acción correctiva rápida deben eliminarse.
- Debe presentarse una atención pronta a los focos de problemas por parte de aquellos que puedan hacer algo al respecto.
- Deben establecerse buenos formatos de reportes, que indiquen la responsabilidad por la acción, el tipo de acción, y el seguimiento con una medida de efectividad de la acción.

El hardware computacional —esto es, el equipo— y el software —esto es, los programas para manejar el hardware— están hoy disponibles y se usan en una gama muy amplia de aplicaciones del control de calidad, desde los datos del cliente y las pruebas del prototipo hasta los niveles de calidad del material recibido y producción y pruebas en el campo y reportes de servicio. La disponibilidad del hardware para el control de calidad incluye actualmente computadoras principales, en donde pueden correrse ciertos tipos de datos de calidad; minicomputadoras que pueden estar directamente dedicadas a operaciones del control de calidad tales como pruebas al producto y microprocesadoras, que pueden estar integradas a los aparatos de inspección para proporcionar la evaluación de límites de control como parte de su trabajo metrológico. La disponibilidad en software para el control de calidad incluye actualmente una variedad de lenguajes de programación, desde lenguaje de máquina hasta lenguajes de alto nivel —incluyendo FORTRAN,

COBOL, BASIC, PASCAL y otros— que se aplican a usos especiales del control de calidad.

La estrecha cooperación entre la función de control de calidad y la función de procesamiento de datos es esencial para la aplicación de la computadora al control de calidad. Sin embargo, es importante que la misma función de control de calidad desarrolle y organice la capacidad necesaria para el entendimiento y aplicación de las computadoras al control de calidad. Esto, en parte, se debe —como se analizó en la Sec. 3.6— a que la importancia de la aplicación de la computadora en el control de calidad ha sido reconocida apenas recientemente en algunas compañías y una gran parte de conocimiento orientado al usuario debe ser provisto por la función de control de calidad. Esto es en parte la estructura de la retroalimentación de la información de calidad —los procedimientos del control de calidad para la recolección, tabulación, análisis y distribución de datos— es prerrequisito esencial para lograr que la aplicación de la computadora sea operacional.

Y en parte se debe a la indebida centralización en alto grado del procesamiento de datos y los correspondientes excesos de carga y retardos en las computadoras centrales en algunas plantas y compañías que requieren cada vez más lo que se ha llamado procesamiento de datos distribuido. Aquí, la operación del procesamiento de datos en el control de calidad se descentraliza hacia microcomputadoras y microprocesadoras de control de calidad que están apropiadamente eslabonadas con la base de datos de control de planta, y, donde sea apropiado, a las computadoras principales de la compañía. Sin embargo, los procesadores, impresores, tubos de rayos catódicos, aparatos de memoria y otro equipo, así como varios aparatos periféricos están localizados directamente en las operaciones de calidad a quienes sirve a sus necesidades este manejo de la información.

Algunas de las áreas de aplicación de la computadora que son especialmente importantes para los programas actuales de control total de la calidad son las siguientes:

- Reportes de los ingenieros de campo sobre las quejas pueden proporcionarse, ya sea por telecomunicaciones o a través de discos y cintas, para lograr que el desempeño de la calidad para el cliente, así como otros datos pertinentes, estén rápidamente disponibles. También se pueden usar reportes similares para mantener inventarios de partes de repuesto, donde los datos de entrada son el disparador para la planeación de reemplazo. También pueden estos reportes mantener, cuando sea necesario, el seguimiento de la información del cliente en caso de modificaciones en el diseño o, cuando se necesite, retracción del producto.
- Reportes sobre la calidad del material recibido para lotes discordantes, proporcionando toda la información necesaria para medir la calidad, promedio de los proveedores, análisis de costos y medición de la carga de trabajo y flujo de material en la inspección de llegada.
- Control dentro del proceso, inspección y datos de pruebas como reportes para registrar la información de la calidad de tipo como malconformidad

o defecto, área de ocurrencia, responsabilidad por malconformidad o defecto, número inspeccionado, número de malconformados o defectuosos y destino.

- Datos de confiabilidad y mantenimiento para los componentes clave.
- Planeación de la calidad e instrucciones a través de las técnicas de procesador de palabras.

Hasta hace poco, una gran mayoría de las aplicaciones de la computadora en el control de calidad han sido procesadas por lote —esto es, esencialmente en una base off-line (fuera de línea), con una frecuencia de edición que iba desde días y horas hasta, en algunos casos, semanas—. Esta operación por lote es normalmente satisfactoria para muchos de los reportes de la jerarquía de administración y operaciones que son básicos en las cuatro tareas del control total de la calidad; se muestran algunos ejemplos en la Fig. 10-10.

Las mediciones, los controles y reportes a tiempo real están llegando a ser cada vez más importantes en las áreas de control de proceso y control de producto del control total de la calidad. Las computadoras pequeñas, integradas

Control de nuevo diseño

- Resultados de pruebas de prototipo
- Aseveración de las tendencias de la confiabilidad del componente
- Seguimiento de la acción correctiva en la revisión del diseño

Control de materiales adquiridos

- Reportes de la inspección de recibo
- Estado del estudio del proveedor
- Reportes de acción correctiva del proveedor
- Estado de la revisión de materiales

Control del producto

- Reporte de la tasa de defectos en la línea de producción
- Resumen de la prueba funcional porcentual de malconformidades
- Estado de auditoría
- Reportes de calidad en el campo

Estudios de procesos especiales

- Estado de la acción correctiva
- Tendencia de las pruebas estadísticas

Fig. 10-10 Reportes de la computadora en las tareas del control de calidad.

directamente a las operaciones de producción, operan en una retroalimentación directa y control tanto en la fabricación de partes —yendo desde la fabricación del circuito integrado y del tablero— hasta el ensamble —donde los robots con controles de calidad computarizados directos dentro de ellos revisan su propio trabajo y efectúan los ajustes necesarios.

10.30 Control de software

El control de software es una importante técnica de planeación de la ingeniería de calidad debido a la importancia que ha adquirido la calidad del software en tres áreas principales.

La primer área es la necesidad de una alta calidad en el software que se usará en conjunto con las computadoras que la planta compre o alquile conectadas con sus programas de procesamiento de datos. La segunda área es el aseguramiento del software usado conjuntamente con las mini y microcomputadoras OEM que son compradas por la planta para la incorporación al producto que se venderá a los clientes —microcomputadoras para los controles de máquinas de aeronaves o minicomputadoras para instalaciones de turbinas de poder a gran escala—. La tercer área es el control de calidad del software creado por la compañía en sí y que será un componente importante para el producto completo vendido a los clientes, tales como equipos de telecomunicaciones y avionics.*

En las tres áreas, la planeación de la ingeniería de calidad debe aplicar la misma calificación de las demandas de calidad del producto que se requieran para cualquier otro material recibido sofisticado, componentes complejos y producto final.

Uno de los factores únicos en el control del software es que las fallas en el software son normalmente ocasionadas por errores en el diseño. Estos errores no sólo se muestran en la ejecución original del programa, sino particularmente cuando el programa se está ejecutando bajo una gama de condiciones operativas del usuario. Por tanto, la evaluación completa de la confiabilidad es una actividad esencial dentro del programa general de control de software, con énfasis sobre la medición de la confiabilidad de software, con énfasis sobre la medición de la confiabilidad del software, estimación y predicción. Se revisan algunos enfoques del modelado de confiabilidad del software en el Cap. 17.

El control de software requiere una estrecha integración con la función de software de la compañía y con la función de control de calidad para establecer los requerimientos únicos de *pruebas, verificación y validación* que han sido desarrollados por el control de calidad de software. La Fig. 10-11 muestra estas tres consideraciones primarias en el control de software. Por tanto, el control de software se ha convertido en una parte esencial de los programas de la compañía de control total de la calidad. El control de software efectivo requiere la atención de actividades de calidad únicas, como las siguientes:

---

* Del inglés *av*iation electr*onics*, electrónica aplicada a la aviación. (N. del T.)

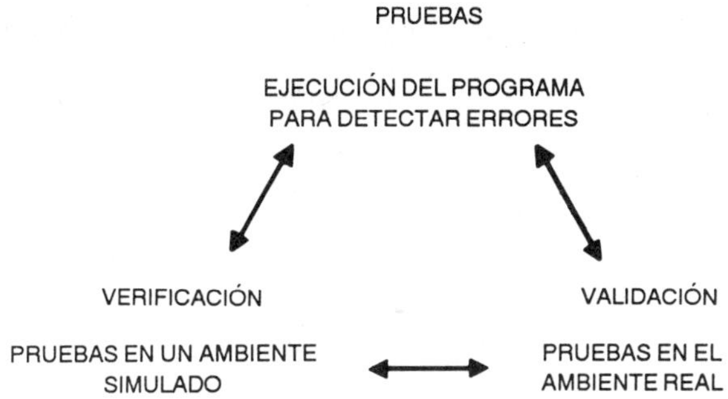

Fig. 10-11 Control de software.

- Diseño del programa de software, incluyendo *análisis de diseño y análisis de requerimientos*
- Evaluación del software bajo la amplia variedad de condiciones que puedan presentarse, incluyendo *pruebas de módulo* y *pruebas de sistema*
- Acoplamiento del hardware y software computacionales, incluyendo *pruebas de integración* y *pruebas de aceptación*
- *Pruebas de instalación*
- *Mantenimiento continuo del programa de software, incluyendo pruebas de servicio*

La Sec. 20.23 trata un ejemplo adicional del control de software como un factor esencial en el control del producto (Cap. 20).

10.31 Comunicación con otros departamentos

El intercambio de información entre el control de calidad, comercialización e ingeniería del producto es una técnica efectiva y actual que orienta al consumidor hacia la meta de calidad.

De una manera específica, el flujo de información da una idea del efecto que la calidad del producto y el costo de la calidad producen en la comercialización. Estos informes contienen además, novedades en herramientas y en técnicas que resultan valiosas en las actividades de servicio.

Una advertencia temprana de los problemas de campo *potenciales* que pueda resultar de una preproducción o de los problemas de calidad de la fábrica, así como los reportes de progreso sobre la acción correctiva llevada a cabo para eliminar los problemas de calidad, también puede ayudar a los vendedores a mantener la confianza del cliente. Estos datos también serán inapreciables en el caso de dificultades con el producto, incluyendo los casos extremos de retracción del producto.

Programas de divulgación de los beneficios que proporciona un departamento de control de calidad resultan de mucha utilidad para el personal de ventas y de distribución, muy particularmente en líneas de producto, de gran competencia.

10.32 Retroalimentación de información desde el campo[7]

La organización en el campo tiene una responsabilidad importante al retroalimentar información a la planta. Este flujo proporciona una técnica de información adicional para obtener la acción de mejorar la calidad del producto y es una útil medición del progreso de la calidad.

Cualquier característica del diseño que ocasione dificultades en la prestación del servicio debe conocerse. Los datos reales de desempeño del producto son necesarios, junto con los datos suplementarios concernientes a las condiciones en las que tomaron los datos de desempeño.

Los datos de fallas en el campo y quejas de los clientes deben ser suficientemente detalladas para proporcionar un medio de analizar las causas, de forma que una acción correctiva apropiada se pueda aplicar. Los formatos de los reportes se pueden diseñar en tal forma que sea fácil para el personal de reparaciones el observar la causa de mal funcionamiento de un producto.

En forma correspondiente, el ingeniero de campo debe estar alertado sobre problemas posibles anticipadamente, cuando se encuentre la prueba en la planta. Un patrón de flujo clásico para proporcionar esta información se muestra en la Fig. 10-12.

10.33 Acción correctiva

La acción correctiva significa, en los programas de control total de la calidad, la corrección permanente de un problema de calidad —de desviación de partes, defectos en el producto, errores en el proceso, mal funcionamiento del producto-cliente, y un sinnúmero de otras deficiencias que pueden ocurrir en la calidad—. A pesar de ser una de las técnicas más viejas de la ingeniería de calidad, la acción correctiva ha sido en el pasado una de las más débiles en aplicación en algunas compañías.

Esta debilidad ha tomado muchas formas. Existió debido al gran retraso en reportar problemas de calidad básicos; el descuidado "descaderamiento" que podría haber entrado en el diagnóstico del problema; el "arreglo rápido" que pudo haber representado los esfuerzos hacia la solución del problema, que resultaron en no ser ninguna solución; el extenso periodo que pudo haber ocurrido para tratar el problema en forma conclusiva —que pudo haber sido cuestión de meses o hasta de años— y la tendencia de algunos problemas importantes de no haber recibido la atención de altos niveles antes de haberse convertido a proporciones de crisis de clientes.

Por tanto, la efectividad de la acción correctiva de una compañía es uno de los indicadores clave de la fuerza, realismo y practicalidad del programa de calidad de la compañía. La acción correctiva es un área primordial de la planeación de la calidad del control total de la calidad.

Esta planeación de la calidad debe reconocer que los problemas de calidad que requieren de acción serán obvios para la organización entera de la planta sólo en casos como un defecto mayor de producción o una explosión de quejas de los clientes. En muchos otros casos, el problema de calidad —por

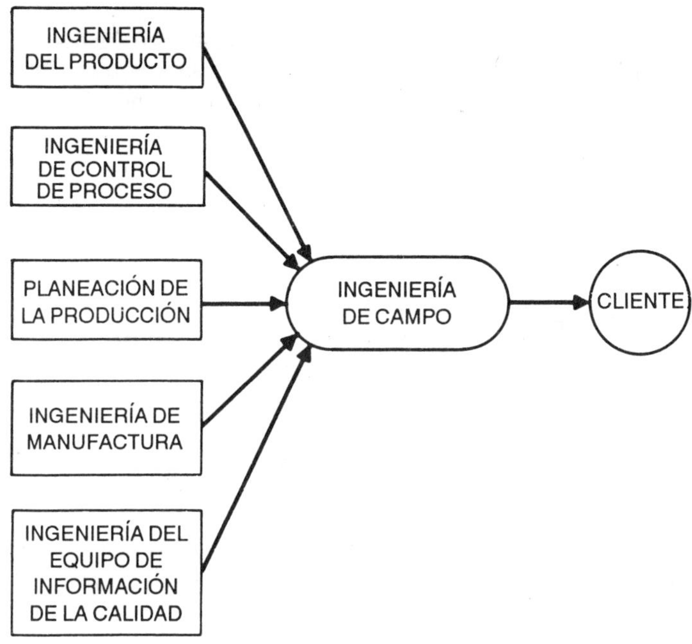

INFORMACIÓN DE LA INGENIERÍA DE CAMPO

Fig. 10-12

ejemplo, un defecto en el diseño que se presenta con una frecuencia muy baja pero que últimamente puede llevar a una retracción mayor de productos— puede no ser obvio para todos, y requerirá un análisis cuidadoso y recopilación de datos.

Los insumos para un problema potencial o existente pueden venir de muchas fuentes en el control total de la calidad, incluyendo revisión de diseños, pruebas de prototipo, inspección de fuentes de proveedores, inspección de recibo, inspección de proceso, prueba final y quejas del cliente.

Por tanto, la acción correctiva debe estar estructurada de forma que los problemas de calidad estén:

- Completamente identificados y sean rápidamente reportados.
- Validados con respecto a su importancia para la satisfacción del cliente y el costo de calidad.
- Diagnosticadas las causas del problema.
- Planeados los pasos y responsabilidades correctivos necesarios.
- Corregidos para la secuencia específica de desviaciones que iniciaron el problema: en el caso de partes maquinadas discrepantes, por ejemplo, primero el retrabajo de las partes que fueron las causas específicas que crearon el problema; segundo, reajuste de la máquina herramienta que tenía

demasiada variación y, por tanto, produjo partes discordantes; y tercero, mejoramiento de las prácticas o políticas específicas que generaron la causa del problema —mantenimiento de máquinas mejorado, por ejemplo.

- Revisados para asegurar que la corrección sea permanente.

El Cap. 21, "Estudios de procesos especiales", amplía las diferentes áreas de solución de problemas.

10.34 Planeación de auditoría —Producto, procedimiento y sistema

La planeación de la auditoría, para medir el grado de efectividad de las operaciones de calidad, es una técnica de la ingeniería de calidad que está estructurada para cumplir con varios propósitos del programa de calidad de la compañía, como sigue:

Las auditorías de producto, para determinar, en términos del usuario, el grado en que probablemente se logrará la satisfacción del cliente.

Las auditorías de procedimiento, para establecer y reportar el grado de cumplimiento. Las operaciones de calidad en la oficina, fábrica, laboratorio y campo son evaluadas con respecto a si y cómo cada paso del procedimiento de calidad se sigue en la manera prescrita.

Las auditorías de sistemas, para asegurar la efectividad del sistema de calidad y para determinar el grado en el que se están logrando los objetivos del sistema.

La implementación de estos planes de auditoría a través de la tecnología de ingeniería de proceso se comenta en las Secs. 11.23 a 11.27.

10.35 Control de calidad en el campo

La técnica para establecer estándares de calidad en el campo y el control de servicio para esos estándares da como resultado el mantenimiento de un servicio satisfactorio. El servicio de mantenimiento de una compañía puede establecer controles en la calidad, que se generan en el campo, como un resultado del servicio prestado al producto. Este nivel de calidad es tan importante como la del producto original, puesto que el consumidor espera obtener una calidad equivalente, cuando se ve en la necesidad de pedir servicio.

Para que estos resultados sean posibles, se establecen estándares de calidad para trabajos en el servicio, y por medio de auditorías en el trabajo se confirma que se han observado los estándares. Se establecen también, programas de adiestramiento para dar al personal la pericia necesaria. Los manuales y boletines de calidad editados en el campo, aunque son importantes, pueden no ser suficientes por sí mismos para asegurar este entendimiento y apreciación completos de los controles de calidad que soportan el producto. Puede ser necesaria una educación adicional en la forma de excursiones y visitas a la planta, demostraciones, y presentaciones formales que detallen los objetivos de calidad de la compañía.

En el caso de componentes comprados enviados directamente al cliente, los objetivos del control del campo siguen siendo esencialmente los mismos: el asegurar que la calidad de los materiales comprados es compatible con el producto proporcionado y es representativo de un nivel de calidad cuando menos igual al del producto proporcionado. Entre las alternativas abiertas para el ingeniero de calidad está la inspección de fuentes por un inspector de campo antes del envío, certificación del proveedor con cada embarque a un cliente, inspección del lugar o auditoría del material enviado directamente por el proveedor, o "embarques muestra" que se evaluarán cuidadosamente.

Una técnica adicional de control de calidad en el exterior, consiste en una auditoría periódica de artículos acabados de inventarios en los almacenes. Se hace una revisión del *stock* para identificación adecuada así como por daños, deterioro y caducidad.

También es muy importante para este propósito la planeación de la calidad para la instalación del producto en el campo. Por ejemplo, para un producto de consumo tal como un utensilio mayor del hogar, muchos factores que tienen que ver con los procedimientos de instalación recaerán directamente sobre los costos de calidad y la satisfacción del cliente. ¿Debería el frente del producto, que está disponible en varios acabados y colores, el ser enviado por separado del producto en sí para minimizar el inventario del minorista y para reducir el riesgo de puertas dañadas o rayadas porque se instalarán después de que el aparato haya sido ajustado? ¿Justificará esto los costos extra por manejo y empaque? En las cuestiones de conexiones eléctricas requeridas, el tamaño y tipo de cables, etc., los requerimientos y costos asociados están normalmente definidos por códigos eléctricos locales; sin embargo, las dimensiones recomendadas y la ubicación de la unidad instalada, los métodos y materiales de ventilación y aislamiento y otras decisiones como éstas, pueden afectar directamente el funcionamiento de la unidad y, por tanto, influir en la satisfacción del cliente. Las relaciones de estos requerimientos de uso último deben estar factorizadas en el programa de control total de la calidad para asegurar instalaciones libres de problemas para los clientes.

Control de calidad de partes de reemplazo

Las partes de repuesto serán de una calidad igual o mejor que la calidad del equipo original. El cliente puede perdonar al fabricante una vez, en el caso de que una pieza original falle, pero es difícil que lo haga en una segunda falla. En consecuencia, los proyectos sobre control de calidad con respecto a piezas de repuesto, constituyen una técnica importante. Una de las necesidades mayores de establecer esta técnica es el caso en que el material es remitido directamente del proveedor al consumidor porque se aumentan las dificultades en el control; sin embargo, se establecerán procedimientos que aseguren la compatibilidad con el producto original provisto y la calidad de la parte. Estos procedimientos pueden incluir la separación de partes del *stock* que se encuentren en malas condiciones o que hayan caducado.

La aplicación de esta técnica proporciona una función de servicio al consumidor.

10.36 Actitud del cliente

Se desea la determinación de la actitud del cliente para obtener y medir las opiniones, reacciones y el grado de satisfacción individual del cliente con respecto a los esfuerzos generales de la compañía con el fin de proporcionar calidad para sus productos o servicios. Los resultados de un programa así son la base para determinar qué factores consideran los clientes como los más importantes en un producto, para establecer la acción correctiva en problemas reportados y para lograr mejoría en las actitudes de los clientes.

Entre las actitudes importantes que pueden ser medidas están las siguientes:

1. Calidad de embarque.
2. Calidad de instalación de producto.
3. Calidad de operación del producto.
4. Calidad del diseño funcional del producto.
5. Mantenimiento (facilidad de recurrir a servicio si el producto falla).
6. Servicio (instrucciones fáciles de seguir, herramienta que se obtiene fácilmente, etc.).
7. Calidad de servicio

Hay muchos métodos para reunir esta información. Uno de los más usados generalmente es el cuestionario enviado directamente al cliente. Otros enfoques incluyen entrevistas por teléfono (usada algunas veces cuando el cliente no contesta el cuestionario) o visitas personales por un representante de la compañía (normalmente reservado para auditorías en el lugar). También puede obtenerse información útil a partir del examen de tendencias de compra, comparaciones con productos competitivos, comparaciones modelo a modelo, diferencias de áreas geográficas, etcétera.

Aunque la actitud favorable y de buena voluntad de cada cliente en particular es importante para una compañía, es aparente que algunas cuentas son más críticas que otras en lo referente a volumen, tamaño, ingreso, efectivo, ganancia, negocio potencial, prestigio, imagen, etc. Por esta razón, el "plan de evaluación del cliente" es adoptado algunas veces como un medio para ponderar la respuesta del cliente entre clientes "críticos" y clientes "principales" (Fig. 10-13).

10.37 Promoción de la calidad para el cliente

La técnica de comunicar los valores de la calidad del producto al consumidor tiene mucha importancia en el campo de las ventas. El sistema que se sigue en un negocio para mantener el nivel de calidad tiene una significación especial y de gran interés para los compradores; les asegura que se han tomado todas las precauciones para proporcionarle un producto digno de sus aspiraciones. Todavía más, los niveles de calidad en productos industriales se pueden certificar, lo que permite al consumidor tener confianza y aligerar sus sistemas de inspección.

Comparación de respuestas
Clasificación y evaluación de deméritos

Clasificación de respuesta	Ponderación de demérito cliente crítico	Ponderación de demérito cliente mayor
Muy serio	100	50
Serio	50	25
No serio	10	5
Satisfacción completa	0	0

Evaluación de calidad
por cuestionario

Deméritos por cuestionario	Evaluación de calidad por cuestionario
0-24	Excelente
25-49	Bueno
50-99	Malo
100-adelante	Inaceptable

Fig. 10-13 Actitud del cliente. Respuestas.

Este tipo de información es un promotor efectivo de ventas y puede presentarse en diversas formas tales como publicidad institucional, folletos, paquetes e instrucciones.

10.38 Control de configuración, cambios en el diseño, seguimiento

El control de configuración es la técnica de planeación que asegura una satisfacción continuada de la calidad del cliente, al mantener la integridad del producto al enfrentar cambios en el diseño, diferencias de aplicación, alteraciones por parte de los proveedores, reducciones en el costo del producto, cambios en el proceso de producción, y varios otros impactos del paso del tiempo en relación con un producto en particular.

Esta técnica relaciona el establecimiento de que a toda hora, el producto contiene las partes y subensambles esperadas, que es producido de acuerdo con procesos aprobados, que proporciona las funciones deseadas, y que se mantiene y recibe servicio de las formas apropiadas. El logro de estos requerimientos necesita, desde el inicio del diseño del producto, especificaciones claras, lista de materiales, lista de partes, listas de proveedores y otra documentación completa del producto.

Todos los cambios subsecuentes requieren de aprobaciones explícitas antes de ser incluidos en la configuración del producto. Tales aprobaciones se realizan de acuerdo con ingeniería, mercadotecnia, producción y procedimientos de servicio; una decisión total por parte del gerente responsable; y, cuando sea apropiado, con conocimiento de las autoridades regulatorias y de estándares apropiadas.

Un corolario importante es la técnica de aprobación en el campo de cambios en el diseño con revisiones sistemáticas de las que con frecuencia se conocen como Notas en los cambios de ingeniería (NsCI). Todas las NsCI aprobadas para introducción en la configuración del producto se programarán con respecto a los cambios correspondientes en los materiales y procesos que puedan ser requeridos, las alteraciones de proveedores que puedan ser necesarias, las sustituciones en el inventario de parte del campo que puedan tener lugar, y el entrenamiento de servicio que pueda necesitarse. La programación organizada de estos cambios será monitoreada para asegurar la calidad continuada del producto. Cuando sea apropiado, puede mantenerse un control de cambios similar para los procesos y prácticas de servicio en el campo.

Para algunos productos de alta ingeniería —aviones, reactores nucleares, sistemas de armas militares, y otros— el control de configuración es un requerimiento básico para asegurar la seguridad y confiabilidad del producto. Para muchos otros productos —artículos de consumo, controles electrónicos, máquinas herramienta— las formas económicas de la configuración de control son valiosas como herramientas de la ingeniería de calidad que contribuye el seguimiento de partes y producto, así como de refacciones, y poner al día el seguimiento del producto; que se analiza con más detalle en la Sec. 20.22.

Notas

[1] Las responsabilidades del negocio, sistemáticas y técnicas de la organización de calidad (como se indican en el triángulo tecnológico) se trataron en la Sec. 8.10.

[2] Las técnicas de la ingeniería de la calidad descritas aquí han sido desarrolladas por varios ingenieros profesionales en la calidad. Aunque son demasiados para mencionarlos individualmente, han sido estos hombres y mujeres quienes han creado la sustancia de la tecnología moderna de la ingeniería de calidad.

[3] El enfoque de sistema de calidad y el establecimiento del sistema de calidad se analizaron en los Caps. 5 y 6, Parte 2.

[4] Los principios de la ingeniería de sistemas de calidad se mencionan en la Sec. 6.2.

[5] Este concepto ha sido explorado por el Profesor Genichi Taguchi, véase "Introduction to Quality Evaluation and Quality Control", *International Conference on Quality Control*, Tokyo, 1978.

[6] Como ejemplo del papel de diseño de experimentos y de otras herramientas cualitativas en el asesoramiento de procesos complicados, ver John L. Bemesdefer, "Approving a Process for Production", *Journal of Quality Technology*, Vol. II, Núm. 1, enero, 1979, Págs. 1-12; para la discusión del papel del diseño de experimentos en el diseño del producto, ver Genichi Taguchi, "Design and Design of Experiments", *Annual Meeting of American Association for the Advancement of Science*, Washington, D.C., enero, 1982.

[7] La información de calidad del campo es básica para la medición de la calidad, como se trató en la Sec. 6.14.

CAPÍTULO 11
Tecnología de la ingeniería para el control del proceso

A todos nos impresiona, y con razón, el caudal de artificios valiosos que la tecnología de productos nuevos nos ha prodigado. Son sorprendentes tanto el ingenio desplegado en sus diseños como lo intrincado en sus funcionamientos.

Una historia igualmente admirable se encierra en los adelantos tecnológicos de los procesos de manufactura que hacen posibles estos productos. Se han logrado progresos casi fenomenales en métodos para hacer compuestas, moldear, cortar y dar forma a las piezas u objetos mecánicos, electrónicos, químicos y otros. Nuevas aleaciones y materiales nuevos se usan actualmente en las fábricas que nos eran desconocidos hasta hace unos cuantos años. Estos procedimientos no solamente operan a mayores velocidades que antes, sino que lo mucho que se espera de ellos, los ha hecho más complicados.

Los progresos no se han confinado a los procesos nuevos. Han provocado mayor precisión en los equipos de producción tradicional; en consecuencia, el aumento de velocidad, la complejidad y la precisión en los procesos de barrenar, fresar y perforar, obligan a un control más rígido, en muchos casos automático. Los métodos antiguos que empleaban a un operador para hacer ajustes manuales, no son ya lo suficientemente rápidos y precisos para aplicarse al procesamiento moderno. Estos desarrollos tampoco se han concretado a la fabricación de partes y componentes: los procesos de ensamble que fueran una vez el área más manual de producción, se están mecanizando hoy con gran rapidez, auxiliados por nuevos equipos de producción robotizados y de otros tipos.

Se requiere mucha mayor precisión en las partes que entran en algunos de estos procesos; por ejemplo, el ensamble de microcomputadoras de alta confiabilidad, donde los procesos deben en algunos casos medir componentes en términos del número de partes defectuosas por millón (que designamos PDM), en lugar de los programas más tradicionales que medían en términos de partes por millar y partes por ciento.

El control de los procesos asume en la actualidad una importancia de la más alta significación, no solamente porque ayuda a que los procesos incrementen su eficiencia, sino porque muchos no son económicos ni prácticos si no se ejerce un control satisfactorio. Si, por ejemplo, un proceso complicado trabaja a gran velocidad y en un momento dado se pierde el control, las pérdidas en que se incurre crecen enormemente al considerar el producto desechable. Aun en el caso de que el producto se haya desviado apenas ligeramente de sus especificaciones, su uso en complicados ensambles posteriores puede representar un gran riesgo debido a lo costoso que resulta desarmarlos para hacer un reemplazo.

Después de establecer el programa de calidad a través del uso de las técnicas de la ingeniería de calidad, la implementación dentro de este marco requiere un programa intenso de medición del proceso y análisis aplicado directamente al material recibido, en el piso de la planta y en el campo. Además, la rápida retroalimentación del análisis resultante se requiere para mantener el control de calidad a través de todos los procesos de producción. La tecnología de la ingeniería de control de proceso proporciona las herramientas de control de calidad para lograr este trabajo.

Aunque estas herramientas las usa constantemente el componente de ingeniería de control del proceso –incluyendo inspección y pruebas– de las funciones de control de calidad, también las usan ampliamente otras funciones clave, como ingeniería del producto, laboratorio de desarrollo, ingeniería de manufactura, especialistas de materiales, supervisión de la producción, ingenieros de servicio y otras. La relación del componente de ingeniería de control de proceso con otras funciones de la compañía en el uso de estas técnicas se discute en la Sec. 11.28. La Sec. 11.29 resume entonces algunos de los principios y lugares clave de revisión del control del proceso.

11.1 Tecnología de la ingeniería en el control de procesos[1]

La tecnología de la ingeniería en el control de procesos se puede definir como:

> Un conjunto de conocimientos técnicos para análisis y control de procesos de calidad, incluyendo control directo sobre la calidad de materiales, partes, componentes y ensambles, mientras se hallan en proceso, a todo lo largo del ciclo industrial.

Existen muchas técnicas que se emplean en esta tecnología, las cuales se pueden agrupar en cuatro clases principales:

1. *Análisis de la calidad de procesos*. Se incluyen en ella las técnicas para el análisis de las mediciones que han sido proyectadas por la tecnología de la ingeniería de calidad. Estas mediciones describen el comportamiento del proceso durante su actuación, a fin de que haya medios sensitivos y rápidos para predecir las tendencias del proceso. (Las técnicas empleadas en análisis de los procesos de discuten en las Secs. 11.2-11.11.)
2. *Control durante el proceso*. Aquí se encuentran las técnicas en las que se aplican los resultados de los análisis del proceso con el propósito de ajustar

los parámetros y el entorno del proceso para mantenerlo en un estado de control. (Se discuten en las Secs. 11.12-11.16.)

3. *Implementación del plan de calidad*. Aquí están las técnicas para la revisión y el ajuste de los elementos del sistema de la calidad, mismas que tienen en cuenta los cambios dinámicos que se presentan día tras día en la producción. (Las técnicas para implementar el plan de calidad se discuten en las Secs. 11.17-11.22.)
4. *Auditoría sobre la efectividad de la calidad.* En estas técnicas queda comprendido el monitoreo constante planeado mediante la tecnología de ingeniería de calidad. Éste cubre producto y proceso —así como los costos presentes para asegurar que los resultados de calidad planeados se logren— junto con los procedimientos y el mismo sistema completo de calidad. (Las técnicas para la auditoría de la efectividad de la calidad se discuten en las Secs. 11.23-11.27.)

En última instancia, estas técnicas sobre ingeniería del control de procesos, tienden a suministrar una información inmediata de la calidad al operador. Así el operador es capaz de construir las piezas bien desde un principio y tiene conciencia de que están bien hechas. Para lograrlo se requiere la existencia de un equipo eficiente de información. Conforme esto se haga y este método de operación sea efectivo en la planta, los inspectores pueden dejarse de muestreos rutinarios y desempeñar funciones más positivas. En vez de estar actuando como gendarmes, las tareas de inspección y prueba se pueden constituir en partes integrantes de una subfunción del control de la calidad del proceso, como se ha discutido en el Cap. 8. Estas personas pueden dar una ayuda efectiva a la *producción* de verdadera calidad:

- Convirtiéndose en auditores de las buenas prácticas de calidad planeadas con anterioridad.
- Proporcionando análisis de defectos observados en el lugar de fabricación, con la mayor abundancia posible.
- Reportando causas de estos defectos, para su corrección.
- Estudiando y comprendiendo el comportamiento del proceso como base para análisis y control del mismo.

Técnicas empleadas en análisis de procesos

11.2 Técnicas analíticas en la ingeniería del control de procesos

Entre las técnicas principales asociadas al análisis de procesos, se van a revisar 14 que se consideran representativas, como sigue:

Objeto del análisis	Técnica
Determinación de la capacidad	Análisis de la capacidad de máquinas y procesos (Sec. 11.3) Análisis de la madurez de la confiabilidad del proceso (Sec. 11.3)

Objeto del análisis	Técnica
	Capacidad del equipo de medición de la calidad y análisis de repetibilidad (Sec. 11.4)
Determinar el grado de conformidad con los valores proyectados	Análisis de resultados en operación piloto (Sec. 11.5)
	Pruebas, inspección y análisis de laboratorio del material recibido (Sec. 11.6)
	Inspección para asegurarse de la calidad (Sec. 11.7)
	Pruebas no destructivas y evaluación (Sec. 11.7)
	Pruebas en la producción (Sec. 11.8)
	Inspección de selección (Sec. 11.8)
Determinar las causas de variación	Análisis de la variación en los procesos (Sec. 11.9)
	Análisis de costos de calidad variables (Sec. 11.9)
Identificación de causas de defectos	Análisis de datos obtenidos en pruebas (Sec. 11.10)
	Análisis de desperdicios y reproceso (Sec. 11.10)
	Análisis de quejas del exterior (Sec. 11.11)

11.3 Análisis de la capacidad de máquinas y procesos

El uso de esta técnica facilita predecir los límites de variación dentro de los cuales las máquinas y los procesos operán. Por tanto, proporciona un medio de medición de la capacidad de la máquina y el proceso y los compara contra la tolerancia requerida por la especificación.

Toda máquina y todos los procesos están sujetos a una variabilidad que les es inherente. Así, por ejemplo: un torno arreglado para tornear flechas con diámetro exterior de 1.000 in, no produce todas las flechas con la dimensión exacta de 1.000 in. La mayoría estará cerca de esa dimensión, pero habrá algunas con 0.998 y otras con 1.002 (Fig. 11-1). Como se verá en el Cap. 13, cada máquina tiene su propio patrón de variación; los análisis de capacidad de máquinas y proceso permiten establecer dicho patrón con base en mediciones reales, en condiciones controladas.

Tomando como base este "patrón de comportamiento" es posible anticipar qué serán capaces de producir las máquinas y los procesos. Si la amplitud del

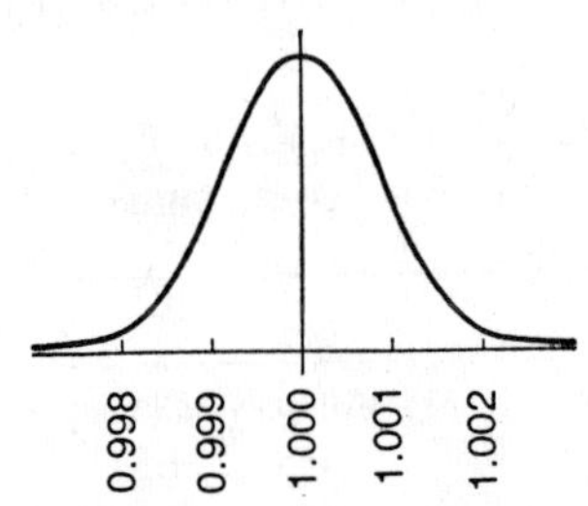

Fig. 11-1 Variabilidad de la máquina como lo muestra una distribución de frecuencia.

patrón es inferior a las toneladas, la máquina podrá producir piezas dentro de las tolerancias fijadas. Si la amplitud es mayor, la máquina deberá ser reemplazada por otra más precisa o el proceso tendrá que ser modificado.

En la Sec. 20.16, se presenta un estudio detallado de capacidad de procesos, con ejemplos ilustrativos.

Un fabricante de Filadelfia explicó un estudio de capacidad de procesos para determinar la capacidad de un taladro automático con seis husillos y cinta numerada de control. La exactitud del emplazamiento de las perforaciones se determinó en las condiciones usuales de operación, en la práctica. Se emplearon dos métodos: uno, usando una placa estándar que indicara posiciones sin cortar el metal; otro, haciendo perforaciones al azar en cierto número de piezas.

Las piezas que sirvieron como muestras fueron medidas y analizadas, empleando los métodos que se describen en la Sec. 20.16. El estudio resultó muy completo y proporcionó la información siguiente:

1. Exactitud en cada uno de los seis husillos *(a)*, en el taladro, *(b), en el rimado y (c),* en el barrenado.
2. Exactitud en la situación de la perforación sin broca de centrar.
3. Capacidad de la máquina de regresar repetidamente a la posición "cero", después de ejecutar una serie de operaciones.
4. Exactitud de la máquina en áreas diferentes de la mesa de trabajo.
5. Comparación de exactitud entre aparato de carátula y cinta de control.

Estos informes se utilizaron para programar la máquina, de modo que estuviera en condiciones de satisfacer las tolerancia de los planos. Esto, permitió la aceptación del trabajo de la máquina con una inspección mínima y un máximo de seguridad respecto a la exactitud de las piezas.

Análisis de madurez de la confiabilidad del proceso

Esta técnica es una parte integral del programa de confiabilidad de la compañía para calificar un nuevo producto y a los procesos de producción que lo producirán. Una prueba de madurez de diseño, que habrá calificado la confiabilidad de este último, se llevará a cabo antes del inicio de la producción seguida de una prueba de madurez del proceso para asegurar que las operaciones de producción generan una confiabilidad satisfactoria y así mantener este diseño calificado. Las aplicaciones del análisis de la madurez del proceso se consideran con mayor detalle con los Caps. 17 y 18.

11.4 Análisis de la capacidad y de la reproducibilidad del equipo medidor de la calidad

Así como toda pieza del equipo de fabricación tiene su modelo de variabilidad, las piezas de un equipo de medición tienen su modelo particular de variabilidad. Por ejemplo: si un calibrador mide 1.0000 in y se rectifica varias veces esta magnitud por medio de micrómetros, se observará que las más de las lecturas se encontrarán muy cercanas a la magnitud 1.0000, pero se presentarán lecturas del orden de 0.9998 y de 1.0002 in. La técnica destinada a estudiar la capacidad y la reproducibilidad del equipo de medición se relaciona con la identificación y control de esa variabilidad.

Por ejemplo, uno de los aparatos más tradicionales de medición —micrómetros que no tengan una escala vernier— no serán apropiados para medir dimensiones que tengan una tolerancia total de 0.005 in, porque la variabilidad del instrumento de medición junto con la variabilidad humana resultará casi tan grande como la variabilidad del proceso. Una regla empírica es que la precisión del equipo para hacer mediciones debe ser tal, que su variabilidad total no exceda en 1/10 la tolerancia que se trata de medir.

Por ejemplo: si una flecha tiene una tolerancia de ±0.001 in, o sea 0.002 in en total, la variabilidad del equipo de medición no debe rebasar 0.0002 in. El equipo debe permitir lecturas de 0.0002 in, dividiendo la tolerancia total en 10 incrementos. Si se sigue esa regla, las mediciones observadas quedarán comprendidas dentro del 1% de las mediciones reales:

11.5 Análisis de resultados en pruebas piloto

Esta técnica analítica sirve para comparar resultados actuales con los resultados que se han planeado por medio de una prueba piloto. Toda desviación del desempeño planeado ya sea con respecto al producto o proceso, implica una investigación y posiblemente un ajuste de uno de ellos o de ambos.

La corrida piloto es una producción de prueba hecha con las herramientas de producción regulares —electrónicas, mecánicas, químicas, etc—. Las primeras unidades manufacturadas son sometidas a pruebas en condiciones semejantes a las de su uso final, a fin de cerciorarse de que llenan los requisitos que se requieren.

Además del análisis de los datos que resultan de someter a prueba el producto de la corrida piloto, hay que analizar con cuidado la corrida misma para determinar si alguno de los procedimientos de fabricación se aparta de los resultados previstos en los planes y contribuye al deterioro de la calidad del producto.

Es importante señalar los puntos en que la calidad muestra tropiezos a fin de introducir correcciones, sea en el diseño en el cuerpo del proceso, antes de que se inicie la producción corriente. También deberá efectuarse una evaluación de la efectividad de la acción correctiva.

La operación piloto servirá también para descubrir si el plan de control de calidad es o no adecuado o está "sobre diseñado", esto es, si es indispensable obtener mayor cantidad de informes sobre la calidad en algunos puntos del flujo de proceso o si, por el contrario, es suficiente menos material informativo.

Como resultado de un análisis de operación piloto, se descubrió que cierto tipo de llave de tuercas, usada para instalar orificios de válvula en cierto mecanismo, al resbalar cortaba rebabas de metal del cuerpo de la válvula. Estas rebabas atascaban posteriormente el orificio y hacían que el aparato fallara. Como resultado, se diseñó una nueva llave de tuercas con seguro, que no resbalaba, y el problema de calidad detectado se solucionó.

11.6 Pruebas del material adquirido, inspección y análisis de laboratorio

Las técnicas analíticas aplicadas a las propiedades físicas y químicas de los materiales, permiten juzgar el grado de conformidad de dichos materiales respecto al plan de calidad.

Muy a menudo son necesarios los servicios de un laboratorio para ejecutar estos análisis químicos y físicos tanto para el control de las materias primas como para el control de los procesos.

Las pruebas e inspección y análisis de laboratorio de las materiales primas adquiridas tienen su aplicación en la aceptación de los materiales, partes, componentes y subensambles, para cerciorarse de que satisfacen los estándares de calidad establecidos. Al ubicar los equipo de laboratorio en los locales de inspección de recibo, mucho del "ir y venir" de las muestras de y al laboratorio puede eliminarse, acelerando así el procedimiento completo de aceptación.

Ejemplos de esta clase de equipo son máquinas de pruebas de tensión; probadores de resistencia de los materiales de empaque, probadores de dureza, de radiación, de humedad y ultrasónicos; análisis de firmas, máquinas láser, espectrofotómetros y otras técnicas avanzadas de evaluación, no destructivas. La rápida evaluación de tales equipos usados en pruebas no destructivas y la tecnología de evaluación se discuten con mayor detalle en el Cap. 12.

11.7 Inspección para asegurarse de la calidad

La técnica empleada para asegurarse de la calidad radica en la medición de las características que se generan en un proceso de producción o que son inherentes a los materiales. Este tipo de inspección puede consistir en una verificación de cada pieza individual producida (inspección 100%) o en una inspección de una muestra estadística del lote. Puede hacerse con una medición mecánica o eléctrica o bien visual, para comparar los resultados con estándares establecidos.

La inspección puede ser verificada por el operador que fabrica la pieza o componente, o bien por otra persona que sea directamente responsable de ejecutar las mediciones requeridas, o ser totalmente llevada a cabo por un controlador computarizado.

El objeto de esta inspección es asegurarse de que el producto fabricado responde a las especificaciones y niveles de calidad que previamente se han establecido.

Evaluación y pruebas no destructivas

La evaluación y pruebas no destructivas usadas en la ingeniería de control de proceso, es la técnica para examinar totalmente las características de calidad claves de partes, materiales y productos sin imponer ningún cambio u otra deformación al componente o producto. Desde un punto de vista operativo y de producción, las pruebas no destructivas dependen altamente de la habilidad de reconocer oportunidades y el ingenio de recomendar formas para hacer las pruebas necesarias, así como de disponer del equipo necesario. Con frecuencia el equipo está disponible técnicamente con bastante adelanto respecto al número apropiado de oportunidades, y así el ingeniero de control del proceso, especialista técnico, probador o inspector, debería estar continuamente en búsqueda de oportunidades para estas pruebas.

Cuando se encuentra una necesidad, el ingeniero de control de proceso puede recomendar con frecuencia un método práctico de pruebas. Así, por consultoría con otros ingenieros de calidad, se pueden planear pruebas no destructivas y conseguir o desarrollar el equipo necesario. El trabajo del ingeniero de control del proceso es muy importante y contribuye al establecimiento de controles de proceso mejores como resultado de una habilidad creciente para medir las características de calidad difíciles de medir.

11.8 Pruebas en el producto

Esta técnica tiene por objeto el cerciorarse de que el objeto o la unidad funciona apropiadamente, operándolo en condiciones reales o simuladas. Las condiciones de operación se varían, generalmente, tratando de simular las que podrán presentarse en la realidad, incluyendo pruebas con sobrecarga. Las pruebas se pueden hacer unitariamente o sobre muestras representativas. El método de prueba puede ser automático o, bien, empleando métodos manuales con equipo convencional.

Este tipo de pruebas no solamente asegura que el producto funcionará, sino que ayuda a disminuir los motivos de contrariedad en el consumidor debidos a producto defectuoso. El ajuste en la fábrica, cuando sea factible, es menos caro y más exacto que el ajuste en el campo. Estas pruebas ayudan también a controlar el proceso, facilitando la retroalimentación de información a los procesos que intervienen.

Separación por categorías

Esta técnica de inspección sirve para separar las piezas que no satisfacen los planos y especificaciones de aquellas que sí los satisfacen. Se usa cuando el proceso no tiene la capacidad para producir las piezas dentro de los niveles de calidad requeridos o cuando el proceso se sale de control y produce con calidad inferior a la requerida. Cuando esto acontece es posible hacer una selección de piezas individuales susceptibles de satisfacer el ensamblado. En tal caso, la inspección consistirá en separar las piezas por categorías o clases de acuerdo con las dimensiones realmente generadas.

11.9 Análisis de las variaciones del proceso

Por medio de las técnicas usadas para estudiar las variaciones de los procesos, es posible eliminar o reducir las causas y, en consecuencia, disminuir las variaciones y meterlas dentro de control.

En algunos casos no será posible identificar las causas asignables de variación, o sea, que la variación sea constante y está bajo control. Esto indica que es necesario un cambio en el proceso de manufactura para lograr los resultados deseados.

Si tales cambios básicos en el proceso no son posibles por limitaciones en conocimientos, tiempo o costos, entonces habrá que considerar el diseño del producto. Puede ser que el ingeniero proyectista "juegue" con el diseño que da el problema y logre la misma función del producto con un arreglo diferente, tal vez el uso de un mecanismo electrónico en vez de uno mecánico. Para auxiliar al ingeniero proyectista en ocasiones como ésta, será necesario analizar el diseño estudiando los efectos acusados por los parámetros importantes a niveles variables, por medio de diseño de experimentos.

Análisis de la actuación a costos variables de la calidad

Cuando se están resintiendo pérdidas y demoras debido a una gran variabilidad en la manufactura y, especialmente, se elevan los costos de calidad, se impone un análisis exhaustivo de la tendencia. Se estudiarán los factores que causan la variabilidad en el proceso, separándolos e identificándolas por medio de varias técnicas estadísticas tratadas en la Parte 5. La aplicación de estas técnicas permite la eliminación o un control más estricto de los factores que causan la variabilidad; de esta manera resulta posible reducir la variabilidad en los procesos.

11.10 Análisis de datos de pruebas

Para obtener la máxima utilidad de la técnica del análisis de datos, es menester que los datos en que se apoya el análisis —como las mediciones de parámetros a los niveles correctos, presentados en su secuencia natural— sean datos dignos de fe. Estos datos proporcionan los medios para descubrir síntomas que revelan mucho acerca de la calidad del artículo sometido a prueba.

Un análisis adecuado de los datos tiende a inferir de las mediciones hechas la mayor información posible. Las variaciones normales de los parámetros operativos tales como voltajes, corrientes, caballos de fuerza, ruidos y vibraciones, se pueden distinguir de los comportamientos anormales con el uso de técnicas estadísticas.

Los análisis resultantes sirven a menudo para diagnosticar las causas de actuación anormal, de suerte que se puede ejercer acción apropiada en cada caso sometido a prueba. Proporciona también medios para explorar dentro del diseño y del proceso e introducir cambios que acaben con una calidad apenas aceptable. El análisis de fallas en los componentes, errores en ensambles y defectos en el acabado marca áreas en las que son menester las correcciones o un mayor estudio.

Análisis de desperdicios y de reproceso

La parte básica para esta técnica consiste en el análisis de las causas de partes desechables y del trabajo necesario de reproceso. La recolección de datos con suficientes detalles permite señalar las causas de dificultades; tales datos provienen en muchos casos de un sistema eficiente de contabilidad de costos de la calidad. En tales sistemas, las pérdidas o los gastos de reparación se cargarán al departamento de la organización que resulte responsable.

11.11 Análisis de las quejas de campo

El análisis de las causas de insatisfacción del cliente es básico para esta técnica, estructurado de forma que las áreas de acción correctiva necesaria, se puedan señalar para las operaciones de producción que requieren de mejoras en la calidad. La rápida colección de datos que incluyen toda la información pertinente no sólo ayuda en la identificación de problemas posibles dentro del proceso de manufactura, sino que ayuda a señalar qué función de la compañía debería ser responsable por la acción correctiva orientada al proceso —por ejemplo, ingeniería, manufactura, control de materiales, ingeniería de calidad u otras—. La computarización de esta información de la calidad está haciendo estos datos cada vez más oportunos y más valiosos.

Las fuentes probables para estos datos son las boletas de taller, reportes de llamadas de servicio, reportes de ingenieros de servicio, reportes de instalación, reportes sobre aparatos devueltos y datos sobre otras quejas. Cuando la recolección sistemática de estos datos se incluye en el sistema de contabilidad de costos de calidad, los costos de reparación o reemplazo pueden cargarse al componente organizacional responsable de ocasionar la queja del cliente.

Los datos acumulados del análisis de quejas en el campo son útiles en muchas formas orientadas al proceso. Al estructurar la información en varias categorías de identificación, tales como número de parte, aplicación y ubicación geográfica del cliente, se desarrollarán patrones que pueden ser analizados aún más como base para un mejoramiento continuo de la variación del proceso. No sólo pueden reducirse las tarifas por llamadas de servicio y los gastos de servicio por queja, sino que pueden programarse mejores niveles de la calidad del producto para mejorar la productividad de las operaciones de producción.

Técnicas usadas en el control del proceso

11.12 Técnicas de ingeniería de control del proceso usadas en el control del proceso

Se presentan cuatro casos típicos, representativos de la aplicación de resultados de análisis del proceso con el fin de obtener un control, como sigue:

Propósito de control	Técnica
Para controlar la calidad durante el proceso	Calificación de proveedores y de su desempeño (Sec. 11.13) "Tabla estructural" para el control (Sec. 11.14) Gráficas de control (Sec. 11.15) Supervisión del trabajo (Sec. 11.16)

11.13 Calificación de proveedores y de su desempeño

La evaluación de los proveedores es una actividad importante para asegurar la alta calidad del material recibido en la planta y la compañía. Hay dos técnicas básicas principales para esta actividad:

Calificación de proveedores

Esta técnica juzga a uno y otro proveedor, comparándolos individualmente o contra un grupo de proveedores en cuanto a precio, calidad, entrega y otras medidas importantes de desempeño. Esta calificación suele hacerse trimestralmente y con base en ella se deciden las actividades de negocio futuras con el proveedor. Esta técnica se discute con detalle en el Cap. 19.

Cuando se compara un proveedor con sus competidores, puede insistir en que la única base justa de comparación es un determinado tipo de pieza o componente y no un promedio general; esto se debe a que algunos proveedores pueden tener que cumplir requisitos más difíciles para cierto tipo de productos no elaborado por sus competidores.

Calificación del desempeño de proveedores

Este técnica implica la evaluación objetiva de los productos específicos de un proveedor. El desempeño del producto se evalúa a fondo, y los resultados se retroalimentan al proveedor. En el caso de una situación de mala calidad, esta información puede usarla el proveedor para efectuar una acción correctiva y mejorar su posición y reputación con la compañía. El informe del desempeño de proveedores por lo general se publica mensualmente en el caso de los productos de uso elevado. Juntas, la calificación de los proveedores y la de su desempeño, integran un mecanismo efectivo de control del material adquirido en el programa de calidad total.

11.14 "Tabla o cuadro estructural" de control

"Un cuadro estructural" suministra una técnica para tabular información en secuencia lógica. En el control de calidad, dicha tabla se establece para un proceso o una parte. El conocimiento requerido para controlar los atributos de la calidad se halla contenido en el cuadro estructural. El planeamiento de operaciones o partes similares se puede derivar fácilmente de tales tablas o cuadros, con un esfuerzo mínimo.

La información en cuanto a calidad en el cuerpo de la tabla incluye capacidad del proceso y valores de rendimiento en porcentaje. El análisis de estos informes suministra una base para seleccionar la ruta del maquinado y conocer los rendimientos esperados.

Por ejemplo, si la fabricación de determinada pieza requiere diferentes operaciones de torneado, los datos sobre la capacidad del proceso indicarán cuál torno deberá ser usado para obtener una dimensión dada con una tolerancia especificada. Más aún, las tablas o cuadros mostrarán los niveles de calidad que se conseguirán siguiendo las rutas recomendadas.

La Fig. 11-2 es una muestra de tabla estructural.

11.15 Gráficas de control

La técnica del control por medio de gráficas durante el proceso presenta al personal de taller y al ingeniero de control del proceso, una perspectiva de las

MÁQUINA Núm. 273
(Torno, diámetro exterior)

TABLA 0331

A. Q. L.-%	← .1 →				
Capacidad (%) de tolerancia CE)	≤10	≤25	≤50	≤75	≤75
Cotejo-(Núm, piezas)	1	1	6	10	Rechazo
Banda de aceptación (% Cca. de nominal)	85	64	40	13	Rechazo
Tabla siguiente	0332 →				Ninguno

← 1.0 →						← 2.5 →					
≤10	≤25	≤50	≤75	≤90	<90	≤10	≤25	≤50	≤75	≤90	≤90
1	1	4	10	10	Rechazo	1	1	1	6	10	Rechazo
88	70	51	32	18	Rechazo	90	73	46	38	29	Rechazo
← 0332 →					Ninguno	← 0332 →					Ninguno

← 5.0 →						← 10 →					
≤10	≤25	≤50	≤75	≤90	<90	≤10	≤25	≤50	≤75	≤90	<90
1	1	1	4	6	Rechazo	1	1	1	2	4	Rechazo
90	76	51	43	35	Rechazo	92	79	57	45	42	Rechazo
← 0332 →					Ninguno	← 0332 →					Ninguno

Fig. 11-2 Tabla estructural.

operaciones, hora tras hora o día tras día. Con el uso de las gráficas se establecen los límites de control del proceso y éste se mantiene dentro de estos límites examinando muestras periódicamente y graficando los resultados. De esta manera, por la simple observación de las gráficas, es posible darse cuenta de cuándo se encuentra el proceso fuera de control, ya sea en su tendencia central o en la distribución completa.

Al estudiar los datos en una gráfica de control, se pueden detectar indicaciones de un proceso que está tendiendo a estar fuera de control. Se deberá hacer más investigación y análisis para determinar la causa; luego se tiene que tomar la acción correctiva, preferiblemente antes de que se elabore un producto defectuoso.

Las gráficas de control se usan en trabajos de maquinado, de terminado, de ensambles, de procesos químicos y de otros en los que las características de calidad son susceptibles de medición. La teoría y la práctica de las gráficas de control se estudian en el Cap. 14.

11.16 Muestreo del trabajo

El muestreo en el trabajo es una técnica estadística que enseña cómo hacer un gran número de observaciones instantáneas con gran rapidez, de un trabajo o de los operadores, al azar, conservando registro de la actividad observada. La relación resultante entre la actividad o estado observado y el número total de observaciones, proporciona una medida del tiempo empleado en cada una de las diversas actividades. Esta relación muestra además las demoras, el tiempo consumido en trabajo de oficina, la magnitud de las interrupciones y el tiempo requerido por cierto producto dentro de un grupo de productos.

Constituye un instrumento analítico para obtener hechos que sirvan para elaborar programas de mejoramiento y para medir la productividad de una actividad cualquiera. Es, además, una técnica excelente para decidir si son necesarios estudios subsecuentes para mejorar la productividad. Los estudios hechos antes y después de los trabajos, se pueden usar para saber si se ha logrado mejoría.

El muestreo de los trabajos es una técnica de gran utilidad particularmente en los trabajos del control de la calidad. La variedad de las operaciones que se presentan en la mayoría de los casos de control de la calidad puede ser analizada por medio de este sistema. Se puede lograr identificar el uso de tiempo excesivo para organizar las actividades, tales como hacer conexiones eléctricas para verificar pruebas, recolección de muestras, o en la preparación de registros para reportes. El uso de esta técnica conduce a menudo a normas de trabajo más eficientes y productivas para el control de calidad.

Técnicas empleadas para llevar a efecto un plan de calidad

11.17 Técnicas de ingeniería de procesos para implementar el plan de calidad

Las técnicas típicas para instrumentar y adaptar un plan de calidad a una situación dada de producción, son cinco, como sigue:

Propósito	Técnica
Instrumentación de un plan de calidad	Uso de manuales y de instrucciones permanentes (Sec. 11.18) Interpretación de planos, especificaciones y proyectos de calidad (Sec. 11.19) Planes de calidad temporales (Sec. 11.20) Inspección de la primera pieza (Sec. 11.21) Disposición de material discrepante o defectuoso (Sec. 11.22)

11.18 Uso de manuales e instrucciones permanentes

La preparación de manuales de calidad del proceso y de instrucciones permanentes dentro de la estructura del sistema de calidad representa una técnica importante del control del proceso. Estos manuales codifican y comunican los diversos detalles del proceso, tales como procedimientos operativos y estándares de manufactura que ordinariamente no están contenidos en los planos. Referencias de proceso y tolerancias específicas deben aparecer en los planos o en las especificaciones, pero por regla general es bromoso incluir en detalle los procedimientos y estándares operativos de trabajo. Muy a menudo esas instrucciones no se encuentran escritas en ninguna parte, sino que se transmiten verbalmente y, como toda comunicación verbal, los informes cambian cuando pasan de una boca a otra.

Las manuales típicos son:

- *Manuales de procedimientos en los procesos de calidad*, en los que se incluyen instrucciones tales como procedimientos para disponer de los materiales; instrucciones para llenar formas, para tener en regla los archivos, para ejecución de inspecciones por medio de calibradores y procedimientos para hacer estudios de capacidad de procesos.
- *Manuales de prácticas estándares en el taller,* en los que se incluyen definiciones de aplanado, acabado, cuadratura, lisura, muesca guía para rosca, marcas en soldaduras, etc. Las instrucciones de este tipo no se prestan a descripciones por escrito, así es que se enriquecen con figuras, esquemas y muestras físicas que ayuden a entender las instrucciones. Los manuales de esta naturaleza se transforman en material de referencia para juzgar la calidad del trabajo y son útiles en el adiestramiento del personal nuevo y para repaso del experimentado.

11.19 Interpretación de planos, especificaciones y planeación de calidad

La interpretación de planos, especificaciones y planeación de calidad es una técnica necesaria para su propia aplicación en el taller. Aun en el caso de que las instrucciones estén redactadas con claridad, siempre existe la posibilidad de que puedan ser mal interpretadas por el personal de producción. Los hombres del taller no disponen de la información básica con que cuenta el ingeniero de producción que ha desarrollado el proyecto, o el ingeniero de control que ha desarrollado el plan. Esta actividad permite una representación mental del objetivo y al mismo tiempo amplifica la importancia de las características. La información suministrada en esta forma es más constructiva que la crítica de faltas y errores de un operador que los comete porque no ha entendido.

La necesidad de interpretación no debe tomarse para justificar la deficiencia en los dibujos, en las instrucciones o en los planes de calidad. En el caso de que se necesiten mayores datos, deberán ser modificados los dibujos, las instrucciones y los planes.

Es conveniente enseñar a los operadores a interpretar planos, instrucciones y planes de calidad siguiendo diferentes métodos de comunicación, organizando sesiones con grupos o bien individualmente. Otro método consistiría en comuicar los informes a los supervisores o a los jefes de taller (mayordomos) para que ellos instruyan a sus operadores. Se pueden usar muestras, dibujos y cuadros como auxiliares visuales. Una buena instrucción de los operadores es esencial para hacer las cosas bien desde un principio.

11.20 Plan temporal de la calidad

La planeación de la calidad en forma temporal es una técnica que instituye un conjunto de instrucciones pasajeras cuando el plan de calidad establecido no se aplica. Este tipo de instrucciones se hace necesario cuando el método normal de producción o el equipo con información de calidad establecidos no pueden usarse. Esto acontece cuando las máquinas se descomponen y el equipo o las herramientas son retirados para trabajos de mantenimiento. En otras ocasiones interviene la sustitución de los materiales porque los adquiridos no son de la calidad requerida o porque se retarda la entrega del material. Resulta necesaria la implantación de un sistema temporal aplicable de inmediato en el punto en el que el problema se hace patente, con la finalidad de que la calidad del producto, en general, se mantenga bajo control aun en condiciones adversas.

Las planes temporales se aplican por regla general dentro de los talleres mismos, usando el equipo y calibradores que se tienen a mano. En aquellos casos en los que se introducen cambios permanentes en los procesos de producción, las modificaciones temporales se usarán solamente hasta que las técnicas de control de calidad que modifiquen el plan regular de calidad queden establecidas. Es importante que las operaciones originadas por el plan temporal tales como inspección, confrontación por el operador, análisis de laboratorio y otras pruebas introducidas por las condiciones temporales, se suspendan cuando ya no sean necesarias.

11.21 Inspección de la primera pieza

La confrontación de la primera pieza cuando se usa herramienta y/o accesorios nuevos o matrices nuevas, en las condiciones corrientes de fabricación, es una técnica de inspección en detalle. El objeto de tal inspección es medir con exactitud cada característica especificada, generada por la nueva herramienta y compararla con el plano de la parte. Todas las mediciones se registran y se anota cualquier desviación de las dimensiones del plano. Se pone particular atención a características como las de cuadratura, arrugas, radios y marcas dejadas por herramienta. Cada desviación exige una solución, ya sea volviendo a trabajar la pieza en la herramienta o modificando el plano conforme al producto.

La inspección de la primera pieza constituye el primer paso para comprobar el trabajo de la herramienta y para obtener la correlación entre la pieza fabricada y la pieza dibujada. Esta técnica ayuda a resolver las discrepancias entre el producto de la herramienta y las especificaciones del producto. Las variaciones entre parte y parte se pueden determinar luego por medio del estudio de capacidad del proceso.

11.22 Disposición de material discrepante o defectuoso

La disposición del material discrepante o defectuoso es la técnica de quitar del sistema operativo de calidad el producto que no satisface las especificaciones. Ocasionalmente, cuando el producto no responde a las especificaciones puede ser debido a problemas del proveedor, a cambios de material, a errores en el diseño o en la producción, a fallas del equipo o a variabilidad de los materiales empleados. Sea cual fuera la razón, hay que tomar una decisión: puede ser usar el producto tal como está, reprocesarlo hasta que cumpla con el plano, reprocesarlo a que se ajuste a una desviación dada respecto al plano, o finalmente, descartarlo como desperdicio.

Los procedimientos adoptados para disponer del producto marcan un camino para analizar los efectos de la discrepancia en el producto. Con base en el resultado de los análisis se recomienda el tipo de disposición a adoptar y se recaba la aprobación requerida. Como segunda consecuencia surge la aplicación de medidas correctivas. En general, el procedimiento consiste en los pasos siguientes:

1. Se reporta la discrepancia en una forma en la que se hagan constar todos los datos pertinentes de la inspección, y las pruebas.
2. Se analizará el efecto que cause el defecto en la calidad del producto que sale.
3. Disposición que se recomienda.
4. Cuando la disposición afecta al diseño, el ingeniero diseñador deberá dar su aprobación.
5. El reporte, debidamente firmado, confiere autoridad para cumplir con lo dispuesto. Copias del reporte se envían a quien corresponda.
6. A producción se le comunicará la resolución adoptada a fin de que se apliquen las correcciones del caso.

Técnicas usadas para la auditoría de efectividad de la calidad

11.23 Técnicas de ingeniería de proceso—Auditoría de calidad

Uno de los principales desarrollos del control de calidad moderno es el crecimiento, tanto en concepto como en técnica, de la función de la auditoría de calidad del control total de la calidad. Hoy, el implementar y llevar a cabo estas auditorías es una de las áreas más importantes de la tecnología de la ingeniería de control del proceso.

Por definición,

> La auditoría de calidad es la evaluación para verificar la efectividad del control.

La auditoría de calidad no es una forma distinta de la inspección de partes, o una clase de pruebas más intensa, o un procedimiento más elaborado para la evaluación de proveedores. En el pasado, aquellas plantas que trataron de sobrecalificar las prácticas de control del producto en la línea llamándolas "auditorías", pasaron por alto la función básica de la revisión de objetivos con la que la auditoría de control moderna contribuye al control de calidad moderno. Han incrementado los costos de inspección y pruebas sin obtener los beneficios de la auditoría de calidad.

La auditoría de calidad será, en algunas de sus formas, la inspección de la inspección de partes, las pruebas de las pruebas de productos, y el procedimiento para evaluar los procedimientos de evaluación de proveedores. El propósito no es la duplicación de los controles de producto o proceso, sino asegurarse de que dicho control *existe*.

Entre las diversas consideraciones en el establecimiento de las auditorías de calidad para lograr los objetivos del programa de calidad, se encuentran las siguientes:

- *Propósito de calidad* – incluye auditorías que pueden estar dirigidas hacia el producto, el proceso, una variedad de áreas específicas como mediciones, los procedimientos, y el sistema de calidad en sí.
- *Desempeño de la auditoría de calidad* – incluye auditorías que pueden ser ejecutadas por un solo ingeniero de control de proceso, un grupo de la función de calidad, un equilibrio multifuncional de la planta, un equipo de toda la compañía traído de otras plantas, una organización externa.
- *Frecuencia de auditoría* – incluye las auditorías periódicas (diarias, semanales, mensuales, trimestrales) y aquéllas efectuadas sin previo aviso.
- *Reporte y documentación sobre la auditoría de calidad* – incluye auditorías medidas cuantitativamente en números indexados o en un resumen con datos tanto cuantitativos como cualitativos, presentadas en términos de tendencias comparativas de mejoría o deterioro, o evaluadas en términos de estándares de desempeño
- *Auditoría de acción correctiva* – incluye las acciones correctivas identificadas explícitamente por producto, área, proceso, componente organizacional, programa de tiempo y responsabilidad de seguimiento

Entre las técnicas para evaluar la efectividad de la auditoría de calidad, se verán las siguientes como representativas:

Propósito de la auditoría	Técnica
Medir la efectividad del control del producto	"Auditorías de producto" (Sec. 11.24)
Medir la efectividad de la planeación y ejecución de calidad	"Auditorías de procedimientos" (Sec. 11.25)
Medir la efectividad del sistema de calidad y su ejecución	"Auditorías de sistema de calidad (Sec. 11.26)
Medir la efectividad de áreas de calidad específicas	"Otras áreas de auditoría de la calidad" (Sec.11.27)

11.24 Auditorías de producto

Una técnica importante de la ingeniería de control de proceso es la implementación de las auditorías de producto, cuya planeación de ingeniería de calidad se discutió en la Sec. 10.34. En las actividades de la ingeniería de control de proceso, esta auditoría de producto es una técnica para (desde el punto de vista del cliente) la evaluación de una muestra relativamente pequeña que ha pasado todas las operaciones, pruebas e inspecciones y que espera embarque. Esta evaluación se ejecuta de acuerdo con un plan de ingeniería de calidad cuidadosamente establecido.

Todas las características de calidad que hayan sido examinadas previamente se evalúan. Ciertas pruebas adicionales de vida, ambientales y de confiabilidad que no puede ser desarrolladas bajo las condiciones de producción, también se llevan a cabo. El examen del producto bajo condiciones de uso centradas al cliente es la orientación para los pasos de auditoría.

Cuando sea necesario, se hace el trabajo en instalación cuyo propósito primordial es el desempeñar auditorías. Sin embargo, el trabajo de auditoría del producto puede, bajo algunas circunstancias, realizarse directamente al final de la línea de producción, o en el caso de productos donde ciertos componentes y subensambles quedan encapsulados efectivamente en el producto terminado, puede hacerse en algunas áreas dentro del proceso. La ubicación depende del lugar donde las características de calidad puedan ser mejor evaluadas con la efectividad técnica requerida y la objetividad necesaria.

La frecuencia de auditoría debe estar en relación con el volumen de producción y con las condiciones de tiempo cíclicas de la producción. En el caso de alta producción de artículos con ciclos cortos, la frecuencia de la auditoría debe ser diaria, en reconocimiento de los rápido cambios de calidad que pueden darse bajo condiciones de grandes volúmenes. Se programarán auditoría semanales para los productos de volumen de producción medio. Las auditorías mensuales pueden requerirse para productos de ciclo de producción largo. Sin embargo, excepto para los productos de taller como las grandes turbinas producidas en un muy largo periodo, los ciclos de auditoría de más de un mes permitirán un lapso demasiado extenso para la evaluación objetiva de posibles deterioros en las prácticas de control.

En muchos productos, como minicomputadoras, motores diesel y chasis de televisores, las auditorías de producto las ejecuta ingeniería de control de proceso junto con otro personal técnico de la planta. En productos tales como ciertos alimentos, donde las características cualitativas son de particular importancia, un grupo de personal de planta experimentado se requerirá para una auditoría objetiva y efectiva. En los productos como los automóviles, la auditoría incluirá pruebas de uso en caminos, ejecutadas por personal experimentado.

Al estructurar la ingeniería de calidad para planear la auditoría del producto, se clasifica a cada característica de calidad de acuerdo con su importancia (Sec. 10.19) y se establecen una serie de deméritos, ponderados de acuerdo con la importancia de las características de calidad. Dependiendo de las circunstancias de la planta y de su enfoque, este sistema de deméritos puede, por ejemplo, establecer una base de 100 para "sin discrepancia en la calidad del producto", que luego se reduce por los deméritos asignados durante la auditoría. Los detalles reales de la estructura de deméritos dependerá de las condiciones particulares de la planta, producto, cliente y mercado, y deben ser establecidos en cada planta para sus condiciones específicas.

Durante la auditoría de la calidad del producto, se evalúa cada característica con deméritos asignados a cada discrepancia identificada con respecto a la calidad. Se calcula un índice sumando los deméritos y relacionándolos a una base de comparación, por ejemplo, deméritos por unidad de producción. El índice se grafica con respecto al tiempo para determinar las tendencias de la calidad del producto y la efectividad del control del producto. La Fig. 11-3 muestra una tendencia del índice de auditoría de calidad para un producto electrónico estrechamente controlado producido por un importante fabricante de controladores industriales.

Los datos de la auditoría se analizan cuidadosamente para identificar las áreas que necesitan una investigación de diseño, proceso, métodos de control o procedimientos. En la Fig. 11.3 las semanas 15 y 21 requieren una acción correctiva crítica. Estas acciones correctivas se convierten en una área central de la planta y del programa de acción correctiva de la compañía.

11.25 Auditoría de procedimientos

Una técnica importante de auditoría de la ingeniería de control de proceso es la implementación de las auditorías de procedimientos cuya planeación de ingeniería de calidad se revisó anteriormente. En las actividades de la ingeniería de control de proceso, estas auditorías de procedimientos operan como una técnica para la verificación y examen formales, de acuerdo con el plan de auditoría específico, de que los procedimientos detallados en el plan de calidad se están siguiendo. El propósito primario de la auditoría es asegurar la ejecución efectiva de todos los aspectos del procedimiento de calidad. Sin embargo, si se indica, se hará la identificación de que el diseño de procedimientos es inadecuado y debe ser revisado para mejorías.

El plan de auditoría se diseñará para ser dirigido a áreas clave de procedimiento, que pueden incluir, dependiendo de los requisitos de la planta, diferentes frecuencias de las auditorías que se requieran para ciertos procedimientos. El plan de auditoría puede dirigirse tanto a ciertos procedimientos clave individuales —como la instrucción de calidad para los empleados— como para aquellos grupos de procedimientos que, por ejemplo, recaen sobre áreas como las siguientes:

- Documentación y registros de calidad en el proceso
- Equipo de proceso de manufactura y mantenimiento de herramientas
- Medición y calibración del equipo de información de la calidad
- Conformidad con los requisitos del proceso
- Prácticas de manejo de materiales y almacenamiento
- Apego de las pruebas del producto a las especificaciones aplicables y a los estándares de calidad y a otras áreas clave similares

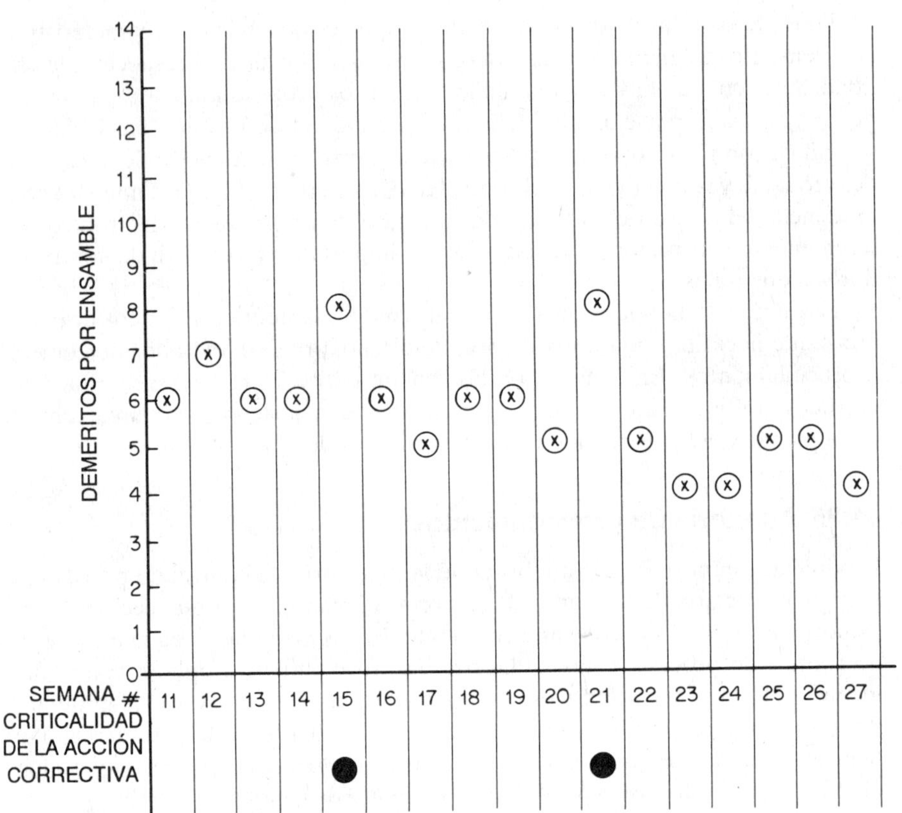

Fig. 11-3 Calificación de la auditoría de calidad.

La frecuencia de las auditorías se establece con base en el promedio de posibles cambios en las operaciones –como variación en el volumen de producción, rotación de empleados, nuevas introducciones a la producción, y otros– que impactarán en la planta. En operaciones de ritmo acelerado, algunos procedimientos –como el entrenamiento de empleados – y ciertos grupos de procedimiento –como calibración y mantenimiento de equipo– pudieran requerir auditorías mensuales. Otros grupos de procedimientos requerirán auditorías trimestrales y, en algunos casos, auditorías semestrales.

Algunas auditorías de procedimientos las realizará ingeniería de control de proceso. Las auditorías de grupos de procedimientos con impacto multifuncional importante –como las pruebas de conformidad del producto a las especificaciones aplicables y a los estándares de calidad— serán ejecutadas por un equipo de auditoría compuesto de representantes de cada función junto con ingeniería de control de procesos

Además de las auditorías de procedimientos programas regularmente con una frecuencia establecida y anunciada, las auditorías de procedimiento no programadas —ejecutadas periódicamente por la ingeniería de control del proceso— pueden representar un área importante del programa de auditoría bajo algunas circunstancias de la planta. El objetivo no es la vigilancia excesiva sino el que la auditoría no se convierta en algo rutinario.

Al estructurar la ingeniería de calidad de la planeación de las auditorías de procedimientos, se establecerá un programa de calificación para las auditorías. Puede implicar la identificación de categorías como excelente, satisfactorio, malo e inaceptable, con definiciones claras de cada una, que podrán ser aplicadas a cada procedimiento como resultado de los descubrimientos de las auditorías. También se establecen calificaciones cuantitativas directas cuando sean apropiadas para el procedimiento, por ejemplo, aumentar una calificación de 100 cuando no se encuentren desviaciones.

Durante la evaluación de la auditoría, se califica con esta estructura de medición identificando cada desviación de la práctica del procedimiento. Se mantienen cuidadoso registros para cada calificación, incluyendo la documentación pertinente.

En la práctica de auditoría, se acostumbra proporcionar un reporte preliminar de los resultados de la auditoría a los gerentes y supervisores del área examinada directamente al terminar la auditoría. Esto hace que todas las actividades de la auditoría sean lo más visibles posible, permite revisión y discusión, y da oportunidad para cualquier acción correctiva que sea necesaria.

El informe formal y documentado de la auditoría de procedimientos se proporcionará entonces a todos los individuos clave. También identificará acción correctiva, incluyendo responsabilidades recomendadas para dicha acción.

Cuando sea apropiado, los resultados de las auditorías de procedimientos se presentarán sumando las puntuaciones de la auditoría. Estas puntuaciones pueden graficarse para indicar las tendencias del control administrativo de los procedimientos de calidad. La Fig. 11-4 muestra el índice de la auditoría de procedimientos para el área de calibración y mantenimiento de una gran fábrica de partes mecánicas.

La implementación de las acciones correctivas indicadas serán un área clave de la atención para auditorías subsecuentes. Donde se indiquen acciones correctivas importantes, debe ejecutarse una auditoría de seguimiento antes de la programada normalmente.

11.26 Auditorías del sistema de calidad

La auditoría del sistema de calidad establece la efectividad de la implementación del sistema de calidad y determina el grado hasta el que se cumplen los objetivos del sistema. La auditoría está orientada hacia el sistema, en vez de hacia el producto. No está orientada explícitamente al equipo, excepto cuando el hardware (equipo), pueda contribuir al establecimiento del sistema general.

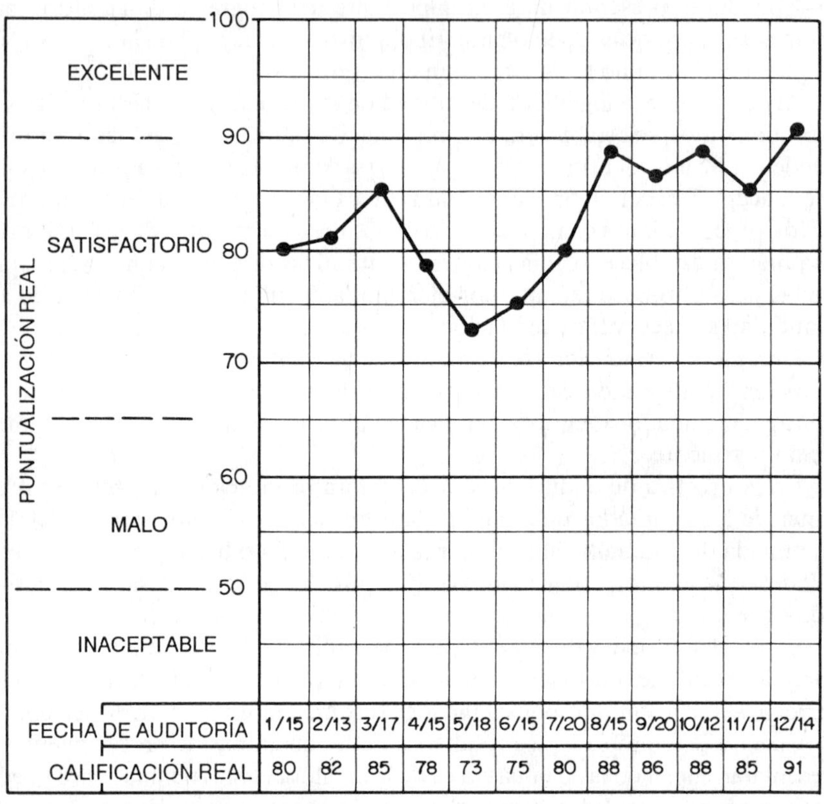

FECHA DE AUDITORÍA	1/15	2/13	3/17	4/15	5/18	6/15	7/20	8/15	9/20	10/12	11/17	12/14
CALIFICACIÓN REAL	80	82	85	78	73	75	80	88	86	88	85	91

Fig. 11-4 Calificación de los procedimientos de calidad.

Las auditorías de sistemas son un área muy importante de la administración y tecnología de la calidad total, y se ejecutará de acuerdo con un programa totalmente estructurado que incluirá la evaluación de todas las actividades clave del sistema.

La auditoría será ejecutada usualmente por un equipo multifuncional. Cuando sea apropiado, algunas auditorías pueden tener la participación de uno o varios miembros de la alta gerencia de la planta o compañía.

La frecuencia de la auditoría dependerá de las circunstancias y siempre se programará de forma que se lleve a cabo la medición total del sistema dentro de un marco de tiempo que no deje continuar cualquier deterioro potencial de la práctica de sistemas. Las auditorías de procedimientos de áreas del sistema particularmente críticas se programarán entonces para ser ejecutadas con una frecuencia mucho mayor que la auditoría del sistema completo misma.

El informe de auditoría estará formalmente documentado y se enviará a todos los individuos y grupos clave y a la alta gerencia de la planta y compañía. Se identificarán las áreas de debilidad en la implementación del sistema; se establecerán los pasos de acción correctiva necesarios y se propondrán responsabilidades para mejoría. Se identificarán las áreas en las que el sistema de calidad en sí tiene deficiencias, de forma que puedan llevarse a cabo las mejoras necesarias en el diseño del sistema.

Los pasos de acción correctiva son una parte integral de los programas de alta prioridad administrativos y de ingeniería de la planta y compañía. La auditoría de seguimiento en estas áreas necesarias será una parte integral del programa de auditoría de sistemas para asegurar que en realidad se han llevado a cabo las mejoras necesarias.

11.27 Otras áreas de auditoría de calidad

Las circunstancias de planta y compañía pueden requerir que el principio básico de la auditoría de calidad se aplique a áreas particulares, ya sea periódicamente o en una sola ocasión. Entre estas áreas están:

- Auditoría de la calidad de servicio al producto —orientada a la evaluación del producto en el campo, siguiendo el servicio que se da a una pequeña muestra del producto.
- Auditoría de la medición de la calidad —orientada a medir las prácticas de evaluación de formas particulares de metrología.
- Auditoría de proceso —orientada a hacer una auditoría de las prácticas de control del proceso en áreas críticas.
- Auditoría de las prácticas de calidad del proveedor —orientada a hacer una evaluación de los procedimientos claves de calidad del proveedor en relación con las partes y subensambles críticos que se le compran.
- Auditoría de pruebas de confiabilidad del laboratorio —orientada a evaluar la confiabilidad de las áreas clave de las pruebas de confiabilidad.

11.28 Uso de la tecnología por el departamento de ingeniería de control del proceso

El departamento de ingeniería de control del proceso —incluyendo inspección y pruebas— de la función de control de calidad emplea ampliamente la tecnología de ingeniería de control del proceso en su trabajo. La relación entre este departamento y otras funciones de la planta y compañía en el uso de estas técnicas es un factor significativo en la efectividad de la tecnología.

La responsabilidad básica y la autoridad de toma de decisiones del departamento de ingeniería de control del proceso radica en dos áreas principales: la interpretación de los estándares de calidad y la aceptación final del producto para el uso del cliente. Así, la relación de ingeniería de control del proceso con las otras dos ingenierías del control total de la calidad, es directa. Ingeniería de calidad e ingeniería del equipo de información de calidad, es directa. Ingeniería de calidad establece el plan de calidad, incluyendo el plan de control del proceso, y especifica el qué, cuándo, dónde y cómo obtener el control deseado. Ingeniería de control del proceso proporciona información acerca de las capacidades del proceso sobre las que se basa el plan de control del mismo, y luego sigue el plan y lo pone en acción. Un flujo de información circular existe entre estos dos grupos técnicos. Una relación similar existe entre ingeniería de control del proceso e ingeniería de equipo de información de la calidad con respecto al equipo relevante para medición y control.

La relación de ingeniería de control del proceso empieza durante la etapa de desarrollo del producto con ingeniería de manufactura y materiales en cuanto a la coordinación del plan de control de proceso para el nuevo producto con las máquinas y el personal de producción, y los materiales de calidad aceptable. A su vez, estas funciones esperarán de ingeniería de control del proceso tanto información de capacidad como datos de calidad operativos sobre los cuales basar sus decisiones en lo referente al proceso y fuentes de material.

Producción también depende del departamento de ingeniería de control del proceso para sus actividades clave. Para asegurar que los controles de calidad planeados se lleven a cabo en la planta de producción, ingeniería de control del proceso debe asegurarse de que el personal entienda correctamente el plan de control y que operen correctamente el equipo de información de la calidad. También debe asegurarse de que el personal reciba a tiempo retroalimentación de la información de calidad, designando ajustes requeridos en el proceso, decisiones eficientes para la disposición de artículos fuera de especificaciones, retroalimentación de las mediciones de calidad del producto, y ayuda técnica para resolver problemas de calidad y mejorar la capacidad del proceso. Producción también esperará ayuda técnica para evitar demoras en la producción y resolver problemas de calidad, como decidir la manera eficiente de erradicar las condiciones de procesos y los materiales con calidad fuera de especificaciones.

Para ejecutar muchas de sus responsabilidades, el departamento de ingeniería de control de proceso tendrá que conseguir decisiones de otras funciones de la compañía. Como ejemplos, las decisiones de apartarse de los planos deben determinarse con ingeniería de diseño, y las decisiones para devolver el material al proveedor deben solucionarse con compras.

11.29 Puntos clave de revisión para el control del proceso

Hay doce puntos clave de revisión para la efectividad del control del proceso que pueden resumirse como sigue:

1. ¿Están disponibles y totalmente documentados y comprensibles los requisitos de calidad de proceso y producto en las operaciones de producción?
2. ¿Están claramente delineadas las capacidades y relaciones de entradas y salidas del proceso?

3. ¿Están identificadas las causas de variación en el proceso y existe un procedimiento organizacional para eliminarlas si es necesario?
4. ¿Se han establecido métodos prácticos para controlar la calidad de insumos del proceso?
5. ¿Tiene todo el personal de producción información rápida disponible sobre estándares físico, químicos y otros; rutinas de calidad y reglas de decisión para tomar acción correctiva de calidad?
6. ¿Se han probado completamente todos los planes de calidad y el equipo de información de calidad en el ambiente de producción, y resultaron efectivos y prácticos?
7. ¿Se han probado en pruebas piloto todas las prácticas y equipo de control antes de su operación rutinaria?
8. ¿Se ha comenzado el estudio de comportamiento del proceso y su función en la etapa de diseño y desarrollo para la introducción de nuevo producto?
9. ¿Están balanceados los diseños de producto y proceso y los planes de calidad con las capacidades de producción?
10. ¿Se han hecho provisiones para el análisis e inmediato seguimiento correctivo de las quejas provenientes del campo en las operaciones de producción relevantes?
11. ¿Se analizan los datos de tal forma que se agilice el seguimiento y la devolución del producto?
12. ¿Se han hecho suficientes provisiones en monitoreo, auditorías y retroalimentación para mantener y apoyar el control?

Nota

[1]Las técnicas de ingeniería de control del proceso discutidas aquí han sido desarrolladas por varios ingenieros de calidad profesionales. Aunque son demasiados para mencionarlos individualmente, han sido estos hombres y mujeres quienes han creado la sustancia de la tecnología moderna de la ingeniería de control del proceso.

CAPÍTULO 12
Tecnología de ingeniería del equipo de información de calidad

El proceso moderno de control y pruebas del producto final, requiere un equipo capaz de hacer mediciones de calidad con precisión. Los micrómetros de bolsillo para estimaciones en milésimas de pulgada, que en algún tiempo se tomaron como el epítome de la exactitud, se han reemplazado por dispositivos ópticos que estiman hasta el diezmillonésimo de pulgada. Esta medición dimensional, caracterizada anteriormente por calibradores de altura mecánicos operados manualmente y por placas de superficie, la efectúan ahora con mayor frecuencia máquinas de mediciones dimensionales que están controladas por computadora.

Las dimensionales son sólo una de las muchas características de la calidad, necesarias para la evaluación de los productos de hoy en día. En la actualidad, un gran número de parámetros electrónicos tiene que ser medido, tales como voltaje, corriente, fuerza, resistencia, capacitancia y frecuencia, en una serie muy amplia de valores. Cada día se hacen más frecuentes las mediciones químicas en productos mecánicos y en la industria eléctrica. Potencia física, impulso, flujo, presiones, temperaturas, fallas en y debajo de la superficie y tiempos (en microsegundos) son mediciones en uso creciente, como lo son un conjunto de mediciones de radiación, ópticas y de sensibilidad energética.

Agréguese a esto el requisito de que las mediciones deben hacerse durante los ciclos de fabricación con rapidez y exactitud, deben ser compatibles con ellos y, a menudo, habrán de verificarse automáticamente. Además, considérese que estas mediciones pueden ser necesarias para el ajuste automático del procesamiento mismo. Esto puede requerir que tales mediciones se alimenten a una computadora que compare los resultados contra estándares, los que en seguida se usarán para hacer correcciones en el proceso, todo en una forma automática, mientras que se almacenan los datos resultantes para uso futuro. Muchas de las mediciones deben ser hechas por medio de pruebas y evaluaciones de inspección no destructivas, y algunas deben efectuarse sin contacto.

La inspección final y la prueba en sí deben incluir cada vez más revisiones de la confiabilidad y de otras funciones para proporcionar la evaluación completa del producto que requieren los mercados actuales. Esta evaluación completa requiere, por exactitud y economía, equipo que sea lo más automático posible y basado cada vez más en computadoras mini o microprocesadoras.

El equipo en el campo del control de la calidad, en consecuencia, reviste un papel de mayor significación que el que se le había asignado a los aparatos tradicionales de inspección y pruebas. Históricamente, el equipo de inspección en las fábricas era para el organizador de métodos de trabajo, materia de poca importancia, como lo prueba lo primitivo del equipo usado y el bajo rendimiento del mismo. Aun el equipo de pruebas, a pesar de estar mejor dotado, consistía en la selección de circuitos operados manualmente, que podían instalarse en cajas de metal.

El objeto principal de estos equipos antiguos era aceptar o rechazar partes y productos. Su transformación para uso automático consistía generalmente en adaptarlos para que de una manera mecánica, eléctrica o electrónica separaran el producto bueno del malo; su contribución respecto a la calidad se limitaba a identificar las partes malas con mayor rapidez de lo que había sido posible con anterioridad. Estos mecanismos se establecían sin que por lo regular se buscara una relación planeada con el trabajo de otros segmentos de la planta, en lo que se refiere al control de la calidad.

12.1 La tarea del equipo moderno

En contraste con lo anterior, ahora se ve con claridad que el trabajo fundamental del equipo moderno de control de calidad no es solamente inspeccionar o ejecutar pruebas, sino suministrar informes útiles relativos a la calidad del producto y del proceso. Esta información puede usarse, en parte, como base para la aceptación o rechazo, pero su uso principal es aplicarla al informe rápido, manual, mecanizado o completamente automático para el control del proceso, así como para el verdadero *control* de la calidad del producto, a menudo por vez primera en algunas operaciones.

En realidad, estos mecanismos modernos de equipos de *información* de la calidad son una imagen física de los elementos del sistema de la calidad de la planta. Como tales, constituyen un segmento esencial del sistema, debiendo ser por otra parte, enteramente compatibles con los otros segmentos.

El rápido crecimiento de la tecnología moderna de manufactura –respecto a procesos, mezcla de producción y volumen, y tolerancias de partes y ensambles– ha sido un factor principal al ocasionar la necesidad de esta mejoría en la efectividad y operación del equipo de calidad. Estos equipos de calidad han sido reconocidos como esenciales en la planeación e instalación de las operaciones de manufactura y calidad total en las plantas actuales de producción.

Los equipos de inspección y de pruebas diseñados para suministrar *información* de la calidad, son, en general, de un costo total inferior y de diseño y operación menos complicados que los aparatos de prueba y de inspección anteriores. Esto es así porque, con mucha frecuencia, se han mecanizado y electronizado equipos improductivos de calidad, los que han resultado mucho más complicados y costosos de lo que requiere la calidad proyectada.

Como ejemplo puede mencionarse la planta de motores Midwestern, la que compró un dispositivo para hacer pruebas finales al 100% de los motores, para aceptarlos o rechazarlos con base en 17 características de calidad. Esta máquina, que costó 190 000 dólares, en nada contribuyó al mejoramiento del nivel básico de la calidad de los motores. Su principal ventaja consistía en hacer una separación más rápida de motores malos y buenos.

Estudios posteriores con técnicas ingenieriles de control de calidad establecieron un plan, el cual especificaba un equipo de dos piezas para medir y tramitar la información dentro del proceso. Esas dos piezas, cuyo costo total fue de 24 000 dólares, ayudaron a resolver el control del proceso y ya no fue necesario el mecanismo costoso y elaborado para las pruebas finales.

Lecciones aprendidas con el uso de las primeras generaciones de equipos de calidad modernos, han venido —podría decirse— a forzar la necesidad del trabajo efectivo de ingeniería de calidad en la especificación y uso de estos equipos en lo referente a lo que *requiere el sistema de calidad*. Esto contrasta con querer circunscribir el sistema a alguna pieza de equipo de inspección o pruebas optimizada técnicamente, pero no optimizada con respecto a la calidad, que simplemente no puede proporcionar los resultados orientados a la prevención requeridos en los programas de calidad total.

El principio es: lo importante no son los aparatos de control de calidad mejores, sino el uso de equipos de información que se integren a un sistema de alta eficiencia y costos bajos en el control de la calidad.

La importancia creciente de esa clase de equipos queda demostrada por la marcada inclinación a su uso. Hace solamente unos cuantos años, esta clase de equipo representaba unos cuantos centavos de dólar, de los invertidos por las plantas en su equipo. Hoy, un 25% o más de las inversiones se presupuesta para equipo relacionado con proyectos de mejoras en costos y calidad necesarios y sensatos.

La tecnología de ingeniería de los equipos de información de la calidad, suministra las herramientas del control de la calidad que tendrán que ser tomadas en consideración. Como área principal del control total de la calidad, el trabajo de la ingeniería de los equipos de información de calidad se complementa y coordina con otras tecnologías primordiales de calidad: ingeniería de calidad e ingeniería de control de procesos.

12.2 Ingeniería del equipo de información de la calidad[1]

La ingeniería del equipo de información de la calidad se puede definir como:

> El conjunto de conocimientos técnicos relativos al equipo y técnicas que miden las características de calidad y que procesa la información resultante para su uso en el análisis y en el control.

Existen muchas técnicas en esta tecnología y cada una de ellas puede tener varias aplicaciones. Un ejemplo es suministrado por el diseño de aparatos de mediciones controlados por computadora para proporcionar, por pruebas electrónicas, la inspección exacta y completa de muchas dimensiones de partes maquinadas complejas. Una máquina medidora coordinada, usada para medir partes principales de aeronaves producidas por máquinas controladas numéricamente, es clásica de este equipo (Fig. 12-1).

Mientras que se da un uso importante de estas técnicas en el departamento de ingeniería del equipo de información de calidad dentro de la función de control de calidad, también se emplean ampliamente en las áreas de ingeniería del producto, ingeniería de manufactura, ciencia de laboratorio e ingeniería de servicio de planta y compañía.

La tecnología completa respecto al equipo de información de la calidad puede agruparse en cuatro capítulos principales:

1. *Desarrollo de equipo avanzado*. El equipo moderno incluye técnicas para crear métodos de medición e instrumentación y procedimientos de control para su aplicación a los requerimientos de información de calidad establecidos según las técnicas ingenieriles del control de la calidad y del control del proceso. (Las técnicas usadas en el desarrollo del equipo avanzado se discuten en las Secs. 12.6 a 12.18.)
2. *Planeamiento de las especificaciones del equipo*. Aquí entran las técnicas para el establecimiento de especificaciones reales del equipo de información de

Fig. 12-1 Máquina de medición coordinada y controlada por computadora, usada para medir partes producidas por máquinas controladas numéricamente (cortesía de General Dynamics Company, Fort Worth, Texas).

la calidad, de acuerdo con la estructura del plan de calidad (se discuten en la Sec. 12.19).

3. *Diseño, habilitación y construcción*. En esta parte quedan comprendidas las técnicas para el diseño y la adquisición de los componentes individuales del equipo especificado. Se incluyen también técnicas para la construcción del mismo. Además, se mencionan las técnicas para la adquisición del equipo completo cuando así lo indique la compañía. (Las técnicas para el diseño, la adquisición y la construcción se tratan en la Sec. 12.20.)
4. *Instalación, calibración y mantenimiento*. En esta parte se incluyen las técnicas para la instalación y aplicación del equipo de información de la calidad después de su construcción. (Las técnicas para esta fase se discuten en la Sec. 12.21.)

Algunas compañías, suficientemente grandes, podrán organizar sus elementos técnicos de tal modo que todas sus técnicas, desde el periodo de desarrollo hasta el de instalación, queden cubiertas. De hecho esto quiere decir que tales compañías proyectarán y construirán todo su equipo, con excepción de varios conceptos nuevos importantes de la información de calidad.

Otras compañías darán mayor atención a las técnicas que tengan que ver con especificaciones y abastecimiento. Esto significa que comprarán su equipo en algunas casas vendedoras, las que proveerán las técnicas de desarrollo, de diseño, de construcción y de instalación.

Pero para ambos tipos de compañías existe la misma necesidad fundamental de aplicar la tecnología del equipo informativo de la calidad; ambas deben especificar el tipo de equipo requerido por sus planes de calidad y deben procurarse informes suficientes sobre otras técnicas, a fin de asegurarse que en sus propias operaciones les va a ser útil el equipo de que se trate. Después de esto, la cuestión de cómo obtener el equipo será simplemente asunto económico: la decisión práctica de comprarlo o hacerlo.

12.3 La relación entre ingeniería del equipo de información de calidad, ingeniería de calidad e ingeniería de control del proceso

La creación e instalación del equipo de calidad efectivo orientado a prevenir, depende de relaciones de trabajo claras y bien estructuradas entre las tres áreas de ingeniería dentro de la función de calidad, junto con relaciones efectivas de trabajo entre la función de calidad e ingeniería del producto, ingeniería de manufactura y otras funciones técnicas de la compañía.

La planeación de la ingeniería de calidad de la planta debe dar, a la ingeniería del equipo de información de calidad, los parámetros clave que definen los requisitos que deben cumplirse por el equipo. Esto incluirá áreas como las siguientes:

1. Las características de calidad del proceso y producto que deben medirse.

2. La ubicación en el flujo de proceso de producción —en cooperación con ingeniería de manufactura— en las que deban realizarse y los tiempos de ciclo de inspección y pruebas necesarios.
3. El grado de inspección y pruebas que se efectuará —al 100% o muestreo.
4. Los requisitos de datos —variables o atribuibles— y el registro de datos y otras necesidades de información de calidad.
5. La exactitud y límites deseados en la medición de calidad.
6. Los usuarios esperados de los datos.
7. La retroalimentación deseada para la corrección y mejoras a proceso y producto.
8. Los procedimientos de acción correctiva y las prácticas de control.

Deben tomarse en cuenta muchas consideraciones en el desarrollo de esta planeación, como los requisitos del cliente, estándares y códigos relevantes de reglamentación y de la industria, requisitos de confiabilidad del producto, y complejidad de producción y proceso, todo en relación con las especificaciones de ingeniería del producto.

Además, la ingeniería de control del proceso —que jugará un importante papel de la implementación de las acciones indicadas por las mediciones— también debe proporcionar importantes datos a la ingeniería del equipo de información de calidad en lo referente a los elementos que estarán implicados en la operación real continua y orientada hacia la calidad del equipo. Esto sucede particularmente con respecto a las consideraciones prácticas del uso del equipo en el ambiente de producción. Una parte importante de esto tiene que ver con factores humanos —esto es, quién operará probablemente el equipo y bajo qué condiciones— así como otros factores de calibración y mantenimiento.

El tiempo disponible antes de que se necesite el equipo de información de calidad puede también ser un factor importante en el curso de acción que se seguirá. Por tanto, el ingeniero de calidad debería considerar al ingeniero del equipo de información de calidad dentro del programa de calidad lo antes posible, para establecer planes preliminares de calidad que pueden refinarse cuando se disponga de más conocimientos. Ambos ingenieros deben discutir conjuntamente la planeación de calidad relevante y trabajar muy unidos, y así asegurar el equipo correcto para la tarea pendiente.

Bajo aquellas circunstancias especiales donde no hay suficiente tiempo para diseñar e instalar el equipo correcto, puede ser aconsejable usar equipo temporal de información de calidad durante un corto tiempo, en vez de quedarse con equipos inadecuados. De otra forma estos equipos sumamente limitados pueden seguirse usando durante mucho tiempo, pero sin la habilidad de justificar su eliminación y la obtención del equipo correcto para la tarea.

En la evaluación de la calidad antes de la producción, el ingeniero de calidad debe estar alerta de los factores que tienen influencia sobre el equipo de información de calidad e involucrar en la situación al ingeniero de equipo de información de la calidad para que resuelva problemas. Las configuraciones de diseño que permiten el acceso para la medición y la designación de especificaciones de forma que se puedan medir, deben ser consideradas especialmente. En muchos casos es posible hacer una configuración del diseño que conduce a mediciones fáciles. Esto vale la pena especialmente en la fabricación de grandes volúmenes, para que las pruebas se conduzcan automáticamente, o en el proceso, donde las mediciones pueden tomarse durante el proceso.

12.4 La relación entre ingeniería del equipo de información de la calidad, ingeniería de calidad e ingeniería de control del proceso — Algunos ejemplos

Algunas áreas de calidad básicas, como el control de soldadura de junturas de partes electrónicas y maquinado de partes controlado numéricamente, así como su inspección controlada por computadora, son ejemplos del carácter esencial de estas relaciones orientadas al equipo dentro de la función de calidad, y entre ellas y otras funciones técnicas.

Control de soldadura de junturas de partes electrónicas

El aseguramiento de junturas aceptablemente soldadas, que es uno de los objetivos fundamentales de la medición de calidad en muchos procesos de manufactura electrónicos, ilustra la importancia de una cooperación cercana entre la ingeniería de calidad y la ingeniería del equipo de información de calidad. Esto se debe a que hay varias alternativas para la determinación y ubicación del equipo.

Una opción es la medición después del proceso de, por ejemplo, el ruido generado por la juntura; la medición infrarroja de las características de aumento de calor, o por medios mecánicos o aun visuales. Otra opción es la medición antes del proceso de la capacidad de soldadura de las partes a ser unidas y las características del soldador y los catalizadores relacionados. También puede efectuarse medición dentro del proceso a través del control de parámetros del proceso de soldadura. La Sec. 12.10 discute el área de puntos de identificación en el proceso con mayor detalle.

La elección de la base más correcta, más práctica y más eficiente en costos para la especificación del equipo de información de calidad es, por tanto, no una decisión unilateral basada únicamente en las consideraciones de ingeniería de calidad o de equipo de información de calidad. Requiere de una determinación cooperativa, basada en la planta, proceso y otros factores operativos particulares.

Partes de máquinas controladas numéricamente

El inspeccionar o no las partes de las máquinas controladas numéricamente (CN) es un área que ilustra la importancia de la cooperación entre la ingeniería de control de procesos y la ingeniería de equipo de información de la calidad.

En algunas plantas ha habido, de vez en cuando, el punto de vista de que el equipo de calidad para la inspección de partes de máquinas de CN es innecesario, pues se espera que todas las partes producidas con un programa probado de CN serán necesariamente satisfactorias. Sin embargo, esto puede estar equivocado debido a las realidades de la experiencia de proceso. Puede haber un problema de ajuste, un fijador de herramientas puede colocar la herramienta muy profundo o insertar una fresa de 5/8" donde se requiere una de 1/2", o el interruptor de anulación quc algunas máquinas de CN incorporan para compensar la herramienta que no es del tamaño correcto puede ser ajustado y luego olvidado o ignorado por el operador cuando se efectúa el cambio de herramientas.

Los datos contribuidos por ingeniería de control de proceso, basados en esta experiencia realista de producción, proporcionan una guía importante para la especificación de los equipos de calidad necesarios para estas aplicaciones de CN en operaciones de planta específicas.

12.5 Algunas formas de equipo de información de calidad

Los aparatos modernos de inspección y pruebas que resultan del uso de la tecnología del equipo de información de calidad adquieren muchas formas, desde las más simples, de muy bajo precio, hasta las muy complejas.

Por ejemplo, en la fabricación de componentes electrónicos, la ingeniería del equipo de información de calidad ha hecho del equipo de pruebas automático (EPA) tan esencial en el diseño y producción de circuitos integrados (CI) como los mismos procesos de manufactura. Hasta el mayor grado posible, se programa el EPA para la gama completa de CI producidos y la medición de sus características de calidad claves, instruidas y controladas por aparatos de mini o microcomputadoras. La ingeniería de calidad de la planta establece resúmenes –estructurados por fallas en los CI– y, hasta donde sea posible, sus causas principales. Éstas se proporcionan en rápidas lecturas computacionales, tanto impresas en machote como en copia suave por medio de un tubo de rayos catódicos, según cómo se requiera para la acción correctiva por un ingeniero de control del proceso y otros individuos y departamentos interesados.

Como un ejemplo muy diferente, una planta del oeste medio, productora de arandelas de metal delgadas a velocidades altas de proceso en una atmósfera caliente y química, mide exactamente el material que salta constantemente con válvulas sin contacto basadas ópticamente que retroalimentan señales continuas hacia los equipos de procesamiento anteriores. Estos equipos se ajustan automáticamente para las características de calidad correctas, y la variabilidad del proceso se sigue con base en una gráfica de control y la auditoría es efectuada por ingeniería de control del proceso. Otras formas de mediciones sin contacto directo se usan en la planta para medir guías de cojinete en una base de alta producción por medio de la técnica de magnetización por corriente inducida.

Un ejemplo de la clase de operación que se da en un taller está en la planta del fabricante de un complejo aparato de radar electrónico aéreo. Aquí, los programas de computadora ejecutan automáticamente pruebas de rutina que tratan al aparato bajo una amplia variedad de condiciones. La lectura de datos impresos compara las pruebas con los requisitos de calidad. La profundidad de la prueba a fin de confirmar la calidad, se asegura con las corridas de la calidad, pruebas que sólo requieren unos minutos, pero que anteriormente requerían horas.

En la fabricación mecánica y automotriz, la prueba funcional de subensamble automático se ha convertido en un factor esencial en el mantenimiento de la calidad en la producción. El equipo de información de la calidad programa la operación de subensamble bajo varias condiciones y desempeña docenas de pruebas de calidad, incluyendo presión, goteo, ruido, vibración y otras. La evaluación digital de datos proporciona una información de calidad continua en lo referente a las tendencias de producción y a las condiciones potenciales de servicio. Ahora, las aplicaciones están enfocándose a las operaciones de ensamble completo.

Además de este equipo en el que quedan incorporados los principios técnicos ya conocidos, están los que provienen de trabajos de desarrollo sobre nuevas aplicaciones técnicas, como las técnicas de separación de información de calidad basada en láser para examinar metales, mejores imágenes computacionales para mejorar la efectividad de la radiografía en áreas como en la detección de pequeños defectos en piezas de cerámica, ultrasonidos computarizados para detección de fallas sobre y por debajo de la superficie, y muchos otros. La Fig. 12-2 es un ejemplo del método de diagnóstico láser para medir la vibración de torsión en equipo de rotación.

Aunque estos ejemplos muestran los progresos sobresalientes en el campo del equipo de información de la calidad, descubren también las oportunidades de progreso que se presentarán en un futuro inmediato. Como comentario, con la excepción del ejemplo del metal de rápido movimiento, ninguno de los ejemplos previos tiene el círculo de retroalimentación completamente integrado para el control del proceso de manufactura que es cada vez más esencial para el control del proceso verdaderamente efectivo.

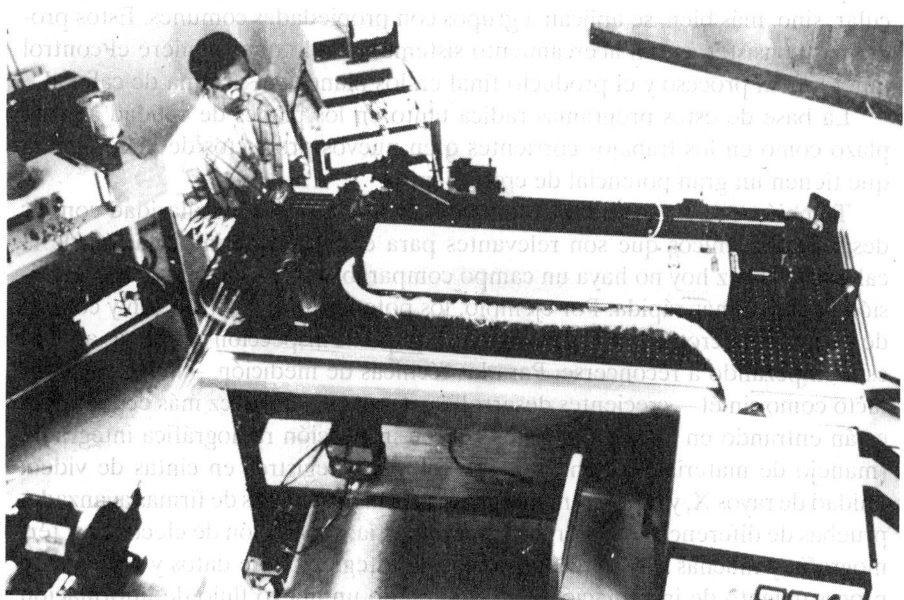

Fig. 12-2 Velocímetro doppler láser (cortesía de General Electric Company, Schenectady, N.Y.).

Desarrollo de equipo avanzado

12.6 Áreas de desarrollo avanzado

El desarrollo de equipo avanzado se relaciona con los principios fundamentales de medición e instrumentación, procesamiento de datos y control que servirán de base a trabajos posteriores de diseño detallado de equipo de información de la calidad. Esta sección pasa revista de algunos conceptos generales que sirven de base a desarrollos avanzados, después de lo cual la Sec. 12.7 discute el punto de vista del sistema en el curso de la tarea. En seguida, las Secs. 12.8 a 12.16 consideran algunas de las técnicas más específicas en la aplicación real del equipo de información de calidad en puntos del proceso. La Sec. 12.17 discute el registro de información, análisis y retroalimentación. La Sec. 12.18 presenta evaluaciones técnicas que no se relacionen con equipo nuevo, sino más bien, con el planeamiento para mejorar el equipo existente.[2]

El desarrollo avanzado del equipo se divide básicamente en dos áreas generales, que son:

1. Desarrollo *en general.*
2. Desarrollo avanzado *específico.*

Desarrollo en general

El desarrollo en general consiste en exploraciones e investigaciones continuas sobre equipo para información de la calidad en *forma total.* Los programas en este campo de trabajos avanzados no se limitan normalmente a un producto en particular, sino, más bien, se aplican a grupos con propiedades comunes. Estos programas consisten en un acercamiento sistemático a lo que requiere el control inherente al proceso y el producto final en los planes del sistema de calidad.

La base de estos programas radica tanto en los planes de calidad a largo plazo como en los trabajos corrientes o en nuevos productos de la compañía que tienen un gran potencial de crecimiento.

También está relacionado con mantener una cercana familiaridad con los desarrollos técnicos que son relevantes para el equipo de información de la calidad. Tal vez hoy no haya un campo comparable en el que exista una explosión cada vez más rápida. Por ejemplo, los potenciales de instrucción y control de las mini y microcomputadoras para el equipo de inspección y pruebas apenas está empezando a reconcerse. Para las técnicas de medición –tanto con contacto como sin él– crecientes desarrollos efectivos y cada vez más económicos están entrando en operación. Estos cubren inspección radiográfica integrada[3] (manejo de materiales, monitores por televisor, registros en cintas de video, unidad de rayos X, y otros elementos); técnica láser, análisis de firmas avanzado, pruebas de diferencial de energía; fotogrametría; separación de electrones; termografía y muchas otras áreas. Además, la integración de datos y equipos de procesamiento de información está generando un nuevo flujo de información de calidad con nueva velocidad y capacidades de exactitud de proporciones mayores.

Estudiando la literatura electrónica, de procesadores computacionales y de prácticas de instrumentación industriales; asistiendo a exhibiciones y muestras de equipo; intercambiando visitas con ingenieros de compañías que proporcionan estos elementos del equipo; estudiando continuamente las últimas tendencias en el diseño de sistemas de control, de procesamiento de la información y de los sistemas de retroalimentación, el departamento de ingeniería del equipo de información de calidad puede mantenerse alerta en cuanto a los nuevos desarrollos a través de los que debe servir a su planta y compañía.

Desarrollo específico

El segundo tipo de desarrollo avanzado es aquel que corresponde a un producto corriente, *específico*, o a un producto nuevo en el que la compañía tiene especial empeño y a otros productos para el futuro, cuyo desarrollo se está llevando a cabo actualmente. La aplicación de medidas de calidad y de control, en plena concordancia con los procesos de fabricación, deben iniciarse en esta fase para asegurar éxito práctico. Este es también el momento en el que se originan las reglas que guiarán al desarrollo del equipo de información de la calidad. Estas reglas incluyen lo siguiente:

1. Especificaciones preliminares de información de la calidad, indicadas por el plan del programa de calidad aplicables a las medidas de funcionamiento tanto del producto como del proceso. La Fig. 12-3 ilustra tales especificaciones para las pruebas de los materiales de entrada para transformadores.
2. Las estimaciones de costo preliminares del equipo de información de calidad con procedimientos de interrupciones y de seguimiento de costos. La Fig. 12-4 es una lista de las consideraciones de costos para el equipo de información de la calidad.
3. Un calendario estimado que abarca el diseño, el aprovisionamiento, la construcción, revisión y entrega de cada componente del equipo de control de calidad. La Fig. 12-5, que muestra tiempo y costo en cada caso y señala el departamento responsable, es uno de éstos.
4. La productividad y el costo de operación asociado con cada equipo.
5. La organización y personal requerido para el programa de diseño del equipo de información de la calidad. La Fig. 12-6 muestra el trabajo del ingeniero del control de la calidad, del ingeniero del equipo de información y del ingeniero de control del proceso, con relación al desarrollo en cada fase.
6. La organización y personal requeridos para la operación y conservación del equipo, junto con los costos de tiempo y del trabajo por realizar.

Los esfuerzos para la integración del equipo en este periodo son meramente conceptuales.

Los programas de desarrollo avanzado, ya sea que se apliquen a productos actuales o nuevos, dependen y hasta cierto punto son guiados por los trabajos llevados a cabo por la planeación avanzada que se está desarrollando en el área de ingeniería de calidad. Sin embargo, cuando se hallan involucrados diseños

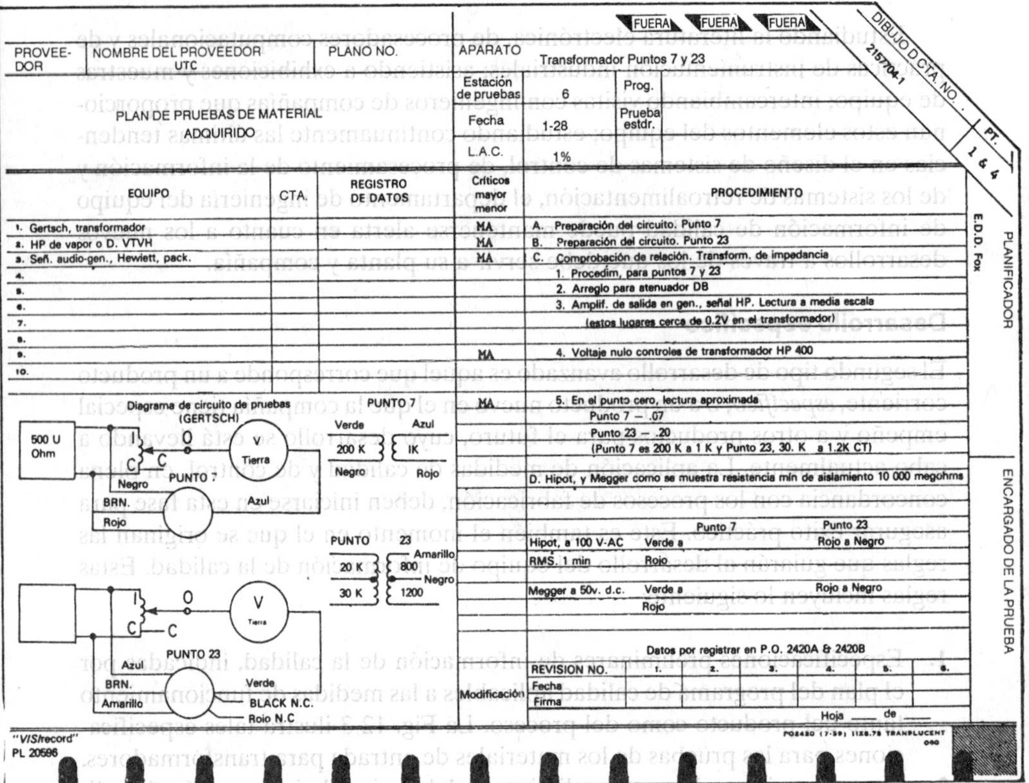

FUERA FUERA FUERA

DIBUJO O CTA. NO. 215704-1

PROVEEDOR	NOMBRE DEL PROVEEDOR UTC	PLANO NO.	APARATO Transformador Puntos 7 y 23

PLAN DE PRUEBAS DE MATERIAL ADQUIRIDO

Estación de pruebas	6	Prog.	
Fecha	1-28	Prueba estdr.	
L.A.C.	1%		

PT. 1 & 4

EQUIPO	CTA.	REGISTRO DE DATOS	Críticos mayor menor	PROCEDIMIENTO
1. Gertsch, transformador			MA	A. Preparación del circuito. Punto 7
2. HP de vapor o D. VTVH			MA	B. Preparación del circuito. Punto 23
3. Señ. audio-gen., Hewiett, pack.			MA	C. Comprobación de relación. Transform. de impedancia
4.				1. Procedim, para puntos 7 y 23
5.				2. Arreglo para atenuador DB
6.				3. Amplif. de salida en gen., señal HP. Lectura a media escala
7.				(estos lugares cerca de 0.2V en el transformador)
8.				
9.			MA	4. Voltaje nulo controles de transformador HP 400
10.				

	PROCEDIMIENTO
MA	5. En el punto cero, lectura aproximada
	Punto 7 — .07
	Punto 23 — .20
	(Punto 7 es 200 K a 1 K y Punto 23, 30. K a 1.2K CT)
	D. Hipot, y Megger como se muestra resistencia mín de aislamiento 10 000 megohms

	Punto 7	Punto 23
Hipot, a 100 V-AC	Verde a	Rojo a Negro
RMS. 1 min	Rojo	
Megger a 50v. d.c.	Verde a Rojo	Rojo a Negro

Datos por registrar en P.O. 2420A & 2420B

Modificación	REVISION NO.	1.	2.	3.	4.	5.	6.
	Fecha						
	Firma						

Hoja ___ de ___

PLANIFICADOR E.D.D. Fox

ENCARGADO DE LA PRUEBA

"VIS/record" PL 20596

FO8430 (7-59) 11X8.7B TRANSLUCENT

Fig. 12-3 **Especificaciones preliminares para equipo informativo de la calidad; pruebas de material adquirido para transformadores.**

de nuevos productos, el ciclo de diseño de equipo de información de calidad debe integrarse con el trabajo del grupo que proyecta el producto, el cual materializa las especificaciones del nuevo producto; y tendrán también que ajustarse a los detalles del diseño del producto de los ingenieros.

Durante el desarrollo del equipo avanzado de información, emergerán recomendaciones para que ingeniería de producto haga cambios en el diseño que permitan una medición y un control más efectivos tanto del producto como del proceso. En forma similar surgirán recomendaciones para los ingenieros de manufactura relativas a la aplicación del equipo de medición en conexión con el equipo de producción, a fin de facilitar correcciones en el proceso o ajustes en el producto.

12.7 Concepto funcional del sistema de información de la calidad

Con el objeto de reconocer el alcance y similitud de problemas en la medición de la calidad, es conveniente considerar el equipo uniformativo de la calidad desde el punto de vista funcional del *diseño de sistema*, antes de considerar los componentes individuales. Entre diversas concepciones de los sistemas de in-

LISTA DE VERIFICACIÓN DE FACTORES RELATIVOS AL ESTABLECIMIENTO DEL COSTO DEL EQUIPO

I. Costo del equipo
  - Costo inicial
    - Desarrollo
    - Diseño
    - Construcción
    - Equipo básico
      - Componentes individuales
      - Compras totales
    - Herramientas y utensilios
    - Patrón para calibrar
    - Equipo para manejo de trabajo
    - Equipo accesorio
      - Máquinas registradoras, etcétera.
    - Aparatos de seguridad
    - Instalación
      - Basamentos
      - Cubiertas
      - Servicios
      - Arreglo de las instalaciones existentes
    - Limpieza
    - Adiestramiento de operadores
    - Piezas de repuesto y refacciones

II. Costo de operación del equipo
  - Instalaciones y servicios
    - Fuerza
    - Almacenaje
    - Agua
    - Aire
  - Mantenimiento
  - Calibración
  - Mano de obra
  - Montaje
  - Espacio en planta
  - Periodo de amortización

III. Costos de operación influenciados por el diseño de equipo
  - Costo de adaptación del trabajo al equipo
  - Costo de adaptación del equipo al trabajo
  - Valor de la información para prevenir defectos
  - Aumento de la capacidad de producción
  - Utilización máxima del equipo
  - Mejoramiento en la capacidad del proceso
  - Mayor seguridad en el producto
  - Mayor seguridad
  - Utilización del equipo

Fig. 12-4

EQUIPO DE INFORMACIÓN DE LA CALIDAD
ITINERARIO DE DESARROLLO

%Tiempo	Paso	Descripción	Responsabilidades	Costo%
10	1	Desarrollo del programa es su concepto y requisitos del problema; análisis del enfoque	Ings. del Eq. de Inf. & Cont. de Cal.	5 / 10
20	2	Desarrollo del enfoque tentativo de diseño, revisión contra requisitos, evaluación económica del programa; establecimiento y calendario	Equipo de infomación de calidad	25
40	3	Experimentación, desarrollo de mecanismos y circuitos especiales, recolección y análisis de datos; establecimientos de decisiones sobre materiales y componentes	Equipo de información de calidad	40
	4	Diseño de circuitos, subensambles y componentes, incluyendo croquis de emplazamiento	Equipo de información de calidad	
55 / 60	5	Anteproyectos, lista de partes y compra de materiales, revisión de fechas y costos	Equipo de información de calidad	
	6	Prototipo de construcción, modificaciones para limpiar proceso y mejorar	Ings. del Eq. de información	65
80	7	Evaluación de las capacidades de la corrida piloto	Ings. del Eq. de Ing. & Cont. de Proc.	
85 / 90	8	Planos finales, planes de calibración y mantenimiento; teoría de las operaciones, por escrito, instrucciones de operación, estudio de tiempos e informe del programa	Ings. del Eq. de Inf. & Cont. de Proc.	85 / 90
100	9	Aplicación del programa de trabajo, análisis económico final y evaluación del programa (por el término de 3 meses a un año) tras completar el programa o las instalaciones	Ings. del Eq. de Inf. & Cont. de Cal.	95 / 100

Fig. 12-5

EQUIPO INFORMATIVO DE LA CALIDAD — RESPONSABILIDAD vs. TIEMPO							
	Planes de desarrollo del producto		*Ingeniería de calidad*		*Ing. del equipo informativo de calidad*		*Ingeniería control de proceso*
1	Planeación del producto	1	Evaluación de nuevo diseño: Revisión de especif. Tolerancias basadas en est. de cap. Medidas para inspec. y prueb. automát. Especificar requisitos para el equipo	1	Concepto del programa, requisitos del problema; análisis de enfoque	1	Consulta y asistencia en los problemas de operación y limitaciones en los procesos y en personal
2	Estudio ingenieril y diseño	2	Planes del sistema de calidad: Clasificación de características de calidad Localización para mediciones Planes para las mediciones	2	Enfoque tentativo del diseño Revisión y evaluación Itinerario a seguir	2	Evaluación del diseño de equipo: Consulta sobre la operación, el control del operador y exhibición de datos Problemas de calibración y de mantenimiento
3	Adquisición	3	Mediciones y retroalimentación de la calidad Plan de auditoría y técnicas de medición y retroalimentación para el control	3	Descrip. de mecanismos y circuitos; toma de datos para análisis Decisiones sobre materiales y componentes	3	Aceptación operativa: Cooperación en la supervisión del producto en las condiciones del trabajo Revisión de instrucciones de trabajo Obtener estudio de capacidad
4	Producción preliminar			4	Diseño de circuitos, componentes y subensamb.		
5	Manufactura del producto			5	Dibujos, listas de partes, compra de mats. Revisar itinerario.		
				6	Construc. de un prototipo, modific. y reformas		
				7	Evaluac. de capacidades tras corrida piloto		
				8	Planos finales, planes e instrucciones		
				9	Aplicación del equipo, análisis de costos y programas de evaluación.		

Producción preliminar

Fig. 12-6

formación de la calidad, es útil considerar que consisten en las siete funciones básicas siguientes:

1. *Programación.*[4] Esta función comprende las instrucciones relativas a la ejecución real de las mediciones; incluye la fijación de la secuencia en la que las mediciones tienen que ser ejecutadas, el equipo por usarse para medir las características de calidad individuales, el procedimiento a través del cual se toman las mediciones, el plan de muestreo donde se indique, y los resultados requeridos.

   Lo que ha dado en llamarse calidad con ayuda de computadora (CAC), constituye un enfoque cada vez más importante para esta función en algunas plantas, en relación con el equipo informativo de calidad controlado por computadora; esto se discute más ampliamente en la Sec. 16.9.
2. *Selección.* Esta función se requiere escoger el material, parte o producto que debe ser probado o inspeccionado, lo que le es conexo, las señales de entrada por aplicar, el producto que se espera y los medios de valoración aplicables. Esta función puede incluir también lo que habrá de hacerse con el material, parte o producto, cuando se haya terminado con su evaluación.
3. *Medir.* Esta función se ocupa de determinar la serie de mediciones que se deba usar y de efectuarlas en las características del producto o del proceso.
4. *Registro de datos y su tramitación.* Esta función consiste en llevar el registro de mediciones pertinentes relativas a la calidad del producto o del proceso y tabular los informes en una forma apropiada para el análisis.

5. *Análisis de la información y decisión*. Esta función consiste en cotejar los resultados requeridos y los cálculos de las mediciones y determinar su accptibilidad individual o colectiva, como tendencia. En esta función se incluye también el establecimiento de la acción de corrección o de control deseada.
6. *Retroalimentación*. Se encierra en ésta la comunicación de la acción correctiva o de control por aplicar a las áreas correspondientes y, como consecuencia, se pide una indicación de que la medida se llevó a efecto.
7. *Control*. Esta función radica en que la operación de corrección se verifique en el diseño del producto, en el proceso de fabricación o en el material mismo, una pieza o el producto completo.

El diagrama de bloques básico para el sistema de medición de calidad comprende las siete funciones mencionadas (Fig. 12-7) identificadas con los números de orden que se les ha dado como medio de referencia. Todas las funciones, o solamente algunas de ellas, pueden verificarse por medio del equipo. Sin embargo, todas se deben tomar en consideración cuando se hagan los proyectos preliminares del equipo que se adapte al plan del sistema de calidad. Al final, el equipo elegido puede no ser más que un calibrador sencillo y poco costoso que sirva para desempeñar la función 3, dejando que las otras seis funciones sean ejecutadas manualmente o llenando formas; o bien, tal vez se acuerde obtener un equipo enteramente automático que desempeñe las siete funciones sin la intervención humana.

La selección del resto del sistema de información en las siete funciones, ya sean desempeñadas por personas, por procedimientos o por equipo, es algo que

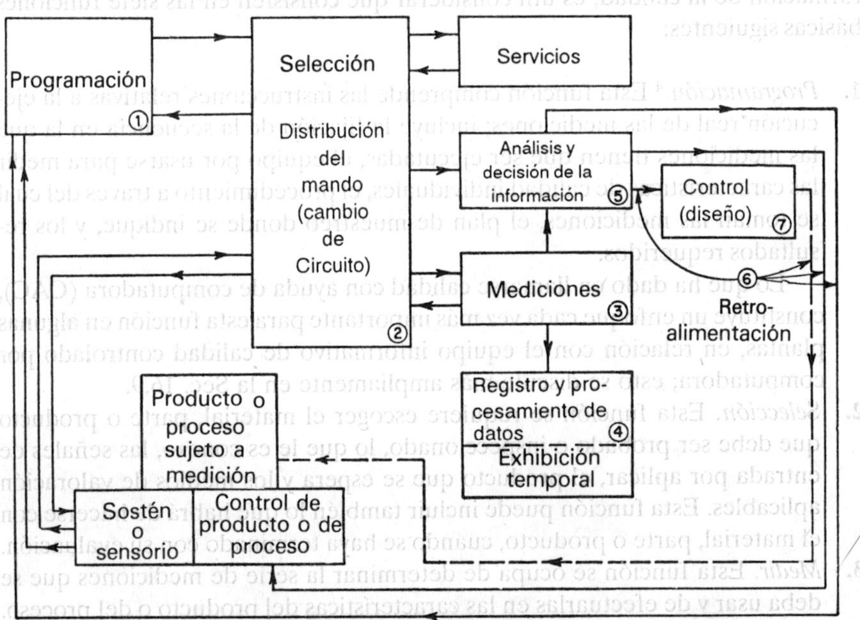

DIAGRAMA DE BLOQUES DEL SISTEMA DE INFORMACIÓN DE LA CALIDAD

Fig. 12-7

determinará la práctica. Eso depende de la situación particular de cada compañía: situación económica, relación entre equipos y mano de obra, y la naturaleza del proceso de fabricación. Como se hace notar en la Sec. 12.1, las decisiones en casos como éste, se basan en el principio de que no es siempre la mejor calidad del equipo la que permite la mayor eficiencia en la operación, dentro del sistema de control total de la calidad, sino la elección de aquellos equipos que permiten la mayor eficiencia *general* y operación para el sistema de calidad total.

12.8 Grado de mecanización en el control de los procesos

El grado de inclinación de esta selección hacia el equipo para el control de los procesos, más bien que hacia personas y procedimientos, puede ser determinado tomando como base algunas consideraciones. Estas consideraciones servirán para definir el grado de "mecanización" o "electronización" del sistema de información de la calidad.

La primera consideración, una de las más importantes, es la económica: establecer el equilibrio entre el costo de llevar a buen término, en forma automática, ciertas funciones específicas, en comparación con el costo de llevarlas a cabo en forma manual. En el estudio de este balance económico entran costos de las dos alternativas. En seguida será estudiado el valor del mejoramiento de la calidad del producto, intrínsecamente.

Aun cuando la consideración económica es importante, existe otro criterio, que va más lejos. Por ejemplo, las demandas respecto a la calidad del producto pueden ser en extremo rigurosas en relación con la capacidad del proceso de manufactura. Cuando esa situación existe, el proceso debe poseer un alto grado de estabilidad inherente o permitir un ajuste rápido cuando ocurran desequilibrios como resultado de un cambio de condiciones.

En muchos de esos procesos altamente rápidos, el ser humano no puede observar, decidir y hacer ajustes con rapidez y exactitud suficiente a fin de evitar cantidades grandes de producto rechazable. En estos caso, el ajuste manual debe ser reemplazado con el uso de un equipo de control completamente automático.

Otra consideración de peso para tomar la decisión de emplear equipo automático es la cuestión de seguridad del operador. El mayor grado de seguridad puede lograrse no sólo practicando mayor control en los procesos peligrosos, sino también alejando a los operadores de los lugares de riesgo, es decir, lugares expuestos a radiaciones, calor intenso o explosiones.

Los dos "polos" opuestos de los proceso de control se pueden describir como *control abierto*, orientado hacia ajustes manuales, y *control circular* (o de circuito cerrado), orientado hacia ajustes automáticos. En el sistema abierto (Fig. 12-8) la retroalimentación de la información corresponde al operador que es, a su vez, quien "controla"; en tanto que en el circular (Fig. 12-9) la información del proceso regresa a un sistema de control automático el cual está físicamente ligado al proceso mismo.

Ambos sistemas de control pueden usar un equipo de información de calidad, pero el sistema de circuito cerrado es el que más lo usa. En un sentido

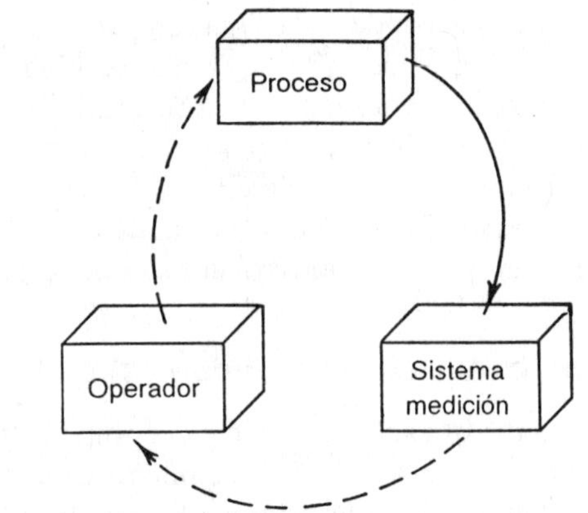

BOSQUEJO DE CIRCUITO DE CONTROL ABIERTO

Fig. 12-8

estricto, el sistema de circuito cerrado comprende las siete funciones básicas de información de la calidad por medio de un equipo informativo. Cuando esto se hace por medios mecanizados o electrónicos, se logra una producción continua y automática sin la intervención del hombre; este objetivo se denomina a menudo *automatización*.

12.9 Calidad con ayuda de computadora

Para aquellas partes y productos en las que ha habido diseño de ingeniería ayudado con computadora (DIA), y fabricación ayudada con computadora (FAC), la misma base de datos sirve a la ingeniería del equipo de información de calidad para proporcionar uno de los enfoques principales para la calidad ayudada con computadora (CAC). Esto integra la base de datos ingenieril que

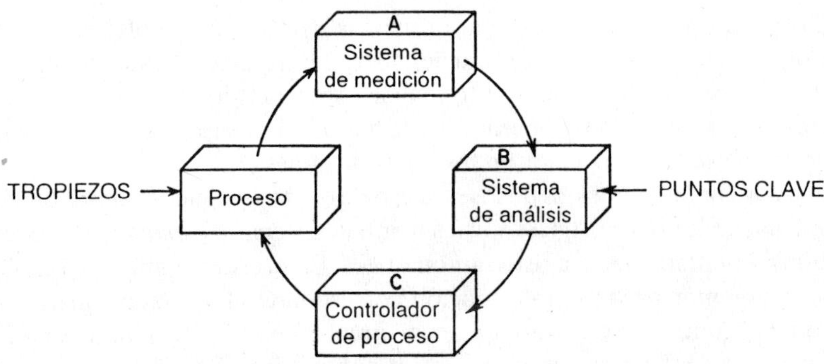

BOSQUEJO DE CIRCUITO CERRADO DEL CONTROL DE PROCESO

Fig. 12-9

diseñó la parte y el producto que guió su producción con la inspección y pruebas de la parte y el producto. Se puede obtener una mayor economía y efectividad del módulo del programa de calidad estableciendo planes de muestreo computarizados para las características de calidad claves.

Aunque este trabajo de calidad implica a sus propios módulos, junto con aquellos de ingeniería y manufactura, la clave para el CAC, coordinado con el DIA y FAC es una base de datos centralizada. Esto está definido por las funciones técnicas de la planta, trabajando en cooperación. La Fig. 12-10 muestra este enfoque.[5]

Cada módulo está operado y controlado por varios usuarios funcionales, proporcionando control directo de costos y eficiencia. Las funciones pueden interactuar de modo automatizado generando una retroalimentación oportuna y exacta. Con este sistema es posible programar puntos de auditoría, revisiones de información, y puntos de "detención" de la producción en varios módulos y almacenarlos en una base de datos central. Además, mejora muchísimo el aseguramiento de calidad en el software (programas computacionales).

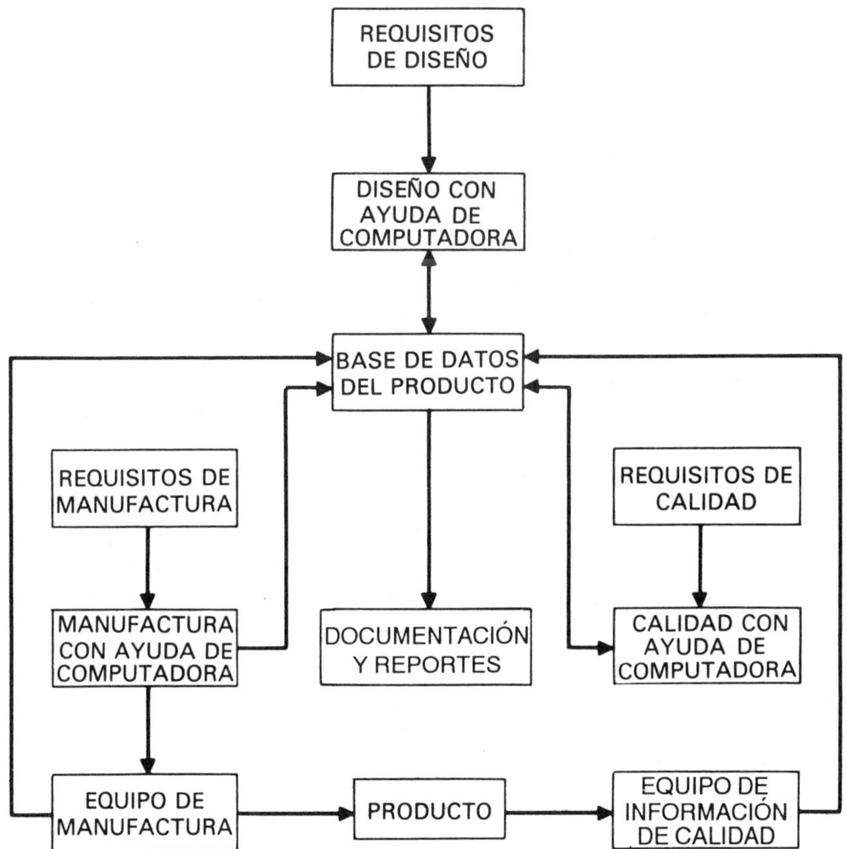

Fig. 12-10 Calidad ayudada por computadora.

La integración del CAC, en general, se adapta a cualquier tipo de diseño del producto. Entre los beneficios operativos más significativos están los siguientes:

- Proporcionar una base de datos común para el almacenamiento y extracción de datos técnicos.
- Proporcionar un control efectivo de datos y minimizar redundancias.
- Proporcionar consistencia de interpretación de datos y consistencia de resultados.
- Minimizar la programación de manufactura y calidad recurrente y proporcionar programas operativos de respaldo.
- Asegurar mediciones de manufactura y calidad según el diseño y estándares
- Proporcionar control de configuración, control de revisión, y registros históricos así como informes oportunos de calidad
- Proporcionar revisión de errores, asignación y visibilidad mejoradas de costos, y visibilidad de defectos y asignación de responsabilidades
- Minimizar desarrollo impreso y problemas de control

Inspección controlada por computadora de partes de CN

Una de las aplicaciones más importantes de este enfoque al CAC, es la calibración dimensional controlada por computadora de máquinas grandes de CN por máquinas de medición coordinadas (MMC). Cada parte característica que pueda ser evaluada físicamente por el medidor electrónico se examina; las características que no pueden ser manejadas de esta forma se inspeccionan por calibradores manuales.

Cada vez más los programas para este tipo de controladores de inspección controlados por computadora de movimientos y mediciones del MMC se preparan por el departamento mismo de ingeniería de calidad dentro del marco del equipo de información de la calidad y a partir de una base de datos integrada para el producto y la parte.[6]

Ingeniería de calidad también establecerá el plan de muestreo necesario y llevará a cabo la programación para su aplicación como parte del programa de calidad para el MMC. Ya que los datos reales —esto es, variables— de calidad para cada dimensión de las partes medidas están disponibles a través de la entrada de datos de la computadora y del proceso de registro, un plan de muestreo de variables del MIL-STD-414, Plan de Muestreo de lotes puede usarse.[7] Las tablas para el tamaño de la muestra y la aceptación y rechazo de este MIL-STD-414 puede, por tanto, programarse en una computadora. Cuando el operador del MMC identifica la parte CN en número y el tamaño de lote que será inspeccionado por la computadora, la computadora MMC gobierna entonces automáticamente el procedimiento de inspección: tamaño de muestra requerido y comparación de resultados para la base de datos de varianza conocida, de forma que una decisión aceptar/rechazar se pueda tomar para la parte. En el caso de decisión de rechazo, la computadora señala las características que llevaron a la decisión de rechazo.

12.10 Puntos del proceso en que se aplica el equipo de información de calidad

En la Sec. 12.7 se hizo una exposición de las funciones que entran en juego en los sistemas de equipo. En la Sec. 12.8 se presentaron normas en las que se pueden basar las decisiones que justifiquen la automatización de un sistema de calidad. En ella se incluyen: la cuestión económica, la seguridad de la persona, la rapidez requerida en los ajustes así como la exactitud.

Esta sección se refiere a otro factor que tiene que tomarse en consideración cuando se haga el diseño del sistema del equipo, tal es el *punto de aplicación* durante el flujo de producción.

La mecanización y electronización de las medidas y del proceso de control y la evaluación final del producto se pueden efectuar en una o en varias fases combinadas del proceso de fabricación, de acuerdo con los requisitos impuestos en el producto y en los procesos por el plan del sistema de la calidad. Cinco de los más importantes de ellos son los que a continuación se presentan:

- Mediciones y control antes del proceso.
- Mediciones y control durante el proceso.
- Mediciones y control después de la fabricación.
- Combinaciones de mediciones en el proceso y control.
- Control del proceso integrado.

12.11 Medición y control antes del proceso

Mediciones previas pueden ser requeridas con el fin de prevenir sobre el control de partes o materiales que entran en el proceso, o bien, con el propósito de controlar el proceso o el producto, tomando como base los elementos que se administran. La medición puede variar desde las características físicas de la franja de cobre que se mueve en un proceso de dibujo, los patrones de desempeño de un aparato CI entrando en una máquina ensambladora de bases de circuito impreso, o la integridad mecánica de una parte del componente de transportación de un proceso de control de subensamble de rondanas; hasta las dimensiones sin pulir de una fundición de bloque de máquina que entre a acabado automático, las características eléctricas de un pequeño capacitor colocado en la charola de partes para ensamble de televisores, y el acero en barras que se evalúan para la detección de discontinuidades en la superficie por medio de la tecnología de separación láser antes de su entrada a procesamiento (Fig. 12-11).

Un diagrama esquemático fundamental del control antes del proceso se muestra en la Fig. 12-12.

Se necesitan medidas de control en el material que entra en los procesos industriales que requieren un control estrecho de la mezcla de los constituyentes del producto, ya sea por peso o por volumen. Suministra, además, una salvaguarda contra los paros imprevisibles, muy costosos, en industrias de objetos mecánicos, eléctricos o electrónicos que usan líneas prolongadas y continuas de equipo automático.

Fig. 12-11 Unidad completamente automatizada de separador láser; detecta discontinuidades en la superficie de acero en barras. (Cortesía de Magnaflux Corporation Chicago I11.)

Un ejemplo sencillo de tal equipo es un dispositivo que examina, en forma automática, piezas de fierro fundido para soleras de fundición, antes de pulir y de maquinar también, automáticamente. Si la pieza fundida resulta chica, de tal suerte que la ojiva no dé la medida, o si resulta grande de modo que no sea

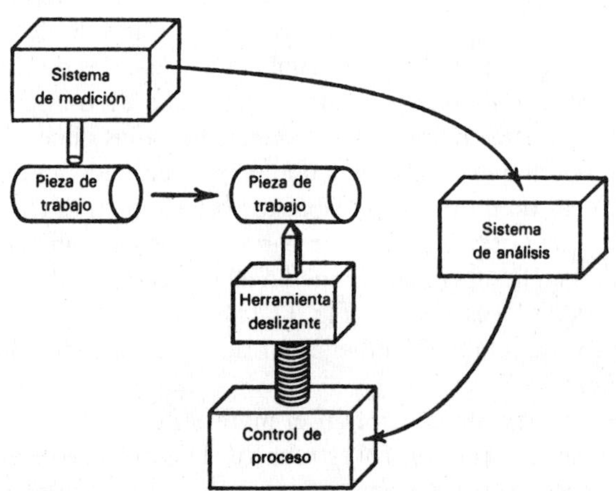

DIAGRAMA ESQUEMÁTICO DE CONTROL ANTES DEL PROCESO

Fig. 12-12

adaptable a los espacios de la máquina, la pieza es rechazada. En el último caso, la rotura del cortador y sus correspondientes demoras se evitan.

12.12 Mediciones y control durante el proceso

El control aplicado durante el proceso se basa en la medición de la característica de calidad durante la generación del producto. Este sistema de medición y control durante el proceso puede proporcionar indicaciones para regularizar o detener el trabajo antes de que se obtenga producto subestándar. Por ejemplo, en el proceso de un maquinado, las indicaciones del control dentro del proceso pueden usarse para lo siguiente:

1. *Regularizar la velocidad (rapidez) o grado de generación*. Esta puede ser la señal para hacer un cambio de herramienta y así pasar de un corte burdo a uno ya terminado cuando se acerca al tamaño final y controlar la exactitud, el acabado o la excentricidad.
2. *Detener la producción cuando se llega al valor predeterminado de la variable que se controla*. A este mecanismo se debe que la herramienta se detenga (retroceda) cuando la dimensión final se alcanza, o se suspenda el funcionamiento de un horno cuando se ha alcanzado la temperatura deseada.
3. *Detener la generación de un proceso cuando éste pierde el control*. Este dispositivo detiene la máquina cuando las herramientas se gastan o se rompen, o cuando las partes ya no se pueden mantener dentro de los límites.

La medición en el proceso es la base para el control interno de un proceso. Un esquema básico se muestra en la Fig. 12-13.

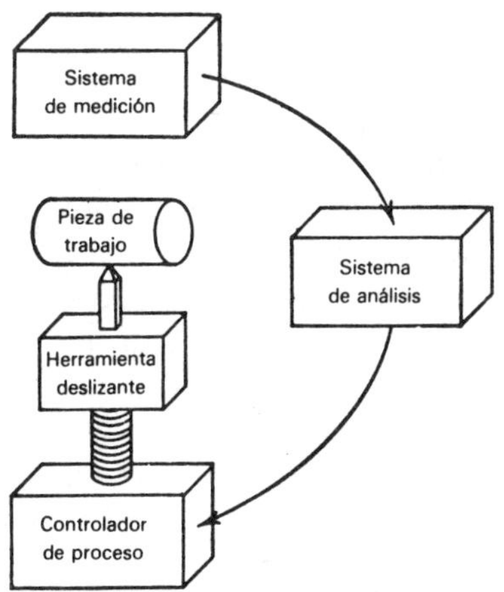

Diagrama esquemático de control posproceso

Fig. 12-13

Ya se encuentran disponibles una amplia gama de equipos automáticos y semiautomáticos para el control en el proceso, incluyendo tanto técnicas de medición y señalamiento con contacto como sin él, con frecuencia con microcomputadoras de comando y control en las que se programan planes de muestreo del proceso en el caso de operaciones de grandes volúmenes. Cada vez más, estos equipos son incluidos como elementos del diseño básico de los procesos mismos. El equipo de información de calidad queda así integrado dentro del equipo de manufactura, y con los procesos modernos, puede alcanzar una proporción importante del costo total del equipo.

Ingeniería del equipo de información de calidad trabaja estrechamente con ingeniería de manufactura con respecto al equipo necesario. Esto proporciona tanto una mayor economía como efectividad en comparación con los enfoques anteriores de "colgar" físicamente los aparatos de control sobre los procesos, pues con demasiada frecuencia nunca se ajustaban en características operacionales uno con otro.

Un ejemplo básico del principio se puede ilustrar en una pulidora de diámetro externo de partes de precisión. El controlador puede ser arreglado de manera que la rueda de alimentación se desaloje a una alta velocidad hasta que se llegue a 0.001 ó 0.003 in de la dimensión final y después a velocidad reducida hasta aproximadamente 0.0001 in de la dimensión nominal, momento en que la alimentación se detiene. Cuando la información transmitida por el sistema analizador determina que la pieza ha llegado a su dimensión nominal, esto indica al controlador que tiene que retirar la rueda de esmerilar. El resultado es una pieza de alta calidad, un tiempo de ciclo de producción rápido y costos bajos de producción y calidad.

12.13 Técnicas del posproceso de control

El control, aplicado a la terminación del proceso o a mediciones del producto producido, consiste en medir o estimar las características de calidad en el producto concluido. En el ensamble electrónico, esto puede significar, por ejemplo, que ingeniería del equipo de información de calidad establece pruebas al final del ensamble del rango de las características de calidad de circuitos impresos (CI) para asegurar la calidad final de éstos. En la manufactura metalurgista, puede significar la inspección final del fundido de un motor grande, como un todo, por magnetización general; o puede significar la evaluación cuantitativa y cualitativa de las aleaciones para chapas en la fundición por análisis por fluorescencia de rayos X basado en el microprocesador.

En el caso de operaciones de maquinado, las mediciones y el control posterior al proceso puede ser útil o necesario por varias razones:

- Cuando no sea posible diseñar medidores integrados al proceso dentro del equipo de producción.
- El local de trabajo —chispas, enfriadores, temperaturas, etc.— puede ser de tal naturaleza que no permita el trabajo de medición durante el proceso.

- Puede no considerarse deseable hacer las mediciones o verificaciones cuando la pieza se encuentra bajo la influencia del portapieza que la sujeta durante el proceso.
- La exactitud especificada puede ir más allá de la capacidad del proceso y, en consecuencia, puede ser necesario medir y clasificar las piezas para una forma selectiva de ensamble.

En la Fig. 12-14, se muestra un esquema de control después del proceso.

En los procesos de fabricación de partes, la pieza puede sacarse del portapieza hasta una estación de calibración, o puede traerse un calibrador a la parte antes de que sea removida. En algunos casos, la estación calibradora está adyacente a la operación del proceso; en otras, puede estar un poco retirada y las partes de varias máquinas se pueden dirigir a ella en secuencia.

Las indicaciones de control del postproceso pueden ser usadas para:

1. *Suspender el trabajo cuando se encuentra fuera de control.* Al igual que en el control durante el proceso, esta señal aparece cuando las herramientas se han gastado o deteriorado.
2. *Ajustar el proceso cuando el producto se aproxima a los límites especificados.*
3. *Poner en acción un mecanismo de clasificación y segregación* para separar piezas buenas de piezas grandes o chicas, agrupándolas ya sea para ensamblarlas en forma selectiva o reprocesarlas.

Pueden también usarse las mediciones de postproceso para controlar el proceso automáticamente, usando la técnica de zona de control. Según puede verse en la Fig. 12-15, se establece una zona de precontrol, la que es algo menor que las tolerancias del producto, y que evita hacer correcciones mientras el producto queda dentro de esos límites de control. Este asunto se discute en detalle en la Sec. 14.22 “Medidas de control”.

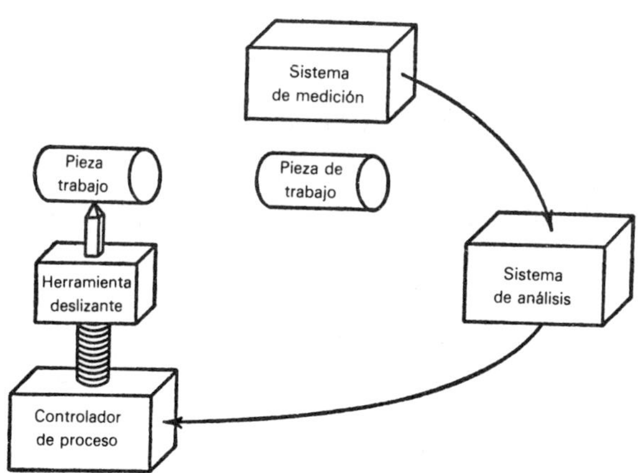

DIAGRAMA ESQUEMÁTICO DE CONTROL DESPUÉS DEL PROCESO

Fig. 12-14

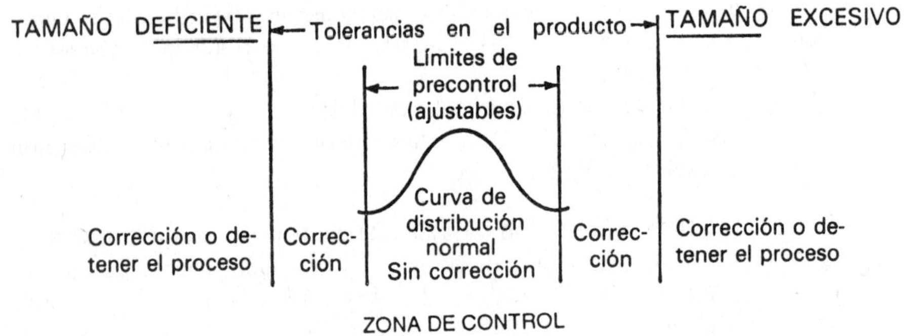

Fig. 12-15

Esta zona de precontrol es una solución de la práctica de un poco menos y un poco más, tratando de encontrar[8] el camino del control, con el intento de corregir y acercarse a la dispersión inherente del proceso. En el sistema de precontrol se reconoce una diferencia entre "alteración mínima" y "desviación", y se hacen correcciones únicamente por las desviaciones. La capacidad de proceso recomendada para este sistema de control es de aproximadamente la mitad de la tolerancia en el producto.

La operación en tal sistema es como sigue: cada pieza se mide después de ser terminada; si las dimensiones quedan dentro de los límites de precontrol, no se hace corrección y la fabricación se prosigue. En el caso de que dos piezas consecutivas (o en algunos casos tres o cuatro) se salgan de los límites de precontrol, pero queden dentro de las tolerancias, se hace una corrección de herramienta, con una indicación a control del proceso. Cuando las mediciones indican que el producto cae fuera de las tolerancias, en cualquier dirección, se hace una corrección (puede ser ajustar un nuevo extremo de corte) y si la siguiente pieza se sale de las tolerancias, se para automáticamente la máquina.

12.14 Control después del proceso —Requisitos principales del equipo de información de la calidad

Algunas de las demandas más extensas del equipo de información de la calidad se encuentran en el moderno control después del proceso. Las siguientes son dos áreas principales.

- Equipo de pruebas de confiabilidad para evaluación en laboratorio.
- Pruebas completas de productos principales.

Equipos de pruebas de confiabilidad para evaluación en laboratorio — Interruptores electrónicos

Se requiere de la ingeniería del equipo de información de calidad más exacta en la etapa de medición y control después del proceso para la evaluación de la confiabilidad del producto. Un ejemplo son las pruebas orientadas al ciclo de vida de ensambles de interruptores electrónicos completos, donde el equipo de información de calidad está diseñado para ser totalmente mecánico y electrónico para las siete funciones de la información de la calidad. Se requiere de un ingenio considerable para la ingeniería en las siete áreas, particularmente en la simulación exacta de las condiciones de uso final.

El equipo debe ser lo suficientemente flexible para proporcionar la amplia gama de circunstancias de uso del cliente. Para tener una evaluación de la confiabilidad exacta, deben duplicarse todas las condiciones a las que se enfrentará el producto en las secuencias combinadas y las duraciones de tiempo a las que el producto se someterá. Esto significa que puede haber varios ambientes combinados, como temperatura, presión, vibración y golpes. Los niveles de estos ambientes varían dinámicamente con el tiempo. Simultáneamente, la carga en el producto puede variar.

Esto exige una programación muy elaborada de condiciones de pruebas, con una variedad de entradas hacia el producto bajo prueba y las lecturas del desempeño del producto en diferentes etapas de la prueba. La duración de pruebas para las condiciones individuales de un interruptor pueden ser desde unos cuantos minutos hasta varios días, o hasta meses, dependiendo del tipo del producto que se esté probando. El procedimiento de pruebas de confiabilidad, al que debe responder el equipo, se discute con mayor detalle en el Cap. 17.

Pruebas completas a productos principales—Motores grandes

Una de las demandas importantes de la ingeniería del equipo de información de la calidad para el control después del proceso, es la prueba de productos de gran escala ya terminados. Estas pruebas deben ser integrales, exactas, cumplir con los requisitos de información de ingeniería de calidad, y desempeñarse dentro de un marco de tiempo-costo efectivo. Un ejemplo es la prueba final de motores grandes producidos en altos volúmenes de cantidad.

El enfoque de la ingeniería del equipo de información de la calidad establece el procedimiento de pruebas en celdillas de prueba de los motores diseñadas por pruebas controladas por minicomputadoras (PCC), lo que mejora la efectividad de la prueba y acorta extensamente el tiempo de pruebas, comparados con las celdillas de pruebas tradicionales manejadas manualmente. Se designa a cada celdilla de pruebas a monitorear los valores instantáneos de más de 85 parámetros del motor completo probado. Las terminales CRT pueden desplegar 25 parámetros por vez, y las impresoras proporcionan resultados certificados de las pruebas para los clientes que lo pidan y generan un registro permanente para la corrección de problemas y mejoras al producto. Los ingenieros de pruebas son capaces de completar la prueba del motor en computadora en alrededor del 25% del tiempo que se requería por pruebas manuales anteriores. Además, el equipo de información de la calidad basado en computadoras proporciona más información más rápido y con mayor exactitud de lo que era posible con las pruebas manuales.

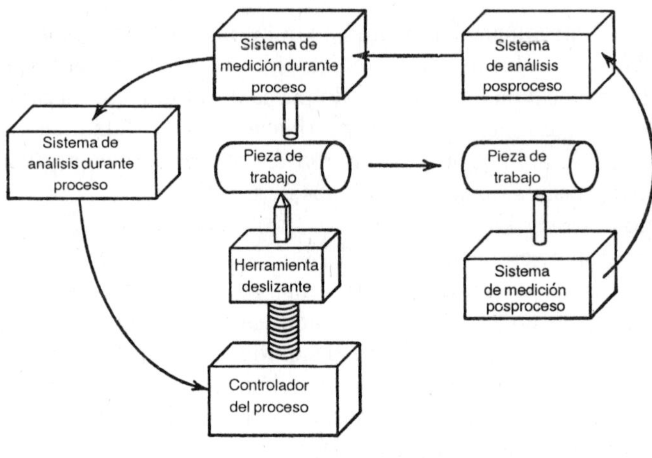

Fig. 12-16

12.15 Combinación de las técnicas de control y mediciones del proceso

Este es un tipo de proceso de control en el que se utilizan las mediciones durante el proceso y el postproceso como puede observarse esquemáticamente en la Fig. 12-16.

Por medio de este dispositivo el sistema de postproceso revela el comportamiento de su compañero en la máquina y cuándo se hace necesaria una corrección porque la máquina sufre desarreglos, originando que la máquina se ajuste o se ponga nuevamente en cero, ya sea poco a poco o por el total de la variación.

En esta forma, el sistema de durante el proceso, cuya función característica es controlar las desviaciones debidas al azar, sirve también para compensar las desviaciones debidas a la máquina a cargo del sistema de postproceso. Esta acción combinada puede permitir un control estrecho en los niveles de calidad de la máquina o del producto del proceso, por periodos prolongados.

12.16 Control del proceso integrado

Las técnicas de control de medición antes, en y después del proceso, como se discutieron en las secciones anteriores, están siendo integradas cada vez más en las instalaciones modernas de manufactura y procesamiento. Los programas de control sobre la línea para procesos esencialmente continuos representa una de las áreas de aplicación importante.

Encontramos un ejemplo en una importante planta japonesa manufacturera de acero, que produce con una amplia diversidad de especificaciones de los clientes.[9] Debido a que la planta usa lingotes calientes transferidos directamente del taller de fundición a tinas de enjuague para "limpieza", la exactitud de la información de la calidad en cada proceso precedente es extremadamente importante.

El sistema computarizado general se compone de cinco subsistemas, cuatro sistemas de subservicio sobre la línea y el otro, un subsistema de tipo de lote.

Los primeros procesan las actividades principales de la línea de producción, como la orden de entrada a producción, lanzamiento de instrucciones y recolección de datos. Por ejemplo, un subsistema cubre las operaciones desde el proceso de fundición hasta el proceso de limpieza de la producción. Otros subsistemas cubren áreas como asignación de lingotes y control de patios. Los cinco subsistemas están relacionados y se combinan de forma que los datos de calidad se alimenten a una base de datos central.

Cuando se acepta una orden de un cliente, el sistema decide automáticamente cada especificación usando la información almacenada en un archivo de producción estándar. Las instrucciones necesarias, incluyendo instrucciones de modificación para la fusión y limpieza, se muestran en despliegues en color en todos los cuartos de operación. Los datos se reúnen automáticamente y pueden usarse en cualquier punto en el proceso para llevar a cabo una simulación del proceso y para indicar los cambios necesarios en la producción. La computadora también contribuye a una producción óptima al sugerir la cantidad ideal de desperdicio y de otras materias primas, y al calcular el tamaño óptimo del lingote. Una lista diaria de revisión indica los puntos que deben cumplirse en la inspección, todos con el objetivo del control del proceso totalmente integrado.

12.17 Registro de información, análisis y retroalimentación

Las Secs. 12.10 a 12.16 discutieron varias de las áreas de aplicación del equipo de información de la calidad. Las siete funciones, como se discutió en la Sec. 12.7, deben ser consideradas por el ingeniero del equipo de información de la calidad para generar la evaluación efectiva y económica de materiales, partes, subensambles y productos para cada punto en el proceso como esté especificado por el plan de calidad.

Al establecer la estructura necesaria para alcanzar los requisitos de las funciones 4 a 6 (registro y procesamiento de datos, análisis de la información y decisión y retroalimentación, respectivamente), es esencial el asegurar el desempeño eficiente de lo que podría considerarse como *procesamiento de los datos de calidad* —no sólo por cada distinta unidad bajo inspección y prueba, sino por la retención y manejo de datos de calidad integrados en unidades similares, códigos de defectos semejantes, parámetros de confiabilidad similares y otras áreas parecidas que son importantes para la base de datos de calidad de la planta y compañía. Así, la información de calidad esencial no se "desperdicia". La planeación adecuada de esta estructura de datos es una de las áreas más exigentes de las relaciones de trabajo entre la ingeniería de calidad y la ingeniería del equipo de información de calidad debido a que la clara retención de experiencias y el cuidadoso análisis de la calidad, representan una de las fuerzas principales del programa de calidad total de la planta en áreas como las siguientes:

- Desempeño de las partes del proveedor—tanto para propósitos de calidad y propósitos de planeación de la producción en la planeación de requisitos de calidad de los materiales (RCM).

- Tasas de defectos en componentes—para todas las partes por volumen usadas en cantidad.
- Confiabilidad de partes.
- Nivel de calidad del subensamble y producto y otras áreas similares.

Como ejemplo, un fabricante grande de equipo electrónico de la costa oeste ha establecido el procesamiento de datos de calidad para ser concentrado sobre la experiencia de calidad de dos clasificaciones primordiales:

- Todos los componentes de alto uso —no sólo unidades pasivas como resistencias y capacitancias, sino chips de CI— que pasan a través de la prueba de control del proceso.
- Todos los PBC que pasan a través de la prueba después del proceso

Los patrones distribuidos de procesamiento de datos proporcionan datos de pruebas a tiempo real para cada componente y PCB en cada estación de pruebas basadas en minicomputadora o en microcomputadora en toda la planta. Están también acoplados con la instalación principal de la computadora en la planta, lo que proporciona tendencias y análisis consolidados de los datos de calidad. Los datos de calidad pueden presentarse de muchas formas, desde datos de confiabilidad separados en varios códigos de componente y varias formas de análisis estadístico, hasta el desempeño de rutina de análisis especializados de linearidad y varias manipulaciones complejas de los datos.

Este banco de datos de calidad es una herramienta esencial en muchas áreas del programa de calidad de la planta, incluyendo el uso de los ingenieros de diseño y de los ingenieros de calidad quienes participan en la actividad del control de nuevos diseños en la compañía (Cap. 18).

12.18 Evaluación y análisis de la operación de medición

La discusión anterior ha delineado algunos principios básicos usados en la planeación de sistemas de equipo. El uso de estos principios es esencial no solamente porque proporciona equipos de medición eficientes en instalaciones nuevas, sino también en la tarea igualmente importante de mejorar el equipo de información de calidad que se encuentra en servicio y que ha estado operando por algún tiempo.

En esta sección se discute un método para evaluar las condiciones del equipo actual con relación a las funciones que desempeña y el grado de mecanización y electronización indicado. La discusión usará como ejemplo la evaluación de la posición de prueba durante el uso de un proceso analítico denominado graficación PCA (*prueba de crecimiento en automatización*).[10] Igual procedimiento analítico se aplica a la inspección y la auditoría de la calidad, etcétera.

El nivel actual de mecanización de cada elemento de la operación se puede graficar en una hoja PCA (Fig. 12-17), y establecer un segundo nivel de mecanización, electronización o de automatización teóricamente deseable, después de un análisis y estudio de cada uno de los elementos. Teniendo en cuenta los

HOJA DE PLANEACIÓN DE LA AUTOMATIZACIÓN

PRUEBA ______________________ FECHA ____________

INSTRUCCIONES

1. Clasificar el tipo de prueba, como lo indica la gráfica PCA
2. Analizar cada elemento; marcar nivel de automatización en la gráfica PCA. Conectar los puntos
3. Obtener el elemento tiempo – manual o total – y marcar en % del total.
4. Obtener costo por elemento o grupo. Registrar M.O. o costo total.
5. Analizar posibilidades de mecanizar métodos. Considerar progresos potenciales y economías. Estimar costo del equipo.
6. Determinar el más alto nivel de autorización en cada elemento. Marcar niveles en la gráfica y conectar puntos.
7. Usar la Sección de planeación para establecer ritmo de trabajo o proceder a mecanización o automatización de las pruebas.
8. Indicar operación de cada elemento; detallar programas de trabajo con fecha de iniciación y de terminación. Mostrar costo del equipo, dando material, M.O. etc. y qué economía se espera – anual o por pieza.
9. Indicar al final fecha de terminación, costos totales y economías.

PCA – PRUEBA DE CRECIMIENTO EN AUTOMATIZACIÓN – PCA

Elementos para pruebas Prueba: ________ Fecha: ________			Prep. pr	Posición	Conectar	Selec. pr.	Operar	Medir	Ajustar	Registrar	Anál. datos	Retroalimentación	Desconectar	Rechazo	Retirar	Desmantelar prueba	Tiempo Total y costo
Presente	% Tiempo																
	Costo																
Propuesto	%Tiempo																
	Costo																
Real	%Tiempo																
	Costo																
Niveles de automatización — Automatización	Anticipación, decisión y corrección	100															
	Decisión y correc.	90															
	Indicación de falla	80															
	Autocotejo	70															
	Decisión simple:	60															
	Programada	50															
Mecanizado	Operador, inicia	40															
	Operador en ciclo	30															
	Man. y ayuda poten.	20															
Manual	Man. y ayuda mec.	10															
	Manual	0															
	NINGUNA	–															

La gráfica PCA beneficia en:

1. Dar a conocer operaciones, presente y propuesta de prueba.
2. El análisis sistemático de las pruebas.
3. La planeación de métodos de prueba mejorados.
4. Coordinación de prueba y manufactura en proceso continuo.
5. Análisis de costos de pruebas y economías.
6. La identificación de las áreas productivas.
7. El desarrollo de itinerarios realistas para las mejoras.
8. La estimación de presupuestos en cambio de equipo.
9. La recomendación de programas ventajosos.
10. El mantenimiento de buenas relaciones del personal con informes oportunos.

Fig. 12-17 Hoja de prueba de planeación de automatización.

costos, las economías y otros beneficios enumerados para cada elemento y para la operación de prueba en conjunto, la hoja tiene uso inmediato como una ayuda al ingeniero del equipo de información de calidad al planear y programar el aumento de la mecanización. Para medir y evaluar con efectividad el nivel de mecanización en serie de operaciones, se necesita:

1. Clasificar las operaciones por elementos definibles y separados.
2. Establecer un método de evaluación de diversos niveles de mecanización y electronización existentes y de aquellos que puedan ser desarrollados.
3. Concebir y estudiar métodos para mecanizar y electronizar las pruebas.

PCA – PRUEBA DE CRECIMIENTO EN AUTOMATIZACIÓN – PCA							
FECHAS			Elementos	Breve descripción de cambios	Equipo	Costo	Ahorro neto
Inic	Meta	Term					
Fecha de terminación					TOTALES		
Ventajas especiales							

ELEMENTOS OPERATIVOS DE LA PRUEBA

1. Preparar el equipo para las pruebas.
2. Posición – Preparar la prueba – Dirigirse al lugar.
3. Conectar producto con motivadores, aparatos medidores, etc.
4. Seleccionar para cada prueba: voltaje, corriente, equipo, etc.
5. Operar: poner todo en condiciones de actuar.
6. Medir: arreglo de aparatos de medición o de comparación y hacer ajustes.
7. Ajustar: arreglo y correcciones. Obtener especificaciones de operación.
8. Regidtrar: mediciones, datos o resultados, identificación, etc.
9. Análisis: clasificación de datos, análisis, cálculos y reportes.
10. Retroalimentación, divulgación de resultados de análisis al taller, ingeniería de calidad y diseño.
11. Desconectar: las fuentes de motivación, etc.
12. Rechazar: separación de piezas defectuosas.
13. Retirar: desalojar el lugar de pruebas.
14. Desmantelar: dispositivos y equipo.

NIVELES DE AUTOMATIZACIÓN DE LA PRUEBA

1. Manual; usar únicamente facultades humanas.
2. Manual y ayuda mecánica. Uso de interruptores de mano, destornilladores, etc.
3. Manual y potencia: uso de implementos mecánicos eléctricos.
4. Operador en ciclo: él controla una pieza mecánica.
5. Operador inicia: al cuidado de instrumento automático, excepto en el arranque.
6. Programada: operación dirigida por aparato en ciclo automático.
7. Decisión simple: operación controlada por un aparato sensible.
8. Autocotejo: prueba con equipo, en comparación a estándares a fin de asegurarse del comportamiento deseado.
9. Indic. falla, indica fallas en el producto o en el proceso.
10. Decisión y corrección: Aparato sensible iniciador automático de corrección.
11. Anticipación, decisión y corrección: antes de que la falla ocurra hay acción correctiva.

Fig. 12-17 Hoja de prueba de planeación de automatización (reverso).

4. Evaluar los cambios propuestos desde el punto de vista económico y de mejoramiento de la calidad.

   Cada uno de estos cuatro puntos serán sometidos a discusión.

Clasificación de los elementos de prueba

1. Clasifíquese las operaciones para esta prueba en elementos básicos, tal como se muestra en la gráfica (Fig. 12-17 reverso).
2. Analícese cada elemento y anótese su situación en el "nivel de automatización" que le corresponda. Conéctese los puntos marcados.

Evaluación de los niveles de mecanización y electronización

1. Súmense los valores numéricos asignados a cada elemento y divídase la suma entre el número total de elementos para determinar el valor medio

del "nivel de automatización". (Esta graduación numérica es una numeración arbitraria que va en escala de 0 a 100.)

2. Determínese el tiempo transcurrido (cualquiera que sea el estudio) en la prueba operativa de cada uno de los elementos y anótese el porcentaje del tiempo total en el espacio correspondiente.
3. Obténgase el costo de la prueba de cada elemento (o grupo de elementos) y regístrese en el espacio provisto. Todos los costos que se relacionen con las pruebas deben ser analizados e incluidos aquí, puesto que para algunas operaciones la fuerza o combustible consumidos pueden ser de mayor significación que los costos de mano de obra o viceversa.

La Fig. 12-18 muestra la posición que ocupa diagramáticamente la prueba de un relé eléctrico cuando se grafica. Nótese que, aun cuando algunos de los elementos se encuentra en el espacio automático, algunos se encuentran en la fase manual. Nótese también la división del tiempo de prueba. Por ejemplo, casi la mitad del tiempo de la prueba es consumido en la selección de las fuentes de energía, mediciones, etcétera.

Estudios para lograr mejoramiento

1. Hágase un análisis respecto a posibles métodos para mecanizar y electronizar cada elemento de la prueba.
2. Considérense todos los potenciales de mejoramiento así como las economías que se logren. Estímese el costo del equipo para mejorar la calidad de los diversos elementos.

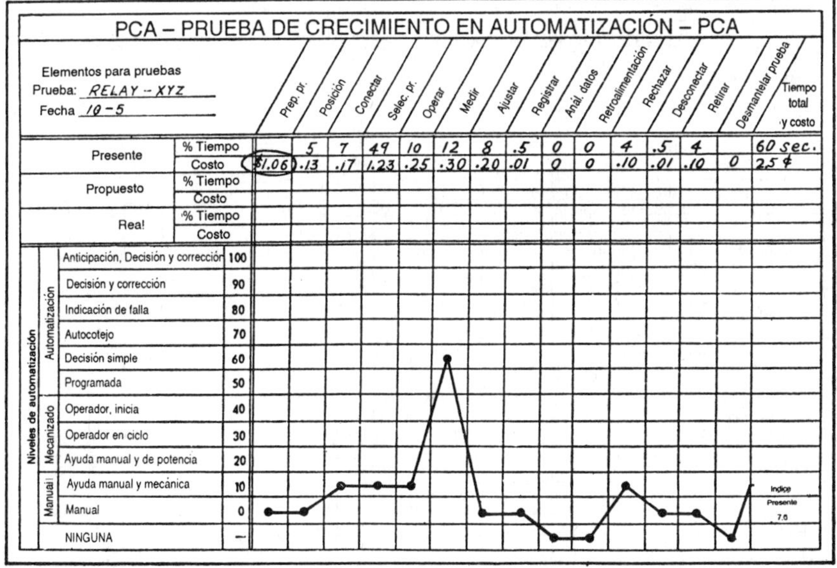

PCA – PRUEBA DE CRECIMIENTO EN AUTOMATIZACIÓN – PCA
Elementos para pruebas
Prueba: RELAY – XYZ
Fecha 10 – 5
Prep. pr.
Posición
Conectar
Selec. pr.
Operar
Medir
Ajustar
Registrar
Anál. datos
Retroalimentación
Rechazar
Desconectar
Retirar
Desmantelar prueba
Tiempo total y costo
Presente
% Tiempo
Costo
5 7 49 10 12 8 .5 0 0 4 .5 4 60 sec.
$1.06 .13 .17 1.23 .25 .30 .20 .01 0 0 .10 .01 .10 0 25 ¢
Propuesto
% Tiempo
Costo
Real
% Tiempo
Costo
Niveles de automatización
Automatización
Mecanizado
Manual
Anticipación, Decisión y corrección 100
Decisión y corrección 90
Indicación de falla 80
Autocotejo 70
Decisión simple 60
Programada 50
Operador, inicia 40
Operador en ciclo 30
Ayuda manual y de potencia 20
Ayuda manual y mecánica 10
Manual 0
NINGUNA –
Indice
Presente
7.6

Fig. 12-18 Gráfica PCA para relé eléctrico.

Evaluación de los cambios necesarios

1. Determínese el nivel más alto de automatización justificable para cada elemento de operación, teniendo en cuenta los costos y las economías involucrados.
2. Márquense los nuevos niveles para cada elemento en el cuadro correspondiente de la gráfica. Conéctese los puntos usando líneas punteadas o lápiz de color.
3. Esta nueva línea adicional, enseña hacia dónde debe ser dirigido el trabajo del ingeniero de información de la calidad. La gráfica PCA completa se presenta en la Fig. 12-19 como ejemplo de prueba de relés.

Planeamiento de especificaciones de equipo

12.19 Especificaciones del equipo

Cuando el diseño de un producto nuevo ha llegado, aproximadamente a la mitad de un ciclo principia el periodo de transición del diseño de equipo de control de calidad desde el desarrollo conceptual avanzado, como se ha discutido anteriormente, hasta el planeamiento detallado de diseño. Esta fase de planeación del diseño consiste en pulimentar los métodos de medición y control, técnicas y equipo, en forma tal que pueda usarse como especificación, ya sea como diseño detallado dentro de la compañía o para decidir sobre su adquisición con un proveedor. Se preparan costos estimativos detallados para equipo de diseño y de desarrollo. Se determinan las especificaciones para el sistema

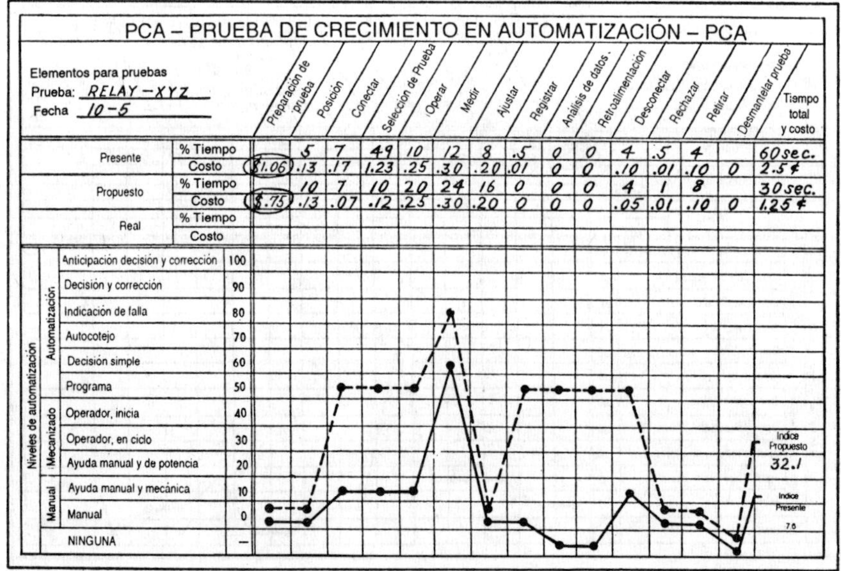

PCA – PRUEBA DE CRECIMIENTO EN AUTOMATIZACIÓN – PCA

Elementos para pruebas
Prueba: RELAY – XYZ
Fecha 10-5

		Preparación de prueba	Posición	Conectar	Selección de Prueba	Operar	Medir	Ajustar	Registrar	Análisis de datos.	Retroalimentación	Desconectar	Rechazar	Retirar	Desmantelar prueba	Tiempo total y costo
Presente	% Tiempo		5	7	49	10	12	8	.5	0	0	4	.5	4		60sec.
	Costo	$1.06	.13	.17	1.23	.25	.30	.20	.01	0	0	.10	.01	.10	0	2.5¢
Propuesto	% Tiempo		10	7	10	20	24	16	0	0	0	4	1	8		30sec.
	Costo	$.75	.13	.07	.12	.25	.30	.20	0	0	0	.05	.01	.10	0	1.25¢
Real	% Tiempo															
	Costo															

Fig. 12-19 Gráfica completa PCA para relé eléctrico.

completo de información de la calidad así como las especificaciones detalladas para cada pieza de equipo, incluyendo la exactitud, la capacidad, el tamaño, requerimientos operativos, seguridad, productividad y costos de la operación incluyendo provisión para calibración y mantenimiento.

Como se discutió en las primeras secciones de este capítulo, hay muchas alternativas de equipo abiertas para el ingeniero del equipo de información de la calidad al tomar las decisiones en lo referente a cómo se cubrirán las siete funciones. El rápido desarrollo continuo en dichas áreas del equipo, hacen que la discusión sobre sus detalles funcionales queden fuera del alcance de este capítulo. Sin embargo, la Fig. 12-20 presenta una lista de lo que se necesita para organizar el equipo de información de la calidad: el tiempo que demanda el diseño, la adquisición de elementos, la construcción, comprobación o pruebas, entrega para operar, todo esto coordinado con los otros elementos del plan del sistema de calidad.

En este momento, los detalles de las pruebas de prototipo, muestra y preproducción se establecen y coordinan entre ingeniería del equipo de información de calidad, ingeniería de calidad e ingeniería de control del proceso para generar una operación de equipo que analice la actuación del producto o proceso, y/o determine la rápida acción correctiva para asegurar una suave continuidad de las operaciones de manufactura.

Diseño, suministros y construcción

12.20 Construcción del equipo

El periodo de transición, pasando del plan de diseño y del plan de abastecimiento a la fase de la construcción del equipo, es esencialmente semejante al planeamiento y organización del programa y al de la ejecución y estimación de los resultados. En esta fase de construcción del equipo es cuando se define si el diseño y el desarrollo de las piezas del equipo se deben llevar a cabo dentro de la compañía o por subcontrato en el exterior. Croquis, bosquejos, diagramas de circuitos, requisitos del software, listas de material pormenorizadas y hojas con especificaciones detalladas del equipo forman parte del trabajo. Las instrucciones para las operaciones de pruebas e inspección que habrán sido elaboradas de acuerdo con la tecnología del control de la calidad serán terminadas y las instrucciones necesarias para operar el equipo, así como los procedimientos de calibración y de mantenimiento serán delineados. Se ordena y recibe el material y se procede a la construcción del equipo y accesorios.

Normalmente, durante esta fase de la tarea del equipo de información de la calidad, cuando se involucran diseños de nuevos productos, el prototipo de producto es terminado y sometido a pruebas que confirmen que su actuación cumple con los requisitos y especificaciones impuestos. Es a menudo esencial que los ingenieros del equipo de información de la calidad sigan de cerca las pruebas, en detalle, en atención a que las fallas en el servicio y las correcciones de diseño pueden afectar en forma directa al sistema de calidad planeado y al equipo que se haya construido especialmente para el caso.

Fig. 12-20 Lista de lo que se necesita para organizar el equipo de información de calidad.

Especificación del equipo de información de la calidad
Lista para las especificaciones o diseño del equipo

1. Estándares, clave y planos aplicables
   - NEMA — Croquis
   - AIEE — Planos y diseños preliminares
   - ASME — Especificaciones de ingeniería
   - EIA — Procesamiento de datos y plan del software
   - Reglas de seguridad — Planes de operación

2. Información general y planes alternativos
   - Función del equipo
   - Condiciones del ambiente
     - General
     - Específico
       - Choque — Lubricantes
       - Temperatura — Mugre
       - Humedad — Partículas
   - Requisitos de entrega
   - Sistemas alternos de equipo que pueden cumplir con los requisitos.

3. Diseño y requisitos de operación
   - Características por anotar:
     - Voltaje — Dimensión
     - Corriente — Propiedad química
     - Frecuencia — Propiedad física
     - Potencia
   - ¿En dónde se cotejarán las características?
     - Antes del proceso
     - En el proceso
     - En el ensamble
     - Al final
   - Requisitos de suministro y de producto:
     - Potencia — Conexiones
     - Frecuencia — Protección
     - Voltaje — Presión
   - Celeridad de operación:
     - Mediciones en la unidad de tiempo
     - Tiempo disponible para tomar cada medición
     - Tiempo de espera para componentes en secuencia
     - Retardo debido a espera de retroalimentación
     - Tiempo para almacenar datos en la memoria
     - Tiempo necesario para hacer cálculos
     - Tiempo para clasificar los trabajos
   - Requisitos de seguridad:
     - Conexiones a tierra
     - Interconexiones

- Aislamiento
- Control de circuitos de seguridad

Tipo de equipo con que operará esta unidad

Con formas especiales de mantenimiento:

- Enchufes
- Unidades montadas en bastidores
- Elementos de ajuste en lugares accesibles
- Puntos apropiados para pruebas
- Sistema indicador de fallas

Provisión para expansiones o adiciones:

- Tamaño
- Celeridad de operación
- Monto de trabajo ejecutado

4. Calibración y exactitud

Establézcase la exactitud deseada

- Sistema
- Componentes
    - Lecturas digitales
    - Medidores
    - CRT
    - Transductores
- Confiabilidad
- Calibración
    - Frecuencia de calibración
    - Tiempo requerido
    - Calibración automática
- Disponibilidad de servicio
- Riesgo de error inherente al diseño del equipo
- Cantidad de uso
- Consecuencias de errores—producto, plan, cliente
- Calibración separada
    - En el lugar de uso
    - En otro lugar que no es el de uso
- Pieza maestra requerida
- Estándar requerido.

5. Información de entrada y requerimientos de procesamiento de datos

- Programas de software
- Datos codificados y base
- Demandas de la memoria
- Manejo de datos distribuidos o en principal
- Modo de entrada
- Telecomunicaciones

6. Informes necesarios sobre lo producido

- Clasificación del trabajo confrontado
- Indicador visual
- Registros exigidos
    - Gráfica estadística
    - Datos digitales
    - Datos análogos

Identificación de los trabajos
Si se usan para correcciones y control
¿Qué es lo que controla?
Control de suministros
Conexiones

7. Materiales y construcción
Materiales en:
Gabinetes
Armazones
Perillas
Aparatos de medición
Páneles
Cableo
Manubrios de control
Transductores
Sensores
Lectores y CRT

Detalles de construcción
Limitaciones de:
Tamaño
Espacio
Peso
Conformidad con:
Otro equipo—número de requisición, si se tiene
Equipo para manejo de materiales
Aspecto físico:
Frente inclinado
Distribución de componentes
Distribución de controles
Requisito de pintura
Tipo de letreros
Datos de placa
Método de montaje:
Fijo
Sobre de ruedas suaves portátil
Portátil
Sobre de ruedas plegadizas
Precauciones especiales:
Evítese polvo y basura
Radiación
A prueba de explosión
Precauciones de seguridad:
Conexiones a tierra
Conexiones polarizadas

8. Provisiones para instrucciones
Instrucciones operativas
Instrucciones para calibración
Instrucciones para mantenimiento
Instrucciones del software
Instrucciones para instalación
Lista de partes o piezas
Lista de partes o repuestos
Bosquejos (dibujos)
Diagramas de instalaciones eléctricas

Asistencia del fabricante para la instalación
En dónde obtener ayuda para la operación

9. Pruebas de aceptación
   Disponibilidad del equipo en la planta del fabricante para cerciorarse de la calidad de los materiales y mano de obra
   Pruebas de sobrevigilancia para asegurarse de que
   Previsiones para estimación específica durante cierto periodo después de la instalación
   Parámetros de capacidad del proceso
   Número de piezas necesarias para evaluación
   Cantidad
   Secuencia

Planeación de la calibración y mantenimiento

Un factor clave en el diseño del equipo de calidad es el minimizar la necesidad de —y los costos de— calibración y mantenimiento. Además, ya que la mayoría del equipo de información de la calidad requerirá periódicamente de calibración para asegurar una exactitud adecuada a través de todo su uso operacional, estos requisitos de calibración deben quedar específicamente aclarados durante el diseño del equipo. Los factores clave para identificar estos requisitos de calibración y mantenimiento están identificados en el área 4, Fig. 12-20.

Un programa organizado de calibración y mantenimiento que incorpore planeación de instalaciones, equipo y entrenamiento, determinación de los ciclos apropiados y programas y procedimientos detallados es un plan esencial que debe ser establecido como parte del diseño, habilitación y la actividad de construcción.[11] Particularmente con el equipo de información muy complejo, es muy importante que se preste atención a este plan de control de la posible acumulación de errores al darse una secuencia de calibraciones.[12] Cuando se puede establecer el equipo como una parte económica de una operación mayor de calibración, se puede aplicar la computadora ya sea a través del procesamiento por lote para generar un "archivo automático" para los tiempos de mantenimiento o, cuando sea práctico, a través del control computacional de la calibración sobre la línea productiva.

Instalación, pruebas y vigilancia continuada

12.21 Poner el equipo en operación

El cuarto y último conjunto de técnicas de la ingeniería del equipo de información de la calidad comprende la instalación, pruebas de eficiencia y la vigilancia continuada. Esta fase se inicia generalmente poco antes de las operaciones preliminares de producción y se desarrolla hasta lograr plena actividad. Esta fase se ocupa en "armonizar" los diferentes elementos del equipo del sistema de calidad, verificando sus aplicaciones y proveyendo instrucciones de operación, calibración y mantenimiento e instrucción del personal operante, en el uso del equipo.

Además, se procede a un estudio de capacidad del equipo informativo de la calidad, así como a un análisis detallado de la actuación del equipo de información con relación a sus especificaciones individuales.

En este punto se toca el interés de dos áreas: la de capacidad del equipo del sistema para cumplir satisfactoriamente con las especificaciones y la de capacidad del equipo en conexión con las variables del proceso, tal y como lo exige el sistema de calidad planeado. El ingeniero de control de proceso es responsable de comprobar que el equipo responda a las especificaciones que se le piden, de celeridad, exactitud, reproducibilidad y de seguridad en su funcionamiento. Puede, posiblemente, contar con un margen alto de seguridad en la exactitud, pero tal vez un comportamiento deficiente en lo que a reproductibilidad se refiere, en la aplicación que tenga asignada.

El ingeniero del equipo informativo de la calidad, puede instituir un sistema de registro por medio de tarjetas para notificar al ingeniero de control de proceso que el equipo se encuentra en construcción o que se ha contratado con algún proveedor, a fin de que dicho ingeniero tome las providencias para hacer las pruebas pertinentes cuando se reciba el equipo. Si el equipo ha sido diseñado y construido dentro, el ingeniero de equipo debe compararlo con las especificaciones del diseño; si es uno comprado, se debe realizar una comparación satisfactoria con una unidad representativa antes de comprar el equipo.

Cuando el ingeniero de proceso haya evaluado el equipo con condiciones operativas, es aconsejable retener la tarjeta de notificación suministrada por el diseñador del equipo. Si el equipo no opera de manera satisfactoria una vez instalado o si hay que introducir alguna modificación para mejorar su actuación, el ingeniero de control de proceso enviará la tarjeta al diseñador con indicación de los cambios necesarios. Podrá, por ejemplo, encontrar que la colocación de un perno está conforme a los planos, pero la inserción del producto en el ensamble raspa una cara del producto, o bien, que el voltaje suministrado en el taller sufre fluctuaciones de importancia por lo que es imperativo el uso de un regulador, el cual tendrá que ser agregado al equipo de pruebas.

El equipo informativo de la calidad se pondrá en servicio tan pronto como los ingenieros de información y de control de proceso se hayan asegurado de que el equipo funciona propiamente y que puede ser usado con propiedad en esta aplicación. Subsecuentemente, la capacidad del equipo de información de la calidad se revisará periódicamente para asegurar que está siendo usado y puesto al día para el mejor desempeño y economías en los costos y que la capacidad del equipo de información de la calidad satisface las necesidades del producto y proceso.

Para relacionar estas cuatro fases del diseño del equipo de información de la calidad a los pasos en el ciclo normal del desarrollo del producto, se muestra la gráfica en la Fig. 12-21.

CICLO DEL DESARROLLO DEL PRODUCTO

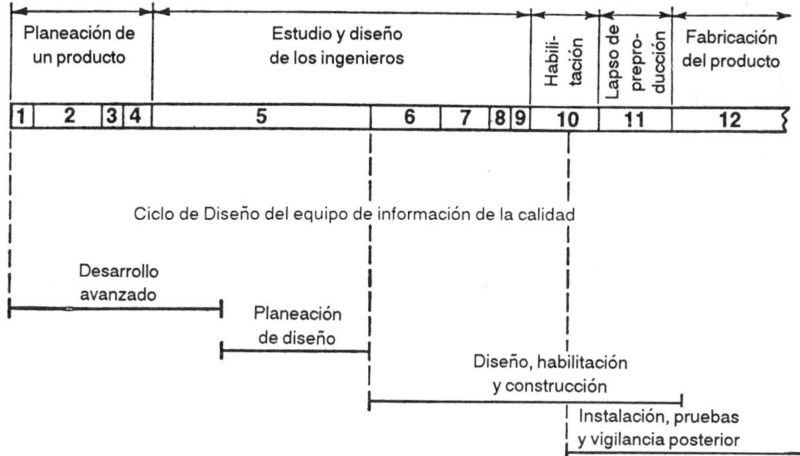

1. Petición de desarrollo de un producto.
2. Revisión por planeación del producto.
3. Aprobación a prueba.
4. Aprobación formal del desarrollo.
5. Diseño preliminar.
6. Prototipo de manufactura.
7. Revisión y recomendaciones finales de planeación de producto.
8. Aprobación oficial.
9. Planos finales.
10. Permiso condicional de manufactura.
11. Fabricación preliminar.
12. Fabricación definitiva.

Fig. 12-21

12.22 Resumen del equipo de información de la calidad —Factor básico en la productividad, mecanización y electronización

El papel esencial de los programas de calidad total en el logro de la productividad, como se enfatizó en el Cap. 3, es particularmente importante en estos programas modernos del equipo de información de la calidad. Los medios principales para el logro de la productividad son la mecanización y la electronización. Una moraleja importante que se deriva de la experiencia industrial, es que las áreas de mecanización, electronización y productividad están altamente relacionadas con programas de calidad.

La mecanización y la electronización pueden, en este sentido, considerarse como:

El uso progresivo de equipos y aparatos para el ahorro y la mejora del trabajo, cuya forma más avanzada es la automatización.

La productividad puede, en este sentido, considerarse como:

> *La efectividad con la que los recursos de insumos —de personal, materiales, maquinaria, información— en una planta se traducen en una producción orientada a la satisfacción del cliente, y que hoy implican todas las actividades relevantes de mercadotecnia, ingeniería, producción y servicio de la planta y compañía en vez de únicamente las actividades de los trabajadores de la fábrica, donde se ha concentrado la atención tradicionalmente.*

La experiencia demuestra que actualmente las mejoras en productividad dependen hasta un punto cada vez mayor del papel de la calidad en las acciones de mecanización. Esta mejora en la productividad a través de la mecanización no tendrá lugar a menos que se le preste a la calidad una atención central, junto con el programa de mecanización en una forma absolutamente integrada, motivada humanamente y organizada. Esto se debe a que la productividad no sólo depende en más producto por hora dentro de la fábrica, sino en el clima actual, de un producto más útil que proporcione satisfacción al cliente. Ver las Secs. 3.1 a 3.3

Aunque algunas instalaciones de automatización y mecanización que no han sido coordinadas a los programas de calidad total han acelerado fuertemente la producción, no han aumentado la productividad. En lugar de esto, han simplemente producido más productos malos más rápido que antes.

Tres factores son la clave del éxito en los programas de mecanización y automatización, los que proporcionan tanto productividad sustancial como mejoras sustanciales en la calidad. Estos tres factores son:

Primero: Los programas de mecanización y automatización, desde sus inicios, deben estar organizados y llevados a cabo como programas de negocios completamente planeados, con atención total a sus efectos sobre los recursos humanos, motivacionales, materiales, de información, y económicos de la planta; no pueden ser enfocados como simplemente proyectos de diseño e instalación de equipo mecánico o electrónico, con todas las demás cuestiones tratadas con una base incidental y secundaria.

Segunda: El programa moderno de calidad total debe estar integrado con todas las fases de la concepción, instalación y control continuo del programa de mecanización. El equipo de información de la calidad se debe tomar en cuenta en todos los aspectos de la mecanización y electronización.

Tercera: Similarmente, la mecanización del mismo control de calidad a través del equipo de información de la calidad se debe lograr como una parte integral del programa de calidad de la planta; no puede suceder exitosamente basados en una y otra piezas individuales de equipo.

Una ilustración de la importancia de estos tres factores se encuentra en la aplicación de la tecnología de la calidad para lograr los requisitos de calidad impuestos al ensamble del soporte magnético discutido anteriormente en la Sec. 3.5.

Este soporte, que es un componente de un instrumento de precisión, es un aparato relativamente simple que consiste en cuatro partes: dos lavadores, entre los que se ensambla una tercera parte; un magneto permanente con un hoyo en el centro, a través del cual pasa una cuarta parte; un sujetador, para mantener juntos a los lavaderos y al magneto.

La operación original de producción consistía en la producción manual en línea a lo largo de la cual los lavadores, magnetos y sujetadores se ensamblan progresivamente por trabajadores que usaban herramientas de mano simples. Los estándares de calidad eran altos. La inspección de recibo de los lavadores era de 1% NCA para la línea de producción.

El objetivo de la mecanización era eliminar esta línea de ensamble manual a favor de un proceso mecánico bastante rápido en el que los lavadores, magnetos y sujetadores fluían a través de tolvas alimentadoras, se unían, ensamblaban y empacaban a una tasa de 720 ensambles por hora —uno cada 5 s. El diseño mecánico de este nuevo proceso era bastante exigente, técnicamente hablando. La actividad de tecnología-calidad para asegurar la salud económica y la operación productiva de este nuevo proceso era igualmente exigente, así como la instalación y diseño mecánicos que, en los primeros años de la planta, probablemente había sido lo único que fue considerado seriamente en la planeación del programa.

Dos ejemplos ilustran las actividades calidad-tecnología: El *primer* ejemplo fue el impacto del programa de mecanización sobre los cambios necesarios por ingeniería de calidad en la planeación de calidad relevante. Esto fue necesario debido a que el 1% NCA para los lavadores que era tan altamente aceptable como nivel de calidad en operaciones manuales, era un nivel de calidad totalmente inaceptable para la mecanización. Con los 1440 lavadores que se requerían para 720 ensambles por hora, el NCA de 1% habría significado 14 detenciones potenciales de la máquina por hora, 1 cada 4 min, una situación completamente imposible. Lo que se necesitaba para la mecanización era un nivel de la calidad de los lavadores que fuera mucho mejor que aquél para las operaciones manuales y que proporcionara un riesgo de detención potencial de la máquina que fuera aceptable para el flujo económico de la producción.

Estos niveles de calidad no podían ser logrados por una inspección mejor de los lavadores después del proceso, antes de la operación mecanizada. En su lugar requerían del establecimiento de un programa de ingeniería de control del proceso, orientada dentro del proceso, mucho más agresivo —incluyendo mejor control y el afilamiento más frecuente de la máquina de punzones— en las operaciones de perforadora que de hecho producían los lavadores en otro edificio de la fábrica y donde un control del proceso tan estricto nunca antes había sido necesario.

El *segundo* caso fue la necesidad de un equipo de información de la calidad que nunca antes se había necesitado. Los magnetos permanentes no habían requerido aparatos de inspección dimensionales en la línea de producción manual porque los mismos trabajadores experimentados los habían inspeccionado con sus dedos para determinar astillas, esquinas redondeadas o rebabas que significaban que los magnetos no deberían usarse. Con la mecanización, los trabajadores desaparecieron y lo mismo sucedió con su inspección digital. Esto estableció la necesidad de desarrollar un equipo óptico de información de la calidad electrónico basado en calibradores, para lograr el mismo propósito. Este equipo se instaló en la tolva de entrada de los magnetos, para asegurar una inspección al 100%, debido a que estos magnetos son tan inherentemente quebradizos que el control del proceso durante y después de su producción pudiera asegurar producción satisfactoria de magnetos, pero las roturas podrían darse y ocurrirían durante el transporte, de forma que tenían que ser controladas antes del nuevo proceso.

Esta instalación del programa de tecnología-calidad, junto con el programa de mecanización, contribuyeron a una operación moderna de ensamble muy exitosa con alta productividad y alta calidad.

Este ejemplo ilustra dos contribuciones del programa de calidad moderno que son necesarias para apoyar los requisitos crecientes de calidad inherentes a los programas de hoy de mecanización y automatización:

- Identificar y producir los cambios en la ingeniería de calidad y en la ingeniería de control del proceso que se necesitarán en algunas partes del plan de calidad para asegurar los requisitos de calidad que harán un éxito del programa de mecanización.
- A través de la ingeniería del equipo de información de la calidad, identificar y hacer disponible el equipo de calidad que se necesitará dentro del mismo proyecto de mecanización.

Estos pasos, cuando se ejecutan apropiadamente, son una actividad que debe ser integrada dentro de los programas de mecanización y automatización y que es esencial para asegurar que una producción más útil y productiva por hora resultará, en vez de fabricar simplemente más productos buenos y malos.

Notas

[1] El equipo y desarrollos tratados aquí han sido creados por muchos profesionales de la ingeniería de calidad y de la ingeniería de equipo, cuyo trabajo ha establecido la base para el equipo de información de la calidad moderna.

[2] La Sec. 12.6 y el material relacionado con ella en este libro están, en parte, de acuerdo con un trabajo sin publicar de Donald D. Ward y Walter P. Sime.

[3] Para una discusión a detalle, ver Murray E. Liebman, "Real-Time Radiographic Inspection Systems", *14th Annual Technical Conference Transactions*, International Academy for Quality, 1979.

[4] El término "programación" se usa aquí en el sentido general técnico de planeación y, donde sea apropiado, puede incluir, pero no queda confinado, a la programación computacional, que está orientada a aquellos equipos de información de la calidad con base computarizada.

[5] Para una discusión de la calidad con ayuda de la computadora, ver William Riemenschneider, "CAQ Starts with CAD", *32nd Annual Technical Conference Transactions*, American Society for Quality Control, 1978, Págs. 105 – 109.

[6] Para una discusión de la aplicación a gran escala del MMC, ver Maurice Puma, "Quality Technology in a Changing Manufacturing Environment", *Quality Progress*, Vol. XIII, Núm. 8, agosto 1980.

[7] La Sec. 15.21 trata MIL-STD-414 con más detalle. El plan de variables nuevas, ANSI/ASQZ1.9 también es apropiado para este propósito. La Sec. 15.23 discute este plan.

[8] El efecto de subir y bajar es una oscilación del controlador causada por una sobrecorrección del proceso, con oscilaciones subsecuentes para corregir la sobrecorrección.

[9]Esto se discute por Yoshihiko Hasegawa, Kiyomi Tanaka y Teruo Yanagi, "On-Line Quality Control System at Daido Steel, Chita Plant", *International Conference on Quality Control*, Tokyo, 1978.
[10]La gráfica PCA fue desarrollada por E. S. Acton, E.T. Angell y D. D. Ward siguiendo los principios publicados originalmente por James R. Bright, General Electric Co.
[11]Para una descripción de un programa de medición de calidad y productividad en un ambiente metrológico, ver Roland Vavken, "Productivity of Quality Measurement in Metrology", *31st Annual Technical Conference Transactions*, American Society for Quality Control, 1977.
[12]Ver, por ejemplo, Jimmy E. Hilliard y J.R. Miller III, "The Effect of Calibration on End Item Performance in Echelon Systems", *Journal of Quality Technology*, Vol. 12, Núm. 2, abril 1980, Págs. 61-70

PARTE CINCO
Tecnología estadística de la calidad

CAPÍTULO 13
Distribuciones de frecuencias

El gran aumento de precisión que se exige a los productos y partes que se manufacturan, va acompañado de la necesidad de mejores métodos para la medición, para las especificaciones y el registro. La estadística, conocida como ciencia de las mediciones, es una de las técnicas de mayor valor que se emplea en las cuatro tareas del control de calidad, lo que es evidente desde hace mucho tiempo.

Por años, las técnicas estadísticas y la metodología estadística han sido más y más ampliamente utilizadas y aceptadas, por lo general, en toda la industria. Con la disponibilidad de las computadoras de hoy y de los equipos avanzados de procesamiento de datos, su aplicación práctica continúa creciendo y profundizándose. La estadística juega un papel importante en los programas modernos de control total de la calidad.

Sin embargo, la popularidad actual del enfoque estadístico no se logró fácilmente. La oposición inicial a estos métodos se debió en parte a la resistencia natural que se opone a la admisión de cualquier método nuevo y más específicamente, se debió a la aprensión del personal obrero respecto a los símbolos matemáticos que parecen rodear a la estadística industrial con un aire de misterio.

También se debió en parte, a la superabundancia de estadísticas técnicas, y a la escasez de aplicaciones prácticas administrativas que es lo que caracteriza a la literatura que llegaba a la administración industrial. En parte, se debió al simple hecho de que durante su formación, muchos ingenieros descuidan su concentración sobre esta materia. Hoy en día existe un caudal creciente de material sobre aspectos prácticos y detalles teóricos de estadística industrial. La terminología estadística y las operaciones matemáticas se han reducido a simples operaciones de aritmética o de álgebra elemental. Un gran número de empleados industriales ya han sido entrenados en estos métodos modernos.

El éxito de los métodos estadísticos en la industria, realmente representa un compromiso entre la estadística "pura" y las realidades prácticas en situaciones industriales. Los métodos estadísticos como actualmente se aplican en el control total de la calidad, no representan una ciencia exacta. Su carácter está fuertemente influenciado por factores de relaciones humanas, condiciones tecnológicas y consideraciones sobre costos.

Por ejemplo, un programa de control de calidad de una planta puede estar enfocado al problema de elegir entre dos tablas de muestreo. Una de ellas podrá ser muy precisa estadísticamente, pero su manejo puede ser difícil para la gente del taller. En cambio, la otra tabla no será de tanta precisión estadística, pero su empleo es mucho más fácil. Desde luego que lo lógico para la planta será el empleo de la segunda tabla.

Probablemente, de mayor importancia que los métodos en sí, ha sido el impacto de los principios que estos representan, sobre el pensamiento industrial. El "punto de vista estadístico" se concreta esencialmente en lo siguiente: la *variación* en la calidad de un producto se debe de estudiar constantemente:

- Dentro de los lotes de producto.
- Sobre los equipos para el proceso.
- Entre diferentes lotes de un mismo artículo.
- Sobre características críticas de calidad y sus estándares.
- Sobre fabricaciones piloto en artículos de nuevo diseño.

Estas variaciones se podrán estudiar mejor, por el análisis de muestras seleccionadas de los lotes del producto o de unidades producidas en los equipos de fabricación.

Este punto de vista, que enfatiza el estudio de la variación, ha tenido un efecto significativo sobre algunas actividades del control de calidad, en las cuales no se han empleado los modernos métodos estadísticos, y el estudio de la variación que se recomienda, ha empezado a ser útil en otras áreas administrativas, como en estudios de tiempos, en ingeniería de seguridad, en la administración del personal y funciones de servicio.

Se dispone de cinco herramientas estadísticas que se aplican en las tareas del control de calidad:

1. Las distribuciones de frecuencias.
2. Las gráficas de control.
3. Las tablas para el muestreo.
4. Los métodos estadísticos especiales.
5. La predicción de confiabilidad.

Para la completa comprensión tecnológica del control total de la calidad, el conocimiento de sus herramientas es de gran utilidad. Por esta razón, se presentan con cierto detalle en los cinco capítulos de la Parte Cinco.

Además, también es esencial para el uso efectivo de las computadoras, cuya importancia en el control total de la calidad se discutió en el Cap. 12 y en otras secciones de este libro. Un surtido cada vez más amplio de software está ahora disponible para apresurar enormemente la velocidad y exactitud de los cálculos estadísticos. Esta aplicación de la computadora se lleva a cabo con la mayor efectividad en una compañía cuando los practicantes mismos de la calidad —ya sea en ingeniería, producción, mercadotecnia, servicio o gerencia general o el mismo control de la calidad— tienen un conocimiento básico necesario de la estadística.

La discusión sigue un patrón por medio del cual el enfoque general a cada una de las cinco herramientas primero se presenta en el capítulo apropiado. En las secciones posteriores de cada capítulo se dan algunos de los requisitos y limitaciones que se pueden presentar en las aplicaciones particulares de esas herramientas. La experiencia industrial con respecto al punto de vista estadístico, tal como se emplea en el control de calidad, indica lo apropiado de esta forma de presentación.

Concepto de la distribución de frecuencias

13.1 La naturaleza universal de las variaciones en la manufactura

Una de las características en las fabricaciones modernas, es que no es posible producir dos piezas exactamente iguales. Las variaciones podrán ser muy pequeñas, como en el caso de bloques de calibración, que están garantizados a dos millonésimos de pulgada. Pero ya sean grandes o pequeñas, las variaciones existen en los elementos manufacturados en cualquier proceso de fabricación, ya sea en máquinas de CN, tornos manuales, prensas de estampado, hornos para recocido, máquinas para pintar, o envasar y encapsular componentes electrónicos delicados.

Algunas de estas variaciones serán de tal magnitud, que inmediatamente se ponen de manifiesto por medio de los equipos modernos de medición. Otras serán tan diminutas, que las lecturas sucesivas con el equipo de medición, primero pondrán de manifiesto la variación del equipo, antes que la de las piezas.

De los diferentes tipos de variación entre las piezas, de utilidad para propósitos analíticos, existen tres clasificaciones:

1. *Variaciones dentro de una misma pieza*, por ejemplo, en una flecha que en uno de sus extremos se encuentra ovalada y en el otro extremo esté dentro de sus tolerancias.
2. *Variaciones entre piezas producidas durante un mismo periodo*, como las variaciones en las longitudes de los pasadores producidos durante un periodo de cinco minutos en un torno automático.
3. *Variaciones entre las piezas producidas en diferentes periodos*, como aquellas variaciones en las longitudes de los pasadores producidos al principio de un turno, comparadas con las producidas al final del turno.

Existen diversos factores que contribuyen a cada una o a todas estas clases de variación. Entre éstos pueden citarse el desgaste de las herramientas, coji-

Informe diario Sección de máquinas automáticas		
Pieza	Núm. inspección	Núm. rechazado
Perno plano 53415	863	67
Soporte plano 6763	1892	103
Pasador plano 52318	657	112

Fig. 13-1

netes que se aflojan, vibraciones en la maquinaria, dispositivos y aseguradores falsos, materia prima defectuosa, operadores distraídos o faltos de entrenamiento y cambios de climas. La industria ha reconocido lo inevitable de estas variaciones. Por tanto, ha incluido en los planos y especificaciones, tolerancias que marcan la desviación que se pueda permitir con respecto a un estándar, en su forma, en sus dimensiones, en su color, en tamaño y en otros parámetros.

13.2 Registro de las variaciones en las partes

A medida que los límites de las tolerancias se especifican más y más estrechos, ha sido necesario que el personal de ingeniería y producción mantengan una comprobación más minuciosa de las dimensiones. La inspección tipo diagonal *pasa no-pasa* ha sido la más ampliamente empleada para el caso. Las piezas que quedan fuera del límite, se separan de las que quedan dentro de los límites. La Fig. 13-1 da una idea de un registro de esa forma de inspección.

Estos datos pueden indicar al jefe del taller que se debe de tomar una acción correctiva, a fin de reducir el número de piezas rechazadas. Pero muy poca será la guía sobre la clase de acción que se debe de tomar. ¿Los rechazos se deben a la falta de ajuste en la máquina? ¿A vibraciones de la herramienta? ¿A falta de cuidado del operador? ¿A material inapropiado?

Un jefe de inspección de una planta del Este, desarrolló otra forma de registro para tabular las dimensiones del diámetro exterior de una flecha. El valor nominal para el diámetro de la flecha era de 0.730 in, con una tolerancia de ± 0.002 in.

La forma usada se denomina *tarjeta con marcas*. En la parte inferior de la tarjeta van inscritas las diferentes dimensiones de las flechas desde 0.725 hasta 0.735 in. Al hacer el examen de las flechas terminadas, los inspectores registran cada dimensión del diámetro exterior marcando con una x en la columna apropiada de la tarjeta. La Fig. 13-2 da una idea de esta clase de tarjeta.

Comparando esta tarjeta con el registro de la Fig. 13-1, se nota que existe una guía mucho más efectiva para una acción correctiva. A simple vista, da una idea exacta de cómo y dónde se presentan las variaciones en las piezas, en lugar de indicar únicamente si las flechas son "aceptables" o "rechazables".

En muchos casos se puede interpretar *dónde* ocurren las variaciones de las piezas, puesto que existen figuras que son características de la causa de variación. Si la figura presenta una distribución ampliamente dispersa, como es el caso del ejemplo anterior, indicará una vibración en la herramienta. Una figura

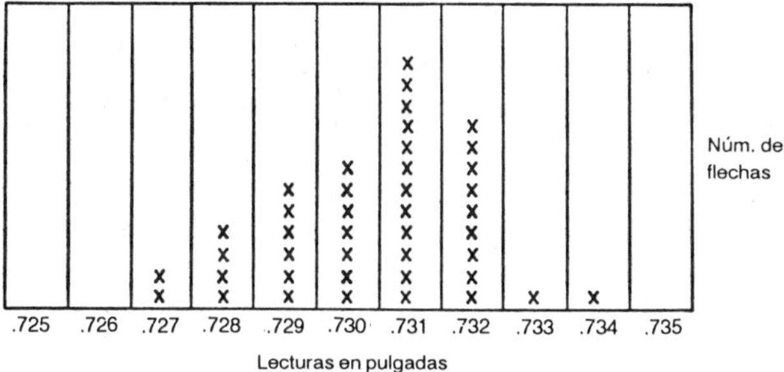

Fig. 13-2

que presente una acumulación de observaciones abajo de la dimensión nominal de 0.730 in, puede indicar que la máquina requiere de un ajuste.

La Fig. 13-2 es una forma de la representación de la *distribución de frecuencias*. El sentido común del jefe de inspección lo inclinó al empleo de estas gráficas por marcas, que representan la esencia de las distribuciones de frecuencias.

13.3 Definición de la distribución de frecuencias

Una distribución de frecuencias se puede definir como:

> *La tabulación, o el registro por marcas, del número de veces que se presenta una cierta medición de la característica de calidad, dentro de la muestra de un producto que se está examinando.*

La tabulación se puede representar colocando sobre el eje vertical la frecuencia de ocurrencia de las observaciones, y sobre el eje horizontal, los valores de la característica de calidad observada (pulgadas, volts, resistencia magnética, radiactividad, libras, dureza). En esta forma recibe el nombre de *curva de frecuencias*.

El uso industrial, sin embargo, ha designado a esta forma de tabulación la *curva de la distribución de frecuencias*, o simplemente una distribución de frecuencias. Se empleará aquí esta última designación.

13.4 Un ejemplo de la distribución de frecuencias

Un ejemplo interesante sobre la distribución de frecuencias, lo presenta la característica de la longitud de un determinado tipo de pasadores de latón. Estos pasadores se producen en un torno de roscar automático. Su longitud se determina por la operación automática de corte. Las especificaciones del plano exigen una dimensión de 0.500 ± 0.005 in .

Arbitrariamente se pueden tomar 50 piezas como tamaño de muestra para la comprobación. Los pasadores se van tomando a medida que van saliendo del torno. El resultado de las lecturas de medición se encuentran tabuladas en la Fig. 13-3.

Longitud del pasador – .500 ± .005

1. .498	11. .500	21. .505	31. .503	41. .502
2. .501	12. .499	22. .502	32. .501	42. .501
3. .504	13. .501	23. .504	33. .504	43. .504
4. .502	14. .502	24. .504	34. .501	44. .502
5. .503	15. .504	25. .501	35. .500	45. .500
6. .504	16. .499	26. .503	36. .502	46. .502
7. .502	17. .503	27. .502	37. .499	47. .504
8. .505	18. .502	28. .500	38. .502	48. .501
9. .503	19. .503	29. .501	39. .503	49. .503
10. .500	20. .502	30. .501	40. .503	50. .503

Fig. 13-3

Este conjunto de números se podrá examinar durante cierto tiempo, sin que se pueda tener un concepto de la conformación general de esta muestra de 50 pasadores, con respecto a las especificaciones del plano. A fin de lograr una representación más clara, se pueden agrupar los datos por dimensiones iguales; es decir, se agrupan todas las lecturas de 0.500, las de 0.501 formarán otro grupo, y así sucesivamente. Se prepara una tarjeta en la que se inscriben las subdivisiones convenientes de la dimensión. El número de veces que se repita cada lectura, se anota frente a la subdivisión correspondiente, como se ve en la Fig. 13-4. Esto dará la *frecuencia de ocurrencia*. A las subdivisiones de la dimensión se les denomina generalmente *celdas*.

La Fig. 13-4 se puede transformar en una gráfica, marcando con tantas *x* como unidades del número de frecuencia hay en la columna respectiva. La Fig. 13-5 presenta el resultado.

Es posible aclarar aún más la figura, uniendo la parte superior de las columnas de las *x*. Se obtendrá así la curva de distribución de frecuencias que se presenta en la Fig. 13-6.

DISTRIBUCIÓN DE FRECUENCIAS DE LAS LONGITUDES DE PASADORES — .500 ± .005

Longitud		Frec.		Frec. en %
.495				
.496				
.497				
.498		1		2%
.499		3		6%
.500		5		10%
.501		9		18%
.502		12		24%
.503		10		20%
.504		8		16%
.505		2		4%
TOTAL		50		100%

Diagrama de frecuencias

Fig. 13-4

Longitud	Frecuencia
.495	
.496	
.497	
.498	X
.499	XXX
.500	XXXXX
.501	XXXXXXXXXX
.502	XXXXXXXXXXXXX
.503	XXXXXXXXXXX
.504	XXXXXXXXX
.505	XX

Distribución de frecuencias

Fig. 13-5

Las etapas presentadas en las Figs. 13-3 y 13-4 se pueden eliminar para usos prácticos en la factoría. Se hará directamente el registro de las dimensiones como se ve en la Fig. 13-5.

Las Figs. 13-5 y 13-6 dan la representación de la longitud característica de la muestra de los pasadores de latón. En esta forma se ponen de manifiesto ciertas consideraciones sobre esa longitud característica en los pasadores, como:

1. *El valor central aproximado.* En general, esto indica la dimensión en la cual se encuentra ajustado el torno.
2. *La dispersión de los valores.* Esto puede indicar la variabilidad de la materia prima o posiblemente la de la operación misma del torno.
3. *La relación entre los valores observados y las tolerancias del plano.* Esto sirve de guía importante en el caso de tener que efectuar una acción correctiva.

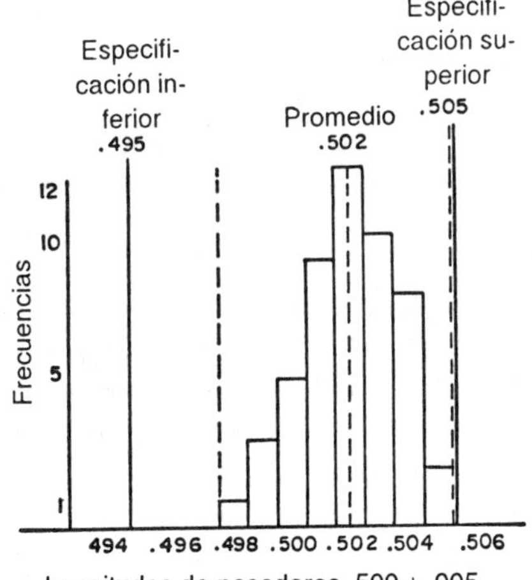

Longitudes de pasadores .500 ± .005
Curva de frecuencias

Fig. 13-6

13.5 Uso analítico de esta distribución de frecuencias

Supongamos que la inspección de los 50 pasadores representados en la Fig. 13-6 se hizo con el fin de comprobar el arreglo del torno de roscar antes de emprender la fabricación en masa. ¿Será satisfactorio ese ajuste de la máquina?

Puesto que todos los pasadores examinados se encuentran dentro de la tolerancia del plano, si la inspección se hiciera con el criterio de pasa/no-pasa, indudablemente que el resultado sería de aprobación para el arreglo actual de la máquina.

Pero la gráfica de la Fig. 13-6 da una base más precisa para la aprobación, que la obtenida por el medio anterior. Su información es más abundante y valiosa, no disponible en una revisión pasa/no-pasa. El inspector, el obrero o el jefe de taller, con una simple mirada a la Fig. 13-6, podrá deducir lo siguiente:

1. Como se nota una acumulación de piezas con dimensiones de 0.504 y 0.505 in, el sentido común hará pensar que posiblemente algunas de las piezas durante la producción en masa, pueden dar dimensiones de 0.506 o de 0.507 in, y que, por tanto, resultarán inaceptables. Esta condición es tanto más crítica, cuanto que, en particular para esta operación, con el desgaste de la herramienta se pueden producir piezas de longitudes mayores. Habrá entonces una tendencia durante la última parte del maquinado, de que las piezas puedan medir bastante más que 0.506 ó 0.507 in.
2. La amplitud de la dispersión en las piezas examinadas resultó de 0.007 in. Esto resulta favorable al compararse con las tolerancias totales permitidas en las especificaciones del plano, de 0.010 in.
3. La máquina parece estar arreglada en casi 0.002 in arriba de la dimensión nominal; en la Fig. 13-6 el valor central está en 0.502 in.

Con esta información se puede inferir la acción correctiva apropiada al personal de producción: puede lograrse una producción más prolongada y económica considerando el valor dado por la amplitud de dispersión de 0.007 in. El torno se puede arreglar para que dé la dimensión nominal de 0.500 en lugar de la de 0.502 in en que se encuentra; o más bien, si se toma en cuenta el desgaste de la herramienta, se puede arreglar a 0.499 in.

En la fabricación efectiva de que se tomó este ejemplo, la máquina fue arreglada en esta forma. De este modo se logró una producción muy satisfactoria.

Esta forma de aplicación, considerando simplemente la gráfica de distribución de frecuencias, sin ningún análisis algebraico, representa su empleo industrial más generalizado. Existen diversas adaptaciones para esta forma de aplicación: empleando diferentes tamaños de muestras, construyendo diferentes formas de gráficas para la distribución.

Para la mayoría de los operarios de producción es preferible marcar por medio de una línea punteada los dos extremos, superior e inferior, de la distribución, tal como se presenta en la Fig. 13-6. A estas líneas se les denomina *límites del proceso*.

La gente de producción también acostumbra marcar con una línea llena los límites de especificaciones reales del plano. Al compararse estas líneas llenas con los límites del proceso, se podrá predecir la calidad que se pueda lograr con determinado arreglo hecho a la máquina o al proceso.

En términos más amplios, los límites del proceso se diferencian de los límites de especificaciones en lo siguiente: los límites de proceso los establece la operación en sí misma; los límites de especificaciones generalmente se establecen por consideraciones humanas —casi siempre por el ingeniero proyectista— el cual toma en consideración factores externos a la operación.

13.6 La distribución de frecuencias como forma de pensar

Es de tanto valor el empleo de la distribución de frecuencias como método analítico, que como ayuda para contemplar la moderna manufactura de un producto.

El concepto de la distribución de frecuencias pone de manifiesto que la variación en las piezas fabricadas es inevitable. Esta variación toma un patrón definido, por lo general, que no podrá conocerse por el examen de dos o tres piezas únicamente.

Los trabajadores industriales, hombres o mujeres, se inclinan a pensar en los elementos manufacturados como piezas individuales, cada una representando al proceso y bajo las especificaciones de producción. Para tener un conocimiento del proceso y sus especificaciones, los trabajadores piensan que sólo es necesario examinar unas cuantas piezas. Este punto de vista probablemente procede desde los días en que la manufactura era bajo la base de una producción individual.

La distribución de frecuencias establece que las piezas consideradas en forma individual, dan relativamente poca información. El lote del cual forman parte estas piezas, rinde una información más significativa. Es mejor considerar a las piezas individuales como unidades de un gran lote. Realmente, para representar la característica de calidad de estas piezas, se requiere el estudio de una muestra de un tamaño adecuado, tomada del mismo lote a que pertenece.

Cuando no se toma en cuenta este concepto, pueden ocurrir errores muy costosos. Un ingeniero puede emplear mucho tiempo para diseñar y desarrollar un producto nuevo, seguro de que ese artículo se puede producir satisfactoriamente en el taller.

Sin embargo, al iniciarse la producción activa, puede ser que se reporten dificultades en su manufactura de parte del personal del taller. La inspección tendrá que desechar gran número de artículos. Transcurrirían varios días sin que las diferentes partes de la pieza puedan ensamblarse entre sí.

El ingeniero debe sentirse inclinado a creer que el taller no está organizado para la producción del artículo. Por su parte, la gente de producción pensará que el ingeniero les ha dado un diseño incompleto.

Lo que realmente pudo haber pasado, es que el ingeniero concretó su mayor atención a pruebas sobre dos o tres muestras del conjunto e hizo la verificación

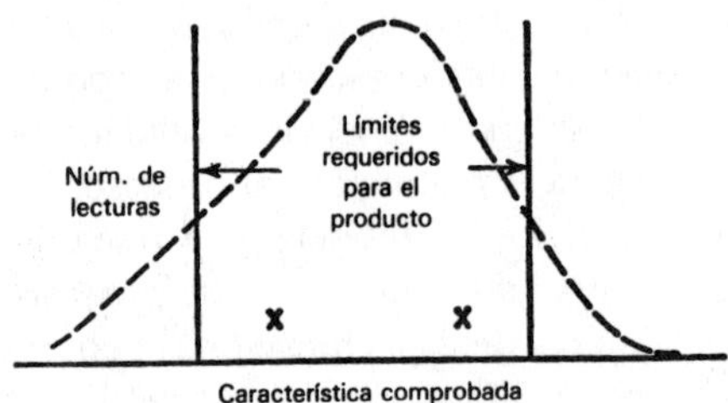

Fig. 13-7

sólo en cinco o seis piezas. Pero no extendió sus pruebas sobre un número suficiente de artículos, para tener una imagen representativa de la variación total que pueda esperarse cuando todas las variables posibles entren en conjunción.

Esta situación se pone de manifiesto en la Fig. 13-7. Las dos *x* representan las unidades que realmente ha comprobado el ingeniero. La curva de frecuencias punteada representa la distribución total a la que pertenecen esas dos unidades. Es precisamente la consecuencia de esa curva de distribución la que puede reflejar las dificultades que se tienen en el taller con ese artículo.

Un error muy similar podrá ocurrir cuando se haya aprobado un ajuste de la maquinaria, preliminar a la producción en masa. Puede ser que se hayan probado únicamente dos o tres piezas. Sólo en algunos casos, cuando ya se conozca la variabilidad de la máquina, podrá ser satisfactorio ese tamaño de muestra. Sin embargo, en muchos casos, esa muestra no podrá ser representativa de la variación total que pueda producirse durante la fabricación normal.

Por tanto, la distribución de frecuencias presta una importante contribución al concepto de la manufactura del producto, como:

1. Ayuda a afirmar el *principio* de que siempre debe tomarse en cuenta cierta cantidad de variación entre las partes manufacturadas.
2. Ayuda a establecer la *naturaleza general* (ver Sec. 13.7) de la forma gráfica que pueda tomar esa variación.
3. Ayuda a establecer un *enfoque importante* para el estudio y control de esta variación.

Por tanto, facilita la contestación a lo siguiente:

1. Por lo que se refiere a una característica de calidad en particular, ¿la variación del proceso podrá permitir que las piezas producidas queden dentro de los límites de especificaciones?
   Considerando la gráfica del lado izquierdo de la Fig. 13-8, se puede asegurar que "sí"; en cambio, para la gráfica de la derecha, "no". La parte achurada indicará las piezas fuera de tolerancias.
2. ¿Cómo se puede comparar el valor medio de la característica de calidad con los límites de especificaciones?
   La Fig. 3-9 da la contestación gráfica a esta pregunta.

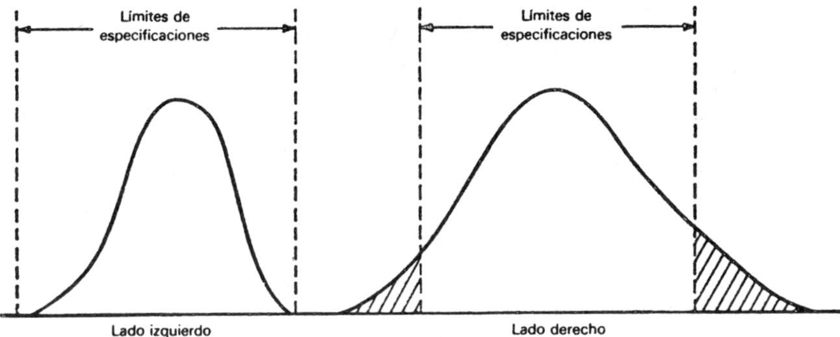

Fig. 13-8

13.7 Forma general de distribuciones de frecuencias en la industria

En la industria, se han hecho estudios sobre distribuciones de frecuencias de una gran variedad de productos manufacturados. Se han graficado: intensidades de lámparas de rayos catódicos, espesores de sustratos de cerámica, consistencia de barnices y resistencias de imanes permanentes.

Se ha llegado a establecer que existe cierta similitud entre las formas de estas distribuciones de frecuencias industriales. La Fig. 13-10 presenta un ejemplo de esta forma general de la curva; se refiere a la distribución de los espesores en 150 placas de lámina de acero.

El análisis gráfico presentado en lo que antecede ha sido de mucha utilidad en varios estudios. Pero en otras aplicaciones, se necesita un análisis más preciso. Esta exigencia es necesaria para asegurarse de que la serie de números dé la información esencial que ya se hace patente en las gráficas de las Figs. 13-6 y 13-10.

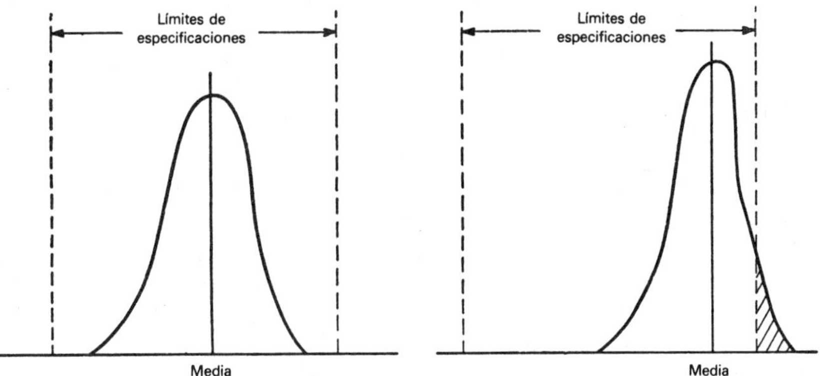

Fig. 13-9

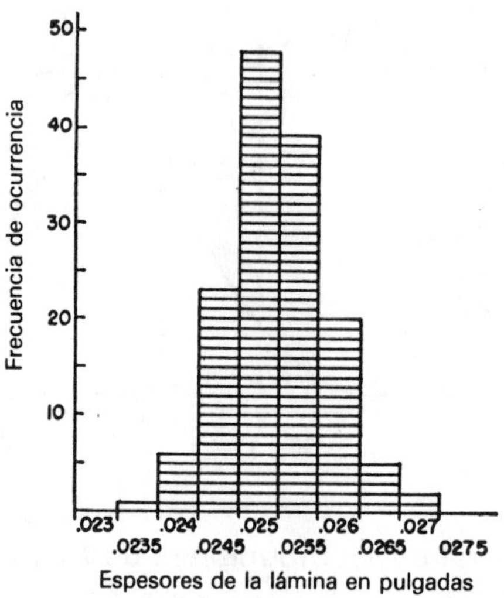

Fig. 13-10

Las fórmulas algebraicas necesarias para esos análisis, se derivan de la teoría de la probabilidad matemática.

Operaciones matemáticas en las distribuciones de frecuencias

13.8 Probabilidad

Cualquiera que esté familiarizado con juegos de azar, habrá escuchado o se habrá preguntado: "¿Cuál es la probabilidad?" Esta pregunta representa el reconocimiento popular de que existen *probabilidades,* más bien que una certeza, asociadas con los juegos de azar, ya sea que se trate del lanzamiento de monedas, o bien, de lograr un "full" en el póquer.

Un ejemplo de aplicación de las leyes de probabilidades en los juegos de azar, se presenta al arrojar un dado.

Cualquiera de las seis caras de un dado tendrá igual oportunidad de presentarse hacia arriba. Pero si se repiten las tiradas, por ejemplo, el número 4 se podría presentar tantas veces como el 3.

O bien, se pueden arrojar dos dados al mismo tiempo y hacer la suma de los dos números que quedan cara arriba. Esta suma puede ser desde 2 hasta 12. Sin embargo, se dispone de menos caras que totalicen la suma 2 ó 12, comparadas con las que pueden dar la suma 7. Una probabilidad bien definida, o "probabilidad establecida", está asociada con esta situación y se muestra en la Fig. 13-11. En una serie muy prolongada de tiradas, las diferentes sumas de las caras estarán en este patrón.

La curva de distribución de frecuencia con los datos de la Fig. 13-11, se puede graficar en la forma presentada en la Fig. 13-12. La similitud entre la forma de esta curva y las distribuciones de frecuencias que se han estudiado es

Sumas de las caras de los dados	Números de formas para obtener esta suma	"Probabilidad" o relación de ocurrencia
2	1	1/36
3	2	2/36
4	3	3/36
5	4	4/36
6	5	5/36
7	6	6/36
8	5	5/36
9	4	4/36
10	3	3/36
11	2	2/36
12	1	1/36
Totales	36	36/36

Fig. 13-11

muy aparente. Posiblemente, las numerosas variables de un proceso de producción industrial presentan casi el mismo efecto de variación entre las piezas que los llamados factores fortuitos que ocurren en los juegos de azar, como en las tiradas con los dados.

La significancia de esta similitud, hace que se puedan emplear las medidas algebraicas que se han desarrollado por el cálculo de probabilidades, para el análisis de las distribuciones de frecuencias industriales.

13.9 Medidas algebraicas de las distribuciones de frecuencias

Consideremos las dos características de una distribución de frecuencia que ya se han mencionado:

1. La *tendencia central,* o bien, ¿cuál es el valor más representativo?
2. La *distribución o dispersión*, o sea, ¿cuánta variación existe?

Para los usos industriales, las dos medidas de tendencia central más valiosas son el *promedio* y la *mediana.*

Fig. 13-12

Las dos medidas de dispersión de mayor utilidad son la *desviación estándar* y la *amplitud* o *rango.*

13.10 Medidas de tendencia central

Promedio. *El promedio* es la medida de tendencia central de mayor utilidad. Se obtiene dividiendo la suma de los valores observados en una serie entre el número de lecturas, y se presenta por:

$$\overline{X} = \frac{X_1 + X_2 + X_3 + \cdots + X_n}{n} \tag{1A}$$

en la cual: $\overline{X}$ = el valor promedio (X con una barra) de la serie
$X_1, X_2, \cdots, X_n$ = el valor de cada una de las lectura sucesivas
n = el número de lecturas practicadas

A fin de hacer más breve el numerador de la fórmula (1A), se acostumbra designarlo por "la suma de las *X*" y emplear la letra griega mayúscula sigma (Σ) e indicar esta suma así (ΣX). La fórmula se transforma en:

$$\overline{X} = \frac{\Sigma X}{n} \tag{1B}$$

Por tanto, si se tiene una serie de cinco lecturas —11, 12, 13, 15, 16— el promedio se obtiene como sigue:

$$\overline{X} = \frac{11 + 12 + 13 + 15 + 16}{5} = 13.4$$

Cuando una serie consta de un gran número de lecturas, se puede simplificar el cálculo del promedio agrupando primero estas lecturas en celdas convenientes y haciendo luego la recapitulación en cada celda. Bajo estas condiciones, la Fórmula (1B) se transforma en:

$$\overline{X} = \frac{\Sigma fX}{n} \tag{2}$$

en la cual: f = frecuencia de lecturas dentro de cada valor de celda (X)
ΣfX = suma del número de lecturas en cada celda por el valor correspondiente de la celda

Si se tiene series de lecturas homólogas, y se ha calculado el promedio de cada una de ellas, podrá ser necesario calcular el promedio de esos diferentes promedios. A este promedio general se le denomina *gran promedio.*

Simbólicamente, se muestra como $\overline{\overline{X}}$ (*X* con doble barra), y se calcula con las siguientes fórmulas

$$\overline{\overline{X}} = \frac{\overline{X}_1 + \overline{X}_2 + \cdots + \overline{X}_r}{r} \tag{3A}$$

para *r* muestras del mismo tamaño.

Y, para r muestras de tamaño $n_1, n_2, ..., n_r$, la fórmula es:

$$\overline{\overline{X}} = \frac{n_1\overline{\overline{X}}_1 + n_2\overline{\overline{X}}_2 + \ldots + n_r\overline{\overline{X}}_r}{N} \tag{3B}$$

donde $N = n_1 + n_2 + \cdots + n_r$

El gran promedio tiene su valor principal en el trabajo de gráficas de control.

Las muestras sobre las que estos cálculos de promedio y gran promedio están basados, se obtienen de una población más grande que puede consistir de un solo lote, o, más general, un flujo de producción representado por una serie de lotes. Esta *población promedio* se designa como μ (minúscula griega mu). En la mayoría de las situaciones prácticas de control de calidad, rara vez se conoce. $\overline{\overline{X}}$ y $\overline{X}$ que son, en efecto, estimados de la población promedio, son completamente satisfactorios para la mayoría de las aplicaciones industriales y son las medidas de tendencia central en el uso predominante industrial.

Mediana. La *mediana* se emplea en algunas ocasiones en trabajos industriales. Corresponde a aquel valor que divide una serie en igual número de lecturas a cada lado de esta mediana, cuando las lecturas estén arregladas en un orden creciente de magnitudes.

Por tanto, en la siguiente serie de lecturas: —11, 12, 14, 16, 17— el valor de la mediana es 14. Para otra serie de lecturas como: —8, 9, 9, 10, 11, 11, 12, 12, 13, 13, 13, 15—, la mediana tiene como valor 11.5.

Probablemente, si se compara la mediana con el promedio, se encontrará errática, pero es de mucho más fácil obtención.[1] Por esta razón se le prefiere en ciertas clases de trabajos, muy particularmente para las gráficas de control en el taller mecánico.

13.11 La desviación estándar

Para la mayoría de las distribuciones de frecuencias industriales, se emplea la *desviación estándar,* como una medida de la dispersión. Normalmente se calcula para muestras obtenidas de lotes mayores, y en estos casos se denomina *desviación estándar de la muestra* (denotada por la letra minúscula s). La desviación estándar de una muestra, se obtiene extrayendo la raíz cuadrada a la suma de los cuadrados de las diferencias de cada lectura de una serie contra el promedio de esta serie, dividiendo entre el número de lecturas, menos una, o simbólicamente:[2]

$$s = \sqrt{\frac{(X_1 - \overline{X})^2 + (X_2 - \overline{X})^2 + (X_3 - \overline{X})^2 + \cdots + (X_n - \overline{X})^2}{n - 1}} \tag{4A}$$

en la que: s = desviación estándar de la muestra

$X_1, X_2, \cdots, X_n$ = valor de cada una de las lecturas

$\overline{X}$ = valor promedio de la serie

n = número de lecturas

Por tanto, para la serie: —4, 5, 6, 7, 8—, cuyo promedio es 6, la desviación estándar se calcula como sigue:

$$s = \sqrt{\frac{(4-6)^2 + (5-6)^2 + (6-6)^2 + (7-6)^2 + (8-6)^2}{5-1}}$$

$$= \sqrt{\frac{4+1+0+1+4}{4}} = \sqrt{\frac{10}{4}}$$

$$= 1.581$$

Cuando la serie es de un gran número de lecturas, resulta conveniente agrupar las lecturas de igual valor, dentro de celdas individuales, antes de proceder al cálculo de la desviación estándar. Si las lecturas se han agrupado en esta forma, la fórmula por emplearse será:

$$s = \sqrt{\frac{\Sigma f X^2 - n\bar{X}^2}{n-1}} \qquad \text{(4B)}$$

donde:

$\Sigma f X^2 =$ suma del número de lecturas en cada celda por el cuadrado del valor de la celda correspondiente.

La desviación estándar *promedio de la muestra,* $\bar{s}$ *(s* minúscula con barra) se usa ampliamente en las aplicaciones de gráfica de control en la planta. La desviación estándar promedio de la muestra es el valor promedio de las desviaciones estándar de la muestra cuando cada muestra tiene el mismo número de lecturas, o simbólicamente,

$$\bar{s} = \frac{s_1 + s_2 + \cdots + s_r}{r} \qquad (5)$$

para r desviaciones de muestras.

Como se discutió similarmente en la Sec. 13.10 en relación con el promedio, las muestras sobre las que se basan estos cálculos de la desviación estándar de la muestra se obtienen de una "población" mayor que puede consistir de un lote único o, más general, un flujo de producción representado por una serie de lotes. Esta *desviación estándar de la población* se designa como σ (letra griega sigma minúscula).

Por ciertas razones estadísticas, la desviación estándar de la muestra s subestima ligeramente a la σ de la población de la que se tomó la muestra. Un factor designado como c_4 (c subíndice 4) debe por consiguiente utilizarse para estimar el valor de la desviación estándar de la población cuando se haya determinado el valor de la desviación estándar de la muestra. El cálculo es como sigue:

$$\sigma = \frac{s}{c_4}$$

Los valores para c_4 se dan en la Fig. 13-13.

n	c_4	c_5	n	c_4	c_5
2	0.7979	0.6028	32	0.9920	0.1265
3	0.8862	0.4633	34	0.9925	0.1226
4	0.9213	0.3888	36	0.9929	0.1191
5	0.9400	0.3412	38	0.9933	0.1158
6	0.9515	0.3075	40	0.9936	0.1129
7	0.9594	0.2822	42	0.9939	0.1101
8	0.9650	0.2621	44	0.9942	0.1075
9	0.9693	0.2458	46	0.9945	0.1051
10	0.9727	0.2322	48	0.9947	0.1029
11	0.9754	0.2207	50	0.9949	0.1008
12	0.9776	0.2107	52	0.9951	0.0988
13	0.9794	0.2019	54	0.9953	0.0969
14	0.9810	0.1942	56	0.9955	0.0951
15	0.9823	0.1872	58	0.9956	0.0935
16	0.9835	0.1810	60	0.9958	0.0919
17	0.9845	0.1753	62	0.9959	0.0903
18	0.9854	0.1702	64	0.9960	0.0889
19	0.9862	0.1655	66	0.9962	0.0875
20	0.9869	0.1611	68	0.9963	0.0862
21	0.9876	0.1571	70	0.9964	0.0850
22	0.9882	0.1534	72	0.9965	0.0838
23	0.9887	0.1499	74	0.9966	0.0826
24	0.9892	0.1466	76	0.9967	0.0815
25	0.9896	0.1436	78	0.9968	0.0805
26	0.9901	0.1407	80	0.9968	0.0794
27	0.9904	0.1380	84	0.9970	0.0775
28	0.9908	0.1354	88	0.9971	0.0757
29	0.9911	0.1330	92	0.9973	0.0740
30	0.9914	0.1307	96	0.9974	0.0725
31	0.9917	0.1286	100	0.9975	0.0710

Fig. 13-13 Adaptado con permiso del I. W. Burr, "Applied Statistical Methods", Academic Press, New York, 1974, Pág. 437.

Aunque la desviación estándar de la muestra es, por lo general, la más ampliamente aplicada como medida de desviación estándar en muchas aplicaciones en la planta, la medición de la desviación estándar de la población es también de mucha importancia en aplicaciones como la evaluación de la calidad corriente de un proceso continuo y en la calidad a largo plazo de los embarques de los proveedores.[3]

Como se observa de los factores c_4 en la tabla de la Fig. 13-13 y como se discute más ampliamente en la Sec. 13.18, la exactitud de s como un estimador de la desviación estándar de la población aumenta notoriamente cuando aumenta el tamaño de la muestra. En muchas aplicaciones de control de la planta donde el tamaño de la muestra de la distribución de frecuencia es relativamente grande y donde no se necesita una gran precisión del estimado de σ, entonces s se considera un indicador útil práctico de σ. Sin embargo, cuando el tamaño de la muestra es pequeño y cuando se requiere precisión —como en algunas aplicaciones orientadas a la electrónica, medicina, seguridad y otras— σ debe calcularse a partir de s como se mostró anteriormente para establecer los valores necesarios. Para las aplicaciones de la gráfica de control en la planta (discutidas en el Cap. 14) y cuando el tamaño de la muestra es relativamente pequeño, esta distinción entre los valores de s y σ es particularmente importante.

Cálculo de la desviación estándar de la muestra

En el cálculo práctico de la desviación estándar de la muestra, y cuando se tienen muchas lecturas en una serie, se pueden emplear algunos procedimientos que facilitan el cálculo de la desviación estándar. A continuación se presentan cuatro de estos procedimientos:

"Compendiar" los valores de una serie

En algunas series se presentan valores fatigosos para el cálculo. Por ejemplo, si la serie consta de lecturas, como: 839.38, 839.42, 839.63. Se puede tratar de reducir o simplificar estas lecturas, restando una cantidad constante a cada una de ellas.

En la serie anterior se puede restar 839.00 a cada una de las lecturas. En esta forma, los valores se reducen a 0.38, 0.42 y 0.63, los cuales son de más fácil manejo.

Como regla general se tiene: se puede agregar o restar cualquier valor constante a las lecturas de una serie, sin que por esto se modifique el valor de la desviación estándar. Sin embargo, se debe de tener en cuenta que, si los valores de una serie se multiplican o dividen por un mismo factor, el valor de la desviación estándar resultará multiplicado o dividido por ese factor. Para convertir la desviación estándar a las lecturas originales, será preciso dividir o multiplicar el valor encontrado por la misma constante que se usó para simplificar las lecturas.

"Agrupamiento" de las lecturas de una serie

Ya se ha mencionado una forma de agrupamiento de las lecturas obtenidas en una serie, o sea, reuniendo las lecturas de un mismo valor dentro de celdas individuales. Pero si el número de celdas es excesivo, se crean muchas dificultades.

Supongamos que la serie consta de 200 lecturas, de las cuales la de menor valor es de 52.01 con valores intermedios como 53.73 ó 59.33, hasta la de mayor valor 62.00, todas ellas redondeadas al centésimo.

Al agrupar lecturas de igual valor como 52.01, 53.73, etc., podrán resultar de 50 a 75 celdas. Probablemente resultará molesto tener que trabajar con ese total de celdas.

Pero es posible reducir aún estos datos, reuniéndolos en celdas seleccionadas a un tamaño arbitrario. Por ejemplo, el primer grupo podría contener lecturas de 52.01 a 53.00 inclusive, el segundo grupo incluiría lecturas de 53.01 a 54.00 inclusive, y el grupo décimo incluiría lecturas de 61.01 a 62.00. Por tanto, las 200 lecturas originales se pueden reducir a sólo 10 celdas, mucho más fáciles de manejar que las 50 ó 75 celdas. En las diferentes distribuciones de frecuencias industriales se han llegado a formar de 8 a 20 celdas, siendo el número más práctico el de 12 celdas.

El valor de la desviación estándar que resulte en este caso, estará dado en términos del intervalo de la celda tomado como unidad. Para convertir este valor a los valores originales, bastará multiplicar por el intervalo de la celda, que en el ejemplo de la serie anterior es de 1.00.

"Tomando un origen"

Cuando ya se hayan compendiado o agrupado las lecturas, se puede efectuar el cálculo de la desviación estándar por dos alternativas importantes:

1. Hacer el cálculo con estos datos compendiados o agrupados. Este procedimiento se ilustra en la Sec. 13.16.
2. Proceder a simplificar aún más el agrupamiento, tomando arbitrariamente una de las celdas como cero y considerar las celdas de la parte inferior de la tabla, abajo del origen, como unidades progresivas positivas; las celdas de la parte superior de la tabla, como unidades progresivas negativas a partir del origen. Con este procedimiento, los números con los cuales se trabaje serán pequeños. Esto resulta ventajoso en cierta clase de cálculos. Este procedimiento se emplea en la Sec. 13.17.

Calculadoras electrónicas y computadoras

En los últimos años, se ha hecho un esfuerzo por desarrollar aparatos electrónicos que faciliten la forma de calcular la desviación estándar al mismo tiempo que otros valores estadísticos. Se han empleado grandes computadoras digitales electrónicas para la solución de problemas muy complejos, usando diseños de técnicas estadísticas similares a las que se presentan en el Cap. 16. Existen en el comercio calculadoras electrónicas especiales, de tamaño pequeño, para algunos valores estadísticos específicos.

Se dispone también de otros calculadores para propósitos especiales, como la regla de cálculo para la capacidad del proceso, presentada en la Sec. 20.16, con la cual se puede obtener el valor de la desviación estándar.

Sin duda, esos elementos técnicos han eliminado mucho tiempo del que se requería para obtener la desviación estándar u otros valores estadísticos.

13.12 La amplitud o rango

Se designa por *amplitud*, la diferencia que existe entre el mayor y el menor de los valores obtenidos en una serie, o simbólicamente:

$$R = X_{\text{mayor}} - X_{\text{menor}} \tag{6A}$$

en la cual: R = valor de la amplitud
X_{mayor} = lectura de mayor valor en la serie
X_{menor} = lectura de menor valor en la serie

Por tanto, en la serie: 11, 12, 13, 15, 16, $X_{máx}$ vale 16 y $X_{mín}$ vale 11. El valor de la amplitud será:

$$R = 16 - 11$$
$$= 5$$

Si se ha obtenido la amplitud de cada una de varias series de lecturas, podrá necesitarse un valor promedio de estas amplitudes. A esta medida se le da el nombre de *amplitud promedio*. Se representa simbólicamente por $\overline{R}$ (R con una barra) y se calcula como sigue:

$$\overline{R} = \frac{R_1 + R_2 + \cdots + R_r}{r} \tag{6B}$$

para r amplitudes de las muestras, cada rango con el mismo número de lecturas.

13.13 Comparación entre la desviación estándar y la amplitud

Aun cuando la desviación estándar, en general, da una información con mayor certeza acerca de la dispersión de una muestra, que la que se pueda obtener por medio de la amplitud, esta última es de más fácil determinación. Para una serie con 10 lecturas, la amplitud se podrá determinar casi a simple vista. En cambio, la desviación estándar requiere algo de cálculos.

Debido a esa relativa simplicidad, la amplitud ha sido acogida con bastante agrado para muchos trabajos industriales, y muy particularmente para trabajos con las gráficas de control. Estadísticamente, su precisión va disminuyendo a medida que aumenta el número de lecturas en la serie.

El sentido común da de inmediato dos razones de esta disminución en la precisión de la amplitud, al aumentar el tamaño de muestra. En muestras muy grandes se presentan más ocasiones de incluir una lectura "fuera de lo normal".* Estas lecturas "sin gobierno"** indudablemente que se reflejan en alto grado sobre la amplitud, que simplemente mide el rango de la lectura menor a la mayor. También, el rango únicamente considera lecturas extremas, haciendo a un lado las demás, de forma que no se aprovecha toda la información de que se pueda disponer para el cálculo de la dispersión.

La desviación estándar no presenta fallas tan grandes. Es una imagen mucho más efectiva de *todas* las lecturas de la serie, y cualquier lectura fuera de lo normal no afectará en alto grado su valor.

---

* "Wide-of-mark". (N. del T.)
** "Maverick". (N. del T.)

En consecuencia, se puede generalizar simplemente que la desviación estándar se puede usar en muestras de cualquier tamaño. La amplitud únicamente se podrá emplear con muestras pequeñas. Se prefiere una muestra de no más de 10 lecturas, y 15 lecturas es el máximo práctico para esta forma.

13.14 La curva normal

Históricamente, gran parte del empleo analítico de las medidas algebraicas presentadas en lo que antecede, se derivan de un tipo particular de distribución de frecuencias que se denomina *la curva normal*. Esta curva normal corresponde a la curva de la distribución de frecuencias que se obtiene cuando únicamente intervienen causas debidas al azar, como en el caso de un gran número de tiradas con dos dados.

La Fig. 13-14 da una idea de esta clase de curva. Tiene una forma particular de campana, o bien, se parece a un sombrero de policía londinense.

Existe una relación bastante importante entre la desviación estándar de la población y la curva normal. Cuando se calcula la desviación estándar de una distribución normal de frecuencias, el 68.27% de todas las lecturas de la distribución, se encuentra dentro de una zona de más y menos una desviación estándar a partir del promedio ($\overline{X} \pm 1\sigma$), el 95.45% de todas las lecturas de la distribución quedan dentro de una zona entre más y menos dos sigmas a partir del promedio ($\overline{X} \pm 2\sigma$), el 99.73% de todas las lecturas de la distribución concurren en la zona comprendida entre más y menos tres desviaciones estándar a partir del promedio ($\overline{X} \pm 3\sigma$).[4]

En la Fig. 13-14a se puede ver esta relación entre la desviación estándar y la distribución normal de frecuencias.

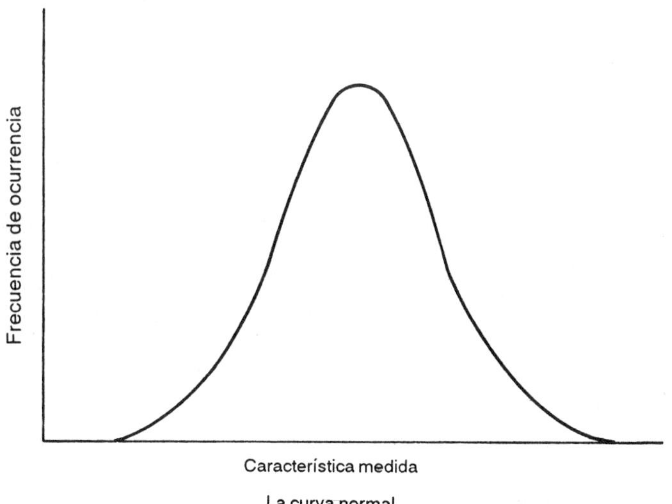

Fig. 13-14

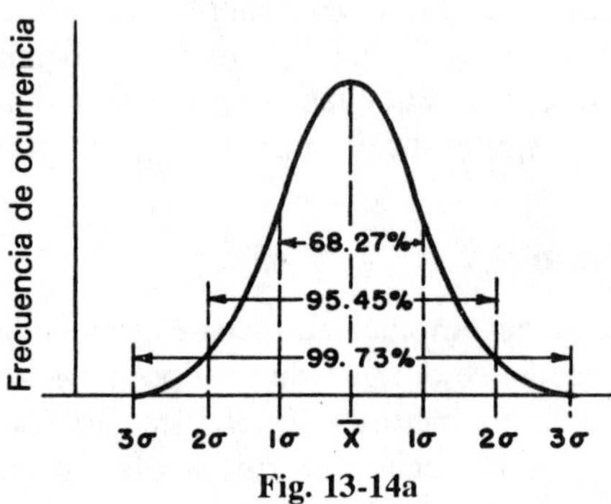

Fig. 13-14a

Es posible apreciar la importancia de esta relación. Si se tienen calculados el promedio y la desviación estándar en una distribución normal, es posible deducir dos propiedades adicionales de la distribución:

1. El porcentaje de los valores comprendidos entre dos lecturas diferentes. O en la práctica, entre dos dimensiones diferentes.
2. El total de la variación que para usos prácticos se pueda esperar de esa distribución: ($\overline{X} \pm 3\sigma$). Este valor designado 3-sigma, corresponde al valor algebraico de la distancia entre las paralelas trazadas para los límites del proceso por los extremos de la distribución en la Sec. 13.5.

La operación para determinar el porcentaje de las lecturas que quedan comprendidas entre dos dimensiones dadas, se simplifica considerablemente con el empleo de la tabla que se presenta en la Fig. 13-15. Esta tabla da las fracciones decimales del área de la curva normal, correspondientes a la variación de la distancia a partir del promedio $\overline{X}$. El valor x/σ marcado en la tabla, equivale a $(X - \overline{X})/\sigma$, siendo X una lectura individual dada. Como la curva normal es simétrica, la mayoría de las tablas están calculadas solamente para un lado de esta curva.

La importancia del uso de esta relación es también igualmente relevante cuando s, la desviación estándar de la muestra, es la medida de dispersión generalmente aplicada en las actividades de control de calidad en la planta. Cuando se requiere precisión y exactitud, el análisis de los valores entre cualquier par de lecturas o de la variación total se logrará convirtiendo la s en σ como se discutió en la Sec. 13.11. Un ejemplo de esto en la aplicación del control de calidad en la planta se proporciona en la Sec. 13.30. En las situaciones en las plantas donde se usan grandes tamaños de muestras y donde existe la exigencia de una rápida acción correctiva, sin una exigencia alta sobre la absoluta precisión de las medidas, el valor de la misma s se determina algunas veces como un estimado satisfactorio de σ en estos cálculos. Se da un ejemplo de esto en la Sec. 13.16.

Distancia del promedio, dividida entre la desviación estándar x/σ	Área	Distancia desde el promedio dividida entre la división estándar x/σ	Área
0.0	0.00000	2.0	0.47725
0.1	0.03983	2.1	0.48214
0.2	0.07926	2.2	0.48610
0.3	0.11791	2.3	0.48928
0.4	0.15542	2.4	0.49180
0.5	0.19146	2.5	0.49379
0.6	0.22575	2.5758	0.49500
0.7	0.25804	2.6	0.49534
0.8	0.28814	2.7	0.49653
0.9	0.31594	2.8	0.49744
1.0	0.34134	2.9	0.49813
1.1	0.36433	3.0	0.49865
1.2	0.38493	3.1	0.49903
1.3	0.40320	3.2	0.49931
1.4	0.41924	3.3	0.49952
1.5	0.43319	3.4	0.49966
1.6	0.44520	3.5	0.49977
1.7	0.45543	3.6	0.49984
1.8	0.46407	3.7	0.49989
1.9	0.47128	3.8	0.49993
1.96	0.47500	3.9	0.49995
		4.0	0.49997

Fig. 13-15

13.15 Ejemplo de análisis algebraico de la distribución de frecuencias

La filosofía del análisis algebraico en las distribuciones de frecuencias, es muy similar a la del análisis gráfico que se presentó en la Sec. 13.5. La diferencia principal consiste en las operaciones de cálculo para la determinación del promedio y la desviación estándar.

Como ejemplo de este análisis, se presenta el estudio hecho por una factoría de troqueladoras en el estado de Nueva York. A esta fábrica le interesaba determinar la cantidad de variación que tenían las láminas de acero que estaba comprando para el trabajo en sus troqueladoras.

Sobre una muestra de esa lámina de acero, se tomaron ciento cuarenta y cuatro mediciones de espesores. Se hizo uso de un calibrador de carátula que aproximaba las lecturas a 0.0005 in. La Fig. 13-16 representa la tarjeta con marcas resultante de esa serie de mediciones.

Con 144 lecturas, muchas de las cuales se repitieron, el agrupamiento por celdas fue muy fácil. Las dos primeras columnas de la Fig. 13-17 presentan esa forma de agrupamiento. Con los datos así agrupados, la Fórmula (3) de la Sec. 13.10 es la apropiada para calcular el promedio. La desviación estándar se calcula por la Fórmula (4B) de la Sec. 13.11.

Las dos últimas columnas de la Fig. 13-17 indican la forma de tabular los datos ya agrupados para facilitar su sustitución en las fórmulas.

Al pie de la Fig. 13-17 se encuentran los cálculos del promedio y de la desviación estándar. Nótese la importancia de emplear las cifras decimales suficientes para el cálculo de la desviación estándar.

Dimensión	Marcas	Totales
.23		
.0235	x	1
.024	xxxxxx	6
.0245	xxxxxxxxxxxxxxxxxxxxxxx	23
.025	xxxxxxxxxxxxxxxxxxxxxxxxxxxxxxxxxxxxxxxxxxxxxxxx	48
.0255	xxxxxxxxxxxxxxxxxxxxxxxxxxxxxxxxxxxxxxx	39
.026	xxxxxxxxxxxxxxxxxxxx	20
.0265	xxxxx	5
.027	xx	2
	Valores totales	144

Hoja con marcas para los espesores medidos en las láminas de acero

Fig. 13-16

Espesor (en milipulgadas) (*X*)	**Frecuencia *f***	**Frecuencia por el espesor *fX***	**Frecuencia por el espesor² *fX*²**
23.5	1	23.5	552.25
24.0	6	144.0	3456.00
24.5	23	563.5	13805.75
25.0	48	1200.0	30000.00
25.5	39	994.5	25359.75
26.0	20	520.0	13520.00
26.5	5	132.5	3611.25
27.0	2	54.0	1458.00
Totales( )	144	3632.0	91663.00

Promedio: $\overline{X} = \frac{\Sigma fX}{n} = \frac{3632}{144} = 25.222 \text{ mils} = 0.025222 \text{ in}$

Desviación estándar: $s = \sqrt{\frac{\Sigma fx^2 - n\overline{X}^2}{n-1}}$

$$= \sqrt{\frac{91663 - 144(25.222)^2}{143}}$$

$$= \sqrt{\frac{91663 - 91605.496}{143}}$$

$$= \sqrt{\frac{57.504}{143}}$$

$$= \sqrt{0.4021258}$$

$$= 0.6341 = 0.6 \text{ mils} = 0.0006 \text{ in}$$

Fig. 13-17

A continuación se da parte de la información que este análisis suministró a esta factoría:

1. El espesor nominal, o sea el promedio, de la lámina de acero recibida fue de 25.222 milipulgadas. ($\overline{X}$ = 25.222 milipulgadas.)
2. La variación total de estos espesores fue de ± 1.8 milipulgadas (± $3s$ = ± 1.8 milipulgadas), o sea una variación de 3.6.[5]

La última cifra decimal de la desviación estándar se ha redondeado. No tiene importancia llevar la aproximación a tres decimales, cuando la exactitud del aparato de medición es sólo de 0.5 milipulgadas.

Con estos datos, se pone de relieve una circunstancia de interés práctico. Con la sola observación de la tarjeta de marcas, Fig. 13-16, se habría obtenido una información casi similar a la dada por el cálculo. Nótese que la dispersión de los valores comprende de 23.5 a 27.0 milipulgadas.

Esta condición se manifiesta con frecuencia en las aplicaciones reales de las distribuciones de frecuencias. Por esta razón, en la aplicación de estas distribuciones sólo se usa la representación gráfica. Según se verá con mayor amplitud en lo que sigue, existe una necesidad importante de calcular la desviación estándar para determinada clase de análisis industriales.

13.16 Análisis algebraico de la distribución de frecuencias

El gerente de la planta de troqueladoras estará en posibilidad de emprender el estudio de otro problema. ¿Cuántas de esas láminas de acero quedarán fuera de límites de especificaciones, si se establece la especificación de 25 ± 1 milipulgadas, o sea desde 24 hasta 26 milipulgadas?

Con un tamaño de muestra tan alto como 144, obtenido bajo circunstancias bien planeadas y con el grado requerido de precisión en los datos, la planta determinó que el valor calculado para s era un estimado satisfactorio de σ y la respuesta a esta pregunta podía ser obtenida simplemente mediante el uso de las tablas de áreas en la Fig. 13-15. Antes que esta tabla pueda usarse, deben calcularse dos valores:

1. La desviación a partir del promedio de las dos dimensiones dadas (24 y 26 milipulgadas).
2. El valor de estas desviaciones divididas entre la desviación estándar x/σ.

En la Fig. 13-18 se puede encontrar este cálculo.

Para un valor de x/σ igual a 2, se encuentra en la tabla de la Fig. 13-15 un área de 0.47725, o sea el 47.725% del área de la curva normal. Para un valor de x/σ igual a 1.3, se obtiene un área de 0.40320, o sea el 40.320% del área de la curva normal.

Por tanto, el área comprendida entre el valor x/σ igual a 2 (representativo de la lectura de 24 milipulgadas) y de x/σ igual a 1.3 (representativo de la lectura de 26 milipulgadas), será igual a la suma de los dos porcentajes encontrados:

Cálculo	Valor inferior (24 milipulgadas)	Valor superior (26 milipulgadas)
x	$x_L = X_1 - \bar{X}$ $x_L = 24.0 - 25.2$ $x_L = -1.2$	$x_H = X_2 - \bar{X}$ $x_H = 26.0 - 25.2$ $x_H = +0.8$
$\dfrac{x}{\sigma}$	$\dfrac{x_L}{\sigma} = \dfrac{-1.2}{0.6}$ $\dfrac{x_L}{\sigma} = -2$ El signo menos significa que esta desviación representa un valor abajo del promedio	$\dfrac{x_H}{\sigma} = \dfrac{+0.8}{0.6}$ $\dfrac{x_H}{\sigma} = +1.3$ El signo más significa que esta desviación representa un valor arriba del promedio de la serie.

En la cual: x_L = Desviación del promedio
x_H = Desviación del promedio al valor mayor
X_1 = Menor valor (24 milipulgadas)
X_2 = Mayor valor (26 milipulgadas)
σ = Desviación estándar (0.6 milipulgadas)

Fig. 13-18

47.7% + 40.3% = 88.0%

En consecuencia, el 88.0% del área de la distribución queda comprendido dentro de 24 a 26 milipulgadas. Como colorario el 12% de las láminas quedará fuera de esas dimensiones. Como esta distribución es representativa de los espesores de las láminas que en lo sucesivo serán recibidas por la planta de troqueladoras, indica que el 12% de las láminas no será satisfactorio y tendrá que ser rechazado.

13.17 Otra forma de cálculo en la distribución de las láminas de acero

Otro método para ordenar los datos de la Fig. 13-17 sería seleccionando arbitrariamente a la celda con la más alta frecuencia (conocida como el *modo* de la distribución), 25.0 como centro, o sea la celda origen. A la siguiente celda de mayor valor, o sea la de 25.5, se le asigna el valor + 1; la de valor 26 se considera como + 2; etc. De una manera similar, la celda siguiente con un valor inferior a 25.0, o sea la de 24.5, se considera como −1; la de valor 24.0, como −2; etcétera.

Por este procedimiento, el cálculo se hará con números mucho más pequeños. Cuando se prefiera esta forma, la adopción de un origen es de mucha utilidad para el cálculo del promedio y de la desviación estándar.

Una vez compendiados los datos y elegida la celda de origen, de acuerdo con el procedimiento de la Sec. 13.11, el cálculo del promedio y de la desviación estándar se hace exactamente como se presenta en la Fig. 13-17. Hechas estas operaciones, será necesario convertir los valores resultantes a los valores originales de las lecturas. Las fórmulas que se emplean para esta conversión son las siguientes:

Conversión para el promedio:

El promedio en valor original = valor de la celda cero + ($\overline{X}$ por el intervalo de celda) (7)

Conversión para la desviación estándar:

Desviación estándar en valores originales = valor de s por el intervalo de la celda (8)

En la Fig. 13-19 se presenta el procedimiento seguido, con los datos de las láminas de acero de la Sec. 13.15. Puede compararse con el cálculo similar presentado en la Fig. 13-17.

13.18 El tamaño de muestra y la distribución de frecuencias

A varios grupos de supervisores de producción, durante los cursos de entrenamiento en control de calidad, se les planteó el siguiente problema: "Supongamos que un lote formado por varios miles de amplificadores de corriente eléctrica, producidos en el mismo origen y bajo iguales condiciones de manufactura, se colocan en una mesa para su inspección final antes de su embarque. El encargado de la prueba desea obtener una imagen de la calidad en su característica de voltaje para todo el conjunto. Decide seleccionar una muestra de cinco piezas para el efecto.

"Supongamos ahora, que dicho empleado selecciona los cinco amplificadores al azar, comprueba la característica de voltaje en cada uno, anota los resultados en la forma correspondiente para representar las distribuciones de frecuencias. Calcula el promedio y la desviación estándar de esos datos... ¿Consideran ustedes que esas cinco lecturas anotadas darán al probador una imagen de la tendencia central y de la dispersión de la característica de voltaje en todo el lote de varios miles de amplificadores?"

La respuesta de los asistentes a la clase fue unánime: no creían que esos datos dieran una imagen satisfactoria.

Se hizo una segunda pregunta al grupo: "Supongamos que el probador regresa los cinco amplificadores a su lote y selecciona otras cinco piezas al azar. Comprueba la característica del voltaje y analiza los resultados ...¿Consideran ustedes que los valores del promedio y la desviación estándar de este segundo grupo de cinco amplificadores, pueda dar casi la misma representación que la del primer grupo?".

Nuevamente la respuesta fue "No".

(*X*)	(*f*)	(*fX*)	fX^2
–3	1	– 3	9
–2	6	–12	24
–1	23	–23	23
0	48	0	0
+1	39	+39	39
+2	20	+40	80
+3	5	+15	45
+4	2	+ 8	32
Totales	144	+64	252

Promedio: $\overline{X} = \frac{\Sigma fX}{n} = \frac{64}{144} = 0.4444$ in

Desviación estándar: $s = \sqrt{\frac{\Sigma fX^2 - n\overline{X}^2}{n-1}}$

$$= \sqrt{\frac{252 - 144\,(.4444)^2}{143}}$$

$$= \sqrt{\frac{252 - 28.4387}{143}}$$

$$= \sqrt{\frac{223.56126}{143}}$$

$$= \sqrt{1.5634}$$

$$= 1.25$$

Conversión

Promedio verdadero = valor de la celda cero + ($\overline{X}$ por intervalo de la celda)

= 25.0 + (0.4444)(0.5)

= 25.0 + 0.2220 = 25.222 milipulgadas

Desviación estándar verdadera = valor de s por intervalo de celda

= (1.246)(.5)

= 0.6 milipulgadas o 0.0006 in

Fig. 13-19

Se requirió a los miembros de la clase para que dijeran el porqué de sus respuestas. Casi al unísono contestaron que el tamaño de cinco piezas para la muestra, era "muy pequeño para ser representativo".

Intuitivamente habían colocado el dedo sobre el alma del problema: el tamaño de muestra que se debe emplear para tener la representación gráfica de la distribución de frecuencias. Hicieron notar que una muestra demasiado pequeña, no puede dar con exactitud la representación del promedio y la desviación estándar del lote del que se ha tomado. Hicieron notar también, que dos o más muestras muy pequeñas, pueden variar ampliamente en sus respectivos promedios y desviaciones estándar, aun cuando pertenezcan a un mismo lote.

Los principios generales que se deducen de este caso pueden explicarse en forma sencilla: a mayor tamaño de muestras, menor será la dispersión que presenten entre sí los promedios y las desviaciones estándar de las muestras tomadas del mismo lote y, por tanto, siendo más estrechas entre sí, concordarán al compararse con las medidas que resultarían al analizarse todo el lote completo, en lugar de tomar únicamente muestras.

Mientras menor sea el tamaño de la muestra, mayor será la dispersión entre los promedios y las desviaciones estándar de las muestras tomadas del mismo lote y, por tanto, menor correspondencia habrá con el promedio y la desviación estándar que resultaría al analizar todo el lote.

Se deduce de los principios enunciados antes, que para muestras tomadas del mismo lote, la dispersión de los valores de los promedios y de las desviaciones estándar tienen a su vez su propia desviación estándar. Para el caso de los promedios esta desviación estándar se simboliza por $\sigma_{\overline{X}}$ (sigma índice X con barra). Y la desviación estándar para las desviaciones estándar se simboliza por σ_s (sigma subíndice *s*).

Estas medidas particulares de dispersión, están ligadas por las siguientes relaciones:

$$\sigma_{\overline{X}} = \frac{\sigma}{\sqrt{n}} \qquad (9)$$

en la cual: $\sigma_{\overline{X}}$ = desviación estándar de las medidas de muestras
σ = desviación estándar del lote del cual se tomó la muestra
n = tamaño de la muestra

y

$$\sigma_s = \sigma\sqrt{1-(c_4)^2}$$

donde σ_s = desviación estándar de la desviación estándar de la muestra
σ = desviación estándar de la población del lote de donde se obtuvo la muestra
c_4 = factor para el cálculo de la desviación de la población a partir de la desviación estándar de la muestra (como se discutió anteriormente en la Sec. 13.11 y en la Fig. 13-13)

La expresión un tanto bromosa $\sqrt{1-(c_4)^2}$ se ha convertido en un factor designado c_5 (*c* subíndice 5). Los valores de c_5 se dan en la Fig. 13-13. La fórmula para el cálculo de la desviación estándar de la desviación estándar de la muestra es, por tanto, como sigue:

$$\sigma_s = c_5\sigma \qquad (10)$$

Es preciso hacer notar que en la definición de los términos usados en las fórmulas (9) y (10), el valor de σ se ha dicho que representa el valor de la desviación estándar del "lote" del cual se han tomado las muestras. En el ejemplo de los amplificadores de corriente de la sección, el "lote" se formó separándolo físicamente del grupo de unidades que ya estaban producidas.

Esta forma de lote es solamente uno de los diferentes tipos que abarca este término. En general, el término se puede referir a un flujo entero de unidades ya producidas, o bien, que vayan a producirse en el futuro, en el mismo origen y bajo iguales condiciones de manufactura. Por tanto, un "lote" de pasadores producidos por una máquina automática, puede ser la producción total de la máquina durante un periodo largo, bajo el mismo ajuste y condiciones de operación, o bien, el "lote" puede ser la simple producción de una hora o de un día. Bajo condiciones prácticas en la industria, la decisión de lo que debe de ser un "lote" es un punto generalmente arbitrario.

Si la distribución de frecuencias para las lecturas individuales se encuentra normalmente distribuida, la distribución de frecuencias para la dispersión de los promedios, Fórmula (9), sigue el patrón normal de distribución. La dispersión de las desviaciones estándares de las muestras, según Fórmula (10), no presenta una curva normal perfecta, pero se aproximará más a la normalidad al aumentar el tamaño de muestra.

La decisión de que el tamaño de muestra de los amplificadores eléctricos, deba de ser de tal magnitud para que la dispersión total de los promedios no sea mayor de 0.9 V, puede servir para ilustrar la aplicación de una de estas fórmulas. Para simplificar, supongamos que por medio de otros datos se conoce la desviación estándar "verdadera" del lote, y que resultó igual a 1 V. También supongamos que por los cálculos, resultó un valor para el promedio de las muestras de 14 V. Los amplificadores de que se trata pertenecen al mismo lote presentado en esta sección.

Si se usa primero una muestra de cinco amplificadores, y sustituyendo este tamaño en la Fórmula (9), se tiene:

$$\sigma_{\overline{X}} = \frac{\sigma}{\sqrt{n}} = \frac{1}{\sqrt{5}} = \frac{1}{2.25}$$

$$= 0.44 \text{ V}$$

Puesto que la distribución de los promedios es normal, la dispersión total de los promedios de los cinco amplificadores será:

$$\overline{X} \pm 3\sigma\overline{X} = 14 \pm 3(0.44)$$

$$= 14 \pm 1.32 \text{ V}$$

El valor de los promedios, calculado de la muestra de cinco amplificadores, puede esperarse que quede comprendido en una amplitud de 12.68 a 15.32 V, cuando el valor del promedio del lote sea de 14 V. Esto representa una dispersión de 2.64 V, excesivamente mayor que la meta de 0.9 V, fijada para la dispersión.

Haciendo un ensayo adicional con otro tamaño de muestra, se pone de manifiesto que resulta más apropiada una muestra de 50 amplificadores. Sustituyendo este valor en la Fórmula (9), se tiene:

$$\sigma_{\bar{X}} = \frac{\sigma}{\sqrt{n}} = \frac{1}{\sqrt{50}} = \frac{1}{7} = 0.14 \text{ V}$$

y

$$\begin{aligned}\bar{X} \pm 3\sigma_{\bar{X}} &= 14 \pm 3(0.14) \\ &= 14 \pm 0.42 \text{ V}\end{aligned}$$

En este caso, el valor de los promedios de muestra de 50 elementos estará comprendido de 13.58 a 14.42 V. Esto representa una dispersión de 0.84 V, y en tal forma se satisface la meta de que la dispersión no sea mayor de 0.9 V.

13.19 ¿Que tamaño de muestra debe tomarse para los cálculos de la distribución de frecuencias?

El empleo de las Fórmulas (9) y (10) para decidir sobre el tamaño de una muestra en particular, en muchas aplicaciones industriales prácticas requiere el conocimiento del verdadero valor de la desviación estándar del lote del cual se toma la muestra, de antemano. En la práctica industrial, este valor es desconocido. Por tanto, las Fórmulas (9) y (10) únicamente servirán como una guía teórica, más bien que como una determinación matemática del tamaño de muestra.

Para una decisión práctica industrial sobre el tamaño apropiado de una muestra en particular, por lo general hay que tomar en cuenta dos factores:

1. *El aspecto económico*, o sea, ¿cuánto costará tomar cada lectura?
2. *La exactitud estadística que se requiere,* es decir, ¿qué error se puede permitir en la determinación de los valores de las medidas de dispersión y de tendencia central de la distribución?

Por lo general estos dos factores actúan en sentido opuesto. Para el aspecto económico se requiere la muestra más pequeña permitida. La estadística reclama una muestra lo más grande posible a fin de asegurar la máxima protección.

Como resultado, el tamaño de muestra apropiado para un análisis de una distribución de frecuencias dada, por lo general, en la industria, no se decide sobre la base de un cálculo estadístico fijo. Se debe de buscar una compensación entre los aspectos económicos y estadísticos de la situación. La experiencia que se tenga del proceso de que se trate y el sentido común del personal interesado, juega un papel importante en estas decisiones.

Como el costo de la forma de lecturas y la exactitud estadística que se requiere varían naturalmente de una industria a otra, cualquier generalización sobre el tamaño de muestra deberá, desde luego, estar sujeta a compensaciones particulares. Sin embargo, en la práctica, un tamaño de muestra de 50 lecturas, es lo suficientemente segura para los análisis industriales de distribuciones de frecuencias de aplicación en producción. En este libro se usará ampliamente este tamaño de muestra de 50.[6]

Si el costo de la toma de mediciones individuales es muy bajo, o cuando se requieran análisis más exactos, se podrán tomar muestras de 100 o más lecturas. Cuando se trate de análisis de distribuciones relativamente nuevos, si el empleado que deba tomar las lecturas no tiene un entrenamiento estadístico completo, debe de advertírsele que no tome un tamaño de muestra inferior a 50 lecturas, sino únicamente cuando cuente con una ayuda estadística competente, o ya tenga una extensa experiencia anterior sobre las variaciones del proceso, o bien, cuando sólo se requiere una aproximación muy tosca.

Hacemos notar que no se ha hecho mención sobre el tamaño del lote del cual se ha tomado la muestra. Ningún trabajo se ha hecho para relacionar el tamaño de muestra con el tamaño del lote, porque, por lo general, la confiabilidad de una muestra depende principalmente del tamaño de esa muestra, más que de la relación del tamaño de muestra al tamaño del lote del cual se ha tomado.

Este principio es de suma importancia en la formación y empleo de las tablas de muestreo. Esta parte se discutirá extensamente en el Cap. 15

Aspectos prácticos de la distribución de frecuencias

13.20 Formas de las distribuciones de frecuencias industriales

Muchas de las distribuciones de frecuencias que se presentan en la industria, no siguen la forma de campana de una curva normal. Por lo general, estas formas no normales representan el criterio de una condición que se ha aceptado para el proceso de que se trate. O bien, pueden ser una imagen de las bases del proyecto o de la manufactura del proceso.

En ocasiones esas formas representan condiciones temporales del proceso. Pueden servir como guía para detectar la presencia de algún factor poco común, como materiales defectivos o herramientas mal ajustadas.

No es una sentencia de la curva normal de que toda distribución que casi concuerde con su forma, represente una "buena calidad" del proceso y que aquellas distribuciones que se aparten de su forma, representen "mala calidad" del proceso. La "bondad" de la forma de las distribuciones de frecuencias industriales atañe generalmente al aspecto económico.

Una distribución que se presente truncada en uno de sus extremos y que sea extendida en el otro extremo, pero que se conserve dentro de los límites de especificaciones, puede ser una buena distribución para un propósito en particular. La curva normal suave de una distribución que salga de los límites de especificaciones, será una mala distribución. Simplemente, el que una distribución sea "aplanada", "truncada" o "asimétrica", no es una indicación infalible de que el proceso que representa sea inferior al indicado por una forma que se aproxime a la curva normal de distribución.

Las cinco formas típicas que se pueden encontrar entre las distribuciones de frecuencias son:

1. Curvas asimétricas.
2. Curvas en forma de J.
3. Curvas bimodales.
4. Curvas de elementos que han sido inspeccionados 100%.
5. Curvas de elementos inspeccionados 100%, pero que están aún sujetas a variaciones después de terminada la inspección.

13.21 Asimetría

La Fig. 13-20 presenta una distribución que es típica de un proceso de enmetalado por medio de polvos, en una factoría del Este. A este tipo de distribución se le denomina curva *asimétrica.* El número de lecturas decrece hacia cero más rápidamente de un lado de la "cresta" de la curva, que hacia el otro lado.

Una distribución puede ser asimétrica hacia la derecha, como en la Fig. 13-20. También puede ser asimétrica hacia la izquierda, como en la Fig. 13-21, la cual representa una característica de calidad de una pieza producida en un torno automático.

La asimetría puede ser el resultado de la acción de uno o varios factores vigorosos. Se estima que estos factores son fundamentales del proceso de enmetalamiento y son muy difíciles de identificar. Por esta razón, y puesto que la distribución se encuentra francamente dentro de los límites de especificaciones, se aceptó su forma en la fábrica, como representativa de ese proceso.

Fig. 13-20

Fig. 13-21

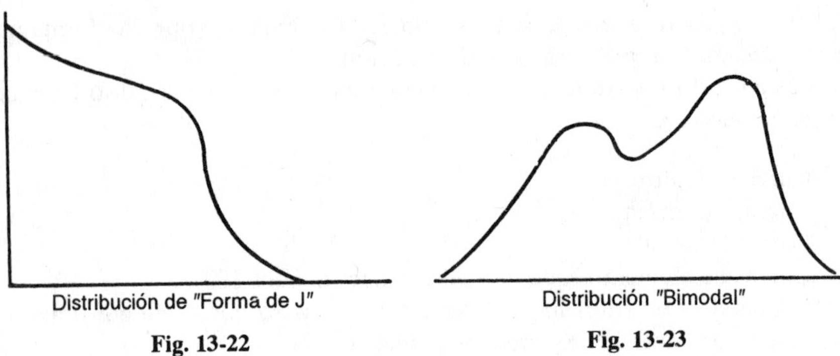

Fig. 13-22

Fig. 13-23

Sin embargo, una curva asimétrica no debe de aceptarse como norma para piezas producidas en un torno automático, Fig. 13-21. Esa asimetría a veces caracteriza una vibración de la herramienta. Si es necesaria una acción para satisfacer las especificaciones, se debe de investigar el proceso del torno automático, por lo que respecta a una vibración de la herramienta, eliminándola.

13.22 Formas en J y Bimodales

Cuando se toman las lecturas de producción de flechas adelgazadas hacia un extremo, o bien, en flechas ovaladas, se obtiene una distribución semejante a la Fig. 13-22.

Esta curva en forma de J es una curva extremadamente asimétrica, en la cual, un límite es cero y en el otro extremo se obtiene un número elevado de lecturas.

Lotes de una fabricación similar, pero que proviene de dos orígenes diferentes —diferentes máquinas, diferentes proveedores— puede mezclarse a veces. En estos casos resulta una forma parecida a la Fig. 13-23.

Estas curvas *bimodales* son distribuciones con dos crestas (modos), en las que se han incluido datos de dos o más orígenes diferentes.

También pueden resultar estas curvas bimodales, por modificaciones en las condiciones, cuando los datos provienen de una sola máquina o proceso. La herramienta puede estar localizada en una galería, donde al correr la grúa puede chocar con el portaherramienta, dañándolo.

13.23 Curvas de una inspección 100%

Cuando la variación en algunos productos resulta más amplia que las especificaciones establecidas por el ingeniero, se les sujeta a una inspección 100%, con lo cual puede resultar una forma de distribución similar a la Fig. 13-24. En algunos casos, es posible que el consumidor pueda determinar por medio del análisis de esa distribución de frecuencias, la cantidad de inspección que su proveedor está ejerciendo sobre el producto.

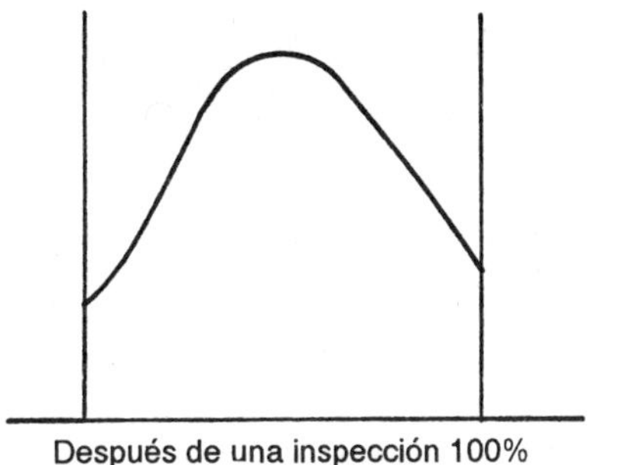

Fig. 13-24

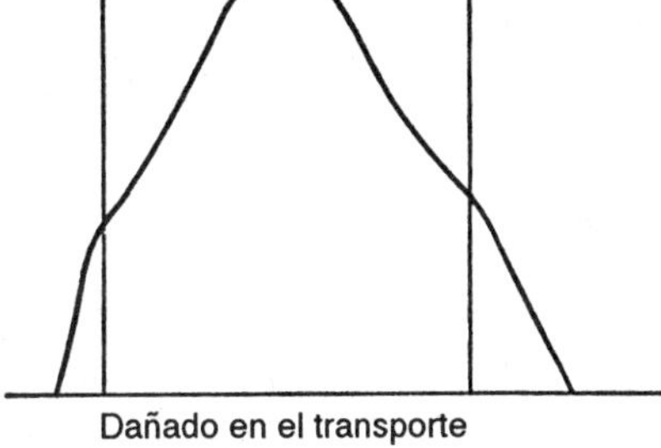

Fig. 13-25

Un producto en las condiciones mostradas en la Fig. 13-24, puede estar sujeto a cambios ligeros durante su transporte, desde la planta del proveedor a la del consumidor. También pueden presentarse variaciones en los equipos de medición del proveedor y del comprador. En tales casos, resultará una distribución de forma similar a la Fig. 13-25.

Esta distribución es clásica de las que se obtiene en algunos productos, en los que hay duda respecto al calibre de su inspección. El proveedor puede insistir en que ha sometido el lote a una rigurosa inspección, antes de hacer la remesa. Por su parte, el consumidor puede replicar que el producto al ser recibido por él, presentó muchos defectos, lo cual es cierto también.

Algunos productos, como las resistencias eléctricas, se seleccionan 100% por el proveedor y se separan por grupos que dependen del grado de variación a partir del valor nominal. Por ejemplo, en la Fig. 13-26 se muestra la distribución de piezas remitidas a un consumidor, cuyos requisitos de tolerancias eran muy amplios; la fábrica separará las piezas cercanas a las tolerancias en ± 5%, a fin de enviarlas a otros clientes que tengan tolerancias más estrechas que las de este consumidor.

13.24 Las distribuciones de frecuencias y la "normalidad"

Si las curvas analizadas en lo que antecede se apartan ampliamente de la forma de una curva normal, ¿qué significancia tiene la discusión de los cálculos de las distribuciones de frecuencias de las Secs. 13.8-13.19? En esas secciones, se apoyaba la discusión sobre el hecho de que las distribuciones industriales tienden a aproximarse a la forma de una curva normal.

La conclusión no es tan seria como aparece a primera vista. Se puede demostrar que gran pare de lo relacionado es puramente teórico.

Algunas razones sobre la propiedad del empleo del análisis y las operaciones algebraicas de la curva normal, como guía para el estudio de las distribuciones de frecuencias industriales, son las siguientes:

1. Las medidas algebraicas como el promedio y la desviación estándar, se aplican a todas las formas de distribución de frecuencias. La importancia puede

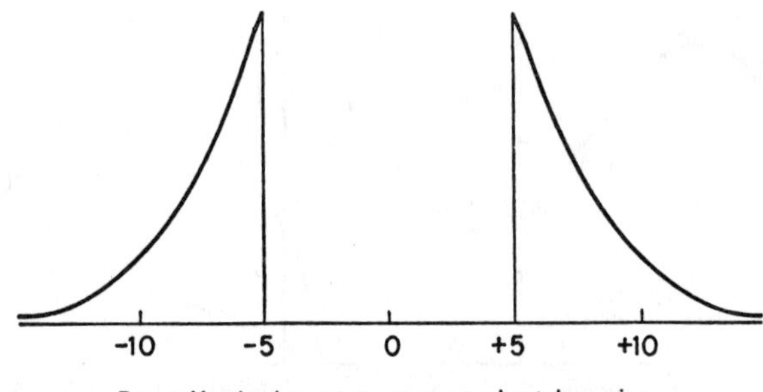

Remoción de elementos cercanos a las tolerancias

Fig. 13-26

radicar solamente en la forma de interpretar el grado de similitud de una distribución dada, con la curva normal.

2. No es necesario el análisis algebraico en el empleo de las distribuciones de frecuencias industriales. La distribuciones se utiliza como una simple representación gráfica.
3. Cuando se requiera el análisis algebraico, la experiencia ha confirmado que un gran número de distribuciones de frecuencias industriales, sí se aproxima muy estrechamente a la forma de la curva normal.
4. Cuando una distribución se presenta inclinada en forma inconveniente, o bien, deformada, se usa simplemente como guía para una acción correctiva. El análisis algebraico podrá no iniciarse hasta que esa acción correctiva se haya verificado. Si ese análisis se ha hecho tanto antes como después, los valores dados por el promedio y la desviación estándar darán una indicación excelente sobre el efecto producido por esa acción correctiva.
5. En el análisis de distribuciones de muchas condiciones industriales, no se requiere mucha precisión. Para tales casos, no tendrá mucha significancia la normalidad de la distribución.
6. El análisis de la curva normal no debe emplearse donde sea inapropiado. No hay ningún misterio en estos ejemplos. Un individuo experimentado, con una simple mirada a la forma de la curva, podrá determinar y luego aplicar las correcciones que se detallan en la Sec. 13.25. Existen además, varios métodos analíticos y gráficos para comprobar el grado de normalidad. Uno de éstos, es el empleo de la *hoja de probabilidades,* que se presenta en las Secs. 16.3-16.6.

Los industriales que han aplicado estos métodos estadísticos comprende que no están haciendo uso de una ciencia exacta. No importa lo preciso de sus métodos algebraicos, la importancia radica en los datos que usen en esas fórmulas. Estos datos son muy pasajeros en sus valores. La condición que ahora representen, puede cambiar de un día para otro.

Como resultado, el análisis algebraico de las distribuciones de frecuencias, se emplea más como guía de precaución industrial, que como un cálculo preciso y definitivo. Cuando un análisis se haga en forma inapropiada, las condiciones en una producción industrial rápida, harán resaltar muy pronto este hecho.

A medida que estos métodos se van usando en aplicaciones individuales, durante un cierto tiempo, irán adquiriendo un cierto "sabor" derivado de las circunstancias de esa aplicación. Las fórmulas que se emplean, han sido adaptaciones hechas para las formas particulares de distribuciones, cuando éstas se apartan de la forma normal. En estos casos, el análisis de la curva normal proporciona sólo una guía para el desarrollo de las fórmulas de aplicación.

El último análisis, el sistema de la toma de mediciones para la distribución de frecuencias, es la más importante contribución práctica. Una vez que ha sido establecida esta filosofía, los métodos que respalden la toma de mediciones, gradualmente se adaptarán por sí solos a una aplicación industrial en particular.

El análisis de la distribución de frecuencias está sujeto, desde luego, a las mismas falsas aplicaciones que caracterizan el método analítico, pero quien emplee estos métodos, se sentirá seguro cuando entienda su ideología y sus limitaciones, teniendo en cuenta que se trata de una ciencia poco precisa y, por tanto, se debe de emplear el sentido común es sus aplicaciones. Una vez que se hayan desarrollado estos conocimientos, las discusiones teóricas sobre "las distribuciones de frecuencias y la normalidad" resultan temas de poco interés práctico.

13.25 Análisis de distribución de frecuencias de distribuciones no normales

En la Sec. 13.14 se presentó la relación que existe entre la curva normal y su desviación estándar, y de la cual se deduce que el 99.73% de todas las lecturas quedan dentro de la zona $\pm 3\sigma$ a partir de la media de esa curva. En la Sec. 13.16 se estudió la forma de aplicar esta relación para resolver algunos problemas, como el porcentaje de los rechazos.

Desde luego, esta relación particular entre la distribución normal y su desviación estándar, no se realiza cuando la distribución de frecuencia es apreciablemente no normal en su forma. Sin embargo, existen otras relaciones útiles entre esas distribuciones no normales y su desviación estándar. Estas relaciones pueden emplearse para analizar una distribución, con casi la misma aproximación que la expuesta en la Sec. 13.16, con la condición de que deben emplearse las fórmulas que se dan más adelante.

Si la distribución se presenta inclinada, ya sea a la derecha o a la izquierda, como en la Fig. 13-20 y 13-21, pero sólo presenta una cresta y su valor promedio coincide aproximadamente con el valor de la mayor frecuencia, el porcentaje de los valores comprendidos en una zona de $\pm (t)\sigma$ se obtiene por la fórmula:[7]

$$\text{Porcentaje de lecturas} \geq 1 - \frac{1}{2.25\, t^2} \qquad (11)$$

Para una distribución muy inclinada o puntiaguda, como en la Fig. 13-23, por ejemplo, se emplea la relación:[8]

$$\text{Porcentaje de lecturas} \geq 1 - \frac{1}{t^2} \qquad (12)$$

Por tanto, la Fórmula (11) demuestra que en una distribución de frecuencias, perceptiblemente inclinada, cerca del 95% o más de todos los valores, se encuentran entre $\pm 3\sigma$, y para las formas más distorsionadas que se puedan encontrar, cerca del 89% o más de los valores, estarán comprendidos en la zona de $\pm 3\sigma$, según la Fórmula (2).

La Fig. 13-27 presenta la comparación de las áreas, dentro de las distribuciones de frecuencias que confrontan las condiciones de las Fórmulas (11) y (12) con la correspondiente de la curva normal.

También existen fórmulas para "normalizar" algunas de las distribuciones no normales, aplicando ciertas técnicas y transformaciones y calculando independientemente la variación para cada mitad de la distribución.[9]

PORCENTAJE DEL ÁREA BAJO DIFERENTES FORMAS DE DISTRIBUCIÓN DE FRECUENCIAS

Dentro de ⟶	$\bar{X} \pm 1\sigma$	$\bar{X} \pm 2\sigma$	$\bar{X} \pm 3\sigma$
Distribución "curva normal"	68.27 %	95.45 %	99.73 %
Distribución asimétrica	≥55 %	≥89 %	≥95 %
Distribución muy distorsionada	—	≥ 75 %	≥89 %

Fig. 13-27

13.26 El valor predictivo de la distribución de frecuencias

Se ha expresado anteriormente que existen dos aplicaciones para el análisis algebraico de las distribuciones de frecuencias, y son:

1. Prever las características de un lote completo, ya terminado, por medio de las características de la distribución de frecuencias de una muestra tomada de ese lote.
2. Prever las características que se puedan obtener en el *futuro* en un proceso considerado, o en el diseño de un producto nuevo, por medio de las características de la distribución de frecuencias de la muestra tomada durante ese proceso, o de las unidades iniciales del producto que se proyecta.

En estos casos, se deben de tomar en cuenta ciertas limitaciones en las aplicaciones de ambas distribuciones de frecuencias.

Características del lote

La predicción del promedio y de la desviación estándar de un lote se puede lograr con exactitud y confianza, siempre que se observen las siguientes condiciones:

1. La muestra debe ser lo suficientemente grande para alcanzar esa exactitud.
2. La muestra se debe de seleccionar con toda propiedad.
3. Deben de tomarse en consideración ciertas reglas prácticas, como disponer de un equipo adecuado para la medición y establecer un registro conveniente para las lecturas.

Los detalles correspondientes a la forma de muestreo, se verán con más detalle en el Cap. 15.

Rendimiento futuro

Debe de investigarse la precisión de una herramienta, para la realización de una producción futura en particular. La evaluación del rendimiento de un nuevo semiconductor se debe de comprobar por medio de una fabricación piloto, en la cual se examinarán sus características. Se requiere autorizar el ajuste del equipo del proceso, antes de iniciar la fabricación en masa.

Para estas aplicaciones, no es suficiente asegurarse de que la muestra sea del tamaño adecuado y que además, se seleccione y se mida con toda propiedad. Un punto de igual importancia es: "¿Cómo lograr que esa muestra sea representativa de las condiciones futuras?"

Indudablemente que este punto no podrá ser resuelto con entera seguridad. Pero se puede lograr que la muestra sea lo más representativa de esas condiciones, en varias formas. La experiencia que se tenga del proceso de que se trate, se podrá emplear para juzgar la razonabilidad de los resultados en la muestra. Las muestras se pueden examinar a intervalos separados y compararse la uniformidad en sus resultados. Puede hacerse un análisis, incluyendo mayor número de variables del que pueda estimarse que entrarán en juego en *alguna* ocasión futura, y se pueden introducir estas variables para actuar sobre las piezas que forman la muestra.

Al juzgar la capacidad de proceso de una herramienta nueva, la experiencia ha prevenido al personal de una fábrica que deben de hacer tres o cuatro distribuciones de muestras en un periodo de varios días, como comprobación. Se comparan luego los resultados de estas pruebas, condensándolos cuando se crea apropiado, o bien, iniciando otra serie de pruebas, si se estima que sea lo indicado. En el Cap. 20 se detalla un método para efectuar esta clase de estudios.

Si los equipos ya tienen tiempo de instalados, la factoría usará sólo una muestra para la aprobación del ajuste de ese equipo de proceso. En este caso, se cuenta con la experiencia previa sobre el equipo, y en ocasiones se cuenta con estudios sobre la capacidad del proceso, llevados a cabo en la forma ya explicada.

En las predicciones de esta índole, nada sustituye al juicio técnico. De no haberse tomado en cuenta las condiciones y las variables apropiadas, la simple exactitud estadística referente a los datos disponibles, será de muy poca significación. Si el juicio resultante no concuerda con el sentido común, se debe haber presentado alguna equivocación, y en tal caso deberá de comprobarse nuevamente con mayor cuidado. Todo principiante que no haya adquirido aún la experiencia necesaria en el empleo de la estadística industrial, debe de proceder detenidamente para la predicción con las distribuciones de frecuencias.

13.27 Algunas guías para el empleo de la distribución de frecuencias

La distribución de frecuencias, por lo general, incita a una gran aceptación inicial en producción cuando se emplea simplemente en su forma de *marcas*. Su forma de registro se puede denominar *tarjetas con marcas*. Existe una gran variedad de modelos para estos registros; en la Fig. 13-28 se muestra uno de éstos.

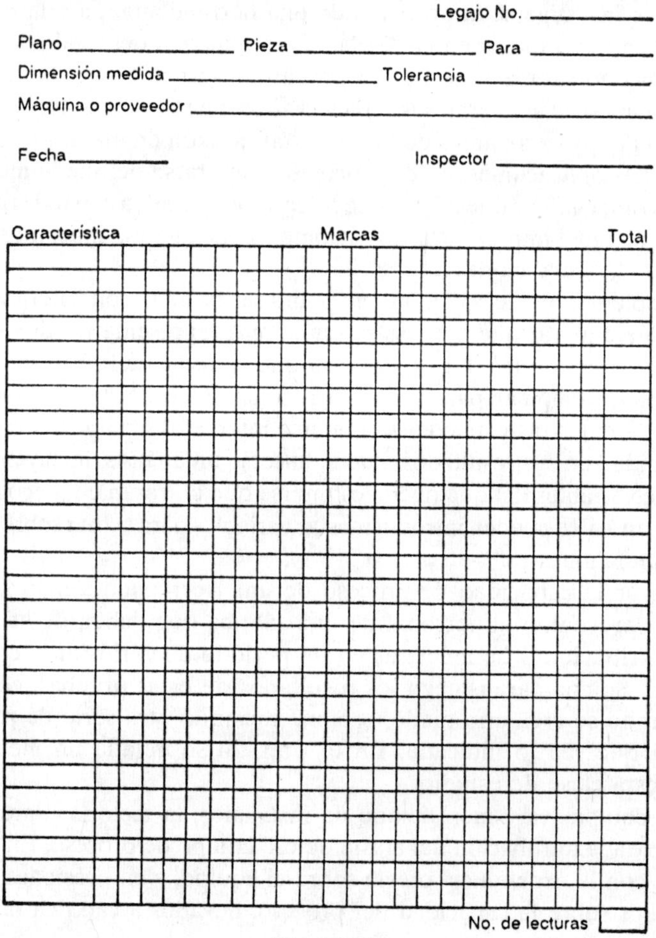

Legajo No. ________

Plano ________ Pieza ________ Para ________

Dimensión medida ________ Tolerancia ________

Máquina o proveedor ________

Fecha ________ Inspector ________

Característica Marcas Total

No. de lecturas

Fig. 13-28

Nada hay más desalentador que analizar una serie de lecturas para concluir que éstas no se pueden aprovechar. Los datos anotados en las tarjetas deberán ser exactos. Esto requiere una inscripción correcta por parte del individuo designado para el caso. No debe de pasarse por alto la importancia de contar con un equipo de calibración apropiado, para efectuar las mediciones que se requieran.

Un problema crítico puede ser la falta de cuidado o la ineficacia de parte del encargado de hacer las anotaciones. Ocasionalmente, las lecturas que tienen que ser analizadas cuidadosamente en la oficina principal, tienen su origen en la mente del tomador de lecturas. Puede ser que no haya querido tomarse la molestia de comprobarlas, o bien que se haya olvidado de hacerlo.

El tomador de lecturas puede no estar entrenado en el uso apropiado de los calibradores y los instrumentos, o hacer una serie de lecturas erróneas y que no sea posible descubrirlas durante cierto tiempo.

Cuando en la tarjeta con marcas aparezca en forma confusa la representación gráfica de una distribución de frecuencias, se debe de esmerar el cuidado sobre las lecturas. La Fig. 13-29 presenta un ejemplo interesante de esta clase.

La característica que se ha medido es un voltaje. La distribución de frecuencias de estas lecturas, presenta crestas y depresiones en mayor número del que podría esperarse debido únicamente a las variaciones en el muestreo. Se puede notar que esas crestas se presentan en los múltiplos de 5 y las depresiones quedan intermedias.

En esta serie de lecturas parece que al operador simplemente "le gustó" anotar los números que fueran múltiplos de cinco, puesto que el instrumento sólo contenía marcas en 5, 10, 15, 20, etc. La curva irregular de la Fig. 13-29 es el resultado de este hecho tan simple, y no de una causa misteriosa que pudiera atribuirle cualquier simple observador.

Esta "preferencia" de los anotadores por algunos valores más que sobre otros, representa un problema muy serio cuando se requieren lecturas muy estrechas. Inconscientemente, el anotador puede leer los números que más le agraden, aunque pueda tener el deseo y las instrucciones de hacerlo en otra forma.

Un aspecto en extremo deseable de la distribución de frecuencias por marcas es que muchas veces nada cuesta conseguirlas. Las lecturas que son la base de su representación, ya se toman en el taller de todas formas. Únicamente se requiere un pequeño esfuerzo para su anotación correcta en el registro por marcas.

Para los registros por marcas que se lleven en producción, es preferible eliminar las anotaciones de las fórmulas y cálculo. En esta forma se hace resaltar la evidencia de su sencillez. Dentro de las posibilidades, será preferible analizar las lecturas lejos de la línea de producción, como en el ambiente quieto y callado de una oficina. En muchos casos, sin embargo, la tarjeta con marcas puede usarse directamente por el operador en el lugar de trabajo de la fábrica, como parte directa de la participación de él o ella en el programa de calidad.

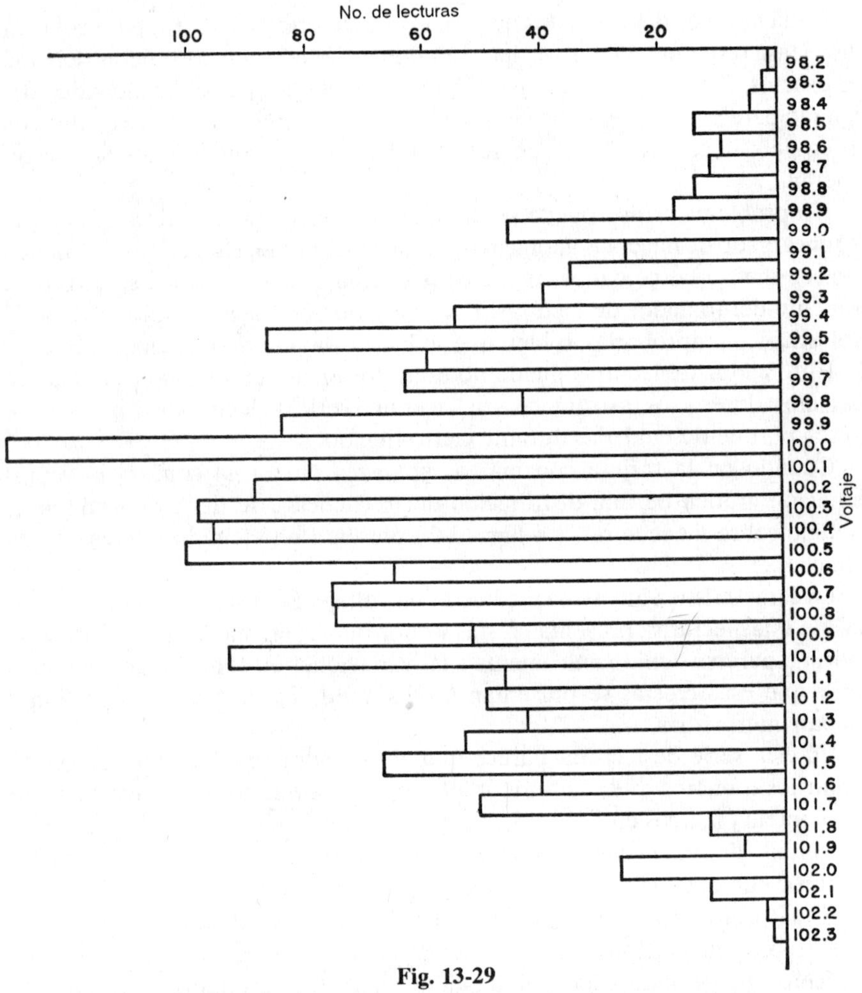

Fig. 13-29

La distribución de frecuencias en acción; algunos ejemplos

13.28 La distribución de frecuencias y las tareas del control de calidad

Generalmente existen cuatro etapas para el análisis de un proceso de manufactura, o en un proyecto de fabricación. Éstas son:

1. La toma de las lecturas (datos).
2. El análisis de esas lecturas.
3. Determinación de si esas lecturas representan una condición económica de operación.
4. Emprender una acción correctiva cuando sea necesario.

La distribución de frecuencias es de mucha utilidad en cada una de estas cuatro etapas: proporciona un modelo útil para el registro de las lecturas y métodos prácticos para su análisis; da una indicación de la economía del proceso, al poder comparar los límites del proceso con los límites de las especificaciones; y da una idea gráfica y analítica para emprender una acción correctiva.

Por tanto, las distribuciones de frecuencias son de mucha utilidad en las cuatro tareas del control de calidad.

1. *En el control del nuevo diseño,* tiene su principal aplicación al pronosticar los resultados de un producto nuevo (véase el ejemplo de la Sec. 13.31).
2. *En el control del material adquirido,* es de mucha utilidad su análisis algebraico (véase el ejemplo de la Sec. 3.30).
3. *En el control del producto,* proporciona la técnica para la determinación de la variación total que puede dar un proceso determinado, o bien, de un ajuste realizado (véase ejemplo en la Sec. 13.32).
4. *En estudios sobre procesos especiales,* es de mucho valor el empleo como una representación visual (véase ejemplo en la Sec. 13.29).

Otras de las aplicaciones de la distribución de frecuencias en las tareas del control de calidad, son:

1. Determinar la capacidad de proceso de una herramienta o de otros equipos de proceso.
2. Comparar los resultados de la inspección entre dos factorías o entre dos secciones de la misma planta.
3. Examinar las diferencias entre las características dimensionales de piezas similares, producidas en diferentes moldes.
4. Indicar las variaciones entre piezas similares, producidas por un juego duplicado de herramientas.
5. Examinar la exactitud del ajuste entre piezas de ensamble.
6. Analizar el efecto del desgaste de la herramienta, durante un periodo largo de producción en masa.

13.29 Estudio de equipos reguladores que no satisfacían las condiciones en la planta del consumidor[10]

En la Planta A se producen reguladores en gran cantidad para ser remitidos a su consumidor en la planta B. Estas dos plantas se encuentran a casi 150 millas de distancia entre sí. En la planta B se comprueba cuidadosamente cada uno de los equipos, antes de su aceptación, aun cuando ya hayan sido probados en la planta A.

Durante los primeros seis meses de producción, se encontraron satisfactorios los equipos por la planta B. Sin embargo, sin previa indicación, en el séptimo mes, un gran porcentaje de los reguladores examinados en la planta B, resultó defectuoso al probarlos.

Los siguientes lotes remitidos por la planta A, se presentaron igualmente defectuosos. La planta B solicitó a la planta A, que se tomara de inmediato una acción correctiva.

El personal de la planta A, inició el análisis de la producción total del proceso de los reguladores. En principio, se interesaron en los factores que afectaban la característica del "voltaje remanente", puesto que era la más crítica.

Uno de los elementos analíticos empleados, fue la distribución de frecuencias. La Fig. 13-30 muestra la representación de la distribución de frecuencias para la característica del voltaje remanente. En estas distribuciones, se compara una muestra de los equipos al probarse en la planta A, cuando se termina su manufactura, con la misma muestra durante su comprobación y recepción en la planta B.

Por medio de estas curvas, el grupo de ingenieros de la planta A, emitió su opinión de que había dos diferencias principales entre la distribución graficada en la plata A, y la obtenida en la planta B.

1. La distribución de la planta B, presenta un deslizamiento en el voltaje remanente a un valor más bajo de la escala. Esto podrá atribuirse a una diferencia de los métodos de prueba en ambas plantas.

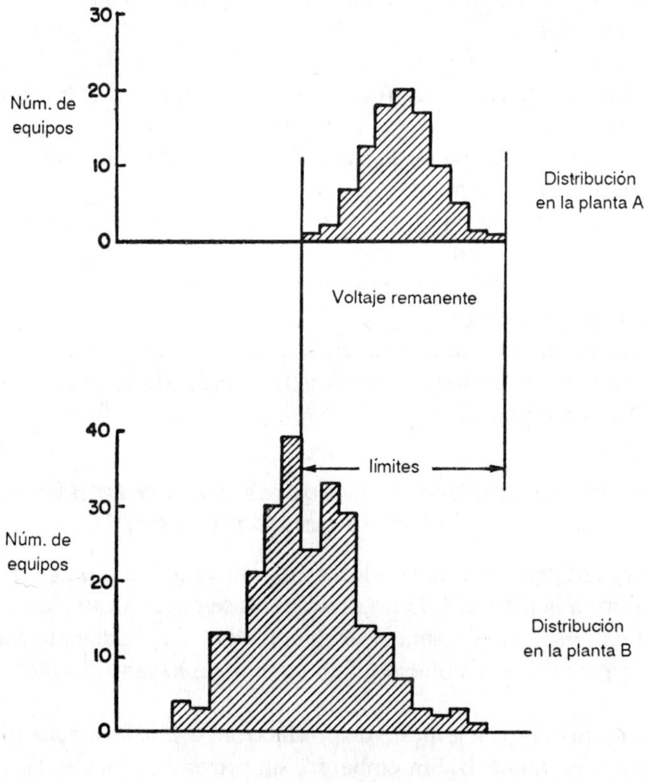

Fig. 13-30

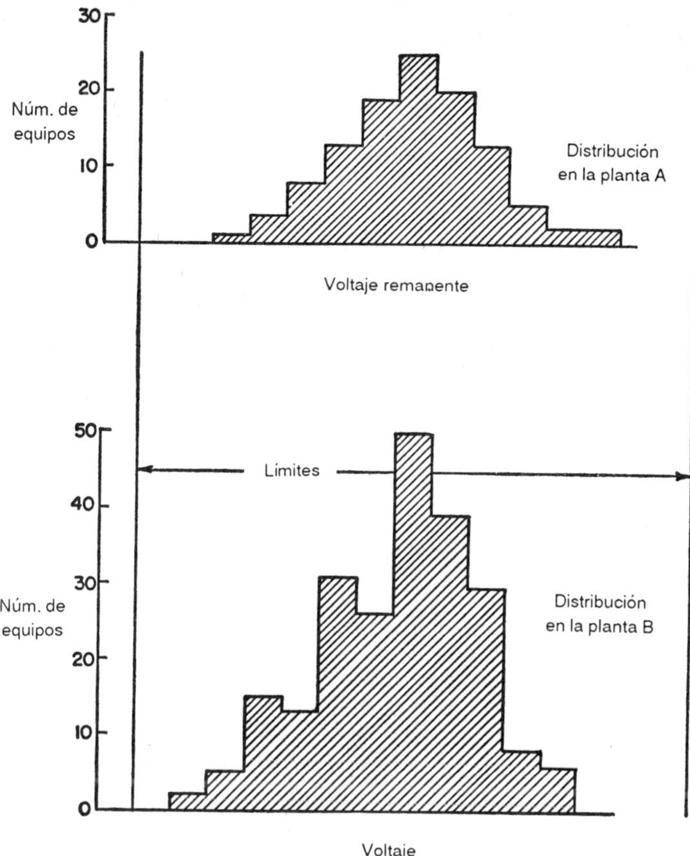

Fig. 13-31

2. La distribución en la planta B muestra una dispersión más amplia que la distribución de la planta A. Los ingenieros opinaron que esto se debía a un deslizamiento mecánico en el equipo de los reguladores, durante su transporte entre las dos plantas.

Se prosiguieron estas dos especulaciones. Después de varias investigaciones, se reflejaron en los resultados de las pruebas. Se igualaron los métodos de prueba de la producción tanto en la planta A, como en la B. Se hizo el rediseño mecánico en aquellas partes del regulador que presentaban deslizamientos.

Se hicieron nuevas gráficas de las distribuciones de frecuencias en muestras de la manufactura en las nuevas condiciones. El resultado de ellas se muestra en la Fig. 13-31 y de cuyo examen se puede asegurar que ha desaparecido el motivo de los rechazos.

La producción subsecuente comprobó la exactitud de esta predicción.

13.30 Previsión de la calidad en la recepción de un lote de cojinetes de bronce[11]

En una fábrica del Este, se recibió una remesa formada por una gran cantidad de cojinetes de bronce. Estos cojinetes se habían adquirido para emplearse en la producción de un elemento importante. Como no estaban muy seguros del trabajo del proveedor a quien habían comprado esos cojinetes, la fábrica prefirió asegurarse de la calidad del lote.

La característica crítica de esos cojinetes era su diámetro interior, cuya especificación era de 1.376 ± 0.010 in. Se decidió hacer un análisis de la distribución de frecuencias de esa característica en particular.

Se separaron cien cojinetes del lote y se midió con todo cuidado su diámetro interior. La distribución de frecuencias de esas mediciones se presenta en la Fig. 13-32.

A continuación se hizo un análisis algebraico. Se calcularon los valores del promedio y de la desviación estándar. Los cálculos correspondientes son:

$$\overline{X} = \frac{\Sigma X}{n} = \frac{137.730}{100} = 1.3773 \text{ in}$$

Desviación estándar de la muestra:

$$s = \sqrt{\frac{\Sigma (X - \overline{X})^2}{n - 1}}$$

$$= \frac{\begin{array}{c}(1.370 - 1.3773)^2 + (1.371 - 1.3773)^2 + 2(1.372 - 1.3773)^2 + \\ 4(1.373 - 1.3773)^2 + 3(1.374 - 1.3773)^2 + 6(1.375 - 1.3773)^2 + \\ 16(1.376 - 1.3773)^2 + 14(1.377 - 1.3773)^2 + 24(1.378 - 1.3773)^2 + \\ 14(1.379 - 1.3773)^2 + 9(1.380 - 1.3773)^2 + 4(1.381 - 1.3773)^2 + \\ (1.382 - 1.3773)^2 + (1.383 - 1.3773)^2\end{array}}{99}$$

$$= \sqrt{\frac{0.00054300}{99}} = 0.0023 \text{ in}$$

$$\sigma = \frac{s}{c_4} = \frac{0.0023}{0.9975} = 0.0023 \text{ in}$$

Para una curva normal, el 99.73% de las lecturas quedan comprendidas entre $\overline{X} \pm 3\,\sigma$. Sustituyendo los valores anteriores en esta expresión:

$$\begin{aligned}\overline{X} \pm 3\sigma &= 1.3773 \pm 3(0.0023 \text{ in}) \\ &= 1.3704 \text{ a } 1.3842 \text{ in}\end{aligned}$$

Bajo esta base, la calidad de los cojinetes demuestra ser satisfactoria, para la amplitud dada de las especificaciones de 1.366 a 1.386 in. La distribución se nota algo distorsionada e inclinada hacia la izquierda, por tanto, los límites de

Diámetros interiores	Marcas	Total
1.370	X	1
1.371	X	1
1.372	XX	2
1.373	XXXX	4
1.374	XXX	3
1.375	XXXXXX	6
1.376	XXXXXXXXXXXXXXXX	16
1.377	XXXXXXXXXXXXXX	14
1.378	XXXXXXXXXXXXXXXXXXXXXXXX	24
1.379	XXXXXXXXXXXXXX	14
1.380	XXXXXXXXX	9
1.381	XXXX	4
1.382	X	1
1.383	X	1
	Total de lecturas	100

Fig. 13-32

3-sigma no son estrictamente exactos. Pero como la distribución se encuentra francamente dentro de los límites de especificaciones, y como la inclinación no es excesiva, decidió la fábrica que se debía de aceptar el lote de los cojinetes, basándose en el análisis practicado.

Al ser empleados los cojinetes en sus líneas de producción, se comprobó que era satisfactoria esta conclusión.

13.31 Desempeño de un producto nuevo

Para el diseño de un producto nuevo, los ingenieros proyectistas establecieron que la característica crítica para ese producto era el "voltaje de arranque". Estimaron que sería de mucho valor conocer lo que se podía esperar de esa característica, cuando se iniciara la producción activa de este artículo.

Por medio de una fabricación piloto se produjeron como muestra un gran número de estos elementos. Se comprobó el voltaje de arranques en cada uno de estos elementos, y se trazó la distribución de frecuencias con los datos obtenidos. La curva resultante se muestra en la Fig. 13-33.

Una simple mirada a esta distribución indicó a los ingenieros que no se podía esperar un funcionamiento satisfactorio. Se hizo el análisis algebraico de esta distribución, empleando una tabla de áreas similar a la de la Fig. 13-15. Como resultado, se encontró que cerca del 20% de esos elementos posiblemente quedarían fuera del límite de especificaciones de 15.5 V, que se había establecido como voltaje máximo de arranque.

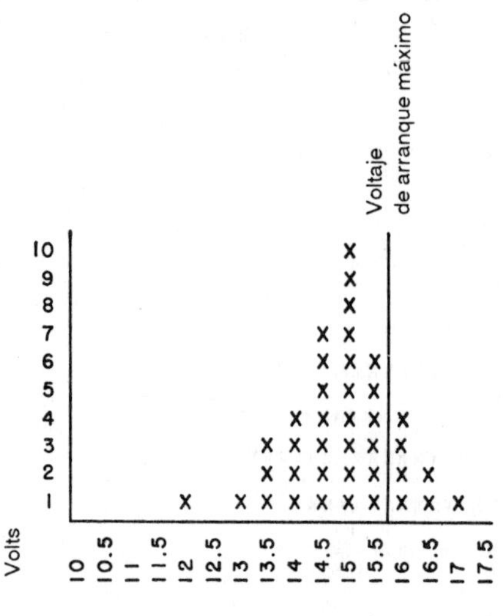

Fig. 13-33

Los proyectistas afrontaron el análisis de los diversos factores que afectaban el voltaje de arranque. Descubrieron que un resorte, que estaba especificado para una fuerza constante, presentaba excesiva variación. Este resorte suministraba la fuerza mecánica que debía de oponerse a la fuerza eléctrica desarrollada al operar la bobina del elemento.

El problema se resolvió haciendo algunos cambios para compensar el trabajo constante del resorte. Resultó más económico hacer un cambio en el diseño mecánico de otra pieza, para lograr el objetivo.

La dificultad ocasionada por el trabajo del resorte quedó eliminada, al introducirse el cambio respectivo. Los proyectistas quedaron satisfechos de haber podido eliminar esa fuente de dificultad potencial, antes de que se iniciara la fabricación efectiva.

Al establecer la producción real de este artículo, se hizo otro análisis de la distribución de frecuencias de esa característica del voltaje de arranque, con los primeros modelos producidos. El resultado de esta distribución se muestra en la Fig. 13-34, en la cual se puede apreciar que ya no se presenta ninguna dificultad.

13.32 Establecimiento de tolerancia de taller para una operación de perforado

Las especificaciones del proyecto, para una pequeña placa plana para tapa, se fijaron en ± 0.001 in para la distancia entre centros de dos perforaciones. Al tratar de satisfacer esta tolerancia, se presentaron numerosas dificultades durante la operación, resultando muy alto el número de piezas rechazadas durante la inspección final.

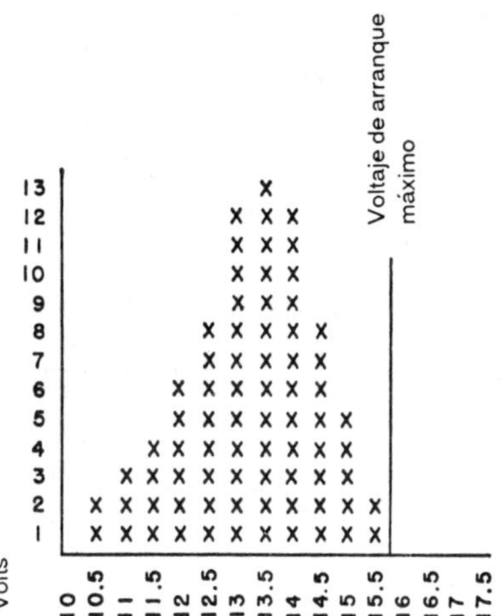

Fig. 13-34

El jefe del taller argumentaba que esa tolerancia de ± 0.001 in, no podía satisfacerse con el equipo actual de taladros. El diseñador, por su parte, basándose en sus experiencias, estaba seguro de que sí se podían satisfacer las especificaciones que él había fijado.

A fin de resolver este problema efectivamente, se hizo un análisis de la distribución de frecuencias sobre un lote representativo de la producción. Para esto, tanto el diseñador como el jefe de taller comprobaron que el taladro estuviera perfectamente ajustado, es decir, que la broca estuviera bien afilada y que las guías de la broca estuvieran bien alineadas y en perfectas condiciones.

El resultado de la distribución de frecuencias, de la Fig. 13-35, acusó una variación de ± 0.0025 in en la distancia entre centros de perforaciones, en las placas de tapa tomadas como muestra. Como todos estaban convencidos de que esa muestra era fiel representativa del lote, se decidió que no era factible que se lograra la tolerancia de ± 0.001 in, con el equipo de que se disponía.

Se presentaron tres alternativas:

1. Continuar la producción de las tapas con su tolerancia original y con el equipo existente, y cargar el costo de las piezas rechazadas al costo total de fabricación.
2. Procurar la adquisición de un nuevo equipo.
3. Modificar las tolerancias originales.

Como puede suceder en casos similares, se hizo la investigación de la pieza a la cual estaba destinada la tapa, encontrándose que una tolerancia de ± 0.003 in era tan satisfactoria como la de ± 0.001 in.

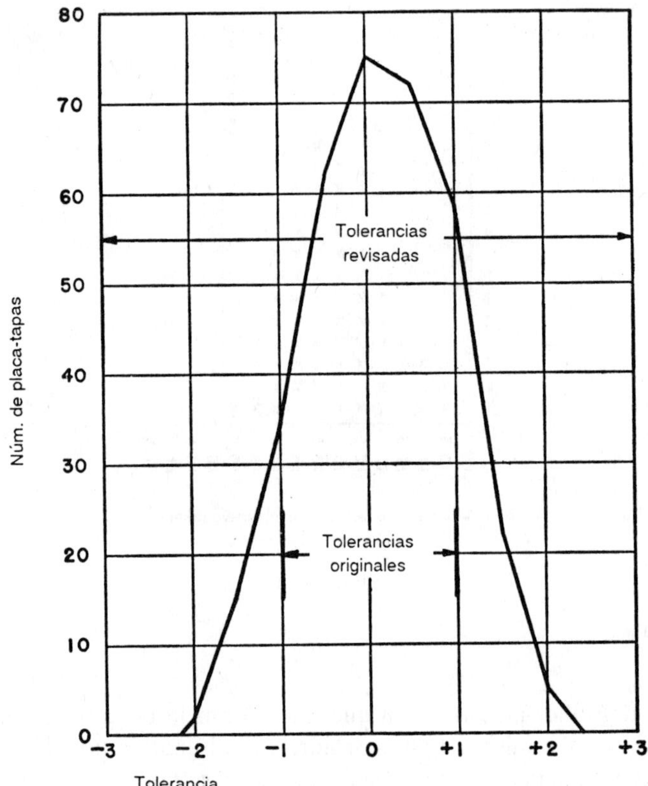

Tolerancia
Variación de la tolerancia a partir del valor nominal del plano (en milésimos de pulgada)

Fig. 13-35

Por tanto, se procedió al cambio de las especificaciones del proyecto, con lo que ya no hubo dificultades en la fabricación de esa pieza.

Notas

[1] La observación estadística del lector le hará notar la tendencia errática de la mediana al compararse con el promedio. Con muestras grandes, la mediana da 25% más error que el promedio de la muestra, como representación del "verdadero" valor promedio (ver Sec. 13.18).

[2] En los primeros años de las aplicaciones estadísticas en el control de calidad, este cálculo se llevaba a cabo usualmente en la base de la raíz cuadrada de la desviación de la muestra de la media, como sigue:

$$s_{(\text{rms})} = \sqrt{\frac{(X_1 - \bar{X})^2 + (X_2 - \bar{X})^2 + (X_3 - \bar{X})^2 + \cdots + (X_n - \bar{X})^2}{n}}$$

En años más recientes, y por ciertas razones estadísticas, se ha vuelto más rutinario el usar la Fórmula (4A) para calcular la desviación estándar de la muestra en vez del enfoque de la raíz cuadrada.

[3] El término σ'(sigma prima) también se usa en algunas aplicaciones estadísticas para representar la población de la desviación estándar de la población. De hecho, mientras que σ (o su designación

equivalente σ' son valores completamente satisfactorios para la dispersión en la mayoría de las situaciones prácticas del control de calidad, la "verdadera" desviación estándar de la población casi nunca se conoce, por una variedad de causas estadísticas y de otra naturaleza. Por esta razón, la desviación estándar de la población también se designa algunas veces como $\hat{\sigma}$ —el símbolo $\hat{}$ denota "estimado de", particularmente en circunstancias donde se desea para propósitos de análisis estadístico preciso que cuando s presente la variabilidad dentro de un subgrupo, σ calculada a partir de s representará con bastante precisión la variabilidad de la población dentro del subgrupo, y no necesariamente la variabilidad total dentro y entre los subgrupos.

[4] $\overline{X}$ es un estimado de μ, la medida de tendencia central de la población que, en términos estadísticos técnicos, se relaciona en la curva normal con σ, la desviación estándar de la población. Como se revisó en la Sec. 13.10, $\overline{X}$ se usa en la discusión anterior y en las Figs. 13-14A y 13-27 debido a su largo empleo y reconocimiento a través de las aplicaciones industriales y debido a la utilidad de este estimado en la mayoría de las circunstancias prácticas del control de calidad.

[5] La observación estadística del lector le permitirá notar el principio de la "normalidad" en la distribución de los espesores de las láminas, lograda por este análisis. La introducción a las distribuciones normales, se verá en la Sec. 13.20 y las siguientes.

[6] El lector interesado en mayores detalles, encontrará en la literatura estadística, métodos para decidir sobre el tamaño de muestra en particular, con una gran precisión. Véase por ejemplo, Irving W. Burr, *Statistical Quality Control Methods,* Marcel Dekker, Inc., New York, 1976.

[7] Esta fórmula es una adaptación para usos prácticos, de la fórmula conocida en la literatura estadística como la *desigualdad de Camp-Meidel,* que demuestra que:

$$P_{t\sigma} \geq 1 - \frac{1}{2.25\,t^2}$$

en la que $P_{t\sigma}$ es la probabilidad dentro del intervalo $\pm (t)\sigma$. El signo $\geq$ de esta fórmula significa *mayor o igual que*.

[8] Esta fórmula es una adaptación para usos prácticos, de la fórmula conocida en la literatura estadística como *desigualdad de Tchebycheff,* que muestra que:

$$P_{t\sigma} \geq 1 - \frac{1}{t^2}$$

en la cual $P_{t\sigma}$ *es la probabilidad dentro del intervalo* $\pm (t)$.

[9] Para éste y otros procedimientos relativos, se puede consultar la literatura estadística. Véase, por ejemplo, Irving W. Burr, *Applied Statistical Methods,* Academic Press, Inc., New York, 1974. Otra referencia básica es Dudley J. Cowden, *Statistical Methods in Quality Control,* Prentice-Hall, Inc., Englewood Cliffs, N. J., 1957.

[10] Investigación practicada por el Sr. R. B. Thomasgard y asociados, Shenectady, N. Y.

[11] De un estudio realizado por el Dr. C. F. Green, R. W. Halleck y asociados Schenectady, N. Y.

CAPÍTULO 14
Gráficas de control

Es probable que la actividad más reconocida en general del control de calidad sea el control de la materia prima, de los lotes de producción y de las piezas y ensambles durante el proceso de su manufactura. La mayor parte de la literatura actual sobre los métodos estadísticos aplicado al control de la calidad, está orientada sobre este tema. La principal ayuda estadística para estos trabajos, es la gráfica de control y sus modificaciones particulares.

Durante muchos años se han venido empleado las gráficas de control en la industria. Su más prominente iniciador fue el Dr. Walter A. Shewhart, cuyo enfoque hacia la gráfica de control permanece siendo el más ampliamente usado. Otros tipos de gráficas de control han también entrado en uso en los últimos años.

Únicamente se necesitan nociones rudimentarias para el conocimiento práctico de esta herramienta. Aun cuando existen muchas adaptaciones del tipo original de las gráficas de control, éstas sólo constituyen modificaciones en sus detalles, para satisfacer determinadas situaciones particulares.

Concepto de las gráficas de control

14.1 El enfoque de las gráficas de control

Existen diversas preferencias técnicas para el establecimiento de tolerancia del proyecto y límites de especificaciones. En algunas ocasiones, estos límites se determinan cuidadosamente por medio de pruebas; otras veces se han fijado en forma arbitraria. La mayoría de las veces, se basan en experiencias anteriores con los materiales y con los procesos de manufactura.

Por lo general, esta experiencia se ha trasladado a las hojas de "tolerancias prácticas del taller". En otros casos, sólo existe en la mente de los obreros más antiguos como un conocimiento práctico.

Corresponde al ingeniero proyectista trasladar estos conocimientos prácticos a datos técnicos. Por ejemplo, puede preguntarse al jefe del taller si es posible mantener una tolerancia de ±0.003 in para la distancia entre centros de dos perforaciones en una horquilla para chumacera. El jefe del taller, con su experiencia, estará facultado para contestar 'seguro que se puede'. Esta respuesta puede servir de base al ingeniero, para el establecimiento de una tolerancia de ±0.003 in en el proyecto de la chumacera.

La experiencia de taller puede también tener mucha importancia, cuando se reciban en producción los planos enviados por el ingeniero proyectista. Por ejemplo, el obrero de la máquina producirá un lote de estas piezas, cuya variación en la distancia entre centros sea de ±0.005 in en lugar de ±0.003 in, que era la indicada. La reacción inmediata del jefe de taller, será la de que algo "anormal" está ocurriendo; puede ser que la broca esté descentrada o que está mal afilada, o bien puede ser que las guías de la broca estén desgastadas. Por tanto, se puede forjar en la mente la posible acción correctiva, y actuará sobre el taladro.

Así, el personal de planta intuitivamente ha agrupado las variaciones de las piezas manufacturadas en dos categorías:

1. Variaciones *normales*, o sea el total de la desviación que el obrero ya conoce que se debe de presentar. En el ejemplo de las horquillas para cojinetes, la desviación máxima fue de ±0.003 in.[1]
2. Variaciones *anormales*, o sea una desviación mayor que la que el obrero experimentado sabe que se debe de obtener. En el ejemplo de las horquillas para cojinetes, correspondería a una variación mayor de ± 0.003 in.[2]

Por tanto, el obrero ya concibe los "límites" de variación normal, en las piezas o procesos con los que ya está familiarizado. Si esos límites se exceden durante la manufactura de los elementos, el obrero reconoce que algo anormal se ha presentado y que se requiere una corrección.

La Fig. 14-1 da una idea de este concepto. Los puntos encerrados dentro de un círculo, indican la necesidad de una acción correctiva.

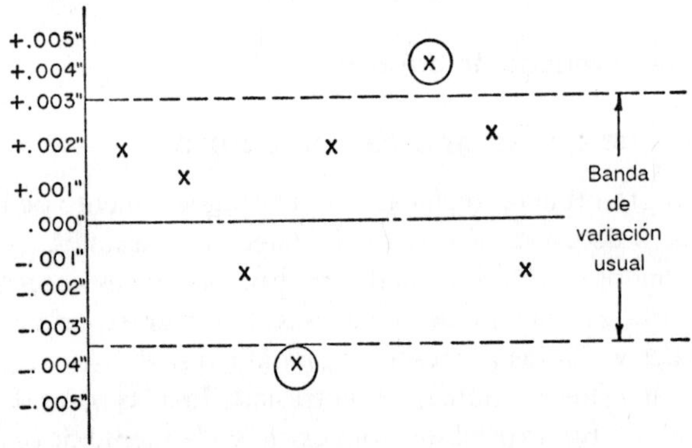

Fig. 14-1

En los análisis de estas variaciones se basan las formas más usadas de las gráficas de control. La filosofía de los límites de variación normal, va incluida en la gráfica de control, bajo la forma de límites de control. Sin embargo, debido a la naturaleza de la técnica de las gráficas de control, el valor efectivo para los límites de control, por lo general, difiere del valor correspondiente de los límites de variación normal.

14.2 Definición de las gráficas de control

Se puede definir a la gráfica de control, como

> Un método gráfico para evaluar si un proceso está o no en un "estado de control estadístico".

En sus formas más usuales, la gráfica de control es una comparación gráfica-cronológica (hora a hora, día a día) de las características de calidad reales del producto, parte u otra unidad, con límites que reflejan la capacidad del producirla de acuerdo con la experiencia de las características de calidad de la unidad.

El proceso de las gráficas de control es el elemento que pone de manifiesto, de acuerdo con los hechos, el concepto del obrero de separar las variaciones de los elementos en "normales" y "anormales". Establece la comparación de la variación de las piezas en su fabricación real, con los límites de control que se hayan establecido para esas piezas.

Cuando hayan sido calculados estos límites y se consideran aceptables para implantarse en la fabricación, las gráficas de control comienzan a desarrollar su misión principal: auxiliar en el control de la calidad de la materia prima, de lotes de producción, de los elementos aislados o de los ensambles durante su fabricación actual.

14.3 ¿Qué variación es aceptable?

La decisión de si los límites de control se deben o no aceptar, por lo general, es algo enteramente económico. ¿La variación normal que esos límites representan, es menor que la requerida por los límites de especificaciones? En caso afirmativo, los límites de control serán satisfactorios.

¿La variación normal representada por los límites de control es mayor que la fijada por los límites de especificaciones? ¿Resultaría muy costoso tratar de obtener mayor exactitud? En este caso, los límites de control pudieran ser satisfactorios. ¿Resultará más económico tratar de mejorar el proceso, que aceptar el desperdicio y el remaquinado que inevitablemente se tienen que presentar? En este caso, los límites de control no resultan satisfactorios y, por tanto, no se pueden aceptar.

Desde luego que la distinción entre las variaciones normales y las anormales es muy relativa. Lo que pueda ser normal para determinada máquina y para cierta operación, puede ser muy diferente a la variación normal de otra máquina y otra operación con el mismo material.

Entre plantas diversas y entre áreas de manufactura de la misma planta, puede existir diferencias entre los factores quc intervienen en la variación normal. Puede atribuirse a la naturaleza de los equipos, al estado de conservación de la maquinaria, a la calidad de los materiales empleados, al esmero en las tareas de maquinado, y al entrenamiento y destreza del personal. Por tanto, los esfuerzos encaminados a la comparación de los límites de control entre diversas plantas, puede dar conclusiones muy contradictorias.

Con personal experto para la realización de un trabajo determinado, y disponiendo del dinero necesario, indudablemente que se podrá reducir la variación que marcan los límites de control. En el ejemplo de la distancia entre centros de perforaciones, citado en la Sec. 14-1, la variación normal de ±0.003 in que se obtuvo, se podría reducir hasta ±0.0015 in con el empleo de un equipo nuevo y mejores materiales.

Sin embargo, una vez aceptados los límites de control, se pueden utilizar como una guía para cualquier acción correctiva en el trabajo de que se trate. Sería muy costoso pretender obtener mejor uniformidad. Pero si los resultados de la producción indican una variación mayor de la que permiten los límites, entonces puede resultar más económico hacer el gasto para detectar su origen y así eliminar las causas de esa variación excesiva.

14.4 Usos de las gráficas de control

Resulta una empresa muy peligrosa depender de la información que únicamente mantiene en su memoria el obrero, cuando se trate de la variación de la característica de calidad de un producto. Pero si esa forma práctica de saber cómo, se complementa con el empleo de las gráficas de control, se obtendrán beneficios en exactitud y la conservación de los registros con los resultados.

El lapso necesario para determinar la variación normal, representada por esos límites de control de las gráficas, se puede reducir considerablemente. Será suficiente un periodo de horas o tal vez días, en lugar del tiempo mucho más largo que se requiere para desarrollar el conocimiento del proceso. Esto cobra mayor importancia donde se tenga una gran proporción de obreros de nuevo ingreso, o de supervisores recién designados.

Cuando ya se hayan establecido los límites de control para un material o para los elementos que se manufacturan, se pueden sugerir diversas aplicaciones de las gráficas de control. Algunas de ellas son:

Determinación del grado de control de un proceso

Las lecturas sobre las características de calidad de las partes o productos que se estén fabricando pueden analizarse para determinar si el proceso está en una situación controlada. Si estas lecturas muestran una variación importante tanto dentro como fuera de los límites de control calculados, entonces el proceso está demostrando visiblemente estar fuera de control esencialmente; pueden considerarse varias formas aplicables de acción para mejorar si son necesarias y económicas. Si estas lecturas muestran un "amontonamiento" importante dentro de los límites de control calculados, entonces el proceso muestra visiblemente el estar esencialmente controlado, y las acciones de calidad subsecuentes pueden basarse en este reconocimiento del control.

Este es un ejemplo primario de una de las dos condiciones más elementales de las gráficas de control —aquella del "análisis de datos históricos" o, en términos estadísticos técnicos, una gráfica de control "sin estándar dado"— discutidas mayormente en la Sec. 14.5.

Prever los rechazos antes de que se produzcan piezas defectuosas

A veces se "introducen" en un proceso ciertas inconveniencias para la calidad. Una herramienta mal afilada puede originar una tendencia a variaciones anormales que den como resultado la producción de piezas defectuosas. En la gráfica, donde se va comparando la variación obtenida, los límites de control son la "señal roja" de que está apareciendo en el proceso esa clase de dificultades para la calidad, antes de que se origine un desperdicio o el remaquinado.

La cita anterior queda ilustrada con una comparación popular de los límites de control de las gráficas con los acotamientos de una carretera. Si la característica de la calidad de una pieza que se manufactura, se aproxima a los límites de control, o las "cunetas" de la carretera, se debe de aplicar una corrección, para prevenir que el proceso se vaya a una "zanja", produciéndose piezas defectuosas.

Este es un ejemplo primario de la segunda de las dos condiciones más elementales de las gráficas de control —la de "valores adoptados de los límites de control" o, en términos estadísticos técnicos, una gráfica de control con "estándar dado"— discutidas mayormente en la Sec. 14.5.

Juzgar el rendimiento de un trabajo

La eterna pregunta: "¿Es tan buena la calidad del trabajo que se efectúa, como el que es posible lograr con el equipo de que se dispone?", tiene su respuesta efectiva al comparar las variaciones de la manufactura real con la variación normal representada por los límites de control.

Establecimiento de tolerancias

Los límites de especificaciones pueden tener alguna relación con la variación normal únicamente por coincidencia. Lo anterior se debe a que los límites de especificaciones se refieren a los requisitos que se imponen al producto, en tanto que la variación normal se refiere al proceso y a su capacidad. Sin embargo, es muy ventajoso para el ingeniero proyectista familiarizarse con las capacidades de procesos, a fin de hacer una utilización "óptima" de ellas en la elaboración de sus diseños.

Guía para la gerencia

Las gráficas de control proporcionan a los gerentes un sumario de los aciertos o de las fallas de la planta, en sus esfuerzos por controlar la calidad del producto.

Previsión de los costos

La variación normal puede ser representativa de los métodos de manufactura de una planta. Resulta muy costoso pretender reducir esta variación y tal vez sea necesaria la adquisición de maquinaria nueva, implantar nuevos métodos y procurar mejor mantenimiento del equipo. Por otra parte, la variación no normal, puede representar dificultades temporales que pueden ser eliminadas sin un gasto excesivo.

La variación normal en la mayoría de los procesos está asociada a la forma más económica de manufactura. Por tanto, su determinación es de mucha utilidad por lo que se refiere a los costos.

En el caso particular en que la variación normal sea más amplia que los límites de especificaciones y que, por alguna razón, la factoría no pueda perfeccionar el proceso, se debe de aceptar la producción de piezas defectuosas o de desperdicio. Esta cantidad de desperdicio se puede prever, reducirse a un mínimo,[3] e introducirse a los costos del trabajo.

Establecer un índice de seguridad para el material defectuoso

Los contadores de costos siempre han tenido el problema relativo al renglón de las "pérdidas durante la manufactura" y la forma de establecer un factor realista en la contabilidad de costos, para las piezas o conjuntos que se rechazan. Reconocen que el establecimiento del cero por ciento para los rechazos, es una meta impracticable y antieconómica.

Por tanto, se debe de elegir un determinado porcentaje, desde luego arbitrario, pero que parezca ser el más económico. Este porcentaje puede ser muy bajo o muy alto —los contadores serán los primeros en admitirlo—, simplemente por que no existen datos apropiados en que se pueda hacer una estimación más acertada. Cuando se han fijado los límites de control en las gráficas sobre diferentes tipos de operaciones, se tendrá una base más real para el establecimiento de estos índices de seguridad.

14.5 Tipos de gráficas de control

De acuerdo con las dos clases de datos de que se dispone en la industria, existen dos modelos fundamentales para las gráficas de control:

1. *Gráficas para mediciones o por "variables"* (siendo la más generalizada la gráfica denominada de $\overline{X}$, R, s), las que tienen su empleo en el caso de que se efectúen mediciones.
2. Gráficas para datos que provienen de calibradores de pasa/no pasa o por "atributos", empleándose las *gráficas de fracción defectuosa o de porcentaje defectuoso* (conocidas como las gráficas de p).

Muchos de los datos tomados en la industria son de la variedad pasa/no-pasa. Al aumentar la complejidad de los productos y de los procesos, sin embargo, las mediciones reales se están volviendo más y más esenciales al irse reconociendo sus ventajas en la prevención de trabajo defectuoso.

Los datos pasa/no-pasa simplemente indican que las partes son "buenas" o "malas". Pero una pregunta importante para la acción correctiva es: "¿qué tan buena o qué tan mala?" En los datos variables, esta pregunta se responde más adecuadamente. Por tanto, aunque hay un importante lugar en las aplicaciones del control total de la calidad para las gráficas basadas sobre cada uno de estos tipos de datos, el mayor poder de control de las gráficas de variables hace a este tipo de gráfica la alternativa preferida de control, donde sea práctica y económica.

Hay dos condiciones diferentes bajo las que se usan estas gráficas de control:

1. Las gráficas usadas para investigar el estado de control de un proceso, tal vez uno que no haya sido examinado previamente, o uno al que se le han hecho grandes cambios en el proceso, o uno que se examina para el estado de control continuo después de que un análisis preliminar de distribución de frecuencias demostró control inicial. Las lecturas sobre las características de calidad de las partes y productos se toman y analizan para este propósito investigador. Los valores de los límites de control y de la tendencia central se calculan como parte de este análisis y, por tanto, la condición se denomina "sin estándar dado". Con frecuencia, estos límites de control y los valores de tendencia central se usan en las gráficas para mantener un control continuo.
2. Las gráficas donde la tendencia central y los valores de dispersión han sido establecidos inicialmente y, por tanto, esta condición se denomina de "estándar dado". En todos los casos, la suposición es que estos valores estándar son tales que el proceso puede operar a estos niveles y que los datos anteriores disponibles —algunas veces un procedimiento sin estándar dado— han sido usados para determinar que existe un estado de control. En algunas situaciones de planta y compañía, estos estándares se establecen de una forma relativamente arbitraria, basándose sobre circunstancias particulares económicas o de otro tipo práctico que se basan en las necesidades de producción o servicio o en un valor deseado u objetivo designado por requisito o especificación.

Aun cuando el cálculo de los límites de control para estas dos clases de gráficas —medición y fracción o porcentaje— difiere en sus detalles, el proceso fundamental es el mismo. El cálculo está basado en la teoría de las probabilidades, de la cual se hizo mención en el Cap. 13.

Las etapas que se siguen para el proceso de las gráficas son las siguientes:

Sin estándar dado

1. Seleccionar las características de calidad apropiadas para el estudio.
2. Registrar los datos de un número requerido de muestras, con cada muestra compuesta de un número apropiado de unidades.
3. Determinar los límites de control para estos datos de la muestra.
4. Analizar el estado de control en la muestra. ¿Demasiada variación? ¿Rápidas desviaciones de un estado de control y un repentino retorno al control?

¿Proceso bien controlado? Se toma una acción apropiada, de acuerdo con las necesidades y economía, con base en este análisis.

En muchos casos, cuando los límites de control se calculan por primera vez para partes o ensambles, los procesos se encuentra "fuera de control"; las características de varias muestras exceden los límites de control. En estos procesos, las causas para las variaciones excesivas en las muestras de pueden localizar y eliminar. Los pasos 2 y 3 se repiten hasta que el proceso está controlado.

Cuando un proceso proporciona muestras cuyas características permanecen consistentemente dentro de los límites de control, puede denominársele "proceso controlado".

5. En aquellos casos en que la gráfica de control y sus límites se usan entonces para mantener un control del proceso continuo, se siguen los procedimientos de los pasos 6 y siguientes de la condición de estándar dado, que sigue.

Estándar dado

1. Seleccionar la característica de calidad apropiada para el estudio.
2. Establecer el valor apropiado de la tendencia central y de la dispersión que se usarán. Todos los datos anteriores disponibles deben usarse para determinar que existe un estado de control.
3. Determinar los límites de control a partir de estos valores "adoptados".
4. Establecer que estos límites de control sean económica y prácticamente satisfactorios para el trabajo.
5. Establecer los valores de los límites de control y graficar los límites en un papel apropiado.
6. Empezar a registrar los resultados de las muestras de producción de tamaño apropiado, seleccionadas en intervalo periódicos.
7. Tomar acción correctiva si las características de las muestras de producción exceden los límites de control.

Las gráficas de control de mediciones del tipo mencionado arriba se ven en las Secs. 14.6 a 14.11. Luego, las Secs. 14.12 a 14.15 discuten la adaptación de esta gráficas de control de mediciones al control para los límites de las especificaciones mismas, cubriendo aplicaciones como:

- Desgaste de herramientas, control de tendencia y otros límites de control modificados (Sec. 14.12).
- Uso de la capacidad del proceso ("tolerancia natural") como base de los límites (Sec. 14.13).
- Gráficas de control de aceptación (Sec. 14.13).

Otros tipos de gráficas de control por variables, diferentes a las discutidas en las Secs. 14.6 a 14-13, también se han desarrollado a partir de la práctica estadística para lograr requisitos particulares de control en la planta, dos de los cuales son[4]:

1. Gráficas de lecturas individuales (Sec. 14.14).
2. Gráficas cusum (Sec. 14.14).

Las Secs. 14.16 a 14.25 tratan después las gráficas para uso con datos de pasa/no-pasa.

Gráficas de control por variables

14.6 Forma de la gráfica

En lo que antecede se ha expresado que el cálculo de los límites de control se concreta al cálculo numérico de los límites que, en el lenguaje del taller, se conocen como los límites de variación natural. Pero, ¿cómo se procede para estos cálculos?

En el Cap. 13 se habló con detalle de la naturaleza universal de la variación entre las piezas manufacturadas. Se estudió la distribución de frecuencias, como un medio para la representación y el análisis de esta variación. En las Secs. 13.5 y 13.14 se hizo la discusión de los límites del proceso en las distribuciones de frecuencias dentro de los cuales, prácticamente, deberán quedar comprendidas todas las lecturas individuales de la característica de la calidad de las piezas en la producción que se estudie.

Existe una completa similitud entre los límites del proceso y los límites de variación normal enunciados al tratarse de las gráficas de control. Los límites de variación normal son, para fines prácticos, la "tolerancia natural" y los "límites del proceso naturales" del proceso en cuestión. Este concepto de tolerancias naturales es muy importante a través de la aplicación práctica de la tecnología estadística de la calidad.

Los límites de variación usuales son, para la mayoría de los propósitos prácticos, los límites del proceso para la distribución de frecuencia que sería "típica" para la característica de la calidad del producto en cuestión. La Fig. 14-2 ilustra este concepto.

Debido a esta similitud, la forma de una gráfica de control por variables es simplemente una aplicación de las distribuciones de frecuencias mencionadas. Lo anterior se comprueba con el siguiente procedimiento:

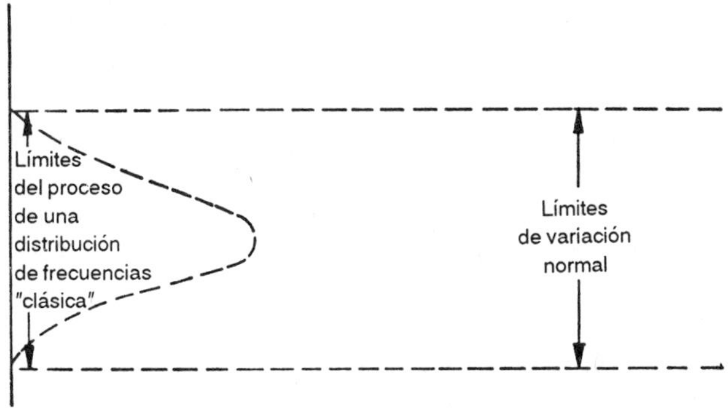

Fig. 14-2

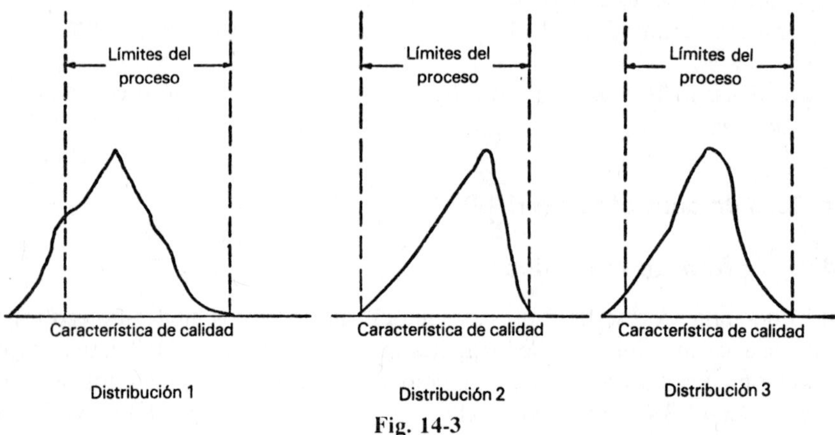

Fig. 14-3

1. Hacer varios análisis de distribuciones de frecuencias a fin de obtener el valor "representativo" de los límites del proceso.
2. Para trazar la distribución de frecuencia, tomar periódicamente las lecturas sobre muestras adecuadas de piezas de la producción.
3. Comparar las gráficas de cada una de estas distribuciones de frecuencias, con los límites del proceso.
4. Ejecutar la acción que se indique.

La Fig. 14-3 presenta una idea del análisis gráfico.

En este procedimiento quedan involucrados algunos problemas prácticos. Para un tamaño probable de 50 lecturas que se requieren de muestra, de acuerdo con el costo, sólo será posible hacer la medición de unas cuantas muestras durante cada periodo de producción. Sin embargo, la experiencia ha demostrado que la medición de muchas muestras, seleccionadas a intervalos más frecuentes durante el periodo de producción, es el procedimiento más efectivo para un control de la calidad del producto.

Por otra parte, resultaría molesto hacer la comparación de estas distribuciones de frecuencias, con los límites del proceso. Al mismo tiempo, sería relativamente costoso tener que tomar suficientes muestras para llegar a obtener un valor "representativo" aceptable, para esos límites del proceso.

Una forma de compensar la molestia de la comparación se lograría haciendo girar a las figuras de las distribuciones para que quedaran acostadas. Esto puede ayudar apenas en algo, según se puede ver en la Fig. 14-4. Y aun cuando se mejorara en gran parte con ese procedimiento de la Fig. 14-4, se estaría forzando a la medición de sólo unas cuantas muestras durante el periodo de producción, por la misma razón de economía.

Debido a las dificultades enunciadas, se ha desarrollado la práctica de las modernas gráficas de control por variables. En lugar de tener que seleccionar muy pocas muestras constituidas por un número relativamente grande de uni-

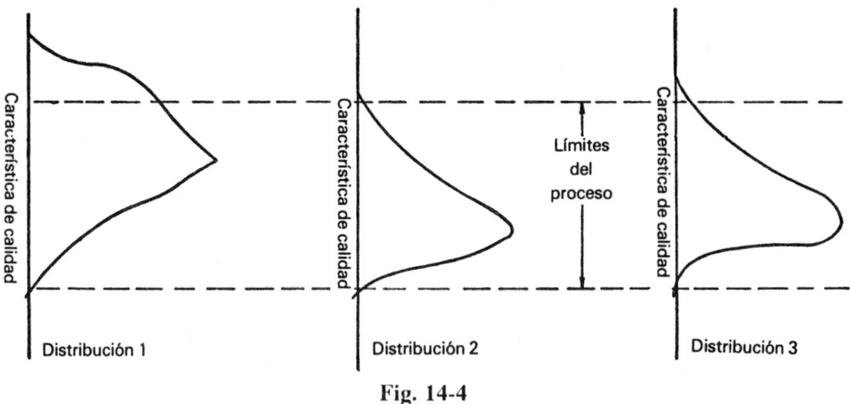

Fig. 14-4

dades, el procedimiento de las gráficas requiere la selección de muchas muestras de un tamaño relativamente pequeño.

En lugar de anotarse los valores individuales de cada una de las lecturas de estas pequeñas muestras, se calculan las medidas de tendencia central y de dispersión de cada una de ellas. Los valores que se obtengan, se va inscribiendo en gráficas separadas: una parte de la gráfica para la medida de tendencia central, y la otra parte para la medida de dispersión. Para cada una de estas partes de la gráfica, se calculan sus respectivos límites de control y los valores particulares de las medidas de tendencia central y de dispersión de cada una de las muestras, se comparan con sus límites correspondientes.[5] Una acción correctiva quedará indicada cuando uno o ambos de estos valores queden fuera de sus respectivos límites de control.

En la Fig. 14-5 se presenta una forma de rayado que puede utilizarse para el graficado por el procedimiento de variables. A continuación se presentan algunas de sus ventajas:

1. Con el empleo de la gráfica se hacen resaltar las dos características importantes de una distribución de frecuencias, presentadas en dos gráficas independientes, que son de fácil aplicación en el taller. Estas gráficas son:

   a. Una para las medidas de *tendencia central,* siendo la mayor utilidad la medida del promedio ($\overline{X}$) (Rayado I de la Fig. 14-5). Sin embargo, se puede usar cualquier medida de tendencia central.
   b. La otra gráfica para las medidas de *dispersión*. Se emplea con mayor facilidad la amplitud R (rayado II de la Fig. 14-5). Puede emplearse también s, la desviación estándar de la muestra.

   Los límites de control para las gráficas por variables, son relativamente fáciles de calcular para cada una de estas dos partes de la gráfica y se trazan sencillamente en la parte correspondiente del rayado.
2. Este sistema de gráfica hace muy económica la selección de muchas muestras, formada cada una por muy pocas lecturas en lugar de tener que tomar

Gráfica de control de calidad Núm. ________

Producto ________ Periodo ________

Inspección o prueba ________ Característica ________

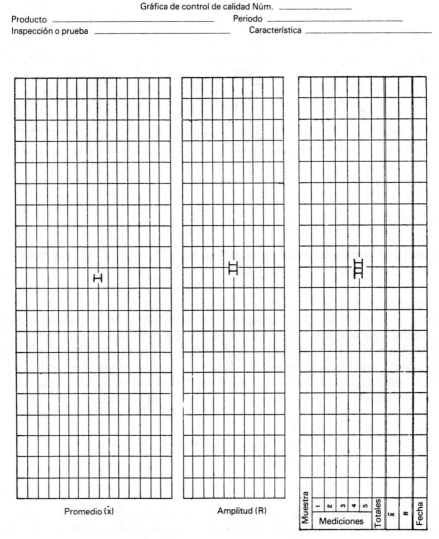

I

II

III

Promedio ($\bar{x}$)

Amplitud (R)

Muestra	1	2	3	4	5	Totales	$\bar{x}$	R	Fecha
	Mediciones								

Fig. 14-5

pocas muestras, pero formadas cada una por 50 lecturas cuando menos. (Ver rayado III en la Fig. 14-5).

14.7 Límites en las gráficas de control por variables

El principio para el cálculo de los límites de control, en la gráficas por variables, es similar al aplicado para los límites de proceso en las distribuciones de frecuencias, o sea los límites de 3-sigma. La única diferencia que pudiera existir, es que en las gráficas de control por variables se emplean los datos de las medidas de tendencia central y de la dispersión de las muestras relativamente menores.

Es preciso recordar que, según quedó expresado en la Sec. 13.18, los valores de tendencia central y de dispersión de las muestras tomadas de un mismo lote, tienen sus propios límites de 3-sigma. Los límites para cada parte de la gráfica de control por variables —la gráfica de tendencia central y la de dispersión— propiamente son los mismos 3-sigma mencionados en la Sec. 13.18. La variación que se obtiene de la serie de muestras tomadas en lo que se supone sea el mismo flujo de producción o el mismo "lote", es la que se debe de comparar en las gráficas de control por variables; tanto los valores de tendencia central como los de dispersión de estas muestras, se juzgan simplemente con respecto a sus propios límites de 3-sigma, técnica que está de acuerdo con los principios expuestos en la Sec. 13.18. Como se discutió anteriormente en este capítulo, la comparación puede llevarse a cabo ya sea basándose sobre el análisis de datos históricos sin estándar dado para los valores de la tendencia central y dispersión o el análisis de tendencias en términos de estándar dado para los valores de tendencia central y dispersión.

Se han elegido los límites de 3-sigma, en lugar de 2 o de 4-sigma, por ejemplo, porque la experiencia ha demostrado que el valor de 3-sigma es el más útil y económico para las aplicaciones de las gráficas de control, puesto que para ese valor la mayor parte de las distribuciones de frecuencias encontradas en la industria, tienden a la "normalidad".[6]

El cálculo de las mediciones de tendencia central y dispersión para las varias condiciones de la gráfica de control están grandemente auxiliadas por el uso de constantes que se han desarrollado para estos cálculos. Estas constantes se enlistan en la Fig. 14-6.[7]

Las fórmulas que se emplean para el cálculo de los límites en las gráficas de control por variables de Shewhart, son las siguientes:

Sin estándar dado

Cuando el rango se usa como medida de dispersión

Promedio:	Límite inferior	$= \overline{\overline{X}} - A_2 \overline{\overline{R}}$	(13A)
	Línea central	$= \overline{\overline{X}}$	
	Límite superior	$= \overline{\overline{X}} + A_2 \overline{\overline{R}}$	(13B)
Rango:	Límite inferior	$= D_3 \overline{R}$	(14A)
	Línea central	$= \overline{R}$	
	Límite inferior	$= D_4 \overline{R}$	(14B)

Cuando la desviación estándar se usa como medida de dispersión

Promedio:	Límite inferior	$= \overline{\overline{X}} - A_3 \overline{s}$	(15A)
	Línea central	$= \overline{\overline{X}}$	
	Límite superior	$= \overline{\overline{X}} + A_3 \overline{s}$	(15B)
Desv. estándar:	Límite inferior	$= B_3 \overline{s}$	(16A)
	Línea central	$= \overline{s}$	
	Límite de control superior	$= B_4 \overline{s}$	(16B)

FACTORES PARA CALCULAR LÍNEAS CENTRALES GRÁFICAS Y LÍMITES DE CONTROL 3-SIGMA PARA $\overline{X}$, s y R

Observaciones en la muestra, n	Gráfica para promedios: Factores para los límites de control			Gráfica para desviaciones estándar: Factores para la línea central		Factores para los límites de control				Gráfica de rangos: Factores para la línea central		Factores para los límites de control				
	A	A_2	A_3	c_4	$1/c_4$	B_3	B_4	B_5	B_6	d_2	$1/d_2$	d_3	D_1	D_2	D_3	D_4
2	2.121	1.880	2.659	0.7979	1.2533	0	3.267	0	2.606	1.128	0.8865	0.853	0	3.686	0	3.267
3	1.732	1.023	1.954	0.8862	1.1284	0	2.568	0	2.276	1.693	0.5907	0.888	0	4.358	0	2.574
4	1.500	0.729	1.628	0.9213	1.0854	0	2.266	0	2.088	2.059	0.4857	0.880	0	4.698	0	2.282
5	1.342	0.577	1.427	0.9400	1.0638	0	2.089	0	1.964	2.326	0.4299	0.864	0	4.918	0	2.114
6	1.225	0.483	1.287	0.9515	1.0510	0.030	1.970	0.029	1.874	2.534	0.3946	0.848	0	5.078	0	2.004
7	1.134	0.419	1.182	0.9594	1.0423	0.118	1.882	0.113	1.806	2.704	0.3698	0.833	0.204	5.204	0.076	1.924
8	1.061	0.373	1.099	0.9650	1.0363	0.185	1.815	0.179	1.751	2.847	0.3512	0.820	0.388	5.306	0.136	1.864
9	1.000	0.337	1.032	0.9693	1.0317	0.239	1.761	0.232	1.707	2.970	0.3367	0.808	0.547	5.393	0.184	1.816
10	0.949	0.308	0.975	0.9727	1.0281	0.284	1.716	0.276	1.669	3.078	0.3249	0.797	0.687	5.469	0.223	1.777
11	0.905	0.285	0.927	0.9754	1.0252	0.321	1.679	0.313	1.637	3.173	0.3152	0.787	0.811	5.535	0.256	1.744
12	0.866	0.266	0.886	0.9776	1.0229	0.354	1.646	0.346	1.610	3.258	0.3069	0.778	0.922	5.594	0.283	1.717
13	0.832	0.249	0.850	0.9794	1.0210	0.382	1.618	0.374	1.585	3.336	0.2998	0.770	1.025	5.647	0.307	1.693
14	0.802	0.235	0.817	0.9810	1.0194	0.406	1.594	0.399	1.563	3.407	0.2935	0.763	1.118	5.696	0.328	1.672
15	0.775	0.223	0.789	0.9823	1.0180	0.428	1.572	0.421	1.544	3.472	0.2880	0.756	1.203	5.741	0.347	1.653
16	0.750	0.212	0.763	0.9835	1.0168	0.448	1.552	0.440	1.526	3.532	0.2831	0.750	1.282	5.782	0.363	1.637
17	0.728	0.203	0.739	0.9845	1.0157	0.466	1.534	0.458	1.511	3.588	0.2787	0.744	1.356	5.820	0.378	1.622
18	0.707	0.194	0.718	0.9854	1.0148	0.482	1.518	0.475	1.496	3.640	0.2747	0.739	1.424	5.856	0.391	1.608
19	0.688	0.187	0.698	0.9862	1.0140	0.497	1.503	0.490	1.483	3.689	0.2711	0.734	1.487	5.891	0.403	1.597
20	0.671	0.180	0.680	0.9869	1.0133	0.510	1.490	0.504	1.470	3.735	0.2677	0.729	1.549	5.921	0.415	1.585
21	0.655	0.173	0.663	0.9876	1.0126	0.523	1.477	0.516	1.459	3.778	0.2647	0.724	1.605	5.951	0.425	1.575
22	0.640	0.167	0.647	0.9882	1.0119	0.534	1.466	0.528	1.448	3.819	0.2618	0.720	1.659	5.979	0.434	1.566
23	0.626	0.162	0.633	0.9887	1.0114	0.545	1.455	0.539	1.438	3.858	0.2592	0.716	1.710	6.006	0.443	1.557
24	0.612	0.157	0.619	0.9892	1.0109	0.555	1.445	0.549	1.429	3.895	0.2567	0.712	1.759	6.031	0.451	1.548
25	0.600	0.135	0.606	0.9896	1.0105	0.565	1.435	0.559	1.420	3.931	0.2544	0.708	1.806	6.056	0.459	1.541

Fig. 14-6

donde $\overline{\overline{X}}$ = gran promedio (ver Sec. 13.10)
$\overline{R}$ = rango medio (ver Sec. 13.12)
$\overline{s}$ = desviación estándar promedio de la muestra (ver Sec. 13.11)

Estándar dado

Cuando el rango se usa como medida de dispersión

Promedio:	Límite inferior	$= \overline{X}_0 - A\sigma_0$	(17A)
	Línea central	$= \overline{X}_0$	
	Límite superior	$= X_0 + A\sigma_0$	(17B)
Rango:	Límite inferior	$= D_1\,\sigma_0$	(18A)
	Línea central	$= R_0(\text{o } d_2\,\sigma_0)$	
	Límite superior	$= D_2\,\sigma_0$	(18B)

Cuando la desviación estándar se usa como medida de dispersión

Promedio:	Límite inferior	$= X_0 - A\sigma_0$	(17A)
	Línea central	$= \overline{X}_0$	
	Límite superior	$= \overline{X}_0 + A\sigma_0$	(17B)
Desv. estándar	Límite inferior	$= B_5\,\sigma_0$	(19A)
	Línea central	$= s_0(\text{o } c_4\,\sigma_0)$	
	Límite de control superior	$= B_6\,\sigma_0$	(19B)

donde $\overline{X}_0$ = valor del promedio adoptado para calcular la línea central y los límites de la gráfica de control.
R_0 = valor del rango adoptado para calcular la línea central y los límites de la gráfica de control.
s_0 = valor de la desviación estándar de la muestra adoptada para calcular la línea central y los límites de la gráfica de control.
σ_0 = valor de la desviación estándar del lote o de la población adoptado para calcular la línea central y los límites de control de la gráfica de control.

Las Fórmulas (13A) y (13B) hasta la (19A) y (19B) son las que se emplean para calcular los límites de control en las gráficas por variables. La interpretación que se da a estos límites, es la misma que para los límites del proceso o de la variación normal. Sin embargo, su localización material es un poco diferente, puesto que en una parte de la gráfica se considera la distribución de los promedios en lugar de la distribución de las observaciones individuales.

Los límites de especificaciones o del proyecto, fijan la cantidad de variación que se puede tolerar para las piezas individuales que se producen. Por tanto, estos límites se pueden comparar directamente con los límites del proceso de las distribuciones de frecuencias. Estos límites del proceso se puede medir directamente y compararlos en el plano con los límites de especificaciones, para poder determinar si existe o no un estado de control satisfactorio y económico

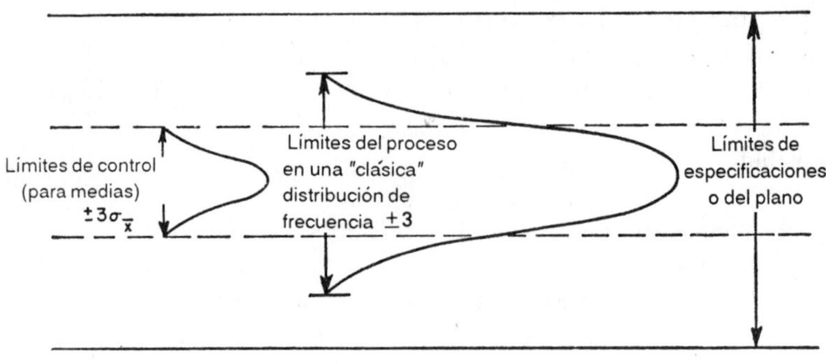

Fig. 14-7

del producto. La Sec. 13.16 presenta la forma por medio de la cual se pueden emplear estos límites.

Los límites de la gráficas de control por variables, como están basados en la distribución de los promedios, no pueden ser comparados directamente con los límites de especificaciones o del proyecto. Cuando se necesite tomar una decisión sobre si estos límites indican una condición satisfactoria y económica en el proceso o no, será necesario comparar los límites de especificaciones o del proyecto, con los límites de la distribución de frecuencias del proceso. (La excepción a esto es el caso especial de las gráficas para lecturas individuales, que se revisa en la Sec. 14.14).

La Fig. 14.7 presenta la relación clásica entre estos límites.

En la Fig. 14-8 se ilustran algunos casos prácticos que se pueden presentar cuando se haga un análisis de esta clase, para tomar una decisión sobre la condición económica del proceso. Las condiciones del proceso son no satisfactorias en ambas gráficas de la Fig. 14-8, aun cuando las razones de esta condición sean casi completamente opuestas.

En la gráfica de la izquierda, el proceso tiene una variación mucho más amplia que los límites de control. Si estos límites fueran aceptados en la forma en que fueron calculados, se producirá material defectuoso. Existen tren alternativas posibles:

1. Las condiciones del proceso se pueden mejorar.
2. Los límites de especificaciones se pueden ampliar.
3. Se puede aceptar como parte del costo del trabajo el que de no efectuarse ningún cambio, algún desperdicio será inevitable.

En la gráfica del lado derecho de la misma figura, las condiciones del proceso son "demasiado buenas". Resultaría antieconómico reajustar la herramienta, o hacer un cambio en las condiciones del proceso, cada vez que los resultados de las muestras quedaran fuera de control. En este caso quedan dos alternativas: 1) los límites de especificaciones se puede estrechar, si con esto se logra un producto mejor, o 2) los límites de control se pueden ampliar más allá de los

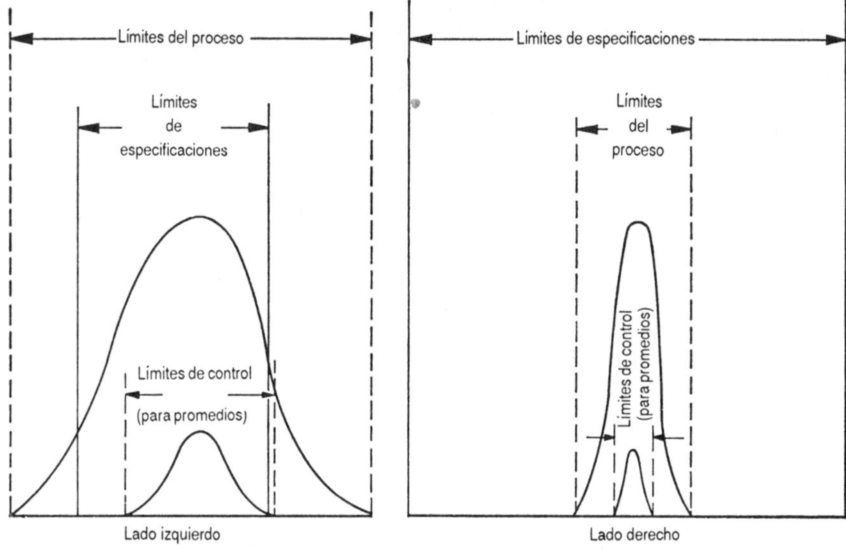

Fig. 14-8

límites del proceso de acuerdo con un determinado factor según se haya comprobado satisfactoriamente por la experiencia, con gráficas similares. Este punto se tratará con más extensión en la Sec. 14.13.[3]

14.8 Cómputo de los límites de control

El cálculo específico de los límites de las gráficas de control es un asunto directo. La condición "sin estándar dado" llevada hasta el proceso de control continuo se usa en esta sección y en la Sec. 14.9 para ilustrar este cálculo. El rango se usará como medida de dispersión, y las Fórmulas (13A), (13B), (14A) y (14B) se aplicarán.

Hay ocho etapas que deben seguirse para establecer un control de variables en esta base sin estándar dado:

1. Selección de la característica que se deba controlar: longitud, área, dureza etcétera.
2. Selección de un número conveniente de muestras del producto de que se trate y toma de los datos de la medición de la característica de calidad que se haya elegido. El número de muestras será variable, de acuerdo con la índole de cada proceso que se examine, pero como simple ilustración, se da el dato de un ejemplo formado por 25 muestras.

   Cada muestra debe contener cierto número de unidades individuales. El tamaño más efectivo que se ha determinado en diversas aplicaciones industriales ha sido el de cinco unidades, por tanto, en el ejemplo siguiente se usará una muestra de 5 unidades.

Las muestras se deben tomar a intervalos regulares (cada hora, cada día), y se van registrando los datos de cada una en el mismo orden en que sean seleccionadas y medidas.

3. Calcular los valores del promedio y de la amplitud en cada una de las 25 muestras.
4. Calcular el gran promedio $\overline{\overline{X}}$ de los 25 promedios de las muestras. Calcular la amplitud promedio R de las 25 muestras.
5. Calcular los límites de control, con los resultados de los promedios y las amplitudes de esta muestra general.
6. Analizar los promedios y las amplitudes de cada muestra con relación a esos límites de control. Determinar si existen algunos factores que requieran una acción correctiva, antes de que esos límites de control sean revisados para su aprobación.
7. Determinar si los límites de control resultan económicamente satisfactorios para el proceso.
8. Emplear la gráfica de control durante la producción real, como base para controlar la característica de calidad de que se trate, y asegurarse de que el promedio del proceso y la dispersión, no presenta cambios significativos.

14.9 Cálculo de los límites de control

Se ha terminado el ajuste en un torno de roscar automático para la producción de pasadores, cuya longitud de corte, según tolerancias, debe ser de 0.500 ± 0.008 in. Para fijar este ajuste de la máquina, se hizo una distribución de frecuencias. Por el análisis de dicha gráfica, se demostró que el ajuste era correcto para la iniciación de la producción.

A fin de establecer la gráfica de control por variables que sirviera para controlar la calidad de estos pasadores durante la producción subsecuente, se siguieron las ocho etapas anteriores con todo detalle:

Etapa 1: Selección de la característica de calidad

La longitud de corte de los pasadores era lo más crítico, por tanto, se eligió esta característica para el control por medio de la gráfica.

Etapa 2: Toma de datos durante un tiempo razonable

La producción era de cerca de 150 pasadores por hora. Con muestra de cinco unidades –una lectura por pieza en los cinco pasadores– se puede establecer en forma arbitraria, que bastará tomar una cada hora, a fin de poder establecer los límites de control. Esta decisión es un punto netamente práctico, a fin de poder equilibrar algunos factores como los costos, posible deslizamiento en el ajuste de la máquina, disponibilidad de inspectores y accesibilidad del equipo de mediciones.

Las mediciones de las 25 muestras necesarias serán tomadas por un inspector y se registrarán en una forma semejante al modelo de la Fig. 14-5. La

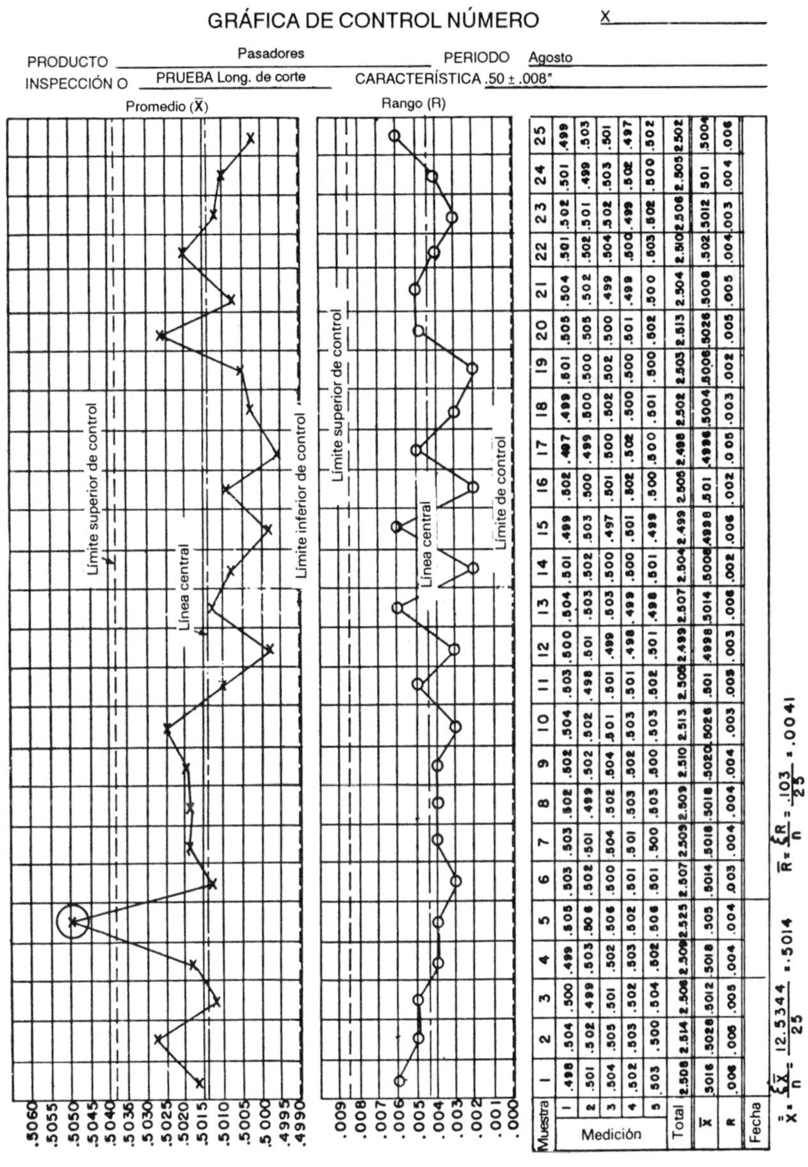

Muestra	1	2	3	4	5	6	7	8	9	10	11	12	13	14	15	16	17	18	19	20	21	22	23	24	25
Medición 1	.498	.504	.500	.499	.505	.503	.503	.502	.502	.504	.503	.500	.504	.501	.499	.502	.497	.499	.501	.505	.504	.501	.502	.501	.499
2	.501	.502	.499	.503	.506	.502	.501	.499	.502	.502	.498	.501	.503	.502	.503	.500	.499	.500	.500	.505	.502	.502	.501	.499	.503
3	.504	.505	.501	.502	.506	.500	.504	.502	.504	.501	.501	.499	.503	.500	.497	.501	.500	.502	.502	.500	.499	.504	.502	.503	.501
4	.502	.503	.502	.503	.502	.501	.501	.503	.502	.503	.501	.498	.499	.500	.501	.502	.502	.500	.500	.501	.499	.500	.499	.502	.497
5	.503	.500	.504	.502	.506	.501	.500	.503	.500	.503	.502	.501	.498	.501	.499	.500	.500	.501	.500	.502	.500	.503	.502	.500	.502
Total	2.508	2.514	2.506	2.509	2.525	2.507	2.509	2.509	2.510	2.513	2.505	2.499	2.507	2.504	2.499	2.505	2.498	2.502	2.503	2.513	2.504	2.510	2.506	2.505	2.502
$\bar{X}$	.5016	.5028	.5012	.5018	.505	.5014	.5018	.5018	.5020	.5026	.501	.4998	.5014	.5008	.4998	.501	.4996	.5004	.5006	.5026	.5008	.502	.5012	501	.5004
R	.006	.006	.005	.004	.004	.003	.004	.004	.004	.003	.005	.003	.006	.002	.006	.002	.005	.003	.002	.005	.005	.004	.003	.004	.006
Fecha																									

$\bar{\bar{X}} = \frac{\Sigma \bar{X}}{n} = \frac{12.5344}{25} = .5014$ $\bar{R} = \frac{\Sigma R}{n} = \frac{.103}{25} = .0041$

Fig. 14-9

Fig. 14-9 muestra la forma real usada en este caso, los datos tomados se registraron en la Fig. 14-9 de acuerdo como se fueron obteniendo.

Etapa 3: Cálculo del promedio y la amplitud de cada muestra

Tomando como ejemplo el subgrupo 1 de la Fig. 14-9, las cinco lecturas son:

$$\begin{array}{r} 0.498 \\ 0.501 \\ +\,0.504 \\ 0.502 \\ \underline{0.503} \\ 2.508 \end{array}$$

Aplicando la Fórmula (1A):

$$\overline{X} = \frac{2.508}{5} = 0.5016 \text{ in}$$

(Se consideró hasta el cuarto decimal en este ejemplo, únicamente con fines ilustrativos.)

Aplicando la Fórmula (6A):

$$R = 0.504 - 0.498 = 0.006 \text{ in}$$

Para los subgrupos restantes de la Fig. 14-9, se hacen cálculos semejantes. Los resultados de los promedios y de las amplitudes para cada subgrupo, se van trazando en el lugar correspondiente de la gráfica de control.

Etapa 4: Determinación del gran promedio y la amplitud promedio

La suma de los promedios de las 25 muestras es igual a 12.5344. Aplicando la Fórmula 3A, resulta para el gran promedio:

$$X = \frac{12.5344}{25} = 0.5014 \text{ in}$$

En una forma semejante se hace el cálculo de la amplitud promedio, empleando la Fórmula 6B en la siguiente forma:

$$\overline{R} = \frac{\text{suma de las amplitudes de los subgrupos}}{\text{número de los subgrupos}}$$

La suma de las amplitudes de las muestras es de 0.103. La amplitud promedio resulta:

$$\overline{R} = \frac{0.103}{25} = 0.0041 \text{ in}$$

Etapa 5: Cálculo de los límites de control

Las fórmulas empleadas para el cálculo de los límites de control, tomadas de la Sec. 14.7, son:

Promedios:	Límite inferior	$= \overline{\overline{X}} - A_2 \overline{R}$	(13A)
	Línea central	$= \overline{\overline{X}}$	
	Límite superior	$= \overline{\overline{X}} + A_2 \overline{R}$	(13B)
Amplitudes:	Límite inferior	$= D_3 \overline{R}$	(14A)
	Línea central	$= \overline{R}$	
	Límite superior	$= D_4 \overline{R}$	(14B)

De acuerdo con la tabla de la Fig. 14-6, las constantes aplicables para subgrupos de 5 unidades, son:

$$A_2 = 0.577$$
$$D_3 = 0$$
$$D_4 = 2.114$$

Haciendo la sustitución de A_2 en las Fórmulas (13A) y (13B), se muestra que:

En la Fórmula (13A):

Límite inferior $= \overline{\overline{X}} - A_2 \overline{R} = 0.5014 - (0.577)(0.0041) = 0.4990$

En la Fórmula (13B):

Límite superior $= \overline{\overline{X}} + A_2 \overline{R} = 0.5014 + (0.577)(0.0041) = 0.5038$

Sustituyendo los valores de D_3 y D_4 en las Fórmulas (14A) y (14B), se muestra que:

Fórmula (14A):

Límite inferior $= D_3 \overline{R} = (0)(0.0041) = 0$

Fórmula (14B):

Límite superior $= D_4 \overline{R} = 2.114(0.0041) = 0.0087$

Estos límites de control se trazan por medio de líneas punteadas en la parte correspondiente de la Fig. 14-9. Se traza también la línea central en estas gráficas, aun cuando en algunos casos se prefiere omitirla.

Etapa 6: Empleo de los límites para el análisis del resultado de las muestras

En la etapa 5 ha quedado totalmente terminada la gráfica de control para longitud de corte de los pasadores, producidos en el torno automático. De la inspección de la Fig. 14-9 se puede notar que todos los rangos de las muestras quedan dentro de los límites, pero el valor del promedio para la muestra 5, queda fuera de control.

Es muy posible que esto sea debido únicamente al azar, puesto que sólo una lectura se ha presentado fuera de control. No hay que olvidar que todos los cálculos están basados en las leyes de las probabilidades. Por tanto, habrá una oportunidad (o sea 3 en cada 1000) de que una muestra buena aparezca como fuera de control.

Sin embargo, para este caso, por otras razones se hizo un análisis posterior para la muestra 5. La investigación aclaró que el inspector asignado no había tomado personalmente las lecturas, habiéndolas encomendado a otro empleado. El empleado comisionado para tomar las lecturas, no estaba capacitado para manejar el equipo de precisión de mediciones. Por causa de otros factores, se tuvo la sospecha de que la muestra 5 no se había medido totalmente, o bien, que las lecturas eran "ficticias".

Para ser muy severos en exactitud, se debería de repetir el procedimiento de muestreo de las etapas 2 a la 5. Con menor exactitud, el cálculo de los pasos 3 al 5 podría repetirse eliminando la muestra 5.

En este ejemplo, sin embargo, los límites de control se conservaron en la forma original de su cálculo. Se estimó, después de un examen de los datos, que el recálculo no proporcionaría resultados muy diferentes, que justificaran el gasto adicional de tiempo que consecuentemente se necesitaba.[9]

El caso correspondiente a los resultados de la muestra 5 se presenta con frecuencia cuando se trata de establecer, inicialmente, los límites de control para un proceso o para una operación. Se deben juzgar con mucha prudencia los resultados de las muestras con las cuales se hacen los cálculos iniciales.

En algunas ocasiones, durante el periodo inicial de cálculo, algunos promedios o amplitudes de las muestras quedan fuera de control. En tales casos se deben redoblar los esfuerzos para poder descubrir, identificar y eliminar las causas. El procedimiento de las etapas 2 a la 5, se repetirá hasta que el proceso o la operación se encuentre "bajo control". A este procedimiento se le denomina *tamizar* los datos de la gráfica.

Como resultado de este paso, se determina que el proceso está en un estado de control relativo para el largo plazo de operación de producción.

Etapa 7: Determinar si resultan económicamente satisfactorios los límites de control

Se puede tomar una decisión efectiva sobre la economía de los límites de control para el control corriente del proceso por medio de un análisis de la distribución de frecuencias, antes de establecer la gráfica, y comparando entre sí este análisis con los mismos límites después que se hayan calculado.

En el Cap. 13 se dijo que las condiciones de un proceso se consideraban económicamente satisfactorias, cuando su distribución de frecuencias quedaba dentro de los límites de tolerancia y, además, bien centradas. En la Sec. 14.9 se hizo notar que se había efectuado el análisis de la distribución de frecuencias, cuando el torno era ajustado para la producción de pasadores. Por medio de este análisis se comprobó que los límites de 3-sigma, o límites del proceso para la longitud de corte, quedaban dentro del valor de 0.492 a 0.508 in, de los límites de tolerancias.

El objeto de observar los límites de control en comparación con el análisis de los límites del proceso, es únicamente para justificar las conclusiones de la distribución de frecuencias. Por tanto, puede ser que la distribución de las muestras no haya sido representativa (ver Sec. 13.26), o que el proceso pueda estar sujeto a factores que causen variaciones y que no fueron tomados en cuenta durante el análisis de la distribución de frecuencias.

En el caso de los pasadores, una simple mirada a los límites de control marcados en la Fig. 14-9 basta para corroborar las conclusiones de la distribución de frecuencias.

La línea central de la gráfica de $\overline{X}$ se encuentra hacia la parte "alta" de las tolerancias, más que sobre el valor nominal, pero esta situación se presenta muy a menudo en el taller. Tal vez este resultado proviene, como es clásico, del deseo del operador de la máquina de conservarse "dentro del lado seguro de las tolerancias".

Lo que aparentemente ha hecho, es fijar su herramienta a fin de que se produzcan pasadores cuyo valor medio esté un poco arriba de la longitud nominal de 0.500 in, porque a los pasadores dentro de la "parte alta" que presentaran sobra de material, se les podría quitar el exceso en caso de que salieran de las especificaciones, mientras que los pasadores fuera de tolerancias en la "parte baja", se desecharían.

A pesar de que la línea central se localiza en la zona superior de las especificaciones, los límites de control resultan satisfactorios; sin embargo, si se quiere ser más rigurosos, se debe centrar esa línea con el valor nominal de las especificaciones.

Etapa 8: Empleo de los límites para controlar la calidad de la producción real

Calculados y aprobados los límites de control, se puede colocar la gráfica cerca del torno automático que produce los pasadores. En esta gráfica, con sus límites de control trazados, se van marcando, en el lugar correspondiente, cada uno de los valores de promedios y de las amplitudes de las muestras periódicas que se seleccionen. Se designará al empleado que deba encargarse de este trabajo, el que, por lo general, debe ser el operario de la máquina —una especie de "autocontrol"—, con la revisión de auditoría periódica del inspector de planta o del ingeniero de control de proceso.

Teóricamente se debería calcular matemáticamente la frecuencia con que se deben efectuar las comprobaciones. En la práctica este juicio se basa en condiciones económicas de factores como la calidad anterior obtenida en este trabajo, el volumen de producción por hora y el costo resultante si se dejara pasar una condición de fuera de control, sin advertirla.

Durante el proceso para el cómputo de los límites de control de los pasadores, las muestras se seleccionaron cada hora. Esta misma política se puede emplear al usar la gráfica para el control de la calidad de longitud de corte de los pasadores, en la producción real. Este periodo de una hora es suficientemente normal para los pasadores para poder poner de relieve ciertos factores, como "deslizamientos", desgaste de la herramienta, aflojamiento gradual de los tornillos del portaherramienta, a fin de contar con un tiempo suficiente para prevenir la producción de piezas defectuosas.

Puesto que las condiciones del proceso sobre el cual se basaron los cálculos originales pueden estar sujetos a cambios, es conveniente que los límites de control sean revisados y recalculados periódicamente. La necesidad de este recálculo dependerá, desde luego, de la tendencia a cambios en las condiciones del proceso o de la operación. La frecuencia con que se debe efectuar el recálculo, podrá ser de 6 horas, 6 días o 6 meses, dependiendo de las circunstancias particulares.

Para el ejemplo de los pasadores, un periodo de 3 meses es el más apropiado para recalcular los límites. Pero si se nota algún cambio de métodos durante el proceso, el recálculo de límites debe hacerse de inmediato.

14.10 Gráficas de control por variables: Diferencias en detalle

Las gráficas de control que se han instalado en algunas plantas, presentan algunas diferencias en detalle con respecto a las formas tipo que se estudiaron en las Secs. 14.8 y 14.9. Estas diferencias son el resultado de los esfuerzos desarrollados por cada planta en particular, de acuerdo con sus necesidades, relacionadas con:

1. Uso del enfoque de "estándar dado".
2. Uso de la desviación estándar de la muestra como medida de dispersión.
3. Número de unidades en cada muestra.
4. Medidas de tendencia central.
5. Forma de la gráfica.
6. Métodos de cálculo de los límites de control.
7. Límites y niveles de advertencia.

1. Uso del enfoque de "estándar dado"

Cuando pueden adoptarse valores apropiados del promedio y del rango antes de la construcción de la gráfica —reconociendo, como se discutió en la Sec. 14.5, la importancia del uso de datos históricos para confirmar la existencia de un estado de control— el tiempo para el establecimiento de los límites de la gráfica de control puede reducirse. Ya que los cálculos de $\overline{\overline{X}}$ y $\overline{R}$ ya no son necesarios para establecer los valores de las mediciones de la tendencia central y la dispersión para el cálculo de los límites, quedan eliminadas las etapas 1 a la 4 de las Secs. 14.8 y 14.9.

Los valores adoptados de la media $\overline{X}_0$ (X con barra subíndice 0) y la amplitud $\overline{R}_0$ (R subíndice 0) se usan para el cálculo directo de los límites de control. Las Fórmulas (17A), (17B), (18A) y (18B) se usan con este propósito, con las constantes requeridas de las gráfica de control obtenidas de la Fig. 14-6.

El enfoque general de la gráfica de control es el mismo que para el enfoque "sin estándar dado", excepto que el enfoque de "estándar dado" empieza en la etapa 5 de las Secs. 14.8 y 14.9.

2. Desviación estándar como la medida de dispersión

Algunas plantas prefieren la desviación estándar como medida de dispersión en las gráficas de control que usan, especialmente si el tamaño de muestra que utilizan es de más de 10 unidades. Este tipo de gráfica de control por variables se denomina normalmente una gráfica $(\overline{X}, s)$.

El procedimiento para calcular los límites de control es el mismo que cuando se utiliza la amplitud o rango. Las formas de las gráficas usadas y el enfoque general es similar al mostrado en las Secs. 14.8 y 14.9 y las Figs. 14-5 y 14-9, excepto, desde luego, que se usa una gráfica de desviación estándar de la muestra en lugar de la gráfica de amplitud.

Las fórmulas apropiadas de la Sec. 14.7 para usarse en estos cálculos son:

Sin estándar dado

Promedio:	Límite inferior	$= \overline{\overline{X}} - A_3 \overline{s}$	(15A)
	Línea central	$= \overline{\overline{X}}$	
	Límite superior	$= \overline{\overline{X}} + A_3 \overline{s}$	(15B)
Desv. estándar:	Límite inferior	$= B_3 \overline{s}$	(16A)
	Línea central	$= \overline{s}$	
	Límite de control superior	$= B_4 \overline{s}$	(16B)

Estándar dado

Promedio:	Límite inferior	$= X_0 - A \sigma_0$	(17A)
	Línea central	$= \overline{X}_0$	
	Límite superior	$= \overline{X}_0 + A \sigma_0$	(17B)
Desv. estándar	Límite inferior	$= B_5 \sigma_0$	(19A)
	Línea central	$= s_0 (\text{o } c_4 \sigma_0)$	
	Límite de control superior	$= B_6 \sigma_0$	(19B)

3. Número de unidades en cada muestra

Los tamaños de las muestras para las gráficas de control por variables que más se emplean en industria, van desde 2 hasta 20 unidades. Las muestras de 2 ó 3 unidades son poco empleadas por su poca eficacia; las muestras de 4 ó 6 unidades son menos generales que las de 5 unidades. Los tamaños de 20 unidades se emplean sólo en casos excepcionales. En el último caso, se tiene el ejemplo de las máquinas de husillos múltiples; se prefiere tomar una o más lecturas sobre las unidades que provienen de cada uno de los husillos y, por tanto, se requiere un tamaño relativamente grande en la muestra.

La decisión sobre el tamaño de muestra más apropiado, para una situación en particular, será aquella por medio del cual se asegure un equilibrio entre factores tales como número de muestras que se deban de seleccionar en un determinado periodo fijo, el número de unidades que económicamente se deben de incluir en cada una de esas muestras y la exactitud estadística que se requiera para detectar rápidamente insignificantes "faltas de control".

4. Medidas de tendencia central

En lugar del promedio $\overline{\overline{X}}$, se usa la mediana como medida de tendencia central. Bajo las condiciones de la producción, la mediana es más simple de determinar que el promedio, puesto que, por lo general, basta marcar, encerrando en un círculo, la lectura que se encuentre al centro del subgrupo.

La mediana de una muestra está sujeta, por lo general, a mayor variación estadística que el promedio de la muestra (como el 25% en la distribuciones normales), pero en la práctica es a veces mucho más útil por la facilidad de su determinación. El empleo de la mediana se ve restringido por determinados factores como disponibilidad de personal competente en matemáticas, el grado de exactitud estadística necesario, y forma observada de la distribución.

5. Estructura de la gráfica

Existe una gran variación en la forma dada a las gráficas de control por variables, desarrolladas por diferentes instalaciones. En algunos trabajos no es necesario construir las dos partes de la gráfica, para promedios y para amplitudes. Por ejemplo, el desgaste de una herramienta y otras formas de cambios en el proceso, tienen diferentes efectos para diferentes operaciones. Hay casos en que la amplitud o el promedio permanecen casi constantes, o bien su variación no es de importancia, en tanto que en la otra medida se notan cambios muy amplios. Por tanto, para los fines del control sólo se requerirá una gráfica, ya sea para las medias *o* para las amplitudes.

Algunas gráficas de control, cuando se termina de desarrollarlas, se apartan de la forma gráfica por completo. La Fig. 14.10 presenta un modelo empleado con bastante éxito durante varios años en una industria química. Esta hoja no es una gráfica, en ella se emplea la mediana en lugar del promedio, no se anotan las amplitudes y sólo se indica la acción cuando la mediana de la muestra excede un determinado valor específico. Las lecturas que quedan fuera de los límites se enmarcan en un círculo achurado hacia afuera.

Existen gráficas de control por variables en las que no se registran números. Los valores individuales de las X de cada pieza de la muestra, se inscriben en una tarjeta con rayado especial. Cuando sólo una cierta proporción de las X en el subgrupo queda fuera de los límites de control, se considera que ese subgrupo de muestra representa una condición satisfactoria del proceso. En la Fig. 14-11 se presenta una forma empleada en este caso.

6. Cálculo de los límites de control

Muchos sistemas se han empleado para el cálculo de los límites en las gráficas de control por variables. Se dispone de gráficas que dan los valores de las constantes de la Fig. 14-6. En algunas plantas se han formado hojas con los datos de límites calculados para una gran variedad de condiciones. Algunas opera-

HOJA ESTADÍSTICA DE CONTROL

Macho	Lect. Amper.	Calib. I	M-10	Deflex. Galv.	Ø	Bobina núm.	N	Resist. serie	Resist. derivada

Normas que deberían leerse				Normas que se leyeron			
Núm.	Ø	Deflec. Magnetóm.	Corriente a cero	Núm.	Ø	Deflex. Magnet.	Corriente a cero
2		111		2		111	
4		110		4		112	
5		115		5		116	

Plano núm. 4Y444-3
Límite de especific. 100 MM
Límite de control 112 "
Método de prueba
Fecha 6-1
Operador A.
Muestra 10 PER BOAT
Imanes por hornada
Horno 1

Fecha de hornada	5-31			6-1														6-1					
Turno de hornada	3rd.			1st.														2nd.					
Núm. de producción	13107			13107														13107					
Núm. de hornada	3			5		8		9		10		11		12		13		1		2		3	
Orden de taller	1740-9A			1740-9A														1740-9A					
Disposición	OC			OC		LM		OC		OC		OK		OK		LM		OK		LM		OK	
	117	111		104	110	101	105	117	119	(115)	109	103	(117)	119	114	117	115	113	116	118	121	121	112
	112	(111)		110	103	107	104	110	102	108	116	(113)	110	116	(118)	115	120	111	112	113	115	114	(117)
	116	106		(109)	110	(109)	(97)	114	(110)	116	117	110	121	(118)	112	116	122	115	(113)	118	116	111	118
	(114)	113		112	112	109	(93)	(112)	108	111	102	118	118	117	120	118	115	109	115	108	110	(112)	118
	111	105		105	(110)	115	(86)	110	120	118	(111)	113	116	121	118	(116)	(91)	(112)	113	(114)	(81)	112	116

Fecha de hornada																			6-1				
Turno de hornada																			3rd.				
Núm. de producción																			13107				
Núm. de hornada	4		5		6		7		8		9		10		11		13		1		2		
Orden de taller																			1740-9A				
Disposición	OK		OK		OK		OK		OK		OK		OK		OK		OK		OK		OK		
	119	105	120	114	117	117	(118)	111	118	117	112	122	114	(117)	120	(116)	102	109	119	(117)	(116)	111	
	116	115	115	115	115	110	114	(112)	118	(118)	(113)	117	(114)	120	(117)	114	(116)	116	116	119	120	120	
	(118)	118	119	110	(116)	(116)	106	112	114	118	117	118	118	120	117	120	119	114	115	110	118	(113)	
	120	120	112	(114)	114	120	120	115	(117)	117	117	114	114	110	116	114	115	118	120	115	115	112	
	105	(117)	(117)	100	117	115	119	114	117	119	102	(117)	120	110	116	120	119	(115)	(117)	119	115	120	

Fig. 14-10

ciones hacen el cálculo "a mano" o con pequeñas calculadoras electrónicas. Otras operaciones usan computadoras digitales y calculadoras de línea automáticas. En algunas empresas, las gráficas $\overline{X}$ y R han sido computarizadas totalmente, acortando dramáticamente el tiempo computacional y asegurando exactitud. Cada vez más, los procesos automatizados y las máquinas herramientas automáticas integran algunos conceptos $\overline{X}, R$ en sus mecanismos electrónicos de control.

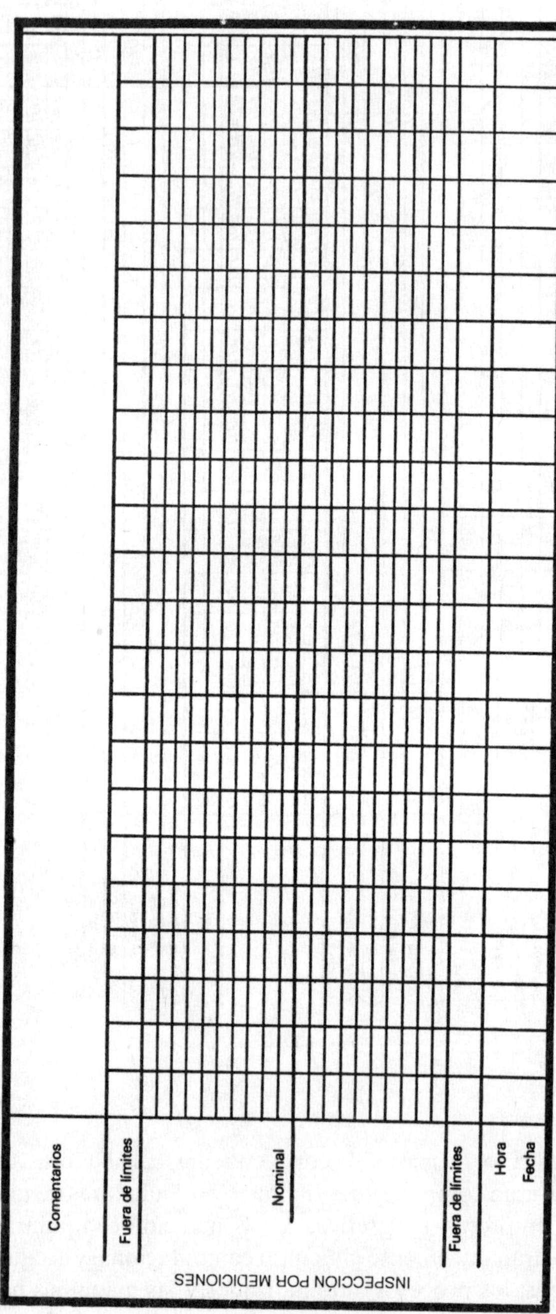
INSPECCIÓN POR MEDICIONES
Comentarios
Fuera de límites
Nominal
Fuera de límites
Hora
Fecha

Fig. 14-11

En las gráficas de control por variables no existe una forma óptima; se cuenta con muchas variedades y el tipo de gráfica que mejor se acomode a las necesidades particulares, se puede desarrollar por el grupo de control de calidad de cada planta.

7. Límites y niveles de advertencia

Hay algunas situaciones importantes del proceso en algunas operaciones químicas, electrónicas y mecánicas donde las condiciones de la producción requieren de la aplicación de las gráficas de control de variables, pero en donde los límites de proceso básicos, aunque bien centrados, están justo en los límites de especificaciones. En el caso de productos o componentes de este tipo con especificaciones especialmente estrictas o absolutas, algunas plantas generan niveles de advertencia predeterminados cuando el producto que sale del proceso se está aproximando mucho a los límites de control. Un enfoque ampliamente usado para estos niveles de advertencia es el fijar los límites de advertencia de las gráfica de control en $\pm 2\sigma$. Una variedad de otros tipos de enfoques de nivel de advertencia se usan en las plantas para alcanzar algunas condiciones particulares de operación.[10]

14.11 Límites de control económicamente satisfactorios: Relación del rango y de la desviación estándar

Especialmente con largas corridas de producción de partes electrónicas o mecánicas, puede ser importante el determinar los límites del proceso a largo plazo. Esto se hace tanto para asegurar que los límites de la gráfica de control sean económicamente satisfactorios en toda la corrida de producción, y también, con un propósito de evaluación de máquina y proceso, para asegurar que la capacidad del proceso en un periodo más largo es satisfactoria. Un procedimiento industrialmente útil para esto se basa sobre la relación estadística fundamental entre la amplitud promedio y la desviación estándar de la población.

Cuando ha quedado determinada la amplitud promedio $\overline{R}$ para una serie de muestras que tienen variación controlada, como en la Sec. 14.9, el valor de la desviación estándar para el "flujo de la producción" (Sec. 13-18) de la cual se han tomado las muestras, mantiene una relación directa con $\overline{R}$, cuando la distribución se considera aproximada a la curva normal. Esta relación es la siguiente:

$$\sigma = \frac{\overline{R}}{d_2} \tag{20}$$

En la Fig. 14-6 se incluye una tabla con los valores del factor de conversión d_2.

Una aplicación muy útil de la Fórmula (20) se encuentra en los casos en que se desea determinar la dispersión para las unidades individuales en el flujo de producción y donde los límites de las gráficas de control se han calculado también sin hacer un análisis continuo de distribución de frecuencias con propósitos de evaluación de la capacidad del proceso. Según quedó expresado en la Sec. 14.7, no se pueden comparar los límites de control, por sí solos, con los límites de tolerancia; se necesita calcular los límites de 3-sigma, o del proceso de las piezas individuales.

Los límites de 3-sigma para las piezas individuales, se pueden deducir fácilmente del valor de $\overline{R}$ que se ha obtenido al calcular los límites de control. Estos límites de 3-sigma serán:

$$\sigma = \frac{\overline{R}}{d_2}$$

y

$$3\sigma = \frac{3\overline{R}}{d_2}$$

y

$$3\sigma = \frac{3}{d_2}\overline{R}$$

Por tanto, los límites de 3-sigma para las lecturas individuales serán, en el caso de no tener estándar dado,

$$\overline{\overline{X}} \pm 3\sigma$$

Sustituyendo la Fórmula (20), queda

$$\overline{\overline{X}} \pm \left(\frac{3}{d_2} \right) \overline{R}$$

El factor $3/d_2$ varía con diferentes tamaños de muestras y se le denominará E_2 (E subíndice 2). La fig. 14-12 es una tabla con los valores de E_2 para diferentes tamaños de muestra.

Los límites del proceso o de 3-sigma, empleando el factor anterior, se calculan con las siguientes fórmulas:

$$\text{Límite inferior} = \overline{\overline{X}} - E_2\overline{R} \qquad (21A)$$
$$\text{Línea central} = \overline{\overline{X}}$$
$$\text{Límite superior} = \overline{\overline{X}} + E_2\overline{R} \qquad (21B)$$

El empleo de estas fórmulas se puede ilustrar con los datos de la gráfica de control de la Sec. 14.9. Con estos datos, la obtención de los límites del proceso se puede hacer como sigue:

Ténganse presentes los valores obtenidos:

FACTORES PARA E_2

TAMAÑO DE LA MUESTRA (N)	E_2
2	2.659
3	1.772
4	1.457
5	1.290
6	1.184
7	1.109
8	1.054
9	1.010
10	.975
11	.946
12	.921
13	.899
14	.881
15	.864

Fig. 14-12

$$\overline{\overline{X}} = 0.5014 \text{ in}$$

y

$$\overline{R} = 0.0041 \text{ in}$$

Según la tabla de la Fig. 14-12 el valor de E_2 para un subgrupo de 5 unidades es de 1.290. Sustituyendo valores en las Fórmulas (21A) y (21B), se tiene:

En la Fórmula (21A)

$$\text{Límite inferior } = \overline{\overline{X}} - E_2\overline{R} = 0.5014 - (1.290)(0.0041) = 0.4962 \text{ in}$$

En la Fórmula (21B)

$$\text{Límite superior } = \overline{\overline{X}} + E_2\overline{R} = 0.5014 + (1.290)(0.0041) = 0.5066 \text{ in}$$

Estos límites comparan satisfactoriamente con los límites de tolerancia de 0.492 a 0.508 in; sin embargo, se nota que derivan hacia la parte superior por las razones ya expresadas en la sección anterior.

Cuando los datos que sirvieron para el establecimiento de la gráfica de control, resultan asimétricos, los cálculos verificados con las Fórmulas (21A) y (21B) algunas veces no son completamente exactos. Para el caso del ejemplo de los pasadores, un examen cuidadoso permite notar que los datos tienen una apreciable inclinación hacia la izquierda. Pero como los límites del proceso quedan a suficiente distancia dentro de los límites del proyecto, se acepta el cálculo anterior como una guía para determinar que esos límites de control son económicamente satisfactorios, y que la capacidad del proceso para un periodo mayor es adecuada.

Esta forma de cálculos realmente se presenta en las primeras etapas de la instalación de las gráficas de control en una factoría. Cuando ya se ha logrado alguna experiencia con las gráficas de control, la decisión sobre si los límites son o no económicamente satisfactorios, es un caso práctico que se soluciona con una sola mirada a los datos de la gráfica de control.

14.12 Relación entre los límites de control modificado y las especificaciones —Desgaste de herramientas y control de tendencia

En tanto que los métodos descritos anteriormente son los más generalizados en la industria para el establecimiento de los límites de control, para aquellos casos en que los límites del proceso resultarán más estrechos que los límites de especificaciones, se recomienda ciertas aproximaciones un poco diferentes. En estos casos, los límites de control se establecen de acuerdo con los límites del proyecto o de especificaciones, más bien que por el promedio del proceso.

La ventaja principal de esta aproximación es que pueden resultar secuencias de producción más económicas. Si los límites de control se establecen de acuerdo con el promedio del proceso, este promedio o valor nominal es el punto de partida para que el operador ajuste su máquina. Tiene que esforzarse por alcanzar y conservar esta característica de calidad del trabajo en ese valor promedio.

En algunos trabajos en que la secuencia de la producción es muy larga, y para los cuales el desgaste de la herramienta es un factor de importancia, resultaría antieconómico el procedimiento anterior. Casi la mitad de la variación permitida por el plano o las especificaciones, queda descartada desde antes de iniciar la producción. La gráfica de la izquierda de la Fig. 14-13 hace resaltar estas condiciones.

Para esos casos en que los límites de especificaciones son más amplios que los límites del proceso, el arreglo de los límites de control, de acuerdo con los límites de especificaciones, de oportunidad a una condición económica en la operación. Estos límites de control sirven de guía para ajustar el proceso, no en su valor nominal, sino próximo al extremo del límite de control que se encuentre opuesto a la dirección del desgaste de la herramienta. Por tanto, en un trabajo en que el desgaste de la herramienta tienda a correr la media hacia el límite superior de especificaciones, servirá de origen para el ajuste inicial el límite inferior de control, cuando la capacidad básica del proceso a largo plazo y la tolerancia natural son la suficientemente pequeñas. La gráfica de la derecha de la Fig. 14-13 pone de manifiesto esta situación. En ésta se indica un periodo mayor de operación que en la gráfica de la izquierda de la figura, puesto que permite una producción más larga, sin necesidad de hacer el ajuste de la herramienta.

Otro enfoque es el llamado *líneas de control inclinadas** para medias. En esta aplicación, la tendencia de los valores de los promedios, como se muestra

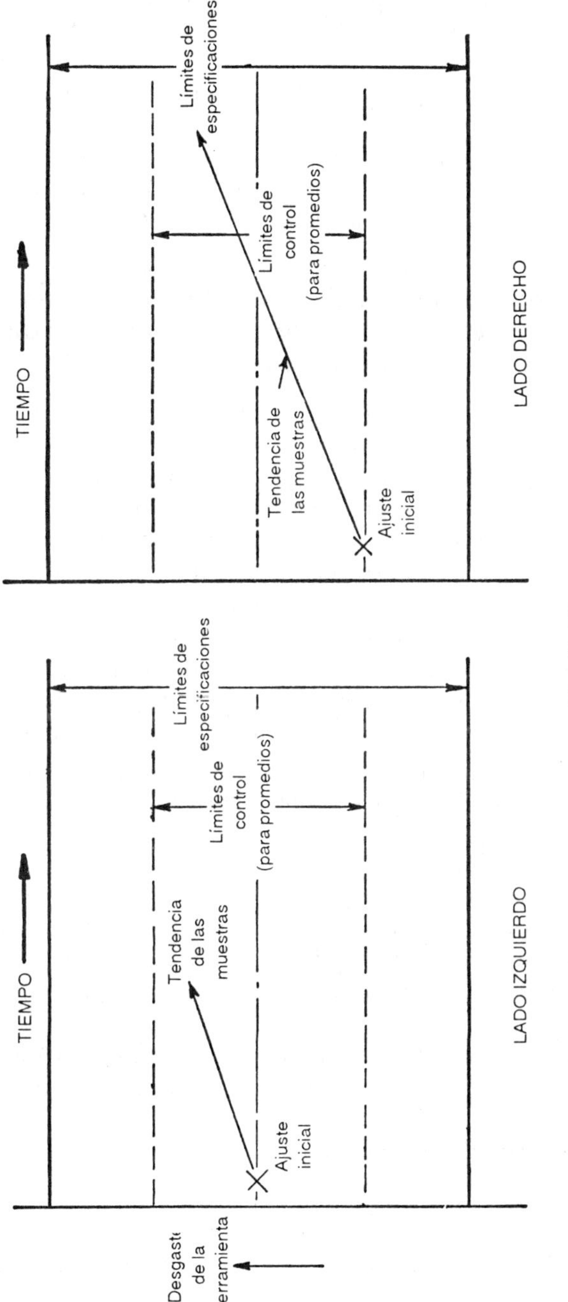
TIEMPO
Límites de especificaciones
Límites de control (para promedios)
Tendencia de las muestras
Ajuste inicial
LADO IZQUIERDO
Desgast de la herramienta
TIEMPO
Límites de especificaciones
Límites de control (para promedios)
Tendencia de las muestras
Ajuste inicial
LADO DERECHO

Fig. 14-13

en la Fig. 14-13, queda establecida, y los límites de control se establecen con relación a esta tendencia.

Sin embargo, estos procedimientos pueden resultar inapropiados en el caso de piezas que deban ensamblarse entre sí, y para las cuales ya se han establecido ciertas tolerancias totales para su ensamble, por el ingeniero proyectista, teniendo en cuenta la meta de la calidad, o sea el valor nominal del proyecto (ver Sec. 16.8).

Pero para la generalidad de las producciones de piezas en los talleres, los límites de control ajustados de acuerdo con los límites de especificaciones, han resultado muy económicos y extremadamente satisfactorios.

14.13 Cálculo de los límites de control con base en los límites de especificaciones —Gráficas de capacidad del proceso, gráficas de control de aceptación

Hay también otro tipo de operaciones en la planta en que, mientras los valores de la amplitud de la muestra del proceso permanezcan dentro de control en niveles aceptables para los niveles de especificación o tolerancias, no es necesario que el proceso permanezca en control sobre un solo nivel de estándar del proceso. Esto es clásicamente cierto en el caso de procesos donde cambios o la "búsqueda" del proceso sea lo bastante pequeña —y algunas veces inherente— de tal forma que sencillamente resulta no económico el usar un enfoque de gráfica de control de variables más estricto.

En estas operaciones de plantas, los límites de variación usuales son más estrechos —con frecuencia mucho más estrechos— que los límites de tolerancia y especificaciones. Esta condición algunas veces se encuentra en algunos procesos de algunos subensambles y componentes electrónicos y en algunas operaciones mecánicas, químicas y nuclearmente orientadas.

El objetivo de calcular los límites de control con base en los límites mismos de especificación se debe al hecho de permitir cambios definibles en los niveles del proceso que son aceptables con respecto a los niveles de tolerancia y especificación, pero que controlan fuertes cambios en el proceso que son inaceptables en términos de estos niveles. Un estado de control estadístico es importante para la dispersión dentro de las muestras usadas en el proceso.

Dos enfoques usados para este propósito en la industria son: 1) usar los valores de capacidad del proceso y 2) gráficas de control de aceptación.

Gráficas de capacidad de proceso

El procedimiento general para el establecimiento de los límites de control, incluye la determinación de las condiciones del proceso que correspondan a la manufactura de las piezas de que se trate y al desarrollo de un nomograma basado en este análisis.

* "Slating control lines", en el original. (N. del T.)

Un procedimiento efectivo para satisfacer este objetivo está fundado en el cálculo de la *capacidad de proceso*, para cada caso. Los valores de esta capacidad de proceso son equivalentes a los límites del proceso en las distribuciones de frecuencias "representativas" del proceso de que se trate, es decir, la cantidad de variación que generalmente se debe de obtener en el proceso. En las Secs. 20.15 a 20.18 se expone una forma para determinar los valores de la mencionada capacidad de proceso.

El procedimiento para el cálculo de los límites de control, de acuerdo con los límites de especificaciones, basándose en el valor de la capacidad del proceso, es el siguiente:

1. Determinación de los valores de la capacidad del proceso para el cual se vayan a determinar los límites de control. Este valor se determina mejor con el procedimiento indicado en la Sec. 20.17; sin embargo, en algunos talleres se emplean los valores obtenidos por experiencias anteriores sobre el mismo proceso.
2. Determinación de los límites de control, partiendo del valor de la capacidad del proceso, por medio del nomograma (Fig. 20-19) que se detalla en la Sec. 20.17, el cual tiene como argumento la capacidad del proceso. Este nomograma se puede emplear para cualquier pieza que se vaya a producir en la máquina o proceso de que se trate. Las fórmulas siguientes se emplean en combinación con los datos del nomograma:

   Límite inferior de control = límite inferior de especificación + Q (2A)
   Límite superior de control = límite superior de especificación − Q (22B)

   en las cuales Q = al porcentaje de la capacidad del proceso dada por el nomograma.
3. Trazar estos límites de control en una hoja cuadriculada, una vez que se juzgue que son económicamente aceptables.
4. Emplear la gráfica para el control de la calidad de las piezas de la producción. Seleccionar periódicamente los subgrupos de muestra, calcular el valor del promedio, comparar este valor con los límites de control a fin de determinar si se requiere una acción correctiva.[11]

Un ejemplo relativo al empleo de este procedimiento, para el establecimiento de los límites de control, se encontrará en la Sec. 20.17.

Gráficas de control de aceptación

Un enfoque generalmente similar a la actividad de capacidad del proceso ha sido denominado "gráfica de control de aceptación", cuyos objetivos son el examinar un proceso tanto con respecto a su capacidad de cumplir con las tolerancias de especificación para una característica de calidad como para saber si está en una estado de control. En su forma estricta, la gráfica de control de aceptación difiere de otras gráficas de límites de control modificadas en que toma en cuenta 1) las probabilidades de fallo para detectar cambios en el proceso de un tamaño dado, 2) las probabilidades de identificar incorrectamente un cambio a partir del estándar de los que son llamados "niveles de zonas de proceso aceptables", y 3) la identificación de tamaños de muestras para mantener estas probabilidades a los niveles deseados de riesgo. En este sentido, el procedimiento de gráfica de control de aceptación sigue prácticas más usuales al procedimiento de las tablas de muestreo de aceptación, que se revisa en detalle en el Cap. 15.

Los niveles básicos en la gráfica de control de aceptación son los denominados: *Zona de procesos aceptables,* que se relaciona a una zona alrededor de un nivel central o estándar que abarca los niveles para los procesos deseados que sean aceptados. Está definido por un nivel superior de proceso acetable (UAPL) y un nivel inferior de proceso aceptable (LAPL).

Zona de procesos rechazables, que se relaciona a las zonas que abarcan los niveles para procesos deseados como rechazos. Está definida por un nivel superior de proceso rechazado (URPL) y un nivel inferior de proceso rechazado (LRPL).

Zona de indiferencia, que se relaciona a las zonas que abarcan los niveles para los procesos en los que hay "indiferencia" en lo referente a si lo que se desea es aceptarlos o rechazarlos. Como se verá más ampliamente en el Cap. 15, cada situación de muestreo tiene una zona de indiferencia, pero su relevancia para la gráfica de control de aceptación es que usualmente es indeseable y no económico el localizar un proceso en la zona de indiferencia en contraste a la zona de aceptación del proceso.

El procedimiento para establecer la gráfica de control de aceptación es el calcular los límites de control aceptables (ACL) para ser un criterio de acción, así como para calcular los niveles aceptables de proceso (APL) y niveles rechazados de proceso (RPL). Esto se lleva a cabo estableciendo lo siguiente:

- El punto de corte llamado z (para la letra griega zeta), que identifica la distancia del ACL del APL y del RPL en unidades de desviación estándar de la distribución de frecuencia del proceso. Esto queda establecido con dos niveles de riesgo llamados z_α (z subíndice alfa) y z_β (z subíndice beta). Los riesgos alfa y beta en muestreo se definen y discuten en la Sec. 15.5.
- El punto de corte llamado z_{p1}(z subíndice p 1) y z_{p2} (z subíndices p 2) que identifican en la distribución de frecuencias del proceso, la distancia del APL y del RPL de los límites de tolerancia en unidades de desviación estándar

Entonces, al cálculo específico sigue de acuerdo con las siguientes fórmulas:[12]

Niveles de proceso aceptables	$UAPL = UTL - z_{p1}\sigma$	(23A)
	$LAPL = LTL + z_{p1}\sigma$	(23B)
Niveles de proceso rechazables	$URPL = UTL - z_{p2}\sigma$	(24A)
	$LRPL = LTL + z_{p2}\sigma$	(24B)

Límites de control de aceptación

$$\text{UACL} = \text{UAPL} + \frac{z_\alpha \sigma}{\sqrt{n}} \qquad (25A)$$

$$\text{LACL} = \text{LAPL} + \frac{z_\alpha \sigma}{\sqrt{n}} \qquad (25B)$$

o

$$\text{UACL} = \text{URPL} + \frac{z_\beta \sigma}{\sqrt{n}} \qquad (26A)$$

$$\text{LACL} = \text{LRPL} + \frac{z_\beta \sigma}{\sqrt{n}} \qquad (26B)$$

El tamaño de la muestra en estos cálculos se puede definir como:

$$n = \left[\frac{(z_\alpha + z_\beta)\sigma}{(\text{RPL} - \text{APL})} \right]$$

La Fig. 14-14 ilustra este enfoque de gráfica de control de aceptación.[13]

14.14 Otras formas de control de variables: Gráficas de lecturas individuales; Gráficas Cusum

En la Sec. 14.5 se mencionaron otras dos formas de gráficas de control que difieren un poco de las mencionadas anteriormente, y que han sido desarrolladas para lograr requisitos particulares. Ahora se discutirán.

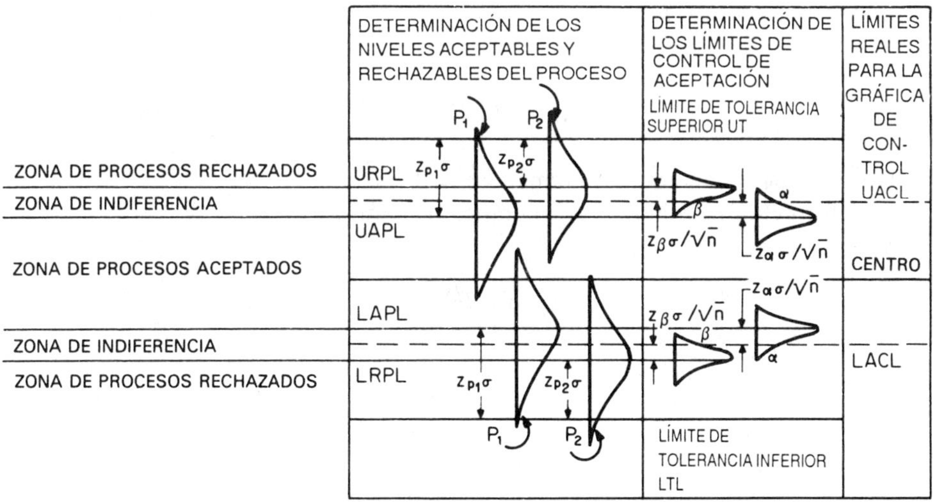

Fig. 14-14

1. Gráficas de lecturas individuales

Hay algunas operaciones en planta en las que, por varias razones operativas, no existe la posibilidad de basar el control estadístico sobre muestras de unidades —que fue el enfoque utilizado en las gráficas discutidas arriba— para que proporcionen los valores de tendencia central y dispersión. Este es el caso, por ejemplo, en operaciones de producción con un ciclo de tiempo muy largo, en las que una sola lectura puede representar un turno operacional completo o un día operativo, o una semana y aun un intervalo de tiempo mayor. Otro ejemplo es el caso de las situaciones de investigaciones de producción en donde la lectura unitaria es extremadamente cara o muy larga con referencia al tiempo que lleva tomar esa lectura.

Estas situaciones requieren de gráficas relacionadas a lecturas individuales, aunque hay dudas estadísticas técnicas en cuanto a si representan lo que podría ser, estrictamente hablando, una gráfica de control. Además, estas gráficas de lecturas individuales no proporcionan ninguna efectividad de control comparativa como lo hace el control orientado al muestro. En su lugar, el enfoque está basado en lograr lo mejor posible con los limitados datos disponibles.

Para obtener los valores de la tendencia central y la dispersión en la condición de estándar no dado —que es con frecuencia el caso del control de lecturas individuales—, se obtienen estimados por medio de *amplitudes móviles*. Esto se logra usando $R_1 = |X_1 - X_2|, R_2 = |X_2 - X_3|$, etc. El signo de valor absoluto en $\overline{X}_1 - X_2$ significa que se usa el valor positivo de este resultado. El procedimiento continua con X establecida como el promedio de varias lecturas individuales y $\overline{R}$ como el promedio de las $\overline{R}$.

El cálculo para la gráfica de control de lecturas individuales se basa en el uso de la Fórmula (20), Sec. 14.11, que relaciona la amplitud promedio $\overline{R}$ a la desviación estándar de la población σ. Adaptando esta fórmula al uso de la desviación estándar para lecturas individuales $X_1 \ldots X_n$, la fórmula se convierte en:

$$\sigma_x = \frac{\overline{R}}{d_2}$$

con d_2 basado en una muestra tamaño $n = 2$.

La fórmula de los límites de la gráfica de control es:

$$\overline{X} \pm 3\frac{\overline{R}}{d_2}$$

y

$$X \pm \left(\frac{3}{d_2}\right) = \overline{R}$$

Al adaptar las Fórmulas (21A) y (21B) a este caso, la fórmula se convierte en (con el uso de la constante E_2 para la expresión $3/d_2$):

Límite de control inferior	$= \overline{X} - E_2 R$	(27A)
Línea central	$= \overline{X}$	
Límite de control superior	$= \overline{X} + E_2 R$	(27B)

Debido a la variedad de condiciones resultantes del mínimo de lecturas asociadas con este enfoque y los largos intervalos que pueden ocurrir entre las lecturas, algunas aplicaciones de las plantas se basan sobre la aceptación de un creciente riesgo de búsqueda de la causa asignable cuando no hay una presente. Estas aplicaciones, por tanto, calculan la fórmula de acuerdo a $\pm$ 2 sigma más bien que $\pm$ 3 sigma.[14] La fórmula es:

$$\overline{X} \pm 2\frac{\overline{R}}{d_2}$$

Las constantes E_2 están en la Fig. 14-12; las constantes para $1/d_2$ cuando se utiliza este último enfoque, están en la Fig. 14-6.

2. Gráficas cusum

Hay algunos procesos en operaciones electrónicas, mecánicas, químicas, farmacéuticas, relacionadas nuclearmente y de otro tipo donde el control efectivo requiere una máxima sensibilidad a los cambios en el proceso, particularmente cuando el proceso es continuo o consiste de un flujo de unidades. Esto se debe a que puede ocurrir abruptamente un cambio repentino, aunque continuo en el proceso. Es importante el detectar este cambio, y formar una gráfica de control llamada "cusum" (Por suma acumulada) que se usa algunas veces con este propósito.

Las gráficas cusum están normalmente basadas en la suposición que la dispersión del proceso está bajo control. En la aplicación de la gráfica en la planta, la sensibilidad del enfoque puede ser tal que debe tenerse cuidado para que no se pida un número inapropiado de ajuste en el proceso, debido a que esto puede limitar la aceptabilidad y economía del enfoque en algunas situaciones productivas.

El enfoque básico en este tipo de gráfica es el localizar un promedio de una muestra de lecturas $\overline{X}$, con relación a un valor estándar $\overline{X}_0$, mediante el acumulamiento de las desviaciones a partir de $\overline{X}_0$. Luego, si $\overline{X}_0$ está realmente cercana a $\overline{X}$, el cusum tenderá a permanecer cerca de cero; pero si es diferente, el cusum se separará rápidamente de cero hacia arriba, o hacia abajo, si así está el arreglo entre $\overline{X}$ y $\overline{X}_0$.

Aunque los límites superior e inferior pueden colocarse en esta separación del cero, lo que también es de primordial interés en este tipo de aplicación es lo escarpado del cambio. Así, la técnica cusum usa lo que se ha denominado máscara V para la escala cusum. Las dimensiones clave para la máscara V son θ y d, y está basada sobre los riesgos α y β (ver la discusión en la Sec. 15.5) y la estadística de calidad. Un factor llamado K se usa para relacionar la unidad de escala vertical a la unidad de escala horizontal.

El procedimiento operativo es el colocar la máscara móvil V alrededor del punto más recientemente graficado; se identifica un cambio cuando cualquiera de los puntos anteriores quedan fuera de la V. El concepto del cusum y la máscara V se muestra en la Fig. 14-15.

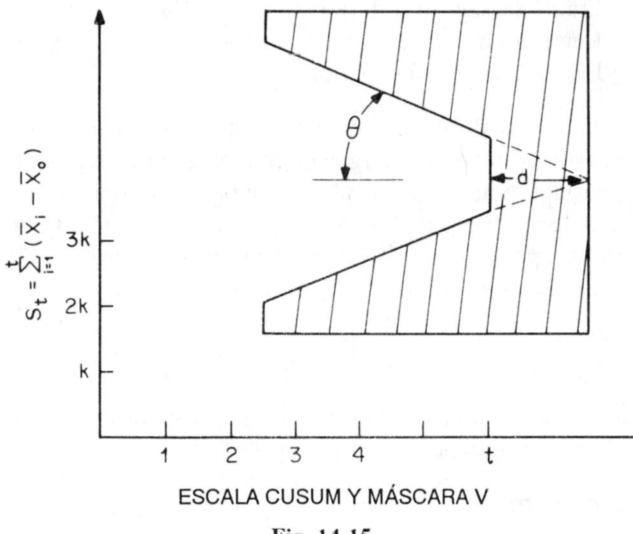

ESCALA CUSUM Y MÁSCARA V

Fig. 14-15

14.15 Resumen de las gráficas de control por variables

Existen muchas aplicaciones adicionales de las gráficas de control por variables en las operaciones de una factoría, antes o después de su empleo sobre la producción real. Dos aplicaciones características son:

1. Informar al ingeniero proyectista de la posibilidad de manufactura de los diseños alternativos posibles.
2. Medición del desgaste de la herramienta, como una guía para el futuro diseño y calibración de esas herramientas.

En la Parte Seis de este libro, "Aplicación del control de calidad en la compañía", se presentan ejemplos detallados de esta clase. Por lo que se refiere al uso de estas gráficas para el control de la calidad durante la producción, a continuación se da un resumen de las fórmulas que sirven para el establecimiento de los límites de control:

GRÁFICAS DE CONTROL POR VARIABLES
Sin estándar dado

Usando la amplitud como medida de dispersión:

Promedio:

Límite inferior	$= \bar{\bar{X}} - A_2\bar{R}$	(13A)
Línea central	$= \bar{\bar{X}}$	
Límite inferior	$= \bar{\bar{X}} + A_2\bar{R}$	(13B)

Amplitudes:

Límite inferior $= D_3\overline{R}$ (14A)

Línea central $= \overline{R}$

Límite superior $= D_4\overline{R}$ (14B)

Límites del proceso:

Límite inferior $= \overline{\overline{X}} - E_2\overline{R}$ (21A)

Línea central $= \overline{\overline{X}}$

Límite superior $= \overline{\overline{X}} + E_2\overline{R}$ (21B)

Empleando la desviación estándar como medida de dispersión:

Promedio:

Límite inferior $= \overline{\overline{X}} - A_2\overline{s}$ (15A)

Línea central $= \overline{\overline{X}}$

Límite superior $= \overline{\overline{X}} + A_3\overline{s}$ (15B)

Desviación estándar:

Límite inferior $= B_3\overline{s}$ (16A)

Línea central $= \overline{s}$

Límite de control superior $= B_4\overline{s}$ (16B)

Estándar dado

Cuando se usa la amplitud como medida de dispersión:

Promedio:

Límite inferior $= \overline{X}_0 - A\sigma_0$ (17A)

Línea central $= \overline{X}_0$

Límite superior $= \overline{X}_0 + A\sigma_0$ (17B)

Amplitud:

Límite inferior $= D_1\sigma_0$ (18A)

Línea central $= R_0$ (*o* $d_2\sigma_0$)

Límite superior $= D_2\sigma_0$ (18B)

Cuando se usa la desviación estándar como medida de dispersión:

Promedio:

Límite inferior $= \overline{X}_0 - A\sigma_0$ (17A)

Línea central $= \overline{X}_0$

Límite superior $= \overline{X}_0 + A\sigma_0$ (17B)

Desviación estándar:

Límite inferior $= B_5\sigma_0$ (19A)

Línea central $= s_0$ (*o* $c_4\sigma_0$)

Límite de control superior $= B_6\sigma_0$ (19B)

LÍMITES CON RELACIÓN A ESPECIFICACIONES

Capacidad del proceso

$$\text{Límite inferior de control} = \text{límite inferior de especificaciones} + Q \qquad (22A)$$

$$\text{Límite superior de control} = \text{límite superior de especificaciones} - Q \qquad (22B)$$

Control de aceptación

Niveles aceptables de proceso:

$$\text{UAPL} = \text{LTL} - z_{p1}\sigma \qquad (23A)$$

$$\text{LAPL} = \text{LTL} + z_{p1}\sigma \qquad (23B)$$

Niveles de rechazo del proceso:

$$\text{URPL} = \text{UTL} - z_{p2}\sigma \qquad (24A)$$

$$\text{LRPL} = \text{LTL} + z_{p2}\sigma \qquad (24B)$$

Límites de control de aceptación:

$$\text{UACL} = \text{UAPL} + \frac{z_\alpha \sigma}{\sqrt{n}} \qquad (25A)$$

$$\text{ACL} = \text{LAPL} + \frac{z_\alpha \sigma}{\sqrt{n}} \qquad (25B)$$

o

$$\text{UACL} = \text{URPL} + \frac{z_\beta \sigma}{\sqrt{n}} \qquad (26A)$$

$$\text{LACL} = \text{LRPL} + \frac{z_\beta \sigma}{\sqrt{n}} \qquad (26B)$$

Lecturas individuales

$$\text{Límite inferior de control} = \overline{X} - E_2\overline{R} \qquad (27A)$$

$$\text{Línea central} = \overline{X}$$

$$\text{Límite superior de control} = \overline{X} + E_2\overline{R} \qquad (27B)$$

Gráficas de control para datos pasa/no-pasa

14.16 Límites de control para porcentaje y fracción

En la inspección por el sistema de pasa/no-pasa (o por atributos) a cada unidad se le clasifica simplemente como dentro de límites o fuera de límites de especificaciones. Frecuentemente los datos de la inspección pasa/no-pasa se representan por el valor de su fracción o por el porcentaje que no cumple los requisitos. La fracción defectuosa (expresada por una cifra decimal) es el valor que se obtiene al dividir el número de unidades que presentan defectos, entre el número total de unidades inspeccionadas. El porcentaje defectuoso es meramente la representación en porcentaje del anterior valor decimal.

Por tanto, si tres unidades se han presentado defectuosas en un lote de 100 unidades, la fracción defectuosa para ese lote será de 3/100 o sea 0.03. El porcentaje defectuoso de ese lote es de 3, por supuesto.

Siendo universal el concepto de la variabilidad entre las piezas manufacturadas, se deberá de encontrar en la inspección por atributos y en su correspondiente valor del porcentaje o fracción defectuosa, como en las lecturas por mediciones efectivas. Los datos del porcentaje defectuoso o de la fracción defectuosa, se pueden caracterizar por sus valores de tendencia central y de dispersión, al igual que en las lecturas por mediciones. Los datos en porcentaje y fracción pueden describirse por los valores de su tendencia central y dispersión tanto como las lecturas por variables. Esto se debe a que puede demostrarse que la distribución binomial (describe datos por atributos) para muestras grandes, se aproxima a la distribución normal (describe datos por mediciones).

Terminología

Como se discutió anteriormente en la Sec. 9.20, en los años recientes ha habido un énfasis considerable en hacer la terminología de la calidad más precisa. El área de las gráficas de control se ha beneficiado de este énfasis.[16]

Lo que se ha llamado arriba "unidades que no cumplen con los requisitos" —designadas como "unidades variantes" en términos técnicos estadísticos—, normalmente se expresan en uno de dos términos —unidad malconformada o unidad defectuosa— en las gráficas de control de porcentaje o fracción.

Se puede definir *unidad malconformada* como:

> Una unidad o servicio que tiene cuando menos una desviación en una característica de calidad a partir de su nivel o estado deseado y que ocurre con una severidad suficiente para ocasionar que un producto o servicio asociado no cumpla con un requisito de la especificación.

Se puede definir una *unidad defectuosa* como:

> Una unidad de producto o servicio que contiene cuando menos una desviación en una característica de calidad de su nivel o estado, y que ocurre con una severidad suficiente para ocasionar un producto o servicio asociado que no satisface los requisitos de uso normalmente esperados o razonablemente predichos; o que tiene varias imperfecciones que combinadas hacen que el producto no satisfaga los requisitos de uso normal esperados o razonablemente predichos.

La diferencia básica es que *unidad defectuosa* —y el término correspondiente *defecto*— es un término orientado a la evaluación de unidades con respecto al uso del cliente, y *unidad malconformada* —y los correspondientes términos *malconformida y desconformidad*— es un término orientado para la evaluación de unidades con respecto a su apego a las especificaciones.

En algunas gráficas de control por atributos —como en las que los requisitos de las especificaciones son equivalentes a los requisitos de uso del cliente— los dos términos coinciden. También, algunos requisitos contractuales de los clientes pueden especificar que cualquier unidad que se aparte de los requisitos especificados se debe considerar como defectuosa.

En otras situaciones de gráfica de control por atributos, la especificación de requisitos puede estar internamente establecida en la planta y compañía, y ser deliberadamente más estrecha que los requisitos de los cliente, haciendo así "unidad malconformada" el término más apropiado para la gráfica de control.

Muchas de las gráficas de atributos ampliamente usadas se desarrollaron originalmente con el uso de *defectuoso y porcentaje* como terminología básica. Algunas otras gráficas por atributos han usado ahora los *malconformada y desconformada* como terminología base, de acuerdo con la mejoría moderna de la terminología; además, esto se está introduciendo ampliamente en las tablas de muestreo modernas, como de discute en el Cap. 15.

Cada planta y compañía hará su propia determinación en lo referente a cuál de estos términos describe con mayor precisión a las "unidades que no cumplen con los requisitos" – o "unidades variantes"–, de acuerdo con su uso en la gráfica de control. Por claridad, para cada gráfica y ejemplo discutidos, este capítulo usa la terminología empleada por la compañía y planta a que se hace referencia en el ejemplo. Ya que muchas plantas continúan usando el término "defecto" y "defectuoso" para control, en parte porque desean enfatizar el efecto del cliente, estos términos se usarán ampliamente en el texto que sigue.

Fórmulas de la gráfica de control

Con los datos porcentuales, el promedio se usa generalmente como la medida de tendencia central expresada como porcentaje. La desviación estándar es la medida de dispersión en porcentaje de muestra sucesivas.

El promedio de los datos porcentuales (expresada en notación entera, como 3%) se simboliza por $\bar{p}$ (p con barra). El símbolo p cuantificado como fracción o porcentaje, representa la *proporción* de unidades defectuosas o malconformadas encontradas en una sola muestra de n unidades. Se grafica como un punto en una gráfica llamada p. Si el tamaño de la muestra n se mantiene constante para un conjunto sucesivo de k muestras, el valor promedio de p está dado por $\bar{p} = (\Sigma p)/k$. Este promedio $\bar{p}$ normalmente se grafica en una línea continua a través de la gráfica p y representa la proporción *esperada* de unidades inaceptables a ser encontradas en una muestra aleatoria de n unidades del sistema de causa bajo estudio.

Con tamaños de muestras que varían dentro de la serie de muestras para las que se debe calcular el valor promedio, $\bar{p}$ puede calcularse dividiendo el número total de unidades en la serie entre el número total de defectos o desconformidades en la serie como sigue:

$$\bar{p} = \frac{\Sigma c}{\Sigma n} \times 100 \qquad (28)$$

en la cual c = número de defectos por muestra.

La desviación estándar de $\bar{p}$ se simboliza por $^{\sigma}p$ (sigma índice p). Para un tamaño constante de muestra, se calcula como sigue:

$$\sigma_p = \sqrt{\frac{\bar{p}(100 - \bar{p})}{n}} \tag{29}$$

en la cual n = tamaño de la muestra
$\bar{p}$ = valores promedio del porcentaje defectuoso

Como en el caso de las gráficas de control por variables (datos por mediciones), los límites de control representan el valor 3-sigma para p; y en este caso, para el valor p del porcentaje defectuoso. La obtención de estos límites de control es como sigue:

Sin estándar dado

$$\text{Límites de control} = \bar{p} \pm 3\sqrt{\frac{\bar{p}(100 - \bar{p})}{n}} \tag{30}$$

Estándar dado

$$\text{Límites de control} = p_0 \pm 3\sqrt{\frac{p_0(100 - p_0)}{n}} \tag{30A}$$

donde p_0 (p subíndice 0) es el nivel estándar adoptado para el porcentaje promedio de defectuosos o malconformados.

Los límites de control de fracción defectuosa o malconformada pueden calcularse con una pequeña adaptación a la fórmula como sigue:

Sin estándar dado

$$\text{Límites de control} = \bar{p} \pm 3\sqrt{\frac{\bar{p}(1 - \bar{p})}{n}} \tag{31}$$

En la Fórmula (31) $\bar{p}$ es el valor decimal de la fracción defectuosa promedio.

Estándar dado

$$\text{Límites de control} = p_0 \pm 3\sqrt{\frac{p_0(1 - p_0)}{n}} \tag{31A}$$

donde p_0 es el valor decimal estándar adoptado para la fracción promedio de defectuosos o malconformados.

Los límites inferiores de control son cero cuando el valor calculado es negativo en las fórmulas de límites de control anteriores.

La interpretación de estos límites de control es semejante a la que se da a los límites de control por variables, en el capítulo. Cuando los valores del porcentaje defectuoso de las muestras tomadas de la producción, resulten fuera de los límites de control del porcentaje defectuoso, indicarán que se ha efectuado un cambio en el proceso y que se reclama una acción correctiva.

14.17 Dos tipos de gráficas de control en porcentaje

Las gráficas de control basadas en datos del porcentaje defectuoso, han demostrado su efectividad para el control de la calidad durante la producción. Se emplean dos variedades principales, que son:

Tipo 1: Tamaño constante de muestra

Se basan estas gráficas en la comparación de los valores del porcentaje defectuoso o de la fracción defectuosa, con los límites de control, calculados a partir de una serie de muestras de un tamaño constante. Estas muestras se seleccionan periódicamente del proceso de producción: cada hora, cada 15 min, cada mañana.

Tipo 2: Tamaño variable de muestra

Estas gráficas se emplean cuando se efectúa una inspección al 100% de las piezas o conjuntos, como parte de la rutina de la factoría. El tamaño de la muestra en este caso, es el de la producción total durante el periodo de que se trate y, por tal motivo, tendrá que ser diferente de un periodo a otro.

El establecimiento de los límites de control para las gráficas del Tipo 1 es un procedimiento directo. El método para fijar los límites es el mismo descrito en las Secs. 14.8 a 14.10, con la salvedad de que estos límites se calculan por medio de la Fórmula (30) o (30A) y de que la gráfica únicamente consta de una sola parte, o sea para el porcentaje defectivo, en lugar de tomar por separado para el promedio y para la amplitud. El tamaño de la muestra para estas gráficas es mucho más grande que en el caso de las de variables, debido a la escasa efectividad de los datos pasa/no-pasa.

En las gráficas de control por atributos, el tamaño de muestra más generalizado es de 25 unidades; sin embargo, se han sugerido algunas reglas para determinar el número mínimo de unidades para tamaño de muestra. El tamaño de la muestra debe ser lo suficientemente pequeño de forma que las condiciones de producción y pruebas puedan suponerse bastante uniformes. Al mismo tiempo, la muestra debe se lo suficientemente grande para promediar cuando menos 0.5 defectuosos por $n\bar{p}$. Así, si $\bar{p}$ es muy pequeña, se requerirá de una mayor n.

La principal aplicación de la gráfica de Tipo 1, es en aquellos casos en que no pueden existir datos de mediciones —como en un acabado de superficies, o posiblemente en colores— o bien por que sea muy difícil obtener esas mediciones. También en el caso en que se requiera tomar un tamaño constante de muestra, no por necesidad del control de calidad, sino por otros factores como pago del trabajo a destajo en que el número de unidades que formen un lote para su revisión 100%, esté apegado a un número fijo de unidades, como 500, 2500 ó 4000.

Las gráficas del Tipo 2, probablemente son las más importantes de las gráficas en porcentaje defectivo. Falta o *imperfecciones* son una forma particularmente importante de aplicación de estas gráficas de control por atributos. Además, como el procedimiento para el cálculo de los límites de control no es tan directo como en las gráficas del Tipo 1, se estudian las del Tipo 2 con más detalle a continuación.

14.18 Forma de gráficas de porcentaje defectuoso en una inspección 100%

La mayor parte de la inspección de piezas en la industria, es por el procedimiento de pasa/no-pasa. El examen de las unidades por este procedimiento, es una inspección 100% en la que se examinan cada una de las piezas, separando las unidades malas de las buenas.

Los registros con los resultados de esta clase de inspección pasa/no-pasa se ha venido conservando desde hace varios años en muchas factorías. En varios casos la conservación de estos registros ha sido un trabajo inútil, puesto que ese conjunto de números archivados no puede suministrar una guía conveniente para prevenir la producción futura de unidades defectuosas.

La efectividad de esta clase de inspección, para la prevención de trabajo defectuosos, sin embargo, se ha incrementado en los últimos años al presentarse datos pasa/no-pasa bajo la forma de las gráficas de porcentaje defectuoso. En la Fig. 14-16 se muestra una gráfica clásica que ha sido desarrollada en la industria con este propósito, usando valores de unidades defectuosas, porque el uso del cliente es el interés principal de las unidades variantes.

Este modelo consta de cuatro partes principales:

1. Un rayado para graficar el porcentaje defectuoso (ver I Fig. 14-16).
2. Un rayado especial para el registro de los datos de la inspección y de los cuales se puede calcular el porcentaje defectuoso (véase II Fig. 14-16).
3. Un rayado para asentar el resumen periódico de los datos de ese porcentaje defectuosos (ver III Fig. 14-16).
4. Un rayado para graficar este resumen (ver IV Fig. 14-16).

El número de unidades inspeccionadas en cada periodo —tamaño de muestra— tiene que ser variable, bajo las condiciones normales del taller. Por tanto la Fórmula (30) no se puede aplicar de inmediato para establecer los límites de control, puesto que dicha fórmula está establecida para un tamaño constante de muestra.

Así, teóricamente, la Fórmula (30) se emplea para el cálculo de límites de control, sólo de los datos del porcentaje defectuoso en cada periodo individual de la inspección, tomando como $\bar{p}$ para ese periodo, el valor del porcentaje defectuoso en dicho periodo. Sin embargo, esto puede traer como resultado una situación poco satisfactoria, al presentarse diferentes límites de control para cada uno de los periodos, siendo, por tanto, muy difícil la interpretación para los fines prácticos del taller. Los límites de control para periodos de inspección en que la producción sea muy baja, resultarán mucho más amplios que para periodos de inspección en que la producción es más elevada.

En la práctica, si los tamaños de las muestras presentan una variación no mayor del 20% de acuerdo con criterio comprobado en muchas factorías du-

GRÁFICA DE CONTROL DE CALIDAD NÚM. ____________

PROCUCTO ____________ MES ____________

INSPECCIÓN ____________ CARACTERÍSTICA ____________

PORCENTAJE DEFECTUOSO

Fecha	Insp.	Defec.	%
	II		

I

Sem.1		
Sem.2		
Sem.3	III	
Sem.4		
Sem.5		

IV

Mes			

Fig. 14-16

rante sus periodos de inspección, se puede lograr una exactitud satisfactoria para la mayoría de los fines industriales, determinando y empleando un tamaño *promedio* de muestra para los periodos de inspección en cuestión. Este tamaño promedio de muestra, así como otros valores promedio, se pueden sustituir en la Fórmula (30) como una forma de estándar dado. Los cálculos se pueden simplificar aún más con el empleo de constantes.

Para el establecimiento de una gráfica de control en porcentaje defectuoso se pueden seguir los ocho pasos que se mencionan a continuación:

1. Determinar cuál es la característica de calidad que se deba de controlar. Puede ser una sola característica, como una longitud, o un peso; con frecuencia se toman todas las que se encuentran en el producto que se examine y que hacen defectuosas a las unidades.
2. Seleccionar un número conveniente de muestras. Cada muestra estará formada por un número conveniente de unidades. Como en el caso de la determinación de los límites de control en gráficas por variables, presentado en las Secs. 14.8 y 14.9 el número conveniente de muestras, variará de acuerdo con el proceso de que se trate. Como simple ilustración, se tomarán 25 muestras. El "número de unidades" en cada muestra es, para este ejemplo, el número total de unidades examinadas durante un periodo estándar de inspección, como una hora o un día. Las 25 muestras se toman sucesivamente (cada hora, cada día). Los datos de estas muestras se deben registrar en el mismo orden en que se vayan tomando.
3. Calcular el tamaño promedio de muestras. Para este caso en que el tamaño de la muestra es el total de piezas inspeccionadas durante una hora o un día, se puede tomar el promedio de producción por hora o por día de trabajo como tamaño de muestra.
4. Calcular el promedio de defectuosos por hora o por día.
5. Calcular los límites de control, de acuerdo con los resultados obtenidos en las etapas 3 y 4 anteriores. Existen nomogramas que simplifican los cálculos necesarios al aplicar la Fórmula (30), en lugar de usarla directamente.
6. Examinar los valores del porcentaje defectuoso de cada muestra, con relación a los límites de control. Determinar si existe algún factor que amerite una acción correctiva, antes de que estos límites se acepten para su aprobación.
7. Determinar si esos límites de control resultan económicamente satisfactorios para el proceso.
8. Emplear la gráfica de control para la producción activa, como una guía para controlar la característica de calidad de que se trate.

14.19 Establecimiento de una gráfica de control en una inspección 100%

En la manufactura de corazas para motores, existen varios atributos que pueden hacer que esa coraza resulte defectuosa. Aunque controles posteriores eliminarán estas unidades, la planta usa el término "defectuoso" para enfatizar la importancia orientada hacia el cliente y hacia el costo de cualquier malconformidad. Algunos de estos atributos son fracturas de fundición, diámetro interior incorrecto o un maquinado final deficiente. En la inspección final 100% de estas corazas, se tiene una aplicación peculiar de las gráficas de control en porcentaje defectuoso, donde cualquiera de los atributos puede originar el rechazo.

La producción de estas corzas varía entre 950 y 1050 piezas por día. Esta producción diaria que se inspecciona, será considerada como tamaño de muestra. Las ocho etapas que se requieren para el establecimiento de una gráfica de control de esta clase, se presentan a continuación detalladamente:

Etapa 1: Determinación de la característica de calidad por estudiar

En este caso, cualquier atributo que pueda causar el rechazo de la coraza se debe tomar en consideración.

Etapa 2: Seleccionar un número conveniente de muestras

Se deben registrar los datos de los resultados de la inspección en 25 días sucesivos. Estos datos se van anotando en la sección correspondiente de la Fig. 14-17

Etapa 3: Cálculo del tamaño medio de muestra

La producción total en los 25 días fue de 25 000 unidades. El promedio de producción diaria será 25 000/25, o sea 1000 unidades.

Etapa 4: Cálculo del promedio de defectuosos

El número total de defectuosos fue de 1250 unidades. El valor medio de defectuosos por día resulta de 1250/25, o sea de 50 unidades.

Etapa 5: Cálculo de límites de control

El cálculo de los límites de control se simplifica considerablemente con el empleo de gráfica. En las Figs. 14-18 y 14-19 se muestran las gráficas empleadas en esta determinación. La Fig. 14-18 difiere de la Fig. 14-19 en que su escala horizontal se encuentra ampliada.

El empleo de estas gráficas es el siguiente: Se localiza el número promedio de defectuosos, 50, en la escala horizontal de la Fig. 14-18. La Fig. 14-19 no se puede emplear, puesto que su escala horizontal únicamente contiene hasta 17 como promedio de defectuosos. Las dos curvas punteadas que están marcadas como "Núm. mínimo de defectuosos" y "Núm. máximo de defectuosos", respectivamente, cortan a la vertical trazada por el punto 50, en las alturas correspondientes a 29 y 71 de la escala vertical de la Fig. 14-18. Estos valores de 29 y 71, representan el número mínimo y el máximo de defectuosos que prácticamente se deben obtener en cualquier día de producción.

Los límites superiores e inferior de control para el porcentaje defectuosos se pueden calcular por las siguientes fórmulas:

$$\text{Límite superior de control} = \frac{\text{Núm. máximo de defectuosos}}{\text{Tamaño promedio de muestra}} \times 100 \qquad (32)$$

GRÁFICA DE CONTROL DE CALIDAD NÚM. ________________

PRODUCTO CORAZA POST. MES AGOSTO

INSPECCIÓN FINAL CARACTERÍSTICA TODO DEFECTO

Día	Insp.	Defec.	%
1	1005	40	4.0
2	1000	45	4.5
3	1015	90	8.9
DESCANSO			
DESCANSO			
4	995	70	7.0
5	1000	30	3.0
6	985	20	2.0
7	990	40	4.0
8	1010	50	5.0
DESCANSO			
DESCANSO			
9	1000	40	4.0
10	1005	75	7.5
11	990	80	8.1
12	995	25	2.5
13	1010	40	4.0
DESCANSO			
DESCANSO			
14	1000	30	3.0
15	1000	20	2.0
16	1005	75	7.5
17	1000	55	5.5
18	995	60	6.0
DESCANSO			
DESCANSO			
19	990	70	7.1
20	1010	45	4.5
21	1000	70	7.0
22	1005	45	4.5
23	1015	60	5.9
DESCANSO			
DESCANSO			
24	990	35	3.5
25	990	40	4.0

2.9 7.1
PORCENTAJE DEFECTUOSO
0 1 2 3 4 5 6 7 8 9 10
L.C.I. L.C.S.

Sem.1	3020	175	5.8
Sem.2	4980	210	4.2
Sem.3	5000	260	5.2
Sem.4	5000	240	4.8
Sem.5	5020	290	5.7
Sem.6	1980	75	3.8
Mes	25000	1250	5.0

Fig. 14-17

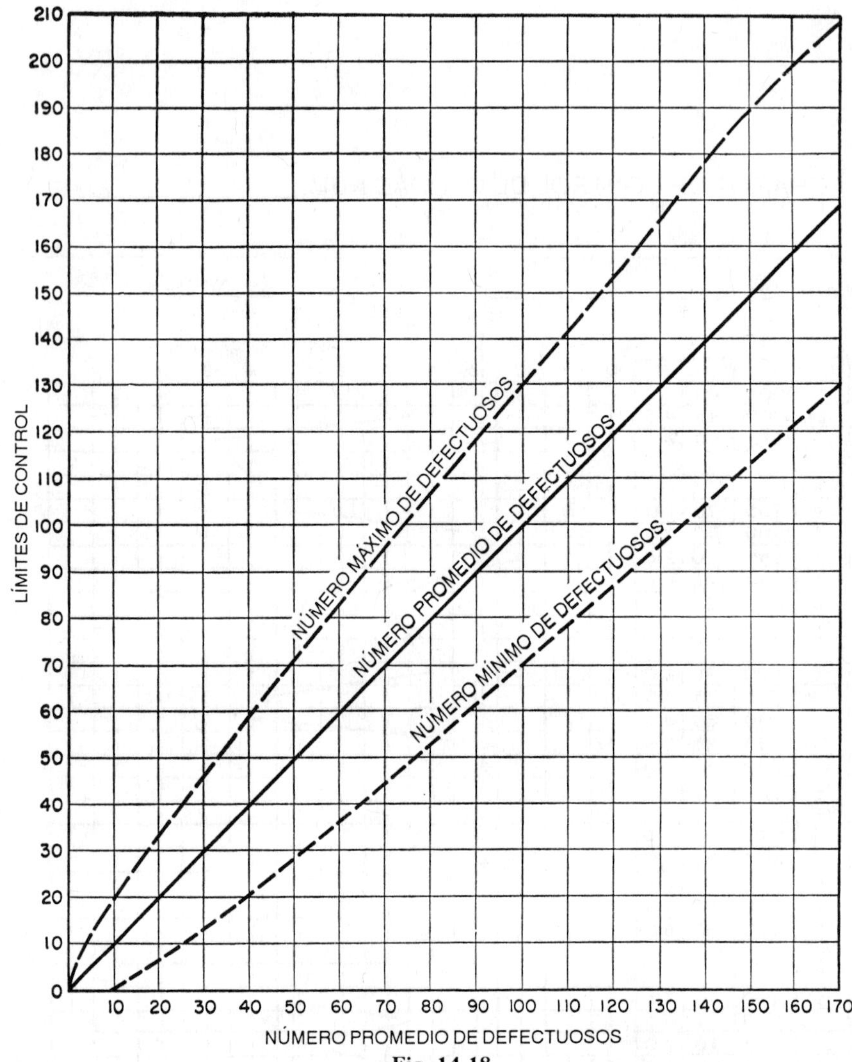

Fig. 14-18

$$\text{Línea central} = \frac{\text{Núm. promedio de defectuosos}}{\text{Tamaño promedio de muestra}} \times 100$$

$$\text{Límite inferior de control} = \frac{\text{Núm. mínimo de defectuosos}}{\text{Tamaño promedio de muestra}} \times 100 \qquad (33)$$

Téngase presente que el tamaño promedio de muestra, en la etapa 3 anterior, fue equivalente al promedio de producción diaria, o sea 1000 unidades.

Fórmula (32):

$$\text{Límite superior de control} = \frac{\text{Núm. máximo de defectuosos}}{\text{Tamaño promedio de muestra}} \times 100$$

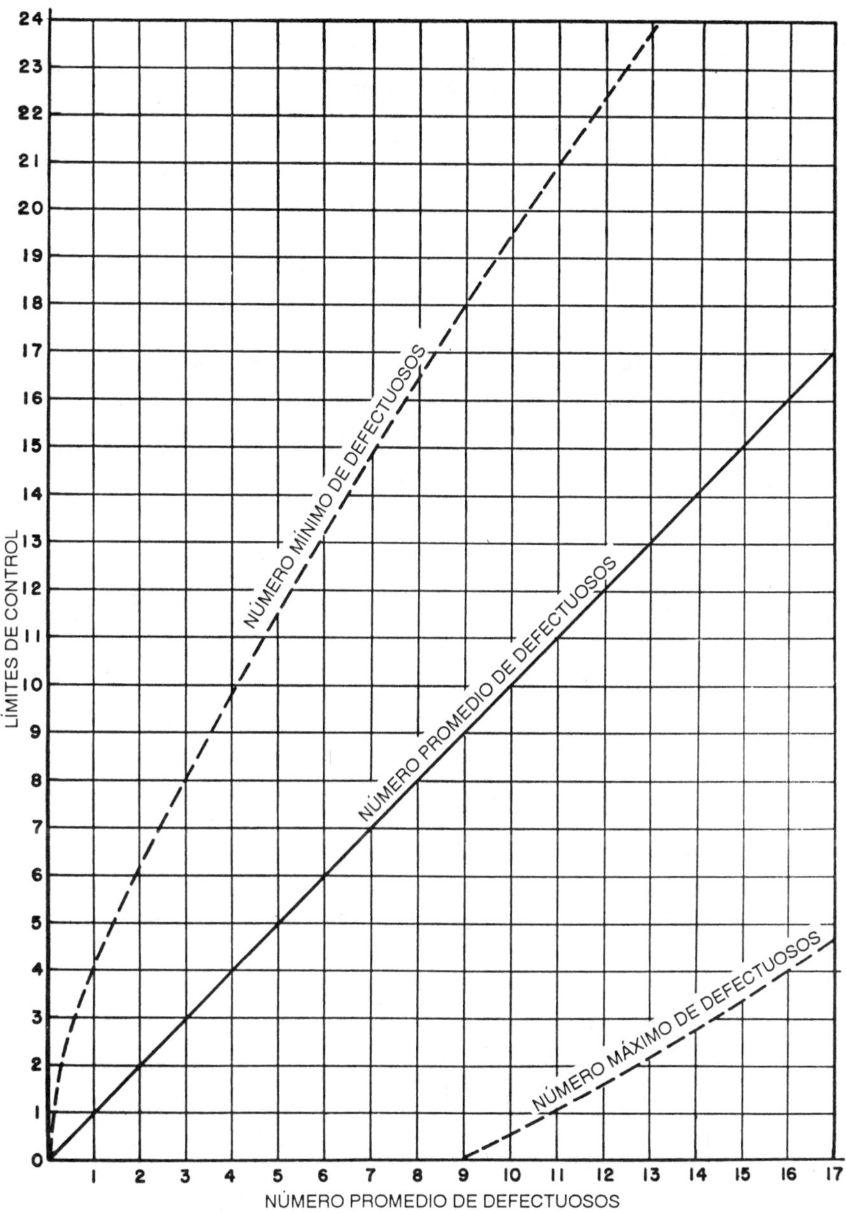

Fig. 14-19

$$= \frac{71}{1000} \times = 7.1\%$$

Línea central $$= \frac{\text{Núm. promedio de defectuosos}}{\text{Tamaño promedio de muestra}} \times 100$$

$$= \frac{50}{1000} \times 100\ 5.0\%$$

Fórmula (33):

$$\text{Límite inferior de control} = \frac{\text{Núm. mínimo de defectuosos}}{\text{Tamaño promedio de muestra}} \times 100$$

$$= \frac{29}{1000} \times = 2.9\%$$

Estos límites se deben trazar en la parte correspondiente de la gráfica de la Fig. 14-17.

Etapa 6: Analizar los resultados de cada muestra

Examinando la Fig. 14-17 se puede notar que los resultados de las muestras en el tercero, sexto, décimo, onceavo, doceavo, quinceavo y decimosexto días, quedan fuera de los límites de control. Se debe proceder a la investigación de las causas de esta variación. Para los puntos que quedan arriba del límite superior, las causas se deben de eliminar si es posible. Las causas por las que los puntos quedaron fuera del límite inferior, se identificarán si es posible, de tal manera que las razones por las que la calidad ha mejorado en esos días, se puedan aprovechar.

Son siete muestras fuera de los límites de control; es indudable que se necesitarán otras 25 muestras, después de que se haya tratado de mejorar el proceso. Se calcularán los nuevos límites de control, comparándose los resultados de las muestras con estos límites. Los procedimientos de la toma de muestras y del cálculo de los límites se repetirán hasta que los resultados de las muestras indiquen que el proceso está controlado.

Los nuevos límites de control que se calculen, deberán reflejar la mejoría que se haya introducido a las condiciones del proceso, como resultado de la investigación de las muestras fuera de los límites de control. Esta secuencia de estar calculando límites para el porcentaje defectuoso, es una guía efectiva para ir mejorando el proceso que se estudie.

Etapa 7: Determinar si los límites son satisfactorios

La decisión sobre si los límites de control del porcentaje defectuoso son económicamente satisfactorios para emplearse al controlar la calidad, queda a juicio de la gerencia.

Teóricamente, esta decisión se debe basar por completo en los factores económicos porque con la cuidadosa inspección al 100%, así como con los controles subsecuentes usados en la fábrica, las corazas defectuosas no pasarán al uso del cliente. Si el costo total de aceptar los rechazos de las corazas, cuyo promedio es de 5% y que varía desde 2.9 hasta 7.1%, es menor que el costo total de las reformas necesarias al proceso para poder reducir esos rechazos, se pueden considerar aceptables esos límites de control. Pero si los costos para mejorar el proceso son inferiores a los costos de los rechazos, entonces los límites pueden resultar inaceptables.

En la práctica, cuando menos dos factores dificultan tomar una decisión basada únicamente en los factores económicos:

1. En particular en los talleres en que se produce una variedad de productos, es a veces muy difícil determinar con precisión el costo de aceptar un determinado porcentaje defectuoso para un proceso dado o para una pieza.
2. El interés y la destreza del operario puede ser un factor de mucha mayor importancia para mejorar el proceso, que el más fácil de evaluar costo de ciertos factores como mejorar la herramienta para las máquinas, los portaherramientas y dispositivos. En algunos casos se puede lograr una considerable reducción de los rechazos, colocando las gráficas de control de manera que sean vistas por todos los operarios. En otros casos, cualquier paso para elevar la moral puede tener mayor efecto sobre la reducción de los rechazos, que las inversiones sobre nuevos equipos.

Como resultado, la decisión sobre si los límites son satisfactorios, se fundará en la combinación de los factores económicos de que se disponga y de la experiencia anterior que se tenga del proceso.

En el ejemplo de las corazas para motores, el valor de 2.9 a 7.1% para los límites de control, representa una condición del proceso que es inaceptable para la gerencia y límites mucho menores se establecieron como los objetivos necesarios. La investigación completa del proceso de manufactura que se inició desde la etapa 6, se intensificó, y se optó por un nuevo equipo.

"Oficialmente" no se establecieron límites del proceso hasta completar el programa de mejoramiento, los límites de 2.9 a 7.1% emplearon de manera informal, a fin de juzgar si los resultados del mejoramiento eran satisfactorios. A medida que se iban introduciendo mejoras, se calculaban nuevos límites y los resultados que se obtenían demostraron lo necesario de este recálculo.

Etapa 8: Empleo de los límites de control

Cuando finalmente se establecieron unos límites de control satisfactorios para las corazas, se trazaron sobre la gráfica de manera similar a la mostrada en las Figs. 14-16 y 14-17. Estas formas se deben colocar a la vista en el taller y lo más cercanas posible a las estaciones del proceso. (Los resultados del porcentaje defectuoso de cada día, se van anotando en la gráfica). Aquellos lotes que presenten resultados fuera de los límites, se investigarán de inmediato.

También pueden utilizar estos límites de control los contadores de la fábrica para estimar la cantidad que se debe aplicar y así considerar el trabajo defectuoso en las hojas de los costos estándar para las corazas. Los límites de control sirven también como base real para establecer los índices de las pérdidas en la manufactura de las piezas. En la misma forma que se debe proceder con los límites de control por variables, los límites del porcentaje defectuoso se deben recalcular periódicamente, en vista de los posibles cambios en las condiciones del proceso.

14.20 Gráficas de control por número de unidades defectuosas o malconformadas

En la inspección pasa/no-pasa, existen algunos casos en que se prefiere el número de unidades defectuosas en lugar de la fracción defectuosa o del porcentaje defectuoso para propósitos de control. Los límites de control para esta clase de gráficas por defectuosos o de *(np)*, para un tamaño constante de muestra, se calculan como sigue:

Sin estándar dado

$$\text{Límites de control} = n\bar{p} \pm 3\sqrt{n\bar{p}\,(1 - \bar{p})} \qquad (34)$$

donde, $\bar{p}$ = la fracción defectuosa o malconformada promedio
$\bar{p}n$ = fracción defectuosa promedio por el tamaño de muestra; número promedio defectuoso o malconformado.

Estándar dado

$$\text{Límites de control} = np_0 \pm 3\sqrt{np_0\,(1 - p_0)} \qquad (34A)$$

donde p_0 = valor estándar adoptado para la fracción de defectuosos o malconformados.

La interpretación, el procedimiento y la forma de cálculo de los límites de control, es muy semejante a la descrita al tratar de las gráficas de porcentaje defectuoso o de la fracción defectuosa. Las gráficas de p se transforman fácilmente en gráficas de *(np)*, haciendo únicamente el cambio de escalas y multiplicando tanto la línea central como los límites de control, por el tamaño de la muestra n.

14.21 Gráficas de control por número de defectos o malconformaciones

En la producción de determinados trabajos de taller sobre los cuales se debe de efectuar una inspección pasa/no-pasa, existen por lo menos dos razones por las cuales las gráficas del porcentaje defectuoso o las de fracción defectuosa, resultan de muy escaso valor:

1. La cantidad producida es muy baja. Pueden ser muy pocas las unidades producidas cada día, cada semana o cada mes.
2. Con productos físicamente grandes y complicados, como aeronaves de fuselaje amplio, sistemas con motor integrado o turbinas, se presentan siempre algunos defectos durante su inspección final. Se pueden notar tornillos flojos que necesiten afirmarse, placas que requieren pintura, o sistemas electrónicos por coordinar. Bajo el sistema convencional del porcentaje defectuoso, las gráficas casi siempre acusarán 100% de rechazo, lo cual las hace de poca utilidad para el control de la calidad.

En estas circunstancias, la inspección por atributos resulta más efectiva bajo la forma de gráficas de control de defectos por conteo. Por tanto, una máquina puede presentar 30 defectos durante su inspección final, o un bombardero podrá tener 250 defectos. Los límites de control se deben de expresar en términos del número de defectos por unidad.

Hay dos tipos de gráficas de conteo, dependiendo de la aplicación.

1. La cuenta de defectos o malconformaciones de una clasificación dada observados en una sola unidad de producto de tamaño o carácter constante en inspecciones sucesivas. Esta cuenta se denomina c, y los valores de c se grafican en una gráfica llamada gráfica c.
2. La cuenta *promedio* o el número *promedio* de defectos o malconformaciones de una clasificación dada observados en una muestra de n unidades de producto de carácter o tamaño constante en inspecciones sucesivas. Esta cuenta promedio se denomina u, donde $u = c/n$, y los valores de u se grafican en una gráfica llamada gráfica u.

GRÁFICA c

Sin estándar dado

$$\text{Límites de control} = \bar{c} \pm 3\sqrt{\bar{c}} \tag{35}$$

donde $\bar{c}$ = número promedio de defectos o malconformaciones para n unidades de producto.

Estándar dado

$$\text{Límites de control} = c_0 \pm 3\sqrt{c_0} \tag{35A}$$

donde c_0 = valor estándar adoptado para un número de defectos o malconfor maciones que ocurren en una unidad de producto.

GRÁFICA u

Sin estándar dado

$$\text{Límites de control} = \bar{u} \pm 3\sqrt{\frac{\bar{u}}{n}} \tag{36}$$

donde $\bar{u} = (\Sigma\, u) \,/\, k$ valores de u

n = número constante de unidades usados para cada valor de u.

Estándar dado

$$\text{Límites de control} = u_0 \pm 3\sqrt{\frac{u_0}{n}} \qquad (36A)$$

donde u_0 = valor estándar adoptando.

Si los valores de u se basan valores diferentes de n, entonces,

$$\bar{u} = (\Sigma c)/(\Sigma n) \quad \text{y} \quad \sigma_u = \sqrt{\frac{\bar{u}}{\bar{n}}} \quad \text{con } \bar{n} = (\Sigma n)/k$$

De la misma forma, $\bar{n}$ debe usarse en la fórmula de estándar dado para los límites de control a menos que deban calcularse límites separados y graficados para cada muestra única de tamaño n.

14.22 Variaciones de las gráficas de control con datos pasa/no-pasa

Existen muchas modificaciones a las gráficas de control presentadas en lo que antecede. Entre las principales modificaciones se tiene: 1) diferencias en las formas de graficado, 2) límites basados en especificaciones, incluyendo calibradores reducidos para el control, y 3) precontrol. Cada una de estas variaciones se presenta a continuación.

1. Formas

Los modelos que se emplean para trazar los datos pasa/no-pasa de las gráficas de control en la industria, difieren ampliamente del modelo presentado en la Figs. 14-16 y 14-17. En algunas ocasiones estas formas pierden su naturaleza gráfica por completo, como en el caso de una interesante tabulación presentada por E. M. Schrock para los fines del control.

Esta tabla está constituida por una lista de los valores del promedio del porcentaje defectuosos y del número de defectuoso máximo y mínimo que se deben presentar, ya sea con lotes variables o de tamaño promedio. La Fig. 14-20 presenta una página de estas tablas.

Es precisamente dentro de estas zonas donde empieza a desaparecer la distinción entre las gráficas de control, como un método para controlar la calidad, y las tablas de muestreo como una técnica para controlar la calidad. Este tema se tratará con mayor amplitud en el Cap. 15.

2. Límites de control basados sobre especificaciones, incluyendo "calibradores reducidos"

La conveniencia de basar los límites de control en ciertos límites de especificaciones en algunos casos se discutió en las Secs. 14.12 y 14.13. Varios enfoques similares se han adoptado con las gráficas de control por atributos.

AMPLITUD PARA LOS RECHAZOS EN UN LOTE DE UN PROCESO QUE TENGA UN NIVEL DEL 5% DE DEFECTUOSOS

Número inspeccionado	Los rechazos no deben exceder de	Menor número de rechazos esperados
100	11	--
200	19	1
300	26	4
400	33	7
500	39	11
600	46	14
700	52	18
800	58	22
900	64	26
1000	70	30
1100	76	34
1200	82	38
1300	88	42
1400	94	46
1500	100	50
1600	106	54
1700	111	59
1800	117	63
1900	123	67
2000	129	71
2100	134	76
2200	140	80
2300	146	84
2400	152	88
2500	157	93
2600	163	97
2700	168	102
2800	174	106
2900	180	110
3000	185	115
3100	191	119
3200	196	124
3300	202	128
3400	208	132
3500	213	137
3600	219	141
3700	224	146
3800	230	150
3900	235	155
4000	241	159
4200	252	168
4400	263	177
4600	274	186
4800	285	195
5000	296	204

Fig. 14-20 Tomada de "Quality Control Tables for Atributes Inspection" E. M. Schrock.

Reimpresa con permiso de "Quality Control and Statistical Methods" por E.M. Schrock, publicada por Reinhold Publishing Corporation.

Un ejemplo es lo que se ha llamado "calibradores reducidos". Esto se relaciona a lo que, por muchos años, ha sido un punto de controversia en la fábrica, por el deseo de contar con dos o más juegos de límites de especificaciones durante su producción. Un juego para el uso en sus talleres durante la producción, y el otro juego, más amplio, para los efectos de la inspección final. La base de esta filosofía se ha adoptado como una base para el establecimiento de determinadas gráficas de control, y representa una transición entre las gráficas por variables y las gráficas por atributos.

Frecuentemente, al establecerse las estaciones de inspección en las líneas de producción de una factoría, se hace uso de calibradores exteriores. Estos calibradores tienen sus límites fijos para los límites superior e inferior de especificaciones en la pieza de que se trate. Con el sistema de "calibradores reducidos", éstos se construyen con unos límites ligeramente más estrechos que los actuales límites de especificaciones. Para el cálculo de estos nuevos límites de control, se han empleado ciertas fórmulas que combinan la experiencia del taller, con los métodos estadísticos.

Estos calibradores deben estar disponibles antes de que se inicie la producción activa de las piezas para las cuales han sido diseñados. En consecuencia, el empleo de elementos como las distribuciones de frecuencias, se tendrán que eliminar, empleándose en su lugar para fijar los límites apropiados tablas especiales que dan los límites para calibradores reducidos con mayor facilidad. El enfoque básico es como se discutió anteriormente en la Sec. 14.14 con respecto a las gráficas para lecturas individuales y el uso de conceptos como en las Fórmulas (27A) y (27B).

Así, en las aplicaciones de los calibradores reducidos, para el muestreo de los lotes durante el curso de su proceso, con mucha frecuencia se sigue la práctica de emplearlos como base para controlar el *número* de lecturas que salga de los límites del calibrador en una muestra. En esta forma se podrá permitir que dos lecturas, de una muestra de cinco, queden fuera de los límites del calibrador. Este procedimiento es muy conveniente bajo ciertas condiciones de la producción en masa.

Como se discutió en la Sec. 14.14, en lugar de calcular el promedio de la muestra y marcar su valor, supongamos que cada una de las lecturas individuales se marcaran en la gráfica de promedios. Supongamos que estas unidades corresponden a una muestra cuyo valor promedio se encuentra peligrosamente cerca de uno de los límites de control. En consecuencia, un número igual de lecturas individuales quedarán tanto dentro como fuera de los límites de control.

Puesto que en el control por medio de los calibradores reducidos se examinan individualmente estas piezas, es totalmente posible y práctico el establecimiento de límites de calibración sobre los límites de control de los promedios, y dejar que el número de piezas que no satisfagan los límites de calibración, sean como una indicación del estado de control del proceso.

3. Precontrol

La actividad de precontrol puede prestarse al uso de calibradores exteriores o de otros métodos para medir datos pasa/no-pasa. Con los calibradores reducidos y usando el concepto de precontrol, los calibradores se hacen de forma que cumplan con los límites establecidos basados sobre límites reales de especificaciones de acuerdo con los procedimientos discutidos en las Secs. 14.12 y 14.13. Estos calibradores se emplean para medir piezas y determinar las correcciones en el ajuste y las corridas de producción, en la siguiente forma.

Un determinado número de piezas de primera fabricación, se pasan por el calibrador. Si cada una de estas piezas queda dentro de los límites de precontrol, se aprueba el ajuste de la máquina. Durante la manufactura se verifican comprobaciones periódicas sobre una pieza. Si esta pieza queda dentro de los límites de precontrol, se continúa la fabricación. Sin embargo, cuando una pieza sale de los límites de precontrol, se comprueba la siguiente pieza. Si esta segunda pieza queda dentro del límite de precontrol, se continúa la fabricación. Si la segunda pieza queda fuera del límite de control, se detiene la fabricación y se efectúa un reajuste.

14.23 Clasificaciones críticas, mayores, menores e incidentales; deméritos por unidad; índice de calidad

Según se hizo notar en la Sec. 11.19, en su empleo más general, algunas clases de gráficas del porcentaje y fracción defectuoso registran el total de defectos que puedan ser la causa para el rechazo de las unidades. Las críticas enderezadas contra estas gráficas se refieren a que se consideran todas las causas de rechazo como igualmente malas, ya sea que se trate de un tornillo con rebabas, que fácilmente se pueda reemplazar, o bien que de un defecto básico que pueda causar desperdicio de todo el conjunto.

El efecto de acumular todo tipo de rechazo, puede traer dificultades de dos áreas diferentes:

1. En el procedimiento de la factoría para el control interno de la calidad del producto.
2. En el procedimiento de la factoría sobre la estimación de la calidad del producto, de acuerdo con su empleo posterior.

Cada uno de estos puntos se discute a continuación

1. Procedimiento de control interno

Cuando se acumulan todos los tipos de rechazos en una gráfica de porcentaje o fracción defectuosa, un punto fuera de control puede inquietar en forma innecesaria hasta a la gerencia, pudiendo ser motivado únicamente por una causa menor, de muy escaso valor para su rechazo y fácil de remediarse. Por otra parte, el gerente puede sentirse satisfecho cuando observe un punto dentro de control, pero el cual incluye tres o cuatro defectos muy costosos.

A pesar de lo anterior, en muchos casos es sano continuar con la práctica de considerar a todos los defectos con igual valor. Por una razón, el tiempo de remaquinado es uno de los mayores costos del producto. Tal vez sea necesario emplear el mismo tiempo en el remaquinado de un producto con un defecto escaso que en el de otro producto con un defecto más costoso. Una vez más, el costo de reparación de defectos costosos o leves, tiende a equilibrarse durante una producción larga, ayudando esto a considerar a todos los defectos enmarcados dentro del porcentaje defectuoso como si fueran todos del mismo valor.

Sin embargo, en aquellos casos en que la relativa seriedad de los diferentes tipos de defectos pueda variar ampliamente, será preferible asignar cierto valor ponderado a cada defecto. La Sec. 10.19 discute esta clasificación de las características de calidad tanto del producto como del proceso, a los que se relacionarán estos defectos y malconformaciones.

Para las características de calidad del *producto:*

- Una característica *crítica* es aquella que amenaza con pérdida de vida o propiedad, o hace el producto no funcional fuera de los límites prescritos.
- Una característica *mayor* es aquella que ocasiona que el producto falle al cumplir su función esperada si está fuera de los límites prescritos.
- Una característica *menor* es aquella que ocasiona que el producto no cumpla totalmente su función esperada si está fuera de los límites prescritos.
- Una característica *incidental* es aquella que no tendrá ningún efecto insatisfactorio sobre la calidad para el cliente.

Para las características de calidad del *proceso:*

- Una característica *crítica* es aquella en la que cualquier variación importante a partir de la tolerancia, que pueda ocurrir ocasionalmente, provocará una tasa de defecto o malconformación promedio a largo plazo importante y además inaceptable.
- Una característica mayor es donde cualquier variación de mesurada a importante a partir de la tolerancia, que pueda ocurrir ocasionalmente, provocará una tasa de defecto o malconformaciones promedio a largo plazo inaceptable.
- Una característica *menor* es aquella en la que cualquier variación a partir de la tolerancia, que pueda ocurrir ocasionalmente, puede provocar una pequeña tasa de defectos o malconformaciones promedio a largo plazo.
- Una característica *incidental* es aquella en que cualquier variación de la tolerancia, que pueda ocurrir ocasionalmente, no tendrá consecuencias promedio a largo plazo de malconformaciones o defectos.

El valor numérico ponderado comparativo entre los defectos críticos, mayores, menores e incidentales variará desde luego de acuerdo con las condiciones particulares del producto. Por ejemplo, a un defecto mayor se le puede asignar el doble del valor que a un defecto menor, o bien un valor veinte veces mayor, dependiendo esto de las circunstancias relativas. Estos valores ponderados se pueden incluir en los cálculos de las gráficas de control, y en esa forma, la gráfica estará en condiciones de reflejar el verdadero aspecto económico del proceso que se considere.

En el caso de malconformaciones que se separarán antes del recibo por parte de los clientes, estas ponderaciones pueden determinarse fuertemente en términos de costos de operación. Si se conoce el verdadero costo de la reparación o el reemplazo, para una característica de calidad en particular, se puede aplicar ese precio en moneda, como coeficiente del defecto.

2. Rendimiento de servicio

Con productos relativamente complicados, las diferentes categorías de defectos podrán tener efectos muy variables sobre el rendimiento que proporcione el producto, una vez adquirido por el consumidor. Al reunir todos los defectos en una gráfica de porcentaje defectuoso, se da a la gerencia una idea falsa del resultado que esos defectos anotados, pueden tener sobre el rendimiento del producto.

Como se discutió en la Sec. 10.19, las clasificaciones de defectos en estos casos deben establecerse de acuerdo con la seriedad del efecto de varios defectos sobre la seguridad y desempeño del producto en uso. En el caso de las características de la calidad del proceso, pueden establecerse clasificaciones sobre la base de su efecto sobre las tasas promedio inaceptables a largo plazo de defectos o malconformaciones.

El factor numérico ponderado comparativo de estos defectos variará de acuerdo con las condiciones del producto. También se pueden aplicar estos factores en la gráfica de control y lograr que dicha gráfica refleje con mayor exactitud el alcance de la calidad desarrollada durante el proceso.

En algunos casos, la ponderación para los defectos críticos, mayores, menores e incidentales deberá incluir el factor económico de control interno y el rendimiento de servicio.

En otras ocasiones la clasificación en defectos críticos, mayores, menores e incidentales se logra mejor asignando valores de demérito por unidad a cada uno de estos defectos. A los críticos, mayores, menores e incidentales, por tanto, les podrá asignar valores de demérito de 100, 30, 10 y 1 respectivamente.

Las gráficas de control se pueden construir bajo la base de deméritos por unidad, siguiendo el modelo y procedimiento establecido para las gráficas de porcentaje defectuoso.[7]

Para determinados productos, la gerencia sólo requiere un índice único de la calidad del producto. Estos índice de la calidad se pueden deducir de los datos de los deméritos por unidad en la forma siguiente:

$$\text{Índice de calidad} = \frac{\text{deméritos por unidad obtenidos}}{\text{deméritos por unidad probables}}$$

Esta clase de índice puede ser de gran valor en aquellas factorías en que la gerencia desea un índice de calidad comparable en alguna forma con los índices que recibe sobre algunos asuntos como realización de presupuestos, producción semanaria y costos de salario.

Si los costos de la calidad, asociados con cada clase de defectos, se pueden determinar, entonces el índice de calidad se podrá expresar en términos del costo de la calidad en efectivo y puede ser empleado como medida para comparar los cursos alternativos del control y la acción estimativa.

14.24 Algunos aspectos prácticos de las gráficas de control

Una pregunta que se puede originar en la mente de muchos lectores por la exposición anterior, es la siguiente: "En vista de los esfuerzos y los gastos que se requieren para establecer y mantener una simple gráfica de control, para una sola característica de la calidad, ¿hasta dónde se puede extender la aplicación de estas gráficas en una factoría con muchas piezas por fabricar y muchos procesos".

Sencillamente se puede responder a la pregunta anterior: "Las gráficas de control sólo se deben establecer en la medida que sea económicamente deseable y físicamente práctico el hacerlo". Las gráficas se instalarán únicamente para características de calidad importantes. Se emplearán sólo en aquellos casos en que la satisfacción del cliente y los costos reclamen una estrecha atención en el proceso. Las gráficas de control son únicamente una de tantas herramientas para el control de la calidad; debe evitarse cualquier intento para emplearlas indistintamente, sólo como una prueba del "buen funcionamiento" del programa de control de calidad.

Una vez más se debe recordar que lo expuesto anteriormente sobre los métodos para el cálculo de los límites de control, son la combinación de procedimientos estadísticos con algunas decisiones meramente arbitrarias, para adaptar la gráfica de control a las necesidades de alguna situación en particular. En los trabajos de taller las adaptaciones para casos particulares son muy extensas y toman diferentes formas. Por ejemplo, en algunos talleres se sigue la política de no trazar los límites inferiores de control de las gráficas de porcentaje o fracción defectuosa, cuando deban quedar colocadas a la vista de todo el taller.

Es muy difícil poder explicar al personal obrero que constantemente se está rotando, que esos límites *no* representan un incentivo por un trabajo con bajo porcentaje de defectuosos. En consecuencia, los límites inferiores de control únicamente se trazan en la oficina, donde pueden ser revisados por el gerente interesado, o por el grupo de control de calidad.

Por otra parte, como preliminar a la formulación de una decisión sobre si son o no económicamente satisfactorios los límites de control del porcentaje defectuoso, el gerente, auxiliado por el grupo de control de calidad, puede elegir arbitrariamente la meta de esos límites para cada proceso en particular. Con la experiencia tanto del gerente, como del grupo de control de la calidad, se pueden lograr eventualmente estos límites y a menos que se presente una poderosa evidencia en contrario, serán los que se aprueben.

Esta práctica, auxiliada con el buen juicio, es muy satisfactoria. El éxito es particularmente notable en aquellos trabajos en que los factores de relaciones humanas son mucho más importantes que los factores técnicos y en los que la mera selección de los límites de control, pueda lograr mejoría de la calidad como resultado psicológico.

Acciones como las anteriores son elementos perfectamente razonables para la instalación de gráficas de control en una factoría. La experiencia parece demostrar que, a la larga, los encargados de llevar adelante las gráficas de control en una fábrica obtendrán mayor éxito si se concentran en promover los conceptos fundamentales y los puntos de vista emanados de las gráficas de control, más bien que esforzándose por realizar una técnica particular o forma de las gráficas de control.

14.25 Resumen de las fórmulas para el cálculo de límites de control pasa/no-pasa

Las fórmulas empleadas para establecer los límites de control en las gráficas por atributos, se condensan a continuación:

Sin estándar dado

Límites de control para porcentaje defectuoso $= \bar{p} \pm 3\sqrt{\dfrac{\bar{p}(100-\bar{p})}{n}}$ (30)

Límites de control para fracción defectuosa $= \bar{p} \pm 3\sqrt{\dfrac{\bar{p}(1-\bar{p})}{n}}$ (31)

Límites de control para números de defectuosos $= n\bar{p} \pm 3\sqrt{n\bar{p}(1-\bar{p})}$ (34)

(c) límites de control de conteo $= \bar{c} \pm 3\sqrt{\bar{c}}$ (35)

(u) límites de control de conteo promedio $= \bar{u} \pm 3\sqrt{\bar{u}/n}$ (36)

Estándar dado

Límites de control para porcentaje $= p_0 \pm 3\sqrt{\dfrac{p_0(100-p_0)}{n}}$ (30A)

Límites de control para fracción $= p_0 \pm 3\sqrt{\dfrac{p_0(1-p_0)}{n}}$ (31A)

Límites de control para número de unidades $= np_0 \pm 3\sqrt{np_0(1-p_0)}$ (34A)

(c) límites de control de conteo $= c_0 \pm 3\sqrt{c_0}$ (35A)

(u) límites de control de conteo promedio $= u_0 \pm 3\sqrt{u_0/n}$ (36A)

Otras fórmulas que tienen aplicación particular en el caso de datos por atributos, son:

Promedio, $\bar{p}$: $\bar{p} = \dfrac{\Sigma c}{\Sigma n} \times 100$ (28)

Desviación estándar de p: $\sigma_p = \sqrt{\dfrac{\bar{p}(100-\bar{p})}{n}}$ (29)

La gráfica de control en acción

14.26 Aplicaciones prácticas de las gráficas de control

En términos generales, ya se discutió el empleo de las gráficas de control en la Sec. 14.4. Pero es conveniente apartarse un poco de esos casos generales. A continuación se citan cinco aplicaciones bastante especializadas de las gráficas de control, especialmente para satisfacer ciertas situaciones prácticas específicas:

1. Gráfica de porcentaje defectuoso para el control de un armado final (ver Sec. 14.27).
2. Gráfica por variables para controlar la producción de partes (ver Sec. 14.28).
3. Gráfica por variables para el control de recepción del material (ver Sec. 14.29).
4. Hoja numérica para el control en la producción de un torno de roscar (ver Sec. 14.30).
5. Gráfica de control por variables para el estudio del desgaste de la herramienta (ver Sec. 14.31).

14.27 Gráficas de porcentaje defectuoso para un equipo electrónico de medición

En una planta del Este, se habían venido experimentado muy numerosos rechazos en la fabricación de ciertos conjuntos para equipos de medición electrónicos, muy complejos. El punto donde mayor número de defectos se notaban era en la estación final de inspección, en la cual más del 20% de todos los equipos presentados para su inspección, era rechazado. Había varios atributos que se aplicaban a un conjunto defectivo, y cualquiera de ellos podría ser motivo del rechazo en la estación de inspección.

Para reducir el rechazo de estos equipos, el gerente de la fábrica abordó el desarrollo de una serie de gráficas en porcentaje defectuoso, a fin de que se pusiera de manifiesto la variación de la calidad de estos equipos en la estación intermedia de inspección. La producción y las operaciones de calidad posteriores eliminaban estas malconformidades, pero tanto la productividad como el costo dependían del mejoramiento de la inspección intermedia.

Después de un periodo intenso de esfuerzos para mejorar las condiciones de la producción, variar los parámetros de ingeniería de proceso, cambio de las tolerancias de las máquinas y educación de los obreros, la cantidad del 20% promedio de defectuosos, se redujo al 7%. Se presentó al gerente la gráfica con este 7% como promedio de defectuosos: 2% como límites inferior y 12% como límite superior de control. La experiencia que se obtuvo con una producción anterior, llevó al gerente a sugerir que se experimentara con unos límites que fueran únicamente la mitad de los 3-sigma normales.

Estos nuevos límites ($\bar{p} \pm 1.5\ \sigma_p$) darán una indicación de desplazamiento en el proceso con mayor frecuencia, aun cuando en realidad no sucediera esto; pero también resultará que cualquier desplazamiento en el proceso sería detectado de inmediato. Esta decisión del gerente se basó en factores tales como el costo relativo y los retardos ocasionados en la producción cuando efectivamente ocurre un deslizamiento en el proceso, comparados con los ajustes que se realizan en la máquina cuando aún no se produce el deslizamiento en el proceso. Los valores usados para este caso particular de aplicación fueron el 4.5 y el 9.5%.

La Fig. 14-21 da una idea de la gráfica durante el mes siguiente a la aprobación de esos límites por el gerente, para los fines de control. Esta gráfica se colocó en la línea de producción. Un duplicado se conservó en la oficina del gerente. Estos límites de control se emplearon como una base gráfica para juzgar el trabajo diario que se efectuaba en la línea de producción de los equipos de medición.

Esta gráfica de la Fig. 14-21 se reprodujo ampliamente desde ese mes, hasta la terminación del contrato, ocho meses más tarde. También sirvió de guía para otras gráficas similares que se usaban en otros equipos.

14.28 Gráfica por variables para controlar la calidad de tornillos buje[18]

Se estableció una gráfica de control por variables, como una ayuda para controlar la calidad de un tornillo bujes en el cual la profundidad del perforado, era una magnitud crítica con respecto al maquinado de la cara exterior (véase la Fig. 14-22). Los límites de control para estas gráficas se establecieron de acuerdo con los límites de especificaciones, por el procedimiento de la Sec. 14.13.

Como primer paso para el establecimiento de estos límites, se hizo un análisis de la distribución de frecuencia, sobre los cinco mandriles de la máquina automática en que se estaban produciendo los tornillos. Se analizó cada mandril por separado y luego se combinaron los datos de todos los mandriles, para obtener la distribución de frecuencias que se presenta en la Fig. 14-22.

La capacidad de proceso resultó de 1.2 milipulgadas, la cual satisface favorablemente los límites de especificaciones de 2.0 milipulgadas. Por tanto, se tomó esta capacidad de proceso para la determinación del factor Q necesario para el cálculo de los límites de control.

Usando el nomograma (Fig. 20-25), con $p_1 = 0.3\%$, $p_2 = 5\%$, $n = 5$, se encuentra un factor Q de cerca de 0.004 in para una capacidad de proceso de 1.2 milipulgadas. Los límites de control se calculan directamente, sustituyendo este valor de Q en las Fórmulas (22A) y (22B).

La Fig. 14-23 presenta el resultado de la gráfica de control por variables, con sus límites trazados. El procedimiento para la aplicación de esta gráfica para el control, se estableció en la siguiente forma: se seleccionó una muestra de cinco tornillos, cada hora (uno por mandril), y se anotó en la gráfica la lectura del promedio de cada una de las muestras (Fig. 14-23).

GRÁFICA DE CONTROL DE CALIDAD NÚMERO RG-

PRODUCTO Equipos de medición MES Noviembre

INSPECCIÓN Final CARACTERÍSTICA Armado

PORCENTAJE DEFECTUOSO

Fecha	Inspc.	Defec.	%
OCT. 30	228	13	5.9
31	145	13	8.9
NOV. 1	186	13	7.0
2	196	13	6.6
3	144	9	6.3
4	144	12	8.3
Sem.	1043	73	7.0
NOV. 6	157	14	8.9
7	-	-	-
9	172	11	6.4
10	137	8	5.8
11	132	12	9.1
Sem.	598	45	7.5
NOV. 13	146	13	8.9
14	141	14	9.9
15	211	19	9.0
16	167	18	10.8
17	199	18	9.0
18	148	15	10.1
Sem.	1012	97	9.5
NOV. 20	152	13	8.6
21	141	11	7.8
22	206	15	7.3
23	193	9	4.7
24	180	10	5.6
25	198	10	5.0
Sem.	1070	68	6.4
NOV. 27	190	13	6.8
28	240	19	7.9
29	150	12	8.0
30	179	14	8.0
DIC. 1	180	7	4.0
2	189	12	6.5
Sem.	1128	77	6.8

0 1 2 3 4 5 6 7 8 9 10

Sem.1	1043	73	7.0
Sem.2	598	45	7.5
Sem.3	1012	97	9.5
Sem.4	1070	68	6.4
Sem.5	1128	77	6.8

Mes	4851	360	7.4

Fig. 14-21

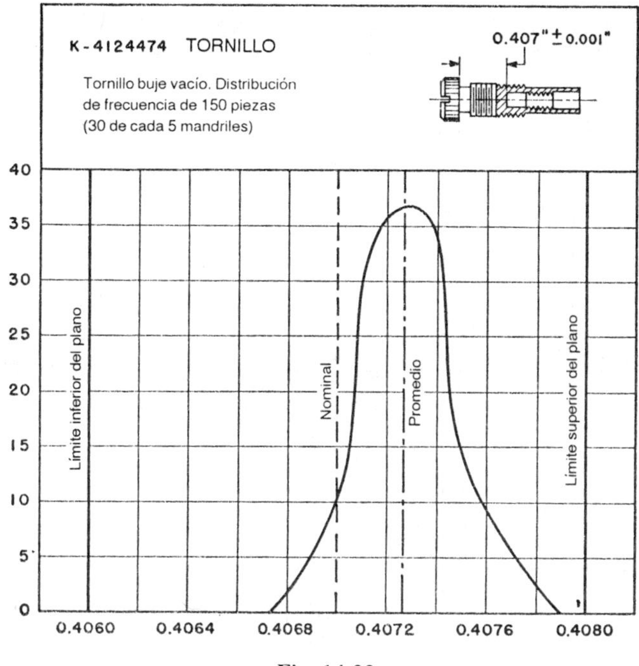

Fig. 14-22

14.29 Gráficas por variables para control del material recibido[19]

En la sección de troqueladoras de una gran factoría, se realizó un procedimiento efectivo para la aceptación de las láminas de acero, utilizando las gráficas de control por variables. Se calcularon los límites de control para los promedios y para las amplitudes de estas láminas de acero. Cada lote de láminas se muestreó en el momento de ser recibido del proveedor y los resultados de las muestras se compararon con los límites de control resultantes.

Las dificultades que se habían experimentado anteriormente, durante el periodo de aceptación de algunos lotes insatisfatorios, se eliminaron con el empleo de esta gráfica. La Fig. 14-24 da una idea del tipo de gráficas de control que se pueden emplear en estos casos.

14.30 Hoja numérica de control de producción en un torno de roscar[20]

La Fig. 14-25 representa un tipo de hoja de control sin la representación gráfica, la cual se empleó con efectividad en una factoría de tornos de roscar. Esta hoja se usó en conexión con una patrulla de inspección. Los resultados, verificados por el operador y el inspector de la patrulla en cada máquina, se registraron en la hoja, la cual se colocó sobre la propia máquina.

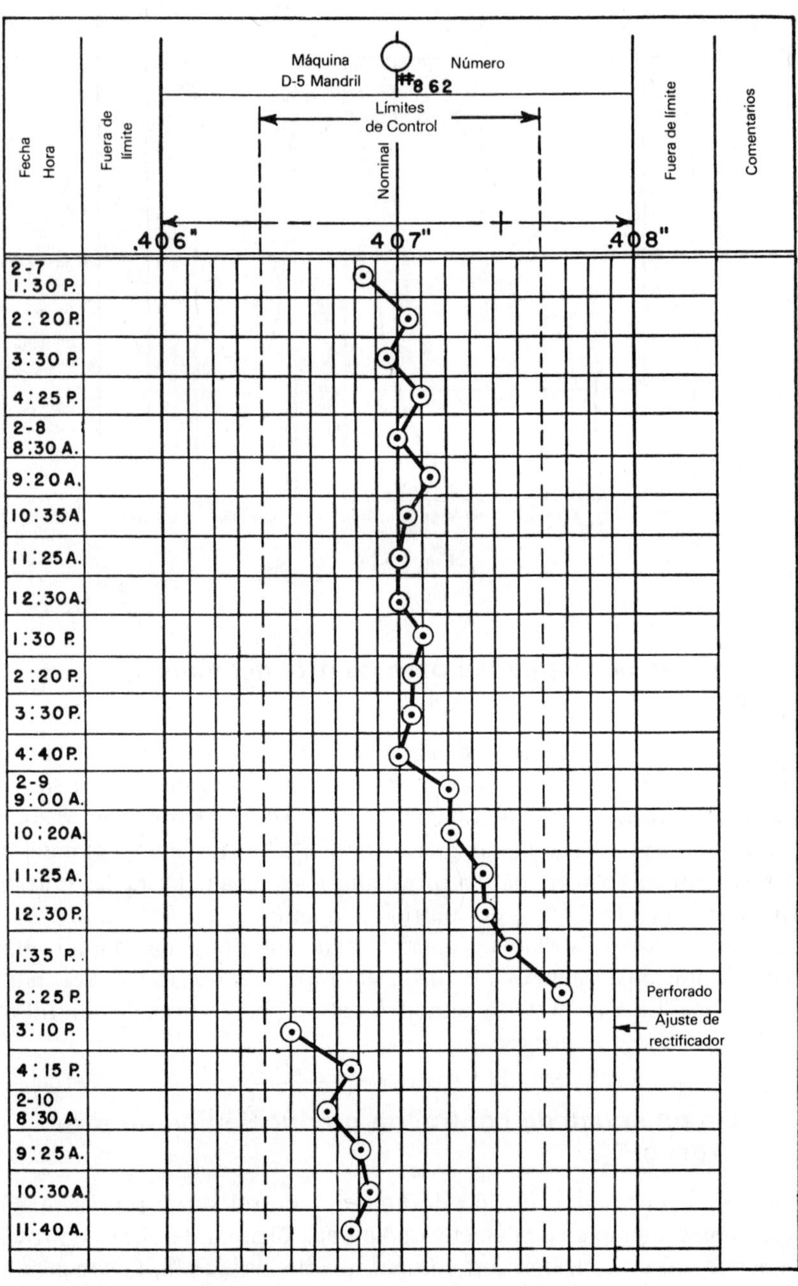

Fecha
Hora
Fuera de límite
Máquina
D-5 Mandril
Número
#862
Límites de Control
Nominal
Fuera de límite
Comentarios
.406"
407"
.408"
2-7
1:30 P.
2:20 P.
3:30 P.
4:25 P.
2-8
8:30 A.
9:20 A.
10:35 A
11:25 A.
12:30 A.
1:30 P.
2:20 P.
3:30 P.
4:40 P.
2-9
9:00 A.
10:20 A.
11:25 A.
12:30 P.
1:35 P.
2:25 P.
3:10 P.
4:15 P.
2-10
8:30 A.
9:25 A.
10:30 A.
11:40 A.
Perforado
Ajuste de rectificador

Fig. 14-23

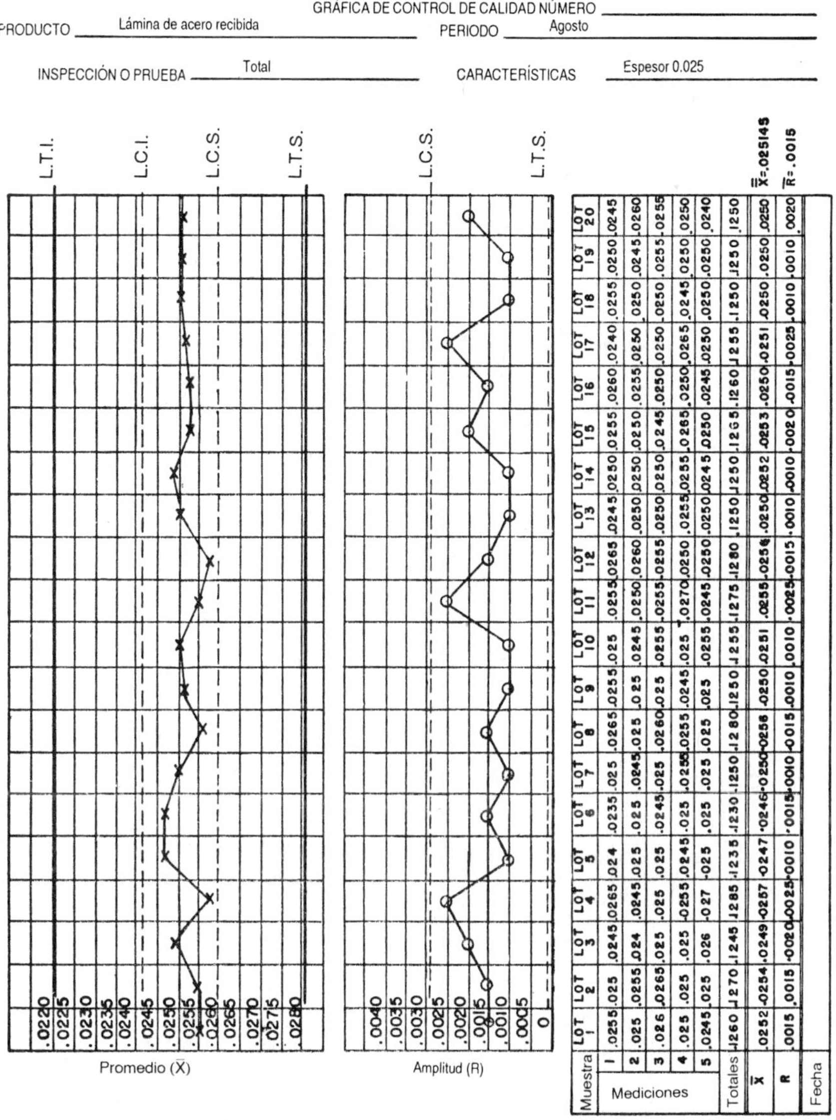

Fig. 14-24

Durante el periodo en que se aplicó esta hoja, se obtuvo una reducción considerable de piezas rechazadas. Su extrema simplicidad fue de mucha utilidad en el taller, puesto que únicamente se tenía que verificar, tanto por el inspector como por el operador de la máquina, la clasificación de "Alta", "Correcta" o "Baja".

La sensibilidad de esta hoja de control queda limitada a la detección de pequeños cambios en el promedio. En efectiva principalmente para descubrir operaciones que producen un gran porcentaje de piezas defectuosas.

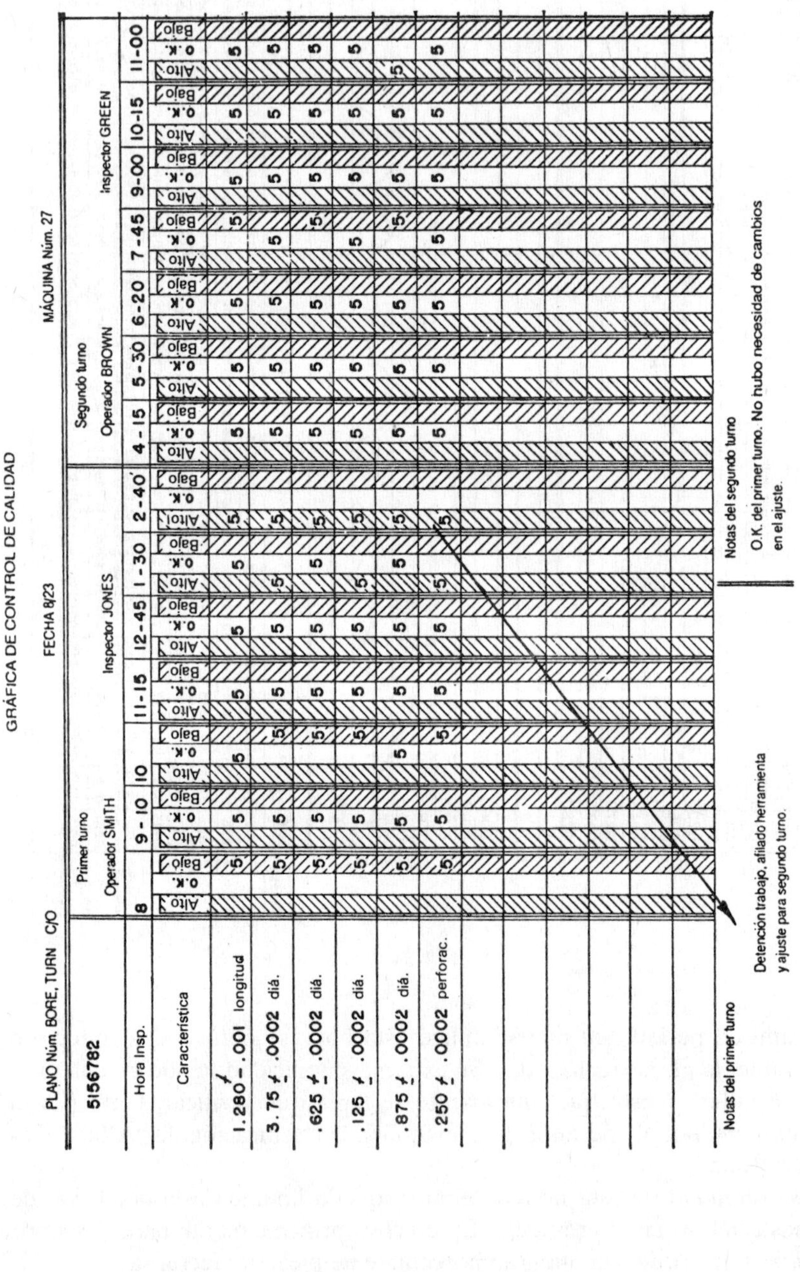

GRÁFICA DE CONTROL DE CALIDAD

PLANO Núm. BORE, TURN C/O — FECHA 8/23 — MÁQUINA Núm. 27

5156782 — Primer turno: Operador SMITH, Inspector JONES — Segundo turno: Operador BROWN, Inspector GREEN

Hora Insp.	8			9-10			10			11-15			12-45			1-30			2-40			4-15			5-30			6-20			7-45			9-00			10-15			11-00		
Característica	Alto	O.K.	Bajo	Alto	O.K.	Bajo	Alto	O.K.	Bajo	Alto	O.K.	Bajo	Alto	O.K.	Bajo	Alto	O.K.	Bajo	Alto	O.K.	Bajo	Alto	O.K.	Bajo	Alto	O.K.	Bajo	Alto	O.K.	Bajo	Alto	O.K.	Bajo	Alto	O.K.	Bajo	Alto	O.K.	Bajo	Alto	O.K.	Bajo
1.280 $\pm$ .001 longitud			5		5			5			5			5			5		5				5			5			5				5		5			5			5	
3.75 $\pm$ .0002 diá.			5		5				5		5			5		5			5				5			5			5			5			5			5			5	
.625 $\pm$ .0002 diá.			5		5				5		5			5			5		5				5			5			5				5		5			5			5	
.125 $\pm$ .0002 diá.			5		5				5		5			5		5			5				5			5			5			5			5			5			5	
.875 $\pm$ .0002 diá.			5		5			5			5			5			5		5				5			5			5				5		5			5		5		
.250 $\pm$ .0002 perforac.			5		5				5		5			5		5			5				5			5			5			5			5			5			5	

Notas del primer turno: Detención trabajo, afilado herramienta y ajuste para segundo turno.

Notas del segundo turno: O.K. del primer turno. No hubo necesidad de cambios en el ajuste.

Fig. 14-25

14.31 Gráfica de control por variables para estudiar el desgaste de la herramienta[21]

La Fig. 14-26 presenta una gráfica de control por variables que muestra la representación efectiva del desgaste de la herramienta. Esta gráfica se empleó con resultados muy satisfactorios en un taller de máquinas.

Esta gráfica, de control para los promedios, se utilizó para analizar el desgaste de la herramienta en una operación de corte y punzonado. Proporciona

GRÁFICA DE CONTROL DE CALIDAD NÚMERO ________

PRODUCTO PRO. BLANK ________ PERIODO 8/28/ ________

INSPECCIÓN O PRUEBA ________ CARACTERÍSTICA Hueco de .025 ± .003

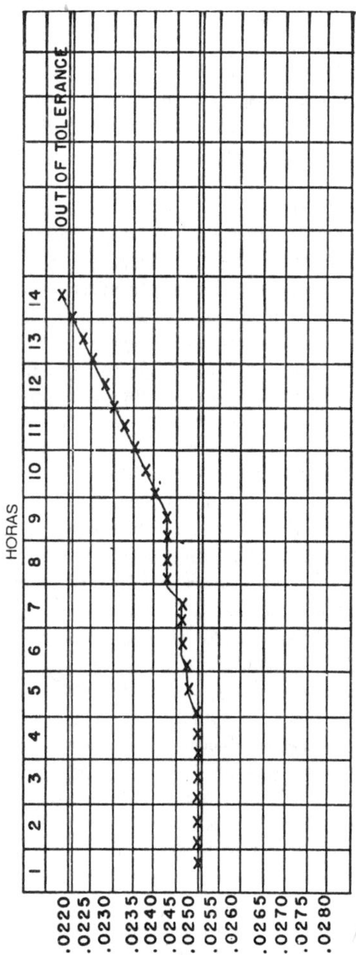

Fig. 14-26

datos que son de utilidad no sólo para los propósitos de la patrulla de inspección, sino también para el taller de herramientas y para el diseñador, a fin de que pueda proyectar sus futuros punzones y matrices.

Más detalles acerca de la aplicación práctica de la gráfica de control como una herramienta de control de la calidad está en la Parte Seis de esta obra, bajo el título "Aplicación del control de calidad total en la compañía".

Notas

[1] En la literatura estadística de las gráficas de control, se consideran las causas de este tipo como *variación no asignable.*

[2] En la literatura de las gráficas de control, se consideran a las variaciones de esta clase como *variaciones asignables.*

[3]Véase en la Sec. 12.18 cómo se puede reducir el desperdicio en los casos en que se presente esta condición.

[4] Las gráficas de control siguen desarrollándose para nuevas aplicaciones, así como para situaciones particulares, como el control de datos cíclico y el control multivariado y multicaracterístico. Para un tratado, ver R. A. Freund, "A Reconsideration of the Variable Control Chart", *Industrial Quality Control,* Vol. XVI, Núm. 11, 1960; Eric E. Johnson y Richard W. Counts, "Cyclic Data Control Charts", *Journal of Quality Technology*, Vol. 11, Núm 1, enero, 1979, Págs. 1-12; e Isaac N. Gibra, "Recent Developments in Control Chart Techniques", *Journal of Quality Technology,* Vol. 7, Núm. 4, octubre, 1975, Págs. 183-192.

[5] Se supone que la forma general de la distribución de frecuencia no varía significativamente. Además, la experimentación ha mostrado diferencias clásicamente encontradas en estas formas, que no afectan mucho los valores calculados para muestras de hasta $n = 10$. Por ejemplo, ver Inving M. Burr, *Statistical Quality Control Methods,* Mercel Dekker, Inc., New York, 1976. Pág. 105.

[6] El uso del valor 3-sigma quedó establecido básicamente en el trabajo del Dr. Shewhart. Su primera justificación fue totalmente empírica y pragmática. Sin embargo, también había sólidas bases estadísticas para esto. Ver, para el trabajo clásico, W. A. Shewhart, *Economic Control of Quality Manufactured Product,* D. Van Nostrand Company, Inc., New York, 1931.

[7] El lector interesado en el desarrollo de estos constantes de las gráficas de control puede revisar Burr, *op. cit.,* Págs. 97-101.

[8] En ciertos tipos de situaciones de producción en donde pueden no estar presentes datos de normalidad, pueden resultar errores del análisis de los datos. En estos casos, ver R. A. Johnson y M. Bagshaw. "The Effect of Serial Correlation on the Performance of Cusum Tests", *Technometrics,* Vol. 16, Núm. 1, febrero, 1974 y Vol. 17, Núm. 1, febrero 1975; A. P. Stamboulis, "First Order Autoregressive Model Applied to Quality Control", New York University memorandum, 1971; van Dobben de Bruyn, *Cumulative Sum Tests: Theory and Practice,* Hafner, New York, 1968; y Athanasios V. Vasilopoulos y A. P. Stamboulis, "Modification of Control Chart in the Presence of Data Correlation", *Journal of Quality Technology*, Vol. 10, Núm. 1, enero, 1978.

[9] Estas decisiones se basarán en las circunstancias particulares de cada caso. ¿Sería de tal importancia la exactitud que se alcanzara al repetir el procedimiento de muestreo "separando" las muestras no representativas, que justificara el aumento de tiempo y de esfuerzo necesario que se requiriría? Para mayor discusión de algunos factores económicos ver, A. J. Duncan, "The Economic Design of $\overline{X}$-Charts When There Is a Multiplicity of Assignable Causes", *Journal of the American Statistical Association,* Vol. 66, Núm. 333, marzo, 1971, Págs. 107-121; Douglas C. Montgomery, "The Economic Design of Control Charts: A Review y Literature", *Journal of Quality Technology,* Vol. 12, Núm. 2, abril 1980, Págs. 75-87; y W. K. Chiu y G. B. Wetherill, "A Simplified Sheme for the economic Design of $\overline{X}$-Charts", *Journal of Quality Technology,* Vol. 6, Núm. 2, abril 1974, Págs. 63-69.

[10] Para discusión ver Elaine M. Rainey, "Warning Limits for Shewhart Control Charts", *Quality Progress*, Vol. XIII, Núm. 6, junio 1980, Págs. 34-36.

[11] La Sec. 20.18 discute el uso de los estudios de la capacidad de proceso.

[12] Para mayor discusión, ver Raymond F. Woods, "Effective Economic Quality Through the Use of Acceptance Control Charts", *Journal of Quality Technology*, Vol. 8, Núm. 2, abril, 1976, Págs. 81-85.
[13] Las Figs. 14-14 y 14-15 están tomadas de las Figs. 1 y 2 de "Definitions, Symbols, Formula and Tables for Control Charts", *ANSI/ASQC Al-1978,* Pág. 19, American Society for Quality Control, Milwaukee, Wisconsin.
[14] Para mayor discusión de esta forma de gráfica de control, ver Burr, *op. cit.,* Págs. 157-160.
[15] Para discusión ver N. L. Johnson y F. C. Leone, *Statistics y Experimental Design in Engineering and the Physical Sciences,* Vol. I, John Wiley & Sons, Inc., New York, 1964; A. J. Ducan, *Quality Control y Industrial Statistic,* 3a. ed., Richard D. Irwin, Inc., Homewood, III., 1965; y A. F. Bissel, "Cusum Techniques for Quality Control", *Journal of the Royal Statistical Society,* ser, C, Vol. 18, Núm. 1, 1969, Págs. 1-30.
[16] Una importante contribución a esta mejoría en la precisión de la terminología es "Definitions, Symbols, Formulas y Tables for Control Charts", *ANSI/ASQC Al-1978,* American Society for Quality Control, Milwaukee, Wisconsin. Este documento fue preparado por el siguiente comité: Richard A. Freund, Chairman; Thomas W. Calvin, John W. Foster, John D. Hromi, J. Stuart Hunter, Norman L. Johnson, Jack V. Lavery, William M. Mead, Harrison M. Wadsworth, Jr. Varias definiciones en este capítulo y libro de acuerdo con este documento.
[17] Para la discusión clásica de una gráfica de control así, ver H. F. Dodge, "A Method of Rating Manufactured Product", *Bell System Technical Journal,* Vol. 7, abril, 1928, Págs. 350-358.
[18] Tomada de un trabajo sin publicar por M. D. Benedict, Boston, Mass.
[19] De un análisis hecho por A. L. Fuller, Schenectady, N. Y.
[20] Hoja desarrollada por N. G. Wickstrom, F. Helms y J. Boyd, Schenectady, N. Y.
[21] De un estudio por A. L. Fuller, Schenectady, N. Y.

CAPÍTULO 15
Tablas de muestreo

En toda planta industrial se adquieren de fuentes externas algunas de las materias primas y partes componentes. Los proveedores pueden ser otras compañías u otras plantas de la misma compañía. En el caso de empresas de gran tamaño, una división de la planta puede considerar la producción de otra división de la misma planta como un proveedor externo.

El mayor problema para una factoría ha sido la comprobación de la calidad satisfactoria de estos materiales que provienen de fuera. Algunos de los medios para obtener esta seguridad han sido: la inspección 100%; el muestreo de los lotes bajo una base arbitraria (en términos comunes, el *chequeo arbitrario*); aceptar los certificados de inspección presentados por los proveedores en lugar de verificar el examen del lote; y, en algunas ocasiones, recibir el material sin inspección, hasta que las dificultades en sus líneas de producción con ese material, reclamen una inspección.

Un enfoque más efectivo a este problema es el empleo de tablas estadísticas para muestreo de aceptación. Estas tablas han sustituido a casi todos los procedimientos antiguos, constituyendo el alma del control de la fábrica para la aceptación de las piezas o de materia prima.

Estas tablas también tienen amplia aplicación de las inspecciones finales o en las pruebas para asegurarse de que las remesas a los consumidores tienen la calidad deseada. Los servicios gubernamentales que mantienen equipos de inspección en diferentes plantas industriales, hacen obligatorio el uso de estas tablas, como base para la aceptación de los lotes de piezas y conjuntos armados que se producen para el gobierno.

Una necesidad un poco diferente, pero igualmente importante, para poder disponer de tablas de muestreo efectivo, se refiere al control de las piezas o conjuntos armados, durante su proceso en la fábrica. Para el examen periódico de las piezas, las patrullas o inspectores ambulantes del taller, muy frecuentemente se guiaban por procedimientos de acertar o errar.

Para satisfacer esta necesidad se han desarrollado las tablas estadísticas de muestreo para control del proceso. Desde luego que han sido de mucha utilidad en aquellos casos en que no se puede realizar con efectividad la aplicación de las gráficas de control.

En este capítulo, se hace el examen de las tablas de muestreo para la aceptación, y para el muestreo durante el control del proceso.

Concepto de las tablas para muestreo de aceptación

15.1 Muestreo de aceptación

En el diccionario Webster, se define una muestra como "una porción ... que se toma para evidenciar la calidad del conjunto". Por lo expuesto en los dos capítulos, el 13 y el 14, se deduce que las muestras y los métodos seguidos por el muestreo, son la piedra angular estadística empleada en el control de calidad.

Por definición:

> El muestreo de aceptación es la inspección por muestras en la que se toma la decisión de aceptar o no un producto o servicio; también la metodología que trata de los procedimientos por los que las decisiones de aceptar o no se basan sobre los resultados de la inspección de las muestras.

Las tablas estadísticas de muestreo, son otra de las adaptaciones de la teoría de las probabilidades, que se mencionó en los Caps. 13 y 14. Es posible "tomar una porción como evidencia de la calidad del conjunto" por una sencilla razón. La variación, que es inevitable en las piezas manufacturadas, sigue por lo general la misma forma básica en todas las unidades que provienen del mismo origen de manufactura. Para determinar esta forma, no será necesario examinar todas las unidades que provienen de ese origen; su distribución se puede establecer perfectamente después del examen de sólo *un cierto número* de unidades, en otras palabras, por medio del muestreo. Las tablas estadísticas de muestreo consisten en una serie de modelos o planes de muestreo, cada uno destinado a satisfacer diferentes objetivos de la inspección.

El muestreo se puede verificar por el procedimiento de pasa/no-pasa (o atributos), o sea, determinar si las unidades en las muestran cumplen con los requisitos de las especificaciones. También se puede efectuar el examen de las muestras por el sistema de mediciones (por variables), es decir, midiendo la característica de la calidad en cada una de las unidades de la muestra.

Un plan de muestreo de aceptación se puede definir como:

> Un plan específico que determina el tamaño o tamaños de muestra a ser utilizados, y el criterio asociado de aceptación o rechazo.

La primera parte de esta exposición se concreta a la aceptación pasa/no-pasa. Puesto que la mayor parte de las inspecciones para la aceptación se efectúan bajo este sistema, el más común de los tipos de tablas de muestreo para aceptación se ha diseñado para datos pasa/no-pasa. En la segunda parte será tratado el muestreo de aceptación por variables, Sec. 15.20 a 15.22.

15.2 ¿Por qué el muestreo para aceptación?

Cuando la aceptación del material o las piezas que se reciben, se basa en una inspección en la fábrica receptora, se puede emplear una inspección 100%, o bien una inspección por muestreo. De estos dos métodos, la inspección 100% siempre llevará la ventaja sobre el muestreo; únicamente por medio de un escrupuloso examen de cada una de las piezas —no de una muestra— se puede tener la completa seguridad de que todas las piezas o materiales defectuosos, se han eliminado del lote.

Sin embargo, existen varios aspectos en la inspección 100% que la hacen indeseable, al compararse con un muestreo efectivo, conducido sobre bases estadísticas. Entre los aspectos contrarios se tienen:

1. *Es demasiado costosa*. Se necesita verificar cada una de las piezas.
2. *Puede dar lugar a una falsa seguridad sobre la perfección del trabajo de inspección*. El simple enunciado de "se requiere una inspección 100%" se considera a veces como información suficiente para reclamar un completo y riguroso trabajo de inspección. La inspección 100% muy rara vez es una inspección completa de *todas* las características de la pieza, pues se reduce únicamente al examen de determinadas características. La sola declaración de "se requiere una inspección 100%", puede dejar la selección de las características por examinar en manos de individuos que no estén familiarizados con aquellas características que sean críticas e importantes.
3. *Se trata sólo de una separación*. En esencia, la inspección 100%, significa la separación de las piezas malas de las buenas. Este procedimiento es sólo una comprobación de lo que ha pasado y que puede ser ajeno para el enfoque preventivo del control total de la calidad. Bajo diferentes tipos de condiciones de fabricación, la selección 100% puede ser un recurso que se deba emplear únicamente cuando falle un procedimiento de control y no como un elemento de rutina para la factoría.
4. *Puede dar lugar a la aceptación de material defectuoso*. En un gran número de verificaciones independientes sobre la confianza en una inspección 100% para separar *todos* los elementos malos de los buenos, sólo ha quedado una considerable duda sobre su completa efectividad en cada caso. Cuando el porcentaje defectuoso de los lotes presentados es muy bajo, la monotonía de operaciones repetidas de inspección da lugar automáticamente a la aceptación de algunas piezas defectuosas. Si el porcentaje defectuoso es muy alto, la falta de cuidado o la falta de destreza en el manejo de los aparatos de medición puede dar lugar a la aceptación de un gran número de piezas defectuosas.
5. *Se puede rechazar material satisfactorio*. Ciertos operadores en la inspección 100% podrán creer que no están haciendo un trabajo satisfactorio ante los ojos de sus supervisores hasta que no hayan rechazado algunas piezas. Esto

puede dar lugar a una exagerada interpretación de las especificaciones y al rechazo de material satisfactorio.

6. *Puede ser impracticable.* Hay ocasiones en que se requieren pruebas destructivas y, por lo tanto, es imposible una inspección 100%.

En contraste con estas desventajas de la inspección 100%, un procedimiento prudente de muestreo puede ser relativamente barato. Si las condiciones permiten efectuar un muestreo, las consideraciones sobre los costos podrán permitir que un determinado porcentaje de piezas defectuosas queden dentro del lote, hasta su llegada a la estación de montaje, donde los operarios tienen que separar aquellas piezas que no ajustan al ser ensambladas.

Por medio del muestreo, se puede obtener una reducción considerable de la monotonía de la operación de inspección. El problema de si deben o no aceptar un lote, basándose en el examen de las muestras tomadas, es un asunto de interés considerable para los inspectores.

Por muchas circunstancias, el muestreo puede tener una efectividad comparable, o tal vez mejor, que una inspección 100% bien efectuada. Las instrucciones de: "Se requiere un muestreo", no dan la idea de exactitud automática que acompaña a veces a las instrucciones de: "Requiere una inspección 100%". Como resultado de esto, el muestreo únicamente fuerza la especificación de aquellas características que *sean* críticas y de aquellas tolerancias dimensionales que *deben* satisfacerse.

Es obvio que en el caso de tratarse de pruebas destructivas, únicamente será posible el muestreo. Los procedimientos de muestreo que se han desarrollado para estas pruebas destructivas, han alcanzado gran éxito y efectividad.

Muy a menudo, el muestreo tiende a una administración más eficiente por parte del grupo de inspectores, que la que se pueda obtener en la inspección 100%. La reducción material de trabajo que se obtiene por el muestreo, en comparación con la inspección 100%, puede permitir un tiempo adicional para una inspección más garantizada y para formar un registro más eficiente. Puesto que la inspección por muestreo es casi como un juego para el personal de inspectores, la forma de conservar sus registros se puede transformar en una "conservación de la puntuación", más bien que una tarea considerada monótona.

15.3 Antiguas formas de muestreo para aceptación

Muchas de las ventajas del muestreo sobre la inspección 100%, ya se habían reconocido desde tiempo atrás. En consecuencia, el muestreo se ha practicado en la industria mucho antes de que hicieran resaltar sus ventajas por medio de las tablas estadísticas de muestreo.

Algunos de los procedimientos antiguos de muestreo, fueron relativamente mal concebidos y un tanto improvisados, por lo que no lograron presentar los resultados ventajosos sobre la inspección 100% que se mencionaron en la Sec. 15.2. La frase generalmente aplicable a estos procedimientos de acertar o errar, es la de "comprobación arbitraria".

En algunas plantas esta comprobación arbitraria corresponde a un procedimiento bien definido y organizado, para hacer el examen de un determinado porcentaje de piezas de los lotes recibidos. En otras plantas, representa el examen ocasional de unas cuantas piezas de las cajas de empaque que más fácilmente se puedan alcanzar o abrir. Pero aún más, en otras plantas, la comprobación arbitraria ha resultado, en último análisis, un examen somero para determinar si la cantidad en el lote corresponde a la cantidad facturada por el proveedor.

Cuando, como resultado de esas prácticas viciosas, un material malo causa dificultades sobre la calidad en las líneas de producción, la cantidad de inspección se puede incrementar temporalmente. Este aumento en la inspección sólo constituye un paso para comprobar lo que ha pasado y no ayuda a prevenir la producción de trabajo defectuoso.

El número de piezas o la cantidad de material que se inspeccionaba y el tamaño del lote que se debería de muestrear, generalmente se determinaban en forma arbitraria en este procedimiento. Ocasionalmente se verificaban demasiadas piezas, lo cual resultaba muy costoso. En otras ocasiones se examinaban muy pocas piezas, lo cual daba lugar a que se pasara material defectuoso a la línea de producción.

Por lo general, muy poca atención se dedicaba al riesgo de la variación en el muestreo (ver Sec. 13.18), asociado con el procedimiento particular empleado para la elección de la muestra en forma arbitraria. Tampoco había un conocimiento concreto sobre la "meta" a la cual debía de tender la calidad.

Otra particularidad de la elección arbitraria de muestras era la falta de acuerdo sobre el procedimiento de aceptación o de rechazo. Si se presentaban algunas piezas defectuosas, no existía una especificación definida de cómo disponer del lote.

Durante una semana, esta elección arbitraria de muestras del lote recibido, podría dar cinco piezas defectuosas y el lote se rechazaba. Unas semanas después, al tomar una muestra arbitraria en un material similar, se podrían encontrar seis defectuosas y el lote era aceptado en el taller. Estas inconsistencias en el procedimiento, traen resultados inevitables de fricción entre proveedor y comprador, desigual calidad de las piezas y material que se dejan pasar al taller de manufactura, y una tirantez entre los inspectores que reciben el material y los supervisores del taller de manufactura.

15.4 Ejemplo de un procedimiento de muestreo arbitrario

El procedimiento de verificación arbitraria, se presenta cuando se estipula que una muestra de un determinado porcentaje de piezas del lote, tiene que ser examinada. Resulta de mucho interés investigar la efectividad de un programa de esta naturaleza. Las instrucciones de la inspección en una factoría, describen su plan como sigue: "Bajo el procedimiento de pasa/no-pasa, se deberá de examinar el diez por ciento de las piezas de un lote. Serán aceptados únicamente aquellos lotes representados por muestras que no contengan ningún defectuoso".

A primera vista, parece que ofrece un alto grado de protección la norma de aceptabilidad de este plan. Sin embargo, veamos la efectividad de dicho plan[1].

En lugar de considerar para nuestro análisis, algunas piezas manufacturadas o materiales como componentes del lote por examinar, emplearemos un paquete de naipes americano, compuesto por 52 cartas pero del cual se han retirado dos. Por tanto, el lote está formado por 50 cartas.

Supongamos que las dos figuras de sotas que sólo representan un ojo, se consideren como piezas defectuosas. Por tanto, se tendrá 2/50, o sea el 4% de defectuosas en el lote.

Una muestra del 10% del tamaño del lote, será de cinco cartas. Esta muestra del lote es equivalente, por tanto, a una mano de póquer, o sean cinco cartas.

Para determinar la efectividad de este plan arbitrario, supongamos que se procede en la siguiente forma: Se distribuye una mano de cinco cartas del paquete. Se examina para ver si contiene la figura de una sota con un ojo. A continuación, se regresan las cinco cartas al paquete, el cual se baraja muy bien. Este procedimiento se repite por 19 veces más a fin de tener la representación de muestras arbitrarias del 10% en 20 lotes sucesivos de cartas formados por 50 piezas.

Durante el entrenamiento en los cursos de control de calidad, los estudiantes hacen esta clase de comprobaciones muy frecuentemente. En ocasiones han encontrado una sota con un ojo en tres manos de cada 20, en otras ocasiones, en cinco manos de cada 20 y en otras, cuatro veces de cada 20. Se ha determinado que sobre la base de este plan, de 75 a 85% de los lotes sometidos a inspección, se deben aceptar, con un contenido del 4% de defectuosos.

El cálculo de probabilidades, bajo estas condiciones del 10% arbitrario, demuestra que, en la mejor de las condiciones, con este plan se aceptará el 80% de los lotes presentados con un 4% de defectuosos. Por regla general, 16 manos de póquer por cada 20, no contendrán la figura de la sota con un ojo, una solución que no causa sorpresa a los estudiantes de los cursos de control de calidad.

La Fig. 15-1 representa la curva trazada de acuerdo con el cálculo de probabilidades, al analizar este plan de muestreo. El tamaño de la muestra (número de cartas repartidas en cada mano), se inscribe en el eje horizontal; la probabilidad de aceptación del lote con el 4% de defectuosos, se anota en el eje vertical.

De la Fig. 15-1 se puede deducir que se requiere un tamaño de muestra, o "mano", de 34 cartas si, por ejemplo, se desea que el 10% de las veces se corra el riesgo de aceptar paquetes de cartas con el 4% de defectuosos. Este tamaño de muestra de 34 cartas está en alarmante contraste con el tamaño de muestra de 5 cartas propuesto en el plan del 10% del tamaño del lote para la muestra.

Existen otros aspectos de este plan arbitrario que lo hacen indeseable. No hay coherencia sobre la meta de la calidad a la que esté orientado este plan. ¿Será satisfactorio aceptar lotes que contengan el 4% de defectuosos? En tal caso, ¿cuál es el riesgo que se corre de poder aceptar ocasionalmente un lote con más del 4% de defectuosos? En caso contrario, ¿qué meta se debe establecer para la calidad? Este plan de muestreo no tiene la respuesta a las preguntas anteriores.

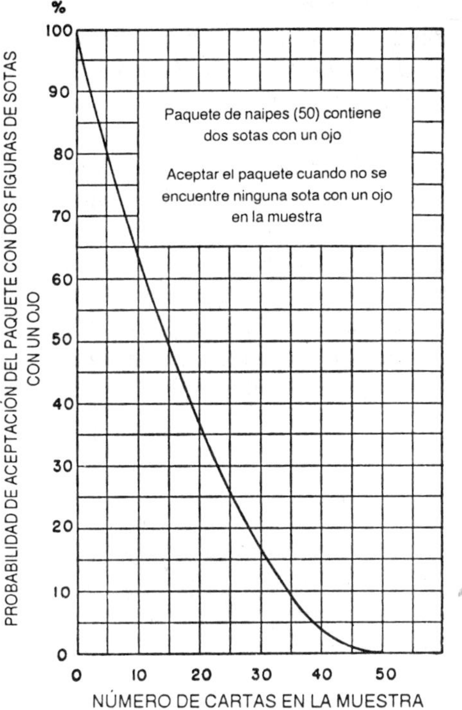

Fig. 15-1

Además, este plan no establece un procedimiento organizado sobre la disposición de los paquetes de naipes, cuyas muestras tomadas de ellos, presenten uno defectuoso. Únicamente especifica que los lotes cuyas muestras *no* presenten defectuosos se deben aceptar. No establece nada respecto al plan de acción por tomar cuando uno o más defectuosos se encuentren en la muestra. ¿Se rechaza el lote del cual se tomó esa muestra? ¿Se toma otra muestra del mismo lote? ¿Se requiere una inspección 100% de ese lote? Tampoco se obtienen respuestas a las importantes preguntas anteriores.

Existe un aspecto más en este plan del 10% para tamaño de muestra, que lo hace más insatisfactorio en la práctica, y que no ha quedado indicado en las limitaciones anteriores. Se trata de la protección que pueda proporcionar este muestreo arbitrario, la cual variará con el tamaño de los lotes que se presenten. Como consecuencia, este plan atribuye engañosamente una seguridad para la calidad que nunca podrá ser satisfecha.

Supongamos ahora que, bajo el mismo plan de muestreo presentado anteriormente, se continúa la inspección, pero que los lotes presentados a inspección contienen 1000 unidades en lugar de las 50 anteriores. Un análisis de la protección que ofrece este plan de muestreo, bajo estas nuevas condiciones, se aparta completamente de la cifra que presentó el plan cuando el lote estaba formado por 50 piezas. En lugar del 80% de aceptabilidad de los lotes que contengan un 4% de defectuosos, en este caso se obtiene únicamente de un 3 a un 4% de aceptabilidad de los lotes presentados.

Bajo las condiciones normales de una fábrica, es inevitable que los lotes de piezas idénticas o de materiales que se reciban, sean de un tamaño muy variable. Este margen para los tamaños podría ser desde 50 hasta 1000 unidades.

La meta de la calidad que se requiere en el taller para este material, es obvio que tiene que ser independiente del tamaño de los lotes en las diferentes remisiones por parte del proveedor. Sin embargo, la protección ofrecida por un muestreo arbitrario del 10%, depende íntimamente del tamaño de los lotes: mientras mayor sea el tamaño de los lotes, mayor será esa protección. La razón de lo anterior quedó expuesta en el Sec. 13.19, o sea que, la efectividad de una muestra depende esencialmente de su tamaño, más bien que de la relación entre el tamaño de la muestra al tamaño del lote del cual se ha tomado.

15.5 Características de las tablas de muestreo estadístico

Es completamente evidente que los beneficios potenciales del muestreo, comparados con la inspección 100%, no se obtendrán con un muestreo arbitrario como el analizado anteriormente. La necesidad en la industria de métodos más efectivos de muestreo se ha visto satisfecha con la presentación de las modernas tablas estadísticas de muestreo para aceptación.

En contraste con la falta de confianza y la ambigüedad del muestreo arbitrario, los procedimientos modernos estadísticos de muestreo, son específicos y aseguran confianza. Están basados en los principios bien definidos del cálculo de probabilidades, los cuales se han traducido a gráficas y fórmulas disponibles para poderse emplear en el trazado de planes de muestreo individuales a fin de llenar necesidades de las condiciones particulares de cada factoría.

Uno de los más importantes pasos en el desarrollo del muestreo estadístico, ha sido la consolidación en forma de tablas de muestreo de aceptación, de determinados planes particulares de muestreo. La Fig. 15-2 da una idea de la estructura de dichas tablas.[2]

En contraste con los planes superficiales de muestreo arbitrario, las tablas representan una forma disciplinada para la ejecución del muestreo con relación a la confianza en el procedimiento, en el manejo de los lotes y en los costos relativos. Esta doctrina de muestreo de aceptación se basa en cinco principios definidos de las tablas. En éstas se tiene:

1. Especificación de los datos del muestreo.
2. Protección que proporcionan.
3. Terminología del procedimiento.
4. Procedimiento para disponer del lote.
5. Costos requeridos.

Cada uno de estos puntos se trata a continuación.

TAMAÑO DE LOTE	TAMAÑO DE MUESTRA	NIVELES ACEPTABLES DE CALIDAD (INSPECCIÓN NORMAL)															
		0.010	0.015	0.025	0.040	0.065	0.10	0.15	0.25	0.40	0.65	1.0	1.5	2.5	4.0	6.5	10
		Ac Re	Ac Re	Ac Re	Ac Re	Ac Re	Ac Re	Ac Re	Ac Re	Ac Re	Ac Re	Ac Re	Ac Re	Ac Re	Ac Re	Ac Re	Ac Re
2-8	2	↓	↓	↓	↓	↓	↓	↓	↓	↓	↓	↓	↓	↓	↓	0 1	↓
9-15	3	↓	↓	↓	↓	↓	↓	↓	↓	↓	↓	↓	↓	↓	0 1	↑	↓
16-25	5	↓	↓	↓	↓	↓	↓	↓	↓	↓	↓	↓	↓	0 1	↑	↓	1 2
26-50	8	↓	↓	↓	↓	↓	↓	↓	↓	↓	↓	↓	0 1	↑	↓	1 2	2 3
51-90	13	↓	↓	↓	↓	↓	↓	↓	↓	↓	↓	0 1	↑	↓	1 2	2 3	3 4
91-150	20	↓	↓	↓	↓	↓	↓	↓	↓	↓	0 1	↑	↓	1 2	2 3	3 4	5 6
151-280	32	↓	↓	↓	↓	↓	↓	↓	↓	0 1	↑	↓	1 2	2 3	3 4	5 6	7 8
281-500	50	↓	↓	↓	↓	↓	↓	↓	0 1	↑	↓	1 2	2 3	3 4	5 6	7 8	10 11
501-1200	80	↓	↓	↓	↓	↓	↓	0 1	↑	↓	1 2	2 3	3 4	5 6	7 8	10 11	14 15
1201-3200	125	↓	↓	↓	↓	↓	0 1	↑	↓	1 2	2 3	3 4	5 6	7 8	10 11	14 15	21 22
3201-10000	200	↓	↓	↓	↓	0 1	↑	↓	1 2	2 3	3 4	5 6	7 8	10 11	14 15	21 22	↑
10001-35000	315	↓	↓	↓	0 1	↑	↓	1 2	2 3	3 4	5 6	7 8	10 11	14 15	21 22	↑	↑
35001-150000	500	↓	↓	0 1	↑	↓	1 2	2 3	3 4	5 6	7 8	10 11	14 15	21 22	↑	↑	↑
150001-500000	800	↓	0 1	↑	↓	1 2	2 3	3 4	5 6	7 8	10 11	14 15	21 22	↑	↑	↑	↑
500000 y más	1250	0 1	↑	↓	1 2	2 3	3 4	5 6	7 8	10 11	14 15	21 22	↑	↑	↑	↑	↑

NOTAS:

↓ = Úsese el primer plan de muestreo abajo de la flecha. Si el tamaño de la muestra iguala o excede al tamaño del lote, hágase la inspección 100%.

↑ = Úsese el primer plan de muestreo arriba de la flecha.

Ac = Número de aceptación.

Re = Número de rechazo.

Fig. 15-2 Esta tabla es una modificación de la Tabla II-A de MIL-STD-105D en que el nivel de inspección II se usa y los correspondientes tamaños de lotes están directamente incorporados al cuerpo de la tabla.

Especificación de los datos del muestreo

Esto es, el tamaño de las muestras que se deban de tomar, las condiciones bajo las cuales se debe de seleccionar la muestra y las condiciones bajo las cuales se debe de aceptar o rechazar un lote.

El tamaño de la muestra, según se puede notar en las tablas, a veces implica transigir. La muestra debe ser lo suficientemente grande para que represente la calidad del lote del cual se ha tomado. Éste es un problema estadístico. El tamaño de la muestra, en algunas tablas, puede también tomar en consideración el costo mínimo de la inspección. Esto es un asunto económico, y el tamaño de la muestra, al igual que otros datos en las tablas de aceptación, generalmente son una compensación entre la parte económica y la estadística "pura".

En algunos productos, en los que el muestreo lo permita, se podrá tolerar que sólo un pequeño porcentaje de piezas defectuosas pase a la línea de producción, para ser retiradas en ella. En otros artículos –tuercas y pernos, probablemente– se permitirá que pase un porcentaje relativamente alto de unidades defectuosas para que se les retire en producción. Estas tablas contienen una serie de planes de muestreo, con diferentes valores del porcentaje defectuoso, a fin de poder satisfacer diferentes condiciones.

Establecido también como parte de los datos, está el índice de calidad que es un factor común entre los distintos programas de muestreo de una tabla particular de muestreo. Estos índices normalmente se expresan como valores de porcentaje defectuoso o porcentaje malconformado. Distintos planes de muestreo expresan estos índices de calidad en formas diferentes, entre ellos el nivel de calidad aceptable (NCA), límite de calidad saliente promedio (LCSP) y nivel de calidad limitante (NCL). Cada índice de calidad se denomina para servir a un propósito un tanto diferente, como se discute en la Sec. 15.7.

Protección que proporcionan

Esto significa el valor del riesgo que aportan los planes de muestreo de una tabla determinada, de rechazar un lote de buena calidad o aceptar un lote malo.

Lo más concreto que el muestreo puede ofrecer, son los riesgos característicos, como 1) dejar pasar un lote que no satisfaga, como si fuera bueno, y 2) rechazar un lote bueno, como si fuera insatisfactorio.

La condición 1) se refiere al caso en que una factoría tenga que aceptar lotes, de acuerdo con las tablas de muestreo para aceptación, y que se trata de material inaceptable que se deja pasar a las líneas de manufactura. Para designar esta característica de las tablas de muestreo, se emplea el término *riesgo del consumidor*.

La definición técnica que se aplica al riesgo del consumidor, es la siguiente: El riesgo del consumidor es la probabilidad, para un plan de muestreo dado, de que se acepte un lote con un valor numérico designado que no se desea aceptar. Este valor designado es generalmente el nivel de calidad limitante (NCL) para el plan. El riesgo del consumidor se expresa en una base porcentual; así, una tabla de muestreo dada puede tener un 10% de riesgo para el cliente.

El riesgo del consumidor en términos técnicos de muestreo se designa riesgo β (riesgo beta) del plan de muestreo.

La condición 2) concierne a la fábrica que envía los artículos, puesto que la factoría que los adquiere puede regresarlos como inaceptables, cuando en realidad sean aceptables, porque se han rechazado de acuerdo con los planes de una tabla de muestreo. Para describir esta característica de las tablas de muestreo, se emplea el término *riesgo del productor*.

La definición técnica acostumbrada para el riesgo del productor es similar a lo siguiente: El riesgo del productor es la probabilidad, para un plan de muestra dado, de que no se acepte un lote, cuya calidad tenga un valor numérico asignado que representa un nivel que, por lo general, es deseable aceptar. Este valor designado es en la generalidad el NCA para el plan. El riesgo del productor se expresa en base porcentual; así, una tabla de muestreo dada puede tener un 5% de riesgo del productor.

El riesgo del productor en términos de muestreo se denomina riesgo α *(riesgo alfa) en el plan de muestreo.*

Terminología

Como se discutió en la Sec. 9.20, ha habido un considerable énfasis en los últimos años para hacer la terminología de la calidad más precisa. El área de muestreo se ha beneficiado particularmente de este énfasis.[3]

Como también se discutió en forma idéntica en la Sec. 14.16 en relación con las gráficas de control, lo que se ha denominado "unidades que no satisfacen los requisitos" en las definiciones superiores en esta sección —denominadas "unidades variantes" en términos técnicos de muestreo— se expresan normalmente en uno u otro de dos términos en planes de muestreo específico:

Unidad malconformada, que se puede definir como:

> Una variedad o servicio que se aparta cuando menos en una forma de la característica de calidad en su nivel esperado, y que ocurre con suficiente severidad para ocasionar que un producto o servicio asociado no cumpla con un requisito especificado.

Unidad defectuosa, que puede definirse como:

> Una unidad de producto o servicio que se aparta cuando menos en una forma de la característica de calidad en su nivel esperado, y que ocurre con severidad suficiente para ocasionar que un producto o servicio asociado no satisfaga los requisitos de uso normal o los razonablemente predichos; o que tiene varias imperfecciones que combinadas ocasionan que la unidad no satisfaga sus requisitos de uso normales o razonablemente predichos.

La diferencia básica es que la *unidad defectuosa* —y el término correspondiente *defecto*— es un término relacionado con los planes de muestreo orientados hacia la evaluación de unidades con respecto al uso del cliente y que la *unidad malconformada – y el término correspondiente malconformación–* es un término relacionado con los planes de muestreo orientados hacia la evaluación de las unidades con respecto a su concordancia con las especificaciones.

En algunas situaciones de muestreo –tales como las que los requisitos de especificaciones son equivalentes a los requisitos de uso del cliente– los dos términos coinciden. También, algunos requisitos del contrato del cliente pueden especificar que cualquier unidad que se desvíe de los requisitos especificados se considerará defectuosa.

En muchas otras situaciones de muestreo, el requisito de especificación puede establecerse internamente dentro de la compañía o planta y fijarse en forma deliberada más estrecho que los requisitos del cliente, haciendo así del término unidad malconformada el más apropiado para el muestreo. Se ha establecido que el tipo de variante más usado con propósitos de muestreo de aceptación en donde la cuestión de la aceptabilidad depende de la concordancia con los límites de tolerancia, probablemente sea una unidad malconformada.[4]

Muchas de las tablas de muestreo ampliamente usadas se desarrollaron con el uso de *defectuoso* y *porcentaje defectuoso* como terminología básica. Algunas tablas de muestreo recientemente desarrolladas usaron *malconformado* y *porcentaje malconformado* como la terminología básica (Sec. 15.23).

Cada planta y compañía determinará cuál de estos términos describe con mayor precisión a "las unidades que no cumplen los requisitos" –o unidades variantes– con respecto al uso de las tablas de muestreo. Por claridad, este capítulo usa, para cada tabla de muestreo y ejemplo discutido, la terminología prescrita por la misma tabla y por la planta y compañía a la que se haga referencia en el ejemplo.

Procedimiento para disponer del lote

Corresponde a esta parte, una serie de reglas que establecen lo que debe de hacerse con los lotes después de que haya terminado el muestreo. Por tanto, una tabla de muestreo puede incluir la siguiente información: "Si el número de unidades defectuosas no se excede del número especificado en la tabla, se acepta el lote. De lo contrario, se rechaza, o bien, se procede a una inspección 100% de todo el lote".

Costos requeridos

Esto significa el promedio del costo que es necesario para aceptar o rechazar un lote. En algunas tablas de muestreo, en particular las de Dodge-Romig, su cálculo se ha hecho teniendo en cuenta la inspección mínima necesaria para alcanzar la meta de la calidad, con un determinado valor para el riesgo del consumidor y para el riesgo del productor. Otras tablas de muestreo se han establecido en forma de dar un determinado grado de protección sin incluir el costo mínimo de la inspección.

Es obvio que una tabla de muestreo no puede expresar el costo monetario de la inspección. Si se han calculado sobre la base de proporcionar el mínimo de inspección, únicamente expresarán el número mínimo de unidades que se deben de revisar o de probar, para un determinado conjunto de condiciones. El traducir estas reglas del muestreo a su costo en moneda, es un hecho de importancia para el empleo de las tablas y será tratado más adelante en el capítulo.

15.6 Definición de una tabla de muestreo estadístico

Las tablas muestreo estadístico, por tanto, tienen el propósito de representar las relaciones de calidad probables (por lo general, expresadas en términos porcentuales) del lote o lotes a las muestras propiamente seleccionadas de ese lote o lotes.

Por definición, una *tabla de muestreo de aceptación* o *esquema* se puede definir como:

> Un conjunto específico de procedimientos que normalmente consiste en los planes de muestreo de aceptación en los que el tamaño de los lotes, el tamaño de las muestras y el criterio de aceptación, o la cantidad de inspección 100% y muestreo, se relacionan.

Clásicamente, éstos pueden tener reglas para cambiar de un plan a otro.

Para que sea efectiva una tabla de muestreo, debe representar con exactitud, no sólo la calidad del lote que se está muestreando, sino que también debe de especificar la cantidad del riesgo que proporciona, ya sea muy alto o muy bajo. La cantidad de cálculos que se requieren para la preparación de estas tablas, y la necesidad de tener en cuenta las limitaciones de estos cálculos, ha obligado a que su preparación sea del dominio de estadígrafos entrenados. Sin embargo, el fundamento de estos cálculos es muy sencillo y puede ser comprendido fácilmente por quien esté interesado en esta fase de los métodos estadísticos.

Las tablas modernas de muestreo se pueden construir para una casi ilimitada variedad de situaciones. Se pueden diseñar los planes con cualquier grado de exactitud, pero, por lo general, se establece un equilibrio entre la exactitud y los costos de la inspección.

En el desarrollo final de una tabla de muestreo particular, las circunstancias prácticas de producción pueden ser de mucho mayor importancia que los factores teóricos estadísticos. La actitud del personal y la presión de las condiciones diarias de la fábrica, pueden influir como circunstancias no previstas durante la preparación matemática de las tablas. En consecuencia, el estadígrafo entrenado industrialmente reconoce que su objetivo en la preparación de las tablas de muestreo no es el de presentar un plan que satisfaga matemáticamente. Más bien debe de suministrar una herramienta de utilidad que ayude a la factoría a juzgar su material o sus piezas, lo que indudablemente significa una tabla que sea de muy fácil manejo.

En alguna factoría se puede haber consolidado en una sola tarjeta una tabla de muestreo que contenga variadas condiciones de diferentes tamaños de lotes y con varias normas de la calidad deseada. Al formular esta tabla, se pueden sacrificar ciertos datos de exactitud, inscribiendo determinados "valores promedio"; esto puede ser realmente criticable desde el punto de vista puramente estadístico. Sin embargo, esta tabla puede ser mucho más satisfactoria para su empleo en la fábrica de lo que pudieran ser diferentes planes de muestreo que posiblemente sean de mayor exactitud, pero mucho más difíciles para que el personal de producción los use y los entienda.

15.7 Tipos de tablas estadísticas de muestreo

El procedimiento general para el establecimiento de las tablas estadísticas de muestreo, se expresa como: debe de servir en principio para determinar cuál es la probabilidad de aceptación de los lotes que contengan diferentes porcentajes de defectuosos, cuando esta aceptación se basa sobre el tamaño (N) del lote, del cual se toma una muestra de tamaño (n) y que contenga (c) o menos malconformados. (c) se designa como el número de aceptación (NA) del plan. Entonces, será necesario reunir dentro de la tabla aquellas condiciones del muestreo que cumplan los requisitos particulares para los cuales se ha establecido el plan.

La relación entre el porcentaje defectuoso en los lotes sometidos a inspección y la probabilidad de aceptación, se denomina *característica de operación*, o simplemente CO, para una condición en particular del muestreo.[5] Cada combinación entre el tamaño del lote, el tamaño de la muestra y el número de las que se permiten, tiene una característica de operación diferente, cuyo valor se representa gráficamente por una curva. La protección de la calidad que aporta una determinada tabla, se puede juzgar por las curvas CO asociadas con la tabla. La Fig. 15-3 presenta una curva CO para las siguientes condiciones:

$$N = 2000$$
$$n = 300$$
$$c = 11$$

Algunos atributos de las curvas CO son de interés particular. Una es, que generalmente, mientras mayor sea el tamaño de la muestra, la inclinación de la curva será más escarpada. Qué tan escarpada está la curva CO, indica el poder del plan de muestreo para discriminar entre la calidad aceptable y la inaceptable. Otro atributo de las curvas CO es que cualquier aumento en el número de aceptación (c) moverá completa la curva CO a la derecha.

En tanto que el procedimiento básico para la construcción de las diferentes tablas estadísticas de muestreo puede ser semejante, existen diferencias, ya sea en los detalles de su construcción, o bien en la forma final que se le da a estas tablas. De acuerdo con las dos clases principales para protección de la calidad, indispensables en las plantas industriales para la inspección del material que se recibe, se han construido dos formas principales de tablas estadísticas de muestreo. Éstas son:

1. Aquellas tablas orientadas a la protección de la calidad de los lotes, presentados individualmente para su inspección. Se asocian dos índices de calidad un tanto diferentes con este tipo de tabla:

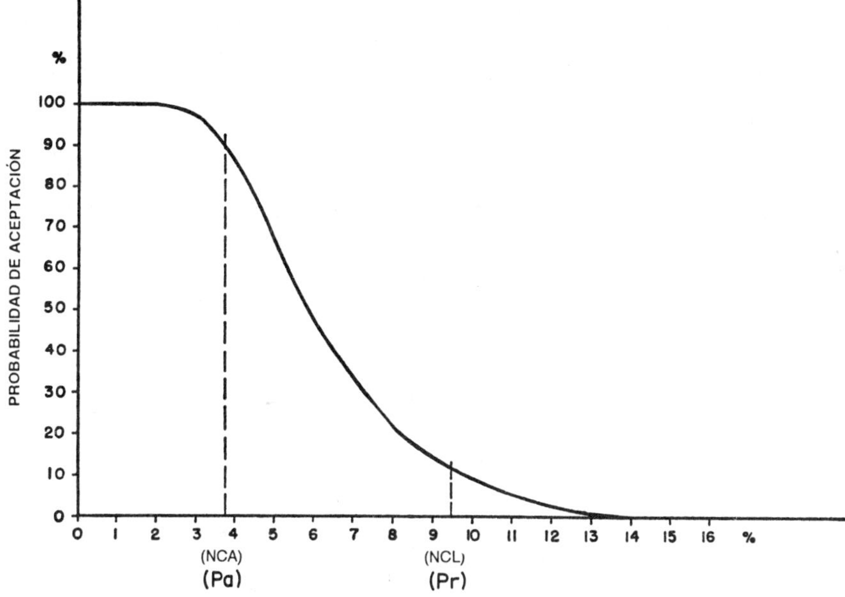

Fig. 15-3

Nivel de calidad aceptable (NCA), que se puede definir como:

> El porcentaje máximo de unidades que no cumplen los requisitos en un lote que, con propósitos de muestreo de aceptación, puede considerarse satisfactorio como un promedio del proceso.

Las tablas que usan el NCA como índice están orientadas al muestreo de series continuas de lotes y a proporcionar una alta aseguración de la aceptación del lote cuando el proceso tiene una calidad igual o mejor que el NCA especificado.

Recordemos de las discusiones anteriores que el promedio del proceso referido en la definición del NCA, es el valor promedio de la calidad del proceso en términos del porcentaje de unidades que no cumplen con los requisitos.

Nivel de calidad limitante (NCL), que puede definirse como:

> El porcentaje de unidades que no cumplen con los requisitos en un lote para el cual, con propósitos de muestreo de aceptación, el consumidor desea que se restrinja la probabilidad de aceptación a un valor bajo especificado.

Las tablas que usan el NCL como índice están orientadas al muestreo con alto énfasis sobre la calidad de lotes individuales.

Típicos de las tablas NCL son los tipos de tolerancia de porcentaje defectuoso en el lote (TPDL), nivel de calidad rechazable (NCR) y nivel de calidad inaceptable (NCI).

La curva CO en la Fig. 15-3 puede ser indexada para NCA con una probabilidad de aceptación designada P_a (*P* subíndice *a*), y para NCL con una probabilidad de rechazo o inaceptabilidad designada P_r (*P* subíndice *r*).

2. Las tablas que ofrecen protección de "lo almacenado", o sea la calidad promedio de un gran número de lotes del mismo material, después de su inspección. El tipo de la meta de la calidad asociado con esta serie de planes, es el del límite del promedio de la calidad final (LPCF).

   El límite del promedio de la calidad final (LPCF) se puede definir como:

   > La máxima calidad esperada de la calidad final sobre todos los niveles posibles de calidad de recibo, siguiendo el uso de un plan de muestreo de aceptación para un valor dado de la calidad del producto recibido.

Las tablas que usan LPCF como índice están orientadas a asegurar que el promedio a largo plazo de la calidad aceptada no será peor que el valor LPCF; supone la separación y reemplazo de unidades malconformadas en los lotes que no se aceptaron. Éste es el índice básico para planes de muestreo continuo.

Promedio de calidad final (PCF) se define como:

> El valor esperado de la calidad del producto final después del uso de un plan de muestreo de aceptación para un valor dado de calidad del producto recibido.

Todo plan de muestreo que dé protección en una de las dos formas anteriores, también proporcionará cierto grado de protección en la otra. Además, cada una de estas dos formas de tablas de muestreo, ofrece beneficios en sus aplicaciones particulares. No se puede asegurar que una tabla sea "mejor" que la otra.[6]

Cuando la recepción de los lotes individuales de material por una planta, no se hace en forma frecuente, las tablas más apropiadas serán las de protección por calidad del lote. Cuando se estén inspeccionando gran número de lotes y el promedio de la calidad del material que se pasa a los talleres sea el factor principal, entonces la protección por el promedio de la calidad final será la indicada.

Cada uno de estos dos tipos de tablas se discuten a continuación.

15.8 Protección por calidad del lote

Cuando se requiere una tabla que proporcione protección por la calidad del lote, las dos de mayor uso de que se dispone son:

1. Tablas del porcentaje de defectuosos tolerables en el lote (NCL).
2. Tablas de nivel de calidad aceptable (NCA).

Tablas NCL

En la Fig. 15-4 se presentan las curvas CO para cuatro condiciones de aceptación. Estas curvas se asemejan sólo en una condición: todas pasan por el punto en que la probabilidad de aceptación en el eje vertical es de 10%, y el NCL sobre el eje horizontal, es de 4%. La significación de esta tabla de muestreo en particular, se puede expresar en forma sencilla como sigue: bajo estas condiciones de aceptabilidad, el consumidor estará seguro de que el 90% de los lotes que contengan un 4% de defectuosos será rechazado. Luego para este plan en particular, la tolerancia de defectuosos en el lote es de 4%, con un riesgo para el consumidor del 10%.[7]

Tablas de nivel de calidad aceptable

En la Fig. 15-5 se presentan las curvas CO para otras cuatro condiciones de aceptabilidad. Estas curvas se asemejan en una condición: todas pasan por un punto cuya probabilidad de aceptación sobre el eje vertical, es de 90% y el nivel de calidad aceptable límite sobre el eje horizontal, es de 4%.

La significación de la construcción de esta tabla de muestreo en particular, es la siguiente: bajo estas condiciones de aceptación, los lotes que contengan el 4% de defectos estarán seguros de ser aceptados el 90% de las veces. Existe un 10% de riesgo del productor de que los lotes que coinciden con este nivel de calidad le sean rechazados. Por tanto, para este plan en particular, el nivel aceptable de calidad es del 4%, con un 10% como riesgo para el productor.

Para estas curvas CO, tanto cuando el NCL y el riesgo del productor (α) y también el NCL y el riesgo del consumidor (β) están especificados, el plan de muestreo está completamente determinado cuando se toman muestras de tamaño n. La necesidad de que n sea un entero requiere de la decisión de indexar o no el plan para mantener el riesgo (α) del plan o el riesgo (β). Para muestras dobles o múltiples (n^1, n^2,...), la relación entre estas muestras debe identificarse.

15.9 Protección por el promedio de la calidad final

Cuando se requiera una protección por el promedio de la calidad final (PCF), las tablas por el límite del promedio de la calidad final (LPCF) serán las que deban emplearse. Estas tablas aseguran a un fabricante que el porcentaje defectuoso promedio de la calidad final, deberá ser igual o menor que un determinado nivel, pero para esto, se requiere que los lotes que sean rechazados bajo este plan, se inspeccionen 100% y que las unidades defectuosas contenidas en estos lotes, sean sustituidas o reparadas. La condición del 4% de defectuosos tolerables en el lote, con $n = 60$ y $c = 0$, tomando de la Fig. 15-4, servirá para explicar la forma del plan de muestreo por LPCF.

En la Fig. 15-4 se puede notar que, si se presentan a inspección, los lotes que contuvieran el 1% de malconformados se aceptarían el 56% de las veces. Por tanto, el 44% de los lotes se deberán de inspeccionar 100%, y las unidades

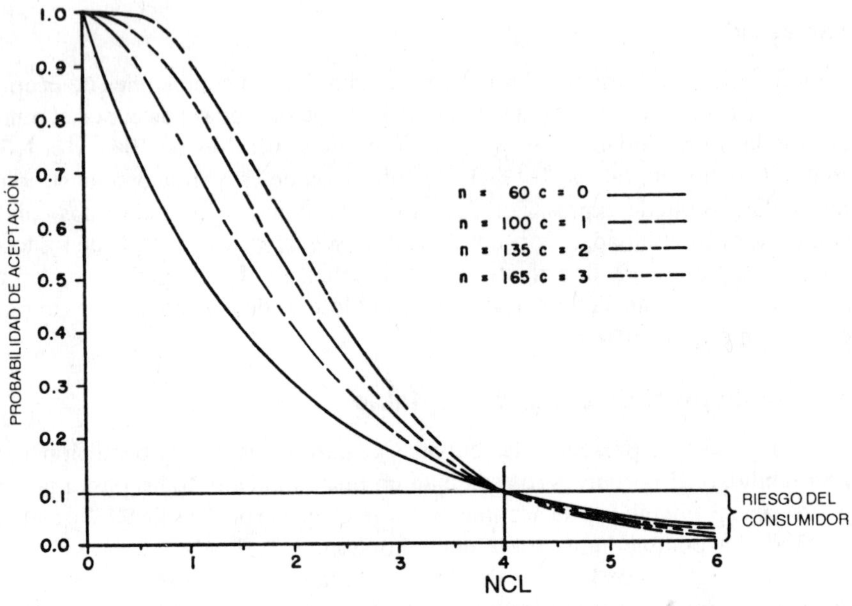

Fig. 15-4

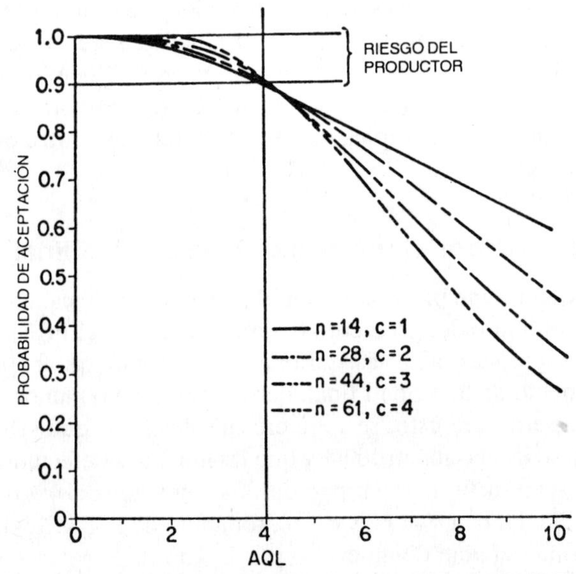

Fig. 15-5

malconformadas que se encuentren serán sustituidas o reparadas. El promedio de la calidad después de esta inspección, o PCF, para estos lotes, será de 44% × 0% + 56% × 1% = 0.56%.

Si se sometieran a inspección lotes que contengan el 1.5% de malconformados por la Fig. 15-4 se ve que el 43% será aceptado y el 57% de los lotes será rechazado, para una inspección 100%; eliminando todos los malconformados el nuevo PCF será de 43% × 1.5%, o sea 0.645%.

Para lotes presentados con 2% de malconformados el PCF resulta de 0.64%. Este valor del PCF va siendo progresivamente más pequeño para lotes con 2.5% de malconformados, 3% de malconformados, etcétera.

Estos valores diferentes del PCF están graficados en la Fig. 15-6. En esta figura se aprecia que el valor máximo para el promedio de la calidad final, bajo este plan, se obtiene para los lotes que se presenten a inspección y que contengan el 1.7% de malconformados. Con este valor del PCF sobre el eje vertical, (LPCF) resulta de 0.68% de malconformados.

15.10 Muestreo sencillo, doble y múltiple

Con cada uno de estos dos principales planes de muestreo estadístico puede efectuarse de la manera siguiente:

1. *Muestreo sencillo*, es decir, decidir la aceptación o el rechazo de un lote,[8] de acuerdo con las unidades de una muestra tomada de ese lote.
2. *Muestreo doble*, o sea, seleccionar una muestra de unidades del lote, y bajo determinadas condiciones, poder seleccionar una segunda muestra antes de aceptar o rechazar este lote.

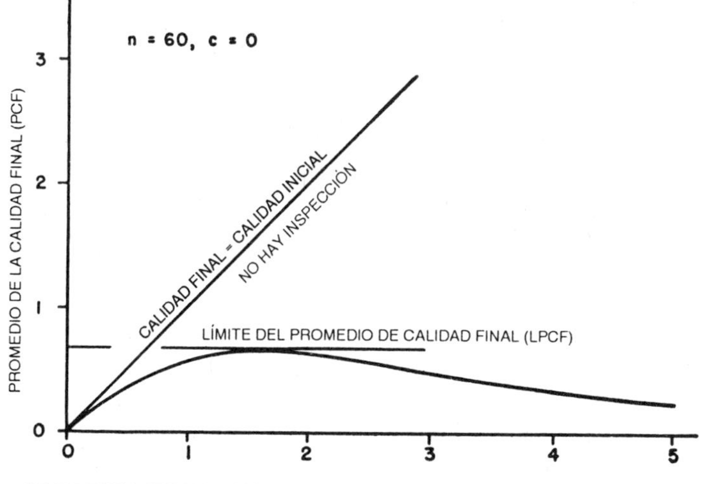

Fig. 15-6

3. *Muestreo múltiple*, es decir, decidir sobre la aceptación o el rechazo de un lote, de acuerdo con los resultados de varias muestras de unidades tomadas de ese lote.

De los tres métodos anteriores, posiblemente el muestreo doble es el más generalizado por las siguientes razones:

Comparación entre el muestreo doble y el muestreo sencillo

1. Psicológicamente, la idea de poder dar a un lote de material una "segunda oportunidad" antes de rechazarlo, tiene un atractivo general. Por tanto, el muestreo doble será más fácil de "venderse" a una factoría.
2. En el muestreo doble, se permite tomar una primera muestra de un tamaño más pequeño que el necesario para el caso de un plan de muestreo sencillo. Si el porcentaje de malconformados es bajo o muy alto en el material presentado a inspección, es posible que con mucha frecuencia se acepten o bien se rechacen los lotes de acuerdo con los resultados que se obtengan en esa primera muestra. Por tal motivo, el muestreo doble permitirá reducir los costos de la inspección.

Comparación entre el muestreo doble y el muestreo múltiple

1. Los planes de muestreo doble son muy fáciles de administrar, en comparación con los planes de muestreo múltiple. La necesidad de estar seleccionando muestras sucesivas en una forma apropiada, puede requerir un mayor control administrativo y operadores para la inspección mucho más diestros.
2. En teoría, a veces el muestreo múltiple puede dar lugar a una inspección total inferior a la del muestreo doble, para un determinado grado de protección, puesto que se requiere un tamaño de muestra mucho más pequeño. Sin embargo, en la práctica, la mayor complejidad del muestreo múltiple, en algunos casos, puede dejar la ventaja al muestreo doble, debido a su costo total. Esto se puede comprobar muy particularmente cuando el porcentaje malconformado en los lotes presentados sea muy bajo —por ejemplo, 0.1%—; en esos casos, la cantidad que se requiere para el muestreo sencillo o para el muestreo doble, basándose en el promedio del proceso, resulta muchas veces la misma que para el muestreo múltiple.

A pesar de la popularidad del muestreo doble, hay ciertos beneficios únicos para el muestreo sencillo y el muestreo múltiple.

Muestreo sencillo

1. El muestreo sencillo resulta ser el único método práctico de los planes de muestreo, cuando se trate de una producción que circula por un transportador y donde físicamente es posible seleccionar sólo una muestra.
2. Con lotes de material cuyo porcentaje de malconformados esté muy cercano al NCA, el muestreo sencillo puede ofrecer una protección de inspección más económica que la del muestreo doble.

Muestreo múltiple

1. Cuando se pueden conservar bajo los costos administrativos, el muestreo múltiple permite menores costos de inspección, para determinados grados de protección, que con el muestreo sencillo o con el muestreo doble.
2. Los nuevos métodos que se han perfeccionado actualmente para simplificar el muestreo múltiple, como el muestreo computarizado, pueden dar lugar a una mejor eficiencia en la administración de estos planes de muestreo.
3. El muestreo múltiple va de acuerdo con la forma en que normalmente hace la selección de la muestra un inspector.

La naturaleza del producto y la forma como se presente para su muestreo —ya sea en transportador, en cajas apiladas una sobre otra, etc.— son los factores que más se deben tomar en consideración.

Puntualizando, la elección de un plan de muestreo, ya sea sencillo, doble o múltiple, depende de las condiciones particulares en que se vaya a emplear ese plan de muestreo. No se podrá decir que alguno de los tres métodos sea el "mejor"; únicamente se podrá considerar el "mejor para determinadas condiciones del muestreo".

15.11 Tablas y planes de muestreo publicadas

Entre las diferentes tablas estadísticas de muestreo y los planes que se han desarrollado, algunos se han publicado en una forma que los hace accesibles para su empleo general. Los más interesantes planes que se han publicado son:

1. Tablas de Dodge-Romig.[9]
2. Military Standard 105D; ANSI/ASQC Z1.4; ISO 2859 (todas esencialmente similares).[10]
3. Planes de secuencia regular.[11]
4. Planes de muestreo continuo.[12]
5. Muestreo en cadena y planes "saltar un lote".[13]
6. Tablas de muestreo Columbia.[14]

En muchas industrias donde se emplean los métodos estadísticos de control, en lugar de tener que calcular sus propias tablas de muestreo, han tenido éxito con el empleo de alguna de estas tablas ya publicadas. Éstas son lo suficientemente flexibles para permitir su empleo en esta forma.

1. Tablas de Dodge-Romig

En estas tablas se incluyen planes para el muestreo sencillo y para el doble. Permiten una protección, ya sea por el límite PCF o por el porcentaje de defectuosos tolerables en el lote (TPDL). El TPDL proporciona el nivel de calidad límite (NCL) como enfoque de índice para las tablas.

Por ejemplo, para el uso de las tablas por medio del LPCF, es necesario conocer (*a*) el tamaño del lote que se presenta a inspección, (*b*) la protección por LPCF que se desea para el material de que se trate, (*c*) la calidad promedio o "promedio del proceso" del material presentado a inspección.

La tabla del LPCF que se deba de usar, indicará el tamaño de la muestra que se necesita y el número de defectuosos que se pueden permitir en esa muestra. Si la muestra no contiene más defectuosos de los que se permiten, se acepta el lote. Si la muestra contiene mayor número de defectuosos que los que se pueden permitir, el lote pasa a una revisión 100% y las unidades defectuosas se deben reponer o reparar.

Estas tablas especifican el riesgo del consumidor que se considera en cada caso, así como otros datos pertinentes al muestreo. Contienen la cantidad mínima de inspección que se requiere, con el grado de protección deseado, para un material con determinado promedio del proceso.

En la Fig. 15-7 se incluye una página de estas tablas de muestreo de Dodge-Ramig. En esa figura se presenta el caso de muestreo sencillo para LPCF de 2% y 2.5%, y para un riesgo del consumidor del 10%.

2. MIL-STD-105D

En estas tablas se incluyen tres clases de muestreo: sencillo, doble y múltiple. El LPCF para muestreo sencillo se menciona en tablas suplementarias. Los valores de la calidad límite (CL) también se proporcionan en tablas suplementarias para riesgos del consumidor del 10 y 5%.

Para el empleo de estas tablas es necesario conocer (a) el tamaño del lote que se presente a inspección, y (b) la protección por NCA que se desea para el material considerado.

Las tablas en cuestión indican el tamaño de la muestra requerida y el número de defectuosos que se puede permitir en ese tamaño de muestra. Si la muestra no contiene un mayor número de defectuosos que los permitidos, se acepta el lote. Pero si la muestra contiene mayor número de defectuosos que los que se pueden permitir, el lote puede ser rechazado o bien, inspeccionado 100%. Sin embargo, si se trata de mantener un determinado valor del NCA, no se requiere una inspección 100% de los lotes que hayan sido rechazados.

También contiene tablas que indican cuando debe usarse la inspección reducida, normal o severa. El criterio para la decisión —llamado "reglas de cambio" en términos técnicos de muestreo— se relaciona con la magnitud del promedio estimado del proceso.

El MIL-STD-105D proporciona planes de muestreo tanto para el caso de inspección de fracción defectuosa y defectos por la inspección de 100 unidades.

3. Planes secuenciales

Estos planes tienen que ver con la inspección de muestras en la que, después de que se ha inspeccionado cada unidad, se toma la decisión de aceptar el lote, de no aceptarlo o de inspeccionar otra unidad. Estos planes implican unidades individuales y, por tanto, difieren del muestreo múltiple en los planes de tipo NCA que implican muestreos de grupos de unidades.

Estas tablas difieren por lo menos en dos puntos, de los tipos de planes de muestreo sencillo y doble que se han expuesto anteriormente.

TABLA DE MUESTREO SENCILLO POR LÍMITE DEL PROMEDIO DE CALIDAD FINAL (LPCF) = 2.0%

Tamaño de lote	Promedio del proceso 0 *to* 0.04%			Promedio del proceso 0.05 *to* 0.40%			Promedio del proceso 0.41 *to* 0.80%			Promedio del proceso 0.81 *to* 1.20%			Promedio del proceso 1.21 *to* 1.60%			Promedio del proceso 1.61 *to* 2.00%		
	n	c	p_t %	n	c	p_t %	n	c	p_t %	n	c	p_t %	n	c	p_t %	n	c	p_t %
1-15	Todas	0	...	Todas	0	...	Todas	0	...	Todas	0	...	Todas	0	...	Todas	0	...
16-50	14	0	13.6	14	0	13.6	14	0	13.6	14	0	13.6	14	0	13.6	14	0	13.6
51-100	16	0	12.4	16	0	12.4	16	0	12.4	16	0	12.4	16	0	12.4	16	0	12.4
101-200	17	0	12.2	17	0	12.2	17	0	12.2	17	0	12.2	35	1	10.5	35	1	10.5
201-300	17	0	12.3	17	0	12.3	17	0	12.3	37	1	10.2	37	1	10.2	37	1	10.2
301-400	18	0	11.8	18	0	11.8	38	1	10.0	38	1	10.0	38	1	10.0	60	2	8.5
401-500	18	0	11.9	18	0	11.9	39	1	9.8	39	1	9.8	60	2	8.6	60	2	8.6
501-600	18	0	11.9	18	0	11.9	39	1	9.8	39	1	9.8	60	2	8.6	60	2	8.6
601-800	18	0	11.9	40	1	9.6	40	1	9.6	65	2	8.0	65	2	8.0	85	3	7.5
801-1000	18	0	12.0	40	1	9.6	40	1	9.6	65	2	8.1	65	2	8.1	90	3	7.4
1001-2000	18	0	12.0	41	1	9.4	65	2	8.2	65	2	8.2	95	3	7.0	120	4	6.5
2001-3000	18	0	12.0	41	1	9.4	65	2	8.2	95	3	7.0	120	4	6.5	180	6	5.8
3001-4000	18	0	12.0	42	1	9.3	65	2	8.2	95	3	7.0	155	5	6.0	210	7	5.5
4001-5000	18	0	12.0	42	1	9.3	70	2	7.5	125	4	6.4	155	5	6.0	245	8	5.3
5001-7000	18	0	12.0	42	1	9.3	95	3	7.0	125	4	6.4	185	6	5.6	280	9	5.1
7001-10 000	42	1	9.3	70	2	7.5	95	3	7.0	155	5	6.0	220	7	5.4	350	11	4.8
10 001-20 000	42	1	9.3	70	2	7.6	95	3	7.0	190	6	5.6	290	9	4.9	460	14	4.4
20 001-50 000	42	1	9.3	70	2	7.6	125	4	6.4	220	7	5.4	395	12	4.5	720	21	3.9
50 001-100 000	42	1	9.3	95	3	7.0	160	5	5.9	290	9	4.9	505	15	4.2	955	27	3.7

Fig. 15-7 Reimpresa con permiso de Harold F., Dodge y Harry G. Roming, "Sampling Inspection Tables", 2a. ed., John Wiley y Sons, Inc., New York, 1959. Dos tablas: Muestreo sencillo con 2.0% del LPCF y Muestreo sencillo con 2.5% del LPCE en el Apéndice 6, Pág. 201.

TABLA DE MUESTREO SENCILLO POR LÍMITE DEL PROMEDIO DE CALIDAD FINAL (LPCF) = 2.5%

Tamaño de lote	Promedio del proceso 0 *to* 0.05%			Promedio del proceso 0.06 *to* 0.50%			Promedio del proceso 0.51 *to* 1.00%			Promedio del proceso 1.01 *to* 1.50%			Promedio del proceso 1.51 *to* 2.00%			Promedio del proceso 2.01 *to* 2.50%		
	n	c	p_t %	n	c	p_t %	n	c	p_t %	n	c	p_t %	n	c	p_t %	n	c	p_t %
1-10	Todas	0	...	Todas	0	...	Todas	0	...	Todas	0	...	Todas	0	...	Todas	0	...
11-50	11	0	17.6	11	0	17.6	11	0	17.6	11	0	17.6	11	0	17.6	11	0	17.6
51-100	13	0	15.3	13	0	15.3	13	0	15.3	13	0	15.3	13	0	15.3	13	0	15.3
101-200	14	0	14.7	14	0	14.7	14	0	14.7	29	1	12.9	29	1	12.9	29	1	12.9
201-300	14	0	14.9	14	0	14.9	30	1	12.7	30	1	12.7	30	1	12.7	30	1	12.7
301-400	14	0	15.0	14	0	15.0	31	1	12.3	31	1	12.3	31	1	12.3	48	2	10.7
401-500	14	0	15.0	14	0	15.0	32	1	12.0	32	1	12.0	49	2	10.6	49	2	10.6
501-600	14	0	15.1	32	1	12.0	32	1	12.0	50	2	10.4	50	2	10.4	70	3	9.3
601-800	14	0	15.1	32	1	12.0	32	1	12.0	50	2	10.5	50	2	10.5	70	3	9.4
801-1000	15	0	14.2	33	1	11.7	33	1	11.7	50	2	10.6	70	3	9.4	90	4	8.5
1001-2000	15	0	14.2	33	1	11.7	55	2	9.3	75	3	8.8	95	4	8.0	120	5	7.6
2001-3000	15	0	14.2	33	1	11.8	55	2	9.4	75	3	8.8	120	5	7.6	145	6	7.2
3001-4000	15	0	14.3	33	1	11.8	55	2	9.5	100	4	7.9	125	5	7.4	195	8	6.6
4001-5000	15	0	14.3	33	1	11.8	75	3	8.9	100	4	7.9	150	6	7.0	225	9	6.3
5001-7000	33	1	11.8	55	2	9.7	75	3	8.9	125	5	7.4	175	7	6.7	250	10	6.1
7001-10 000	34	1	11.4	55	2	9.7	75	3	8.9	125	5	7.4	200	8	6.4	310	12	5.8
10 001-20 000	34	1	11.4	55	2	9.7	100	4	8.0	150	6	7.0	260	10	6.0	425	16	5.3
20 001-50 000	34	1	11.4	55	2	9.7	100	4	8.0	180	7	6.7	345	13	5.5	640	23	4.8
50 001-100 000	34	1	11.4	80	3	8.4	125	5	7.4	235	9	6.1	435	16	5.2	800	28	4.5

n = tamaño de muestra; c = número de aceptación.

Todas = indica que todas las piezas del lote se deben de inspeccionar.

p_t = porcentaje de defectuosos tolerable en el lote con un riesgo del consumidor (P_c) de 0.10.

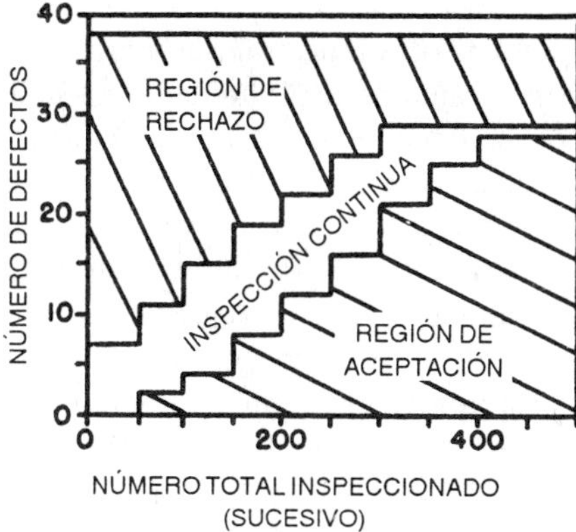

Fig. 15-8

a. Como el tamaño de la muestra es muy pequeño, los resultados de estas muestras se analizan con mayor frecuencia que en los planes de muestreo sencillo o doble, a fin de poder obtener una indicación sobre la aceptación o el rechazo de los lotes.

b. Estos planes son de "doble acción". En las tablas normales, por ejemplo, sólo se necesita especificar una meta para la calidad: un lote que contenga X_1 por ciento de defectuosos deberá aceptarse, siendo satisfactorio continuar hasta Y_1 por ciento para riesgo del productor.

Con los planes de secuencia regular, la doble acción implica que también se necesita establecer una segunda meta: se necesita rechazar un lote si contiene más de X_2 por ciento de defectuosos, y puede ser satisfactorio continuar hasta Y_2 por ciento del riesgo para aceptar un lote de tan baja calidad como éste.

Como consecuencia, en los planes de secuencia regular se establece una "zona de indecisión" entre la región de aceptabilidad y la de rechazo, según se puede ver en la Fig. 15-8. El muestreo se debe de continuar hasta que los resultados de las muestras indiquen la aceptación o el rechazo del lote, cuando los puntos que indiquen los resultados del muestreo, pasen a la región de aceptación o a la de rechazo. Esta zona de indecisión se puede ilustrar para un plan de secuencia regular para el cual se requieren posiblemente cinco muestras, calculando para lotes que estén comprendidos entre 800 y 1299 unidades (ver tabla abajo).

Acumulación del tamaño de muestra	Acumulación del número de aceptación	Acumulación del número de rechazo
40	0	4
60	1	5
80	2	6
100	2	6
120	3	7
160	7	8

Bajo este plan de secuencia regular, si el inspector encuentra un solo defectuoso en la primera muestra de 40 unidades, no podrá aceptar ni rechazar el lote, debiendo seleccionar otra muestra. Su operación se encuentra dentro de la zona de indecisión. Examinando 20 unidades más, el tamaño de muestra ha aumentado a 60, y si se encuentra con un defectuoso —para obtener una acumulación de dos— debe de seleccionar una tercera muestra.

Este procedimiento se puede continuar hasta que se haya alcanzado la mayor acumulación de muestra: 160. En este punto, la zona de indecisión desaparece y puede decidirse finalmente, ya sea la región de aceptación o la de rechazo.

La cantidad promedio de inspección que se requiere en los planes de secuencia regular, puede ser apreciablemente menor que la requerida en los planes de muestreo sencillo o doble. La Fig. 15-9 muestra la cantidad de inspección que sería necesaria con un NCA del 4% en un muestreo doble de acuerdo con la tabla MIL-STD-105D para obtener los mismos resultados que en el plan de secuencia regular representado en la Fig. 15-8. Se nota claramente el área mucho mayor de la Fig. 15-9 para la inspección. Esto pone de relieve una de las razones del creciente interés de los planes de secuencia regular bajo circunstancias apropiadas. En la Fig. 15-10 se incluye una forma de las tablas del muestreo de secuencia regular.[15]

4. Muestreo continuo

Estos planes están diseñados para la aplicación en un flujo continuo de unidades individuales de producto que (*a*) implique aceptación o rechazo en una base unidad por unidad y (*b*) use periodos alternados de inspección y muestreo 100%, dependiendo de la calidad del producto observado. La variedad de muestreos continuos normalmente disponibles se designan CSR-1, CSR-2, CSP-3, CSP-A, CSP-M, CSP-T, CSP-F, CSP-V y CSP-R.

El plan original de muestreo continuo, CSP-1, fue desarrollado por Harold F. Dodge, y se indexó para LPCF. El procedimiento es, al inicio de la producción, inspeccionar el 100% de las unidades consecutivamente y continuar hasta

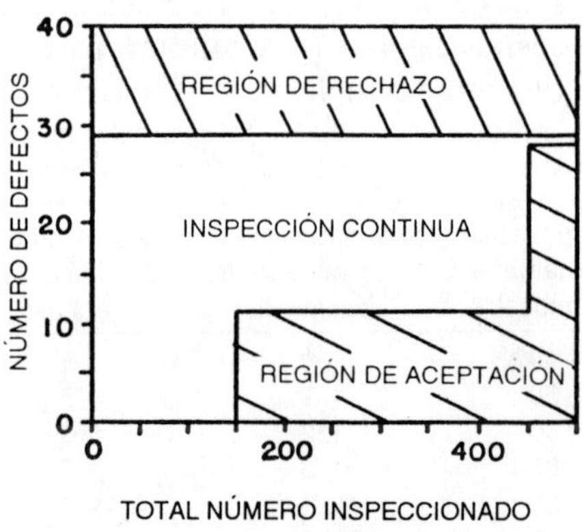

Fig. 15-9

Tamaño de lote	Tamaño muestra	NIVEL ACEPTABLE DE CALIDAD (Porcentaje defectuoso)																															
		0.1		0.25		0.50		0.75		1		1.5		2		3		4		5		6		7		8		9		10		12	
		A	R	A	R	A	R	A	R	A	R	A	R	A	R	A	R	A	R	A	R	A	R	A	R	A	R	A	R	A	R	A	R
499 o menos	40	↓		↓		↓		↓		0	3	0	3	1	4	1	4	1	6	2	6	2	7	3	7	3	8	4	9	4	9	5	10
	50	↓		↓		↓		↓		1	3	1	4	1	4	2	5	2	6	3	7	3	8	4	9	4	9	5	10	5	11	6	12
	60	↓		↓		↓		↓		1	3	1	4	2	5	2	6	3	7	4	8	4	9	5	10	5	11	7	12	7	13	9	14
	70	↓		↓		↓		↓		1	4	2	4	2	5	3	6	4	8	5	9	5	9	6	10	7	11	8	13	8	13	10	16
	80	↓		↓		↓		↓		3	4	3	4	4	5	5	6	7	8	8	9	8	9	9	10	10	11	12	13	12	13	15	16
500 a 799	40	↓		↓		↓		0	2	0	3	0	3	0	4	1	5	1	5	1	6	1	7	2	8	2	8	2	9	4	10	4	11
	60	↓		↓		↓		0	3	0	3	1	4	1	5	2	6	2	7	3	8	3	9	4	10	5	11	5	11	6	12	7	14
	80	↓		↓		↓		1	3	1	4	1	5	1	6	3	7	3	8	5	10	5	11	6	12	7	13	8	14	9	15	10	17
	100	↓		↓		↓		1	4	2	4	2	5	2	6	4	8	5	9	6	11	7	13	8	14	9	16	10	17	12	18	13	21
	120	↓		↓		↓		3	4	3	4	4	5	5	6	7	8	8	9	10	11	12	13	13	14	15	16	16	17	18	19	20	21
800 a 1299	40	↓		↓		•	2	•	2	•	3	0	3	0	4	0	5	0	6	1	6	1	7	1	8	2	8	2	9	2	10	3	11
	60	↓		↓		0	2	0	3	0	3	0	4	1	5	1	6	2	7	2	8	3	9	3	10	4	11	4	12	5	12	6	14
	80	↓		↓		0	3	1	3	1	4	1	5	2	6	2	7	3	8	4	10	5	11	5	12	6	13	8	15	8	15	9	17
	100	↓		↓		0	3	1	3	1	4	1	5	2	6	3	8	5	10	5	11	7	13	7	14	9	15	10	17	10	18	12	21
	120	↓		↓		1	3	2	4	2	5	2	6	3	7	5	9	6	11	7	13	8	14	9	16	11	18	12	19	13	21	15	24
	150	↓		↓		3	4	4	5	4	5	5	6	7	8	9	10	10	11	13	14	15	16	16	17	18	19	19	20	22	23	25	26
1300 a 3199	50	↓		•	2	•	2	•	3	•	3	0	4	0	4	0	5	0	6	1	7	1	8	2	9	2	10	3	10	3	11	3	13
	75	↓		0	2	0	3	0	3	0	4	0	5	1	5	2	7	2	8	3	9	4	10	4	12	5	12	6	14	6	15	7	17
	100	↓		0	2	0	3	1	4	1	4	1	5	2	6	3	8	4	9	5	11	6	12	6	14	8	15	9	17	10	18	11	21
	125	↓		1	3	1	3	1	4	2	5	2	6	3	7	4	9	5	11	7	13	8	15	9	16	11	18	12	20	13	21	15	25
	150	↓		1	3	2	4	2	5	2	5	3	7	4	7	6	10	7	13	9	15	10	17	11	19	14	21	15	23	16	25	19	28
	200	↓		2	3	3	4	4	5	5	6	6	7	6	7	10	11	13	14	17	18	17	18	20	21	22	23	25	26	27	28	31	32
3200 a 7999	50	•	2	•	2	•	2	•	3	•	3	•	4	•	5	0	6	0	7	0	8	1	9	1	10	1	11	2	11	2	12	3	14
	100	•	2	•	2	0	3	0	4	1	4	1	5	1	7	2	8	3	10	4	12	5	13	5	15	6	16	8	17	9	19	10	21
	150	0	2	0	3	1	4	1	5	2	5	2	7	2	8	5	11	5	13	8	15	9	17	10	19	11	21	13	23	15	25	17	29
	200	0	2	1	3	2	4	2	5	3	6	3	8	4	10	7	13	8	16	12	19	13	21	15	24	16	26	19	29	21	31	25	36
	250	1	3	1	4	2	5	2	6	4	8	5	9	6	11	9	15	11	18	15	22	17	25	19	28	22	32	25	35	28	38	32	44
	300	2	3	3	4	4	5	5	6	7	8	8	9	10	11	15	16	17	18	22	23	25	26	29	30	32	33	36	37	39	40	45	46

800 a 21999	100	•	2	•	3	•	3	•	4	0	5	0	6	0	7	1	9	1	11	3	12	3	14	4	16	5	17	7	18	↑		↑	
	150	•	2	•	3	0	4	0	5	1	6	2	7	2	9	3	11	4	14	6	16	7	17	9	20	10	22	12	24				
	200	0	2	0	3	0	5	1	6	2	7	3	8	3	10	6	13	7	17	10	19	11	22	13	24	16	27	18	30				
	250	0	2	0	4	1	5	2	6	2	8	4	9	5	12	8	16	10	19	13	22	15	25	18	29	19	32	24	35				
	300	0	3	1	4	2	6	2	7	3	8	5	11	6	13	10	18	12	22	16	26	19	29	22	33	24	37	29	41				
	400	1	3	1	4	3	7	4	8	5	10	8	14	10	16	14	22	18	27	23	33	27	37	31	42	34	47	40	52				
	500	2	3	3	4	6	7	7	8	9	10	13	14	16	17	22	23	28	29	34	35	40	41	45	46	50	51	58	59				
22000 a 99999	100	•	2	•	3	•	4	•	5	•	6	•	8	0	8	0	11	1	13	2	16	3	16										
	200	•	3	•	4	0	5	0	6	1	7	1	10	3	11	3	15	6	18	8	20	10	24	↑		↑		↑		↑		↑	
	300	0	3	0	4	1	6	1	8	2	9	3	12	5	14	7	19	11	23	14	26	17	31										
	400	0	3	1	5	2	7	3	9	4	11	5	14	8	17	11	23	16	28	21	33	25	39										
	600	1	4	2	6	3	9	5	11	7	14	10	18	14	23	19	31	27	38	34	46	39	53										
	800	1	4	3	7	5	11	8	14	11	17	14	23	20	28	27	38	37	49	46	58	54	68										
	1000	3	4	6	7	10	11	13	14	17	18	22	23	30	31	40	41	53	54	65	66	76	77										
100000 y más	200	•	3	•	5	•	7	•	8	0	9	0	13	2	13	2	18	4	20														
	400	•	4	0	6	0	8	0	10	3	12	3	17	7	18	9	25	14	30	↑		↑		↑		↑		↑		↑		↑	
	600	0	4	1	7	2	10	2	12	5	15	7	20	12	22	17	33	24	40														
	800	1	5	2	8	4	11	5	14	8	18	11	24	18	29	24	40	34	50														
	1000	1	5	3	9	5	13	7	17	11	21	15	28	23	35	32	47	44	60														
	1200	2	5	3	9	7	15	9	19	14	24	19	32	28	40	39	55	54	70														
	1600	4	5	8	9	14	15	19	20	24	25	33	34	45	46	61	62	86	87														

A = Número de aceptación.
R = Número de rechazo.
*La aceptación no se puede hacer con este tamaño de muestra.

↓ Usar primer plan de muestreo abajo de la flecha. (Formar los lotes de mayor tamaño, si es posible.)
↑ Usar el primer plan de muestreo arriba de la flecha.

Fig. 15-10

que un cierto número de unidades, designadas *i* en los términos de muestreo técnicos para CSP-1, cumpla con los requisitos. Descontinuar la inspección 100% e inspeccionar sólo una fracción —designada *f* en términos técnicos de muestreo— de las unidades, seleccionando las unidades de la muestra una a la vez para asegurar una muestra imparcial. Cuando se encuentre una unidad malconformada, regresar inmediatamente a la inspección 100% de unidades sucesivas y continuar hasta que *i* unidades sucesivas no contengan unidades malconformadas cuando se resuma la inspección de muestras. CSP-1 exige que se reemplacen todas las unidades malconformadas con unidades buenas.

La protección proporcionada por este plan queda determinada por las constantes *i* y *f* elegidas. Mientras mayor sea la *i*, más difícil es el iniciar el muestreo o el regresar a él, y así se proporciona más protección de la calidad. Mientras mayor sea la proporción de *f*, más rápidamente se encontrará una posible unidad malconformada, regresando a la inspección 100%.

Más tarde, y ayudado por Mary N. Torrey, Dodge desarrolló CSP-2 y CSP-3, para reducir la frecuencia de alternación entre la selección 100% y el muestreo en situaciones de producción continuas. En el CSP-2, la calificación para el muestreo es la misma que para CSP-1; esto es, *i* unidades buenas deben pasar por la inspección 100% antes de pasar al muestreo. Sin embargo, cuando se encuentra una unidad malconformada, no se retorna de inmediato a la inspección 100%; en vez de esto, se mantienen cuidadosos registros en las unidades seguidas de la muestra, aún con la tasa *f*. Si cualquiera de las unidades *i* siguientes muestreadas está malconformada, se retorna a la inspección 100%, pero si no hay defectuosos en las siguientes *i* unidades, el mismo procedimiento de "seguimiento, pero no inspección 100%" se sigue. Por ejemplo, las diferencias entre CSP-1 y CSP-2 se muestran en la tabla de abajo.

LPCF		**0.5%**			**1.0%**			**2.0%**	
f	5%	10%	20%	5%	10%	20%	5%	10%	20%
i CSP-1	305	220	142	151	108	71	76	54	36
i CSP-2	390	293	200	194	147	100	96	72	50

En el CSP-3, el objetivo es proporcionar protección adicional contra "manchas" de la calidad de producción; esto es, una repentina corrida breve de unidades malconformadas. CSP-3 empieza con la misma calificación para *i* como en CSP-2 y entra al muestreo a una tasa especificada *f*. Cuando se encuentra la primera unidad malconformada, las siguientes cuatro unidades se inspeccionan, y cualquier defecto en estas cuatro unidades lleva a la inspección 100%. Si las cuatro unidades son buenas, entonces cuentan como las primeras cuatro de las unidades *i* conformadas requeridas para permanecer en la inspección de muestreo.[16]

Otra variación de los planes de muestreo continuo es el usar más de una frecuencia de muestreo. Este plan se llama "muestreo continuo de varios niveles", y proviene del trabajo de Lieberman y Solomon.[17] Uno de estos planes de varios niveles, CSP-M, es como sigue: después de que i unidades conformadas se aceptan en la inspección 100%, se instituye el muestreo a una tasa f. Si las siguientes i unidades inspeccionadas bajo muestreo son buenas, la tasa pasa a ser f^2. Si las siguientes i muestras son conformadas, la tasa pasa entonces a ser f^3, etc. Si ocurren condiciones bajo las que CSP-1, CSP-2 y CSP-3 exigirán el retorno a la inspección 100%, y el muestreo se lleva a cabo a una tasa f^k, el plan de varios niveles exige entonces una tasa f^{k-1}. Si el muestreo está en f, entonces se regresa a la inspección 100%.

Estos diversos enfoques hacia el muestreo continuo se han vuelto característicos de la amplia variedad de planes disponibles para el uso de la inspección bajo estas condiciones.[18]

5. Muestreo en cadena y planes "salta un lote"

a. El muestreo en cadena tiene que ver con la inspección de muestras en que el criterio para aceptar o rechazar el lote depende de los resultados de la inspección de los lotes inmediatamente precedentes. Estos planes, designados ChSP-1, ChSP-C_1, C_2, y otros, están orientados hacia la situación donde el número de aceptación de la muestra (c) es 0. En el muestreo más usual lote por lote, donde están implicadas pequeñas muestras, pueden haber curvas CO un tanto discriminantes que pueden hacer difícil el pasar aun muestras de alta calidad.

El muestreo en cadena fue desarrollado por Harold Dodge para proporcionar una mayor probabilidad de aceptación de lotes de una calidad relativamente alta.[19]

b. El muestreo "salta un lote" tiene que ver con un plan en que algunos lotes en una serie se aceptan sin inspección (como no sea posibles revisiones de puntos) cuando los resultados de muestreo para un número establecido de lotes inmediatamente precedentes han cumplido con el criterio establecido. Esto presenta una aplicación de CSP-1 a lotes en vez de a unidades individuales.[20] Es un enfoque para eliminar toda inspección en alguna fracción de los lotes en una serie cuando la calidad pasada ha sido suficientemente consistente.

6. Tablas de muestreo de Columbia

Estas tablas, bastante flexibles, permiten el muestreo sencillo, el doble y el múltiple, así como también una protección por el NCA y por el LPCF. Su empleo es muy semejante al de las tablas ya descritas.

15.12 Inspección normal, reducida y severa

A la forma general de muchas tablas de muestreo se le denomina procedimiento normal de muestreo. Otros procedimientos de muestreo de aceptación, mejor concebidos, como en el MIL-STD-105D incluyen un muestreo reducido, y en algunos casos, planes de muestreo severos, para ser empleados en lugar del muestreo normal, bajo ciertas circunstancias. Esto se genera en lo que se llama "regla de cambio del plan" en términos técnicos de muestreo. Aun cuando los planes de muestreo reducido, no satisfacen la curva CO de la tabla de muestreo normal de que se trate, su empleo se justifica por la ventaja que se obtiene con la información adicional que se alcanza, por lo que respecta a la calidad de los lotes presentados y que ya se había obtenido por los planes de muestreo normal.

Por ejemplo, cuando la calidad de los lotes presentados para inspección, es consistentemente mejor que la meta de la calidad a la que se tienda, lo que puede comprobarse por el hecho de que no haya sido rechazado ningún lote, entonces, se puede emplear un muestreo reducido, en lugar del muestreo normal, bajo ciertas condiciones del plan de aceptación. Los planes reducidos son muy similares a los del muestreo normal, con la única excepción de que el tamaño de la primera muestra, correspondiente a un lote dado, debe ser más pequeña. Las tablas dan para esa primera muestra reducida, un tamaño por lo general, igual a la quinta parte de la primera muestra normal.

El muestreo reducido permite una disminución de los costos de inspección. Se puede continuar este procedimiento de inspección hasta que la calidad del material desmerezca y sea necesario regresar al muestreo normal.

Cuando la calidad de los lotes sometidos a inspección, acusa ser inferior a la meta de la calidad deseada, se debe de iniciar un muestreo severo. Este plan también es semejante al muestreo normal, excepto que el número de defectuosos que se deben de tolerar en la muestra, es más reducido.

En las tablas de Dodge-Romig se puede lograr este objetivo de flexibilidad y con la mínima cantidad de inspección, haciendo un ajuste entre el tamaño de la muestra y el promedio del proceso. En lugar de designar las categorías de normal, reducido y severo, las tablas de Dodge-Romig tienen grados de intensidad de inspección. La selección que se deba de hacer, se basará en la historia de la calidad de la pieza en cuestión.

Una variante sobre el muestreo reducido, ha sido propuesta por James R. Crawford, la que ha designado como *muestreo de localización*. Los tres factores en que se funda este muestreo de localización son los siguientes:

1. El riesgo del muestreo se concentra por completo en los lotes parcialmente defectuosos en contraste con cualquier plan que aceptará el 100% de lotes buenos y rechazará el 100% de lotes malos.
2. Se debe de presentar una fracción defectuosa pequeña con mayor frecuencia que una fracción defectuosa de mayor valor.
3. El porcentaje de los lotes parcialmente defectuosos que se pasan a almacenamiento, es una medida satisfactoria del promedio del proceso.

A fin de poder determinar el tamaño de muestra necesario para el muestreo de localización,[22] se tienen que considerar tres factores: 1) el LPCF estipulado, 2) la relación de los lotes que son parcialmente defectuosos respecto al total de los lotes recibidos (menos los lotes 100% defectuosos), 3) la forma gráfica de la distribución de los lotes parcialmente defectuosos.

Empleo de las tablas de muestreo para aceptación

15.13 Modelo de plan de aceptación: Por atributos

En la Fig. 15-11 se presenta una tabla de muestreo de aceptación del MIL-STD-105D, la cual fue adoptada para usarse en una organización con varias plantas, a fin de poder controlar la gran variedad de materiales que se recibían, el material en proceso, y para situaciones de la inspección final en sus diferentes factorías. Esta tabla consta de una lista de 16 niveles diferentes del NCA. Se ha adaptado la terminología de forma que la tabla mida porcentaje de malconformados.

Se debe instruir al personal de la factoría que vaya a emplear estas tablas sobre la forma de seleccionar sus muestras.

1. *Selección al azar*. El sentido común indica que para que una muestra sea fiel representativa de la calidad desconocida de un lote, se necesita que las unidades que formen esa muestra, se elijan sobre la totalidad del lote. En consecuencia, las piezas de la muestra deben ser seleccionadas en tal forma que cada unidad de lote tenga la misma oportunidad de poder ser elegida.
2. *En un lote homogéneo*. Siempre que sea posible, el lote del cual se debe de seleccionar la muestra, consistirá de artículos hechos bajo las mismas condiciones de manufactura y que provengan del mismo origen de fabricación.

Esto es de suma importancia para fines prácticos, más bien que para fines estadísticos. Pongamos un ejemplo: una muestra seleccionada de los lotes enviados a la fábrica por dos proveedores puede representar una calidad satisfactoria de la combinación de los dos lotes. Esta situación puede presentarse sólo porque la calidad de las piezas de uno de los proveedores es mucho mejor que la requerida y la calidad de las piezas del otro, muy inferior a la requerida. La muestra combinada puede ocultar esta importante diferencia en las remesas de los dos proveedores.

La tabla en sí, consta de cinco secciones principales, según se puede apreciar en la Fig. 15-11.

- **I.** El tamaño de los lotes.
- **II.** El tamaño de la primera muestra.
- **III.** El tamaño de la segunda muestra.
- **IV.** NCA (para una inspección normal).
- **V.** El procedimiento.

Cada una de estas secciones se trata a continuación.

I. El tamaño del lote

En esta columna se consideran varias zonas para los tamaños de los lotes que comprende la tabla. Si se necesita decidir sobre el tamaño del lote, esto se hará bajo la consideración de que dentro de ese lote, sólo quede incluido material que provenga del mismo origen.

I Tamaño lote	Muestra	Tamaño muestra	Tamaño de la muestra acumulada	IV. Niveles aceptables de calidad (Inspección normal)															
				0.010	0.015	0.025	0.040	0.065	0.10	0.15	0.25	0.40	0.65	1.0	1.5	2.5	4.0	6.5	10
				Ac Re	Ac Re	Ac Re	Ac Re	Ac Re	Ac Re	Ac Re	Ac Re	Ac Re	Ac Re	Ac Re	Ac Re	Ac Re	Ac Re	Ac Re	Ac Re
2-8				No hay planes de muestreo doble para estos tamaños de muestra. Usar muestreo sencillo.															
9-15	Primera Segunda	2 2	2 4																
16-25	Primera I Segunda II	3 3	3 6	↓	↓	↓	↓	↓	↓	↓	↓	↓	↓	↓	↓	*	↑	↓	0 2 1 2
26-50	Primera Segunda	5 5	5 10	↓	↓	↓	↓	↓	↓	↓	↓	↓	↓	↓	*	↑	↓	0 2 1 2	0 3 3 4
51-90	Primera Segunda	8 8	8 16	↓	↓	↓	↓	↓	↓	↓	↓	↓	↓	*	↑	↓	0 2 1 2	0 3 3 4	1 4 4 5
91-150	Primera Segunda	13 13	13 26	↓	↓	↓	↓	↓	↓	↓	↓	↓	*	↑	↓	0 2 1 2	0 3 3 4	1 4 4 5	2 5 6 7
151-280	Primera Segunda	20 20	20 40	↓	↓	↓	↓	↓	↓	↓	↓	*	↑	↓	0 2 1 2	0 3 3 4	1 4 4 5	2 5 6 7	3 7 8 9
281-500	Primera Segunda	32 32	32 64	↓	↓	↓	↓	↓	↓	↓	*	↑	↓	0 2 1 2	0 3 3 4	1 4 4 5	2 5 6 7	3 7 8 9	5 9 12 13
501-1200	Primera Segunda	50 50	50 100	↓	↓	↓	↓	↓	↓	*	↑	↓	0 2 1 2	0 3 3 4	1 4 4 5	2 5 6 7	3 7 8 9	5 9 12 13	7 11 18 19
1201-3200	Primera Segunda	80 80	80 160	↓	↓	↓	↓	↓	*	↑	↓	0 2 1 2	0 3 3 4	1 4 4 5	2 5 6 7	3 7 8 9	5 9 12 13	7 11 18 19	11 16 26 27
3201-10 000	Primera Segunda	125 125	125 250	↓	↓	↓	↓	*	↑	↓	0 2 1 2	0 3 3 4	1 4 4 5	2 5 6 7	3 7 8 9	5 9 12 13	7 11 18 19	11 16 26 27	↑
10 001-35 000	Primera Segunda	200 200	200 400	↓	↓	↓	*	↑	↓	0 2 1 2	0 3 3 4	1 4 4 5	2 5 6 7	3 7 8 9	5 9 12 13	7 11 18 19	11 16 26 27	↑	↑
35 001-150 000	Primera Segunda	315 315	315 630	↓	↓	*	↑	↓	0 2 1 2	0 3 3 4	1 4 4 5	2 5 6 7	3 7 8 9	5 9 12 13	7 11 18 19	11 16 26 27	↑	↑	↑
150 001-500 000	Primera Segunda	500 500	500 1000	↓	*	↑	↓	0 2 1 2	0 3 3 4	1 4 4 5	2 5 6 7	3 7 8 9	5 9 12 13	7 11 18 19	11 16 26 27	↑	↑	↑	↑
500 001 y más	Primera Segunda	800 800	800 1600	*	↑	↓	0 2 1 2	0 3 3 4	1 4 4 5	2 5 6 7	3 7 8 9	5 9 12 13	7 11 18 19	11 16 26 27	↑	↑	↑	↑	↑

NOTAS:

V

- ↓ = Use el primer plan de muestreo abajo de la flecha. Si el tamaño de la muestra iguala o excede al tamaño del lote, inspeccione 100%.
- ↑ = Use el primer plan de muestreo arriba de la flecha.
- Ac = Número de aceptación.
- Re = Número de rechazo.
- * = Use el plan de muestreo sencillo correspondiente (o como alternativa, use el plan de doble muestreo, cuando esté disponible).

Fig. 15-11 Esta tabla es una modificación de la Tabla IIIA de MIL-STD-105D en que el nivel de inspección II se usa y el tamaño de los lotes correspondientes está directamente integrado al cuerpo de la tabla.

Si se tienen dos lotes formados cada uno por 5000 piezas, se presenta el problema de formar un solo lote de 10 000 piezas, o bien, conservar los dos lotes de 5000 piezas cada uno. Si estos lotes provienen del mismo origen —puede ser un mismo proveedor—, se puede formar un solo lote; si su procedencia es de dos orígenes diferentes —dos proveedores—, se deben de considerar como dos lotes separados.

Examinando la tabla, se nota que, por lo general, mientras mayor sea el tamaño del lote, menor es el porcentaje de los artículos que deben de comprobarse. Sin embargo, aun cuando resulta más económico el empleo de lotes de mayor tamaño, no se debe seguir este procedimiento cuando sea necesario mezclar materiales de orígenes diferentes. Como excepción a esta regla, se tendrá el caso en que no exista información sobre el origen de un lote, o cuando por la experiencia práctica se demuestre que resulta satisfactorio mezclar los lotes.

II., III. Tamaños de la primera y segunda muestras

Cuando se ha elegido el tamaño del lote, el tamaño correspondiente de la muestra para ese lote en particular, se encuentra horizontalmente a la derecha. La línea marcada "Primera Muestra", indica el número de unidades que se deben de tomar del lote para su examen. Si las condiciones de la tabla indican que se debe de tomar una segunda muestra, su tamaño correspondiente se encuentra en el renglón marcado "Segunda Muestra".

IV. Niveles aceptables de calidad (inspección normal)

Se encuentran inscritos en la tabla 16 niveles del NCA, ascendiendo desde 0.010 hasta 10%. Cada uno de los valores del NCA va asociado con el número de defectuosos que se pueden tolerar en la primera muestra (representado por *Ac*) y por el número de defectuosos para el rechazo en *ambas muestras,* la primera y la segunda (representado por *Re*).

V. Procedimiento

a. Se elige el NCA.

b. Se selecciona la primera muestra que indica la tabla, para el tamaño correspondiente del lote.

   1) Si el número de unidades malconformadas encontradas en la primera muestra es igual o menor que el primer número de aceptación *Ac*, se acepta el lote.

   2) Si el número de unidades malconformadas encontradas en la primera muestra es igual o mayor al primer número de rechazo *Re*, se rechaza el lote.

   3) Si el número de unidades malconformadas en la primera muestra está entre los primeros *Ac* y *Re*, se inspecciona una segunda muestra del tamaño que indica la tabla.

   4) Se determina en la segunda muestra el número de unidades malconformadas.

c. Se suma el número de unidades malconformadas encontradas en la primera y la segunda muestras.
   1) Si el número acumulado de unidades malconformadas es igual o menor que el segundo *Ac*, se acepta el lote.
   2) Si el número acumulado de unidades malconformadas es igual o mayor que el segundo *Re*, se rechaza o inspecciona al 100% el lote.

Como un ejemplo del empleo de la tabla anterior, consideraremos el caso de unas roldanas de fieltro. La característica crítica en estas roldanas es su diámetro interior, el cual se debe inspeccionar cuando se recibe el material de la planta proveedora. Se ha establecido un NCA del 2.5% para esta característica de la calidad.

Al recibirse un lote de 1000 roldanas, en inspección de aceptación se procede de la siguiente manera:

1. *Se selecciona el tamaño apropiado del lote.* En la tabla de la Fig. 15-11, se encuentra que las 1000 unidades quedan dentro de la zona de 501 a 1200 para tamaños de lotes.
2. *Selección de la primera muestra.* Para esa zona de lotes, la primera muestra resulta de un tamaño de 50 piezas.
3. *Comprobar la primera muestra.* Con un valor de 2.5 para el NCA, se encuentra que el número de defectuosos que se pueden tolerar para ese tamaño del lote, es de dos. Si se encuentran dos o menos defectuosos en esa primera muestra, se puede aceptar el lote. Si se encuentran más de dos pero menos de cinco en la primera muestra, se debe seleccionar la segunda muestra. Si en la primera muestra se encontraron más de cinco defectuosos se debe rechazar el lote, o bien, se inspecciona al 100%.
4. *Seleccionar y medir la segunda muestra.* Si se necesita una segunda muestra, se encuentra que su tamaño debe ser de 50 unidades.
5. *Sume el número de unidades malconformadas encontradas en la primera y segunda muestras.* Si el número acumulado de muestras es seis o menos, el lote puede aceptarse. Si el número acumulado de malconformados es siete o más, el lote debe rechazarse o inspeccionarse al 100%.

15.14 Inspección severa de muestreo

Cuando la calidad de los lotes en la inspección normal ha demostrado requerir un control más estrecho, un plan de inspección severo de muestreo puede instituirse por un periodo. Este tipo de muestreo se usa particularmente bajo circunstancias donde no es posible el rechazo total del lote, como en el caso de producción de alto volumen de componentes electrónicos donde la disponibilidad de un cierto número de unidades aceptables puede ser crítica. El programa de inspección severo de muestreo (Fig. 15-12) permite que la producción prosiga mientras que se toma acción correctiva para eliminar el problema.

Clásicamente, la inspección severa de muestreo se implementa y sigue bajo las siguientes condiciones:

Tamaño lote	Muestra	Tamaño muestra	Tamaño de la muestra acumulada	NIVELES ACEPTABLES DE CALIDAD (Inspección severa)															
				0.010	0.015	0.025	0.040	0.065	0.10	0.15	0.25	0.40	0.65	1.0	1.5	2.5	4.0	6.5	10
				Ac Re	Ac Re	Ac Re	Ac Re	Ac Re	Ac Re	Ac Re	Ac Re	Ac Re	Ac Re	Ac Re	Ac Re	Ac Re	Ac Re	Ac Re	Ac Re
2-8				↓	↓	↓	↓	↓	↓	↓	↓	↓	↓	↓	↓	↓	↓	↓	↓
9-15	Primera Segunda	2 2	2 4	↓	↓	↓	↓	↓	↓	↓	↓	↓	↓	↓	↓	↓	↓	*	↓
16-25	Primera Segunda	3 3	3 6	↓	↓	↓	↓	↓	↓	↓	↓	↓	↓	↓	↓	↓	*	↓	↓
26-50	Primera Segunda	5 5	5 10	↓	↓	↓	↓	↓	↓	↓	↓	↓	↓	↓	↓	*	↓	↓	0 2 1 2
51-90	Primera Segunda	8 8	8 16	↓	↓	↓	↓	↓	↓	↓	↓	↓	↓	↓	*	↓	↓	0 2 1 2	0 3 3 4
91-150	Primera Segunda	13 13	13 26	↓	↓	↓	↓	↓	↓	↓	↓	↓	↓	*	↓	↓	0 2 1 2	0 3 3 4	1 4 4 5
151-280	Primera Segunda	20 20	20 40	↓	↓	↓	↓	↓	↓	↓	↓	↓	*	↓	↓	0 2 1 2	0 3 3 4	1 4 4 5	2 5 6 7
281-500	Primera Segunda	32 32	32 64	↓	↓	↓	↓	↓	↓	↓	↓	*	↓	↓	0 2 1 2	0 3 3 4	1 4 4 5	2 5 6 7	3 7 11 12
501-1200	Primera Segunda	50 50	50 100	↓	↓	↓	↓	↓	↓	↓	*	↓	↓	0 2 1 2	0 3 3 4	1 4 4 5	2 5 6 7	3 7 11 12	6 10 15 16
1201-3200	Primera Segunda	80 80	80 160	↓	↓	↓	↓	↓	↓	*	↓	↓	0 2 1 2	0 3 3 4	1 4 4 5	2 5 6 7	3 7 11 12	6 10 15 16	9 14 23 24
3201-10 000	Primera Segunda	125 125	125 250	↓	↓	↓	↓	↓	*	↓	↓	0 2 1 2	0 3 3 4	1 4 4 5	2 5 6 7	3 7 11 12	6 10 15 16	9 14 23 24	↑
10 001-35 000	Primera Segunda	200 200	200 400	↓	↓	↓	↓	*	↓	↓	0 2 1 2	0 3 3 4	1 4 4 5	2 5 6 7	3 7 11 12	6 10 15 16	9 14 23 24	↑	↑
35 001-150 000	Primera Segunda	315 315	315 630	↓	↓	↓	*	↓	↓	0 2 1 2	0 3 3 4	1 4 4 5	2 5 6 7	3 7 11 12	6 10 15 16	9 14 23 24	↑	↑	↑
150 001-500 000	Primera Segunda	500 500	500 1000	↓	↓	*	↓	↓	0 2 1 2	0 3 3 4	1 4 4 5	2 5 6 7	3 7 11 12	6 10 15 16	9 14 23 24	↑	↑	↑	↑
500 001 y más	Primera Segunda	800 800	800 1600	↓	*	↓	↓	0 2 1 2	0 3 3 4	1 4 4 5	2 5 6 7	3 7 11 12	6 10 15 16	9 14 23 24	↑	↑	↑	↑	↑

NOTAS: ↓ = Use el primer plan de muestreo abajo de la flecha. Si el tamaño de la muestra iguala o excede al tamaño del lote, inspeccione 100%.
↑ = Use el primer plan de muestreo arriba de la flecha.
Ac = Número de aceptación.
Re = Número de rechazo.
* = Use el plan de muestreo sencillo correspondiente (o como alternativa, use el plan de doble muestreo, cuando esté disponible).

Fig. 15-12 Esta tabla es una modificación de la Tabla IIIB del MIL-STD-105D en que se usa el nivel de inspección II y el tamaño de los lotes correspondientes está integrado en el cuerpo de la tabla.

Condición A: Los cinco lotes precedentes han estado bajo inspección normal y se han rechazado dos. (Esto no incluye lotes o paquetes que se hayan reinspeccionado.)

Condición B: La inspección severa continuará hasta que cinco lotes o paquetes consecutivos se hayan considerado aceptables en la inspección original.

Condición C: En el caso de que diez lotes o paquetes consecutivos permanezcan bajo inspección severa (o cualquier otro número de lotes designados por el programa de calidad), la aceptación bajo cualquier circunstancia deberá descontinuarse hasta que la acción correctiva haya corregido la calidad del material suministrado.[23]

15.15 Plan de muestreo reducido

Algunas tablas de muestreo para aceptación, como en el MIL-STD-105D, han incluido una serie de planes de muestreo reducido. La tabla para este muestreo reducido en planes de muestreo doble se presenta en la Fig 15-13. Esta tabla se usará siempre que se satisfagan tres criterios:

Condición A: Los diez lotes precedente se han revisado bajo una inspección normal y ninguno ha sido rechazado. (Lotes adicionales deben aceptarse bajo ciertas condiciones especificadas en la Fig. 15-14.)

Condición B: El número total de unidades malconformadas en las muestras a partir de los diez lotes o paquetes precedentes es igual o menor que el límite menor aplicable mostrado en la Fig. 15.14. Si se usa muestreo doble o múltiple, deberán incluirse todas las muestras inspeccionadas, no sólo las "primeras" muestras.

Condición C: La producción se mantiene a un ritmo constante

El empleo de la tabla para el muestreo reducido es semejante al procedimiento anterior de la Sec. 15-14. Es preciso hacer notar que la economía del muestreo reducido sobre el muestreo normal, se obtiene por medio del tamaño de la muestra que es mucho más pequeña.

El muestreo reducido resulta particularmente efectivo con ciertos materiales, como en algunas clases de fundiciones, en las cuales un lote puede resultar uniformemente satisfactorio, o bien, uniformemente defectuoso. En estas condiciones, lo reducido de la muestra permitirá una considerable disminución de los costos de inspección.[24]

La principal limitación de las tablas de muestreo reducido es, desde luego, precisamente el tamaño pequeño de la muestra. En muchas factorías se puede correr el peligro de que estas tablas se usen en forma indiscriminada, en lugar de las tablas normales, en situaciones en que el muestreo reducido no sea aplicable. Como resultado, la aplicación efectiva de las tablas de muestreo reducido, se debe de acompañar de un cuidadoso control sobre el empleo de estas tablas.

15.16 Un plan de muestreo sensible al lote

Otro enfoque, bastante diferente y muy útil, se ha denominado un plan de muestreo sensible al lote. El plan de muestreo sencillo se basa en el concepto

Tamaño lote	Muestra	Tamaño muestra	Tamaño de la muestra acumulada	NIVELES ACEPTABLES DE CALIDAD (inspección severa)															
				0.010	0.015	0.025	0.040	0.065	0.10	0.15	0.25	0.40	0.65	1.0	1.5	2.5	4.0	6.5	10
				Ac Re	Ac Re	Ac Re	Ac Re	Ac Re	Ac Re	Ac Re	Ac Re	Ac Re	Ac Re	Ac Re	Ac Re	Ac Re	Ac Re	Ac Re	Ac Re
2-8 9-15 16-25				INSPECCIÓN ACEPTABLE DE CALIDAD (inspección severa)															
26-50	Primera	2	2	↓	↓	↓	↓	↓	↓	↓	↓	↓	↓	↓	*	↑	↓	0 2	0 3
	Segunda	2	4															0 2	0 4
51-90	Primera	3	3											*	↑	↓	0 2	0 3	0 4
	Segunda	3	6														0 2	0 4	1 5
91-150	Primera	5	5										*	↑	↓	0 2	0 3	0 4	0 4
	Segunda	5	10													0 2	0 4	1 5	3 6
151-280	Primera	8	8									*	↑	↓	0 2	0 3	0 4	0 4	1 5
	Segunda	8	16												0 2	0 4	1 5	3 6	4 7
281-500	Primera	13	13								*	↑	↓	0 2	0 3	0 4	0 4	1 5	2 7
	Segunda	13	26											0 2	0 4	1 5	3 6	4 7	6 9
501-1200	Primera	20	20							*	↑	↓	0 2	0 3	0 4	0 4	1 5	2 7	3 8
	Segunda	20	40										0 2	0 4	1 5	3 6	4 7	6 9	8 12
1201-3200	Primera	32	32						*	↑	↓	0 2	0 3	0 4	0 4	1 5	2 7	3 8	5 10
	Segunda	32	64									0 2	0 4	1 5	3 6	4 7	6 9	8 12	12 16
3201-10 000	Primera	50	50					*	↑	↓	0 2	0 3	0 4	0 4	1 5	2 7	3 8	5 10	↑
	Segunda	50	100								0 2	0 4	1 5	3 6	4 7	6 9	8 12	12 16	
10 001-35 000	Primera	80	80				*	↑	↓	0 2	0 3	0 4	0 4	1 5	2 7	3 8	5 10	↑	
	Segunda	80	160							0 2	0 4	1 5	3 6	4 7	6 9	8 12	12 16		
35 001-150 000	Primera	125	125			*	↑	↓	0 2	0 3	0 4	0 4	1 5	2 7	3 8	5 10	↑		
	Segunda	125	250						0 2	0 4	1 5	3 6	4 7	6 9	8 12	12 16			
150 001-500 000	Primera	200	200		*	↑	↓	0 2	0 3	0 4	0 4	1 5	2 7	3 8	5 10	↑			
	Segunda	200	400					0 2	0 4	1 5	3 6	4 7	6 9	8 12	12 16				
500 001 y más	Primera	315	315	*	↑	↓	0 2	0 3	0 4	0 4	1 5	2 7	3 8	5 10	↑				
	Segunda	315	630				0 2	0 4	1 5	3 6	4 7	6 9	8 12	12 16					

NOTAS:
- ↓ = Use el primer plan de muestreo abajo de la flecha. Si el tamaño de la muestra iguala o excede al tamaño del lote, inspeccione 100%.
- ↑ = Use el primer plan de muestreo arriba de la flecha.
- Ac = Número de aceptación.
- Re = Número de rechazo.
- * = Use el plan de muestreo sencillo correspondiente (o como alternativa, use el plan de doble muestreo, cuando esté disponible).
- \+ = Si, después de la segunda muestra, se ha excedido el número de aceptación, pero no se ha alcanzado el número de rechazo, acepte el lote, pero reinstale la inspección normal.

Fig. 15-13 Esta tabla es una modificación de la Tabla IIIC del MIL-STD-105D en que se usa el nivel II de inspección y el tamaño de los lotes correspondientes está integrado directamente en el cuerpo de la tabla.

Tabla VIII Número límite para la inspección reducida

Número de unidades de muestra de los últimos diez lotes	Nivel de calidad aceptable															
	0.010	**0.015**	**0.025**	**0.040**	**0.065**	**0.10**	**0.15**	**0.25**	**0.40**	**0.65**	**1.0**	**1.5**	**2.5**	**4.0**	**6.5**	**10**
20-29	*	*	*	*	*	*	*	*	*	*	*	*	*	*	*	0
30-49	*	*	*	*	*	*	*	*	*	*	*	*	*	*	0	0
50-79	*	*	*	*	*	*	*	*	*	*	*	*	*	0	0	2
80-129	*	*	*	*	*	*	*	*	*	*	*	*	0	0	2	4
130-199	*	*	*	*	*	*	*	*	*	*	*	0	0	2	4	7
200-319	*	*	*	*	*	*	*	*	*	*	0	0	2	4	8	14
320-499	*	*	*	*	*	*	*	*	*	0	0	1	4	8	14	24
500-799	*	*	*	*	*	*	*	*	0	0	2	3	7	14	25	40
800-1249	*	*	*	*	*	*	*	0	0	2	4	7	14	24	42	68
1250-1999	*	*	*	*	*	*	0	0	2	4	7	13	24	40	69	110
2000-3149	*	*	*	*	*	0	0	2	4	8	14	22	40	68	115	181
3150-4999	*	*	*	*	0	0	1	4	8	14	24	38	67	111	186	
5000-7999	*	*	*	0	0	2	3	7	14	25	40	63	110	181		
8000-12 499	*	*	0	0	2	4	7	14	24	42	68	105	181			
12 500-19 999	*	0	0	2	4	7	13	24	40	69	110	169				
20 000-31 499	0	0	2	4	8	14	22	40	68	115	181					
31 500-49 999	0	1	4	8	14	24	38	67	111	186						
50 000 y más	2	3	7	14	25	40	63	110	181	301						

* Denota que el número de las unidades de muestra en los últimos diez lotes no es suficiente para la inspección reducida para este NCA. En este caso, más de diez lotes pueden usarse para este cálculo, siempre que los lotes usados sean los más recientes en secuencia, que todos hayan estado bajo inspección normal y que ninguno haya sido rechazado en la inspección original.

Fig. 15-14 Tabla VIII - Números límite para la inspección reducida del MIL-STD-105D.

de aceptación con cero defectos en la muestra.[25] Como una alternativa para la inspección 100%, es más económica porque sólo una fracción del lote se inspecciona. Sin embargo, es apropiado sólo para aquellos productos donde la situación de máximo avance tecnológico permite niveles de calidad casi perfectos, producidos económicamente. Es particularmente útil en las pruebas relacionadas con cumplimiento y seguridad.

Un plan de muestreo sensible al lote (PSL) (Fig. 15-15), puede obtenerse como sigue:

1. Especificar el tamaño del lote N.
2. Especificar el nivel de calidad límite p_L que será protegido por el plan.
3. Calcular el producto $D = Np_L$.
4. Buscar en el cuerpo de la Tabla 1 el valor más cercano de D y leer el valor correspondiente de f como la suma de la fila y columna asociadas.
5. El plan de muestreo es el tamaño de la muestra $= n = fN$.

Siempre se redondea al calcular el tamaño de la muestra.

El plan se aplica como sigue:

1. Se muestrean aleatoriamente n artículos de un lote de N artículos (esto es, se muestrea una fracción f del lote).
2. Se rechaza si se encuentra cualquier defectuoso en el lote.

El uso del plan PSL proporciona protección TPDL al consumidor en la fracción limitante defectuosa p_L especificada. Esto es, la probabilidad de aceptar es de 10% para un lote que tiene una fracción defectuosa del p_L. Si la fracción defectuosa en el lote excede p_L, la probabilidad de que se acepte el lote es naturalmente menos del 10%. La especificación de la protección LTPD es equivalente al coeficiente de confiabilidad del 90%; o, se puede estar seguro en un 90% de que un lote que haya pasado por el plan tiene una fracción defectuosa de *menos* del valor de p_L especificado (o, en equivalencia, tiene una confiabilidad de $1 - p_L$). En aplicaciones repetidas del plan, los lotes que se componen de exactamente una fracción defectuosa p_L se rechazarían un 90% de las veces.

Ya que un lote perfecto tiene una probabilidad del 100% de aceptación, el riesgo de rechazo del productor es cero. Para los lotes que sólo tienen una unidad defectuosa (esto es, para los lotes con una fracción defectuosa $1/N$), la probabilidad de aceptación es sólo $p_a = 1 - f$. El riesgo del productor correspondiente de un lote así que sea rechazado es $1 - p_a = f$. Así, con una fracción del lote inspeccionado de $f = 0.21$ y un lote de tamaño 100, hay una probabilidad de aceptación de $p_a = 1 - 0.21 = 0.79$. Para los lotes que contienen una fracción defectuosa $p = 1/100 = 0.01$, existe un riesgo del producto correspondiente al nivel de fracción defectuosa de $1 - p_a = 0.21$. De esta forma, el riesgo del productor para este tipo de plan de muestreo puede ser inaceptable a menos que la mayoría de los lotes sean perfectos.[26]

Tabla 1 Valores de $D = Np_L$ correspondientes a f

f	0.00	0.01	0.02	0.03	0.04	0.05	0.06	0.07	0.08	0.09
0.9	1.0000	0.9562	0.9117	0.8659	0.8184	0.7686	0.7153	0.6567	0.5886	0.5000
0.8	1.4307	1.3865	1.3428	1.2995	1.2565	1.2137	1.1711	1.1286	1.0860	1.0432
0.7	1.9125	1.8601	1.8088	1.7586	1.7093	1.6610	1.6135	1.5667	1.5207	1.4754
0.6	2.5129	2.4454	2.3797	2.3159	2.2538	2.1933	2.1344	2.0769	2.0208	1.9660
0.5	3.3219	3.2278	3.1372	3.0497	2.9652	2.8836	2.8047	2.7283	2.6543	2.5825
0.4	4.5076	4.3640	4.2270	4.0963	3.9712	3.8515	3.7368	3.6268	3.5212	3.4196
0.3	6.4557	6.2054	5.9705	5.7496	5.5415	5.3451	5.1594	4.9836	4.8168	4.6583
0.2	10.3189	9.7682	9.2674	8.8099	8.3902	8.0039	7.6471	7.3165	7.0093	6.7231
0.1	21.8543	19.7589	18.0124	16.5342	15.2668	14.1681	13.2064	12.3576	11.6028	10.9272
0.0	*	229.1053	113.9741	75.5957	56.4055	44.8906	37.2133	31.7289	27.6150	24.4149

*Para valores de $f < 0.01$ use $f = \frac{2.303}{D}$; para un tamaño de lote infinito, use el tamaño de muestra $n = \frac{2.303}{L}$.

Fig. 15-15 Tabla 1 del plan de muestreo sensible al lote, desarrollado por Edward G. Schilling.

15.17 ¿Cuándo puede hacerse el muestreo?

Se ha dado mucha consideración a la economía de los planes de muestreo estadísticos. El principal problema sobre la aplicación industrial de los planes de muestreo, es el uso indebido de estos planes, en situaciones para las cuales no tienen aplicación.

El uso generalizado que se ha hecho de los planes de muestreo, no justifica su empleo; hay situaciones en las cuales una inspección 100%, o bien, ninguna inspección, será preferible sobre cualquier tipo de plan de muestreo.

Exceptuando aquellos casos aislados en que las pruebas destructivas hacen imperioso un muestreo, o bien cuando la posibilidad de un perjuicio a la propiedad o un daño al personal hacen necesaria una inspección 100%, o si se requiere la inspección 100% de partes relacionadas con la seguridad, la decisión de llevar a cabo o no el muestreo puede convertirse casi enteramente en un caso de practicabilidad —esto es, asegurar que las unidades malconformadas se retiren más tarde en el flujo de la producción— y economía.[27]

Este problema comprende en sí las dos partes siguientes:

1. Para una pieza dada, ¿resultará más económico hacer una inspección 100%, un muestreo, o dejarla pasar sin inspección?
2. Si se ha optado por un muestreo, ¿qué plan de muestreo se debe de aplicar y cuáles son las metas que deben elegirse? En el caso de las tablas del MIL-STD-105D presentadas en lo que antecede, "¿cuál es el NCA que se debe aplicar?".

La contestación a estas preguntas, con frecuencia se resuelven en la industria con sugerencias dadas por la experiencia práctica, con cada pieza en particular y con cada proveedor personal. Sin embargo, el desarrollo que han alcanzado los planes de muestreo en la actualidad, hacen posible suplir esta experiencia práctica, por medio de cálculos sobre la situación más económica de la inspección.

En años recientes, varios enfoques de cálculo muy efectivos se han desarrollado con este propósito. Uno de los más simples de estos enfoques, para obtener un entendimiento inmediato bajo condiciones prácticas de la fábrica para determinar esta situación de inspección más económica para la Tabla MIL-STD-105D discutida antes, comprende el cálculo del *punto de equilibrio* (PDE). Para una pieza dada, o para una característica de la calidad, este punto se puede definir como:

> La relación en porcentaje entre el costo de eliminar piezas defectuosas por medio de la inspección y el costo de reparación, cuando estas piezas defectuosas se han dejado pasar al taller de manufactura.

El cálculo del valor del punto de equilibrio (PDE) se puede hacer, tomando en consideración una sola pieza o una característica de calidad como sigue:

1. Se determina el costo de retirar las piezas defectuosas por medio de inspección.
2. Se determina el promedio del costo de reparación de unidades —por ejemplo, ensambles— que se manufacturan empleando estas piezas defectuosas.

3. Calcular el valor del punto de equilibrio (PDE) por la fórmula:

$$\frac{\text{Costo de inspección (por pieza)}}{\text{Costo de reparación (para el conjunto defectuoso)}} = \text{PDE} \qquad (37)$$

4. Determinar el promedio real del porcentaje defectuoso o el promedio defectuoso del proceso, para la pieza o material en cuestión. Este resultado se determinará con los valores de la inspección de varios miles de piezas.

Se procurará que estas piezas representen a la mayoría de los lotes que se reciban, hasta donde sea posible, a fin de poder evaluar la variación en el proceso del proveedor. Si el promedio del porcentaje defectuoso de material recibido debe de determinarse de los resultados de una inspección por muestreo, únicamente se tomarán en cuenta los resultados de las primeras muestras.

5. Se compara el valor del PDE (del punto 3) con el promedio del porcentaje defectuoso del material recibido (punto 4), y se podrá determinar se está indicada una inspección 100%, nada de inspección o una inspección por muestreo.

Se pueden presentar cuatro situaciones generales:

a) Si el porcentaje defectuoso del material recibido casi coincide con el PDE, la inspección por muestreo será la respuesta económica.
b) Si el porcentaje defectuoso resulta un poco más alto que el PDE, será preferible inspección 100%, no importa su costo.
c) Si el porcentaje defectuoso del material recibido es considerablemente más bajo que el PDE, pero es errático, la inspección por muestreo está indicada únicamente con fines de protección.[28]
d) Si el porcentaje defectuoso del material recibido es considerablemente más bajo que el PDE y además es estable, se puede prescindir por completo de la inspección.

Si se ha determinado que la inspección por muestreo es el procedimiento más económico para un caso dado, entonces se puede seleccionar algún plan de muestreo y algún índice de la calidad. Se han empleado procedimientos generales para relacionar varios puntos de equilibrio a la meta de la calidad.

Si se usa Tabla del MIL-STD-105D de la Fig. 15-11, el índice de la calidad será el NCA. Se pueden aplicar dos métodos alternativos para la selección de un NCA de la tabla, que sea apropiado para un valor determinado del PDE. Estos enfoques son simples y prácticos y son apropiados cuando un enfoque esencialmente "simplista" se puede tomar con el muestreo; sin embargo, deben ser estrechamente estudiados en los casos en que las consideraciones estadísticas técnicas sean importantes. Estos enfoques son:

1. Seleccionar el NCA que esté más próximo o que sea igual al punto de equilibrio. Este procedimiento tiene el mérito de la simplificidad y, por tanto, es el más generalizado. Es relativamente inexacto y en ciertos casos se sacrifica parte de la economía que es posible lograr por medio del muestreo.

La Fig. 15-16 presenta una forma de hoja de cálculo utilizada en una factoría para determinar el NCA por este procedimiento. En el ejemplo ilustrado, el costo de la inspección por unidad, resultó con un valor de $0.01. El costo de reparación por unidad fue de $1.

Con estos datos, resulta el 1% para el PDE, y de acuerdo con el procedimiento empleado en la Fig. 15-16, también resulta para el NCA. Si el porcentaje defectuoso del material que se recibe, queda dentro de la zona de 1% para el NCA, entonces ese valor del 1% será la meta de la calidad.

2. Encontrar la relación entre el PDE al NCA, por medio de la tabla de la Fig. 15-17

El procedimiento permite un empleo más económico de las tablas de muestreo, que el que se obtiene con el procedimiento 1 anterior. Su empleo es similar, hasta el cálculo del punto de equilibrio; la diferencia consiste en que el valor del punto

PLAN DE MUESTREO

PARTE O CONJUNTO Pasador

PLANO NÚM. 6947328

A. Costo por unidad para una inspección o prueba completa $0.01

B. Costo de reparación si se encuentra una unidad defectuosa en el armado 1.00

C. Nivel de calidad aceptable (NCA) $\frac{A}{B}$ 1% *

*Esta es la proporción de las unidades defectuosas que puedan encontrarse en el armado sin tener costos de reparación que excedan al costo de una inspección 100%

a. f. Jones
Inspector

3/1
Fecha

Fig. 15-16

VALORES DEL NCA QUE SE RECOMIENDAN
TABLA DE MUESTREO DEL MIL-STD-105D
DE LA FIGURA 15-11 PARA EMPLEARSE
CON DIFERENTES PUNTOS DE EQUILIBRIO

Puntos de equilibrio	NCA	Puntos de equilibrio	NCA
$\frac{1}{2}$% a 1%	$\frac{1}{4}$%	6% a $10\frac{1}{2}$%	6.5%
1% a $1\frac{3}{4}$%	0.65%	$10\frac{1}{2}$% a 17%	10%
$1\frac{3}{4}$% a 3%	1%		
3% a 4%	2.5%		
4% a 6%	4%		

Fig. 15-17

de equilibrio se usa para determinar el valor más apropiado del NCA. Por ejemplo, si los costos de inspección por unidad son de $0.05 y el costo correspondiente de reparación es de $1, en la Fig. 15-17 se encuentra que para un valor de 5% para el PDE, corresponde un valor de 4% para el NCA.

El empleo de las alternativas 1 ó 2, en una determinada factoría —o si este tipo de cálculo es siquiera apropiado—, depende casi totalmente de las circunstancias de una fábrica en particular: la necesidad de la economía en el muestreo, la cantidad de papeleo necesario, los requisitos para exactitud técnica estadística, etcétera.

15.18 Empleo antieconómico de los planes de muestreo

Tiene que tomarse en consideración los resultados de un empleo indiscriminado de los planes de muestreo, en aquellos casos en que resulten antieconómicos. Un ejemplo se tiene cuando el porcentaje defectuoso del material recibido excede consistentemente al PDE. Si una pieza en particular o una característica de calidad fuera defectuosa prácticamente en el 11% y el PDE fuera el 7%, para este caso la tabla de la Fig. 15-17 daría un plan de muestreo con 6.5 para el NCA.

Se podría emplear ese plan de muestreo, pero la gran mayoría de los lotes que se examinaran, tendrían que ser rechazados, o bien, sujetos a una inspección 100%. Esto daría un plan sin objeto desde un principio y posiblemente una carga adicional a los costos. Además, el factor del riesgo del muestreo, tal como se presentó al tratar de los riesgos del productor y del consumidor, indicará que cierto número de lotes aceptados contendrá el 11% de malconformados.

Desde luego que en el caso citado se debe de efectuar una inspección 100% y no un muestreo, el cual resultaría antieconómico e impracticable al mismo tiempo.

En realidad, los detalles precisos para el cálculo del punto de equilibrio, podrán no tenerse a la disposición en una factoría determinada, por la forma de las rutinas empleadas en su contabilidad. Además, la selección del NCA se hace de acuerdo con la experiencia anterior sobre una pieza o una característica de calidad, antes de que se pueda hacer o se haya hecho un balance detallado de sus costos.

Como resultado, el punto de equilibrio, al igual que otros métodos técnicos para solucionar el problema del muestreo, finca su principal valor en la presentación de un punto de vista, más bien en la prescripción de una rigurosa regla, para un tipo particular de cálculos formales. El muestreo puede ser satisfactorio bajo ciertas condiciones e indeseable para otras; es imperativo que el industrial que vaya a usar los planes de muestreo, conozca cuáles son estas condiciones. Sin embargo, no será imperativa la forma en que se obtenga esta información y se sepa emplearla, ya sea que se aplique como procedimiento formal para calcular su balanza de costos, o de una manera informal para seleccionar el NCA al parecer arbitrario.

Al emplearse las tablas de Dodge-Romig, algunos de estos procedimientos para disminuir el costo del muestreo, de acuerdo con el grado de protección estipulado, están "integrados" dentro del plan de muestreo. Estas tablas requieren que se determine con anticipación a la elección del plan de muestreo, el porcentaje defectuoso promedio del material en cuestión. Estas tablas dan planes de muestreo que hacen mínima la inspección, de acuerdo con la meta de la calidad que se haya fijado.

15.19 Muestreo de varias características

La importancia sobre la selección de un índice de la calidad que sea apropiado para cierta pieza, ya ha sido tratada en lo que antecede. Pero el problema sobre cuál característica queda amparada por este "índice de la calidad para una pieza", no se ha analizado completamente. ¿El valor de 2.5% del NCA para los lotes de las roldanas que se están recibiendo, se debe aplicar a todas las características de esas roldanas? ¿Se refiere únicamente a las características de su espesor y del diámetro exterior? ¿O solamente se debe aplicar a la característica de su diámetro interior?

En muchas piezas, se tiene la seguridad de que sólo una característica es la crítica, de tal manera que resulta obvio decidir lo que ampara el índice de la calidad para esa pieza. En el caso de muchas aplicaciones industriales de los resortes, "la fuerza" del resorte será la única característica muestreada.

Pero también existen otros casos —algunos componentes semiconductores, por ejemplo— en que se tienen varias características críticas. Será necesario efectuar muestreo para espesores, pesos y longitudes.

En consecuencia, es esencial especificar la característica particular para una pieza, a la cual se aplique el índice de la calidad. Cuando sea necesario especificar más de una característica para las piezas que se tienen que muestrear, existen dos alternativas principales para cumplir con ese objetivo:

1. *Establecer un índice de la calidad para cada una de las características particulares de la calidad.* Para el caso de tornillos de cabeza de gota, se

puede establecer un valor de 2.5% para el NCA para la característica de su longitud, que es bastante crítica; por otro lado, un NCA del 10% se puede establecer para el ancho de cabeza, que es de escasa importancia. El lote se puede rechazar si alguno de estos dos índices de la calidad no se logra.

2. *Establecer un índice común de la calidad, aplicable a diferentes características de la pieza.* Por ejemplo, en el caso de las roldanas, el espesor, el diámetro interior y el diámetro exterior, se pueden combinar para un solo valor del NCA del 2.5%. Si el plan de muestreo requiere el rechazo de un lote cuando se encuentren más de cinco malconformadas y se han obtenido dos con defectos de espesor, dos en el diámetro interior y dos en el diámetro exterior —o sean seis en total—, el lote se debe de rechazar.

Un procedimiento muy similar para implantar estos índices de la calidad, implica el uso de las clasificaciones de malconformaciones. Estas clasificaciones de malconformidades se derivan del concepto de clasificación de características revisado en el Cap. 10, "Tecnología de la ingeniería de calidad", Sec. 10.19.

Para el empleo de este procedimiento de clasificación de defectos o malconformidades en críticos, mayores y menores, se presentan dos alternativas:

1. Se pueden construir tablas especiales de muestreo que den un solo tamaño de muestra que pueda emplearse para las diferentes características de la pieza, pero que conste de columna por separado para el número de defectuosos permisibles para los defectos críticos, para los defectos mayores y para los defectos menores. Desde luego que el número de defectos menores permisibles será siempre mayor que para los defectos mayores y, a su vez, este último será mayor que para los defectos críticos.
2. Se puede hacer uso de las tablas estándar de muestreo, pero el número total de defectos en el lote bajo inspección, se determina asignando un peso diferente a los defectos críticos, a los mayores y a los menores. Por ejemplo, en los tornillos para maquinaria, se puede asignar a los defectos mayores. Si la longitud del tornillo representa una característica mayor y el ancho de cabeza una característica menor, y si el número de defectos permitidos es de cinco, se podrá aceptar el lote si se encuentran dos defectuosos en longitud y diez en el ancho de cabeza: 4.5 defectuosos en total.

Se pueden aducir otras varias razones para resaltar la importancia de especificar con toda claridad las características a las que se deba de aplicar una meta de la calidad. Por ejemplo, a veces se rechazan lotes de material y se les regresan a los proveedores como "no satisfactorios", sin indicar en la etiqueta de rechazo o en los registros de inspección, la causa, ya sea que se trate de una sola característica o de la combinación de varias características.

También, si se fija vagamente que a una pieza determinada se le asigna un valor de 2.5 para el NCA, se puede dejar la interpretación de la característica a la cual se aplique ese 2.5%, en manos de un inspector poco hábil y que no esté familiarizado con la importancia relativa entre las diferentes características. Será muy probable que él mismo establezca sus propias especificaciones de muestreo para las piezas, con lo que podría ser muy severo para unas características de escasa importancia, o podría asignar muy poco peso a las más importantes.

15.20 Muestreo por variables

Se ha dado mayor preferencia en la industria a los sistemas de inspección pasa/no-pasa que a los sistemas de muestreo por variables o inspección por mediciones. Muchas razones han influido para esta situación, entre las que se puede mencionar la relativa falta de reconocimiento de la efectividad del muestreo de variables en muchos casos, la escasez de equipos adecuados para la medición en muchas factorías y, tal vez se mayor importancia, el que anteriormente no se necesitara la precisión que se puede alcanzar con el sistema de mediciones.

Esta situación está cambiando rápidamente. La demanda de mayor precisión en los productos ya fue tratada extensamente al principio de este libro, y en la actualidad se puede contar, en calidad y en cantidad, con equipos de medición aplicables para casi todas las industrias.

El impacto de tomar lecturas reales sobre el procedimiento de muestreo es ya aparente. Se obtiene mucha mayor exactitud con las mediciones, que por la simple conclusión de que un elemento sea "bueno" o "malo". La principal ventaja del conocimiento del punto exacto en que se encuentra un elemento dentro de la zona de las tolerancias, en lugar de opinar simplemente que "está bien", ya se hizo resaltar al discutirse las distribuciones de frecuencias y las gráficas de control.

De igual importancia, pero tal vez no tan evidente, es el hecho de que el muestreo por variables resulta menos costoso que el muestreo pasa/no-pasa puesto que se puede obtener información de igual valor en una muestra más pequeña por mediciones, que la que se obtiene con una muestra por el sistema pasa no-pasa.

El muestreo por variables se desarrolla en varias formas. Una de las más peculiares, se refiere a la aplicación de la distribución de frecuencias. Por el general, se construye una distribución de frecuencias con el tamaño de la muestra —puede ser de 50, o tal vez de 150 unidades— seleccionando el tamaño de esta muestra de cada uno de los lotes del material que se reciba. Las mediciones que se efectúen en las piezas, se van pasando a una tarjeta por marcas. A veces se hace flexible este tamaño de muestra, deteniendo el muestreo al aparecer una figura conveniente en la distribución de las piezas en la tarjeta, en lugar de tener que establecer un tamaño específico para la muestra.

A veces, se compara únicamente a simple vista la gráfica que resulta de la distribución de frecuencias, con los límites de tolerancias, para basar la aceptación o el rechazo de un lote. Otras veces se calculan los límites de 3-sigma para esa distribución a fin de compararlos con los límites de especificaciones para aceptar o rechazar el lote. La Fig. 15-18 presenta una distribución de frecuencia de un lote de condensadores, cuya gráfica se comparó visualmente con los límites de tolerancias, siendo aceptado este lote.

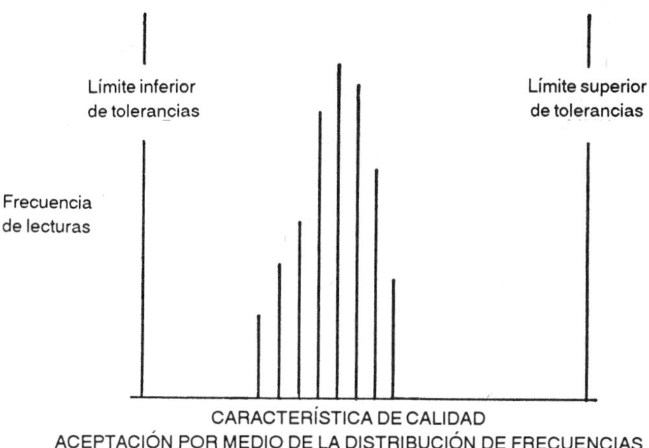

Fig. 15-18

Las gráficas de control por mediciones, también se emplean con frecuencia en el muestreo por variables. El procedimiento implica el establecimiento de los límites de control para la característica que se examina, y la selección de un tamaño de muestra. A veces, este tamaño de muestra se fija en forma arbitraria, después de haber adquirido alguna experiencia con las piezas de que se trate.

En lugar de los métodos descritos arriba, es con frecuencia necesario y efectivo con respecto al costo el establecer un cálculo mucho más preciso del tamaño de muestra requerido para un grado dado de protección. Las fases particulares de estos planes de muestreo por variables, están mucho más enfocadas a las necesidades de ciertas condiciones, y de ellos pueden resultar procedimientos y tamaños de muestras mucho más económicos.

15.21 Plan de aceptación: Variables

En la Fig. 15-19 se presenta una de las tablas del MIL-STD-414 de planes de muestreo por variables para un solo límite de especificaciones y cuando la variable ya es conocida.[29] Esta tabla contiene catorce diferentes niveles del NCA, cada uno de los cuales está aunado a su correspondiente curva en consideración. Cada una de estas curvas características de operación vienen insertadas en el MIL-STD-414.

El procedimiento para la selección de las muestras es semejante al seguido en el MIL-STD-105D en la Sec. 15.13, para una inspección normal, y en la Sec. 15-14 para una inspección reducida.

La tabla en sí, consta de cinco secciones principales, según se puede ver en la Fig. 15-20.

I El tamaño del lote.
II El tamaño de la muestra (n).
III El nivel de calidad aceptable (NCA) (para inspección normal).

Tabla D-1 Tabla maestra para la inspección normal y severa para planes basados en variabilidad conocida (Límite de Especificación Único-Forma 1)

	Niveles de calidad aceptables (inspección normal)													
	0.04		0.065		0.10		0.15		0.25		0.40		0.65	
Tamaño del lote	*n*	*k*	*n*	*k*	*n*	*k*	*n*	*k*	*n*	*k*	*n*	*k*	*n*	*k*
3–40														
41–65													↓	
66–110									↓		↓		2	1.58
111–180							↓		2	1.94	2	1.81	3	1.69
181–300	↓		↓		↓		3	2.19	3	2.07	3	1.91	4	1.80
301–500	3	2.58	3	2.49	4	2.39	4	2.30	4	2.14	5	2.05	5	1.88
501–800	4	2.65	4	2.55	5	2.46	5	2.34	6	2.23	6	2.08	7	1.95
801–1300	5	2.69	6	2.59	6	2.49	6	2.37	7	2.25	8	2.13	8	1.96
1301–3200	6	2.72	6	2.58	7	2.50	7	2.38	8	2.26	9	2.13	10	1.99
3201–8000	8	2.77	8	2.64	9	2.54	10	2.45	11	2.31	12	2.18	13	2.03
8001–22 000	10	2.83	11	2.72	11	2.59	12	2.49	13	2.35	14	2.21	16	2.07
22 001–110 000	14	2.88	15	2.77	16	2.65	17	2.54	19	2.41	21	2.27	23	2.12
110 001–550 000	19	2.92	20	2.80	22	2.69	23	2.57	25	2.43	27	2.29	30	2.14
550 001– y más	27	2.96	30	2.84	31	2.72	34	2.62	37	2.47	40	2.33	44	2.17
	0.065		0.10		0.15		0.25		0.40		0.65		1.00	
	Niveles de calidad aceptables (inspección severa)													

Todos los valores NCA están en porcentaje defectuoso.

↓ Use el primer plan de muestreo bajo la flecha: esto es, tanto el tamaño de la muestra como el valor *k*. Cuando el tamaño de la muestra iguale o exceda al del lote, cada artículo en el lote debe inspeccionarse.

Fig. 15-19 La tabla superior es una modificación de la Tabla D-1 del MIL-STD-414 en que se usa el nivel de inspección III; el tamaño correspondiente de los lotes está integrado al cuerpo de la tabla y se usan lotes de 1301-3200, 3201-8000 y 550 001 y más.

IV El nivel de calidad aceptable (NCA) (para inspección severa).
V La constante de aceptabilidad (k).

Con excepción de IV y V, las demás son semejantes a las presentadas con detalle en las Secs. 15.13 y 15.14. La inspección severa se incluye en el cuerpo de la tabla. La constante de aceptabilidad (k), es el valor con el cual se debe de comparar el promedio de la muestra, el límite de especificaciones, y la variabilidad, para decidir sobre la disposición que se debe dar al lote. La forma de proceder se detalla en el ejemplo siguiente:

Consideremos el caso usado en la Sec. 15.13 que se refiere a las roldanas de fieltro. El diámetro interior de estas roldanas se considera la característica crítica de la calidad, y este diámetro interior se debe inspeccionar al recibir el material procedente de la planta proveedora. Estas roldanas se emplean para

Tabla D-1 Tabla maestra para la inspección normal y severa para planes basados en variabilidad conocida (Límite de Especificación Único-Forma 1) (continuación)

	Niveles de calidad aceptables (inspección normal)													
	1.00		**1.50**		**2.50**		**4.00**		**6.50**		**10.00**		**15.00**	
Tamaño del lote	***n***	***k***	***n***	***k***	***n***	***k***	***n***	***k***	***n***	***k***	***n***	***k***	***n***	***k***
3–40	↓		↓		↓		↓		↓		↓		↓	
41–65	2	1.36	2	1.25	2	1.09	2	0.936	3	0.755	3	0.573	4	0.344
66–110	2	1.42	2	1.33	3	1.17	3	1.01	3	0.825	4	0.641	4	0.429
111–180	3	1.56	3	1.44	4	1.28	4	1.11	5	0.919	5	0.728	6	0.515
181–300	4	1.69	4	1.53	5	1.39	5	1.20	6	0.991	7	0.797	8	0.584
301–500	6	1.78	6	1.62	7	1.45	8	1.28	9	1.07	11	0.877	12	0.649
501–800	7	1.80	8	1.68	9	1.49	10	1.31	12	1.11	14	0.906	16	0.685
801–1300	9	1.83	10	1.70	11	1.51	13	1.34	15	1.13	17	0.924	20	0.706
1301–3200	11	1.86	12	1.72	13	1.53	15	1.35	18	1.15	21	0.942	24	0.719
3201–8000	14	1.89	15	1.75	18	1.57	20	1.38	23	1.17	27	0.965	31	0.741
8001–22 000	17	1.93	19	1.79	22	1.61	25	1.42	29	1.21	33	0.995	38	0.770
22 001–110 000	25	1.97	28	1.84	32	1.65	36	1.46	42	1.24	49	1.08	56	0.803
110 001–550 000	33	2.00	36	1.86	42	1.67	48	1.48	55	1.26	64	1.05	75	0.819
550 001– y más	49	2.03	54	1.89	61	1.69	70	1.51	82	1.29	95	1.07	111	0.841
	1.50		2.50		4.00		6.50		10.00		15.00			
	Niveles de calidad aceptables (inspección severa)													

Todos los valores NCA están en porcentaje defectuoso.

↓ Use el primer plan de muestreo bajo la flecha: esto es, tanto el tamaño de la muestra como el valor *k*. Cuando el tamaño de la muestra iguale o exceda al del lote, cada artículo en el lote debe inspeccionarse.

Fig. 15-19 (Continuación).

amortiguar un choque, por tanto, únicamente se toma en consideración el límite inferior de especificaciones. La dimensión de este límite inferior es de 0.500 in (L) y se ha establecido un valor de 2.5% para el NCA. Se conoce la capacidad del proceso para esta característica de la calidad por experiencias anteriores y su valor consistente es de 0.006 in, o sea $\sigma = 0.001$ in.

Al recibir un lote de 1000 unidades para inspección de recepción, los pasos que deben seguirse para el empleo de la tabla son los siguientes:

1. Se selecciona el tamaño apropiado del lote. En la Fig. 15-20 el lote de 1000 roldanas queda dentro de la zona 801 a 1300.
2. Se busca el tamaño correspondiente de la muestra (n). Este tamaño resulta de 11 piezas, y se encuentra en la intersección del renglón de lotes (801 a 1300) con el valor del NCA de 2.5%.
3. Se calcula la media de la muestra ($\overline{X}$). Los diámetros interiores de las 11 piezas, tomadas al azar, fueron los siguientes:

Tabla D-1 Tabla maestra para la inspección normal y severa para planes basados en variabilidad conocida (Límite de Especificación Único-Forma 1)

	Niveles de calidad aceptables (inspección normal)													
	0.04		0.065 III		0.10		0.15		0.25		0.40		0.65	
Tamaño del lote	II *n*	V *k*	*n*	*k*	*n*	*k*	*n*	*k*	*n*	*k*	*n*	*k*	*n*	*k*
3–40		↓		↓		↓		↓		↓		↓		↓
41–65		↓		↓		↓		↓		↓		↓		↓
66–110		↓		↓		↓		↓		↓		↓	2	1.58
111–180		↓		↓		↓		↓	2	1.94	2	1.81	3	1.69
181–300		↓		↓		↓	3	2.19	3	2.07	3	1.91	4	1.80
301–500	3	2.58	3	2.49	4	2.39	4	2.30	4	2.14	5	2.05	5	1.88
501–800	4	2.65	4	2.55	5	2.46	5	2.34	6	2.23	6	2.08	7	1.95
801–1300	5	2.69	6	2.59	6	2.49	6	2.37	7	2.25	8	2.13	8	1.96
1301–3200	6	2.72	6	2.58	7	2.50	7	2.38	8	2.26	9	2.13	10	1.99
3201–8000	8	2.77	8	2.64	9	2.54	10	2.45	11	2.31	12	2.18	13	2.03
8001–22 000	10	2.83	11	2.72	11	2.59	12	2.49	13	2.35	14	2.21	16	2.07
22 001–110 000	14	2.88	15	2.77	16	2.65	17	2.54	19	2.41	21	2.27	23	2.12
110 001–550 000	19	2.92	20	2.80	22	2.69	23	2.57	25	2.43	27	2.29	30	2.14
550 001– y más	27	2.96	30	2.84	31	2.72	34	2.62	37	2.47	40	2.33	44	2.17
	0.065		0.10		0.15		0.25		0.40		0.65		1.00	
	IV Niveles de calidad aceptables (inspección severa)													

Todos los valores NCA están en porcentaje defectuoso.

↓ Use el primer plan de muestreo bajo la flecha: esto es, tanto el tamaño de la muestra como el valor *k*. Cuando el tamaño de la muestra iguale o exceda al del lote, cada artículo en el lote debe inspeccionarse.

Fig. 15-20 Esta tabla es una modificación de la Tabla D-1 de MIL-STD-414 en que el nivel de inspección III se usa; los lotes correspondientes se incorporan directamente al cuerpo de la tabla, y lotes de tamaño 1301-3200, 3201-8000 y 550 001 y más se usan.

.502 in	.503 in
.501 in	.502 in
.502 in	.503 in
.504 in	.501 in
.500 in	.502 in
.502 in	

La medida de la muestra $\overline{X}$ que es $\Sigma X/n$ resulta de 5.522/11 = .502 in.

4. Se calcula la diferencia entre la media de la muestra $(\overline{X})$ y el límite inferior de especificaciones (L) en unidades de la desviación estándar $(\overline{X} - L)/\sigma$. La media de la muestra fue $\overline{X} = .502$ in, el límite inferior de especificación L es 0.500 in, y la desviación estándar para esta característica de la calidad σ es de 0.001 in. Sustituyendo estos valores en la fórmula, se obtiene un resultado $(\overline{X} - L)/\sigma = (.502 - .500)/.001 = 2$.

Tabla D-1 Tabla maestra para la inspección normal y severa para planes basados en variabilidad conocida (Límite de Especificación Único-Forma 1) (continuación)

	Niveles de calidad aceptables (inspección normal)													
	1.00		1.50 III		2.50		4.00		6.50		10.00		15.00	
	II	V												
Tamaño del lote	*n*	*k*	*n*	*k*	*n*	*k*	*n*	*k*	*n*	*k*	*n*	*k*	*n*	*k*
3–40	↓		↓		↓		↓		↓		↓		↓	
41–65	2	1.36	2	1.25	2	1.09	2	0.936	3	0.755	3	0.573	4	0.344
66–110	2	1.42	2	1.33	3	1.17	3	1.01	3	0.825	4	0.641	4	0.429
111–180	3	1.56	3	1.44	4	1.28	4	1.11	5	0.919	5	0.728	6	0.515
181–300	4	1.69	4	1.53	5	1.39	5	1.20	6	0.991	7	0.797	8	0.584
301–500	6	1.78	6	1.62	7	1.45	8	1.28	9	1.07	11	0.877	12	0.649
501–800	7	1.80	8	1.68	9	1.49	10	1.31	12	1.11	14	0.906	16	0.685
801–1300	9	1.83	10	1.70	11	1.51	13	1.34	15	1.13	17	0.924	20	0.706
1301–3200	11	1.86	12	1.72	13	1.53	15	1.35	18	1.15	21	0.942	24	0.719
3201–8000	14	1.89	15	1.75	18	1.57	20	1.38	23	1.17	27	0.965	31	0.741
8001–22 000	17	1.93	19	1.79	22	1.61	25	1.42	29	1.21	33	0.995	38	0.770
22 001–110 000	25	1.97	28	1.84	32	1.65	36	1.46	42	1.24	49	1.03	56	0.803
1110 001–550 000	33	2.00	36	1.86	42	1.67	48	1.48	55	1.26	64	1.05	75	0.819
5550 001– y más	49	2.03	54	1.89	61	1.69	70	1.51	82	1.29	95	1.07	111	0.841
	1.50		2.50		4.00		6.50		10.00		15.00			
	IV Niveles de calidad aceptables (inspección severa)													

Todos los valores NCA están en porcentaje defectuoso.

↓ Use el primer plan de muestreo bajo la flecha: esto es, tanto el tamaño de la muestra como el valor *k*. Cuando el tamaño de la muestra iguale o exceda al del lote, cada artículo en el lote debe inspeccionarse.

Fig. 15-20 (Continuación).

5. Se determina la constante de aceptabilidad (k). Empleando la Fig. 15-20, la constante de aceptabilidad que corresponde es $k = 1.51$, la cual se encuentra en la intersección del tamaño de lote apropiado (801 a 1300) y del NCA de 2.5%.
6. Se compara la diferencia obtenida $(\overline{X} - L)/\sigma$, con la constante de aceptabilidad (k). Si el valor $(\overline{X} - L)/\sigma$, es menor que k), se rechaza el lote. Si $(\overline{X} - L)/\sigma$ resulta mayor que k, se acepta el lote. En este ejemplo $(\overline{X} - L)/\sigma = 2$ in, es mayor que $k = 1.51$, de forma que se acepte el lote.

Hay que hacer notar que en este ejemplo, la decisión de aceptación se basó únicamente sobre 11 unidades, mientras que en el plan de muestreo doble por atributos de la Sec. 15.13, se necesita de un mínimo de 50 piezas para la primera muestra.[30]

En las tablas del MIL-STD-414 se toman en consideración otras condiciones, para procedimientos semejantes al del ejemplo anterior; al igual que en las tablas del MIL-STD-105D, estas tablas por variables contienen planes de muestreo severo.

15.22 Planes de muestreo basados en la computadora

En muchos casos, los programas computacionales para las tablas de muestreo han contribuido en gran forma para su uso eficiente. Varios de estos programas se han desarrollado para las tablas de muestreo de uso más común.

Un ejemplo de este enfoque es un programa desarrollado para Military Standard 414. Es capaz de manejar nueve situaciones específicas, todas en el nivel IV de inspección como está contenido en el Military Standard 414[31]. Cubre situaciones en las que la variabilidad del proceso es tanto conocida como desconocida. Cuando se desconoce la varianza del proceso, el usuario puede especificar ya sea la desviación estándar de la muestra o la amplitud de la muestra. Dadas las tres situaciones superiores, pueden manejarse los siguientes tres casos: 1) Está especificado un límite (forma 2); 2) están especificados dos límites con un solo valor para NCA; y 3) están especificados dos límites con valores NCA separados.

El programa imprime un resumen de la información requerida por el plan de muestreo elegido. También imprime el tamaño de la muestra requerido, el porcentaje defectuoso esperado (POR DEF ESP), el máximo porcentaje defectuoso permisible (MAX POR DEF), y establece si aceptar o rechazar el lote. El usuario debe especificar correctamente el número de artículos muestreados antes de correr el programa.

Operación del programa para un programa computacional para Military Standard 414

Tarjeta	Columna	Información
1	1–80	Formato de los datos
2	1–6	Número de lotes
3	1–5	Tipo de inspección (TYPEN, TYPET, TYPER)
4	1–6	La varianza del proceso se conoce o no (KNOWN, NKNOWN)
5	1–6	Si la varianza se desconoce, el método deseado (STDDEV, RANGE)
6	1–13	Si la varianza se conoce, entra sigma usando un formato E13.7
7	1–2	Tamaño de lote codificado de la Tabla 1
8	1	El número de límites especificado
9	1–5	Si sólo se requiere un límite, especificar cuál (UPPER o LOWER)
10	1–10	Si se especifica LOWER, entra el límite inferior usando un formato E10.0
11	1–10	Si se especifica UPPER, entra el límite superior usando un formato E10.0
12	1–4	Si se especifican los dos límites, entran los valores de AQL* como AQL1 y AQL2
13	1–2	Si AQL1, entran los valores codificados de AQL de la Tabla 2
14	1–2	Si AQL2, entra el valor codificado inferior AQL de la Tabla 2
15	1–2	Si AQL2, entra el valor codificado superior AQL de la Tabla 2
16 y siguientes		Datos de los lotes de acuerdo con el formato especificado en la tarjeta 1

*AQL = NCA (Nivel de Calidad Aceptable).

Fig. 15-21 Operación del programa para un programa computacional para MIL-STD-414, desarrollado por Peter R. Nelson.

Listado del programa

```
 COMMON Y
 DOUBLE PRECISION UPPER, LOWER,AQL1,AQL2,KNOWN,NKNOWN,RANGE,
1TYPER,TYPET,TYPEN,TYPE,S,S1,S2,S4
 DIMENSION D(200),F(14,16,4),AQL(14),NR(16),FMT(80),
1N2(16),N3(16),YNU(16),CC(16),NN(14,15,2),NNN1(210),NNN2(210),
1FF1(112),FF2(112),FF3(112),FF4(112),FF5(112),FF6(112),FF7(112),
1FF8(112)
 EQUIVALENCE (FF1(1),F(1,1,1)),(FF2(1),F(1,9,1)),(FF3(1),F(1,1,2))
1,(FF4(1),F(1,9,2)),(FF5(1),F(1,1,3)),(FF6(1),F(1,9,3)),
1(FF7(1),F(1,1,4)),(FF8(1),F(1,9,4)),
1(NNN1(1),NN(1,1,1)),(NNN2(1),NN(1,1,2))
 DATA UPPER/'UPPER'/,LOWER/'LOWER'/,AQL1/'AQL1'/,AQL2/'AQL2'/,
1KNOWN/'KNOWN'/,NKNOWN/'NKNOWN'/,RANGE/'RANGE'/,TYPER/'TYPER'/,
2TYPET/'TYPET'/,TYPEN/'TYPEN'/
 DATA NR/1,1,1,1,2,3,4,5,5,6,7,7,8,9,12,13/
 DATA N2/3,4,5,7,10,15,20,25,30,35,40,50,75,
1100,150,200/
 DATA N3/3,4,5,7,10,15,25,30,35,40,50,60,85,
1115,175,230/
 DATA AQL/.04,.065,.1,.15,.25,.4,.65,1.,
11.5,2.5,4.,6.5,10.,15./
 DATA YNU/2.934,3.995,4.828,6.499,8.474,12.106,
119.355,22.986,26.611,30.236,37.486,44.735,
262.856,84.601,128.091,167.958/
 DATA CC/1.91,2.234,2.474,2.83,2.405,2.379,
12.358,2.353,2.349,2.346,2.342,2.339,2.335,
22.333,2.331,2.33/
 DATA FF1    /0.000,0.000,0.000,0.000,0.000,0.000,0.000,
1              0.000,0.000,7.590,18.86,26.94,33.69,40.47,
1              0.000,0.000,0.000,0.000,0.000,0.000,0.000,
1              1.530,5.500,10.92,16.45,22.86,29.45,36.90,
1              0.000,0.000,0.000,0.000,0.000,0.000,1.330,
1              3.320,5.830,9.800,14.39,20.19,26.56,33.99,
1              0.000,0.000,0.000,0.000,.4220,1.060,2.140,
1              3.550,5.350,8.400,12.20,17.35,23.29,30.50,
1              0.000,0.000,0.000,.3490,.7160,1.300,2.170,
1              3.260,4.770,7.290,10.54,15.17,20.74,27.57,
1              .0990,.1860,.3120,.5030,.8180,1.310,2.110,
1              3.050,4.310,6.560,9.460,13.71,18.94,25.61,
1              .1350,.2280,.3650,.5440,.8460,1.290,2.050,
1              2.950,4.090,6.170,8.920,12.99,18.03,24.53,
1              .1550,.2500,.3800,.5510,.8870,1.290,2.000,
1              2.860,3.970,5.970,8.630,12.57,17.51,23.97/
 DATA FF2    /.1790,.2800,.4130,.5810,.8790,1.290,1.980,
1              2.830,3.910,5.860,8.470,12.36,17.24,23.58,
1              .1700,.2640,.3880,.5350,.8470,1.230,1.870,
1              2.680,3.700,5.570,8.100,11.87,16.65,22.91,
1              .1790,.2750,.4010,.5660,.8730,1.260,1.880,
1              2.710,3.720,5.580,8.090,11.85,16.61,22.86,
1              .1630,.2500,.3630,.5030,.7890,1.170,1.710,
1              2.490,3.450,5.200,7.610,11.23,15.87,22.00,
1              .1470,.2280,.3300,.4670,.7200,1.070,1.600,
```

Fig. 15-22 (Continúa página siguiente).

```
1          2.290,3.200,4.870,7.150,10.63,15.13,21.11,
1          .1450,.2200,.3170,.4470,.6890,1.020,1.530,
1          2.200,3.070,4.690,6.910,10.32,14.75,20.66,
1          .1340,.2030,.2930,.4130,.6380,.9490,1.430,
1          2.050,2.890,4.430,6.570,9.880,14.20,20.02,
1          .1350,.2040,.2940,.4140,.6370,.9450,1.420,
1          2.040,2.870,4.400,6.530,9.810,14.12,19.92/
```

Fig. 15-22 Sección de un programa computacional para MIL-STD-414, desarrollado por Peter R. Nelson.

El tamaño de muestra correcto se imprime como una medida de precaución y debe concordar con el número de entradas de datos de la muestra proporcionados por el usuario. Para tamaños pequeños de lotes y para valores muy pequeños del NCA, no hay planes de muestreo disponibles. Si se requiere de un plan así, el programa imprimirá UNACCEPTABLE AQL (NCA inaceptable). Si el porcentaje esperado de defectuosos es mayor a 50 y se desconoce la varianza, el programa así lo imprime y no se efectúan más cálculos.

La Fig. 15-21 resume la operación del programa. Un ejemplo del listado del programa se da en la Fig. 15-22.

15.23 Un plan de aceptación: ANSI/ASQC Z1.9, muestreos de variables simétricos a MIL-STD-105D

Otro plan de aceptación variable, ANSI/ASQC Z1.9 (1980), es una revisión del MIL-STD-414, y de su versión civil esencialmente equivalente designa ANSI Z1. 9 (1972)[32]. Está designado para seguir de cerca al ampliamente usado plan de muestreo por atributos usando el enfoque MIL-STD-105D que se revisó anteriormente en este capítulo.

Aunque los planes de muestreo básico del ANSI/ASQC Z1.9 (1980) son similares a los del 414, el estándar en sí difiere considerablemente de estos estándares previos, la versión civil previa que fue designada ANSI Z1. 9 (1972)[33]. Está estrechamente alineada a las Tablas 105D. Las "reglas de cambio" —es decir, entre el muestreo normal, reducido y severo— son esencialmente similares entre el Z1.9 (1980) y el 105D, como se muestra en la Fig. 15-23.

También, en el ANSI/ASQC Z1.9 (1980), las amplitudes de los tamaños de los lotes están ajustadas del MIL-STD-414 de forma que correspondan con las del MIL-STD-105D. Los NCA 0.04, 0.065 y 15.00 se eliminan para lograr un juego de características operativas; los niveles de inspección se volvieron a etiquetar para que correspondan al uso en el MIL-STD-105D; y las reglas de cambio están reemplazadas esencialmente por las del MIL-STD-105D.

La Fig. 15-24 muestra una tabla representativa de este estándar, con algunas adaptaciones para uso particular. En áreas termonológicas, este plan de muestreo usa las designaciones de "malconformación" por "defecto", "malconformado" por "defectuoso" y "porcentaje malconformado" por "porcentaje defectuoso".

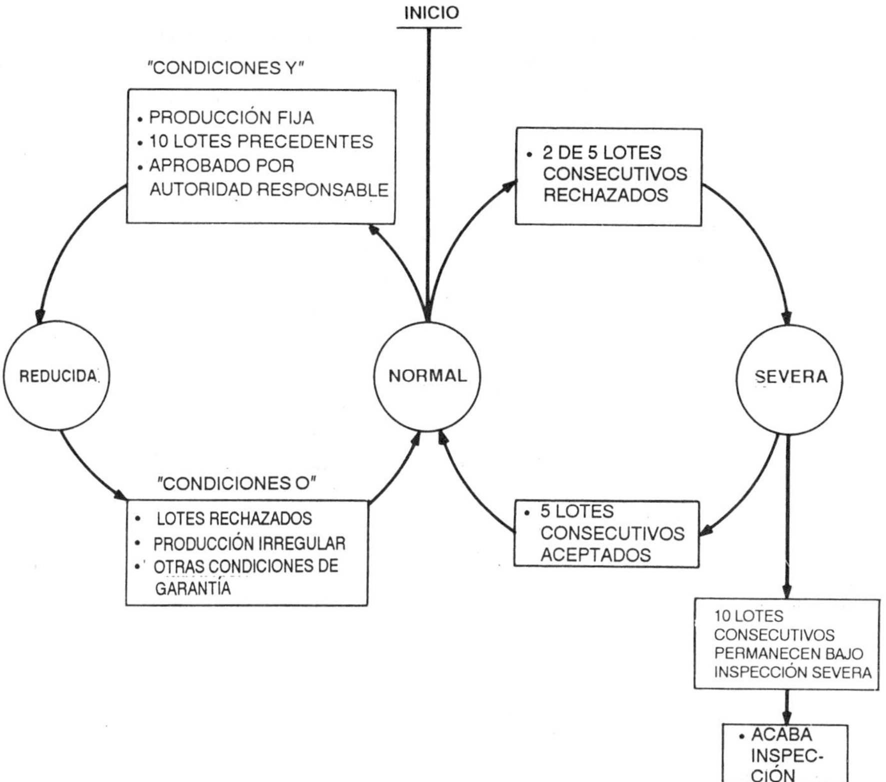

REGLAS DE CAMBIO PARA ANSI Z1.9 (1980)

Fig. 15-23

15.24 El enfoque del muestreo para control del proceso

Muchas piezas y materiales, antes de considerárseles como unidades terminadas, se tienen que someter a diferentes operaciones sucesivas de maquinado, de robotizado o de proceso. Muy frecuentemente los productos se ensamblan en las bandas transportadoras, donde se les agregan en forma sucesiva los subconjuntos y además se practican varias operaciones sucesivas.

Si se examinan los lotes de estas unidades para establecer su conformidad con las especificaciones únicamente después de haber sido terminadas, es posible que se presente un gran número de malconformadas. La tendencia preventiva del control total de la calidad, ha hecho inevitable que se establezca un "control del proceso" sobre el material, durante el curso de su producción efectiva, a pesar de cualquier procedimiento de aceptación para examinarlas después de su terminación.

Este muestreo para el control del proceso es esencial y ha sido aceptado en la industria desde hace tiempo. La prueba de que se ha tomado alguna acción en este sentido, es la existencia en los talleres de las llamadas patrullas de

Tabla D-1
Tabla maestra para la inspección normal y severa para planes basados en variabilidad conocida
(Límite de Especificación Único-Forma 1)

Tamaño del lote	Niveles de calidad aceptables (inspección normal)											
	T		.10		.15		.25		.40		.65	
	n	k	n	k	n	k	n	k	n	k	n	k
2 – 15 16 – 25	↓		↓		↓		↓		↓		↓	
26 – 50											2	1.58
51 – 90							2	1.94	2	1.81	3	1.69
91 – 150					3	2.19	3	2.07	3	1.91	4	1.80
151 – 280	3	2.49	4	2.39	4	2.30	4	2.14	5	2.05	5	1.88
281 – 400	4	2.55	5	2.46	5	2.34	6	2.23	6	2.08	7	1.95
401 – 500	6	2.59	6	2.49	6	2.37	7	2.25	8	2.13	8	1.96
501 – 1 200	7	2.63	8	2.54	9	2.45	9	2.29	10	2.16	11	2.01
1 201 – 3 200	11	2.72	11	2.59	12	2.49	13	2.35	14	2.21	16	2.07
3 201 – 10 000	15	2.77	16	2.65	17	2.54	19	2.41	21	2.27	23	2.12
10 001 – 35 000	20	2.80	22	2.69	23	2.57	25	2.43	27	2.29	30	2.14
35 001 – 150 000	30	2.84	31	2.72	34	2.62	37	2.47	40	2.33	44	2.17
150 000 y más	40	2.85	42	2.73	45	2.62	49	2.48	54	2.34	59	2.18
	.10		.15		.25		.40		.65		1.00	
	Niveles de calidad aceptables (inspección severa)											

Todos los valores NCA en porcentaje de malconformados. *T* denota un plan usado exclusivamente en la inspección severa y proporciona el símbolo para la curva CO apropiada.
↓ Use el primer plan de muestreo abajo de la flecha: es decir, el tamaño de la muestra como el valor *k*. Cuando el tamaño de la muestra iguale o excede al del lote, cada artículo debe inspeccionarse.

Fig. 15-24 Esta tabla es una modificación de la Tabla D-1 de ANSI Z1. 9 (1980) en que se usa el nivel de inspección II y el tamaño de los lotes correspondientes está integrado al cuerpo de la tabla.

inspección o de inspectores volantes. En esencia, las técnicas modernas del muestreo durante el proceso representan una forma mejor controlada y mejor planeada para las patrullas de inspección, que la que antes se había seguido por muchos años.

La introducción de estas técnicas modernas del control del proceso ha tomado diferentes formas. Cuando se efectúa una medición real, la gráfica de control por mediciones ha sido la técnica más efectiva para el control del proceso. Si se requiere una inspección pasa/no-pasa, las gráficas de control en porcentaje defectuoso o malconformado tienen mayor aplicación y las tablas de muestreo para control del proceso son las indicadas en particular. El tema que se expone a continuación, es la descripción de esta tablas de muestreo para control del proceso.

15.25 Tipos de las tablas de muestreo para control del proceso

En el Cap. 14 se sustentó la tesis de que las piezas se pueden controlar con mayor efectividad durante su producción, examinando muestras pequeñas de

Tabla D-1 Continúa
Tabla maestra para la inspección normal y severa para planes basados en variabilidad conocida
(Límite de Especificación Único-Forma 1)

Tamaño de lote	Niveles de calidad aceptables (inspección normal)											
	1.00		1.50		2.50		4.00		6.50		10.00	
	n	k	n	k	n	k	n	k	n	k	n	k
2 – 15	▼		▼		▼		▼		▼		▼	
16 – 25	2	1.36	2	1.25	2	1.09	2	.936	3	.755	3	.573
26 – 50	2	1.42	2	1.33	3	1.17	3	1.01	3	.825	4	.641
51 – 90	3	1.56	3	1.44	4	1.28	4	1.11	5	.919	5	.728
91 – 150	4	1.69	4	1.53	5	1.39	5	1.20	6	.991	7	.797
151 – 280	6	1.78	6	1.62	7	1.45	8	1.28	9	1.07	11	.877
281 – 400	7	1.80	8	1.68	9	1.49	10	1.31	12	1.11	14	.906
401 – 500	9	1.83	10	1.70	11	1.51	13	1.34	15	1.13	17	.924
501 – 1,200	12	1.88	14	1.75	15	1.56	18	1.38	20	1.17	24	.964
1,201 – 3,200	17	1.93	19	1.79	22	1.61	25	1.42	29	1.21	33	.995
3,201 – 10,000	25	1.97	28	1.84	32	1.65	36	1.46	42	1.24	49	1.03
10,001 – 35,000	33	2.00	36	1.86	42	1.67	48	1.48	55	1.26	64	1.05
35,001 – 150,000	49	2.03	54	1.89	61	1.69	70	1.51	82	1.29	95	1.07
150,000 y más	65	2.04	71	1.89	81	1.70	93	1.51	109	1.29	127	1.07
	1.50		2.50		4.00		6.50		10.00			
	Niveles de calidad aceptables (inspección)											

Todos los valores NCA están en porcentaje de malconformados.
↓ Use el primer plan de muestreo bajo la flecha: esto es, tanto el tamaño de la muestra como el valor *k*. Cuando el tamaño de la muestra iguale o excede al del lote, cada artículo en el lote debe inspeccionarse.

Fig. 15-24 (Continuación)

estas piezas a intervalos frecuentes, regularmente programados. El objetivo de esta forma de comprobación del proceso, es la de proporcionar una representación continua de la calidad de las piezas que se van produciendo.

Los planes que logran este objetivo, representan un equilibrio entre los costos de la inspección y la exactitud estadística que se requiere para indicar la calidad de las piezas. Ese equilibrio da como resultado un plan por medio del cual, las muestras que se vayan tomando sean lo suficientemente representativas y los intervalos entre cada comprobación estén lo suficientemente próximos, para que se pueda detener la producción de piezas defectuosas, tan pronto como aparezcan en el proceso de manufactura.

Este es el principio fundamental sobre el cual se han diseñado las tablas efectivas de muestreo para un control del proceso. En estas tablas se especifican:

1. Una serie de programas de muestreo, cuando sea posible, con índice de calidad que proporcionen un grado de riesgo dado.
2. La frecuencia con que se deben de tomar esas muestras.
3. Los procedimientos por seguir para complementar la tabla de muestreo; por ejemplo, los pasos para la aceptación o el rechazo de lotes.

Más que unas tablas de muestreo para aceptación, estas tablas para el control del proceso representan una transición entre las circunstancias reales de una factoría y la estadística “pura”. Esta situación resulta de la gran necesidad de reconocer dentro de los planes de control del proceso, puntos tan intangibles como la escrupulosa diligencia de los inspectores y operadores del taller, y tan tangibles como la estabilidad del proceso que se juzga.

Como resultado, algunas tablas de muestreo para control del proceso representan sólo un esfuerzo por colocar la inspección de taller sobre una base programada; algunas otras tablas se encuentran más apegadas al procedimiento ideal del muestreo estadístico.

Probablemente la principal diferencia entre las tablas de muestreo para control del proceso, se refiere al tipo de condiciones de producción para las cuales se han diseñado estas tablas. Se dispone de tres principales de tablas para el proceso y son aplicables para:

1. Cuando las condiciones de la fabricación, durante un determinado periodo de producción —un cuarto de hora, medio día— permiten separar materialmente los lotes individuales, para fines de la inspección del proceso. Por ejemplo, si se están ranurando en una fresadora unos soportes, se pueden colocar dentro de una caja grande colocada al lado de la máquina, entre cada uno de los periodos de inspección.
2. La producción bajo aquellas condiciones cuando un flujo continuo de la producción hacen imposibles separar materialmente la producción de un determinado periodo de fabricación. Los circuitos integrados fabricados en un proceso continuo dan un ejemplo de este caso.
3. Cuando un lote de fabricación, para propósitos de la inspección de proceso, se segrega automáticamente durante la operación de manufactura, como en el caso de la producción de un lote de un producto químico.

Las secciones que siguen dan algunas de las técnicas del muestreo para control del proceso, las cuales se han desarrollado para cada una de las condiciones de producción citadas antes.

15.26 Tabla para control del proceso utilizable cuando la producción se puede separar

Un plan de control del proceso desarrollado inicialmente en la industria, ha de mostrado por sí mismo su gran efectividad, cuando las condiciones permiten separar la producción durante un determinado periodo, de la producción durante otro periodo. Su objetividad primordial es el disciplinar las prácticas de control bajo ciertas condiciones demandantes de producción, algunas veces sin una determinación estadística totalmente precisa. En algunas operaciones de maquinado, como en perforado o roscado, se presenta la oportunidad de aplicar este plan. Esta fábrica usa las designaciones de defecto y defectuoso para identificar a las unidades que no cumplen los requisitos.

PLAN DE MUESTREO PARA CONTROL DEL PROCESO

ANEXO A: FRECUENCIA DEL MUESTREO-NÚM. DE HORAS
ENTRE COMPROBACIONES

PRODUCCIÓN POR HORA	CONDICIÓN DEL PROCESAMIENTO ERRÁTICO	ESTABLE	CONTROLADO
MENOS DE 10	8 HORAS	8 HORAS	8 HORAS
10 A 19	4 HORAS	8 HORAS	8 HORAS
20 A 49	2 HORAS	4 HORAS	8 HORAS
50 A 99	1 HORA	2 HORAS	4 HORAS
100 O MÁS	½ HORA	1 HORA	2 HORAS

"ERRÁTICO"– UN PROCESO QUE INTERMITENTEMENTE ES BUENO O MALO, O QUE CAMBIA DE BUENO A MALO SIN INDICIO ANTICIPADO.
"ESTABLE"– UN PROCESO QUE DA UN RENDIMIENTO CASI UNIFORME, PERO REPRESENTA CAMBIOS GRADUALES O DESLIZAMIENTOS EN UNA DIRECCIÓN, DEBIDO AL DESGASTE DE LA HERRAMIENTA U OTROS FACTORES.
"CONTROLADO"– UN PROCESO QUE PRESENTA LA EVIDENCIA TANTO ANTERIOR COMO ACTUAL, DE ESTAR CONTROLADO.

ANEXO B: TAMAÑO DE MUESTRA PARA UNA INSPECCIÓN POR ATRIBUTOS

DETERMINAR EL NIVEL ACEPTABLE DE CALIDAD (NCA) EN PROCENTAJE DEFECTUOSO. TOMAR LA MUESTRA DE ACUERDO CON EL ANEXO A; USAR EL TAMAÑO DE MUESTRA QUE SE INDICA ABAJO:

NIVEL DE CALIDAD ACEPTABLE (NCA)	TAMAÑO DE MUESTRA
ABAJO DEL 1.0%	20
DE 1.0 A 1.9%	10
DE 2.0 A 4.9%	5
5.0 O MÁS	2

EL TRABAJO ESTARÁ BAJO CONTROL CUANDO NO SE ENCUNTREN DEFECTUOSOS EN LA MUESTRA; SI QUEDA FUERA DE CONTROL, CORRÍJASE EL PROCESO O EFECTÚESE UNA INSPECCIÓN 100%.

Fig. 15.25

El plan suministra los datos que se requieren para el muestreo durante el proceso en dos tablas, las cuales se dan en la Fig. 15-25.

El *Anexo A* permite obtener la información sobre la frecuencia con que se debe efectuar el muestreo.

El *Anexo B* da la información sobre el tamaño de muestra apropiado, para el nivel aceptable de calidad que se estipule en el proceso u operación que se considere.

La frecuencia del muestreo en el Anexo A se determina por medio de dos factores:

1. *El volumen de producción.* Este valor se obtiene sencillamente calculando el número promedio de piezas que se producen por hora.
2. *La condición del proceso.* Esta condición se determina basándose en experiencia anteriores. Aunque la designación de "errático", "estable" o "controlado" es muy general, la colocación de un proceso en particular en una

de estas tres clasificaciones, se puede realizar con facilidad y con suficiente grado de exactitud para los fines del plan.

En el Anexo B, se determina el tamaño de la muestra con el valor del NCA del proceso. Este valor se puede determinar en la forma descrita al principio de este capítulo, o bien, basándose en el desempeño anterior de ese proceso. La selección del NCA basada en la información anterior, es posiblemente la alternativa más práctica; puede ser que no se disponga de los datos de costo, o bien, que el cálculo del punto de equilibrio para centenares de operaciones constituya un trabajo antieconómico.

El empleo de la tabla para muestreo en el control del proceso, comprende generalmente los siguientes pasos:

1. Se establece el valor del NCA para la operación o procesado en cuestión. Por lo general, se toma un solo valor para el NCA, el cual se aplica a todo el proceso y operaciones dentro del área de manufactura. Con este procedimiento se sacrifica la exactitud en algunos casos particulares, pero tiene la ventaja de ser muy simple y además muy económico, lo cual compensa en muchos casos, su relativa falta de exactitud.
2. Se determina el tamaño de la muestra por el Anexo B, de acuerdo con el valor del NCA.
3. Se calcula el promedio de producción por hora de este proceso u operación.
4. Del anexo A, se toma la frecuencia con que se debe de hacer la comprobación de las muestras.
5. Se aplica el plan a la producción real. Se separa el material producido entre cada comprobación. A los intervalos marcados se va tomando del proceso la muestra del tamaño que se requiere. Si se encuentra uno o más defectuosos, se procede de inmediato la corrección del proceso.
6. Después de verificar una corrección, se continúa el procedimiento del muestreo, o bien, se puede proceder en una forma severa durante cierto tiempo, si es que las condiciones ameritan que se tome tal acción.

La selección de las unidades de la muestra del proceso de producción, se puede realizar en tres formas:

1. Se puede seleccionar la muestra al azar, del lote de piezas que se tienen separadas.
2. Se puede tomar la muestra del flujo de piezas que se están produciendo en el momento de inspeccionar este proceso.
3. Se pueden combinar los procedimientos 1 y 2.

La elección de cualquiera de estas tres alternativas dependerá de las condiciones particulares del proceso u operación. Por ejemplo, en las operaciones repetidas de una troqueladora, en la que el proceso es relativamente estable durante periodos cortos de tiempo, pero que presenta “tendencias” debido al desgaste de la herramienta durante periodos largos, se puede controlar mejor con el empleo de la alternativa 2. La operación de los taladros se ejecuta a veces por obrero poco entrenadas, o bien, con dispositivos de fijación imperfectos y, por tanto, el proceso acusa muy poca "tendencia", mientras que la falta de cuidado durante cortos periodos sí puede afectar en forma importante; entonces este proceso se controla mejor usando la alternativa. La alternativa 3 sólo representa un plan de avenencia que se debe emplear en muchos casos.

15.27 Tabla para control del proceso empleada cuando la producción se puede separar: Ejemplo

La operación de taladrar una perforación crítica sobre una placa encorvada, puede ilustrar el empleo de la tabla de muestreo para control del proceso de la Fig 15-25.

Por la fabricación anterior, se sabe que este proceso varía en forma intermitente, pasando de bueno a malo con escasa advertencia, y que es preciso mantener durante la operación, un valor de 2.5% para el NCA. El tamaño de la muestra se determina por medio del Anexo B de la Fig. 15-25. La zona que corresponde al 2.5% del NCA, se busca leyendo verticalmente en la columna del nivel aceptable de calidad, y corresponde entre 2.0 a 4.9%. Leyendo el renglón horizontal, hasta la columna del tamaño de muestra, se encuentra un tamaño de cinco unidades.

La producción media de estas placas es de 85/h. En el Anexo A de la Fig. 15-25, la columna de producción por horas se puede seguir verticalmente hacia abajo hasta encontrar el renglón apropiado. Las 85 unidades quedan dentro de la zona de 50 a 99 piezas. Puesto que el proceso varía intermitentemente de bueno o malo, se aplica la condición de *"errático"*. Siguiendo en el mismo renglón hasta la columna de proceso errático, se encuentra una frecuencia entre comprobaciones de una hora.

Por tanto, para el taladrado de la perforación crítica en las placas, las condiciones del muestreo indican la selección de una muestra de cinco unidades cada hora.

15.28 Pasos que se deben seguir para la aplicación de esta tabla para control del proceso

A continuación se da la lista de la serie de pasos apropiados que se deben seguir en las aplicaciones prácticas de esta tabla de muestreo para control del proceso, cuando el plan se aplica en forma general dentro de una área de proceso que incluya diversas máquinas herramientas y equipo de proceso:

Paso 1: Determinar el número promedio de partes procesadas por hora en las máquinas y equipos del proceso, sobre las cuales se desea establecer el control. Determinar el número total de máquinas y equipo que puedan estar operando al mismo tiempo y dentro de la misma área.[34]

Paso 2: Determinar las condiciones generales del proceso dentro de esa área. Con este valor y con el promedio de producción determinado en el paso

1, se busca la frecuencia para la toma de muestras de comprobación en el Anexo A de la Fig. 15-25.

Paso 3: Determinar el valor del nivel aceptable de calidad para el área.

Paso 4: Con el valor del NCA del paso anterior, determinar el tamaño de la muestra en el Anexo B de la Fig. 15-25.

Paso 5: Determinar el promedio del número de piezas que es posible inspeccionar, por ahora, en las máquinas de esta área, con el personal disponible de inspectores.

Paso 6: Con la información obtenida del paso 1 al 5, determinar si con el personal disponible de inspectores, se puede aplicar el control en el área de que se trate. En caso contrario, procurar la solución al problema, ya sea con el aumento del personal de inspectores, o con una mejor utilización del personal que existe, con el empleo de mejores calibradores y equipo de medición, mejorando el plan de control de proceso, etcétera.

Paso 7: Establecer las facilidades para el registro de los resultados de este procedimiento de muestreo. Por lo general, se coloca en cada una de las máquinas una tarjeta registro que debe ser llenada por el departamento de inspección. La información que se asiente en estas tarjetas comprende:

1. Número del operador o de la máquina.
2. Número de la operación.
3. Fecha.
4. Identificación del inspector del proceso.

Esta tarjeta se divide generalmente en periodos, a fin de que el inspector pueda anotar en cada espacio la condición del proceso en ese instante.

La Fig. 15-26 presenta un modelo de tarjeta que puede ser utilizada para este fin. El frente de esta tarjeta está dividido en espacios para la anotación de cierta información como el número del plano de la pieza, la fecha y el número de la máquina. Para cada intervalo de tiempo —7.00, 7.30— se dejan espacios para registrar las condiciones del proceso, de acuerdo con las tres designaciones:

1. "Bien", o sea, cuando la pieza comprobada está dentro de tolerancias.
2. "Alta", o sea, cuando la pieza comprobado resulta arriba de tolerancias.
3. "Baja", o sea, cuando la pieza resulta abajo de tolerancias.

En la columna titulada "Motivo" se debe de anotar el número clave de la clase de rechazos, cuya lista se encuentra al reverso de la tarjeta; esta columna se emplea siempre que se detenga el proceso. Se incluye la columna "Paro" para marcar una perforación cuando la operación se detiene por alguna razón.

La columna marcada "Ajustada" se debe de marcar con una perforación cuando se dé la aprobación del ajuste inicial empezar la producción normal. La columna marcada "Inactiva" se marca con una perforación cuando la máquina no esté operando en el momento en que el inspector hace su visita.

Paso 8: Iniciar el plan de muestreo para control del proceso colocando tarjetas semejantes a la mostrada en la Fig. 15-26, para cada operación o cada

DIVISIÓN ESP. DE MANUFACT.
INSPECCIÓN

Plano Núm. ________ Fecha ________
Máquina ________ Operación ________
Estación ________ Inspector ________
Comprobado Núm. ________

Datos del lote			Hora	Motivo	Para	Ajustada	Inactiva
Alta	Bien	Bajo					
			7:00				
			7:30				
			8:00				
			8:30				
			9:00				
			9:30				
			10:00				
			10:30				
			11:00				
			11:30				
			12:00				
			12:30				
			1:00				
			1:30				
			2:00				
			2:30				
			3:00				
			3:30				
			4:00				
			4:30				
			5:00				
			5:30				
			6:00				
			6:30				
			7:00				
			7:30				
			8:00				
			8:30				
			9:00				
			9:30				
			10:00				
			10:30				
			11:00				
			11:30				
			12:00				
			12:30				

FRENTE

DEPARTAMENTO DE MAQUINARIA

1. Arriba medida	9. Material defect.
2. Abajo medida	10. Tarraja rota
3. Disposit. defect.	11. Broca rota
4. Ang. equivocado	12. Herra. rota
5. Línea C. defect.	13. Cortador defect.
6. Prof. de taladro	14.
7. Desbardado defect.	15.
8. Acabado defect.	16.

TROQUELADORAS

17. Ang. equivocado	22. Abajo medida
18. Perf. fuera loc.	23. Mat. defect.
19. Rebabas	24. Disp. defect.
20. Sobremedida	25.
21. Abajo medida	26.

SOLDADURAS POR PUNTOS Y CON LATÓN

27. Flamazo	32. Disp. defect.
28. Quemado	33. Resist. sold.
29. Alineamiento	34.
30. Cond. superf.	35.
31. Sold. defect.	36.

LABRADO DE HOJAS METÁLICAS

37. Fuera escuad.	51. Resist. sold.
38. Sobremedida	52. Corte pasado
39. Abajo medida	53. Sold. extra
40. Omisiones	54. Rect. escaso
41. Rebabas	55. Mal rectific.
42. Alabeado	56. Rect. profundo
43. Material defect.	57. Esquina defect.
44. Acabado defect.	58. Bordes afilados
45. Inserción	59. Def. por choque
46. Sold. rotas	60.
47. Puntos prof.	61.
48. Flamazo	62.
49. Quemadura	63.
50. Fijación defect.	64.

BOBINADO

65. Diám. Ext.	75. Terminales
66. Diám. Int.	76. Herraje
67. Longitud	77. Placa marca
68. Long. Int.	78. Espiras descub.
69. Long. Ext.	79. Feo aspecto
70. Ancho Int.	80. Recubrim. suelto
71. Ancho Ext.	81.
72. Long. total	82.
73. Estampado	83.
74. Bridas	84.

REVERSO

MODELO DE TARJETA PARA CONTROL DE PROCESO

Fig. 15.26

máquina en las que se haya establecido este plan. Las tarjeta se colocan en lugar apropiado en la máquina en cuestión.

Paso 9: Se comprueban las primeras piezas producidas en el momento en que la operación quede ajustada. El inspector del proceso debe aprobar el ajuste de la operación, o bien, rechazarlo hasta que el proceso quede corregido y pueda producir piezas satisfactorias. Cuando haya aprobado la operación, hará una perforación en la columna de "Ajustada" de la tarjeta.

Paso 10: Después de la aprobación, el operador inicia el trabajo, comprobando la producción cuando lo crea necesario, o si se trata de un trabajo con plan de incentivos, comprobándolo cuando le sea permitido por la cuota del estudio de tiempos. A medida que se van fabricando las piezas, el operador las deposita en una caja colocada cerca de su máquina para este fin. Si el operador encuentra piezas defectuosas, indudablemente que debe corregirse el proceso.

Paso 11: Al finalizar cada intervalo de tiempo, el inspector comprueba el tamaño requerido de muestra para el trabajo. Estas piezas se pueden seleccionar a medida que vayan saliendo de la máquina, o bien al azar, de la caja donde están depositadas. La elección de cualquiera de estos dos medios para la toma de muestra, dependerá de la naturaleza del trabajo y del proceso (ver Sec. 15.26).

Si no se han presentado rechazos, el inspector ordenará que las piezas acumuladas desde su anterior comprobación, se pasen a otra caja marcada "material acabado". En la tarjeta de la Fig. 15-26 marcará una perforación en la columna "Bien".

Paso 12: Si ha ocurrido algún rechazo, el inspector dará el aviso a la persona autorizada —por lo general al operador y al jefe del taller— a fin de que se corrija el proceso inmediatamente. Puede colocar una etiqueta de "defectuoso" a las piezas acumuladas desde su última comprobación. Será responsabilidad del operario hacer la selección de estas piezas, o bien, según esté establecido, hará la selección el capataz de la fábrica. En la tarjeta de la Fig. 15-26 el inspector asienta el número clave que corresponde al rechazo, en la columna de "Motivo". Al mismo tiempo marca una perforación, en la tarjeta ya sea en la columna de "Alta" o "Baja" o posiblemente en ambas.

Paso 13: Cuando el proceso se detenga para verificar un ajuste o un cambio de herramienta, se seguirá el procedimiento del paso 9, como si se tratara de un nuevo ajuste.

Paso 14: Los datos registrados en la tarjeta se analizan periódicamente en forma conveniente. Pueden hacerse relaciones detalladas, diarias o semanarias, ya sea por causas de rechazos, por revisión de los planes de muestreo, por el examen de tiempos ociosos en las máquinas o equipos en cuestión. La discusión del análisis de estos casos, se reserva en el Cap. 20 que trata del control del producto.

Es preciso hacer notar que la tabla de muestreo para control del proceso, que se presentó en las Secs. 15.26 a 15.28 corresponde a un plan que fue desarrollado para satisfacer las necesidades particulares de una factoría, para la cual se diseñó. No existe, por ejemplo, ningún enigma el especificar que para determinados procesos se debe de hacer la comprobación cada 8 h; se debe a que esa planta trabajaba turnos de ocho horas. La razón de que en los anexos de la Fig. 15-25 únicamente se anoten cantidades de producción menores a 100 unidades por hora, corresponde a la situación del taller cuya operación es relativamente baja en producción por hora.

La forma que se dé en las tablas de muestreo para control del proceso, dependerá de las condiciones particulares de cada taller, más bien que de las condiciones estadística ideales para el muestreo. Es muy importante que esto se tenga presente en aquellas factorías que están haciendo la aplicación de estas tablas para sus propios talleres.

Muy importante también en el desarrollo de estos planes son las responsabilidades de trabajo relativas de los operadores e inspectores involucrados. La aplicación de la tabla revisada arriba es una en la que tanto inspectores como operadores han estado fuertemente implicados en las acciones de control. Otras aplicaciones de estas disciplinas de este plan en fábricas cuyos programas de control total de la calidad han sido desarrolladas altamente, han establecido una proporción muy alta de estas revisiones del proceso a ser efectuadas por los operadores mismos. El departamento de ingeniería de proceso de la función de control de calidad ha proporcionado auditoría y supervisión de las acciones de control del proceso.

15.29 Control del proceso cuando la producción no se separa fácilmente

En aquellas situaciones de producción donde puede no ser práctico el separar físicamente los lotes, el proceso de muestreo debe ajustarse de acuerdo con esto. Los mismos principios básicos discutidos en este capítulo para planes de muestreo continuo – CSP-1, CSP-2, CSP-3 y otros – son también especialmente efectivos cuando se aplican a los objetivos de control del proceso en la producción continua de partes y subensambles. Como ejemplos, se incluyen el procedimiento en una línea de componentes electrónicos o el flujo hacia adelante en una banda de ensamble mecánico.

Ross[35] hizo una interesante adaptación de este tipo de plan de control del proceso. Su plan está diseñado alrededor de las siguientes características:

1. Un NCA de 2% con un riesgo del productor del 5%.
2. Un porcentaje de tolerancia de defectuosos en el lote del 15% con un riesgo del cliente del 10%.

La Fig. 15-27 muestra las características de operación para este plan en particular y la curva de calidad media de salida asociada con ella.

El programa de muestreo desarrollado bajo este plan requiere de la inspección de un flujo continuo, o "secuencia", de 32 partes sin rechazo. Entonces se revisa una parte de cada 18 hasta que se encuentra un defecto.

Cuando se encuentra un defecto, debe encontrarse nuevamente una nueva secuencia de 32 partes sin rechazo. Ya que este plan está basado sobre la protección individual del lote del tipo NCA (Sec. 15.8) en vez de sobre la protección de la producción en general, como en el plan LPCF de Dodge, no es necesario reemplazar las unidades defectuosas encontradas para mantener la exactitud estadística del plan.

La tablas de muestreo en acción

15.30 Relación entre muestreo para control del proceso y muestreo para aceptación

Siempre que se establezcan en una factoría ambos planes, muestreo para control del proceso y muestreo para aceptación, inevitablemente que surgen dos preguntas:

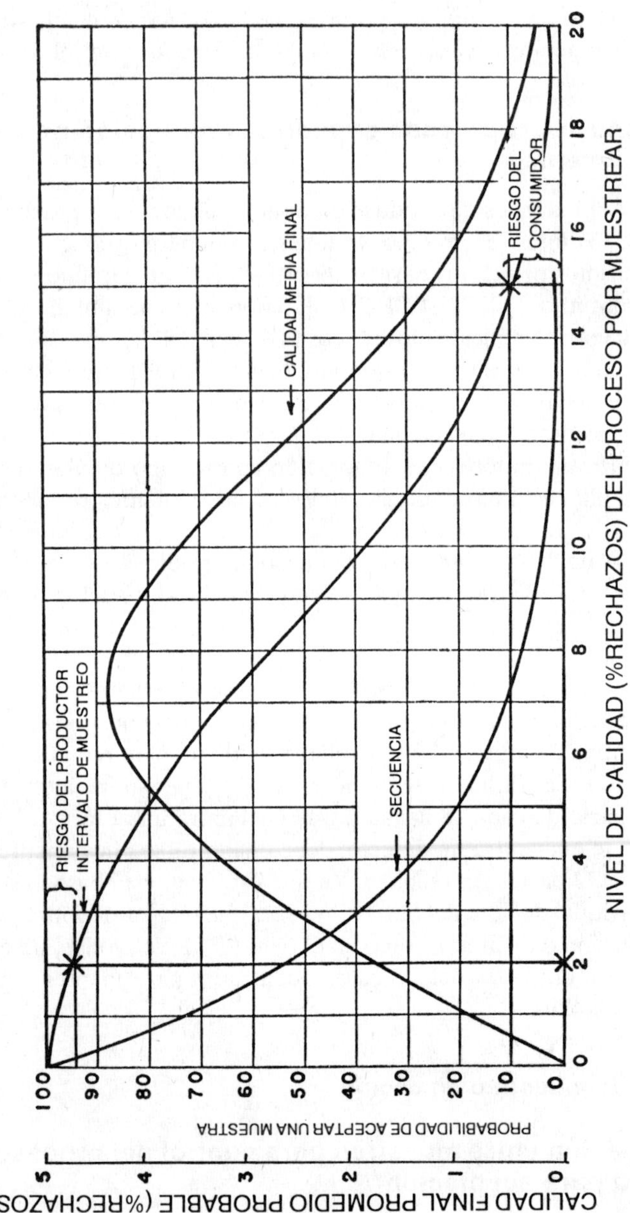
CARACTERÍSTICA DE OPERACIÓN
SECUENCIA = 32 PIEZAS; INTERVALO = 18
NCA = 2%; TPDL 15%
RIESGO DEL PRODUCTOR
INTERVALO DE MUESTREO
SECUENCIA
CALIDAD MEDIA FINAL
RIESGO DEL CONSUMIDOR
PROBABILIDAD DE ACEPTAR UNA MUESTRA
CALIDAD FINAL PROMEDIO PROBABLE (%RECHAZOS)
NIVEL DE CALIDAD (%RECHAZOS) DEL PROCESO POR MUESTREAR
0 2 4 6 8 10 12 14 16 18 20
0 10 20 30 40 50 60 70 80 90 100
0 1 2 3 4 5

Fig. 15-27

1. ¿Por qué usar los dos tipos de tablas de muestreo? ¿Por qué no se emplea una sola? ¿No se traslapan las metas del control del proceso y del muestreo para aceptación? ¿No resultan económicas las tablas de muestreo para aceptación al emplearse en el control del proceso, como lo son las propias tablas de muestreo para control del proceso?
2. ¿No resulta una duplicación antieconómica el esforzarse sucesivamente para emplear tanto los procedimientos de control de proceso como muestreo de aceptación sobre las piezas que se producen en la misma área de la factoría y por el mismo producto?

Analizaremos en su orden estas dos series de preguntas:

1. En sentido abstracto, por supuesto, los objetivos del control del proceso y las técnicas del muestreo para aceptación son muy similares. Ambas están orientada a ayudar a la producción de piezas satisfactorias y a la prevención de producción de material defectuoso.

Desde el punto de vista práctico, sin embargo, el propósito logrado por las técnicas del control del proceso es muy diferente del que se logra con las técnicas del muestreo para aceptación. La primera está desarrollada como una ayuda para el control de la calidad del material durante su proceso de fabricación; en tanto que la segunda ayuda a determinar la aceptabilidad de los lotes de material ya terminado.

Conviniendo en que el propósito rendido por las dos técnicas es diferente, esto no representa la única razón; la estructura en sí de estas técnicas es considerablemente diferente, y no es posible hacer un intercambio en todos los casos. A veces no es práctico y con frecuencia verdaderamente antieconómico, usar las tablas de muestreo de aceptación para fines del control del proceso. Los tamaños de los lotes y los tamaños de las muestras, resultan a veces muy grandes y también resulta inadecuado el procedimiento requerido para la aceptación o el rechazo.

Por el mismo precedente, las tablas de muestreo para control del proceso no resultarán prácticas para su empleo en el muestreo de aceptación, resultando antieconómicas. Los tamaños de los lotes y de las muestras son demasiados pequeños para la economía, y el procedimiento de aceptación y de rechazo probablemente no será aplicable.

Dentro del programa de una factoría, debe de existir un lugar para cada una de estas tablas, para el control de su calidad; el lugar de estas técnicas no puede ser suplantado por la otra sin que se resientan pérdidas en la economía y carencia de efectividad en el muestreo.

2. En realidad sí existe una duplicación de esfuerzos antieconómica al usar en muchos casos, al mismo tiempo, tablas para el control del proceso y planes de muestreo para aceptación, sobre las piezas producidas en la misma área.

Puede hacer justificación par el empleo de ambas técnicas, cuando se usen las tablas de muestreo para aceptación como una comprobación sobre la efectividad de un plan de control del proceso recientemente establecido. También se justifica el empleo de procedimientos de aceptación eventualmente, para hacer auditoría de los resultados de la calidad dentro de un área en la que han estado en uso las tablas de muestreo para control del proceso.

Sin embargo, hay sus excepciones; por lo general, un fabricante no tendrá necesidad de agregar a las técnicas del control del proceso, las del muestreo de aceptación, sobre las piezas de la misma área de la factoría.

Las tablas del muestreo de aceptación tienen su aplicación máxima en el control de las piezas y materiales que se reciben de una fuente externa a la factoría, sobre cuya producción la fábrica tiene el mínimo de control. Las tablas de muestreo para control del proceso aportan su máximo valor cuando se emplean en las piezas y materiales de manufactura interna sobre los cuales la factoría debe mantener un control completo.

15.31 Algunos aspectos prácticos de las tablas de muestreo

Probablemente que el problema más común que se presenta para el empleo de las tablas de muestreo, es la inclinación hacia una falsa aplicación. Con mucha frecuencia se usan los planes de aceptación con fines del control del proceso; un plan que haya sido elaborado para cierto valor del NCA y para cierta condición del proceso, repentinamente se convierte en plan de muestreo "único" para toda la factoría; o bien, al saber que existen planes reducidos de muestreo, se les puede usar en una gran variedad de condiciones de muestreo, aun cuando no sean aplicables.

En muchas plantas existe la lucha constante para reducir el tamaño de las muestras y proporcionar "adaptación general" a los planes de muestreo que se han establecido para determinados propósitos específicos. Desde luego que este objetivo es al mismo tiempo práctico y necesario para los fines de una factoría, pero se necesita de un sentido muy perspicaz por parte del personal de la fábrica, para poder juzgar hasta dónde resulte práctico implantar esta "adaptación general".

Es muy interesante hacer notar que este uso impropio, o más bien "abuso" de las tablas de muestreo, se presentan con frecuencia en aquellas plantas en que se tropezó con muchas dificultades desde que se inició la introducción del muestreo científico. Es probable que el problema de esa aplicación errónea de los planes se deba cuando menos en parte, a la forma en que fueron "vendidos" dichos planes a la factoría. Si debido a una abrumadora resistencia, fueron ofrecidos como un remedio general que podía ser aplicado bajo cualquier circunstancia, es muy natural la tendencia por parte del personal del taller para aplicarlos es esa forma.

El remedio principal para este problema de la aplicación impropia, será desde luego la prevención: aplicación del plan y una educación conveniente sobre sus limitaciones. Por lo general, las tablas de muestreo tienen muchísimas ventajas sobre los métodos viejos de comprobación arbitraria, de tal manera que sus méritos se pueden presentar en forma razonable, sin tener que esconder sus limitaciones. También es de mucha importancia que la selección y aprobación de los planes de muestreo que se vayan a usar, se encomienden al personal que esté familiarizado tanto con el aspecto práctico como con el estadístico de estas técnicas.

Otro problema que se presenta con mucha frecuencia en relación con los planes de muestreo, es la creencia de que la operación del muestreo resultará apropiada, por el solo hecho de hacer la selección o el desarrollo de una tabla de muestreo. La importancia del empleo de los equipos de medición apropiados en los planes de muestreo, es tan patente, que no es necesario mencionarla nuevamente. Sin embargo, es muy frecuente que en una planta se dedique mayor atención al desarrollo de una tabla de muestreo y a los registros correspondientes, en tanto que la comprobación se hace con calibradores o equipos de medición deteriorados, anticuados o incómodos. Una buena selección de estos equipos y calibradores es de tanta importancia como el diseño del propio plan con el cual se deben de emplear.

También es muy importante el entrenamiento que se debe dar a los inspectores y operadores sobre el uso y significado de las tablas de muestreo. Con mucha frecuencia se da este entrenamiento en forma superficial, lo que da como resultado un uso impropio de los planes de muestreo.

En una factoría se presentó una situación análoga, la cual fue difícil de creer para un supervisor de inspección. Él explicó al grupo de inspectores de la factoría en una forma concisa —pensando que lo hacía también con claridad— el significado de un plan de muestreo doble que se quería implantar, en sustitución de la inspección 100%. Después de varios días de esa explicación, fue abordado por un inspector que se estimaba bastante escrupuloso, el cual dijo al supervisor que le agradaba mucho ese plan de muestreo, pues estaba seguro de que ahora se examinaban más lotes de los que se comprobaban por el procedimiento de inspección 100%. Sin embargo, dicho inspector tenía una sugerencia por medio de la cual se podía hacer más eficiente el plan de muestreo doble que ahora se estaba usando.

Rápidamente, el supervisor inquirió cuál era esa sugestión. El inspector expresó que no entendía con claridad la razón de que se tomara invariablemente una segunda muestra, aun cuando la primera hubiera demostrado que el lote de material era satisfactorio. En consecuencia, ¿por qué no hacer que la segunda muestra estuviera supeditada a los resultados de la primera muestra?

El supervisor creía haber explicado perfectamente al grupo de inspectores, los fundamentos del muestreo doble en lo referente a la selección de una segunda muestra únicamente bajo la base de la evidencia de la primera muestra. Se asombró de la falta de conocimiento expresada en la sugerencia del inspector, sobre el procedimiento del muestreo doble. Es inútil decir que se programó otra serie de pláticas a fin de instruir a los inspectores en los fundamentos de los planes modernos de muestreo.

La falta de perspicacia demostrada por el inspector, no debía haber sorprendido al supervisor, pues a pesar de lo sencillo que se presenten los planes de muestreo, para su aplicación efectiva se deben de explicar a fondo al personal que los vaya a usar. Aun cuando el ejemplo anterior es muy radical, con ligeras variantes se puede presentar en muchas factorías cuyo personal no haya sido entrenado satisfactoriamente en el uso de los procedimientos del muestreo estadístico.

Otro punto de mucha importancia que frecuentemente se pasa por alto al determinar la economía total de determinado plan de muestreo, es la determinación exacta de las especificaciones del proyecto, para la característica que se examina en la muestra. Esto cobra mayor importancia en aquellos casos en que las especificaciones se establecieron "a ciegas" y, por tanto, no se puede dar una indicación sobre si la pieza se puede o no considerar satisfactoria para su aplicación particular.

La realidad de este problema se puede ilustrar en la siguiente forma: Se pueden lograr resultados con idéntica economía, inspeccionando la característica de una pieza con una tolerancia de ± 0.005 in, empleando un plan con el 1% para el NCA, que inspeccionando esa característica con una tolerancia de ± 0.004 in usando un plan con el 5% para el NCA. Esta diferencia en los valores del NCA que se aplicó para un cambio en la tolerancia de sólo ± 0.001 in, causará asombro a quienes no se hayan enfrentado previamente a este problema. Se tiene la siguiente conclusión: la determinación de un plan de muestreo en particular y que resulte más económico para determinada situación, se realiza con mayor eficacia cuando la especificaciones que corresponden a la pieza sean las adecuadas y se hayan examinado rigurosamente antes de que se elija el plan de muestreo.

Otros problemas prácticos sobre la aplicación de los planes de muestreo —formularios para el registro de los resultados de las muestras, técnicas para el empleo completo de las tablas de muestreo— se presentan en la Parte Seis, "Aplicación del control de calidad en la compañía".

15.32 Aplicaciones prácticas de las tablas de muestreo

El número de las aplicaciones de las tablas de muestreo es casi ilimitado. Estas aplicaciones van desde el empleo normal de las tablas de aceptación en la inspección del material recibido, hasta el desarrollo de planes de muestreo para uso del personal técnico en la apreciación de la "prueba de vida" del producto, sobre el número de unidades que se hayan elegido previamente antes de remitir el producto.

Los tres ejemplos que se dan a continuación, se refieren a la aplicación más general que tienen los planes de muestreo:

1. Mejorar la efectividad de la inspección del material adquirido y de la fuerza de pruebas. (Ver Sec. 15.33.)
2. Selección entre los proveedores de productos de calidad satisfactoria y aquellos que venden productos de calidad intermitente.(Ver Sec. 15.34.)
3. Reducción del número de piezas rechazadas en las operaciones del proceso de la factoría. (Ver Sec. 15.35.)

15.33 Mejorar la efectividad de la inspección del material adquirido y de la fuerza de pruebas

En cierta clase de equipos electrónicos complicados, se requiere durante su ensamble de una gran variedad de piezas componentes. Como estos equipos se producen en grandes cantidades, el principal problema consiste en asegurarse de que la calidad de los diferentes componentes que se adquieren de proveedores externos sean de una norma aceptable. El examen de cada una de esas piezas puede ser un procedimiento muy costoso y extremadamente lento, y que requiere gran número de personal de inspección y pruebas.

A la factoría productora de esos equipos electrónicos, se le presentó el problema de establecer un sistema económico para la determinación de la conformidad de los lotes de material recibido, con un nivel satisfactorio de la calidad, aplicable a sus operaciones de ensamble, y en tal forma que el personal que inspeccionaba ese material se pudiera reducir hasta un número razonable.[36]

Se tomó la decisión de implantar un tipo de procedimiento de muestreo que fuera lo suficientemente general en su objeto, a fin de disminuir los gastos administrativos y, al mismo tiempo, lo bastante riguroso para que sólo un determinado porcentaje aceptable de defectuosos pudiera pasar a sus líneas de armado. Estas piezas defectuosas se podrían descubrir durante el curso de las pruebas y el armado, de tal manera que el problema sólo fuera económico interno de la factoría, sin correr el peligro de contrariar al comprador al recibir equipos con partes componentes defectuosas.

El departamento de ingeniería de calidad de la planta desarrolló con este propósito una tabla de doble muestreo indexada por NCA. De acuerdo con la experiencia, fijó un nivel aceptable de calidad de ¼% para varias de las piezas componentes clave. No se disponía de datos de los costos de la mayor parte de las piezas. Pero aun cuando se hubiera podido disponer de ellos, el inspector de calidad razonó que era preferible establecer un solo valor para el NCA que se pudiera aplicar en general, según su experiencia, y no correr el riesgo de una confusión administrativa al implantarse valores individuales del NCA. Por tanto, se implantó ¼% para el NCA en las tablas para todas las piezas recibidas a inspección.

Por lo que respecta a la aplicación de este plan, el jefe de inspectores formuló una tarjeta para el registro de los resultados del muestreo, cuyo modelo se presenta en su adverso y reverso en la Fig. 15-28.

Inicialmente se aplicó este plan de muestreo sobre un número reducido de piezas, y gradualmente se fue extendiendo hasta cubrir casi todas las partes componentes del equipo electrónico que debían sujetarse a inspección. Se instruyó cuidadosamente a los inspectores sobre el uso y aplicación del plan de muestreo y su trabajo fue celosamente vigilado por el jefe de inspección durante las primeras etapas de este plan.

Después de estar en operación durante varios meses, unánimemente se convino en que ese plan de muestreo doble había resultado satisfactoriamente el problema de la inspección de recepción de los componentes del equipo electrónico. Se logró un ahorro de varios miles de dólares en los gastos de inspección, y el jefe de inspectores asegura que actualmente está obteniendo mejor inspección con el plan ¼% del NCA que con el anterior sistema de inspección 100%. El personal de la planta hizo notar dos razones cuando menos para esta conclusión:

$\frac{1}{4}$ %

REGISTRO DE INSPECCIÓN DE MATERIAL RECIBIDO

TABLA DE MUESTREO NCA - $^{1}/_{4}$ %

TAMAÑO DE LOTE	n_1	n_2	c_1	c_2
MENOS DE 25	7	14	X	
25 – 50	10	20	X	
50 – 100	13	26	X	
100 – 200	20	40	X	
200 – 300	25	50	↓	
300 – 500	35	70	↓	
500 – 800	50	100	↓	
800 – 1300	75	150	0	1
1300 – 3200	100	200	0	2
3200 – 8000	150	300	1	2
8000 – 22 000	200	400	1	3
22 000 – 110 000	300	600	1	5
110 000 – 550 000	500	1000	3	7
550 000 o más	1000	2000	5	12

(X) USAR PLAN DE MUESTREO SENCILLO

(↓) USAR PRIMER PLAN DE MUESTREO ABAJO DE LA FLECHA

Plano Núm. X 231132

Pieza BOBINA

PROVEEDORES

A–JONES COIL CO.

B– BROWN WIRE MFG'S.

C– SMITH PRODUCTS CO.

COMENTARIOS

DIMENSIONES FUNCIONALES:

X - $\frac{1}{2}'' \pm .005$ - Diámetro inferior de la perforación

Y - $2' \pm \frac{1}{32}''$ ALTURA BOBINA

DEPÓSITO DE COMPROBACIÓN

24317

ANVERSO

Núm.	Pro-vee-dor	Fecha	Tamaño de lote	Núm. ins-peccio-nado	Núm. de defect.	DISPOSICIÓN			INSPECTOR
						Pasa	Rep.	Rech.	
1	B	1/10	5000	150	1 - Y 0 - X	✓			A.B.C.
2	A	2/5	825	75	0 - Y 0 - X	✓			A.B.C.
3	C	2/5	1000	225	2 - Y 0 - X			✓	A.B.C.
4	B	2/5	1000	75	0 - Y 0 - X	✓			M.A.D.
5	A	3/6	2000	300	2 - Y 1 - X	✓			A.B.C.
6	C	3/8	1000	75	2 - Y 0 - X			✓	M.A.D.
7	B	3/10	200	25	0 - Y 0 - X	✓			M.A.D.
8									
9									
10									

REVERSO

Fig. 15-28

1. El procedimiento riguroso que acompaña a todo plan de muestreo, incluye el mantenimiento de registros y planes de inspección de la calidad y es muy fácil que el inspector pueda conocer cuáles son las características de mayor importancia que se presenten durante el examen de las piezas de que se trate. Por ejemplo, en la tarjeta de la Fig. 15-28 se ha incluido la lista de las dimensiones críticas que deben de comprobarse en cada pieza, y en esta forma no existe duda para su selección, como cuando sólo se estipulaba vagamente que "se requiere una inspección 100%".
2. Cuando se pide a un inspector que examine únicamente un pequeño número de piezas similares, la probabilidad de errores debidos a la fatiga es mucho menor que cuando se le pide que inspeccione un gran número de piezas. Por consiguiente, la calidad del trabajo de inspección resulta muy superior.

15.34 Localización de proveedores poco satisfactorios de piezas de fundición

Aun cuando la producción de ciertos aparatos es bajo la base de un lote por cada pieza, existe la posibilidad de que las piezas componentes empleadas en su armado, se puedan comparar en cantidades suficientes que ameriten un procedimiento de muestreo. Como un ejemplo citaremos el caso de un aparato giratorio que lleva unas pequeñas piezas de fundición denominadas portaescobillas. Cada aparato lleva un gran número de estas portaescobillas, por lo que las piezas de fundición se deben de comprar en grandes cantidades. Aun cuando estas portaescobillas se comparan en cantidades variables y en diferentes tamaños, las características de importancia durante el armado del aparato son casi las mismas para todas las clases de piezas de función.[37]

La factoría que producen estos aparatos giratorios resintió grandes pérdidas en su manufactura y otros altos costos de calidad por causa de las portaescobillas que estaban defectuosas en el uso después de montadas. Se pensó que estas pérdidas se debían en principio a la baja condición de las portaescobillas proporcionadas por los proveedores. La fábrica adquiría sus portaescobillas de tres proveedores diferentes, y a pesar de que existía un procedimiento de inspección para el recibo de estas piezas, no se contaba con registros para decidir cual de los proveedores era responsable de la baja calidad de las portaescobillas. Cada proveedor insistía en estar enviando una alta calidad consistentemente.

Se decidió el establecimiento de un plan de muestreo de aceptación para estas piezas, conforme se iban recibiendo de los proveedores, anotando los resultados del muestreo en tarjetas convenientes. Se optó por un NCA del 2.5%, adaptables a todas las características de las portaescobillas. Posteriormente se decidió que toda remesa de portaescobillas que no satisficiera las pruebas del muestreo, no se sometiera a selección, si no que se regresara a su proveedor, a fin de poder garantizar la producción. Notificados de esto los tres proveedores, estuvieron de acuerdo con este procedimiento.

Muy pronto se hicieron patentes los resultados del plan de muestreo. Las tarjetas de registro indicaron que de los tres proveedores, dos cumplían satisfactoriamente el NCA del 2.5% de ese plan de muestreo y el tercero no lo cumplía. El agente de compras de la fábrica se puso en contacto con el tercero y explícitamente discutió su situación; éste hizo mejoras en su proceso y logró colocar su calidad al igual que la de los otros proveedores.

Tan pronto como se eliminaron del flujo de la producción esas portaescobillas defectuosas, descendieron rápidamente las pérdidas que se estaban experimentando y en la actualidad se mantienen a un nivel bajo. Sin embargo, se ha seguido manteniendo el plan de muestreo del 2.5% para el NCA, puesto que la factoría está segura de que le ayuda a mantener la calidad de estos componentes de su producción.

15.35 Reducción de rechazos por medio de un control del proceso

La sección de maquinado de una fábrica productora de material electromecánico sometió su producción a una inspección 100% después de terminada. La fábrica era nueva, ubicada en una región en la que anteriormente hubo muy poca manufactura moderna. Los operadores de la fábrica. aunque diligentes, eran totalmente nuevos al ambiente de manufactura. También, las máquinas, aunque nuevas, estaban siendo colocadas por ingenieros de manufactura recién entrenados y las velocidades, alimentación y herramentaje algunas veces requería de cambios y atención. La gerencia de la planta, por lo tanto, estimó que era necesaria una inspección rigurosa a fin de prevenir que algunas piezas defectuosas pasaran el área de ensamble.

Sin embargo, a pesar de esta inspección rigurosa, se recibieron en el área de ensamble piezas defectuosas. Se tomó la decisión de poner en acción un plan de muestreo de aceptación para estas piezas, a fin de hacer posible la reducción de personal en la inspección final, y poder disponer en esta forma de inspectores para asignarlos en la inspección de las máquinas. Se pensaba que estos inspectores podrían eliminar los rechazos desde su origen en el taller, la ayuda tanto a los operadores como a los preparadores de las máquinas.

Se eligió un plan de muestreo tomado del MIL-STD-105D, aplicando diversos valores para el NCA para las diferentes piezas. Se estableció el procedimiento de muestreo, a efecto de que todos los lotes que resultaran rechazados por este plan de muestreo, fueran inspeccionados 100% en la zona de inspección.

Se logró en este plan de aceptación una disminución de personal en la inspección final. Pero esta disminución no fue tan importante como se esperaba, en gran parte debida a que la calidad de los lotes que llegaban de la sección de maquinado continuaba siendo mala. Alrededor del 25 al 30% de los lotes revisados se rechazaban por el muestreo y tenían que pasar a inspección 100%. Estas piezas eran muy pequeñas y, por tanto, no había medio para poder identificar la máquina o el operador que procesaba las operaciones malconformadas; cada pieza necesitaba un promedio de diez operaciones diferentes, y simplemente no había espacio en las piezas para colocar marcas de identificación sobre el origen de la operación. Como resultado, toda acción correctiva para reducir los rechazos en el taller, resultaba difícil puesto que había muy pocas guías seguras sobre el verdadero origen de las piezas malconformadas.

Aun cuando algunos inspectores habían sido cedidos para trabajar en el taller, su aparente efectividad estaba a debate. Poco cambio se notó en el número de lotes rechazados después de la actuación de estos inspectores por varias semanas en el taller.

Se pensó que esta situación era el resultado, por lo menos en parte, del procedimiento "de acertar o errar" con que operaban estos inspectores. También, la misma presencia de estos inspectores implicaba una acción "policial" que parecía reducir la motivación hacia la calidad de los operadores de las máquinas.

Se decidió utilizar los servicios de los inspectores en mejor forma, estableciendo un plan de muestreo para control del proceso dentro del área de maquinado. Se proyectó un plan semejante al presentado en la Fig. 15-25. Se estableció un plan general de acción para el taller de maquinado, de tal manera que:

1. Se haría una inspección de "primera pieza" para ayudar a los operadores y preparadores de las máquinas a asegurarse de que la calidad era satisfactoria antes de que se permitiera la corrida.
2. Después de esta aprobación, el operario debía depositar toda la producción en una pequeña carretilla.
3. El inspector de taller debía visitar cada máquina, cada hora y examinar diez piezas tomadas de la carretilla.
4. Si no se presentaban rechazos, el inspector pasaría el contenido de la carretilla a una charola de trabajo terminado. Si ocurría uno o más rechazos, se notificaría al operador y al jefe de taller. El jefe de taller detendría la máquina si fuese necesario, haría la corrección y las piezas de la carretilla se deberían de seleccionar.
5. Al reiniciarse la fabricación en la máquina, se debería repetir el procedimiento desde el paso número 1 del plan.

En el establecimiento de este plan se tropezó con muchos problemas iniciales, como la tentación de todos los interesados de colocar las piezas en la charola de trabajo terminado, aun cuando no hubieran sido inspeccionadas. Después de un periodo de seis semanas, el número de lotes rechazados en la estación de inspección final, había bajado del 25 al 30% a un valor insignificante. Más tarde fue posible omitir por completo el procedimiento de muestreo de aceptación que se había establecido al principio, fundando la seguridad de la calidad de las piezas en la rutina de muestreo para control del proceso.

Los resultados de este programa fueron una disminución de las pérdidas originadas por los rechazos y también la disminución del trabajo total de inspección necesario. Conforme pasó el tiempo, más y más de las revisiones del control del proceso fueron ejecutadas por los mismos operadores. El enfoque del control era que los mismos operadores tenían la responsabilidad de control básica.

La opinión en la fábrica fue de que los resultados obtenidos se debían al programa de muestreo para control del proceso y no al del muestreo para aceptación, por las siguientes razones: el muestreo del proceso puede detectar y prevenir la producción del trabajo defectuoso, mientras que el muestreo de aceptación se concreta a rechazar las piezas después de determinado tiempo de haber sido terminadas, y únicamente se espera que se tome una acción correctiva, dando aviso de estos rechazos al taller.

Notas

[1] K. E. Ross ha hecho un análisis de este ejemplo popular, en un trabajo que no se ha publicado. "Out of the Darkness with Scientific Sampling", Fort Wayne, Ind. La Fig. 15-1 se construyó de acuerdo con este análisis.

[2] Esta tabla es una modificación de una porción de MIL-STD-105D, que es una de las tablas de muestreo estadístico más ampliamente usada. Para un repaso sobre la historia y evolución del MIL-STD-105D presente, ver Gordon J. Keefe, "Atribute Sampling-MIL-STD-105D", *Industrial Quality Control*, abril, 1963.

[3] Una contribución importante en la precisión de la terminología del muestreo es "Terms, Symbols and Definitions for Acceptance Sampling", *ANSI-ASQC A2-1978*, American National Standard. Este documento fue preparado por el siguiente Comité de Escritores: Richard A. Freund, Chairman; Thomas W. Calvin, John W. Foster, John D. Hromi, J. Stuart, Norman L. Johnson, Jack V. Lavery, William M. Mead, Harrison M. Wadsworth, Jr.; varias definiciones en este capítulo y libro están de acuerdo con este documento.

[4] Ibid, *ANSI/ASQC A2-1978,* Pág. 8.

[5] El término "curva característica de operación" fue probablemente usado por primera vez por el Cor. H. H. Zornig de los Ballistics Research Laboratories en Aberdeen Proving Ground, Maryland, un poco antes de la Segunda Guerra Mundial. Sus orígenes se remontan al trabajo de los pioneros en la Bell Telephone Laboratories en la década de 1920, cuando se conocían como "curvas de probabilidad de aceptación".

[6] Para la discusión clásica de por qué las curvas CO para la situación lote por lote (curvas CO de Tipo A en términos de muestreo técnicos) y las curvas CO para la situación de lotes de flujo continuo (curvas CO de Tipo B en términos de muestreo técnicos) pueden normalmente calcularse en formas similares para propósitos prácticos, ver E. L. Grant, *Statistical Quality Control,* 2a. ed., McGraw-Hill Book Company, New York, 1952, Págs. 323 y ss. Ver también Irving M. Burr. *Statistical Quality Control Methods*, Marcel Dekker, Inc., New York, 1976, Pág. 231.

[7] Lo expuesto en esta sección proviene de una nota sin publicar de J.W. Gross, Schenectady, N.Y.

[8] ANSI/ASQC Standard A2-1978, Pág. 6, recomienda que se use el término "no aceptado" en lugar de "rechazado" debido a la inferencia que el último término puede implicar como producto inseguro o inútil. Este capítulo usa esta recomendación donde es posible. El término rechazo y rechazable es inherente a muchas tablas de muestreo ampliamente usadas, y, cuando se hace referencia a ellas y a ejemplos relevantes de planta y compañía, los términos en las tablas y ejemplos se emplean para retener claridad y exactitud de referencia.

[9] Harold Dodge and Harry F. Romig, *Sampling Inspection Tables,* 2a. ed., John Wiley & Sons, Inc., New York, 1959.

[10] United States Department of Defense, "Military Standard, Sampling Procedures and Tables for Inspection by Atributes". MIL-STD-105D, U. S. Government Printing Office, Washington, D.C., Apr. 23, 1963, "Sampling Procedures and Tables for Inspection by Attributes", ANSI Z1. 4 (1971), American National Standards Institute, New York, "Sampling Procedures and Tables for Inspection by Attributes". ISO 2859 (1974), International Organization for Standarization, Geneva.

[11] Abraham Wald, *Sequential Analysis*, John Wiley & Sons, Inc., New York, 1947, es la obra clásica.

[12] K. S. Stephens, "How to Perform Continuous Sampling", *ASQC Basic Reference Series,* American Society for Quality Control, Milwaukee, Wisc., 1979.

[13] K. S. Stephens, "How to Perform Skip-Lot and Chain Sampling", *ASQC Basic Reference Series,* American Society for Quality Control, Milwaukee, Wisc., 1979.

[14] H. A. Freeman, Milton Friedman, Frederick Mosteller, y H. Allen Wallis, *Sampling Inspection,* McGraw-Hill Book Company, New York, 1948.

[15] Para la discusión de algunos aspectos gráficos del análisis secuencial, ver Donald W. Kroeber, "A Graphical Approach to the Design of Sequential Attribute Sampling", *Journal of Quality Technology*, Vol. 12, Núm. 1, enero, 1980, Págs. 36-39.
[16] Las discusiones originales de base de CSP-1, 2 y 3 pueden revisarse en las siguientes referencias: "A Sampling Inspection Plan for Continuous Production", *Annals of Mathematical Statistics,* 14, 1943, Págs. 264-279; "Sampling Plans for Continuous Production", *Industrial Quality Control*, Vol. 4, Núm. 3, 1947, Págs. 5-9; "Additional Continuous Sampling Inspection Plans", *Industrial Quality Control,* Vol. 7, Núm. 5, 1951, Págs, 7-12, de la cual la tabla en este estudio está dibujada.
[17] G. J Lieberman y H. Solomon, *"Multi-Level Continuous Sampling Plans", Annals of Mathematical Statistics*, 26, 1955, Págs. 686-704.
[18] Military Standard MIL-STD-1235A, "Single and Multi-Level Continuous Sampling Procedures and Tables for Inspection by Attributes", es uno de los más extensos documentos disponibles.
[19] H. F. Dodge, "Chain Sampling Inspection Plan", *Industrial Quality Control,* Vol. 11, Núm. 4, 1955, Págs. 10-3.
[20] H. F. Dodge, "Skip-Lot Sampling Plan", *Industrial Quality Control*, Vol. 11, Núm. 5, 1955, Págs. 3-5; *y "A System of Skip-Lot Plans for Lot by Lot Inspection", Annual Technical Conference Transactions,* American Society for Quality Control, 1971, Págs. 469-477.
[21] Para la discusión clásica, ver James R. Crawford, "Discovery Sampling", Lockheed Aircraft Corp., Burbank, Calif., 1952.
[22] Para mayor información sobre la mecánica del muestreo de descubrimiento, ver Ervin F. Taylor, "Discovery Sampling", *National Convention Transactions,* American Society for Quality Control, Milwaukee, Wis., 1955, Pág. 315.
[23] Para una discusión mayor del uso de las características severas y discontinuas del MIL-STD-105D, ver B. S. Liebesman, "The Use of MIL-STD-105D to Control Average Outgoing Quality", *Journal of Quality Technology*, Vol. 11, Núm. 1, enero, 1979, Págs. 36-43.
[24] Para una discusión de un diagrama para cambiar a inspección severa o reducida, ver P. R. B. Whittingham, "Visual Guide to Switching Rules for MIL-STD-105D", *Journal of Quality Technology*, Vol. 9, Núm. 1, enero, 1977, Págs. 33-37.
[25] Esta discusión se tomó de Edward G. Schilling, "A Lot Sensitive Sampling Plan for Compliance Testing and Acceptance Inspection", *Journal of Quality Technology,* Vol. 10, Núm. 2, abril, 1978.
[26] A. J. Duncan, "Addendum to Proposed Standard for Small Lot Sampling Plans Based on the Hypergeometric Probability Distribution", *The Reliability Commission Review,* Vol. 2, Núm. 2, Summer 1977, Pág. 6. El profesor Duncan ha indicado que "Los cálculos de los riesgos del productor... revelan que... planes con números de aceptación de cero... pueden ser un problema para el productor a menos que la mayoría de sus lotes sean perfectos".
[27] Esta exposición está fundada en un trabajo sin publicar debido a J. W. Gross, Schenectady, N. Y.
[28] Cuando una muestra se prueba sobre una base pasa falla y se encuentra que tiene una o más malconformaciones, puede instituirse un programa para mejorar el producto. Un método para determinar el mínimo de muestra de artículos "mejorados" necesario para demostrar la superioridad sobre el lote original se describe en los siguientes trabajos: Milton Sirota, "Minimum Sample Sizes for Superiority Comparisons of Prior Tested Items", *Industrial Quality Control*, Vol. 21, Núm. 12, junio, 1965. Págs. 603-605; Lloyd S. Nelson, "Minimum Sample Sizes for Attribute Superiority Comparisons", *Journal of Quality Technology*, Vol. 9, Núm. 2, enero, 1977.
[29] "Sampling Procedures and Tables for Inspection by Variables for Percent Defective", MIL-STD-414. U. S. Government Printing Office, Washington, D. C., 1957. Estos procedimientos son esencialmente similares a "Sampling Procedures and Tables for Inspection by Variables for Percent Defective", ANSI Z1. 9 (1972), American National Standards Institute, New York.
[30] Para una mayor discusión de las aplicaciones del MIL-STD-414, ver August B. Mundel, "Acceptance by Variables for Percent Defective", *Quality Progress,* Vol. X, Núm. 2, febrero, 1977, Págs. 22-24.
[31] La discusión y las Figs. 15-21 y 15-22 siguen a Peter R. Nelson, "A Computer Program for Military Standard 414: Sampling Procedures and Inspection by Variables for Percent Defective", *Journal of Quality Technology,* Vol. 9, Núm. 2, abril, 1977.
[32] "Sampling Procedures and Tables for Inspection by Variables for Percent Non-Conforming", ANSI/ASQC Z1. 9 (1980), American Society for Quality Control, Milwaukee, Wis. Esto es esencialmente similar al estándar internacional ISO3951 (1980).

[33] Los planes presentados en el anterior MIL-STD-105D (MIL-STD-105A) y MIL-STD-414 fueron estructurados para cubrir sendas protecciones. Sin embargo, nuevas tablas y procedimientos se introdujeron en el plan de aceptación de atributos del MIL-STD-105D sin las revisiones correspondientes en el MIL-STD-414, limitando un tanto la capacidad de estos estándares de suplementarse. La revisión necesaria fue identificada por un grupo de trabajo, con A. J. Duncan como presidente y A. J. Bender Jr., F. E. Grubbs, G. J. Lieberman y E. G. Schilling.
El estándar se desarrolló por un comité formado por: E. G. Shilling, Chairman; R. A. Abbott, Secretary; R. L. Griffith, L. I. Johnson, y R. N. Schmidt. El estándar se discutió en "ANSI/ASQC Z1. 9 (1980) – A Modernization of MIL-STD-414", E. G. Schilling, *Quality Progress,* marzo, 1981, Págs. 26-28, de las cuales se dibujó la Fig. 15-23.
[34] Estos pasos han sido propuestos por W. T. Short, Schenectady, N. Y., en un trabajo que no se ha publicado.
[35] K. E. Ross, "Out of the Darkness with Scientific Sampling", trabajo sin publicar, Fort Wayne, Ind.
[36] Aplicación realizada por H. C. Thompson y socios, Schenectady, N. Y.
[37] Adaptado del estudio de L. T. Stafford y socios, Schenectady, N. Y.

CAPÍTULO 16
Métodos especiales

¿El cambio en los métodos A ocasionará una mayor mejora en el proceso de producción que el cambio en los métodos B? ¿Tienen que asumir los ingenieros en los diseños del producto que las tolerancias de las partes que se acoplan se "suman" aritméticamente durante el ensambles de estas partes? ¿Se puede disponer de alguna ventaja más económica para el establecimiento de esta acumulación de tolerancias?

¿Se puede disponer de algunos métodos gráficos que simplifiquen el análisis de los datos que se toman durante la investigación de problemas técnicos de la calidad? La diferencia en la habilidad de los operadores que toman lecturas en los aparatos de prueba o similares, ¿se traduce en "diferencias significativas" en los datos registrados? ¿El cambio en el diseño 1, 2 ó 3 resolverá el problema de confiabilidad del producto?

Problemas como los anteriores, inevitablemente se presentarán durante el establecimiento de los programas de control total de la calidad. Su solución es el objetivo de los métodos estadísticos especiales.

16.1 Necesidades que se satisfacen con los métodos especiales

En una fábrica se pueden presentar dificultades sobre la calidad de una operación para el tratamiento térmico de ciertas fundiciones. Es posible suponer que el factor crítico para la calidad durante esta operación sea la temperatura a que se mantiene el horno de tratamientos térmicos para estas fundiciones.

El ingeniero de manufactura puede colocar una serie de muestras de varias fundiciones dentro del horno con objeto de determinar el efecto de diferentes temperaturas sobre la calidad de la fundición. Una de estas temperaturas ensayadas podrá producir una calidad de mejor grado en las fundiciones que las otras.

Pero el ingeniero quisiera determinar si esta mejoría de la calidad es "real"; la diferencia entre los efectos producidos por esta temperatura y por las demás, ¿presenta una diferencia que sea "significativa", por lo que se refiere a la calidad de las fundiciones? La amarga experiencia anterior lo ha convencido de los riesgos que trae consigo el tratar de sacar conclusiones generales con los resultados de las pruebas cuando se emplean muestras muy pequeñas. El ingeniero comprende que estos riesgos son particularmente peligrosos cuando se involucra, como en este caso, la autorización de una cantidad de dinero para poder efectuar un cambio en el proceso, si en realidad no se puede alcanzar esa mejoría de la calidad en el tratamiento térmico de las fundiciones, bajo la forma del sistema de producción.

El ingeniero de producción tiene que imaginarse que "puede haber" alguna técnica estadística que le ayude en sus decisiones, respecto a lo "significativo" de los resultados obtenidos con las muestras de las fundiciones. Comprende que los métodos generales, como bien lo sabe, no parecen tener aplicación para este problema. Tanto las distribuciones de frecuencias, como las gráficas de control o las tablas de muestreo, no parecen ser de mucha utilidad.

También necesita saber el ingeniero si la forma intensa como condujo las pruebas sobre la serie de muestras tiene una base segura. Los esfuerzos desarrollados para mantener todos los factores constantes, con excepción de la temperatura del horno, ¿fueron prudentes y razonables? Como consecuencia, ¿sus experimentos estuvieron propiamente diseñados?

La técnica estadística que el ingeniero de manufactura está necesitando, probablemente puede encontrarse entre la variedad de métodos estadísticos especiales que se han ido desarrollando gradualmente, dentro de los principios de la matemática estadística, a fin de ser empleados en las investigaciones de la calidad, como en el caso de las fundiciones. Estos métodos especiales han demostrado mucha efectividad para el análisis de una amplia gama de problemas de la calidad de los productos.

Entre estos métodos especiales se cuenta con técnicas como las "pruebas de significatividad", las que serían de ayuda para el ingeniero que se enfrenta al problema de los tratamientos térmicos. También los métodos especiales son una guía de utilidad para el establecimiento de un programa de pruebas con muestras, que rinda la máxima información con el mínimo de tiempo y de costo; este procedimiento se denomina *diseño de experimentos*; para determinar si se tiene alguna relación entre las variables, *correlación*; y como una forma para establecer las tolerancias para las piezas o materiales, *análisis de tolerancias*. Entre los métodos especiales también se consideran a las "hojas con escala de probabilidades" y a otras técnicas gráficas.

La parte matemática que se relaciona con estos métodos es a veces mucho más compleja que la usada con las herramientas descritas en los Caps. 13 a 15. En muchos casos, estos cálculos deben de ser aplicados por estadígrafos entrenados. Las aplicaciones computacionales de estas técnicas pueden ser particularmente útiles. Pero el punto de vista que simbolizan los métodos especiales, es probablemente de mayor importancia que los mismos métodos en sí —y es esencial en la comprensión de las condiciones técnicas que han estado reflejadas en el programa de la computadora— y este punto de vista se puede adquirir y aplicar por personal con pocos conocimientos estadísticos formales.

El objetivo de este capítulo es dar una idea de la naturaleza general de los principales métodos especiales, recalcando su punto de vista y discutiendo en detalle algunas de las más vigorosas de estas técnicas.

16.2 Naturaleza general de los métodos especiales

Los métodos especiales se pueden clasificar, en general, en dos formas:

Métodos especiales gráficos — Estadística descriptiva

Son el conjunto de técnicas que comprenden la representación de una imagen de los datos de la calidad, en tal forma que esa imagen proporcione la base para una decisión y una acción.

Los métodos especiales gráficos —o estadística descriptiva, como se le llama a veces— son esencialmente técnicas representativas. Representan medios particulares para la tabulación y graficado de los datos de la calidad. Por tanto, su naturaleza y aplicaciones son directas y su empleo sólo requiere de conocimiento de algunos procedimientos sencillos. En la industria se han empleado algunos de estos métodos gráficos desde hace varios años, y otros métodos están siendo desarrollados continuamente. En las Secs. 16.3 a 16.6 se tratará lo relativo a los métodos especiales gráficos.

Métodos especiales analíticos — Estadística matemática

Estos consisten en una serie de técnicas que se refieren al análisis matemático de los datos de la calidad.

Los métodos especiales analíticos están fundados en la filosofía del análisis de los datos. Los cálculos matemáticos y los procedimientos relacionados con esta parte de los métodos especiales pueden tener una importancia secundaria en la factoría, con respecto a la ideología de su empleo y de desarrollo para su aplicación.

Aunque han estado disponibles por algún tiempo, estas técnicas analíticas son nuevas para la mayor parte de la industria. Satisfacen la necesidad del diseño y análisis de los datos de la calidad que anteriormente no habían sido tocados en las aplicaciones industriales del control de calidad. Las Secs. 16.7 a 16.12 tratarán sobre los métodos especiales analíticos.

Métodos especiales gráficos

16.3 Representación gráfica de los datos de una distribución de frecuencias

Generalmente los datos de una distribución de frecuencias se presentan en la forma normal de la Fig. 16-1. Según se dijo en el Cap. 13, este método de representación se emplea para obtener una visión representativa y también para calcular las medidas de tendencia central y de dispersión de una distribución de frecuencia de una muestra.

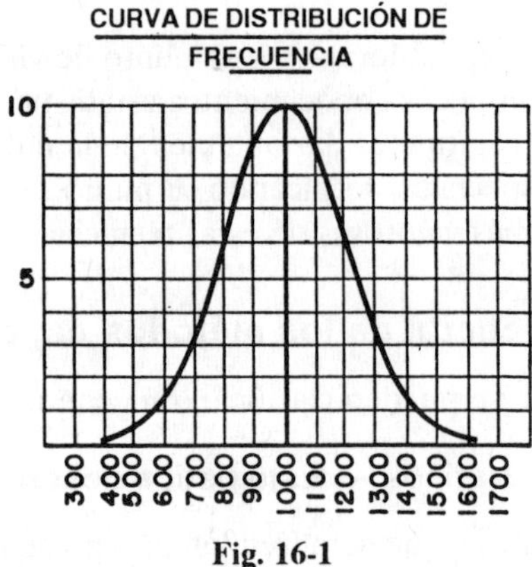

Fig. 16-1

En lugar de este método de presentación se puede emplear una forma un poco diferente durante la determinación de estas medidas. Este método gráfico a veces comprende una simplificación de los cálculos. Consiste en considerar los datos en forma acumulativa, de tal manera que el porcentaje de los valores que queden bajo de un determinado valor, se anoten frente a este valor.

Los datos se pueden anotar en una hoja de cuadrícula normal, o bien, en las hojas para gráficas conocidas como *hojas de probabilidades* que se han diseñado especialmente para este propósito. Por tanto, los datos de la Fig. 16-1 se pueden presentar en papel con coordenadas rectangulares como en la Fig. 16-2, o en una hoja con escala de probabilidades como en la Fig. 16-3. Programas

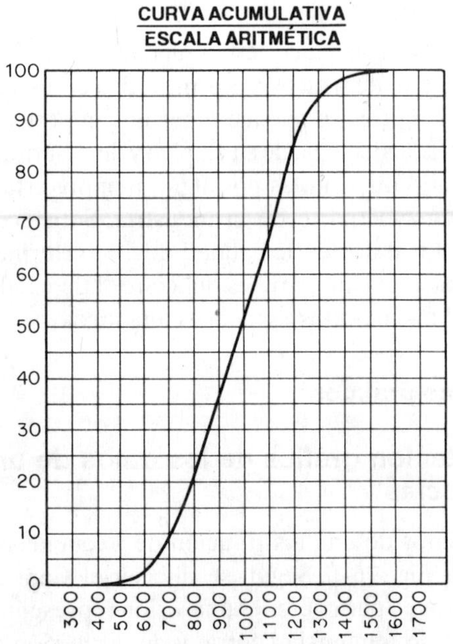

Fig. 16-2 Curva acumulativa —escala aritmética.

computacionales bastante directos se pueden aplicar a ambos métodos, cuando sea apropiado.

Tanto la representación en coordenadas rectangulares, como en la hoja de probabilidades, tienden a desvanecer los errores del muestreo y a facilitar la estimación de las medidas de dispersión y de tendencia central. Particularmente, la representación en coordenadas rectangulares es de utilidad para la determinación de la mediana y la estimación del promedio. Por lo que respecta a las hojas de probabilidades, son a veces de mayor utilidad general y serán explicadas en las Secs. 16.4 y 16.5.

Al analizar distribuciones de frecuencias que se apartan mucho de tal forma normal, como las inclinadas o asimétricas, los métodos gráficos pueden dar mayor exactitud y ser más significativos que las aplicaciones aproximadas de métodos más o menos convencionales que se aplican a las curvas asimétricas, partiendo del análisis de la curva normal.[1]

16.4 Graficado en hojas con escalas de probabilidades

Las gráficas en las hojas con escala de probabilidades son un medio extremadamente útil para una determinación muy aproximada de los valores del promedio, la mediana y la desviación estándar de la distribución de frecuencias de una muestra. Los datos de esta muestra deberán provenir de un origen homogéneo: artículos producidos bajo las mismas condiciones de manufactura,

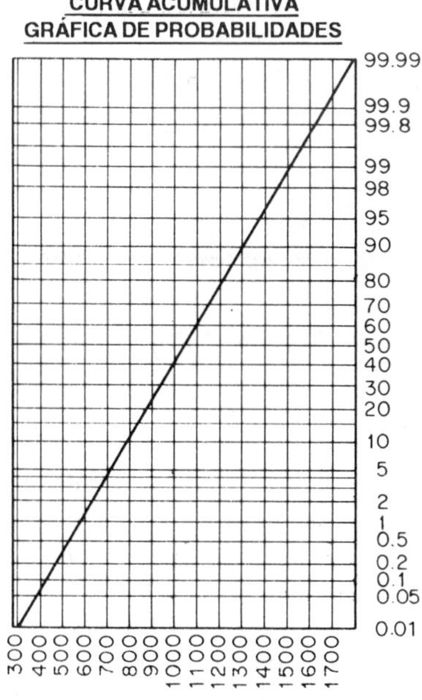

Fig. 16-3 Curva acumulativa —gráfica de probabilidades.

tomados del mismo lote, etc. Las gráficas en papel de probabilidades indican a simple vista la aproximación de la distribución de frecuencias que se considere, a la de la curva normal. Desde luego que es de mucha utilidad tener una guía para poder decidir si los datos de las muestras se pueden aprovechar en los cálculos generales que requieren una estrecha aproximación a la normalidad.[2]

Las hojas de probabilidades presentan un rayado cuyas escalas están arregladas en tal forma que, al trazar una distribución de frecuencias perfectamente normal, los puntos quedan sobre una línea recta. Una de estas escalas —ya sea la vertical o la horizontal— presenta la forma aritmética original en todas las hojas para gráficas. Sobre esta escala aritmética se toman los valores de las celdas de la distribución de frecuencias de la muestra. En las Figs. 16-2 y 16-3, estas escalas se encuentran en el eje horizontal. En algunos casos de la aplicación de la hoja de probabilidad, se puede usar también una escala logarítmica.

La otra escala de las hojas de probabilidades está trazada en tal forma que la curva normal da como resultado una línea recta sobre la gráfica. En la Fig. 16-2, la escala vertical que corresponde a los porcentajes de las lecturas que quedan hacia abajo del valor de cada celda, está en la forma artimética, por lo que la curva toma una forma de S invertida. En la Fig. 16-3 —con escala de probabilidades— la escala vertical se ha establecido en forma de que la curva anterior resulte escencialmente una línea recta.

La Fig. 16-4 presenta un modelo de estas hojas de probabilidades que se emplean en la industria. Las lecturas de los porcentajes se encuentran en la escala vertical de la hoja. Los valores de las celdas se inscriben sobre el eje horizontal. Se han marcado sobre la gráfica, las líneas que indican los valores de 1-, 2- y 3-sigma.

Otras formas comerciales de hojas de probabilidades difieren de la Fig. 16-4 en dos puntos principales: no tienen marcadas las líneas correspondientes a los valores de las sigmas y las escalas horizontal y vertical de la Fig. 16-4 pueden presentarse invertidas. En la Fig. 16-5 se presenta otra forma de las hojas de probabilidades. Las diferentes líneas de las sigmas se pueden marcar en este tipo de hojas, si así se desea, dibujándolas en los lugares apropiados.[3]

La forma cómo se emplean estas hojas de probabilidades se da a continuación:

1. Se selecciona la característica que debe de graficarse y se determina el tamaño de la muestra. Se sigue el procedimiento indicado para el análisis de una distribución de frecuencias.
2. Se prepara una forma para la tabulación de las lecturas, antes de que se inicie el trazado sobre la hoja de probabilidades. Se determina la magnitud más conveniente para las celdas. De preferencia todas las celdas deben de ser del mismo tamaño. Generalmente se requieren de 12 a 20 celdas, a fin de que queden contenidas dentro de la hoja de probabilidades. Por tanto, se puede encontrar una serie de valores que convengan para la magnitud

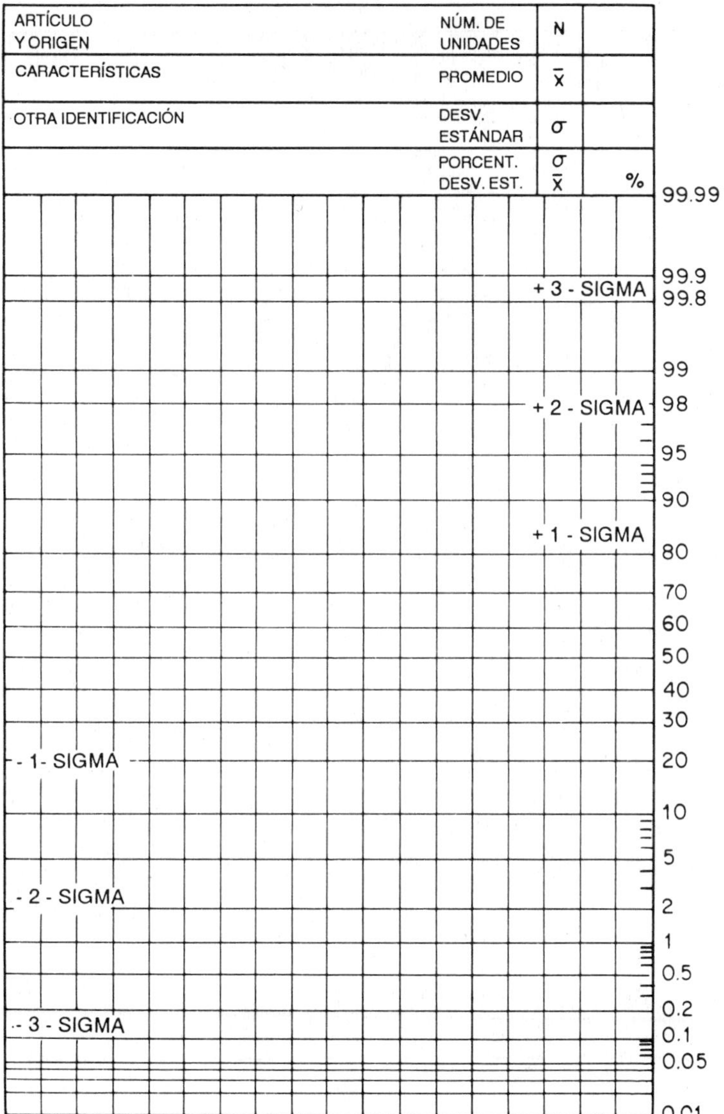

Fig. 16-4 Gráfica de probabilidades.

de la celda. La tabla mencionada debe de constar por lo general, de las seis columnas siguientes:

HOJA DE PROBABILIDADES

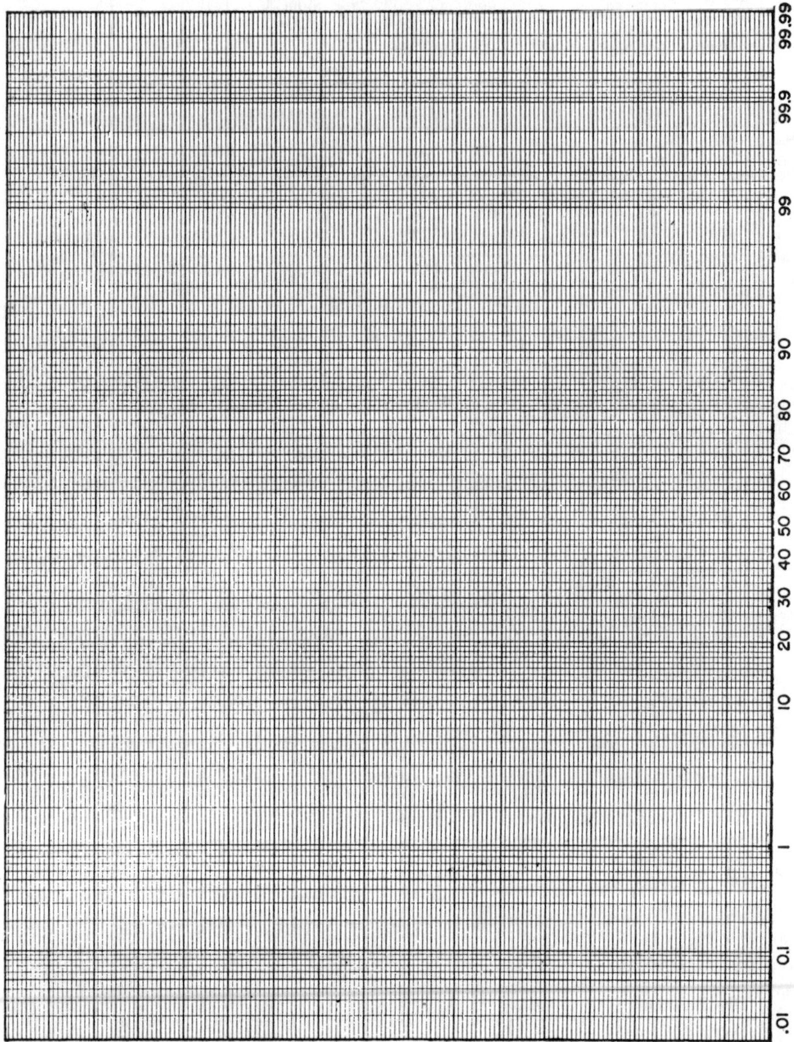

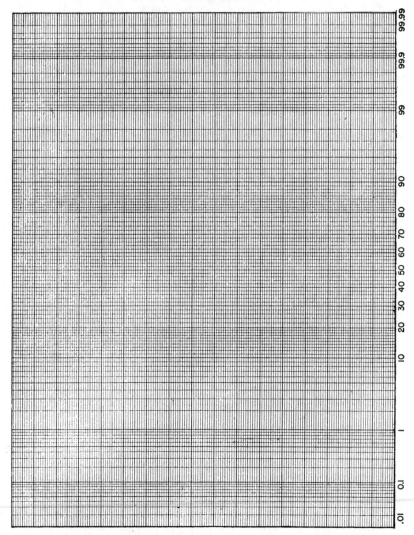

Fig. 16-5

3. Se verifica la lectura de la característica en las unidades de la muestra. A medida que se vayan tomando estas lecturas, se traza la marca en el lugar correspondiente de la celda.
4. Al terminar de tomar todas las lecturas, se completan las demás columnas de la tabla.
5. Los datos obtenidos en la última columna, se pasan a la hoja de probabilidades, marcándolos sobre el límite superior del valor de la celda respectiva.[4]
6. Se examina la gráfica resultante en la hoja de probabilidades a fin de poder determinar:

a. La normalidad de la distribución
b. El valor del promedio o la mediana
c. El valor de la desviación estándar

Como aplicación, tomaremos los datos de la medición de una resistencia (en ohms), sobre una muestra de 100 resistencias eléctricas. Es probable que la zona total para las lecturas sea, entre 25 y 165 ohms. Para el segundo paso, determinación del número aproximado de las celdas y su magnitud, se necesita dividir la zona de 145 ohms, entre 12 y 20, puesto que estos valores representan el margen más conveniente para el número de celdas.

La operación de división da los valores 12 y 7 respectivamente, e indica que el tamaño de la celda debe de estar comprendido entre 12 y 7 ohms. Por tanto, el valor que más conviene para la celda será el de 10 ohms, y éste es el valor que se usará como el paso entre celdas. Como límites para estas celdas se establecen los valores: 30, 40,...,110, 120 ohms... preparándose la forma de la tabla del paso 2 anterior. A medida que toma cada lectura de la resistencia, se pasa su valor a la tabla.

Supongamos que las primeras seis lecturas dieron el siguiente resultado: 32, 38, 41, 46, 54 y 67. Si, por alguna razón, las lecturas de la resistencia para el resto de las 100 unidades de la muestra quedaron interrumpidas, las seis lecturas ya practicadas deben de quedar registradas en la tabla siguiente:

1		2	3	4	5	6
DE	A	Valor de la celda	Marcas	Total	Acumulada	Acum. en % del total
30 ohms	39 ohms	39.5 ohms	11	2	2	33.3
40 ohms	49 ohms	49.5 ohms	11	2	4	66.7
50 ohms	59 ohms	59.5 ohms	1	1	5	83.3
60 ohms	69 ohms	69.5 ohms	1	1	6	100.0

Se llama la atención sobre la forma en que se deben de inscribir estas lecturas individuales en sus respectivas celdas. La columna 2, "Valor de celda", representa el límite superior de la celda y el mayor valor de la lectura que debe incluirse en esta celda en particular. Este procedimiento es diferente del empleado normalmente en las distribuciones de frecuencias, en que el registro de todas las lecturas que deban de incluirse en una celda determinada, se trazan sobre el valor central de la celda.

16.5 Ejemplo ilustrativo de una gráfica de probabilidades

Supongamos que se necesita conocer el valor del promedio y de la desviación estándar de una muestra de 450 unidades de cierto tipo de resistencias. Se espera que las lecturas de la muestra queden comprendidas dentro de una zona de 1150 ohms.

Para determinar la magnitud de celdas, se divide la zona de 1150 entre 12 y entre 20. Se tiene como resultado 95 y 57 ohms. La magnitud intermedia, 75 ohms, es poco conveniente para la tabulación, siendo preferible elegir 50 ó 100 ohms; cualquiera de las dos se puede tomar, pero la decisión se toma a favor de la magnitud de 50 ohms porque permitirá a la tabulación reflejar las lecturas de las muestras reales con mayor exactitud que lo haría la magnitud de 100 ohms.

Las 450 lecturas tomadas a las resistencias, se encuentran en la tabla de la Fig. 16-6[5], con lo que se cubren los pasos del 1 al 4 de la Sec. 16.4. Nótese que en la tabla de la Fig. 16-6 se ha suprimido la columna (3) de la tabla de la Sec. 16.4, únicamente para que la tabla no resulte muy amplia para ser insertada en la figura.

La continuación de los pasos 5 y 6 de la Sec. 16.4 es la siguiente:

Paso 5: Trazo sobre la hoja de probabilidades de los datos de la tabla. Para el trazo de los datos de la tabla de la Fig. 16-6 sobre la gráfica de probabilidades (Fig. 16-7) se procede como sigue:

a. Se inscriben en la escala horizontal los valores de las celdas tomados de la columna (2). En este caso, las divisiones de la escala horizontal sólo son sufi-

TABLA PARA LA GRÁFICA DE PROBABILIDADES
VALORES EN OHMS DE LAS RESISTENCIAS

1		2	4	5	6
DE	A	Registro valor de celda	Total de marca	Suma acumulativa	Acumulación del porcentaje del gran total
400	449	449.5	1	1	0.22
450	499	499.5	. . .	1	0.22
500	549	549.5	1	2	0.44
550	599	599.5	2	4	0.89
600	649	649.5	4	8	1.78
650	699	699.5	7	15	3.33
700	749	749.5	13	28	6.22
750	799	799.5	19	47	10.44
800	849	849.5	27	74	16.44
850	899	899.5	36	110	24.44
900	949	949.5	42	152	33.78
950	999	999.5	48	200	44.44
1000	1049	1049.5	50	250	55.56
1050	1099	1099.5	47	297	66.00
1100	1149	1149.5	43	340	75.55
1150	1199	1199.5	35	375	83.33
1200	1249	1249.5	28	403	89.55
1250	1299	1299.5	20	423	94.00
1300	1349	1349.5	13	436	96.89
1350	1399	1399.5	6	442	98.22
1400	1449	1449.5	5	447	99.33
1450	1499	1499.5	2	449	99.78
1500	1549	1549.5	. . .	449	99.78
1550	1599	1599.5	1	450	100.00

Fig. 16-6

cientes para inscribir los valores de 100 en 100 ohms. Se acostumbra registrar las celdas de valores inferiores y superiores a los que efectivamente se encuentran tabulados; por tanto, sobre la escala horizontal se anotará desde 299.5 hasta 1699.5 ohms.

b. El porcentaje acumulado de la columna (6), se va marcando sobre una escala vertical, del porcentaje del total contra los valores indicados en la columna (2).

c. Por todos los puntos obtenidos en la hoja, se hace pasar una curva. Nótese que los puntos comprendidos entre 599.5 y 1399.5 ohms, se acoplan en una línea recta. El punto único 499.5 representa sólo una lectura, o sea, el 0.2% del total. El punto 1499.5 ohms representa el 0.2% del total. El punto 1549.5 se grafica para completar. No puede haber un punto 100% o un punto 0% en un papel de probabilidad normal, de forma que porcentajes acumulados para 0 y 100% nunca se verán en estas gráficas normales.

Paso 6: Determinar la normalidad y los valores del promedio y la desviación estándar. Para esta determinación se prosigue como sigue:

a. Determinar la "normalidad" de la distribución. En la mayoría de las aplicaciones, una concordancia razonable con la línea recta entre el 2 y 98% del total de lecturas, representa una evidencia de que la distribución considerada se aproxima muy estrechamente a una curva normal. En particular cuando el número de lecturas en la distribución es muy pequeño, no es posible que se logre la concordancia con la línea recta en cada uno de los extremos de la gráfica. En estos casos, cuando todos los puntos comprendidos del 5 al 95% del total quedan sobre la línea recta, representa una evidencia de proximidad a la normalidad de la distribución.

Por tanto, la primera decisión que se puede hacer al observar la Fig. 16-7, es que estando casi todos los puntos sobre la línea recta, es indicio de que los datos representan una distribución relativamente normal.

b. Determinación del valor del promedio. El valor se obtiene de la gráfica de probabilidades, buscando la intersección de la horizontal trazada por el punto del 50% de la escala vertical, con la línea que representa la distribución. En la Fig. 16-7, esta intersección corresponde a 1020 ohms. Efectuando el cálculo aritmético de este promedio, se encuentra el valor de 984 ohms.[6] El promedio gráfico, sin embargo, no siempre corresponderá con el cálculo aritmético en la mayoría de los casos; hay que tener en consideración que esta determinación se ha hecho sobre la curva que se hizo pasar por todos los puntos de los datos, en lugar de considerar los verdaderos valores de los datos como para el promedio aritmético. La relación entre el promedio obtenido gráficamente y el promedio aritmético, dependerá, desde luego, de la exactitud en el trazado de la curva por todos los puntos graficados. El error en la lectura de estos puntos graficados se puede hacer mínimo, determinando el promedio de los valores de la gráfica cortados por las líneas ± 1, ± 2, ± 3 -sigma. Por tanto, para + 1-sigma se obtiene 1200 y para − 1-sigma se obtiene 840; la suma de estas lecturas, 2040, dividida entre 2, da el valor 1020 ohms.

c. Determinar el valor de la desviación estándar. De la gráfica de probabilidades se determina el valor de la desviación estándar, haciendo la lectura

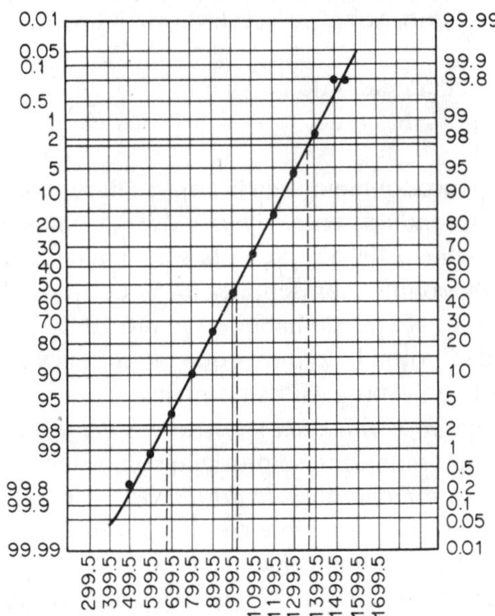

Fig. 16.7 Gráfica de probabilidad de los valores en ohms de resistencias.

de los valores en que se corta la gráfica por las líneas del 50% y las líneas de + 1-sigma y – 1-sigma. En la Fig. 16-7, cerca de 180 ohms se encuentran entre el punto del 50% y el de + 1-sigma. Para mayor exactitud, se puede tomar la diferencia entre el punto en que la gráfica corta a la línea de + 2-sigma y el punto que corta la línea de – 2-sigma, dividiendo esta diferencia entre 4. Para este ejemplo, el cálculo da:

$$1380 - 680/40 = 700/4 = 175 \text{ ohms.}$$

Sólo cuando la gráfica de la curva de probabilidades es una línea recta, el punto en que la corta la línea del 50%, representa al mismo tiempo el promedio y la mediana. Si la línea trazada por todos los puntos graficados resulta una línea con curvatura, el punto en que la corta la línea del 50% representa únicamente la mediana y no el promedio. Pero si se traza una línea que una los puntos en que la gráfica intercepta las líneas de – 1-sigma y de + 1-sigma, la línea del 50% cortará a esta línea, aproximadamente en el valor del promedio, y el valor de la desviación estándar será aproximadamente igual a la mitad de la diferencia entre los puntos de + 1-sigma y de – 1-sigma.

Aun las variaciones extremas a partir de la forma de línea recta de la curva de probabilidad no afectan apreciablemente la regla de que el promedio y la desviación estándar de una distribución pueden determinarse con un buen grado de exactitud dibujando una línea recta a través de los puntos + 1-sigma y – 1-sigma.

La exactitud que da la gráfica de la hoja de probabilidades, para la estimación del promedio y de la desviación estándar, es bastante satisfactoria para la mayoría de las aplicaciones. Para una mayor precisión sería necesario contar con un número muy grande de lecturas. Pero para la mayoría de las aplicaciones industriales, la exactitud lograda es suficiente.

16.6 Correlación gráfica de dos variables

La correlación tiene como propósito la determinación de la relación que pueda existir entre dos variables, si la hay. Por lo general, estas variables corresponden a dos diferentes características de la calidad para el mismo material o la misma pieza.

El principio de la correlación se puede dividir en dos partes:

1. La correlación gráfica simple, que se estudia a continuación.
2. La correlación matemática, que será tratada en la Sec. 16.11.

Para la correlación gráfica se hace uso de una hoja cuadriculada en coordenadas rectangulares. La variable que se considera como "independiente" se inscribe sobre el eje horizontal. La variable que se supone correlacionada y que es la "dependiente", se lleva sobre el eje vertical. Sobre cada una de las piezas se toma la lectura simultánea de las dos variables. Estos valores se anotan en la hoja de coordenadas rectangulares.

Se intentará ajustar una curva a todos los puntos que se han graficado. El trazo de esta curva debe dividir al grupo de puntos, aproximadamente, en dos partes iguales; deberá pasar muy cerca del valor de la mediana para las dos variables y la suma de las desviaciones de los puntos, con respecto a la curva trazada deberá ser igual a cero. Esta curva puede tomar una variedad de formas: ya sea una recta, una línea con una sola curvatura, con dos curvaturas o un semicírculo.

Una vez trazada esta línea, se examina la magnitud gráfica de las separaciones de los puntos obtenidos, con respecto al trazo de la línea. Si la magnitud de la desviación es pequeña, se puede trazar la zona dentro de la cual queden incluidos todos los puntos y se puede asegurar que la correlación presenta una definida interrelación. Pero si la magnitud de la desviación es muy grande, no hay razón para tratar de definir la zona en que se queden encerrados los puntos y se puede decir que la correlación presenta una escasa interrelación, si es que acaso pudiera existir alguna.

La Fig. 16-8 muestra la condición de una bien definida interrelación y la Fig. 16-9 representa la condición de una escasa interrelación.[7]

Consideremos una fábrica que está produciendo unas pequeñas piezas que deben ir insertadas y para las que su característica crítica es el alargamiento bajo carga. No sería práctico para la fábrica tener que aplicar una carga a cada pieza para medir el alargamiento resultante.

Es preferible buscar una característica de la calidad de estas piezas que se pueda determinar por medio de una prueba no destructiva y que posea una estrecha interrelación con el alargamiento. Esta otra característica de la calidad se podrá examinar para medir el alargamiento sin tener que hacer una prueba destructiva.

Se piensa que existe esta otra característica en la dureza de las piezas. Para comprobar esta interrelación gráficamente el personal de la fábrica puede proceder en la siguiente forma: sobre el eje horizontal de una hoja de coordenadas rectangulares se trazan los valores convenientes de las celdas que indiquen el alargamiento, y sobre el eje vertical, los valores convenientes de las celdas con las lecturas de la dureza.

Se procede a una serie de pruebas sobre una muestra de varias piezas determinando en cada una la dureza y su alargamiento bajo carga. Estos datos se pasan a la hoja de coordenadas rectangulares tal como se presenta en la Fig. 16-8. Si la gráfica de los puntos resulta una distribución semejante a la de Fig. 16-8, se puede sacar la conclusión de que la dureza puede sustituir a la prueba de alargamiento dentro de la zona de las desviaciones mostradas. Es probable que sea necesario hacer un análisis de correlación a fin de determinar el verdadero valor numérico de la proporcionalidad de la correlación.

Si la dispersión resultante fuera similar a la de la Fig. 16-9, se puede concluir que es muy escasa la proporcionalidad entre la dureza y el alargamiento bajo carga de estas piezas.

16.7 Métodos especiales analíticos

Entre los diversos métodos especiales analíticos que se han venido empleando en la industria, probablemente que los de mayor importancia son los siguientes:

1. Análisis estadístico de las tolerancias.
2. Pruebas de significancia.

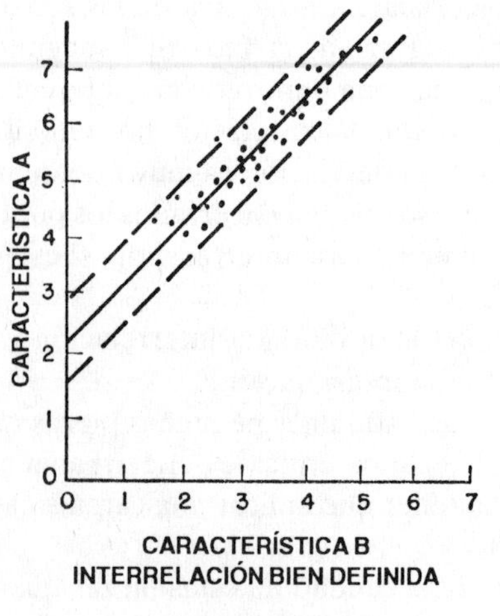

Fig. 16-8

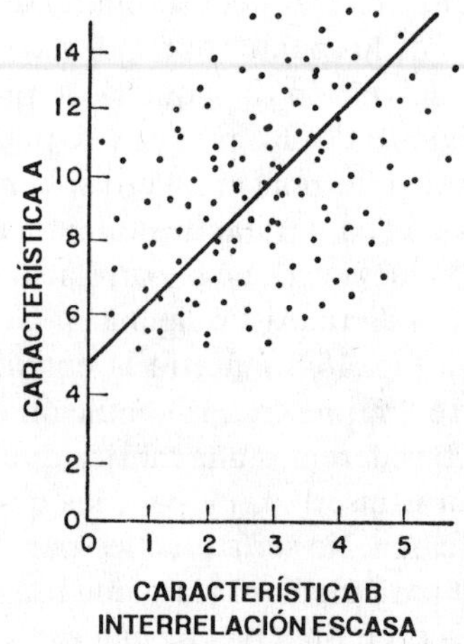

Fig. 16-9

3. Diseño de experimentos
4. Correlación matemática
5. Análisis de secuencia regular

Cada uno de estos métodos se discute brevemente en las Secs. 16.8 a 16.12.

16.8 Análisis estadístico de las tolerancias

Los ingenieros encargados del diseño de los productos, en los cuales se consideran subensambles formados por diversas piezas conjugadas, se enfrentan a un problema general: ¿Cómo se deben compensar las tolerancias de las piezas individuales,[8] con las tolerancias del subensamble de manera que:

1. Las piezas individuales "se" acoplen efectivamente cuando lleguen a la zona de armado en el ciclo de su manufactura y
2. Que estas tolerancias rindan los costos más económicos de producción?

El estudio correspondiente para lograr esta compensación se denomina *análisis de las tolerancias*. Según antecedentes, se han presentado las siguientes situaciones:

1. Se puede permitir que la suma de las tolerancias de las piezas individuales sea mayor que la tolerancia del subensamble. El ingeniero "confía en el azar" para no encontrar dificultades en la producción.
2. La tolerancia del subensamble se hace igual a la suma de las tolerancias de las piezas individuales. Esto obliga al ingeniero a:

   a. Establecer tolerancias muy amplias para el subensamble con los problemas concernientes a esta situación, o bien,
   b. Permitir los altos costos de manufactura que entrañan unas tolerancias estrechas para las piezas individuales que se traducen en tolerancias reducidas del subensamble.

Es probable que la situación 1 sea la más empleada. Relativamente ha presentado muy pocas dificultades de manufactura en muchos talleres y se ha adoptado como costumbre de taller.

La situación 2, que se ha considerado como muy poco económica para producciones de piezas a corto plazo, ha encontrado aceptación en algunos talleres en que "se quiere tener la seguridad" de no experimentar dificultades de producción durante el armado de subensambles y en el ensamble general.

A pesar de que su enfoque parece ser el menos lógico, los talleres que han adoptado la situación 1 han elegido la alternativa más efectiva. Respecto a confiar en el azar, se está siguiendo una ley de probabilidades bien definida que ayuda en este caso, o sea que, *bajo ciertas circunstancias*, la tolerancia total de un grupo de piezas que se acoplan, es igual a la raíz cuadrada de la suma de los cuadrados de las tolerancias de las piezas individuales, valor menor que el de la suma aritmética de las tolerancias individuales. Su expresión algebraica es:[9]

$$T_t = \sqrt{T_1^2 + T_2^2 + T_3^2 + \cdots + T_n^2} \tag{38}$$

en la cual T_t = tolerancia total

T_1, T_2, etc. = tolerancia de las piezas que se acoplan

Supongamos que el ingeniero se enfrenta con ocho tolerancias fijas para las piezas correspondientes que se deben acoplar, como sigue:

$T_1 = \pm 0.004$ in $= 0.008$ in	$T_5 = \pm 0.001$ in $= 0.002$ in
$T_2 = \pm 0.003$ in $= 0.006$ in	$T_6 = \pm 0.002$ in $= 0.004$ in
$T_3 = \pm 0.003$ in $= 0.006$ in	$T_7 = \pm 0.005$ in $= 0.010$ in
$T_4 = \pm 0.003$ in $= 0.006$ in	$T_8 = \pm 0.003$ in $= 0.006$ in

Se presenta el siguiente problema: ¿Qué tolerancias debe de establecer para el conjunto total de las piezas acopladas? Usando el antiguo procedimiento de la suma aritmética de las tolerancias de las piezas individuales, estará obligado a fijar una tolerancia total de ± 0.024 in, o sea, 0.048 in en este caso.

Empleando la Fórmula (38), tendrá que hacerse el siguiente cálculo (en milésimas de pulgada):

$$T_t = \sqrt{8^2 + 6^2 + 6^2 + 6^2 + 2^2 + 4^2 + 10^2 + 6^2}$$

$$= \sqrt{64 + 36 + 36 + 36 + 4 + 16 + 100 + 36}$$

$$= \sqrt{328} = 18 \text{ milipulgadas}$$

o

$$T_t = 0.018 \text{ in}$$

Esta tolerancia total de ± 0.009 in, o de 18 milésimos de pulgada, representa una reducción considerable sobre el total aritmético de 48 milésimos de pulgada. Esto proporciona al ingeniero un valor más práctico y casi seguramente más económico para la tolerancia total.

La gran diferencia entre los valores de 18 a 48 milésimos de pulgada, es probable que no sea sorprendente para los ingenieros experimentados. Intuitivamente reconocen esta situación desde hace varios años, sin haber aplicado la Fórmula (38) durante el diseño de sus productos.

El conocimiento de la Fórmula (38) presenta muchas ventajas para los ingenieros, en las dos situaciones generales que se presentan cuando se deben de establecer tolerancias para un grupo de piezas acopladas.

1. *Cuando se fija una tolerancia y es necesario ajustar las tolerancias para las piezas individuales*. Hace resaltar sobre cuáles piezas individuales se debe concentrar la atención, a fin de reducir la tolerancia total del subconjunto. De esta manera, en el ejemplo anterior, si se trata de reducir la T_6 de ± 0.002 a ± 0.001 in, resultaría muy costoso y el valor del radical $\sqrt{328}$ sólo se reducirá a $\sqrt{316}$. En cambio, si se reduce T_7 de ±0.005 a ±0.004 in, sería menos costoso y el efecto de reducción en la tolerancia total sería mayor, puesto que $\sqrt{328}$ se convierte en $\sqrt{292}$.

   Este problema de la reducción efectiva de las tolerancias para las piezas individuales y hasta dónde se puede actuar, se discute en varias partes de este libro. Véase en particular el Cap. 20.
2. *Cuando se fijan las tolerancias de las piezas individuales y es preciso ajustar la tolerancia total*. Permite a los ingenieros establecer un valor para la tolerancia total mucho más económico y más efectivo, cuando las tolerancias de las piezas individuales están "congeladas".

Hay que hacer notar que la ley de probabilidades enunciada antes, conviene en que tiene aplicación *bajo ciertas circunstancias*. Las dos circunstancias más básicas son las siguientes: 1) Sistemáticamente todas las piezas que deben acoplarse deben satisfacer sus tolerancias particulares sin que se requiera reparación o haya desperdicio, o en otras palabras, la distribución de frecuencias para cada una de las piezas individuales se debe aproximar muy estrechamente a la forma de la curva normal con los valores nominales del plano correspondiendo con el promedio de la distribución; 2) cada una de las piezas que se acoplan deben de provenir esencialmente de diferentes orígenes.

En conexión con lo anterior se tiene, por ejemplo, el caso de ensambles formados por piezas hechas con el mismo y que van embridadas, soldadas o remachadas entre sí. Si estas piezas provienen de troquelados que se van apilando a medida que se producen, de tal manera que todos los de un conjunto provienen de la misma lámina de acero, con un espesor relativamente uniforme, la situación se presenta particularmente notable. En ensambles de esta clase —como en el caso de solenoides para corriente alterna— no es conveniente depender de la Fórmula (38) para la determinación de la tolerancia total. En este caso, el número de piezas troqueladas que se requieren para satisfacer las dimensiones del plano para obtener un espesor total, se debe de determinar por ponderación o un sistema similar.

Otro ejemplo muy común se presenta con los deslizamientos debidos al desgaste de la herramienta, cuando hay muy poca variación entre las piezas en un momento dado, comparadas con las variaciones de un tiempo a otro.

Otro caso de restricción se presenta en el ensamble de piezas hechas bajo un mismo plano y en que la distribución de frecuencias de las piezas de cada ensamble no se aproxima estrechamente a la forma de la curva normal. Para este caso, la Fórmula (38) se debe desechar y preferir una operación de maquinado de las piezas ya armadas, a fin de satisfacer la dimensión total, o bien, variando el número de piezas que forman el ensamble.

Teniendo en cuenta estas condiciones de restricción, en algunas factorías se han hecho investigaciones para determinar la aplicabilidad de la Fórmula (38) a las condiciones particulares de la manufactura. Los informes dados por esas compañías indican que la fórmula tiene amplia aplicación en sus análisis de tolerancias para muchos productos y que las condiciones para su empleo satisfacen con mucha frecuencia las circunstancias industriales presentes. Los conceptos de análisis de tolerancias se usan ampliamente en un gran número de aplicaciones industriales en donde las tolerancias de las partes son críticas para el resultado del diseño del producto.

El concepto de análisis de tolerancias se ha extendido también a algunas aplicaciones —especialmente los sistemas complejos de equipo— en donde la incertidumbre no radica en las tolerancias en sí, sino que está relacionada a la falta de principios físicos y de otros tipos claramente documentados y que determinan el desempeño del producto. Las aplicaciones van desde los sistemas de rastreo electrónicos ambientales a gran escala hasta reactores nucleares. El término "análisis de incertidumbre" se usará con mayor probabilidad en estas aplicaciones. El trabajo de este análisis implica la determinación de la distribución del desempeño del producto resultante de las variables cuyas medias son los valores nominales del diseño y cuyas varianzas se relacionan a las tolerancias. Las funciones de probabilidad de estas variables se usan para predecir la variabilidad del desempeño del producto.[10]

16.9 Pruebas de significatividad

Las pruebas estadísticas de significatividad tienen por objeto informar cuándo la calidad de un material, o la producción de cierta clase de piezas, o bien, un material o piezas que se reciben de un proveedor, difiere "significativamente" de un valor estándar o de la calidad de otro o más lotes u orígenes. Estas pruebas se emplean para hacer la comparación del material de dos o más orígenes, o para determinar entre varios factores presentes, cuál es el que afecta la calidad de un proceso.

En conjunto, las pruebas de significatividad pueden determinar las diferencias en porcentaje defectuoso en el valor de los promedios en su dispersión y en otras medidas. Estas pruebas se han desarrollado para satisfacer el problema que se presenta con frecuencia en la industria, cuando las diferencias entre niveles de buena y de baja calidad son a veces tan pequeñas, que quedan ocultas por las variaciones debidas al azar, en las muestras de tamaño muy pequeño.[11] Según han podido comprobar los ingenieros de control de calidad y proceso tras una larga y amarga experiencia, es muy difícil estimar estos cambios del proceso sin la ayuda de las técnicas analíticas, como la situación que se presentó en el ejemplo de la Sec. 16.1. El empleo de las pruebas de significatividad reduce en gran parte la contingencia de llegar a conclusiones incorrectas en esos casos.

A continuación se presentan dos pruebas de significatividad de las de mayor empleo, con una descripción de sus principales aplicaciones.

1. *La prueba de "t"*, para la determinación de la significatividad en la diferencia entre las medidas de tendencia central de dos muestras.[12]
2. *La prueba de "F"*, para determinar la significatividad de la diferencia entre las medidas de dispersión de dos muestras.[13]

Los sectores que se interesen, podrán encontrar aplicaciones de utilidad para estas técnicas en las referencias incluidas en las notas.

16.10 Diseño de experimentos

Las pruebas de significatividad se emplean en el análisis de los problemas de la calidad, bajo dos condiciones básicas diferentes:

1. *Las pruebas de significatividad se realizan al final de un experimento*. Cuando se han verificado las pruebas, se han completado los experimentos y se han tomado todos los datos, se le presentan al analista los resultados y se le pide que deduzca una información apropiada de ellos. En estas circunstancias, el analista tiene que ensayar la aplicación de las pruebas de significatividad más convenientes, con la desventaja de que no puede disponer de todos los datos que le sean necesarios, o bien, que no estén en debida forma.
2. *El concepto se usa para guiar el establecimiento del procedimiento experimental*. Se pide al analista que sugiera un programa para la clase de experimentos que aporten los datos necesarios, antes de que se inicie alguna prueba o se tome algún dato. Se puede organizar el estudio completo para que los datos que sean necesarios para el análisis, se tomen en el menor tiempo y al menor costo. El analista diseña el procedimiento experimental de forma que a través de lo que son llamadas pruebas de significatividad a posteriori (es decir, después del experimento), el analista puede obtener respuestas *posibles* a las preguntas que generaron la necesidad del experimento en primer lugar.

Las ventajas del patrón 2 sobre el patrón 1 son obvias. El crecimiento de los programas de control total de la calidad en plantas y compañías está acompañado con el correspondiente énfasis creciente en el patrón 2. Aunque pueden haber algunas circunstancias en que el patrón 1 no pueda ser evitado, se ganan tanto economía en gastos y aumento en la exactitud analítica con el patrón 2 en la práctica común.

Las pruebas de significatividad se pueden emplear también con los datos tomados bajo dos diferentes sistemas de experimentación:

1. *Bajo la hipótesis de que todos los factores permanezcan constantes, con excepción de aquél que se estudia.* Este es el sistema empleado en varias factorías durante muchos años. Aun cuando ha proporcionado resultados favorables, y puede ser empleado bajo ciertas condiciones, está sujeto a las siguientes eventualidades.
   a. Teniendo en cuenta los constantes cambios en las condiciones de las plantas modernas —desgaste de cojinetes, desgaste de herramientas, etc.— es muy difícil poder asegurar que "todo permanece constante". Por tanto, el experimento está sujeto a error.
   b. Pueden resultar conclusiones engañosas de causa y de efecto con este enfoque.

c. Se requiere un gran número de pruebas individuales cuando se investigan varias variables.

2. *Bajo la hipótesis de lo incidental, ya sea de todos los factores, o bien, de todos menos aquellos que deliberadamente se hacen variar.* Esta es la forma estadística actual que permite el mínimo del error experimental: del falso raciocinio de que "todos los factores son constantes", y del número de pruebas que se requieren para obtener un determinado resultado.

La utilización de las pruebas de significatividad en la experimentación, donde se aplica la experiencia estadística desde el comienzo del experimento y donde la incidental y/o deliberada variación se incluyen en el proyecto, se denomina *diseño de experimentos.*[14] Todo el programa que ha sido diseñado de acuerdo con estos principios, casi siempre rinde los mejores resultados, tanto en confiabilidad como en economía, sobre aquellos programas conducidos bajo la hipótesis de "acertar o errar" o de circunstancias que "permanecen constantes". En muchos casos es muy notoria la economía que se obtiene, gracias a la reducción en el número de pruebas que se requieren en un diseño de experimentos, comparada con otros procedimientos antiguos.

A continuación se citan tres métodos de mayor empleo en el diseño de experimentos, señalando una de sus múltiples aplicaciones. El método 1 es el principal, y de éste, los métodos 2 y 3 son simples adaptaciones:

1. *Tabla para el análisis de variancia.* Este diseño de experimentos permite la aleatoriedad de todos los factores. Se aplica la prueba de F en aquellos casos en que se vea afectada la calidad de un proceso, y en el cual se desea estudiar simultáneamente la variación entre diferentes muestras, a fin de determinar si una supuesta causa de variación cuando se hace la medición de una variable, es real, o simplemente se debe al azar.[15]
2. *Cuadrado Latino.* Este diseño experimental permite variar deliberadamente cuando menos dos factores diferentes de aquel que se estudia, en tanto que los restantes quedan sujetos a las variaciones del azar. Se aplica la prueba de F para casos semejantes al siguiente: se desea determinar entre cinco resortes con diferentes características de fuerza, cuál da mejor resultado para incrementar la caída de voltaje de los relés. Se considera que las máquinas y operadores de las pruebas son también variables que pudieran afectar la caída del voltaje de los relés.

   Para los cinco tipos de resortes que se comparan, la ordenación para el Cuadrado Latino requiere cinco máquinas de pruebas y cinco operadores. Entre las máquinas y los operadores se distribuyen los resortes A, B, etc., de tal manera que cada uno de los resortes, máquinas de prueba y operadores, quedan asociados en un trío, una sola vez. La disposición de la tabla para este análisis se presenta en la Fig. 16-10, en la cual se puede apreciar por qué se usa el término descriptivo de Cuadrado Latino.
3. *Cuadrado Grecolatino.* Este diseño experimental permite la variación deliberada de todas las variables, a fin de que se pueda obtener la mayor información relativa al efecto de estas variables, con un mínimo de pruebas. Se usa la prueba de F para casos semejantes al siguiente: se cree que de-

CUADRADO LATINO

		MÁQUINA DE PRUEBA				
		1	2	3	4	5
OPERADOR DE PRUEBA	1	RESORTE E	RESORTE B	RESORTE D	RESORTE A	RESORTE C
	2	" C	" D	" B	" E	" A
	3	" A	" C	" E	" B	" D
	4	" D	" E	" A	" C	" B
	5	" B	" A	" C	" D	" E

Fig. 16-10

terminada combinación de ciertas cantidades de cinco diferentes compuestos, debe dar la mejor capa protectora para ciertos elementos mecánicos que deben embarcarse para el trópico. Pero, ¿cómo se deben mezclar estos cinco componentes en determinada cantidad, a fin de lograr los mejores resultados? Si sólo cuatro cantidades de cada uno de los cinco componentes se ensayaran en la forma general de un procedimiento experimental, se necesitarán 4^5 pruebas, o sea, un total de 1024. Pero si se ordena cada variable en grupos donde se permita una sola ocurrencia de cada variable con todas las restantes, el diseño del Cuadrado Grecolatino rendirá la misma información con sólo 16 pruebas.

La Fig. 16-11 presenta la forma de este diseño experimental, en el que cada cantidad de cada componente se asocia expresamente con todos los demás, únicamente una vez. [16] Exposiciones de mucha utilidad de éste y de otros diseños experimentales se pueden encontrar en la referencia citada en la nota.[17]

16.11 Correlación matemática

Se hizo notar en la Sec. 16.6, que en algunos caso, cuando se ha hecho la correlación gráfica, se necesita hacer una determinación más precisa a fin de reforzar la relación que pueda existir entre las variables que se consideran. A continuación se dan tres procedimientos fundamentales sobre los métodos de la correlación matemática:

1. La determinación de la consistencia de la correlación de que se trate, por medio del cálculo de coeficiente de correlación r^2. El valor ideal para r^2 es uno (1), como en el siguiente caso entre las variables x y y:

CUADRADO GRECOLATINO

	I	II	III	IV
A	1a ①	2b ②	3c ③	4d ④
B	2c ④	1d ③	4a ②	3b ①
C	3d ②	4c ①	1b ④	2a ③
D	4b ③	3a ④	2d ①	1c ②

CUADRADO DE 4 × 4 – 4 CANTIDADES DE 5 COMPUESTOS

EN EL CUAL

1, 2, 3, 4 – DIFERENTES CANTIDADES DEL MISMO COMPUESTO
a, b, c, d – " " " " "
①,②,③,④ – " " " " "
I, II, III, IV – " " " " "
A, B, C, D – " " " " "

Fig. 16-11

x: 1, 2, 3, 4, 5 variable independiente
y: 2, 4, 6, 8, 10 variable dependiente

Esta forma de correlación perfecta casi nunca se presenta en la industria, puesto que r^2 casi siempre es un valor entre 0 y 1.

2. El establecimiento de una ecuación matemática que se pueda emplear para deducir los valores promedio de la variable dependiente, de acuerdo con los valores de la variable independiente. Esto representa la expresión matemática de la línea que en la Sec. 16.6 se denominó "la línea trazada, o la curva que mejor se adapta". Algunas clasificaciones importantes de estas líneas mejor adaptadas, o sea las líneas de regresión, como se les denomina en la correlación matemática, se dan a continuación.
   a. Relación lineal entre las dos variables, por ejemplo,

$$y = mx + b$$

   En este caso se le denomina *regresión lineal.*
   b. Curvas de potencias de la forma:

$$y = a + bx + cx^2 + dx^3 + \dots + nx^n$$

   Las curvas de esta forma se denominan *regresión curvilínea*.

3. El establecimiento de límites dentro de los cuales puede esperarse que los valores obtenidos de la expresión desarrollada en el paso 2 caerán.[18]

16.12 Análisis secuencial

En la Sec. 15.11 se citó el análisis secuencial como uno de los métodos para el desarrollo de las tablas de muestreo estadístico. Sin embargo, el análisis secuencial no se limita en sus aplicaciones a los problemas de inspección. También se emplea extensamente en el análisis de problemas más complejos de la calidad.

Por ejemplo, el análisis secuencial se puede emplear en las pruebas de significatividad, para las diferencias entre los promedios, o en la uniformidad de la manufactura de un producto. En la Sec. 15.11 se dijo que el método de secuencia necesita del establecimiento de dos contingencias: de un factor X_1 y X_2, y del factor Y_1 y Y_2.

En los ejemplos que se han presentado, X_1 y X_2 son los valores específicos para las diferencias entre promedios o en la uniformidad de la manufactura del producto. Y_1 y Y_2 son los riesgos asociados que se consideran en el análisis.

El texto clásico del profesor Abraham Wald sobre análisis secuencial, junto con otras obras útiles, sirvieron de referencia en el Cap. 15.

Los métodos especiales en acción

16.13 Aplicaciones prácticas de los métodos especiales

Dentro de las cuatro tareas del control de calidad, los métodos especiales encuentran su mayor aplicación en el estudio de los procesos especiales. Los métodos especiales que mayor aplicación tienen en los estudios de los procesos especiales, son las pruebas de significatividad, el diseño de experimentos y la correlación.

En las otras tareas del control de calidad, también tienen aplicaciones diversas los métodos especiales. El análisis estadístico de las tolerancias, el análisis de variancia y las hojas de probabilidades, se emplean extensamente en el control de nuevos diseños; además, en el control del material adquirido y en el control del producto, se han empleado otros métodos especiales.

A continuación se presentan tres aplicaciones prácticas de los métodos especiales:

1. Análisis de un lote de material de calidad dudosa, por medio de la correlación gráfica (ver Sec. 16.14).
2. Estudio del proyecto para efectuar un cambio de métodos, por medio de las pruebas de significatividad y el análisis de las hojas de probabilidades (ver Sec. 16.15).
3. Estudio de un problema complejo sobre compensación de temperatura en un conjunto, empleando el análisis de variancia con el Cuadrado Grecolatino (ver Sec. 16.16).

16.14 Análisis de un lote de calidad dudosa: Correlación gráfica

Una aplicación interesante de la correlación gráfica, examinada por Armostrong y Clarke,[19] se refiere a la investigación de un lote de resortes cuya calidad era dudosa. Estos pequeños resortes de compresión se probaron para medir su longitud libre bajo una determinada carga.

Para el análisis de la calidad de los resortes, se decidió hacer un estudio de correlación. Se seleccionó una muestra del lote de resortes. Se probó cada uno de los resortes de la muestra, bajo la misma carga, midiendo su longitud libre.

El resultado de estas pruebas, anotando el número de frecuencias, se inscribió en una hoja de coordenadas rectangulares, tomando en la escala vertical el valor de la longitud libre, y en la escala horizontal los valores de las presiones. En la Fig. 16-12 se presenta el resultado de este análisis de correlación, en el cual se nota que se han obtenido *dos* agrupamientos diferentes para el mismo lote.

Las investigaciones posteriores indicaron que se trataba de dos tipos diferentes de resorte en ese lote, con diferentes diámetros de alambre. Esta situación se atribuyó al hecho de haber empleado inadvertidamente varios alambres un poco fuera del diámetro normal —con diámetro de 0.0085 in— en la producción, en lugar de tener el diámetro normal de 0.008 in.

Debido a estos tipos diferentes de resortes mezclados en el lote, fue necesario seleccionar todo el lote en una inspección 100% y así poder separar los resortes normales de los anormales.

16.15 Estudio de la proposición para un cambio de métodos: Pruebas de significatividad y empleo de hojas de probabilidades

La aplicación efectiva de la tecnología de tubos electrónicos siempre ha sido estrechamente dependiente de la calidad sistemática y de los análisis de con-

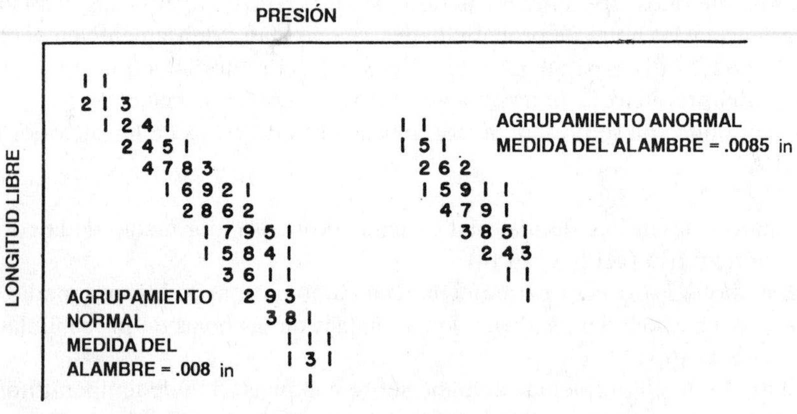

PRESIÓN

LONGITUD LIBRE

1 1
2 1 3
1 2 4 1   1 1   AGRUPAMIENTO ANORMAL
2 4 5 1   1 5 1   MEDIDA DEL ALAMBRE = .0085 in
4 7 8 3   2 6 2
1 6 9 2 1   1 5 9 1 1
2 8 6 2   4 7 9 1
1 7 9 5 1   3 8 5 1
1 5 8 4 1   2 4 3
3 6 1 1   1 1
AGRUPAMIENTO 2 9 3   1
NORMAL 3 8 1
MEDIDA DEL 1 1 1
ALAMBRE = .008 in 1 3 1
1

Fig. 16-12

fiabilidad. Esto se ha cumplido para una amplia gama de productos, desde unidades pequeñas hasta magnétronos de potencia, y a los tubos de rayos catódicos cuya operación confiable es primordial para la información "blanda" en las instalaciones computacionales modernas.

Para un determinado tipo de tubo electrónico, una característica eléctrica de la calidad *–corriente de rejilla–* era la causa de que un alto porcentaje de tubos resultara defectuoso en la prueba final. Los límites de especificaciones para la corriente de rejilla eran de 25 a 55 miliamperios y los rechazos se debían a la excesiva dispersión en los lotes de la producción de estos tubos.[20]

A fin de eliminar estos rechazos, el ingeniero encargado de la fabricación del tubo desarrolló un cambio en el método de armado para una fase del tubo. Confiaba que con este cambio de método se reduciría la excesiva dispersión en la corriente de rejilla.

Antes de que se autorizara el gasto necesario para efectuar el cambio requerido en los métodos de armado, el ingeniero quiso estudiar el efecto verdadero del cambio sobre la calidad del tubo. Programó su estudio en la siguiente forma: Se tomaron elementos de la producción normal para armar 100 tubos, empleando los mismos materiales, equipos de proceso y operadores estándar. De estos tubos, 50 se sometieron al nuevo método de armado. Los otros 50 se usaron como una muestra de "control", y se armaron en la forma anterior.

El ingeniero consideraba que este experimento le permitiría una utilización completa y efectiva de las pruebas de significatividad, obteniendo la conformidad del analista en estadística de la planta, de que esto podría ser posible bajo las condiciones que rodeaban al tipo de tubo.

Como consecuencia, se realizó el procedimiento propuesto. Se llevaron los 100 tubos hasta su prueba final y se tabularon los resultados de la característica de calidad, corriente de rejilla, en la siguiente forma:

	Muestra con el nuevo método	**Muestra de control**
Tamaño de muestra (*n*)	50 tubos	50 tubos
Promedio ($\overline{X}$)	37. 4 miliamperes	42.0 miliamperes
Desviación estándar	4.2 miliamperes	7.1 miliamperes

La muestra armada por el nuevo método, ¿da una reducción en dispersión que pueda considerarse significativa? O en otras palabras, ¿estos resultados son estadísticamente significativos?

Se aplicaron las pruebas de significatividad, en particular las pruebas de "t" y "F", a fin de obtenerla en la diferencia de los promedio y en las variabilidades, respectivamente. Los resultados demostraron diferencia significativa entre las dos muestras, indicando además, que el cambio en los métodos del armado, sí traía una reducción de significatividad en la dispersión de los tubos.

Como la aplicación de las pruebas de significatividad era una experiencia relativamente nueva para la planta, se decidió verificar una prueba más sobre el efecto en los cambios de los métodos de armado. Se optó por tomar una muestra respectiva de mayor tamaño, con el nuevo procedimiento de armado, considerando cuando menos la producción de todo un día. En efecto, se tomó la producción de un día, en todos los turnos de todas las máquinas, y dejando todas las demás variables completamente al azar, tal como se presentaban en la producción normal. Los resultados en las pruebas finales de estos tubos con el nuevo método de armado, comparados con los producidos bajo condiciones normales anteriores, se encuentran en la siguiente tabla:

	Muestra con el nuevo método	Producción normal
n	309	500
$\bar{X}$	36.8	44.1
σ	4.5	8.0
Porcentaje defectuoso	1.0	14.0

La comparación entre estos dos grupos se hizo gráficamente por medio de una hoja de probabilidades. En la Fig. 16-13 se puede apreciar la comparación de estos dos grupos.

Después del examen de la hoja de probabilidades, el ingeniero dio la aprobación para utilizar el nuevo método de armado. Se obtuvo una considerable reducción en los rechazos, con la correspondiente mejoría de la calidad y una reducción en los costos debidos a la nueva producción de los tubos empleando el nuevo método de armado.

16.16 Examen de la compensación de temperatura: Cuadrado Grecolatino

En el equipo aeroespacial, que probablemente pase a través de una amplia gama de temperaturas, es esencial que el diseño de estos equipos —particularmente la instrumentación— proporcionen una compensación apropiada a estas variantes en temperatura. Una planta en la que se producían tacómetros indicadores duales para los aviones, se presentó el problema de la compensación de la temperatura en estos ensambles. Se aceptó que cualquier análisis de la compensación de temperatura involucraba el estudio de cierto número de factores combinados. Por tanto, se decidió que el examen necesario se podría lograr con mayor eficacia con un diseño de experimentos que empleara la técnica del Cuadrado Grecolatino.[21]

La planta desarrolló esta técnica en cuatro etapas:

1. Aplicación de los conocimientos de ingeniería para la selección de las variables que ejercieran mayor influencia.
2. Diseño de un experimento, por medio del cual se pudieran obtener los datos.
3. El procedimiento efectivo para las pruebas y el registro de datos.
4. Utilización matemática de los datos para medir la importancia relativa de cada factor por separado sobre la compensación de la temperatura.

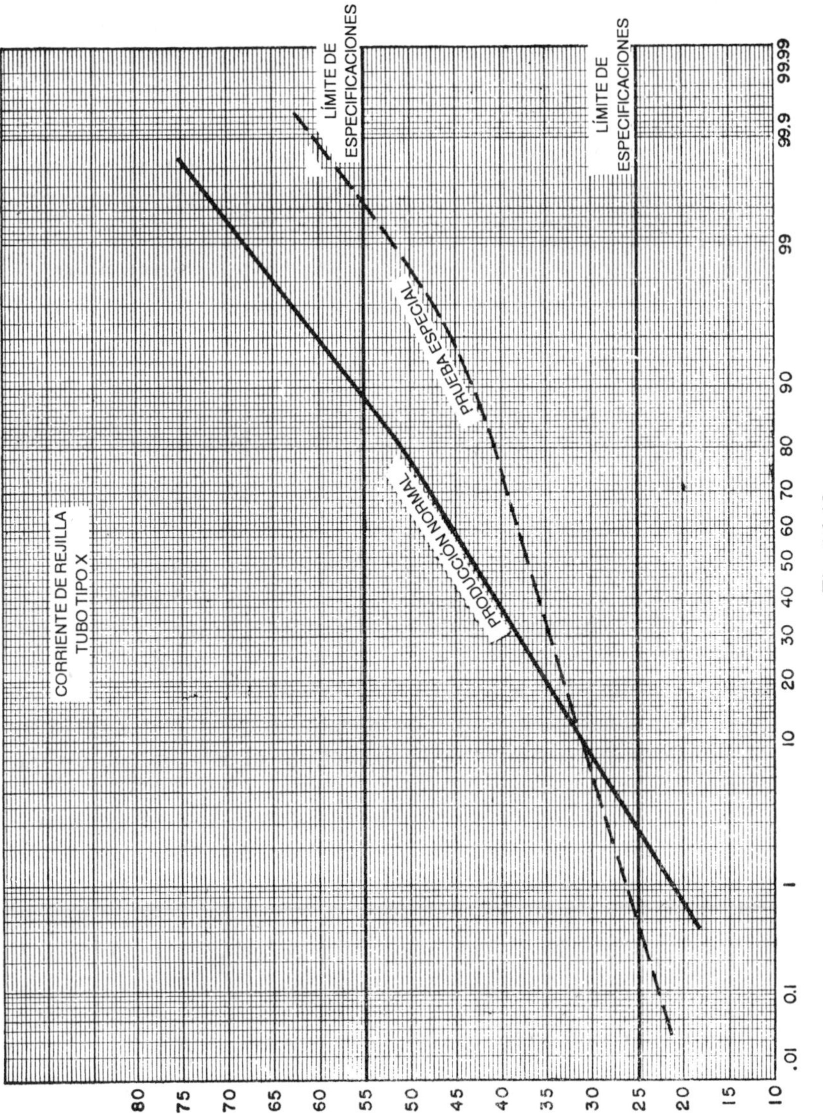
CORRIENTE DE REJILLA EN MILIAMPERES
LÍMITE DE ESPECIFICACIONES
LÍMITE DE ESPECIFICACIONES
PRUEBA ESPECIAL
PRODUCCIÓN NORMAL
CORRIENTE DE REJILLA TUBO TIPO X
80 75 70 65 60 55 50 45 40 35 30 25 20 15 10
.01 0.1 1 10 20 30 40 50 60 70 80 90 99 99.9 99.99

Fig. 16-13

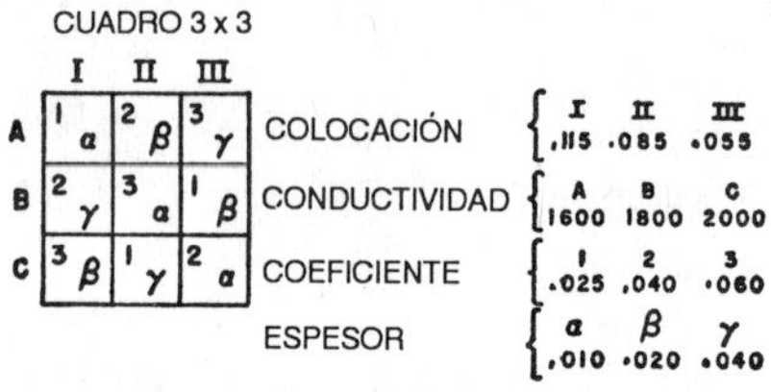

CUADRO 3 x 3

	I	II	III
A	1 α	2 β	3 γ
B	2 γ	3 α	1 β
C	3 β	1 γ	2 α

COLOCACIÓN	I: .115	II: .085	III: .055
CONDUCTIVIDAD	A: 1600	B: 1800	C: 2000
COEFICIENTE	1: .025	2: .040	3: .060
ESPESOR	α: .010	β: .020	γ: .040

DESARROLLO DE LA PRUEBA

I .115	II .085	III .055	COLOCACIÓN
A 1600	A 1600	A 1600	CONDUCTIVIDAD
1 .025	2 .040	3 .060	COEFICIENTE
α .010	β .020	γ .040	ESPESOR
I .115	II .085	III .055	COLOCACIÓN
B 1800	B 1800	B 1800	CONDUCTIVIDAD
2 .040	3 .060	1 .025	COEFICIENTE
γ .040	α .010	β .020	ESPESOR
I .115	II .085	III .055	COLOCACIÓN
C 2000	C 2000	C 2000	CONDUCTIVIDAD
3 .060	1 .025	2 .040	COEFICIENTE
β .020	γ .040	α .010	ESPESOR

DATOS EXPERIMENTALES

L	+ 1.603	+ .369	− 2.507
MEDIA	+ 1.655	− .066	− 2.784
R	+ 1.706	− .502	− 3.062
L	+ 2.312	+ .958	− 1.212
MEDIA	+ 1.470	+ 1.290	− .642
R	+ .627	+ 1.622	− .0707
L	+ 2.52	− .378	+ 2.47
MEDIA	+ 2.51	− .003	+ 2.32
	+ 2.50	+ .372	+ 2.17

Fig. 16-14

Se determinó que para este análisis, los cuatro factores contribuían al problema en estudio sobre el tacómetro indicador: 1) localización de la placa compensadora, 2) la conductividad del disco de arrastre, 3) el coeficiente de conductividad del material del disco, 4) el espesor de la placa compensadora.

Se escogieron tres valores de estos factores, dentro de la región crítica para la compensación de la temperatura. Se ordenaron estos valores en un Cuadrado Grecolatino de 3 × 3, como puede verse en la Fig. 16-14. Se duplicó cada lectura del indicador como medida de repetibilidad. Se tabularon los errores a diferentes niveles de temperatura, y se orientó el análisis sobre aquella ordenación que producía el mínimo error.

Se tomaron los datos a una temperatura de −22 °C; también se hicieron pruebas a las temperaturas de +49 °C, −37 °C y −56 °C. Los resultados finales se encuentran en la tabla de la Fig. 16-15.

Por medio de este análisis de compensación de la temperatura, empleando únicamente nueve tacómetros, se llegó a la conclusión de que los valores de la

Valores de la estadística F y valores críticos para el tacómetro

Factores	Suma de cuadrados	Grados de independencia	Cuadrado de la media	F	Valor crítico (1%)
Localización	15.63	2	7.815	22.10	8.02
Conductivadad	12.13	2	6.065	17.30	8.02
Coeficiente	3.28	2	1.640	4.65	8.02
Espesor	14.41	2	7.205	20.60	8.02
Residuo	3.19	9	0.354		

Fig. 16-15

conductancia, eran la indicación más crítica para localizar propiamente a la placa compensadora, en mayor grado de lo que pudiera "afectar" los coeficientes termales. Como resultado de este estudio, se logró una considerable reducción en los costos de la mano de obra para el ajuste de los tacómetros en el taller.

Notas

[1] Para el lector interesado en la discusión de una amplia gama de técnicas para los datos de exploración, incluyendo "tallo y hoja", y "caja y bigote", métodos suavizantes y otros, ver John W. Tukey, *Exploratory Date Analysis* Addison-Wesley Publishing Company Inc., Reading, Mass., 1977.

[2] Gran parte de este análisis de la hoja de probabilidades está adaptado de la discusión de W.H. Abbott, Cleveland, Ohio, en un trabajo excelente, "Use of Probability Charts in the Study of Distribution and the Determination of Sigma".

[3] La forma de la hoja de probabilidades mostrada en la Fig. 16-5 es apropiada en el uso con propósitos estadísticos teóricos debido a su escala vertical, que empieza en 0.01 y llega a 99.99. Todas las funciones de distribución teóricas deben iniciarse en 0 y llegar a 1; de ahí que esta escala vertical sea la base de estas gráficas.

[4] Esta exposición se refiere al graficado de valores del porcentaje *menores* que el valor de la celda de la curva. Es posible usar la hoja de probabilidades para graficar valores del porcentaje *mayores* que el valor de la celda, en cuyo caso los datos se trazan en el límite inferior de la celda.

[5] Datos de Abbott, op. cit.

[6] Para su obtención se usa la fórmula: $\bar{X} = \frac{\Sigma fx}{n}$

[7] Se debe de comparar la anchura de la banda con la amplitud de la curva. Desde luego, en la Fig. 16-8, esta amplitud está entre 5.0 y 6.0 para la característica A; en cambio, en la Fig. 16-9 la amplitud va desde 5.0 a 15.0, la curva trazada no presenta ninguna utilidad.

[8] En esta sección se conviene en que la tolerancia para cada una de las piezas se aproxima muy estrechamente a la capacidad de proceso. De lo contrario, será necesario considerar esa capacidad de proceso para calcular la tolerancia total del subensamble.

[9] Para mayor información ,ver E. L. Grant, "Statistical Quality Control", 5a. ed., McGraw-Hill Book Co., Inc., New York.

[10] Para un ejemplo basado en la computadora de una aplicación sobre la seguridad de un reactor nuclear, ver N. D. Cox, "Tolerance Analysis by Computer," *Journal of Quality Technology*, Vol. II, Núm. 2, abril 1979, Págs. 80-87.

[11] Cuando la diferencia entre los valores de las muestras se presentan en forma evidente, que hace insostenible la hipótesis de un origen común para los lotes, se dice que estas diferencias son estadísticamente significativas. Brevemente se pude ilustrar la significatividad. En la Parte Cinco se dijo que diferentes muestras de las mismas piezas, pueden variar en valores centrales y de dispersión. En la Sec. 13.18 se dijo que esto puede ocurrir con muestras tomadas del mismo lote u origen. Si las diferencias en la medida central o de dispersión se deben a variaciones del azar en muestras del mismo origen, se puede decir que esa diferencia no es significativa estadísticamente. Pero si indican que provienen de diferentes lotes u orígenes, se dice que estadísticamente son significativas.

[12] Esta prueba algunas veces se llama "t student", en honor de W.S. Gosset, cuyo trabajo apareció bajo el seudónimo Student. Para una discusión de comprensión, ver Irving W. Burr, *Applied Statistical Methods*, Academic Press, Inc., New York, 1974, Págs. 171-174.

[13] Burr, ibid, Págs. 179-180, 225-228.

[14] Ahora existe un cuerpo efectivo de literatura para el lector interesado en el diseño de experimentos en varios niveles de detalle y complejidad. Como referencias básicas, ver W. G. Cochram y G. M. Cox, *Experimental Design*, John Wiley Sons, Inc., New York, 1957. Ver también Jerome L. Meyers, Fundamentals of Experimental Design, 2a. ed., Allyn Bacon, Inc., Boston, 1972; B. J. Winer, *Statistical Principles in Experimental Design*, 2a. ed. McGraw-Hill Book Company, New York, 1971; M. H. Quenoville y J. A. John, *Experiments; Design and Analysis*, 2a. ed., The Macmillan Company,

New York, 1977; y Gerald J. Hahn, "Some Things Engineers Should Know about Experimental Design", *Journal of Quality Technology*, Vol. 9, Núm. 1, enero 1977.

[15] Para una excelente referencia clásica, un tanto compleja, ver R. A. Fisher, *Statistical Methods for Research Workers*, Oliver & Boyd Ltd., Edinburgh, 1984. Para una discusión interesante, ver también S.S. Shapiro y M. B. Wilk, "An Analysis of Variance Test for Normality (complete samples)", *Biometrika*, 52, Págs. 591-611, 1965.

[16] Ver, por ejemplo, Maurice G. Kendall, "The Advanced Theory of Statistics", Vol. II, Charles Griffin & Co., Ltd., London, 1984, Pág. 261.

[17] Para cuadrados grecolatinos, así como para otros diseños, ver el texto clásico del inventor de los mismos: R. A. Fisher, *The Design of Experiments*, 5a. ed., Hafner Publishing Company, Inc., New York, 1949; ver también Kendall, ibid.; también M. G. Kendall y Alan Stuart, *The Advanced Theory of Statistics*, Vols. 1 a 3, Hafner Publishing Company, Inc., New York, 1968-1973.

[18] El lector interesado en aspectos detallados de esta disciplina metodológica, puede revisar referencias como Frederick Mosteller y John W. Tukey, *Data Analysis and Regression*, Addison-Wesley Publishing Company, Inc., Reading, Mass., 1977; Allen L. Edwards, *Statistical Methods*, 2a. ed., Holt, Rinehart y Winston, Inc., New York, 1967; John E. Freund, *Mathematical Statistics*, 2a. ed., Prentice-Hall, Inc., Englewood Cliffs, N. J., 1971 M. G. Kendall, *Rank Correlation Methods*, 4a. ed., Charles Griffin Company, Ltd., London, 1970; y para una discusión clásica, W. A. Shewhart, *Economic Control of Quality of Manufactured Product*, D. Van Nostrand Company, Inc., New York, 1931, Págs. 214-229.

[19] Adaptado de G.R. Armstrong y P.C. Clarke, *Statistical Methods in Quality Control.*

[20] Este caso se refiere a un análisis hecho por C. G. Donsbach y asociados, Schenectady, N. Y.

[21] Este examen se refiere a un análisis hecho por P. E. Thompson, West Lynn, Mass.; corresponde a la continuación de la exposición del proyecto del señor Thompson.

CAPÍTULO 17
Confiabilidad del producto

Un producto confiable es aquel que desempeñará la función que tiene designada cuando se requiera que lo haga, durante su periodo de uso. La confiabilidad es una calidad característica que representa una de las demandas principales del comprador de hoy. Un cliente, al ser entrevistado en una encuesta de mercadeo, lo expuso con gran sencillez: "quiero comprar productos que funcionen correctamente día tras día cuando yo oprima el botón".

El cumplir con los requisitos de confiabilidad se ha convertido en una de las exigencias principales sobre la tecnología del nuevo producto. Los compradores que en alguna ocasión concentraban su atención de compras en productos que eran principalmente innovadores o que atraían la atención, ahora se centran en aquellos que *también* operan confiablemente.

La confiabilidad de los productos es una de las áreas principales de la atención del control total de la calidad. Este capítulo considera los conceptos que apuntalan el punto de vista matemático y estadístico hacia la confiabilidad, y repasa las actividades clave para lograr y asegurar la confiabilidad.

17.1 Creciente énfasis en la confiabilidad del producto

Algunos productos siempre se han puesto a la venta con base en su alto nivel de confiabilidad, y la ingeniería y la producción han tenido este valor como objetivo primario. Por ejemplo, las grandes turbinas de vapor de combustible orgánico se han vendido durante mucho tiempo con énfasis en su confiabilidad; una porción inapropiada de tiempo de ocio puede significar tanto costos excesivos por la utilidad de electricidad como grandes dificultades para la comunidad que usa electricidad generada. Las locomotoras diesel han sido compradas o alquiladas por los ferrocarriles, principalmente por su confiabilidad anticipada en las operaciones de grandes arrastres de carga. En los mercados de consumo, los frigoríficos han sido adquiridos por las familias con la anticipación de los niveles relativamente altos de confiabilidad que han llegado a esperar del registro de los productos durante un cierto número de años. Algunas marcas de productos de consumo electrónicos han llegado a dominar el mercado, gracias a la información publicada y de boca a boca en lo referente a su desempeño confiable, en comparación con los aparatos de competencia.

Sin embargo, en el caso de muchos otros productos, las compañías en el pasado se concentraban en probar principalmente al inicio de la vida del producto t_0 (tiempo t subíndice 0) en vez de evaluar también el desempeño del producto en etapas de la vida del producto (tiempos t_1, t_2, ..., t_n). En muchos casos, las pruebas de vida y ambientales relacionadas eran precipitadas. Inevitablemente, se experimentaban problemas cada vez más serios con estos productos cuando los usaban los clientes.

En años recientes, el resultado ha sido tanto una mayor amplitud de la atención hacia la confiabilidad a través de una amplia gama de productos y una mayor formalización de la actividad de confiabilidad en sí. Esta formalización ha estado fuertemente influida por el desarrollo de equipos complejos, multicomponentes, sobre todo en el aeroespacio y en la electrónica, donde ha sido necesario institucionalizar desde el inicio la confiabilidad como un objetivo del mismo producto. Al tiempo que la importancia de la confiabilidad empezó a reconocerse en una variedad de productos —tanto a nivel industrial como de consumo— se ha puesto énfasis en las medidas cuantitativas que ayudan a hacer de la confiabilidad un número —una probabilidad— que pueda expresarse muy específicamente. Estas mediciones hacen posible, un tanto objetivamente, evaluar la confiabilidad del producto; predecirla; balancearla objetivamente con otros parámetros de la calidad del producto, como el mantenimiento; y controlarla. Permiten establecer programas explícitos para asegurar la confiabilidad del producto. Estos programas son una actividad importante en las cuatro tareas del control total de la calidad.

17.2 La evolución de la confiabilidad formal del producto

Para un entendimiento completo de las actividades de confiabilidad del control total de la calidad, es importante reconocer los cuatro pasos básicos que se han implicado en la evolución de la confiabilidad del producto moderno:

1. El primer paso, que ya data de varias décadas, ha tenido por objetivo la *predicción* de la confiabilidad del producto y la *demostración* de que esta confiabilidad se ha logrado. Una de las técnicas clave, particularmente en la electrónica y posteriormente extendida a productos mecánicos y de otros tipos, fue la determinación de las tasas de fallas en las partes. Cuando se generalizaron estos datos, mostraron que muchos tipos de partes tenían una tasa de fallas inicial alta; una tasa de fallas constante durante un periodo significativo de tiempo que podía expresarse matemáticamente; y otra tasa de fallas elevada al irse desgastando la parte.

   Los modelos matemáticos y estadísticos directos se habían desarrollado de forma tal que las tasas de fallas en las partes establecidas pudieran traducirse en tasas de fallas para los productos y equipos en las que se ensamblaran las partes. La suposición básica para estos modelos ha sido una tasa de fallas relativamente constante con componentes y productos con una tasa inicial de fallas alta, eliminados por la tarea del material adquirido del control total de la calidad; la inspección y las fallas debidas al desgaste, evitadas por mantenimiento preventivo proporcionado por la tarea del control del producto como parte del control total de la calidad. Además, ahora se han desarrollado modelos más implicados matemáticamente que se aplican a productos muy complejos con diversas formas de operación, que pueden mantenerse y repararse durante su funcionamiento, y que tienen muchos patrones de degradación distintos a los constantes.

Con estas técnicas aplicadas a algunos diseños de producto bien establecidos, cuyo tiempo aceptable en su totalidad predicha para fallar era un número relativamente limitado de horas, cada vez ha sido más factible proporcionar con rapidez el aseguramiento necesario de confiabilidad a través de programas de pruebas de producto, apoyadas por evaluaciones estadísticas, para demostrar el logro continuo y el mantenimiento de la confiabilidad del producto.

2. Sin embargo, en el caso de productos cuyo diseño, manufactura y uso son complejos, o donde pueda requerirse tener periodos largos confiables y de operación libre de problemas, ha evolucionado el segundo paso en la confiabilidad del producto; es decir, la *mejoría* de la confiabilidad de éste. Varias técnicas de gran importancia se han desarrollado en el diseño del producto, en la manufactura de éste y en el servicio y mantenimiento del mismo.

En el diseño del producto, algunas de estas técnicas principales son margen en el diseño, disminución de las condiciones de empleo, redundancia, control del impacto ambiental, modo de fallo, efecto y análisis de criticalidad (MFEAC), investigación en la física del fallo, ingeniería de diseño humana, diseño de empaque y transporte y muchos otros. En manufactura, muchas áreas de control de material adquirido y de control del producto son esenciales para asegurar la confiabilidad. En el servicio y mantenimiento al producto, el área completa de mantenimiento junto con la política de reparación del producto y la documentación de mantenimiento son importantes.

3. Debido al crecimiento de estas diversas técnicas, el tercer paso en la evolución de la confiabilidad del producto fue necesario. Éste ha sido el reunir en una forma coordinada la serie de actividades cuyo objetivo es el establecimiento, logro y mantenimiento continuo de la confiabilidad. Lo que ha venido a llamarse "programa"[1] de confiabilidad es básicamente un grupo de actividades de confiabilidad junto con sus requisitos de desempeño.

4. El cuarto paso de la evolución en la confiabilidad del producto ha sido el asegurar una operación totalmente efectiva y económica y el uso de estas técnicas matemáticas y estadísticas y de estas actividades de confiabilidad, no como fines en sí mismas, sino como partes integrales del programa completo de la compañía para la calidad.[2] Estas actividades de confiabilidad son, por tanto, componentes importantes de los sistemas modernos de calidad total que aseguran todos los aspectos de la satisfacción del cliente con la calidad de una compañía.

17.3 Requisitos del cliente, confiabilidad y costos

En el último análisis, como con todas las características de calidad, las condiciones de confiabilidad de un producto son determinadas por los requisitos impuestos por el comprador durante el uso de dicho producto. Existe una determinada norma de confiabilidad del producto que proporciona el sistema más económico para satisfacer esas necesidades. Pero si esta norma se establece a un nivel muy bajo, el costo total efectivo para el comprador puede ser muy alto, debido a un exceso de reparaciones, mantenimiento y costos imprevistos. Si se especifica una norma indebidamente alta, los costos totales también resultan elevados, debido a una mayor cantidad de requisitos en relación con las piezas o los montajes.

La importancia de la determinación apropiada de este nivel o norma se refleja en lo que ha venido a conocerse como la "disponibilidad" del producto o servicio (Sec. 17.7). Esto se relaciona con lo que en los primeros tiempos se conocía como producto "arriba de tiempo" o "abajo de tiempc".

Existe entonces un punto para el valor óptimo de la confiabilidad —determinado como costos totales— tanto para el comprador como para el fabricante. Los compradores han recalcado que esperan esta norma de confiabilidad del producto, sin aumentos indebidos en el precio que pagan a los fabricantes. Un comprador competente ha hecho notar que:

> "Todos reconocemos que un esfuerzo creciente en cualquier área implica gastos adicionales. Como cualquier consumidor... [nosotros] debemos estar dispuestos a pagar por esos costos específicos que entrañe el aumento de confiabilidad; sin embargo, es preciso separar los elementos tradicionales y básicos de la buena administración y la técnica de aquellos gastos menos comunes y justificables para lograr mayor confiabilidad. Debemos insistir en que el término "confiabilidad" no se emplee como enmascaramiento para un costo adicional por aquellas funciones que forman parte intrínseca de una operación industrial efectiva."

El fabricante puede enfocar el problema desde una perspectiva distinta: "Algunas veces, las personas se confunden cuando nos oyen decir que estamos trabajando para mejorar la calidad. Pueden pensar que nuestra calidad se está deteriorando. De hecho, no lo está. Lo que estamos diciendo es que debemos hacer aún mejor nuestro trabajo al ser las máquinas más sofisticadas... y los métodos para producirlas, más exigentes técnicamente"[3]. La razón de esto es que los niveles aceptables de confiabilidad nunca están totalmente fijos en ningún sentido a largo plazo dados los esfuerzos dinámicos del negocio —debido a la competencia y a otros factores— por dar al cliente una confiabilidad progresivamente mayor sin aumentar los costos del producto, o aun reduciendo los costos de éste.

Es con el fin de ayudar en estas circunstancias —rasgado ese enmascaramiento e identificando los lugares en que realmente se requiere la atención— que los costos de la calidad se descomponen en sus respectivos elementos. Por lo que respecta a los costos de calidad de los elementos de la confiabilidad, ya se han considerado varios de los segmentos de los costos de confiabilidad, al abordar extensamente los costos totales de la calidad en el Cap. 7.

- Se debe incurrir en ciertos costos relacionados con la confiabilidad al programar un sistema de calidad y supervisarlos para estar seguros de que se puede lograr la confiabilidad deseada: éstos se pueden considerar como costos de prevención y de apreciación.
- Estos costos se deben de compensar con los costos de los fracasos para el logro de la confiabilidad del producto que se haya especificado.
- Los costos totales de la calidad dentro del sistema de calidad de la compañía se deben de considerar en su punto de vista más favorable, a fin de cumplir con la meta de la calidad de la compañía, incluyendo el elemento de confiabilidad.

Definición y medición de la confiabilidad

17.4 ¿Qué es la confiabilidad de un producto?

La confiabilidad del producto es una de las cualidades de ese producto. Sencillamente, es la cualidad que mide la probabilidad de que el producto o aparato "funcionará". Se puede definir como:

> La confiabilidad del producto es la habilidad de una unidad de desempeñar una función requerida en condiciones establecidas durante un periodo establecido.

En forma correspondiente, la confiabilidad cuantitativa es por definición:[4]

> La confiabilidad cuantitativa es la probabilidad de que una unidad desempeñe una función requerida en condiciones establecidas para un periodo establecido.

En este concepto de la confiabilidad cuantificada medida existen cuatro elementos importantes que son

1. Probabilidad
2. Rendimiento
3. Tiempo
4. Condiciones

1. En el primer elemento se toma en cuenta la variación, expuesta en el Cap. 13, que transforma la confiabilidad en una *probabilidad*. Cada unidad aislada de un producto puede presentar variaciones con respecto a las demás unidades; algunas pueden tener una corta duración de vida y otras una vida relativamente mayor. Más aún, determinado número de unidades puede tener cierto promedio de duración. Por tanto, será posible identificar distribuciones de frecuencias en las fallas del producto, que permitan predecir la duración de la vida de las unidades del mismo.
2. La segunda consideración dentro de la definición, es que la confiabilidad es una característica de la calidad del *rendimiento*. Para que un producto ofrezca seguridad, debe satisfacer cierta función o desempeñar un trabajo

en el momento que se le reclame. Pongamos, por ejemplo, un cojín con calefacción que debe de proporcionar el grado de calor para el que fue diseñado, tanto en su nivel más bajo de temperatura como en el intermedio y el más alto.

Implícita en la frase "que desempeñe las funciones para que haya sido proyectado", se halla la idea de que el aparato está destinado para determinada aplicación. En el ejemplo del cojín, su destino de aplicación es el de proporcionar calor a varias partes del cuerpo humano. Pero si se usara a la intemperie para conservar una cafetera grande a determinada temperatura, ese elemento resultaría inadecuado, debido a los cambios en el régimen de transmisión del calor y el mayor volumen por calentar, además de los cambios ambientales.

3. El tercer elemento en la definición de la confiabilidad es el *tiempo*. La confiabilidad, establecida como una probabilidad de que el producto desempeñe una función, debe de identificarse con un determinado periodo de tiempo.

   Se tiene un caso análogo en las tablas para los seguros de vida. La probabilidad de vida de un individuo durante el próximo año corresponde a un número muy diferente de la probabilidad de su vida durante la próxima década. Por la misma razón, la declaración sobre la confiabilidad de un producto debe ir aunada al tiempo de vida esperado ya sean 10 minutos, 10 años o cualquier otro margen de vida.
4. La cuarta consideración dentro de la definición se refiere a las *condiciones*; en esto se incluye la aplicación y las circunstancias de operación bajo las cuales se emplea el producto. Estos factores establecen la fatiga que habrá de imponérsele al producto. Es preciso considerar estos factores extensamente a fin de tomar en cuenta las condiciones de almacenamiento y transporte puesto que éstas también influyen significativamente en la confiabilidad.

Las condiciones de operación que "soporta" un producto pueden afectar en alto grado su margen de empleo y su rendimiento. En el ejemplo del cojín, las condiciones que rodean a la cafetera en el exterior, son muy diferentes a las condiciones dentro de una recámara y pueden alterar de manera significativa la confiabilidad del cojín.

El término *confiabilidad inherente* identifica la confiabilidad potencial que es capaz de crear un diseñador en su proyecto. Se sobreentiende que éste puede ser el más alto valor que un diseño en particular puede proporcionar. Cuando se pasa del proyecto a su transformación en un "artículo" se logrará un valor de confiabilidad que normalmente es inferior al de la confiabilidad inherente. A este valor se le denomina la confiabilidad lograda.

La *confiabilidad lograda* en un aparato, es el valor de la confiabilidad *demostrado* por el producto. Luego entonces, se incluyen los efectos de la manufactura sobre esta confiabilidad, lo cual siempre estará presente en todo producto físico.

Para obtener "mejoras en la confiabilidad", un producto real se debe medir y analizar a fin de determinar los efectos que dan lugar a que la confiabilidad lograda sea inferior a la inherente. Esto exige un estudio del mecanismo de falla para el producto que se estudie.

El *mecanismo de falla* se puede definir como la serie de acontecimientos cronológicos que lógicamente conducen a una falla del producto. El conocimiento de estos sucesos y las causas que los originan permitirá eliminar aquellos factores que resulten responsables de la baja confiabilidad lograda.

17.5 Medición de la confiabilidad

La mayor parte de los análisis de confiabilidad se ha basado en estudios estadísticos para identificar, producto por producto y componente por componente, diversos patrones de fallas en función del tiempo, durante el ciclo de vida de los productos o componentes. En el contexto de la predicción de la confiabilidad, los artículos se han considerado generalmente como componentes cuando no pueden ser reparados en forma económica o práctica; los artículos que se pueden reparar se consideran como "productos multicomponentes" o "sistemas de equipo". Por ejemplo, los capacitores y resistencias en este contexto son componentes; automóviles, naves espaciales y refrigeradores son productos o sistemas de equipo.[5]

Cada vez se dispone de una mayor cantidad de este tipo de datos de confiabilidad, como resultado de los estudios realizados por manufactureros, institutos de investigación y otras oficinas, al servicio de las compañías que están considerando el empleo del producto. La Fig. 17-1 da una idea de esa clase de datos.[6]

Por ejemplo, un modelo que parece ser básico para la mayoría de los sistemas de productos electrónicos, se presenta en la Fig. 17-2.[7] El ciclo de vida consta de tres periodos distintos:

- El primer periodo se denomina *periodo inicial de fallas*, y se debe a las fallas prematuras debidas a "causas asignables" de naturaleza no imputable al azar. Este periodo se distingue por una elevada intensidad de las fallas, las cuales decrecen con rapidez, en el caso de algunos productos.
- El segundo periodo se distingue por una intensidad casi constante de fallas; éstas ocurren sólo en forma casual, asociadas a un sistema constante de causas.
- El tercer periodo se denomina *periodo final de servicio*; en él se nota que la intensidad de las fallas crece muy rápidamente, al mismo tiempo que el número de los elementos que aún sobreviven se acerca a cero, hasta que todas las unidades fallan y no queda ninguna por "morir".[8]

La razón para establecer estos patrones es muy semejante a la expuesta en el Cap. 13, cuando se trató la forma sencilla de graficar las distribuciones de frecuencias: Una vez que se llega al establecimiento de estos patrones es posible llevar a cabo su aplicación a algunas de las más conocidas distribuciones de la probabilidad matemática a fin de poder medir, predecir la intensidad de las fallas de determinados productos o componentes con los datos suministrados por las muestras.

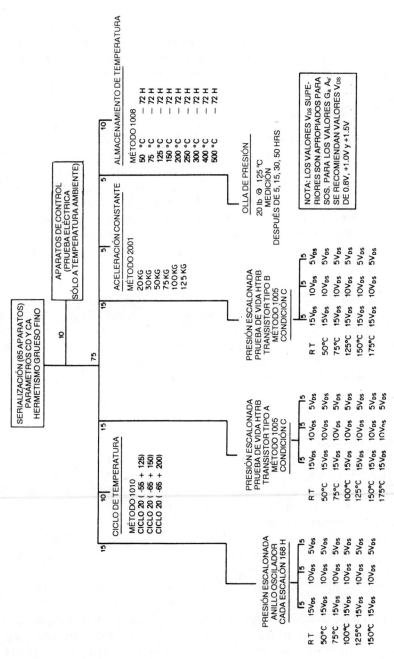

Fig. 17-1 De D. H. Phillips, "Aspectos del AC del silicio-sobre-zafiro y arsénico de galio en dispositivos de circuitos integrados", *Quality Progress*, Vol. XIII, Núm. II, noviembre de 1980.

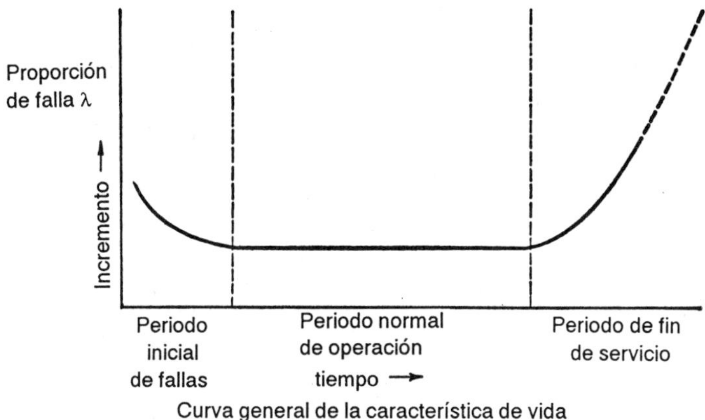

Fig. 17-2

17.6 Medición de la confiabilidad: algunos ejemplos

Distribución de frecuencias de vida de 200 interruptores

Como ejemplo, iniciemos con la distribución de frecuencias de la Fig. 17-3 y mostremos cómo es posible medir la confiabilidad del producto. Esa distribución representa el número de veces de operación de 200 interruptores durante su periodo de operación normal de vida, es decir, después del periodo inicial de fallas o periodo inestable, y antes de la fase de desgaste por servicio. Esta parte corresponde al segundo periodo de la Fig. 17-2.

Se puede notar en la Fig. 17-3, que durante las primeras 1000 operaciones han fallado 20 interruptores, 18 entre las 1000 y 2000 operaciones, y así suce-

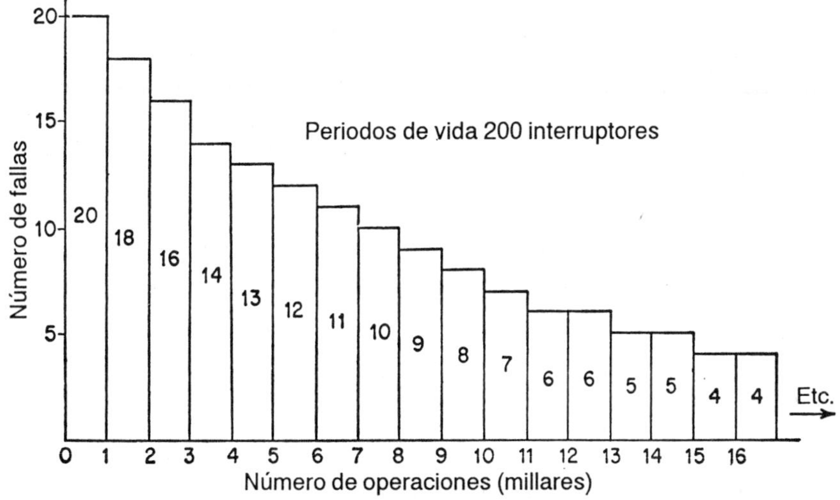

Fig. 17-3

sivamente. Cuando los interruptores se han accionado unas 8000 veces, han fallado en total 114, o sea un 57% del total al iniciarse la prueba.

Frecuencia relativa de las fallas de acuerdo con una muestra

Según se dijo en el Cap. 15, una muestra puede dar la información que permita describir la naturaleza de un gran lote al cual represente esa muestra.

Cuando la experiencia con un nuevo diseño está limitada, como normalmente sucede, será necesario confiar en muestras representativas para obtener la base lógica sobre la cual se puedan predecir las fallas que se presenten. Por tanto, en las observaciones de una muestra de N componentes tomados al azar de un gran número de componentes similares, si n_t de estos componentes presentan periodos de operación que terminan durante el periodo de tiempo t, la probabilidad estadística de que se obtengan idénticos resultados con el resto de los elementos (elementos no probados) del grupo, se define como la *frecuencia relativa*:

$$P_t = \frac{n_t}{N} \tag{39}$$

en la que: P_t = probabilidad de fallas durante el periodo t.
n_t = número de unidades que han fallado durante el periodo t.
N = número total de elementos en la muestra.

Al aplicar la Ec. (39) a los datos de la Fig. 17-3, la probabilidad de que un interruptor falle después de 5000 y antes de 6000 veces de operación, será $12/200 = 0.06$.

La confianza en esta estimación aumentará con un tamaño de muestra mayor. Cuando el número total de elementos se aproxime al total de elementos producidos, la confianza en el parámetro para este lote se aproximará a la certeza. Expresado en otra forma, existe una mayor oportunidad de que la relación n_t/N, para cada una de dos muestras del mismo tamaño y tomadas del mismo lote, concuerden más estrechamente en sí, cuando ese tamaño de muestras es más grande, que cuando son de tamaño más pequeño. Esta relación n_t/N se puede considerar como un valor experimental de la constante P_t, con relación al periodo de tiempo t y considerada como la *probabilidad de ocurrencia para el periodo t*.

Relación de la confiabilidad con la frecuencia relativa de las fallas

En la definición de confiabilidad que se proporcionó en la Sec. 17.4, el funcionamiento durante un periodo previsto es un punto crítico. La duración prevista o requerida T se puede medir en diferentes formas; es decir, tiempo total transcurrido, lapso de actividad, número de ciclos de operación, etc. A fin de obtener una medida para la confiabilidad, la duración efectiva t se debe comparar con la duración requerida T.

La relación entre la confiabilidad de un componente y el diagrama de frecuencias del número de veces de operación se puede ilustrar empleando los datos de la Fig. 17-3. Si se suman las áreas de todos los rectángulos, considerando que los 200 interruptores se han operado hasta su destrucción, y se hace igual a 1 esa área total, entonces la probabilidad o frecuencia relativa de una clase en particular de veces de operación —digamos, 5000-6000 operaciones— es igual al área del rectángulo que representa esta serie de operaciones; para el caso del ejemplo, corresponde al rectángulo con el número 12. Nótese que esto equivale a tomar la frecuencia relativa n_t/N más bien que el valor de la ordenada n_t en la Fig. 17-3. También la frecuencia relativa de las fallas en el intervalo $0 \leq t \leq T$ es $(20 + 18 + 16 + 14 + 13 + 12)/200 = 93/200 = 0.465$ cuando t es igual a 6000 operaciones; por tanto, la probabilidad de que un interruptor falle durante las primeras 6000 operaciones es $P_{t=T} = 0.465$. Inversamente, la probabilidad de que un interruptor *sobreviva* a las primeras 6000 operaciones (es decir, su *confiabilidad* R_T) será $1.00 - 0.465 = 0.535$ o simbólicamente,

$$R_T = 1 - P_{t=T} = 1.0 - \frac{1}{N} \Sigma_0^T n_t \tag{40}$$

El signo Σ (letra griega, sigma mayúscula) significa la suma aritmética. Por tanto, el término $\Sigma_0^T n_t$ en la fórmula anterior se debe de leer "la suma del número de elementos que han dejado de operar durante el periodo t, (n_t), comprendiendo t desde cero hasta el intervalo de duración requerido T."

Desarrollo de una curva continua (suave) y suma de las áreas

Si la Fig. 17-3 representara los datos para 1000 interruptores en lugar de los 200 considerados, y si la abscisa se subdividiera en cientos de operaciones, resultarían 170 rectángulos angostos, y su extremo superior se aproximaría a una curva suave. El límite de la forma hacia la cual tiende el diagrama de frecuencias, cuando el número de observaciones y el número de las subdivisiones aumenta indefinidamente, es en general, una curva suave como la que se presenta en la Fig. 17-4. La frecuencia relativa n_t/N se aproxima a una función del tiempo $f(t)$ de tal manera que

$$R_T = 1.0 - \int_0^T f(t)\, dt \tag{41}$$

Cuando el número de observaciones aumenta indefinidamente, la suma integral de un área en particular bajo la curva, para este caso de 0 a T, se calcula por medio de la *función de densidad de la probabilidad*, que el lector con algún conocimiento en cálculo reconoce como la integral definida para un intervalo específico sobre el eje de la variable independiente, dando el área bajo la curva de distribución de frecuencias.

Por lo general, es más fácil medir la intensidad de las fallas de una clase de unidades, que medir la confiabilidad directamente, construyendo diagramas de frecuencias como el de la Fig. 17-3. Se requiere menos tiempo y, además, se destruyen menos muestras. Sin embargo, los datos de la intensidad de fallas serán de muy poco valor, en tanto no se completen con consideraciones de

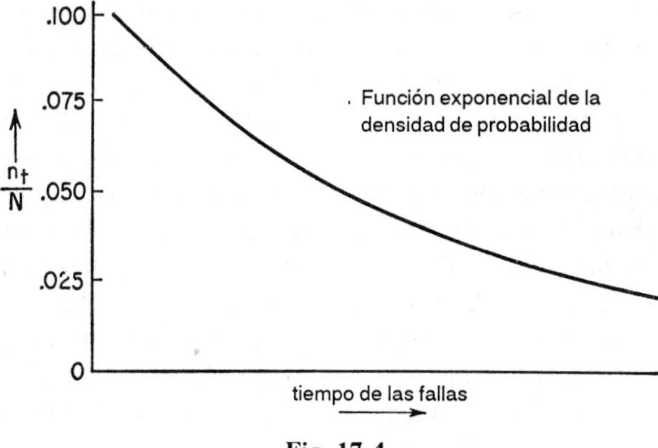

Fig. 17-4

juicio o teóricas, para indicar la forma general del diagrama de frecuencias que resultaría si se dispusiera de datos suficientes.

La intensidad constante de fallas resulta de una función exponencial de la densidad de probabilidad

Como se expuso en la Sec. 17-2, y se generalizó en la Fig. 17-2, una intensidad de fallas constante puede identificarse bajo ciertas condiciones durante un periodo de vida de una unidad para aquellas unidades que son tan complejas que puedan ofrecer mecanismos de falla con intensidades diferentes. Si aproximadamente igual *porcentaje* de piezas que aún continúan con vida al iniciarse cada intervalo de tiempo, falla durante ese intervalo, la intensidad de las fallas será constante. Por ejemplo, en la Fig. 17-3 se presenta la situación de una intensidad constante de fallas de aproximadamente 10%. En efecto, en la primera celda se obtiene $^{20}\!/_{200}$ = 10%; en la segunda celda $^{18}\!/_{180}$ = 10%; en la tercera celda $^{16}\!/_{162}$ = 9.9%, etcétera.

La función exponencial de la densidad de probabilidad, que representa la situación de una intensidad constante de fallas, da como resultado una curva de frecuencias como la de la Fig. 17-4, y se representa por la fórmula

$$f(t) = \frac{1}{\theta} e^{-t/\theta} \qquad (42)$$

Si esta función se sustituye en la Ec. (41), se tiene:

$$R_T = 1.0 - \int_0^T \frac{1}{\theta} e^{-t/\theta}\, dt = e^{-T/\theta} \qquad (43)$$

en la que T = a la vida requerida.

θ = el tiempo medio de fallas (TMDF), algunas veces expresado como tiempo medio para la primera falla (TMPF).

e = una constante (2.7183).

Determinación directa de la confiabilidad a partir de la intensidad de fallas

La intensidad de fallas λ por definición es la recíproca del TMDF y se puede sustituir en la Ec. (43), resultando

$$R_T = e^{-\lambda T} \qquad (44)$$

En este ejemplo, la intensidad de fallas λ se aproxima al 10%, o sea $\lambda \cong 0.10\%$. De la Ec. (44), la probabilidad de que un interruptor de la clase que se estudia en la Fig. 17-3 sobreviva 6 millares de operaciones es

$$R_T \cong e^{(-0.10)(6.0)} \cong 0.55$$

valor que está muy próximo al de 0.535 que se determinó de la frecuencia relativa de los datos en la Fig. 17-3.

Nótese que en este caso, la duración de operación requerida T está expresada en millares de operaciones, porque los datos están en función de las fallas por millares de operaciones.

17.7 Otros patrones de confiabilidad; disponibilidad

Intensidad de fallas no constante, simbolizadas por otras funciones de densidad

El ejemplo presentado anteriormente comprende una intensidad constante de fallas que se origina a partir de una función exponencial de la densidad de probabilidad.

A pesar de que esta forma de fallas se encuentra con mucha frecuencia, existen otras funciones de densidad que son más adaptables a las formas que se han encontrado en la práctica. Entre éstas se consideran:[10]

1. La Normal
2. La Gamma
3. La Weibull[11]

La Fig. 17-5 da una idea de estas funciones encontradas en la práctica.[12]

Medidas de confiabilidad

Junto con las medidas abordadas en párrafos anteriores, *tiempo medio de fallas* (TMDF) e *intensidad* o *tasa de fallas* (λ lambda), una de las medidas básicas de la probabilidad de la confiabilidad de una unidad —lo que podría considerarse como su probabilidad de supervivencia— el *tiempo medio entre fallas* (TMEF), empleado con frecuencia como un indicador del tiempo medio entre las fallas.

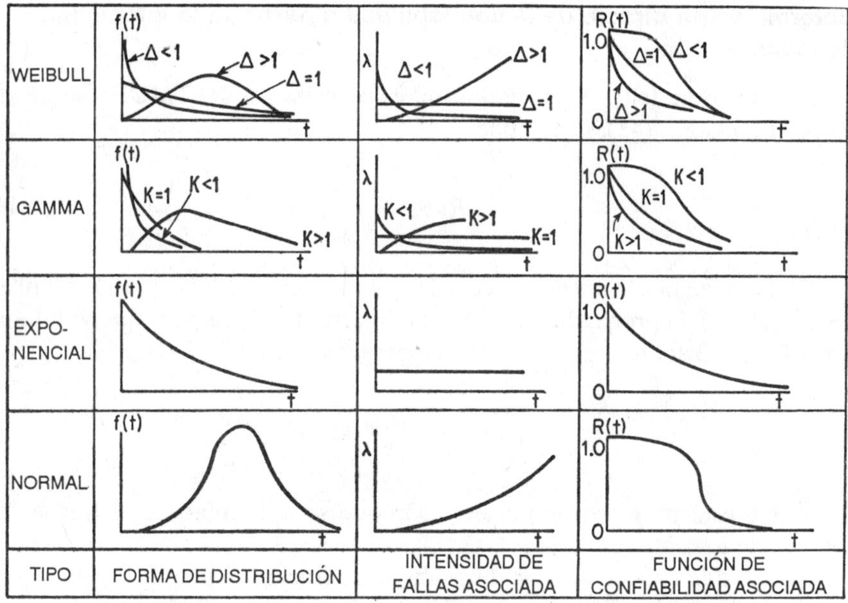

TIPOS DE DISTRIBUCINES DE PROBABILIDADES ENCONTRADAS EN LA CONFIABILIDAD Y SUS CORRESPONDIENTES INTENSIDADES DE FALLAS Y FUNCIONES DE CONFIABILIDAD

Fig. 17-5

Algunas otras medidas son las siguientes:

Tiempo para el desgaste (*L*)

El periodo de longevidad *L* representa el tiempo de desgaste en la curva característica de intensidad de fallas. La longevidad termina cuando la curva característica de intensidad de fallas se convierte en dos veces el valor del recíproco del TMEF aceptable. Más allá de este tiempo, el TMEF será diferente.

Tiempo para uniformar el reemplazo (*LR*)

En equipos complejos, las partes con características de vida distintas pueden exhibir una serie múltiple de niveles de planicies de intensidad de fallas siguiendo al periodo de longevidad. Reexámenes consecutivos importantes del equipo revelarán patrones de distribuciones de vida que pueden exhibir colectivamente una característica de intensidad de fallas constante. El tiempo en un ciclo de vida completo que se requiere para establecer esta nueva intensidad de fallas constante se conoce como *LR*.

Tiempo medio entre reemplazos (TMER)

Éste es el recíproco de la intensidad de fallas promedio para un equipo durante el periodo siguiente a su *LR*.

Tiempo medio entre mantenimiento (TMEM)

Éste es el tiempo promedio operativo de un sistema o equipo entre mantenimientos para corregir o prevenir el mal funcionamiento.

Tiempo medio para reparaciones (TMPR)

Éste es el tiempo promedio de un sistema o equipo para restaurarse a un estado específico en el que puede desempeñar su función requerida.

La elección de la medida apropiada de supervivencia dependerá del diseño, el proceso de manufactura y el ambiente de uso final del producto o componente particular. Como ejemplo, para aquel producto del que se espera requerir niveles definidos de mantenimiento y que normalmente pueda repararse o ajustarse rápidamente cuando se necesite, TMEF puede ser la medida seleccionada. TMDF (o el término equivalente TMPF) ha sido útil en muchos casos, incluyendo aquellos en los que un equipo o subensamble se instalará donde no pueda ser fácilmente accesible para mantenimiento. A nivel de componente, TMDF se usa frecuentemente para medir la supervivencia del componente empleado en un ambiente extremadamente severo.

Necesidad de representar las formas de las fallas

A pesar del importante esfuerzo técnico y de las vigorosas aportaciones que se han dedicado a los estudios de la confiabilidad, es necesario un esfuerzo continuado para establecer progresivamente formas de las intensidades de las fallas que sean más comprensibles, puesto que:

1. Se necesitan muchas más pruebas en los productos que aquellas que se puedan justificar económicamente en el caso de determinados productos y componentes comerciales, de tal manera que estos parámetros de confiabilidad frecuentemente han sido proyecciones analíticas y para los cuales se requiere actualmente más evidencia por el procedimiento de muestreo.
2. Muchos productos extremadamente costosos, en particular aquellos que se emplean para productos de investigación, no se han probado extensamente para obtener los datos de su confiabilidad, puesto que es necesario llegar hasta la destrucción del componente.
3. Para productos o componentes únicos o escasos de una clase, los patrones de la intensidad de fallas han tenido que ser algo especulativas por necesidad.
4. La interacción de los componentes entre sí ha dado como resultado para todo un sistema, un valor de confiabilidad muy diferente del que se había estimado al establecer los componentes del sistema.[13]

Combinación de la confiabilidad de los componentes para obtener la confiabilidad del producto

Combinación de series. Si un producto está formado por m componentes, cada uno con su propia confiabilidad R_{T_1}, y la sola falla de un componente puede

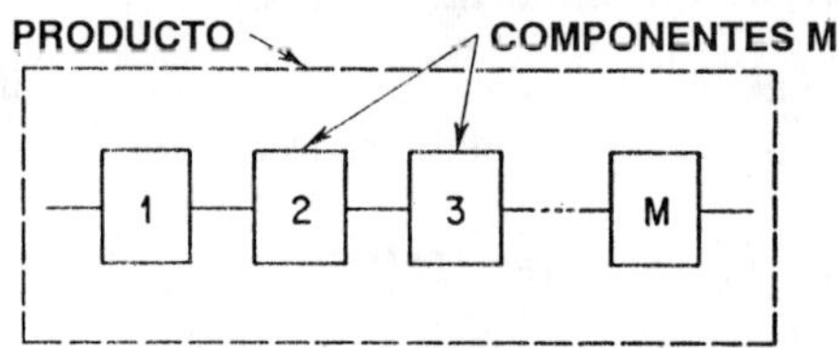

Fig. 17-6 Arreglo en serie de componentes.

causar la falla del producto, entonces la confiabilidad del producto se puede predecir como sigue:

$$R_T = R_{T_1} \times R_{T_2} \times R_{T_3} \times \cdots \times R_{T_m} \tag{45}$$

Este sistema se representa esquemáticamente en la Fig. 17-6.

Si los componentes en la Fig. 17-6 no concuerdan con la función exponencial de la densidad de probabilidad, entonces la Ec. (45) se puede expresar en la siguiente forma:

$$R_T = (e^{-\lambda_1 T})(e^{-\lambda_2 T})(e^{-\lambda_3 T}) \cdots (e^{-\lambda_m T}) \tag{46}$$

o

$$R_T = e^{-T(\lambda_1 + \lambda_2 + \lambda_3 + \cdots + \lambda_m)} \tag{47}$$

en la cual, λ_1, λ_2, λ_3, ..., λ_m son las intensidades de fallas de los M componentes, según se haya determinado, ya sea por comprobación de componentes, por datos del catálogo, o bien por consideraciones teóricas.

Consideremos, por ejemplo, el problema de predecir la confiabilidad de un producto por un lapso de 10 h, teniendo dicho producto los siguientes componentes:

Componente o pieza	Núm. en el producto (m)	Intensidad de fallas, λ por hora	Intensidad combinada de fallas, (m)(λ)
Diodo	52	120×10^{-6}	6.240×10^{-3}
Motor	3	100	0.300
Relevador	18	145	2.610
Resistencia	213	10	2.130
Potenciómetro	26	70	1.820
Interruptor	82	25	2.050
Transformador	21	20	0.420
Soldadura de juntas	341	18	6.138
			$\Sigma\lambda = 21.708 \times 10^{-3}$

La suma de las intensidades de fallas de los componentes dará la intensidad prevista de fallas para el producto en función de las fallas por hora del producto. La intensidad de fallas del producto es 21.708×10^{-3} y la confiabilidad del producto en 10 h, de acuerdo con la Ec. (47) será:

$$R_{10} = e^{-(10)(0.0217)} = e^{-0.217} = 0.805$$

Disponibilidad

Entre las consideraciones importantes en la determinación del patrón de confiabilidad para un producto se encuentra la capacidad de ese producto para ser repuesto, dentro de un periodo dado, al estado especificado en que puede desempeñar su función esperada.

Así, un producto que puede ser rápida y económicamente reparado —sin incomodidades y dificultades para el usuario— puede tener requisitos de confiabilidad muy diferentes a un producto sin instalaciones de reparación fácilmente accesibles o económicas —un satélite de comunicaciones, por ejemplo. El satélite debe estar diseñado y fabricado con alta confiabilidad, incluyendo redundancia apropiada (expuesta con mayor amplitud en la Sec. 17.14); el producto que puede repararse rápidamente (el tema de mantenimiento se trata en la Sec. 17.19) puede, con todas las demás cosas iguales, diseñarse y fabricarse con objetivos de confiabilidad menos exigentes.

La identificación de esta *disponibilidad* de producto y servicio puede ser muy importante en el establecimiento y control de la confiabilidad. Como definición:

> La disponibilidad del producto es la capacidad de un producto para desempeñar una función requerida en cualquier punto del tiempo cuando es utilizado bajo condiciones establecidas, donde el tiempo considerado es tiempo operativo y tiempo de reparación activo.

En forma correspondiente, la disponibilidad cuantitativa, por definición es como sigue:

> La disponibilidad cuantitativa es la probabilidad de que una unidad desempeñe una función requerida en cualquier punto del tiempo, cuando es usada bajo condiciones establecidas, donde el tiempo considerado es tiempo operativo y tiempo de reparación activo.

La disponibilidad puede presentarse como sigue:

$$\text{Disponibilidad} = \frac{\text{tiempo medio de fallas (TMDF)}}{\text{TMDF + tiempo medio para reparaciones (TMPR)}}$$

Así, si en un producto el TMDF es grande y el TMPR es pequeño, la disponibilidad es casi del 100%.[14]

17.8 Confiabilidad del software

El uso difundido de computadoras y microcomputadoras en los productos actuales, en los procesos y en los sistemas administrativos ha colocado un creciente énfasis en la medición cuantitativa de la confiabilidad de la lógica programada, o software —que puede ser tan importante en muchas aplicaciones como la confiabilidad del mismo hardware.

La confiabilidad del software puede definirse como:

> La probabilidad de que un sistema o componente de software opere sin fallas durante un periodo especificado de tiempo en un ambiente específico.

En este contexto, una *falla* del software puede considerarse como una separación inaceptable de la operación del programa de los requisitos.

Puede así verse entonces que, en enfoque, la confiabilidad del software se asemeja mucho a la confiabilidad del hardware, siendo la diferencia que en la confiabilidad del software la fuente de fallas es primordialmente el diseño, como se mencionó anteriormente en este libro, mientras que la fuente de las fallas en el hardware también puede ser física, de manufactura, servicio u otras degradaciones. En realidad, los principios de la medida de confiabilidad del software pueden, en algunos casos, ser aplicables al diseño del hardware[15].

Si $R(t)$ representa la probabilidad de que no ocurra una falla en un tiempo (t), entonces,

$$F(t) = 1 - R(t), R(t) = 1 - f(t) \tag{48}$$

representa la probabilidad de que ocurra una falla. El índice de peligro $z(t)$ se define como el índice de falla instantánea, o el índice de fallo dado que un sistema o componente ha sobrevivido hasta ahora. Así,

$$z(t) = \frac{f(t)}{R(t)} \tag{49}$$

y

$$R(t) = \exp[-\int_0^t z(x)\, dx] \tag{50}$$

El TMDF es el valor esperado de $f(t)$, o:

$$\begin{aligned} \text{TMDF} &= \int_0^\infty t f(t)\, dt \\ &= \int_0^\infty R(t)\, dt \end{aligned} \tag{51}$$

Si el índice de peligro es constante, el TMDF será su recíproco.

Se han desarrollado varios modelos de confiabilidad del software, dos de los cuales son los modelos de tiempo de ejecución de Musa y los modelos de Littlewood.[16] Los objetivos principales de estos modelos es prevenir el comportamiento del software en operación. La confiabilidad o TMDF suele aumentar como función del tiempo de ejecución acumulado, y ya que el comportamiento esperado cambia rápidamente, puede ser seguido durante la prueba del programa y los datos acumulados usarse para predecir el comportamiento esperado en el campo. Un modelo de tiempo de ejecución para la estimación de la confiabilidad del software se muestra en la Fig. 17-7.

Las actividades básicas del programa de confiabilidad en las cuatro tareas del control de calidad

17.9 Actividades de la confiabilidad

Las actividades de los programas de calidad total que están enlazadas al establecimiento y control de la intensidad de fallas del producto, en función de los

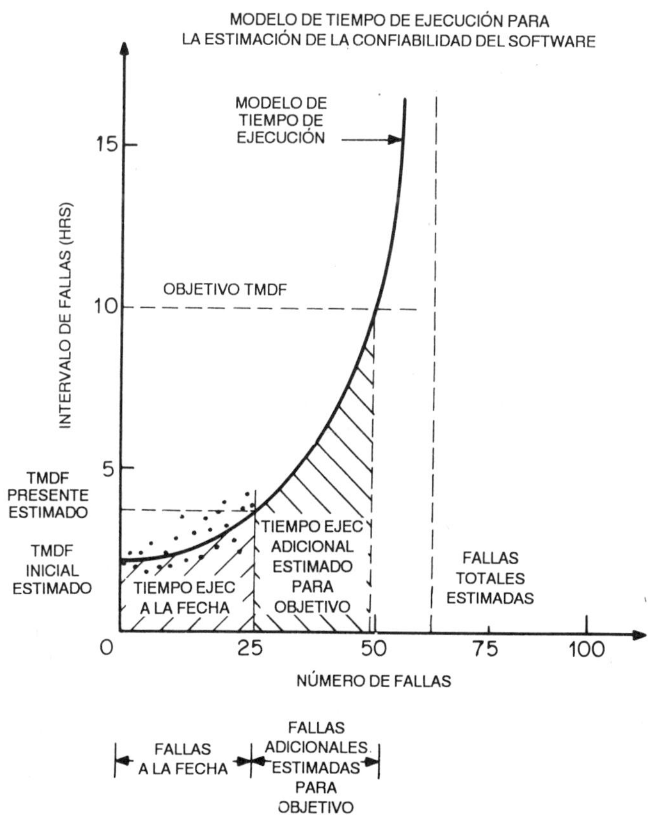

Fig. 17-7 De John D. Musa, "The Measurement and Management of Software Reliability, Proceedings of the IEEE", Vol. 68, Núm. 9, septiembre de 1980.

elementos de probabilidad, tiempo, rendimiento y condiciones de operación, representan elementos importantes del trabajo que se debe efectuar en las cuatro tareas del control total de la calidad. Estas actividades de confiabilidad se pueden agrupar bajo seis rubros:

1. "Establecimiento de los requisitos de confiabilidad del producto", Sec. 17.10.
2. "Desarrollo del programa de confiabilidad para satisfacer los requisitos, incluyendo el diseño del producto, proceso de manufactura y transportación", Secs. 17.11 a 17.19.
3. "Evaluación de los planes de confiabilidad mediante pruebas", Sec. 17.20.
4. "Crecimiento de la confiabilidad", Sec. 17.21.
5. "Continuación del Control de la Confiabilidad", Sec. 17.22.
6. "Continuación del Análisis de la Confiabilidad", presentado en la Sec. 17.23.

Las actividades 1 a la 4 y 6 están entre las actividades clave en la tarea de control de nuevos diseños. La actividad 3 es también una actividad muy importante en el control de materiales adquiridos. Las actividades 4 a la 6 son porciones vitales de la tarea de control del producto.

La Fig. 17-8 establece la relación entre estas seis actividades. Los datos recabados en la continuación del análisis de confiabilidad del producto son retroalimentados a fin de que puedan revisarse con regularidad los requisitos con respecto a la funcionalidad del diseño del producto, el diseño del proceso y los sistemas de control respectivos.

17.10 Establecimiento de los requisitos de confiabilidad del producto

Las actividades iniciales del control del nuevo diseño comprenden el establecimiento de requisitos para TMDF y cualquier otro objetivo de seguridad que se pueda incluir, para satisfacer la confiabilidad inherente que se requiera del producto. Según se expresó en la Sec. 17.3 el costo para lograr un incremento en la confiabilidad, se debe comparar con el costo que resultaría de no intentar este incremento.

Como esta comparación general es de primordial interés para el comprador, la meta de confiabilidad que se seleccione debe ser el resultado de un acuerdo entre el comprador (o su representante) y el fabricante cuando se trate de

Actividades de la confiabilidad del producto

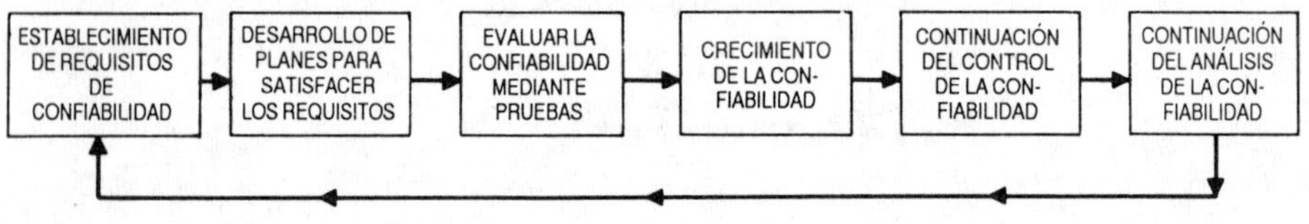

Fig. 17-8

productos industriales y de equipos militares.[17] Tratándose de productos de consumo, en cuyo caso el comprador no estará presente en la revisión de la confiabilidad, el fabricante deberá hacer todos los esfuerzos necesarios a fin de representar al comprador de la manera más real posible, con respecto al logro de una satisfacción positiva del cliente a través de estudios de alimentación, como se discutió anteriormente en este libro, así como con respecto a evitar la responsabilidad legal del producto y peligros de retracción.

La selección de un estándar de confiabilidad se debe de hacer en forma práctica y no como una operación especulativa. Se debe elegir ese estándar atendiendo debidamente al estado de la competencia técnica y con conocimiento de lo que implicaría extender esta competencia técnica más allá de los límites actuales. Debe ser obtenible dentro de los límites económicos.

Muy frecuentemente estos elementos no se consideran de manera realista cuando se establecen las normas de confiabilidad, lo que da como resultado que las especificaciones de confiabilidad y costos queden al margen de la realidad.

Para ser significativos, los datos de confiabilidad deben estar a la disposición en una fecha proyectada. Esto significa la distribución del análisis de confiabilidad en dos áreas:

- Consideraciones de confiabilidad que se pueden establecer normalmente de acuerdo con las capacidades de que se dispone.
- Consideraciones que requieren análisis posteriores, comprobaciones y ampliaciones, antes de que los datos que satisfagan se puedan considerar como establecidos, lo que se traduce en nuevos componentes, nuevas aplicaciones de componenetes anteriores, etcétera.

Antes de poder lograr la confiabilidad especificada, se requieren adicionales perfeccionamientos técnicos. Para ese perfeccionamiento es necesario concentrar el mayor esfuerzo donde sea necesario. Al hacer un cuidadoso análisis del producto propuesto se pondrán de manifiesto los elementos con la más alta intensidad de fallas. Éstas se deben "separar" del paquete, para trabajos adicionales de investigación y desarrollo.

Los valores de la confiabilidad requerida se podrán lograr sólo después de que el producto haya sido puesto en fabricación. Algunos de los incrementos logrados en la confiabilidad se deberán a incrementos en la habilidad como resultado del proceso de aprendizaje. Este "crecimiento" de la confiabilidad se aborda con mayor extensión en la Sec. 17.21. Sin embargo, un porcentaje importante se obtendrá mediante refinamientos básicos tanto en el diseño del producto como en el diseño del proceso, hecho posible por un número suficiente de muestras o unidades con sus datos correspondientes, sobre los cuales se puedan basar las decisiones fundamentales para mejorar la confiabilidad.

Ante todo se debe tener presente el objetivo de llegar a un valor óptimo para el parámetro de la confiabilidad de calidad de un producto —más que el establecimiento de cualquier medio específico para este propósito. Esto significa hacer el mayor énfasis posible en la sencillez. Como lo ha señalado un obscrvador,

> "La tendencia actual de los sistemas de equipo hacia lo complicado se debe revertir antes de que se convierta en una limitación. ¿Acaso es razonable esperar confiabilidad, al hacer un cambio en el hacinamiento de cuatro mecanismos, para evitar el estorbo, a sólo dos mecanismos que son los necesarios, dado que el dispositivo original era inadecuado? Preferible haber empleado desde un principio un diseño sencillo y bien concebido. Quizás algunos estén tan confundidos que piensen que una enmienda ingeniosa es equiparable a un buen diseño. La confiabilidad que se apoya en muletas, no importa lo artísticamente que estén labradas, no dejará de ser siempre una apariencia."

17.11 Desarrollo del programa de confiabilidad para satisfacer los requisitos, incluyendo el diseño del producto, procesos de manufactura y transportación

El plan por medio del cual se deben de lograr los requisitos de confiabilidad del producto comprende las especificaciones técnicas del producto en las que se basa el sistema de equipo, los componentes y su configuración; las especificaciones del proceso de manufactura bajo las cuales se debe de fabricar el producto; las técnicas para asegurar la confiabilidad; las especificaciones de empaque y transportación por medio de las cuales el producto será protegido; la selección del transporte por el cual se hace llegar el producto hasta el consumidor; y las funciones de mantenimiento y reparación que mantendrán al producto funcionando de acuerdo con la intención del diseño.

En primer lugar se da preferencia a la determinación de los requisitos de la confiabilidad del producto y a las consideraciones técnicas-del-proyecto necesarias para especificar que un producto cumpla con estos requisitos. En realidad es problema del ingeniero de diseño dar las especificaciones del proyecto, para producirlo bajo determinado proceso y que pueda satisfacer determinados requisitos de confiabilidad, dentro de las limitaciones económicas que se tomen en cuenta.

Pero, ¿dónde debe comenzar el ingeniero de diseño? Por lo general, la función a que está destinado el producto y para la cual se establecen los requisitos de confiabilidad, determina la confiabilidad del producto para satisfacer esa función. Desde luego que tal producto estará formado por varios componentes, y cada uno de ellos contribuirá con su parte a la confiabilidad del producto, según se hizo notar en el ejemplo al final de la Sec. 17.7.

El ingeniero de diseño empezará por considerar la disposición de los componentes necesarios para proporcionar las funciones de apoyo esenciales para el desempeño global del producto. Calificará entonces la confiabilidad del producto basándose en las confiabilidades particulares de los componentes, usando diversas técnicas orientadas hacia la confiabilidad. Si se desconocen algunas de las confiabilidades de los componentes, será necesario estimarlas por medio de pruebas de simulación. Si el análisis demuestra que determinada clase de componentes ejercen un efecto crítico en la confiabilidad del producto, será necesario alterar el diseño a fin de que se haga el menor uso posible de esos componentes críticos. O bien puede requerirse obtener componentes con mayor nivel de confiabilidad, usar componentes de mejor grado, o bien dotar de redundancia al diseño. Estas alternativas se tratan en las Secs. 17.12 a 17.14.

Cuando se haya realizado en el papel el diseño teóricamente óptimo del producto, será prudente construir un modelo de experimentación, y probarlo, midiendo su rendimiento para así poder determinar su confiabilidad. Estos experimentos harán resaltar los componentes débiles, en los que se requiere un incremento en la confiabilidad. Será entonces posible concentrarse en esa clase de componentes y mejorar su seguridad de funcionamiento hasta alcanzar la norma de confiabilidad inherente que se requiera.

Cuanto mayor sea el número de componentes en un producto, tanto más serios problemas de confiabilidad se presentarán. Sin un producto debe satisfacer una confiabilidad de .90 y está formado por 10 componentes, entonces la confiabilidad de cada componente deberá ser aproximadamente de .99; pero si el producto estuviera formado por 1000 componentes, la confiabilidad de cada componente tendrá que ser de .9999. Cuando los requisitos de confiabilidad alcanzan estos niveles de acuerdo con lo que se vio anteriormente, se necesitará una enorme proporción de comprobaciones. La única solución posible parece ser el proyecto de productos con un margen adecuado en el diseño, redundancias apropiadas, y una precisión y un control satisfactorios durante la manufactura de los productos.

Las consideraciones de importancia que intervienen en el proceso de diseño y que se relacionan con el producto son:

1. "Margen en el diseño", Sec. 17.12.
2. "Disminución de las condiciones de empleo", Sec. 17.13.
3. "Redundancia", Sec. 17.14.
4. "Proceso de manufactura: parte integral del programa de confiabilidad", Sec. 17.15.
5. "Planificación del empaque y la transportación; parte esencial del programa de confiabilidad", Sec. 17.16.

Varias técnicas pueden utilizarse para determinar la confiabilidad, entre ellas:

1. "Modo de fallo, efecto y análisis de criticalidad", Sec. 17.17.
2. "Física de la investigación de fallas", Sec. 17.18.
3. "Mantenimiento", Sec. 17.19.
4. "Diseño de ingeniería humana", Sec. 17.19.

La evaluación de la planificación de confiabilidad que resulta de todas estas consideraciones se logra mediante pruebas, abordadas en la Sec. 17.20. La Sec. 17.21 considera la predicción de mejoras y crecimiento en la confiabilidad. El control continuado de la confiabilidad se expone entonces en la Sec. 17.22, y el análisis continuo de la confiabilidad en la Sec. 17.23.

17.12 Margen en el diseño

Uno de los conceptos más importantes al proyectar un producto que sea digno de confianza, es el *margen en el diseño*. Éste es comparable al conocido factor de seguridad que han empleado los ingenieros civiles desde hace varios siglos. Por ejemplo, si un puente se ha proyectado con factor de seguridad de 4, esto significa sencillamente que tal puente es, en diseño, cuatro veces más resistente de lo necesario para cumplir con los esfuerzos comunes a que estará sometido. Con frecuencia también se le ha llamado "factor de ignorancia". En otras palabras, este factor de seguridad ampara los esfuerzos desconocidos que se pudieran presentar, como la variabilidad en la resistencia del material, variabilidad por la mano de obra, mal uso, etc. A medida que aumenta el conocimiento y disminuye la variabilidad es posible emplear factores de seguridad más bajos.

Una idea mejor de cómo el margen en el diseño se relaciona con la variabilidad de resistencia de un producto[18] se obtiene de la Fig. 17-9. Según quedó dicho en el Cap. 13, la variabilidad de un producto se mide en unidades de la desviación estándar (sigma). Por ejemplo, para el diseño de algunos controles eléctricos se recomienda una práctica para la confiabilidad, que consiste en dejar un margen de 5-sigma entre el producto de menor resistencia con que se pueda contar y el máximo esfuerzo impuesto por las condiciones de operación que el producto pueda soportar. Por tanto, esta zona de 5-sigma se convierte en el *margen en el diseño*.

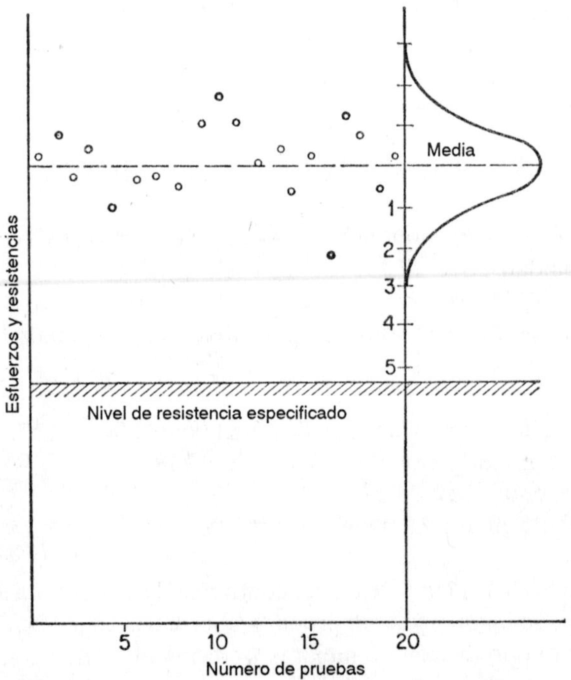

Fig. 17-9 Resistencia del producto contra esfuerzos.

Para diseñar con inteligencia, empleando un determinado margen, será necesario conocer la variabilidad de la resistencia del producto y el máximo esfuerzo que habrán de imponer las condiciones de operación. Con frecuencia no se conoce con exactitud ninguna de éstas, de ahí que sea necesario armar el producto y someterlo a condiciones de operación semejantes a las que pudiera encontrar en su servicio. De esta forma, la debilidad del producto (su falta de resistencia) se determinará con relación a ciertas condiciones de operación por el procedimiento de "prueba y error". De esta manera, los "eslabones débiles" de la cadena se podrán identificar y será posible reforzarlos para obtener el margen en el diseño que se requiera.

Tanto la resistencia del producto como los esfuerzos ambientales algunas veces pueden verse afectados en forma drástica por lo que pueda acontecer durante la manufactura. Una gran parte de la variabilidad que debe de tomar en cuenta el diseñador se origina con la variabilidad del proceso de manufactura. El proceso de manufactura es el causante de la variabilidad en la resistencia de los materiales debido a la falta de homogeneidad, variaciones en las dimensiones y variaciones en la composición.

Lo mismo se puede decir de las características eléctricas de los componentes. Por ejemplo, el empleo de ciertos circuitos integrados en los diseños no resulta práctico sino hasta que se desarrollan procesos y técnicas de manufactura que permiten obtener la pureza del material requerido. Una contribución de importancia para los programas de confiabilidad proviene del estudio de los efectos de las capacidades del proceso y de la estabilidad de ese proceso, a fin de que se puedan efectuar las correcciones necesarias. Un procedimiento más detallado de los efectos de la manufactura sobre la confiabilidad se dará en la Sec. 17.15.

17.13 Disminución de las condiciones de empleo (*derating*)

Uno de los procedimientos empleados en el diseño a fin de obtener mayor margen entre la resistencia especificada y los esfuerzos efectivos que actuarán, es el de reducir las condiciones de empleo de los componentes. Esto quiere decir que a los componentes se les asigna un empleo menos arduo que aquel para el cual estaban originalmente diseñados. Por ejemplo, una resistencia de 3000 ohms, puede haber sido calibrada en un principio a una temperatura ambiente de 70 °C y a una potencia de disipación de 1 W. Si esta resistencia se selecciona para una aplicación donde la temperatura ambiente fuera de 60 °C y la potencia de disipación de ½ W, se vería reducida tanto en sus condiciones de temperatura ambiente como de potencia de disipación. El efecto de esta reducción es hacer que la pieza soporte menos esfuerzo durante su empleo; por tanto, se debe esperar una menor desviación en los valores de resistencia, con respecto al valor original, durante determinado periodo de tiempo.

17.14 Redundancia

Se puede incrementar la confiabilidad de los productos colocando un componente de repuesto que pueda entrar en acción en caso de que fallara el original.

El empleo de las llantas de refacción en los automóviles constituye un ejemplo sencillo de redundancia. Desde luego que en el diseño de sistemas electrónicos se toman providencias para que automáticamente el componente de repuesto se conecte con el circuito, en caso de falla original.

La redundancia es una de las técnicas clave en el diseño de productos de alta confiabilidad, especialmente en donde la confiabilidad de los componentes clave del producto no puede llevarse a los niveles necesarios que se requerirán para asegurar la función necesaria del producto a lo largo de su vida esperada. De igual forma, en los casos en que las instalaciones de reparación no son fácilmente accesibles y el producto no puede ser rápidamente reparado después de un mal funcionamiento, las consideraciones de disponibilidad pueden enfatizar el enfoque de redundancia en la ingeniería del producto.

En el diseño de la redundancia –como en el caso de circuitos de soporte, subensambles mecánicos en espera y aparatos de apoyo– se debe prestar muchísima atención a los compromisos entre confiabilidad, costo, seguridad y otros parámetros del producto. La redundancia es un enfoque del diseño que debe usarse cuidadosa y selectivamente, con una orientación principal hacia aquellos subensambles y componentes del producto que tengan confiabilidades que reduzcan seriamente la confiabilidad total del sistema. En el equipo aeroespacial, la redundancia aumenta el peso; por lo que debe considerársele cuidadosamente en términos de compromisos. En cualquier aplicación, la redundancia aumenta generalmente los costos iniciales y de mantenimiento. También se debe tener cuidado de que la confiabilidad no resulte afectada adversamente. Esto puede suceder como resultado de la interacción entre los componentes redundantes y los otros componentes del sistema.

Sin embargo, la experiencia obtenida a través de muchos productos altamente confiables muestra que la redundancia, propiamente diseñada en equipo y servicio, puede aumentar de tal modo el ciclo de vida del producto que el costo inicial adicional de los componentes redundantes está más que compensado por un lapso mayor de vida, mejor disponibilidad y otras características de satisfacción de la calidad mejoradas para el cliente.

17.15 Proceso de manufactura: parte integral del programa de confiabilidad

Si se cuenta con un "mejor diseño del producto", deberá existir un "mejor proceso de manufactura". Invariablemente existe un proceso de manufactura siempre que se concibe un aparato, ya sea que se trate de un prototipo o un artículo de producción. A fin de determinar cuál es la máxima confiabilidad posible para un diseño dado, es necesario que en una etapa determinada se haga un montaje y se ponga en operación a fin de saber lo que se pueda esperar.

La confiabilidad lograda se debe entonces referir siempre al diseño de un producto dado y al proceso que se sigue para producirlo. Será posible lograr un mayor valor de la confiabilidad, ya sea con un cambio en el diseño, en el proceso, o en ambos a la vez.

Cuando se haya identificado este punto de vista, se podrá notar que la función de la manufactura de una compañía tiene una contribución fundamental que hacer al planificar la confiabilidad del producto. Todo el personal de obreros puede emprender una acción agresiva, dinámica, para ir más allá de los límites de sus conocimientos en sus respectivas especialidades y ayudar a mejorar la confiabilidad del producto.

Una contribución muy importante que puede llevar a cabo la manufactura es la identificación de las condiciones del proceso en cuanto a los efectos que pueda producir en la confiabilidad del producto. Por ejemplo, ¿qué temperatura del baño de soldadura dará la más alta confiabilidad a las conexiones eléctricas de un tablero de circuitos impresos? ¿Cuáles son los efectos del removedor del fundente por medio de ciertos solventes en la resistencia dieléctrica de las placas grabadas?

Éstos son dos ejemplos muy sencillos de la clase de problemas a los que es necesario encontrar una respuesta si se desea que se logre la confiabilidad del producto. Esto comprende una cuidadosa investigación y desarrollo de los procesos de manufactura y entraña el empleo de una experimentación científica. Se puede obtener la mayor información empleando los diseños de experimentos tal como se expuso en el Cap. 16.

17.16 Planificación del empaque y la transportación: parte esencial del programa de confiabilidad

La única confiabilidad del producto que importa es aquella que el consumidor experimenta en realidad. No tiene mucho caso ofrecer un aparato con un diseño muy eficaz, que se ha manufacturado cuidadosamente, pero que su confiabilidad se ve afectada a causa de una mala protección y de un tosco manejo durante su embarque.

En muchas compañías el diseño del empaque se considera con mucha frecuencia un aspecto secundario, no obstante que puede ser esencial para el logro de los niveles de confiabilidad necesarios. Aunque el tamaño de algunas compañías no justifica contar con especialistas en empaques, la responsabilidad debe asignarse a un componente organizacional con la competencia requerida.

Una vez diseñados los empaques, éstos deberán evaluarse. En caso de que se lleven a cabo pruebas simuladas mediante aparatos de resistencia al impacto, compresión, en mesas vibratorias, etc., deberán conocerse los parámetros de los esfuerzos a que el empaque va a estar sometido durante su embarque.

Si se efectúan pruebas reales de embarque, se debe procurar que resulten representativas de la variación que se pueda presentar de un embarque a otro. Difícilmente podría esperarse que un solo embarque dé resultados concluyentes. En dichas pruebas deben de quedar representados factores tales como recorridos, métodos de transporte y niveles extremos de temperatura y humedad.

Otras Técnicas Orientadas a la Confiabilidad

17.17 Modo de fallo, efecto y análisis de criticalidad

El propósito primordial del modo de fallo, efecto y análisis de criticalidad (MFEAC) es identificar debilidades potenciales en el producto.19 El empleo de esta técnica empieza con el estudio de los modos de fallo conocidos para cada componente del producto. Entonces, mediante análisis físicos o modelos matemático, se determina el efecto de la falla de la parte en un componente dado, subsistema o sistema operativo completo.

A su vez, este análisis identificará condiciones donde la falla de una sola parte podría ocasionar la falla completa del sistema de equipo. Cuando estas fallas —que algunas veces se denominan "fallas de un punto"— se identifican, se formula un objetivo en el programa de confiabilidad a fin de eliminarlas a través de cambios en el diseño, las partes identificadas se colocan en una lista de partes críticas y se etiquetan para recibir una atención especial del control de calidad. MFEAC se expone más ampliamente en la Sec. 18.20.

17.18 Física de la investigación de fallas

Esta técnica implica el rompimiento, disección y análisis de las partes que han fallado, con el ánimo de señalar la causa o causas de la falla. Algunas instalaciones básicas son necesarias para desempeñar esta investigación, cuya complejidad depende por supuesto de la complejidad y naturaleza de la parte que falló. Cuando menos, se requerirán herramientas apropiadas para el rompimiento y la disección; en el caso de equipo más complejo, el ingeniero necesitará acceso a instrumentos como espectroscopios y microscopios electrónicos.

17.19 Mantenimiento; diseño de ingeniería humana

Un aspecto importante de la confiabilidad del producto es el grado en que el producto, durante el uso, puede ser mantenido económica y rápidamente.

El mantenimiento de un producto puede expresarse como función de las características del diseño e instalación que influyen en el mantenimiento, ya sea programado o no, bajo condiciones operativas ambientales. Como se expuso en la Sec. 17.7, el tiempo medio entre mantenimiento (TMEM) es una de las medidas básicas de la probabilidad de confiabilidad. [Esta medida se conoce algunas veces como tiempo medio para reparación (TMPR).]

Definido más específicamente, el mantenimiento se refiera a:[20]

> La capacidad de una unidad bajo condiciones establecidas de uso para mantenerse, durante un tiempo dado de tiempo, en un estado específico (o bien restituirse a éste) en el que pueda desempeñar sus funciones requeridas cuando se lleve a cabo el mantenimiento bajo condiciones establecidas y mientras que se usen procedimientos y recursos. prescritos.

Entre los factores considerados en la cuantificación del mantenimiento están la fuerza de trabajo, habilidades, datos técnicos, equipo de pruebas e instalaciones de apoyo requeridos para mantener operando una unidad. Un parámetro usado para medir el mantenimiento es el número de llamadas de servicio por máquina por mes (LLS/M/M).

Diseño de ingeniería humana

Esta técnica trata de eliminar el ciclo diseño-fabricación-entrega-cliente-uso-servicio las fuentes potenciales de fallas inducidas por humanos. Así, en efecto, el diseño de ingeniería humana enfoca puntos similares hacia la técnica conocida como mantenimiento, pero desde otro punto de vista.

Las consideraciones del diseño de ingeniería humana incluyen características del producto como facilidad de desensamble y ensamble para pruebas; revisión e inspección; el uso conveniente y seguro de hardware o software; y el grado en que el sistema se fabrica, maneja, mantiene y opera con facilidad con un mínimo de riesgos tanto para la seguridad humana como para la integridad del equipo.

17.20 Evaluación de los planes de confiabilidad por medio de pruebas

Los programas de confiabilidad, ya sean para productos, procesos o diseños de empaques, todos se deben de probar en ciertas etapas apropiadas del programa de confiabilidad. Los primeros diseños propuestos se deben comprobar por medio de los conocidos tableros de pruebas. Los proyectos para procesos de manufactura se ensayan con fabricaciones de prueba y después por medio de una fabricación piloto. Los empaques se someten a pruebas de laboratorio y ensayos de embarque, según quedó expresado en la Sec. 17.16.

A fin de poder obtener el máximo de información de las pruebas de confiabilidad, será necesario someter los sistemas a las pruebas de agotamiento. De esta forma se podrá determinar la falla de mecanismos, así como la distribución de esas fallas con relación al tiempo. Esto se debe efectuar al principio del plan de desarrollo del producto, durante la etapa de modelo.

En vista de que tales pruebas son de carácter destructivo y por lo general muy costosas de conducir, es preferible tomar el mínimo de muestras posible en el mínimo lapso también posible. En consecuencia, dichas pruebas suelen verificarse en condiciones aceleradas, ya sea aumentando las cargas y los esfuerzos de las condiciones de operación y deteniendo las pruebas antes de la falla. Cuando se haga uso de pruebas aceleradas, éstas se deben relacionar razonablemente con las experiencias prácticas de operación en el terreno. Una indicación sobre el tiempo considerado en las pruebas para valores de confiabilidad moderadamente altos, se sugiere en el siguiente ejemplo:[21]

Si se desea estimar un valor de .990 para la confiabilidad de un producto y dentro de un nivel de confianza del 90%, será necesario comprobar 230 unidades-minuto para cada unidad-minuto utilizada sin una falla. Esto significa que si un dispositivo tiene que operar durante un año, es preciso operar una muestra de 230 unidades, durante un año, sin una falla. O bien, compensando un número mayor de dispositivos con el tiempo, se deberán probar 460 unidades durante un periodo de seis meses. Esto dará lugar a una curva exponencial de las fallas debidas al azar, que estará bastante alejada de la del periodo final de servicio del dispositivo en su curva de vida.

En realidad, la gran importancia en la actividad de confiabilidad de la función de densidad exponencial negativa, como se discutió anteriormente en la Sec. 17.6 y las Fórmulas (42) a (44), se demuestra especialmente por su importancia en las pruebas de fallas. Estas fórmulas pueden expresarse para propósitos de pruebas de vida como $f(t) = e^{-\lambda t}$; $F(t) = 1\, e^{-\lambda t}$ y $R(t) = 1 - F(t) = \lambda\, e^{-\lambda t}$. Así, en un tiempo t, la probabilidad de ninguna falla es $e^{-\lambda t}$; una falla es $\lambda e^{-\lambda t}$; dos fallas es $\lambda^2/2\, !e^{-\lambda t}$ etc. Como se expuso en la Sec. 17.6, esta distribución tiene la ventaja de una tasa de fallas constante λ. Por consiguiente, todas las demás distribuciones en la teoría de confiabilidad pueden transformarse en ésta.

El reconocimiento e identificación de las diferencias en las distribuciones de confiabilidad, en la forma que se aplican a situaciones diferentes, son de hecho especialmente esenciales en la prueba de fallas. Por ejemplo, hay algunas distribuciones de confiabilidad que son tanto discretas como continuas, como un mísil que no funciona si se le prueba en un tiempo cero. Esto puede significar que $R(O) = 0.25$, tal vez; y $R(t) = 0.75^{-\lambda t}$, $t > 0$.

La práctica disciplinada es, por tanto, muy importante cuando se prueba para evaluar los planes de confiabilidad. El área de prueba de vida, por ejemplo, se ha guiado por varios enfoques al programa. Uno de los más importantes ha sido el MIL-STD-781D (U.S. Printing Office, Washington, D.C.) cuya aplicación ha sido uno de los indicadores de la técnica en desarrollo de los programas de pruebas modernos.

Pruebas de vida general

Los métodos de prueba de vida general se usan en algunas compañías para productos nuevos de grandes volúmenes. Un enfoque incorpora una serie de tres pruebas empezando cuando las primeras unidades modelo se construyen y continuando durante el lapso de producción del producto. En forma abreviada, la secuencia de pruebas también se puede aplicar con buenos resultados a productos existentes cuando hay un problema de confiabilidad. Estas pruebas definen la confiabilidad potencial del diseño del producto, la confiabilidad del producto al ser producido en el proceso de producción y la esperanza de vida de las partes que probablemente se desgastarán primero. Las tres pruebas son:

1. *Prueba de madurez del diseño*. Demostración de la confiabilidad para identificar y corregir los problemas de diseño.

   El objeto de esta prueba en las primeras unidades modelo es demostrar que el diseño, sin atender a la manera en que se construyó y cuánta depuración fue necesaria, puede alcanzar el requisito de confiabilidad para ese producto. Cuando éste no es el caso, el diseño debe mejorarse durante la prueba hasta que califique o hasta que sea capaz de lograr los requisitos de especificación, incluyendo TMFF.

2. *Prueba de madurez del proceso*. Medición de fallas iniciales para corregir cualquier incompatibilidad existente entre el diseño y los procesos que lo producen y para determinar la cantidad de pruebas necesarias y así lograr la confiabilidad especificada al momento del embarque.

   Las primeras unidades de producción se operan (aflojan) durante un periodo dado de horas mientras que su desempeño es monitoreado estrechamente para medir su tasa de fallas declinante. Generalmente, esta prueba proporciona suficiente experiencia en la prueba después que los efectos iniciales se han acoplado a la medición y verifican la confiabilidad de vida útil del producto en comparación con los resultados obtenidos durante la prueba de madurez del diseño. Las fallas observadas al inicio se analizan para identificar y resolver problemas.

   La duración del tiempo de aflojamiento para un producto se fija a partir de las observaciones en esta prueba. Puede reducirse sólo cuando los datos válidos subsecuentes prueban que el inicio se ha reducido por un control del proceso mejor. Las mejoras en los procesos de manufacturas e inspección podrían reducir sustancialmente el periodo de aflojamiento hasta algunas horas, pero es necesario disponer de datos de prueba que muestren que el producto alcanza su TMEF maduro dentro de un periodo de tiempo más corto estadísticamente válido.

3. *Prueba de vida*. Medida de la distribución de fallas de desgaste de los componentes para eliminar cualquier mecanismo de falla que reduzca la esperanza de vida por debajo del punto aceptable.

   El tiempo para la falla se mide en varias muestras de forma que el TMPF y la distribución de cada modo de fallo observado puedan determinarse. En este tipo de pruebas de vida se hace la siguiente distinción entre TMEF y TMPF: el TMEF se enfoca como el tiempo medio de interarribo entre fallas independientes que ocurren aleatoriamente en una tasa casi constante durante la vida útil de una unidad. El TMPF se enfoca como el tiempo medio de fallas (para un modo particular) ocasionado por desgaste. Cuando se conocen los parámetros que determinan la distribución de ese modo de desgaste en particular, se puede estimar la esperanza de vida de varias fallas porcentuales acumuladas. La prueba de vida asegura que el desgaste empiece más allá del tiempo mínimo deseado para el ciclo de vida. La distribución de un mecanismo de falla específico puede analizarse para determinar si éste es ocasionado por el inicio, el desgaste o es totalmente aleatorio.

Con estas tres pruebas, los factores clave que influyen y controlan la confiabilidad del producto se determinarán durante el proceso de medición. Una vez que se conocen estos factores, la confiabilidad del producto podrá mantenerse en un nivel aceptable. La satisfacción del cliente, garantías relativamente libres de problemas y costos bajos de apoyo y manufactura resultan de una confiabilidad aceptable. Al estar al tanto y controlar la confiabilidad del producto embarcado, el gerente de producción puede planificar y controlar el futuro de manera realista. Sin este control, un factor importante en la ganancia del producto se deja al azar.

Se abundará más en relación con las pruebas de confiabilidad en el Cap. 18, "Control de nuevo diseño."

17.21 Crecimiento de confiabilidad

Como se expuso en la Sec. 17.10, la producción inicial de un nuevo diseño implica un factor de aprendizaje que varía con la complejidad del producto y proceso junto con el nivel de experiencia y entrenamiento del personal. Así, un cierto periodo se requerirá para desarrollar la habilidad necesaria y así lograr y mantener los niveles de confiabilidad proyectados. La predicción exacta de este periodo de crecimiento de confiabilidad es una actividad básica del programa de confiabilidad de la planta y compañía.

Usando el índice de fallas y los datos de llamadas de servicio proporcionados por Diseño, Producción e Ingeniería de Campo, el desarrollo de la confiabilidad predicha puede graficarse como la *curva de crecimiento de confiabilidad*.[22] Clásicamente, la curva de crecimiento de confiabilidad para productos complejos asume la forma ilustrada en la Fig. 17-10 —con la mayor incidencia de requisitos de servicio inicialmente en el ciclo de producción. Con el tiempo, con acciones apropiadas del programa de confiabilidad, la curva se achata en forma gradual, reflejando la tasa de mejoras en la confiabilidad y acaba por nivelarse a un porcentaje básico de las unidades totales producidas.

17.22 Continuación del control de confiabilidad

Al terminar la tarea del control del nuevo diseño, la siguiente actividad en el programa de confiabilidad será la prosecución del control. La tarea del control del producto en el control total de la calidad incluye una acción en todas las áreas que puedan afectar la confiabilidad del producto: recibo de componentes, control del proceso, transportación, etcétera.

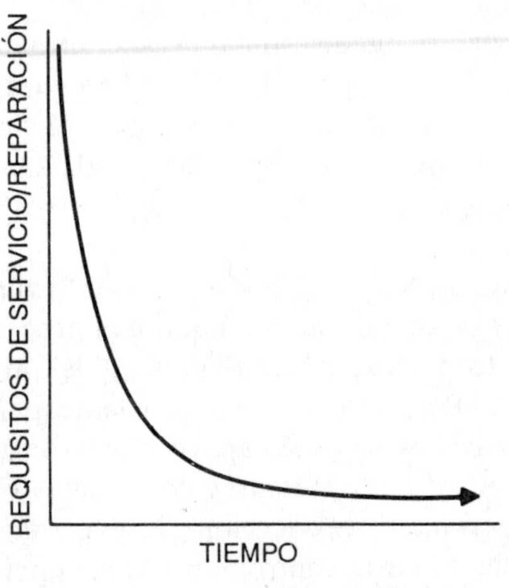

Fig. 17-10

Por ejemplo, cuando se mejora un proceso de manufactura y se establece una nueva forma de confiabilidad, se necesita que esa norma quede "asegurada" a fin de que no se descienda a antiguos valores.

¿En qué forma se puede lograr esto? ¿Cómo se podría determinar si el proceso presenta un descenso? Ya se ha insistido que la variación es inherente en todo proceso de manufactura. Entonces, ¿cómo podrá determinarse la diferencia entre un descenso del nuevo valor de la norma y la variación natural con respecto a esa norma? Esta es una de las áreas en la cual la técnica del control del proceso contribuye a la confiabilidad del producto.

Es posible determinar estadísticamente los valores límites del patrón que simboliza un estado de control. Esto es la base de las gráficas de control, que ya fue expuesta en el Cap. 14. Un proceso controlado es un proceso predecible; en tanto que un proceso no controlado no se puede predecir; por tanto, es esencial un proceso controlado para lograr un producto con confiabilidad específica. Se ha hecho resaltar que: "Un estado de control estadístico debe ser la meta de todos nuestros esfuerzos: de diseño, producción y pruebas. Esta es la única trayectoria conocida hacia la confiabilidad. Es algo ineludible... indispensable".[23]

El ingeniero del control del proceso, al tratar de lograr un estado de control en un proceso crítico para la confiabilidad del producto, debe considerar cuidadosamente la función del control aportada por los equipos modernos de información de la calidad. Especialmente en aquellos procesos que están sujetos a deslizamientos debidos a desgaste de herramientas, debilitamiento de sustancias químicas, efectos de temperatura y otras influencias del medio que se pueden reajustar automáticamente a fin de compensar ante tales efectos y conservar el estado de control estadístico. Se está incrementando el empleo de computadoras especializadas en control del proceso que emplean la información obtenida por las mediciones, la analizan estadísticamente, y en forma automática la retroalimentan para ajustar el proceso en la cantidad que se requiera a fin de conservar la característica de calidad dentro de sus límites especificados. Estos sistemas ya se expusieron en el Cap. 12.

Las mediciones de las características de calidad y su análisis por medio de gráficas de control o computadoras dan a conocer cualquier cambio en el proceso que pueda tener una influencia decisiva en la confiabilidad del producto; sin embargo, la responsabilidad del ingeniero del control del proceso no termina aquí. ¿Qué resultaría si alguna característica de calidad de importancia fuera omitida completamente y no se tomaran los datos? La única protección contra esta posibilidad es la medición efectiva de los resultados finales, específicamente la confiabilidad del producto después de su manufactura. Esto se debe hacer en una forma continuada con las unidades disponibles de la producción, a fin de protegerse de la intromisión de algunos factores desconocidos.

17.23 Continuación del análisis de confiabilidad

Muy rara vez la confiabilidad del producto es un esfuerzo "aislado". Aun en el caso de que se produzcan unos cuantos modelos, como parte de un programa de investigación y desarrollo, se deben realizar continuamente estudios intensivos y extensas pruebas de confiabilidad, a fin de obtener conocimientos que puedan servir para generaciones posteriores de productos similares.

Este esfuerzo constante del control del nuevo diseño se hace para aumentar la confiabilidad en la mayoría de los casos porque:

1. La tecnología no ha avanzado a un grado tal que la confiabilidad pueda concretarse en el producto en cuestión.
2. Los costos resultantes de una baja confiabilidad pueden llegar a ser excesivos dado que muchos productos fallarán prematuramente.
3. Los costos de mantenimiento y reparación durante el tiempo de vida previsto para el producto pueden ser excesivamente altos.
4. Las consecuencias de las fallas del producto pueden ser muy serias, ya sea por la pérdida de vidas, deterioro de propiedades, pérdidas en la entrada de dinero o por las inconveniencias.
5. La competencia de productos semejantes obliga a lograr mayores valores de confiabilidad.
6. El consumidor puede no estar satisfecho y exigir mayores valores de confiabilidad.

Programas de investigación y desarrollo para mejorar la confiabilidad

En algunos casos, el costo de un producto eficaz puede ser tan elevado, que justifique un programa de varios millones para la investigación y desarrollo, a fin de lograr un incremento de un ligero porcentaje en la confiabilidad de un componente crítico o de un sistema. Para la mayoría de los productos industriales y comerciales, el incremento en la confiabilidad es consecuencia del esfuerzo sostenido del personal técnico y obrero de la factoría normalmente asignado al producto de que se trate. Los esfuerzos de dicho personal se ven dirigidos principalmente por un continuo y completo análisis de la confiabilidad del producto.

Comprobación frecuente para evaluar la confiabilidad del producto

La comprobación constante no sólo es necesaria para los fines del control, según se dijo en la Sec. 17.22; también es necesaria para obtener datos completos sobre los cuales se puedan basar los programas para mejorar la confiabilidad. Estos datos se irán acumulando como resultado de experiencias en el campo; sin embargo, para la mayoría de los productos, se requiere un tiempo mayor que los límites usuales. El producto puede quedar obsoleto antes de que su confiabilidad se pueda mejorar. Por consiguiente, es necesario intensificar las pruebas, no únicamente comprobando muestras de tamaño grande de los productos, como se hizo ver en la Sec. 17.20, sino también acumulando tantas horas de operación como sea posible y en el menor tiempo. Esto puede requerir una operación bajo condiciones de campo simuladas.

Como ejemplo muy elemental de un producto que requiere estas pruebas intensificadas consideraremos una plancha eléctrica manual. Esta tiene como promedio un uso de 4 h por semana en el hogar. Bajo estas condiciones, se necesitarían 10 años para determinar su vida. Ciertamente que esta larguísima espera para obtener los datos no ayuda al problema, cuando lo que se requiere es un análisis en qué basarse para mejorar la confiabilidad del producto.

Una prueba intensiva aplicada en una lavandería o en una fábrica de camisas registraría 16 horas diarias, u ochenta horas por semana. Esto ya representa un aumento de veinte veces el tiempo de energía, y da una respuesta en seis meses, en lugar de los 10 años. Pero aun esos seis meses es un periodo mayor del que se desea, y las condiciones en que se opera no son equivalentes a las que prevalecen en el hogar; por ejemplo, la plancha no se enciende y apaga tan frecuentemente por hora de operación. El debilitamiento debido a las expansiones y contracciones diferenciales de las piezas puede no ser tan aparente. Se concibe que se debe establecer una prueba simulada que se pueda efectuar durante 24 h por día, con un número arbitrario de ciclos de calentamientos y enfriamientos. En este caso, el equipo de información técnica de la calidad puede hacer una importante contribución al simular ciclos de tiempo y duración de los esfuerzos por condiciones de operación para el material, y así poder valuar la confiabilidad del producto.

Pruebas aceleradas como medio para obtener resultados rápidos

Las pruebas aceleradas se usan con frecuencia cuando la naturaleza del dispositivo lo permite. Esto se puede lograr con un aumento en los esfuerzos de las circunstancias externas para descubrir las debilidades del producto en el periodo más corto. En el caso de la plancha eléctrica, se podría lograr esto operándola a 150 voltios, en lugar de los 120 de su capacidad. Este efecto hace operar la resistencia a mayor temperatura; y, por tanto, tendería a fundirse más pronto, haciendo resaltar los defectos que afectan la confiabilidad en el menor tiempo, es decir, roturas en el alambre de resistencia del elemento térmico. El aumento de voltaje también requeriría que el termostato interrumpiera los valores altos de la corriente, y con esto provocara un aumento en la formación de "chispas" y roce de los contactos.

Estas pruebas aceleradas de duración serán de valor sólo hasta el punto en que guarden relación con las pruebas de empleo efectivo de vida o las pruebas intensivas de vida. Existe un límite definido para la severidad de las condiciones Más allá de este límite, otros factores muy diferentes de los que pueden encontrarse en el empleo efectivo, intervienen proporcionando una evaluación engañosa de la duración. Existen muchos dispositivos que no le prestan a las pruebas aceleradas en una magnitud apreciable. Una válvula electrónica es uno de estos dispositivos.

Importancia en la protección de los mecanismos de falla

Es posible obtener una muy buena correlación cuando el dispositivo que se va a someter a pruebas aceleradas es muy simple y su vida depende de un mecanismo de falla sencillo que se puede acelerar aumentando ciertos esfuerzos. Los capacitores y las resistencias se prestan para las pruebas aceleradas. Otros componentes y ensambles, incluso los tubos de rayos catódicos, no se pueden acelerar porque el aumento de esfuerzos origina fallas adicionales de mecanismos, en lugar de favorecer a las que se presentan bajo una operación normal. Por ejemplo, si el aumento de voltaje produce un arco, el tubo de rayos catódicos se "muere". Con voltajes normales probablemente no se habría producido tal arco y su duración de servicio podría haber sido excepcionalmente larga.

Importancia de la correlación

Cualesquiera que sean las pruebas usadas, se deben estandarizar a las condiciones ambientales y el tiempo medio resultante entre fallas se debe referir a alguna norma de confiabilidad. Esta referencia se debe hacer por medio de una línea de regresión que correlaciona los resultados de las condiciones de prueba con los resultados de las condiciones de empleo efectivas. Esto es indispensable para lograr datos significativos.

Experimentalmente se ha determinado que existe poca correlación entre las pruebas efectuadas bajo condiciones simuladas (o condiciones aceleradas) y las condiciones efectivas de uso final se hace indispensable cambiar las condiciones normales de las pruebas hasta que se pueda obtener razonablemente una buena correlación.

Eficiencia de las pruebas

Las pruebas de confiabilidad son costosas. Es necesario preparar escenarios de prueba para simular condiciones ambientales; la comprobación abarca periodos relativamente largos; por lo general, los dispositivos que se prueban se consumen durante la prueba; cuando son necesarias cargas elevadas, los requisitos de fuerza son a veces muy altos. Más aún, cuando las pruebas se hacen para supervisar el proceso y poder descubrir dónde se puede mejorar, se deben hacer en una forma continuada. No son pruebas aisladas, como cuando se trata de calificar un diseño. En efecto, es un asunto de continua recalificación del diseño y de los procesos actuales.

A causa de lo costosas que resultan estas pruebas, es importante obtener la máxima eficiencia de ellas, es decir, la mayor información en el menor tiempo y con el mínimo gasto posible de dinero. Se debe hacer un empleo extenso de las técnicas estadísticas para probar la confiabilidad específica dentro del nivel de confianza que se haya establecido.

Datos de las pruebas de campo

Según se dijo antes en esta sección, los datos que resultan del empleo del producto en el campo, aun cuando sean lentos para su obtención, son esenciales para la correlación con las pruebas aceleradas, a fin de poder determinar la eficiencia de estas últimas. Los datos del campo, cuando se puede disponer de ellos, son de un gran valor y realmente no se deben ignorar. No se deben omitir esfuerzos para que se registren con toda exactitud y envíen de regreso a la factoría para su análisis en forma continuada.

Pueden ser requisitos del contrato, la recolección y análisis de datos

En muchos contratos que conciernen a la producción de sistemas de equipo complejos, la recolección y el análisis de los datos de campo para incrementar la confiabilidad forman parte de los requisitos del contrato. Se debe conservar un registro completo para cada sistema, el cual se continúa durante todo el lapso de vida del dispositivo. Se registra su historia completa: transporte, almacenamiento, pruebas, servicio, mantenimiento y empleo. Todos los datos, de todos los sistemas de un tipo determinado, se consignan a una central de datos, donde se deben procesar y analizar. Periódicamente se expiden comunicaciones a las oficinas de abastecimiento.

La meta debe ser mejorar la confiabilidad

Las pruebas continuadas de confiabilidad, según se ha dicho, proporcionan los datos, cuyo análisis indica hacia dónde se debe dirigir el esfuerzo técnico para incrementar la confiabilidad. Algunos componentes indicarán ser los "eslabones débiles" en el sistema. Se deben de estudiar estos eslabones en cuanto a sus fallas de mecanismo. Una vez que se identifica la verdadera falla del mecanismo, será posible decidir si la solución del problema requiere un cambio en el diseño del producto o en los métodos de manufactura, o simplemente un mejor control del proceso de manufactura ya establecido. Un aumento consistente de la confiabilidad a través de una serie de cambios en el diseño, los métodos y una mejoría del control de calidad, generalmente suministra el medio económico de alcanzar las metas requeridas para la confiabilidad del producto.

La efectividad del trabajo de confiabilidad puede medirse por la mejoría en el costo de calidad en varias áreas. Entre las más importantes están la inspección y pruebas de almacenes de campo; costos por traslado de refacciones; investigaciones de causas de defectos y cargos por análisis de fallas del proveedor.

Perfeccionamiento de la confiabilidad del producto por medio del sistema de calidad

17.24 El control total de la calidad y su proceso de confiabilidad

Puesto que la confiabilidad es una de las "cualidades" más importantes de un producto, no se puede separar operacional o sistemáticamente de otras consideraciones de la calidad del producto. Los primeros seis capítulos de este libro revisaron extensamente este concepto total de la calidad. En esta sección se amplía este concepto y sus componentes de confiabilidad.

En la Parte I se hizo notar que las responsabilidades para la calidad de un producto quedan engranadas a través de toda la organización de una compañía.

Esto es aplicable a la confiabilidad, así como lo es para todos los componentes de la calidad, con obligaciones específicas para cada puesto.

Cada una de las cuatro tareas del control de la calidad incluye importantes actividades de confiabilidad. Las primeras tres áreas se usan como ejemplos de cómo el aseguramiento de la confiabilidad es consecuencia de la operación del control total de la calidad:

1. "Control de nuevos diseños", Sec. 17.25.
2. "Control de materiales adquiridos", Sec. 17.26.
3. "Control del producto", Sec. 17.27.

17.25 Control de nuevos diseños

Esta tarea implica actividades de confiabilidad del producto como las siguientes:

- Determinar la norma de confiabilidad que exige el consumidor para el producto.
- Identificar con toda claridad las circunstancias ambientales que rodearán al producto.
- Determinar el equilibrio económico entre la confiabilidad y los costos totales para lograrla.
- Lograr el diseño más favorable para conseguir la confiabilidad del producto que se requiere.
- Seleccionar los procesos y los parámetros del proceso que contribuyan a una alta confiabilidad del producto.
- Demostrar por medio de pruebas en los modelos o a través de fabricaciones piloto que se puede lograr la confiabilidad requerida.
- Eliminar lo más que sea posible en los diseños del producto y en el proceso todo aquello que pueda amenazar la confiabilidad del producto.
- Revisar la garantía y la seguridad con respecto a la confiabilidad del producto y su justo arreglo.
- Evaluar la confiabilidad de los productos de la competencia.

17.26 Control de materiales adquiridos

Para este subgrupo se consideran algunas actividades de la confiabilidad del producto, de las cuales, las siguientes son un ejemplo:

- Aclarar el bosquejo de los requisitos de confiabilidad con los proveedores.
- Evaluación de la capacidad de los proveedores para producir productos con la confiabilidad requerida.
- Evaluación de la confiabilidad de los productos de los proveedores en una forma continuada.
- Coadyuvar con los proveedores para mejorar la confiabilidad del producto.

17.27 Control del producto

A este subgrupo corresponden las siguientes actividades de confiabilidad del producto:

- Control del producto y proceso para asegurar el logro de la confiabilidad.
- Establecer una corriente de información de la factoría al terreno relativa a los problemas anticipados de confiabilidad y su acción correctiva.
- Establecer una corriente de información del terreno a la factoría con relación a los problemas de confiabilidad que se hayan descubierto y su acción correctiva.
- Certificación de la confiabilidad del producto para el consumidor.
- Verificar la confiabilidad del producto después de su embarque, durante y después de su almacenamiento, después de su instalación y durante su uso.
- Mantenimiento de la confiabilidad por medio de instrucciones convenientes que se refieran a su instalación, mantenimiento y uso; capacidad de servicio del producto; procedimiento y herramientas para las reparaciones; costo de la calidad y oportunidad de su servicio en el terreno.
- Medir el rendimiento de la confiabilidad del producto en el terreno en relación con costos y proporción de fallas.

17.28 Resumen de la Parte cinco

El punto de vista estadístico de la calidad de un producto industrial se puede resumir en forma breve: la *variación* de la calidad de un producto se debe estudiar constantemente, dentro de lotes de un producto, en equipos de proceso, entre diferentes lotes del mismo artículo, sobre las características críticas de la calidad y sus normas, con relación a las fabricaciones piloto del diseño de un nuevo artículo. Esta variación se podrá estudiar en mejor forma mediante el análisis de las muestras tomadas de los lotes del producto o de las unidades producidas por equipos de proceso.

Se dispone de cinco herramientas estadísticas de mucha utilidad para las aplicaciones prácticas de este procedimiento en las cuatro tareas del control de la calidad:

1. Distribuciones de frecuencias.
2. Gráficas de control.
3. Tablas de muestreo.
4. Métodos especiales.
5. Confiabilidad.

Estas cinco técnicas, aun cuando de gran utilidad en muchos casos, representan en el último análisis sólo una de las tecnologías que se emplean en un programa de control total de la calidad para una compañía. Estas herramientas estadísticas se han presentado con detalle en la Parte cinco de este libro, principalmente porque figuran entre las técnicas más empleadas en el control de calidad.

En la Parte cinco se han presentado algunas de las aplicaciones de estas herramientas estadísticas, pero una exposición más completa sobre su empleo, así como de otros métodos técnicos de control de calidad, se dará en la Parte seis.

17.29 Glosario de símbolos y términos importantes empleados en la Parte cinco

X: valor observado para una característica de la calidad. Los valores específicos observados se designan: X_1 X_2 X_3, etcétera.

$\overline{X}$: la media, medida de tendencia central. La media de un grupo de n valores observados es la suma de estos valores entre n.

n: número de valores observados; tamaño de la muestra o número de unidades (artículos, partes, piezas, especímenes, etc.) en la muestra.

σ: la desviación estándar de la población de los valores observados respecto a su media.

S: desviación estándar de la muestra.

R: la amplitud; diferencia entre el mayor y el menor de los valores observados en una muestra.

p: la fracción defectiva; relación de las unidades defectivas (artículos, partes, especímenes, etc.) al número total de unidades revisadas; a veces referida como "proporción defectiva" o porcentaje defectivo.

np: el número de defectos (unidades defectivas) en una muestra de n unidades.

c: el número de defectos o deformaciones, por lo general el número de defectos en una muestra de tamaño fijo.

$\overline{X}_0$, s_0, R_0, p_0, c_0, u_0: Los valores estándar de $\overline{X}$, s, R, p, c, o u adoptados para calcular la línea central y los límites de control para las gráficas de control; el estándar dado.

Q: constante que se relaciona con los límites de control modificados.

$\overline{\overline{X}}$, $\overline{\sigma}$, $\overline{s}$, $\overline{R}$, $\overline{p}$, $\overline{np}$, $\overline{c}$: media de un grupo de valores de $\overline{\overline{X}}$, σ, s, R, p, np, c.

N: tamaño de un lote usado en conexión con las tablas de muestreo.

d_2: constante que varía con n y que se relaciona con la amplitud media $\overline{R}$ en muestras de n observaciones con la "verdadera" desviación estándar de la población.

A A_2, A_3, B_3, B_4, B_5, B_6, D_1, D_2, D_3, D_4, E_2: factores para el cálculo de límites de control.

R_T: confiabilidad de un producto con un límite de vida previsto T.

T: la vida prevista para un producto.

θ: la vida media o tiempo medio de fallas (el término θ también se usa con un sentido muy diferente en el cálculo de la máscara V en las gráficas cusum).

λ. proporción de fallas, relacionada con el número de unidades del producto que fallan en la unidad de tiempo.

t: intervalo de tiempo; también el tiempo presente.

Pieza, parte, unidad: cada uno de los diversos objetos en los que puede hacerse una observación o medición.

Muestra: una o más unidades de producto (o cantidad de material) sacados de un lote específico o de un proceso específico con propósito de inspección para proporcionar información que puede usarse para tomar una decisión en lo referente a la aceptación de ese lote o proceso.

Lote: cantidad definida de algún producto acumulada en condiciones que se consideran uniformes para fines de muestreo.

Defecto: apartamiento de una característica de calidad de su nivel o estado esperado que ocurre con una severidad suficiente para ocasionar que el producto o servicio asociado no satisfaga los requisitos de uso esperados, normales o razonablemente predecibles.

Defectuoso: unidad defectuosa (artículo, parte, espécimen, etc.) que contiene uno o más defectos, o que por tener varias imperfecciones combinadas ocasiona que la unidad no cumpla con los requisitos de uso esperados, normales o razonablemente predecibles.

Disparidad: apartamiento de una característica de calidad de su nivel o estado esperado que ocurre con severidad suficiente para ocasionar que un producto o servicio asociado no cumpla con los requisitos de especificación.

Unidad dispar: unidad de producto o servicio que cuando menos tiene una disparidad.

Característica de calidad: propiedad de una unidad, parte o pieza que afecta su desempeño o la satisfacción del cliente, como la dimensión, peso o viscosidad, y que ayuda a diferenciar entre las unidades de una muestra o población dadas.

Característica de calidad: propiedad de una unidad, parte o pieza que afecta su desempeño o la satisfacción del cliente, como la dimensión, peso o viscosidad, y que ayuda a diferenciar entre las unidades de una muestra o población dadas.

Confiabilidad: probabilidad de una unidad de desempeñar una función requerida en condiciones establecidas para un periodo establecido.

Mecanismo de falla: serie cronológica de eventos que lógicamente conducen a la falla del producto.

17.30 Fórmulas importantes empleadas en la Parte cinco

Capítulo 13: Distribuciones de frecuencias

Media:

$$\overline{X} = \frac{X_1 + X_2 + X_3 \cdots + X_n}{n} \tag{1A}$$

$$= \frac{\Sigma fX}{n} \tag{2}$$

Gran media

$$\overline{\overline{X}} = \frac{\overline{X}_1 + \overline{X}_2 + \cdots + \overline{X}_r}{r} \qquad (3A)$$

$$= \frac{n_1 \overline{X}_1 + n_2 \overline{X}_2 + \cdots + n_r \overline{X}_r}{N} \qquad (3B)$$

Desviación estándar de la muestra:

$$s = \sqrt{\frac{(X_1 - \overline{X})^2 + (X_2 - \overline{X})^2 + (X_3 - \overline{X})^2 + \cdots + (X_n - \overline{X})^2}{n - 1}} \qquad (4A)$$

$$= \sqrt{\frac{\Sigma f X^2 - n\overline{X}^2}{n - 1}} \qquad (4B)$$

Desviación estándar promedio de la muestra

$$\overline{s} = \frac{s_1 + s_2 + \cdots + s_r}{r} \qquad (5)$$

Amplitud:

$$\overline{R} = X_{máx} - X_{mín} \qquad (6A)$$

Amplitud promedio

$$\overline{R} = \frac{R_1 + R_2 + \cdots + R_r}{r} \qquad (6B)$$

Capítulo 14: Gráficas de control

Gráficas de control de mediciones

Sin estándar dado

Empleando la amplitud como media de dispersión

Media:
- Límite inferior $= \overline{\overline{X}} - A_2\overline{R}$ (13A)
- Línea central $= \overline{\overline{X}}$
- Límite superior $= \overline{\overline{X}} + A_2\overline{R}$ (13B)

Amplitud:
- Límite inferior $= D_3\overline{R}$ (14A)
- Línea central $= \overline{R}$
- Límite superior $= D_4\overline{R}$ (14B)

Límites del proceso:
- Límite inferior $= \overline{\overline{X}} - E_2\overline{R}$ (21A)
- Línea central $= \overline{\overline{X}}$ (15A)
- Límite superior $= \overline{\overline{X}} + E_2\overline{R}$ (21B)

Empleando la desviación estándar como medida de dispersión

Media: Límite inferior $= \bar{\bar{X}} A_3 \bar{s}$ (15A)
Línea central $= \bar{\bar{X}}$
Límite superior $= \bar{\bar{X}} + A_3 \bar{s}$ (15B)

Desviación estándar: Límite inferior $= B_3 \bar{s}$ (16A)
Línea central $= \bar{s}$
Límite de control superior $= B_4 \bar{s}$ (16B)

Estándar dado

Cuando la amplitud se usa como medida de dispersión

Media: Límite inferior $= \bar{X}_0 - A\sigma_0$ (17A)
Línea central $= \bar{X}_0$
Límite superior $= \bar{X}_0 + A\sigma_0$ (17B)

Amplitud: Límite inferior $= D_1\sigma_0$ (18A)
Límite central $= R_0$ (o $d_2\ \sigma_0$)
Límite superior $= D_2\sigma_0$, (18B)

Cuando la desviación estándar se usa como medida de dispersión.

Media: Límite inferior $= \bar{X}_0 - A\sigma_0$ (17A)
Línea central $= \bar{X}_0$
Límite superior $= \bar{X}_0 + A\sigma_0$ (17B)

Desviación estándar: Límite inferior $= B_5\sigma_0$ (19A)
Línea central $= s_0$ ($o\ c_4\sigma_0$)
Límite de control superior $= B_6\sigma_0$ (19B)

Límites en relación con las especificaciones

Capacidad del proceso

Límite de control inferior = límite inferior de especificación + Q (22A)
Límite de control superior = límite superior de especificación − Q (22B)

Control de aceptación

Niveles aceptables de proceso UAPL = UTL − $z_{p1}\sigma$ (23A)
LAPL = LTL + $z_{p1}\sigma$ (23B)

Niveles rechazables del proceso: URPL = UTL − $z_{p2}\sigma$ (24A)
LRPL = LTL + $z_{p2}\sigma$ (24B)

Límites de control de aceptación:

$$\text{UACL} = \text{UAPL} + \frac{z_\alpha \sigma}{\sqrt{n}} \tag{25A}$$

$$\text{LACL} = \text{LAPL} - \frac{z_\alpha \sigma}{\sqrt{n}} \tag{25B}$$

o

$$\text{UACL} = \text{URPL} - \frac{z_\beta \sigma}{\sqrt{n}} \tag{26A}$$

$$\text{LACL} = \text{LRPL} + \frac{z_\beta \sigma}{\sqrt{n}} \tag{26B}$$

Lecturas individuales

Límite de control inferior $= \overline{X} - E_2\overline{R}$ (27A)
Línea central $= \overline{X}$
Límite de control superior $= \overline{X} + E_2\overline{R}$ (27B)

Límites por atributos

Sin estándar dado

Límites control porcentaje defectivo $= \overline{p} \pm 3\sqrt{\dfrac{\overline{p}(100 - \overline{p})}{n}}$ (30)

Límites control fracción defectiva $= \overline{p} \pm 3\sqrt{\dfrac{\overline{p}(1 - \overline{p})}{n}}$ (31)

Límites control número de defectivos $= n\overline{p} \pm 3\sqrt{n\overline{p}\,(1 - \overline{p})}$ (34)

(c) límites control del número de defectos $= \overline{c} \pm 3\sqrt{\overline{c}}$ (35)

(u) límites control del número de defectos $= \overline{u} \pm 3\sqrt{\overline{u}/n}$ (36)

Estándar dado

Límites control porcentaje defectivo $= p_0 \pm 3\sqrt{\dfrac{p_0\,(100 - p_0)}{n}}$ (30A)

Límites control fracción defectiva $= p_0 \pm 3\sqrt{\dfrac{p_0\,(1 - p_0)}{n}}$ (31A)

Límites control número de defectivos $= np_0 \pm 3\sqrt{np_0\,(1 - p_0)}$ (34A)

(c) límites de control de $c_0 \pm \sqrt{c_0}$ (35A)

(u) límites de control de cuenta $u_0 \pm 3\sqrt{u_0/n}$ (36A)

Otras ecuaciones útiles para aplicaciones especiales de datos por atributos:

Media, $\bar{p}$: $$\bar{p} = \frac{\Sigma c}{\Sigma n} \times 100 \quad (28)$$

Desviación estándar de p: $$\sigma_p = \sqrt{\frac{\bar{p}(100 - \bar{p})}{n}} \quad (29)$$

Capítulo 16: Métodos especiales

Composición de tolerancias: $T_t = \sqrt{T_1^2 + T_2^2 + T_3^2 + \cdots + T_n^2}$ (38)

Capítulo 17: Confiabilidad del producto

Confiabilidad:

$$R_T = e^{-T/\theta} \quad (43)$$

$$R_T = e^{-\lambda T} \quad (44)$$

$$R_T = R_{T_1} \times R_{T_2} \times R_{T_3} \times \cdots R_{T_m} \quad (45)$$

$$R_T\,(e^{-\lambda_1 T})(e^{-\lambda_2 T})(e^{-\lambda_3 T}) \cdots (e^{-\lambda_m T}) \quad (46)$$

$$R_T = e^{-T(\lambda_1 + \lambda_2 + \lambda_3 + \cdots + \lambda_m)} \quad (47)$$

$$F(t) = 1 - R(t), R(t) = 1 - f(t) \quad (48)$$

$$z(t) = \frac{f(t)}{R(t)} \quad (49)$$

$$R(t) = \exp[-\textstyle\int_0^t z(x)\,dx] \quad (50)$$

$$\text{MTTF} = \int_0^\infty t f(t)\,dt = \int_0^\infty R(t)\,dt \quad (51)$$

Notas

[1]Hay varios programas documentados de confiabilidad para varias áreas de la industria y que cubren diversas líneas de productos. Es útil reconocer que muchos de estos documentos han sido influidos por, o se han derivado de, ciertos documentos originales de programas de confiabilidad, incluyendo MIL-STD-785, NASA NHB 5300.4(1A) y MIL-STD-499, que trataron con la integración de la confiabilidad al proceso completo del admistración de la ingeniería de sistemas. Para un análisis de la evolución de estos documentos, ver Leslie W. Ball, "Assuring Reliability Program Effectiveness", *Quality Progress*, septiembre de 1973.

[2]Para análisis introductorios de esto, ver A.V. Feigenbaum, "The Engineering and Management Approach to Product Quality, "*Proceedings of the Ninth National Symposium on Reliability and Quality Control*, págs. 1-5; y "Quality and Reliability", *Proceedings of the Society of Automotive Engineers*, National Aeronautic Meeting and Production Forum, Washington, D.C., abril 12, 1965.

[3]"Caterpillar World", *Third Quarter*, 1977, Pág. 8.

[4]Estas definiciones están de acuerdo con la International Electrotechnical Commission (IEC) Standard 271-1974. Varias áreas de esta definición pueden adaptarse a situaciones particulares de productos. Por ejemplo, "condiciones establecidas" puede implicar "en un tiempo designado" para productos sujetos a uso no continuo o con respecto al inicio. También, en algunas situaciones del producto, "un periodo establecido" requerirá una definición como "cuando menos por un periodo especificado". Algunas aplicaciones de confiabilidad definirán este parámetro "tiempo" en términos como "intervalo especificado" cuando se relacionen con productos que comprenden varias operaciones o ciclos establecidos.
[5]Para un estudio de esto, ver John H. K. Kao, "Characteristic Life Patterns and Their Uses", en W. Grant Ireson (ed.) *Reliability Handbook*, McGraw-Hill Book Company, Nueva York, 1966, Sec. 2-3.
[6]Varias compañías y organizaciones gubernamentales han contribuido al desarrollo y uso de los circuitos integrados SOS y GaAs como un enfoque para el desarrollo y cuyos límites de supervivencia se muestran en la Fig. 17-1. Para una exposición de esto, ver D.H. Phillips, "QA Aspects of Silicon-on-Sapphire and Gallium Arsenide Integrated Circuits Devices", *Quality Progress*, Vol. XIII, Núm. 11, noviembre de 1980, Págs. 32-34.
[7]A esto se le ha llamado "curva de bañera" en la literatura de confiabilidad.
[8]Se puede notar la similitud entre la terminología de confiabilidad y la empleada por los actuarios en su práctica.
[9]Base de los logaritmos naturales o neperianos.
[10]Para un análisis de esto, ver Herd, G. Ronald, "Some Statistical Concepts and Techniques for Reliability Analysis and Predictions", *Proceedings, Fifth National Symposium on Reability and Quality Control*, Philadelphia, Pa., enero, 12-14, 1959.
[11]Desarrollo por W. Weibull, analista sueco de los fenómenos de la fatiga metálica, en "A Statistical Representation of Fatigue Failure in Solids," Royal Institute of Stockholm, November 1959.
[12]Para el análisis de varias funciones de densidad de probabilidad importantes en los análisis de confiabilidad, ver O.B. Moan, "Application of Mathematics and Statistics to Reliability and Life Studies", en W. Grant Ireson (ed.) *Reliability Handbook*, McGraw-Hill Book Company, New York, 1966, Secs. 4-9-4-27.
[13]Teóricamente la confiabilidad de un sistema formado por una serie de componentes se puede obtener multiplicando los valores particulares de confiabilidad de los diferentes componentes, según se explica en esta misma sección. No se toma en cuenta la interacción. En la práctica es difícil simular pruebas en las que se representen las condiciones de uso final de los componentes. Los valores reales en la práctica pueden estar muy alejados de los previstos, ya sea en uno o en otro sentido, tanto como de 200 a 300%. En el caso de artículos militares, por ejemplo, esto podría deberse a los hechos siguientes: 1) las condiciones de laboratorio y campo no fueron las mismas, 2) se cometieron errores en las pruebas de laboratorio, o se cometieron errores en el campo al manejar el equipo, 3) el personal no estaba adecuadamente entrenado, 4) se cometieron errores al registrar los datos.
[14]Para un análisis mayor sobre disponibilidad, ver John G. Rau, "Optimization and Probability", en *Systems Engineering*, Van Nostrand Reinhold Company, New York, 1970.
[15]Este análisis y la Fig. 17-7 se basan en un trabajo de John D. Musa, "The Measurement and Management of Software Reliability", *Proceedings of the IEEE*, Vol. 68, Núm. 9, septiembre, 1980.
[16]J. D. Musa, "A Theory of Software Reliability and Its Application", *IEEE Transactions: Software Engineering*, Vol. SE-1, septiembre, 1975: B. Littlewood, "How to Measure Software Reliability and How Not To", *Proceedings, 3rd International Conference on Software Engineering*, Atlanta, mayo, 1978.
[17]Para un análisis de esto, ver L.P. Crawford, LCDR, USN, "Reliability Programs for Complex Systems", *Annual Technical Conference Transactions*, American Society for Quality Control, 1977, Pág. 105.
[18]El término *resistencia del producto*, tal como se emplea aquí, se refiere a la cualidad de un producto para resistir los esfuerzos de sus condiciones específicas y su uso. Es más bien comparativo que absoluto; es decir, la resistencia del producto de un puente para peatones puede ser mayor que la de un puente de ferrocarril, a pesar de que el primero sea de una construcción más ligera.

[19]Para un análisis de ejemplos de MFEAC, ver Murray E. Liebman, "Design By Elimination of Modes of Failures", Presentation at 14th International Academy for Quality Control Meeting, Houston, mayo, 1979.
[20]Esta definición básica está de acuerdo con "Quality Systems Terminology", ANSI/ASQC A3-1978, American Society for Quality Control, Milwaukee.
[21]Fritz, E. L. y J. S. Youtcheff, "Sequential Life Testing in Systems Development", Missile and Space Vehicles Department, General Electric Company.
[22]Para un análisis de esto, ver Irving E. Willard, Sr., "Reliability Grown Curves", *33rd Annual Technical Conferen Transactions*, American Society for Quality Control, Houston, 1979.
[23]Kellogg, Harold R., "Statistical Quality Control and Realibility", *Industrial Quality Control*, Vol. XVI, Núm. 11, mayo, 1960.

PARTE SEIS
Aplicaciones del control total de la calidad en la compañía

CAPÍTULO 18
Control de nuevos diseños

El control de calidad se hace real cuando está trabajando continuamente, hora tras hora, semana tras semana, año tras año en toda la planta o compañía. La base para la eficacia de un programa de calidad moderno es la *eficacia de la aplicación* específica del control de calidad que ocurre sistemática y consistentemente en todos los planes de mercadotecnia del producto, en todos los diseños de ingeniería, en todos los equipos y procesos, en todas las relaciones con los empleados, en todas las operaciones de producción, en todo mantenimiento y servicio y en todas las demás actividades relevantes de la compañía.

En capítulos anteriores se dividió este programa general en cuatro clasificaciones que se denominaron las tareas del control de calidad. Estas clasificaciones son:

1. *Control de nuevo diseño*, que comprende las actividades de control de calidad que se desarrollan antes de la producción.
2. *Control de materiales recibidos*, que comprende aquellas actividades que se efectúan al recibirse y examinarse las piezas o materiales adquiridos para la producción.
3. *Control del producto*, que comprende las actividades del control de calidad durante la producción activa y en el servicio en el campo.
4. *Estudios de procesos especiales*, el cual comprende la localización de las causas de los problemas en la calidad.

Estas cuatro tareas dan sustancia al principio básico del control total de la calidad, que reconoce que la calidad del producto se ve afectada en todas las etapas del proceso de producción. El núcleo del control de calidad moderno es la organización positiva por parte de la gerencia de muchas actividades separadas en un programa de calidad total para toda la compañía —sobre la que se basa una aplicación exitosa del control de calidad.

En la Parte uno se analizó la forma en que las diversas actividades de control de calidad en la compañía se integran en una estructura general que opera desde que el producto es comercializado, diseñado y fabricado hasta el momento en que es empacado, embarcado y recibido por un cliente satisfecho. En la Parte dos se describió el sistema de calidad dentro del que se llevan a cabo las cuatro tareas del control total de la calidad, así como la economía del sistema de calidad mediante el que se miden. En la Parte tres se detallaron enfoques administrativos clave para organizar y motivar hacia un control total de la calidad.

Luego, en la Parte cuatro se procedió a revisar la tecnología de ingeniería de la calidad: ingeniería de calidad, ingeniería de control del proceso e ingeniería del equipo de información de la calidad —las disciplinas que proporcionan las herramientas técnicas usadas. En la Parte cinco se presentó el punto de vista estadístico, que proporciona una base analítica central para el trabajo hecho en las cuatro tareas del control total de la calidad.

Con este fundamento establecido, en la Parte seis se abordan eficazmente las tareas de control de calidad en sus cuatro capítulos. Cada tarea se describe en dos formas:

Prácticas y rutinas organizacionales

Son las personas quienes, en última instancia, construyen y mantienen la calidad. El ingeniero que redacta las especificaciones y garantías afecta la calidad tanto como lo hace el inspector que examina el producto verificando que esté conformidad con estas especificaciones. El especialista de métodos que desarrolla las instalaciones de manufactura está igualmente implicado, como lo están también el capataz, el operador de producción, el agente de compras o el analista de confiabilidad. Por tanto, un control de calidad efectivo requiere de relaciones humanas efectivas —incluyendo planificación satisfactoria de la organización y prácticas y rutinas administrativas sólidas— así como un compromiso genuino por parte de toda la compañía hacia la calidad.[1]

Prácticas tecnológicas

Técnicamente, muchos de los problemas de la calidad son extremadamente complejos. Una buena disposición, una organización, y un espíritu optimista entre el personal —aunque de bastante importancia— no pueden resolver por sí solos problemas. Se necesita del apoyo de las técnicas del control de calidad para auxiliar en esta tarea.

Muchas de estas herramientas han sido empleadas por la industria desde hace varios años, sin que se hayan reconocido como *técnicas del control de calidad* ni tampoco como parte de las actividades para controlar la calidad. Otros métodos reflejan desarrollo en la evolución.

Estos dos factores —rutinas de organización y prácticas tecnológicas— quedan incluidos en los programas de control de calidad de la planta. Sin embargo, para facilidad en la presentación de los fundamentos del control total de la calidad, la exposición que se hace a continuación tratará estos factores tanto de manera independiente como conjunto. Se hará resaltar en esta exposición la convergencia sistemática que se requiere en los programas del control total de la calidad, así como en los detalles de los planes individuales que se emplean en los trabajos del control de calidad.

Mientras que los análisis anteriores se centraron en los conceptos y principios en que se basa el control total de la calidad total, los Caps. 18 a 21 se centran en las aplicaciones reales de los procedimientos y técnicas de control de calidad generales en plantas y compañías.[2] También se abordan técnicas adicionales, cuya aplicación se confina a segmentos especiales de las tareas del control de calidad. Se supone en la Parte seis que ya se ha efectuado la organización para la calidad, que el tiempo necesario para el desarrollo hacia la madurez de las tareas del control de calidad ya ha transcurrido y que un programa activo de control de calidad se lleva a cabo.

18.1 La importancia del control de nuevos diseños

El aseguramiento de la satisfacción de la calidad del cliente debe iniciarse durante el desarrollo del nuevo producto. Cuando se planea un nuevo producto y se inicia un nuevo diseño, tanto como una nueva oportunidad importante en el mercado, habrá un riesgo potencial para la calidad de la compañía. Debido a esto, debe haber una serie plenamente estructurada de actividades a fin de minimizar este riesgo y asegurar que la calidad del nuevo diseño satisfaga al cliente en el mercado.

Con frecuencia en el pasado, los riesgos de calidad de nuevos productos —y el beneficio en el mercado por el genuino liderazgo de la calidad del nuevo producto— sólo han sido casualmente identificados por algunas compañías llegando incluso en ocasiones a ignorarlos. Aun cuando se reconozca, las actividades de control relacionadas algunas veces no han sido lo suficientemente profundas, completas o suficientes para un aseguramiento efectivo. Sin embargo, la experiencia industrial muestra que la aceptación del nuevo producto por parte del cliente depende en gran medida en la calidad del diseño. En realidad, las ganancias y el éxito de compañías pueden en última instancia basarse en la reacción del mercado hacia el diseño de calidad de sus ofertas de productos.

18.2 Necesidad de un nuevo control de proyectos

En cada compañía existe el caso de un producto para el cual las normas de calidad han sido un problema constante, difícil de mantener. Los problemas de calidad que se derivan de la manufactura de este producto casi nunca se resuelven porque "resultaría muy caro hacerlo".

De manera similar, es muy generalizado el conflicto entre el personal obrero y los ingenieros diseñadores, sobre las tolerancias de las piezas, cuando el obrero insiste en que las tolerancias son más estrechas de lo que requiere la pieza. Sobre este punto, los ingenieros pueden admitir (confidencialmente) "que ellos exigen ±0.002 in, únicamente porque esto les aumenta la posibilidad de lograr ±0.005 in.

Este tipo de situaciones inevitablemente propician una falta de acatamiento hacia las tolerancias establecidas en el dibujo y en las hojas de especificaciones. También redundará en un gasto excesivo, al tratar de obtener y usar las instalaciones de la manufactura para una alta precisión innecesaria.

Una situación un tanto diferente se presenta cuando los ingenieros que han diseñado un producto con todo esmero, que han comprobado rigurosamente dos o tres modelos de hèrramientas —o circuitos "de alimentación" con productos electrónicos— que funcionan satisfactoriamente, y luego se quejan amargamente de la "incompetencia de los trabajadores" cuando al producir el producto en grandes cantidades, éste no logra funcionar de manera adecuada. Y, sin embargo, este pobre desempeño pudo haber sido inevitable debido a que se sobrepasaron las tolerancias, a un programa de pruebas sin base estadística como el presentado en la Sec. 13.6, o a la confiabilidad inherentemente insatisfactoria del producto.

Otra situación es cuando algunas veces los ingenieros diseñan por prueba y error —impulsados por la necesidad en el caso de algunos productos, pero sencillamente sin alternativas en otros productos. Sin pruebas y cálculos analíticos satisfactorios, puede desarrollarse posteriormente una debilidad inherente en el diseño; por ejemplo, algunas partes pueden verse sometidas a esfuerzos excesivos en tanto que otras se usan equivocadamente. Además, aun cuando la validación del diseño y desarrollo haya sido realizada por ingenieros, pero sin la documentación adecuada —y en lugar de ello la información haya quedado retenida en la cabeza de un ingeniero que se ha cambiado de trabajo— pueden existir problemas importantes de calidad al verificar alteraciones posteriores del diseño o cambios en la aplicación del producto.

Un área más ha sido en ocasiones práctica frecuente de la selección de ingeniería de partes y componentes con base únicamente en el desempeño técnico y funcional —un nuevo módulo de circuito integrado y un nuevo tablero de circuitos impresos especificados para un nuevo diseño de computadora pequeña, por ejemplo. Sin embargo, puede no haber datos suficientes en lo referente a la confiabilidad de estos componentes y el nuevo diseño puede entrar al mercado con un ciclo de vida de calidad incierto a pesar de sus altas características de desempeño iniciales.

18.3 La necesidad del control de nuevos diseños —Influencia durante la planificación del producto

Estas situaciones son algunos de los más aparentes ejemplos de la necesidad de contar con programas propiamente coordinados, y revisados regularmente, con la mira de analizar los productos de diseño reciente a fin de detectar posibles dificultades en la calidad antes de iniciarse la fabricación en masa. Esta clase de programas también tiende a corregir ciertas situaciones menos obvias que pudieran existir desde hace tiempo en la planta sin que se les reconozca como un problema que afecte la calidad de los nuevos diseños.

Por ejemplo, puede suceder que no se hayan organizado los medios para retroalimentar información del especialista de laboratorio o de los ingenieros de manufactura de la planta, al ingeniero proyectista, sobre los nuevos materiales o procesos. Los grupos de inspección mecánica o de pruebas electrónicas pueden verse obligados a esperar la información sobre lo que tienen que revisar o comprobar hasta el momento en que la producción se ha iniciado activamente y muchas unidades son rechazadas por defectuosas. Puede ser que las tolerancias de las piezas se hayan fijado sin conocimiento o referencia a la exactitud que las máquinas herramientas o los procesos pueden satisfacer efectivamente.

La planificación de un producto para su venta o tráfico comercial puede actuar en dirección opuesta al diseño que se está desarrollando actualmente. Los costos estándar más ventajosos del muestreo de inspección de las piezas y el índice de las pérdidas durante la manufactura sólo se podrán establecer hasta después de que el modelo haya entrado en producción activa durante un tiempo considerablemente largo.

En un área un tanto diferente, es posible que los datos de las pruebas en el terreno y el comportamiento de las unidades dentro de la planta del consumidor no sean comunicados efectivamente por el personal de pruebas a fin de que el ingeniero los aproveche en el diseño de productos similares al que esté en estudio. Es factible también que se establezcan la seguridad y garantías basándose en el comportamiento de unos cuantos elementos dentro de la planta, hechos especialmente y no con base en una cantidad suficiente de unidades de la producción real. Los esfuerzos de la compañía hacia la normalización y simplificación del producto pueden quedar contrarrestados por el hecho de que el proyecto requiera muchas piezas nuevas especiales. Los empleados de manufactura pueden verse considerablemente obstaculizados ante la falta de especificaciones adecuadas para la calidad.

Nuevamente, el punto de lo que verdaderamente debe establecerse como requisitos de confiabilidad y mantenimiento de un producto o componente, es un problema continuo para aquellas compañías que elaboran artículos de alto rendimiento. Con mucha frecuencia no se dispone de datos significativos acerca de las piezas o productos sobre las condiciones ambientales que se pueden presentar; sin embargo, hay que decidir sobre la oferta que se vaya a presentar al futuro consumidor.

Bajo estas circunstancias, basándose sólo en especulaciones, la compañía no podrá recibir un servicio ni optimista ni pesimista. Se puede presentar un riesgo a largo plazo para el producto cuando se confía indebidamente en un vendedor demasiado optimista que actúa bajo la hipótesis de que su compañía “puede proporcionar los requisitos de confiabilidad que se exijan”. También se puede perder la oportunidad de obtener un contrato de consideración que permita introducir un producto de alta precisión al mercado al someterse a la opinión pesimista del ingeniero de planificación que se rehúsa a determinar objetivos definidos en cuanto a la confiabilidad, “a menos que transcurran varios años de pruebas exhaustivas con los componentes”.

Sólo una lógica sistemática de control de calidad respaldada por procedimientos técnicos explícitos podrá ser de utilidad en este caso. Esto proporcionará a la fábrica las alternativas de cómo puede 1) comprometerse firmemente a obtener niveles de confiabilidad, razonablemente alcanzables con el conocimiento actual que tiene de los componentes, y 2) identificar el trabajo para el desarrollo de los planes requeridos, antes de comprometerse con nuevos niveles dc confiabilidad y mantenimiento.

18.4 El panorama del control de nuevos diseños

Con mucha frecuencia en algunas plantas, compañías se hace frente y se resuelven estos problemas mucho después de que el diseño del producto se ha archivado y se ha hecho un considerable gasto en inventarios y en el equipo para el proceso. La amplitud de las decisiones que afectan el mejoramiento de un proceso o los planes de inspección después de que el diseño se ha terminado, es mucho más limitada que durante la etapa de desarrollo del producto.

En realidad, la experiencia industrial demuestra muy claramente que *mientras menos cambios haya en el diseño una vez que se ha iniciado la producción, mejor será el nivel de calidad del punto.*

Por tanto, es más importante examinar la actividad del control del proyecto que revisar únicamente si el diseño está listo para su manufactura. Se debe de intervenir anticipadamente en la etapa de planificación e investigación del producto, empezando en el mercado, donde la información sobre los requisitos de calidad del cliente y sus hábitos de mantenimiento y uso con productos similares contribuirá a determinar los requisitos necesarios para la calidad del producto. En las situaciones en que pueda no haber estos requisitos específicos de calidad, ni una especificación de la calidad en el plan del producto, será responsabilidad de la actividad de control de nuevos diseños el asegurarse que se definan.

Deben considerarse muchas áreas orientadas hacia la calidad, tales como la mercadotecnia, aplicaciones del cliente, garantía, certificaciones, seguridad y salud y estándares industriales, requisitos legales, capacidad de servicio y ciclos de vida del producto tanto en mercados extranjeros como domésticos. También deberán explorarse los efectos ambientales, como, el uso de energía y la contaminación. En el caso de los mercados extranjeros, deberán tomarse en cuenta las leyes nacionales y los patrones de uso culturales.

Además, la actividad de control de nuevos diseños debe asegurar que estén disponibles los datos de confiabilidad apropiados y de otro tipo, sobre los componentes y que se establezca un programa completo de preproducción y pruebas de uso. Debe asegurar también la disponibilidad de la experiencia con productos similares anteriores, los que serán de gran valor al delinear lo que le gusta y lo que no le gusta a los clientes. De la misma forma, la actividad del nuevo diseño deberá sumarse al esfuerzo del ingeniero de diseño para "darle la vuelta" a los problemas de calidad que anteriormente hayan podido engendrarse en los diseños previos, ya sea en la fábrica o en el campo. Debe crear conciencia de estos problemas de calidad.

Además, la actividad de control de nuevos diseños —y el control total de la calidad mismo— tiene un efecto fundamental en el proceso de ingeniería de diseño. Para asegurar la calidad del diseño este proceso debe incluir 1) el diseño sistémico del producto; 2) la determinación de la amplitud aceptable de los parámetros de calidad y confiabilidad de los componentes y subensambles; y sólo entonces, 3) el establecimiento de tolerancias y especificación final de dimensiones. En los días anteriores, menos exigentes, la cuantificación y el enfoque disciplinado hacia, por ejemplo, el paso 2, podían algunas veces ser rápidos de vez en vez para pasar directamente del paso 1 al paso 3.

Enfrentarse a esta clase de problemas y resolverlos, se ha considerado durante algún tiempo como una "buena idea". Pero esta buena idea se ha visto anulada en su acción porque aún no se ha desarrollado un maquinismo adecuado para sacar avante el programa requerido. La tarea del control de calidad que se denomina *control del nuevo diseño* se ha desarrollado para proporcionar este maquinismo.

18.5 Definición del control del nuevo diseño

> El control del nuevo diseño implica el establecimiento y la especificación de lo que se requiere en cuanto a calidad de costo, rendimiento, seguridad y confiabilidad para un producto, incluyendo la eliminación o localización del origen de posibles dificultades en la calidad de que se inicie la producción formal.

Esta herramienta es un enfoque estructurado que busca equilibrar los costos de calidad del diseño de un nuevo producto con el servicio que este producto debe proporcionar para la satisfacción completa del consumidor. Los procedimientos de control del nuevo diseño están orientados para obtener costos mínimos y maximizar la satisfacción del consumidor.

Las actividades de control del nuevo diseño incluyen todos los esfuerzos del control de calidad para la realización de un producto nuevo mientras se deciden sus características comerciales; en tanto este producto se diseña, se ofrece al consumidor, se programa para su manufactura y se fija inicialmente su costo; mientras se especifican sus normas de calidad y se determinan las inspecciones y pruebas de rutina para mantener esas normas. Tratándose de un gran volumen de producción, las actividades del control del nuevo diseño terminan cuando las fabricaciones piloto han demostrado que el rendimiento de la fabricación es satisfactorio. Con una fabricación a destajo, la rutina termina cuando se inicia la manufactura de las piezas componentes.

Las tres técnicas de control total de la calidad expuestas en la Parte cuatro tienen su aplicación en el control del nuevo diseño, al igual que toda la gama de las aplicaciones estadísticas. En particular, la técnica de control de calidad (Cap. 10) y la técnica de información de la calidad (Cap. 12), son las tecnologías más externamente usadas. Las "distribuciones de frecuencias" (Cap. 13), los "métodos especiales" (Cap. 16), y la "confiabilidad del producto" (Cap. 17) son las áreas de la estadística que tienen mayor empleo. La aplicación de estas técnicas en una forma ordenada y sistemática se consigue mediante la planificación de la rutina de control del nuevo diseño.

Esta planificación y la atención consistente e invariable a las rutinas de control de nuevos diseños es esencial para el logro exitoso de la calidad de nuevas ofertas de productos en plantas y compañías. En realidad, la efectividad del control del nuevo diseño mejora progresivamente al mejorar la "curva de aprendizaje" orientada al control de nuevos diseños.

La naturaleza misma del control de nuevos diseños[3] hace que su aplicación sea, en gran parte, un asunto de experiencia; y lo que podría llamarse "retenciòn de experiencias" es de gran importancia. La tarea de eliminar y prever las inconveniencias potenciales de la calidad del producto, está sujeto por lo menos a dos fuentes de error: 1) a la condición humana, con toda su susceptibilidad de fallar en sus juicios, incluyéndose en el trabajo; 2) que es necesario asignar recursos disponibles —y, en muchos casos, altamente limitados— tan efectivamente como sea posible a las pruebas y evaluación que puedan ser pertinentes durante la planificación inicial del control de nuevos diseños.

Como resultado, surgen cuestiones sutiles de selección y de interpretación —decidir cuáles características son particularmente críticas, cuáles pruebas se pueden eliminar y cuáles deben efectuarse. Se requiere mucha experiencia para tomar estas decisiones a fin de asegurar al personal qué pruebas y especificaciones serán las de mayor utilidad.

La administración de la base de datos computarizada de confiabilidad y mantenimiento cada vez está siendo más útil en la retención de esta experiencia necesaria en algunas compañías. Estos datos, codificados como historia y aplicación de las partes como tasas de fallos en el campo y como otras categorías que son igualmente útiles para los ingenieros de diseño y calidad, son hoy importantes herramientas para las aplicaciones del control de nuevos diseños.

La efectividad del control del nuevo diseño tenderá a incrementarse cuando el personal que se encargue de estas actividades en la compañía desarrolle el arte de su aplicación. Este incremento de efectividad se aplica generalmente por intermedio de los grupos técnicos de la compañía, emanados de la metódica naturaleza del programa de control del nuevo diseño en contraste con el aumento de efectividad de sólo unos cuantos individuos, como en el caso de actividades individuales del control del diseño, realizadas con irregularidad y falta de coordinación. El personal joven de los grupos técnicos de la planta se beneficia con los programas bien organizados de control del nuevo diseño puesto que la práctica en las diferentes fases de la calidad, durante el desarrollo del producto, se puede facilitar extensamente.

18.6 Aplicación del control de nuevos diseños

Independientemente de que el producto sea un avión de pasajeros de propulsión a chorro, un nuevo diseño de computadora basado en circuitos integrados, un aparato para controlar la contaminación, un gran motor eléctrico, un radiador solar, un refrigerador doméstico, un horno de microondas —o cualquiera de una amplia variedad de ofertas de aparentemente menos complejidad, existe la necesidad de un procedimiento estructurado de control de nuevos diseños. Los mismos fundamentos básicos se obtendrán en esta actividad en toda la industria, no importan las condiciones de producción que se enfrenten.

Los detalles de la forma de aplicación del control del nuevo diseño variarán de una compañía a otra, dependiendo de algunos factores como la mezcla de productos, el tamaño de la planta, la clase de personal de que se disponga y la economía de la situación particular. Una de las principales diferencias consiste en la peculiaridad entre el sistema que se usa en la manufactura del tipo de producción en masa y el que se emplea en una fabricación a base de destajo donde únicamente uno o muy pocos modelos de un determinado diseño se deben fabricar.

En el primer caso, las actividades de control del nuevo diseño pueden usar ampliamente herramientas como las fabricaciones piloto y el desarrollo de niveles de muestreo de calidad. El control del nuevo diseño en los talleres a destajo, por otra parte, necesita de determinadas técnicas como el establecimiento de normas de calidad y análisis del desempeño de calidad en diseños previos, similares al que esté en desarrollo. En control del nuevo diseño es particularmente importante para el programa de control de calidad de una compañía que trabaje por el sistema de destajo. Cuando únicamente una o muy pocas unidades se tienen que producir, "hacer bien las cosas desde un principio" es mucho más que un lema; es una necesidad.

Durante las rutinas de control del nuevo diseño se puede detectar como defectuosa la coraza de un reactor nuclear, cuyo diseño es de tal naturaleza que es muy difícil vaciar un modelo satisfactorio, amén de que los gastos de refundición conforme a las nuevas especificaciones podrían resultar en extremo excesivo. Un estudio especial del proceso puede descubrir que la causa del mal funcionamiento de un motor diesel de camión durante sus pruebas finales se debe a unas especificaciones imperfectas, pero por otro lado, puede ser un verdadero desastre la pérdida de paciencia del consumidor quien tiene que esperar mayor tiempo para la reconstrucción del motor. En plantas que produzcan este tipo de productos, un programa conveniente de control del nuevo diseño es una verdadera "necesidad" para el control de la calidad.

Otra diferencia de importancia en la aplicación del control del nuevo diseño se encuentra en la distinción entre el sistema que se emplea en compañías que cuentan con una orientación de investigación y desarrollo y aquellas compañías que se centran en productos en los cuales pueden aplicar los conocimientos y experiencias técnicas de manufactura con que cuentan.

En el primer caso, las actividades del control del nuevo diseño pueden hacer un uso amplio de técnicas tales como las pruebas de condiciones ambientales y el análisis de confiabilidad en sus diferentes formas, aplicadas a los nuevos componentes o a un nuevo empleo de componentes anteriores. Para el segundo caso, la orientación puede ser mucho más fuerte hacia determinadas técnicas como el estudio de capacidad de proceso a fin de asegurar la compatibilidad entre las instalaciones de que se disponga para la producción y los nuevos productos, y hacia el análisis del desempeño de calidad en productos similares.

Existe entonces una diferencia considerable en la importancia, la aplicación y los detalles de la inversión que se requieren en las actividades del control del nuevo diseño como puede suceder en el diseño de un nuevo vehículo espacial de comunicación o en el diseño de una nueva videocasetera doméstica; el diseño de un nuevo circuito integrado para un radar de alarma anticipada y un nuevo elemento de control en el regulador de un automóvil, o el diseño de un horno doméstico de petróleo y el diseño de un horno de proceso continuo. Estas diferencias en intensidad se determinan a través del criterio de quienes están encargados de esa actividad en la compañía; el objetivo de asegurar una buena calidad en el diseño será la misma en todos los casos.

De hecho, el ingeniero de control de calidad que llega a adquirir ciertas experiencias en las actividades de control del nuevo diseño comprende finalmente que la similitud en concepto y técnica entre todos estos productos es de mayor importancia que su diferencia. Es por esta razón, entre otras varias, que el ingeniero de control de calidad que esté verdaderamente adiestrado en las tecnologías del control total de la calidad, puede hacer una aportación profesional en las actividades de control del nuevo diseño para una amplia gama de productos.

La experiencia y el conocimiento especializado del ingeniero de calidad sobre la variabilidad de los materiales y los procesos de manufactura y de sus efectos en la calidad del producto, de las debilidades del producto que conduce a fallas en éste y del ambiente de manufactura y pruebas y de sus efectos en la calidad del producto y en su confiabilidad, ayudan de manera exclusiva a este profesional a que contribuya al control efectivo del nuevo diseño. El ingeniero estará familiarizado con tipos de características de diseño que pueden aumentar las posibilidades de la manufactura contra las especificaciones; pruebas que discriminan entre calidad satisfactoria e insatisfactoria; los efectos que ejercen en el producto factores tales como el empaque, almacenamiento, transporte, instalación y mantenimiento; y, de gran importancia también, el comportamiento de los clientes en el uso del producto.

El ingeniero de calidad está consciente de aquellas característica del producto que hacen difícil el evitar problemas de calidad, como el diseño del producto que necesita un "hoyo ciego" que atrapa rebaba de la operación de maquinado. Esta rebaba es difícil de quitar, y si se deja puede desprenderse una vez que el aparato está en servicio y desgastar excesivamente las partes movibles u ocasionar cortocircuitos. Otro ejemplo es la parte que se puede ensamblar de dos formas: correcta o incorrectamente. La actividad de control de nuevos diseños alentará la realización de un diseño, junto con la ingeniería de manufactura de soporte, que genere una parte que sólo pueda ensamblarse correctamente. En una multitud de estas situaciones, el ingeniero de calidad será de verdadera utilidad para el ingeniero de diseño "junto con el ingeniero de manufactura – como parte de la actividad de control de nuevos diseños.

18.7 Organización para el control del nuevo diseño

Para que resulten completamente efectivas las actividades de control del nuevo diseño en una compañía, se debe establecer una rutina definida y mantenerla dentro del marco del sistema de calidad de la compañía. Básica para la operación de esta rutina es la decisión que debe tomarse en el plan del sistema de calidad de la planta y compañía en la referente a la clasificación de los nuevos productos que deberán quedar sujetos a esa rutina del control del nuevo diseño. En muchas plantas se incluyen todos los productos nuevos dentro de esa rutina; en otras se incluyen únicamente aquellos productos que sean nuevos en el concepto de su desarrollo, o bien, los más costosos o los que se vayan a producir en cantidades suficientemente grandes.

El criterio principal para esta clasificación son los riesgos de consecuencias desfavorables de los errores en el diseño en términos de satisfacción del cliente —incluyendo confiabilidad, seguridad y mantenimiento del producto— así como del costo de calidad —incluyendo responsabilidad legal potencial del producto.

Esta decisión de clasificación se debe de tomar de acuerdo con uso del cliente y con las circunstancias económicas de cada compañía, después de haber analizado las siguientes preguntas: "¿Podemos prescindir de una rutina de control del nuevo diseño para este producto?" ¿Cuál es la magnitud del programa de pruebas que estamos en condiciones de proporcionar dentro de la rutina del control del nuevo diseño para este artículo?"

En el caso especial de aquellos productos de los que depende la seguridad de vidas humanas o propiedades, se puede requerir un programa completo de control de nuevo diseño para todos los productos, independientemente de las consideraciones económicas directas.

Una vez establecidas estas clasificaciones, cada producto nuevo que se somete a la rutina del control del nuevo diseño deberá incluirse dentro de las etapas de la rutina. La operación deberá ser automática. No será necesario que los miembros del departamento de control de calidad investiguen la existencia de un nuevo diseño o que se enteren de éste después que haya pasado algún tiempo considerable.

El departamento de ingeniería es el grupo funcional clave en las actividades del control del nuevo diseño. Como "planificación de la calidad" la actividad es un complemento de importancia en la principal responsabilidad del ingeniero proyectista de desarrollar el más útil e ingenioso producto que le sea posible. La mercadotecnia también tiene un papel importante que desempeñar a fin de contribuir a asegurar la adecuada orientación de la actividad en el mercado.

También son de importancia para el control del nuevo diseño los demás miembros técnicos de la compañía que forman los grupos de ingenieros laboratoristas, ingenieros de manufactura, servicio, compras especialistas en materiales, así como el personal de pruebas e inspección. Los supervisores de manufactura, el grupo de control de producción, y otros grupos, sólo actúan como elementos consultivos.

La función de calidad de la compañía —a través de su componente de ingeniería de calidad— tiene la responsabilidad de asegurar el progreso y la integración de las actividades del control del nuevo diseño como parte del programa de calidad en la compañía. En algunas plantas donde existe el equipo de control de la calidad, o que se requiere que exista, el grupo técnico del equipo de información de la calidad tiene la responsabilidad para participar directamente.

Según se expresó en el Cap. 8, hay diferentes formas de asignar responsabilidades específicas dentro del control del nuevo diseño a las unidades técnicas del control de calidad. En aquellas compañías que pueden sostener extensas investigaciones y desarrollos para cada nuevo producto, sería más útil establecer actividades de control del nuevo diseño especialmente orientadas para cada producto nuevo; por tanto, se puede asignar la responsabilidad a uno a más ingenieros de control de calidad. En otras compañías, el ingeniero de control de calidad encargado del sistema de control para una línea o grupo de productos puede asumir la responsabilidad de los trabajos de nuevos diseños de productos que van a incorporarse a esa línea; por tanto, podrá haber tantas asignaciones para el control del nuevo diseño como ingenieros para el sistema de calidad se tengan. En las compañías pequeñas, el control del nuevo diseño puede ser responsabilidad momentánea del único ingeniero de control, o bien, del mismo gerente de control de calidad, si es que éste se desempeña como ingeniero de calidad. Se presentan alternativas muy similares para integrar los puestos de ingenieros del equipo de información de la calidad.

Sin embargo, se deben asignar estas actividades dentro del grupo de componentes del control de calidad, a veces se presenta el caso de que el ingeniero responsable del control de calidad se debe unir con los representantes de estas funciones de otras compañías, a fin de integrar un equipo de proyecto que se encargue de las actividades del nuevo diseño de un producto en particular.

Como resultado de la experiencia acumulada en producciones anteriores, se dispone de información muy valiosa entre los grupos de ingenieros de diseño y desarrollo, ingenieros de manufactura y personal de mercadeo de una planta. Puesto que el equipo de proyecto debe constituirse con los representantes de estos diferentes grupos se puede aprovechar su experiencia anterior en beneficio de la calidad del diseño del nuevo producto.

18.8 Modelo de rutina para el control del nuevo diseño

A continuación se sintetiza el ciclo para el desarrollo de un nuevo producto que suele seguirse en varias compañías. Es posible que en algunas de ellas se consoliden varias etapas, mientras que en otras puede intercambiarse el orden de tales etapas.

1. Se identifica una nueva oportunidad en el mercado para servir a clientes y se contempla un nuevo diseño.
2. Se hacen análisis técnicos, de producción, del uso que haga el cliente y de mercadotecnia del mercado y del diseño. Factores como objetivos de costos, volumen de producción y niveles de precio son preliminarmente establecidos.
3. Se plantean las especificaciones generales. Esto se puede hacer en forma de:
   a. Propuestas de ventas en el caso de trabajo a destajo.
   b. Especificaciones funcionales estimativas para productos que deben producirse en masa.
   c. Amplia delineación de lo que abarcará el plan del sistema de calidad para el producto.
   d. Perfil general de los objetivos de servicio y mantenimiento al producto, requisitos de desempeño de calidad, objetivos de ciclo de vida del producto y otras metas relacionadas con el producto.
4. Se hace el diseño preliminar.
5. Se realizan los primeros modelos. Un programa extenso de pruebas de las características de este diseño se lleva a cabo, incluyendo los componentes

y subensambles que se usarán. En el caso de los productos con módulos de computación electrónica, se evaluará el software y se iniciarán las pruebas.

6. Se lleva a cabo la revisión del modelo preliminar. En este momento se emprende la clasificación preliminar de características del diseño (incluyendo componentes y subensambles); se evalúan los procedimientos de prueba; se evalúan las capacidades de manufactura y ensamble; se revisan los objetivos de costos; se identifican los niveles de calidad; se definen y revisan los cambios en el diseño; se identifican las consideraciones de proceso y manufactura.
7. Se hace el diseño intermedio, incluyendo dibujos de producción y se construyen modelos.
8. Se prueba el diseño intermedio y tiene lugar la revisión del diseño. Se continúa la acción en lo referente a la clasificación de características y los requisitos de manufactura, ensamble y pruebas. Se revisan las estimaciones de mercadotecnia y precio. Se definen y se vuelven a considerar cambios en el diseño.
9. Se completa el diseño final junto con las especificaciones, estándares, garantías, planificación de la calidad y dibujos de producción finales. Se culminan las pruebas de vida y desempeño antes de la terminación del diseño final. Se completan los componentes, subensambles y especificaciones de ensamble; se desarrollan planes de inspección de ensambles; se concluye el diseño de herramientas y abastecimiento; y se finalizan los costos.
10. Se construyen unidades de producción de muestra.
11. Se definen los procedimientos de embarque y servicio.
12. Se hacen estudios en cuanto a la capacidad del equipo y los procesos de las máquinas nuevas y actuales.
13. Se entrena a supervisores y empleados de producción. Se hacen fabricaciones piloto usando muestras compuestas de unidades de producción. Los resultados de las pruebas de estas muestras se incorporan a las especificaciones de diseño y manufactura conforme se requiera.
14. Se revisa el diseño final. Los resultados de las pruebas de producto, software, cuando sea apropiado, equipo, procesos, instalaciones y desarrollo se analizan respecto a aquellas funciones que necesitan familiarizarse con los planes y que pueden hacer contribuciones constructivas. Los objetivos básicos de costos del producto del ciclo de vida se revisan para asegurar la meta de "diseñar al costo". Las pruebas de calificación del producto se completan satisfactoriamente. Se da anuencia para la manufactura de herramientas e instalaciones de producción, consistente con la aprobación y terminación de la revisión del diseño final.
15. Se confirman los anuncios de mercadotecnia; se completan los manuales de información del producto, publicaciones de servicio y ayuda para entrenamiento, toda con plena atención a las consideraciones de calidad.
16. La unidad se envía a producción activa.

Algunas de las etapas de esta secuencia son muy generales ya sea para producciones por lotes separados o bien para producciones en masa: algunas etapas se aplican principalmente para las unidades que se producen en masa.

18.9 Patrón para la rutina del control de nuevos diseños —Actividades fundamentales

Las actividades fundamentales de la rutina del control del nuevo diseño, dentro del plan del sistema total de la calidad, concuerdan con esta secuencia. Estas actividades se condensan a continuación:

1. *Establecimiento de las normas de calidad del producto.* En este punto se incluyen los análisis que dan lugar a las especificaciones y estándares orientados a la satisfacción del cliente y en los que se incorporan los requisitos de desempeño, confiabilidad, mantenimiento y seguridad, y el balance entre el costo, la calidad del producto y los componentes. Se incluye el desarrollo de la parte del plan del sistema de la calidad que se ocupa de la estimación de la preproducción y de las pruebas del producto.
2. *Diseño de un producto que satisface estos requerimientos.* Se refiere al establecimiento de los dibujos detallados del producto, así como la preparación de las instrucciones técnicas correspondientes. Incluye el seguimiento del programa de calidad para la clasificación de las características del proceso y el producto, para conducir las evaluaciones de la vida y seguridad del producto, y para llevar a cabo pruebas ambientales y de otros tipos con el objeto de determinar la confiabilidad de componentes y subensambles y del software cuando sea necesario . También incluye pruebas de campo y estudios de desempeño de modelos ensamblados o de muestras hechas a mano. Los estudios de simulación de la calidad del producto pueden efectuarse donde los modelos físicos no estén disponibles. Se evalúan el costo del producto, así como la calidad del ciclo de vida y los objetivos de costos.
3. *Plan para asegurar el mantenimiento de la calidad requerida.* En esta etapa se incluye el desarrollo formal de los detalles de la parte del programa de calidad que corresponde al control del material que es necesario adquirir, el mantenimiento de la calidad durante el proceso y la producción y la garantía de la calidad durante las instalaciones en el terreno y el servicio del producto. También se incluye el desarrollo de las especificaciones finales del equipo de información que se requiera para el material adquirido, para control dentro del proceso y para pruebas de campo y evaluación.
4. *Revisión final de la preproducción del nuevo diseño y de las instalaciones de su manufactura; autorización formal para su producción activa.* Esto incluye la evaluación planificada, formal del producto diseñado en varias etapas del proceso completo de diseño a fin de asegurar su capacidad para cumplir con los aspectos de garantía y seguridad en condiciones de empleo efectivo. También comprende el análisis de las capacidades del proceso necesarias para la manufactura del producto. Se deben efectuar una serie de pruebas de eficiencia, en los términos que se fijen en el programa del sistema de calidad, a fin de revisar el producto en todos los aspectos importantes de su uso final por parte del consumidor.

   En particular, se deben enfatizar las pruebas de los componentes en condiciones que simulen el empleo efectivo por parte del consumidor. Estas pruebas de confiabilidad integran los componentes en subensambles a fin de poder estimar el efecto de diferentes combinaciones sobre la calidad.

Estos cuatro elementos anteriores son fundamentales en los programas de control del nuevo diseño en las plantas con una amplia variedad de producción como productos electrónicos y mecánicos fluidos, textiles, piezas menores, componentes pequeños como semiconductores y ventiladores, imanes permanentes, productos aeroespaciales, equipos de energía y nucleares, bienes de consumo duradero, incluyendo productos automotrices, unidades médicas electrónicas, diversos tipos de productos químicos y equipos de sistemas complejos.

Debido al amplio desarrollo de las rutinas consiguientes, la exposición sobre el control del nuevo diseño que se hace a continuación se referirá a los procedimientos empleados por las compañías que se dedican a la manufactura de conjuntos complicados; sin embargo, se aplican procedimientos muy semejantes en las rutinas de las otras clases de productos.

Muchas de las técnicas de ingeniería y estadística, tal como se expuso en las Partes cuatro y cinco, se usan en estas rutinas de control de nuevos diseños cuando se les ha juzgado apropiadas para el programa de calidad en plantas y compañías individuales.

18.10 Modelo de rutina para el control del nuevo diseño

Una compañía que se dedica a la mercadotecnia, diseño, manufactura y servicio de pequeños reguladores eléctricos y electrónicos de precisión y productos para relevadores, vinculó su programa de control del nuevo diseño en forma directa con el ciclo expuesto en la Sec. 18.8 y a las actividades de la Sec. 18.9 con las etapas siguientes:

1. El programa de calidad de la compañía ha establecido la política de que todos los diseños importantes de nuevos productos deben pasar por la rutina de control de nuevos diseños. Para el criterio de las consecuencias de errores en el diseño, tal como se mencionó en la Sec. 18.7, esta política se ha basado en la completa determinación de que esta consecuencias pueden ser significativas para los productos de la compañía. Esto se debe a la complejidad de éstos y a que sus aplicaciones son invariablemente críticas para el desempeño y confiabilidad de los productos de los clientes en los que se usan como componente primario del equipo.[4]

Dentro de la política de la rutina de control de nuevos diseños, la función de la ingeniería de diseño de la compañía aconseja a otras cabezas funcionales clave implicados en esta rutina en lo referente a cada procedimiento importante en el nuevo diseño dentro del desarrollo. La Fig. 18-1 muestra una carta clásica de información sobre un nuevo producto. También se incluyen hojas de información que proporcionan datos preliminares sobre el producto. La Fig. 18-2 muestra una de estas hojas de un resumen inicial del producto típico.

Tema: Notificación de nuevo diseño
Para: Cabezas funcionales designadas:

Aquí se proporciona información sobre un relevador para aeroplano con número nuevo de modelo 4ZP9B3-12, que pasa ahora de concepto a diseño preliminar. Los datos detallados del productos estarán disponibles antes de la junta de evaluación del control del diseño, presidida por B. B Smith, ingeniero diseñador del modelo, y que ha sido programada por ingeniería de calidad.

J. J. Jones
Jefe de la Sección de Ingeniería.

Fig 18-1

2. Cuando se identifica la iniciación del nuevo diseño, los representantes de los grupos funcionales clave de la compañía trabajan juntos para iniciar el examen y evaluación de los datos del diseño a fin de asegurar que el concepto del nuevo producto cumplirá con los requisitos de calidad esperados.

   Un paso en esta evaluación es la junta inicial para la revisión formal del diseño del producto, a fin de considerar su concepto, función y diseño preliminar. El ingeniero diseñador del producto preside esta junta, con estrecha participación de la ingeniería de calidad. También asisten los representantes de mercadotecnia, producción, ingeniería de manufactura, compras y control de producción, servicio al producto y otras áreas clave como las indicadas. Se establece una agenda formal para asegurar la operación sistemática de la junta de revisión. Cuando es apropiado, se invita a expertos técnicos externos a participar en la revisión de forma que añadan su experiencia especializada en áreas particulares y continúen proporcionando esta experiencia en fases posteriores de las revisiones del diseño.

   Los propósitos de esta revisión son descubrir las características críticas del diseño propuesto para el uso esperado del cliente; anticipar los problemas que pueda tener la fábrica al producir el producto, o al prestarle servicio de mantenimiento; considerar el comprar o hacer así como los requisitos del material adquirido en lo referente a la criticalidad de la calidad; recomendar cualquier cambio en el diseño que parezca requerirse de inmediato; y considerar las pruebas para el ensamble, subensamble y componentes y la evaluación de la calidad necesaria para la estimación de la confiabilidad y la seguridad, la aplicación del cliente y las demandas de ciclo de vida.

   Se hacen consideraciones específicas en cuanto a peligros de responsabilidad legal del producto, consideraciones ambientales y a lo que será necesario para control de configuración y seguimiento. Los factores de distribución de introducción del producto se revisan cuidadosamente en áreas como logística y demanda de refacciones, quejar por publicidad, requisitos regulatorios y estándares y factores parecidos. La documentación del diseño mismo, así como las acciones correctivas, son objeto de atención particular.

Notificación de nuevo diseño **Forma # XYZ FECHA** Marzo

Sección No. 100

Modelo No. 4ZP96B3-12

Descripción funcional breve:

Relevador para control de aeroplano

¿Este diseño es similar al equipo existente?
Especifique: Similar en funcionamiento al 4ZP83CZ pero con mayor ciclo de vida y requisitos de exigencia de trabajo.

Cantidad esperada: 25 000*

El diseño se terminará aproximadamente en: 6 meses

La producción empezará probablemente en: 9 meses

Observaciones: * Esta es la magnitud de la orden, pero puede estar equivocada en 50-75%.

J. Jones, *Jefe de la Sección de Ingeniería*

Nombre, Título

Fig. 18-2

Para su efectividad, esta junta de revisión del nuevo diseño se limita a un número pequeño de participantes a fin de generar comunicación significativa y un intercambio completo de información. Entre la expedición de la información representada en las Figs. 18-1 y 18-2 y la junta real de revisión, se concede un periodo adecuado de forma que los datos necesarios sean plenamente asimilados.[5]

3. Los ingenieros planifican y llevan a cabo los análisis necesarios y los programas de pruebas cuya intención es encontrar respuestas a las preguntas orientadas al diseño generadas en el paso 2, con estrecha participación y ayuda de la ingeniería de calidad. Cada uno de los otros representantes funcionales orientados al control inicia, apropiadamente, las investigaciones de mercadeo, manufactura y servicio que resultan también del paso 2.

4. Los resultados de los análisis y pruebas son incorporadas por el ingeniero de diseño al nuevo diseño del modelo, conforme sea apropiado. La clasificación de las características del producto, subensamble y componente corre a cargo de ingeniería de diseño. Los dibujos de producción y especificaciones preliminares se envían a Manufactura. Se inicia la planificación detallada de calidad para todos los pasos del programa de control de calidad del producto, incluyendo inspección y rutinas de pruebas y el establecimiento, siempre sea posible y deseable, de valores NCA o LCSP para muestreo de partes.

5a. Manufactura hace prototipos de estos dibujos y los envía al diseñador para pruebas de aceptación. Si el desempeño de los modelos no es satisfactorio, se hacen pruebas y cambios en el diseño hasta que se eliminan las dificultades. Estos cambios se incorporan a los dibujos y especificaciones. Se inician las pruebas de vida y desempeño y tienen lugar evaluaciones de la ingeniería de calidad del producto. A esto sigue la estimación de la confiabilidad.

5b. Mientras estas pruebas están en proceso, los ingenieros de manufactura completan la planificación de todos los equipos y herramientas de proceso. Prosigue con el trabajo Mercadotecnia y Control de la Producción para detallar los requisitos de las refacciones. Compras, en estrecha participación con ingeniería de calidad, procede con la definición de los requisitos de calidad en cuanto al proveedor e inicia estudios sobre la calidad de los proveedores.

5c. Se lleva a cabo la revisión intermedia del diseño.

5d. Se especifican las piezas individuales del equipo de información de la calidad. Los diversos elementos del plan de calidad son agrupados por ingeniería de calidad y se documentan en forma apropiada para uso el posterior de ingeniería de control del proceso (incluyendo inspección y pruebas).

6. Cuando se reciben las herramientas de producción y los equipos de procesamiento, manufactura inicia la producción de partes componentes mediante las herramientas de producción. Se inicia una corrida de ensambles piloto.

7. Ingeniería, manufactura y control de calidad analizan el desempeño de las corridas piloto. También estudian la calidad de las partes y ensambles producidos para la prueba piloto mediante los procesos y herramientas que se usarán para el nuevo producto. Se inicia el procedimiento de revisión final del diseño.

8. Los resultados de estos análisis son incorporados por el diseñador a las especificaciones, estándares y garantías finales del diseño. Los estudios de capacidad de los procesos y herramientas se usan para guiar cualquier acción apropiada tendiente a cambiar el herramental, manufactura o el propio plan de calidad.

9. Se llevan a cabo las pruebas finales de calificación del producto. Se concluye todo lo referente a la documentación del producto, control de configuración, servicio al producto, publicidad, folletos de ventas. Se completa la revisión final del diseño.

10. El producto se aprueba para producción y venta.

18.11 Operación de esta rutina de control de nuevo diseño —Diseño preliminar

La operación concreta de la rutina en esta planta se puede ilustrar con el programa de control del nuevo diseño para el nuevo relevador de control 4ZP96B3-12 que se comunicó en la hoja de información dada en la Fig. 18-2.

Al iniciar el desarrollo de un nuevo diseño se realizan diferentes estudios antes de fijar sus especificaciones preliminares para las características del producto, y los requisitos de calidad orientados al mercado y los patrones de uso de los clientes se definen. Se analizan los informes de los datos obtenidos sobre el funcionamiento en el terreno de aquellos productos a los cuales va a sustituir o reemplazar el 4ZP96B3-12. Se estudian los datos tomados dentro de la factoría y los informes de la inspección de productos similares, y de la información sobre el mejor de los productos de los competidores. Se organizan reuniones con el personal de mercadeo y de ventas, para que la planificación de su producto y las actividades comerciales se puedan tomar en consideración en los programas en vía de desarrollo para el diseño del nuevo relevador.

Se examinan normas pertinentes que contengan los requisitos que se han fijado como resultado de las experiencias para obtener productos de alta calidad. Se revisan estándares obligatorios y voluntarios —industria, reglamentarios, ANSI y otros. Considera los datos e informes del laboratorio de la planta, sobre el nuevo desarrollo de los procesos, teorías de operación, y de los materiales y la confiabilidad de componentes mecánicos y electrónicos. Hace un empleo extensivo —después de discusiones, estudio de informes o cualquier otro medio disponible— de la serie de experiencias acumuladas en la planta con desarrollos anteriores y en actividades del control del nuevo diseño. Para estos diferentes estudios serán de mucha utilidad las cinco herramientas estadísticas presentadas en la Parte cinco.

Usando la información obtenida en este desarrollo del concepto del producto, se toma la decisión final entre el equilibrio de la economía y el uso del cliente que debe reflejarse en las características del relevador entre costo y servicio que serán otorgadas por el aparato. El diseño preliminar del relevador de control se lleva entonces a cabo. Estas características documentadas serán la base de la planificación del proceso preliminar para partes y ensambles internamente manufacturadas y para establecer la capacidad del vendedor para proporcionar los artículos comprados. El 4ZP96B3-12 es un aparato de producción que se fabricará en volumen, de forma que los límites en este equilibrio de costos se especifican con bastante rigidez y así lo que se llama "diseño al costo" se convierte en un objetivo principal en el diseño del producto. Si el aparato fuera de desarrollo, estos límites de costos podrían ser mucho más flexibles.

Como el nuevo relevador reemplazará unidades que ya están en producción, la intención es desarrollar para el producto características que satisfagan completamente los requisitos necesarios para reemplazar a los dispositivos que se producen actualmente. No es deseable que el producto sea solamente una adición, más que una sustitución del anterior dispositivo.

Cuando el diseño ha alcanzado la etapa preliminar de bosquejo, se lleva a cabo una revisión preliminar del diseño. A esta junta, presidida por Ingeniería con ayuda de Control de Calidad, concurrirán los representantes de los departamentos de Producción de Manufactura, Mercadotecnia, Compras y Servicio al Producto. El ingeniero de diseño revisa la función, concepto y tecnología del 4ZP96B3-12, describe su operación y hace resaltar aquellas partes componentes y subensambles que sean críticas para la propia operación. Se revisan los planes proyectados para el programa de confiabilidad y mantenimiento para el 4ZP96B3-12. Se examinan las consideraciones de seguridad y responsabilidad legal del producto y se establecen acciones para valorar el diseño del producto para estos factores.

Se establecen los objetivos costos calidad del producto —incluyendo los de prevención, evaluación, fallas internas y fallas externas—, y se revisan preliminarmente los costos de ciclo de vida del producto.

Los representantes del departamento de manufactura harán preguntas relacionadas con las tolerancias y dificultades del montaje. Pondrán de manifiesto aquellas tolerancias que no sea posible lograr con las características actuales de la fabricación, como se puede comprobar por los resultados de los estudios de capacidad de proceso.

Podrán surgir preguntas como: "¿podemos hacer esta pieza de bronce fosforado en lugar de cobre al berilio?", "¿se puede hacer que este taladro ciego y roscado pase al otro lado?", "una tolerancia de ±0.001 in en este taladro requiere una operación de rimado ¿por qué no dar una tolerancia de ±0.003 in para que se pueda taladrar la perforación?".

Al mismo tiempo que se plantean estas preguntas, el diseñador, por su parte, puede preguntar: "este resorte lleva corriente, ¿podrá elevarse mucho su resistencia si se hace de bronce fosforado?"; "un taladro que perfore, ¿puede cortar mucho la sección magnética?"; "¿el pasador puede embonar satisfactoriamente con una tolerancia de ±0.003 in?".

El ingeniero de control de calidad y otros miembros técnicos del grupo del proyecto podrán hacer una serie de preguntas adicionales, como: "Los casquillos contacto de plata de esta configuración, con la composición actual, ¿podrán tener la duración requerida, si el relevador se instala en un clima extremadamente cálido?"; "¿en los condensadores de baja descarga que efectivamente se emplearán, los manufactureros podrán mantener su garantía de desempeño de ±1%, sobre su lote de producción?"; "¿nadie había podido lograrlo antes?". "Puesto que el rendimiento de la vida puede verse afectado por pequeñas partículas de humedad, ¿será necesario para este relevador realizar las pruebas de humedad y rocío?".

El ingeniero diseñador puede promover preguntas sobre la confiabilidad, así como aquellas que afecten al mantenimiento y servicio, como: "el resorte de cobre al berilio ¿podrá soportar millones de operaciones durante el tiempo de vida en el relevador?"; "¿estamos suficientemente seguros, en el aspecto metalúrgico, con esta composición en particular, y conocemos lo suficiente acerca de los requisitos especiales para su tratamiento térmico?"; "¿estamos completamente seguros al suponer que el relevador se instalará en donde dijo el consumidor que lo haría?"; "¿existirá alguna posibilidad de que su aplicación se haga donde haga mucho frío o mucho calor, o donde exista mucha posibilidad de interferencia eléctrica?".

18.12 Operación de esta rutina de control de nuevos diseños. Pruebas y confiabilidad

Para la solución a estas preguntas se delineará un programa de pruebas usando prototipos construidos por el departamento de manufactura de acuerdo con el diseño preliminar. El ingeniero de diseño tiene la responsabilidad principal de asegurar la expedición de este programa de pruebas, puesto que en él radica la responsabilidad básica del establecimiento final del diseño del producto. Será auxiliado por cualesquiera de los especialistas de confiabilidad del diseño y actuará estrecha y activamente unido al ingeniero de control de calidad. Se podrá nombrar a otros representantes funcionales del grupo de control del nuevo diseño para que lo ayuden.

Se pueden emplear en las pruebas muchos procedimientos técnicos. Los ingenieros emplean uno de ellos —la distribución de frecuencias— con grandes ventajas. En particular, una de las aplicaciones de mayor utilidad de las distribuciones de frecuencias se tiene en la prueba de resistencia a la torsión de uno de los subensambles del relevador. Este conjunto consiste en una pieza moleteada que entra a presión en el taladro de una pieza de plástico con la interferencia mínima posible (el montaje de los resaltes del moleteado debe entallar en el molde de plástico).

La Fig. 18-3 presenta el análisis de la distribución de frecuencias de esa pieza moleteada.[6] Se deduce de ese análisis que la fuerza mínima indicada por el proyectista es de cerca de 5 lb/in $(\overline{X} - 3\sigma)$ y que el ingeniero de diseño espera que ésa sea la lectura mínima ocasional. Ésta emplea información para el ajuste de sus especificaciones en el diseño.

Con frecuencia se consideran extensos programas de pruebas, a fin de obtener la información técnica que pueda necesitar el diseñador para incrementar la confiabilidad del dispositivo. Algunas de estas pruebas pueden usarse posteriormente por el ingeniero de control del control del proceso para estimar la confiabilidad del producto actual para controlar la confiabilidad de la producción continua, son particularmente útiles las pruebas no destructivas que hacen resaltar la forma de presentación de fallas. La información que se obtiene con estas pruebas también es de importancia retroactiva para el diseñador, ya que, mediante ella, puede mejorar constantemente su diseño. La Fig. 18-4 muestra la hoja que registra las pruebas de confiabilidad para componentes eléctricos.[7]

Esta prueba de confiabilidad está dividida en cuatro áreas principales, 1) la confiabilidad básica del diseño del producto, 2) la confiabilidad del producto al ser manufacturado por los procesos de producción, 3) la confiabilidad y el

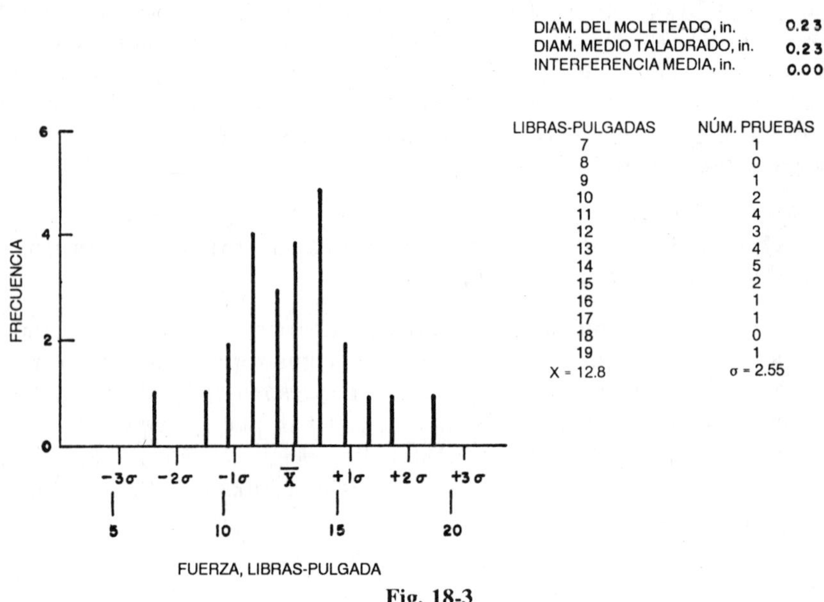

Fig. 18-3

desgaste temprano de los componentes, 4) la aplicación de la confiabilidad del cliente y el ciclo de vida del producto en uso.

Durante la etapa de diseño preliminar, las pruebas de madurez de diseño –referente al área 1"– se llevan a cabo para medir el TMEF del producto, como se definió anteriormente y como se explicó en el Cap. 17. El modo de fallo, efecto y análisis de criticalidad (MFEAC) se realiza (Sec. 18.20) para examinar todas las formas potenciales en que puedan ocurrir fallas en los componentes del relevador, de forma que puedan efectuarse acciones compensantes en el diseño, o, si no hay otra alternativa, la inclusión de la redundancia a través de componentes de respaldo en el diseño. La Fig. 18-5 muestra una sección de las conclusiones de la prueba MFEAC para el 4ZP96B3-12. Se presta especial atención, durante estas pruebas, sobre la evaluación de la seguridad del producto.

Se presta mucha atención a la estimación de la tasa de fallas potencial del producto de relevadores de control, como función de las tasas de fallo de componentes colectivos. Hasta el mayor grado posible, las tasas de fallos de componentes se obtienen del banco de datos de retención de experiencias de la compañía, de fabricantes de componentes, de grupos de usuarios y de manuales. Ya que estos datos individuales se generaron bajo condiciones diferentes, deben normalizarse. Las concesiones entre esfuerzos de los componentes, las metas necesarias de mejoras de confiabilidad de componentes y la tasa general de fallos del relevador de control se convierten entonces en los objetivos de la atención necesaria al diseño. El área de confiabilidad del componente del programa general de pruebas de confiabilidad sigue en este marco.

Causas de fallas	*Pruebas no destructivas realizadas*	*Pruebas no destructivas por realizar*
Contaminación de contactos	Prueba de resistencia de los contactos	IR inspección del solenoide de caliente
Descomposición de la película orgánica	Prueba de aislamiento con voltaje directo	Medición de presión del contacto, cristal piezoeléctrico
Acción incorrecta al conectar o desconectar	Medición de presión de contacto con calibrador en gramos	
Desgaste de contacto y deformación		

Causas de fallas: un fabricante indica que la principal razón de fallas del relevador es la contaminación de contactos. Esto es cierto sobre todo cuando el relevador trabaja en circuito seco (es decir, aquél cuyo nivel de corriente es bajo). Aun en relevadores herméticamente sellados, la descomposición de la materia orgánica entre las unidades origina una capa que cubre hasta 90% de la cara de los contactos. El espesor de la capa contaminadora depende de las características de absorción del material del contacto. La penetración del espesor inicial de la capa se puede efectuar por el efecto de túnel (es decir, por los electrones transmitidos sin pérdida de energía a través de una barra cuyo espesor aproximado sea equivalente a la longitud de onda del electrón). Los espesores más gruesos de la capa se pueden perforar con un voltaje de fuerza de excitación (es decir, por la acción de un cohesor). Esta última capa, conocida también como *fundida*, se presenta cuando el campo eléctrico dentro de la capa es tan grande, que se forma un puente instantáneo de metal a través de la capa. El aceite profundamente embebido en la superficie de las piezas metálicas es el origen inicial de descomposición y formación de capas de contaminación. Se ha encontrado que los extractores de carbón activado previenen las fallas ocasionadas por las capas formadas por descomposición orgánica.

La rotura del aislamiento es otra causa que contribuye a las fallas del relevador. Para el bobinado de los solenoides que actúan sobre la armadura del relevador, se emplea un alambre muy fino. Es muy difícil aplicar una capa uniforme de aislamiento a este alambre. Lo disparejo de esta capa da lugar a que se quiebre, provocando puntos de calor y cortos circuitos, que ponen fuera de servicio al relevador. A los relevadores que no satisfacen las especificaciones se les considera como que han fallado. Como ejemplo de lo anterior se considera la corriente o voltaje incorrecto para hacer la conexión o desconexión. La corriente o voltaje de conexión corresponde a la corriente o voltaje máximo que se requiere para que se pueda operar el relevador. La corriente o voltaje de desconexión es la corriente o voltaje mínimo que se requiere para la desconexión del relevador. La excesiva presión en los contactos origina un desgaste anormal de las superficies de contacto, disminuyendo intensamente la vida eficaz del relevador. Las chispas de arco que saltan durante los tiempos de registro son suficientes para originar interferencias por transferencia de material. Esta última causa origina picaduras que deforman o debilitan la superficie del contacto. Se debe aplicar suficiente presión para evitar saltos excesivos, pero se debe tener cuidado para no incrementar la rapidez de erosión

Fig. 18-4

4ZP96B3-12 Relevador de control
Modo de fallo, efecto y análisis de criticalidad

Preparado por R.T. Roe
Fecha Mayo
Aprobado por: B.B. Smith
Fecha Mayo

Componente	Falla posible	Causa de falla	*P*	*D*	*S*	Efecto de falla	Cómo puede eliminarse o reducirse la falla
Módulo de circuito impreso	Mal funcionamiento del circuito	Mala inserción del componente	3	2	4	Mal funcionamiento de la aplicación	Procedimiento de montaje a prueba de fallas
Módulo de control primario	Rotura del conector —distorsión del contacto	Mal comportamiento de temperatura; montaje incorrecto	1	2	4	Pérdida del relevador	Prueba del proceso; insepcción consistente de recibido
Módulo constructor	Fatiga del metal	Presión sobre articulación; mal tratamiento metalúrgico	2	3	4	Pérdida de control	Adecuado tratamiento térmico; control de proceso
Módulo de energía	Falla de circuito	Fallas en conexión por "soldadura fría"	3	2	3	No funciona el producto	Control del proceso de soldadura de los componentes electrónicos del material recibido
Módulo base	Compra de partes plásticas	Mala fabricación; mezcla incorrecta de material	1	4	5	Seguridad de instalación	Conformidad con las especificaciones del diseño

P = Probabilidad de ocurrencia
D = Probabilidad de daño a los componentes aledaños
S = Seriedad de la falla para el producto y/o usuario

1 = muy bajo
2 = bajo o menor
3 = importante
4 = alto
5 = muy alto o catastrófico

Fig. 18-5

18.13 Operación de esta rutina de control de nuevos diseños. Diseño intermedio

El ingeniero de diseño envía reportes resumen de este programa de pruebas, que se ponen a disposición de la junta de revisión del diseño intermedio entre los representantes funcionales clave. Las Figs. 18-6 y 18-7 muestran las dos primeras páginas de un reporte como éste.[8]

Con base en la información obtenida del programa de pruebas de investigación, se completa la elaboración de los dibujos y se remiten. A continuación:

1. El departamento de manufactura construye varios modelos del diseño final. "Varios" pueden ser de 20 a 100, para la rutina del control del nuevo diseño de la planta, dependiendo esto de su costo y de lo complicado del dispositivo, y también de la exactitud estadística que se requiera en el análisis. La restricción de tamaños inferiores a 50 unidades evidentemente que se acepta, pero sólo se usará cuando sea pertinente. Para el 4ZP96B3-12, se manufacturaron 25 modelos de acuerdo con los dibujos de producción, y se enviaron al diseñador, el cual los sometió a pruebas con el fin de determinar si estaban o no dentro de las especificaciones. En aquellas piezas de los modelos cuyo comportamiento no resultó satisfactorio, se hicieron los cambios en el departamento de ingeniería y se sometieron a nuevas pruebas, hasta que se obtuvo una operación aceptable.
2. Mientras está en desarrollo la etapa 1 anterior, el ingeniero de manufactura termina la planificación de todo el equipo o el trabajo de herramientas necesario.
3. El ingeniero de control de calidad completa su plan de calidad, incluyendo los requisitos para la inspección y pruebas, así como las guías de operaciones para el control de la calidad del producto; en el momento de recibirse el material, cuando el producto se está manufacturando y cuando deba de embarcarse, instalarse y ponerse en servicio. La Fig. 18-8 presenta una sección del plan del sistema de calidad, con las instrucciones para la inspección de los relevadores sellados.
4. El ingeniero del equipo de información de la calidad concluye sus propios diseños preliminares o bien se pone en contacto con los vendedores para la adquisición del equipo necesario para el control de la calidad. La Fig. 18-9 presenta una fracción de las especificaciones para el equipo de información de la calidad.

Cuando ya se ha incorporado en los dibujos y en las tarjetas del plan, los cambios indicados por las pruebas sobre los modelos, y ya se dispone del equipo necesario para el proceso, el departamento de manufactura inicia la producción de un pequeño número de piezas, empleando las herramientas de producción. Tan pronto como se cuente con suficientes piezas, se inicia el armado piloto.

4ZP96B3-12 – ESTUDIO DE CONTROL DE CALIDAD

ACCIÓN Y CALIBRACIÓN DEL CONTACTO

Propósitos del estudio

El propósito de este estudio es anticipar las dificultades para obtener la calibración deseada y la acción del contacto, como resultado de las variaciones en las dimensiones o propiedades de las piezas, estando cada una de ellas dentro de las tolerancias del dibujo, pero que se acumulan para producir efectos extremos. No se han presentado dificultades con las muestras fabricadas a mano, de las cuales se tomaron doce para estudio; pero no es deseable que todas las variaciones posibles tengan que presentarse o tengan que acumularse.

Los principales factores a estudiar son:

1) Variación en deflexión de los resortes cuando el relevador se recoge.
2) Variación en rigidez del resorte principal o en el muelle frotador.
3) Variación en el aislamiento de aire de diferentes piezas del circuito magnético.
4) Variación de propiedades magnéticas en varias partes del circuito magnético.
5) Variaciones de la resistencia de la bobina.

Únicamente se puede efectuar un ajuste para compensar las posibles variaciones; este ajuste es de la zapata polar. La zapata polar se ajusta para obtener el voltaje de desconexión y todo el resto de la calibración se debe hacer conforme se necesite.

La calibración necesaria y la acción es la siguiente:

1) Voltaje de arrastre (frío) – 15.0 V o menos.
2) Voltaje de obturación (frío) – menor que para el arrastre.
3) Voltaje de desconexión (frío) – 4.8 a 3.2 V.
4) Capa de aislamiento de aire – 0.015 in o más.
5) Ninguna pausa durante los choques de arrastre o desconexión.
6) Ningún salto en el arrastre.

Las páginas de este informe condensan las pruebas verificadas

Fig. 18-6

4ZP96B3-12 – ESTUDIO DE CONTROL DE CALIDAD

CALIBRACIÓN Y ACCIÓN DEL CONTACTO

RESULTADO DE LAS PRUEBAS

Resultados:

La resistencia en la bobina fue de 74.1 ohms a 24.0 °C.

La Tabla I muestra los valores de los voltajes de arrastre, desconexión y obturación, para diferentes espesores de calza y del aislamiento, al final del extremo del pasador en su posición de arrastre. Los voltajes se calcularon con la media de los valores de la corriente, empleando una resistencia de 74.1 ohms; y el aislamiento se calculó desde el ángulo que tiene que girarse la zapata polar para cerrar el aislamiento. Según se ve en la tabla, el único punto en que ocurre una detención fue para un valor del arrastre, con un espesor cero para la calza, y 21.2 milésimos para el aislamiento; en este caso, el valor de la obturación resulta mayor que el valor de desconexión.

TABLA 1

Espesor de calza en milésimas	Capa de aislamiento en milésimas	Arrastre V	Obturación V	Desconexión V
0	17.5	13.75	13.15	4.01
5	17.3	14.20	13.95	3.87
11	18.1	15.25	14.00	3.91
16	18.1	15.55	14.22	3.82
0	20.1	15.95	15.13	3.93
5	20.1	18.10	18.05	3.95
11	20.1	17.50	15.35	3.97
16	20.1	17.45	15.40	4.09
20	20.1	17.60	16.10	4.04
26	20.3	18.15	15.30	3.99
31	20.3	18.85	15.50	4.05
40	19.05	19.80	15.39	3.93
45	19.05	21.10	15.50	3.96
52	19.05	20.57	15.98	4.08
56	19.05	21.10	15.95	3.88
61	19.05	22.79	17.97	3.89
0	21.2	15.50	16.85	5.90
31	10.5	16.35	12.95	2.48
61	0	18.20	10.66	2.04

Los resultados de las pruebas de salto cierre de contacto se dan en la tabla II. Estas pruebas se hicieron empleando un registrador electrónico de salto. Para esta prueba, la capa de aire aislante en los polos se calibró a 0.020 in y se energizó la bobina a 28.0 V. A la barra de contacto se le dio un espesor de 1/8 in que es el espesor que debe tener en el dispositivo ya terminado.

Fig. 18-7

TABLA II

Velocidad del tambor	Espesor de la calza	Sin salto	Número de operaciones 1 salto	2 saltos	3 saltos
Aprisa	0	34	0	0	0
Aprisa	0.031 in	2	33	5	
Despacio	0.061 in	0	30	7	11*

* Fue casi imposible determinar si fueron 2 ó 3 saltos, pero parecieron 3.

Fig. 18-7 (Continuación).

18.14 Operación de esta rutina de control de nuevos diseños. Diseño final y calificación del producto

Para la recolección de datos de este armado piloto con las primeras piezas producidas, se emplean con ventaja las herramientas estadísticas de control de calidad. Se estudian las distribuciones de frecuencias de las principales dimensiones de las piezas críticas en el conjunto. Este estudio revelará si los procesos de manufactura, en sus condiciones actuales, producirán piezas dentro de las tolerancias especificadas.

Las Figs. 18-10 a 18-12 presentan los análisis sobre los piezas producidas con herramientas para tres punzonadoras —dibujos 934782, 934784 y 934787. Estas herramientas, que se han diseñado especialmente para la producción de componentes del 4ZP96B3-12, se colocan en las prensas del taller de herramientas. Se procede a fabricar 50 piezas con cada herramienta.

La distribución de frecuencia de la Fig. 18-10 demuestra que el dibujo de la herramienta 934782 producirá piezas satisfactorias dentro de las tolerancias. La Fig. 18-11 muestra las piezas producidas con la herramienta del dibujo 934784, las cuales no satisfacen los límites de especificaciones. La gráfica de la distribución de frecuencias indica que esta herramienta se debe modificar o cambiar, antes de poderse emplear en una fabricación normal.

La herramienta del dibujo 934787 también debe repararse o cambiarse, pero por una razón muy diferente. Por la Fig. 18-12 se nota que la herramienta produce piezas dentro de los límites de tolerancia, pero estas piezas quedan muy cerca del límite que está en la dirección del desgaste de la herramienta. Si se usara esta herramienta en sus condiciones actuales, tendría muy poca vida de uso, y necesitaría rápida reparación, lo cual resultaría antieconómico y pronto empezaría a producir partes defectuosas.

El control de calidad está interesado en los análisis de las distribuciones de frecuencias de las piezas, desde varios puntos de vista: muestreo de inspección para vendedores foráneos de piezas fundidas a presión, aprobación de los moldes, etc. El principal interés del ingeniero diseñador en los análisis de fabricaciones piloto es sobre la distribución de las mediciones del rendimiento funcio-

PROCEDIMIENTO GENERAL PARA INSPECCIÓN POR EL "OPERARIO" DEL CONJUNTO DEL RELEVADOR SELLADO

I. SUBMONTAJE

En el lugar del trabajo deberán existir instrucciones sobre el proceso y/u otras instrucciones suplementarias por escrito, que indiquen:

A) ajuste,
B) método de muestras o de inspección,
C) número de muestras y frecuencia de comprobación por el operario,
D) instrucciones para una acción en caso de falla. Una falla constituirá el rechazo, a menos que se especifique otra cosa;
E) un registro y/o muestras que indiquen el tiempo de comprobación por el operario y por el inspector, a fin de contar con una "evidencia de inspección".

II. REINSPECCIÓN DE ARMADO Y DE AJUSTE

A menos de que se especifique otra cosa, en las listas de las comprobaciones se harán las siguientes inspecciones y/o pruebas en cada relevador:

A) presión de la punta,
B) separación de la punta,
C) arrastre y desconexión,
D) potencial elevado (después de cubierto el conjunto),
E) resistencia del contacto (después de sellado),
F) prueba de fuga.

III. REVISIÓN INSPECCIÓN (AMBULANTE)

Cada clase de línea del relevador tendrá por lo menos un inspector del proceso que supervisará cada operación para asegurarse de que "el proceso está bajo control" por medio de:

A) muestreo de acuerdo con el método prescrito para cada operación,
B) comprobación de la evidencia de inspección del operario,
C) marcado de registro en la columna correspondiente, aceptado o rechazado,
D) en caso de rechazo, tomar la acción necesaria, marcando con una etiqueta la operación, separando el material y continuando la investigación más allá del punto particular del trabajo, para asegurarse de la extensión del "proceso fuera de control".

Inmediatamente después del rechazo, notificar al jefe de manufactura y al encargado del control de calidad, según se requiera, a fin de que se pueda proceder a la inmediata acción correctiva.

W. E John
Supervisor
CONTROL DE CALIDAD

Fig. 18-8 Un elemento del plan del sistema de calidad.

VERIFICADOR ESPECIAL DEL CONJUNTO
APCAT
ESPECIFICACIONES

A. Propósito

El propósito de estas especificaciones es delinear, en términos generales, los requisitos de un renglón para el equipo de información, en el que se procederá a una prueba funcional estática y/o dinámica en cada circuito, de cada conjunto de circuitos impresos, manufacturados en esta planta.

B. Especificaciones generales.

I. Alimentación de fuerza.
   a. Voltaje de alimentación CD.
   Esta compañía ha normalizado los niveles de toma de voltaje en CD. a 6 y sus múltiplos, es decir, 6, 12, 24, 48 y 18 V CD. Los voltajes de toma deben de variar sobre.

II. Programa de requisitos para toma de fuerza.
   a. Toda toma de voltaje de CD debe de estar capacitada para registrarse en el distribuidor del verificador dentro de una zona de ± 20% de toda la escala..
   b. La alimentación de fuerza de CA debe ser registrada en el distribuidor del verificador a 208 y 312 ciclos ±5%
   c. El impulso de un paso para la toma debe registrarse repetidamente de 1 a 10 impulsos.

III. Programa de requisitos de carga.
   b. Los siguientes circuitos se deben conectar a diferentes terminales de salida para facilitar una mordaza de voltaje en la vía de salida:

Fig. 18-9 Especificación del equipo de información de calidad.

nal en general del dispositivo, más que estudios de las piezas en particular. Estas características de rendimiento, como voltaje en el contacto de arrastre, corriente para el arranque del motor, movimiento de excitación del interruptor, y voltaje de alimentación de salida, quedan expresadas, para él, en los términos de una distribución de frecuencias.

A través de los estudios de confiabilidad del producto que se han realizado, y trazando los límites de especificaciones sobre la gráfica de la distribución de frecuencias, con sólo una ojeada, el ingeniero diseñador tiene la indicación de que el 4ZP96B3, en la forma en que ha sido diseñado, quedará dentro de los límites de especificaciones, y si la compañía puede esperar un mínimo de rechazo cuando se sigan cuidadosamente estas especificaciones. En caso de un bajo rendimiento, o bien que la distribución de frecuencias indique un considerable número de rechazos, el ingeniero debe determinar la forma de eliminar

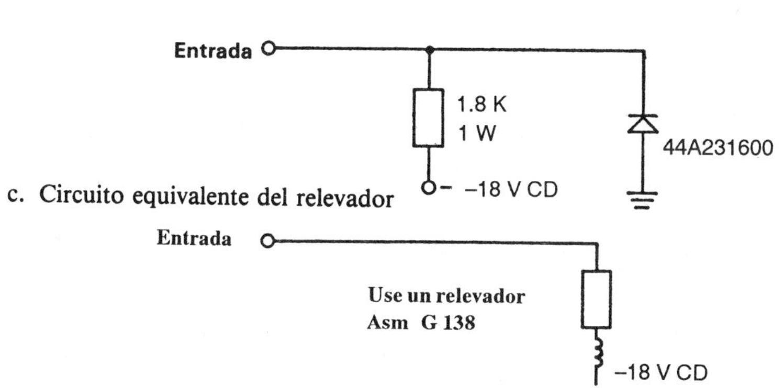

c. Circuito equivalente del relevador

d. Se deben tomar providencias para agregar circuitos de carga equivalentes en fecha futura (10 por lo menos).

IV. Mediciones de salida.

a. Será necesario hacer las mediciones siguientes:

1. Tiempo de ascenso y descenso del impulso de salida de 0.05 a 5 s ±5%.
2. Estado constante del nivel de voltaje de CD de salida, ya sea de cero + 6 V ±5%.
3. Duración de un impulso de 0.1 microsegundos a 5 milisegundos ±2% anchura de impulso.
4. Tiempo de retraso entre la cresta principal de un impulso a la cresta principal del siguiente, desde 0.1 microsegundos hasta 5 microsegundos.
5. A fin de establecer y verificar las condiciones del impulso de entrada, será necesario medir la frecuencia de impulsos hasta 2 MC y la amplitud de impulsos a 0.1 microsegundos. Esto se hará por medio del osciloscopio para colocar las condiciones iniciales de la prueba.

V. Programa de la comparación de la resistencia.

a. A fin de probar la resistencia adelante y en reversa de los discos montados en un tablero para los diodos, se requiere programar valores normales de la resistencia.

Fig. 18-9 (Continuación).

las condiciones no satisfactorias. Si se presentan problemas complicados, el ingeniero puede hacer uso de los método especiales.

Cuando se lleva a cabo el montaje de los componentes mecánicos y electrónicos en el producto final del relevador de control, el área orientada a la producción del programa de confiabilidad sigue con el desempeño de las pruebas de madurez del proceso. Esto asegura que los procesos de manufactura

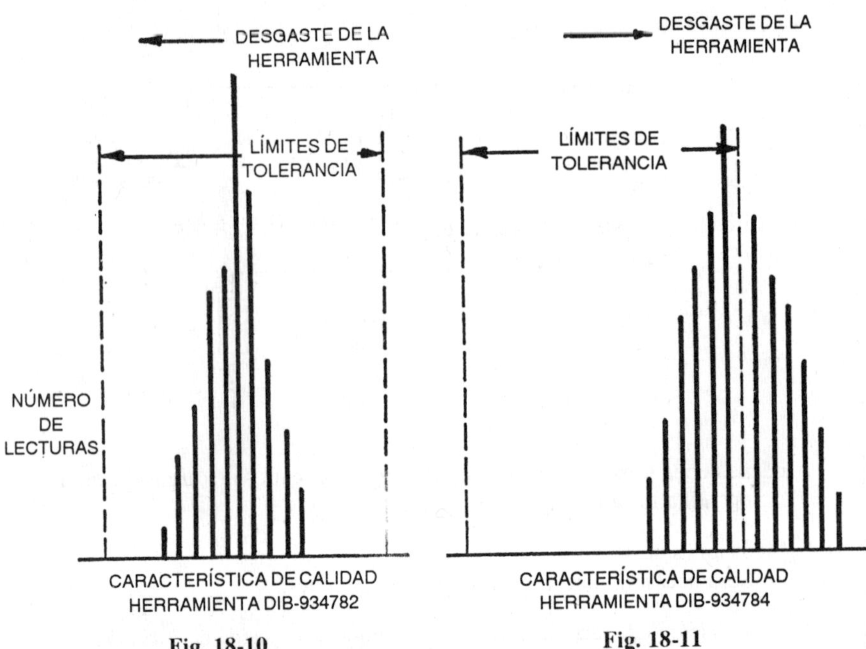

Fig. 18-10

Fig. 18-11

están calificados para producir la confiabilidad necesaria del producto; confiabilidad de diseño que quedó calificada por las pruebas de madurez de diseño anteriores.

Junto con las pruebas de madurez del proceso, se prueban los ensambles en un ambiente de uso del cliente, de forma que se evalúen el área de pruebas de la confiabilidad de aplicación del cliente y el ciclo de vida.

Paralelamente a estas pruebas, las pruebas de seguridad del producto (Sec. 18.21), que se iniciaron durante las pruebas MFEAC anteriores, quedan completas para la seguridad y prevención de responsabilidad legal del producto.

Luego se lleva a cabo la prueba de calificación del producto final, de acuerdo con el programa de calidad establecido para la compañía y el criterio de calificación establecido. Estas pruebas de calificación de producto terminado las ejecutan ingeniería y control de calidad, y requieren la aceptación conjunta de la calificación del producto.

Como final de las actividades del control del nuevo diseño se hace expedición formal del 4ZP96B3-12 para su producción, después de la última revisión del diseño final. Este paso se toma como una indicación de que si la especificaciones y los dibujos se siguen fielmente, es posible esperar un rendimiento satisfactorio de la calidad y seguridad en el campo con este nuevo dispositivo, con el mínimo de rechazos durante la producción.

La Fig. 18-13 muestra la secuencia general de la rutina del control del nuevo diseño seguido por esta compañía.

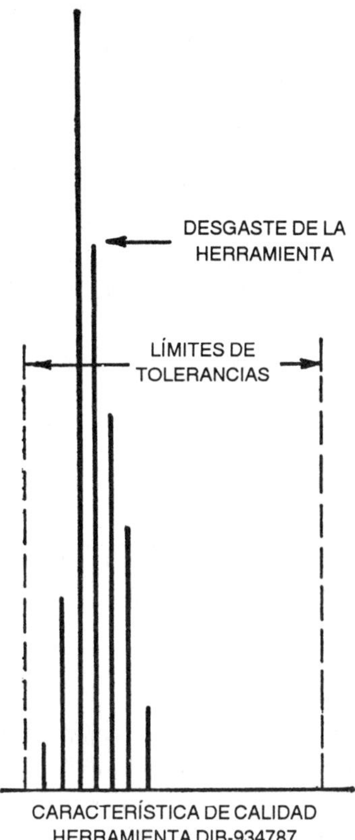

Fig. 18-12

18.15 Participación técnica de la función del control de calidad en el control de nuevos diseños

Como se explicó en el Cap. 8, la función de control de calidad de la planta y compañía tiene una planificación importante del sistema de calidad, un liderazgo del sistema de calidad así como la responsabilidad por la operación y mantenimiento del sistema de calidad en las rutinas del control de nuevos diseños.

El control de calidad, a través del uso de la tecnología de ingeniería y de las disciplinas estadísticas de calidad, tiene también responsabilidades técnicas importantes en el control de nuevos diseños. La Fig. 18-14 resumen un enfoque para estructurar algunos aspectos clave de estas responsabilidades.[9]

18.16 Técnicas empleadas en el control del nuevo diseño

En las actividades del control del nuevo diseño, se emplean numerosos métodos técnicos.[10] Muchos fueron expuestos en las partes cuatro y cinco. Sin embargo,

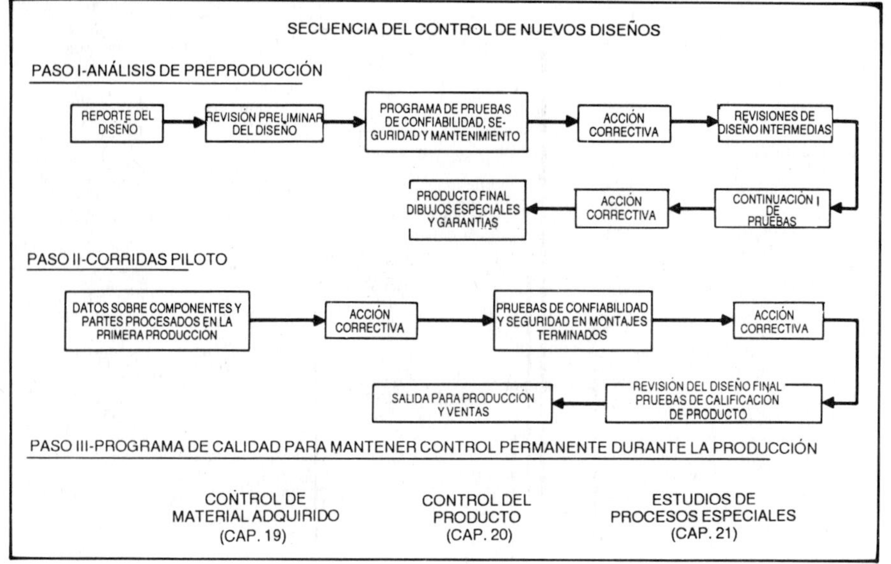

Fig. 18-13

se hace necesario compendiar algunos de los más significativos que tienen su aplicación en las actividades del control del nuevo diseño:

Planificación de un producto bajo el punto de vista comercial

La parte de las actividades del control del nuevo diseño abarca el establecimiento de las normas de calidad más económicas que puedan incorporarse a un producto para que pueda venderse bien en el mercado y al mismo tiempo que satisfaga a los consumidores.

Análisis estadístico de los nuevos diseños

Las distribuciones de frecuencias, los métodos especiales y los estudios sobre confiabilidad tienen una gran utilidad para la solución de cuestiones como las siguientes: "¿se han hecho las pruebas suficientes sobre las fabricaciones?"; "¿es demasiado grande la variabilidad que pueda resultar en este producto para los fines de la manufactura?"; "¿qué rendimiento se puede asegurar de este producto?"

Modo de fallo, efecto y análisis de criticalidad (MFEAC)

El MFEAC es un procedimiento para estudiar las causas y efectos de fallas potenciales de los componentes, durante el uso real o para usos inapropiados o abusos razonablemente predecibles, para minimizar la probabilidad de fallos y demandas legales contra el producto.

PARTICIPACIÓN DEL CONTROL DE CALIDAD

Productos comerciales

La calidad será una parte integral de la programación del producto; la implicación del control de calidad se iniciará en el mercado, donde el departamento de control de calidad recopilará información para que se use en definir los requisitos de calidad; el departamento de control de calidad:

- participará en la investigación de mercado para obtener conocimientos de las preferencias de los clientes sobre los productos, las exigencias con respecto a la calidad por parte de los clientes, cómo se usará y mantendrán el producto y la competencia de la calidad entre los fabricantes;
- investigará las quejas de los clientes para definir problemas y resolverlos durante el diseño y desarrollo del producto;
- participará en las consideraciones que deban hacerse en el desarrollo de un nuevo producto, como su potencial de venta, satisfacción del cliente, garantías, seguridad y sistema de servicio; participará en las consideraciones del producto para mercados extranjeros, como cultura, leyes nacionales y ciclos de vida del producto; y obtener de ahí conocimiento con el cual desarrollar el sistema de calidad requerido;
- participará en técnicas de simulación, pruebas de campo y probará la fabricación para acumular conocimiento técnico, para finalizar el sistema de calidad para la producción;
- desarrollará los requisitos de calidad orientados al cliente y hechos para el producto, como parte integral del desarrollo de los requisitos del producto;
- preparará las especificaciones de calidad, o los planes del programa de calidad, o ambos cuando sea apropiado, reflejando los requisitos de las especificaciones de ingeniería o del producto; definiendo los requisitos de calidad; estableciendo el panorama e intención del sistema de calidad a ser usado, así como sus áreas de aplicación, como diseño, abastecimiento y fabricación; y traduciendo cualquier requisito de calidad especificado por el cliente;
- participará en el contrato y en la planificación del nivel del programa del producto;
- preparará la planificación de la calidad para implementar el sistema de calidad de acuerdo con el plan o especificación del programa de calidad; describiendo el grado y tipo de control de calidad requerido para cada parte, montaje y producto terminado; y proporcionando las instalaciones, herramientas de inspección y equipos de pruebas necesarios.

Productos gubernamentales

La calidad será una parte integral de la programación del producto: la implicación del control de calidad se iniciará cuando el cliente pida propuesta (RFP-*request for proposal*) en la que se especifiquen los requisitos de calidad; el departamento de control de calidad:

- preparará un programa de calidad en respuesta al RFP, en coordinación con otros planes de programas, de acuerdo con la filosofía de propuestas de la compañía, y enviada como parte de la propuesta;

Fig. 18-14

- ayudará a poner precio a la propuesta;
- una vez asignado el contrato, participará en la planificación del nivel del programa;
- preparará la planificación de calidad en coordinación con la planificación general del programa, para implementar los requisitos de calidad comprometidos de acuerdo con el plan de programa de calidad y para asegurar instalaciones, herramientas, equipo, fuerza laboral y habilidad; estarán disponibles cuando se les necesite;
- participará en las revisiones administrativas del progreso y estado del programa, para poner al día la planificación de la calidad, conforme se requiera.

Diseño

El departamento de control de calidad participará en el diseño hasta el punto necesario, para asegurar que la calidad requerida quede diseñada dentro del producto, de forma que el proceso de manufactura pueda fabricar la calidad diseñada en el producto. El departamento de control de calidad:

- establecerá de antemano la mecánica de la participación de la calidad con la administración de ingeniería, y obtendrá el apoyo ejecutivo;
- asignará, para la actividad de diseño, miembros del departamento de control de calidad que sean competentes técnicamente, experimentados, comunicativos, objetivos, constructivos y respetados por los diseñadores.
- ubicará al personal de calidad cerca de la función de diseño;
- proporcionará consulta a los diseñadores y se asegurará que entienden los requisitos de calidad, los conceptos y las técnicas, antes de que se inicie la actividad de diseño;
- preparará listados que son apropiados para el producto, para el uso durante la revisión del diseño, incluyendo la revisión de dibujo y especificaciones;
- participará en la elección de partes estándar y no estándar, y en la elección de subcontratos y proveedores;
- participará en revisiones formales e informales de diseño y producto;
- revisará dibujos y especificaciones, y revisará cambios en ingeniería que sean efectivos al costo;
- donde sea posible, participará conjuntamente con montaje o ingeniería de manufactura, abastecimiento y manufactura en la revisión del diseño, incluyendo revisión de dibujo y especificaciones;
- evaluará el diseño con respecto a los requisitos de calidad, claridad (si es comprensible para inspección y manufactura), requisitos de procesos, criterio de inspección, requisitos de pruebas no destructivas, facilidad de inspección, métodos de verificar requisitos de *hardware*, facilidad de controlar el diseño (que pueda ser inspeccionado, probado, medido y evaluado; necesidad de herramientas y equipo de inspección, tecnología neta, vigencia del costo de calidad del diseño (ni mucha ni poca inspección) y problemas de calidad;
- interpretará cualquier metodología nueva especificada; adquirirá cualquier habilidad, herramienta, equipo o instalaciones requeridos antes de la necesidad; y resolverá los problemas de calidad en la etapa de diseño;

Fig. 18-14 (Continuación).

- documentará la revisión del diseño de calidad y la revisión de dibujos y especificaciones, mostrando los resultados y las acciones tomadas, y resolviendo cualquier problema de calidad en la etapa de diseño;
- documentará la revisión de diseño de calidad y los comentarios, y resoluciones de los comentarios cuando sea apropiado;
- hará reportes sobre el progreso y estado de la actividad de diseño de calidad, conforme pueda ser requerido por el cliente o por la administración de la compañía;

Diseño al costo

Los costos de calidad son una parte importante del costo total del producto, y deberán establecerse a tiempo para la asignación de requisitos, metas, objetivos o presupuestos de las funciones de diseño, antes del inicio de la actividad de diseño.

Costos de ciclo de vida

La calidad necesaria para cumplir con los requisitos de ciclo de vida debe estar en el producto al tiempo de la entrega al cliente, o la calidad del producto se perderá debido a los costos de ciclo de vida. Para este fin, el departamento de control de calidad debe involucrarse en la programación y diseño, como se dijo anteriormente.

Fig. 18-14 (Continuación).

Análisis de factores humanos

El objetivo de este tipo de análisis considera al producto en cuanto a su adaptabilidad a los atributos y capacidades del ser humano que lo usará. Está principalmente interesados en los factores potenciales que llevan al uso o mal anticipados de un producto, con las implicaciones subsecuentes de responsabilidad legal.

Estudios de compromiso

Estos estudios consideran las limitaciones y parámetros del producto, dentro de los cuales se hacen compromisos entre confiabilidad, complejidad, peso, costo, seguridad, desempeño, consecuencias por fallas, facilidad de fabricación y otros factores pertinentes de producto y proceso.

Registros de vendedores en el departamento de compras

Estos registros sirven de orientación en los proyectos, para el empleo de piezas obtenidas de aquellos vendedores a quienes se pueda tener la mayor confianza, que presten la mayor atención a su calidad y que sean los más económicos y que, por tanto, sea posible eliminar, del material que se compra, los costos por "calidad extra".

Estudios sobre capacidad de procesos

Los registros de la exactitud que es posible lograr con las facilidades de la manufactura de la planta son de gran valor para las decisiones sobre las tolerancias que se deban establecer para las piezas en el tipo de diseño de producto que se proyecta.

Datos sobre anteriores y nuevos materiales

Se hará un extenso empleo de los resultados en el laboratorio y de los análisis técnicos de investigación de los métodos antiguos y de la experimentación de nuevos materiales, de procesos y de teorías sobre las operaciones de los productos.

La experiencia con producciones anteriores

Se deben de examinar los datos de la calidad de la planta en su capacidad real de desempeño en la producción de los modelos anteriores de diseños similares.

Pruebas especiales en la planta sobre la producción de unidades similares a las del nuevo diseño

Bajo las condiciones de trabajo a destajo, estas pruebas son de mucha utilidad en las actividades del control del nuevo diseño, puesto que sustituyen a las fabricaciones piloto en el tipo de fabricaciones en masa.

Conservación de la experiencia del componente de confiabilidad

Éste es necesario para proporcionar una base de datos a través de la cual los ingenieros de diseño y calidad puedan asegurar la información necesaria de la confiabilidad de las partes.

Pruebas de campo y dictamen

Esta técnica es un complemento de la anterior. Debe hacerse el mayor empleo de los datos sobre el desempeño de campo de los diseños similares. Siempre que sea factible y práctico, se establecerán pruebas especiales para este fin.

Control de diseño software

Donde se requiere software en la operación de la computadora para el diseño de un producto, el control del diseño de este software es esencial, como se revisó anteriormente en la Sec. 10.30.

Análisis de tolerancias

Su actividad en este caso es triple: para establecer tolerancias de manufactura más estrecha, para asegurarse de que al "sobreponerse" estas tolerancias no resulten excesivas para el funcionamiento apropiado del dispositivo, y para asegurarse de que las diferentes piezas componentes se adapten entre sí en el momento del armado.

Hojas de tolerancias-prácticas del taller

Estas hojas proporcionan datos sobre las dimensiones que se pueden conservar durante las operaciones normales de la fábrica y las cuales se deben de tomar en consideración para los nuevos diseños.

Normas

Se tomarán referencias de las normas para el producto que se considere, así como para sus componentes, ya sea dentro de la planta, en toda la industria, y tal vez nacionales o internacionales. Estas normas será posible obtenerlas en diferentes partes —asociaciones de normas, sociedades profesionales, oficinas del gobierno o de reglamentos, ANSI— o bien por medio de reglamentos, como en el caso de los productos químicos, médicos y nucleares.

Estudios de seguridad

Estos estudios se diseñan para asegurarse que los productos no sean peligrosos a los clientes y usuarios, al personal operativo, al equipo interrelacionado o al personal de ingeniería de campo; que no constituyan una exposición inaceptable de demandas legales contra el producto; y que se conformen a los requisitos establecidos por todas las agencias reguladoras y de certificación aplicables.

Estandarización y simplificación

Se emplearán técnicas a este fin, y como una ayuda para el diseño completo de un producto nuevo y con objeto de lograr el equilibrio más económico entre costo y rendimiento.

Dibujos

Junto con la especificación del párrafo anterior, los dibujos constituyen el alma fundamental de la representación de un producto, con sus tolerancias y dimensiones, sus materiales, etcétera.

Garantías de calidad y referencia para fines de venta

Éstas hacen resaltar las normas de calidad más importantes del producto; para fines de publicidad se puede incluir la forma en que se controlarán esas normas durante la producción.

Fabricaciones piloto

Este procedimiento trae consigo la producción y las pruebas de muestras formadas con unidades del producto real. Generalmente se hace con piezas tomadas de la producción y con el empleo de los medios de producción. Sirve para determinar, antes de que se inicie la producción activa, las mejoras en el proceso o los cambios en el proyecto que se puedan necesitar, a fin de experimentar el mínimo de dificultades en la calidad, durante la producción.

Proyecto de inspección

Es muy importante seleccionar las características de la calidad que se deban inspeccionar durante el control del nuevo diseño, los equipos de medición que se deban emplear, y la localización material de los puestos para inspección, a fin de que se puedan preparar las tarjetas guías más adecuadas para el empleo y entrenamiento del personal de inspección.

Proyecto para empaques y embarques

La elección de los empaques más apropiados y de la rutina más conveniente para el embarque es un punto de mucha importancia, a fin de que el consumidor reciba un producto satisfactorio con el mínimo de desajustes, desperfectos de acabado, o cualquier otro defecto en su calidad. Deben tomarse previsiones para hacer todo el seguimiento posible del producto de salida para el caso de problemas futuros o devoluciones.

Análisis estadístico de herramientas y recursos adquiridos especialmente para la fabricación de un producto nuevo

Resulta de gran utilidad las distribuciones de frecuencias y los estudios de las capacidades de procesos.

Elección de niveles de calidad para el muestreo estadístico

Se pueden establecer los valores del NCA y del LCSP que se deban aplicar a las piezas fabricadas, en las tarjetas guías del proyecto de inspección.

Mantenimiento y conservación de toda documentación pertinente a la calidad

La calidad de los procedimientos, heliográficas y especificaciones (incluyendo cualesquier modificaciones y revisiones) requieren conservación sistemática para el uso de programas de calidad seguros.

Establecimiento de un programa definido para la rutina del control del proceso

Este elemento administrativo presenta su mayor utilidad bajo las condiciones actuales de la industria para una producción acelerada, a fin de reducir al mínimo o de eliminar los efectos que se presentan siempre, originados por la eventualidad de pasar por alto algunas fases esenciales de las actividades del control del nuevo diseño.

Muchas de estas técnicas ya se han sometido a un estudio intenso, tanto en la misma industria como en las universidades. Todo lo que se ha publicado refleja la atención importante que se ha prestado al respecto, como la forma de elaborar y acortar los dibujos de producción, y el establecimiento de las especificaciones y el diseño de producto y proceso con ayuda de la computadora (CAD).

Sin embargo, los fundamentos de estos métodos técnicos son casi inflexibles y relativamente uniformes en su aplicación en la industria. Desde luego que los detalles especiales de cada una de estas técnicas se deben adaptar a las necesidades particulares de cada planta.

Algunas de estas técnicas del control del nuevo diseño ya se han descrito en varias partes de este libro. Si alguno de los lectores se interesa en detalles más precisos o en otros métodos, puede recurrir a las publicaciones especializadas en estos temas.

Con propósitos de ilustración, se describen más adelante seis de estas técnicas de control de nuevos diseños, como sigue "análisis de tolerancias", Sec. 18.17; "Inspección planificada", Sec. 18.18; "análisis estadísticos de herramientas especialmente compradas para el nuevo producto", Sec. 18.19; "modo de falla, efecto y análisis de criticalidad", Sec. 18.20 y "estudios de seguridad", Sec. 18.21.

18.17 Análisis de tolerancias

La técnica del análisis de tolerancias se practica en muy diferentes formas en las diversas compañías. El procedimiento seguido en una planta de la zona del Atlántico presenta una base fundamental característica. Este procedimiento se presenta a continuación.[11]

1. Se requiere un análisis de tolerancias para todos los elementos nuevos antes de que se inicie su producción.
2. Este análisis se debe registrar en un dibujo especial.
3. El número de referencia del dibujo de este análisis debe asentarse en el dibujo de fabricación del elemento.
4. El diseñador debe firmar el dibujo del análisis de tolerancias, antes de que se considere terminado.
5. Dentro de la rutina del control del proceso, se fija el momento oportuno para que se efectúe el análisis de tolerancias, por el diseñador y por el ingeniero de control de calidad.
6. En casos anormales, cuando el diseñador expida un análisis de tolerancias, el dibujo de este análisis se considerará como ficticio, pero se le asignará su número y se anotará en el dibujo de fabricación del elemento.
7. Este análisis lo hará el dibujante de este elemento, asesorado por el ingeniero diseñador.
8. Se podrá hacer un análisis sobre los diseños anteriores que existan, únicamente cuando se presente en la fábrica un problema que requiera dicho análisis.
9. El análisis comprenderá los siguientes puntos:
   a. Todas las dimensiones funcionales de importancia.
   b. Todos los límites especificados, ya sea en el dibujo o en las hojas de especificaciones.
   c. Todas las piezas que se deban acoplar y que deben ajustarse entre sí.
   d. Todas las cargas para diferentes esfuerzos de compresión, tensión, o etapas de torsión, dependiendo del espacio libre para el resorte. Si es

necesario, este análisis se hará en hojas para gráficas, asignándole un número. Este número deberá ser una referencia cruzada en el dibujo registro del análisis de tolerancias.

e. Otros elementos como ventiladores, barras bimetálicas, etc., se analizarán en la forma descrita en el paso.

10. Se registrarán debidamente, en los dibujos del análisis, todos los cambios o modificaciones de los dibujos de detalle que afecten a dicho análisis.

11. Cuando sea posible, se usará un solo número de dibujo para el análisis, agregándose en todo caso las hojas que sean necesarias.

La Fig. 18-15 presenta un ejemplo de la hoja de registro de tolerancias.

El análisis de tolerancias verificado de acuerdo con esta rutina se puede efectuar de dos maneras:

1. Usando el procedimiento tradicional antiguo de sumar aritméticamente las tolerancias entre sí.

2. Empleando la fórmula (38), como se presentó en la Sec. 16.8.

La elección de cualquiera de estas dos alternativas dependerá de las circunstancias particulares del producto. El empleo de la fórmula (38) resulta muy práctico y económico, en aquellos casos en que se puede presentar el riesgo de que determinado porcentaje de piezas no puedan ajustarse entre sí y donde se tengan que observar las limitaciones para el empleo de esta fórmula práctica y económica.

18.18 Proyecto de inspección

Un factor de importancia durante el desarrollo final de los detalles del plan del sistema de calidad para un proyecto es el establecimiento de la forma y el lugar para la inspección necesaria durante la producción . Si no se han tomado las precauciones del caso, las piezas se podrán presentar a revisión cuando el inspector no pueda disponer en ese momento de los calibradores apropiados. Pudiera presentarse el caso de que la revisión se efectuara después de la décima operación, cuando en realidad la tercera operación pueda ser la crítica y más difícil para la calidad.

El desarrollo del plan para el producto y de la calidad del proceso es una técnica del control del nuevo diseño que establece, dentro del plan del sistema total de la calidad, la cantidad y los lugares de las diferentes clases de inspección que se requieren, antes de que se inicie la producción activa. Con esto se asegurará la existencia de los calibradores y los accesorios correspondientes. En esta forma, los procedimientos de inspección de "acertar o errar" se reducen al mínimo.

Como se acostumbra en un taller que trabaja metales, la inspección planificada se desarrolla bajo la guía del ingeniero de calidad. Los detalles de la secuencia de planificación son como sigue.

1. Se determinan las dimensiones críticas para cada operación.

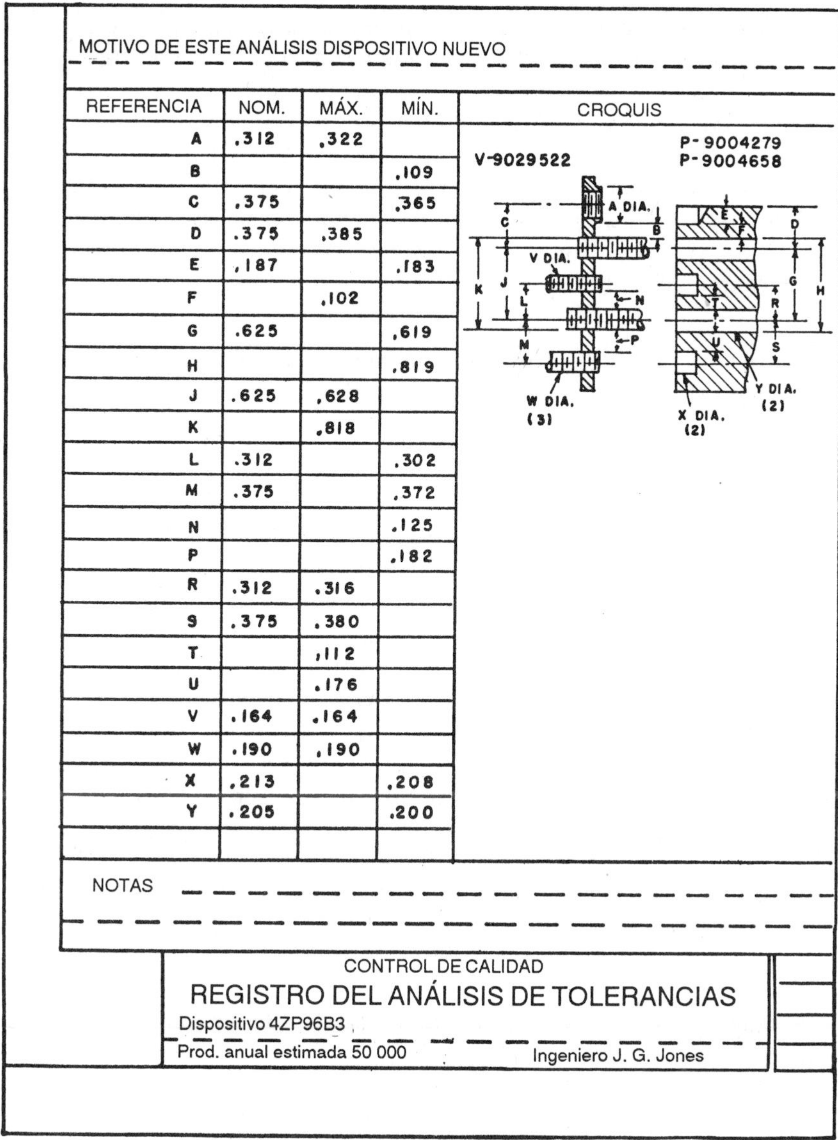

MOTIVO DE ESTE ANÁLISIS DISPOSITIVO NUEVO

REFERENCIA	NOM.	MÁX.	MÍN.
A	.312	.322	
B			.109
C	.375		.365
D	.375	.385	
E	.187		.183
F		.102	
G	.625		.619
H			.819
J	.625	.628	
K		.818	
L	.312		.302
M	.375		.372
N			.125
P			.182
R	.312	.316	
S	.375	.380	
T		.112	
U		.176	
V	.164	.164	
W	.190	.190	
X	.213		.208
Y	.205		.200

CROQUIS

NOTAS

CONTROL DE CALIDAD

REGISTRO DEL ANÁLISIS DE TOLERANCIAS

Dispositivo 4ZP96B3

Prod. anual estimada 50 000 Ingeniero J. G. Jones

Fig. 18-15

2. Al tiempo de expedir la hoja de proyecto que describe la secuencia de las operaciones del trabajo necesario en los metales, se anotan las dimensiones críticas para cada una de las operaciones y se detallan los instrumentos de medida, calibradores y plantillas necesarias.
3. Se giran las órdenes para aquellos calibradores o equipos de medición de que no se disponga en la planta, a fin de que este equipo esté disponible para cuando inicie la producción formal.

4. Se expide la tarjeta guía para la inspección, en la cual se debe anotar la información esencial para la inspección necesaria de cada pieza.

La Fig. 18-16 presenta una tarjeta del plan, la cual incluye el proyecto de inspección para un soporte que se trabaja en una troqueladora.[12] La Fig. 18-17 presenta la tarjeta guía de inspección para una placa de garganta[13] en la planta.

Al desarrollarse los procedimientos computarizados de la planificación de manufactura, esta planificación de la inspección se integra dentro de la planificación computacional.

18.19 Análisis estadístico de las herramientas adquiridas especialmente para un producto nuevo

Antes de que se descubra la falta de precisión de una herramienta en una troqueladora, se pueden producir innumerables piezas defectuosas de un componente para un nuevo diseño. Se pueden originar grandes pérdidas por el desperdicio, así como por los retrasos en la producción. El análisis estadístico de las nuevas herramientas y de los procesos constituye el método del control del nuevo diseño dirigido a eliminar esos resultados, por medio del examen de una muestra de las piezas producidas con la herramienta o por el proceso, tan pronto como sean recibidas del vendedor foráneo o bien del taller de herramientas de la misma planta.

La forma de la rutina para esto se da a continuación[14] en la forma en que funciona en la práctica.

Todas las nuevas herramientas se identificarán con discos de metal amarillo y se sujetarán a la siguiente rutina antes de que se usen en la producción sistemática.

1. En la sección de herramientas se procede a fabricar 25 unidades consecutivas como muestra, empleando la nueva herramienta.
2. El operario que manufactura estas 25 unidades debe llenar dos etiquetas moradas en las que se indica el número del dibujo de la herramienta; una de estas etiquetas se le pone a la herramienta, y la otra, al grupo de las 25 unidades de muestra.
3. Las 25 piezas se envían a la oficina de inspección para su comprobación. La herramienta permanecerá en la sección de herramientas y no se podrá usar para la producción hasta que se reciba la aprobación correspondiente, como resultado de la inspección de las 25 piezas.
4. La oficina de inspección comprueba las 25 piezas en sus dimensiones críticas o funcionales, según se exprese en la tarjeta del plan, usando los calibradores que se le proporcionen. Una de estas piezas se comprueba en todas sus dimensiones de acuerdo con el dibujo. Si se encuentra una sola dimensión equivocada en la pieza inspeccionada, se examinarán otras cuatro piezas únicamente para esa dimensión equivocada. Todos los datos se asientan en una tarjeta de marcas.
5. El inspector hace por duplicado esta tarjeta con marcas, y las presenta al ingeniero del control del proceso, quien hará los cálculos necesarios.

Título SOPORTE	Identif. 6908866	PT.	GR.	Parte No.	MATERIAL Medidas	NO. OUT	Especificación	R ST. SN.
Cambios en el dibujo	Clasificación				.075 X I"			
Valuado: Fecha / Por	Primer plan	Tarjeta Núm. / No. Tarj.	Dist.		B II–H16–AI			
Proyectado: Fecha / Por	Cambios: Operación / Fecha / firma							

No. Oper.	OPERACIÓN	Precio	Por	RTG. SYM.	S/U	A.E.R.	Estac. trabajo	HERRAMIENTA	MÁQUINA
1	Ranura 1" ancho						15-1		
2	Pert y Emb.						15-1	Matriz 6908865 .096" Calib.	
3	Templado						Taller Herrm.	Depósito de herramientas para revisión de templado adecuado	
4	1a. Configuración						15-1	Matriz 6908865 Callib. FOR .218 ± .005 Insp. Esq. Dob.	
5	Configuración final						15-1	Matriz 6908865 Calib. FOR .130 ± .005	
6	Rectificación patas						15-1	Matriz 6908865 Calib. FOR .019 ± .002	
7	Inspección final antes del embarque								

Fig. 18-16

PLACA DE GARGANTA INSTRUCCIONES DE INSPECCIÓN

Djb. Núm. 8647954-2 Pieza Núm. ______ Cambio Núm. ______

1M11 CALIBRADORES	1M11 MEDIDAS
1. Compb. Frac. Dims. + 1/8"	1. Escala de 12"
R2A	
2. Plana dentro Tol. Escud. dent. Tol. Compb. rebabas	2. Escala y escuadra
1M11	
3. Comp. dim. corte 2"	3. Escala
4. Comp. radios 3/8 y 1/2"	4. Calib. de radios
5. Comp. 1.9/16 y 154 hilos	5. Broca de punto núm. 23 y escala
R2B	
6. Después de obtener una pieza s/dib. se toma plantilla para comp. el resto	6. Herram. de trazado e instrumentos
R2A	
7. Comp. rosca tald.	7. Calib. rosca macho (derecha) 6/32"
8. Comp. diám. tald. 9/32"	8. Broca de punto núm. 12

PLAN DE INSPECCIÓN

NIVEL MEDIO DE CALIDAD 2% DEFECTOS MÁXIMOS POR LOTES 5%

Tamaño lote	Tamaño primera muestra	Defect. toler. primera muestra	Tamaño segunda muestra	Defectos tolerables 1a. muestra más 2a. muestra
1-15	Todo lote	—	—	—
16-109	10	0	20	1
110-179	15	0	30	1
180-299	25	1	50	2
300-499	35	1	70	3
500-799	50	2	100	4
800-1299	75	3	150	5
1300-3199	100	3	200	8
3200-8000	150	5	300	13

NOTA: Seccionar lotes mayores de 8000 piezas

Núm.	VENDEDOR	Núm.	VENDEDOR
1		4	
2		5	
3		6	

Fig. 18-17

6. Los resultados de los cálculos se envían al jefe de sección de herramientas y al ingeniero proyectista; este último expide la aceptación, el rechazo o las recomendaciones para los cambios en la herramienta.
7. Cuando sean necesarios algunos cambios, se repetirá la rutina para la aprobación de la herramienta, hasta que sea aprobada para la producción.
8. Hasta que hayan sido aprobadas las 25 piezas producidas con la herramienta, el inspector colocará el V°B° en la etiqueta morada de la herramienta

la cual quedará archivada en la caseta de herramientas. La otra etiqueta de las piezas se archiva en la oficina del inspector.

18.20 Modo de falla, efecto y análisis de criticalidad

La frecuencia con que ocurren las fallas es la medida de la confiabilidad de un equipo. Mientras mayor sea la frecuencia de falla, será menos confiable el equipo. De esta forma, la tasa de falla es una función de frecuencias; estadísticamente es relativa al número de fallas que se esperaría que ocurriera en un gran número de ciclos, o en un periodo grande, o en un gran número de artículos.[15]

El modo de falla, efecto y análisis de criticalidad (MFEAC) se ejecuta normalmente en las primeras etapas del diseño de un nuevo producto, preferiblemente al mismo tiempo que la revisión preliminar del diseño. Esencialmente, examina todas las formas en que pueda ocurrir la falla de un componente —falla catastrófica, falla parcial, o desgaste de cada componente. Es por eso la base para la revisión de la acción ya tomada o planificada para compensar estos casos. El modo de fallo (como un interruptor atorado en la posición *encendido*) y el grado de negligencia del usuario también se consideran.

El primer paso es identificar los componentes críticos medidos por la seriedad de falla potencial hacia el producto, hacia el usuario o hacia los espectadores, aunque muchos otros factores pueden contribuir a la designación crítica. Por ejemplo, la falla del componente puede ocasionar que otros componentes fallen, o el componente puede ser un artículo de una sola fuente —o un artículo de vida limitada— o uno difícil de mantener o reemplazar. El componente puede estar usándose extensamente en todo el producto, o puede ser uno sin un historial probado de confiabilidad.

El análisis incluye tanto el mecanismo de falla (la causa de la falla) como el modo de falla (la reacción del componente al mecanismo de falla). También incluye el medio por el cual se indica y/o detecta la falla; el efecto inmediato así como el efecto final de la falla del componente en el desempeño del sistema; y el efecto sobre la producción (es decir, si la reparación debe ser inmediata, o si puede hacerse más tarde en un ciclo fuera del trabajo). También identifica cosas como los artículos hardware que deben retirarse para llegar al componente de falla, las herramientas especiales necesarias para repararlo o reemplazarlo y el tiempo de reparación estimado.

El análisis normalmente se documenta en forma de tabla, con enlistados de cada componente. La Fig. 18-5, mostrada anteriormente, es un ejemplo. La primera columna enlista sólo aquellos componentes que cumplen con los requisitos de la clasificación crítica. El modo de falla posible y la causa de falla se anotan entonces en la columnas segunda y tercera. Las siguientes tres columnas muestran los diferentes factores de peso que se asignarán —P, para probabilidad de ocurrencia; D, por probabilidad de daños, y S, para la seriedad del fallo. En algunos análisis MFEAC, cuando para algún artículo dado el producto de $(P) \times (D) \times (S)$ es igual o mayor a 9, el artículo se reconoce como crítico. Las dos últimas columnas describen los efectos de falla y cómo puede eliminarse ésta a través de la prevención sugerida y/o la acción correctiva. Esto sirve como guía para minimizar el número e importancia de las partes críticas.

En los casos en que no pueden eliminarse partes críticas, el departamento de ingeniería de calidad debe establecer en la planificación del proceso un control del proceso muy estricto, así como la inspección y pruebas para estos artículos. Donde sea posible, debe hacerse y mantener al día, conforme se requiera, una lista de componentes críticos por números de partes, con la descripción de cada modelo y una lista maestra por número de partes, por orden numérico. Con base en esta lista, se deben tomar provisiones para medios adecuados de seguimiento de todos los componentes críticos, en caso de necesidad. (Se da una discusión de seguimiento en el Cap. 20).

18.21 Estudios de seguridad

En el control del nuevo diseño, se realizará un análisis del producto, desde un punto de vista de seguridad, para identificar fuentes de peligro y su posible interacción con los usuarios y con el ambiente. Este análisis permite una seguridad sobre la frecuencia y severidad de daños posibles, siempre tomando en cuenta los usos intencionados del producto y el razonable mal uso. También permite la identificación de componentes alternativos o diseños de producto terminado que pudieran reducir los riesgos de daños. Las alternativas deben ser evaluadas con igual cuidado, incluyendo características de desempeño reducidas o conveniencias posibles. Cuando estas últimas se sacrifican hasta un grado inaceptable para el cliente, algunas veces resultan mayores peligros inherentemente.

Un enfoque representativo para identificar y evaluar peligros del producto está en el diagrama de la Fig. 18-18. La Fig. 18-19 proporciona luego una lista breve de algunas fuentes comunes de peligro y los peligros asociados.[16]

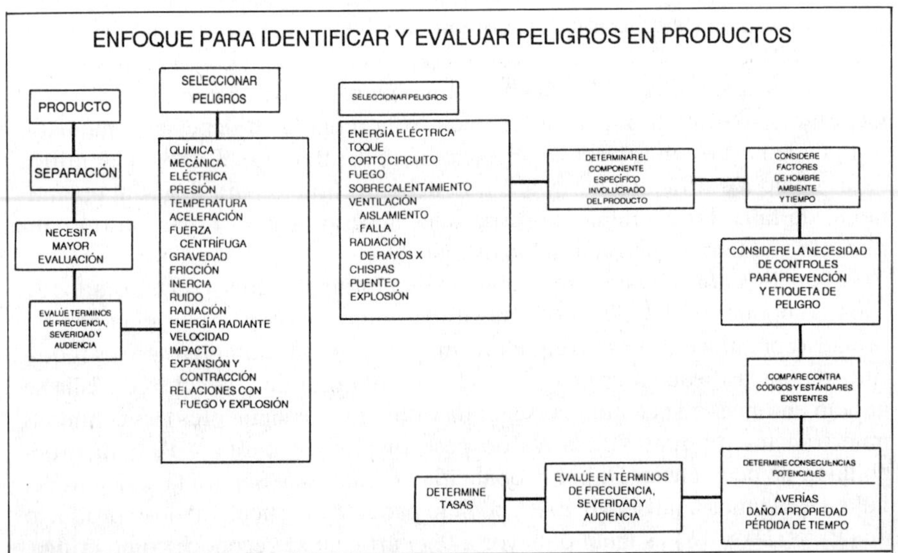

Fig. 18-18 Publicado con autorización de M. F. Biancardi; reimpreso en "Safety in the Marketplace — A Program for the Management of Product Safety", U. S. Government Printing Office, Washington, D. C.

LISTA DE ALGUNOS PELIGROS	
Químicos	1. Corrosivos para animales, plantas y materiales 2. Toxicidad por inhalación, absorción por la piel, ingestión 3. Inflamables 4. Pirofóricos 5. Explosivos 6. Sensibles a impacto 7. Oxidantes 8. Fotorreactivos 9. Reactivos al agua 10. Formadores de peróxidos 11. Carcinógenos 12. Desintegradores
Ruido (presión)	1. Alta intensidad 2. Alta frecuencia 3. Impulsivos 4. Vibración
Radiación	1. Emisor alfa 2. Emisor beta 3. Emisor de rayos-X 4. Emisor gamma 5. Emisor de neutrones
Energía radiante (electromagnética o no-ionizada)	1. Emisión UV 2. Emisión de luz visible 3. Emisión infrarroja 4. Emisión de microondas 5. Emisión de ondas radiales

Fig. 18-19 Publicado con autorización de M. F. Biancardi; reimpreso en "Safety in the Marketplace —A Program for the Management of Product Safety ", U. S. Government Printing Office, Washington, D. C.

Los estudios de seguridad toman muchas formas, dependiendo del producto y de la situación de aplicación —que va desde la seguridad del producto para el consumidor, hasta estudios de seguridad de estabilidad aeroespacial. Un ejemplo a gran escala es la extracción de petróleo y gas en el banco de arena continental noruego, una actividad en donde las consideraciones de seguridad son primordiales. Para la protección de varios miles de personas que trabajan en plataformas móviles y fijas en el Mar del Norte, se desarrolló un programa fuera de la costa de seguridad y prevención por varias compañías petroleras, institutos de investigación, empresas de ingeniería y proveedores.[17]

El objetivo básico de este programa ha sido mejorar el conocimiento y comprensión de las circunstancias conectadas con la actividad petrolera para aumentar el nivel total de seguridad y preparación para situaciones críticas. En efecto, el programa se ha diseñado para asegurar que las actividades petroleras se efectúen de acuerdo con los mismos principios de seguridad que se observan en otras áreas de alta tecnología, como en la industria aeroespacial, plantas nucleares de poder y aeronaves comerciales.

El programa trata asuntos como asesoramiento de riesgo total de las actividades fuera de la costa; comportamiento humano y relaciones humanas en el ambiente fuera de la costa; soluciones técnicas específicas, incluyendo procedimientos, carga y control, y preparación para situaciones críticas. Está interesado en consideraciones específicas de seguridad, como buceo y operaciones bajo el agua, control de fuentes de peligro, fuego y explosiones, transporte de personal y equipo de perforado y producción, así como del asesoramiento de las estructuras y fundamentos de las mismas plataformas.

18.22 Aspectos prácticos del control del nuevo diseño

Entre los principales beneficios que se pueden lograr en una planta con los programas de control del nuevo diseño presentados en este capítulo, se encuentran los siguientes:

1. Una administración más eficaz del programa coordinado del plan del sistema de calidad.
2. Empleo de métodos técnicos más eficaces para controlar los nuevos productos que se diseñen.

El primero de estos beneficios corresponde a la administración. Por tanto, será un beneficio cuyo valor tomará algún tiempo comprobar. Este hecho representa el principal problema que deben afrontar los proponentes del control de calidad que deseen instituir el control del nuevo diseño en una planta.

Estos proponentes de calidad, al explicar y tratar que el personal de la compañía "adquiera" los últimos resultados del procedimiento indispensable del control del nuevo diseño, pueden encontrar una considerable resistencia pasiva. Esta resistencia se manifestará con la declaración: "no presenta ninguna novedad este programa —todo ese trabajo ya lo estamos haciendo. Estamos interesados en la objetividad de los nuevos métodos técnicos para realizar el objetivo del control del nuevo diseño".

Para lograr la introducción del control del nuevo diseño en condiciones generales de esta clase, no hay mejor sustituto que los resultados prácticos. Con estos resultados se elimina la resistencia pasiva y se presenta un hecho real a quienes ponen en duda el valor del programa; el control del nuevo diseño *sí* aporta algo nuevo y necesario únicamente con su papel de elemento administrativo, que enlaza entre sí las prácticas ya existentes, independientemente de sus métodos estadísticos, de sus fabricaciones piloto, o de programas para herramientas y matrices.

Los que apoyen el control de calidad pueden fallar en alcanzar su objetivo del control del nuevo diseño, si permiten que estos métodos técnicos se agreguen en forma aislada a la multitud de actividades de un control sin coordinación que ya puedan existir en la fábrica. El propósito del control del nuevo diseño —planificación integral de la calidad y seguridad para nuevos productos— se puede lograr, fuera de cualquier otro medio, por la integración administrativa de *todas* las actividades del control de diseño en la planta. Los nuevos métodos técnicos se pueden agregar a este programa conforme se vayan necesitando *después* de haber sido organizados.

Se pueden presentar otros varios problemas prácticos a causa de los objetivos administrativos del control del nuevo diseño. Por ejemplo, existe un problema muy delicado de organización para minimizar la fricción entre los que participen en un programa bien organizado de control de nuevo diseño. El personal técnico —ingenieros de diseño, ingenieros de manufactura, técnicos del laboratorio— serán los individuos clave en el programa, ya que son ellos los que tienen la responsabilidad directa de los elementos importantes del programa del control del nuevo diseño. Desde luego que sus actividades al respecto están respaldadas por los componentes del control de calidad, quienes son responsables de la integración de estas actividades, pero no de las responsabilidades de su personal técnico. Una perfecta organización, una administración experimentada y armonía entre el grupo de trabajo de los ingenieros y gerentes de calidad son esenciales para lograr el trabajo de equipo requerido para el cumplimiento perfecto bajo la necesaria, pero delicada, organización de un plan para un control del nuevo diseño eficaz.

Debe señalarse un problema administrativo algo diferente. Se refiere a la constante vigilancia que se requiere del personal de control de calidad para mantener la rutina dentro de la fábrica del control del nuevo diseño, una vez que haya sido establecida.

En ocasiones, se emprenden en una fábrica muchos diseños de productos nuevos, bajo cierta presión; pues hay necesidad de colocar el producto en el mercado lo más pronto posible. Se usan todos los medios expeditos y se eliminan obstáculos posibles, a fin de acelerar la producción de nuevos artículos. Pero siempre se presentarán elementos vulnerables de la rutina del control del nuevo diseño en estos forzados procedimientos expeditos —análisis de confiabilidad, pruebas en el terreno, pruebas sobre muestras representativas, control sobre herramientas y matrices, y las fabricaciones piloto.

Periódicamente, la organización del control de calidad podrá solicitar la eliminación de parte de esa rutina, a fin de ayudar a la expedición de un producto "realmente urgente". Según las circunstancias del caso, será posible la eliminación de parte de los programas de control del nuevo diseño para determinados productos; en cambio, para otros productos, esas circunstancias harán que la eliminación resulte imposible.

Cuando se insista en la eliminación de parte del programa para estos últimos productos, será necesario, en casos extremos, que el gerente de control de calidad lo haga del conocimiento de la junta directiva de la compañía. Indiscutiblemente que el último esfuerzo para proseguir el programa del control del nuevo diseño dependerá directamente del apoyo que preste la dirección general de la compañía para el programa de calidad.

No cabe duda que los integrantes del departamento de control de calidad hacen una de las mayores contribuciones saludables para la compañía, al oponerse a que se expida un producto cuya calidad aún no esté bien establecida para una producción en forma. Ya sea para productos industriales, de consumo o de defensa, siempre debe estar presente el esfuerzo de ir al mercado con nuevas características más rápido que la competencia; los lanzamientos de producción prematuros han arruinado la aceptación del cliente para varias compañías sin los procedimientos adecuados de nuevos diseños. Sin embargo, como se explicó anteriormente en ese libro, el objetivo primario, orientado a la prevención de la rutina del control del nuevo diseño, debe ser el ayudar al desarrollo expedito de nuevos diseños de alta calidad que "peguen" en el mercado, en vez de retrasar el lanzamiento de un nuevo diseño debido a mala calidad.

Para ciertos productos "urgentes", algunas plantas elaboran rutinas especiales que logran el objetivo de la calidad planificada, pero que comprenden un programa mucho más concentrado de actividades del control del nuevo diseño del que pueda ser necesario en condiciones normales. Esta rutina podrá ser muy buena, pero trae consigo costos elevados. Tanto los integrantes del departamento de control de calidad, como el gerente general de la fábrica deberán aprobar esta rutina para determinado producto, y deberá usarse únicamente en casos muy especiales.

Se han establecido, en algunas compañías, rutinas especiales de control del nuevo diseño para fines un poco diferentes. Estas plantas, que ya tienen establecidas sus rutinas para el control del nuevo diseño para los productos nuevos que se presenten a la fábrica, quieren obtener beneficios de estas actividades para aplicarlos a los diseños anteriores que actualmente tienen en producción.

Para el efecto, utilizan los elementos más apropiados del programa del control del nuevo diseño, para revisar sus diseños anteriores. Las técnicas del control del nuevo diseño, como el análisis de confiabilidad, frecuentemente producen resultados muy buenos en programas de esta clase, ayudando a mejorar la calidad de los diseños anteriores que se estén revisando.

Los problemas prácticos a los que deben enfrentarse los integrantes del departamento de control de calidad de una planta no siempre presentan dificultades para el establecimiento de los aspectos administrativos de un programa de control del nuevo diseño. También se encontrará con problemas para juzgar hasta dónde es posible extenderse al introducir actividades técnicas adicionales del control del nuevo diseño.

La decisión será una consideración económica a largo plazo. Las actividades del control del nuevo diseño en una planta se deberán establecer en una extensión en que los gastos de las operaciones se justifiquen con el valor recuperado al hacer mínimos los rechazos dentro de la fábrica, en obtener la máxima aceptación de la calidad del producto por parte del consumidor, en promover la unidad entre los grupos funcionales de la fábrica. Este valor se podrá juzgar por la influencia de la planificación de la calidad sobre la economía de la planta, durante un largo periodo, y no por los efectos diarios de los datos de costos de calidad.

En algunas compañías, los interesados en el control de calidad pueden y deben justificar la gran extensión de las actividades del control de diseño. Sin embargo, se debe reconocer que habrá algunas plantas en las que resulte antieconómica la concentración de esfuerzos adicionales en el control del nuevo diseño para estos casos; otras tareas de control de calidad podrán garantizar esta reducción.

Existen algunas plantas, por ejemplo, en las cuales ha evolucionado un programa bien desarrollado de control del nuevo diseño a través de los años, sin que por esto exista un plan firme en la compañía. Puede suceder que a este programa no se le reconozca como una de las actividades del control de calidad; las rutinas seguidas no se podrán expresar en la forma usual del control de calidad. El personal interesado en este programa podrá presentar cierta resistencia para aceptar o mostrar algún interés en los aspectos, ya sean administrativos o de los métodos técnicos, del programa propuesto para control del nuevo diseño.

Esta situación se puede presentar efectivamente en los talleres a destajo, en los cuales se ha tenido la necesidad de desarrollar programas de control del nuevo diseño para preservarse a sí mismos durante la iniciación de los trabajos en la fábrica. En estas situaciones, una gran prudencia puede ser la política de los interesados en control de calidad. La mayor publicidad que se ha hecho al control del nuevo diseño está orientada hacia los programas de los productos fabricados en masa. En esta publicidad se ha incluido el "relato de sucedido" con métodos técnicos muy desarrollados y muy especializados.

Por otra parte, se podrán alcanzar objetivos en la planificación de la calidad, con métodos menos pulidos, pero igualmente satisfactorios para un taller con trabajos a destajo. En este caso, el rápido cambio de manufactura de artículos haría demasiado costoso el desarrollo de técnicas muy especializadas, como aquellas a las cuales se les dio publicidad en conexión con las producciones en masa.

En las plantas que confrontan esta situación, el personal de control de calidad tiene que asegurarse a sí mismo de que los métodos técnicos que propongan merezcan la confianza de poder satisfacer por sí solos los objetivos del control del nuevo diseño, haciendo a un lado todo "adorno" que pueda acompañar la instalación de estos métodos. El personal de control de calidad se asegurará de que no están promoviendo nuevos método técnicos, únicamente porque éstos parecen ser necesarios para un "programa completamente bien presentado para control del nuevo diseño".

Por tanto, los miembros del departamento de control de calidad deben asegurarse de que los métodos y técnicas que propongan sean los que mejor se adapten a las necesidades particulares de la planta, haciendo a un lado a los que aparezcan como buenos sólo en el papel.

Puesto que, en toda industria, los programas de control del nuevo diseño reflejan este esfuerzo de adaptar las formas de rutinas empleadas, a las necesidades de cada planta, estos programas tomarán diferentes formas. Las actividades que les acompañan se pueden desarrollar en modos distintos. A continuación se presentan cinco ejemplos de actividades del control del nuevo diseño, tal como se han aplicado en la industria.

1. En la Sec. 18.23 se presenta la aplicación de un método técnico particular –fabricaciones piloto– como parte de un programa de control del nuevo diseño.
2. La Sec. 18.24 documenta, entonces, desde un punto de vista organizativo y de relaciones humanas, un ejemplo de trabajo en equipo entre ingeniería de diseño e ingeniería de calidad, en un proyecto de detección de navíos bajo contrato gubernamental.
3. La Sec. 18.25 describe los procedimientos de calificación de pruebas en equipo de telecomunicaciones.
4. La Sec. 18.26 describe pruebas de confiabilidad en equipo electromecánico.
5. La Sec. 18.27 describe el programa general de control de nuevos diseños, establecido para la planificación de calidad de un nuevo interruptor electromecánico.

18.23 Fabricación piloto para determinar las especificaciones de resortes

Como parte del programa, en la fabricación piloto de un nuevo producto mecánico, se enfocaba la determinación de las especificaciones que se deberían establecer para la tensión de un resorte de suspensión, para sus pruebas finales antes de su embarque. Se precisaba determinar el límite superior de tensión para este resorte.

El ingeniero diseñador deseaba establecer este límite superior durante el desarrollo del programa de fabricación piloto de este artículo nuevo. La fabricación piloto se realizó con las unidades manufacturadas con los actuales medios de producción.

Se tomaron los datos de la tensión del resorte sobre los primeros 100 montajes armados durante la fabricación piloto. Todas las unidades funcionaron a satisfacción. La Fig. 18-20 presenta la distribución de frecuencias de los datos tomados sobre la tensión del resorte en estas unidades satisfactorias.

Con esta información, el ingeniero diseñador trazó una gráfica en una hoja de probabilidades, la cual se presenta en la Fig. 18-21. A partir de esta gráfica

TENSIÓN EN GRAMOS	MARCAS
7	X X X X
8	X X X X X X X X X X X
9	X X X X X X X X X X X X X X X X X
10	X X X X X X X X X X X X X X X X X X X X X X X X X X X X X X X X X X X X X
11	X X X X X X X X X X X X X X X X
12	X X X X X X X X X
13	X X X X X X

Fig. 18-20

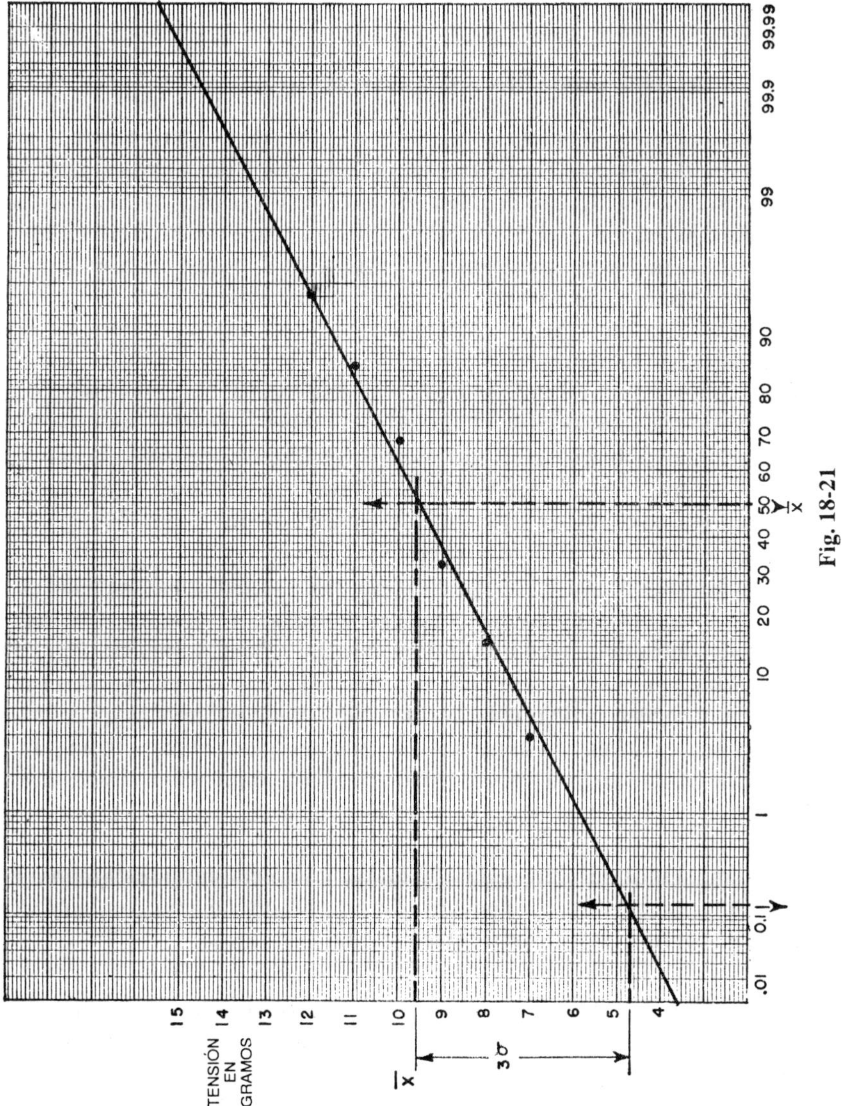
TENSIÓN
EN
GRAMOS
15
14
13
12
11
10
9
8
7
6
5
4
$\bar{X}$
3σ
.01
0.1
1
10
20
30
40
50
60
70
80
90
99
99.9
99.99

Fig. 18-21

y con los cálculos correspondientes, estuvo en posibilidad de establecer un límite superior de 15 g para la tensión del resorte.

Los resultados durante la producción de este nuevo dispositivo indicaron que dicho límite superior era favorable para la producción de artículos de calidad satisfactoria.

18.24 Ejemplo de trabajo de equipo calidad/diseño

Una empresa de Nueva Inglaterra obtuvo un contrato de la Marina para desarrollar un avanzado concepto de matrices para la detección de navíos en altamar. El proyecto presentaba algunos problemas únicos y difíciles en los controles de diseños y montaje, así como un estricto desempeño y requisitos de confiabilidad —todo dentro de un escaso programa de entrega en 9 meses y con un presupuesto muy reducido—. El primer movimiento de la gerencia para empezar el proyecto fue escoger un ingeniero de calidad como miembro permanente del equipo de diseño de la planta.[18]

La primera responsabilidad de este ingeniero de calidad fue generar un plan de calidad; tenía que incorporarlo al montaje en proceso, los pasos en las pruebas y la inspección. Sobre todo, el ingeniero tenía que mantenerse flexible, ya que esto era un programa de desarrollo: por ejemplo, sólo estaban disponibles fotografías en vez de dibujos para algunos montajes de nivel bajo.

La siguiente responsabilidad del ingeniero fue preparar las instrucciones de inspección para cada montaje, incluyendo las que deberían armarse en las instalaciones de manufactura y las que se armarían en las instalaciones de ingeniería. También debía desempeñar otras funciones de calidad normales: preparar instrucciones para inspección de recibo, revisión de los procedimientos de prueba, testimoniar la vigilancia de pruebas y calidad de los laboratorios de ingeniería, etc. Como miembro del grupo, la posición del ingeniero de calidad era un tanto única; cualquier requisito de acción correctiva para las condiciones discrepantes que el ingeniero pudiera reconocer estaban autodirigidas. Entre los problemas encontrados estaban los siguientes.

No existían medios para proteger a la matriz completa durante el montaje, tránsito o almacenamiento. El ingeniero de calidad diseñó una combinación montaje/carga/charola de transporte que ejecutara el trabajo.

Era difícil extender el cable de la matriz con precisión, debido a la combinación de alambre extrafino y unos contactos demasiado toscos. El ingeniero diseñó un dispositivo especial para separar los cables.

Las instrucciones del proceso carecían en muchas operaciones del cable de la matriz, de pizarras electrónicas y de otras operaciones intrincadas de montaje. Los miembros del equipo de calidad los desarrollaron.

Al acercarse la fecha para las pruebas en el mar y al estrecharse los horarios, existía la necesidad de que alguien se responsabilizara del montaje y pruebas de los aparejos y electrónica de la matriz. El ingeniero se ofreció voluntariamente.

No se disponía de un procedimiento para la secuencia y método de cargar la matriz a los tubos de despliegue. Lo que hubiera podido ser una operación de tipo de prueba y error fue cuidadosamente organizado en procedimientos por el ingeniero de calidad y aprobada por el ingeniero del proyecto. Varios problemas en el diseño —uno de los cuales ocasionó una retracción temporal— se resolvieron con las recomendaciones del ingeniero de calidad.

El resultado de esta implicación de la calidad en un programa de desarrollo de ingeniería fue totalmente satisfactorio. El sistema se probó a tiempo en el mar, se desplegó con éxito en el primer intento y funcionó perfectamente, sin ninguna falla en el sistema. La gerencia de la planta asentó estos resultados positivos como procedentes de otros tres factores. Primero, el compromiso venía desde arriba y el personal implicado estuvo al tanto de este hecho. Segundo, el gerente del programa ayudó a reforzar los controles establecidos por el control de calidad. Tercero, el ingeniero de calidad elegido para el equipo tenía no sólo las habilidades necesarias sino también las características personales que lo hacían un miembro del equipo especialmente eficiente.

18.25 Ensayo de nuevos productos

El control de calidad de productos nuevos, al final de la fase de desarrollo y antes de que se envíen al campo, es una actividad en particular importante del programa de calidad. Si no se identifican rápidamente y se corrigen, los problemas de calidad que aparecen en cualquier producto nuevo pueden cambiar rápidamente las utilidades presupuestadas de un fabricante en pérdidas, si las unidades tienen que ser devueltas y reajustadas; y aun cuando la situación sea menos extremista, existe el riesgo de una pérdida muy real de la buena voluntad del cliente. No hay nada nuevo con respecto a este problema, pero ahora se ha intensificado con las presiones competitivas, que reducen el tiempo posible para desarrollo de nuevos productos, y exigencias en el precio que obstruyen el sobrediseño y el uso de márgenes de seguridad amplios.

Para minimizar estos problemas, un fabricante mundial de productos para telecomunicación introdujo un nuevo procedimiento para probar las calificaciones de un nuevo producto, intercambios electrónicos de teléfono y, un subsistema clave, las computadoras que los controlan.[19] El propósito de este programa de pruebas no era el descubrir lo que estaba mal en el producto, sino dar la seguridad que el producto estaba totalmente bien —fundamentalmente un enfoque muy distinto. Para este fin, sólo aquellas muestras que se esperaba que pasaran eran enviadas para la prueba de calificación por el equipo de desarrollo.

El instituir e implementar los procedimientos de las pruebas de calificación eran esfuerzos conjuntos del personal técnico y de calidad de la empresa, quienes trabajaron juntos en los estándares para las pruebas de calificación de varios cientos de productos y luego pusieron a actuar estos estándares. Una parte importante del programa fue el adiestramiento de los gerentes técnicos y del programa de calidad, y de los ejecutivos principales en las pruebas de calificación. Estos dos cursos se dieron a cientos de ejecutivos e ingenieros.

Entre los puntos importantes de las políticas y procedimientos de calificación estaban los siguientes.

1. Se aclaró que las pruebas de calificación no eran una investigación "abierta". En esta aplicación, su propósito era una prueba de conformidad a requisitos específicos. El personal técnico fue designado para lanzar formalmente una especificación de producto y una especificación para prueba de calificación.
2. Aunque algunas de las pruebas hubieran podido ser ejecutadas por personal técnico, todas deberían ser controladas por el departamento de control de calidad por objetividad y conformidad a especificaciones. El departamento de control de calidad escribió los reportes formales de las pruebas de calificación para el gerente general. Estos reportes eran cortos, comprensibles y daban al gerente la seguridad de que las pruebas se ejecutaban apropiadamente.
3. Ningún producto nuevo podía pasar al cliente sin antes haber pasado a través de su calificación del producto.

18.26 Pruebas de confiabilidad

Para ser totalmente eficiente, es esencial que el programa de confiabilidad para un diseño nuevo mida la confiabilidad del producto en diferentes etapas de su ciclo de desarrollo. Esto hace posible el conocer la confiabilidad potencial del diseño del producto, la confiabilidad del producto durante el proceso de producción y la esperanza de vida de las partes que probablemente se desgastarán primero en un producto. Una vez que se conocen los factores que controlan la confiabilidad, es posible que la confiabilidad del producto pueda ser subsecuentemente mantenida en un nivel aceptable.

Un fabricante de equipo de procesamiento de datos cumple con este requisito con un programa que involucra pruebas de madurez de diseño, pruebas de madurez de proceso y pruebas de vida.

Estos programas de pruebas se fijan con bastante anticipación, de forma que las mejoras en la confiabilidad puedan integrarse al logro de embarques de grandes volúmenes. Si se reconoce que el personal necesario para reparar máquinas que fallaron, y encontraron una acción correctiva permanente exceden por mucho al personal necesario para recopilar y analizar estos datos, existe un fuerte énfasis en esta empresa sobre lo último.

Prueba de madurez del diseño

Esta prueba mide el tiempo medio entre fallas (TMEF), como se explicó anteriormente en el Cap. 17, para un producto nuevo antes de que se le envíe a producción en masa. Generalmente, se considera como una falla a cualquier malfuncionamiento que evita que el producto desempeñe su función de acuerdo con la especificación, especialmente cualquier cosa que necesitara una llamada de servicio al campo. El TMEF puede ser un indicador de los problemas de diseño residuales que permanecen en el diseño del producto.

La prueba normalmente se conduce cuando los primeros prototipos se han terminado y revisado hasta la satisfacción del ingeniero de diseño. Está a cargo del departamento de ingeniería de confiabilidad, cuya responsabilidad es operar el equipo y registrar y analizar los datos. La ingeniería de productos proporciona apoyo técnico estrecho durante la prueba.

La prueba se ejecuta al operar funcionalmente las pruebas de muestra para similar el uso real que realizará el cliente durante un periodo prolongado (normalmente 2 a 4 meses). Al observarse y registrarse las fallas, se clasifican de acuerdo con su similitud (es decir, síntoma, modo de falla, tiempo o causa ambiental). Se gradúan entonces las fallas similares en frecuencia decreciente de ocurrencia. Esto establece un orden de prioridad para eliminar las causas. Después de que se ha encontrado la raíz de la falla y se ha tomado acción correctiva, la operación modificada o reparada de las pruebas muestra proporciones de una verdadera evaluación a lazo cerrado de la eficacia del cambio. Si se repite esta secuencia, el diseño o las pruebas de muestra se mejoran hasta que el TMEF medido cumpla con la especificación.

Los datos de pruebas se registran de forma que proporcionen un registro narrativo continuo de la secuencia de los eventos que ocurren en cada prueba de muestra, junto con las condiciones ambientales y el tiempo total de la prueba. La Fig. 18-22 es un ejemplo de un reporte de fallas.

Prueba de madurez del proceso

Esta prueba consiste en mantener encendidas por 96 horas las primeras 120 unidades de producción. Está diseñada específicamente para asegurar que el diseño del producto que fue calificado por la prueba de madurez del diseño y del proceso que lo produce están ahora calificados. Los datos referentes a las fallas observadas se toman y analizan de acuerdo con un procedimiento establecido para producir una presentación gráfica de la tasa de fallas contra el tiempo. De esta forma, pueden determinarse un fin económico de encendido y el TMEF del producto en el punto de embarque. Un valor medido para EMBARQUE TMEF permite una proyección exacta de la garantía y costos de servicio. Si el TMEF del producto es mayor a 3000 h, y si él y su proceso se aproximan a la madurez, puede ser necesario conducir una pequeña demostración adicional de confiabilidad para verificar que se ha logrado el TMEF especificado.

La prueba se conduce al inicio de la producción cerca del área de prueba final. Es una extensión del encendido normal programado del producto, y se ejecuta bajo las mismas condiciones. El departamento de calidad del producto conduce la prueba, interactuando con los de diseño y manufactura, para hacer los cambios que mejoren el diseño del proceso. Ingeniería de confiabilidad proporciona consultas.

Cada unidad en la prueba se opera con un programa de diagnóstico o ejercicio que simula razonablemente el uso por parte del cliente. Las fallas se registran precisamente durante los marcos de tiempo prescritos fijados para la prueba. La tasa promedio de fallos para cada marco de tiempo se calcula y grafica para producir una presentación gráfica del inicio de la curva de bañera (ver Cap. 17). La longitud del encendido requerido para producir unidades con una tasa de fallas aceptablemente baja se establece en esta curva inicial. El recíproco de la tasa de fallas alcanzada al final de la prueba proporciona el

Resumen de reporte de fallas

Número de serie ____________
Número de problema __________

Cuándo se observó la falla: Fecha ________ Tiempo ________
Cuándo ocurrió la falla: Fecha ________ Tiempo ________
Cuándo se reinició: Fecha ________ Tiempo ________

Observaciones de fallas: ______________________________

LLene los siguientes puntos, si se aplica (encierre en círculo):

Col. # ______

1. Posición impresora		Izquierda	Derecho	
2. Pérdida de posición		Izquierda	Derecho	
3. Fusible fundido		Centro	Izquierda	Derecha
4. Condición del motor		Caliente	Tibio	Frío
5. Papel prensado		Izquierda	Derecho	
6. Carrete		Sí		
7. Estado de línea		Ajuste		
8. Calidad de impresión		Malo		
9. Codificador:	Revisado	Bueno	Malo	
	Ajustado	No		
10. Listón:	Alimentando	Izq.	Derecho	
	Regresando	Sí		
	Pivote contra sensor			
	Doblez de sensor			

Acción correctiva: ______________________________

Fig. 18-22

TMEF del producto al embarque. Se conducen mayores análisis para fraccionar los diferentes tipos de fallas en categorías generales y en modos específicos, como base de la acción correctiva.

Pruebas de vida

Esta prueba mide la esperanza de vida de los componentes de una unidad. El tiempo de falla se mide sobre un número de muestras, de forma que el TMEF y la distribución de cada modo de falla observada puedan determinarse. En estas pruebas de vida, se hace una distinción entre TMEF y el TME, como se explicó anteriormente en el Cap. 17. Cuando se conocen los parámetros que determinan la distribución de modos particulares de falla por desgaste, se puede estimar la esperanza de vida del componente a varias fallas porcentuales acumuladas.

La prueba de vida se ejecuta después que el producto ha demostrado que su diseño es confiable al ser manufacturado. El productor habrá completado ya exitosamente las pruebas de madurez de diseño y proceso, y estará bajo producción controlada. En este punto, el producto habrá acumulado más de 10 000 horas por unidad de pruebas con más de 800 horas de operación en varias muestras. El producto no tendrá problemas obvios de fallas por desgaste prematuro.

Las pruebas de vida se conducen en lotes de muestra relativamente pequeños (de cinco a nueve unidades cada uno) elegidos aleatoriamente de una producción que ha probado ser confiable y estar bajo control. Los departamentos de ingeniería manufactura y control de calidad trabajan juntos para ejecutar estas pruebas.

Al analizarse los datos de las pruebas, se retienen todas las partes y conjuntos que fallaron. La menor unidad reemplazable en la que ocurriera una falla se analizará para determinar si el mecanismo de falla fue aleatorio o dependiente del tiempo. Si ocurriera un mecanismo de falla sistemático relacionado con el diseño, se corregirá por una orden de cambio de ingeniería. La autopsia de la falla proporciona la forma más confiable de entender diferentes mecanismos, de forma que las fallas puedan separarse en clases apropiadas.

Cuando todas las pruebas están completas, se prepara un reporte final, incluyendo todos los datos tomados y los análisis ejecutados. Incluye conclusiones como el mínimo de esperanza de vida de los componentes del producto, identificación de los componentes que requieren cambios en el diseño para mejorar la esperanza de vida, identificación de las refacciones usadas con mayor frecuencia, ajuste periódico y mantenimiento requerido, pero no descrito en los manuales, ajustes y mantenimiento que deberían eliminarse al mejorar el diseño y costos de mantenimiento proyectados con base en la experiencia de las pruebas.

Resultados de confiabilidad

Entre los muchos efectos benéficos obtenidos por esta empresa como resultado de su programa de confiabilidad, la administración contó los siguientes entre los más importantes.

1. La actividad de orden de cambio de ingeniería se ha minimizado y concentrado al inicio del programa.
2. Los problemas potenciales en el diseño y en el proceso de manufactura pueden identificarse rápidamente y pueden evitarse por medio de la planificación anticipada.
3. La confiabilidad unitaria se conoce y controla desde el inicio, eliminando la necesidad de programas apresurados de mejoras a la confiabilidad.

4. El cambio de ingeniería a manufactura se ejecuta rápidamente, minimizando el apoyo de ingeniería, de forma que los ingenieros quedan libres para ser asignados al desarrollo de un nuevo producto.
5. Los procesos implicados en la producción del producto se han hecho rutinarios y bien entendidos, permitiendo la concentración en la eficiencia.
6. Los clientes están recibiendo unidades confiables. Las ventas han aumentado.
7. La logística de entrenamientos, servicio al campo y refacciones han mejorado.

El programa de pruebas se fija con bastante antelación; si no se programa desde el principio, las mejoras necesarias resultantes para el producto ocasionarán un retraso en el logro anticipado.

18.27 Programa completo de control del nuevo diseño en un nuevo interruptor electromecánico

Al presentarse el problema de diseñar un nuevo interruptor electromecánico mejorado y a fin de auxiliar a la compañía para enfrentarse a los competidores y obtener al mismo tiempo un producto de alta calidad, se obtuvo un gran beneficio con las rutinas del control del nuevo diseño en una fábrica del Este.[20] Las etapas de esta rutina, en la forma como se aplicaron para este nuevo interruptor, se dan a continuación.

Establecimiento de las normas de calidad

El primer paso para el establecimiento de las normas de calidad para este nuevo interruptor consistió en la evaluación del producto. Se hizo la comparación con los interruptores anteriores, respecto a sus características mecánicas y eléctricas, las facilidades para su separación y las facilidades para su inspección y servicio. Se verificaron pruebas de vida mecánicas y eléctricas sobre diversas muestras de cada clase de interruptores empleados para este estudio, y se hizo, además, un cuidadoso análisis sobre otras características. Como resultado, se obtuvieron datos objetivos sobre la confiabilidad mecánica y eléctrica y además una lista de otras peculiaridades necesarias para la calidad requerida en el nuevo interruptor.

La gran experiencia de que se disponía en la fábrica, debido a las actividades anteriores en control del nuevo diseño, fue la segunda fuente para establecer las normas de la calidad. Con esta experiencia en mente, los diseñadores se apartaron de los modelos que más tarde pudieran presentar dificultades. Esto los condujo hacia nuevas normas de calidad, derivadas del conocimiento logrado con los errores y fallas anteriores o logradas de la experiencia especializada en la aplicación de otros modelos de interruptores. Se estudiaron las experiencias de tipo similar editadas bajo la forma de diferentes normas; estas normas contenían muchos requisitos derivados del resultado de experiencias para la obtención de piezas componentes de alta calidad, como las cajas de interruptores y los contactos. Por lo general, éstas están expresadas en forma de datos como elevación de temperatura, régimen eléctrico o requisitos para las pruebas.

La tercera fuente para el establecimiento de las normas de calidad tuvo como origen el desarrollo de nuevos materiales, de nuevos procesos y de la comprensión de la teoría de operación electromecánica de los interruptores. Estos desarrollos fijaron el procedimiento para las nuevas normas de calidad. Muchas de las mejoras introducidas en el nuevo interruptor fueron debidas a los nuevos desarrollos.

La reunión de todos estos datos de calidad dio como resultado la expedición por escrito de las especificaciones funcionales para el nuevo producto. Estas especificaciones describen las normas requeridas para un buen funcionamiento.

Elaboración del nuevo diseño

Las especificaciones escritas sirvieron como punto de partida para la producción inicial de los dibujos y de los modelos del nuevo interruptor. Los ingenieros diseñadores tomaron en cuenta para estas especificaciones la confiabilidad eléctrica y mecánica necesarias, las normas a que se debían sujetar, los requisitos de protección contra la corrosión, los tipos de cajas requeridos para condiciones especiales, los márgenes de voltaje y, además, otros requisitos especiales.

Mientras que se procedía al diseño de este nuevo producto, se establecieron consultas con el grupo de ingenieros de la planta y con los del laboratorio, a fin de solicitar consejo para la selección y empleo de materiales y de procesos. Auxiliados por el agente de compras de la fábrica, tanto los ingenieros de diseño como el grupo de planificación, se pusieron en contacto con vendedores foráneos, a fin de determinar la más alta confiabilidad de las piezas de que se podía disponer, a un costo razonable.

Evaluación del nuevo diseño

Después de preparados los primeros dibujos de producción, se fabricaron los modelos del nuevo interruptor. Estas muestras se analizaron y comprobaron rigurosamente. Los resultados del programa de pruebas dieron lugar a una revisión del proyecto, por personal calificado. Las especificaciones funcionales se tomaron como criterio de rendimiento.

La evaluación verificada durante este programa de pruebas consistió en tres fases. La primera se basó en el análisis general del comportamiento del interruptor, comprendiendo determinadas características como el arco de interrupción, el incremento de temperatura, el voltaje de arrastre y el nivel del ruido. La segunda fase comprendió el examen de los materiales por los expertos, a fin de decidir si se había hecho el empleo apropiado de estos materiales en el nuevo diseño. La tercera fase comprendió las pruebas de confiabilidad mecánica y bajo cargas, sobre muestras formadas por un gran número de interruptores, El objetivo en este caso era la determinación del tiempo de servicio que se podía esperar en condiciones normales, hasta su agotamiento. Estas tres fases del programa de pruebas culminaron con una comunicación que fue analizada críticamente por el grupo de diseño al revisar este último.

Los resultados de estas pruebas se incorporaron a los dibujos finales de producción. Cuando se dispuso de los medios de manufactura y del montaje, se procedió a una fabricación piloto de unidades y se hizo nuevamente una estimación crítica de todas las fases de rendimiento del interruptor. Todos los problemas de calidad que se presentaron durante la fabricación piloto se analizaron de inmediato, procediéndose a las correcciones del diseño del nuevo interruptor y del plan para el sistema de calidad que debería controlar este interruptor.

Bases para el mantenimiento de la calidad durante la fabricación activa

Una de las formas de mayor utilidad para asegurar el mantenimiento de la calidad durante la manufactura se obtuvo mediante un programa de análisis de las tolerancias de todas las principales piezas y conjuntos. Este análisis pasó a formar parte integral de la estructuración de los dibujos de producción, a fin de que no se pasara por alto. La Fig. 18-23 es un ejemplo de este análisis de tolerancias.

El programa del análisis de tolerancias se aplicó también a diferentes factores que afectaban la operación del dispositivo entre ellos, el número de espiras en la bobina y la resistencia en el voltaje de arrastre. De esta forma, se estableció el rendimiento del elemento, tomando en consideración todas las variaciones mecánicas de sus componentes.

Desde que se inició el desarrollo de este elemento, se procedió a establecer una coordinación estrecha y una constante comunicación entre los ingenieros diseñadores, de manufactura, de control de calidad y otro personal interesado. Como resultado, el personal de manufactura comprendió por qué se necesitaban determinadas piezas de cierto tipo y por qué era necesario fijar una norma para obtener la calidad requerida para estas piezas. Por otra parte, se informó al departamento de ingeniería de las dificultades potenciales de la fabricación de determinadas piezas, de la economía que podría lograrse con algunos cambios en el diseño, etcétera.

Para auxiliar al personal de manufactura, se establecieron, por parte del departamento de ingeniería, especificaciones que cubrieran ciertos detalles de taller que en ocasiones se pasan por alto, como fuerza de torsión para asegurar los tornillos, dureza de tornillos y roldanas de presión y dureza de las puntas de los contactos.

Como una parte del procedimiento de la fabricación piloto, se inspeccionaron cuidadosamente muestras de las piezas producidas con la nueva herramienta, a fin de comprobar las variaciones en sus características de calidad. Se hicieron análisis de las distribuciones de frecuencias a medida que se requerían. La Fig. 18-24 muestra algunas distribuciones características de los más importantes ajustes del interruptor.

La planta sintetizó los beneficios obtenidos por este programa de control del nuevo diseño para su nuevo interruptor electromecánico, de la siguiente forma "Como resultado de este trabajo, sabemos que la nueva línea de estos elementos, técnicamente, es la mejor en el mercado. Por medio del trabajo básico del diseño, se han establecido muchos de los controles y datos necesarios para garantizar el mantenimiento de este alto nivel de la calidad, como utilidades de la producción".

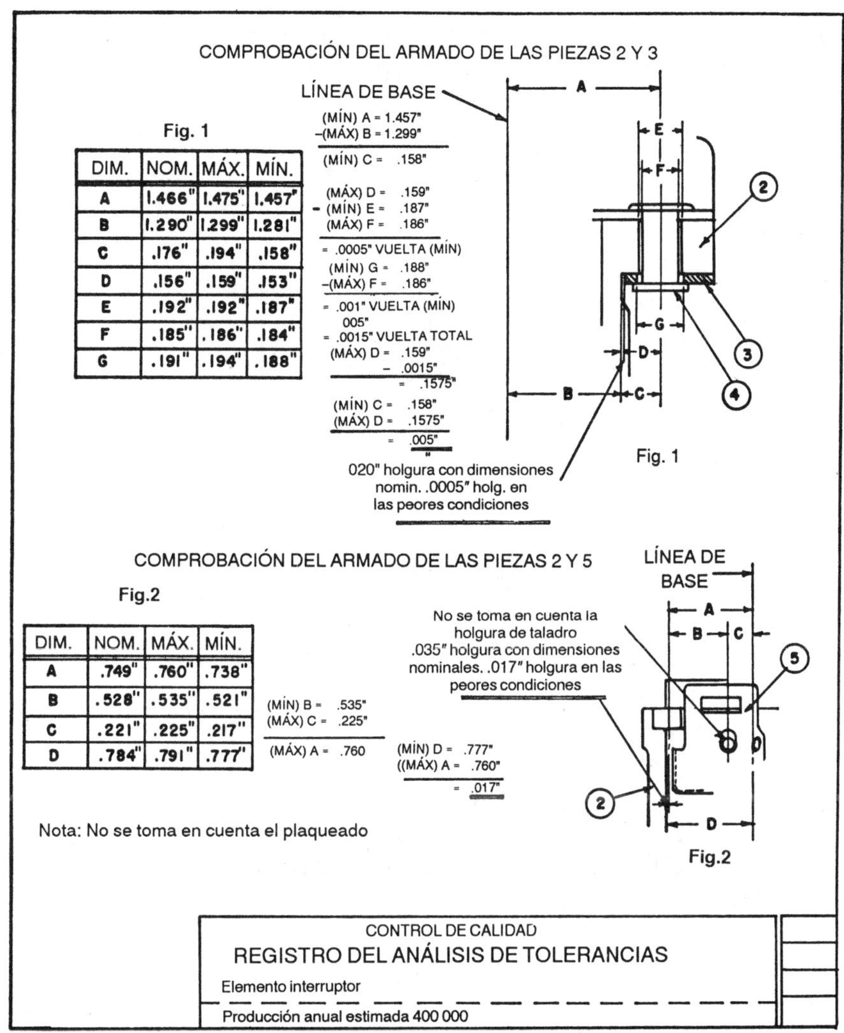

COMPROBACIÓN DEL ARMADO DE LAS PIEZAS 2 Y 3

Fig. 1

DIM.	NOM.	MÁX.	MÍN.
A	1.466"	1.475"	1.457"
B	1.290"	1.299"	1.281"
C	.176"	.194"	.158"
D	.156"	.159"	.153"
E	.192"	.192"	.187"
F	.185"	.186"	.184"
G	.191"	.194"	.188"

COMPROBACIÓN DEL ARMADO DE LAS PIEZAS 2 Y 5

Fig.2

DIM.	NOM.	MÁX.	MÍN.
A	.749"	.760"	.738"
B	.528"	.535"	.521"
C	.221"	.225"	.217"
D	.784"	.791"	.777"

Fig. 18-23

Notas

1 El Cap. 8, parte tres, repasó estos principios que fundamentan esta planificación, prácticas y rutinas. También insistió en que la aplicación de estos principios debe estar dirigida a la situación en particular de la compañía. El Cap. 9, parte tres, explicó el compromiso que se desarrolla hasta el punto en que el programa de control de calidad es capaz de proseguir con las amplias funciones de las tareas del control de calidad.

2 Algunas instalaciones de las compañías de las tareas individuales del control de calidad pueden incorporar sólo una parte de estas técnicas y procedimientos. El grado al que estos procedimientos y técnicas se usan en cualquier compañía depende, como se señaló en el Cap. 6, de la satisfacción del cliente y de la economía de la situación en particular; estas decisiones orientadas hacia el cliente y la economía deben resolverse para cada caso individual.

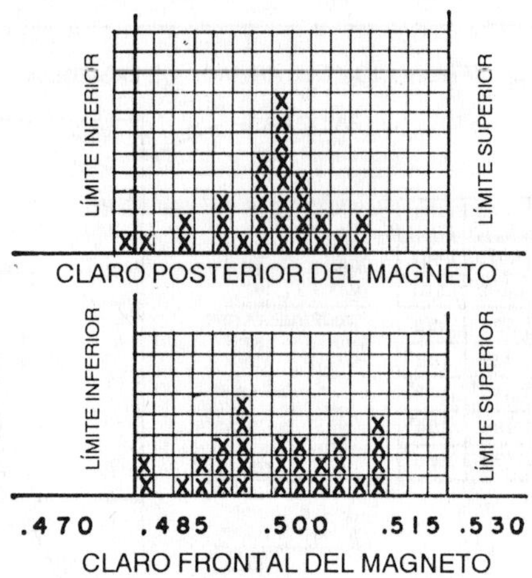

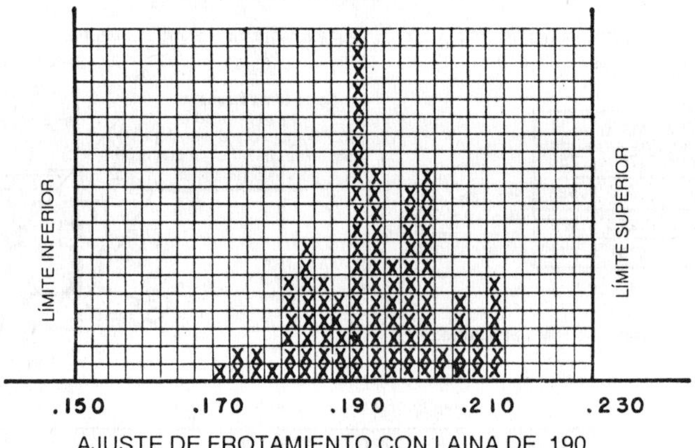

Fig. 18-24

[3] El término "nuevo diseño", tal como se emplea en este capítulo, no se refiere por completo a un producto nuevo. También comprende a los diseños que entrañan modificaciones a los productos ya existentes.

[4] Esta política de determinación debe por supuesto hacerse cuidadosamente por cada compañía o planta bajo sus condiciones. Por ejemplo, a diferencia de esta compañía, otra compañía en la industria productora de productos sujetos a usos mucho menos exigentes y en grandes volúmenes ha determinado que es satisfactorio que su rutina formal de control de nuevos diseños se aplique a productos nuevos que se producirán en un volumen mayor a 500 unidades.

[5] Aunque no es usado por esta compañía debido a su rutina sistemática de control del diseño, algunas compañías desarrollan listados de puntos a ser cubiertos en la revisión del diseño —es decir, función del producto, confiabilidad de componentes, herramientas— para mejorar la profundidad de su proceso de revisión.

[6] El ejemplo de relevadores está adaptado de la experiencia en un compuesto de aplicaciones en las actividades de control de nuevos diseños, para proporcionar totalidad de presentación técnica para enseñanza y demostración. La Fig. 13-3 y el ejemplo utilizado, se han adaptado de W. H. Bloodworth, "How the Designer Can Tie in with Statistical Quality Control".

[7] La Fig. 18-4 corresponde a un estudio de R. Warr and Associates, Ithaca, N. Y.
[8] Las Figs. 18-6 y 18-7 se adaptaron de un estudio de C. R. Mason y W. J. Warnock.
[9] La Fig. 18-14 está adapatada de "Final Report and Proposed Doctrine of Principles in Quality Control's Involvement in Programming and Design", International Academy for Quality Project 9, agosto 14, 1978. Project leader for Project 9 was J. Y. McClure, and project membes were John L. Kidwell, Yoshio Kondo, Georges Borel, David S. Chambers, Philip Crosby, John M. Groocock, Masumasa Imiazumi, Masao Kogure, Noboru Yamaguchi.
[10] El término *"métodos técnicos"*, empleado aquí, se refiere a las diversas técnicas particulares empleadas en actividades del control de calidad. Por tanto, tal como se emplea aquí, se refiere no sólo a técnicas mecánicas como control de herramientas o de matrices, sino también a consideraciones de las relaciones humanas que se emplean en el control de calidad.
[11] Esta exposición está adaptada del procedimiento desarrollado por R. H. Schmit and Associates, Schenectady, N. Y.
[12] Adaptado de un trabajo de A. L. Fuller, Schenectady, N. Y.
[13] Adaptado de una gráfica desarrollada por H. C. Thompson, Schenectady, N. Y.
[14] Adaptada de una rutina desarrollada por W. T. Short, W. E. Polozie y asociados, Schenectady, N. Y.
[15] Los principios de confiabilidad del producto se revisaron en el Cap. 17. Para repasos en el modo de fallo, efecto y análisis de criticalidad, ver los siguientes en la que se base parcialmente la discusión: Irwin Gray, con Albert L. Bases, Charles H. Martin y Alexander Sternberg, *Product Liability: A Management Response*, AMACON, New York, 1975; D. R. Earles y M. F. Eddins, "Reliability Physics (The Physics of Failure)", AVCO Corporation, marzo, 1962.
[16] Las Figs. 18-18 y 18-19 son el trabajo de M. F. Biancardi, reimpreso en "Safety in the Marketplace — a Program for the Management of Product Safety", U. S. Government Printing Office, Washington, D. C.
[17] De un reporte de Erik Jersin, "Some Aspects of Safety and Preparedness; Offshore Research in Norway", 1980.
[18] Esta exposición, que sigue la experiencia de Ocean Systems Division of Sanders Associates, Nashua, N. Y., está descrita por Albert P. Chaparion, "Temmates: Design and Quality Engineers", *Quality Progress,* Vol. X, Núm. 4, abril, 1977, Pág. 16.
[19] Esta sección se sigue de un trabajo de J. M. Groocock, "A Decade of Quality in a European Multinational Corporation", presentado por el Institute of Quality Assurance, Gran Bretaña, 1977.
[20] Lo anterior se deriva de un estudio hecho por A. W. Bedford, Jr. y asociados, Schenectady, N. Y.

CAPÍTULO 19
Control del material adquirido

Las compañías compran muchos tipos de materiales, componentes y subemsambles, y esto contribuye a la confiabilidad fundamental y seguridad del producto final en uso. Estos materiales, partes y conjuntos recorren la gama desde hojas de acero, fundiciones y forjaduras hasta maquinaria, fluidos, cintas y hardware, y un arreglo de aparatos electrónicos, como circuitos integrados, resistencias y circuitos impresos.

Con los productos actuales cada vez más complejos, la calidad de estos materiales comprados[1] se hace cada vez más importante. Que un problema de seguridad en el campo haya sido ocasionado por una parte o componente hecho por alguien más es de poco consuelo para el productor que se enfrenta a quejas crecientes de los clientes, gastos en garantías que rebajan sus utilidades, o la obligación de seguir y devolver grandes números de producto a la fábrica. Las actividades para asegurar una calidad consistentemente alta de los materiales básicos comprados es, por tanto, esencial en los programas de control de la calidad.

Los enfoques para controlar la calidad de materiales recibidos han variado ampliamente —desde el muy informal hasta el extremadamente rígido—. En un extremo, ha habido compañías cuyo "control" de los materiales adquiridos ha dependido en gran parte de lo que podría considerarse como una confianza ciega en los estándares de calidad y desempeño de sus proveedores. En el otro extremo, algunas compañías han examinado virtualmente su material adquirido "a morir", gastando más tiempo y dinero de los necesarios para obtener un control adecuado de la calidad del material. Ningún enfoque es satisfactorio en el mercado rápido de hoy. El alto precio del último extremo es prohibitivo, mientras que el extremo anterior puede aumentar el riesgo seguridad/responsabilidad legal más allá de fronteras admisibles. El objetivo es establecer y mantener relaciones cercanas y positivas comprador-vendedor que reflejen la realidad de que el éxito de cada persona es dependiente del de la otra.

La segunda tarea del control de calidad, el control de materiales adquiridos, trata con técnicas para lograr el objetivo de control mientras que evita estos extremos y establece lo que podría considerarse como una sociedad comprador-vendedor. Después de que la actividad de control del nuevo diseño ha resultado en la especificación de un producto bien diseñado, las técnicas de control del material adquirido toman la tarea de ver qué materiales de la calidad apropiada estarán disponibles para usarse durante la fabricación real de un nuevo producto. Estas técnicas, que proporcionan seguridad de que todos los materiales comprados han sido producidos, controlados, inspeccionados y probados de acuerdo con los requisitos del programa de calidad, se exponen en este capítulo.

19.1 Necesidad del control para el material adquirido

Presentamos la siguiente situación: en una batería de tornos revólver se inició el maquinado de un lote de piezas de fundición. Las herramientas principiaron por romperse, las fundiciones no podían quedar "limpias". El supervisor del taller le comunicó al superintendente que todo el lote estaba defectuoso debido a "endurecimientos". Como éstas eran las únicas piezas de fundición de que se disponía en la fábrica, la línea de montaje donde se deberían emplear estas piezas quedó paralizada, en tanto que se obtenían nuevas piezas de la fundición. La producción se paralizó, los obreros de la línea del armado tuvieron que regresar a sus casas.

Veamos otra situación más, concerniente a piezas de fundición: se necesitaba practicar un maquinado de precisión a una pieza fundida para una bomba, cuyo costo era elevado. Durante la duodécima operación de maquinado se presentaron sopladuras y porosidades. Estos defectos originaron el desperdicio de las piezas fundidas y, además, la pérdida del trabajo ejecutado en las once operaciones anteriores.

En los dos casos presentados, la causa directa de las dificultades en el maquinado se debió a un control inadecuado del material adquirido.

Presentemos un caso más: un pequeño muelle en forma de cruz se inspecciona con todo cuidado en sus dimensiones críticas, al ser producido en una batería de troqueladoras. El material especificado para este muelle es cobre al berilio. Una vez troquelados, se arman los muelles en un pequeño dispositivo eléctrico. Los muelles sirven como un elemento mecánico que equilibra la fuerza eléctrica de la bobina. Una vez que han sido montados completamente los dispositivos, se les somete a pruebas. Después de varias semanas de un trabajo eficiente en la línea de producción, repentinamente empezaron a fallar, al no satisfacer las especificaciones de la prueba.

Después de transcurrir mucho tiempo, de los gastos consiguientes, y de una larga detención en la producción, se descubrió la causa de estas fallas. Un lote de los muelles se había troquelado con material de bronce fosforado, en lugar de cobre al berilio; al momento de armar el dispositivo eléctrico, los muelles de bronce fosforado resultaron incapaces de proporcionar la fuerza necesaria que equilibrara la fuerza de la bobina.

La detención en la producción del dispositivo fue originada por los procedimientos inadecuados de control sobre el material. Se había aceptado un lote de material como de cobre al berilio, simplemente porque este material aparecería "pardo, rojizo y brillante" –características que son comunes tanto al bronce fosforado como al cobre al berilio.

Éstas han sido fallas que se han notado antes del embarque. Se podrían citar muchas situaciones similares y que corresponden a fallas en la calidad en el campo. Por ejemplo, las chumaceras de cierto modelo de motor empezaron a fallar prematuramente después de sólo un año de operación en la planta que adquirió los motores. Estas fallas se atribuyeron finalmente a la baja calidad del material empleado en el relleno de metal antifricción.

Como no se habían efectuado las pruebas de confiabilidad apropiadas antes de embarcar los motores, la calidad únicamente dependía del control sobre el material que se adquiría para el relleno de las chumaceras. La poca satisfacción de la rutina del control del material adquirido dio como resultado la inconformidad del cliente por las fallas de las chumaceras.

El control del material adquirido puede resultar ineficaz por la falta de precisión del equipo de información de la calidad de la planta, o por la falta de atención en el mantenimiento de este equipo. Puede suceder que los inspectores de recepción no estén debidamente entrenados, o no tengan la suficiente capacidad para comprender los objetivos de la inspección. Pudiera ser que no estén dotados de especificaciones satisfactorias para poder juzgar la conveniencia de los materiales.

Puede ser que se haga una mala utilización de las modernas tablas estadísticas de muestreo para aceptación. El material que se ha adquirido se puede dañar por un mal manejo durante su recepción, o en su transporte a través de la fábrica. Algunos materiales que se colocan en los anaqueles después de la inspección de aceptación –cinta de aislar, componentes electrónicos delicados, tubos sopladores que requieren "envejecimiento"– se pueden dañar debido a las condiciones impropias del almacenamiento. Ocasionalmente se pueden presentar lotes de material defectuoso en las líneas de la producción; esto bien puede ser el resultado de una forma indebida de etiquetar el material o de una mala utilización de dicho material.

Estos ejemplos hacen resaltar al primero de los tres aspectos por los cuales los procedimientos para la recepción del material en muchas fábricas no han aportado la ayuda necesaria al gerente de la planta, para lograr la meta de la calidad del producto con estos procedimientos de recepción de materiales, con frecuencia se permite la aceptación de material defectuoso que se pasa a las líneas de producción de la planta.

El segundo aspecto de la ineficacia de los procedimientos del control de aceptación, se relaciona directamente con el aspecto económico. En algunas plantas, la práctica de compras de elegir a los vendedores casi exclusivamente por el precio –con poca atención a la calidad y a la capacidad de entrega del vendedor– ha resultado en precios de compra bajos, pero altos costos progresivos de material. Esto ha ocurrido debido a los gastos adicionales creados por rechazos a los vendedores y por la necesidad de apresurar la acción correctiva del vendedor, así como los embarques del vendedor en el caso de lo que se conoce como vendedor "precio inicial bajo-costo de apoyo alto". Este vendedor probablemente contribuirá a aumentar los costos de calidad en la planta.

Otro aspecto de problemas económicos en algunas plantas es que se han vuelto innecesariamente fastidiosas las rutinas para el material adquirido, y por ese motivo se han desechado. Demasiado tiempo y dinero se tuvo que gastar para efectuar un control necesario sobre los materiales o piezas adquiridas.

Se puede hacer mención de un ejemplo de este aspecto: un fabricante descubrió que su personal de inspección había estado comprobando 100% la dimensión del diámetro exterior de unas barras de latón que se adquirían. Este grupo de inspección conservaba muchas gráficas así como los registros de inspección de estas barras. Las gráficas demostraban el cumplimiento de la calidad por parte del vendedor, con bastante detalle.

El grupo de inspección estaba muy envanecido con esa extensa rutina de control para este material. Durante 14 meses no se había presentado un solo rechazo de barras durante la inspección de recepción. Sin embargo, esa inspección 100%, así como el considerable número de gráficas y registros, resultaba un gasto innecesario.

Se podrían citar varios ejemplos de adquisiciones antieconómicas de materiales, como resultado de un inadecuado programa de control para el material. En muchos casos, los materiales y componentes se han adquirido a precios que reflejan costos muy elevados para una calidad extra que no es necesaria o bien por las pruebas especiales realizadas en la inspección. Puede ser que sólo había necesidad de aplicar estos requisitos especiales la primera vez; sin embargo, se les ha retenido en las especificaciones de compras, mucho tiempo después de que haya desaparecido la necesidad de esa aplicación.

La agencia de compras puede considerar que las actividades del control de calidad son exclusivas de los problemas internos de la calidad en la fábrica y, por tanto, no obtiene ningún provecho de esas actividades. Los dilatados esfuerzos para establecer y ordenar las listas de los "proveedores aceptados", en la oficina de compras, se pueden ver obstaculizados por causa de registros inadecuados en la planta sobre la calidad de las diferentes remesas de los vendedores.

Las relaciones entre la compañía y los proveedores respetables pueden ser tirantes debido a varias causas: los departamentos de compras, de ingeniería y aun el de manufactura podrán hacer contactos independientes con un proveedor sobre un solo problema de calidad. También, se podrá disgustar un vendedor por el rechazo de centenares de piezas porque presentaban un defecto en el acabado; pudiendo alegar que de acuerdo con las normas de su propia planta, ha cumplido con los requisitos de las especificaciones que establecen que "sólo se requiere un ligero acabado". Aún más, otro vendedor puede reclamar a una empresa con múltiples plantas, haciéndole notar que no existe uniformidad en la interpretación de las especificaciones sobre un mismo material entre las diferentes plantas de esa empresa.

El tercer aspecto en que las prácticas de las compañías sobre el control de materiales adquiridos han sido insatisfactorias ha sido la falta de relaciones claramente establecidas entre el vendedor y el comprador con respecto a la calidad. Una causa principal de esto ha sido la insuficiente documentación de la calidad que cubre los requisitos de calidad necesarios y los controles de calidad. Esto ha resultado con frecuencia en una estimación incorrecta, por parte del comprador, de la calidad y de capacidad de entrega del vendedor, y la estimación incorrecta, por parte del vendedor, de que los requisitos y controles de calidad del comprador han llevado a entendimientos diferentes de vendedor a comprador en áreas como inspección adecuada y prácticas para pruebas, procedimientos de cálculos apropiados para el equipo de información de la calidad y las calificaciones y responsabilidades del personal del programa de calidad.

Sin embargo, aun cuando se tenga disponible la documentación sobre la calidad, algunos vendedores con organizaciones limitadas pueden no familiarizarse totalmente con la información necesaria, no sólo con la información impresa en la parte posterior de las órdenes de compra estándar, sino algunas veces también con la información que puede ser proporcionada para situaciones particulares del proveedor. Las relaciones poco claras han contribuido a estas malas comunicaciones y retrasos en las acciones de calidad necesarias. El resultado final ha dado una ejecución mutuamente insatisfactoria de vendedor-comprador de material adquirido. Los procedimientos de control de material adquirido proporcionan el mecanismo requerido para eliminar de las actividades de la compañía estos aspectos en que los procedimientos anteriores de control han resultado insatisfactorios.

19.2 Definición del control del material adquirido

Se puede dar la siguiente definición:

> El control del material adquirido comprende la recepción y almacenamiento, a los más económicos niveles de calidad, de sólo aquellos productos cuya calidad esté de acuerdo con los requisitos de las especificaciones, con énfasis sobre la más completa responsabilidad del proveedor.

Las tres tecnologías del control total de la calidad tienen aplicación en el control del material adquirido, lo mismo que el punto de vista estadístico en todos sus aspectos. Las técnicas de planificación de la ingeniería de calidad (Cap. 10) y las técnicas del equipo de ingeniería de la información de calidad (Cap. 12) se emplean extensamente para establecer la base de las actividades del control del material adquirido en la compañía. Sin embargo, los procedimientos técnicos del control de proceso aplicado día por día (Cap. 11) son los que se emplean extensamente en la segunda tarea del control total de la calidad.

Entre las herramientas analíticas estadísticas de mayor empleo, se encuentran las tablas de muestreo (Cap. 15), que son las más usadas.

Se presentan dos aspectos en el control del material adquirido:

1. Control sobre materiales o piezas recibidas del exterior de la planta.
2. Control de piezas procesadas en otras plantas de la misma compañía o en otras divisiones de la misma planta.

El desarrollo de las rutinas del control del material adquirido abarca todas las actividades del control de calidad llevadas a cabo desde que se iniciaron los contratos de compra y se establecieron los precios, durante la recepción de los materiales, durante su inspección y mientras que se almacenan en la planta del comprador. El control del material adquirido comprende los procedimientos para las compras, las técnicas del control de proceso en los laboratorios, así como el manejo de los materiales y otros procedimientos en otras ramas funcionales. Organiza las relaciones con los vendedores por lo que respecta a la calidad. Se aplica a todas las piezas y materiales que se reciban en la fábrica para su empleo en la producción; en algunas plantas también incluye control sobre materiales usados en actividades de servicio a la planta, como mantenimiento, o de protección de la planta. Su importancia es muy grande dentro de un programa de control de calidad que opere extensamente a través de toda una compañía, bajo cualquier tipo de condiciones de manufactura; en determinadas condiciones —fabricación de productos químicos por volumen, por ejemplo— el control del material adquirido puede ser la única actividad de mayor importancia del control de calidad de la fábrica.

Las antiguas rutinas de control sobre el material concentraban su atención principalmente en los procedimientos de inspección de recepción. Se consideraba como representativo de un concienzudo programa de control disponer de grandes áreas ocupadas por los instrumentos de inspección, y de gran cantidad de personal.

Hoy en día, los procedimientos del control del material adquirido no tienen esa orientación. Se ha reconocido que una inspección de recepción tan amplia, por sí sola, no tiene relación con la acción preventiva del control total de la calidad. Las actividades actuales del control del material adquirido dan mayor importancia al control de los materiales en su propio origen —en efecto, sobre un estrecho convenio sobre la calidad del producto, entre el vendedor y el comprador.

La inspección de recepción, reconocida como muy importante, se emplea como un auxiliar de ese convenio, más bien que como el control general del material adquirido. Posteriormente, para perfilar la inspección de recepción, se debe hacer un amplio uso de las tablas estadísticas de muestreo de aceptación, en lugar de practicar una inspección 100%, un muestreo arbitrario, o de ninguna inspección.[2]

El proveedor del material por controlarse bien puede ser otra planta o división de la misma compañía. En este caso, los procedimientos del control del material pueden ser menos extensos que en el caso de los proveedores foráneos, con el agresivo programa de control total de la calidad en toda la compañía.

En el caso de los proveedores ajenos a la planta, el propósito de relaciones más estrechas entre proveedor y comprador, se impone una serie definida de problemas administrativos que se relacionan con el programa de control de calidad de la fábrica. Estos problemas difieren en un aspecto importante de aquellos originados en las otras tres tareas del control de calidad: los contactos con el proveedor en el control del materia adquirido, traen consigo conexiones sobre la calidad del producto entre el grupo de control de la fábrica, con individuos o grupos que, salvo lo que se haya especificado en los contratos, son totalmente independientes de la planta compradora y que pueden representar una unidad legal soberana. Las obligaciones de estos individuos respecto al gerente general de la planta compradora sólo serán las requeridas dentro de la ética de los negocios.

19.3 Principios de las relaciones vendedor-comprador en calidad

Es, por tanto, esencial que el comprador establezca una estructura bien delineada —clara tanto para los vendedores como para la organización del comprador— que guíe y gobierne los aspectos clave de las relaciones de calidad entre vendedor y comprador y su administración. Entre los principios que deben estar especialmente identificados, en este caso por el comprador, se encuentran los siguientes.

- Tratará sólo con vendedores cuyos resultados estándar de calidad cumplan total y consistentemente con los requisitos del comprador.
- Proporcionará a los vendedores tanto datos adecuados sobre los requisitos de calidad como un medio de permanecer informados sobre la significancia de estos requisitos, incluyendo, por ejemplo, una guía referente a la práctica del comprador en lo relativo a la clasificación de características.
- Elegirá a los proveedores con importante atención a la evaluación de sus capacidades de calidad, su habilidad para entender los requisitos de calidad del comprador, y la voluntad y motivación consistentes para cumplir con estos requisitos.
- Colocará la carga de la prueba de la calidad sobre el vendedor, y un énfasis lo más completo posible y lo más práctico sobre la utilización del programa de control de calidad del propio vendedor.
- Desempeñará la inspección y pruebas de recibo como parte de un programa integrado de control de materiales adquiridos —con atención al desarrollo de información de la calidad del vendedor y sin una duplicación poco económica de los procedimientos del vendedor basados en el control de calidad.
- Medirá los resultados de calidad del vendedor con respecto al criterio claro y mutuamente comprendido comprador-vendedor.
- Identificará rápidamente cualquier área necesitada de una mejora en la calidad del material del vendedor.
- Supondrá y esperará una acción correctiva inmediata y permanente por parte del vendedor cuando sea necesaria.
- Efectuará auditorías en los programas de calidad del vendedor cuando y donde sea apropiado.
- Ayudará a los vendedores en el desarrollo y mejoras de su programa de control de calidad, cuando sea mutuamente económico y apropiado.
- Mantendrá regularmente relaciones de trabajo claras, bien comunicadas, y mutuamente aceptables y estrechas con los vendedores en asuntos de calidad, no sólo como respuesta a las situaciones problemáticas.

Es de importancia primordial que el control de calidad de la planta y de la compañía implementen esta estructura al desarrollar relaciones amistosas, pero firmes, con los vendedores con respecto a la calidad del producto y a los medios modernos para su control. Los vendedores hábiles pronto reconocerán las ventajas comerciales de estas relaciones.

Los contactos pueden tomar muchas formas. En un extremo, con algunos vendedores puede haber intercambio ocasional de correspondencia. En el otro extremo, puede haber visitas casi diarias por el miembro del departamento de control de calidad de la planta compradora a la planta vendedora, para ayudarlos en sus esfuerzos de desarrollar un programa de control total de la calidad y, en algunos casos, el establecimiento de un empleado de la planta compradora en la planta del vendedor, para ayudar a asegurar los resultados de calidad. No hay nunca ningún sustituto a una relación estrecha y directa entre un comprador y un vendedor como contribuyente primordial al aseguramiento efectivo de la calidad.

19.4 Organización para el control del material adquirido

La eficacia de las actividades del control de recepción en una planta depende directamente de la magnitud del plan que se establezca.

La aplicación de las diferentes técnicas del control de calidad está comprendida dentro de la parte del plan del sistema de calidad que se relaciona con la recepción de los materiales. Este plan se desarrolla generalmente por el grupo técnico del control de proceso (incluyendo la inspección y pruebas), que deba elaborar el plan de trabajo. También prestarán su colaboración en el desarrollo de este plan los departamentos de compras, de ingeniería, y otros grupos funcionales interesados. El objeto de esta planificación será el de asegurar que todos los materiales que se reciban en la planta se controlen suficientemente para su empleo satisfactorio durante la producción.

La cantidad de control conveniente para cada clase de material que se reciba variará de una planta a otra y entre los diferentes materiales que se reciban en una sola planta. Para establecer los procedimientos de control de los materiales, se deben tener en cuenta factores como: el tamaño del grupo de inspección de que se pueda disponer en la forma más económica, las instalaciones con que se cuente en el laboratorio de la planta, y el margen de las tolerancias para la calidad que se permitan en las especificaciones del material. Las rutinas también deberán permitir cierta flexibilidad en casos como en los planes de muestreo para inspección, de tal manera que fácilmente se puedan hacer ajustes económicos para diferentes situaciones del material adquirido.

Los grupos clave dentro de la organización del control del material adquirido son ingeniería de diseño, el laboratorio de la planta, la oficina de compras, e ingeniería de control del proceso.

El papel de la ingeniería de diseño en el control de materiales adquiridos es la provisión de diseños y especificaciones que delinearán claramente los requisitos de calidad para el vendedor, incluyendo la clasificación de características, de acuerdo con la rutina de control de nuevos diseños de la compañía.

El personal del laboratorio forma parte del grupo de control de material adquirido; hace respetar las especificaciones establecidas para las materias primas básicas y verifica detalladamente las pruebas establecidas en el plan de calidad, para la aceptación de aquellos materiales o piezas complejos. Ya que la responsabilidad del departamento de compras es establecer y mantener relaciones directas con los vendedores, su actividad es primordial para la planta y compañía en cuanto al control de material adquirido.

Es responsabilidad del departamento de compras trabajar como parte del grupo de control de calidad, siendo responsable de que el material que se solicita sea de la calidad debida y que su costo esté de acuerdo con la calidad que representa. A fin de establecer sus listas de proveedores aceptados, la oficina de compras tiene que asegurarse de que se ha efectuado una comprobación exacta para determinar el resultado de la calidad ofrecida por los vendedores, desde que las órdenes han sido recibidas y se han iniciado las remesas.

El departamento de compras, junto con control de calidad, debe también asegurar que se mantenga esta información de la calidad del vendedor como una parte integral del sistema de información administrativo de compras de la compañía, y, cuando esto está computarizado, de que la calidad esté adecuadamente estructurada en paquetes computacionales de software. Esto permite un retorno rápido de la información de calidad, parecido al proporcionado a todos los otros elementos de información de compras. Cuando la planta opera con abastecimiento de planificación de requisitos de calidad (PRC) y con prácticas de planificación de la producción y control, la información de la calidad del vendedor debe estar incluida en la estructura del software para el programa computacional de PRC.

Por tanto, compras debe estar estrechamente integrado a las evaluaciones y encuestas de calidad del vendedor, inspección del material recibido y todas las otras fuentes de información sobre la calidad del vendedor en la planta.

Mediante esta actividad del control de calidad, la oficina de compras estará mejor capacitada para debatir los requisitos de compras establecidos por los grupos técnicos de la planta; para impugnar los precios que, para satisfacer la calidad pedida, coticen los vendedores; para mantener la flexibilidad de estos precios de acuerdo con la variación de la calidad que se necesita, y para asegurarse de que se mantienen los debidos contactos con el vendedor en relación con la calidad.

La persona encargada del control de calidad, en la unidad de ingeniería del control de proceso de la compañía, es la responsable de asegurar el proceso y la integración de las actividades del control del material adquirido por la planta. Trabajará de acuerdo con el plan desarrollado por el grupo de ingenieros de control de calidad, y hará la aplicación de los aparatos de los ingenieros del equipo de la calidad que se le suministren.

En el Cap. 8 se establecieron las más importantes responsabilidades de la ingeniería de control de proceso, haciéndose notar el enlace entre la compañía y los vendedores, para afirmar que la responsabilidad de la consistencia de la calidad radica en el vendedor y es su misión principal. Por ejemplo, los problemas que se le presentan al vendedor para satisfacer los requisitos de la calidad de la compañía se pueden revisar a sugerencia de la oficina de compras, por los ingenieros del control del proceso, impartiendo al vendedor la ayuda que sea necesaria. Propio de otras actividades importantes en la ingeniería de control del proceso, en el control de materiales recibidos, es el tomar un papel importante en las encuestas y evaluaciones sobre la calidad del vendedor; el asegurar el cumplimiento completo de los requisitos de calidad por parte del vendedor; tomar una parte importante en las discusiones sobre premios después de la producción con los vendedores; el establecer cualquier causa de variabilidad en la calidad del vendedor y el tomar el liderazgo para eliminarlas; el asegurar un control efectivo de materiales malconformados; y el ayudar a establecer y mantener tasas de desempeño claras del vendedor.

Según se dijo en el Cap. 8 existen varias formas para fijar responsabilidades específicas al personal del control del proceso, para el control del material adquirido. En aquellas compañías en que el principal interés de la negociación lo constituye la recepción y aceptación de materiales adquiridos, como las que se dedican al armado de componentes que adquieren, resulta de utilidad especializar las actividades del control del material adquirido. Pueden quedar bajo la responsabilidad de uno o más ingenieros del control del proceso. Pero aquellas compañías cuya recepción del material adquirido es un factor de menor importancia, pueden depender del control durante el proceso o de la inspección final, bajo la responsabilidad del ingeniero del control del proceso que esté asignado al grupo de productos y procesos; por tanto, se podrán hacer tantas designaciones para el control del material adquirido como ingenieros de control de proceso con responsabilidad para determinados productos se tengan.

En el Cap. 8 se hizo notar que las personas que tienen a su cargo rutinas de inspección del material adquirido se pueden emplear en diferentes formas. Se les puede destinar a la propia unidad del control del proceso, cuando las rutinas aún no se hayan establecido satisfactoriamente, y donde un juicio técnico requiere una parte insignificante para las decisiones. Este caso se presenta realmente en aquellas compañías cuya expansión con productos nuevos es muy rápida, y para las cuales, la planificación de la calidad no haya sido definida aún convenientemente.

Cuando exista una rutina para la inspección de recepción, pero que el control del material adquirido sea un factor de importancia, debido a que los procedimientos para las relaciones con el vendedor aún no se hayan establecido convenientemente, el grupo de inspección puede informar a través de su supervisor, directamente al gerente del control de calidad de la compañía. En este caso, los ingenieros del control del proceso supervisan la habilidad de la inspección y estarán en posibilidad de concentrarse en el aspecto técnico de la calidad en las relaciones entre vendedor y compañía.

Cuando estas relaciones ya se hayan desarrollado hasta un punto en que la inspección de recepción se pueda reducir en forma significante y que su rutina sea muy satisfactoria, se podrá comisionar a los inspectores, con los correspondientes gerentes de planta, en los talleres de operaciones. Los ingenieros de control del proceso examinarán la suficiencia y ejecución de esta inspección.

No obstante, estas actividades se deben asignar a la unidad de ingeniería de control del proceso de una planta determinada; los ingenieros de control del proceso se reunirán con los otros grupos funcionales para garantizar el establecimiento y mantenimiento de un programa racional, completo, económico, que pueda proporcionar la debida calidad del material para la planta.

19.5 Modelo de la rutina para el control del material adquirido

A continuación se encuentran condensados los más importantes elementos del ciclo que han seguido varias compañías para solicitar y aceptar piezas y materiales de los vendedores.

1. Una vez definidos los requisitos, se piden los materiales y partes —generalmente por la administración de la compañía o por la administración de materiales de planta al establecer los programas de producción.
2. Se aseguran o desarrollan las especificaciones, dibujos y todos los datos necesarios de identificación de materiales. Toda la información de calidad necesaria —incluyendo requisitos de calidad, niveles de calidad, requisitos de confiabilidad, planes de calidad relevantes, usos del equipo de información de la calidad, procedimientos de certificación, si los hay, y elementos similares— se asegura o desarrolla. Se identifica y especifica el material que es crítico para la seguridad —incluyendo las partes llamadas de seguridad.
3. Se inicia un análisis de compra para determinar al vendedor más apropiado, o, en los numerosos casos en que las compañías requieren fuentes múltiples, al grupo más apropiado de vendedores. En todos los casos donde no se haya efectuado una evaluación apropiada de "hacer o comprar" el material por Ingeniería de Manufactura, con el apoyo de Ingeniería de Diseño y de Control de Calidad, se efectúa esta evaluación como parte del análisis de compra.
4. Los cuestionarios de compras se envían, o se piden, a varios vendedores. El paquete de abastecimiento proporcionado a vendedores potenciales incluirá un paquete completo de la información de la calidad importante. Con grandes abastecimientos, y cuando sea apropiado, se programan juntas de asignación de precontrato con los vendedores para delinear todos los requisitos de compras, incluyendo una gran insistencia sobre los requisitos de calidad.
5. Se reciben las ofertas de los vendedores de los proveedores interesados, y son revisadas por el departamento de compras, con implicación de todas las funciones que participan en la rutina de control de material adquirido de la planta. La capacidad del vendedor para cumplir con los requisitos de calidad se considera ampliamente. Se revisan los datos existentes sobre la evaluación del vendedor y sobre los datos de evaluación del desempeño del vendedor, hasta el grado total de su relevancia y disponibilidad. Se evalúan las muestras de partes y materiales del vendedor, y se confirma la confiabilidad, donde sea apropiado.
6. Las encuestas sobre la capacidad de calidad del vendedor se hacen en las ubicaciones de la planta del vendedor, en aquellos casos en que sea

deseable y apropiado. Esto ocurrirá con contratos importantes de vendedores: en consideraciones de un nuevo proveedor; donde la revisión de la oferta y la información del vendedor sobre sus operaciones de calidad no son en sí suficientes.

7. Se seleccionan los vendedores y se establecen los contratos o se colocan las órdenes. Se hace de los requisitos de aseguramiento de la calidad del vendedor una parte integral de estos contratos y órdenes cuando sea apropiado. Con contratos importantes y con nuevos proveedores, las juntas de asignaciones después de contrato se programan con los proveedores para confirmar el entendimiento mutuo de todos los requisitos de compras. Se aprueban los procedimientos de aseguramiento de la calidad del vendedor.
8. Se mantienen contactos con los vendedores mientras que éstos están en el proceso de producir o abastecerse del material. Se proporciona ayuda sobre la calidad cuando sea económico y apropiado. Se aprueban muestras de preproducción si se requiere.
9. El material de producción es recibido por la planta compradora. Se etiqueta apropiadamente, se identifica con propósitos de seguimiento y se le da ruta.
10. Se examina que el material se conforme a las especificaciones de acuerdo con el plan de calidad de material recibido.
11. Se dispone del material —a la línea de producción si es satisfactorio; para acción correctiva, si es insatisfactorio.
12. Se llevan registros apropiados, incluyendo documentación sobre la evaluación del desempeño del vendedor y el seguimiento de material.
13. La información sobre el material que se está recibiendo se retorna por la misma ruta a la planta técnica y al personal de compras interesados.
14. Los registros tomados se usan regularmente para revisar las prácticas de inspección y compras del material y para mantener la evaluación del vendedor y los datos de evaluación del desempeño del vendedor.
15. Se mantienen relaciones con el vendedor durante el curso de embarque por parte del proveedor, haciendo hincapié sobre la estrecha comunicación de calidad y la toma de acción correctiva conforme se necesite.
16. Se mantienen actividades de vigilancia continua y auditorías al vendedor.

Las actividades del control de calidad sobre la recepción del material tienen una relación íntima con este ciclo. Dichas actividades quedan comprendidas en ocho etapas fundamentales dentro del plan del sistema de calidad, comunes a las rutinas del control del material adquirido en la mayoría de las plantas. La tarea del control de calidad se realiza durante las siguientes etapas.

1. La solicitud de este material y sus especificaciones correspondientes (áreas 1 y 2 citadas).
2. La situación de los pedidos (áreas 3 a 6).
3. Elección de vendedor y colocación de órdenes (áreas 7 y 8).

4. La recepción de este material (área 9).
5. El examen del material (área 10).
6. La disposición del material (área 11).
7. La formulación de registros y su mantenimiento hasta el final (áreas 12 a 14).
8. Relaciones con el vendedor y vigilancia del vendedor (áreas 15 y 16).

19.6 Ejemplo del procedimiento del control de material adquirido

Presentamos la rutina de una planta para el control de material adquirido, a fin de aclarar algunos detalles de las ocho etapas anteriores. Esta rutina se aplica a todos los materiales que se adquieren fuera de la planta para su empleo en la producción activa.[3]

La planta es una instalación principal de una gran compañía y produce una amplia mezcla de productos industriales que usan una amplia variedad de materiales mecánicos, eléctricos, electrónicos, plásticos, químicos y de otros tipos. Los productos se embarcan a otras plantas de la compañía, a otras empresas para usarse en sus propios productos en una base de fabricante de equipo original (FEO), y en una base de uso final para varios clientes industriales.

Estos materiales comprenden desde aceros, fundiciones, fluidos, partes mecánicas detalladas, componentes electrónicos y subensambles eléctricos y electrónicos. Su adquisición se hace por la planta desde una o dos piezas forjadas de cierto tipo, hasta cientos de miles de elementos de ferretería.

Solicitud del material y desarrollo de sus especificaciones

Antes de que la oficina de compras pueda hacer la situación de las órdenes para un determinado material, solicitado por el personal del control de producción de la planta, se debe contar con las especificaciones correspondientes para ese material. Algunas de estas especificaciones estarán a disposición de la oficina de compras debido a la rutina del control del nuevo diseño de la compañía y la planta: otras, se tendrán que desarrollar como una de las etapas iniciales de la rutina del control del material adquirido. Un objetivo es asegurar que el paquete completo de información de calidad estará disponible para ser proporcionado a vendedores potenciales como parte del paquete de adquisición para encuestas preliminares a vendedores.

Entre las diferentes clasificaciones de los materiales o de las piezas que son necesarias en la planta, se encuentran 1) materiales que se necesitan para productos nuevos, 2) los que se solicitan nuevamente para productos anteriores aún en producción, y 3) aquellos que constituyen materias primas —como cobre, lubricantes—, que son indispensables en muchas producciones de la planta, y que por economía se deben ordenar en grandes cantidades.

El programa de control de calidad total de esta planta es relativamente nuevo. Una de las primeras etapas para su establecimiento correspondió al desarrollo de un efectivo control de nuevo diseño. Las especificaciones para los materiales de la clase 1 —productos nuevos— se tenían a la disposición de la oficina de compras, como resultado de la rutina del control del producto.

Los materiales de clasificación 2 —piezas de productos anteriores— no estaban disponibles, puesto que los procedimientos del control del nuevo diseño aún no operaban cuando estas piezas fueron diseñadas. Se carecía de especificaciones convenientes para las materias primas, aun para las requeridas en los productos nuevos y para los cuales ya operaba el control del nuevo diseño.

Una medida esencial que se tomó para establecer la rutina del control del material adquirido por la planta, fue que uno de los elementos desarrollara las especificaciones necesarias para las piezas de productos anteriores y para las materias primas básicas. Se tuvo que considerar una infinidad de estas especificaciones. Por tanto, se establecieron prioridades para su desarrollo.

Las especificaciones para las partes de los diseños anteriores se iniciaron con las nuevas órdenes para estas piezas; se delineó un proyecto para estas especificaciones al recibirse la noticia de la repetición de la orden. Las especificaciones para estas piezas se desarrollaron por medio de una forma modificada de la rutina del control del proyecto, en la cual el diseñador actuaba como dirigente clave, de acuerdo con una rutina similar a la discutida en el Cap. 18.

Tratándose de materias primas indispensables que se usan con bastante frecuencia en todos los productos, se asignaron igualmente prioridades. Estas materias primas se compran en masa, con especificaciones que se aplican a los requisitos para una gran variedad de estos productos. Sin embargo, en contraste con las especificaciones para las piezas de manufactura anterior, este trabajo se organizó como un proyecto continuado; según se expresó antes, la planta reconoció que no se deberían especificar totalmente todas las materias primas nuevas, durante las actividades del control del nuevo diseño, el cual se debía concentrar sobre los productos en particular.

Las especificaciones para las materias primas se desarrollaron por parte del personal del laboratorio de la planta, en cooperación con el ingeniero diseñador. Entre el personal del laboratorio se contaba con expertos en diferentes ramas como en soldadura, en acabado de superficies, en lubricantes, en comprobaciones químicas, en trabajos magnéticos y en radiografía. Las especificaciones por desarrollar deben incluir requisitos de la calidad de los materiales, como su composición química, sus propiedades físicas indispensables, el acabado de su superficie, y la tolerancia permitida en sus dimensiones y parámetros de almacenamiento y vida en estantes, y requisitos de seguridad.

Los miembros del departamento de control de calidad deben auxiliar al personal del laboratorio en la determinación de ciertos elementos para esas especificaciones: niveles que se requieren para el muestreo; características críticas de calidad; la forma física en que el producto se debe presentar para su inspección, y pruebas de confiabilidad incluyendo exigencias ambientales en la planta; las muestras de producción que sean necesarias; forma de etiquetar el producto, con la clave de los colores u otras designaciones especiales para la identificación del material y para mantenerlo separado; procedimientos para la aceptación de los certificados de inspección y pruebas del vendedor, sin que se requiera una inspección posterior en la planta, y requisitos de seguimiento.

Cuando los materiales o las piezas requieren determinada aprobación de las oficinas al servicio del gobierno, se deben incluir en las especificaciones los procedimientos para obtener dicha aprobación.

Al formular las especificaciones para las piezas de fabricación anterior o para materias primas básicas, como una parte de las actividades del control del material adquirido, los estudios para los planes de inspección se conducirán en la misma forma en que se realizan las rutinas del control del nuevo diseño de la planta. Se preparan las tarjetas regulares para el plan de inspección, en las cuales deben constar ciertos detalles como las dimensiones, las características que se deben examinar, los calibradores que se deben usar, la marca que se debe estampar para indicar la aprobación por la inspección y el lugar en que se debe colocar esta marca en el material.

En estas tarjetas se identificarán los materiales de la clase A, o sea, aquellos que no se pueden inspeccionar debidamente con los calibradores normales y que se deben remitir al laboratorio de la planta para las pruebas especiales, o bien para la aprobación del certificado del vendedor sobre la inspección y pruebas.

19.7 Ejemplo de una rutina de control de materiales adquiridos. (Cont.) —Análisis de compras

Cuando la oficina de compras cuente con las especificaciones, se iniciará el estudio para determinar en dónde se deben situar los pedidos para obtener los precios de compra más económicos, la calidad apropiada, los ciclos de entrega aceptables y otros requisitos esenciales.

Se solicitan encuestas de vendedores, a quienes se les proporciona un paquete de adquisición para basar sus respuestas. Este paquete de adquisición sigue un formato estándar para esclarecer los requisitos para los posibles vendedores y así asegurar que todos los vendedores reciban un tratamiento igual y justo.

Una porción esencial de esta información al vendedor es aquella que trata de la calidad. El paquete de información de la calidad para el vendedor está disponible para compras por control de calidad desde todos los aspectos relevantes de la planificación de la calidad del material recibido. Junto con los dibujos, especificaciones, requisitos de entrega y otra información de adquisición proporcionada por compras, este paquete de información de la calidad incluye todos los requisitos de calidad que se aplicarán a ese material. Esto cubre, por ser importantes, áreas como las siguientes.

- Estándar de calidad aplicables, incluyendo estándar físicos, químicos, radiográficos, visuales y de otros tipos.
- Clasificación aplicable de información de características.
- Requisitos de seguridad aplicables.
- Niveles de calidad, incluyendo los NCA que se aplican a varias características del material. La Fig. 19-1 muestra una forma básica similar al enfoque usado en esta documentación.

Nombre de la pieza			Dibujo núm.		Especificación núm.	
Plan de inspección control de calidad			Para establecimiento de instrucciones			Sec.
	División					Trabajos
Expedidos por			Sustituye a		Fecha de aplicación	
CARACTERÍSTICA Y NIVELES DE CALIDAD ACEPTABLES (NCA)						
Elem. núm.	Requisitos de las pruebas	Clave	Características críticas	NCA	Características mayores	NCA

Las letras clave para pruebas y NCA son de uso interno del comprador.

Todas las piezas deben estar dentro de sus especificaciones en todo aspecto. Las más importantes características que se deben comprobar así como su NCA se encuentran en el cuepo de la lista; la inspección por el comprador se puede hacer por los métodos de muestreo aceptados. Los lotes que excedan en porcentaje defectuoso al NCA, de acuerdo con la muestra, se rechazarán regresándose al vendedor o, si son necesarios para la producción, se escogerán o reelaborarán con cargo al vendedor. Los requisitos del plan de inspección forman parte de cada orden de compra.

Fig. 19-1

- Las inspecciones y pruebas que se requieran, incluyendo tanto aquellas que se llevarán a cabo en las instalaciones del vendedor antes del embarque, como aquellas que se ejecutarán por el comprador cuando se reciba el material.
- Los datos de calidad que se incluirán con el material embarcado.
- La medición de la calidad y las prácticas de método que se seguirán en la inspección y pruebas de los materiales.

- La información y registros de pruebas de confiabilidad a ser proporcionados.
- Requisitos de identificación de material, incluyendo datos de seguimiento.
- Requisitos de calidad para aplicarse al empaque y empaquetado de materiales, cómo se efectuarán las pruebas de empaque y embarque, y los requisitos de preservación del material en el embarque.
- Reportes de calidad a ser proporcionados en una base continua.
- Límites del control del proceso aplicables durante la producción del material.
- Requisitos del vendedor para advertir al comprador sobre desviaciones de calidad que hayan sido descubiertas y que puedan aplicarse al material provisto, y los requisitos de vendedores para acción correctiva y reelaboración y reposición de materiales.

En el caso de algunos contratos de grandes adquisiciones —como fundiciones de altos volúmenes, partes mecánicas y componentes electrónicos— y de órdenes de material de requisitos especiales/alto valor como ensambles de control y partes de seguridad, compras conduce lo que se llama conferencias preasignación con el vendedor. Estas conferencias revisan los requisitos de adquisición del material con un grupo de vendedores prospecto, especialmente con vendedores con cuyo material la planta no está bien documentada con experiencias previas, para asegurar un entendimiento mutuo completo. El departamento de control de calidad discute los requisitos de calidad con gran detalle, incluyendo el hincapié sobre las relaciones de calidad esperadas con vendedores.

Al recibirse las respuestas y ofertas de los vendedores, se revisan cuidadosamente por el departamento de compras, con estrecha participación, cuando es apropiado, de todos los miembros de la rutina de control de material adquirido de la planta: ingeniería de manufactura, ingeniería, producción y control de calidad.

El departamento de control de calidad examina la propuesta del vendedor en relación con la forma en que se conforma a los requisitos de calidad y al paquete de información de la calidad que había sido una guía para la respuesta del vendedor. También se presta atención a lo siguiente:

- La evaluación del vendedor de su planta referente a este proveedor, si el vendedor ha trabajado anteriormente con la planta. La planta tiene un programa de evaluación de vendedores computarizado muy completo, en la base de datos de la información administrativa de la planta, tanto para el uso de compras como para control de calidad. La rutina de la planta de control de materiales adquiridos requiere una revisión de esta evaluación del vendedor, como una condición de todos los análisis de compras de materiales.
- La información del costo de la calidad del vendedor, si se tiene disponible o si es apropiada, como puede ser estimada dentro de rangos de gran probabilidad.
- Datos de evaluación del vendedor sobre el proveedor, que se mantienen en otras plantas de la compañía.

- Datos del vendedor sobre el proveedor, que se mantienen en otras fuentes externas.
- Discusiones con el vendedor pidiéndole mayor información sobre las capacidades de calidad del proveedor, que pueden ser seguidas por una visita corta; y el cuidadoso examen y corroboración de esta información. La Fig. 19-2 muestra un segmento de las páginas iniciales de la Petición de Información de la Capacidad de Calidad del proveedor, enviada a aquellos proveedores de los cuales se requiere una información más detallada. Se usarán, conforme convenga, subáreas en vez de peticiones completas con algunos vendedores. Algunos vendedores con organizaciones menos claras podrían no ser capaces de proporcionar la información de forma totalmente estructurada; esto en sí no es negativo, pero indica que la información necesaria sobre las operaciones del vendedor debe aclararse.

Donde la información referente a la capacidad del vendedor disponible no es suficiente para generar confianza, y especialmente con grandes adquisiciones, y en el caso de materiales críticos, el departamento de control de calidad puede recomendar a compras que se ejecute una encuesta al vendedor. Esto implicará una revisión completa de las capacidades del vendedor en su local. Cuando sea necesario, un equipo de la planta, que normalmente incluirá representantes de control de calidad, ingeniería de manufactura, compras y otras funciones que se requieran, ejecutan la encuesta. Todas las encuestas a vendedores se hacen de acuerdo con los procedimientos específicos de la planta para este propósito. La Fig. 19-3 muestra un segmento de la estructura en perfil de la encuesta de la planta y equipo del proveedor que guía el trabajo del equipo. Esto está suplementado por una encuesta del control de calidad del proveedor llevada a cabo durante la revisión, conforme se requiera.

En otros casos, como en los que las preguntas relacionadas con el vendedor son principalmente con respecto a la calidad, la función de control de calidad puede hacer las encuestas como el representante de otras funciones de la planta, con concentración primaria sobre las áreas de calidad.

Un área importante de la actividad de análisis de compras —con algunos subensambles mecánicos de materiales, partes electrónicas y conjuntos— es el cuidadoso examen en la planta de muestras de material. Ingeniería examina la función del material, y junto con control de calidad considera los datos de confiabilidad relevantes y la seguridad, de acuerdo con las prácticas expuestas en el Cap. 17, "Confiabilidad del producto", y Cap. 18, "Control de nuevos diseños". Ingeniería de manufactura revisa la facilidad de fabricación —en maquinado, ensamble de bases impresas o en términos de flujo de producción en transportadores— de material real enviado por el vendedor.

Hasta que esta rutina del control del material adquirido para la planta ha quedado establecido, las órdenes de compra basadas sobre el estudio de sólo una o dos muestras del vendedor pudieran haber sido colocadas por decenas de miles de partes. Con la presente rutina, en efecto, el miembro del departamento de control de calidad tiene la oportunidad de recomendar que se requie-

PETICIÓN DE INFORMACIÓN DE CALIDAD DEL PROVEEDOR
Generado con respecto a
Petición de Información de Compra núm. A3798-1

Sección de capacidad funcional del control de calidad

1. Por favor, añada la gráfica organizativa detallada para la función de control de calidad, en donde se muestren las relaciones de reporte con la gerencia superior y los departamentos internos del control de calidad.
2. Por favor, añada las guías de puestos representativos detalladamente para el personal de ingeniería de calidad que se muestran en la gráfica organizativa del control de calidad.
3. Por favor, añada las guías de puestos representativos para el personal de ingeniería de confiabilidad que se muestran en la gráfica organizativa del control de calidad.
4. Si la ingeniería de confiabilidad no reporta al control de calidad, por favor, añada la gráfica organizativa detallada que muestre sus relaciones de reportes y añada sus guías de puestos representativos.
5. Por favor, añada las guías de puestos detallados para el personal de inspección y supervisión de pruebas que se muestran en la gráfica organizativa del control de calidad.
6. Si la inspección y pruebas no reportan al control de calidad, por favor añada la gráfica organizativa detallada mostrando sus relaciones de reportes y añada las guías de puestos para inspección y supervisión de pruebas.
7. Por favor, llene los espacios apropiados
   a. Los números de personal en las siguientes actividades:
      Inspección ___________
      Pruebas ___________
      Ingeniería de calidad ___________
      Ingeniería de confiabilidad ___________
      Ingeniería de equipo de control de calidad ___________
   b. Por favor, llene los siguientes porcentajes:
      Personal de inspección a trabajadores de producción ___________
      Personal de pruebas a trabajadores de producción ___________
8. Por favor, responda "sí" o "no" a lo siguiente, y proporcione una descripción breve:
   ¿Existe reporte de fallas de materiales?
   sí ____ no ____
   ¿Se mantienen los datos sobre las pruebas de confiabilidad y los análisis de fallas de materiales?
   sí ____ no ____
   ¿Se pide la aceptación del cliente en lo referente al diseño u otros cambios que afectan la confiabilidad?
   sí ____ no ____
   ¿Se desempeña la actividad de confiabilidad de acuerdo con procedimientos documentados?
   sí ____ no ____

Fig. 19-2

9. Por favor, añada las secciones aplicables de los procedimientos de planta que cubren lo siguiente:
Disposición de material malconformado, y su separación y control.
Mantenimiento de herramientas y calibradores y calibración.
Mantenimiento y calibración del equipo de pruebas.

10. **a.** Por favor, anote debajo de los registros de calidad y confiabilidad que 1) están disponibles, y 2) pueden ser revisados por el comprador, si lo pide,
b. Por favor, anote abajo los registros de calidad y confiabilidad que se proporcionarán al comprador con cada embarque de material.

La información anterior fue preparada por

____
Nombre

____
Puesto en la organización

____
Fecha

____

Fig. 19-2 (continuación)

ra un muestreo más adecuado del vendedor; de esta forma, los problemas del material adquirido resultantes de la práctica anterior de tamaño muestra inadecuado se minimizan.

Para las partes y materiales cuyas especificaciones se han vuelto relativamente viejas, los miembros del departamento de control de calidad ayudan a investigar posible "paja" en los precios de los vendedores ocasionada por extras de calidad que ya no son necesarios en la especificación. Esta investigación puede tomar la forma de estudios de las tolerancias que se exigen en la especificación. Las herramientas estadísticas discutidas en la parte cinco pueden ser especialmente útiles en estos estudios.

Antes de que el análisis de compras se considere completo, un área importante del análisis de compra en esta planta es el asegurar una atención orientada al abastecimiento que se ha efectuado con respecto a hacer o comprar —es decir, decidir si el material o la parte debería colocarse con un vendedor externo o ser considerado para fabricación interna—. Las consideraciones de hacer o comprar son básicas en el procedimiento de control de nuevos diseños y para el programa de producto y manufactura de la planta.

Así, las partes y materiales que fluyen a compras ya han sido identificados como candidatos para compra mediante estas rutinas y programas —buscando factores como capacidad de planta disponible, niveles de costos de la planta y niveles de calidad de la planta—. Sin embargo, unos cuantos de estos materiales y partes serán también candidatos, como resultado de la revisión del análisis

ENCUESTA DE PLANTA Y EQUIPO DEL PROVEEDOR

Ejecutada con referencia a la orden de compra Núm. A4662-1

Información de la identificación del proveedor

Número de proveedor ______________

Material de compra ______________

Ubicación del proveedor, afiliación de la compañía, productos hechos en esa ubicación

____

Otra información ______________________________

Información sobre la planta del proveedor

Tamaño de la planta ______________________________

Tiempo de la planta ______________

Información general de la planta:

Apariencia física ______________________________

Limpieza y mantenimiento ______________________

Instalaciones de apoyo – Flujo de aire, iluminación, calefacción __________

____

Flujo de trabajo ______________________________

____

Capacidad de producción ________________________

____

Instalaciones de desarrollo – Producto y proceso ______________

____

Otra información ______________________________

____

Información sobre el equipo del proveedor

Tipos de equipo ______________________________

____

Antigüedad del equipo ________________________

____

Mantenimiento de equipo ______________________

Distribución de planta ________________________

Información del equipo de control de calidad del proveedor (para ser complementado con la encuesta de control de calidad del proveedor)

Inspección de recibo __________________________

____

Instalaciones de laboratorio ____________________

____

Confiabilidad de pruebas ______________________

____

Inspección durante el proceso __________________

____

Inspección final y pruebas ______________________

____

Fig. 19-3

Pruebas ambientales ______________________________

____

Otra información ______________________________

____

Información sobre el procesamiento de datos del proveedor

Equipo ______________________________

____

Software ______________________________

____

Aplicaciones en uso ______________________________

Información del personal del proveedor

Número de personal __________

Tipos de ocupaciones ______________________________

____

Estado de las relaciones industriales ______________________________

____

Situación del abastecimiento de mano de obra regional ______________________________

____

Encuesta ejecutada por: __________ **Ingeniería de manufactura**

__________ **Control de Calidad**

__________ **Compras**

__________ __________

Departamento

__________ __________ __________

Fecha **Departamento**

Fig. 19-3 (Continuación)

de compras de la capacidad disponible del vendedor para proporcionar este material —o la falta de esta capacidad—, y como resultado del precio del vendedor —que en algunos casos puede ser mucho más alto que los costos internos completos de las partes producidas sobre la base— y, sobre todo, como resultado de la capacidad del vendedor de proporcionar la calidad necesaria —o la carencia de esta capacidad, comparada con lo que la planta en sí puede hacer. Estos materiales se identifican de esta forma y se envían a ingeniería de manufactura y a otras funciones para mayor consideración, aunque algunas necesidades inmediatas de producción puedan ser satisfechas temporalmente mediante compras.

19.8 Un ejemplo de la rutina de control de materiales adquiridos (cont.) —Elección de vendedores y colocación de órdenes

Con base en la actividad de análisis de compra que identificó al vendedor o vendedores mejor calificados, el departamento de compras inicia la colocación de contrato y orden de compra para el vendedor o vendedores que se seleccionaron. Los requisitos totales de calidad, conforme sea apropiado y de acuerdo con la planificación de calidad que haya sido desarrollada por la planta para el material, forman parte del contrato de compras —o se hace de ellos una referencia en el mismo.

Por razones de práctica de compras, algunas órdenes reales de materiales pueden requerir la traducción de especificaciones de planta a estándar en nomenclatura comercial. Sin embargo, la especificación de la planta, incluyendo el paquete de requisitos de calidad, se enviará usualmente al vendedor con una calcomanía para obtener atención, como la que se muestra en la Fig. 19-4.

El vendedor es informado detalladamente de todos los aspectos del paquete de requisitos de información que se aplican al material que estará surtiendo. El área NCA es un ejemplo del establecimiento y comunicación de estos requisitos. Esta planta usa una tabla de muestreo de aceptación NCA de tipo MIL-STD-105D para cubrir su inspección de muestras al recibo. Se hará la determinación con el vendedor, una vez cerrada la orden, del NCA que se requerirá en una parte o material específico. También se llegará a un acuerdo con el vendedor sobre el procedimiento de muestreo y la política para disponer de los lotes rechazados. El vendedor, por ejemplo, será informado de las condiciones bajo las cuales los certificados de inspección o pruebas del vendedor se esperarán y aceptarán.

La función de compras de la planta efectúa lo que llama conferencias para el vendedor después del contrato, a las que se invita al vendedor o vendedores seleccionados, en situaciones como en las que el material proporcionado es crítico para la seguridad del producto, en las que el contrato es especialmente grande o con requisitos especiales, o en las que hay necesidades únicas para el vendedor, que deben ser esclarecidas. La experiencia en la planta ha sido que el análisis de compra, incluyendo encuestas a vendedores, muestra lo que los vendedores *pueden* surtir, pero no lo que invariablemente *será* surtido. Las juntas después de contrato ponen énfasis especial sobre la calidad y los procedimientos detallados que se involucrarán en los procedimientos de control. Se presta atención especial a la compatibilidad del equipo de medición de la calidad entre la planta y el vendedor —incluyendo todos los aspectos relevantes del equipo de información de la calidad y los estándar que serán usados tanto en las instalaciones del vendedor como en la planta.

Estas prácticas, junto con la obtención de detalles similares en tantas encuestas de compras como sea práctico, han ayudado a la planta a eliminar en gran parte las desagradables fricciones experimentadas en años anteriores con los proveedores. Estas fricciones resultaban de las quejas de los vendedores, quienes insistían que no habían sido informados de ciertos detalles de los es-

ATENCIÓN

Esta pieza debe satisfacer determinadas especificaciones prescritas por el comprador. No se ejecute ningún trabajo o se asigne material para fabricación antes de familiarizarse con lo que se debe de aplicar de las especificaciones (material). Núm. 8732.

Fig. 19-4

tándar de calidad técnicos de la planta hasta que se les había informado de los rechazos de su material con base en la inconformidad con estos detalles.

La política de esclarecer los procedimientos de aceptación y de las especificaciones de calidad para los vendedores ha sido especialmente valiosa para aquellos materiales cuyo uso será gubernamental. Estos materiales pueden requerir de una inspección antes del embarque en la planta del vendedor por personal de servicio del gobierno. Las especificaciones claras y mutuamente comprendidas actúan como un poderoso agente para minimizar malas interpretaciones de los requisitos de calidad en esta inspección.

Cuando la orden de compra se coloca con el vendedor o vendedores finalmente seleccionados, especialmente con los proveedores de materias primas, el carácter del negocio del vendedor se anota en la planificación de inspección de recibo de la planta. Las materias primas se pueden comprar de muchas fuentes primarias, en donde el fabricante mismo vende el material y en donde la calidad puede identificarse muy directamente. También pueden comprarse de fuentes secundarias, donde el origen real de fabricación del material puede no ser tan claro, debido a que el vendedor simplemente compra de los fabricantes y no lleva producción. El conocimiento del carácter del negocio del vendedor puede ser útil en una inspección de recibo de materias primas para ayudar a desarrollar procedimientos de aceptación apropiados.

Por varias razones —la política de la planta para proporcionar algunos contratos a pequeños proveedores o a compañías recientemente organizadas que generan empleos, o a empresas en determinadas regiones geográficas— o con motivo de excelentes relaciones anteriores o la posible falta de otras fuentes, un vendedor seriamente considerado para elección de contrato, cuya habilidad para producir y controlar calidad satisfactoria del material está dudosa debido a procedimientos inadecuados o a la falta de conocimientos, debe considerarse seriamente. Los miembros del componente de control de calidad pueden visitar la planta del vendedor en estos casos y ayudar al vendedor a establecer actividades de control de calidad que harán posible para la planta el seleccionar al vendedor para un contrato.

Una vez recibidas las órdenes de compra, los vendedores podrán necesitar alguna interpretación adicional a las especificaciones, mientras que hacen el arreglo de su equipo de proceso para la producción del material. Si las órdenes de compra se han enviado a varios pequeños vendedores, probablemente éstos necesitarán una ayuda técnica del grupo de control de calidad de la planta.

En los contratos de compra de determinados materiales se exige la aprobación de una muestra formada por un determinado número de unidades de preproducción antes de permitirse entregas. Los contratos de compra para ciertos materiales necesitan la aprobación de una muestra compuesta de un número especificado de unidades de preproducción, antes de autorizar su envío. Al terminar de producirse estas unidades por el vendedor —por ejemplo, piezas de fundición o forjadas— se remiten a la planta para su aprobación. Para las piezas de fundición se pueden necesitar radiografías; o se pude pedir a los vendedores que hagan pruebas de penetración fluorescente o de partículas magnéticas en las piezas forjadas. Las matrices forjadas podrán necesitar un corte seccional o un ataque químico para su estudio. Si se trata de piezas que requieran cierta resistencia en su soldadura, se pedirá al vendedor una muestra de varios elementos para las pruebas.

Todas las unidades que formen la muestra de preproducción se analizan cuidadosamente; puede haber una distribución de frecuencias por parte del personal técnico del control del proceso. El resultado de estos análisis debe ser examinado por los ingenieros proyectistas interesados.

Para componentes y ensambles electrónicos, la verificación de la confiabilidad se requerirá con ciertas órdenes. Con partes de seguridad, deben enviarse datos de desempeño muy completos de inspección y pruebas.

Si se encuentra satisfactoria la muestra de preproducción, se envía la aprobación al vendedor para que inicie su producción activa. En caso de que dicha muestra no satisfaga, se informará al vendedor de los detalles de los defectos. Se puede ayudar al vendedor con asistencia técnica de los ingenieros de control del proceso por otro personal adecuado de la planta. Se le solicitará otra muestra para su aprobación.

Con ciertos materiales como piezas de fundición o forjadas, el resultado de las muestras de preproducción puede dar lugar a una considerable revisión de los requisitos de la calidad en las tarjetas del plan de inspección. La cantidad y clase de pruebas radiográficas necesarias para la aprobación de las fundiciones se puede ajustar para que armonice con la seguridad de la calidad de la fundición presentada en la muestra de preproducción.

19.9 Ejemplo de rutina de control de material adquirido (cont.) Recibo de materiales, examen del material

Una vez expedidas todas las aprobaciones preliminares, la siguiente etapa del control del material adquirido se iniciará cuando se reciba la primera remesa de material del vendedor. Se deben identificar los lotes con etiquetas, a fin de que sigan una ruta conveniente, y generar seguimiento adecuado. Generalmente los lotes se conducen hacia la zona de inspección de recepción; algunos materiales de la clase A se deberán enviar a los laboratorios de la planta para sus pruebas físicas o químicas o bien para comprobar el certificado de pruebas e inspección del vendedor. En cualquier forma, el ingeniero de control del proceso interesado revisará cuidadosamente la validez de las conclusiones.

En esta planta, que es nueva y bien planificada para el flujo de sus materiales, se cuenta con una zona principal de inspección del material adquirido, a la cual se envían todas las piezas. En esta forma, ha sido posible centralizar todo el equipo de inspección y los registros de aceptación. Las plantas más antiguas de la compañía no tienen esta ventaja; debido a la dispersión en el flujo de materiales, algunas de estas plantas tienen que efectuar su inspección en diferentes áreas.

El manejo de los materiales para su transporte a las áreas de inspección y pruebas se debe hacer con rapidez, pero con cuidado. Si se trata de un carro tanque con lubricante o de una tolva que contenga una base de cerámica, se tomará una muestra del tamaño especificado y se remitirá directamente a los laboratorios de la planta. La carga total del carro se detiene hasta que se tengan los resultados de las pruebas de laboratorio.

Examen del material

Los procedimientos para el examen del material en la zona de inspección de recibo serán más rígidos con los primeros lotes enviados por el vendedor, cuando se trata de una orden nueva de compra, que en los lotes posteriores después de practicada la "inspección inicial". Deberán estar disponibles las tarjetas del plan de inspección y del plan de pruebas para cada clase de material, y servirán como guía para el procedimiento que deberán seguir los inspectores asignados para ese material.

Algunas tarjetas se usarán para las piezas —como artículos de ferretería— en las cuales se debe iniciar el muestreo desde los primeros lotes recibidos. Otras tarjetas serán para las piezas críticas, en las que se requiere una inspección 100% sobre el primer lote, a fin de obtener una representación de la calidad del vendedor; el valor del NCA que se especifique en la tarjeta del plan de inspección se empleará durante el muestreo de los lotes subsecuentes. Se podrán aplicar otras tarjetas para piezas en pequeñas cantidades que requieran una inspección continuada de 100% sobre todos los envíos que se reciban durante la vigencia de la orden.[4]

La Fig. 19-5 presenta la secuencia que se debe seguir con aquellas piezas en que se requiere una inspección 100% durante los primeros lotes, y por el NCA en los lotes subsecuentes. Si la inspección 100% demuestra que la calidad del vendedor es inferior a la requerida, el muestreo no podrá efectuarse en forma económica. Se tiene que pasar aviso de inmediato al vendedor con el resultado de esta inspección 100%, instándole para mejorar su calidad.

ETAPA I. INSPECCIÓN 100% EN PRIMEROS LOTES

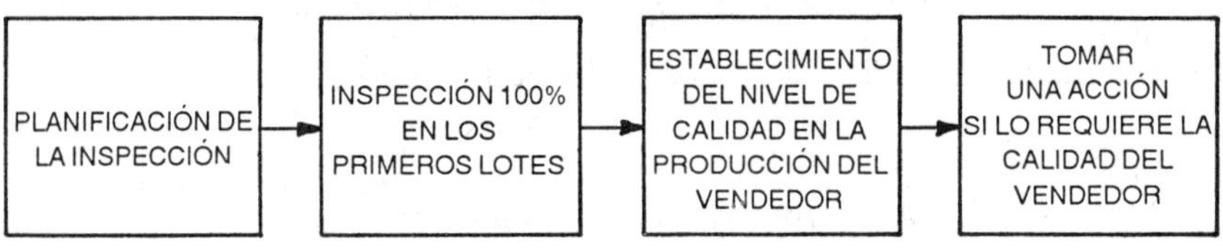

ETAPA II. INSPECCIÓN POR MUESTREO EN LOS LOTES SUBSECUENTES

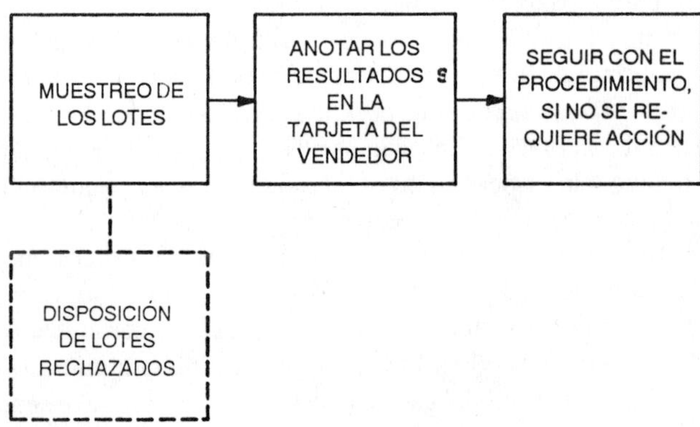

Fig. 19-5

La tabla de aceptación del MIL-STD-105D que se usó en esta planta para la inspección por muestreo del material recibido es similar a la presentada en la Fig. 15-11. Se establecieron diferentes niveles para valores del NCA en los diferentes materiales recibidos en la planta.

El procedimiento de muestreo de recepción permite una rutina automática para pasar a las tablas de muestreo reducido, semejante al presentado en la Fig. 15-13, cuando un número suficiente de lotes consecutivos se haya aceptado por medio del muestreo normal.

Una vez terminado el trabajo de inspección con un vendedor, aun tratándose de planes reducidos de muestreo, se expide posteriormente al vendedor el certificado de la inspección y pruebas de su remesa o reportes del desempeño de pruebas de confiabilidad certificados. Estos certificados adoptarán diferentes formas de acuerdo con los diversos materiales. Pueden consistir en una declaración de las propiedades físicas y químicas de un lote de metal; o bien en una forma con los datos de inspección elaborados por la planta, como el ejemplo presentado en la Fig. 19-6; también puede tomar la forma de una distribución de frecuencias con los resultados de la inspección del material remitido por el vendedor, como en el ejemplo de la Fig. 19-7, que corresponde a una forma para recepción de resortes.[5]

Certificación de la calidad del vendedor

Informe Núm. ____

Orden Núm. ____

Fecha de envío ____

Cantidad ____

Nombre de la pieza ____ Dibujo Núm. ____

Vendedor: ____ Dirección ____

Especificación	Núm. comprobado	Resultados	Observaciones

Firma ____

Puesto ____

Fig. 19-6

PRODUCTO Resorte de compresión
CARACTERÍSTICA Prueba de carga
MÉTODO PRUEBA Aparato A
LÍMITES ESPECIFICADOS 1.8 * a 2.4 * @ .281"
REGISTRADO POR J.G. Brown
Fecha: 1-17

PIEZA Núm. 1816320
VENDEDOR MC
ORDEN Núm. RT-8216
CANTIDAD EN LOTE 75,000
TAMAÑO DE MUESTRA 80
DISPOSICIÓN aceptado

CARGA EN LBS	MARCAS DE LAS FRECUENCIAS	f
1.80		
1.83		
1.86		
1.89		
1.92		
1.95		
1.98		
2.01		
2.04		
2.07	IIIII II	7
2.10	IIIII IIIII IIIII	15
2.13	IIIII IIIII IIIII IIIII IIII	24
2.16	IIIII IIIII IIIII IIII	19
2.19	IIIII III	8
2.22	IIIII I	6
2.25	I	1
2.28		
2.31		
2.34		
2.37		
2.40		
	TOTAL	80

LÍMITES

CERTIFICADO PARA EL VENDEDOR
FORMA DE DISTRIBUCIÓN DE FRECUENCIAS

Fig. 19-7

Sobre los lotes amparados con certificados, se harán comprobaciones ocasionales de muestreo de aceptación, a menos que se presenten dificultades con la calidad del material en las líneas de producción.

Un factor importante en los procedimientos para la aceptación del material en esta planta es el entrenamiento y la orientación del personal de inspectores que tienen que efectuar el muestreo. El departamento de ingeniería de control del proceso debe esforzarse en suministrar a los inspectores toda la información de que disponga, referente al caso, a fin de que la interpretación de las especificaciones del material sea uniforme y que concuerde con el intento original de quienes trazaron estas especificaciones.

Se deben insistir en la obtención y mantenimiento del equipo de información de la calidad que sea necesario para emplearse en la inspección de aceptación, pruebas y evaluación de la confiabilidad. Es necesario establecer una rutina completa para examen periódico y la sustitución de los calibradores para rosca y machos de cuerda, empleando una clave de colores para los calibradores, en la forma que cada color represente la fecha de sustitución.

Al quedar aceptado un material por estos procedimientos, se le estampa una marca, se le coloca una etiqueta y se dispone su transporte fuera del área de inspección.

Con algunos materiales como aceros, lubricantes, cerámicas —los designados como materiales A—, se sigue un procedimiento algo diferente del requerido por piezas comunes. Para estos materiales de la clase A, se requieren pruebas especiales —composición química o dureza— que no es posible realizar con el equipo del área de inspección. Las pruebas de estos materiales se deben efectuar en el laboratorio de la planta.

Muchas de estas pruebas —por ejemplo, la composición química— tienen que ser destructivas y, por tanto, es necesario un muestreo. Generalmente, este tipo de muestreo se efectúa por el método de variables.[6] En ocasiones, se determina estadísticamente el tamaño de la muestra; en otros casos, si la forma física del material es un factor restrictivo, las experiencias anteriores con este material en el laboratorio determinarán los detalles del muestreo.

Como ejemplo del caso anterior se tiene la compra de una material metálico en barras de 6 pies 4 in, el cual se debe maquinar y procesar para obtener una flecha de cerca de 6 pies de longitud. Si se requiere una prueba destructiva en este caso, la muestra quedaría restringida a una sola tomada de un extremo de la barra; al cortarse una barra para obtener varias piezas de muestra, se destruye el valor de una barra.

Generalmente, los materiales de esta clase se dejan en el área de inspección, donde se comprueban sus dimensiones, para después tomar la muestra que se deba enviar al laboratorio.

En el caso de los materiales A, se acostumbran los certificados de pruebas del vendedor, los cupones de conformidad o las declaraciones de cumplimiento de las especificaciones. Estos documentos se envían del área de inspección al laboratorio, para su aprobación.

El laboratorio consulta las tarjetas del plan de inspección para el material de que se trate, toma en cuenta las anotaciones respecto al historial de la calidad del vendedor y si ese vendedor es principal o secundario. Se examinan brevemente las especificaciones del material para determinar la naturaleza crítica de los requisitos. Para determinados vendedores, el personal de laboratorio puede consultar los datos anteriores de éstos, así como su comportamiento en otros envíos.

Para la aprobación de este material por el laboratorio, se deben tomar en cuenta todas estas consideraciones, aun cuando se trate de productos bien conocidos y de vendedores reconocidos, se deben confirmar por medio de un breve examen. La aprobación se puede basar directamente sobre el certificado del vendedor, sin tener que hacer pruebas posteriores, o bien puede comprender la comprobación de ciertas características específicas, como sus propiedades físicas o el acabado de sus superficies.

Al material aprobado por el laboratorio se le estampa el sello de inspección y se le coloca su etiqueta, si el material se encuentra malconformado se le coloca la etiqueta correspondiente con esa clasificación.

Otras divisiones o plantas de la misma compañía

Debido al programa de control total de la calidad de toda la compañía, se requiere un mínimo de actividad de examen de materiales en aquellas partes y materiales procesados por otras plantas de la misma compañía. Excepto en situaciones no usuales —una parte experimental, un lote de material nunca antes usado—, la planta compradora no hace inspección de recibo sobre este material; la estampa de inspección de la otra planta se acepta como evidencia de la calidad del material. Cuando, como excepción, este procedimiento resultase en la aceptación de algún material de baja calidad, pueden efectuarse actividades temporales de separación, por parte de la planta compradora. Sin embargo, al mismo tiempo se exige una acción correctiva en la planta vendedora por el gerente de control de calidad en la oficina central de la compañía. La inspección doble —examen tanto en la planta del vendedor como del comprador— se reconoce en esta compañía como extremadamente antieconómica bajo situaciones normales de material adquirido.

Si la planta de este ejemplo fuera una de varias divisiones de la misma fábrica en vez de una entidad geográfica separada, la política de la compañía insistiría en que se siguiese la misma filosofía de minimizar la actividad de control de material adquirido. Insistiría que estas otras divisiones hicieran un uso más efectivo de sus rutinas de control del producto, si se recibieran materiales defectuosos de ellas. Los costos de separación de materiales malconformados y por pérdidas de fabricación ocasionadas por estos materiales se facturarían por la división compradora para las divisiones vendedoras.

19.10 Ejemplo de la rutina de control de material adquirido (cont.) Disposición del material

El material aceptado por la inspección de recibo o por pruebas de recibo o el laboratorio de la planta se transporta rápida, pero cuidadosamente, a las ubicaciones adecuadas en las áreas de producción para su uso planificado, de acuerdo con el requisito de flujo de materiales de la planta. Algún material puede no ser requerido inmediatamente para usarse en las líneas de producción. Sin embargo, este material aceptado se transporta de nuevo rápida, pero cuidadosamente, para el área de inspección de recibo a un área del almacenamiento, de forma que la vuelta del material en el área de inspección y pruebas sea máxima con un mínimo de espacio ocupado y que el material aprobado no sea molestado de alguna manera.

Es preferible, desde el punto de vista del control de inventarios, así como del control de calidad, que este material permanezca almacenado el más corto tiempo posible. Durante el periodo de estacionamiento, el material se coloca en áreas situadas a un lado, en las cuales la temperatura o la humedad sean apropiadas para que no se dañe el material y donde no se pueda presentar un deterioro de la calidad.

El material que resulte malconformado también se debe retirar rápidamente. En esta planta se dispone de una zona especial con anaqueles para el almacenamiento temporal del material; se deben exceptuar de esta práctica aquellos materiales que por su volumen o por el peligro de su inflamabilidad, no sean convenientes. A los materiales malconformados de esta categoría se les coloca una etiqueta color naranja, indicando así al personal que "No se mueva este material".

Cuando se tenga que autorizar la disposición de un material malconformado, actuará una junta revisora del material, como interventora del control de calidad, a fin de tomar o de coordinar las decisiones necesarias. Esta junta se formará con el ingeniero de control del proceso interesado, y representantes de las oficinas de ingeniería de diseño, de compras y, si se trata de un material que deba emplearse en productos destinados al gobierno, por el inspector residente de ese organismo. Esta junta puede elegir entre cinco alternativas importantes.

1. Rechazar todo el lote, regresándolo al vendedor.
2. Revisión del 100% del todo el lote con cargo al vendedor, devolviendo todas las unidades malconformadas.
3. Inspección 100% del lote con cargo al vendedor, y reparación de los defectuosos en la planta compradora. El vendedor costeará estas reparaciones.
4. Aceptación completa del lote, basándose en disposiciones que temporalmente anulen ciertos requisitos de las especificaciones.
5. Las alternativas 2 ó 3, excepto que el vendedor pagara sólo una parte de los costos de inspección y reparación.

Además del principal factor de causa que rija la calidad del producto, entre las consideraciones que guíen a la junta revisora para elegir entre las alternativas anteriores, están las siguientes.

1. *Costo para el vendedor*. Siempre que sea posible se esforzará por tomar aquella acción que sea la más económica para el vendedor. Tratándose de pequeños vendedores, el rechazo absoluto de todo un lote puede significar un desastre financiero.
2. *Exigencia en la producción de la planta*. Las exigencias de los planes de producción de ciertas piezas obligarán a la aceptación, por medio de una selección, si es posible, de una parte del material, a fin de que las líneas de producción sigan operando.
3. *Antecedentes del lote rechazado*. Deberán tomarse en consideración los posibles convenios con el vendedor en el momento de situarle la orden, en lo que respecta a la disposición que se deba dar a los lotes rechazados. También, como un acto de justicia para el vendedor, se debe analizar la causa del rechazo —por ejemplo, si las especificaciones actuales son el resultado de una revisión hecha *después* de que el vendedor ya haya producido el lote.

La junta de revisión de materiales deberá decidir rápidamente, y dar desde luego la disposición correspondiente al material separado con su etiqueta anaranjada en el anaquel. Esto permitirá que la caja ocupe sólo una pequeña área y, al mismo tiempo, se reducirá el peligro de que un material con etiqueta anaranjada "pase" a las líneas de producción.

19.11 Un ejemplo de la rutina de control de material adquirido. (cont.) Formación de registros y revisiones posteriores; relaciones con los vendedores y vigilancia a los vendedores

Formación de registros y revisiones posteriores

Para todos los materiales y piezas a los cuales se aplican los planes de control del material adquirido se establece un registro de vendedor. Éste consistirá en una tarjeta para cada clase de material o número de pieza. Entre los datos que se deben asentar en esta tarjeta, se encuentran la fecha de las remesas, el nombre de los vendedores, el tamaño de los lotes, los resultados de la inspección y la confiabilidad, y la disposición dada a cada lote examinado. Los lotes aceptados por medio de certificados del vendedor se anotarán en esta forma.

Tan pronto como se noten remesas defectuosas se informará directa e inmediatamente a los vendedores. Las quejas por escrito sobre esas remesas se pueden hacer en una forma similar a la queja sobre el empaque que se presenta en la Fig. 19-8. Será preferible para estos contactos, que el personal mejor calificado de la planta realice visitas periódicas a la planta del vendedor.

El ingeniero de control del proceso se pondrá de acuerdo con las otras plantas de la misma compañía, a fin de que se mantengan relaciones uniformes con un mismo vendedor por todas las plantas, en lo que respecta a ciertos puntos, como procedimientos de muestreo e interpretación de las especificaciones.

Además, se deben revisar periódicamente los requisitos para la calidad del material en las órdenes de compra. Conforme se vaya obteniendo una mayor información sobre la producción y rendimiento en su empleo de un producto nuevo, podrán ser reformadas radicalmente las especificaciones de la calidad para las piezas o materiales que se adquieran.

Estos datos sobre los resultados del material adquirido generan información importante para la evaluación del vendedor de la planta y para los programas de evaluación de desempeño de vendedores de la planta. Estas evaluaciones se computarizan, se coordinan sus datos y se hacen parte de la base de datos en el programa de información administrativa de la planta.

El objetivo del programa de evaluación de vendedores de la planta es el comparar a los vendedores de los materiales de alto valor de compra —aquellos que representan la gran mayoría del costo de material. Se mantienen otras formas de comparación entre vendedores en los materiales de menor valor de compras, para generar comparaciones entre los vendedores de estos materiales.

El programa de evaluación de vendedores, que es mantenido por compras, incluye las diferentes categorías principales de materiales comprados —subensambles funcionales, partes mecánicas de precisión, circuitos integrados, capa-

QUEJA DEL INSPECTOR SOBRE MATERIAL DEFECTUOSO

FECHA 8/4

PIEZA Núm. ____________ DR. Núm. 721832

HEMOS RECIBIDO 570 empaquetaduras
CANTIDAD NOMBRE DEL ARTICULO
y
HE INSPECCIONADO 50 MUESTRA empaquetaduras
CANTIDAD NOMBRE DEL ARTICULO

PARA Freno X R32
(clase de máquina) (clase de material)

PARA BROWN CO. REQ'N Z-3218PI
(Nom. fabricante)

Y SE ENCONTRARON En todas las unidades de la muestra (50)
La dimensión 1/16" correcta (OK)
El diám. Int. 6-7/8" está +.009" sobre tolerancia
El diám. Ext. 4-1/4" está +.010" sobre tolerancia

DISPOSICIÓN: Regrese el lote al vendedor

¿Cuándo se presentó queja similar al vendedor? 6/24

FIRMADO J.R. White

Fig. 19-8

citores y materiales similares—. La evaluación de vendedores se basa en un índice que el personal de control de materiales adquiridos ha desarrollado y que tiene una evaluación máxima de 100. Este índice se desarrolla para cada vendedor y se integra de tres factores principales: calidad del vendedor, precio del vendedor y servicio del vendedor —medido por las entregas de los vendedores—. Cualquier evaluación baja inaceptable en cada uno de estos tres criterios unitarios también se identifica.

Aproximadamente 400 vendedores se incluyen en la evaluación. Se publica formalmente cada trimestre, pero de continuo se pone al día con nuevas entradas sobre resultados de los vendedores. La estructura computacional software hace posible para compras, control de calidad, ingeniería de diseño y otros grupos el analizar continuamente el programa de evaluación para determinar el estado de los vendedores. La Fig. 19-9 muestra una representación de un segmento de la evaluación para vendedores que proporcionan un subensamble hidráulico funcional.

Esta evaluación es una guía principal para compras, para el mantenimiento de órdenes en curso y colocación de órdenes futuras.

EVALUACIÓN DE VENDEDORES

Material: **Periodo de evaluación:**
Subensamble hidráulico DIB-928740-1 *3er. Trim.*

CÓDIGO DEL VENDEDOR	ÍNDICE INTEGRADO	INDICADOR UNITARIO	INDICADOR
HS-421	84.1	Baja calidad	*CQ*
HS-422	93.2		*AB*
FA-32	95.4		*AA*
FA-18	87.5	Baja calidad,	*BA*
HS-420	75.2	servicio	*CQD*

Significado de indicadores:
AA = vendedor preferido
AB = vendedor segunda fuente preferido
BA = vendedor aceptable
CQD = vendedor actualmente inaceptable – calidad, servicio–
CQ = vendedor actualmente inaceptable – calidad.

Fig. 19-9

El departamento de control de calidad mantiene la evaluación de desempeño del vendedor, cuyos datos son una entrada y se coordinan con la evaluación de vendedores. La evaluación de desempeño de vendedores mide los resultados de los vendedores clave para los factores clave: calidad de los lotes recibidos y fechas de entrega de esos lotes. La calidad se mide en cuanto al porcentaje defectuoso de los lotes, y la entrega se mide en cuanto a puntualidad o días de retraso. Aunque se hace un contacto inmediato con el vendedor en la entrega de lotes defectuosos, se prosigue con el contacto continuo con el vendedor, según sea necesario, para estas evaluaciones, y se inicia la acción correctiva necesaria y es seguida de cerca. Lo que se conoce en la planta como "carta de lo que debe hacer mejor" para los vendedores se inicia tan pronto como la evaluación de desempeño del vendedor así lo requiere, y, cuando sea apropiado, ingeniería del control del proceso visita la planta vendedora. La Fig. 19-10 muestra una representación de la tasa de desempeño para un vendedor que proporciona un componente electrónico.

Esta evaluación del desempeño del vendedor proporciona la información para control de calidad, producción, ingeniería de diseño, ingeniería de manufactura y otros grupos de la planta referentes a los resultados actuales del vendedor.

Relación con los vendedores y vigilancia de los vendedores

A través de todas las actividades de la rutina de control del material adquirido, la planta mantiene una atención estrecha y directa a las comunicaciones claras con el vendedor y a las relaciones continuas y bien organizadas con el vendedor. El objetivo es ayudar y alentar a los vendedores para mantener resultados de

Evaluación de desempeño del vendedor

Código del vendedor: ***EC-23***
Material: Especificación del componente: ***CAP42530C***
Periodo de evaluación: ***Mes 8***

Fecha recibo lote	Cantidad	% Malconformados	Entrega: A tiempo	Entrega: Días de retraso	Desempeño del lote
8/5	4050	0	. . .	4	I-*e*
8/10	3522	0	. . .	3	I-*d*
8/15	5200	0.75	1	. . .	III-*a*
8/25	4522	0.35	. . .	3	II-*d*

Código de evaluación:

Calidad — % malconformado	*Entregas — Días de retraso*
I — 0	*a* — a tiempo
II — 0-0.5	*b* — 0 a 1 días de retraso
III — 0.5-1.0	*c* — 1 a 2 días de retraso
IV — 1.0 a 2	*d* — 2 a 3 días de retraso
V — 2-3	*e* — 3 a 4 días de retraso
VI — 3-4	*f* — 4 a 5 días de retraso
VII — 4-5	*g* — más de 5 días de retraso
VIII — Más de cinco	

Fig. 19-10

alto desempeño. El principio del énfasis sobre el control de vendedor mismo se implementa al grado máximo —un principio que la planta llama su programa de "control de fuentes de vendedores".

Gran concentración se coloca sobre los embarques de material de los vendedores a los que se ha encontrado necesitados de acción correctiva. Mientras que las comunicaciones con los vendedores sean directas e inmediatas sobre el material discrepante, se hará un enfoque cuidadoso sobre el compromiso de que el esfuerzo y el tiempo necesarios se han considerado al asegurar que las *causas* de la discrepancia se han eliminado y que la acción correctiva es, de hecho, permanente. Este seguimiento se registra, del cual la Fig. 19-11 es una representación, que define cuidadosamente las discrepancias y luego reporta y evalúa los pasos reales tomados y su eficacia.

Sin embargo, se presta atención a todos los proveedores, cuya gran mayoría proporciona consistentemente material que cumple totalmente con los requisitos de calidad. Se programan comunicaciones periódicas sobre una base organizada con todos los proveedores importantes. Esto toma varias formas, como las siguientes.

- Los vendedores cuya tasa de desempeño es consistentemente alta se identifican como vendedores de alto desempeño, y esta clasificación llamada VAD es muy cotizada.

REPORTE DE DISCREPANCIA DE MATERIALES

Número de orden de compra ______________

A. Detalle del material discrepante

Número de parte ________ Descripción ______________________________

Cant. Recibida ___ Cant. Inspeccionada ____________ Cant. Malconformada ___

Referencia a nuestro número de reporte de discrepancia ______ Disposición ______

Descripción de discrepancía (muestre detalle):

Código del vendedor: ________ Vendedor avisado en: ____________ (*Fecha*)

Ingeniero de calidad del proceso: ________________ Fecha: ________________

B. Corrección de material discrepante

Acción correctiva tomada:

(muestre detalle)

Tomada por:

Eficacia de la acción correctiva tomada por el vendedor: ________________

Ingeniero de calidad del proceos: ________________ Fecha: ________________

Fig. 19-11

- Las conferencias para los vendedores se programan con grupos de proveedores de aspectos clave —como pinturas y acabados— que son importantes para la satisfacción del cliente en la calidad y para el costo de la planta, del cual ésta espera una calidad consistente y resultados de entrega.

- La vigencia de los resultados de desempeño de todos los proveedores clave se mantiene en una forma organizada y, donde se indique, se llevan a cabo estudios especiales de lotes del vendedor por ingeniería de control del proceso, para contribuir a una mayor consistencia del desempeño del vendedor.
- Las auditorías del vendedor se desempeñan en caso de algunos proveedores de materias críticas.
- La ayuda de ingeniería de calidad se proporciona a proveedores —especialmente a empresas pequeñas que se han especializado y necesitado habilidades técnicas y de producción, pero que no han desarrollado completamente la capacidad de calidad necesaria.

Para la planta, el resultado de esta rutina de control del material adquirido ha sido la garantía de recibir material de la calidad apropiada a los niveles de costo más económicos. Se han logrado importantes reducciones en los precios de compra del material y en los gastos de inspección y pruebas sobre muchos materiales.

Tan extenso como es, el establecimiento de esta rutina de control de recibo se acompañó con una reducción en los gastos de la planta en general y en los gastos totales. Varias actividades de control de recibo se habían llevado a cabo anteriormente al establecimiento de la rutina formal; se habían llevado a cabo en forma individual, relativamente ineficiente y poco coordinada, en donde las duplicidades y las invasiones quedaron eliminadas por el control de materiales adquiridos. Como resultado, se redujeron significativamente los costos de calidad generales de la planta.

19.12 Técnicas usadas en el control del material adquirido

En las partes cuatro y cinco se presentaron varias prácticas tecnológicas y analíticas, muchas de las cuales tienen aplicación en el control del material adquirido, según se ha expuesto en este capítulo. Sin embargo, es necesario hacer una síntesis de algunas técnicas de mayor significancia que tienen su empleo en la segunda tarea del control total de la calidad.

Diferentes técnicas se emplean en las actividades del control del material adquirido. Entre las principales, se cuenta con un perfecto procedimiento de inspección y pruebas, cuyos detalles ya son bien conocidos y cuyos procedimientos han sido discutidos extensamente en la literatura respectiva. Entre los métodos técnicos se incluyen ciertas herramientas estadísticas como las tablas de muestreo para aceptación, las especificaciones para el material, los registros y los contactos del vendedor, el análisis estadístico de las piezas adquiridas, y el manejo adecuado de los materiales. A continuación se condensan algunas de las técnicas más importantes.

Recibo de materiales

Las instalaciones de inspección y pruebas de recibo, que proporcionan un área de piso adecuada y que están bien distribuidas, son un requisito básico para el control eficaz de materiales adquiridos.

Especificaciones de materias primas

Los componentes requeridos por diseños de productos individuales se especificarán y desarrollarán en la rutina de la planta de control de nuevos diseños. Las materias primas básicas que se aplican con bastante frecuencia a través de las operaciones de la planta —acero, materiales aislantes— pueden tener tiempos de entrega demasiado largos para las especificaciones preparadas en el control de nuevos diseños. Por tanto, estas especificaciones se desarrollan como parte de la rutina de control de materiales adquiridos.

Manejo adecuado de materiales

La actividad de inspección para asegurar conformidad se desperdiciará si los materiales recibidos son posteriormente dañados, desperdiciados o golpeados mientras son transportados por la planta hacia las líneas de producción. Es esencial que esté disponible un equipo apropiado de manejo de materiales para su transporte.

Tablas de muestreo de aceptación

En el Cap. 15 se explicaron en algún detalle las tablas de muestreo de aceptación que tienen una amplia aplicación en la inspección de materiales adquiridos. Estas tablas ayudan tanto en asegurar la calidad como en permitir su mantenimiento a un bajo costo de inspección.

Instalaciones apropiadas para almacenamiento

Algunos materiales recibidos en la planta pueden ponerse en estantes por un periodo después de su inspección de recibo. Si este espacio de almacenamiento es inadecuado —si es excesivamente húmedo arruina los materiales aislantes; demasiado desprotegido al paso de montacargas, arriesga dañar los fuelles "viejos" o componentes electrónicos "fundidos"— entonces el objetivo del control de materiales adquiridos no se logrará. Las instalaciones de almacenamiento apropiadas son esenciales para el mantenimiento adecuado de la calidad del material recibido.

Información de abastecimiento de calidad del vendedor

Un paquete completo de la información de los requisitos de calidad —dibujos, especificaciones, planes de calidad y otros datos necesarios— se establece para proporcionar a los vendedores una base adecuada para responder tanto a los pedidos iniciales del comprador como al mantenimiento continuo de calidad después de la recepción de la orden.

Encuestas y auditorías de vendedores

Las evaluaciones organizadas de las capacidades del vendedor para proporcionar materiales de la calidad y cantidad necesarias son una base importante para la elección inicial de vendedores y para la vigilancia continua de vendedores.

Calificación del material del vendedor

La aprobación específica de las partes, subensambles y otros materiales del vendedor es una técnica básica para la elección inicial del proveedor y para la aceptación de las primeras muestras de la producción del vendedor.

Compatibilidad de las mediciones de calidad

El establecimiento de procedimientos y normas uniformes de medición entre el vendedor y el comprador constituye una técnica del control de recibo necesaria para asegurar prácticas comunes de evaluación de la calidad.

Equipo de información de la calidad

La creciente complejidad de las partes y materiales comprados bajo las especificaciones modernas de material hace esencial que la inspección, pruebas y evaluación de confiabilidad de estos materiales se ejecuten con equipos modernos de información de la calidad. La elección y ubicación de estos equipos son técnicas importantes del control de recibo.

Mantenimiento de equipo y calibradores

Es inevitable que se desajusten equipos delicados de medición. Por tanto, es esencial que estos equipos y calibradores se mantengan en forma adecuada y que su exactitud sea estrictamente controlada.

Entrenamiento y educación de inspección

La calidad de los materiales enviados al piso del taller depende en un grado bastante alto de qué tan bien hayan ejecutado su trabajo los inspectores de recibo. Para ayudarlos a desempeñar mejor su trabajo, el entrenamiento de inspección es un requisito fundamental. Los inspectores pueden asistir a clases de entrenamiento diseñadas para su uso, y se les pueden proporcionar manuales y tarjetas guía para inspección. Están calificados a través de un criterio específico para asegurar la capacidad completa y así desempeñar todas las tareas de inspección.

Apoyo a vendedores

La ayuda de ingeniería de calidad a los vendedores elegidos es una técnica para desarrollar en los proveedores la capacidad de proporcionar una calidad consistente de embarques y para mejorar el desempeño de la calidad del proveedor en áreas en las que debe efectuarse una acción correctiva técnica.

Identificación de la calidad del material

La clara marcación de inspecciones y pruebas ejecutadas es una parte esencial de la identificación de materiales para confirmar el estado de calidad de las partes y ensambles que han precedido a través de inspección y pruebas de recibo.

Acción correctiva del vendedor

La rápida acción para corregir las causas de materiales malconformados del vendedor requiere de una vigilancia cuidadosa del desempeño de la calidad del lote recibido y de relaciones estrechas de trabajo y de comunicaciones con los vendedores para asegurar una corrección permanente de los problemas de calidad.

Disposición de materiales malconformados

Los materiales malconformados que se encuentran en la inspección de recibo deben ser desechados rápidamente. De otra forma, algo del material defectuoso puede escurrirse a las líneas de producción, puede ocupar espacio de planta disponible o puede permanecer en la planta del comprador por tanto tiempo que el vendedor no querrá o no estará ya obligado a aceptarlo de regreso. Etiquetar con propiedad las áreas adecuadas para disposición y rutinas adecuadas de revisión de materiales es una herramienta esencial para usar aquí.

Análisis estadístico de materiales recibidos

Los métodos estadísticos expuestos en la parte cinco pueden usarse con gran ventaja para analizar los datos de los materiales recibidos en la planta. La distribución de frecuencias es probablemente muy útil a este propósito.

Costos de calidad del vendedor

Los costos operativos de calidad del vendedor, incluyendo el precio de compra del material, son un factor económico muy importante, tanto para el vendedor como para el comprador. Como se expuso en la Sec. 7.13, el control de costos de calidad del vendedor es una técnica muy importante del control de materiales adquiridos.

Medidas de desempeño de inspección y pruebas

Las revisiones periódicas sobre la eficacia de la inspección y el mantenimiento de la calidad adecuada del material adquirido son esenciales. Los detalles reales de las técnicas usadas con este fin dependerán de las condiciones de las plantas individuales. El muestreo de trabajo es particularmente útil aquí.

Procesamiento de los datos de calidad del vendedor

La información de la calidad del vendedor está estructurada para manejo computarizado de datos como parte del sistema de información administrativa de la planta, hasta el punto en que sea adecuada al costo y equilibrada con la información del manejo de materiales del vendedor, cuando sea apropiado.

Certificados del vendedor

El certificado de un vendedor de la calidad del material resulta tanto en ventajas comerciales para el vendedor como en una inspección de recibo mínima para el comprador. En las técnicas para este propósito, son importantes los métodos del comprador. En las técnicas para este propósito, son importantes los métodos del control de materiales adquiridos. Se proporciona documentación por parte del proveedor, demostrando con el detalle necesario que se han desempeñado las prácticas de control de calidad y que aseguran que el material proporcionado es de la calidad requerida.

Contratos de compra que abarcan fundamentos de control de calidad

Una importante influencia de la eficacia del control de materiales adquiridos es el carácter de la encuesta inicial de compra —el grado al que informa a los proveedores de los requisitos de calidad que se generará en el paquete de adquisiciones, por ejemplo, y la eficacia de la provisión que recae sobre la calidad en el contrato final de compra hecho con el vendedor.

Control de materiales “escasos” de vendedores

Las rutinas de control de materiales adquiridos se aplican a todos los materiales —incluyendo productos y partes de repuesto— embarcados directamente a los clientes o colocados en inventarios de refacciones. Los detalles de estos métodos varían, naturalmente, de compañía a compañía, pero hay una uniformidad suficiente entre ellos para permitir una discusión concreta de sus fundamentos básicos.

Se describen varias técnicas de control de materiales adquiridos a detalle en otras partes de este libro. Aquellos lectores interesados en detalles considerables podrían referirse a la literatura de los campos en cuestión.

La siguiente exposición da ejemplos de cuatro métodos técnicos: “Relaciones con el vendedor”, Sec. 19.13; “Registro de datos y procesamiento de la información del vendedor”, Sec. 19.14; “Evaluación del vendedor”, Sec. 19.15; y “Calibradores para el control de materiales adquiridos”, Sec. 19.16.

19.13 Relaciones con el vendedor

La habilidad para unas relaciones sanas con el vendedor, en el control de material adquirido, se funda más bien en la ideología de los contactos entre vendedor y comprador, que en la aplicación de técnicas. Desde luego que la base para esta ideología corresponde a la ética de cortesía que se practica en los negocios; por tanto, existen ciertos aspectos de estas relaciones que son muy distintos del control de calidad.

En primer lugar, se debe procurar que el vendedor esté bien informado de los procedimientos de aceptación de la planta compradora, para el material que éste envíe. Bajo las más favorables condiciones, el vendedor toma parte en el establecimiento de ciertos procedimientos como niveles de calidad, clases de pruebas que se efectuarán y la importancia de estas pruebas, así como la naturaleza de la inspección sobre las piezas.

La mayor parte de esta información se debe intercambiar durante el tiempo en que esté en vigor el contrato, en particular en aquellos puntos en que se deba aplicar cierto régimen para la devolución o el rechazo del material. Deben de examinarse otros procedimientos, como la seguridad de que la inspección del vendedor y los procedimientos de las pruebas y los equipos sean similares a los de la planta compradora antes de que se inicien las remesas del material, mientras se inician y al haberse acumulado experiencia.

Además, se evitará confundir al vendedor con contactos de la calidad que no tengan la debida consistencia ni coordinación, por parte de la planta compradora. Para un control sano del material adquirido, es esencial que estos contactos formen parte de un plan general del programa de control de calidad de la planta. Las visitas que efectúe el ingeniero de control del proceso a la planta del vendedor deben ser coordinadas y/o arregladas por la oficina de compras.

La consecuencia de insinuar a un vendedor respetable que mejore sus actividades de control de calidad puede dar lugar a un problema muy escabroso en las relaciones con el vendedor, al que se tiene que afrontar el ingeniero de control del proceso de la planta. Sus esfuerzos en ese sentido podrán tener éxito, de acuerdo con la forma en que logre convencer al vendedor de que una organización del control de calidad es una agencia de servicio tanto para él como para sus propios empleados.

Con frecuencia resulta muy adecuado para el caso verificar una o varias visitas a la fábrica del vendedor, para examinar su operación completa. Si se puede animar al vendedor para que discuta sus situaciones difíciles, el ingeniero de control del proceso estará en posibilidad de sugerirle los métodos técnicos del control de calidad que se puedan aplicar con mayor éxito.

Los esfuerzos para afirmar las relaciones con el vendedor, en el control del material adquirido, no implican que se disminuya la obligación del vendedor para la producción y envío de material de la calidad especificada. En realidad comprende el reconocimiento efectivo del programa de control de calidad de la planta compradora, de que el resultado de su propia calidad y sus costos se pueden mejorar en proporción directa con las mejoras implementadas en los métodos de la calidad del vendedor, y que toda ayuda para el vendedor, en este sentido, no sólo representa una amistosa cortesía comercial, sino que también comprende su propio interés.

19.14 Registro de datos y procesamiento de la información del vendedor

La importancia de registros adecuados sobre la calidad de los embarques de los vendedores para el control del material adquirido es incuestionable. Estos registros deben, sin embargo, mantenerse con un mínimo de papeleo y trabajo de escritorio. En el pasado, con demasiada frecuencia los registros de vendedores se almacenaban en sistemas de archivo tediosos, con resultados de gastos adicionales en los que se incurría al mantenerse registros innecesariamente grandes.

Para proporcionar la información necesaria del registro del vendedor en una manera adecuada al costo, el enfoque de calidad total para el control de materiales adquiridos es como sigue.

1. Los datos sobre los resultados de calidad del vendedor se estructuran en patrones de flujo de procesamiento moderno de información, para asegurar una rápida adquisición y registro de los datos, con la eliminación de registros innecesarios y dobles. El departamento de control de calidad es apoyado en el establecimiento de estos patrones de flujo, con la ayuda y guía especializada del personal de procesamiento de la información de la planta. Esta estructura detallada de la información es esencial, debido a que identifica los resultados reales del vendedor, de forma que, con el grado de computarización que sea práctico y económico, el departamento de control de calidad está más enterado de estos datos del vendedor que la "caja negra" de la computadora y "listados" o los "desplegados" en pantalla de los tubos de rayos catódicos.
2. Todos los aspectos de la información del registro de vendedores se establecen para este patrón de flujo de la información, de forma que puedan manejarse manualmente —si es necesario— en forma práctica y económica. Históricamente, la mayoría de las plantas han llevado sus registros en forma manual y éstos se ajustan al patrón de flujo con las mejoras necesarias junto con los registros adicionales que puedan requerirse. Esta identificación manual ayuda a la comprensión completa por parte del control de calidad de lo que podría considerarse "realidad física" de esta información del vendedor. También proporciona el respaldo de redundancia necesario para aplicaciones computacionales cuando la computadora "cae" temporalmente y está fuera de servicio.
3. La economía y eficacia de las aplicaciones computacionales se evalúan para algunos o todos los aspectos del flujo de la información de registros de vendedores. Esto se hace con respecto tanto al uso del cuadro principal de la instalación computarizada de la compañía y la planta, como al uso de computadoras y microcomputadoras para el objetivo específico del control de materiales adquiridos. Cuando se eligen computadoras menores, se mantiene una base de datos distribuida e integrada, cuando sea apropiado, con las computadoras principales de la compañía, cuando cubran el sistema de información administrativa de planta y compañía y sus elementos de compras.
4. Este programa de registro de calidad del vendedor se mantiene y es operado por control de calidad, con la ayuda de los responsables de procesamiento de la información y con estrechas relaciones de trabajo con los departamentos de compras, ingeniería de diseño, ingeniería de manufactura y producción.
5. La forma usual tomada de estos datos de calidad del vendedor es un registro establecido para cada parte recibida, ensamble o cualquier otro material; y proporciona la información de calidad pertinente al material. Los registros se mantienen físicamente en el área de inspección y pruebas de recibo. Los datos continuos se registran como una parte regular de la rutina para disponer de los lotes recibidos.

Hoja de procedimiento de inspección MI-576 — Dibujo No. (1)

Úsese en unión del dibujo No. (2)
Nombre de la pieza (3)
Área de inspección (4)
Manufactura (5) — (6) N.C.A. (6A) — (6) N.C.F. (6A)
1. 2. 3. 4. 5. 6.
Preparado por: (7) — Fecha: (8)
Revisado por: (9) — C.C. Aprobado por: (10)
Insp. del Gobierno Coordinación: (10A)
Equipo/método: (14) manómetro de aire — (14)
Característica: (13) .500 + .001 − .0005 — (13A)
N.A.C.: (12) — 100 — 1% — 4% — 10%
Inspector

Fecha	Datos del lote: Números	Tamaño	1a. muestra: Pasa / Rech.	Insp. / Def.	Insp. / Def.	Insp. / Def.	Pzas. Rech. 100%						Inspector
(15)	(22)	(16)	(21)	(17) (19)	(17) (19)	(17) (19)	(20)	(18)				(18A)	(23)
				2/15	3/15				2/15	3			

Fig. 19-12 (Frente).

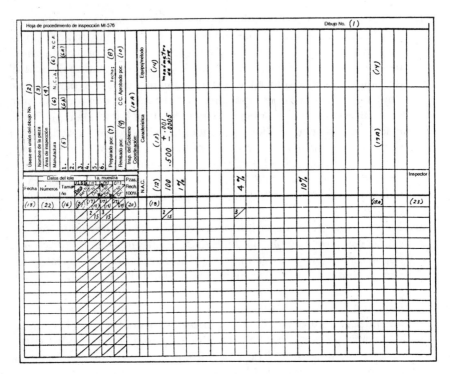

Un modelo manual para estos registros que ha demostrado mucha aceptación, y que sirve al mismo tiempo como una hoja de instrucciones para la inspección, se presenta en la Fig. 19-12.[7] Las instrucciones correspondientes para llenar esta forma, al iniciarse el procedimiento y asentar las comprobaciones, se dan en la Fig. 19-13. Los números de la hoja de instrucciones corresponden a los números marcados en las casillas de la forma. Un examen a la forma de la tarjeta y a las instrucciones adjuntas dará la información completa del procedimiento para su empleo. El método para registrar los resultados de la inspección de las características de calidad y la anotación del destino que se da al lote forman un registro histórico completo por atributos para la pieza considerada y para un determinado vendedor.

Existen otras formas de tarjetas que permiten trazar la gráfica de una inspección por mediciones, para determinadas características de calidad de la pieza en cuestión.

Estas tarjetas de registro de los vendedores proporcionan un conjunto de referencias que permiten determinar el rendimiento de la calidad de cada vendedor y, al mismo tiempo, para analizar las dificultades que se hayan presentado con determinadas piezas o materiales. Reglamentando este procedimiento de registro de datos para las piezas o materiales que se reciban, se logra aumentar la actividad de la inspección de recepción hora por hora y día por día.

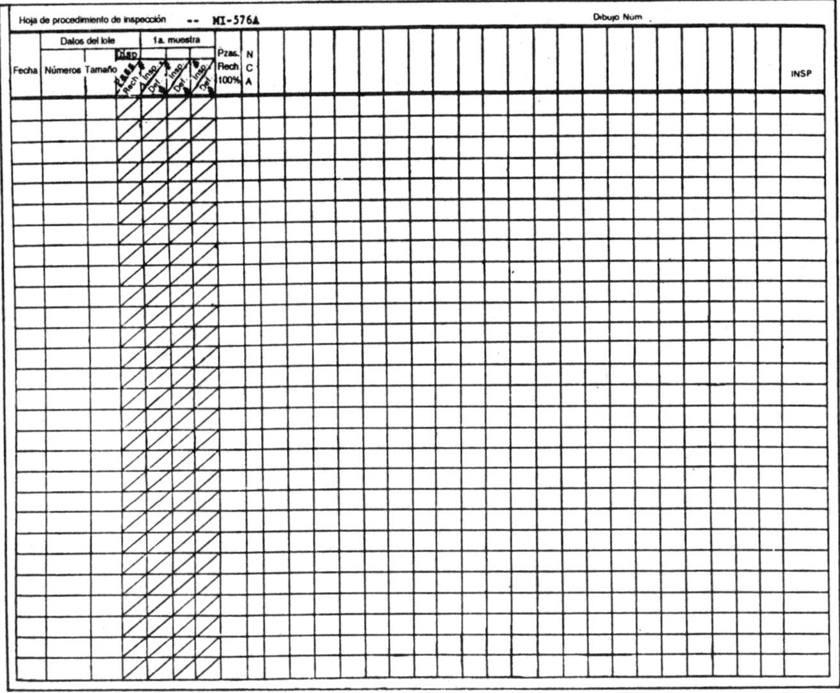
Hoja de procedimiento de inspección -- MI-576A
Dibujo Núm.
Datos del lote | 1a. muestra
Fecha | Números | Tamaño | Disp. | Rech. | Insp. | Def. | Insp. | Def. | Pzas. Rech. 100% | N C A | INSP

Fig. 19-12 (Reverso).

Cuando todas las casillas de la forma de la tarjeta de registro del vendedor se hayan llenado, se conserva esta tarjeta en el archivo, por un espacio de tiempo variable en cada plana, dependiendo de algunas circunstancias, como los requisitos del contrato de compra y la duración de los ciclos de manufactura. Se pueden retener estas tarjetas durante varios meses para ciclos de manufactura muy largos, como en el caso de las turbinas; o bien por muy pocas semanas, en ciclos cortos de la planta. Antes de desechar una tarjeta para una pieza costosa o un material, algunas plantas acostumbran sintetizar la información de los resultados en un registro principal, computacional o manual.

19.15 Evaluación de vendedores

Existe una infinidad de planes para la clasificación del material adquirido, que han sido puestos en práctica por varias compañías, con el fin de poder medir la consistencia de su vendedor con respecto a la calidad del material que proporciona. Sin embargo, no todos estos planes han seguido los principios de evaluación del vendedor y evaluación de desempeño del vendedor expuestos en la Sec. 11.13. Algunos atajos de estos planes de evaluación han sido los siguientes.

HOJA DE INSTRUCCIONES Y PROCEDIMIENTO PARA INICIAR LA RUTINA DE INSPECCIÓN

1. Número del dibujo, número del grupo o pieza, letra de revisión o número para la identificación de la tarjeta.
2. Número del dibujo, del grupo o pieza y letra o número de revisión.
3. Nombre de la pieza según su designación en el dibujo.
4. Área donde se verifica la inspección y clase de inspección.
5. Vendedor foráneo que suministra la pieza o zona interior de manufactura; se debe usar una forma para cada uno.
6. Valores del NCA que se deban aplicar.

6a. Para cada vendedor: N para inspección normal, T para tensa, R para reducida.

7. Nombre del jefe de taller o persona que trazó la hoja de procedimientos de inspección.
8. Fecha de iniciación de la hoja de procedimiento de inspección.
9. Firma del inspector.
10. Firma del jefe de taller o jefe que apruebe la hoja de instrucciones para el procedimiento de inspección.

10a. Firma del comprador en caso de ser necesaria.

11. Igual al 6.
12. NCA para cada característica, o 100%.
13. Características que deben comprobarse con el objeto de realizar la revisión. En ésta se incluyen las pruebas por verificar, como grupo separado.

13a. Anotar las comprobaciones efectuadas, poner número del inspector que las realizó en la columna 18a, según se requiera.

14. Anotar el equipo de inspección o el método empleado.

INSTRUCCIONES Y PROCEDIMIENTO PARA EL MUESTREO Y ANOTACIÓN DE LOS RESULTADOS DE LA INSPECCIÓN EN LAS HOJAS DE RUTINA

15. Fecha.
16. Tamaño del lote.
17. Tamaño real de la muestra examinada.
18. Para características adecuadas se pone la marca del inspector en la columna. Para los defectos, se divide la casilla por una diagonal indicando en la parte superior el número de piezas encontradas por arriba de la tolerancia, y en la parte inferior, el número de piezas abajo de la tolerancia.

18a. Marcar el número del inspector, frente a las comprobaciones.

19. Número total de defectuosos para cada valor del NCA.
20. Número total de defectuosos en la inspección 100%.
21. Marcar con negro el espacio que indique la ubicación del lote.
22. Para uso interno, número del laboratorio o número de serie; para vendedor foráneo, nombre o número de la orden.
23. Número o sello del inspector que haga la comprobación final de las anotaciones.
24. Usar las tablas de muestreo que proporcione la oficina de control de calidad.
    - *a* Seleccionar tantas piezas como el mayor tamaño de muestra lo requiera.
    - *b.* Las muestras se tomarán al azar del recipiente o del lote.
    - *c.* Si el lote está depositado en varios recipientes, se divide el tamaño de muestra entre el número de recipientes, tomándose igual cantidad de cada recipiente, al azar.

Fig. 19-13

1. Los vendedores se han quejado de falta de equidad de algunos planes al comparar a dos vendedores, cuando estos vendedores se están clasificando sobre diferentes "mezclas" de piezas o materiales. Por ejemplo, el vendedor que toma las piezas "difíciles de fabricar" puede recibir una baja clasificación al comparársele con otro vendedor que fabrique una pieza sencilla y no crítica.
2. Puede ser que el plan no tome en consideración el número de remesas o número de elementos sobre los cuales se base la clasificación. O bien, que se tome en cuenta un elemento malconformado que no satisface las especificaciones, hasta que no ha sido devuelto al vendedor.
3. Algunos planes únicamente toman en consideración, para el cumplimiento del vendedor, la "calidad" y no toman en cuenta otras mediciones prácticas como "precios" y "servicio".
4. Algunos planes no se mantienen consistentemente. Se ponen de relieve cuando existe un "movimiento de mejora de calidad del vendedor", y luego se permite que se desintegren gradualmente, hasta el siguiente "movimiento"
5. El criterio de evaluación para algunos planes es vago y ambiguo y no es claro para los vendedores y algunas veces no claro es claro para el mismo personal de la planta.
6. Algunos planes no se manejan agresivamente. Los reportes están muy retardados y, por tanto, no son ni actuales ni exactos. De la misma forma, la información existe sólo en la memoria computacional o en un archivo manual y no se usa activamente.

La experiencia de la compañía por varios años ha mostrado que los planes de evaluación de vendedores, para ser adecuados y útiles, deben establecerse con respecto a las siguientes seis características. El plan debe ser:

1. claramente definido y claramente comunicable,
2. incluir sólo la información necesaria,
3. económico en su operación,
4. mantenible,
5. práctico en su cobertura de materiales y partes,
6. aceptar auditorías, de forma que su eficiencia pueda ser evaluada periódicamente.

Existen muchos tipos diferentes de evaluaciones de vendedor que cumplen con los requisitos de estas características, de forma que se ajustan las necesidades varias de las plantas y compañías. Una diferencia principal entre estos planes son los factores que incluyen en las evaluaciones de vendedores. Sin embargo, hay tres factores clave que la experiencia ha demostrado como esenciales en las evaluaciones de vendedores.

1. Calidad del vendedor.
2. Precio del vendedor.
3. Servicio del vendedor.

Un plan que haga frente a estas omisiones debe basar su clasificación en la combinación de la calidad, del precio y del servicio. En este plan se mide la importancia de estos factores en la siguiente forma:

Calidad	40	puntos
Precio	35	puntos
Servicio	25	puntos
Total	100	puntos

Esta forma de estimación debe ser flexible de una clase de empresa a otra, y se puede variar a fin de adaptarla a determinada clase de empresas. La aplicación de este plan es como sigue:

1. La clasificación de la *calidad* se basa en la fracción que resulta al dividir el número de lotes aceptados entre el total de lotes recibidos, para cada pieza en particular. Por ejemplo, si el vendedor A ha remitido 60 lotes, de los cuales sólo se le han aceptado 54, la fracción aceptada será de 54/60 = .90, ó 90%. La clasificación para la calidad será de 90 × 40 (factor de clasificación) = 36 puntos.
2. Para el *precio*, el vendedor con el menor precio neto recibe los 35 puntos (o cualquier otro factor que se haya elegido para el precio). Si, por ejemplo, el vendedor B tiene el más bajo precio de 93 centavos por cada 100 piezas, su clasificación para el precio será de 35 puntos. Si el precio del vendedor A fue de $1.16, entonces la clasificación del vendedor A será:

$$\frac{.93}{1.16} \times 35 = (.80)\,(35) = 28 \text{ puntos}$$

3. La clasificación para el *servicio* se puede obtener sobre la base del cumplimiento de sus promesas. Es decir, si el vendedor A ha cumplido con el 90% de lo prometido, su clasificación por servicio será (.90) (25) = 22.5 puntos.
4. Por tanto, la clasificación total para el vendedor A será:

Calidad	36.0	puntos
Precio	28.0	puntos
Servicio	22.5	puntos
Total	86.5	puntos

Esta clasificación se puede comparar con la que resulte para los otros vendedores, sobre la base de un solo número de pieza o número de catálogo. Esta comparación servirá de base a la agencia de compras de la compañía, para tomar una acción al situar sus futuras órdenes de compra.

Esta evaluación básica puede ampliarse para incluir una mayor información específica de los resultados de la calidad del vendedor, según se requiera por las necesidades particulares de planta y compañía. Ejemplos de estas ampliaciones son:

- *Con respecto a la calidad.* La evaluación puede incluir índices detallados del porcentaje de malconformaciones encontradas en los lotes recibidos. La evaluación de vendedores expuesta en la Sec. 19.11 y Fig. 19-9 proporciona un ejemplo de esto al tener el respaldo de los datos en la Fig. 19-10. Otras inclusiones pueden ser índices de criticalidad de las malconformaciones del lote, especialmente deficiencias en seguridad; malconformaciones latentes en el material recibido que se encuentran en producción y en el campo; tendencias de lotes malconformados y proyección de tendencias; y certificación de vendedores.
- *Con respecto a servicio.* La evaluación puede incluir indicadores de las entregas específicas que se hayan recibido con días de retraso. También puede incluir índices de cooperación de vendedores en áreas como encuestas, acción correctiva, y proporcionar notificación por adelantado de lotes defectuosos.

Las mediciones mismas pueden reportarse, ya sea en términos de puntos logrados por los vendedores —el enfoque orientado al desempeño positivo, como se muestra arriba— o deméritos de los vendedores —el enfoque que aclara que hay deficiencias—. Las plantas tienen filosofías diferentes sobre estos conceptos de medición, y ambos enfoques se usan amplia y eficientemente.

La operación de las evaluaciones de vendedores en términos manuales y computaciones sigue la misma secuencia que se expuso en la Sec. 19.14. Ésta incluye 1) estructurar el flujo de datos de evaluación en patrones de flujo de información; 2) establecer una base manual económica y práctica para evaluación de vendedores; 3) establecer aplicaciones computarizadas para evaluación de vendedores, que normalmente será una parte integral del sistema de información de compras de la planta; 4) mantener la evaluación de vendedores por el elemento del personal funcional más afectado directamente —normalmente compras— con fuerte cooperación de control de calidad; 5) mantener registros de proveedores clave y de materiales clave, con entradas para datos de inspección de recibo.

Muchas ayudas manuales prácticas también son útiles en evaluación de vendedores. Una que ha estado mucho tiempo en uso, en el simple cálculo del patrón de evaluación para un vendedor dado, es una calculadora circular.

La Fig. 19-14 presenta un círculo calculador con sus escalas y ventanillas correspondientes y que da directamente la clasificación de cada uno de los tres factores, al usarse para la clasificación como en el ejemplo anterior.

19.16 Control de calibradores de inspección de recibo

A fin de mantener un estrecho control sobre los materiales que se reciben, es necesario, ante todo, que exista la posibilidad de medir las características de la calidad de este material. Con frecuencia se necesita verificar estas mediciones por medio de dispositivos de equipo de información de calidad, diseñados especialmente para la comprobación de estas mediciones.

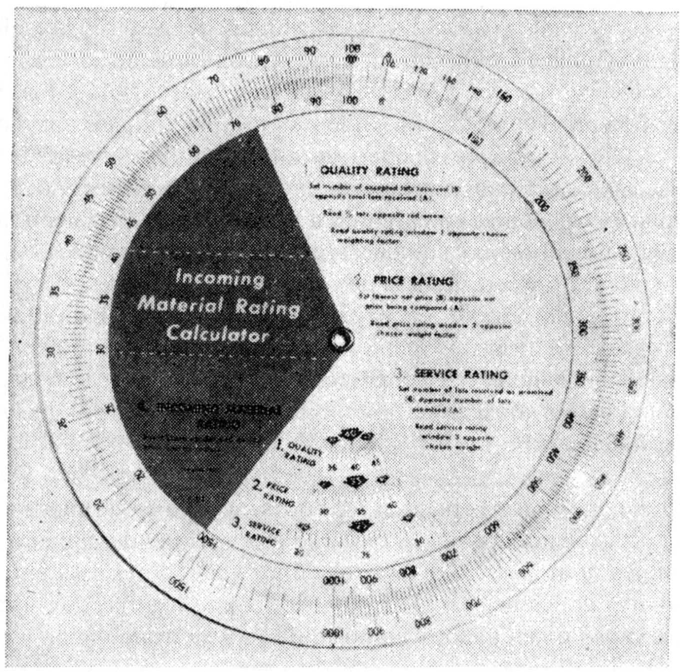

Fig. 19.14 Calculadora circular de clasificación para material adquirido.

Estos dispositivos comprenden desde los más sencillos tapones calibradores hasta los más complicados equipos de comprobación de la calidad, como equipos radiográficos o los comprobadores supersónicos y una variedad amplia de probadores de confiabilidad. Quedan incluidos en estos equipos ciertas ayudas para la inspección y pruebas, como mesas para comprobación de superficies, bloques de calibración, escuadras simples, calibradores internos y externos, calibradores de filetes, micrómetros, pasadores calibradores, perfilómetros y muchos otros.

Para el control del material adquirido se puede emplear una gran variedad de calibradores mecánicos sencillos; así como también, otros equipos mecánicos o eléctricos que están sujetos a desgastes, y que, por tanto, es necesario asegurarse de que 1) la indicación proporcionada por el calibrador sea exacta antes de empezar a usarlo, 2) que el calibrador esté diseñado para que permita un eficiente empleo por parte del personal, y 3) que se procure dar mantenimiento al calibrador para que la indicación que marque sea siempre exacta durante todo el tiempo de servicio.

Para garantizar lo anterior, se cuenta con el procedimiento de control de calibradores, dentro del programa de control del material adquirido de la planta. Este control consiste en lo siguiente.

1. Un procedimiento para la aprobación de todo calibrador nuevo, antes de que se use en la fábrica. En plantas de gran capacidad, esta aprobación se

obtiene mediante la comprobación del calibrador con equipos de gran precisión de medida, los cuales se pueden localizar en el laboratorio de la planta o en una zona especial para el caso. Las plantas menores podrán emplear los laboratorios comerciales o las oficinas del gobierno especializadas para este propósito.

2. Un procedimiento para la comprobación periódica de todos los calibradores, después de haber estado en servicio en la planta, a fin de que se hagan los ajustes o reparaciones convenientes, para que el calibrador pueda ser puesto nuevamente en servicio. Esto se puede lograr mediante un programa preventivo de mantenimiento, muy similar en su concepto al que se emplea en la producción de herramientas para las máquinas y procesos. Los "periodos de comprobación" variarán de acuerdo con el tipo de calibrador que se quiera conservar, del uso total a que esté sometido, etcétera.

Se puede citar un ejemplo de este procedimiento de control de calibradores, sobre un calibrador de filetes muy costosos y con el cual se comprueban perforaciones roscadas: a todos los calibradores de filetes de nuevo usos, que se comprueban por el laboratorio de la planta para su aprobación inicial, se les dota de una "tarjeta volante". Entre los datos de esa tarjeta se incluyen el tipo de calibrador, su número de serie o de dibujo si es que lo tiene, su medida, lugar donde se empleará, su empleo particular y la demás información pertinente.

Al recibir el calibrador su aprobación inicial, se le marca con una tinta indeleble especial cuyo color indique la fecha de su primera comprobación de mantenimiento. Se usará una clave de colores para que a simple vista indique al personal de inspección el mes, semana y aun el día —para el caso de calibradores que requieren una comprobación muy estricta— en que el calibrador se debe regresar al laboratorio para su comprobación de mantenimiento.

Como doble comprobación que asegure que los calibradores son enviados a su comprobación y que la clave de colores no ha sido olvidada en alguna forma en el taller de inspección, en la tarjeta de cada calibrador se engrapa una lengüeta con el color correspondiente. Estas tarjetas se conservan en un archivero especial, que deberá revisarse regularmente.

Durante esta revisión, aquellas tarjetas cuyas lengüetas indiquen que el calibrador se debe regresar, se retiran del archivero para comprobar si el calibrador se ha enviado al laboratorio de la planta para su propia revisión. Si el calibrador que se retira pertenece a la producción regular, será necesario contar con calibradores de repuesto que se enviarán al taller, durante la revisión del calibrador regular.[8]

19.17 Estudio de rechazos en una remesa de cajas de plástico

La operación práctica de una fábrica en su control de material adquirido, tanto en el aspecto de organización como en el técnico, se puede sintetizar con el examen de seis ejemplos de casos típicos. En esta sección se presenta el primero de ellos, y las Secs. 19.18 a 19.22 presentan los otros cinco ejemplos del esfuerzo conjunto entre vendedor y comprador, para la determinación de las causas de una calidad inferior ocurrida en las remesas.

En una fábrica del noreste durante la inspección de recepción de unas cajas moldeadas de plástico se había notado un número excesivo de lotes rechazados. Las cajas se empleaban para uno de los conjuntos manufacturados por la planta. Estas cajas se producían por el vendedor en un molde de múltiples cavidades, y todas las cajas producidas en estas cavidades se mezclaban en cada remesa. No había medio para identificación de las producidas por cada cavidad.

Se sugirió que podría presentarse una variación apreciable en la calidad de las cajas que se producían en las diferentes cavidades. Por tanto, se decidió emprender una investigación conjunta con el vendedor para determinar la influencia de las diferentes cavidades sobre la calidad de todo el material.

La Fig. 19-15 presenta el resultado de este análisis tal como se aplicó para las cavidades 17 y 18. Como se puede ver en la Fig. 19-15, la cavidad 18 estaba produciendo cajas fuera de los límites.

El vendedor reparó la cavidad 18 de acuerdo con los análisis. Sus remesas posteriores mostraron una mejoría de importancia para la calidad, debida a la acción tomada.

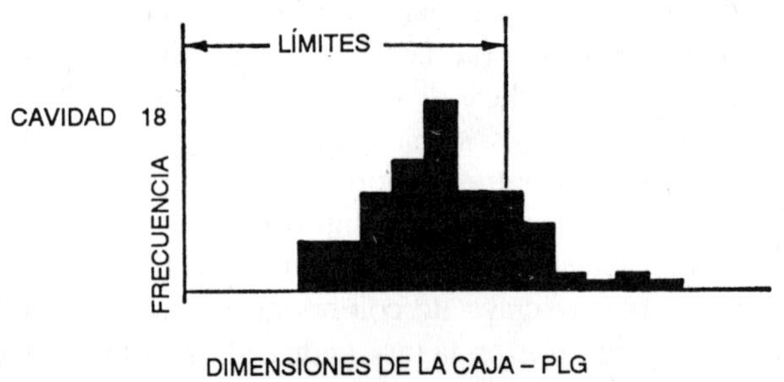

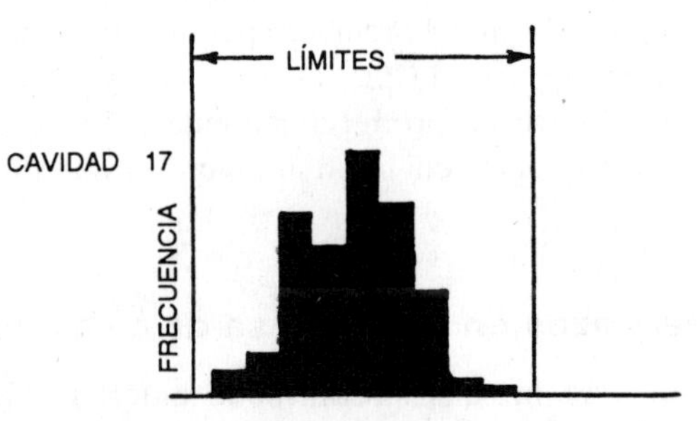

Fig. 19-15

Se puede mencionar un resultado más de este análisis. Se mandó grabar un número en cada cavidad del molde producido a partir de ese momento. Como estos números quedaban moldeados en las cajas de plástico que se producían, había una forma fácil de identificación de la cavidad de la cual procedía una caja en particular.

19.18 Control integrado comprador-vendedor de tratamientos de pintura

Un fabricante de productos químicos de recubrimiento de conversión, usados por compañías automotivas para metales que serán pintados, mantiene altas normas en el producto terminado mediante un esfuerzo de cooperación con sus clientes. Debido al tipo y método de aplicación, incluso el producto químico de recubrimiento ideal afectará el terminado de la superficie, y la cadena completa de sucesos para asegurar la calidad es de gran importancia.[9]

En la planta del vendedor, el control de la calidad se inicia con una revisión cuidadosa de los ingredientes de cada lote. Éstas son fórmulas propias que usan ingredientes administrados por otros fabricantes químicos. Los controles en el proceso varían con la fórmula; las pruebas incluidas pueden ser de viscosidad, acidez o gravedad específica, y pruebas visuales para condiciones fuera de estándar, como color, claridad o densidad de empaque en el caso de polvos. El pedido de taller está dirigido detalladamente al operador químico para la fabricación del material, incluyendo identificación especial del cliente en los recipientes y un código regulador de colores que indica la naturaleza corrosiva, oxidante o inflamable del producto.

Al final de la producción, pero cuando el producto está todavía en el tanque del lote, se toma una muestra para prueba de laboratorio. Una muestra de cada lote de producción se guarda durante un año después de su embarque, de forma que pueda ser analizada posteriormente, en caso de cualquier problema en su uso.

La mayoría de las plantas automotrices aceptan los productos químicos sin mayores pruebas químicas, dando realce en su lugar al desempeño del material. Sin embargo, el vendedor hace más pruebas químicas después de que el producto se ha entregado. Usando paneles de prueba clásicos del almacén de partes automotrices, comprados de la compañía automotriz, el agente del vendedor visita la planta cliente mensualmente para conducir pruebas en el proceso. Un bastidor especial permite que los paneles pasen a través de cada línea de pretratamiento y tratamiento, después de lo cual se regresan al laboratorio para su análisis. El agente también revisa regularmente aquellos aspectos de la operación de planta y equipo que recaen sobre la aplicación apropiada del químico recubridor e inspecciona periódicamente el equipo durante el tiempo ocioso programado. En algunos casos, el vendedor ayuda al fabricante automotriz a diseñar el equipo de pretratamiento.

Junto con las propias revisiones del fabricante automotriz de los paneles que se han pintado después del recubrimiento, la información obtenida por este control continuo del vendedor ha sido un factor primordial en la norma de calidad final del producto terminado.

19.19 Control de unos resortes comprados

En una planta en que se manufacturaban ensambles eléctricos de gran tamaño, se compraba gran cantidad de resortes que se empleaban en estos conjuntos. La planta no estaba satisfecha con los procedimientos de su control de recepción para estos resortes, por diferentes razones.

1. Muchos lotes de resortes, que ya habían sido rechazados en su inspección de recepción por no satisfacer las especificaciones de exactitud en dimensiones o de límites de carga, posteriormente se habían aceptado durante la revisión del material rechazado por la planta.
2. Las fallas ocasionales en los conjuntos y en las pruebas condujeron a la observación de que la rutina del muestreo de aceptación por atributos de la planta, para los resortes, no siempre detectaba la variación del lote fuera de los límites de especificaciones.
3. Las relaciones sobre la calidad entre la planta y el vendedor de los resortes no fueron tan estrechas como era de desearse.
4. Los precios de compra para algunos resortes parecían corresponder a unos requisitos innecesarios para las especificaciones, fuera de la realidad, o fuera de uso.

Entre las providencias que tomó el departamento de control de calidad de la planta para mejorar esta situación del material adquirido, se contaba con tres proyectos principales.

1. Establecer un plan de muestreo por variables para la aceptación de los resortes.
2. Revisión de las especificaciones de los resortes a fin de asegurarse de que se ajustaban a los requisitos del momento.
3. Establecer un procedimiento de certificación de la calidad del vendedor en sus lotes de resortes, a fin de poder reducir la necesidad del muestreo de aceptación en la planta.

Cada uno de estos tres proyectos se detalla a continuación.[10]

Procedimiento de muestreo por variables

El primer proyecto que se inició fue el cambio de procedimiento de muestreo de aceptación por atributos, por el método de variables. Se adquirió un aparato comprobador para los resortes, capaz de dar las mediciones individuales. El aparato se utilizó en la siguiente forma.

Se trazó una distribución de frecuencias, por medio de marcas, de una muestra de resortes de cada lote recibido en inspección de recepción. Se trazaron las lecturas reales de estos resortes por medio de marcas, como se puede ver en la Fig. 19-16. No se precisó, por parte del ingeniero de control del proceso, un tamaño definido de muestra para esta gráfica; la forma de la representación gráfica de la distribución de la muestra, con respecto a los límites de especifi-

PRODUCTO	Resorte extensión	PIEZA Núm.	6172583
CARACTERÍSTICA	Prueba carga	VENDEDOR	"B"
MÉTODO DE PRUEBA	Aparato 732	ORDEN Núm.	SP-697146-B
LÍMITES ESPEC.	.357 a .535 1.232"	CANT. LOTE	2250
REGISTRADO POR	T. Green	CANT. MUESTRA	88
FECHA	12-19	DISPOSICIÓN	Rechazado

LÍMITES

Carga	MARCA DE LAS FRECUENCIAS	f
.355		
.365		
.375		
.385		
.395		
.405		
.415		
.425		
.435		
.445		
.455		
.465		
.475		
.485		
.495		
.505		
.515		
.525	II	2
.535	IIIII II	7
.545	IIIII IIIII I	11
.555	IIIII IIIII IIIII III	18
.565	IIIII IIIII IIIII IIIII	20
.575	IIIII IIIII IIIII	15
.585	IIIII IIII	9
.595	IIIII	5
.605	I	1
.615	TOTAL	88

Fig. 19-16

caciones, fue la guía para determinar el número de resortes que se deberían tomar para comprobar cada lote. Para los lotes cuya distribución de la muestra se presentó localizada correctamente con relación a los límites de especificaciones, se dio la aceptación. El lote representado en la Fig. 19-16 fue rechazado de acuerdo con esta hipótesis.

Los registros de las distribuciones de frecuencias se enviaron a la oficina de compras, para que se hiciera la comparación con otros vendedores y para cualquier otra acción que fuera necesaria. Cuando las variaciones de los lotes resultaban fuera de especificaciones, como en el caso de la Fig. 19-16, las oficinas de compras y control de calidad enviaban una copia de este registro al vendedor, si así lo requería éste, para la acción correctiva.

Entre las ventajas obtenidas con este plan de muestreo por variables se pueden mencionar las siguientes.

1. Se comprueba a simple vista tanto la cantidad de variación en el lote, como la colocación del valor medio con respecto a los límites de especificaciones.

Se dispone de datos más adecuados que los proporcionados por el procedimiento de "pasa" o "no pasa"; para poder reconsiderar los lotes rechazados, en caso de ser necesaria la revisión del material en la planta.

2. Presenta un medio muy fácil de comparación entre los vendedores, auxilia a cada uno de los vendedores para tomar la decisión sobre los lotes rechazados, y disminuye la cantidad de tiempo de inspección de recepción, en comparación con el método anterior de muestreo.
3. Da a los vendedores una información más amplia sobre las causas del rechazo, haciendo que estos vendedores tiendan hacia un empleo intensivo de las hojas de distribuciones; proporciona a los ingenieros de la planta, encargados de los proyectos para el establecimiento de tolerancias, datos útiles de referencias sobre la cantidad de variación que se pueda esperar en los lotes de resortes que se adquieran.

Revisión de especificaciones de los resortes

Las distribuciones obtenidas con estos lotes de resortes pusieron de manifiesto las diferentes áreas en las cuales las especificaciones de los resortes no eran satisfactorias. Se puede citar solamente uno de estos casos: aquellas especificaciones que reclaman límites de aceptación más estrechos que lo que pueden satisfacer las variaciones normales de fabricación en los procesos de los vendedores. En estas condiciones, los resortes tendrán que ser revisados 100% por el vendedor, o bien aprobados 100% por el comprador —cualquiera de estas dos formas aumentará el costo de los resortes.

Se había sospechado que algunas de estas especificaciones eran el resultado de la aplicación de fórmulas antiguas para el cálculo de los límites, en lugar del resultado de los requisitos de la efectiva calidad del ensamble. Análisis posteriores demostraron que esto había ocurrido en numerosos casos y, por tanto, las especificaciones fueron readaptadas. Se encontraron a disposición de los ingenieros diseñadores de la planta fórmulas nuevas que reflejaban la técnica moderna de manufactura de resortes. Como resultado de estas etapas, se obtuvieron mejorías en el costo de los resortes.

Certificados del vendedor

Se hicieron varias distribuciones de frecuencias durante la inspección de recepción de los lotes de los resortes adquiridos a un solo vendedor. Las oficinas de ingeniería de control del proceso y la de compras discutieron los resultados de estas distribuciones con el vendedor, quien había hecho estas distribuciones para su propio archivo, en cada uno de los lotes enviados a su comprador.

Posteriormente se hicieron arreglos con el vendedor para que sacara copias fotostáticas de estas distribuciones y las enviara con cada lote a la planta. En esta forma, se tuvo la posibilidad de disminuir la propia inspección de aceptación, empleando esta forma de certificado del vendedor. En la actualidad sólo se practican comprobaciones periódicas sobre los lotes que envía ese vendedor.

La planta compradora ha sintetizado en los siguientes puntos los beneficios obtenidos por este procedimiento de control de aceptación.

1. Mejores facilidades en las pruebas de resortes, y métodos de inspección de aceptación más eficientes.
2. Revisión realista de las especificaciones de los resortes, mejor conocimiento de los materiales para resortes y sus características, y mejor calidad para los resortes.
3. Mejores relaciones comprador-vendedor y una comparación más adecuada de la calidad entre diferentes vendedores.
4. Reducción del tiempo desperdiciado en el armado debido a la baja calidad de los resortes, y reducción en el costo de los resortes al suprimir la prueba anterior de revisión 100%, y al admitir los certificados de pruebas del vendedor.
5. Reducción del precio de compra de muchos resortes en la forma como se producen por el vendedor.

El siguiente extracto de una comunicación que se refiere a una sola clase de resortes, enviada por el vendedor a la planta compradora, puede ser de interés a este respecto: "...estos cambios, los cuales están de acuerdo con sus nuevas normas, eliminan las operaciones de calibrado y de ajuste que antes eran necesarias. El ahorro para su planta por este concepto es de $4,000. Tomando en cuenta sus órdenes anteriores de compra de estos resortes, hemos encontrado que el ahorro originado por el empleo de sus nuevas especificaciones, sobrepasará la cantidad de $89,000 por año dentro de la misma relación de sus compras actuales".

19.20 Control de requisitos de circuitos impresos

Un fabricante de tableros electrónicos es un importante comprador de tableros de circuitos impresos (TCI) usados tanto en los tableros electrónicos como en las líneas de interrupción fotoeléctricas y de proximidad. Esta compañía ha enfatizado ampliamente la confiabilidad a través de pruebas computarizadas muy exigentes del material recibido.[11]

Después de observar un número excesivo de lotes malconformados de TCI comprados, se inició un programa para reducir el porcentaje general de defectos y, al mismo tiempo, aumentar en los vendedores la conciencia del problema.

Para determinar el efecto en dólares de los lotes malconformados, se hizo un análisis de cinco vendedores de tableros de circuitos impresos, en comparación con los casi 800 proveedores de partes compradas por la compañía. El reporte mostró que los cinco vendedores de TCI promediaban 98 lotes malconformados, cada uno, o aproximadamente 52 veces más lotes malconformados que el vendedor general promedio, que proporcionaba 1.9 lotes malconformados. El costo adicional promedio de procesar lotes malconformados de los cinco vendedores de TCI era de $18 por lote, o más de 450% del costo de procesar lotes malconformados del vendedor promedio.

Se hizo una gráfica de flujo de los procesos del tablero perteneciente al TCI, lo que dio una idea general de exactamente qué era afectado por la calidad de los tableros del vendedor, a través de la inspección final de la compañía. Se determinó que los problemas directamente relacionados con los tableros aparecían mínimos una vez que éstos se habían aclarado en la oficina de inspección de recibo. Se realizó un análisis Pareto (Fig. 19-17) de las malconformaciones de los cinco vendedores, por un periodo de 11 meses. Nueve, o una tercera parte de las secuencias, resultaron con más de 80% de defectos. Los dos defectos principales, tamaño del taladro y dimensiones del tablero, se aceptaron "úsese como está". Se requirieron entonces las desviaciones hasta un total de 868 características malconformadas; 526, o aproximadamente el 61%, se aceptaron sin ningún tipo de selección o reelaboración requerido.

Así, se concluyó que la definición del producto —o lo que estaba especificado contra lo aceptado— variaba a tal grado que era virtualmente imposible para cualquiera de los cinco vendedores del TCI el lograr credibilidad.

	Distribución Pareto			Aceptado/dev.	
Especificación	**Núm. de defectos**	**% defectuoso**	**% Acumulado**	**Núm. aceptados**	**% aceptado**
Taladrado	165	19.0	19.0	150	90.9
Dimensiones de tablero	110	12.7	31.7	96	87.3
Defectos cond.	79	9.1	40.8	23	29.1
Espesor del oro	69	8.0	48.8	31	44.9
Plateado visual	66	7.6	56.4	31	50.8
Oro visual	61	7.0	63.4	27	44.3
Espesor HTH	61	7.0	70.4	10	16.4
Ubicación de taladrado	56	6.5	76.9	54	96.4
Visual PTH	29	3.3	80.2	16	55.2
Bisel	29	3.3	83.5	11	37.9
Soldadura	29	3.3	86.8	15	51.7
NP y artesanía	21	2.4	89.2	20	95.2
Registro de hoyos	18	2.1	91.3	10	55.6
Adhesión del oro	17	2.0	93.3	1	5.9
Defectos en laminado	13	1.5	94.8	5	38.5
Soldadura	10	1.2	96.0	6	60.0
ID y U/L del vendedor	9	1.0	97.0	5	55.6
Torcedura	6	0.7	97.7	5	83.3
Adhesión del plateado	6	0.7	98.4	0	0.0
Ubicación de muesca	6	0.7	99.1	3	50.0
Empaque	5	0.6	99.7	4	80.0
Grosor del material	1	0.1	99.8	1	100.0
Identificación del material	1	0.1	99.9	1	100.0
Retirar resistencias	1	0.1	100.0	1	100.0
Registro del patrón	0	0.0	100.0	0	0.0
Arañazos	0	0.0	100.0	0	0.0
Circuito faltante	0	0.0	100.0	0	0.0
	868			526	60.6

Fig. 19-17 De Virgil L. Bowers, "Procurement Quality Assurance of PC Boards", 32nd Annual Conference Transactions, American Society for Quality Control.

En consecuencia, se revisaron los impuestos y/o especificaciones, de forma que reflejaran lo que la compañía había estado usando realmente el 61% de tiempo. Se hicieron cambios importantes en áreas como amplitud de tolerancias de tamaño de taladro, aumento en la amplitud de tolerancia de las dimensiones del tablero, y requisitos reducidos de espesor de oro. La compañía también investigó el uso de pruebas eléctricas de los TCI para elegir cortos y vacíos.

El paso final del programa exigía visitas a las instalaciones del vendedor para evaluar sistemas de manufactura, controles de proceso y compatibilidad de calibradores. Los registros de calidad anteriores de los vendedores se revisaron y se informó a los vendedores que, debido a la revisión de especificaciones, ya no se aceptarían defectos.

Como resultado de este programa, la compañía ahora sólo elige y readapta una parte mínima de los tableros para cumplir con las necesidades inmediatas de producción; el balance del producto malconformado se regresa al vendedor. El personal de producción y calidad del vendedor está consciente del volumen de material rechazado, y la administración del vendedor está consciente de las salidas en dólares que deben efectuarse para este material, con la acción correctiva efectiva resultante.

19.21 Mejoramiento de control sobre el material adquirido en una negociación ya establecida

Un fabricante de equipo pesado tuvo la posibilidad de controlar durante varios años la cantidad del material adquirido, mediante una ligera inspección de aceptación. Sin embargo, recientemente, algunos cambios de importancia en su negociación lo obligaron a hacer sus compras a varios vendedores con los cuales había tenido antes muy poco contacto.

La calidad aportada por estos vendedores era muy irregular, y muy pronto se hizo evidente para el fabricante la necesidad de establecer una forma más estricta de rutina en la inspección de recepción. Para realizar esto, la oficina de control de calidad desarrolló un procedimiento formal de inspección de aceptación, haciendo uso de las tablas de muestreo del tipo MIL-STD-105D.

Los procedimientos para el establecimiento de esta rutina fueron:

1. Cuidadoso análisis de los materiales adquiridos por la planta.
2. Provisión de un equipo adecuado de inspección para este material.
3. Establecimiento de una rutina apropiada de inspección.
4. Selección de la tabla de muestreo de aceptación de más utilidad.

De inmediato los procedimientos dos y cuatro se realizaron conjuntamente. Sin embargo, con el propósito de su presentación, cada uno de estos procedimientos se expone separadamente a continuación.[12]

Análisis del material adquirido

Se practicaron varios análisis del material recibido, sobre la clase de material que se aceptaba en los puestos de inspección, sobre los tamaños de los lotes de este material recibido, y sobre aquellos lotes recibidos que originaban las más graves dificultades en las líneas de producción. Se encontró que este material se recibía e inspeccionaba en cinco áreas diferentes de la planta; en algunos casos se recibía material de la misma clase en dos áreas diferentes, debido a la proximidad de estas áreas con los puestos correspondientes de montaje.

Como resultado de este análisis, se precisó que era conveniente la concentración de los esfuerzos de inspección de recepción, en un área que estuviera convenientemente localizada y provista del equipo necesario. Las piezas que representaban lo más crítico para la calidad se canalizaron hacia esa área única. Las cinco estaciones de inspección de recepción se redujeron a tres —una para materiales críticos, y las otras dos para materiales comunes que podrían ser recibidos en un punto inmediato al de su empleo.

El análisis también puso de manifiesto lo relativamente pequeño del tamaño de los lotes de material recibido. Estos lotes estaban formados por 1000 piezas o menos, por lo que se necesitaba de un procedimiento de muestreo que fuera el más útil para esos tamaños de lotes. Se presentaron relativamente muy pocas piezas y materiales en lotes de mayor cantidad de elementos.

Provisión de equipo de inspección

Las piezas y materiales que se recibían en la planta eran completamente diferentes. Se contaban piezas de fundición, barras surtidas, clavijas terminales, piezas fabricadas, cajas de engranes fundidas a presión, excéntricas coladas y bastidores.

La inspección de materiales de esta clase requiere un equipo básico de inspección, constituido por herramientas tales como mesas de alineamiento, bloques de calibración, reglas de senos y calibradores de tapón y cuerda interior; se requieren también calibradores de forma especial para aquellas piezas de gran producción que sean críticas.

Si no se dispone previamente de ellas, se tratará de adquirir estas herramientas necesarias. Los calibradores de forma especial se fabricarán en la cantidad que sea necesaria para la gran producción de las piezas. Se planificarán procedimientos de inspección que sean apropiados y aplicables a esas piezas.

Rutinas de inspección

Las piezas críticas que se recibían en las cinco estaciones originales de inspección se canalizaron a la única estación para piezas de esta naturaleza. Se implantó la rutina de que todos los lotes recibidos fueran acompañados de una copia de la requisición original del material y, además, de una nota de recibo.

Se estableció un sistema de tarjetas registro en archiveros, referidas al número del dibujo de las piezas o materiales. Para las piezas que se recibían de diferentes vendedores, se formuló un registro con los nombres de los vendedores.

Tablas de muestreo de aceptación

Debido a la gran variedad de lotes que se recibían en la planta, se eligió el más comprensivo tipo de tablas, el MIL-STD-105D, similar al que se muestra en la Fig. 15-11. En las tablas se dispone de 16 niveles para el NCA, que varían desde 0.015 hasta 10%.

Para algunos materiales y piezas especiales se aplicaron diferentes valores para el NCA. Pero para la gran mayoría de los lotes recibidos, se estableció un valor único del 2.5% para el NCA. El análisis del punto de equilibrio, con base en las experiencias, demostró que ese valor de 2.5 para el NCA es el más apropiado para la clase de material que se recibía; este valor único para el NCA simplifica considerablemente el procedimiento de muestreo que se requiere para el material que se recibe en la fábrica.

La oficina de control de calidad de la compañía sintetizó los resultados de este programa en los puntos siguientes.

1. Se está recibiendo de los vendedores mucho mejor calidad.
2. Se han reducido los tropiezos en las líneas del armado.
3. La oficina de compras obtiene mejor información sobre la calidad de las remesas de los vendedores.
4. Los vendedores están desarrollando un sentido mejor de responsabilidad para su calidad.

19.22 Evaluación de vendedores a través de procesamiento de datos

El programa de evaluación de vendedores de un fabricante de semiconductores se ha computarizado de acuerdo con las siguientes prácticas.

Cada lote recibido de componentes se inspecciona y su calidad se identifica de acuerdo con las especificaciones de abastecimiento por compra como críticas, mayores o menores. Entonces se aplica un sistema de evaluación de deméritos de calidad, basado en un mínimo de tres meses de desempeño. Los defectos en el parámetro crítico se califican en tres deméritos; defectos mayores, dos deméritos; defectos menores, un demérito. Así, un lote particular puede recibir un máximo de seis deméritos por fallar las tres clasificaciones de defectos por plan de muestra especificado. Si no aparecen clasificaciones de defectos en el dibujo, o si el material es comprado a una corporación de materiales especificados, el lote rechazado recibe seis deméritos.

Cuando un lote tiene rechazos en exceso al número permitido, el embarque se rechaza y retorna al vendedor. Esto se aplica a cualquier clasificación de defectos. La hoja o registro de inspección en la estación de recibo se convierte entonces en la fuente de datos inicial para la entrada y análisis computacionales programados. La información que aparece en el resumen de evaluación de vendedores incluye el nombre del vendedor, la fecha de inspección, el número de parte, evaluación de aceptación/falla para cada clasificación de defectos, reporte de entrega y fecha de recibo.[13]

El sistema computarizado permite un retiro temprano y el análisis de los datos referentes a la evaluación de la calidad del vendedor, de forma que pueda hacerse una determinación inmediata de la existencia de un problema de vendedor. Además, sobre pedido, la computadora también puede proporcionar un reporte mensual de cada vendedor, un reporte acumulado de cada vendedor para cualquier periodo deseado, características de retiro por vendedor o por número de parte individual —o por vendedor y número de parte— y una indicación para alertar a un vendedor de mala evaluación, de forma que el vendedor pueda iniciar la acción correctiva. Los registros pertenecientes a 500 vendedores se mantienen y gradúan por un ingeniero de control de calidad y una secretaria, cada uno de los cuales gasta sólo un poco de tiempo al mes en alimentar los datos a la computadora.

Los datos almacenados son la última fuente de datos para su análisis y recuperación mensual en la computadora. En cualquier momento que empiece a presentarse un patrón de fallas, el ingeniero de calidad puede determinar la evaluación acumulada de un vendedor. Las evaluaciones mensuales de vendedores se circulan al departamento de compras, al gerente de calidad, al departamento de inspección de recibo y al ingeniero de calidad. El retiro mensual de datos puede hacerse en forma de listados por vendedor, en donde se imprimen los números de partes, lotes, números de fallas y evaluaciones, o puede ser en forma de histograma. En esta forma, todo el personal pertinente de la división tiene un registro actualizado del desempeño de cada vendedor.

Un reporte trimestral evalúa el desempeño particular para la calidad, el porcentaje de lotes defectuosos recibidos y el porcentaje de entregas a tiempo enviadas a cada vendedor. Los archivos de los vendedores se mantienen un año, y la información perteneciente al desempeño del vendedor para un periodo dado puede obtenerse de la computadora en forma de gráfica. La evaluación mensual de cada vendedor se revela en una escala de cero a seis. La compañía ha instituido el premio Vendedor del Año en reconocimiento al alto nivel de desempeño.

Notas

[1] Término "material" se usa para indicar todo el material, partes y ensambles.

[2] En el Cap. 15 se da una comparación muy extensa entre las tablas de muestreo para aceptación con la inspección 100%, el muestreo arbitrario y otras formas de inspección.

[3] Este ejemplo de control de material adquirido se adapta a la experiencia en un compuesto de aplicaciones para proporcionar integridad de presentación técnica para enseñanza y demostración.

[4] Las consideraciones correspondientes para efectuar con propiedad un muestreo de aceptación, se trataron extensamente en el Cap. 15.

[5] La Fig. 19-6 es continuación a una forma presentada por C. D. Ferris y asociados, Bridgeport, Conn.

[6] En la Sec. 15.20 se presentaron diversos aspectos del muestreo por variables.

[7] La forma que aparece como Fig. 19-12 fue desarrollada por Norman Cheever y asociados, de Everett, Mass.

[8] Este procedimiento de códigos por colores sigue un sistema desarrollado por L.W. Macomber, H. Richards y asociados Lynn, Mass.

[9] De un trabajo de E. A. Stockbower, "Consumer-Supplier: An Advantageous Relationship". *Quality Progress*, Vol. XI, Núm. 1, enero, 1978: págs. 34-35.

[10] Adaptado de un estudio de R.S. Inglis y W. J. Masser, Philadelphia, Pa.

[11] De una exposición de Virgil L. Bowers, "Procurement Quality Assurance of PC Boards", *32nd Annual Technical Conference Transactions*, American Society for Quality Control, Chicago, 1978.
[12] Esta exposición fue adaptada de un estudio hecho por A. J. Showler y asociados, Erie, Pa.
[13] De una exposición de Vincent A. Falvo, "A Computerized Rating System", *Quality Progress*, Vol. **X**, Núm. 6, junio, 1977 págs. 20.

CAPÍTULO 20
Control del producto

La prueba de fuego sobre la conveniencia de un programa de control de calidad se presenta durante la manufactura efectiva de un producto. El trabajo de control total de la calidad, denominado control del producto, proporciona el mecanismo para esta fase del control de calidad.

El control del producto se ha dado a conocer mediante la publicación de sus aspectos técnicos —gráficas de control, certificación de la calidad, pruebas de confiabilidad de subensambles electrónicos, control de herramientas y dispositivos. Las actividades vitales de las relaciones humanas, que deben de tomarse en consideración para un control satisfactorio del producto, sólo se han considerado en una mínima parte durante estas exposiciones. Sin una alta moral y motivación en la planta, sin un genuino deseo de toda la compañía para la elaboración de productos de alta calidad —incluyendo seguridad y confiabilidad—, sin una conveniente comunicación de los objetivos de la calidad a través de toda la planta, los métodos más técnicos para el control del producto darán muy pocos resultados perdurables. Esta muy importante entrega de la compañía para con la calidad, que es básica para los programas de control total de la calidad, se expuso en el Cap. 9.

Este caso se presentó invariablemente a un joven miembro del grupo de control de calidad en su planta, en la que había establecido un procedimiento esmerado de gráficas de control en un torno, sobre una operación crítica en unas paletas para bomba, para mostrar la importancia de la influencia humana y tecnológica sobre la calidad. El análisis de frecuencias que precedió al establecimiento de las gráficas de control demostró a ese miembro del control de calidad que se podían satisfacer las tolerancias requeridas de ±0.0005 in sobre el maquinado de la paleta; la revisión periódica de sus gráficas le aseguraba la evidencia de que el trabajo se mantenía estable y que las paletas producidas estaban "bajo control".

Pero un lunes por la mañana, las gráficas hicieron notar al encargado del control de calidad que el trabajo de las paletas ya no era estable, es decir, no estaba ya bajo control. La variación en la paletas había aumentado en varios milésimos de pulgada.

Un antiguo y experto operario que había trabajado en este torno durante muchos años, acababa de ser retirado la semana anterior. Investigando las causas de que la operación resultara fuera de control, se llegó a la conclusión de que el torno presentaba un desgaste gradual en sus correderas; el experto operario anterior que conocía perfectamente su máquina, estaba en posibilidad de "corregir la alimentación" a tiempo, para que se produjeran piezas satisfactorias, y el nuevo operario simplemente no estaba capacitado para dar el mismo rendimiento que el operario veterano.

El resultado de estos análisis hizo que el trabajo se realizara en otra máquina. Además, se hicieron algunos cambios en las herramientas. Para el establecimiento de las gráficas de control en la nueva máquina, el joven miembro del control de calidad fue más precavido para emitir sus opiniones, basándose únicamente en los factores técnicos de sus análisis estadísticos, sin mayores juicios.

Las actividades en el moderno control del producto reconocen esta abrumadora influencia que el conocimiento humano ejerce sobre los resultados de los métodos técnicos para controlar la calidad. Esta influencia se refleja en la naturaleza de las técnicas y métodos de organización de esta tercera tarea del control de calidad. El propósito de este capítulo es la presentación de las técnicas del control del producto.

20.1 La necesidad del control del producto

El porcentaje de los costos de fallas internas sobre los costos programados para la mano de obra directa, en muchas plantas, refleja la evidencia alarmante del efecto de un inconveniente control de la calidad del producto durante su manufactura. Estas pérdidas durante la manufactura —integradas por elementos como los costos por desperdicios y/o remaquinado del material de calidad poco satisfactorio— alcanzan una proporción tan elevada como del 20 al 40% en algunas plantas.

Los elevados costos de inspección de piezas o materiales manufacturados pueden ser la evidencia de un control inapropiado. El aumento en la estimación de los costos, en algunos lugares se justifica como el reflejo de un buen control de la calidad para el producto. Pero la opinión industrial actual reconoce que estos costos, en algunas plantas, pueden ser el resultado de un control deficiente. No se puede lograr una calidad satisfactoria en un producto *antes* de haberse presentado a inspección. La opinión actual reconoce que este aumento en los costos de evaluación bien puede ser otro aspecto diferente a los costos por el aumento de las fallas internas, originadas por ambos tipos de gastos imputables directamente a un control muy poco convincente sobre la calidad en la planta.

Sin embargo, los altos costos de evaluación y el aumento en los costos por fallas internas pueden indicar que sólo una parte del control se ha aplicado sobre la calidad, es decir, que piezas y materiales defectuosos son "atrapados" antes de ser expedidos al consumidor. Más penosos son aún para muchas plantas los problemas que se presentan cuando este material insatisfactorio ya se ha remitido a los consumidores. Como resultado de estas situaciones se tienen las numerosas reclamaciones del consumidor y el aumento de los costos por las fallas externas, que dan como resultado el completo reemplazo de ese material o la necesidad de su reparación o atención.

La pérdida inmediata financiera producida por estas quejas es sólo una parte de este problema en particular. Mientras sea poco perceptible para una compañía, durante un corto periodo de tiempo, esta pérdida de la confianza del consumidor originada por las quejas finalmente trae como consecuencia una posición insoportable para la compañía en el mercado.[1] Los lectores habrán escuchado de algunos compradores —ya sea que se trate de industriales o simples consumidores— comentarios sobre algún fabricante en el sentido de que "no se puede depender de los productos de esa compañía". Esas declaraciones pueden presagiar una grave declinación de la posición comercial de la compañía.

Otro aspecto creado por las reclamaciones se refiere a aquellos productos de cuyo comportamiento dependen la comodidad y la seguridad humana. La baja calidad de estos productos puede acelerar muy seriamente el inmediato descenso, en lugar de una lenta declinación de la posición comercial de la compañía. Puede resultar en la costosa retracción de grandes números de productos del campo y, en algunos casos, fuertes castigos por responsabilidad legal. Un solo lote de baja calidad que se reciba por el consumidor será lo que se necesite para que una empresa quede fuera del mercado. Esto sucede especialmente en compañías fuertemente interesadas en investigación y desarrollo, que pueden producir artículos "únicos" o un número limitado de productos de alta tecnología.[2]

Un control deficiente sobre la calidad durante la producción activa puede originar problemas financieros de forma más insidiosa que los gastos originados por las pérdidas o reclamaciones o gastos legales. Se puede reflejar en el aumento de los costos planificados para realizar una segunda operación, como un tarrajado o un rectificado "para estar más seguros". Se puede reflejar en las condiciones de un inventario no ajustado, debido a los periódicos rechazos de lotes o piezas que obligan a las detenciones en la producción, mientras que se tengan que trabajar esos lotes adicionales. Se puede reflejar en una sobreproducción para la máquina o en el procedimiento informal de comunicaciones escritas para "ordenar un pequeño porcentaje más, a fin de curbrir los posibles rechazos". Puede ocasionar escasez de partes que ocasionen tiempos pedidos en operaciones posteriores. Pueden necesitarse programas de tiempo extra o hasta la compra de instalaciones de producción.

Estas situaciones sobre los costos justifican ampliamente la necesidad de una planta para un control adecuado de sus productos. Se pueden citar algunos factores más específicos.

Por ejemplo, puede existir un inadecuado mantenimiento de las condiciones de equipo de procesamiento, robots de ensamble, baños de soldadura, hornos de calor, programas para máquinas controladas numéricamente y otras herramientas —o una falla de conocimiento de las capacidades de estos equipos del proceso—. Puede ser que no se haga una aplicación adecuada de métodos técnicos del control de calidad, como son las gráficas de control o las tablas de muestreo o el control del nivel de calidad para el proceso. Puede hacerse un empleo imperfecto de las especificaciones técnicas o de los datos desarrollados por la rutina del control del proyecto. Puede haber poco uso de equipo de información moderno o de flujo de datos basados en computadora.

Puede también haber una falta de comprensión de la calidad entre los empleados de la planta. Pueden faltar objetivos de calidad verdaderamente altos —reflejado en objetivos de tasa de defectos muy bajos. Esta falta de aptitudes se puede convertir en un círculo vicioso, como un manejo interno deficiente y un manejo falso de la inspección. Puede haber fallas para mantener informados a los obreros sobre los metas de la calidad de la planta o bien para responsabilizarlos del trabajo malconformado que hayan producido. En aquellas plantas en que se mantiene un extenso sistema de comunicaciones, que abarca hasta carros cargados y registros de trabajos a domicilio, no será lo mismo que elaborar una comunicación imperfecta para informar al gerente sobre los índices de calidad de las operaciones de manufactura de la planta.

La solución a los problemas de esta especie se puede lograr con mayor eficacia en aquellas plantas que operan un programa de control total de la calidad. Su solución depende de las bases de las actividades de un control del nuevo diseño del material adquirido; en particular, dependerá de una serie de rutinas del control del producto, ampliamente concebidas y eficientes en su operación.

20.2 Definición del control del producto

Se puede definir así:

> El control del producto comprende el control de los productos en el origen de su producción y durante su aplicación en servicio, de tal manera que toda separación de su calidad con respecto a las especificaciones se pueda corregir antes de que se produzcan piezas defectuosas, y que se pueda conservar el producto en servicio en el campo, para asegurar la calidad esperada para el cliente.

Esta herramienta incluye todas las actividades del control de calidad sobre el producto, desde el momento en que ha sido aprobado para su producción y que se han recibido los materiales, hasta el momento en que se empaca, se embarca y lo recibe el consumidor a completa satisfacción.

La importancia sobre la prevención y el control en el origen de la producción se puede apreciar fácilmente. El producto cuya calidad se mantiene baja durante la producción se enfrenta a una gran posibilidad de aumento en las pérdidas por manufactura, aumento de costos por su inspección y pruebas, y aumento de los costos para satisfacer las demandas durante su servicio. A manera de ejemplo designaremos a esta clase de producto, A.

Otro artículo —producto B— cuya cualidad sea elevada durante su manufactura representará una situación mejor. Existe la posibilidad de que este artículo experimente un buen registro sobre las pérdidas, costos y reclamaciones.

La Fig. 20.1 hace patente esta situación desde el punto de vista estadístico. La calidad del producto B ha sido controlada desde su origen y la distribución de frecuencias que se presenta es la del producto en el momento de ser presentado para su inspección.

El producto A es un artículo sin un control eficaz en su origen. Sus costos de inspección han sido muy elevados. Y, sin embargo, estas actividades no han dado resultado para atenuar el aumento de gastos por reclamaciones ocasionadas por los artículos defectuosos que se han "colado" durante la inspección, o de aquellos cuyas características se han "deslizado" después de su inspección. Los costos de las fallas internas también se han mantenido en niveles elevados.

El concepto del control del producto en sí, según se puede apreciar en su definición, está expresado en amplios y diferentes detalles de su aplicación entre los diferentes tipos de condiciones de manufactura. Podemos citar, como un ejemplo, los procesos químicos, en contraste con la elaboración de productos mecánicos. El control del proceso electrónico, con su necesidad de alta calidad, se puede tomar como otro ejemplo.[3]

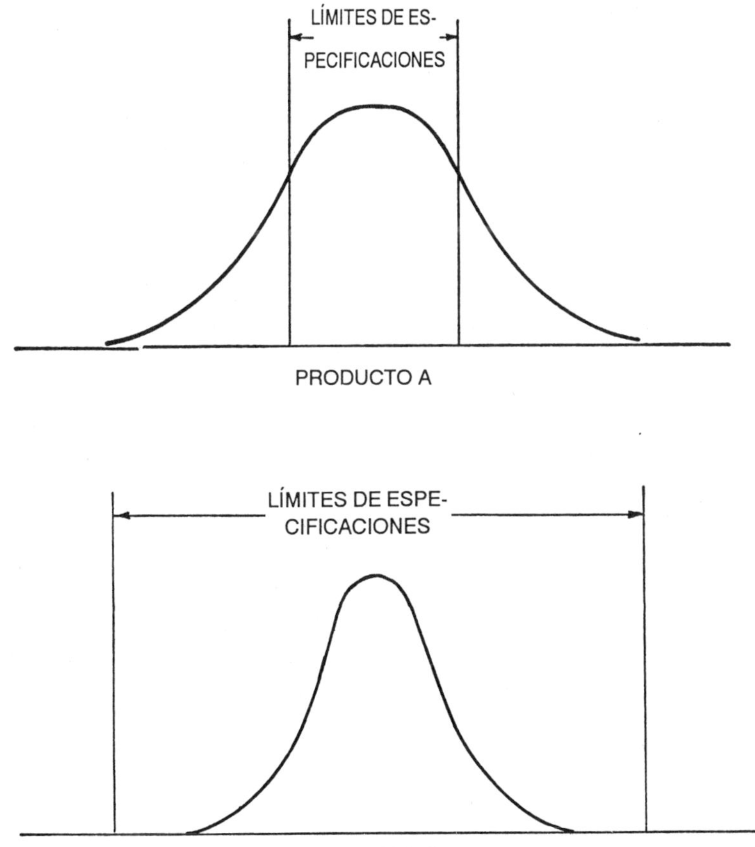

Fig. 20-1

En realidad, los objetivos de control del producto se mueven cada vez más y necesariamente hacia niveles muy bajos de partes malconformadas o defectuosas como necesidades esenciales de calidad. El objetivo de un pequeño número de partes por millón malconformadas —conocido cada vez más como "ppm", en productos como ensambles electrónicos de grandes volúmenes— se está identificando hoy como requisito de la calidad para algunas líneas de productos, como se mencionó en el inicio del Cap. 11.

El control de la calidad de un producto en su mismo origen puede, para una de sus fases, operarse con eficiencia en un taller de máquinas o sobre una banda transportadora para su armado seleccionando muestras periódicas durante el progreso de manufactura. Cuando se presente una tendencia por el desgaste de la herramienta o una disminución en la habilidad del operador, estas muestras pueden colocar la "bandera roja" a las causas potenciales de los defectos, antes de que ocurran los rechazos.

Por el contrario, la selección de muestras de comparación en un proceso químico por lote unitario puede ser un medio ineficaz de control. La selección de las muestras puede ser físicamente difícil y de dudoso valor práctico.

Después de haber medido los componentes químicos y de operarse la válvula de la tina para un gran volumen de material, habrá muy poca oportunidad para un muestreo periódico de comprobación, hasta que el material sea extraído en su forma final del sistema. Y aun siendo posible la selección de esas muestras, las reacciones durante el periodo de su proceso pueden acusar resultados que, comparados con la prueba final del compuesto, diferirán de las muestras periódicas.

Algunas operaciones en estos procesos pueden requerir, sin embargo, actividades del control del producto que estén orientadas a una acción correctiva del análisis final del producto, más bien que sobre las muestras periódicas. En este caso, se despliega la acción correctiva hacia el *proceso total del conjunto* y no sobre los lotes individuales que pasen a través de este proceso.

Las operaciones de un proceso de flujo continuo presentan otro ejemplo de estas posibles diferencias del control del producto, entre producciones químicas y mecánicas.[4] En algunos de estos procesos de flujo continuo, los químicos, desde hace tiempo, seleccionan muestras consistentes en una unidad simple del producto —en ocasiones a intervalos regulares ya prescritos.

Ante el inevitable rechazo de este procedimiento, a favor de la inclusión en la rutina del control del producto de la técnica más usual de seleccionar muestras compuestas por varias unidades, un experto encargado del control de calidad determina el significado de esa muestra de varias unidades. ¿La variación entre las unidades de la muestra da el mismo significado en un proceso de flujo continuo que en un proceso de maquinado, para el cual la muestra de varias unidades es un requisito? Aquellas variaciones que aparecen en el muestreo de un proceso de flujo continuo ¿se deben principalmente a la influencia del elemento comprobador por sí solo?

La respuesta a esta clase de preguntas puede demostrar que una muestra de una unidad sencilla es preferible en muchos casos para una rutina de control del producto más práctica y más económica en esos procesos continuos.

Estos ejemplos hacen resaltar el hecho de que los procedimientos de control del proceso se deben adaptar a cada situación de manufactura en particular que se presente, en lugar de adaptar en forma total una rutina que haya sido desarrollada para una situación similar. Auna cuando la importancia básica sobre la prevención es fundamental para el control de un producto en todas las situaciones de manufactura, los detalles técnicos de la aplicación del principio tendrán gran variación de un taller a otro.

No se debe pasar por alto que el propósito de un procedimiento de control del producto es el resultado tangible de un mejoramiento y mantenimiento de la calidad; las técnicas particulares que se empleen para producir estos resultados son únicamente un medio para lograr el fin —y no el fin en sí mismas—. Se debe prevenir al personal del control de calidad continuamente, a fin de no concentrarse en estas técnicas individuales del control del producto, para que el punto de vista especialista no se disminuya en atención a los programas de control de la calidad total de la planta en general.

20.3 Organización para el control del producto

Los individuos clave en las prácticas de control de calidad para el control del producto son los hombres y mujeres quienes realmente lo producen —maquinistas, ensamblistas de electrónica, probadores— junto con los supervisores y capataces del producto. Todos los procedimientos se fincan a su alrededor así como de los obreros que tiene que supervisar, puesto que es por ellos y a través de ellos que todo el peso de las actividades del control del producto se debe realizar. También se deben considerar en forma importante las actividades de las inspecciones mecánicas y las pruebas eléctricas.

Los *detalles programados* para este grupo del plan del sistema de calidad, referentes al control tanto del producto como del proceso, se realizan por el ingeniero de control de calidad asignado a la línea del producto en particular. Para el establecimiento de estos procedimientos programados, consultará con las oficinas de ingeniería de producción de manufactura, control de producción, contabilidad de costos y operaciones de taller.

Los operarios del taller que están generando la característica de calidad son responsables de hacer todas las comprobaciones posibles. A este procedimiento se le ha denominado *control de origen* o, más recientemente, *control estacionario*. Se debe medir la característica de calidad en aquellos puntos del flujo del producto que sean las "estaciones" más económicas y estratégicas para controlar el producto y el proceso. En otras "estaciones" se practicará una supervisión de la calidad por el personal técnico del control del proceso.[5]

Es responsabilidad directa del ingeniero de control del proceso la *implementación* del plan de control de calidad para el producto o el proceso. Se puede decir que éste es el hombre clave en esta tercera tarea del control total de la calidad. Si, por alguna razón, el plan del sistema de calidad que se ha establecido no se pudiera aplicar, el ingeniero de control del proceso expedirá los planes de situación crítica que sean necesarios para lograr que la producción continúe dentro de sus niveles de calidad requerida. Si no es transitoria esta situación que ha necesitado de planes de situación crítica, el ingeniero de control del proceso solicitará los cambios esenciales necesarios para el plan establecido por el ingeniero de control de calidad. También debe conservar el ingeniero de control del proceso los estudios sobre capacidades de proceso al corriente, y debe analizar los problemas de la calidad, a medida que se vayan presentado cada día. Puede solicitar la ayuda del ingeniero de control de calidad o recurrir a otros especialistas facultados para que se aboquen al problema.

Es de primordial importancia que el conocimiento obtenido por el ingeniero de control del proceso se retroalimente a aquellos responsables de la planificación de la calidad, diseño del equipo de información de la calidad y diseño de producto y proceso, y que éste se use directamente para desarrollar métodos de control apropiados y para implementar eficientemente la planificación de la calidad. Algunos atajos en la planificación de la calidad y equipo pueden seguirse directamente hasta la falla para determinar apropiadamente la habilidad de la calidad del proceso y retroalimentación a otros ingenieros. Es preciso hacer notar en esta exposición de la organización, que las actividades del control del producto están ligadas inevitablemente con el trabajo de otras actividades administrativas empleadas por la planta para sus operaciones de manufactura.

Si una planta no tiene prudencia en el manejo de su personal y desea contratar obreros de baja categoría y, por tanto, gastar un poco de tiempo en su entrenamiento; si sus planes de control de producción y procedimientos de secuencia empeoran la moral de taller, al imponer un máximo de apego a la rutina y un mínimo de flujo ordenado del material a través de la fábrica, cuando este manejo de materiales esté aún en su etapa inicial; si el procesamiento de los datos de producción y calidad permanecen en una base de "anotación", entonces el efecto y la naturaleza de los procedimientos de control del producto se verán influidos en alto grado.

Ya sea que con el control del producto se pueda ejercer un impulso sobre aquellas funciones suficientemente capaces de levantar la eficiencia o que las haga descender de su nivel, dependerá particularmente de la situación de la planta, de la firmeza de las personalidades y políticas implicadas. Evidentemente que es un error suponer que con el solo establecimiento de los procedimientos de control del producto, automáticamente se resolverán todos los problemas de la calidad en el taller y que tienen su origen en un mal empleo de otros programas de administración.

Como un corolario, igualmente se debe notar que es erróneo suponer que bastará con un ligero procedimiento de control del producto, simplemente porque los otros programas administrativos son consistentes. La solución en este caso debe equilibrarse; una planta tiene que asegurarse al mismo tiempo de que tiene los procedimientos adecuados de control del producto y de que sus programas administrativos incluyen prácticas satisfactorias que puedan influir a estos procedimientos.

20.4 El papel de la ingeniería de control del proceso en control del producto

Como se expuso en el Cap. 8, el elemento de ingeniería de control del proceso hace una importante contribución a la calidad del producto. La ingeniería de control del proceso es responsable, en la fase de producción, de asegurar que el personal, método, materiales y equipo se estén empleando de acuerdo con el plan de calidad, y que los procedimientos de calidad estén siendo seguidos por aquella medidas de desempeño de la calidad. Una de sus metas principales es determinar una relación continua de causo-efecto entre el producto y el proceso.

Es preciso operar procedimientos definidos por los miembros de la unidad del control del proceso, para asegurarse de que las actividades del control del producto forman una parte integral de las actividades de la planta. Estos procedimientos se establecen dentro del plan del sistema total de calidad, por el grupo de control de calidad, auxiliado por el jefe del taller y por el personal en funciones que corresponda. A causa de la diversidad de las actividades de manufactura que se pueden presentar, aun dentro de una misma planta, los procedimientos abarcarán un número de condiciones diferentes para control, las que se pueden considerar dentro de dos grupos principales.

1. Control del maquinado o procesado de las piezas componentes.
2. Control de armados y de empaque, sobre lotes unitarios.

Los procedimientos que se requieren para estas condiciones de control en la áreas de la fábrica pueden comprender el control del trabajo que se ejecuta en el taller de maquinado, materiales procesados por soldadores o en los hornos, conjuntos en formación para subensambles electrónicos y componentes, sustancias químicas producidas en lotes unitarios, o alambres que se recubren en un proceso de flujo continuo. Estos procedimientos pueden comprender el control de herramientas, portaherramientas y dispositivos y programas software para control numérico de maquinado, mantenimiento preventivo, utilización de estudios de capacidades de proceso, medios para incrementar la conciencia de la calidad en el operador, aplicación de las gráficas de control y de los planes de muestreo del proceso, localización estratégica de las estaciones para la inspección mecánica y para las pruebas eléctricas, o electrónicas, desarrollo de los índices de calidad, y evaluación no destructivas.[6]

Estos procedimientos dependerán del flujo propio del material y de la sana organización de la planta en el grado más alto posible, de la "estructura de la calidad", por medio del plan básico de manufactura. Se harán resaltar los procedimientos estrictos para la disposición del material defectuoso y para establecer el debido análisis de los rechazos.

Los procedimientos dependerán tanto de la buena supervisión en la fábrica como de los métodos técnicos completos. Se requiere una buena organización de control del producto en toda la fábrica y de una genuina aceptación por toda la planta, del punto de vista del control total de la calidad. Estarán organizados alrededor de procedimientos que permitan una acción correctiva, cuando ésta se requiera; comprenderán la toma de datos únicamente en la cantidad en que estos datos puedan servir de base para una acción.

ESTRUCTURACIÓN DE UN PROCEDIMIENTO DE CONTROL DEL PRODUCTO

20.5 Método

Los procedimientos de control del producto pueden cubrir totalmente un ciclo real de manufactura, en el que la materia prima o las piezas adquiridas, mediante uno u otro proceso, se transforman en un producto terminado. Pueden comprender la parte de este ciclo correspondiente al proceso de piezas componentes —como en el caso de una planta de proceso o de una división de proceso de una planta mayor—. Los procedimientos podrían abarcar únicamente la parte del ciclo del armado.

Cualquiera que sea la porción que abarquen estos procedimientos, deben engranarse con el flujo de las piezas o materiales manufacturados, los cuales, para la mayoría de los talleres de manufactura, siguen, cuando menos, siete etapas identificables.

1. Recepción en el área de manufactura de la orden para la pieza, material o ensamble.
2. Examen de los requisitos de la orden e iniciación de los pasos necesarios para dejar la orden lista para la producción, incluyendo clasificación de producto y proceso, y asignación correcta de todos los equipos y controles necesarios.
3. Expedición de la orden de producción.
4. Control del material durante su proceso de manufactura.
5. Aprobación final del producto.
6. Auditoría de calidad con referencia específica a la consideraciones de seguridad y confiabilidad y evaluación de resultados.
7. Empaque y embarque. Si se trata de una pieza componente, el producto sólo será transportado hacia el área donde será empleado para el armado.

Las actividades del control del producto que se realizan durante estas siete etapas se pueden agrupar en dos divisiones principales.

1. Establecimiento y mantenimiento de las normas (que se realizan durante las etapas 1 a 3).
2. Control del material durante su manufactura actual (realizados durante las etapas 4 a 7).

En las Secs. 20.6 y 20.7 se revisarán los factores que se deben tomar en consideración, mientras que se desarrollan los procedimientos que comprenden cada una de estas divisiones.

20.6 Normas

Para organizar la parte de las normas en un procedimiento de control del proceso, el grupo de control de calidad tiene que tomar en consideración determinados factores, como los siguientes.

1. *Requisitos para el producto.* Las especificaciones para el producto, sus garantías y sus tolerancias.
2. *Cómo se hará.* Los factores de la calidad para planificar su manufactura, determinación de los equipos para el proceso, en los cuales se pueda producir el artículo y selección de herramientas, dispositivos y portaherramientas que se requieran, programas software y otras guías para control numérico.
3. *Qué es de importancia en el artículo.* Clasificación de características; requisitos para su inspección y pruebas; lugar para la inspección o pruebas; niveles de calidad para el muestreo.
4. *Cómo debe asegurarse la calidad.* Los equipos de información de la calidad a usarse; las pruebas de confiabilidad a desempeñar; las pruebas de inspección y pruebas automáticas; prácticas de calidad con ayuda de la computadora que se integran al diseño y fabricación de la computadora.

Si el producto ha sido sometido a las actividades del control de proyecto, la información de los cuatro factores anteriores se deberá enviar al área de manufactura junto con la orden, en forma de instrucciones, como planificación de la calidad para el artículo. En un programa nuevo de control total de la calidad, donde no ha habido actividades de control del proyecto para ese artículo, entonces el procedimiento para el control total del producto se incorporará en forma abreviada de sus actividades, a fin de contribuir en una información de comparación.

Para los procedimientos de control del producto, no es practicable tratar de regresar a las etapas del control del proyecto que sean necesarias para un artículo.

Particularmente en el desarrollo de las especificaciones y las garantías y en el establecimiento de los requisitos para la inspección y las pruebas y de los niveles de calidad, este regreso resulta al mismo tiempo menos económico y menos satisfactorio, técnicamente, que lo que puede resultar un programa de control del proyecto bien conducido. Se puede haber borrado la "pista del diseño" para ese artículo, puede ser que no estén disponibles para consulta los ingenieros que trazaron el proyecto. Puede ser que el equipo correspondiente para verificar las pruebas requeridas no esté disponible; los requisitos de una producción intensa no dejarán tiempo para los análisis correspondientes.

Desde luego que existen ciertas condiciones que hacen inevitable que este bosquejo indispensable del programa del control del nuevo diseño se pueda incorporar en los procedimientos del control del producto. Una planta que acabe de iniciar sus actividades de control del nuevo diseño estará obligada durante algún tiempo a cubrir estas actividades dentro de sus procedimientos de control del producto que se estén aplicando a sus artículos actuales.

También existe una situación peculiar para una planta que únicamente ejecuta el maquinado o el armado de artículos diseñados o especificados en otra planta. Es muy semejante el caso de las llamadas divisiones de contribución (tarjetas de circuitos impresos, tornos automáticos, prensas troqueladoras, etc.) de una gran planta. En estas plantas o divisiones, únicamente se recibe un simple dibujo o un bosquejo de la pieza, o simplemente una orden escrita para su manufactura, de la cual se deben establecer tanto la manufactura como las órdenes para el material y los procedimientos dc calidad.

No hay nada absoluto en las técnicas empleadas en las fases del proyecto de un control sobre el producto. Las técnicas son simplemente aquellos procedimientos regulares que ya fueron expuestos en el Cap. 18, adaptados a las situaciones particulares, según sea necesario.

Los estudios de las capacidades del proceso se deben aplicar extensamente en estos trabajos. En las innumerables plantas que apenas han iniciado su control del nuevo diseño, la tabulación de los resultados de estos estudios de los procesos se utiliza por los ingenieros de la planta durante el desarrollo de sus actividades formales del control del diseño.

20.7 Control de la manufactura

Cuando las normas para el artículo se hayan incorporado en el procedimiento, se deben iniciar las actividades del control en el taller. Los principales factores que se deben tomar en cuenta son los siguientes:

1. *La clase del proceso de manufactura.* ¿Se trata de un armado que debe realizarse sobre la banda transportadora?, ¿de una pieza que debe ser trabajada en diferentes máquinas herramientas?, ¿un subensamble electrónico que se produce por operadores únicos en estaciones únicas?, ¿material procesado como lote individual?, ¿un ensamble construido en operaciones robotizadas?, ¿maquinado y procesamiento controlado numéricamente?
2. *Cantidades por fabricar.* ¿Se trata de grandes cantidades, del mismo material, en producción diaria continua? ¿El trabajo es por lotes, siempre de piezas diferentes?, ¿grandes cantidades en corridas pequeñas de partes distintas?
3. *Aptitudes del personal del taller.* ¿Son trabajadores experimentados, artesanos conscientes de la calidad?, ¿operarios relativamente diestros que ejecutan una operación repetidamente?, ¿jefes de taller competentes y experimentados?; ¿supervisores de reciente designación y sin experiencia?
4. *Clase de producción.* ¿Se trata de una pieza con un maquinado de precisión?; ¿de un armado complicado?; ¿de un material con escasos requisitos de la calidad?; ¿componentes electrónicos de usos muy amplios?; ¿subensambles orientados a la seguidad?
5. *Procedimientos de control del producto en otros procesos del taller.* ¿Se puede armonizar fácilmente el control para este proceso con los que ya están en curso para otros procesos, con la correspondiente simplicidad en su administración y con el mínimo de gasto? Si no es posible integrarlo ¿los procedimientos para su control se opondrán a las instrucciones, provocando la confusión?
6. *Aceptación del control del producto.* ¿Se aceptará el valor del control de la calidad total por parte del personal correspondiente? ¿Como se podrán emplear los detalles del procedimiento de control del producto, con la mayor extensión posible? ¿El vocabulario y la práctica serán bien comprendidos en el taller? ¿Cuál será la mejor forma de dar al personal del taller los principios de control del producto?

Si el artículo que se va a producir es un elemento relativamente pequeño para la producción total de un gran taller de maquinado, en una instalación de producción de semiconductores, o de una extensa área de armado, es preferible que su procedimiento de control se incluya dentro del procedimiento general de control del producto para toda el área, según quedó indicado en el punto cinco anterior. Estos procedimientos generales, que incluyen los mismos principios de control para todas las piezas, pueden resultar prácticos y económicos al mismo tiempo, cuando están establecidos con toda propiedad. Son de utilidad particularmente en aquellas áreas donde los requisitos para la calidad son relativamente uniformes, aun cuando la producción consista en una gran variedad de tipos de artículos.

Sin embargo, este artículo se podrá producir como un elemento principal dentro de la producción del taller, en un área dedicada exclusivamente a su manufactura. En estos casos, se desarrollarán procedimientos individuales de control que sean aplicables exclusivamente al producto.

La exposición de los factores considerados en el desarrollo de las actividades del control no puede ser concluyente sin que se tome en cuenta el factor seis anterior, referente a la aceptación por parte del personal del taller. Un procedimiento de control que sea excelente técnicamente, pero que no es o no se puede introducir al personal que deba trabajar con él, es de muy pequeño valor positivo y puede resultar perjudicial.

20.8 Una gran producción comparada con el trabajo por lotes

Es preciso insistir en que las dos divisiones presentadas anteriormente —normas y control de manufactura— se pueden aplicar generalmente como una base para los procedimientos del control del producto. Esto es conveniente en los talleres en que la producción es por lotes de trabajo o por una gran producción, donde lo que se produce toma la forma de piezas individuales o de ensambles intrincados, donde el tiempo que se requiere para la producción sea de varios días o de sólo unos pocos minutos.

En la Sec. 4.12 se condensa la revisión general de este trabajo por lotes de gran producción, en la siguiente conclusión.

> En una manufactura en masa, las actividades del control de calidad se concentran sobre el *producto, y proceso*, mientras que en la manufactura por lotes el problema radica en controlar el *proceso*. Por ejemplo, en la manufactura de bobinas en una producción en masa, el interés de las actividades de control de calidad se dirige hacia el tipo de bobina —sus dimensiones, sus capa de fibra, etc.—. Pero cuando se producen muy variados tipos y medidas de bobina en un trabajo por lotes, las actividades del control de calidad se concentran en el proceso común de manufactura de la producción de bobinas.

Esta conclusión se puede parafrasear en el lenguaje usado en este capítulo: cuando la producción se hace en gran cantidad y se continúa por un tiempo suficientemente largo, se pueden emplear las técnicas del procedimiento del control de producto, tanto para el establecimiento y mantenimiento de las normas, como para controlar las piezas durante la manufactura. Cuando la producción es bajo la forma de trabajo por lotes o de muy corta duración, las técnicas empleadas se pueden concentrar casi enteramente sobre el establecimiento y mantenimiento de las normas. Por tanto, el proceso y el equipo del proceso deben controlarse, en lugar de hacerlo sobre las piezas mismas.

Si un torno automático se ha ajustado para trabajar en una producción que comprenda miles de piezas, durante un periodo de varios días, será útil y eficaz, al mismo tiempo, fijar y mantener las normas —utilizando aquellos medios como el control de herramientas y matrices, o estudios de capacidad de proceso— y establecer los controles de la manufactura —por medio de procedimientos como patrullas de inspección, o muestreo del proceso, o gráficas de control. Si se establece un proceso de ensamble, para una corrida larga continua, con componentes alimentados automáticamente en los equipos de ensamble robot, a un paso de cientos de unidades por operaciones de tres turnos, durante un periodo de varias semanas, la operación de esta amplia gama de controles será simplemente eficaz. Si una troqueladora se ajusta para una producción que comprende de 300 a 400 piezas y que se puede terminar en menos de una hora, resultaría impracticable y antieconómico concentrarse sobre cualquier otra técnica diferente al propio ajuste de normas. Si una gran flecha se está torneando y refrentando lentamente, la técnica de las gráficas de control resultaría nuevamente inapropiada, y fijación de las normas sería la técnica de control del producto más indicada.

Los detalles para las diferentes técnicas particulares para normas y control de manufactura que se emplean en las rutinas del control del producto se tratarán en la Sec. 20.14.

ACTIVIDADES CARACTERÍSTICAS DE CONTROL DEL PRODUCTO

Las formas efectivas que toman los procedimientos de control del producto varían mucho más ampliamente a través de la industria que las formas que toman los procedimientos de cualquier otra tarea del control de calidad. Esta situación se debe probablemente a la gran variedad de situaciones de las manufacturas consideradas. Sin embargo, esto es de mayor utilidad para exponer modelos de procedimientos de control del producto de acuerdo con casos reales en la industria, en lugar de presentar ejemplos generales más abstractos.

A continuación se expondrán cinco casos que comprenden las principales situaciones que se encuentran en las actividades de un completo control del producto. 1) Trabajo por lotes en un taller de maquinado, en la Sec. 20.9; 2) muestreo del proceso en un taller de máquinas, en la Sec. 20.10; 3) "enfoque de características de control numérico", Sec. 20.11; 4) subensamble en grandes cantidades y en alta confiabilidad, en la Sec. 20.12; 5) armado, en la Sec. 20.13.

20.9 Trabajo por lotes en un taller de maquinado[7]

En un taller de maquinado de una fábrica, en el área de Atlántico Medio, se incluyen para su producción prensas taladro, taladros sensitivos radiales, fresadoras, tornos, tornos automáticos, troqueladoras, rectificadoras, máquinas soldadoras y equipo para soldadura amarilla y para corte. Se realizan en este taller entre cien y ciento cincuenta trabajo diariamente, con tamaños de lotes, en promedio, de menos de 100 piezas. Gran parte de estos trabajos no se repite; podrán entrar nuevamente al taller en un periodo de seis meses a dos años.

Cada lote de trabajo que pasa por el taller requiere diferentes operaciones antes de su terminación. Una sola pieza puede requerir no sólo un torneado, sino también un fresado y perforado.

La importancia de las actividades para fijar y mantener las normas para fines del control, bajo estas condiciones, se ha reconocido por el taller en diferentes formas. Una de ellas es la importancia sobre la utilización de los resultados de los estudios de las capacidades de proceso. Dentro de lo posible, los trabajos se planifican para ejecutarse sobre los equipos del proceso que sean capaces de mantener las dimensiones requeridas, los cuales se conocen por medio de los estudios.

Se procura un programa de mantenimiento activo, a fin de conservar estos equipos de proceso en buenas condiciones. Se controlan esmeradamente las herramientas, los programas de control numérico, los dispositivos y portaherramientas, para conservarlos en forma adecuada para la producción de un trabajo de la calidad pedida por las especificaciones del control del nuevo diseño.

Como para esta planta las actividades de las normas son el único elemento en el procedimiento del control del producto, el taller puede experimentar la presencia de defectos como:

1. Un taladro con menor o mayor dimensión, cuando es necesaria una broca de la dimensión correcta.
2. Un radio que se ha trazado en el lado equivocado.
3. Una perforación mal localizada.
4. Un fresado en la cara equivocada.
5. Pasar por alto una operación.
6. Un taladro con el avellanado equivocado o de profundidad insuficiente.
7. Rebordes defectuosos.
8. Pieza dañada durante el proceso.

Para la eliminación de esta clase de defectos, el taller complementa sus actividades normales con procedimiento adecuados de control durante la manufactura. Este procedimiento comprende cinco elementos primordiales[8]

1. Inspección de la primera pieza. Los operarios hacen, desde luego, sus propias comprobaciones del proceso, para lo cual se les proporcionan los calibradores correspondientes.
2. Un muestreo de aceptación para los lotes terminados.
3. Control de todos los datos de la inspección final.
4. Auditoría de la calidad, por el ingeniero de control del proceso.
5. Examen de principio a fin de los datos del control de la inspección final y de la auditoría de la calidad, a fin de deducir una acción correctiva.

Es preciso hacer notar que estos cinco elementos no incluyen el muestreo del proceso ni las patrullas de inspección, quc son características del procedimiento preventivo en un taller de maquinado. Tanto los análisis como la experiencia han demostrado que esta forma de muestreo es antieconómica y relativamente impracticable en este taller. Las cantidades que se producen son muy pequeñas, el tiempo de operación es muy corto, un trabajo se podría terminar y empacar entre los intervalos de la comprobación de inspección; además, se ha encontrado que es práctico para este taller dejar la responsabilidad de las comprobaciones a los mismos operarios.

Por tanto, insistimos sobre la interpretación del control del producto, durante un trabajo por lotes, que se dio en la Sec. 20.8. *Para este caso particular del "proceso", el control se instala para la producción completa del taller.* No debe basarse sobre una pieza o un trabajo en particular.

Establecida esta base, cada una de las cinco etapas del control en el taller de maquinado se puede revisar brevemente:

Inspección de la primera pieza

Todos los trabajos reciben la inspección de su primera pieza. Si el inspección aprueba esta pieza, se deja que prosiga la operación el operario, posteriormente, irá haciendo las comprobaciones de su trabajo periódicamente.

Todo trabajo recibe la inspección de primera pieza en cada operación. Por tanto es muy posible que un lote reciba tres, cuatro o cinco de estas inspecciones.

Muestreo de aceptación de lotes terminados

Los lotes que han sido terminados se canalizan hacia el área de inspección final, la que deberá estar provista de los equipos de medición. En este lugar los lotes se muestrean de acuerdo con la tabla de muestreo de aceptación del MIL-STD-105D.

Se ha encontrado muy práctico y económico el empleo de un solo valor para el NCA en la gran mayoría de los lotes que llegan al área de inspección final. El nivel de calidad empleado se ha determinado haciendo uso de los análisis que se presentaron en el Cap. 15.

En la Fig. 20-2 se ilustra gráficamente la secuencia de la inspección seguida en este procedimiento de aceptación.

Control por medio de los datos de la inspección final

A cada lote que llega a la inspección final se le toman sus datos. Para fines de una acción correctiva y con objeto de reducir al mínimo la conservación de los registros que se requieren, únicamente se conservarán los datos detallados de los trabajos que aparezcan malconformados.

La Fig. 20-3 da una idea de la forma de llevar estos registros. Se hará diariamente por los inspectores finales. Estos inspectores anotan el número total de los trabajos aceptados y rechazados, así como el número de inspecciones de

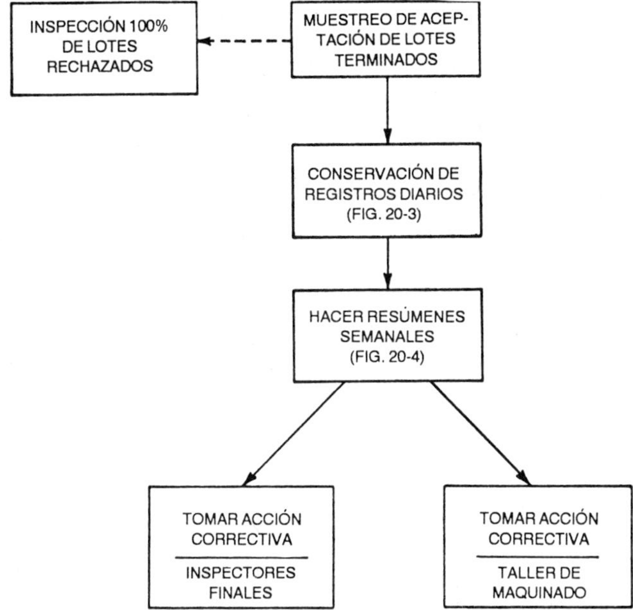

Fig. 20-2

primera pieza y sus rechazos. En todos los lotes malconformados se anota el número del dibujo, el tamaño del lote, la cantidad revisada, la cantidad rechazada, la operación que resulte responsable de cada defecto, la clase de defectos y la ubicación que se le dé al lote.

Desde luego que los más importantes elementos de estos registros son la operación responsable de un defecto y la clase de defecto. Las diferentes clases de operaciones se anotan por medio de números, y las diferentes clases de defectos se indican por medio de letras. Por ejemplo, refiriéndose a la forma de la Fig. 20-3, se verá que para un lote que se rechace por una dimensión inferior en una operación de fresado, el inspector anotará en el registro 11 (fresado), y T (abajo de dimensiones).

La anotación en este registro del tamaño del lote, la cantidad revisada y la cantidad rechazada, suministra en principio la oportunidad de una comprobación por parte del ingeniero de control del proceso, para determinar si se han apegado a la tabla de muestreo de aceptación. Estos datos proporcionan también la base para obtener alguna indicación sobre el porcentaje defectuoso en el lote. Estos datos proporcionan los fundamentos manuales para el análisis computacional.[9]

La anotación del número del dibujo tiene un valor para los análisis de la frecuencia de ocurrencia. La acción correctiva —ya sea por cambios en el diseño o en los métodos de manufactura— puede solicitarse por el ingeniero de control del proceso.

Fecha ____________

Trabajos aceptados ________ Trabajos rechazados ____________

OPERACIONES

1 – Soldadura/Corte
2 – Escariado
3 – Errores técnicos
4 – Taladro sensitivo
5 – Taladro radial
6 – Limado (banco)
7 – Formado (freno)
8 – Rectificado
9 – Torno
10 – Trazado y cepillado
11 – Fresado
12 – Otras divisiones
13 – Errores de producción
14 – Troquelado
15 – Sierra mecánica
16 – Fabricación acero
17 – Soldadura
18 – Torno automático
19 –
20 –

MALCONFORMACIONES

A – Composición de grupo
B – Avellanado
C – Rebordeado
D – Material defectivo
E – Filetes defectivos
F – Radios defectivos
G – Acabado muy tosco
H – Operaciones omitidas
J – Piezas mezcladas
K – Falta etiqueta Trab.
L – Falta marca
M – Otras faltas
N – Fuera de localización
O – Sobremedida
P – Plaqueado
Q – Rimado
R – Manejo tosco
S – Faltante
T – Abajo de medida
U –
V –
X –

Dibujo Núm.	Cant. de Trab.	Cant. Inspec.	Cant. Rechz.	Operac. y Defec.	Disposición	
					Rech.	Acep.

Núm. de inspecciones de la 1a. pieza ____
Núm. rechazos de la 1a. pieza ______ Inspector ____________

Fig. 20-3

Se hará un resumen semanal del registro diario de la Fig. 20-3. La forma manual que se usa en este caso se presenta en la Fig. 20-4, e interesa muy particularmente al ingeniero de control del proceso, para revisiones con objeto de contar semanalmente con una base para la acción correctiva.

Auditoría de la calidad

Como una parte de su trabajo para dar cumplimiento al sistema de la calidad, el ingeniero de control del proceso debe vigilar los procedimientos de control de calidad que se estén aplicando en todo el taller.

Además de esta actividad, el ingeniero de control del proceso practicará periódicamente una auditoría, a fin de valorar la calidad que se está producien-

Final de semana ______________________

HOJA DE RESUMEN

	Trabajo Acept.	Trab. Rechaz.	Trabajo Inspec.	% Defectuoso
Lunes				
Martes				
Miércoles				
Jueves				
Viernes				
Sábado				
TOTAL				

	TOTAL	W–	V–	U–	T–Abajo de medida	S–Faltante	R–Manejo tosco	Q–Rimado	P–Plaqueado	O–Sobremedida	N–Fuera de localización	M–Otras faltas	L–Faltan marcas	K–Falta etiqueta trabajo	J–Piezas mezcladas	H–Operaciones omitidas	G–Acabado muy tosco	F–Radios defectivos	E–Filetes defectivos	D–Material defectivo	C–Rebordeado	B–Avellanado	A–Grupo compuesto
1–Soldadura/Corte																							
2–Escariado																							
3–Errores técnicos																							
4–Taladro sensitivo																							
5–Taladro radial																							
6–Limado en banco																							
7–Formado (freno)																							
8–Rectificado																							
9–Torno																							
10–Trazado y cepillado																							
11–Fresado																							
12–Otras divisiones																							
13–Errores producción																							
14–Troquelado																							
15–Sierra mecánica																							
16–Fábrica acero																							
17–Soldadura blanca																							
18–Torno automático																							
19–																							
20–																							
21–																							
TOTAL																							

Fig. 20-4

do en el taller de maquinado. Ésta es una auditoría orientada al consumidor, en la cual el ingeniero de control del proceso se aboca el papel de los supervisores del armado, donde se deben emplear las piezas maquinadas. Esta evaluación periódica suministra una constante vigilancia del plan del sistema de calidad del taller. Cualquier falla que se descubra en las piezas demandará una revisión del sistema y los cambios que sean necesarios en el plan dado por el ingeniero de control de calidad, a fin de que se asegure la calidad necesaria para las piezas.[10]

Revisión total para deducir una acción correctiva

Siempre que se noten discrepancias en los registros diarios de inspección, referente a la calidad de las piezas, como resultado de las revisiones de calidad, es indispensable que se haga una investigación rápida y que se tome la debida acción correctiva. Los datos de las hojas de registro, por lo general, muestran que dos o tres operaciones y dos o tres clases de defectos son las responsables en un 75 a 85% de los rechazos. Estos datos se deben revisar por el ingeniero de control del proceso cada semana. Las decisiones sobre una acción correctiva representan la esencia de este trabajo y, por otra parte, se pone de manifiesto la utilidad de la formación de registros sin que se tome ninguna acción. Estas acciones pueden tomar las siguientes formas.

1. El jefe de taller notifica a sus instructores o jefes subalternos que se concentren sobre la operación que resultó malconformada.
2. La oficina de manufactura iniciará el diseño de dispositivos de absoluta confianza o de portaherramientas para estas operaciones.
3. En el raro caso de que se multipliquen las fallas, temporalmente se establecerán patrullas de inspección sobre las operaciones dificultosas del proceso.
4. Todo trabajo que resulte malconformados se regresa a los trabajadores que lo han producido, a fin de poder instruirlos. A estos trabajadores se les suministra la correspondiente orientación y entrenamiento.

En esta planta se han seguido varios pasos para crear la conciencia de la calidad y su conocimiento por todos los empleados. Además, para aquellos factores como son el entrenamiento de los operadores, una buena supervisión y cruzadas en favor de la calidad, el grupo de control de calidad puede hacer algunos cambios específicos como resultado de las actividades de registro de datos durante la inspección final. Los resultados de los análisis semanarios, según la Fig. 20-4, se exhiben profusamente en la planta bajo la forma de dos gráficas. En una de ellas se presenta el porcentaje de los trabajos correctos para cada operación. La segunda gráfica presenta la tendencia del porcentaje defectuoso de todos los trabajos que pasan por la inspección final.

Además, las piezas que presentan dificultades muy particulares se separan durante la última inspección, a fin de exhibirlas cada semana. A estas piezas se les coloca una tarjeta en la que explican los defectos, y se puede indicar alguna información sobre las pérdidas de la empresa originadas por el desperdicio.

Esta planta que ha empleado tal procedimiento de control del producto reconoce que no ha utilizado algunas de las técnicas que han sido publicadas profusamente y cuyo valor se ha analizado, encontrándolas antieconómicas para esta situación en particular. El personal de la planta cree que ha obtenido una ventaja considerable de los procedimientos especialmente arreglados para el trabajo del taller de maquinado. Entre estas ventajas logradas por la planta, se consideran:

1. Facilidad y economía para operar el procedimiento.
2. Completo análisis de la calidad del taller.
3. Medidas de precaución para que el ingeniero de control del proceso supervise continuamente el rendimiento del sistema de calidad.
4. Anuncio oportuno de la necesidad de una acción correctiva.
5. Indicación de los resultados de la acción correctiva.
6. La forma en que este procedimiento indica al personal —obreros, inspectores o cualquier otro— que requieren mayor instrucción.
7. Reducción en las pérdidas y aumento en el rendimiento como resultado de la operación de este procedimiento.
8. Reducción del tiempo de inspección como resultado de la mejoría de la calidad que se obtiene con la operación de este procedimiento.

20.10 Muestreo del proceso en un taller de maquinado

Un taller de maquinado de una fábrica del estado de Nueva York opera con bastante éxito un procedimiento de control del producto, en el cual se utilizan varias técnicas, diferentes de aquellas que se presentaron en la sección anterior. Este taller de máquinas comprende fresadoras, equipos de control numérico (CN), taladros, tornos y otras herramientas similares. El trabajo que se ejecuta en el taller sólo requiere muy poco grado de precisión, pues comprende tolerancias desde más y menos dos —o tres— milésimos de pulgada, hasta tolerancias en fracciones de pulgada.

Los trabajos de producción varían desde trabajos por lote hasta producción en gran cantidad. Algunos de los lotes no se vuelven a fabricar; otros, son procesados en forma regular. Los trabajos que se ejecutan en este taller consisten, por lo general, en piezas relativamente pequeñas, cada una con un precio comparativamente bajo. Por lo menos hay necesidad de ejecutar doce operaciones en estas piezas.

Los operarios del taller están bien entrenados en la operación de sus respectivas máquinas herramientas. Sin embargo, la mayoría de los hombres y mujeres que operan máquinas no son mecánicos expertos.

Este taller necesita hacer algunos establecimientos de normas y actividades de mantenimiento. Esto consiste principalmente en las mismas técnicas a las enunciadas en la Sec. 20.9 —mantenimiento preventivo, estudios de capacidades de proceso, control de herramientas y matrices, etcétera.

Dado el carácter de este taller de maquinado, el interés principal para la calidad está dirigido hacia el control de las piezas durante un proceso. Después de practicar una docena de operaciones, y ya que las piezas se han desengrasado y limpiado, lo único posible en la inspección final será la separación de las piezas malas de las buenas. Además, no existe un lugar en la pieza en que se pueda estampar la identificación del obrero.

Tanto la experiencia como los estudios analíticos demostraron a los dirigentes del taller que es mucho más práctico y económico efectuar el control de las piezas por medio de un muestreo del proceso. Esta actividad de muestreo del proceso cubre todas las partes manufacturadas en el taller. La tabla de muestreo del proceso se usa en forma similar a la expuesta en la Sec. 15.24 y a la mostrada en la Fig. 15-25. Se ha optado por un solo valor para el NCA que se aplica a todas las piezas, y se opera un sencillo programa de inspección por una patrulla que recorre el taller completo.

El procedimiento de muestreo del proceso que se emplea en el taller consta de cuatro etapas principales, que son:

1. El ajuste para una operación se hace por el obrero o por la persona encargada de los ajustes. Cuando esté satisfecho de que el ajuste está correcto, el inspector del proceso hace la inspección de la primera pieza. Si se aprueba la pieza, el inspector marca una perforación en la tarjeta de registro que debe colgarse en cada máquina, y el operario puede proseguir la operación.
2. El obrero comprueba su trabajo a intervalos regulares. Si descubre algún defecto, procede a corregir el proceso. Desde luego que este nuevo ajuste debe aprobarse por el inspector del proceso.
3. La patrulla de inspección comprueba el número de piezas que se requieran, a los intervalos especificados en la tabla de muestreo del proceso. Estas piezas se pueden tomar consecutivamente o bien al azar, dependiendo de las circunstancias del trabajo.[11] Si no se presenta ningún rechazo, el inspector hace la separación de toda las piezas procesadas desde su inspección anterior, marca la perforación de "muy bien" en la tarjeta registro, y deja que la producción continúe.
4. Si el inspector del proceso encuentra algún defecto, lo notifica a la autoridad correspondiente para que se corrija el proceso inmediatamente. Las piezas que se hayan acumulado desde la última inspección se colocan a un lado para que sean seleccionadas. El inspector marca en la tarjeta la causa de rechazo. Corregido el proceso, se debe obtener la aprobación del inspector antes de que pueda proseguir la fabricación.

A excepción de las comprobaciones eventuales de un muestreo final de aceptación sobre los lotes, para constatar periódicamente la eficacia continua del procedimiento del muestreo del proceso, no se requiere ninguna inspección final en este taller. El muestreo del proceso ha demostrado ser tan satisfactorio, que simplemente se procede a transportar los lotes terminados hacia el área de su armado.

Además de la inmediata secuencia general obtenida por medio de este procedimiento de muestreo del proceso, el ingeniero de control del proceso revisa regularmente las tarjetas colocadas en las máquinas. De acuerdo con su examen, decide si se amerita una acción correctiva y asigna la responsabilidad que corresponda a cada puesto. Se puede proceder a los estudios especiales de proceso (ver Cap. 21) en caso de situaciones particulares de problemas difíciles. La Fig. 20-5 presenta la secuencia que se sigue en esto procedimiento.

La utilidad obtenida por la fábrica mediante este procedimiento se debe no únicamente a las técnicas del muestreo, sino también al extenso programa educativo de la calidad seguido por la planta. La participación de los empleados para una "mejor calidad" se estimula por las llamadas de atención frecuentes

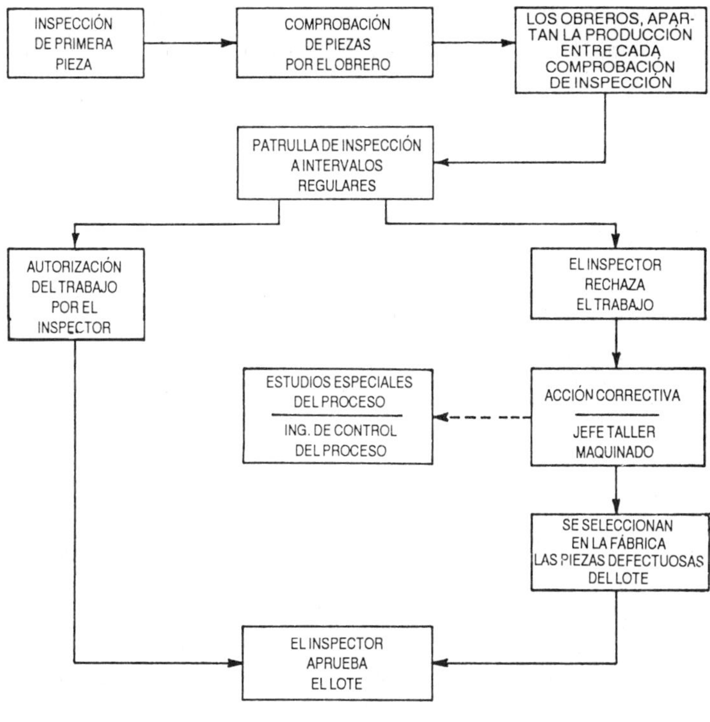

Fig. 20-5

y los desplegados en el periódico de la planta, y tanto el entrenamiento inicial como el de repaso con los obreros son un ejemplo de estas actividades educativas.

20.11 Enfoque de características del control numérico

Las características del proceso generadas por máquinas herramientas son contribuyentes importantes a la calidad total del producto terminado. Esto es especialmente cierto en el caso del equipo de máquinas herramientas controladas numéricamente. En una planta de Nueva Inglaterra, estas herramientas CN se usan ampliamente debido a su alto desempeño de repetición. El reconocer que la repetición del equipo CN está directamente relacionada con las dimensiones de las partes maquinadas hizo que la compañía decidiera revisar su criterio de inspección para las partes maquinadas por CN, para determinar si su relación podía usarse para reducir la inspección.[12]

Se empleó la siguiente técnica: primero, las dimensiones generadas por cada herramienta de corte se determinaron, y se evaluaron otras variables del proceso; entonces algunas características "clave" se seleccionaron como indicadores del proceso. En otras palabras, si una herramienta de corte generaba varias dimensiones, sólo aquellas dimensiones que fueran representativas del desempeño total de esa herramienta se seleccionaban para inspección. Todas las demás características se consideraron secundarias, con su aceptación con base en las lecturas reales de inspección de las características clave.

Revisión de las variables del proceso

Para asegurar la selección óptima de las características clave, se revisaron algunas de las variables principales del proceso.

1. Diseño de portaherramientas —para cumplir con la definición y posición del dibujo de la parte con el eje de la máquina.
2. Diseño de herramientas de corte —para determinar requisitos de tamaño, longitud y tolerancia (la inclinación excesiva de la herramienta puede resultar en latigueo, introduciendo adelgazamientos en las superficies maquinadas).
3. Historia anterior —para utilizar los reportes anteriores de malconformaciones y así determinar las características clave.
4. Capacidad de máquina —para revelar peculiaridades que afectan la selección de características.
5. Diseño del producto para determinar la tolerancia de la parte y los cambios seccionales cruzados; si las partes están medidas de una característica común o de otras características maquinadas.
6. Método de maquinado —para asegurar que las herramientas usadas son adecuadas para mantener consistentemente las tolerancias.
7. Preparación de la superficie (fresado, deslustrado, etc.) —para mantener ubicación y requisitos de tamaño, si se perfora un agujero en una superficie rugosa.
8. Programación CN —para identificar aquellas características que no están programadas al nominal.

Las características clave se seleccionaron de cada eje para cada herramienta que generaba una dimensión acabada. (En otras palabras, una herramienta que termina características en tres ejes tenía tres características clave.) Dependiendo de las variables descritas anteriormente, se podían seleccionar también actividades clave, adicionales. Si las características clave estaban dentro de la tolerancia, el equilibrio de las dimensiones —o características secundarias— no se inspeccionaban.

Las siguientes estaban entre las guías encontradas útiles para la compañía en la selección de las características clave.

Cuando una dimensión no está programada a nominal, es deseable seleccionarla como una característica clave *además* de una característica programada nominalmente. En los casos en que todas las características en cualquier eje no están programadas al nominal en la misma cantidad y dirección, se puede elegir una característica clave de la manera usual, debido a que todas las lecturas variarán en la misma cantidad, siempre que todas las demás variables sean similares.

Con bastante frecuencia, manufactura especifica una herramienta de corte que producirá un tamaño de agujero hacia el límite máximo para obtener una tolerancia posicional sumada, en donde la tolerancia posicional verdadera se usa. La diferencia entre el tamaño mínimo del agujero y el tamaño real taladrado puede sumarse a la tolerancia posicional verdadera. Igualmente taladrados, barrenados, escariados o filetados, los agujeros en un patrón o en una combinación de patrones pueden así ser revisados aleatoriamente por tamaño, profundidad y ubicación, con una muestra predeterminada de características tomadas en lugar de inspeccionar cada diámetro o ubicación para cada parte.

De la misma forma, en superficies perforadas, se puede hacer una selección aleatoria donde las variables sean similares, cuando la selección se haya determinado con base en la longitud de corte (par indicar desgaste de herramienta).

Lista de características clave

En esta compañía, se compiló una lista de características clave para ingeniería de calidad, tanto de las características clave como de las secundarias, en un formato de columna encabezadas por las herramientas respectivas. Todas las características estuvieron precedidas por una descripción abreviada de la herramienta, para ayudar a relacionar las características clave con las características secundarias. Las instrucciones operativas de trabajo se cambiaron y se añadió una nota especial para identificarla con una operación característica clave. En el caso de que una característica clave se encontrara malconformada, la nota especial instruía al inspector la forma de identificar el reporte de malconformación de la misma manera. Después de revisar el reporte de malconformación, el ingeniero de calidad usaría la lista de características clave y su conocimiento del proceso para determinar la necesidad de la inspección de las características secundarias.

Ventajas del enfoque de características clave de CN

Antes de la implementación del sistema de características clave, la parte maquinada de CN promedio requería la inspección de 53 características; con el sistema, la media fue de 22 características. Fue posible aplicar el enfoque de características clave entre 30 y 40% de todas las operaciones de maquinado de CN; para estas operaciones, las características inspeccionadas se redujeron en 60%. La auditorías de inspección han confirmado que el nivel de calidad del producto no se ha cambiado con el nuevo sistema. La gerencia estima que el sistema de características clave fue directamente responsable de importantes reducciones en costos de inspección y de tiempo ocioso de máquina, así como de importantes ahorros en la mejoría del sistema, asociados con el programa de características clave.

20.12 Subconjuntos en gran cantidad

Como uno de sus principales productos, una fábrica produce un componente eléctrico pequeño, que consiste esencialmente en una serie de devanados encerrados en una caja en forma de bote y a prueba de filtraciones.[13] Estos componentes eléctricos —que denominaremos aquí subconjuntos— se envían directamente a los consumidores y se emplean, además, como un subconjunto para otros productos que se manufacturan en la planta.

La utilización de estos subconjuntos requiere que se calidad sea elevada. Como la producción total de este artículo es en grandes cantidades, se producen en gran número de diferentes tipos cada semana. Sin embargo, todos los artículos se someten al mismo ciclo de manufactura, consistente en las mismas operaciones y proceso.

El ingeniero de control de calidad inició el control del producto sobre este artículo. Entre sus responsabilidad se incluía:

1. Integración de todas las actividades relativas al control del producto que se realizaban sobre el subconjunto por los diferentes grupos funcionales correspondientes.
2. Iniciación, aprobación y organización de todos los procedimientos de control del producto.
3. Expedición de las instrucciones de control de calidad que abarquen toda la rutina de control del producto para la inspección, pruebas, confiabilidad, mantenimiento de la calidad y procedimientos de comprobación de la calidad.
4. Iniciación y revisión de todos los informes sobre la calidad que se requieran.
5. Asignación de los proyectos, en la forma que se requiera, al personal apropiado para su investigación y acción.

Una idea de los aspectos para controlar la manufactura por medio del procedimiento de control del producto en general para el subconjunto, según fue desarrollado por el ingeniero de control de calidad, se presenta en la Fig. 20-6. Esta figura es una gráfica del flujo de la producción, que indica las diferentes operaciones del proceso y las ocho estaciones de control individual, que son la clave de las actividades del control del producto.

A cada una de estas estaciones se le expidió por escrito las instrucciones sobre control de calidad, especificando claramente las técnicas de control del producto que se deben emplear. En estas instrucciones se da también la información sobre las tablas que deben usarse y los niveles de calidad que se deben aplicar. También se dan a conocer los datos del plan de inspección —y de pruebas— que fueron desarrollados durante las actividades de control del proyecto de este subconjunto.

En la Fig. 20-7 se presenta un ejemplo de estas instrucciones de control de calidad. Se refiere especialmente a los procedimientos de control del producto para la estación cuatro y se explica por sí sola.

Para el control del producto de este subconjunto es de interés particular la estación de control siete. En ésta se practica la auditoría de la calidad del producto que sale, y comprende una fiscalización sobre toda inspección y pruebas normales de la fábrica. La aceptación de la producción diaria depende del resultado de esta auditoría.

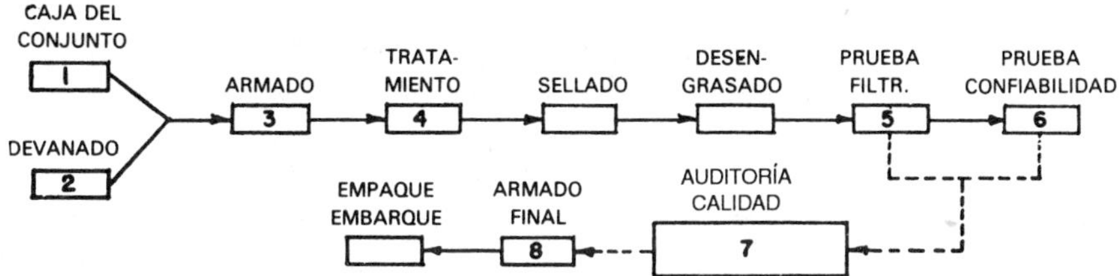

NOTA: CADA NÚMERO (1, 2, ETC.) SE REFIERE A LAS ESTACIONES INDIVIDUALES DE CONTROL.

DESCRIPCIÓN DE LAS ESTACIONES DE CONTROL:

1. PATRULLA DE INSPECCIÓN.
   PRUEBA ELÉCTRICA (100%).
   MUESTRA LOTE COMPARACIÓN FINAL (1% NCA).

2. PRUEBA EN SECO (100%) CIRCUITO ABIERTO.

3. MUESTREO DEL LOTE, COMPROBACIÓN (1% NCA).
   PRUEBA DE AGRIETAMIENTO PARA CORTOS O TIERRA (100%).

4. FACTOR DE POTENCIA Y OTRAS PRUEBAS ELÉCTRICAS EN LA MUESTRA SOBRE LA CALIDAD DE LA OPERACIÓN DEL TRATAMIENTO.

5. PRUEBA DE FILTRACIÓN (100%).

6. PRUEBA ELÉCTRICA (100%) ... ANÁLISIS DE FALLAS ELÉCTRICAS QUE EXCEDAN EL PORCENTAJE PERMITIDO.

7. AUDITORÍA DE LA CALIDAD... MUESTRA FINAL DE LA PRODUCCIÓN DE PRUEBA SE REALIZA EN LOCAL SEPARADO DESIGNADO ESPECIALMENTE PARA EL CASO.

8. MUESTREO FINAL DE INSPECCIÓN (0.65% NCA).

CONTROL DEL PRODUCTO

SUBCONJUNTO EN GRAN CANTIDAD

Fig. 20-6

El procedimiento para la auditoría de la calidad comprende la selección de muestras de la producción diaria, tomadas al azar, someter las unidades de esta muestra a tres grupos de pruebas de aceptación, los cuales son comparables a las pruebas regulares de la producción que se han verificado previamente. Estas pruebas incluyen:

1. Una inspección mecánica.
2. Una prueba eléctrica.
3. Prueba en el horno para la filtración.

Cada una de estas pruebas se conduce y se juzga con un nivel de 0.65% para el NCA. El resultado de las pruebas se anota en una gráfica convencional de porcentaje de malconformaciones. Estas gráficas se emplean para determinar la cantidad de muestreo que se requiere para los lotes futuros.

INSTRUCCIÓN DE C. C. Núm. 5.04

ASUNTO: Pruebas de control del producto — Clave 7321-7322. Tratamiento del subconjunto.

PROPÓSITC

1. Determinar características no satisfactorias del subconjunto, originadas por fallas de operación del sistema de tratamiento del subconjunto.
2. Determinar esas características inmediatamente después del tratamiento, antes de que un subconjunto dudoso se pueda mezclar con los tratados antes.

GENERALIDADES: Estas instrucciones se aplican a todas las clases de subconjuntos 7321-7322 tratados con los materiales y procesos de las instrucciones del Laboratorio e Ingeniería.

PROCEDIMIENTO Diariamente se tomarán de cada tanque de tratamiento que se descargue de las 8:00 AM a las 5.00 PM, tres subconjuntos de igual número de catálogo. Estos se seleccionan al momento en que la canastilla gire sobre uno de sus costados, pero deben tomarse antes de que se inicie la descarga. Los subconjuntos se toman en el centro de la parte superior de la canastilla.

Durante un periodo de varios días, todos los números de catálogo de los subconjuntos 7321 y 7322 que se fabriquen en gran cantidad se deben muestrear.

La muestra seleccionada se sella inmediatamente, se descarga, y se coloca en el horno de circulación forzada, a una temperatura de 70 °C, procurando que transcurra el menor tiempo posible entre la selección de la muestra y su colocación en el horno. Los subconjuntos permanecerán en el horno el tiempo suficiente para que su temperatura dieléctrica quede comprendida entre 65-75 °C, después de la cual se les mide su factor de potencia y su capacidad, ya sea a razón de 60-ciclos volts o a 60-ciclos tensión, de acuerdo con la tabla siguiente, si los subconjuntos están tratados para voltaje de CD.

Volts tasados CD	Volts prueba 60-ciclos	Volts tasados CD	Volts prueba 60-ciclos
400	220	1500	640
600	330	2000	880
1000	440	Más de 2000	3% de CD tasada

En caso de que el voltaje deseado exceda al máximo tasado en el puente, las mediciones se tomarán al máximo de voltaje de que se disponga.

Si el factor de potencia obtenido excede a los datos en la tabla siguiente, para el correspondiente estilo de la caja, voltaje tasado y material de tratamiento, el tanque con los subconjuntos representado por la muestra se debe retirar del flujo de producción, tomándose otra muestra y midiéndola. Los resultados de las pruebas de ambas muestras se comunican al departamento de ingeniería para su decisión así como para la disposición del tanque de que se trata.

Si los factores de potencia a temperatura elevada son satisfactorios, se enfrían las muestras hasta una temperatura dieléctrica de 20-30 °C repitiéndose las mediciones del factor de potencia y la capacidad, al mismo voltaje de la medición anterior.

LÍMITES DEL FACTOR DE POTENCIA A 65-75 ° C

Estilo de la caja y tamaño	Volts tasados en CA*	MÁXIMO % de F.P. 1476	1436	Aceite
Toda la caja redonda	660 o menos	.50	.50	.30
Toda la caja redonda	Más de 660	.40	.40	.25
Ovalada 2" × 2 1/2"	660 o menos	.50	.50	.30
Ovalada 1 1/4" × 2 1/2"	Más de 660	.40	.40	.25
Todas las ovaladas	Todas	.40	.40	.25
Todas rectangulares	660 o menos	.50	.50	.30
Todas rectangulares	Más de 660	.40	.40	.25
En forma de tina	Todas	.60	.60	.30
AVDG	Todas	.60	.60	.30

* Para CD en subconjunto, tomar 1500 VDC equivale a 660 Volts CA.

REGISTROS: Se debe formular un registro permanente de todas las mediciones en la oficina del gerente de control de calidad. Cada semana, el informe del rendimiento de la calidad total para las clases 7321-7322 de los subconjuntos, deberá incluir un registro del número de tanques muestreados y del número de tanques cuyas muestras presentaron altos factores de potencias.

A. R. Jones
Depto. Ingeniería

APROBADO:
B. F. Smith, Superintendente de Manufactura.

T. D. Green, Gerente de Cont. de Calidad.

R. M. Brown, Depto. de Ingeniería.

Fig. 20-7

Para determinar la cantidad de muestreo, se analizan las gráficas en la forma siguiente: si el nivel de calidad que se obtenga en auditorías anteriores se encuentra inferior a 1/4% se empleará un plan reducido de muestreo. Si el nivel de calidad se encuentra entre 1/4% y el límite superior de la gráfica de control, se empleará un plan normal de muestreo. Pero si el nivel de calidad excede al límite superior de control, entonces se deberá emplear un plan de muestreo estricto.[14]

Cuando se rechaza una muestra durante esta auditoría, se pide al personal de manufactura que seleccione y retire los subconjuntos que presenten el defecto especificado, antes de que se permita la expedición del lote.

Este procedimiento de la auditoría de la calidad ha sido de mucha utilidad para el caso particular de los subconjuntos, los cuales son unos componentes eléctricos relativamente precisos, y cuya producción no permite una inspección 100% para eliminar todos los artículos que resulten malconformados durante la producción normal. Esto ha resultado especialmente conveniente en los casos próximos al límite, y para los cuales lo que se requiere es una segunda muestra para poder detectar el defecto.

El valor de una auditoría quedó ilustrado en la Fig. 20-8, en la cual se comparan los resultados de una prueba 100% de filtración, durante la producción regular, con las de las muestras de la auditoría de la calidad. Durante la última parte del mes de febrero, se nota una fuerte declinación en el porcentaje de las filtraciones encontradas por los operadores durante las pruebas regulares de la producción. Simultáneamente, se nota un aumento en las filtraciones con el resultado de las muestras de la auditoría de la calidad.

Debido a estos resultados desímbolos, se inició la investigación correspondiente. Se aclaró que había sido omitida la operación del proceso en el horno y, como resultado, muchos componentes no recibieron el tratamiento térmico necesario para poner de manifiesto una unidad con filtraciones. Si no se hubieran rechazado los lotes defectuosos durante la auditoría de calidad, antes de embarcarse, y no se hubiera manifestado la necesidad de una acción correctiva, no se habría tomado ninguna precaución hasta que se hubiera precipitado un diluvio de quejas de parte de los consumidores.

En la Fig. 20-9 se ilustra el modelo para comunicar el rendimiento de la calidad, en el cual se dan los resultados de la calidad del subconjunto en una forma condensada. En esta comunicación se expresa un índice de calidad para cada una de las ocho estaciones de control. Se debe revisar periódicamente por el ingeniero de control del proceso, como una base para una acción correctiva.

20.13 Armado

En una planta en que laboran 400 empleados, se produce en mayor cantidad que cualquier otro producto manufacturado un conjunto armado electrónico, compuesto por gran número de piezas complicadas, con requisitos extremadamente rígidos para su calidad, de parte del consumidor. Este conjunto, que experimenta considerables rechazos durante las pruebas eléctricas y mecánicas

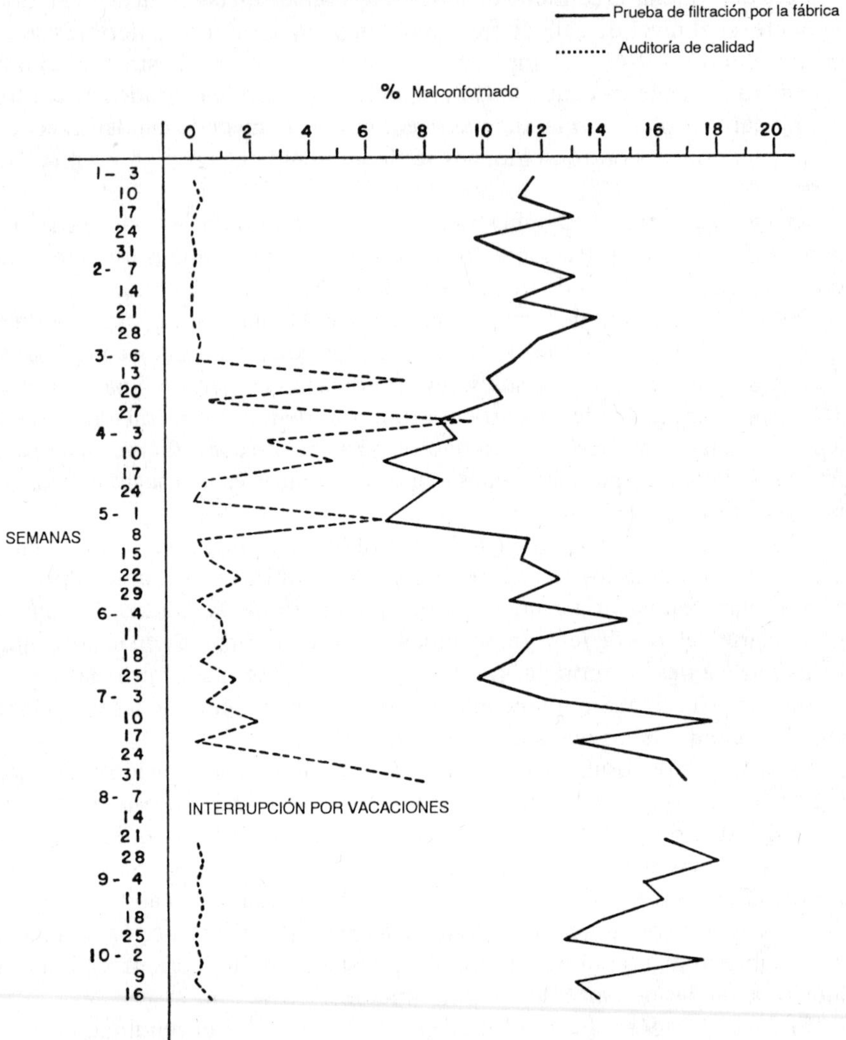

Fig. 20-8

de inspección final, fue diseñado y puesto en producción antes de que la planta instituyera su programa de control total de la calidad.

Uno de los primeros pasos para este armado en el desarrollo de su plan general de control de calidad consistió en organizar una versión muy compendiada de las actividades de control del proyecto. Muchas de las piezas utilizadas para este conjunto se adquirieron de proveedores foráneos. Utilizando los requisitos y niveles de calidad desarrollados durante los estudios del proyecto, se estableció una rutina de control del material adquirido, con la que se procedía a la aceptación de las piezas de los vendedores, como la que se expuso en el Cap. 19.

Las piezas componentes que eran procesadas en la misma planta se manufacturaron en un taller de maquinado para piezas pequeñas, el cual tenía ins-

RENDIMIENTO DE LA CALIDAD—SUBENSAMBLE
CLASE 6241

	CANTIDAD	W/E 1-6 %	
CUBIERTAS			
Armados	74 306	.42	
Rechazos mecánicos	309	.42	B
Pruebas eléctricas 100%	1806		
Número de fallas	13	.72	B
DEVANADO			
Rollos producidos	113 226		
Pérdida parcial en rollos	5672	5.	B
Pérdidas en pruebas	1523	1.3	B
TRATAMIENTO 70º PRUEBA F.P			
Lotes comprobados	10		
Lotes rechazados	0	0	
PRUEBA FILTRACIÓN DOBLEZ BASE			
Probados			
Rechazados	(Ninguna)		
PRUEBA FILTRACIÓN EN HORNO			
Probados	8526*		
Rechazados	538	6.3	A
PRUEBA ELÉCTRICA FINAL			
Probados	64 625		
Rechazados	2556	4.	AB
% de desperdicio real, año a la fecha		4.7	B
ELIMINACIÓN D.B.			
Lotes probados	9		
Rechazados	0		
Media del proceso	1/1085	.09	A
MUESTREO FINAL DE PRODUCCIÓN			
Inspección - Mecánica (0.65% NCA)			
Lotes probados	35		
Lotes rechazados	0		
Media del proceso	20/3960	.51	A
Prueba eléctrica (0.65% NCA)			
Lotes probados	35		
Lotes rechazados	2		
Media del proceso	29/4395	.66	A
Prueba de filtración (0.65% NCA)			
Lotes probados	27		
Lotes rechazados	0		
Media del proceso	5/3055	.16	

A------Reparados B------Desperdicio

* Este tamaño de producción se tomó como muestra para obtener el %.

Fig. 20-9

talado un programa de muestreo del proceso. Los pocos subconjuntos que no fueron adquiridos de abastecedores foráneos también se sometieron a un muestreo del proceso.

Al iniciarse las actividades de control del producto para este armado, la fase inicial para el establecimiento de las normas fue la utilización de los informes de control del nuevo diseño. Se tuvieron que alterar algunos dispositivos del armado, las revisiones de control del proceso se ampliaron a los varios equipos robot usados para subensambles; se establecieron comprobaciones regulares de mantenimiento para estos dispositivos y se tomaron pasos semejantes a los de una producción normal.

Algunos cambios básicos que afectaban al diseño, y que por la brevedad de los estudios del proyecto indicaban que se podían reducir los rechazos aun cuando no afectaran el rendimiento de la calidad en servicio, se tuvieron que omitir. En otra forma se podría incurrir en gastos excesivos para el armado, para el que se había hecho ya una fuerte inversión que estaba absorbida tanto en las aplicaciones del proceso, como en los inventarios.

El armado propiamente se realizó en forma rápida, sobre una larga mesa bien equipada e iluminada, a la cual se sentaron los obreros a fin de ir realizando las operaciones sucesivas para aplicar los subconjuntos y las piezas, y dejar terminado rápidamente el producto en su forma final. A causa de la especificación crítica de la calidad, el armado se sujetó a una inspección del desempeño al 100% y para los defectos mecánicos se inspeccionó el 100%, al extremo de la mesa.

Junto con los pasos de mejoras que se habían efectuado al equipo de calidad y las acciones para asegurar los insumos del componente de alta confiabilidad, se puso gran énfasis en un entrenamiento más adecuado sobre la calidad para los operadores y supervisores y el desarrollo de programas de compromiso hacia la calidad, como se expusieron en el Cap. 9. La patrulla de ingeniería de control del proceso revisa en las líneas de ensamble, proporcionando una importante ayuda técnica sobre la calidad. Muchas ayudas para la calidad del operador se instituyeron, yendo desde claros estándar visuales en cada estación de trabajo hasta ensambles de codificación de colores, a través de una etiqueta de marcas de colores fácilmente removible al final del ensamble, para identificar la estación en la que se desempeñó el trabajo.

Se instalaron gráficas de control por atributos en esta estación, tanto para las características individuales de mayor importancia en la calidad, como para todos los defectos combinados de la inspección. Estas gráficas de control se relacionaron directamente con los rechazos diarios por fallas, las cuales, junto con las gráficas, se enviaban cada mañana al ingeniero de control del proceso para deducir una acción. No obstante, se inició una forma de acción correctiva más rápida, a cada hora, por el jefe de taller, con base en los análisis sobre los rechazos que se le comunicaban.

Usando una muestra de 50 ensambles tomados al azar por el grupo de pruebas, dos veces a la semana, se trazaron las distribuciones de frecuencias de las principales características de composición. Cada semana se tomó una muestra para la auditoría de la calidad, compuesta por varias unidades tomadas de los conjuntos que se estaban empacando por su embarque; esta muestra se enviaba al laboratorio de la planta para su prueba y examen riguroso. Los datos de las investigaciones del laboratorio se mandaron al gerente de control de calidad para su revisión.

Las Figs. 20-10 a 20-12 muestran el aspecto de los resultados que se obtuvieron por medio de este programa general. En estas figuras se presenta la gráfica de control de la "comunicación de todos los defectos" formada después de la inspección y pruebas finales y colocada directamente en el taller. La Fig. 20-10 muestra la situación de los rechazos durante el mes de enero, situación que ya existía en el armado durante un periodo de varios meses, desde que se había alcanzado la proporción total de producción secundaria. Los rechazos estaban siendo de 1.4% malconformado —aproximadamente 1.4 unidades malconformadas por cada 100.

La Fig. 20-11 corresponde al informe de los rechazos en el mes de marzo, y ya se puede apreciar el efecto gradual del programa correctivo iniciado recientemente sobre el control del proceso —una acción firme correctiva iniciada por el ingeniero de control del proceso sobre los problemas de los rechazos individuales, el efecto psicológico sobre el personal mediante la exposición de las gráficas en el taller, mejor ajuste del equipo y otros factores. Las unidades malconformadas habían bajado de 100 a aproximadamente 1.1.

La Fig. 20-12 presenta la situación en el mes de mayo, el primer mes en que se estableció un límite de control a la vista del taller.[15] La tasa de rechazo había bajado a aproximadamente 0.7 de cada 100 unidades producidas. Mientras que esta mejora de casi la mitad fue un paso en la dirección correcta, la gerencia de la compañía siguió insistiendo en este programa de control del producto para lograr una mejora mucho mayor en la calidad, que osciló en aproximadamente 0.35 a 0.45 unidades rechazadas de cada 100. Se reconoció, sin embargo, que tendrían que hacerse cambios importantes en el diseño y en el proceso por los estudios de nuevos diseños, antes de que este nivel de rechazo se pudiera hacer muy bajo.

Esta situación de control de mantuvo después para el armado, hasta que quedaron terminadas todas las órdenes de remisión y se dio por terminada la producción, a fin de dejar paso a un nuevo modelo, sobre el cual se iniciaron las actividades de control del nuevo diseño y para el cual las particularidades del diseño permitieron grandes reducciones sobre sobre el nivel de los rechazos.

20.14 Técnicas empleadas en el control del producto

Según quedó demostrado en los procedimientos expuestos anteriormente, existen muchas técnicas individuales que se pueden aplicar para controlar el proceso. Se incluyen en estos métodos técnicos una gran variedad de elementos, entre los cuales se cuentan aquellos fácilmente identificados con las técnicas del control de calidad, desde el muestreo del proceso y los procedimientos eficaces de inspección, hasta otros factores muy comunes, como son un espacio adecuado dentro de los talleres, buena administración de los mismos y contar con aire acondicionado.

Muchas de estas técnicas ya fueron presentadas en las partes cuatro y cinco. Sin embargo, es indispensable recordar algunas de las más significativas y que tienen su aplicación en las actividades del control del producto.

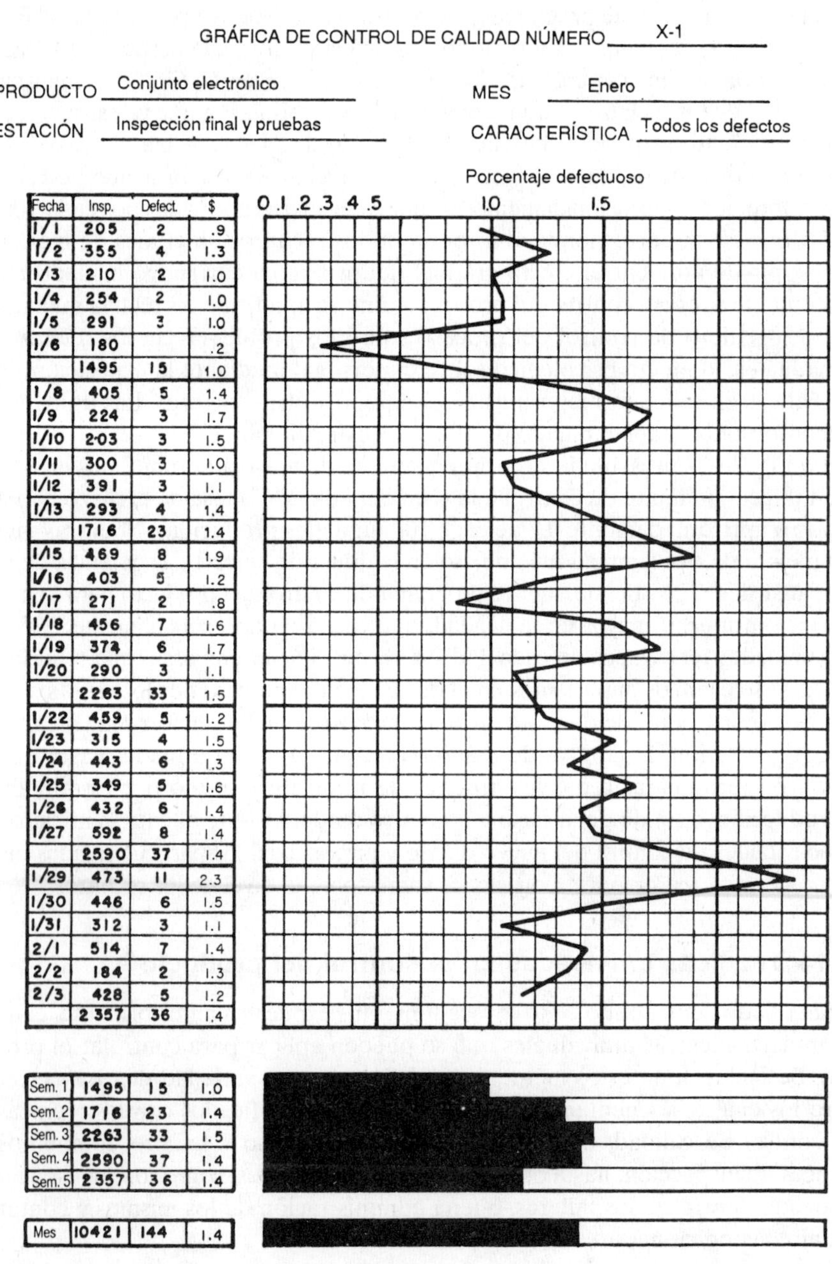

GRÁFICA DE CONTROL DE CALIDAD NÚMERO X-1

PRODUCTO Conjunto electrónico | MES Enero

ESTACIÓN Inspección final y pruebas | CARACTERÍSTICA Todos los defectos

Fecha	Insp.	Defect.	$
1/1	205	2	.9
1/2	355	4	1.3
1/3	210	2	1.0
1/4	254	2	1.0
1/5	291	3	1.0
1/6	180		.2
	1495	15	1.0
1/8	405	5	1.4
1/9	224	3	1.7
1/10	203	3	1.5
1/11	300	3	1.0
1/12	391	3	1.1
1/13	293	4	1.4
	1716	23	1.4
1/15	469	8	1.9
1/16	403	5	1.2
1/17	271	2	.8
1/18	456	7	1.6
1/19	374	6	1.7
1/20	290	3	1.1
	2263	33	1.5
1/22	459	5	1.2
1/23	315	4	1.5
1/24	443	6	1.3
1/25	349	5	1.6
1/26	432	6	1.4
1/27	592	8	1.4
	2590	37	1.4
1/29	473	11	2.3
1/30	446	6	1.5
1/31	312	3	1.1
2/1	514	7	1.4
2/2	184	2	1.3
2/3	428	5	1.2
	2 357	36	1.4

	Insp.	Defect.	$
Sem. 1	1495	15	1.0
Sem. 2	1716	23	1.4
Sem. 3	2263	33	1.5
Sem. 4	2590	37	1.4
Sem. 5	2 357	36	1.4
Mes	10421	144	1.4

Fig. 20-10

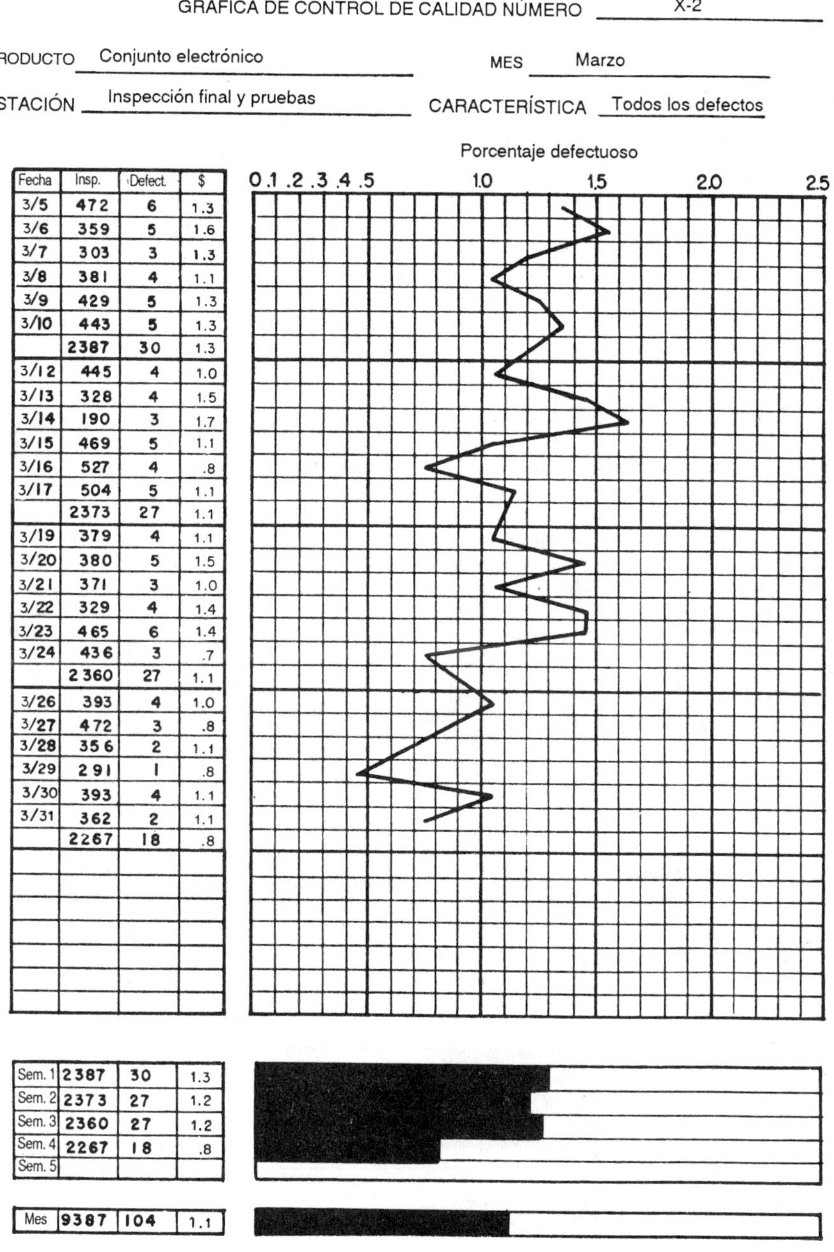

GRÁFICA DE CONTROL DE CALIDAD NÚMERO X-2

PRODUCTO Conjunto electrónico MES Marzo

ESTACIÓN Inspección final y pruebas CARACTERÍSTICA Todos los defectos

Porcentaje defectuoso

0 .1 .2 .3 .4 .5 1.0 1.5 2.0 2.5

Fecha	Insp.	Defect.	$
3/5	472	6	1.3
3/6	359	5	1.6
3/7	303	3	1.3
3/8	381	4	1.1
3/9	429	5	1.3
3/10	443	5	1.3
	2387	30	1.3
3/12	445	4	1.0
3/13	328	4	1.5
3/14	190	3	1.7
3/15	469	5	1.1
3/16	527	4	.8
3/17	504	5	1.1
	2373	27	1.1
3/19	379	4	1.1
3/20	380	5	1.5
3/21	371	3	1.0
3/22	329	4	1.4
3/23	465	6	1.4
3/24	436	3	.7
	2360	27	1.1
3/26	393	4	1.0
3/27	472	3	.8
3/28	356	2	1.1
3/29	291	1	.8
3/30	393	4	1.1
3/31	362	2	1.1
	2267	18	.8

Sem. 1	2387	30	1.3
Sem. 2	2373	27	1.2
Sem. 3	2360	27	1.2
Sem. 4	2267	18	.8
Sem. 5			

Mes	9387	104	1.1

Fig. 20-11

GRÁFICA DE CONTROL DE CALIDAD NÚMERO X-3

PRODUCTO Conjunto electrónico MES

ESTACIÓN Inspección final y pruebas CARACTERÍSTICA Todos los defectos

Porcentaje defectuoso

0 .1 .2 .3 .4 .5 .6 .7 1.0 1.5

Límite superior de control

Fecha	Insp.	Defect.	$
5/5	300	19	.6
5/6	210	19	.9
5/7	356	21	.6
5/8	490	30	.6
5/9	416	31	.9
5/10	309	16	.5
	2081	13	.6
5/12	403	21	.5
5/13	408	29	.7
5/14	331	18	.5
5/15	344	18	.5
5/16	324	22	.7
5/17	313	28	.9
	2123	13	.6
5/19	336	26	.8
5/20	420	28	.7
5/21	332	20	.6
5/22	375	25	.7
5/23	343	30	.9
5/24	290	24	.8
	2105	15	.8
5/26	442	27	.6
5/27	443	27	.6
5/28	392	36	.9
5/29	425	34	.8
5/30	452	23	.5
5/31	60	2	.3
	2214	14	.7

Sem. 1	2081	13	.6
Sem. 2	2123	13	.6
Sem. 3	2105	15	.8
Sem. 4	2214	14	.7
Sem. 5			

Mes	8523	60	.7

Fig. 20-12

Establecimiento y mantenimiento de normas

Estudios sobre capacidad del proceso. Con una determinada combinación de materiales, velocidades de corte, alimentaciones, temperaturas, flujos, refrigerantes, etc., casi todas las operaciones del proceso tienen su variación inherente. Esta "capacidad" del proceso es muy independiente a la especificación de las tolerancias para las piezas que se manufacturarán mediante ese proceso. Es necesariamente importante determinar estas capacidades como una base para el establecimiento de las normas para control del producto. Los estudios de capacidades de procesos dan la base para la determinación y para poder señalar dónde se deben maquinar las piezas, a fin de que se puedan satisfacer las tolerancias que se requieren en una forma económica.

Control de herramientas, matrices, dispositivos y portaherramientas

Lo más apropiado para el control de la calidad de un producto, bajo cualquier circunstancia, es contar con herramientas adecuadas; con una producción de cantidad baja y de poca duración, la herramienta es la base para una técnica de control del producto. En las actividades de control del nuevo diseño se puede especificar la herramienta o la matriz apropiada; es una necesidad fundamental para el control del producto asegurarse posteriormente de la continua eficacia de las herramientas, por medio de exámenes periódicos, antes y/o después de cada periodo de producción, para determinar si hay necesidad de ajustes, de afilarlas o reemplazarlas, etcétera.

Control de programa software

El control de los programas de equipo automático —robots, máquinas controladas numéricamente, equipos de ensambles digitales— es esencial para el control del producto bajo las condiciones modernas de manufactura. El control de este software es más conveniente en su etapa de diseño; sin embargo, la reducción de programas y el manejo descuidado y las tendencias de la máquina hacen también importante al mantenimiento continuo.

Mantenimiento preventivo

Máquinas herramientas, procesos de soldadura, robots, máquinas de ensamble y otros equipos pesados para la manufactura sufren un desgaste por el uso constante. Como resultado, los cojines desgastados, los pasadores sueltos, pueden dar origen a una baja calidad de los productos. Por tanto, una importante técnica para el control de calidad es un programa preventivo de mantenimiento, puesto que por medio de él se podrá planificar un examen regular de los elementos del proceso, *antes* de que se presente una detención.

Contabilidad de las normas de calidad

Los datos del control de calidad que se refieren a los requisitos para la inspección y las pruebas, a los niveles de la calidad y a factores de los costos de la calidad, constituyen la información más adecuada para los contadores, a fin de que puedan determinar los elementos del costo de la calidad que tienen que incluir en los costos normales. En una forma semejante, se podrá determinar con estos datos la meta de los costos de la calidad. Esta determinación contable es una necesidad para el control de calidad, puesto que proporciona una base económica para muchos de los programas de control de calidad en una planta.

Revisión del diseño de calidad del proceso

La compatibilidad de la calidad de los procesos con la fabricación del producto y partes es un área esencial para el control del producto. Cuando las técnicas de revisión del diseño del control de nuevos diseños no han cubierto aún los nuevos procesos a ser usados en aplicaciones anteriores de partes y productos, esta importante técnica debe utilizarse para asegurar una operación estable, consistente y controlada de los nuevos procesos.[16]

Planificación del sistema para calibración y mantenimiento del equipo

La calibración y mantenimiento se pueden programar en varias formas diferentes. Posiblemente la más común es en intervalos de tiempo fijo, sin importar el uso real del equipo, pero muchas empresas planifican este trabajo de acuerdo con un medidor de tiempo transcurrido, instalado en todo el equipo operado eléctricamente. Se usa un método mucho más eficiente en grandes operaciones con acceso a la base de datos de la computadora. En este método, los artículos se revisan por dentro y por fuera por medio del tablero de la terminal, usando una "alberca de equipo". La computadora calcula los "días fuera" y señala el requisito de calibración sólo cuando el uso real ha ascendido al intervalo prescrito. Este sistema puede ser programado para señalar la acción correctiva para cualquier equipo que caiga debajo de un nivel de aceptación predeterminado, y el intervalo puede ser acortado si el problema se vuelve genérico. Cuando se necesite, puede usarse en secuencia con aparatos complejos de medición, como un interferómetro láser.

El control computacional de mantenimiento, tanto programado como no programado, es otra ventaja de este sistema. Los datos clave, como causas de tal funcionamiento, tiempo medio entre fallas, tiempo ocioso y costos de reparación, se almacenan en la computadora y se retiran sólo cuando es necesario.

Control durante la manufactura

Conciencia de calidad por parte del personal del taller. La selección de personal con aptitudes adecuadas, el entrenamiento de aquellos individuos con habilidad para las operaciones de maquinado y con aptitudes firmes hacia la importancia de la calidad del producto como de su trabajo en general, una estimulación costante de interés por la calidad por estos obreros, mediante la participación directa en las actividades de la calidad de la planta, intensificando su entrenamiento cuando sea necesario; regresar y revisar las piezas malconformadas con los obreros que las hayan producido; los exámenes físicos periódicos del personal con objeto de determinar si hay necesidad de ciertas ayudas, como anteojos; una supervisión competente para proporcionar la dirección indispensable al personal del taller para la interpretación de la calidad, son indispensables para el control del producto.

Flujo adecuado del material

Se puede cimentar en forma consistente y económica la calidad del material, únicamente cuando la disposición de la fábrica permite un manejo adecuado del material, acompañado de un movimiento eficiente del mismo, que logre, por lo menos, eliminar las averías de las piezas en tránsito. También es de importancia la revisión de los inventarios, de tal manera que un lote de cierta clase de piezas no quede expuesto a daños o deterioros en los casilleros de un almacén, mientras espera el turno para ser enviado al área del armado, hasta que se presente un lote de otras piezas diferentes, pero necesarias para consolidar el armado.

Planificación del sistema de procedimientos de inspección mecánica y de pruebas eléctricas

Un personal bien entrenado para la inspección y las pruebas, provisto de los calibradores respectivos y del equipo de medición, y situado en lugares estratégicos del proceso de producción, proporciona uno de los más importantes elementos del aspecto del control de manufactura, dentro del control del producto. La forma de inspección y de las pruebas que se deben aplicar varía desde la inspección de la primera pieza, hasta el examen estricto del 100% —la elección dependerá de la situación particular de la calidad.

Evaluación no destructiva

Como se indicó en el Cap. 11, algunas partes y componentes se pueden inspeccionar sólo por métodos que no ocasionen cambios o deformaciones en su estructura. Las técnicas de evaluación no destructiva importantes en el control del producto incluyen áreas como pruebas de fluorescentes penetrantes, pruebas con corriente de agua, rayos-X, pruebas de partículas magnéticas y muchas otras.

Gráficas de control

Las gráficas de control, con la detección de causas potenciales para los defectos, antes de que se originen los rechazos, constituyen uno de los métodos más importantes que se emplean para el control del producto. Para piezas maquinadas en un taller, este complemento de inspección se emplea con bastante eficacia bajo la forma de gráficas de control por mediciones y gráficas de control por atributos, con su correspondiente adaptación para el armado.

Tablas de muestreo del proceso

Los métodos estadísticos de muestreo del proceso proporcionan una base eficiente para las actividades de control del proceso. El muestreo del proceso es especialmente de utilidad durante el procesado de las piezas componentes, y con frecuencia en aquellos casos en que las gráficas de control no son prácticamente aplicables. También es de mucha utilidad el muestreo del proceso, durante las operaciones de manufactura de los subconjuntos. Este muestreo puede tomar la forma de una selección periódica del mismo número de unidades en cada periodo. O bien puede ser un plan consecutivo de muestreo, como el que se enunció en la Sec. 15-11 – CSP; CSP2; CSP3 y otros.

Estudios sobre el desgaste de la herramienta

Una información de mucho valor para las decisiones, en numerosas producciones, es la del conocimiento real del desgaste de las herramientas, así como lo es para ciertas consideraciones dentro del control del producto que comprende temas como la frecuencia del muestreo del proceso. Las gráficas de control por mediciones son un excelente medio para el estudio del desgaste, según se puede apreciar en la ilustración de la Fig. 20-13. En dicha figura se presenta uno de los diferentes patrones del desgaste de una herramienta; literalmente se observa como si la herramienta presentara "una cavidad".

Tabla de muestreo de aceptación

Antes de que sean embarcados, todos los lotes de piezas requieren una comprobación final por medio del muestreo. Para esta clase de inspecciones, lo más empleado son las tablas de muestreo para aceptación.

Otras técnicas estadísticas

También pueden usarse técnicas matemáticas analíticas como análisis de varianza, gráficas cusum y experimentos diseñados.

Auditoría de la calidad

La experiencia ha demostrado la utilidad de hacer la selección de una pequeña muestra de la producción, antes de que se proceda a otras inspecciones regulares o pruebas. Esta auditoría de la calidad se practica en diferentes formas,

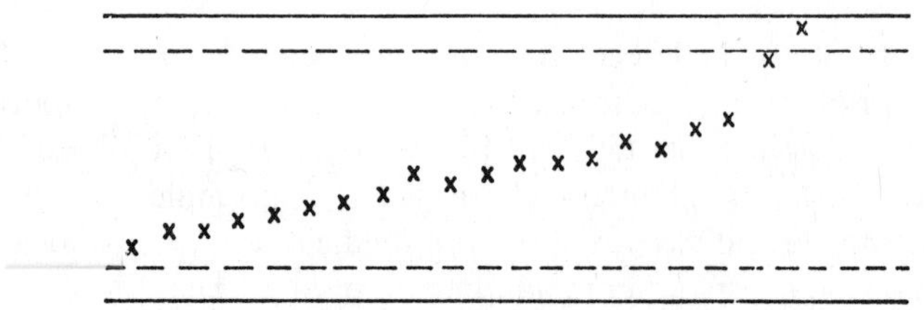

Gráfica del control por mediciones que muestra el desgaste de la herramienta

Fig. 20-13

de acuerdo con las circunstancias; puede servir o no como la base para la expedición del lote muestreado; se puede conducir, o no, en una forma más rigurosa que las pruebas o inspecciones regulares; puede servir o no para fijar un índice de la calidad del producto. La mayoría de las auditorías de la calidad tienen por objeto una acción correctiva relacionada con el rendimiento del equipo, con la eficiencia de la inspección, con el esmero puesto por los obreros, etcétera.

Índice de nivel de la calidad

El sostenimiento de un índice regular de la calidad para un producto es de vital importancia, es como si se tratara de un espejo que reflejara la eficacia del programa de control de calidad sobre ese producto. Este índice se puede deducir de los resultados del muestreo, de los datos de una inspección 100% de los informes obtenidos durante la auditoría de la calidad. Para su desarrollo, se puede asignar un peso igual para todos los defectos, o bien haciendo variar estos pesos.[17] Este índice de nivel de la calidad se debe comunicar a la gerencia en una forma semejante a los informes que recibe sobre la producción total, el promedio de salarios de trabajo a domicilio, o de otros elementos propios de la empresa.

Datos de inspección final

Los datos acumulados sobre los rechazos y las tasas de reinscripción de rechazos se reportan a la gerencia como un resumen de los niveles de calidad de la producción. Los mismos datos, condificados para incluir una lista de las características que resultaron en rechazos, son usados por el departamento de manufactura para mejorar los niveles de calidad.

Dispositivos automáticos de control de proceso

Existen en el mercado pequeñas computadoras especiales para poder calcular $\overline{X}$ (X con barra) y σ (sigma) en una serie de datos proporcionados. En el Cap. 12 se expusieron algunas de las técnicas empleadas para el diseño de ese equipo de información de la calidad. Algunos equipos incluyen un dispositivo estrechamente ligado y por medio del cual se controla directamente el proceso de manufactura, por retroalimentación de la información de la calidad.

Disposición de las piezas defectuosas

A causa del peligro que representa el que las piezas rechazadas se puedan introducir nuevamente al proceso de producción, sin haber sido aprobadas, es muy importante disponer de procedimientos para una rápida ubicación de estas piezas. En estos procedimientos se debe considerar un sistema rígido de etiquetado indicando "detenido para su ubicación" y para su curso correspondiente. También comprenderán las revisiones por el grupo de control de calidad a fin de seleccionar aquellas piezas que ha sido rechazadas, pero que se pueden aprovechar mediante una reparación. Se puede incluir una revisión muy similar en aquellas piezas rechazadas que se puedan aceptar para su uso "como están" cuando la causa de su rechazo no sea crítica para la calidad.

Modelo de registro de piezas importantes

Especialmente con aquellas piezas que son muy costosas y que se producen en forma individual, o por lotes de trabajo de manufactura final, como en el caso de un armado, se deben establecer minutas con los datos, para los fines de control y de registro. La Fig. 20-14 presenta una fracción de un modelo desarrollado para un modelo determinado de flecha.

Análisis de las reclamaciones

Los registros y el análisis de las reclamaciones del consumidor, enviados desde el lugar de servicio, proporcionan una información de gran utilidad para el control del producto. Aun cuando, por lo general, transcurre un considerable lapso entre estas comunicaciones y la producción correspondiente, éstas reflejan la eficacia de los programas de control y hacen resaltar aquellos defectos sobre los que se debe iniciar una acción correctiva más rigurosa. Los informes de las reclamaciones sobre determinadas piezas pueden servir de base para intensificar las actividades del control del producto en otras piezas similares.

Informes regulares del rendimiento de la calidad o de rechazos por fallas

Un indicio sobre la eficiencia de la acción del control, más inmediato que los informes de las reclamaciones, lo constituyen los informes sobre el rendimiento de la calidad. Estos informes se presentan generalmente en la forma de una comunicación sobre los rechazos por fallas y se deben exhibir cada hora, cada día o cada semana, a la vista de los trabajadores del taller. En la Fig. 20-15 se presenta una forma que corresponde a un conjunto de una armadura, en forma de gráficas individuales de las fallas en cada una de las características principales en las que se practica una inspección o prueba.

Control de calidad en empaques y en los embarques

Un peligro común para la calidad de todos los productos lo constituye su deterioro durante la transportación. Si se trata de conjuntos muy complicados y armados con todo esmero, pero que se empacan en forma impropia, una fuerte sacudida durante su transporte puede originar un desplazamiento de sus características de calidad; si se trata de productos químicos, un cambio de temperatura durante el tránsito puede arruinar el producto. Por tanto, tiene una gran importancia, sobre las actividades de calidad, el diseño de los envases y la colocación adecuada por los empleados del embarque. La forma de transportarlos, las condiciones del clima y la temperatura, etc., son elementos que se deben tomar en consideración durante esta fase del control del producto.

Control en el lugar del servicio

Aun cuando el control de la calidad durante la manufactura de un producto puede haber sido excelente, todavía quedan algunos puntos por controlar. Ya se trató de la importancia del embarque y de los empaques. El siguiente punto

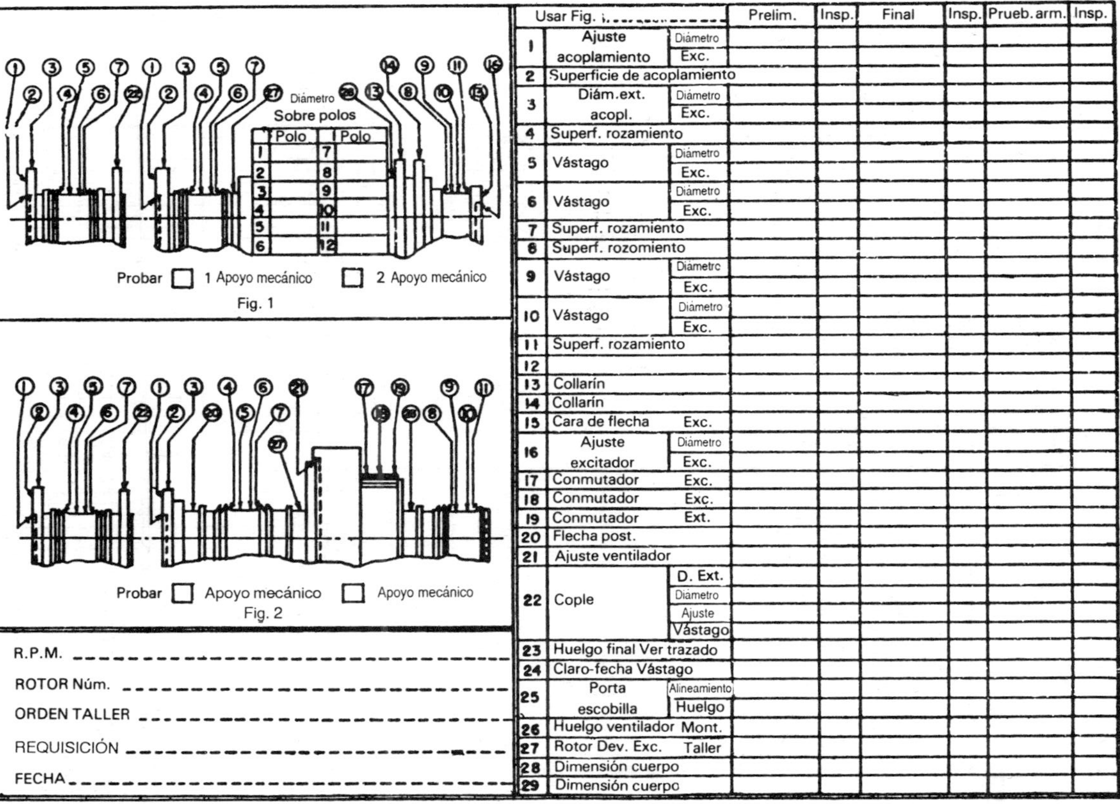

	Usar Fig.		Prelim.	Insp.	Final	Insp.	Prueb. arm.	Insp.
1	Ajuste acoplamiento	Diámetro						
		Exc.						
2	Superficie de acoplamiento							
3	Diám.ext. acopl.	Diámetro						
		Exc.						
4	Superf. rozamiento							
5	Vástago	Diámetro						
		Exc.						
6	Vástago	Diámetro						
		Exc.						
7	Superf. rozamiento							
8	Superf. rozomiento							
9	Vástago	Diametrc						
		Exc.						
10	Vástago	Diametro						
		Exc.						
11	Superf. rozamiento							
12								
13	Collarín							
14	Collarín							
15	Cara de flecha	Exc.						
16	Ajuste excitador	Diámetro						
		Exc.						
17	Conmutador	Exc.						
18	Conmutador	Exc.						
19	Conmutador	Ext.						
20	Flecha post.							
21	Ajuste ventilador							
22	Cople	D. Ext.						
		Diámetro						
		Ajuste						
		Vástago						
23	Huelgo final Ver trazado							
24	Claro-fecha Vástago							
25	Porta escobilla	Alineamiento						
		Huelgo						
26	Huelgo ventilador	Mont.						
27	Rotor Dev. Exc.	Taller						
28	Dimensión cuerpo							
29	Dimensión cuerpo							

Fig. 20-14

GRÁFICA DE LA ARMADURA

SEMANA QUE TERMINA ________________

EMBOBINADO

Peligro: 0.00 0.05 0.10 0.15 0.20 0.25 0.30

NOMBRE →		Semana anterior →	Resumen días
L	Núm. rechazado		
	Núm. inicial		
	% defectuoso		
M	Núm. rechazado		
	Núm. inicial		
	% defectuoso		
M	Núm. rechazado		
	Núm. inicial		
	% defectuoso		
J	Núm. rechazado		
	Núm. inicial		
	% defectuoso		
V	Núm. rechazado		
	Núm. inicial		
	% defectuoso		
S	Núm. rechazado		
	Núm. inicial		
	% defectuoso		

PRECOMPENSADO

Peligro: 0 .02 .04 .06 .08 .10 .12

NOMBRE →		Semana anterior →	Resumen días
L	Núm. rechazado		
	Núm. inicial		
	% defectuoso		
M	Núm. rechazado		
	Núm. inicial		
	% defectuoso		
M	Núm. rechazado		
	Núm. inicial		
	% defectuoso		
J	Núm. rechazado		
	Núm. inicial		
	% defectuoso		
V	Núm. rechazado		
	Núm. inicial		
	% defectuoso		
S	Núm. rechazado		
	Núm. inicial		
	% defectuoso		

PRUEBA ELÉCTRICA FINAL DESPUÉS DE LIMPIAR SOLDADURA

NOMBRE →		Semana anterior →	Resumen días
L	Núm. rechazado		
	Núm. inicial		
	% defectuoso		
M	Núm. rechazado		
	Núm. inicial		
	% defectuoso		
M	Núm. rechazado		
	Núm. inicial		
	% defectuoso		
J	Núm. rechazado		
	Núm. inicial		
	% defectuoso		
V	Núm. rechazado		
	Núm. inicial		
	% defectuoso		
S	Núm. rechazado		
	Núm. inicial		
	% defectuoso		

Prueba eléctrica final

Peligro: 2.00 2.50 3.00 3.50 4.00 4.50 5.00

NOMBRE →		Semana anterior →	Resumen días
L	Núm. rechazado		
	Núm. inicial		
	% defectuoso		
M	Núm. rechazado		
	Núm. inicial		
	% defectuoso		
M	Núm. rechazado		
	Núm. inicial		
	% defectuoso		
J	Núm. rechazado		
	Núm. inicial		
	% defectuoso		
V	Núm. rechazado		
	Núm. inicial		
	% defectuoso		
S	Núm. rechazado		
	Núm. inicial		
	% defectuoso		

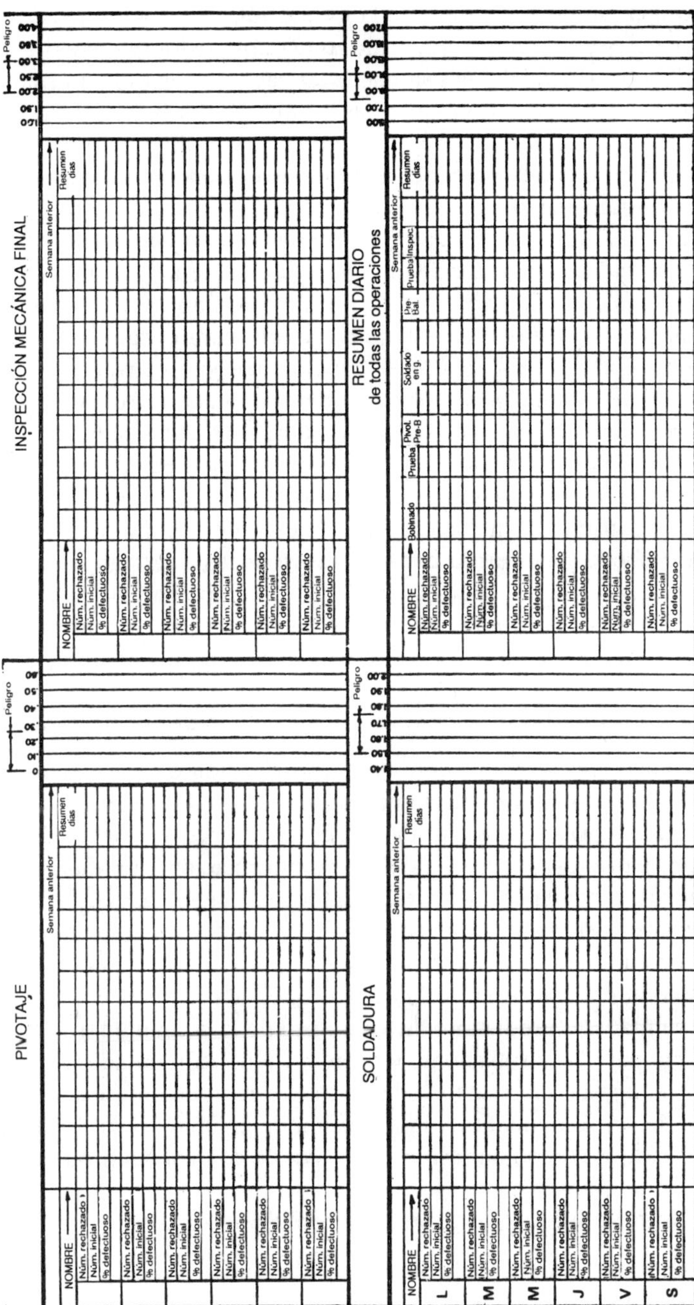
PIVOTAJE
INSPECCIÓN MECÁNICA FINAL
SOLDADURA
RESUMEN DIARIO
de todas las operaciones
NOMBRE
Núm. rechazado
Núm. inicial
% defectuoso
Semana anterior
Resumen días
Peligro
Bobinado
Prueba
Pivot. Pre-B
Soldado en g.
Pre-Bal.
Prueba Inspec.
L
M
M
J
V
S

Fig. 20-15

de importancia se presenta durante la instalación. Para determinados productos, ésta puede ser una etapa muy crítica que requiere los servicios de artesanos expertos. La instalación de un sistema de aire acondicionado está comprendida dentro de esta categoría. Cualquier basura que pase a la tubería para la refrigeración puede arruinar al compresor, haciendo totalmente nula la precisión del maquinado en la fábrica. Si se permite que entre la humedad al sistema, se disminuye bastante su eficiencia.

El plan del sistema de calidad para un dispositivo debe incluir las instrucciones, preparadas con gran cuidado, para su completa instalación, de tal manera que se puedan entender y seguir por un artesano de habilidad media.

También es importante el trabajo ejecutado para el servicio o reparación final de un dispositivo. Esto es especialmente necesario cuando se requiere la ayuda por alguna deficiencia por parte del manufacturero. Algunas de estas deficiencias las pasará por alto el consumidor, si es que puede obtener un inmediato servicio de cortesía a poco o ningún costo para él. Si, por el contrario, este servicio es muy dilatado, o muy costoso, o se requiere que haga repetidas llamadas, el consumidor no sólo quedará descontento, sino hasta irritado. El comprador puede rechazar la compra de producto a la compañía que le ha causado disgustos y hasta puede censurar a esa compañía y sus productos, ante sus asociados. El valor de un buen servicio de instalación, eficiente y entrenado, como base del buen nombre, raramente se puede pasar por alto.

Procesamiento de la información de la calidad del producto

La importancia del flujo eficiente de la información de la calidad es central para la eficiencia de la producción moderna. El establecimiento de este flujo de datos en la forma más destacada de eficacia de costo requiere de su estructuración en patrones modernos de flujo de información; el establecimiento de procedimientos manuales eficientes para todo el flujo de datos, para establecer el fundamento sistematizado necesario para generar un respaldo en caso de falla de la computadora, y una base realista de la economía del procesamiento de datos computarizado; la evaluación económica del procesamiento de los datos de calidad del producto, tanto para uso de la computadora central de la planta como para las instalaciones y de mini y microcomputadoras para el propósito específico de datos de calidad; y la operación continua del programa integrado de procesamiento de información de calidad —tanto manual como computarizado— como una técnica principal de control del producto.

Predicción de costos por garantía y reclamos legales

Los datos sobre la calidad saliente del producto, los gastos por garantía y las quejas y reclamos de clientes se proyectan para predecir tendencias en estas áreas sensibles. La retroalimentación y análisis de esta información son técnicas importantes del control del producto.

Los detalles sobre los dos ejemplos representativos de estos métodos técnicos se dan a continuación, en dos apartados. Estudios sobre la capacidad de proceso, en las Secs. 20.15 a la 20.18; Auditoría de la calidad, en las Secs. 20.19 y 20.21.

Estudios sobre la capacidad de procesos

20.15 Antecedentes

Los medios seleccionados para la manufactura de una pieza son un factor importante para la determinación del costo y de la calidad de la producción resultante. Si el equipo de proceso que se seleccione es suficientemente preciso para cumplir con la meta de la calidad establecida por las tolerancias del dibujo, entonces se puede esperar un costo razonable y una calidad aceptable. Pero si el equipo del proceso no puede cumplir en forma consistente con la meta de la calidad, se obtendrán costos elevados, desperdicios y remaquinado de materiales.

En algunos talleres, tanto el jefe del taller como sus operarios conocen por experiencia que “la máquina 27 puede asegurar un trabajo de torneado con una precisión de ±0.002 in, y que la máquina 33 se presta mejor para trabajos entre ±0.003 a ±0.006 in”. Sin embargo, no en todos los talleres se tiene la fortuna de poseer estas experiencias. Aun en aquellos talleres en que se cuenta con grandes conocimientos sobre las capacidades de proceso de los equipos, es muy raro que esa información la compartan diseñadores, trazadores e ingenieros de manufactura.

Puesto que es esencial dicho conocimiento sobre la eficiencia de la capacidad de los equipos de proceso, para el propio funcionamiento de un programa de control de calidad, en muchas plantas se ha tomado, como clave de su programa de control del producto y del proceso, las investigaciones científicas de estas capacidades. Al proceder en esta forma, se han visto obligados a desarrollar ciertas técnicas para esta investigación, que han resultado de mayor eficacia para los fines del control de calidad, que las anteriores prácticas desorientadas que prevalecieron durante muchos años. Entre las técnicas de mayor utilidad desarrolladas para estos trabajos, se cuentan los estudios de capacidades del proceso.

Estos estudios consisten esencialmente en la determinación de la capacidad para una sola operación del proceso, relacionada siempre con la característica de calidad en particular de la pieza. A continuación se trata este punto con más detalle.

20.16 Concepto de los estudios de la capacidad

La capacidad del proceso es una medición que corresponde a la precisión inherente de un proceso de manufactura. Se puede definir como sigue.

> La capacidad del proceso es la eficiencia en el rendimiento de la calidad de un proceso, con determinados factores establecidos y bajo condiciones normales de la operación bajo control.

En este concepto se deben de considerar dos elementos importantes.

1. *Factores* del proceso.
2. *Condiciones* del proceso.

1. La primera condición necesaria dentro del concepto de la capacidad del proceso es que éste está compuesto por cierto número de factores distintos. Entre estos factores se incluye la materia prima, las máquinas o el equipo, la destreza del obrero, los dispositivos para la medición y la habilidad del inspector. Un cambio en uno o más de estos factores puede variar la capacidad del proceso. Por tanto, para que resulte significativa esta capacidad, debe estar establecida sobre una serie de factores del proceso, específicamente considerados.
2. El segundo elemento a considerar dentro de la definición es el que corresponde a las condiciones del proceso. Para que sea explícito un estudio sobre la capacidad del proceso, éste debe tener sus mediciones *normalmente distribuidas y permanecer bajo un estado estadístico del control.* Según quedó expresado en el Cap. 13, la normalidad es esencial en la identificación de la representación gráfica con los requisitos de las especificaciones. En el Cap. 14 se trató sobre el control estadístico y se demostró que únicamente un proceso que esté controlado puede ser un proceso predecible. Para que un valor de la capacidad del proceso sea de utilidad, debe tener un modelo establecido consistente durante cierto periodo.

Matemáticamente se define la capacidad del proceso con el valor de seis unidades de la desviación estándar (6 σ). Según quedó establecido en el Cap. 13, el 99.73% de todas las lecturas de una distribución normal quedan comprendidas dentro de un área definida por ±3 unidades de la desviación estándar a partir de la media. Por tanto, en matemáticas el estudio de la capacidad del proceso es un simple análisis de la distribución de frecuencias bien organizada, y cuidadosamente disciplinada, de los datos correspondientes al proceso. En consecuencia, la fórmula para la capacidad del proceso corresponde a la fórmula (4A) para σ del Cap. 13, multiplicada por seis.

$$\text{Capacidad del proceso} = 6\,\sigma = \sqrt{\frac{\Sigma\,(X - \overline{X})^2}{n - 1}}$$

en la que:

σ = desviación estándar de la muestra.
$X_1, X_2, \ldots, X_n$ = mediciones individuales.
$\overline{X}$ = media aritmética de las mediciones individuales.
n = número de mediciones individuales.

La Sec. 13.11 expuso la distinción entre s, la desviación estándar de la muestra, y σ, la desviación estándar de la población, que se usa en este cálculo de capacidad del proceso para las condiciones de proceso que se hayan requerido —enfatizando el control estadístico con el tiempo.

Disciplina del estudio

Existen tres fases para hacer el estudio de capacidad: planificar el estudio, tomar los datos y analizarlos. El primer paso deber ser la selección de las características de salida a ser investigadas. Un proceso puede generar varias características, cada una de las cuales tendrá su propio patrón de variación. Como un ejemplo, una herramienta de corte en un torno puede generar tamaño, concentridad, acabado y afilamientos. Para estudiar la variación en cada una de estas características generadas, se necesita un conjunto separado de datos para hacer posible un análisis individual. Cada característica puede medirse en una corrida de producción, sin embargo, mientras que cada una se registra en una hoja de datos individual. En la mayoría de los casos, es poco práctico hacer un estudio sobre *todas* las características debido a que muchas sólo tienen un efecto menor sobre la calidad del producto y los costos de calidad, así como el gasto y el tiempo no se justifican.

El número de estudios a ser efectuados sobre una operación particular variará con la cantidad de conocimientos y experiencia disponibles para el proceso. Cuando un proceso es nuevo, o cuando se está introduciendo un nuevo tipo de operación en un proceso anterior, o si no se han hecho estudios previamente sobre la máquina, se puede requerir de un estudio más completo, pero mientras que se integra la información de capacidad en operaciones similares, puede usarse esta información como guía para seleccionar qué estudios deberán efectuarse.

Las condiciones de ajuste y corrida deben estar completamente registradas de forma que la capacidad del proceso calculada se pueda identificar con las condiciones de prueba reales. Por ejemplo, en un estudio de capacidad en un torno, las siguientes podrían ser condiciones que deberían identificarse, debido a que un cambio en cualquiera de las condiciones podría cambiar la capacidad del torno estudiado:

TIPO DE MATERIAL: composición, dureza, estructura al grano
TAMAÑO DEL MATERIAL
ARNÉS DE HERRAMIENTAS: ángulos para herramientas, poste de cuatro salidas, poste de herramientas posterior, caja de herramientas, portaherramientas ajustable
UBICACIÓN DE HERRAMIENTAS: torres, deslizadores en cruz
AFILADO DE HERRAMIENTAS
MATERIAL DE HERRAMIENTAS
TAMAÑO DE HERRAMIENTAS
AJUSTE DE HERRAMIENTAS: la cantidad de inclinación de las herramientas en el arnés o la longitud de una herramienta de un perforado, rimado o barrenado
TIPO DE CUÑAS: collares de 2, 3 ó 4 cuñas, portaherramientas de soporte
RESTOS FIJOS: tipos usados y ubicación
LONGITUD DE CORTE
PROFUNDIDAD DE CORTE
DISTANCIA DEL APARATO DE CUÑAS
TIPO DE DETENCIÓN USADA
TIPO DE CORTE: corte profundo o corte continuo
VELOCIDAD

ALIMENTACIÓN
REFRIGERANTE
OPERADOR
TEMPERATURA
CONDICIÓN DE LA MÁQUINA: paralelismo de formas, estrechez de forma, etcétera.
CANTIDAD DE CALENTAMIENTO DE LA MÁQUINA

Otras máquinas herramienta pueden ser afectadas por muchas de las mismas variaciones, pero cada una tendrá un conjunto de variables que son especiales para esa máquina y deben ser identificadas para cada estudio de capacidad del proceso.

Las características físicas del material (como espesor, fuerza, aplanamiento o composición química), que constituyen un insumo para el proceso, deben determinarse y registrarse. También, las variaciones en las características generadas por las operaciones precedentes deben medirse y registrarse, cuando estas características afectan la operación bajo estudio. El equipo de medición usado para el estudio debe ser exacto y repetitivo y conocida su capacidad.

Conducción del estudio

Un estudio sobre la capacidad del proceso se debe de conducir bajo condiciones normales de operación, con una serie simple de factores que intervengan en el proceso de manufactura. Por ejemplo, el estudio comprenderá un solo lote de materia prima, un solo operario y un solo inspector durante el periodo en que se recolecten los datos. El operario no debe hacer "correcciones" en la alimentación del proceso, o cualquier ajuste durante el estudio.

Se debe evitar la recalibración del equipo de medición durante este periodo, a menos que esté comprendido dentro de los intervalos "normales" de calibración. Todos estos factores están sujetos a variaciones durante periodos de tiempo, por tanto, es conveniente hacer varios estudios aislados, con amplios intervalos de separación, a fin de poder determinar los efectos de variación de los factores normales, sobre la capacidad del proceso.

Un estudio sobre la capacidad debe contener número suficiente de lecturas de las mediciones, a fin de obtener una muestra representativa. Para la mayoría de las operaciones, se considera suficiente un mínimo de 50 lecturas.

Se conservará el orden de las lecturas. Es conveniente etiquetar los elementos con una tarjeta numerada, a medida que se vayan tomando del proceso; esta identificación se debe conservar. Si posteriormente se presenta alguna duda respecto a la exactitud de las mediciones, se puede hacer la comprobación. Se tomarán algunas precauciones en estas comprobaciones, para tener en cuenta los posibles cambios que pudieran ocurrir con el tiempo, como por ejemplo algún cambio en la dimensión de la pieza, debido a una baja temperatura, disminución de un contenido de humedad, etcétera.

Los inspectores o los técnicos del proceso están con frecuencia bien calificados para tomar los datos, debido a su entrenamiento en medición y registro de datos.

Es posible obtener mayor ventaja sobre la información con relación al proceso cuando las lecturas se van graficando en el orden de su producción, que cuando las lecturas únicamente se van acumulado en la distribución de frecuencias. Este procedimiento sencillo pone de manifiesto los pequeños y erráticos periodos del proceso. Puesto que los periodos no son previsibles, es preciso que sean eliminados y controlados, antes de que se proceda a un estudio explícito de la capacidad del proceso.

Una forma bien diseñada es una herramienta importante para hacer un estudio de capacidad del proceso y ayuda a asegurar que se registra a la información completa al tiempo que se hace el estudio. La Fig. 20-16 es un ejemplo clásico de esta forma. Con las medidas registradas de esta forma, existe tanto una comparación inmediata entre las medidas tomadas y las tolerancias de diseño como una ilustración de cualquier condición aparente de fuera de control o variaciones no asignables al azar.

20.17 Cálculo de la capacidad del proceso

Existen diferentes formas para calcular la capacidad del proceso. Como se discutió anteriormente, tanto la aplicación computarizada como las calculadoras electrónicas pueden ser amplia y eficazmente usadas para la evaluación de la rutina de capacidad del proceso. Sin embargo, se esencial entender la "realidad física" fundamental de estos estudios; por tanto, la discusión siguiente enfatiza estos fundamentos.

				ESTUDIO No. 1	FECHA 2	DEPTO. Y OPERADOR 16	DIMENSIÓN 18
PARTE Núm.. 3	MÁQUINA Núm. 5	CABEZA/ Núm. 6		HERRAMIENTA DE CORTE 11	PORTAHERRAMIENTA Núm. 12	TIPO DE OPERACIÓN 17	HERRAMIENTA TOTAL 19
NOMBRE DE LA PARTE	MÁQUINA O PROCESO			AJUST. 13	EXT. 14	HERRAMIENTA DE INSPECCIÓN Y Núm.	CAPACIDAD Y PROCESO 20
MATERIAL 4	ALIMENTO 7	VELOCIDAD 8	PROF. DE CORTE O DIAM. MÁQUINA 9 / LONGITUD DE CORTE 10	ENFRIANTE 15	OPERADOR	INSPECTOR	% DE HERRAMIENTA 21

										10										20										30										40										50	
DIMENSIÓN	1	2	3	4	5	6	7	8	9		1	2	3	4	5	6	7	8	9		1	2	3	4	5	6	7	8	9		1	2	3	4	5	6	7	8	9		1	2	3	4	5	6	7	8	9		TOTAL
+15																																																			
+14																																																			
+13																																																			
+12																																																			
+11																																																			
+10																																																			
+9																																																			
+8																																																			
+7																																																			
+6																																																			
+5																																																			
+4																																																			
+3																																																			
+2																																																			
+1																																																			
M																																																			
−1																																																			
−2																																																			
−3																																																			
−4																																																			
−5																																																			
−6																																																			
−7																																																			
−8																																																			
−9																																																			
−10																																																			
−11																																																			
−12																																																			
−13																																																			
−14																																																			
−15																																																			
	1	2	3	4	5	6	7	8	9		1	2	3	4	5	6	7	8	9		1	2	3	4	5	6	7	8	9		1	2	3	4	5	6	7	8	9		1	2	3	4	5	6	7	8	9		
										10										20										30										40										50	

Fig. 20-16

Una de ellas es por el laborioso procedimiento del empleo de la fórmula (4A).

A continuación se da un método más rápido para calcular. Para este método, es necesario contar con una hoja especial, la cual se usa en combinación con un nomograma. Se emplea una derivación de la fórmula (4B), adaptada para uso práctico en la fábrica y para su simplificación (incluyendo lo que el lector interesado estadísticamente reconocerá como "redondeo" de las n en los dos denominadores en lugar de una sola $n - 1$). La hoja de trabajo que se mencionó se presenta en la Fig.20-18, y sirve de ayuda para calcular los dos factores Σfd y Σfd^2 de la fórmula:

$$\sigma = i\sqrt{\frac{\Sigma fd^2}{n} - \left(\frac{\Sigma fd}{n}\right)^2} \tag{39}$$

Los números blancos sobre fondo negro (que denominaremos números blancos), corresponden a los valores fd, y los números negros en fondo blanco (que llamaremos números negros) corresponden a los valores $f\,d^2$. La hoja (Fig. 20-18) está diseñada en tal forma que la primera columna vertical corresponde a la escala de la característica de calidad, y la primera línea horizontal, a la frecuencia con que las diferentes medidas de la característica se van presentando en la muestra tomada.

Para ilustrar su empleo, calcularemos la capacidad del proceso durante el fresado de unas barras de acero inoxidable, hasta un espesor de 0.12+−0.003in. El estudio se inició en la fresadora núm. 3 durante el primer turno, con el acero inoxidable en su operación núm. 35. Las mediciones tomadas en pulgadas, fueron:

1	0.1220	11	0.1200	21	0.1205	31	0.1210	41	0.1205
2	0.1205	12	0.1215	22	0.1200	32	0.1220	42	0.1200
3	0.1210	13	0.1210	23	0.1220	33	0.1200	43	0.1210
4	0.1210	14	0.1220	24	0.1205	34	0.1215	44	0.1210
5	0.1210	15	0.1210	25	0.1210	35	0.1210	45	0.1215
6	0.1215	16	0.1215	26	0.1215	36	0.1200	46	0.1210
7	0.1210	17	0.1215	27	0.1205	37	0.1225	47	0.1205
8	0.1215	18	0.1220	28	0.1205	38	0.1210	48	0.1205
9	0.1205	19	0.1210	29	0.1215	39	0.1210	49	0.1210
10	0.1210	20	0.1195	30	0.1210	40	0.1215	50	0.1215

En la Fig. 20-17 se encuentran graficadas estas lecturas, en el orden en que se fueron tomando durante ese tiempo, y también se encuentran acumuladas en una distribución de frecuencias.

Los pasos para el cálculo de la capacidad del proceso, con base en estas lectura, son los siguientes:

1. Se toma la medida de las cinco primeras lecturas. Esta medida (.1211) demuestra que la distribución tiende a agruparse cerca del valor .1210.

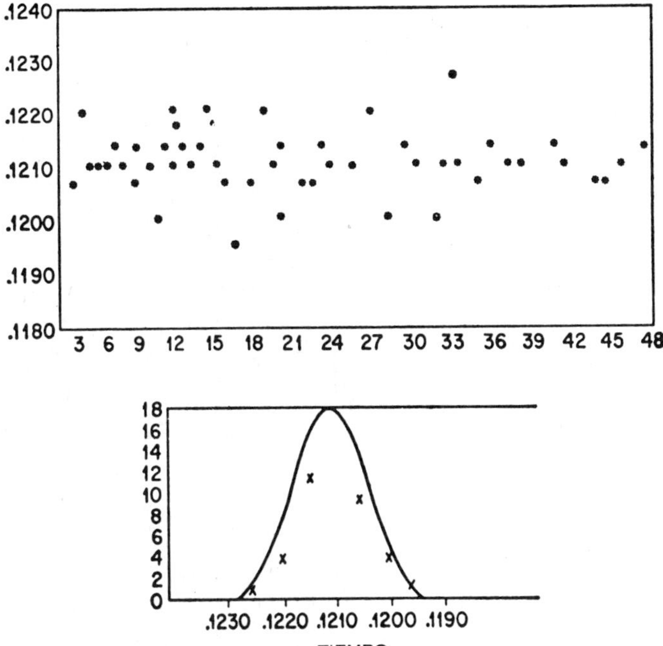

Fig. 20-17 Mediciones en secuencia y en distribución de frecuencias.

2. Este valor de .1210 se toma como punto de origen (cero) en la columna "variación desde el valor nominal" (Fig. 20-28).

   Si se hubiera tomado como origen cualquier otro valor, como .1215 o .1205, esto no afectaría el resultado. La finalidad es tener centrada la distribución para obtener un número conveniente de celdas a ambos lados de la media, a fin de poder inscribir los datos.
3. Asignar valores "codificados" apropiados en cada celda y anotarlos en la columna encabezada Tamaño Real opuesta a la celdas respectivas. Por ejemplo, se pueden tomar incrementos de 0.0005 in. Si se ha elegido como celda cero, el valor .1210, entonces .1215 se inscribe frente al valor + 1 de celdas, y .1205 *a* − 1 de las celdas, etcétera.
4. Se enmarca, por medio de un círculo, el par de valores de números blancos y negros, en la columna que corresponde a la frecuencia (*f*) de ocurrencia de cada una de las celdas respectivas.
5. Se transcriben estos valores de número blancos y negros a la columna correspondiente que se encuentra al extremo derecho de la hoja de trabajo. Se hace la suma de los valores en estas columnas. Téngase presente que en la columna "blancos" se tienen números positivos y negativos y, por tanto, se debe hacer la suma algebraica. Esta suma de blancos corresponde al valor Σfd y la suma de "negros" a Σfd^2, valores que fueron calculados sin la abreviación, en el método presentado en la Sec. 13.15.

ESTUDIO DE LA CAPACIDAD DEL PROCESO

MÁQUINA O PROCESO: Fresadora núm. 3

VALOR DE CAPACIDAD DE PROCESO: .0037″

FECHA: 11/20/59 Primer turno

MATERIAL: Acero inoxidable

HERRAMIENTA: ______

OPERACIÓN: #35

PERIODO DE TIEMPO: 2.4 min

FIRMA: ______

ESPESORES

Frecuencias-t

Medida actual	Variación del nominal	1	2	3	4	5	6	7	8	9	10	11	12	13	14	15	16	17	18	19	20	21	22	23	24	25	Negros	Blancos
	+ 10	10	20	30	40	50	60	70	80	90	100	110	120	130	140	150	160	170	180	190	200	210	220	230	240	250		
		100	200	300	400	500	600	700	800	900	1000	1100	1200	1300	1400	1500	1600	1700	1800	1900	2000	2100	2200	2300	2400	2500		
	+ 9	9	18	27	36	45	54	63	72	81	90	99	108	117	126	135	144	153	162	171	180	189	198	207	216	225		
		81	162	243	324	405	486	567	648	729	810	891	972	1053	1134	1215	1296	1377	1458	1539	1620	1701	1782	1863	1944	2025		
	+ 8	8	16	24	32	40	48	56	64	72	80	88	96	104	112	120	128	136	144	152	160	168	176	184	192	200		
		64	128	192	256	320	384	448	512	576	640	704	768	832	896	960	1024	1088	1152	1216	1280	1344	1408	1472	1536	1600		
	+ 7	7	14	21	28	35	42	49	56	63	70	77	84	91	98	105	112	119	126	133	140	147	154	161	168	175		
		49	98	147	196	245	294	343	392	441	490	539	588	637	686	735	784	833	882	931	980	1029	1078	1127	[illegible]	1225		
	+ 6	6	12	18	24	30	36	42	48	54	60	66	72	78	84	90	96	102	108	114	120	126	132	138	144	150		
		36	72	108	144	180	216	252	288	324	360	396	432	468	504	540	576	612	648	684	720	756	792	828	864	900		
	+ 5	5	10	15	20	25	30	35	40	45	50	55	60	65	70	75	80	85	90	95	100	105	110	115	120	125		
		25	50	75	100	125	150	175	200	225	250	275	300	325	350	375	400	425	450	475	500	525	550	575	600	625		
	+ 4	4	8	12	16	20	24	28	32	36	40	44	48	52	56	60	64	68	72	76	80	84	88	92	96	100		
		16	32	48	64	80	96	112	128	144	160	176	192	208	224	240	256	272	288	304	320	336	352	368	384	400		
.1225″	+ 3	3	6	9	12	15	18	21	24	27	30	33	36	39	42	45	48	51	54	57	60	63	66	69	72	75	3	9
		9	18	27	36	45	54	63	72	81	90	99	108	117	126	135	144	153	162	171	180	189	198	207	216	225		
.1220	+ 2	2	4	6	8	10	12	14	16	18	20	22	24	26	28	30	32	34	36	38	40	42	44	46	48	50	10	20
		4	8	12	16	20	24	28	32	36	40	44	48	52	56	60	64	68	72	76	80	84	88	92	96	100		
.1215	+ 1	1	2	3	4	5	6	7	8	9	10	11	12	13	14	15	16	17	18	19	20	21	22	23	24	25	11	11
		1	2	3	4	5	6	7	8	9	10	11	12	13	14	15	16	17	18	19	20	21	22	23	24	25		

.1210	0	0	0	0	0	0	0	0	0	0	0	0	0	0	0	0	0	0	0	0	0	0	0	0	0	0		
.1205	- 1	1	2	3	4	5	6	7	8	9	10	11	12	13	14	15	16	17	18	19	20	21	22	23	24	25	- 9	9
		1	2	3	4	5	6	7	8	9	10	11	12	13	14	15	16	17	18	19	20	21	22	23	24	25		
.1200	- 2	2	4	6	8	10	12	14	16	18	20	22	24	26	28	30	32	34	36	38	40	42	44	46	48	50	- 10	20
		4	8	12	16	20	24	28	32	36	40	44	48	52	56	60	64	68	72	76	80	84	88	92	96	100		
.1195	- 3	3	6	9	12	15	18	21	24	27	30	33	36	39	42	45	48	51	54	57	60	63	66	69	72	75	- 3	9
		9	18	27	36	45	54	63	72	81	90	99	108	117	126	135	144	153	162	171	180	189	198	207	216	225		
	- 4	4	8	12	16	20	24	28	32	36	40	44	48	52	56	60	64	68	72	76	80	84	88	92	96	100	-	
		16	32	48	64	80	96	112	128	144	160	176	192	208	224	240	256	272	288	304	320	336	352	358	384	400		
	- 5	5	10	15	20	25	30	35	40	45	50	55	60	65	70	75	80	85	90	95	100	105	110	115	120	125	-	
		25	50	75	100	125	150	175	200	225	250	275	300	325	350	375	400	425	450	475	500	525	550	575	600	625		
	- 6	6	12	18	24	30	36	42	48	54	60	66	72	78	84	90	96	102	108	114	120	126	132	138	144	150	-	
		36	72	108	144	180	216	252	288	324	360	396	432	468	504	540	576	612	648	684	720	756	792	828	864	900		
	- 7	7	14	21	28	35	42	49	56	63	70	77	84	91	98	105	112	119	126	133	140	147	154	161	168	175	-	
		49	98	147	196	245	294	343	392	441	490	539	588	637	686	735	784	833	882	931	980	1029	1078	1127	1196	1225		
	- 8	8	16	24	32	40	48	56	64	72	80	88	96	104	112	120	128	136	144	152	160	168	176	184	192	200	-	
		64	128	192	256	320	384	448	512	576	640	704	768	832	896	960	1024	1088	1152	1216	1280	1344	1408	1472	1536	1600		
	- 9	9	18	27	36	45	54	63	72	81	90	99	108	117	126	135	144	153	162	171	180	189	198	207	216	225	-	
		81	162	243	324	405	486	567	648	729	810	891	972	1053	1134	1215	1296	1377	1458	1539	1620	1701	1782	1863	1944	2025		
	- 10	10	20	30	40	50	60	70	80	90	100	110	120	130	140	150	160	170	180	190	200	210	220	230	240	250	-	
		100	200	300	400	500	600	700	800	900	1000	1100	1200	1300	1400	1500	1600	1700	1800	1900	2000	2100	2200	2300	2400	2500		
																										Totales	+2	78

INSTRUCCIONES

1. El tamaño de muestra debe ser de 25 ó 50 piezas. Se tomarán las primeras 25 ó 50 piezas producidas después de que la máquina o proceso haya sido arreglado y ajustado debidamente.
2. Las mediciones se harán con calibradores de precisión, por ejemplo, micrómetros, calibradores electrolímite, etc.
3. La anotación de las piezas medidas puede realizarse encerrando en un círculo los números blancos y negros correspondientes a la frecuencia registrada (f) y a la celda de variación del valor nominal.
4. Hechas todas las anotaciones, el mayor valor dentro de los círculos para cada variación en particular se anota en la columna correspondiente, al extremo de la tabla.
   a. Los números blancos se anotan en la columna de blancos, y los negros, en la columna de negros.
   b. En la columna de blancos se hace la suma algebraica, y el total se coloca en el cuadro marcado total de blancos.
   c. En la columna de negros se hace la suma aritmética, y el total se coloca en le cuadro de total de negros.
5. Los totales de blancos y negros se transportan al nomograma para la capacidad del proceso, para obtener el valor de la capacidad de proceso.
6. El valor de la unidad de probabilidad depende de la unidad de medida de la muestra, por ejemplo, .0001″, .001″, etc.

Fig. 20-18 Hoja para la capacidad del proceso.

6. La suma de blancos arrojó un total de 2 y la de negros dio un total de 78; estos valores se toman en las escalas A y B, respectivamente, del nomograma para el cálculo de la capacidad del proceso que se presenta en la Fig. 20-19. Se unen los dos puntos en las escalas A y B por medio de una recta que se prolonga hasta interceptar la escala C. Este punto de la escala C es el valor de la capacidad del proceso tomado en unidades de celda; para este caso, resulta un valor de 7.5.
7. Para pasar de este valor condensado de la capacidad de proceso que se obtuvo en la escala C del nomograma, a sus unidades reales, se multiplica por el valor correspondiente al tamaño de las celdas, que en este ejemplo es de 0.0005 in. Como resultado, se obtiene el valor de 0.0037 in como capacidad del proceso.

Se han construido, además, reglas de cálculo que satisfacen esta misma finalidad del nomograma anterior. La Fig. 20-20 representa un modelo de esta regla de cálculo. La hoja de trabajo empleada en este ejemplo se puede usar independientemente del nomograma, sustituyendo en este caso los totales de blanco y negros en la ecuación.

$$\text{Capacidad del proceso} = 6\sigma = 6i\sqrt{\frac{\Sigma fd^2}{n} + \left(\frac{\Sigma fd}{n}\right)^2}$$

$$= 6\,(0.0005\text{ in}\sqrt{\frac{78}{50} + \left(\frac{2}{50}\right)^2}$$

$$= 0.0037\text{ in}$$

20.18 Empleo de los estudios de capacidad del proceso

Habiendo considerado los métodos para el cálculo de la capacidad del proceso, veremos en seguida la aplicación de estos resultados.

Estas aplicaciones que consideremos incluyen:

1. Información para facilitar el diseño del producto.
2. Aceptación de una pieza nueva o reacondicionada para el equipo.
3. Asignación de trabajos a cada una de las máquinas.
4. Selección de los operarios.
5. Ajuste de las máquinas para una producción corriente.
6. Establecimiento de límites de control para el equipo que tenga una estrecha capacidad de proceso, en comparación con la zona permitida para las tolerancias.
7. Determinación del valor nominal económico sobre el cual se deba operar la máquina, cuando la capacidad del proceso exceda a las tolerancias.

Las tres últimas técnicas han sido expresadas en forma de nomogramas.

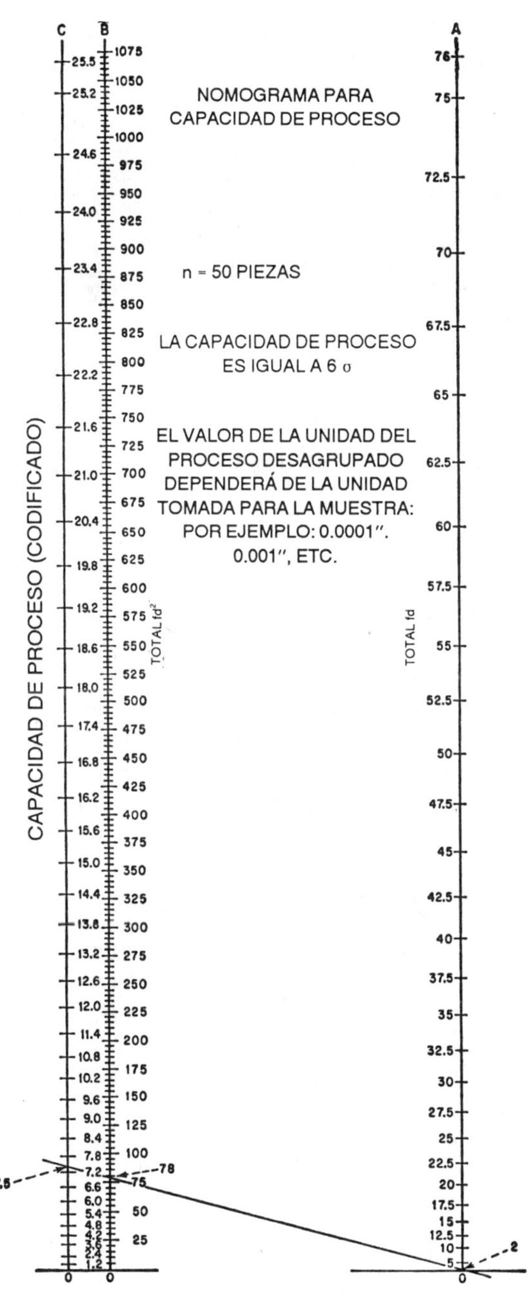

Fig. 20-19 Nomograma para capacidad de proceso.

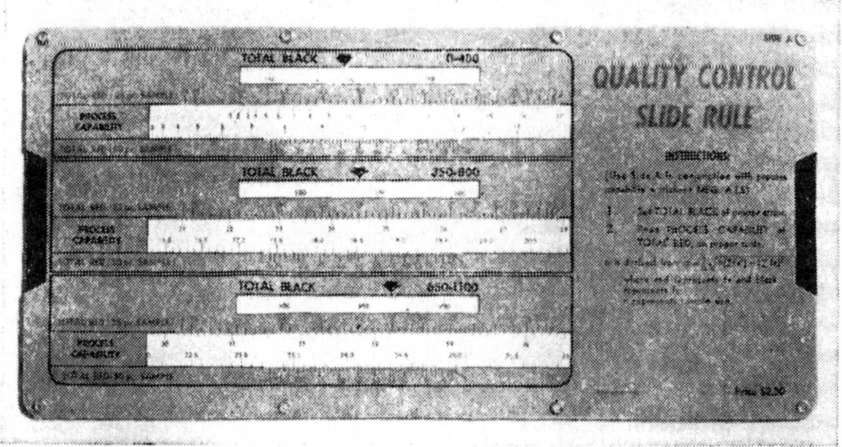

Fig. 20-20 Regla de cálculo para capacidad de proceso agrupada.

1. Información para facilitar el diseño del producto

Cuando se va a diseñar un producto, un aspecto de importancia es la consideración de las máquinas de que se dispone para la manufactura de ese producto. Los valores de la capacidad del proceso en las máquinas disponibles y la correspondiente característica de calidad facilitan al diseñador una aproximación real para este trabajo. Si las máquinas actuales no son capaces de satisfacer las tolerancias que requiere el diseñador, se debe pensar en la adquisición de nueva máquinas. El diseño de productos que se ajusten a las capacidades del equipo existente y la prevención de nuevos equipos ayudan en la planificación de la calidad. Aún más, como resultado de estos análisis, se puede obtener una reducción en las pérdidas, facilidad de conversión para el nuevo diseño y una rápida distribución del trabajo.

2. Aceptación de una pieza nueva o reacondicionado para el equipo

La necesidad de una pieza del equipo que se mencionó antes se debe satisfacer, pero esa pieza debe ser capaz de producir las dimensiones que se requieren. Antes de que se acepte esta adquisición, se deben hacer los estudios sobre su capacidad de proceso, a fin de asegurarse de que esa máquina será adecuada para la clase de trabajo que debe efectuar. Por su parte, el manufacturero debe hacer sus estudios de capacidad antes de embarcar una máquina, para asegurarse que puede cumplir la garantía de capacidad y rendimiento.

3. Asignación de trabajos a las máquinas

Las diferentes máquinas que se ocupan para generar la misma característica pueden tener diversas capacidades de proceso, debido a ciertos factores como su fabricación, su tamaño, el tiempo de servicios, el modelo y otros factores por el estilo. El diseño de diferentes productos, programados durante la manufactura, podrán tener diferentes tolerancias para una misma clase de características que se genera. Mediante el conocimiento de las capacidades de estas máquinas, se podrán repartir los trabajos, con objeto de hacer mínimo, o eliminar, el remaquinado y los costos por los desperdicios. Para ilustrar lo anterior, consideremos un taller de maquinado que posea tres tornos de diferentes marcas. La característica que se genera en ellos es el torneado del diámetro de las piezas que se producen. Después de una serie de estudios sobre la capacidad del proceso, los resultados que se obtuvieron se dan en la tabla que sigue. Se determinó, al mismo tiempo, que estos tornos no sólo difieren en sus capacidades, sino que también presentan variación de acuerdo con el material que se trabaje.

Torno	Valor de la capacidad del proceso	
	Latón suave	Acero inoxidable
A	0.001 in	0.003 in
B	0.002 in	0.004 in
C	0.005 in	0.007 in

Obtenida esta información, se puede asignar un trabajo en tal forma, que la tolerancia especificada para ese trabajo determina la máquina a la que se le debe asignar. Por ejemplo, si el torneado de un diámetro sobre el material de latón suave está especificado a .969 ± 0.002 in, o sea para una zona total de .004 in, este trabajo se tiene que asignar forzosamente a los tornos A o B, puesto que son los únicos tornos en el taller capaces de producir esta clase de trabajo. Si se tiene la posibilidad de que se programen algunas piezas con una tolerancia más estrecha durante este periodo, indudablemente que se deberá usar el torno B para este trabajo.

Debe hacerse notar que, siempre que sea posible, el valor de la capacidad del proceso no debe exceder del 75% de la tolerancia total.

4. Selección de operarios

Conviene puntualizar que los estudios sobre la capacidad del proceso no se efectúan únicamente sobre las máquinas. Presentaremos un caso particular que se estudió y que designaremos el ajuste de termostatos. Esta operación se realiza por medio de un tornillo de ajuste, al cual se le va dando vuelta hasta que se enciende un indicador. La única herramienta que se usa es un botón que no ejerce influencia sobre el proceso. Se hizo la selección de doce obreros; los termostatos fueron del mismo diseño, tomados del proceso de fabricación, y se repartieron al azar entre los operarios. Se midió la eficacia de esta operación de ajuste, mediante la temperatura a la cual el termostato cierra el circuito en condiciones de operación.

Los resultados obtenidos fueron muy interesantes. Como era de esperarse, el valor de la capacidad del proceso fue muy grande al iniciar los obreros el trabajo por primera vez, y este valor se iba estrechando con la experiencia. Sin embargo, se presentaron dos obreros que no demostraron ninguna mejoría. Éstos fueron trasladados a otros trabajos, puesto que demostraron ser incapaces para el ajuste de los termostatos. Por otra parte, un operador demostró una destreza sobresaliente, que alcanzaba gran valor para su capacidad de proceso (6 σ) de casi la mitad del promedio de otros obreros. En la Fig. 20-21 se presenta, esquemáticamente, la forma en que varía paulatinamente la capacidad de proceso de cada obrero, de acuerdo con el tiempo. Éste es un ejemplo muy interesante de la forma en que los estudios de capacidad del proceso ayudan al jefe de taller para seleccionar a los obreros mejor adaptados en cierta operación que reclame exactitud.

5. Ajuste de la máquina para la producción

Cuando una pieza del equipo se encuentre preparada para la producción, es necesario asegurarse del ajuste de la máquina para poder producir piezas que queden dentro de las tolerancias permitidas. Esto se consigue midiendo algunas de las primeras piezas producidas, y de acuerdo con los resultados que se obtengan, se aceptará la máquina para su producción, o bien se reajustará y se medirán otras piezas subsecuentes. El problema que se presenta es : 1)"¿cuántas mediciones son necesarias para el caso?", 2)"¿entre qué límites deben estar comprendidas estas mediciones, para asegurar que la máquina está bien ajustada?"; 3)"¿fuera de qué límites deben quedar las mediciones para indicar que la máquina requiere un reajuste?" A fin de poder contestar las preguntas anteriores, es preciso conocer primero la capacidad de proceso de la máquina y el nivel aceptable de calidad de la característica por generar.

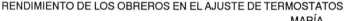

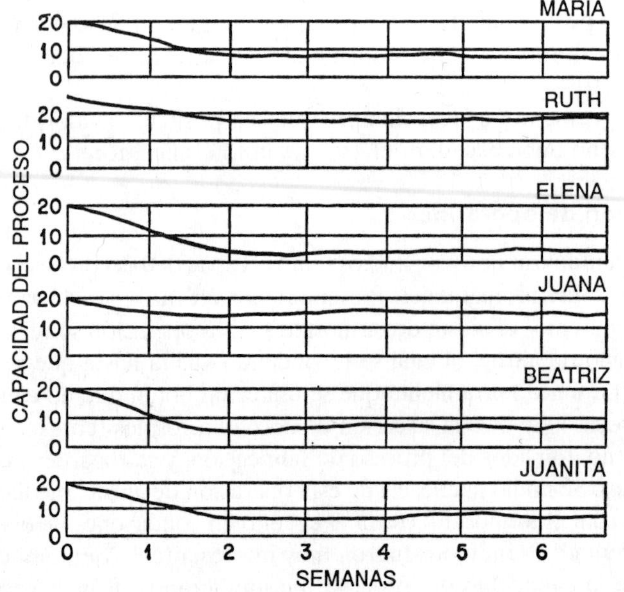

Fig. 20-21

NOMOGRAMA PARA ACEPTAR EL AJUSTE

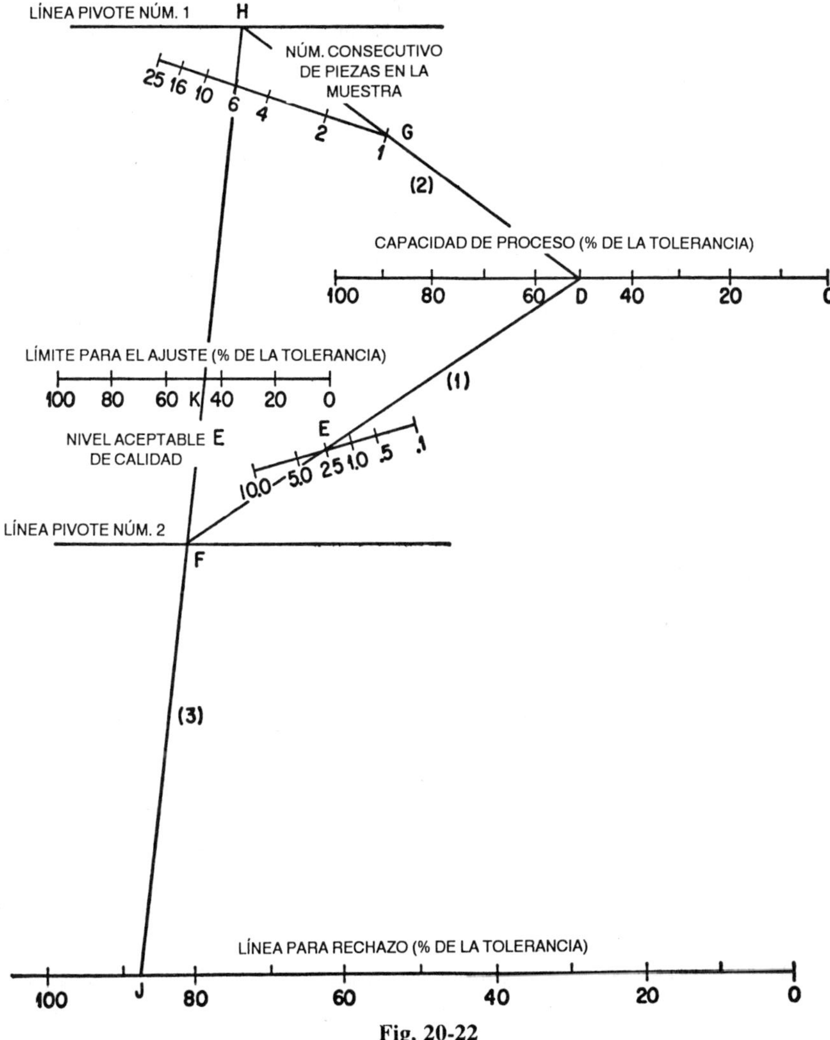

Fig. 20-22

Obtenida esta información, se podrán resolver las preguntas anteriores. Para facilidad de los cálculos se ha construido un nomograma. A fin de ilustrar el empleo de este nomograma que se presenta en la Fig. 20-21, tomaremos el ejemplo presentado en la sección precedente. En este ejemplo, el torneado de un diámetro sobre el latón suave estaba especificado a 0.969 ± .002in, o sea para una zona de tolerancia de .004 in. Este trabajo se había asignado al torno B, cuya capacidad de proceso es de .002 in para latón suave. Por tanto, la capacidad de proceso del torno, expresada en porcentaje de la tolerancia, es de .002/.004 in = 50%. Este valor se ha marcado en la Fig. 20-22 con la letra D. El nivel de calidad para esta dimensión (NCA) es de 2.5%, y se ha marcado con la letra

E en la figura. Se traza la línea (1) que conecte estos dos puntos D y E y se prolonga hasta que intersecte la línea pivote núm. 2 en el punto F. Se elige un tamaño de muestra y se marca en la escala denominada "Número consecutivo de piezas en la muestra". Supongamos que se ha elegido una sola pieza para muestra: ésta se marca en el punto G. Por los puntos D Y G se hace pasar la recta (2) hasta que corte a la línea pivote núm. 1 en el punto H. A continuación se traza la recta (3) que une los puntos F y H y se prolonga hasta que corte la línea de rechazo en el punto J. El punto K en que esta última recta corta la línea de ajuste da el límite dentro del cual se puede aceptar el ajuste. Este límite queda expresado en porcentaje de la tolerancia y queda explicado gráficamente en la Fig. 20-23. El punto en que esta línea de rechazo (punto J) da el límite exterior, para el cual la máquina debe reajustarse. También este límite queda expresado en porcentaje de la tolerancia y se ha marcado en la Fig. 20-23. El espacio entre estos límites es de indecisión y se puede reducir aumentando el tamaño de la muestra.

Los límite para el ajuste en este ejemplo resultan de .969±(.45).002 in = .9681 y .9699 in. El valor de una sola muestra comprendida entre estos límites indicará que el ajuste es el apropiado. Los límites de rechazo son: .969±(.88)(.002 in) = .9672 y .9708 in.

Si el resultado dado por una sola muestra es inferior a .9672 in o mayor que .9709 in se procede al reajuste.

6. Establecimiento límite de control en equipos con capacidad de proceso estrecho en comparación con la zona de tolerancias

Para muchos tipos de operaciones, la capacidad de proceso del equipo que se emplea resulta muy estrecha, comparada con la zona de las tolerancias para la pieza que se produce. En estos casos es posible obtener alguna ventaja con esa amplia zona de tolerancia. Este caso se presenta en un proceso que tiende a deslizarse en el ajusto de su dimensión. Esto puede ocurrir en procesos en que la herramienta empleada está sometida a un desgaste o a una degradación por el calor. Como ejemplo de estos proceso se tienen las operaciones en tornos, tornos automáticos, montajes para mandrilar y en fresadoras. Normalmente, la capacidad de proceso de estos equipos es pequeña en relación con la tolerancia total que se permite, y el ajuste puede deslizarse dentro de la zona de las tolerancias. Este hecho se presenta en la Fig. 20-24.

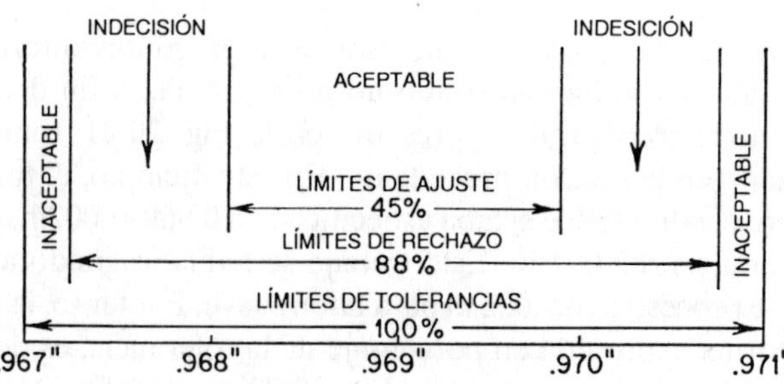

Fig. 20-23 Límites de ajuste.

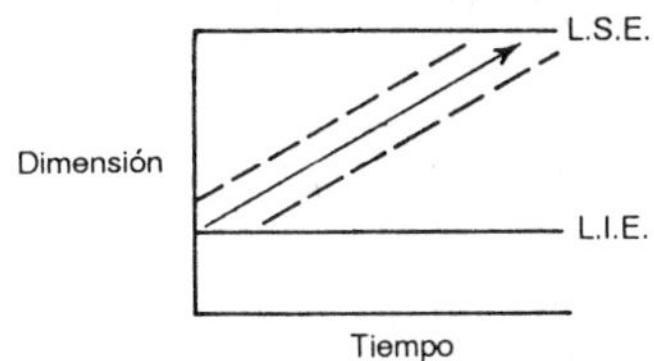

Fig. 20-24 Desgaste de la herramienta.

El problema, en este caso, es establecer límites de control que permitan obtener una completa ventaja de esa zona de tolerancias y, además, que se tenga la seguridad de que no se producirá un número excesivo de piezas fuera de la tolerancia.

Se dispone de un nomograma que ayuda a determinar estos límites de control. Este nomograma se presenta en la Fig. 20-25 y consta de cuatro variables. Elegidas dos de éstas, las otras dos se pueden determinar directamente. Estas variables que intervienen son:

1. El tamaño de la muestra empleada (n). Este valor se marca en la columna A del nomograma.
2. Porcentaje p_1 (marcado en la columna B). Este valor corresponde al porcentaje mínimo de piezas fuera de tolerancias que es posible esperar, cuando la media de la muestra queda directamente en el límite de control.
3. Porcentaje P_2 (marcado en la columna C). Corresponde al porcentaje máximo de piezas fuera de tolerancias que es posible esperar, cuando la media de la muestra queda directamente sobre el límite de control.
4. La distancia a que debe quedar el límite de control, dentro del límite de especificaciones, expresada en porcentaje de la capacidad del proceso (columna D).

Tomemos, por ejemplo, el caso del torneado de un diámetro en latón suave, para el que se tiene una especificación de .969±.002in, o sea una zona de tolerancia de .004 in.

Previamente se había asignado este trabajo al torno B, que tiene una capacidad de proceso de .002 in, pero para este ejemplo, se le asignará el torno A, que tiene una capacidad de proceso de .001 in. En este caso, la capacidad de proceso resulta menor, comparada con la tolerancia permitida (25%). Se toma una muestra periódica de cuatro elementos se fija un 2% máximo para las piezas que puedan quedar fuera de los límites en cualquier momento. Este punto está marcado con S en la columna C de la Fig. 20-25. Se traza la recta (1) entre los puntos R y S. Con esto queda determinada la distancia entre el límite de control y el límite de especificaciones, como de un 45% de la capacidad (punto T) y, además, el porcentaje mínimo de piezas fuera de tolerancia, 0.5% (punto U), para una muestra cuya media quede sobre este límite de control.

NOMOGRAMA PARA LÍMITES DE CONTROL

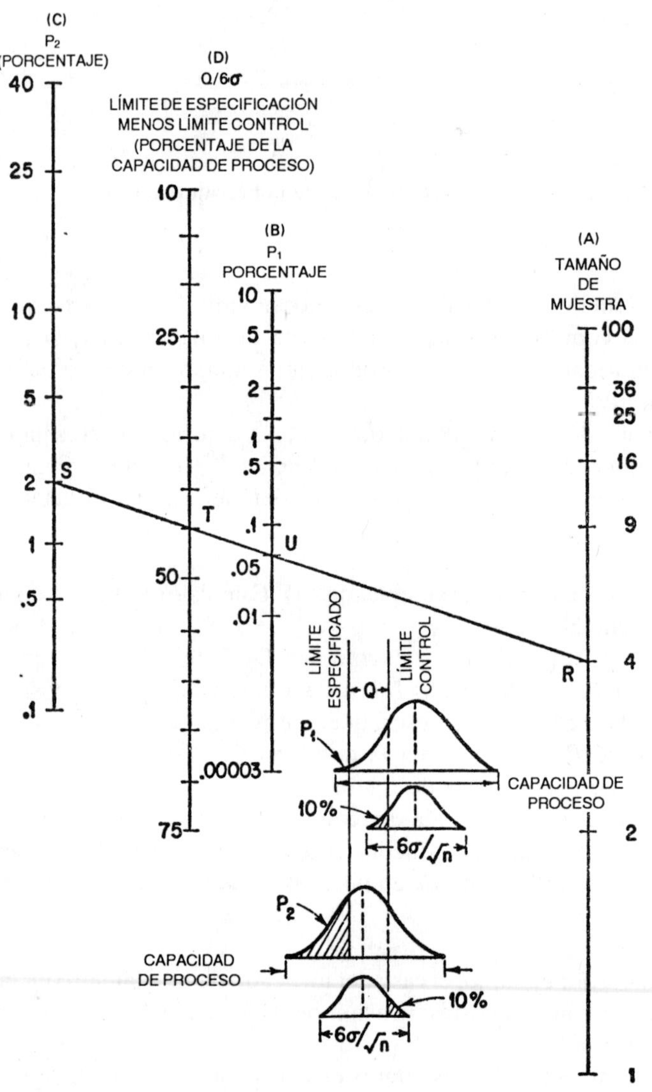

Fig. 20-25

7. Determinación del valor nominal del proceso, para la operación de la máquina, cuando la capacidad de proceso excede las tolerancias

En muchas ocasiones resulta que una pieza con su dimensión abajo de las tolerancias se tiene que desechar, pero una pieza con su dimensión arriba de las tolerancias se puede remaquinar. El costo del desperdicio puede superar al costo del remaquinado, o bien puede suceder que el costo del remaquinado exceda al de desperdicio. Si, por cualquier razón, la capacidad del proceso excede a la zona de tolerancia, será necesario proseguir la operación por determinado tiempo, hasta que se logre mejorar la capacidad. Sin embargo, durante este tiempo se habrá producido cierto número de piezas malconformadas, lo que dará como resultado una erogación por desperdicios o remaquinados. Más que reducir ese porcentaje defectuoso que se produce, conviene deslizar la dimensión nominal hacia el lado en que sean menos los costos, a fin de reducir el costo de la calidad defectuosa al mínimo.

También se encuentra con un nomograma que ayuda a calcular la cantidad en que se debe correr la media del proceso, a partir de la dimensión nominal, para obtener una situación que sea la menos costosa. Este nomograma consta de cuatro variables y se muestra en la Fig. 20-26. Las variables que se consideran son:

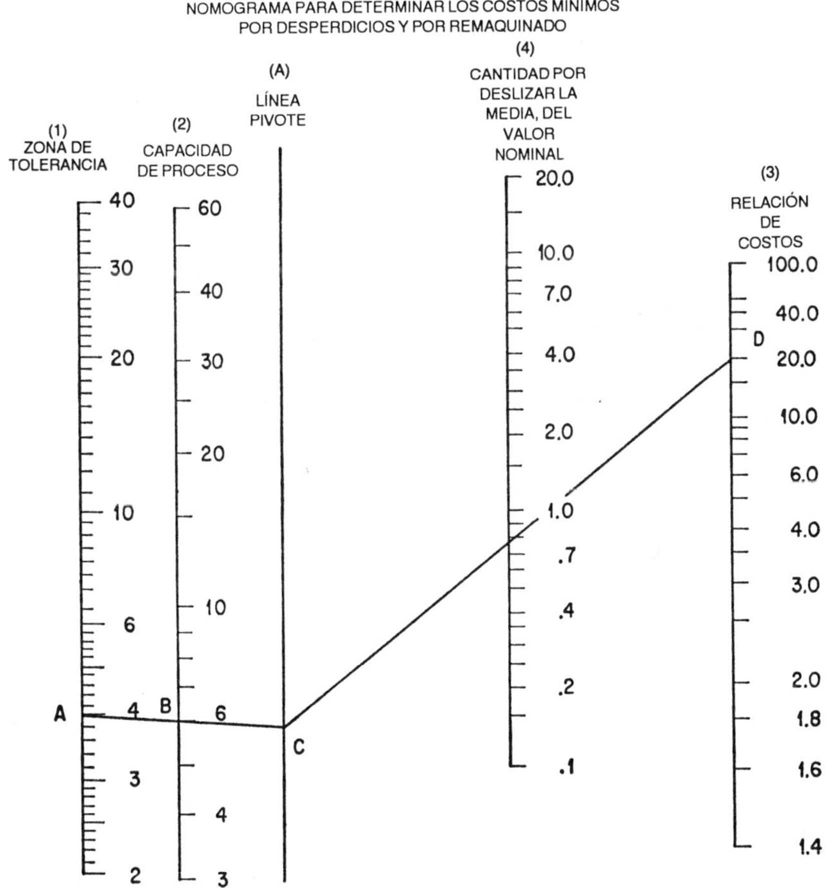

Fig. 20-26

1. La zona de las tolerancias. Corresponde al espacio entre los límites de tolerancias, fuera del cual las piezas que se produzcan resultan ya sea en desperdicio o para remaquinado (columna 1).
2. La capacidad del proceso en el *momento de hacer el estudio* (columna 2).
3. La relación entre los costos. Relación del mayor costo dividido entre el menor costo (columna 3).
4. Cantidad que se debe correr para la media del proceso, del valor nominal. Este deslizamiento será siempre hacia el límite de tolerancia que lleva asociado el menor costo (columna 4).

Para ilustrar el empleo de este nomograma, usaremos nuevamente el ejemplo que se ha venido utilizando en esta sección. Si el diámetro torneado resulta inferior a .969±.002 in, la flecha se tiene que desechar; el material tiene un costo de $10. Sin embargo, si el diámetro torneado resulta arriba de la tolerancia, se puede hacer un remaquinado, con un costo adicional de $.50 por cada flecha. La capacidad normal del torno B es de .002 in, pero supongamos que instantáneamente varía a .006 in y que no se puede disponer de piezas para repuesto para ese torno. Como es necesario mantener la producción de las flechas, se ha decidido continuar la fabricación a pesar del costo del desperdicio y remaquinado. Si se mantuviera la dimensión actual nominal para el trabajo, el costo de la calidad defectuosa resultaría de ($10)(.023)+($.50)(.023) = $.246 por cada pieza.[18] Pasando al nomograma con el valor del margen de tolerancias de 4 milipulgadas en la columna (1), se marca el punto A; con el valor de 6 milipulgadas para la capacidad del proceso, se marca el punto B en la columna (2). Al conectar estos puntos y prolongar la recta hasta la línea pivote, se encuentra el punto C. La relación de los costos resulta de $10/$.50 = 20; este valor se marca en la columna (3) con la letra D. Se conectan luego los puntos D y C por medio de una recta, la cual corta la columna (4) en un valor de 0.75 milipulgadas, cantidad en la que se debe deslizar la media del proceso, para reducir al mínimo el costo de la calidad defectuosa total. Es decir, que la media del proceso se debe colocar en .9697 in, con lo que resultará el 10.6% de piezas por remaquinar y el 0.3% de piezas desechadas. Por tanto, el costo total de la calidad defectuosa resulta de (.106 × $.50) + (.003 × $10) = por pieza, o sea una reducción de dos tercios.

Resumen

En conclusión, los estudios sobre la capacidad del proceso son una herramienta de mucha eficacia. No sólo es muy fácil su determinación, sino que, además, sus aplicaciones son muy variadas. Aquí no se han presentado todas las posibles aplicaciones ni se ha intentado hacerlo. Únicamente se han citado algunas de estas aplicaciones, a fin de dar una ligera idea de la posibilidad de las aplicaciones que se pueden hacer.

Mediante el empleo de los estudios de la capacidad del proceso, se pueden realizar algunos ahorros sobre las pérdidas que se ocasionen por un proceso inadecuado, ya sea por un escaso mantenimiento de las herramientas, por el empleo de obreros poco capaces y otros factores por el estilo. También pueden auxiliar en la programación óptima de las máquinas y de los obreros, para poder realizar un producto que quede dentro de sus especificaciones, al costo mínimo.

Auditoría de la calidad

20.19 Antecedentes

El valor principal de un programa de control de calidad debe basarse en la satisfacción expresada por un consumidor sobre los artículos que ha adquirido de la planta. En sentido real, este mismo comprador representa la "estación final de control" para las actividades de control del producto de la fábrica.

Esta satisfacción del consumidor puede desmerecer por el número y la seriedad de sus reclamaciones. Pero el lapso que transcurre entre la producción y la recepción de la comunicación con la satisfacción del cliente sobre los artículos ya producidos es demasiado largo; tanto como los datos del control, los informes con las reclamaciones tienen un valor importante, principalmente para hacer resaltar las tendencias de la calidad durante una fabricación de larga duración. Como una guía para la acción rápida correctiva, se requieren datos más inmediatos de esa satisfacción del consumidor, ya que es posible que se hayan producido centenares de artículos con un determinado defecto, antes de que puedan recibirse las reclamaciones del consumidor sobre los primeros artículos que se le remitieron con ese defecto.

Dado que proporciona los datos del punto de vista del cliente, de la clase así requerida, la auditoría de calidad ha asumido una importancia creciente como técnica de control del producto con la actividad principal de auditoría, generada por el departamento de ingeniería de control del proceso, con otros elementos funcionales de la planta involucrados. Los principios de la auditoría se expusieron en las Secs. 11.23 a 11.27 en lo referente a las categorías de producto, procedimientos, sistemas y otros. Para la tarea de control del producto, del control total de la calidad se repasan las siguientes áreas de auditoría: *auditoría de sistema y auditoría de mediciones,* en la Sec. 20.20; y un ejemplo de auditoría de la calidad de servicio, "Auditoría de la calidad del trabajo de investigación y desarrollo", Sec. 20.21.

Auditoría del producto

Las auditorías del producto se llevan a cabo usualmente sobre las siguientes bases:

1. La selección de una muestra del producto, sobre un lote al cual le han sido practicadas todas las operaciones, pruebas e inspecciones y que ya está listo para su embarque. El tamaño de esta muestra es relativamente pequeño, puede incluir 10 ó 15 piezas, pero, en todo tiempo, será preferible una muestra de 50 piezas, siempre que resulte económico ese tamaño.
2. Las unidades que forman la muestra se deben examinar por el ingeniero de control del proceso, desde el punto de vista del comprador más exigente.

En algunos casos, se emplean para este examen las mismas normas que se han empleado durante la producción, inspección y pruebas regulares. En otros casos, se emplean normas más rigurosas de las usadas regularmente en la producción, incluyéndose las pruebas aceleradas de servicio y las pruebas destructivas del producto.

3. Los resultados de este examen se utilizan como una base para una acción, en diferentes formas:
   a. En algunos casos, la muestra debe aprobarse de acuerdo con los resultados de la auditoría, antes de que se pueda ordenar el embarque del lote del cual se tomó la muestra.
   b. En la mayoría de los casos, no se esperan los resultados de la auditoría de la calidad para dar la orden. Sin embargo, estos resultados los aprovecha el ingeniero de control del proceso, para determinar las tendencias y guiar la acción correctiva que se necesite.
4. La frecuencia con que se deban practicar las auditorías de la calidad varían ampliamente de una planta a otra, dependiendo de los requisitos económicos y de la calidad. En algunas plantas se requiere una supervisión de la calidad sobre cada lote que se embarque; en otras; sólo se requieren auditoría periódicas —cada día, cada semana o cada mes.
5. En algunas plantas se hacen del conocimiento general los resultados de las auditorías de la calidad y figuran como el índice de calidad del producto estudiado durante el periodo que comprende la auditoría.

La auditoría de calidad del producto está *centrada en el cliente,* y presta atención especial a aquellas características que son de mayor importancia para el cliente, incluyendo en particular aquellas que con mayor frecuencia le ocasionarían problemas. Las auditorías incluyen factores de ponderación, dependiendo de si las características son de naturaleza crítica, mayor, menor o incidental para el cliente. La auditoría puede entonces generar un número ponderado, o índice, para evaluar la calidad del producto continuamente y en relación con el tiempo. El número índice es un indicador de qué tan bien está operando en realidad el programa de calidad del producto.

Hasta el grado posible, el número índice debe correlacionarse con las quejas de los clientes, y la reacción del cliente con la calidad del producto. Esta correlación requiere que el lapso apropiado entre la fecha de manufactura y la fecha de uso del producto se tomen en consideración. Por tanto, la auditoría puede usarse para predecir la magnitud, número y costo de quejas futuras.

La magnitud se puede predecir extendiendo al número índice ponderado a una base unitaria. Cuanto mayor sea el número índice, menor será la magnitud de quejas potenciales. El costo puede predecirse relacionando cada característica con su costo potencial por queja, si llegara al cliente en una condición abajo del estándar. Este tipo de número índice ponderado al costo se convierte así en un número potencial de pérdida de dinero. El número de quejas puede predecirse por tendencias, por tiempo, como se indique en el índice.

En un sentido muy amplio, una auditoría de calidad del producto proporciona verificación de la calidad del producto. Ya que este tipo de auditoría no está diseñada para aceptar o rechazar al producto, una indicación de baja calidad significa que debe iniciarse un análisis completo e inmediato. Este análisis incluye un estudio completo de la condición subestándar, para determinar tanto la aceptabilidad del producto como la causa de la condición por abajo del estándar. Además, se deberá tomar de inmediato una acción correctiva para eliminar o controlar la condición subestándar.

Cuando el número índice muestra una tendencia hacia una calidad menor —o cuando un número índice bajo en sí se determina— es esencial una retroalimentación muy rápida de esta información. Esto puede indicar que una parte del equipo o que un proceso entero no se ha mantenido apropiadamente o está fuera de control; algún calibrador, instrumento o programa de equipo de control no se han mantenido apropiadamente; o los procedimientos de calidad no se han seguido o la misma planificación de la calidad no es apropiada. Si cualquiera de estas causas está presente, es posible que ya se hayan afectado varios lotes de producto; se pueden minimizar las pérdidas con un análisis exacto y una acción correctiva conmensurada.

Las muestras de auditoría son elegidas con la mayor facilidad cuando el producto es pequeño y las unidades pueden manejarse fácilmente. Sin embargo, el mismo enfoque se ha aplicado con frecuencia a aparatos más grandes, a través del medio de elegir subconjuntos importantes o componentes críticos.

Por tanto, sustancialmente esta técnica es justo lo que su título indica —una auditoría de la calidad del producto— y se compara directamente, en necesidad y principio con el más conocido auditor contable. La auditoría de calidad del producto no es una medida de control en el sentido preventivo a corto plazo, debido a que los artículos examinados por el ingeniero de control del proceso ya han sido fabricados junto con el lote de donde se sacaron. Sin embargo, sus efectos a plazos mayores son importantes. También es en extremo útil y económicamente productivo el volver a revisar la eficiencia de las rutinas de planta regulares día por día, para controlar la calidad —lo cual implica habilidad de inspección, desempeño de pruebas, cuidado del operador, etc.—. También puede proporcionar un buen barómetro del punto de vista de la calidad del cliente.

20.20 Auditorías de control del producto de procedimientos, sistemas y medidas

Auditoría de procedimiento

La forma orientada al procedimiento de las auditorías de control del producto se usa para verificar la adhesión a las prácticas de los procedimientos establecidos dentro del programa de calidad. Un índice simple y bastante usado de los resultados de esta auditoría compara el porcentaje de procedimientos que están siendo seguidos sistemáticamente, con respecto al número total muestreado. Una alta incidencia de malconformaciones puede indicar varias condiciones distintas, pero principalmente una de las dos siguientes: ya sea que los procedimientos no se estén siguiendo en forma adecuada en la planta —lo que requiere una atención inmediata de la gerencia— o que los procedimientos no son eficaces o no se comprendieron, o inclusive que no están disponibles —lo que requiere diferentes tipos de acción.

Así, las condiciones que son cuidadosamente examinadas en la auditoría incluyen la supervisión de las acciones de calidad, la claridad de las comunicaciones, y el seguimiento adecuado por parte del operador, inspector o probador sobre la parte. Cuando se identifican discrepancias entre la práctica y el procedimiento, debe acordarse una acción correctiva apropiada con el procedimiento prescrito, o en los casos en que se requiera, el procedimiento debe mejorarse para permitir una operación adecuada de la calidad y el cumplimiento con la calidad.

Auditoría de sistemas

Esta forma de auditoría de control del producto se dirige a una evaluación tanto de la adhesión al sistema de calidad como a la eficacia del mismo para cumplir con los objetivos de la calidad de la planta y compañía sobre la satisfacción del cliente. La Sec. 11.26 revisó un ejemplo de esta forma de auditoría.

Auditoría de medición

Este tipo de auditoría verifica la calidad y exactitud de las mediciones tomadas por inspectores, probadores y operadores de taller. Es similar, en algunos aspectos, a aquella en que los operadores supervisores revisan o prueban sus propias operaciones. La medición bajo estudio debe verificarse usando un método alterno de medición cuando sea posible. Esta técnica señala a los operadores que no están midiendo apropiadamente. También localiza los instrumentos de medición que están planificados impropiamente para el trabajo; las herramientas fuera de calibración y minimiza las diferencias en las técnicas de medición referentes a la distorsión de los resultados de las auditorías.

Las prácticas implicadas en la auditoría de la medición son las siguientes:

1. Elección aletoria de varios lotes del producto (estos lotes pueden elegirse al utilizar una tabla de números aleatorios, usando los últimos tres dígitos de la tabla).
2. Toma de una muestra de 5 a 10 piezas de cada lote.
3. Medición y comparación con los resultados del inspector. El número de lotes elegido y la frecuencia deseada de repetición de esta auditoría se basan en el grado de necesidad mostrado por el número índice.

Aquí, un índice basado en el porcentaje de mediciones que son encontradas exactas es un indicador de gran uso. Éste es un índice simple, fácil de comprender e interpretar en toda la fábrica.

20.21 Auditoría de calidad del trabajo de investigación y desarrollo

La investigación y desarrollo, aunque es una actividad muy importante en muchas compañías, también es un área muy difícil de cuantificar. Una gran compañía con varias divisiones en el medio oeste asigna millones de dólares para el trabajo de investigación y desarrollo para subir la condición del mercado al que sirve. Aunque la responsabilidad directa para conducir el trabajo de desarrollo descansa en los gerentes de división operativa y el director de investigación, la dirección general tiene la última responsabilidad para determinar que los proyectos de desarrollo y los programas estén bien planificados y ejecutados y sean de costos adecuados.[19]

El interés ejecutivo está en las áreas como duplicidad potencial de las actividades de desarrollo dentro de las divisiones operativas, despliegue prudente de fuerzas y el valor de los resultados de los gastos de desarrollo. Como medida de qué tan eficientemente se ejecutan las actividades distintas de investigación y desarrollo, el jefe ejecutivo de la compañía pidió se practicara una auditoría. Aunque el concepto de auditoría no era de ninguna forma ajeno, la extraña naturaleza del área bajo estudio a ser examinada presentaba problemas únicos que se trataban en una forma un tanto poco ortodoxa.

El grupo de auditoría, consistente en tres individuos independientes de cualquiera de las divisiones o actividades en revisión, prepararon un plan calculado para reducir significativamente las horas invertidas normalmente en este tipo de auditoría: los intervenidos (las divisiones que serían revisadas) recibieron un papel activo como socios dentro de la misma auditoría. El enfoque participativo a la solución de problemas refleja el interés y las técnicas de círculos de calidad expuestas en el Cap. 9.

El equipo de auditoría compiló primero los estándar contra los cuales medir. Esto se logró investigando en la literatura disponible, a partir de discusiones con otros ingenieros y científicos y de la política y procedimientos de la misma compañía con respecto a investigación (I) y (D) desarrollo. Los datos obtenidos resultaron en aproximadamente 40 normas. Debido a que se estaría tratando con gerentes y ejecutivos, el equipo de auditoría decidió colocar los estándar dentro de un marco que tomó un punto de vista administrativo; así, cada uno se enlistó bajo alguna de las cuatro funciones generalmente aceptadas para la administración: planificación, organización, dirección y control. Este enfoque orientado a la administración ayudó a establecer un clima que permitía que floreciera una relación productiva.

Habiendo decidido sobre el enfoque, el equipo de auditoría se enfrentó al asunto de la encuesta preliminar que, en auditoría de actividades complejas sin auditorías previas, pueda ser una función clave del examen sobre el cual se basan todas las actividades de auditorías subsecuentes. La importancia de la encuesta preliminar es grande, pero puede complicarse con las dificultades. El auditor debe hablar con las personas a la mitad de su trabajo y hacer muchas preguntas, confiando en que las preguntas se comprendan, que son contestadas en forma correcta, que el auditor comprenderá la respuesta y que será capaz de colocarla en la perspectiva apropiada. A menos que la persona sea un auditor de primera categoría con mucha experiencia, es muy posible que la información obtenida de esta manera no se enfocará verdaderamente sobre lo que se necesita, y que la información registrada estará llena de brechas que necesitan aclaraciones y ampliaciones. Si las preguntas iniciales no han puesto a la defensiva a los intervenidos, las visitas posteriores repetidas en busca de información adicional casi seguramente lo harán.

El enfoque participativo proporcionó una alternativa a estas dificultades. La técnica exigía una serie de preguntas (bajo los títulos de planificación, organización, dirección y control) que eran contrapartes de las normas generadas previamente. El cuestionario debía ser contestado por escrito por el personal intervenido y documentarse con registros, procedimientos, formas y reportes apropiados. En efecto, la encuesta preliminar debía ejecutarse por los más enterados de la actividad —la misma gente de I y D.

Cuando se regresó el cuestionario, el equipo revisó las respuestas y tomó conciencia de su posición, que debía acumularse, con mucho menos tiempo y esfuerzo que lo sería normalmente el caso, la información y registros especiales. Además, se obtuvo un beneficio más sutil de este enfoque participativo: el cuestionario se convirtió en una autoauditoría para los gerentes de departamento de desarrollo, permitiéndoles tomar una buena mirada estricta sobre ellos mismos mientras que contestaban las preguntas pertinentes sobre sus actividades.

El análisis del cuestionario trajo a la superficie aquellas áreas en las que se indicaba un estudio a profundidad, y éstas fueron el foco de la auditoría real. Así, se generaron aseveraciones objetivas, conscientes y profesionales a la gerencia ejecutiva en lo referente a aquellas actividades que estaban trabajando eficientemente, así como importantes recomendaciones para mejorías en algunas áreas. Esto último abarca una gama amplia de temas, desde consideraciones de planes a largo plazo y poner por escrito objetivos y metas, hasta desarrollar políticas y procedimientos consistentes y estrechar el control administrativo sobre los proyectos en desarrollo. Estas recomendaciones, en algunos ambientes de auditoría, hubieran podido resultar en antagonismo, hostilidad y aun la negativa de intervención para tomar la acción. Bajo el enfoque participativo, la gerencia divisional aceptó más rápidamente los resultados que los auditores podían demostrar ampliamente, y se aseguró una rápida acción correctiva.

Otras áreas para las actividades de control del producto

20.22 Seguimiento del producto

Una importante técnica de calidad del producto que implica documentación de la ingeniería, fabricación e historia de la distribución de productos es necesaria para seguir al producto en el campo, de forma que las tendencias de calidad puedan considerarse y se pueda tomar una acción rápida en casos de retracción del producto.

Las actividades de *seguimiento* identifican la ubicación de una unidad de configuración específica, y la fecha de manufactura, en cualquier punto deseado dentro de la secuencia de producción. La unidad puede ser una parte, un subconjunto o un producto. Debe ser localizada rápidamente en cualquier punto desde la inspección de materiales recibidos hasta los procesos los procesos los procesos de manufactura, el punto de embarque para los clientes y con los clientes mismos, rápidamente y a un costo mínimo.

Para seguir eficientemente a las unidades, debe establecerse un programa metódico por la identificación, configuración del producto, registros y distribución. El grado deseado de seguimiento debe establecerse normalmente sobre la criticalidad de la unidad y la economía de la situación —estas condiciones en equilibrio contra la probabilidad de un cambio futuro en la calidad del producto por el productor o, en los casos de notificación o reembolso al cliente, retracción del producto del campo—. Entre los factores que deben ponderarse están los costos de seguir hacia atrás todos los procesos, revisar todos los registros, separar todos los componentes en varias etapas de terminación, revisar todos los registros de embarque y localizar todos los productos defectuosos que puedan estar en la compañía, o en las bodegas de la compañía o en uso. El seguimiento al 100% puede ser costoso, y las compañías adaptarán el programa a las líneas de producto como sea requerido prácticamente, para mantener la satisfacción del cliente en el mercado.

Como ejemplo, el enfoque de algunas compañías para mantener un programa de seguimiento en que los componentes críticos se identifican a través del modo de falla, efecto y análisis de criticalidad llevado a cabo por el personal de ingeniería y control de calidad de conjunción con la revisión del diseño preliminar del producto o preproducción. Este análisis resulta en una lista maestra de componentes críticos, editada y mantenida por control de calidad en cooperación con control de producción y embarque, que se usa para identificar los componentes críticos, ya sea un recibo o en los puntos apropiados de fabricación y ensamble. Se asigna un código de seguimiento al inicio del flujo de materiales y se establece una gráfica de flujo para seguimiento. Los principales niveles de actividades para esta gráfica son:

1. Elección del componente crítico y listado por número de parte.
2. Codificación de la parte del vendedor (registro del nombre del vendedor y fecha del recibo).
3. Codificación de partes, subconjuntos, conjuntos fabricados internamente y almacenamiento en un registro diario por marcas. Al final de la línea de ensamble, cada contenedor de embarque se codifica con fecha. Este procedimiento de codificación secuencial proporciona datos suficientes para relacionar los componentes críticos con fechas específicas de inspección de recibo, fabricación y, finalmente, ensamble.
4. Registro computarizado de embarque, incluyendo códigos por fecha, nombre del cliente y destino. La correlación de estos datos con el código de números de seguimiento resulta en un seguimiento muy apropiado de los componente críticos.

20.23 Control de producto software

Las pruebas, verificación de los módulos y sistemas de software son básicos para los programas modernos de control total de la calidad. Las actividades de control del producto en el área de software incluyen técnicas para configurar (arreglar el software, hardware, personal y logística para la prueba); condicionamiento (traer el estado inicial para el sistema en la prueba); introducción de datos reales o simulados; iniciar y sincronizar la prueba; colección de datos; exposición y análisis de resultados.[20]

Un enfoque representativo implica la calificación de las pruebas tanto de hardware como del software de "apoyo". La prueba de calificación incluye una auditoría de documentación y una auditoría de conformidad para las reglas de diseño, seguido de pruebas funcionales a través de simulación ambiental. Las medidas y reportes de defectos generan la información que hará posible una acción correctiva preventiva para reducir el número de malconformaciones software. Se establecen normas para definir las categorías de malconformaciones para establecer las etapas en las que se medirán los niveles de malconformación y para definir el porcentaje de malconformaciones usando una base orientada para las malconformaciones presentes en un artículo de software la primera vez que se une.

20.24 Procesamiento y flujo de la información de calidad

Un fabricante de combustible nuclear mantenía un inventario de más de 100, 000 artículos de material nuclear en la planta, por medio de sistemas de botones automáticos y un sistema de procesamiento por lotes, hasta que las nuevas reglamentaciones estipularon procedimientos para inventarios más estrictos, incluyendo registros en el proceso y registros de fuentes y ubicación de todos los materiales nucleares especiales. El problema de salvaguardia nuclear enfrentado por este fabricante, aunque en apariencia altamente especializado, se resume en la necesidad general básica de la producción de calidad de medios más exactos de seguimientos de lotes y números seriados, un elemento fundamental en el procedimiento de información de la calidad.[21]

Para alcanzar la creciente exactitud y los requisitos de auditoría, la gerencia de la planta convirtió a un sistema de procesamiento de transacciones en la línea que verificaría todos los insumos del taller cuando fueran hechos, y cuya base de datos sobre la línea contendría suficiente información para apresurar el inventario físico, sin aumentar las demoras en las operaciones de la planta. El sistema también incluía la lógica y los datos necesarios de calidad y control de la producción, para ayudar al monitoreo de producción, resultados del proceso, salida de material, seguimiento de material y certificación del producto.

La configuración del procesamiento hardware de la información consistía en minicomputadoras duales, conectadas a un múltiplex de comunicación común para 70 terminales en la fábrica, y 10 en la oficina. El software apoyaba a un sistema de procesamiento de transacción multiprogramado. Era necesario ajustar el programa para operar cuando sólo uno de los sistemas computacionales estaba disponible, así como cuando los dos estaban funcionando.

Las dos mitades del sistema operan en un modo primario-secundario, donde la máquina primaria actúa como controlador del par de máquinas; la máquina secundaria sigue el procedimiento de la primera máquina. La máquina primaria se comunica con las terminales en la planta de la fábrica y procesa las transacciones en un modo multiprogramado, mientras que la máquina secundaria recibe sus insumos de la máquina primaria. Al terminar el procesamiento de cada transacción en la máquina primaria, sus datos de insumo se envían a la máquina secundaria, y la terminal queda libre para la siguiente transacción. Las transacciones se reprocesan seriadamente en la máquina secundaria, en el orden de terminación en la máquina primaria. Sólo las transacciones con una base de datos exitosamente al día se envían a la secundaria para procesamiento; las transacciones dudosas y abortadas no se envían.

Ventajas del procesamiento de información

La gerencia de la planta estima que se logró una reducción de 20% en el ciclo de manufacturas por medio de este sistema, y su carga de taller asociada y el sistema de calidad, como resultado de la visibilidad gerencial mejorada y de potencial de la acción correctiva. Además, el tiempo ocioso de la planta por inventarios físicos se redujo de dos semanas a tres días, y la fuerza de trabajo necesaria para llevar los inventarios se redujo casi en dos tercios.

La información del estado de la calidad en cada contenedor de material de fisión en la planta se ha usado para una revisión de consistencia crecientemente complejo, cuando el material en los contenedores se ubica en estaciones de procesamiento. Las necesidades de calidad y producción se han combinado óptimamente, a través de salidas condicionadas de materiales, sujetas a devolución excepcional. Esta proceso de control completo ha resultado en mayores salidas del proceso y menores desperdicios.

Notas

[1] Los costos intangibles de calidad y los costos de exposición legal se expusieron en la Sec. 7.14.

[2] Para un estudio de esta producción, ver Harry N. Lange, "QA for Small Program in a Large Industry", *32 Annual Technical Conference Transactions,* American Society fo Quality Control, Chicago, 1978.

[3] Sólo como un ejemplo, en la fabricación de circuitos integrados (CI) son necesarias tasas muy bajas de fallas en el campo.

[4] Una exposición interesante sobre este punto la da Charles A. Bicking, en "Quality Control in the Chemical Industry, I" *Industrial Quality Control*, Vol. III, Núm. 4.

[5] Dependiendo del tamaño de la planta, puede hacer tantas como 700 a 1000 de estas estaciones, o tan pocas como 10 a 30. El propósito de la estación de control es mantener económica y consistentemente una salidad de calidad aceptable, sin importar la ubicación de la estación —ya sea en la introducción de nuevo producto y proceso, control del proceso, o en las áreas de planificación y eficacia de la calidad.

[6] Las determinaciones de capacidad del proceso se expresan en las Secs. 20.15 a 20.18.

[7] Esta exposición es extractó de un trabajo inédito: "Quality Control Applied to Job Shop Production" W. J. Masser y R. S. Inglis Philadelphia, Pa.

[8] Un enfoque un tanto diferente para control de máquinas, donde existe un fundamento de diseño y fabricación con ayuda computacional —junto con calidad con ayuda computacional, con auxilio de equipos de información de la calidad, con máquinas de medición coordinadas— se expuso en la Sec. 12.9.

[9]Para un estudio sobre un programa computacional de inspección de datos para un análisis similar, ver Fred Krannig, "A Quality Assurance Information System", *31st Annual Technical Conference Transactions,* American Society for Quality Control, 1977, Pág. 40.

[10]La auditoría de calidad se revisa con mayor detalle en las Secs. 20.19 a 20.21.

[11]Para el estudio de este tema véase la Sec. 15.25.

[12]Éste sigue una exposición de Larry R. Lavoie, "The Key to control N/C", *Quality,* noviembre 1977, Págs. 42-45, con permiso del Sr. Lavoie y *Quality*.

[13]Esta exposición procede de un trabajo inédito de D. A. Gensheimer, Pittsfiled, Mass.

[14]En la Sec. 15.12 se presentaron los planos de muestreo normal, reducido y más severo.

[15]El ejemplo en esta Sec. 20.13 está adaptado de un compuesto de datos de la experiencia en las tendencias de varios productos en instalaciones de control orientados hacia el establecimiento de tasas de rechazo mejoradas en ensambles complejos, donde se debe dar un mayor énfasis a las tasas de malconformación bajas en partes componentes. Los datos están adaptados para el uso de gráficas de control, Figs. 20-10-20-12, que son similares, para consistencia de enseñanza y demostración, con las gráficas de control de ensambles empleados en la segunda edición de este libro. Las Figs. 20-10-20-12 son similares a la gráfica de control, cuyo historial técnico se amplificó en la Sec. 14.27.

[16]Para un estudio sobre optimazación del proceso, ver Carl Mentch, "Manufacturing Process Optimization Studies —Theory an Use", *32nd Annual Technical Conference Transactions,* American Society for Quality Control, Chicago, 1978, Págs. 268-272.

[17] Estos índices ya fueron tratados en la Sec. 14.23.

[18]0.023 es el área bajo un lado de la curva normal más allá de 2σ. En este ejemplo, después del cambio en la capacidad del proceso, la banda de tolerancia incluye sólo $\pm 2\sigma$ de la distribución del proceso.

[19]De un trabajo de R. Wachniak, "Participative Audit —a New Management Tool".

[20]Para un estudio sobre el control del producto software, ver John B. Goodenough y Clement L. Mc Gowan, "Software Quality Assurance: Testing and Validation", *Proceedings of the Institute of Electrical and Electronic Engineers,* septiembre, 1980.

[21]Esta exposición está tomada de un trabajo de G. D. Detelfsen, R. H. Kerr, y A. S. Norton, "Two Generations of Transactions Processing Systems for Factory Control", presented at IEEE COMPCON, Washington, septiembre, 1976.

CAPÍTULO 21
Estudios especiales del proceso

Para cualquier planta o compañía, puede haber problemas de calidad en el desarrollo del diseño, en la producción o en el servicio que, si no son tratados rápida y eficazmente, obstruirán la satisfacción del cliente en el mercado. La ventaja competitiva de aquellas compañías con programas agresivos de control total de la calidad es que tienen en su local los mecanismos para enfrentar esos problemas en una forma sistemática, oportuna y continua —no simplemente como un "parche" temporal e incierto, adaptado con esperanzas de llevar el producto al mercado.

En aquellas fábricas que no cuentan con este mecanismo, la abundancia de fallas de la calidad en las líneas de producción, o una súbita avalancha de reclamaciones de los consumidores, puede ser el origen para provocar un pánico; tal vez se recurra a medios sin coordinación para investigar lo que sucede y tratar de hacer una rápida eliminación de las causas de estas dificultades.

Estos medios resultan a veces contradictorios, o bien, se interfieren; otras veces se guían realmente hacia una interpretación opuesta al problema que se estudia. Con mucha frecuencia, en lugar de ser rápidos, dan una lenta solución; y la interpretación final que se obtenga puede ser que realmente no resuelve el problema, transfiriéndolo a otro punto. Las "soluciones" están incompletas y pueden "trabajar" así por un tiempo; sin embargo, pueden implicar el riesgo básico de problemas mayores y posteriores que pueden terminar en una responsabilidad legal muy costosa o hasta en la necesidad de retirar todo el producto del campo.

En plantas que ya cuentan con actividades de control total de la calidad, estos problemas críticos de la calidad se presentan, generalmente, en paralelo con las operaciones de control del producto. Para proporcionar el medio que guíe los esfuerzos principales de la idea para enfrentarse a ellos, se han establecido, como la cuarta tarea del control de la calidad, los estudios especiales del proceso.

Estos estudios del proceso proporcionan el medio del control total de la calidad, por el cual los problemas básicos de la calidad del producto se pueden encarar fácilmente y darles una solución rápida. En este capítulo se tratará de revisar brevemente los estudios especiales del proceso.

21.1 Definición de los estudios especiales del proceso

Se pueden definir así:

> Los estudios especiales del proceso comprenden las investigaciones y pruebas para la localización de causas en los productos malconformados, y la determinación de la posibilidad de mejorar las características de la calidad, así como asegurar que la mejoría y acción correctiva son permanentes y completas.

Estos estudios están orientados principalmente hacia los problemas de la calidad, únicos que se presentan eventualmente y que requieren la intervención de varios grupos orgánicos de la compañía. Por ejemplo, durante el armado final, intempestivamente se puede presentar una gran proporción de rechazo que no puede ser eliminada por los métodos fácilmente disponibles; o bien, se puede presentar una controversia entre las oficinas de diseños y de supervisión de manufactura, sobre la necesidad de establecer nuevas tolerancias más estrechas para una pieza de costo elevado y que se produce en gran cantidad; o también, la necesidad de emprender un amplio estudio sobre las causas de las reclamaciones durante el servicio del producto.

Según se observa en la definición, de ningún modo todos los problemas que se consideren dentro de las actividades de los estudios especiales serán todos los que tengan su origen en dificultades de la calidad de la planta. Estos estudios se emplean para muchas de las investigaciones iniciadas en las oficinas de producción, de manufactura, o servicios en el campo o por otros grupos, con el fin de determinar la posibilidad de mejorar las normas de calidad de los productos actuales, o sobre instalaciones.

La experiencia ha demostrado al gerente de una planta que los problemas básicos que requieren mayor esfuerzo se deben encomendar a un grupo dentro de las actividades del control de calidad y organizados por él mismo. Antes de que se estableciera la tarea de los estudios especiales del proceso, la consolidación de aquellos proyectos que no se repetían, dentro de las rutinas diseñadas para su empleo en la producción regular de proyectos que sí se repiten, por lo general, daba como resultado una falta de servicio tanto para los procedimientos regulares, como para los proyectos que no se repetían.

21.2 Factores en los estudios especiales del proceso

Se requieren dos factores fundamentales para todos los estudios especiales del proceso:

1. *Coordinación de los esfuerzos de la compañía*, a fin de utilizar todos los recursos disponibles para el problema, en forma coordinada, y para asegurar la institución de mejoras permanentes.
2. *Empleo de los mejores métodos técnicos*, para facilitar un ataque técnico firme al problema, que facilite una solución cuya confiabilidad, o carencia de ella, sea claramente comprensible

En muchos de los estudios especiales, la coordinación de esfuerzos y la aplicación sencilla y rápida de una acción es todo lo que se requiere, cuando ya haya sido analizado el problema considerado. Las soluciones indicadas podrán ser un cambio del diseño realizado por el departamento de ingeniería, una adaptación al proceso, realizada por la oficina de manufactura, un mayor cuidado dictado por operaciones de taller; todos deberán reunirse en equipo para eliminar causas molestas.

En contraste, la determinación de causas y la solución de otros problemas de la calidad pueden ser muy complejos técnicamente. En muchas plantas se ha presentando el caso de fallas en los productos, que parecen estar originadas por factores "misteriosos" y "no identificables".

Un caso semejante se presentó en una planta de armado, donde la calidad de un dispositivo mecánico era tan baja que, en determinados días, era mayor el número de unidades rechazadas que las embarcadas. Existían muchas variables que "podrían" originar los rechazos, por lo que el personal de la fábrica tenía una gran dificultad aun para iniciar el problema de aislar estas posibles causas.

Los obreros podrían ser los causantes de las dificultades; pudiera ser que los puestos de inspección y prueba no fueran apropiados; tal vez el material no era satisfactorio; o bien, el diseño de las especificaciones no tuvo una base firme. Al hacer un cambio en el proceso que temporalmente parecía mejorar la calidad, el personal de la fábrica tenía el problema de saber cuánta confianza podía depositar en esta aparente solución, para un periodo largo.

En estos casos difíciles, una intensa aplicación de los métodos técnicos de control de calidad puede completar la coordinación de actividades de los estudios especiales del proceso. Es indispensable una base firme de conocimiento sobre experimentación científica industrial, como un origen sobre el cual se pueda hacer una aplicación adecuada de estos métodos técnicos.

El punto de vista estadístico es de mucha utilidad. En particular, los métodos especiales encuentran su mayor valor dentro de los estudios especiales del proceso, al analizar los problemas, al examinar las causas y al sugerir las soluciones con cierta confiabilidad estadística.

Los métodos técnicos empleados en los estudios de procesos son simplemente adaptaciones de los métodos de control de calidad que ya fueron presentados en los Caps. 10 al 17. El punto de vista estadístico fue presentado en la parte cinco. En relación con los estudios especiales del proceso, se pueden considerar, en particular, las secciones del Cap. 16 en las cuales se presenta la filosofía básica del diseño de experimentos, así como las que tratan sobre la correlación, las pruebas de significancia y el análisis de variancia.

21.3 Organización para estudios especiales del proceso

Se debe incluir, dentro de la organización para los estudios especiales del proceso, a todos los miembros del grupo de control de calidad de la compañía, junto con individuos clave en otros grupos funcionales integrados en el programa de calidad total de la compañía —ingeniería de diseño, manufactura, producción, compras, ingeniería de servicios y otros. En caso de presentarse mayores problemas sobre la calidad, que requieran un estudio especial, se discute, desde luego, el problema y se analiza extensamente entre los ingenieros de control del proceso y de control de calidad.

Se asignan las responsabilidades para efectuar las diferentes etapas particulares que se requieran para la investigación. Tan pronto como se den a conocer los resultados de estos análisis particulares, se reúnen entre sí para la solución del problema.

Se designa al personal más apropiado para que haga las correcciones que sean necesarias, a fin de que la solución quede apegada a la realidad. En caso de presentarse problemas de calidad del taller, las acciones correctivas deben incluir la seguridad de que se ha organizado un control dentro de esa solución, a fin de que no vuelvan a ocurrir los problemas de la calidad.

Como hombre clave de la organización para los estudios especiales del proceso, se cuenta al ingeniero de control de proceso, quien debe actuar en la misma forma en que lo hace un jugador de defensa dentro de una "formación en T" en el futbol, asegurándose de que el problema se maneja por los individuos y grupos apropiados. Puesto que él debe estar bien capacitado en las aplicaciones de métodos técnicos de control de calidad, y especialmente en estadística, el ingeniero de control del proceso es el mejor calificado para integrar los proyectos de los estudios especiales.

Los procedimientos establecidos en diversas plantas para estas actividades son, por lo general, de naturaleza muy simple. Estos procedimientos aseguran la identificación de factores como:

1. *La clase de problemas que se deben considerar dentro de la rutina de los estudios especiales del proceso.* La diferencia principal entre los problemas que se deben estudiar y aquellos que no se pueden estudiar, la constituye su costo y la satisfacción de la calidad del cliente y la garantía de seguridad; únicamente se abordarán los problemas cuando sean muy importantes económicamente y en términos de satisfacción del cliente para poder equilibrar los costos que requiere la investigación.
2. *Especificación del procedimiento para llevar rápidamente estos problemas a la consideración del ingeniero de control del proceso.* La mayor parte de los estudios especiales del proceso, relativos a las fallas de la calidad en la fábrica, se inician con los informes del capataz de la fábrica —como responsable de la rutina de control del producto y a través del cual proceden estas noticias— sobre los problemas que él no puede resolver con sus obreros.
3. *Delineación del procedimiento a seguir para la solución final del problema, por los individuos y elementos apropiados.* Estos procedimientos con frecuen-

cia requieren que se conserven los informes del caso en un archivo, después de terminada la acción correctiva resultante del estudio especial. Un índice de estos informes proporcionará abundante conocimiento para atacar problemas similares cuando éstos se presenten.

Las Figs. 21-1 y 21-2 presentan la parte esencial del informe de un caso, ya archivado, de un problema relacionado con unos dispositivos eléctricos que no satisfacen las especificaciones en su prueba final. El problema implicaba generalmente múltiples causas —especificaciones incorrectas, material de mala calidad, métodos operativos equivocados— así como integraba varias soluciones —corregir las especificaciones de las pruebas, mejorar los métodos, eliminar el material de mala calidad.

Ejemplos de estudios especiales del proceso

21.4 Unión termometal

En la Sec. 21.2 se insistió en que la iniciación de los estudios del proceso está caracterizada por los elementos fundamentales para esta clase de investigaciones: 1) coordinación de esfuerzos para asegurar mejoras permanentes, y 2) empleo de los mejores métodos técnicos. Una vez que ha quedado establecida esta iniciación, los detalles del desarrollo del análisis pueden requerir —especialmente en procesos complicados— un conocimiento muy amplio de la correspondiente tecnología del proceso.

Por tanto, en estos estudios especiales se puede requerir la participación activa de los especialistas del proceso de la planta, y de los técnicos —en galvanoplastia, cuando se presenten espesores desiguales en las capas protectoras; en taladro y rimado, cuando se tenga una excesiva variación en las distancias entre centros de perforaciones; en el ensamble de circuitos integrados, cuando persiste la ruptura de las juntas conectadas; en fundición, cuando las corazas de los motores presenten una calidad muy irregular; en porcelanizado, cuando aparezcan grietas después del tratamiento térmico de cojinetes. A continuación se presentan dos ejemplos que se refieren a dos clases diferentes de técnicas de procesos en los que se requiere la ayuda de los especialistas para completar satisfactoriamente el estudio: el ajuste de un subconjunto con un muelle termometal (en esta Sección), y un colado de bloques de metal calcinado (en la Sec. 21.5).

Como el propósito de este capítulo es el de presentar la aplicación de las técnicas de control de calidad, en estos ejemplos se expondrán primordialmente las diferentes técnicas que se emplearon; el conocimiento adecuado al proceso, a pesar de su importancia para la solución, se incluirá en una parte mínima necesaria.[1]

Los subconjuntos termometálicos actúan como el mecanismo de disparo para aparatos de protección que controlan un crecimiento inaceptable de la temperatura en una amplia variedad de equipos operativos. El aumento de temperaturas en forma peligrosa, o de otro tipo, genera calor que activa el termo-muelle bimetálico. El aparato de protección se dispara entonces, previniendo el peligro por calor y temperatura de daño al equipo operativo.[2]

ESTUDIOS ESPECIALES DEL PROCESO. CASO Núm. 112

PROBLEMA: : Los relevadores 72E4, que fueron ajustados y probados en una prueba preliminar, cuya característica de calidad del voltaje de arrastre quedó fuera de límites en la prueba final.

LOCALIZACIÓN Línea del 72E4

PRESENTADO POR: : Pruebas FECHA: 7/15

*****

DATOS ANTERIORES DEL PROBLEMA: Véase la condición I en Fig. 21-2

*****

DATOS DE CONTROL POR TOMARSE: 1) Distribución de los datos del voltaje de arrastre y de caída de corriente sobre 50 relevadores en la prueba final.

2) Datos de la tendencia durante 14 días consecutivos y con 10 relevadores.

ACCIÓN TOMADA: 1) Se ampliaron los límites de prueba de .4–.5 a .35–.65 para el voltaje de arrastre

2) En lo futuro se debe conservar constante la corriente en la bobina del contacto principal, durante la prueba del elemento diferencial.

3) Los resortes de bronce fosforado que se han pasado a las líneas por error se deben desechar.

RESULTADOS: Véase la condición actual en la Fig. 21-2.

FIRMA

FECHA: 8/15

INGENIERO DE CONTROL DEL PROCESO

Fig. 21-1

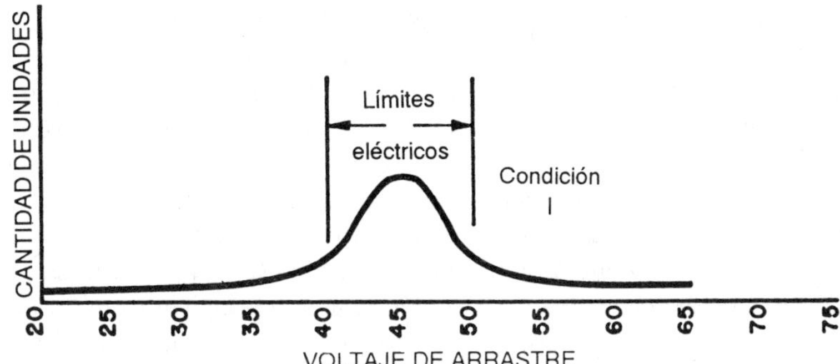

CONCLUSIÓN: El informe indica que no se pueden satisfacer los límites sin gran cantidad de rechazos se calcularon los límites que es posible satisfacer y se informó de la necesidad de mejorar métodos y operaciones, y se establecieron los pasos de acción correctiva.

ACCIÓN: Se mejoraron métodos y ampliaron límites en lo posible. El material de los resortes está fuera de especificaciones, y se ubicó y eliminó.

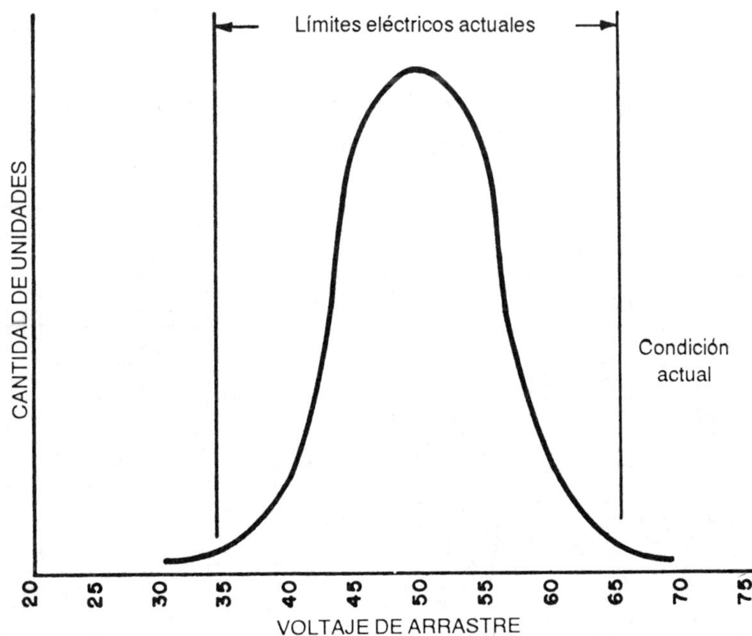

CONCLUSIÓN: Los nuevos límites proporcionan una cantidad razonable de satisfacción del cliente; necesidad de mejorar la característica de operación reportada, la cual está ahora terminada.

Fig. 21-2

Los termometales se fabrican en serie, esencialmente con las siguientes etapas:

1. Recepción de los elementos metálicos en la línea de producción.
2. Armado del subconjunto del muelle termometal.
3. Ajuste mecánico del muelle para su correcto funcionamiento, de acuerdo con las especificaciones técnicas. La tolerancia durante el ajuste es de ±0.005 in, pero los muelles se fijan al valor nominal de las especificaciones.
4. Tratamiento térmico del subconjunto en un horno de recocido.
5. Traslado del subconjunto terminado a la línea de producción de los relevadores, donde se completa el armado del relevador. Posteriormente, este relevador se somete a una prueba eléctrica, y la principal característica de calidad que se comprueba es la operación del disparo del termometal.

Durante la manufactura efectiva, las etapas tres y cuatro se combinan en una sola tarea efectuada por un obrero. En la producción del termometal acoplado como un mecanismo activador en el relevador de protección 403A, existen en operación dos de estas estaciones combinadas; en cada una se cuenta con un accesorio para el ajuste y con un obrero, pero ambas usan el mismo horno para tratamiento.

Este relevador 403A, durante la prueba final en la etapa cinco anterior y antes de que se iniciara el estudio especial, presentaba un 75% de rechazos. La distribución que se presenta en la Fig. 21-3 hace resaltar los valores de fijación del ajuste en un lote defectuoso de termometales 403A de este relevador, y a los cuales se les desarmó el termometal a fin de comprobar la fijación del ajuste.

ARMADO BIMETÁLICO
DESPUÉS DE UNA HORA DE RECOCIDO
TOLERANCIA ± .005

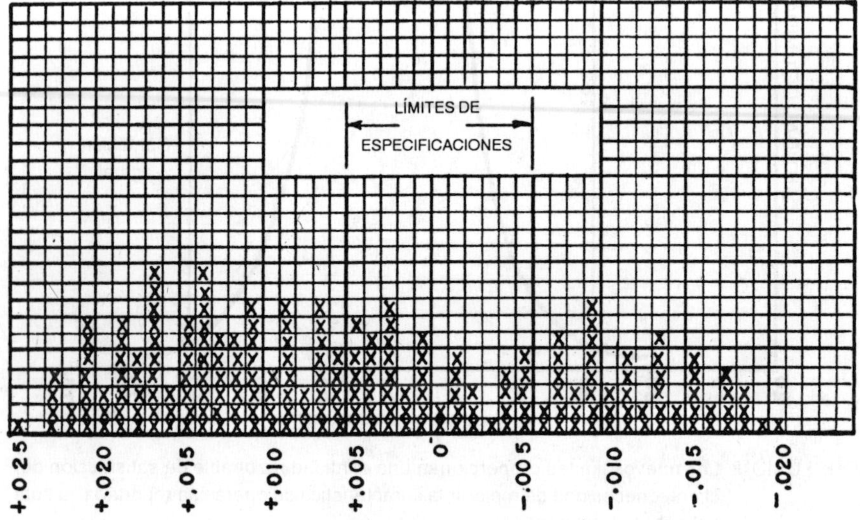

Fig. 21-3

Se nota en esta figura la gran proporción de muelles que resultaron fuera de sus límites. Sin embargo, los dos obreros de las estaciones de ajuste demostraron su escrupulosidad en el trabajo y su conciencia sobre la calidad, insistiendo en que el ajuste lo habían efectuado sobre el valor nominal de especificaciones, cuando este subconjunto pasó por el accesorio de fijación.

Después de considerables esfuerzos encaminados a la solución del problema del elevado número de rechazos durante la prueba eléctrica final, originados por los subconjuntos con el termometal fuera de límites, el jefe de taller correspondiente solicitó la ayuda del ingeniero de control del proceso. Éste inició su proyecto de estudios especiales del proceso, que dio como resultado final la reducción de los rechazos del subconjunto termometal, del 75%, a un valor bastante aceptable del 1%.

Para lograr que este estudio tuviera éxito en su solución, se procedió en la siguiente forma:

Análisis preliminar y acción

Se efectuó un análisis preliminar por el ingeniero de control del proceso encargado de iniciar la serie de investigaciones, durante las cuales se pusieron de manifiesto cuatro fallas peculiares del proceso, y que fueron corregidas en la forma siguiente:

Peculiaridad de la falla	Acción correctiva
Los dos aparatos de fijación realizan la operación en forma discrepante e inapropiada, debido al desgaste mecánico de sus piezas.	Se separaron estos aparatos y se comparó su fijación entre sí. Se dispuso que estos accesorios se sujetaran a revisión regular dentro del programa de mantenimiento de la planta.
Se observó una excesiva variación en la temperatura dentro del horno de tratamiento térmico.	Se redujeron las variaciones a una cantidad aceptable, instalando un aspirador.
Se notaron errores en el establecimiento y mantenimiento de la temperatura media dentro del horno.	Se instaló un conmutador de control, con lo cual se eliminó este problema.
Los elementos metálicos recibidos en la línea procedían de diferentes orígenes. Existía diferencia entre estos materiales en su característica de disparo, después del tratamiento térmico, aun cuando se hubiera hecho el mismo ajuste con todo cuidado. La Fig. 21-4 presenta la curva de distribución con dos crestas de uno de estos lotes con el termometal mezclado. Esta figura da la primera indicación de la presencia e importancia de dos orígenes de metales.	Se identificó el material de cada origen, antes de emplearse en la línea de producción. Se establecieron procedimientos diferentes para el ajuste de los metales de cada origen, con el objeto de compensar el efecto del tratamiento térmico.

ARMADO BIMETÁLICO
DESPUÉS DE UNA HORA DE RECOCIDO
TOLERANCIA ± .005

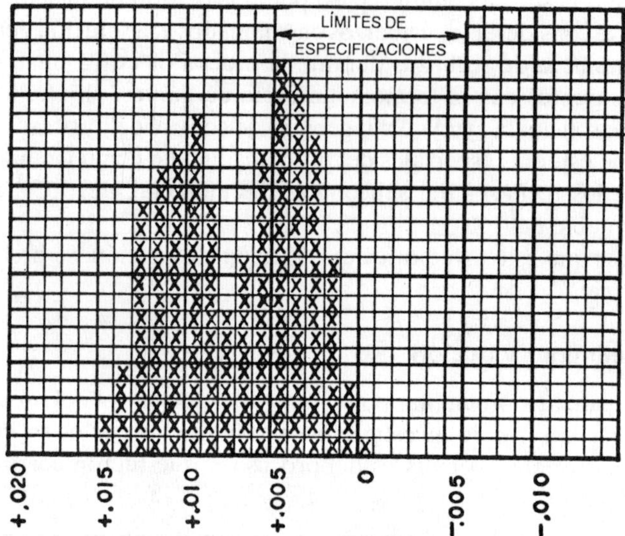

Fig. 21-4

Después de esta actividad, el ingeniero de control del proceso ordenó la fabricación de un lote de muestra de los subconjuntos termometales bajo la misma secuencia de producción. Los resultados de la prueba eléctrica final sobre esta muestra pusieron de manifiesto que aún se experimentaba un 30% de rechazos. Un análisis de la distribución de frecuencias de la fijación del ajuste de los muelles termometales en la muestra de subconjuntos demostró que la fijación media del muelle se encontraba aún a varios milésimos de pulgada hacia el "lado superior" del valor nominal de las especificaciones.

Análisis posterior y acción

Desde luego que se indicaba una acción posterior para reducir los rechazos. Se manufacturaron varios lotes de muestra de los muelles termometales en la secuencia de la producción. Se trazaron las distribuciones de frecuencias de estas muestras, cuando las unidades se habían ajustado nuevamente y después de haber recibido el tratamiento térmico, pero antes de ser armadas en el relevador.

Las mismas gráficas demostraron que la fijación del disparo de los muelles termometálicos, tomados de un solo origen, mostraban una tendencia definida y perceptible a "deslizarse" después del tratamiento térmico.

Se envió un lote de muestra a la operación de ajuste y tratamiento térmico en la forma usual. La representación de su distribución se da en la Fig. 21-5.

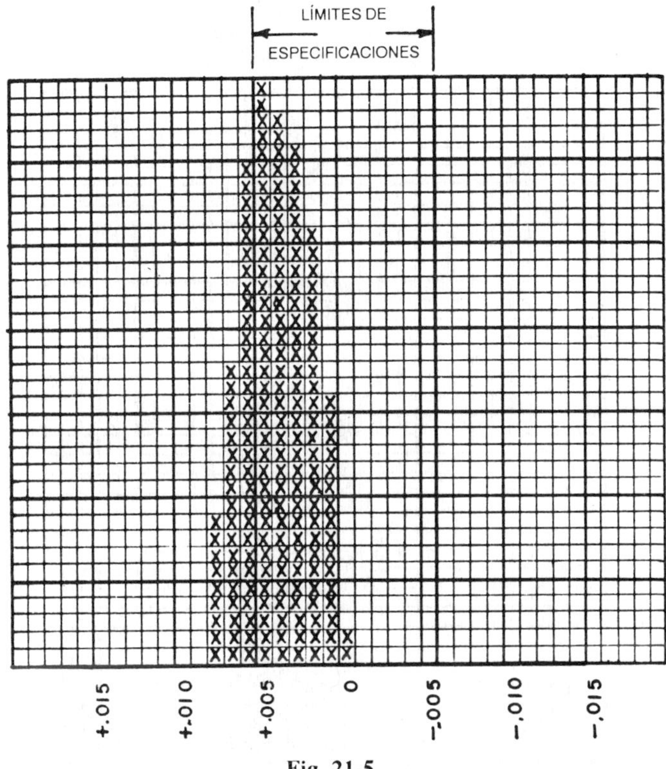

Fig. 21-5

Se hizo el análisis de esta distribución con respecto a su valor medio, y se encontró a 0.004 in arriba del valor nominal de las especificaciones.

Se envió un segundo lote al proceso, con el termometal tomado del mismo origen, y con un ajuste inicial de 0.004 in *abajo* del valor nominal de las especificaciones. La Fig. 21-6 da el resultado de su distribución, donde se observa que el primer lote de los termometales era el que presentaba su característica de calidad satisfactoria, después del tratamiento térmico.

Acción final y control

Convencido de que la fijación del termometal presentaba la tendencia a un deslizamiento, como resultado del tratamiento térmico, el ingeniero de control del proceso estableció un procedimiento por medio del cual estos peligros en la calidad se pudieran eliminar. En primer lugar, se habilitó como controladores a los mismos obreros de la estación de ajuste y tratamiento térmico, para la

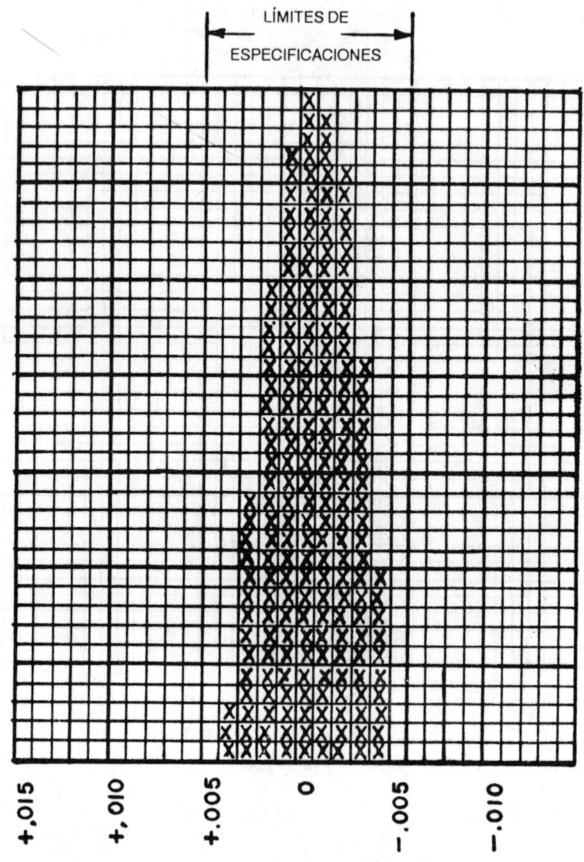

Fig. 21-6

operación de fijación del termometal. Y se les pidió que siguieran un procedimiento muy sencillo:

1. Cuando se recibiera un nuevo lote de elementos metálicos, estos obreros deberían armar y ajustar una muestra del subconjunto termometal, hacer el tratamiento térmico de esa muestra, comprobar la fijación del ajuste y hacer una gráfica por marcas con el resultado.
2. Acto seguido, los obreros deberían compensar la tendencia al deslizamiento, de acuerdo con el valor de la media de esa muestra, ajustando los muelles de ese lote en la cantidad que fuera necesario, arriba o abajo de la dimensión nominal de especificaciones.

3. Por último, los obreros tenían la responsabilidad de muestrear periódicamente los subconjuntos, después de su tratamiento térmico. Cualquier compensación en el ajuste que indicara ser necesaria se debería hacer por los obreros en los lotes subsecuentes.

La Fig. 21-7 muestra las gráficas por marcas elaboradas por los obreros, para satisfacer la etapa tres anterior.

Tan pronto como se consolidó este procedimiento, se notaron los siguientes resultados:

Los rechazos en la prueba eléctrica final del relevador 403A se estabilizaron en el 1%.

Los obreros de la estación de ajuste estaban bastante satisfechos con ese procedimiento tan sencillo, que los relevaba de la pesadilla de un trabajo manual deficiente.

El jefe del taller estaba en capacidad de proseguir la fabricación de los relevadores, sin tener que regresar en lo sucesivo los lotes de los mismos para el reajuste del termometal.

Después de haber terminado el estudio, en su informe para el archivo, el ingeniero de control del proceso incluyó los siguientes comentarios sucintos:

"Si la investigación se hubiera dado por terminada después de haber corregido los accesorios de fijación, el horno y el origen de suministro de los metales, la fábrica seguiría experimentando el 30% de rechazos. De los resultados obtenidos para deducir este valor hasta el 1%, es indiscutible que el uso de las técnicas de control de calidad ayudan considerablemente a resolver los problemas de la calidad de la fábrica en una forma permanente."

21.5 Colado de bloques calcinados

Los bloques de metal calcinado se obtienen en un proceso cuyas etapas básicas se presentan en la Fig. 21-8. Los bloques de esta clase tienen propiedades magnéticas.

Durante la comprobación de sus propiedades magnéticas, la producción de estos bloques experimenta un 25% de rechazos. A fin de reducir estos rechazos y los del proceso, hasta que se pudiera disponer de alguna indicación de la clase de vaso, se inició un estudio especial del proceso de fundición calcinada de los bloques magnéticos.[3]

El proceso de fundición es un poco intrincado, y con algunas posibles variables. Por tanto, se presentaba un cúmulo de dificultades para hacer un análisis paso a paso del proceso, hasta que se pudiera disponer de alguna indicación de la clase de variables que deberían vigilarse.

Se decidió que este estudio del proceso se iniciara con un análisis de la calidad de los bloques que se recibían para su prueba final; en esta etapa, se pusieron de manifiesto algunas causas potenciales de rechazo. Como iniciación de estas actividades de investigación, se envió una muestra de 150 bloques dentro del proceso regular de producción.

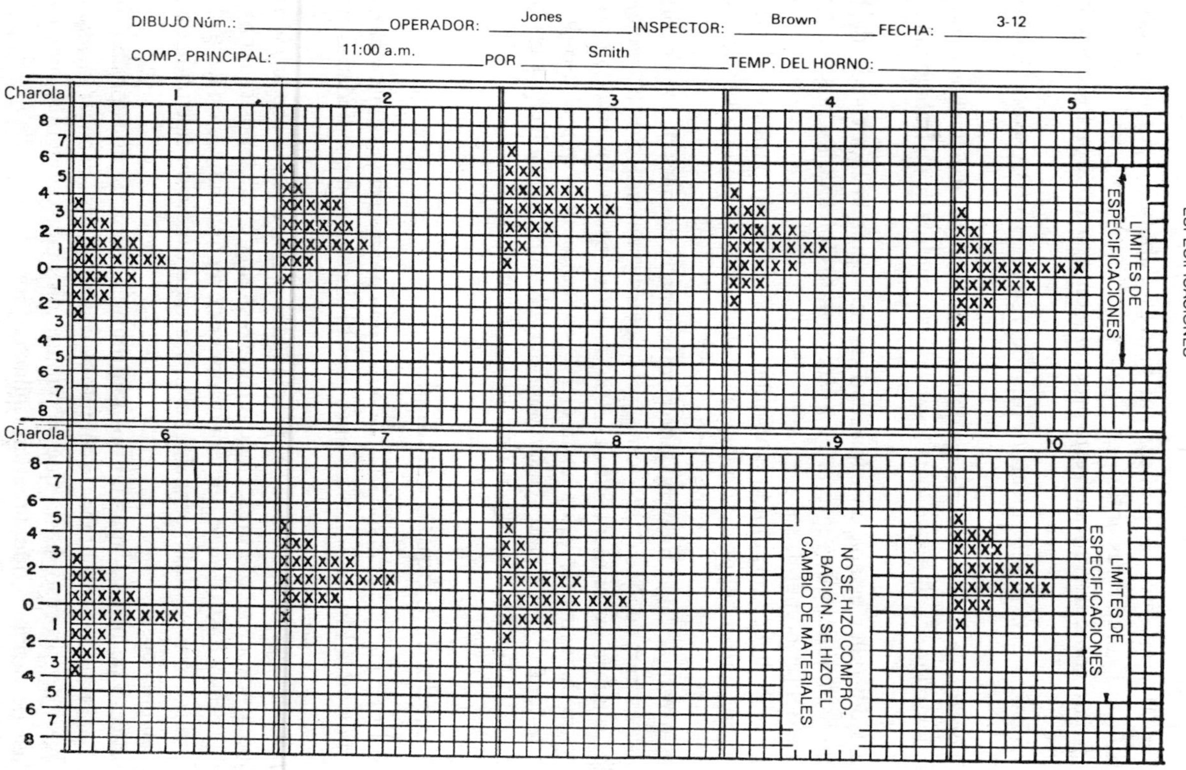
FIJACIÓN DE BIMETALES EN EL CONJUNTO MUELLE Y SOPORTE
DIBUJO Núm.:
OPERADOR: Jones
INSPECTOR: Brown
FECHA: 3-12
COMP. PRINCIPAL: 11:00 a.m.
POR Smith
TEMP. DEL HORNO:
LÍMITES DE ESPECIFICACIONES
LÍMITES DE ESPECIFICACIONES
LÍMITES DE ESPECIFICACIONES
NO SE HIZO COMPROBACIÓN. SE HIZO EL CAMBIO DE MATERIALES
Charola
Charola

Fig. 21-7

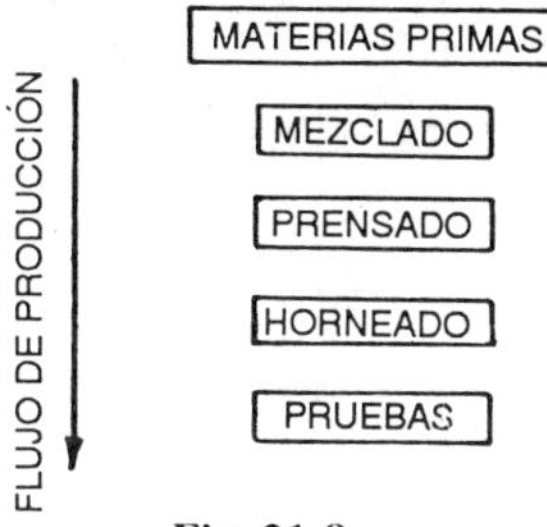

Fig. 21-8

Cada bloque de esta muestra se mantuvo sin tocar hasta su prueba final, durante la cual se anotaron las propiedades magnéticas en una distribución que se presenta en la Fig. 21-9.

La forma de la distribución con sus dos crestas hizo notar la posibilidad de la influencia de dos orígenes de factores que afectaban la calidad magnética. Con base en la hipótesis de que estos dos factores actuaban en el mismo punto del proceso, se analizó la secuencia de la producción a fin de poder localizarlos.

Después de un estudio detallado, empezó a mostrarse la evidencia de las principales discrepancias entre los bloques producidos en dos hornos de calcinado, que denominaremos aquí el horno núm. 1 y el horno núm. 2. Para explorar el efecto de estos dos hornos, se envió una muestra de un lote al proceso regular, y se pasó una parte de los bloques por el horno de calcinación núm. 1; y el resto por el horno núm. 2.

Se hizo la identificación de los bloques que pasaron por cada uno de los hornos. Se completó el resto del periodo del proceso, se hizo el registro de los resultados de las pruebas sobre cada bloque, según se presenta en la Fig. 21-10.

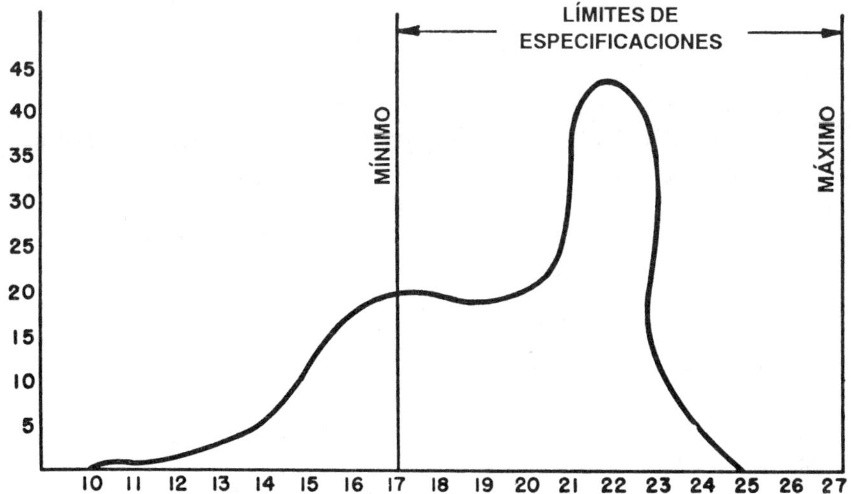

Fig. 21-9

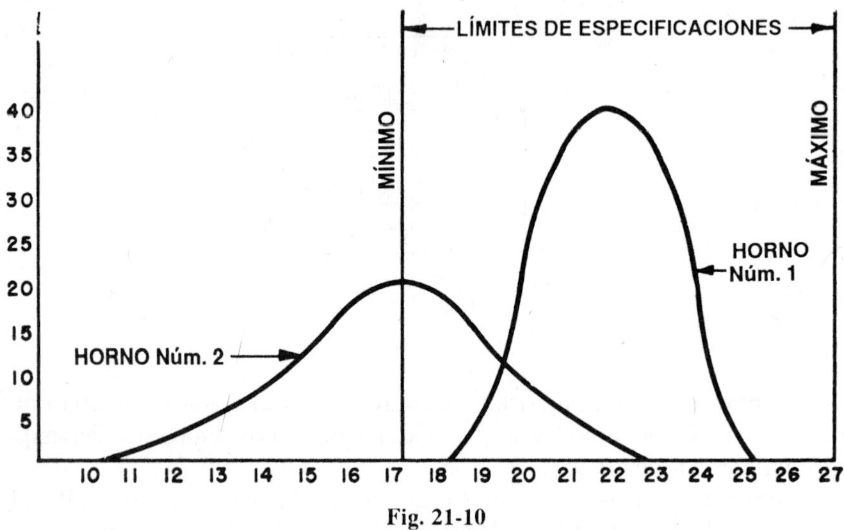

Fig. 21-10

Por medio de esta figura, se puede notar que el horno núm. 1 estaba produciendo bloques de calidad aceptable. Tanto su media como su dispersión eran satisfactorias para la distribución presentada por los bloques que habían pasado por este horno.

En cambio, el horno núm. 2 estaba produciendo bloques que acusaban un 50% de malconformación. Tanto la media como la dispersión de su distribución eran insatisfactorias.

De acuerdo con este análisis, se sometió el horno núm. 2 a un método de estudio de exploración. Se llegó a la conclusión de que había una distribución muy desigual del calor interno, que acusaba zonas calientes y frías dentro del horno. Se procedió a los cambios necesarios en la estructura del horno, que dieron como resultado una distribución más uniforme del calor interno.

Reparado el horno núm. 2, los rechazos durante la prueba final mostraron un descenso notable del 25%. Para auxiliar en el mantenimiento de este nivel de calidad tan mejorado, se estableció un procedimiento de muestreo periódico en las piezas que salían del horno, como formando parte del procedimiento de control del producto de la planta.

21.6 Resumen de la parte seis

La calidad se afecta siempre durante las principales etapas del proceso de producción. Por tanto, un control efectivo deberá comprender las actividades del control de calidad que se inician desde el momento en que dicho producto queda aceptado con satisfacción por el consumidor.

Todas estas actividades deben quedar incluidas dentro de la clasificación general que hemos denominado las tareas del control de calidad, y las cuales son:

1. Control del nuevo diseño.
2. Control del material adquirido.
3. Control del producto.
4. Estudios especiales del proceso.

En esta parte seis se ha expuesto cada una de estas tareas, haciendo hincapié en las dos fases principales que se incluyen en cada una: 1) prácticas de organización, y 2) rutinas tecnológicas. Mientras que las prácticas de organización son relativamente uniformes para las cuatro tareas, existe una variedad de rutinas técnicas especiales para cada tarea.

Estas tareas del control total de la calidad están fundadas sobre lo que podría considerarse los principios del control total de la calidad. La parte final de este libro, que es la siguiente, resume ciertas áreas clave de estos principios.

Notas

[1] Para el análisis de problemas técnicos complejos en cuya solución juegan un papel importante los métodos especiales, véanse las Secs. 16.15 y 16.16

[2] Exposición de un estudio hecho por W. T. Short y Ass., Shenectady, N. Y.

[3] Exposición de un estudio de G. S. Berge y asociados, New York, N. Y

PARTE SIETE
El imperativo de la calidad total en los 90

CAPÍTULO 22
El imperativo de la calidad total

En los principales mercados internacionales de la década de 1990, ocho de cada diez compradores, tanto consumidores como industriales, equiparan ahora a la calidad con el precio, o aun la consideran más importante en sus decisiones de compra. Una década atrás, solamente tres o cuatro consumidores de cada diez pensaban así y compraban en consecuencia. Este cambio de actitud del comprador con respecto a la calidad es una de las tendencias más significativas en la historia de los mercados modernos.

Resumiendo la razón en forma muy sencilla, las normas de vida de los consumidores y los procesos de trabajo de las compañías dependen ahora casi por completo de la operación predecible y confiable de productos y servicios con una tolerancia mínima en cuanto al tiempo y costo de cualesquiera fallas —algo bastante diferente del pasado.

¿Qué tan buena es una garantía para una madre de tres niños en una mañana de lunes con cuatro cargas de lavandería y una máquina lavadora defectuosa? ¿Cómo puede estar en el negocio una compañía pequeña de ventas por televisión cuando su moderno sistema telefónico se avería cada tercer día? Garantizado o no, un producto no confiable crea un cliente insatisfecho.

La vieja política de "se lo reparamos o se lo reponemos" de muchas compañías, si bien honorables e importantes, es un procedimiento tradicional de servicio posventa —que bien puede describirse como una política que anticipa el problema, en lugar de un liderazgo que refleja calidad. Para algunas compañías, treinta por ciento de las quejas resueltas a los clientes que pidieron un servicio al producto dejan insatisfecho al comprador, quien buscará a otro vendedor.

La competencia mediante calidad se ha vuelto ahora global. En la década de 1980 se concentraba principalmente en la cuenca del Pacífico, principalmente en los Estados Unidos de Norteamérica y en Japón junto con las regiones llamadas "los cuatro dragones", de Corea del Sur, Taiwan, Hong Kong y Singapur. Ahora, en la década de 1990, cada una de las principales naciones europeas se mueve según las demandas de calidad de la integración de Europa. Esto se está desarrollando también en los países al sur de la frontera americana, en donde está aumentando fuertemente la insistencia en la calidad total. Más aún, tanto la antigua Unión Soviética como la Europa del Este entrarán inevitablemente a la arena de la calidad en esta década.

Todo esto significa que hoy día, para proteger su posición dentro de su mercado doméstico, una compañía debe ser capaz de diseñar, construir y vender sus líneas principales de productos, junto con el potencial de obtener la supremacía en los mercados internacionales —aun cuando no exista todavía mucha competencia de las importaciones o un interés en exportar. La ley de Murphy, internacionalizada, dice que si una compañía puede hoy día obtener una competencia frente al extranjero, la obtendrá. Operar en términos de liderazgo con calidad internacional es hoy la única manera de que un negocio crezca con Murphy en lugar de ser desgastado por él.

Como resultado de esto, algunas de las compañías más fuertes en el mundo están ahora construyendo su crecimiento alrededor de una estrategia necesaria, si bien difícil de llevar a cabo, de calidad de su negocio, que encaje dentro de este mercado mundial recientemente competitivo.

La estrategia es que, en esta década, tanto para tener una participación en el mercado como para reforzar la rentabilidad, la calidad se ha convertido en el apalancamiento corporativo más poderoso para conseguir, simultáneamente, la satisfacción total de los clientes, el liderazgo en recursos humanos y los costos más bajos.

Esto quiere decir que los cambios básicos en el mercado, en la motivación de los trabajadores y en la complejidad de las operaciones de la negociación, han sido los factores primarios para alimentar la revolución de la calidad. Se admite también que el detonante fueron las expectativas crecientes del cliente —y no Japón. El comprador siempre ha demandado una calidad significativamente más elevada cuando está confrontado con los precios significativamente más elevados que han caracterizado a los mercados consumidores, tanto en los productos como en los servicios, desde hace unos cuantos años.

La revolución de la calidad admite también que, durante la década pasada, la atención en la compra —el arte de comprar— ha avanzado más rápidamente que cualquier otra habilidad comercial, tanto de las empresas negociantes como de los consumidores.

En la década de 1970 y principios de la de 1980, la actitud prevaleciente de los negocios en muchas áreas de América, Europa y ciertas partes del Lejano Oriente fue la de que, para que una compañía tuviese éxito, había que fabricar productos y entregar servicios más rápidamente y más barato, venderlos a como diese lugar y financiarlos inteligentemente. Los procesos del negocio se estructuraban para así cumplirlo, los gerentes eran entrenados para insistir en ello, y se les promovía si lo hacían; y los empleados eran animados a trabajar de ese modo. Ciertos programas nacionales de compra parecían estar orientados de tal manera, y las instituciones educativas, incluyendo a la mayoría de las facultades de ingeniería y las escuelas de alta dirección y de administración de negocios, trataban de la calidad como una nota al pie, si es que lo trataban.

En esta década, los negocios internacionales se han dado cuenta de que, si bien producir productos más rápidamente y más barato permanece como una necesidad competitiva, fabricarlos bien es la mejor manera de hacerlos y venderlos más baratos y más rápidamente. Pero los procesos, actitudes y entrenamiento de los negocios del pasado están todavía allí, empujando en la dirección errónea al alejarlos de la calidad.

El liderar una organización desde el "hágalo más pronto y más barato" del pasado hacia un futuro "hágalo mejor" en un periodo competitivamente aceptable puede ser la única tarea más demandante para muchos gerentes de hoy día. Requiere no solamente un conocimiento de la calidad sino, también, de quizá mucha mayor importancia personal, un conocimiento gerencial para liderar en la mejora de la calidad con la misma precisión de toque que tienen los gerentes en las áreas de la tecnología, las ventas y las finanzas.

Esto es porque la calidad, vista como una satisfacción de primer orden del cliente más que una respuesta más rápida en la resolución de los problemas de calidad del cliente, significará cambios básicos en los mismos procesos fundamentales del negocio, quizás en las ventas, en cómo estructurar la fabricación y en las relaciones con el proveedor. Significa enfatizar un funcionamiento de muy alta calidad en el desarrollo e introducción de los nuevos productos. Y, con toda seguridad, significa la planeación de una automatización y una robótica dirigida a mejorar la calidad en lugar de simplemente producir peores productos más rápidamente que antes.

La aceleración de la mejora en la calidad es igualmente tan importante en las operaciones de servicio —intermediarios financieros, oficinas gubernamentales, hoteleros y restauranteros, y centros de salud, para nombrar unos cuantos— como en los productos. En ciertos procesos de servicios, sólo un producto de cada diez pasa sin errores. Mientras que mucho del ampliamente publicitado aumento en empleados de servicio se debe al crecimiento del mercado, una parte del mismo ha surgido a causa de los problemas de calidad surgidos en las propias labores. Existe una razón principal para el mínimo aumento de la productividad en los servicios.

Si bien no es todavía ampliamente aparente, sin una mejora significativa en al calidad, ciertas operaciones de servicio tienen la misma vulnerabilidad a la competencia extranjera que la que afectó a la fabricación hace tiempo. Nuestra experiencia en los procesos de calidad de las compañías de servicios financieros es un ejemplo. Un satélite de telecomunicaciones es indiferente a si las operaciones de servicio de una institución financiera o de una organización procesadora de datos se ubica en Nueva York, Londres, Tokio, París o Frankfurt en tanto que las operaciones sean de calidad efectiva.

Por todas estas razones, la aceleración del ritmo de mejora de la calidad es la tarea competitiva más importante que encaran las compañías. En el mercado de hoy día, cuando un cliente está satisfecho con la calidad, se lo dice a ocho personas; cuando está insatisfecho, se lo dice a veintidós. Ésta es la dura aritmética del efecto de la calidad sobre el crecimiento de las ventas dentro de un mercado. A mayor abundamiento, la experiencia de la General Systemns Company (Compañía de sistema generales) en la instalación del control total de la calidad en cientos de compañías en todo el mundo, es que el liderazgo de la calidad puede dar a las compañías una ventaja competitiva de cinco centavos por cada dólar, y hasta diez centavos, en ciertos casos. En muchas compañías, ésta puede ser la oportunidad clave para mejorar la rentabilidad y la recuperación de la inversión en la presente década, lo cual, según nuestra experiencia demuestra, será un beneficio más temprano, con una rentabilidad sostenida y creciente.

Existen puntos de referencia básicos del control total de la calidad que son fundamentales en la consecución de estos resultados. El capítulo 23 revisa estos puntos de referencia.

CAPÍTULO 23
Diez puntos de referencia del control total de la calidad para la década de 1990

Existen diez puntos de referencia fundamentales para el control total de la calidad que constituyen las claves para su empleo exitoso en esta década. Son los siguientes:

1. *La calidad es un proceso que involucra a toda la compañía.* La calidad no es una función técnica, ni un departamento, ni un programa de mera conciencia, sino que, en lugar de ello, es un proceso sistemático unido al cliente, que debe de implementarse total y rigurosamente en toda la compañía e integrarse con los proveedores.
2. *La calidad es lo que el cliente dice que es.* No es lo que un ingeniero o un especialista en mercadotecnia o un comerciante dice que es. Si usted quiere hacer un descubrimiento acerca de la calidad propia, vaya y pregúntele al cliente —nadie puede condensar en una estadística de exploración de un mercado la frustración del comprador a partir dc una fuga de agua en un automóvil nuevo.
3. *La calidad y el costo son una suma y no una diferencia.* Existen socios, no adversarios, y la mejor manera de fabricar productos y ofrecer servicios más rápidamente y más baratos es hacerlos mejor. La calidad es una estrategia fundamental del negocio, y una oportunidad sobresaliente de conseguir una alta rentabilidad de la inversión, para lo cual es una pauta esencial la cuidadosa identificación del costo de la calidad.
4. *La calidad requiere un fanatismo tanto individual como de equipo.* La calidad es el trabajo de todos, pero se convertirá en un trabajo de nadie sin una infraestructura clara que soporte tanto al trabajo de calidad de los individuos como a la calidad de equipo entre departamentos. El mayor problema de gran parte de los programas de calidad es que son islas de mejora de la calidad sin puentes que los unan.
5. *La calidad es un modo de dirigir.* La buena dirección se consideraba como si las ideas saliesen de la cabeza del jefe y fuesen puestas en las manos de

los trabajadores. Hoy día se le conoce mejor. La buena dirección significa un liderazgo personal que hace posible el conocimiento de la calidad, las habilidades y las actitudes de cada miembro de la organización, para reconocer que realizar la calidad con corrección obliga a que cada quien labore correctamente en la compañía. La creencia de que la calidad viaja al amparo de un cierto pasaporte nacional exclusivo, o que tiene cierta identidad cultural o geográfica única, es un mito.

6. *La calidad y la innovación son mutuamente dependientes*. La clave del lanzamiento exitoso de un producto nuevo es hacer de la calidad el socio del desarrollo de un producto desde el principio –no el mecanismo posterior de los problemas del desarrollo. Es esencial incluirla temprano en la determinación de las actitudes del comprador hacia el nuevo producto o servicio, porque el cliente no puede decirnos seriamente lo que le gusta o no le gusta hasta que ve y usa el producto –los documentos de un estudio no lo hacen.
7. *La calidad es una ética*. El seguimiento de la excelencia –el reconocimiento profundo de que lo que se hace es lo correcto– es el motivador emocional humano más fuerte en cualquier organización, y constituye el motor básico en el verdadero liderazgo de la calidad. Los programas de calidad basados únicamente en cartas y gráficas nunca son suficientes.
8. *La calidad requiere una mejora constante*. La calidad es un objetivo que se mueve hacia arriba constantemente. La mejora constante es un componente en línea, integral de un programa de calidad, no una actividad por separado, y se consigue únicamente a través de la ayuda, participación e involucramiento de todos los hombres y mujeres de la compañía y sus proveedores. Puede ser imaginada como la disciplina del ejercicio y la salud para obtener el liderazgo de calidad de la compañía.
9. *La calidad es la ruta a la productividad más eficiente en costo y menos intensiva en capital*. Algunas de las compañías más importantes en el mundo han debilitado a su competencia concentrándose en la eliminación de su planta oculta –aquella parte de la organización que existe a causa del trabajo mal hecho. Lo han llevado a cabo al cambiar su concepto de productividad partiendo de la antigua palabra de cuatro letras de Frederick Taylor –M-O-R-E (más)– y abundando sobre la palabra de cuatro letras del liderazgo de calidad –G-O-O-D (bueno), dentro del concepto de productividad con mejor calidad. Lo han respaldado con la aplicación informada de una amplia gama de la nueva y existente tecnología de calidad –empleada dentro del proceso de calidad de la compañía más que como un fin en sí mismo.
10. *La calidad se implementa con un sistema total unido a los clientes y proveedores*. Esto es lo que hace real al liderazgo de la calidad en una compañía –la aplicación incansable de la metodología sistemática que hace posible en una compañía manejar su calidad en lugar de dejar que suceda. Hoy día la capacidad técnica de las compañías no es el problema principal de la calidad. Lo que diferencia a los líderes de la calidad de los seguidores de la calidad es la disciplina de la calidad, y que los hombres y mujeres de la organización entiendan, crean en, y sean parte de los procesos claros de la calidad del trabajo.

Estos son los *diez puntos de referencia del control total de la calidad* en la demandante década de 1990. Hacen de la calidad un modo de enfocar totalmente a la compañía en el cliente —ya fuese el usuario final o el hombre y mujer en el próximo escritorio o estación de trabajo.

Existen algunos buenos ejemplos de compañías con excelentes programas de calidad total construidos en los términos de estos puntos de referencia. Sin embargo, los programas de calidad de algunas otras compañías han viajado cuando mucho solamente el quince o veinte por ciento del duro camino del cumplimiento de estos puntos de referencia para conseguir las demandas de satisfacción total del cliente. En estas compañías, la calidad no es todavía un interés del consejo de administración, y se le tiene primordialmente como un trabajo de especialistas que operan en los niveles secundarios de la organización. La calidad no es todavía una línea principal de actividad en el desarrollo y la ingeniería, en donde se piensa de la innovación como el tamborazo básico de la tecnología; y del trabajo de calidad, una tarea menos retadora.

La calidad tampoco es una actividad de primera línea en las comunidades financieras de estas compañías —aun si las discordancias de contaduría y los errores de facturación crean más irritación en el cliente que las devoluciones de producto. Tampoco es la línea troncal en la mercadotecnia —donde se piensa de la calidad como si se tuviese que vender al cliente aun si los ingenieros y el personal de producción no lo estuviesen haciendo bien.

En los mercados actuales, la excelencia de la calidad es una demanda de valor total que incluye no solamente las expectativas de la buena función intrínseca del producto, sino también el buen soporte extrínseco del producto y las características de servicio coordinadas con el comprador, a partir de todas estas áreas de la compañía. Esta es la razón por la cual la avanzada tecnología del producto no ha producido, por sí misma, ventas en las pequeñas compañías de computación dentro de su mercado. Es el por qué algunas aerolíneas con una visión bastante estrecha de su función no se han orientado al éxito en un mercado que espera "permanecer", entendiéndose por permanencia aquello que incluya un tránsito cómodo y fluido en los aeropuertos, y para llegar y salir de la ciudad. El punto es que las demandas de calidad con valor total por parte del comprador piden no solamente una reducción de las cosas que van mal —el viejo concepto de control de calidad— sino también un incremento en que las cosas vayan bien —nuestro concepto de calidad total.

Hacen falta una metodología y un liderazgo de la dirección incansablemente consistentes y disciplinados, para convertir todo esto en un programa de calidad de una compañía que conduzca a los requerimientos de calidad de los clientes —lo cual es la esencia de la ventaja competitiva— más que reaccionar meramente a estos requerimientos. En el capítulo 24 se revisan los principios clave de la dirección para conseguirlo.

CAPÍTULO 24
Cuatro puntos esenciales en la dirección de la calidad total

Para implementar los marcos de referencia del control total de calidad en la dirección del liderazgo competitivo de la calidad, son esenciales cuatro puntos básicos.

El *primero* es que no existe tal cosa como un nivel de calidad permanente. Una de las fallas en los programas de control de calidad tradicionales ha sido que establecen un solo nivel de calidad correcto, y luego orientan todo esfuerzo a cumplir y mantener ese nivel. Hoy día, cuando este llamado nivel de calidad "correcto" ha sido alcanzado, las demandas de un liderazgo de calidad internacional elevan más y más los niveles de la calidad. Esto es lo que los clientes demandarán, y lo que la competencia exigirá, porque la calidad es un objetivo que se mueve rápidamente hacia arriba en los mercados actuales.

Por ejemplo, una compañía muy exitosa de componentes ha cambiado desde ser el proveedor marginal dentro de un segmento importante del mercado de la aeronáutica y de la electrónica de computación, hasta ser el proveedor preferido. Ha progresado desde la fabricación de varios cientos por millón de componentes de alta tecnología defectuosos, que tuvieron que retrabajarse durante la prueba final, hasta procesar hoy día unos cuantos por millón. Los costos de calidad se redujeron en dos tercios. ¿Es esta compañía inmune ahora a la competencia de calidad? ¡De ninguna manera! Ciertos fabricantes competitivos están buscando mejorar la fabricación de componentes con un nivel de calidad de tan sólo unas cuantas piezas defectuosas por cada mil millones. Por ello, más que nunca en la actualidad, la única manera de competir con calidad es con más calidad.

El *segundo* punto esencial es que el liderazgo personal es una piedra angular de la buena dirección para movilizar el conocimiento de la calidad, la necesaria destreza y las actitudes positivas de cada individuo dentro de la organización, para reconocer que lo que se lleve a cabo para que la calidad mejore ayude a hacer mejores a todas las personas de la organización.

Por ejemplo, la actividad más importante de la participación de los empleados en la mejora de la calidad contribuye significativamente sólo cuando forma una parte básica de la actividad de calidad en la línea y está apoyada por acciones de calidad efectivas. Muy a menudo, lo que se ha llamado participación ha sido simplemente un ejercicio fuera de línea en la motivación, sin mucho soporte operatorio visible. Más aun, la evolución hacia la habilitación genuina del empleado en la calidad llega solamente cuando la mejora de la calidad resulta una parte integral, más que incidental, de cada trabajo.

Cuando este fundamento no se entiende, ello constituye la razón por la cual en algunas organizaciones los empleados que han permanecido en el servicio le dirán que ahora están pasando por una cruzada de la séptima u octava mejora de calidad en sus carreras, mientras que otros ya se han ido silenciosamente y sin autopsia. Estos empleados desean saber lo que es sólido y diferente acerca del nuevo programa que los hará permanecer realmente.

La respuesta es que, para ser eficaz, el énfasis deberá estar siempre en los compromisos en la línea, en las actividades de mejora de la calidad relacionadas con el trabajo, que tienen lugar en la estación de trabajo del empleado en la planta o en la oficina. Solamente allí puede ser real el compromiso, y sólo desde allí puede incluirse la mejora de la calidad directamente desde el funcionamiento en el trabajo hasta la confiabilidad del producto y la satisfacción del cliente, muy a menudo mediante los grupos de trabajo de los empleados.

La educación eficaz para la calidad en toda la compañía no está en un departamento ni en un curso de entrenamiento, sino en un proceso continuo, avalado por la dirección, la que es una parte fundamental de todos los aspectos operativos de la compañía. La clave está en la implementación relacionada con el trabajo de los procesos para mejora, el entrenamiento, el reconocimiento y la habilitación de todos los hombres y mujeres dentro de la organización, para hacer de la calidad un modo de vida fundamental en todos los trabajos, a todo lo largo y ancho de la organización. La cultura de la calidad en la compañía, que está así fuertemente influida por ella, no es un asunto de palabras, sino, en su lugar, un resultado de las acciones de la compañía hacia la calidad. Por esta razón, los programas de calidad total son el único agente de cambio más poderoso para la mejora actual de la compañía, y requiere el máximo esfuerzo en la atención para conseguir tales mejoras.

Depende en gran parte de los supervisores en la línea frontal y del soporte que reciban —un área que muy a menudo ha sido pasada por alto en algunos programas de la calidad. Son ellos quienes deben proveer a los empleados con el liderazgo, la guía técnica y la inculcación persistente de la ética de la calidad en que radica el éxito de todo el programa. Por su parte, los supervisores necesitarán el tiempo y las herramientas para llevar a cabo el trabajo, incluyendo la eliminación de un papeleo excesivo.

En el control total de la calidad, los supervisores invierten mucho más tiempo en enseñar y liderar, tanto a cada uno de los empleados directos como a los equipos de trabajo, en lo concerniente a la calidad, la productividad y los asuntos relativos. La participación del empleado se torna institucional en el esfuerzo por la calidad como un programa de línea sostenido, y la supervisión de primera línea, tanto en la planta como en la oficina, se convierte, como debería ser, en un centro principal de las aspiraciones y actividades de la compañía hacia la calidad. Lo que a menudo se descuida como una fuerza oculta de la calidad total aplicada a los niveles medios de la dirección es que más del 25% del tiempo de la supervisión se orienta directamente al mejoramiento.

El *tercer* punto fundamental es que la calidad es esencial para una innovación exitosa. Existen dos razones:

La *primera* es la velocidad en gran medida incrementada del desarrollo del nuevo producto. El televisor tomó veinte años para madurar como producto; la computadora personal, cuatro años; muchos nuevos aparatos de circuito integrado, no más de doce meses.

La *segunda* razón es que, cuando el producto diseñado está a punto de fabricarse en varios países y cuando los proveedores internacionales deben involucrarse tempranamente, todo el proceso de desarrollo debe estructurarse clara y visiblemente. Para ello, el concepto de calidad total tiene cuatro etapas.

1. Hacer de la calidad un socio pleno e igual de la innovación, desde el comienzo del desarrollo del producto.
2. Poner énfasis en que el diseño de un producto de alta calidad y el proceso coincidan en forma ascendente —no después de que la planeación de la manufactura haya congelado ya las alternativas.
3. Hacer de todo el servicio de los proveedores un socio de calidad al comenzar el diseño; en lugar de un problema de vigilancia de la calidad, más adelante.
4. Hacer de la aceleración de la introducción del nuevo producto —no su retardamiento— una medida primaria de la eficacia del programa de calidad de una compañía.

La experiencia demuestra que esto no solamente asegurará que la calidad del nuevo producto será muy elevada, sino también que los ciclos de desarrollo del producto se reducirán en un tercio o más. Ello sucede a causa de la unión clara y frontal con el cliente y la consiguiente reducción de cambios de ingeniería continuos y frecuentemente tardíos por razones de calidad. Cuando menos un 20% —y a menudo mucho más— de los costos totales del desarrollo del producto pueden crearse a causa de este reciclamiento de la calidad. La sociedad sistemática de la calidad y la innovación reduce de manera impresionante tanto estos costos de iniciación como su impacto en la creación de costos de manufactura posteriores, mucho más elevados de lo que originalmente se había anticipado en la planeación del producto por la compañía.

El *cuarto* punto fundamental es que la calidad y el costo son complementarios y no objetivos conflictos del negocio. Durante muchos años, los directores de algunas compañías operaban rutinariamente sobre la base de que había que elegir entre la calidad y el costo —la llamada decisión comercial— porque se pensaba que mejor calidad era sinónimo de "pavonado con oro" e inevitablemente constituiría un costo mayor y haría más difícil su producción. La experiencia mundial ha demostrado que eso simplemente no es verdad; al contrario, la buena calidad conduce fundamentalmente a una buena utilización de los recursos —de la fuerza laboral, del equipo, de los materiales— y, por consiguiente, significa buena productividad y costos de la calidad muy bajos. Los directores deben poner en claro en toda la compañía que lo que se espera es tanto *calidad* como *costo*. De esta manera, la dirección no da ninguna oportunidad al viejo mito de que la buena calidad es, de alguna manera, más costosa, y que ello resulte una profecía implícita dentro de la organización.

Estos fundamentos aclaran que el liderazgo de la calidad es hoy día la clave del éxito del negocio de las compañías y que ello se suma a las economías nacionales. En correspondencia, las iniciativas nacionales y regionales están resultando de importancia creciente en le fomento del liderazgo de la calidad.

En Japón, la estructura de los premios por calidad ha sido muy eficaz. En los Estados Unidos, el programa de premios de la Malcolm Baldrige National Quality (Calidad Nacional Malcolm Baldrige) es, por vez primera, un enunciado de la voluntad nacional para obtener el liderazgo de la calidad. Proporciona, por primera vez, directrices para las organizaciones nacionales de manufactura y servicio que definen la base de calidad total de este liderazgo; y, por primera vez, ello proporciona un modo crecientemente organizado, mediante el cual las organizaciones nacionales pueden compartir e intercambiar experiencias y conocimientos en la mejora de la calidad a escala nacional —tanto aquellas compañías que participan para obtener el Trofeo Baldrige, como las que no. En Europa y en América Latina evolucionan iniciativas similares.

Además, las normas internacionales como las de la serie ISO 9000, si bien un nivel inicial mínimo de la calidad total en su concepto, apuntan, sin embargo, hacia una tendencia amplia y sistemática, en lugar de la estrecha, hacia el logro de la calidad.

En su conjunto, todo esto hace hincapié en el hecho de que la calidad se ha convertido, en su esencia, en un modo de dirección —un modo basado en:

- Un entendimiento claro de los mercados domésticos e internacional y de cómo compra la gente en estos mercados.
- Una comprensión cabal de la clase de estrategia de calidad total que proporcione los cimientos del negocio para satisfacer a estos clientes.
- Una dirección comprometida que tenga el conocimiento para crear el entorno de compañía necesario para la calidad y para el establecimiento de metas rígidas, y los programas de implementación detallados necesarios para el liderazgo de la calidad.

Éstas son las claves para hacer de la calidad de hoy día la mejor inversión en la competitividad corporativa.

Los principios del control total de la calidad: Un resumen

A continuación se expone una serie de "principios" para la asimilación de la experiencia de la industria con la dirección de la calidad y del control total de la calidad

Se presenta una interpretación de estos principios. Se ofrece como un resumen del acceso a la "dirección de la calidad total" que ve a los productos y servicios de calidad como una estrategia de negocios primaria y una determinante fundamental para la salud, el crecimiento y la viabilidad económica de las empresas.

1. El control total de la calidad puede definirse como:

> Un sistema eficaz para integrar el desarrollo con calidad, el mantenimiento con calidad, y los esfuerzos para la mejora con calidad de los diversos grupos dentro de una organización, para hacer posible el mercadeo, la ingeniería, la producción y el servicio a los niveles más económicos que permitan la plena satisfacción del cliente

2. En la frase "control de calidad", la palabra "calidad" no tiene el significado popular de "lo mejor" en un sentido absoluto. Significa "lo mejor para ciertos requerimientos del cliente". Estos requerimientos son *(a)* el uso real y *(b)* el precio de venta del producto.

3. En la frase "control de calidad", la palabra "control" representa una herramienta de dirección con cuatro etapas:

a. El establecimiento de las normas de calidad.
b. La justipreciación de la conformidad con estas normas.
c. La actuación cuando se exceden las normas.
d. La planeación para mejorar las normas

4. Durante muchos años, se han llevado a cabo en la industria varios métodos para el control de la calidad. Lo nuevo en el acceso moderno al control de calidad es *(a)* la integración de estas actividades, a menudo no coordinadas, y un marco de sistemas operantes bien pensados, que sitúen la responsabilidad para los esfuerzos de la calidad orientada al cliente, a través de todas las actividades de primera línea de una empresa, produciendo un *impacto* de calidad *a todo lo ancho de la organización*, y *(b)* la adición a los métodos, empleados y probados en el tiempo, de las nuevas tecnologías del control de calidad que han sido hallados de utilidad al tratar con, y pensar acerca de la, insistencia sobre la confiabilidad en el diseño del producto y la precisión en la manufactura de las partes.

5. A manera de un área estratégica nueva principal en la empresa, la calidad se estructura explícitamente para contribuir a la rentabilidad y al flujo de caja positivo de la empresa. Los programas de control de calidad total son altamente eficaces hacia el costo, a causa de sus resultados en cuanto a niveles mejorados de satisfacción del cliente, costos de operación reducidos, pérdidas de operación y costos de servicio en el campo reducidos, y una mejor utilización de los recursos.
6. La necesidad de tales programas se subraya al cambiar las relaciones comprador-productor y las demandas de calidad de los mercados principales. Esto se refleja en la determinación de los accesos de responsabilidad por el producto y su servicio, y las presiones del consumidor que impactan fuertemente en los productores. En adición, existen nuevas demandas sociales y económicas en cuanto a un uso más eficiente de los materiales y de los procesos de producción que den por resultado productos basados en una mayor tecnología, nuevos patrones laborales en fábricas y oficinas, y una tendencia creciente hacia la internacionalización de los mercados.
7. Los factores que afectan a la calidad del producto pueden dividirse en dos agrupamientos principales: *(a)* el tecnológico, esto es, máquinas, materiales y procesos; *(b)* el humano, esto es, operadores, jefes de grupo y demás personal de la compañía. De estos dos factores, el humano es, con mucho, el más importante.
8. El control total de la calidad es una importante ayuda para los diseños con buena ingeniería, buenos métodos de fabricación, y la actividad concienzuda del servicio del producto, que siempre se ha requerido en los artículos de alta calidad.
9. Los fundamentos del control de calidad son básicos para cualquier proceso de fabricación, ya sea que el producto se trate de un reactor nuclear, un vehículo espacial, un artículo de consumo duradero, o de pan, medicinas o cerveza. Son igualmente básicos para las industrias llamadas "de servicio", en donde el producto puede ser un intangible, tal como asistencia médica, cuartos de hotel, o comunicaciones telefónicas.

Si bien el enfoque es un tanto diferente si la producción es un trabajo en taller de grandes cantidades de pequeños componentes en lugar de grandes aparatos, aun privan los mismos fundamentos. Esta diferencia en el planteamiento puede resumirse de inmediato: En una fabricación de producción en masa, las actividades del control de calidad se centran en el *producto*, mientras que en la fabricación por lotes son un asunto de controlar el *proceso*.

10. El control de calidad interviene en todas las fases del proceso de producción industrial, comenzando con la especificación del cliente y la venta al mismo; desde la ingeniería del diseño y el ensamble, hasta el embarque del producto y la instalación y servicio de campo, para que un cliente permanezca satisfecho con el producto.

11. El control eficaz sobre los factores que afectan las demandas de calidad se aplica en todas las etapas importantes de la producción y los procesos del servicio. Estos controles pueden ser llamados *las tareas del control de calidad*, y forman cuatro clasificaciones naturales:

a. El control del nuevo diseño.
b. El control del recibo de los materiales.
c. El control del producto.
d. Estudios especiales del proceso.

12. El control del diseño de nuevo involucra el establecimiento y especificación del costo de calidad deseable, de las normas de calidad de desempeño, de la calidad de la seguridad, y de la calidad de la confiabilidad del producto, incluyendo la eliminación o localización de las fuentes posibles de fallas en la calidad, antes del inicio de la producción formal.

13. El control del recibo de los materiales involucra el recibo y almacenamiento, a los niveles de calidad más económicos, de tan sólo aquellas partes, materiales y componentes cuya calidad coincide con los requerimientos de la especificación.

14. El control del producto involucra el control de los productos en la fuente de producción y a través del servicio en el campo, de modo que las desviaciones de la especificación de la calidad puedan corregirse antes de la fabricación de productos defectuosos, y que pueda mantenerse en el campo el servicio apropiado del producto.

15. Los estudios de procesos especiales involucran las investigaciones y pruebas para localizar las causas de los defectos en el producto, con el objeto de mejorar las características de calidad e implementar una acción correctiva permanente.

16. Un sistema de calidad total puede definirse como:

> La estructura de trabajo operativo acordado plenamente en la compañía y en la planta, documentado en forma eficaz; procedimientos técnicos y directivos integrados, para la guía de las acciones coordinadas del personal; las máquinas, y la información de la compañía y de la planta del modo mejor y más práctico para asegurar la calidad a satisfacción del cliente, y los costos económicos de la calidad.

El sistema de calidad proporciona el control continuo e integrado de todas las actividades clave, llevando su alcance a toda la organización.

17. Los detalles de cada programa de control de calidad deben hacerse a la medida para adecuarse a las necesidades de las plantas individuales, pero en la mayoría de los programas son comunes ciertas áreas de atención básicas para el control total de la calidad.

18. La meta de la atención al programa de la calidad es controlar la calidad del producto durante todos los procesos de diseño, manufactura, embarque y servicio, con el objeto de *prevenir* la ocurrencia de una calidad no satisfactoria.
19. Los beneficios que a menudo se obtienen de los programas de calidad total son mejoras en la calidad y el diseño del producto, reducciones en los costos y pérdidas de operación, mejoras en la moral de los empleados, y reducción de los cuellos de botella en la línea de producción. Otros beneficios derivados son mejores métodos de inspección y de prueba, establecimiento más sólido del estándar de tiempo en las labores, bitácoras definidas para el mantenimiento preventivo, la disponibilidad de datos importantes para su uso en la propaganda de la compañía, y la alimentación de bases reales para el estándar de contabilidad de costos para el desperdicio, el retrabajado, y la inspección.
20. Los costos de la calidad son un medio para medir y optimizar las actividades del control total de la calidad.
21. Los costos de calidad operativa se dividen en cuatro clasificaciones diferentes:
a. *Costos de prevención*, que incluyen la planeación de la calidad y otros costos asociados con la prevención de las desviaciones en la conformación y los defectos.
b. *Costos de valuación*, o sea los costos incurridos en la evaluación de la calidad del producto para mantener los niveles de calidad establecidos.
c. *Costos por fallas internas*, causados por los materiales malconformados y los productos que no cumplen con las especificaciones de calidad de la compañía. Estos incluyen el desperdicio, el retrabajo y los materiales dañados.
d. *Costos por fallas externas*, causados por productos defectuosos o malconformados que llegan hasta el consumidor. Incluyen las quejas y los costos de servicio del producto por garantía implícita, los costos de regresar el producto, los costos de almacenaje, y los costos por responsabilidad legal.
22. Del control total de la calidad resultan reducciones en el costo —particularmente en los costos de calidad operativos— por dos razones:
a. A menudo la industria ha padecido la falta de normas eficaces de calidad, orientadas al cliente. Por lo tanto, a menudo se ha inclinado la balanza en forma no realista entre el costo de la calidad en un producto y el servicio que el producto ha de rendir.
b. Un gasto en el área de la prevención puede tener una ventaja de múltiples aspectos en la reducción de los costos en las áreas de falla interna y de falla externa. A menudo se experimenta un ahorro de mucho dinero por cada unidad monetaria gastada en la *prevención*.
23. En toda la organización, el control total de la calidad es la herramienta de la dirección para delegar autoridad y responsabilidad por la calidad del producto, con lo que el detalle innecesario, mientras retiene los medios de asegurar que los resultados de la calidad serán satisfactorios. Existen dos conceptos básicos importantes en la organización del control de calidad.

El primero es que *la calidad es el trabajo de todos y cada uno.* Cada elemento de la empresa tiene una responsabilidad relacionada con la calidad; es decir, el departamento de mercadotecnia, para determinar las preferencias de calidad de los clientes; el de ingeniería, para dictar las especificaciones de la calidad del producto, y el de supervisión del taller, para construir la calidad en el producto.

El segundo concepto es que *toda vez que la calidad es el trabajo de todos y cada uno, puede convertirse en el trabajo de nadie.* La dirección debe darse cuenta de que muchas responsabilidades individuales por calidad se ejercerán más eficazmente cuando sean apoyadas y servidas por una función de dirección moderna, bien organizada, de tiempo completo, cuya única área de operación radique en las labores de control de la calidad.

24. Toda vez que el gerente general debe, en principio, convertirse en el diseñador en jefe del programa de calidad, las funciones de gerente general y las de mayor importancia de la compañía están asistidas por una función eficaz, moderna, de calidad controlada.

25. Este elemento organizativo del control de calidad tiene objetivos gemelos: (*a*) proporcionar el aseguramiento de la calidad del producto de la compañía; es decir, simplemente estar seguro de que los productos embarcados están correctos, y (*b*) asistir en el aseguramiento óptimo de los costos de calidad de esos productos. Se cumplen estos objetivos mediante sus tres subfunciones: *ingeniería de la calidad, ingeniería del control del proceso* e *ingeniería del equipo de información de la calidad.* Estas subfunciones del control de calidad proporcionan las tecnologías de ingeniería básicas que son aplicables a cualquier producto para el aseguramiento de su calidad correcta, con el costo de calidad óptimo.

26. La *ingeniería de la calidad* contribuye a la planeación de la calidad que es fundamental para todo el programa de control de calidad de la compañía.

27. La *ingeniería del control del proceso* constituye el monitor en la aplicación de este programa de control de calidad en el área de producción, y así suplanta gradualmente las viejas actividades de inspección policiaca.

28. La *ingeniería del equipo de información de la calidad* diseña y desarrolla el equipo de inspección y prueba, para obtener las mediciones y controles de la calidad necesarios. En donde se justifica, este equipo se combina con la producción para proporcionar una retroalimentación automática de los resultados del control del proceso. Entonces se analizan todos los resultados pertinentes, como una base para el ajuste y acción correctiva del proceso.

29. Desde el punto de vista de las relaciones humanas, la organización del control de calidad es:

a. Un *canal de comunicación* para la información de la calidad del producto entre todos los empleados y grupos involucrados.

b. Un *medio de participación* en todo el programa de control de calidad, de estos empleados y grupos.

La organización del control de calidad es un medio de acabar con la actitud, mantenida en ocasiones por los operadores de la fábrica y los especialistas funcionales, de que "nuestra responsabilidad por la calidad es una parte tan pequeña del total, que realmente no formamos parte del programa de control de calidad ni somos importantes para ello".

30. Los programas de control total de calidad deberían ser desarrollados cuidadosamente dentro de una compañía determinada. A menudo, es conveniente elegir una o dos áreas de calidad, para obtener resultados exitosos al abordarlas, y dejar que el programa crezca paso a paso de esta manera.
31. Necesario para el éxito del programa de calidad en una planta es el muy intangible, pero extremadamente importante, espíritu de *mentalidad en la calidad*, que se extiende desde la dirección general hasta los hombres y mujeres en la mesa de trabajo.
32. Cualquiera que sea la novedad acerca del programa de control total de la calidad para una planta, el programa debe acoplarse íntimamente a través de toda la organización de la planta, a fin de obtener una aceptación y una cooperación voluntarias.
33. Un programa de control de calidad debe tener todo el apoyo de la dirección general. Con un apoyo tibio de la dirección, su venta al resto de la organización no puede ser realmente eficaz.
34. En el despegue de su programa de control total de la calidad, la dirección debe darse cuenta de que este programa no es una mejora temporal de la calidad o un proyecto de reducción de los costos de la calidad. Un programa de control de calidad puede adoptar su papel de largo alcance del *control* directivo de la calidad, únicamente cuando los problemas principales representados por las mejoras iniciales en la calidad y las reducciones del costo están fuera del camino.
35. Se emplean las estadísticas en un programa general de control de la calidad siempre y cuando puedan ser útiles, pero las estadísticas son únicamente una parte del patrón de control total de la calidad; no son el patrón en sí mismas. Las cinco herramientas estadísticas que han llegado a usarse en las actividades del control de la calidad son:

    a. Distribuciones de la frecuencia.
    b. Gráficas de control.
    c. Tablas de muestreo.
    d. Métodos especiales.
    e. Confiabilidad del producto.

    El punto de vista representado por estos métodos estadísticos ha tenido, sin embargo, un efecto profundo en toda el área del control total de la calidad.
36. El punto de vista estadístico en el control total de la calidad se resuelve esencialmente en esto: deberán estudiarse constantemente las variaciones en la calidad del producto —dentro de tandas del producto, en los equipos de procesamiento, entre lotes diferentes del mismo artículo, en las características y estándar de calidad críticos. Estas variaciones pueden estudiarse mejor mediante el análisis de muestras escogidas de los lotes de producto o de las unidades producidas por los equipos de procesamiento. El desarrollo de equipos de prueba mecánicos y electrónicos avanzados ha proporcionado un mejoramiento básico en el acceso a esta tarea.

37. Las demandas del control total de la calidad se incrementan mediante la automatización del proceso de manufactura. Cuando se utilizan equipos automáticos, a veces son necesarios niveles de calidad más elevados en la manufactura de las partes, con objeto de tener una operación libre de problemas. De hecho, hasta que se obtengan niveles de calidad más elevados, el excesivo tiempo perdido puede hacer que la operación del proceso automatizado no sea económica. La detección rápida de aquellas condiciones fuera de control, la retroalimentación para el ajuste del proceso, y la rápida respuesta del proceso a la corrección son esenciales para disminuir los defectos y las tasas de malconformación.

38. Una característica importante de un programa de calidad total es que controla a la calidad en la fuente. Un ejemplo es su efecto positivo en la estimulación y estructuración de la responsabilidad del operador, así como su interés, en la calidad del producto a través de las medidas tomadas por el operador en la estación.

39. La confiabilidad del producto es, en efecto, "la función del producto durante la expectativa de vida del producto". Es una parte del requisito equilibrado de calidad total del producto —como son, precisamente, la apariencia, la posibilidad de mantenimiento y de servicio, la sustentabilidad y demás relacionadas— y, por tanto, no puede ser tratada por separado del control total de la calidad

40. El programa de calidad total proporciona la disciplina, la metodología y las técnicas que aseguran consistentemente una alta calidad del producto en las siguientes cuatro tareas básicas.

a. El control del nuevo diseño.
b. El control de recibo del material.
c. El control del producto.
d. Los estudios de los procesos especiales.

Coordina los esfuerzos del personal, las máquinas y la información, que son la base para que el control total de la calidad proporcione al cliente una alta satisfacción de la calidad, lo cual significa la ventaja competitiva para la compañía.

La calidad es, en su esencia, un estilo de dirección. Y el impacto a todo lo ancho de la organización del control total de la calidad involucra la implementación gerencial y técnica de las actividades de calidad orientadas al cliente, como una responsabilidad primordial de la dirección general y de las operaciones de primera línea de la mercadotecnia, la ingeniería, la producción, las relaciones industriales, el financiamiento y el servicio, así como de la función de control de calidad misma en los niveles más económicos, lo cual conlleva la plena satisfacción del cliente.

La buena dirección en la década de 1990

Los diez puntos de referencia para la aplicación de estos principios en esta década muestran lo que es la buena dirección en lo referente a lograr el liderazgo competitivo a satisfacción del cliente. El estilo en la dirección de la calidad total anima a cualquiera dentro de la organización a enfocarse, casi obsesivamente, en servir al cliente —ya sea éste el último usuario o el hombre o mujer en el escritorio vecino. La cultura de la compañía, influida así fuertemente por estos principios, no está formada de palabras sino de acciones (actos) de calidad de toda la compañía. Esto significa:

- Hacer de la calidad el centro estratégico de la planeación de los negocios de la organización, con metas dirigidas con precisión al liderazgo de la calidad competitiva.
- Animar la evolución hacia el genuino mejoramiento de los empleados, en donde la mejora de la calidad resulte una parte integral más que incidental de cada tarea, mediante el establecimiento de un trabajo de calidad y de los procesos en equipo que los hombres y mujeres en toda la organización entiendan, crean en, y sean parte de.
- Reconocer el papel crucial de los supervisores de línea, por medio de estructuras de trabajo que impulsen su liderazgo de mejora de la calidad, en lugar de abrumarlos con reuniones y papeleo burocrático.
- Relacionar e integrar la educación de calidad y la capacitación en el trabajo con el desarrollo y establecimiento de los procesos de trabajo, en los que se empleará la capacitación, mediante una continua actividad con mentalidad gerencial, lo cual viene a ser una parte fundamental de todos los aspectos de las operaciones de la compañía.
- Poner énfasis en que la calidad total es el resultado de una implementación de largo plazo, orientada hacia un mejoramiento continuo, basado no en proyectos o conferencias en episodios, sino en una sistemática metodología de la calidad total que se aplique sin tregua.

Índice